藤野次史 著

日本列島の槍先形尖頭器

同成社

序

　わが国の考古学的研究と調査のうち第二次世界大戦後に著しく進展した分野に旧石器時代文化の研究がある。旧石器時代文化の研究は、ヨーロッパにおいては古くから始まっていたが、わが国での研究は、1946年（昭和21）に相沢忠洋氏が群馬県岩宿において初めて縄文時代以前の堆積層である関東ローム層の中から石器を採集したことを嚆矢とする。以後50有余年の間に、旧石器時代文化の研究は急速な進展を遂げ、わが国における人々の暮らしの始まりや生活のあり様、道具製作の技術等についてもしだいにその実態が明らかになりつつある。

　このたび藤野次史氏が『日本列島における槍先形尖頭器の研究』を上梓された。槍先形尖頭器は、旧石器時代から縄文時代初頭期における狩猟道具のなかでもっとも主要でしかも典型的な道具といわれている。したがって、槍先形尖頭器の出現期から発達期そして消滅期にいたるまでの推移や製作技法の変化などを明らかにすることは、石器群全体の内容や変遷を知る上での大きな手掛かりになるだけでなく、当該時期の人間の集団生活の具体的な内容を明らかにしていくための最適な研究対象であるといえよう。

　藤野氏は、広島大学文学部さらに大学院時代から一貫してわが国の旧石器時代文化の研究を推進された。特に大学院進学以後は、日本列島における槍先形尖頭器に関わる諸問題の解明をテーマに列島各地の資料の調査収集と分析を意欲的に進められた。その結果、旧石器時代から縄文時代草創期の槍先形尖頭器を網羅的に集成し、槍先形尖頭器の出現から消滅にいたる推移や製作技術の変遷・改良の実態を型式学、技術学、層位学的に解明された。本書においては、槍先形尖頭器は日本列島で独自に出現したこと、さらに槍先形尖頭器の製作技術体系は、先行する時期の石器製作技術体系から縄文時代の石器製作技術体系へ移行するうえで橋渡し的役割を果たしたとする興味ある仮説を提示されるなど、わが国の旧石器時代文化の研究に一石を投じた業績として高く評価されるものである。

　2000年（平成12）11月に発覚した前期・中期旧石器時代遺跡の捏造事件は、わが国における考古学研究、なかでも旧石器時代研究の実績のすべてを無にするほどの影響を及ぼした。信用回復のためには正確で地道な調査と研究を進め、情報を広く公開していくことが必要と考えるが、藤野氏の石器時代研究に対する正確で詳細な観察眼と分析力は、考古学の信用回復のために大きな力になるものと確信する。

　藤野氏は、1981年（昭和56）に大学院を中途で退学し、広島大学の東広島市への移転に伴って設置された埋蔵文化財調査室教官として就任され現在に至っている。構内遺跡の調査と調査資料の整理作業の責任者としての役割を果す一方で、日頃の研究成果をまとめられ、本書を出版されたことについて、20年間同じ部署で机を並べて仕事を行ってきた者として心よりお祝いとお慶びを申しあげるとともに、今後の研究の一層の推進を祈念するものである。

　　　2003年（平成15）12月

広島大学大学院文学研究科教授

河　瀬　正　利

目　次

序　章　槍先形尖頭器研究の目的と方法 …………………………………………………… 7

第1章　槍先形尖頭器をめぐる研究史 ……………………………………………………… 11
　第1節　発掘調査の成果と研究の視点 …………………………………………………… 11
　第2節　槍先形尖頭器の技術論的研究とその方法論 …………………………………… 34
　　1．槍先形尖頭器の剥離面相互の切り合い関係による分析　34
　　2．槍先形尖頭器調整剥片の分析　35
　　3．接合資料による分析　36
　　4．製作実験による分析　37

第2章　日本列島における槍先形尖頭器の編年と地域性 ………………………………… 41
　第1節　槍先形尖頭器の編年 ……………………………………………………………… 41
　第2節　日本列島各地における槍先形尖頭器の様相 …………………………………… 43
　　Ⅰ　東北日本 …………………………………………………………………………… 43
　　　1．関東地方　43
　　　　1）相模野台地　48
　　　　2）武蔵野台地　53
　　　　3）大宮台地　58
　　　　4）下総台地　59
　　　　5）関東地方北部　64
　　　2．東北地方　68
　　　3．北海道地方　72
　　Ⅱ　中部日本 …………………………………………………………………………… 74
　　　1．中部高地（中部地方中央部）　74
　　　2．中部地方北部　78
　　　3．東海地方　82
　　Ⅲ　西日本 ……………………………………………………………………………… 84
　　　1．中・四国、近畿地方　84
　　　2．九州地方　88

第3章　槍先形尖頭器の製作技術……………………………………………………97

第1節　槍先形尖頭器の製作技術類型の時期別様相……………………………97

1. 槍先形尖頭器の製作技術　97
   1) 製作技術類型の定義　97
   2) 用語の定義　98
2. 第Ⅰ期の槍先形尖頭器製作技術　99
   1) 槍先形尖頭器製作関連資料の分析　99
   2) 槍先形尖頭器の製作技術　106
3. 第Ⅱ期の槍先形尖頭器製作技術　108
   1) 槍先形尖頭器製作関連資料の分析　108
   2) 槍先形尖頭器の製作技術　125
4. 第Ⅲ期の槍先形尖頭器製作技術　127
   1) 槍先形尖頭器製作関連資料の分析　127
   2) 槍先形尖頭器の製作技術　146
5. 第Ⅳ期の槍先形尖頭器製作技術　148
   1) 槍先形尖頭器製作関連資料の分析　148
   2) 槍先形尖頭器の製作技術　165
6. 第Ⅴ期の槍先形尖頭器製作技術　167
   1) 槍先形尖頭器製作関連資料の分析　167
   2) 槍先形尖頭器の製作技術　175

第2節　槍先形尖頭器製作技術の確立と展開………………………………176

第4章　日本列島における旧石器時代の狩猟具と槍先形尖頭器の出現………187

第1節　後期旧石器時代の狩猟具……………………………………………187

1. ナイフ形石器　187
2. 剥片尖頭器　197
3. 角錐状石器　199
4. 槍先形尖頭器出現期の狩猟具の評価　205

第2節　日本列島周辺地域の様相……………………………………………209

1. 朝鮮半島　209
2. 中国大陸　211
3. シベリア・沿海州・サハリン　216
4. 東アジアにおける槍先形尖頭器の出現と展開　223

第3節　日本列島における槍先形尖頭器の出現とその評価……………………224

第4節　槍先形尖頭器出現の技術的背景……………………………………226

1．出現期の槍先形尖頭器の製作技術　227
　　2．槍先形尖頭器出現の技術的背景　228

第5章　槍先形尖頭器の展開と終焉……237

　第1節　槍先形尖頭器石器群の成立と展開……237
　第2節　槍先形尖頭器石器群と細石刃石器群……242
　　1．細石刃石器群と槍先形尖頭器　242
　　2．神子柴石器群の出現と成立の背景　251
　第3節　槍先形尖頭器石器群の終焉……259
　　1．九州地方　261
　　2．中・四国地方　263
　　3．近畿地方　264
　　4．中部地方　265
　　　1）中部地方南部　265
　　　2）中部地方中央部（中部高地）　267
　　　3）中部地方北部　268
　　5．関東地方　270
　　6．東北地方　271
　　7．北海道地方　272
　　8．小　結　273

終　章　槍先形尖頭器研究の展望―槍先形尖頭器の出現と社会構造の変化―……277

図　版　編……281

　東北日本：関　東　地　方　283
　　　　　　東　北　地　方　390
　　　　　　北　海　道　地　方　407
　中部日本：中部高地（中部地方中央部）　412
　　　　　　中　部　地　方　北　部　442
　　　　　　東　海　地　方　482
　西　日　本：中・四国、近畿地方　488
　　　　　　九　州　地　方　497

本文・図版引用文献一覧……509

日本列島における槍先形尖頭器の研究

序　章　槍先形尖頭器研究の目的と方法

　槍先形尖頭器は主として槍の穂先として利用されたと考えられる石器器種の名称であり、尖頭器、槍先形石器、石槍などと呼ばれることもある。尖頭器は先端の尖る石器の総称であり、日本では槍先の機能を有するものを指して呼ばれることが多いが、研究者によって用法はさまざまである。石槍は槍先の機能に限定される器種の名称であるが、個別資料に対する使用のあり方をみると、槍先形尖頭器と基本的に同じである。しかし、定義からいえば槍先の機能を有さないものは除外すべきであろう。槍先形石器は基本的に槍先形尖頭器と同じ用法であるが、定義内容としては石槍とほぼ同義と思われる。
　槍先形尖頭器は後期旧石器時代ナイフ形石器文化期後半に出現し、やがてナイフ形石器に代わって狩猟具の主体となる。細石刃石器群の成立によって、多くの地域で一時期中心的な狩猟具の地位を追われるが、旧石器時代末～縄文時代初頭には再び中心的な狩猟具として利用されるようになる。槍先形尖頭器の製作技術は発展過程を追うことができるとともに、これに関連して石器製作技術構造の変化を読み取ることができる。ナイフ形石器文化期の槍先形尖頭器はナイフ形石器と素材を共有しながら、一方では独自の素材を獲得することによってその製作基盤を成立させている。槍先形尖頭器を組成の主体とする槍先形尖頭器石器群成立期においては、この二元的な素材生産構造が継承されている。剥片生産技術はナイフ形石器文化期から継続するもので、槍先形尖頭器のみならず削器・掻器などの剥片石器に素材を供給している。しかし、細石刃石器群成立直前の時期には槍先形尖頭器製作を中核に置く技術構造（大型を中心とする槍先形尖頭器の製作に伴って生じる調整剥片が槍先形尖頭器を含む剥片石器に素材として供給され、ナイフ形石器文化期におけるような剥片生産のための特別な石核を有さない技術構造であり、槍先形尖頭器自体が石器と同時に石核の機能を有する）が成立しつつあり、細石刃石器群併行期を経て細石刃石器群消滅期には槍先形尖頭器を中核に据える技術構造が完成している。槍先形尖頭器を中核に据える技術構造へ移行する過程で、槍先形尖頭器は形態分化を果たすと同時に形態に対応した機能分化を生じているものと想定され、形態的には槍先形尖頭器に分類しうるものの中にも、ナイフ形石器（切裁具）、削器、掻器、石錐の機能を有するものが含まれている可能性が高い。
　槍先形尖頭器は両面加工を基本としており、平面形が木の葉形を呈している。したがって、本論においては、尖頭器のうち、面的な加工を施し、原則として平面形態が左右対称形を呈するものを槍先形尖頭器として扱う。ただし、素材の制約や槍先形尖頭器石器群の成立過程で生じた調整の省略や技術適応と解釈される周辺加工や部分加工の形態も槍先形尖頭器として取り扱う。また、前述したように、機能的に槍の穂先以外のものを含んでおり、現状では機能的な問題を十分解明できないことから、ここではあえて石槍の呼称を用いず、槍先形尖頭器の呼称を用いる。したがって、本

論において取り扱う槍先形尖頭器という器種は基本的に技術形態学的視点に基づいた分類であり、槍の穂先の機能を有する石器を主体としながら他の機能を有する可能性のある石器を包括していることを明言しておきたい。

本論においては、日本列島における槍先形尖頭器の編年を確立し、ナイフ形石器文化から槍先形尖頭器文化を経て縄文時代の成立へと向かう社会構造の変化を解明するための基礎となる、槍先形尖頭器の技術論的・系統論的研究を行うことを目的とする。

槍先形尖頭器の編年は、出土層位、石器組成、形態、製作技術など複眼的な検討によって行うが、とくに槍先形尖頭器の形態組成の検討を重要な視座としたい。槍先形尖頭器は平面形態、大きさ（長さ）、加工状態の3要素に着目すると、その形態組成は時期によって異なっており、編年を行う際の重要な指標となりうる。まず、平面の形は長幅比を主体に、広形木葉形、中広形木葉形、中細形木葉形、柳葉形の4種類に分類できる。中広形木葉形は長幅比2.3前後を目安としており、縁辺は緩やかな弧を描くものが多い。広形木葉形は長幅比2.0以下のもので、中広形木葉形をさらに幅広にした形態である。中細形木葉形は長幅比3.0前後を目安としており、中広形木葉形をさらに細身にした形態である。柳葉形は中細形木葉形をさらに細身にした形態で、長幅比3.5以上のものである。平面形は先端部や基部の形態、最大幅の位置などによっても分類できるが、それらは時期的な特徴に関連する可能性が強く、ここでは個別的に補足する。大きさ（長さ）[1]は小型・中型・大型の3種類に分類できる。小型は長さ4cm前後より短いもの、中型は長さ5〜9cm程度、大型は長さ10cm前後より長いものを目安としている。中型は5〜6cmに中心をもつグループと8〜9cmに中心をもつグループ、大型は11〜13cmに中心をもつグループと15cm以上に中心をもつグループのそれぞれ二者があるが、ここではとくに細分することはしない。加工の状態は、両面加工、片面加工、周辺加工、部分加工の4種類に分類できる。半両面加工は両面加工のバリエーションと捉え、両面加工に含めた。ただし、先端部もしくは基部のみに加工を施し、素材面を広く残している半両面加工については片面加工に含めることとする。部分加工は剥片を素材として、加工が先端部に集中して施されるもので、周辺加工のバリエーションとも考えられるが、先端部のほかには基部を除き加工が施されない。機能的には石錐に分類すべきものを含んでいるが、峻別できない形態は槍先形尖頭器に含めた。

槍先形尖頭器の編年に基づき、槍先形尖頭器の製作技術、起源（出現の背景）、地域性などにつ

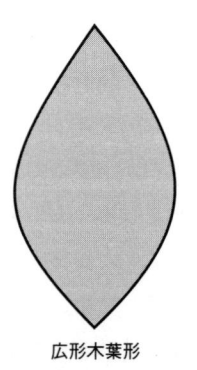

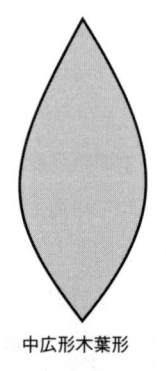

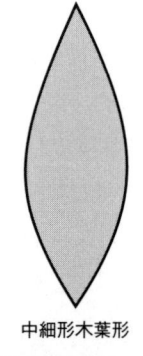

第1図　槍先形尖頭器平面形分類形態模式図

いて検討するが、製作技術の解明は技術構造の変化を検討する上でもっとも重要な視点を提供する。槍先形尖頭器の製作技術は、研究史の前半においては完成品および未完成品の検討による復元を主としていた。近年では接合資料に基づく研究が進展しており、槍先形尖頭器の製作工程や製作技術が具体的に明らかにされつつあるが、1遺跡あるいは限定された地域の復元にとどまっている。槍先形尖頭器の製作技術の復元にあたっては、槍先形尖頭器の完成品、未完成品、接合資料とともに調整剥片も重要な情報をもっている。これら槍先形尖頭器製作にかかわる資料はいずれも製作技術の一断面を示すもので、不完全な情報しか得ることができないことから、個別的な検討によって得られた情報を相互に関連づけることが重要であり、本論における視座でもある。そして、個別遺跡の検討によって得られた製作技術を相互に検討することによって各時期の槍先形尖頭器製作技術の復元を行う。槍先形尖頭器はいずれの時期においても1種類の製作技術のみで製作されることはなく、複数の製作技術を用いている。素材生産技術を含めた技術複合として成立しており、槍先形尖頭器製作技術変遷と系統を考察することによって、石器群の技術構造変化の重要な部分を解明することができよう。

　槍先形尖頭器の出現は、狩猟対象となる動物相や環境の変化に適応する形で狩猟具や新たな狩猟法の開発・改良など技術適応の結果と想定されるが、日本列島においては遺跡内に有機物の残存が期待できない現状では、具体的な狩猟対象の変化などの検討から槍先形尖頭器出現の背景を考察できる状況にはない。したがって、槍先形尖頭器出現の背景については、技術論的検討および器種の系統論的検討を中心に行いたい。前者については、槍先形尖頭器出現期の製作技術と槍先形尖頭器出現期および出現期以前の石器製作技術の検討を通じて技術的背景を探りたい。後者については、ナイフ形石器を中心とする槍先形尖頭器以外の狩猟具として想定される器種の変遷や日本列島周辺地域の様相の検討を通じて考察する。

　さらに、地域性や槍先形尖頭器の終焉の問題についても言及する。地域性については、地域ごとに槍先形尖頭器の形態組成を中心に検討する。槍先形尖頭器を組成の主体とする槍先形尖頭器石器群は地域ごとに槍先形尖頭器の形態組成に特徴が認められ、狩猟対象や狩猟法などの相違に基づく地域性を示している可能性がある。また、槍先形尖頭器出現過程も地域によって相違している。槍先形尖頭器の終焉は槍先形尖頭器による狩猟法が解体し、石鏃を主とする狩猟法へ移行する過程である。槍先形尖頭器を主体とする狩猟法の解体過程は地域により様相を異にしており、縄文時代初頭の石器群の様相を検討することよって槍先形尖頭器の消滅過程を明らかにしたい。

註

(1) 本書では、石器の大きさを記述するにあたって2種類の表現を用いている。一つは小型・中型・大型であり、一つは小形・(中形)・大形である。前者は主として長さを基準として、一定の範囲の大きさを示しており、大きさの内容が規定されているものである。後者は漠然とした大きさを示しており、同一器種内での相対的な大きさ、他器種と比較した場合の相対的な大きさの関係である。これらの大きさに関する用法は、現在ではかなり曖昧な形で使用されており、辞典によっては必ずしも峻別していないものも散見されるが、大辞林（第2版、三省堂）によると、例えば、「大形」・「大型」については、以下のように説明されている。
　①形の大きいこと。また、そのもの。《大形》

②他の同類のものに比べ、規格・規模などが大きいこと。また、そのもの。《大型》

　このように、本来的には区別して使用すべきものであり、本書においては上述のごとく、両者の使い分けを意図的に行っている。大きさの内容を規定して使用している器種は槍先形尖頭器のほかに、ナイフ形石器、角錐状石器があるが、とくに断りなく「大型」などを使用している場合は槍先形尖頭器を指している。大形・小形については、相対的な大・小、あるいは漠然とした大・小と理解していただきたい。

　学史的にみると、旧石器時代の石器の大きさについては、伝統的に「小形」・「大形」が使用されてきた。用法としては、相対的な大きさを含意している場合（通常の大きさに対する「小形」、大きな石器に対する「小形」など）と大きさを規定して使用している場合が認められる。しかし、1980年代頃から、「小型」・「大型」の使用が散見されはじめ、現在では用法がかなり錯綜しているように思われる。学史を重視すれば、小形・中形・大形に統一すべきであろうが、再三述べているように、本書では「大型」と「大形」を意図的に区別して使用することとしたい。なお、「第1章　槍先形尖頭器をめぐる研究史」では、原則として出典文献の用法を尊重しており、編年表については表現法を変更せずそのままとし、本文中では括弧付きで表現している。

第1章　槍先形尖頭器をめぐる研究史

第1節　発掘調査の成果と研究の視点

　日本における本格的な旧石器時代の研究は1949年の群馬県岩宿遺跡にはじまる。そして、その岩宿遺跡の調査で、すでに槍先形尖頭器が確認されていたことは広く知られている。槍先形尖頭器は相沢忠洋氏による断面採集品で（相沢忠洋 1973）、発掘調査で出土した掻器などとともに岩宿Ⅲ？文化層として位置づけられた（杉原 1956）。日本の旧石器時代に槍先形尖頭器が存在することが研究の当初から確認されたわけであるが、石器群の内容は発掘調査では残念ながら解明されなかった。しかし、1950年群馬県三ツ屋遺跡（相沢・関矢 1990）、1953年長野県上ノ平遺跡（杉原荘介 1963・1973）が発掘調査されたことによって、日本列島にも旧石器時代の槍先形尖頭器を主体とする石器文化が存在したことが確認されたのである。

　岩宿遺跡の発掘調査以後、日本列島の旧石器時代研究は後期旧石器時代を中心として順調に進展し現在に至っているが、槍先形尖頭器を中心として研究史を概観すると、大きく4期に区分することが可能である。第1期は1945年〜1965年で、1965年の『日本の考古学Ⅰ　先土器時代』の出版がこの時期を締めくくるエポック・メイキングである。第1期は槍先形尖頭器の編年を中心に研究が進められた。群馬県岩宿遺跡において旧石器時代に槍先形尖頭器が存在することが確認され、続く群馬県三ツ屋遺跡、長野県上ノ平遺跡の発掘調査で槍先形尖頭器を主体とする石器群が旧石器時代に存在することが確認されたことはすでに述べた。しかし、三ツ屋遺跡の槍先形尖頭器は片面加工を主体とし、ナイフ形石器が伴出したのに対して、上ノ平遺跡では小型を中心とする両面加工の槍先形尖頭器で、入念な調整加工が施されていた。また、岩宿遺跡の槍先形尖頭器は両面加工で樋状剥離を有する形態であり、これら3遺跡は三者三様の様相を示していた。槍先形尖頭器は出土層準から旧石器時代のかなり新しい段階に位置づけられることが予想されたものの、槍先形尖頭器を伴う石器群の様相が単純ではないことが研究史の当初から明らかとなった。日本における旧石器時代研究は岩宿遺跡の調査以後、編年や地域性の解明を第一義的な課題として進められ、槍先形尖頭器の研究もこの流れの中で進展していくが、上述の各遺跡における槍先形尖頭器の様相の相違が研究史当初から明らかになったことが具体的な課題として槍先形尖頭器の編年および地域性の解明へ向かわせた。

　槍先形尖頭器の編年的位置づけについてはじめて触れたのは、杉原荘介と芹沢長介である。杉原は旧石器時代の石器群を3段階に編年し、槍先形尖頭器を主体とする石器文化をもっとも新しい時期に位置づけた（杉原 1953）。芹沢は旧石器時代全体の編年には触れていないが、従来縄文時代には槍先形尖頭器が少ないことに着目し、縄文時代になって槍から弓矢へ狩猟具の主体が交代したこ

とを想定、槍先形尖頭器を主体とする石器群を旧石器時代に位置づけるとともに、弓矢が発生する直前の旧石器時代の終りに近い時期に想定した（芹沢1953）。杉原・芹沢ともに槍先形尖頭器を主体とする石器群を旧石器時代のもっとも新しい段階に位置づけることでは共通の認識に立っている。この後、槍先形尖頭器を主体とする石器群が後期旧石器時代のかなり新しい段階に属するという位置づけは大きく変化することはなかったが、調査の進展に伴って細石刃石器群の確認や有茎尖頭器などの新たな型式の槍先形尖頭器の検出などを通じて、編年的位置づけも微妙に変化した。以下に、岩宿遺跡の発掘調査（1949年）以降、1965年までの槍先形尖頭器を出土した主要な遺跡の調査および主要な旧石器時代編年、槍先形尖頭器編年を年代順に示す（※印は編年を発表した論文名）。

1949年　群馬県岩宿遺跡の発掘調査（土層断面採集資料中に槍先形尖頭器を確認）（杉原荘介1954・1955・1956）。

1950年　群馬県三ツ屋遺跡の発掘調査（片面加工を主体とする槍先形尖頭器）（相沢忠洋1950、相沢・関矢1990）。

1953年　長野県上ノ平遺跡の発掘調査（小型の槍先形尖頭器を主体とする石器群）（杉原荘介1963・1973）。
　　　　長野県北踊場遺跡の発掘調査（松沢1960）。
　　　　長野県馬場平遺跡の発掘調査（芹沢1955）。
　　　　長野県中ツ原遺跡の発掘調査（麻生優1955）。
　　　　※杉原荘介「日本における石器文化の階梯について」（杉原1953）（第1表）

1954年　群馬県武井遺跡の発掘調査（岩宿遺跡についで複数石器群の層位的検出、槍先形尖頭器を主体とする石器群はナイフ形石器を主体とする石器群の上層から出土）（杉原荘介1958・1977）。
　　　　岡山県鷲羽山遺跡の発掘調査（中国地方における槍先形尖頭器の検出）（鎌木1956）。

1954年　長野県矢出川遺跡の発掘調査（細石刃石器群の検出）（戸沢1964）。
　　　　香川県井島遺跡の第1次発掘調査（小形ナイフ形石器の検出）（鎌木1957）。
　　　　※芹沢長介「関東及中部に於ける無土器文化終末と縄文文化の発生に関する予察」（芹沢1954）（第2表）

1955年　長野県八島遺跡の発掘調査（黒曜石原産地の槍先形尖頭器製作遺跡の調査）（戸沢1958）。
　　　　※芹沢長介「長野県馬場平遺跡略報」（芹沢1955）（第3表）
　　　　※麻生　優「信濃・中ツ原の無土器文化（略報）」（麻生1955）（第4表）

1956年　長野県渋川遺跡の発掘調査（原産地遺跡の調査、古相の槍先形尖頭器）（宮坂編著1962）。
　　　　新潟県本ノ木遺跡の発掘調査（芹沢長介らによる調査、槍先形尖頭器製作跡の検出、出土縄文土器とは分離）（芹沢・山中1957）。

1957年　新潟県本ノ木遺跡の第2次発掘調査（山内清男らによる再調査、槍先形尖頭器と縄文土器を共伴と判断）（山内・佐藤1962）。
　　　　長野県男女倉遺跡群の発掘調査（黒曜石原産地における大規模な調査）（横田1965、

第1章　槍先形尖頭器をめぐる研究史　13

第1表　杉原荘介による日本旧石器時代編年表（1953）

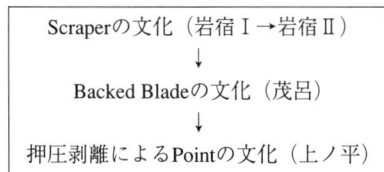

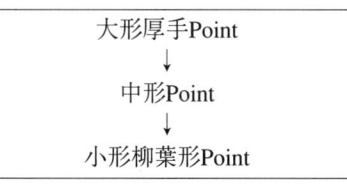

Scraperの文化（岩宿Ⅰ→岩宿Ⅱ）
↓
Backed Bladeの文化（茂呂）
↓
押圧剥離によるPointの文化（上ノ平）

第2表　芹沢長介による日本旧石器時代編年表（1954）

Hand‐axeを伴うもの（権現山Ⅰ・権現山Ⅱ・岩宿Ⅰ）
↓
大形Blade・縦長Flakeを伴うもの（権現山Ⅲ・赤城山麓・樅ヶ崎）
↓
Knife Bladeを伴うもの（茂呂・杉久保・茶臼山）
↓
切り出し形石器を伴うもの（岩宿Ⅱ・殿ヶ谷戸）
↓
Pointを伴うもの（三ツ屋・北踊場・上ノ平・中ツ原・馬場平）

第3表　芹沢長介による槍先形尖頭器の編年表（1955）

大形厚手Point
↓
中形Point
↓
小形柳葉形Point

第4表　麻生優の槍先形尖頭器編年表（1955）

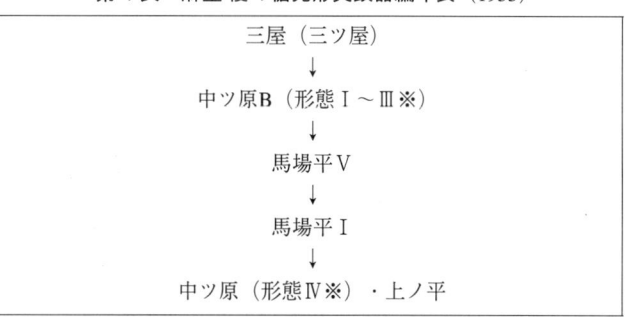

三屋（三ツ屋）
↓
中ツ原B（形態Ⅰ～Ⅲ※）
↓
馬場平Ⅴ
↓
馬場平Ⅰ
↓
中ツ原（形態Ⅳ※）・上ノ平

※形態Ⅰ；チャート、断面三角形、主として片面加工、形態Ⅱ；チャート、片面ずつ片側から調整、両面加工、形態Ⅲ；チャート、細身でやや厚い、形態Ⅳ；黒曜石、入念に調整、両面加工

鈴木誠編 1972）。

※芹沢長介「日本における無土器文化の起源と終末についての覚書」（芹沢 1957）（第5表）

※相沢忠洋「赤城山麓における関東ローム層中諸石器文化の位置について」（相沢 1957）（第6表）

※杉原荘介「関東ローム層と文化層（講演要旨）」（杉原 1957）（第7表）

1958年　北海道曲川遺跡の第1次発掘調査（北海道における槍先形尖頭器石器群の検出）（大場・松下 1965）。

長野県神子柴遺跡の第1次発掘調査（大型槍先形尖頭器、局部磨製石斧の共伴、デポ的遺跡）（藤沢・林 1961）。

山形県越中山遺跡A地点の第1次発掘調査（東北地方における槍先形尖頭器石器群の検出）（加藤 1959・1975）。

北海道立川遺跡第1次発掘調査（有茎尖頭器の検出、立川型の設定）（吉崎 1960）。

1959年　長野県柳又遺跡の第1次発掘調査（有茎尖頭器の検出、柳又型設定）（樋口・森嶋・小林 1965）。

1960年　佐賀県多久三年山遺跡の発掘調査（九州地方における槍先形尖頭器石器群の検出）（杉原・戸沢・安蒜 1983）。

1962年　青森県長者久保遺跡の発掘調査（東北地方における神子柴石器群の検出）（山内・佐

第5表　芹沢長介による日本旧石器時代編年表（1957）

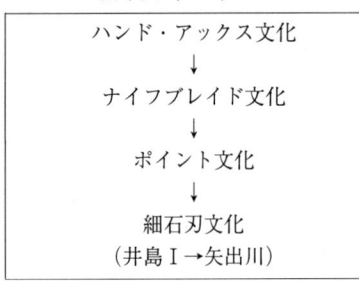

```
ハンド・アックス文化
    ↓
ナイフブレイド文化
    ↓
ポイント文化
    ↓
細石刃文化
（井島Ⅰ→矢出川）
```

第6表　杉原荘介による日本旧石器時代編年表（1957）

```
切り出し形石器を主とするもの（岩宿Ⅱ文化）
    ↓
ナイフブレイドを主とするもの（茂呂文化）
    ↓
発達したナイフブレイドを主とするもの（茶臼山文化）
    ↓
ポイントを主とするもの（武井Ⅱ文化）
    ↓
発達したポイントを主とするもの（上ノ平文化）
```

第7表　相沢忠洋による関東地方北部旧石器時代編年表（1957）

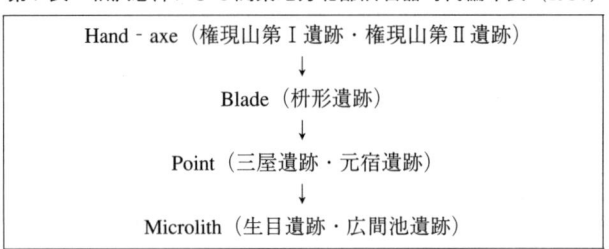

```
Hand‐axe（権現山第Ⅰ遺跡・権現山第Ⅱ遺跡）
    ↓
Blade（枡形遺跡）
    ↓
Point（三屋遺跡・元宿遺跡）
    ↓
Microlith（生目遺跡・広間池遺跡）
```

第8表　芹沢長介による日本旧石器時代編年表（1962）

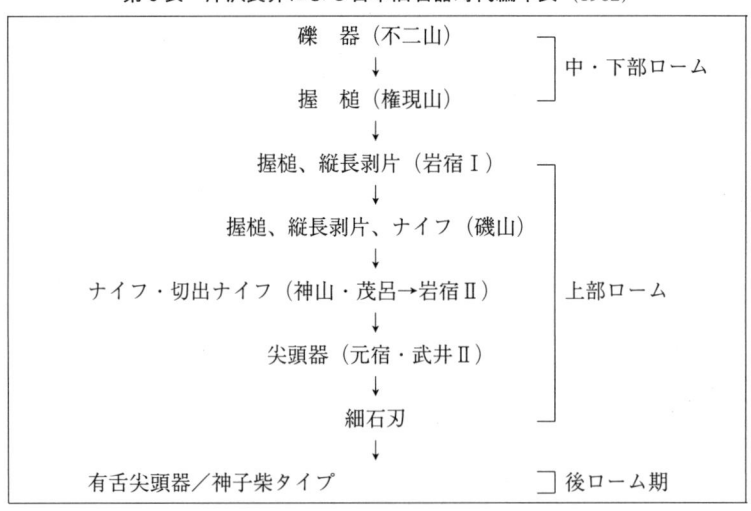

```
礫器（不二山）              ┐
    ↓                      │ 中・下部ローム
握槌（権現山）              ┘
    ↓
握槌、縦長剥片（岩宿Ⅰ）     ┐
    ↓                      │
握槌、縦長剥片、ナイフ（磯山）│
    ↓                      │
ナイフ・切出ナイフ          │ 上部ローム
（神山・茂呂→岩宿Ⅱ）        │
    ↓                      │
尖頭器（元宿・武井Ⅱ）        │
    ↓                      │
細石刃                      ┘
    ↓
有舌尖頭器／神子柴タイプ   □ 後ローム期
```

藤 1965・1967）。

　　　　　　※芹沢長介「日本の旧石器文化と縄文文化」（芹沢 1962a）（第8表）
　1965年　新潟県中林遺跡の発掘調査（有茎尖頭器を含む槍先形尖頭器の製作遺跡）（芹沢 1966）。
　　　　　　※横田義章「男女倉遺跡－その概要と研究課題」（横田 1965）（第9表）
　　　　　　※杉原荘介編『日本の考古学Ⅰ　先土器時代』（杉原編 1965）

　主要な槍先形尖頭器出土遺跡の調査を概観すると、中部高地、関東地方北部を主として、中部地方北部や東北地方、北海道など東日本を中心として研究が進展してきたことが明らかで、調査の進展に応じて編年表にその調査成果が取り入れられている。槍先形尖頭器は研究史の当初には旧石器

第9表　横田義章による中部地方旧石器時代編年表（1965）

```
茶臼山（ナイフ形石器、掻器、彫器、石刃、石刃核、局部磨製石斧）
           ↓
男女倉Ⅰ・Ⅱ、八島、上ノ平、上ヶ屋、手長丘
（ナイフ形石器≧槍先形尖頭器；掻器、（彫器）、石刃、石刃核）
           ↓
男女倉Ⅲ・Ⅳ、鷹山
（槍先形尖頭器＞ナイフ形石器；掻器、石刃、石刃核、細石核）
           ↓
矢出川、和田峠（細石刃、細石核、掻器）
```

時代のもっとも新しい段階に位置づけられたが、その後各地で調査が進展する中で、その編年的位置づけについて大きく2度の変更があったことが指摘できる。その第一は、1954年に長野県矢出川遺跡の発掘調査が行われ、日本列島における細石刃石器群の存在が確認されたことにより、槍先形尖頭器石器群が細石刃石器群直前の時期に編年されたことである。細石刃石器群はすでに矢出川遺跡発掘以前の芹沢論文（芹沢 1954）で槍先形尖頭器石器群に後続する旧石器時代終末の編年的位置が予想されていたが[1]、矢出川遺跡発掘後の芹沢編年（芹沢 1957）、相沢編年（相沢忠洋 1957）で明確に位置づけられた。しかし、同じ年に発表された杉原編年（杉原荘介 1957）では細石刃石器群については触れられていない。これは、この時期、細石刃石器群の編年的位置が十分に定まっていなかったことを示すのであろう。細石刃石器群を旧石器時代のもっとも新しい段階に位置づけた根拠はそれほど明確なものではないようで、関東地方における細石刃石器群のわずかな層位的出土例、矢出川遺跡における石器群出土層がローム層上面であったこと、大陸における細石刃石器群が旧石器時代終末～新石器時代に位置づけられていたことなどが主な根拠と思われるが、明確な形で槍先形尖頭器石器群と層位的上下関係をもって検出された例はなかった。明確な層位的事例は、この後1970年代の大規模開発に伴う発掘調査まで待たなければならなかった。また、この段階では香川県井島遺跡の小形ナイフ形石器は幾何学形細石器の範疇で捉えられており、槍先形尖頭器石器群に後続する編年的位置を与えられている。槍先形尖頭器の編年的位置づけ変更の第二は、北海道立川遺跡、長野県柳又遺跡における有茎尖頭器（有舌尖頭器）の発見や長野県神子柴遺跡、青森県長者久保遺跡における大型槍先形尖頭器、局部磨製石斧を伴う石器群の発見に伴って槍先形尖頭器石器群が細石刃石器群を挟んで前後2時期に大きく分けられたことである。柳又遺跡や同じ年に調査された新潟県小瀬ヶ沢洞窟遺跡（中村孝三郎編著 1960）では有茎尖頭器に土器が伴っていたこと、神子柴遺跡、長者久保遺跡の石器群がシベリアの新石器時代初頭の石器群に対比されたことから、これらの槍先形尖頭器石器群はとりあえず縄文時代直前の旧石器時代終末に位置づけられ、従来知られていた槍先形尖頭器石器群は細石刃石器群直前に位置づけられたのである。以上の槍先形尖頭器石器群位置づけの変更点は、すでに1962年の芹沢論文（芹沢 1962）に盛り込まれており、1965年の『日本の考古学Ⅰ　先土器時代』に引き継がれている。そして、槍先形尖頭器石器群が細石刃石器群を挟んで大きく2時期に区分されるという大枠は、その後の資料的増加によって細石刃石器群前後の槍先形尖頭器が系統的に連続するか否かの議論が行われるようになったものの、現在

でも基本的な枠組みとしては変更されていない。

　上述の槍先形尖頭器石器群の2時期区分を含め、槍先形尖頭器の編年は平面形態、調整加工の状態（両面加工、片面加工など）、調整技術（押圧剥離など）を指標として、馬場平遺跡、中ツ原遺跡など研究史の比較的初期から試みられている。形態的に異なる様相の槍先形尖頭器を抽出して編年的に位置づけようとしたことは、研究史初期段階における旧石器時代の編年確立や系統論研究の進展に大きく寄与したものと評価できよう。しかし、分類に際しては客観的な分析データを提示・分析している論攷は基本的にない。製作技術の面でも古期の槍先形尖頭器は調整が粗雑とされる場合、製作遺跡における製作過程で破損・放棄された未完成品は考慮されていない。また、押圧剥離とされている資料もその根拠を明示しておらず、調整剥片の分析は行われていない。現在の研究視点からみれば、分類がかなり主観的に行われているといわざるを得ない。

　第1期における槍先形尖頭器の研究は、まず日本における旧石器時代の編年の確立が急務とされたため、編年研究が主体に行われており、槍先形尖頭器についても例外ではなかった。槍先形尖頭器の形態・技術研究も上述のごとく行われているものの、十分進展したとはいえず、編年研究に付随する形で行われていたにすぎない。このような状況の中で、松沢亜生の技術論的研究は特筆すべきであろう。松沢は長野県北踊場遺跡の槍先形尖頭器石器群を報告するにあたって、原石、素材、調整加工、器種を有機的に関連づけ、調整作業によって生じる調整剥片にも目を向けた（松沢1960）。資料的な制約からやや観念的な部分を含んではいるが、槍先形尖頭器の製作工程を素材から完成品に至るまで有機的かつ構造的に捉えたことは高く評価される。また松沢は、槍先形尖頭器の製作技術を個々の製品（未完成品を含む）から剥離面の切合い関係を検討することによって復元する方法を提示した（松沢1959）。これら松沢の一連の技術論的研究は第1期において旧石器時代研究を大きく前進させるパラダイムとはならなかったが、第2期以降の研究の進展に大きな役割を果たした。

　第2期は1965～1980年前後までの時期であり、多文化層遺跡を中心として抽出された石器群に基づく編年の再構築と新たな研究法の模索期である。第1期において一応の編年の確立をみたが、編年研究を通じてそれまでの示準化石（Type Tool）による編年では各時期・各地域の石器群の内容を捉えることができないことが明らかとなり、新たな研究法が模索された。また、同時に1970年前後からはじまる開発に伴う大規模な緊急調査によって、第1期とは比べものにならないほどの膨大な資料が蓄積された時期でもある。1965年に刊行された『日本の考古学Ⅰ』はそれまでの研究成果の集大成となったが、示準化石による編年を基本的な枠組みとしていた。しかし、「関東地方の先土器時代」を担当した戸沢充則が「文化の階梯がそのまま石器の編年であり、標準化石的な石器の序列が文化の階梯を決めるというかんがえはもはや止揚されるべきである。関東地方の先土器時代の研究もその立場にたって、過去のかがやかしい業績を、さらに新しい体系によって発展されるべきときがきているのである。」（戸沢1965a）と述べているように、一部の研究者はパラダイムを転換すべきことを強く意識していた。その実践的な研究として、同じく戸沢充則は、石器組成・形態・調整技術などに着目して槍先形尖頭器の編年を行った（戸沢1965b）（第10表）。槍先形尖頭器の形態や調整技術についてはそれまでの研究と大きく変わることはないが、石器組成を新たな視点

第10表　戸沢充則による中部・関東地方槍先形尖頭器編年表（1965）

```
渋川Ⅱ・上ヶ屋
（器種組成の主体はナイフ形石器。槍先形尖頭器は左右非対称、両面・半両面・片面調整、概して調整は粗雑）
　　　　　　　　　　　　　　　↓
八島・男女倉Ⅲ・武井Ⅱ
（器種組成の主体は槍先形尖頭器。槍先形尖頭器は小形柳葉形と大形月桂樹葉形、未発達な槍先形尖頭器）
　　　　　　　　　　　　　　　↓
上ノ平・馬場平・古屋敷・元宿
（槍先形尖頭器は両面調整・断面凸レンズ状・押圧剥離による調整が一般的、
　形態は小形柳葉形と大形月桂樹葉形。槍先形尖頭器発達期）
　　　　　　　　　　　　　　　↓
横倉・神子柴
（槍先形尖頭器は大形薄身で両面調整。縄文時代直前）
```

として加え、とくに利器であるナイフ形石器と槍先形尖頭器の量比に注目した。それまでの研究において、加工具などの種類や型式などが語られることはあったが、示準化石の単純な交代として編年が行われてきたことから、ナイフ形石器石器群と槍先形尖頭器石器群の関係についても主要利器がナイフ形石器から槍先形尖頭器に変化したと理解されているにすぎなかった。しかし、戸沢は槍先形尖頭器がナイフ形石器石器群の中に出現し、やがて量的に逆転すると同時に製作技術も発達を遂げることを指摘し、不完全ながらも石器文化の動的な変遷観を提示したのである。また、同様な視点で同じ年の1965年に横田義章が中部高地を中心とした中部地方の旧石器時代編年を提示している（横田1965）。

　このように、『日本の考古学Ⅰ』刊行を前後する時期には従来の研究法を見直し、新たな研究法を構築しようとする動きがはじまっていたが、その中心的な研究者の一人が戸沢充則であった。戸沢は『日本の考古学Ⅰ』が刊行された1965年に旧石器時代研究の新たなパラダイムを提示している（戸沢1965c）。戸沢は、1遺跡あるいは1文化層の出土遺物・検出遺構の総体をインダストリーとし、旧石器時代研究の基礎的資料と位置づけた。日本におけるインダストリーは当面、石器を主として構成されており、石器群として捉えられる。石器は時間的なつながりをもつ形態（form）組成と空間的つながりをもつ形式─型式（type）が統合された姿として存在していると考えた。このインダストリーを抽出・研究する方法として、層位論的研究、形態論的研究、型式論的研究、技術論的研究が必要であることを述べた。次いで、戸沢は1966年および1973年に埼玉県砂川遺跡の発掘調査を行い、具体的な石器群分析法を提示した（戸沢1968）。1時期の石器群の抽出は、調査現場で出土層などが注意深く観察されるとともに、出土石器の平面位置・垂直位置が正確に記録され、詳細な出土状態の検討を行うことによってなされている[2]。また、接合資料の抽出や接合資料に基づく個体識別法が開発・導入され[3]、石器群抽出をより確かなものとした。出土石器については、ナイフ形石器を中心に分析が進められ、ナイフ形石器の形態細分と機能推定、茂呂系ナイフ形石器における各形態および形態組成からみた編年的位置などの考察が行われた。戸沢が提示した上記の四つの視点で分析が進められ多くの成果が得られたが、砂川遺跡の分析で開発された接合資料の抽出と個体（母岩）別分類法は、石器の同時性を保証するきわめて有効な方法を提供すると同時に、良好な接合資料は具体的な剥片生産技術の復元を可能とし、遺跡に残された活動単位としての石器ブ

ロック⑷の抽出と石器ブロック相互の関係を動的なものとして考究することを可能とした。

　このように、砂川遺跡の分析を通じて示された研究方法は、従来の石器の個別的研究に基づく編年・系統論主体の研究から石器群として分析する必要性と有効性を明らかにし、その後の研究に大きな影響を与えた。同時に、石器ブロックの抽出と接合関係・個体別資料分布の分析を通じて旧石器時代の遺跡を集落と捉えることを可能とし、集落論分析への道を開いた。しかし、相模野台地の神奈川県地蔵坂遺跡（鈴木・小野編 1972）、小園前畑遺跡（鈴木・矢島編 1974）など、いくつかの遺跡において試みられているが、第2期においてその研究法が十分開花することはなかった。1968・69年の神奈川月見野遺跡群（月見野遺跡群調査団 1969）、1969・70年の東京都野川遺跡（小林・小田・羽鳥・鈴木 1971）の発掘調査をはじめとして、1970年前後にはじまる大規模な緊急発掘によって多文化層遺跡の存在が次々に明らかとなり、同一文化層においても多数の石器ブロックや礫群が検出されることとなった。このことは、旧石器時代遺跡を視覚的に集落遺跡として認識させることとなった。集落論的研究は東京都野川流域の遺跡を中心に小田静夫らによって進められ、セトルメント・アーケオロジーの概念（小林達雄 1971）が援用された。野川遺跡においては石器ブロックがA〜F型の6類型にまとめられ、それぞれにそこで行われた行動型が想定され、各文化層における石器ブロック類型と礫群を含めた分布を検討することによってセトルメント・パターンを想定した（小林・小田・羽鳥・鈴木 1971）。野川遺跡の報告以後行われた一連の調査では、野川遺跡で抽出された石器ブロックの類型をもとに分析が進められている。これら野川流域を中心とする小田らの研究は、旧石器時代の遺跡を集落遺跡という観点から調査する方向へ向かわせた点で高く評価することができるが、石器ブロックの類型化が定形石器の量比や出土器種を基準とした静的な分析に終始しており、アメリカを中心として行われた諸外国の研究成果を先験的にブロックの行動様式としてあてはめたことから、遺跡ごと文化層ごとの具体的な個性を抽出ことができず、画一化した集落景観を描く結果となった。

　研究史第2期は、旧石器時代研究において新たに集落研究が研究分野として加わり、砂川遺跡の研究において重要な研究方法が提示されたが、具体的な研究レベルにおいて十分咀嚼されず、皮相的な集落研究が主体を占め、槍先形尖頭器を伴う石器群の研究についてもまったく同じ状況であった。それは、調査の主体が学術調査から行政を中心とする大規模な緊急調査に移行することに伴い、十分な研究体制がとれなくなったことに一因があると思われる。一方、関東地方を中心として、大規模な発掘調査により1遺跡において複数の文化層が面的な広がり（複数の石器ブロック）をもって層位的に検出される事例が一般的となり、第1期において少数の層位的事例と特徴的な器種によって行っていた研究法を大きく転換することとなった。第1期の終り頃にはすでに石器群として研究する視点が醸成されつつあり、上述の砂川遺跡の研究によってその有効性が確認されたが、こうした多文化層遺跡の相次ぐ調査によって具体的材料が豊富に提供された。このことは、層位的かつ一括性の高い石器群に基づく編年の再構築へと向かわせた。槍先形尖頭器に関する層位的資料も関東地方南部を中心としてこの時期多く蓄積されたが、編年的な枠組みは戸沢充則が提示した枠組み（戸沢 1965b）から大きく変化することはなかった。しかし、技術的特徴において戸沢が関東地方の特徴としてまとめた片面あるいは半両面加工から両面加工へという変遷観（戸沢 1965a）は資料

蓄積が進む中で両面加工が槍先形尖頭器の出現期から認められ、単純な変遷観では理解できないことが明らかとなった。

　槍先形尖頭器の編年研究は、この時期資料蓄積が着実に進み、各時期の石器組成や槍先形尖頭器の形態組成など具体的な内容が検討できる状況が整備されていったが、編年的枠組みを大きく変更するような進展はなかったことはすでにみたとおりである。しかし、技術構造論的研究、技術系統論的研究、製作技術論的研究、起源論的研究など研究史第1期ではほとんどみられなかった新たな研究方向が数多く提示された。技術構造論的研究としては稲田孝司の研究を挙げることができる（稲田1969）。稲田は素材と調整技術が不可分の関係をもって器種や型式を成立させていることを指摘し、素材と調整技法によって示される石器群の技術的特徴を石器群の技術基盤と呼んだ。そして、槍先形尖頭器を伴う石器群を主たる分析対象として、器種・型式と技術基盤の関連を構造的に理解することによって、ナイフ形石器文化を典型とする（後期）旧石器時代的な石器製作体系が槍先形尖頭器石器群の成立を通じて崩壊し、縄文時代の石器製作体系へと変化する様相を明らかにした。第2期において石器文化を石器群として捉える視点が定着したものの、稲田論文以前においては、その変遷に関しては現象的理解にとどまっていた。第1期において松沢亜生が長野県北踊場遺跡の分析で示した原石、素材、調整加工、器種の構造的分析視点を踏襲・発展させ、現在の研究からみると編年的な齟齬が指摘できるものの、旧石器時代から縄文時代への技術構造変遷史にまで昇華したことは高く評価されよう。

　技術系統論的研究は、樋状剥離を有する槍先形尖頭器が体系的に整理され、男女倉技法、東内野型尖頭器が設定されるとともに系統論的研究が展開されたことが挙げられる。長野県男女倉遺跡群出土石器の中に、両面加工で一端に樋状剥離を有する特徴的な石器がまとまって存在することを指摘したのは横田義章である（横田1965）が、石器群の基盤をなす技術体系（技法）として整理したのは森嶋稔である。森嶋は男女倉遺跡群出土の両面加工石器製作技術を総称して男女倉技法を提唱した（森嶋1975a）。男女倉技法によって製作されるのは、ナイフ形石器、彫器、掻器の3器種であり、ナイフ形石器（男女倉型ナイフ形石器）と彫器（男女倉型彫器）に樋状剥離が作出される。森嶋は男女倉型ナイフ形石器を、槍先形尖頭器とナイフ形石器の両機能を併せもつものと理解している。篠原正は東内野遺跡から出土した左右非対称の樋状剥離を有する槍先形尖頭器を東内野型尖頭器と定義し、男女倉技法との関連について考察した（篠原1977）。篠原は東内野型尖頭器を男女倉技法の範疇で捉えることができるが、男女倉型ナイフ形石器とされたものはブランティングが施されないこと、両面加工のナイフ形石器は存在しないことなどからナイフ形石器の名称は適さないこと、男女倉型彫器についても機能部である先端が再加工によって取り去られることから彫器の名称も適当でないことを指摘している。これに対して、森嶋は男女倉遺跡群の男女倉型ナイフ形石器、男女倉型彫器の製作工程や技術的特徴の分析を行うとともに、中部・関東地方の関連資料を検討し系統関係や時間的前後関係などについて考察した（森嶋1978）。篠原の批判に対して森嶋は、樋状剥離を施す意味を機能的理由から強調して男女倉型ナイフ形石器、男女倉型彫器の設定を再確認した。男女倉技法に属する石器は中部・関東地方に広く分布し、一定の時間幅を有するとともに時間的前後関係として変遷を追うことができるとした。森嶋が示した男女倉型ナイフ形石器がナイフ形

石器の範疇で捉えるべきなのか議論が分かれるところであるし、男女倉型掻器が器種として成立しうるのか技術形態学的な検討や製作遺跡における工程研究の面からさらに議論が必要であるが、樋状剥離のある槍先形尖頭器を体系的に研究したことや槍先形尖頭器の形態をとる石器に複数の器種が含まれていることを指摘したことは、その後の槍先形尖頭器の技術形態論や機能論の基礎を築いたものとして評価されなければならない。

このほかに樋状剥離を有する槍先形尖頭器については、千葉県木刈峠遺跡出土品に対して鈴木道之助は木刈峠型グレーバーを設定した（鈴木 1975a）が、のちに基本的には槍先形尖頭器の機能であることを述べている（鈴木 1977）。また、村井美子は機能に基づく分類と形態に基づく分類は区別されるべきものであるとの観点から、鈴木・森嶋・篠原の研究を批判した（村井 1978）。また、刃部角度など詳細な形態・技術的分析を行う必要性を指摘している。

製作技術論的研究では、槍先形尖頭器の調整剥片の分析を主とした研究、研究史第1期に松沢亜生によって研究の開始された剥離面の切り合い関係の追及による研究、製作実験による研究などが認められる。槍先形尖頭器の調整剥片の分析を主とした研究では、新潟県中林遺跡出土資料を分析した芹沢長介や神奈川県本蓼川遺跡出土資料を分析した宮塚義人・矢島國雄・鈴木次郎の研究を挙げることができる。芹沢は調整剥片を大きさ（長さ）および平面形態によって分類し、若干の接合資料も参考にして製作工程を復元した（芹沢 1966）。宮塚らは調整剥片を形態的特徴から3種類に分類し、それぞれの調整剥片の製作工程段階を推定している（宮塚・矢島・鈴木 1974）。調整剥片は槍先形尖頭器本体から得られないさまざまな情報を有していることから、その分析は製作技術分析において重要な位置を占めているが、第2期では研究の先鞭がつけられた程度で大きく進展することはなかった。剥離面の切り合い関係による研究は山崎信二の論攷が挙げられる。山崎は戸沢充則の編年（戸沢 1965b）に基づいて中部地方の槍先形尖頭器を剥離面の切り合い関係を主体に検討し、時期ごとの技術的特徴を抽出することによって、槍先形尖頭器製作技術の発展過程を跡づけようと試みた（山崎 1978）。一定の成果を得ることに成功しているが、同時に複雑に剥離面が切り合い、調整の進行によって先行する調整面が徐々に失われていく槍先形尖頭器における分析の有効性の限界も示した。製作実験による研究では松沢亜生の論攷がある。松沢は加工具の種類や製作段階の違いによって製品や調整剥片の形状がどのように変化するか紹介している（松沢 1973・1974）。体系的な実験とはいえないが、日本における初めての槍先形尖頭器製作実験の記録として研究史にとどめられる。このほか、森山公一は欠損した槍先形尖頭器の一部は意図的な折断であることを折れ面の観察や折れ面周辺の再加工痕跡、折断実験などを通じて明らかにしている（森山 1978）。

起源論的研究は起源論に焦点を絞ったものは少ないものの多くの論攷があり、基本的に日本列島内において独自の発展過程のもとに出現したとする見解をとっている。戸沢充則は槍先形尖頭器とナイフ形石器を直接的に結びつけることには問題があるとしながらも、長野県渋川遺跡など初期の槍先形尖頭器は肩を有する両面調整品で、形態的には切出形ナイフ形石器に似ることに注目し、切出形ナイフ形石器を仲介としてナイフ形石器が槍先形尖頭器へ形態転化したことを示唆した（戸沢 1965b）。稲田孝司は山形県平林遺跡から長野県渋川Ⅱ遺跡A地点への変化を「器種・型式の在り方と技術基盤の関係を、構造化して把握すること」によって切出型石器が槍先形尖頭器へ形態変化す

る様相を提示し、戸沢の見解を一層発展させた（稲田 1969）。橋本正は、時期が下るにしたがって石器の面的加工技術が特定器種から不特定多数の器種に拡大するという流れの中で槍先形尖頭器の発生も考えられるとし、面的加工の度合による段階的なナイフ形石器からの発展過程を想定するとともに、ナイフ形石器と槍先形尖頭器の欠損状況や製作技術の共通性について指摘した（橋本 1977）。小林広和・里村晃一はブランティングと平坦剥離がナイフ形石器文化末期には出揃っており、初期の槍先形尖頭器は両調整技術を基盤とし、刺突具と推定される「茂呂型ナイフ形石器A型」の製作技術と共通することからナイフ形石器の槍先形尖頭器への形態転化は同一線上で理解されるとした（小林・里村 1976）。安蒜政雄は槍先形尖頭器とナイフ形石器に共通する形状・刃部・素材という三つの形態要素に注目し、槍先形尖頭器がナイフ形石器の形態と関連をもちながら変化することから、素材共通段階で両者の技術的同一基盤を指摘した（安蒜 1978）。佐藤達夫は瀬戸内地方に分布する舟底形石器が時期の下るに従い小形化し、その延長線上に槍先形尖頭器の発生を想定した（佐藤 1970）。白石浩之はナイフ形石器文化にみられる舟底形石器・三稜尖頭器など尖頭器様石器を角錐状石器の名称で統一し、総合的に分析することで佐藤の見解を一層発展させた（白石 1974）。白石は初期の槍先形尖頭器と角錐状石器にはさまざまな共通点があることを指摘し、前者は後者の発展形態とした。さらに白石は、白石が想定する初期の槍先形尖頭器は槍先形尖頭器ではなく「尖頭器様石器」であるという批判（矢島・鈴木 1976）に対して、角錐状石器を改めて初期尖頭器として位置づけ、いわゆる槍先形尖頭器を発達期尖頭器とした（白石 1979）。発達期尖頭器については、出土層位、伴出石器、尖頭器の型式などを分析の視点に据え、全国各地の尖頭器変遷の様相を概観している。また、鈴木次郎らは関東地方南部という地域的な限定つきではあるが、出現期の槍先形尖頭器がナイフ形石器やその他の石器とは剥片剥離技術・調整加工技術を異にし、いわば「構造外的存在」であること、槍先形尖頭器の出現を契機に石器群全体に変動が認められることから、槍先形尖頭器の出現を外在的要因とした（宮塚・矢島・鈴木 1974、鈴木・矢島 1979）。

このほか、旧石器時代末～縄文時代初頭の石器群変遷の様相を考察する中で槍先形尖頭器を形態分類し、その組成の変化を考察した鈴木保彦の論攷（鈴木 1974）、槍先形尖頭器の出現や発達の背景を形態論的視点に基づく機能推定および狩猟対象獣から考察した鈴木道之助の論攷（鈴木 1975b）などがある。

第3期は1980年～1993年頃までの時期である。第2期において着手された槍先形尖頭器に関する各方面の研究分野は、1970年代を通じて蓄積された資料およびこの時期に新たに蓄積された資料をもとにさらに深化を遂げた。とくに、編年論・技術系統論・製作技術論に関する研究が活発になされている。また、これまでの研究の総括された時期でもあり、1989年に相次いでシンポジウムが開催されている。まず、東京都埋蔵文化財センター主催の「旧石器時代　槍の文化史」が行われた（東京都埋蔵文化財センター 1989）。東京都埋蔵文化財センターによって調査された多摩ニュータウン遺跡群における関連資料の考古学的意義づけを第一義として行われたものであるが、多摩ニュータウン遺跡群出土の槍先形尖頭器の編年研究のほか、日本列島における槍先形尖頭器の組成論・分布論・起源論・型式論および民俗学的研究や動物相研究など、これまでの研究成果の一端が総括的に報告されている。次いで、長野県考古学会主催の「中部高地の尖頭器文化」が開催された（長野県考

古学会 1989)。シンポジウム開催に至るまで長野県考古学会旧石器部会によって長野県内の主要な槍先形尖頭器資料の見学と討論が7回にわたって行われ、問題点が洗い出されるなど周到な用意がなされた。シンポジウムでは、中部高地を中心とする長野県の槍先形尖頭器の研究史・形態学的研究・技術論的研究など多岐にわたる研究成果が明らかにされるとともに、日本列島各地の槍先形尖頭器の様相および槍先形尖頭器の起源論・機能論・編年論・型式論・地域論・文化論・環境論など現状で検討可能なさまざまなテーマについて研究成果の発表と討論が行われた。設定されたすべての課題について十分な成果を得ることができたわけではないが、問題点の整理と次の研究に向けて大きなステップとなった意義は大きい。

　第3期は集落論的な基礎資料が蓄積された時期でもある。研究史第2期における大規模な発掘調査は旧石器時代の遺跡を集落跡として分析する方向に向かわせたが、多くの遺跡において検出された石器ブロックは包含されていた自然層によって機械的に区分され、石器ブロックの性格も先験的な解釈を主としていたことなど、その研究内容が皮相的であったことはすでにみたとおりである。砂川遺跡において提示された旧石器時代集落研究法は安蒜政雄らによって着実に深化しつつあった（安蒜・戸沢 1974、稲田 1977）が、多くの遺跡の研究において応用されることは少なかった。1980年代に至ってこうした砂川遺跡で提示された研究法による旧石器時代遺跡の調査研究が広く受け入れられるようになるが、それは1980年に刊行された静岡県寺谷遺跡の報告書が果たした役割が大きい。寺谷遺跡の分析にあたって、鈴木忠司は接合資料に基づいて厳密に個体別資料を抽出し、集落分析の基礎とした（鈴木編 1980）。鈴木は接合資料や個体別資料の分布により2群の集団が遺跡を占拠していたことを想定した。砂川遺跡ほど個体識別が容易でない石材でも接合関係に基づく個体別資料分析が集落分析に利用できることや大規模な遺跡の集落跡分析にも有効であることを明確な形で示した功績は高く評価される。これ以降、多くの遺跡で接合資料や個体別資料の抽出が積極的に行われるようになり、遺跡ごとの集落景観の復元が行われるようになった。また、多数の文化層が上下に重複して検出される関東地方の遺跡では文化層ごとの石器ブロックを抽出する有力な手段として認識され、一時期の石器ブロックの検討が詳細に行われるようになった。こうした状況により、ナイフ形石器文化期の集落論的な研究が第3期に散見されるようになるが、槍先形尖頭器に関連する集落論は基本的には次の時期まで待たなければならず、資料の蓄積期として評価される。

　次に、編年論、技術系統論、製作技術論を中心に個別的な研究についてみてみよう。編年論に関する研究は大きく三つに分けることができる。第一は槍先形尖頭器の全国編年が編まれたことである。研究史第1期末の1965年には、戸沢充則によって全国的な資料に基づく槍先形尖頭器の変遷が提示された（戸沢 1965b）が、各地域の資料が十分出揃っておらず、中部地方を除いては各地域の槍先形尖頭器の様相を概観するにとどまった。第2期には槍先形尖頭器に関する良好な資料が各地で蓄積されたが、槍先形尖頭器に関する資料は関東地方南部に集中していたことや層位的一括資料が関東地方に集中していたことから、関東地方南部、とくに相模野台地と武蔵野台地を中心として編年研究が進められた。その意味では、関東地方南部という地域編年が突出する形で進展したわけであるが、槍先形尖頭器は次々と発見されるさまざまな時期の石器群とともに後期旧石器時代の編年が再構築される中で位置づけられた。小田静夫・C.T.キーリーの編年（小田・キーリー 1975）お

よび鈴木次郎・矢島國雄の編年（矢島・鈴木 1976、鈴木・矢島 1978）がその主なものである。前者は全国編年を行っているが、武蔵野台地の石器群を編年の機軸に据え、そこで得られた編年観が地域的様相を半ば無視して各地の石器群編年に敷衍されている。いずれにしても、第2期には槍先形尖頭器に焦点を当てた編年は行われていない。第3期になるとさらに槍先形尖頭器に関する良好な資料の蓄積が進み、とくに関東地方南部以外の地域での資料蓄積が進展したことで、1989年に相次いで詳細な槍先形尖頭器の編年が提示された。白石浩之は槍先形尖頭器の形態学的研究、機能論的研究、層位的研究、起源論的研究など初めて槍先形尖頭器の総合的な研究成果を提示し（白石 1989）、全国の槍先形尖頭器を編年した。白石は相模野台地における層位的出土例を、石器組成、槍先形尖頭器の形態、槍先形尖頭器の量比、石材など多面的な要素について検討して、槍先形尖頭器の変遷を4段階にまとめた。そして、その変遷観を機軸として、各地の槍先形尖頭器を検討して全国編年を提示した。各地域の槍先形尖頭器を詳細に検討して編まれた本格的な全国編年であり、細石刃石器群との関連については明確に述べられてはいないが、旧石器時代の槍先形尖頭器の消長を一系統の器種として初めて捉えた論攷として注目される。筆者は関東地方における層位的事例を重視しながら、槍先形尖頭器の形態組成（平面形態、調整状態、大きさ）を編年のもっとも重要な論拠として、石器組成・製作技術など各地の槍先形尖頭器を伴う石器群を総合的に検討することによって槍先形尖頭器の全国編年を提示した（藤野 1989a）。従来、時期的な特徴としてのみ語られてきた槍先形尖頭器の形態を形態組成として整理し、編年の基準たりうることを示した功績は大きい。また、筆者は旧石器時代の槍先形尖頭器が一系統であるという見解を明確に示し、細石刃石器群の成立によっても途切れることなく旧石器時代末の槍先形尖頭器石器群へと連続することを、槍先形尖頭器の形態組成・製作技術などの面から論じた。さらに、筆者は出現期の槍先形尖頭器製作技術、槍先形尖頭器石器群が成立した発達期の槍先形尖頭器製作技術、縄文時代への移行期である土器出現期の槍先形尖頭器製作技術を詳細に分析し、製作技術を復元することにより槍先形尖頭器の製作技術の発展過程を明らかにすることによって、編年の妥当性を補強した（藤野 1989b・1991・1993）。また起源論についても、技術論的分析を通じて形態的にはナイフ形石器をモデルとしながらも、槍先形尖頭器出現以前の製作技術総体が技術的背景となったことを明らかにした（藤野 1989c）。

　編年論の第二は槍先形尖頭器石器群と細石刃石器群の時間的関係である。第1期における編年の集大成である『日本の考古学Ⅰ』では尖頭器文化→細石刃文化として槍先形尖頭器石器群と細石刃石器群は時間的前後関係に置かれ（杉原荘介 1965a）、神子柴石器群は北方から流入・成立した石器群として尖頭器文化の枠組みから除外された（戸沢 1965b）。しかし、神子柴石器群と細石刃石器群との時間的前後関係は不明とされた。基本的には細石刃石器群以前に位置づけられた槍先形尖頭器石器群と神子柴石器群を典型とする槍先形尖頭器石器群は直接的な系譜関係を有さないと理解されたといえる。研究史第2期において槍先形尖頭器関連資料の蓄積が進んだが、槍先形尖頭器石器群と細石刃石器群が時間的前後関係に置かれるという理解が支配的で、同一層準検出石器群であっても機械的に文化層を分離し、前後関係として処理している報告例が多く見受けられる。また、関東地方では層位的に細石刃石器群より上層から出土する事例も散見するようになり、神子柴石器

群に属さない槍先形尖頭器石器群の存在が多くの地域において明らかにされていったが、細石刃石器群以前に位置づけられた槍先形尖頭器石器群との関連が積極的に論じられることはなかった。これは第2期の発掘調査が関東地方においては武蔵野台地を中心としていたことと無関係ではない。堆積状況が良好とされる関東地方であるが、厚い堆積が認められる武蔵野台地でさえ槍先形尖頭器石器群と細石刃石器群は第Ⅲ層中に包含されることが一般的で、上下関係が確認できる遺跡がきわめて少なかったこと、武蔵野台地では細石刃石器群の良好な資料が少なかったことなどがその主な理由である。したがって、研究史第2期では槍先形尖頭器石器群は、神子柴石器群を除外するとしても、細石刃石器群によって時間的に二分されることとなったのである。このように、第2期では槍先形尖頭器石器群と細石刃石器群を単純な時間的前後関係とする理解が支配的であったが、両者が層位的にかなり重複関係にあり、時間的にもかなり重複するとした重要な見解も明らかにされていた（矢島・鈴木1976、鈴木・矢島1978）。第3期になると、旧石器時代遺跡の調査事例は関東地方を中心に第2期を大きく上回る勢いで行われるようになった。第2期後半の1970年代後半から相模野台地における大規模な発掘調査が恒常的に行われるようになり、槍先形尖頭器石器群および細石刃石器群の層位的出土事例も数多く蓄積された。この過程で、細石刃石器群はL1H層下部で槍先形尖頭器石器群と層位的に重複するものの、B0層を中心としてL1H層下部（あるいは下底）～L1S層下半にほぼ純粋に包含され、一時期を画するとともに槍先形尖頭器石器群とは基本的に時間的重複がないという第2期における理解が層位的にも支持されるという見解がいったんは広く受け入れられた。細石刃石器群のブロックから出土した槍先形尖頭器も上下の文化層からの混入として片づけられ、細石刃石器群の石器組成から除外される見解が支配的であった。しかし、1981・82年調査の神奈川県栗原中丸遺跡（大上・鈴木編1984）、1987年調査の風間遺跡群（麻生順司1989）、1987・88年調査のサザランケ遺跡（鈴木・恩田編1996）などにおいて、細石刃石器群の盛行期とされるB0層準から槍先形尖頭器石器群が検出される事例が散見されるようになった。これらの事例にもかかわらず、細石刃石器群によって槍先形尖頭器石器群は二分されるという見解が支配的であったが、鈴木次郎はこの層位的事例を積極的に評価するとともに、細石刃石器群盛行期前後の槍先形尖頭器の形態的特徴に認められる共通性などから槍先形尖頭器の連続性を主張した（鈴木1989a・1989b）。筆者も基本的に鈴木と同じ視点に立ち、細石刃石器群前後の槍先形尖頭器の形態組成・製作技術が連続し、断絶は認められないことを強調した（藤野1989a）。とくに製作技術の面で、細石刃石器群出現直前段階において大型槍先形尖頭器製作の複雑な工程が成立しており、細石刃石器群の中から新たに成立するとは考えられないことを述べている。また、東日本においては細石刃石器群盛行期に時間的に併行する槍先形尖頭器石器群が散見されることを補強材料として挙げている。島立桂も同様な視点に立っており（島立1993a・1993b）、白石浩之も槍先形尖頭器石器群と細石刃石器群の時間的併行関係を認めている（白石1989）。一方、細石刃石器群前後の槍先形尖頭器を一系統として捉えない見解も根強く、現在においても統一的な見解は得られていない。

　編年論の第三は縄文時代移行期に関する研究である。これは、1979～1981年の神奈川県月見野遺跡群上野遺跡第1地点の調査（相田編1986）を一つの契機としている。月見野遺跡群上野遺跡第1地点第Ⅱ文化層（L1S層上部）では槍先形尖頭器を主体に、細石刃、細石核、打製石斧が出土し、

第9ブロックにおいて明確に伴出する状態で無文土器が出土した。細石刃石器群に後続する槍先形尖頭器石器群に土器が伴出した例は、月見野遺跡群上野遺跡第1地点の調査以前にも、青森県大平山元Ⅰ遺跡（岩本・三宅編 1979）、茨城県後野遺跡A地区（川崎・鴨志田ほか編著 1976）、神奈川県寺尾遺跡第Ⅰ文化層（白石浩之 1980a）において確認されていた。大平山元Ⅰ遺跡は1975年に調査され、神子柴石器群に伴って無文土器（1点のみ有文）が出土した。石器群に確実に伴う状態で出土し、報文ではシベリアを中心とする大陸との系統関係が検討されたにもかかわらず、類例に乏しかったことから、その後活発に議論されることはなかった。後野遺跡は1975年に調査され、神子柴石器群に近接して同一層準から無文土器が出土したが、類例がないことなどから石器群に伴うと断定されなかった。寺尾遺跡は1977年に調査され、槍先形尖頭器を主体とする石器群で、局部磨製石斧、打製石斧、削器などとともに土器が出土した。土器は7ブロックから集中的に出土したが、石器の集中との重複はなく、単独出土に近い状況であった。報告では出土土器は石器群に伴うものと理解されたが、押圧縄文系の土器と理解されたため、報告の時点ではあまり大きな関心を呼ぶことはなかった。しかし、月見野遺跡群上野遺跡第Ⅱ文化層では石器ブロックに確実に伴う形で土器が検出されたこと、出土石器に細石刃や細石核が含まれており、細石刃石器群に近接する年代が与えられること、従来旧石器時代末と考えられていた層準から遺物群が検出されたことなどから、縄文時代の開始に関連して大きく注目されるところとなり、あわせて大平山元Ⅰ遺跡、後野遺跡、寺尾遺跡の土器の問題も含めて検討する機運が高まった（細石刃石器群直後の槍先形尖頭器石器群や細石刃石器群に時間的に併行する槍先形尖頭器石器群に土器が伴出する例は、神奈川県勝坂遺跡《青木・内川 1990》、長野県下茂内遺跡《近藤・小林編 1992》など、その後も少しずつ類例が増加している）。これは、第2期を通じて細石刃石器群に後続する槍先形尖頭器石器群や神子柴石器群の資料蓄積が進んだこと、同時に後続する隆線文土器群をはじめとする縄文時代草創期の資料蓄積が進んだことが背景にあり、月見野遺跡群上野遺跡第1地点の調査および報告書の刊行が引き金の役目を果たしたといえ、同遺跡の報告書が刊行される前後（1985年頃）から、鈴木忠司（1985・1988）、栗島義明（1984・1985・1986a・1988a）、白石浩之（1988a・1988b）、島立桂（1988）など多くの論攷が提出されている。この時期、縄文時代移行期の石器群の編年や変遷過程、系統などが論じられただけでなく、土器の出現と編年、系統などが縄文土器の研究者を巻き込んで激しく議論された（栗島 1988b・1990b、大塚 1989a・1989b・1989c・1989d）。しかし、この一連の議論を通じて、縄文時代への移行期を土器が伴出することを主な根拠として、ほぼ無条件に縄文時代に編入する形で多くの研究者が議論を行っている。土器の出現が縄文時代の食糧生産に関連して重要な意義があるとする小林達雄の見解（小林 1974）は傾聴すべき部分があるにせよ、生業において重要な位置を占める狩猟部門でまったく「縄文時代」的な様相が認められないこの時期を、十分な文化内容の検討なしに安易に縄文時代に組み入れることはきわめて公平性を欠く議論であったといえるであろう。そうした意味で、稲田孝司が示した旧石器時代から縄文時代にかけての各種要素の個別的な分析を通じて下した総合的判断（稲田 1986a）は、本来の時代区分のあるべき姿を示している。

　技術系統論では、研究史第2期に森嶋稔や篠原正によって整理された樋状剥離を有する槍先形尖頭器について一層研究が深化した。青森県大平山元Ⅱ遺跡が調査され（三宅・横山編著 1980）、樋

状剥離を有する槍先形尖頭器が東日本の広い範囲に分布することが明らかとなるとともに、さらに複雑な様相を呈することが判明した。三宅徹也は大平山元Ⅱ遺跡出土資料を分析する中で、樋状剥離を有する槍先形尖頭器および彫器を製作する工程で扇形削片を目的的に連続して剥離するものを大平山元技法A、大型の両面加工品（槍先形尖頭器状）を用意して両面加工品の両側縁から稜付削片・スキー状削片を剥離したのち、本体を二分割して石核とするものを大平山元技法Bとして提唱した（三宅 1980a）。さらに、三宅は大平山元技法Bが湧別技法成立の母体となったとした（三宅 1980b・1981）。大平山元Ⅱ遺跡の報告書が刊行された1980年に、篠原正は東内野型尖頭器に類似する石器を有樋尖頭器という名称でまとめ直し、その製作工程を分析するとともに樋状剥離作出の過程で剥離される削片は廃棄される不要品ではなく、分割されることによって植刃として利用されることを想定し、削片の剥離そのものが目的的であるとした（篠原 1980）。その後、関東地方を中心として資料蓄積が進み、1988年頃から問題点の整理が行われ始める。川口潤は、これまでの研究が型式と形式の把握が不十分で異なるレベルで相互批判をしたことが研究の混乱に繋がったことを指摘し、詳細な製作工程の分析と復元を通じて対象資料の形式・型式を設定し比較検討することが必要であることを指摘した（川口 1988）。そうした認識の上に立って、男女倉遺跡B地点、東内野遺跡、大平山元Ⅱ遺跡の3遺跡の資料分析を行い製作工程を復元することによって、同種の製作技術によって製作された3遺跡の共通性と特殊性を指摘し、各遺跡の特殊性は型式と理解できると予想した。堤隆は面的加工を施した樋状剥離を有する石器を形態・型式・製作技術・分布・編年などの分析を通じて総括的な整理を行った（堤 1988・1989）。まず石器および削片の詳細な技術形態的分析を通じて、槍先形尖頭器（有樋尖頭器）と彫器（尖頭形彫刻刀形石器）の2器種に分類されること、森嶋のいう男女倉型掻器は器種レベルでは設定できないことを示した。さらに、大きさ、樋状剥離の形態、製作工程などを総合的に分析するとともに、有樋尖頭器に左右対称を基本とする男女倉型と一方の縁辺がくの字状を呈する東内野型の2型式を設定し、その分布・編年などについて明らかにした。伊藤健は、男女倉遺跡、深見諏訪山遺跡、江戸城北丸竹橋門地区遺跡、東内野遺跡、一ノ台遺跡、大平山元遺跡の6遺跡を取り上げ、樋状剥離を有する槍先形尖頭器と削片の「樋状剥離両角、側角」の計測などを通じて製作技術の検討を行い、製作過程の復元と形態的特徴を抽出した（伊藤 1989）。製作過程については遺跡ごとの固有のあり方を指摘しており、川口潤の分析を一歩進めるとともに、形態的特徴では二つの様相が認められ、堤が設定した2型式の内容を補強した。

　製作技術論については、槍先形尖頭器関連の接合資料が検出されることによって大きな進展が認められた。接合資料の製作技術分析における有効性は砂川遺跡の報告によって広く認められるところとなり、その後の石器群分析において重要な位置を占めるに至ったが、槍先形尖頭器については一般的に完成品に至るまで多量の調整剥片が生じることから、研究史第2期には多くの遺跡が調査され資料蓄積が進んだにもかかわらず、製作技術分析に利用できるような良好な接合資料が得られることはなかった。第3期に至ると、神奈川県上和田城山遺跡第Ⅲ文化層（中村喜代重 1979a）、寺尾遺跡第Ⅰ文化層（白石浩之 1980a）、月見野遺跡群上野遺跡第1地点第Ⅳ文化層（相田 1986a）、静岡県広野北遺跡（山下編 1985）などで槍先形尖頭器と調整剥片、調整剥片同士の接合資料が得られるようになり、月見野遺跡群上野遺跡など部分的ながら製作工程を具体的に考察できる資料が

蓄積され始めた。さらに、東京都百草遺跡群（中島 1986）、前田耕地遺跡（橋口 1985・1989）、多摩ニュータウンNo.426遺跡第1文化層（佐藤宏之 1989）、群馬県房ヶ谷遺跡第Ⅰ文化層（谷藤 1992a）、長野県下茂内遺跡（近藤・小林編 1992）などきわめて良好な接合資料が検出され、各遺跡において製作技術や具体的な製作工程が分析されるところとなった。とくに下茂内遺跡の接合資料は、槍先形尖頭器の素材生産まで明らかにできるきわめて良好な資料であった。このように槍先形尖頭器の接合資料の蓄積が進展するなか、筆者は槍先形尖頭器出現期の槍先形尖頭器の製作技術について分析を行った（藤野 1989b・1989c）。この時期、槍先形尖頭器石器群では良好な接合資料が知られていたが、出現期では槍先形尖頭器の接合資料がなく、槍先形尖頭器の完成品・未完成品・調整剥片を個別的に分析し、相互に関連づけることによって出現期の槍先形尖頭器製作技術や製作工程について復元した。ついで、筆者は土器出現期の槍先形尖頭器製作技術について、良好な接合資料の分析を中心として、出現期の槍先形尖頭器製作技術の分析に用いた完成品・未完成品・調整剥片の総合的な分析法を併用して、製作技術や製作工程を復元した（藤野 1991）。さらに、筆者は細石刃石器群出現以前の槍先形尖頭器石器群における槍先形尖頭器製作技術を分析し、槍先形尖頭器石器群成立期以降を中心として製作技術系譜の概要を整理した（藤野 1993）。

　研究史第3期は、遺跡構造論や集団論・社会論的な考察を行った論攷が散見されるようになり、研究史第4期における本格的な議論の準備段階と評価できる。戸田正勝は東京都鈴木遺跡Ⅳ上層（ナイフ形石器文化終末期）検出の石器ブロック（ユニット）が接合関係・個体別資料の分布状況から2群に分かれ、二つの単位集団（単位集団A・B）が居住したものと理解した（戸田 1983）。出土の槍先形尖頭器は形態的特徴から、Ⅰ型：細身の木葉形、Ⅱ型：幅広の木葉形の2種類に分類でき、単位集団AではⅠ型の槍先形尖頭器で構成されるのに対して、単位集団BではⅡ型の槍先形尖頭器で構成され、主体となる槍先形尖頭器の形態が異なるだけでなく、ナイフ形石器の形態組成や石器製作の様相が異なることを指摘した。関口博幸は相模野台地の槍先形尖頭器を3段階に区分して各時期の槍先形尖頭器製作の様相を分析することによって、その背後にある遺跡連鎖の仕方の変化について明らかにしようと試みた（関口 1992）。第1段階（B1下部）では中部高地の男女倉遺跡群で集中的な槍先形尖頭器製作が行われ、相模野台地へ搬出されたと想定した。樋状剥離のある槍先形尖頭器を中心とする槍先形尖頭器は再加工されながら複数の遺跡へと携帯される「管理的な石器」であり、ナイフ形石器は遺跡を単位として製作・廃棄される「便宜的な石器」であると評価し、石器製作構造の二重性を指摘した。第2段階以降、槍先形尖頭器は地域内で製作・廃棄されるようになり、第2段階で石器製作構造が一本化され、一時期槍先形尖頭器が「便宜的な石器」へと変化するが、第3段階ではふたたび複数の遺跡に携行される「管理的な石器」に変化したと捉えている。これらの論攷は、集落論的な調査に基づく研究史第2・3期に蓄積された資料を基礎としているが、分析が予察的で結論に至たる過程に飛躍があるなど分析方法としてはなお未発達であったといえる。

　一方、縄文時代移行期の遺跡を対象とし、この時期の遺跡構造や社会構造を解明しようとした意欲的な論攷が2篇発表されている。長野県神子柴遺跡を代表とする基本的に製作痕跡のない製品集積遺跡については、墳墓説・住居跡説・デポ説が主な解釈[5]であり、とくに時代区分論と連動して

山内清男・佐藤達夫はデポであるという立場から背後に余剰と交易を想定し、新石器時代＝縄文時代の位置づけを行った（山内1969、佐藤達夫 1974a）。社会構造にまで踏み込んだものとして評価されるが、製作痕跡が基本的に認められないという出土状況以外に根拠となるものがなく、議論を進展させることはできなかった。第3期には関連資料の蓄積が進み、神奈川県月見野遺跡群上野遺跡第1地点の調査を契機として縄文時代移行期の議論が活発化したことはすでにみたところであるが、編年論や系統論などが主体であり、集落論的な分析や社会構造の解明などの本格的な議論が行われることはなかった。そうしたなか、田中英司は神子柴遺跡の遺物出土状態を詳細に分析し、出土石器の分布上の構成原理を説明することによって、出土状態に一定の規則性が認められ、個々の石器が意味ある配置を取っていることなどを指摘し、住居説・墳墓説の不備を指摘してデポ説を支持した（田中 1982）。さらに、田中はデポを特殊な遺跡とは捉えず、石刃・石核・掻器などごく日常的な品物まで集積されていることから、普段の生活との密接な結びつきの上で形成されているという認識を示した。栗島義明はこれまでデポとして一括して分類され、同一的性格を付与されてきた基本的に製作痕跡のない製品集積遺跡を検討し、性格の異なる3種類に類別が可能であることを示し、神子柴遺跡を石器交換の場として位置づけた（栗島 1990a）。これまでデポとされてきた遺跡は本来の意味のデポである石器集積と儀礼的な石器埋納があり、デポ（石器集積）には単一の斉一性を有する製品集積と複数の斉一性を有する製品集積が認められ、単一の斉一性を有する完形品のデポと複数の斉一性を有する欠損品を主体とするデポは、その性格を明確に区分すべきものとした。また、石材に着目すると在地性石材と遠隔地石材が利用されており、当時の石材需給システムが潜在的にかかわっていたこと、石器に認められる斉一性は特定製作者を予想させ、単一の斉一性は単数の製作者を、複数の斉一性は複数の製作者を示すこと、これらの石器製作者は石器製作のスペシャリストであること、大型槍先形尖頭器の欠損品は交渉不成立に伴う意図的な破砕行為であることなど、社会構造にかかわるさまざまな解釈を提示した。

このほか、相模野台地の槍先形尖頭器を地域的な様相について考察した織笠昭（1987）、鈴木次郎（1989a）、諏訪間順（1989）、中村喜代重（1988）の論攷がある。織笠、鈴木、諏訪間の論攷は相模野台地における槍先形尖頭器の変遷の様相を層位的出土例に基づきながら、形態組成・技術などを構造的に分析したものである。中村は出現期の槍先形尖頭器・角錐状石器について分析し、技術的基盤について考察している。また、栗島義明は相模野台地における槍先形尖頭器の層位的事例の検討を中心に槍先形尖頭器を5期に区分し、関東地方、中部地方の槍先形尖頭器の様相を考察した（栗島 1986b）。栗島は槍先形尖頭器の発達期である第Ⅲ段階においても槍先形尖頭器の出土は偏在的であり、槍先形尖頭器における遺跡単位の偏在性が解消される第Ⅴ段階では中部高地にのみ槍先形尖頭器が存在することから、「槍先形尖頭器文化」は地域的な様相であり、槍先形尖頭器が文化階梯をなす器種たりえないとした。

第4期は1984年前後〜現在までである。この時期の最大の特徴は第3期に蓄積された集落論的資料や石器群の総体的分析を通じて本格的に集団論・社会構造論が議論されるようになったことにある。その背景には二つの流れが指摘できる。一つは第3期を通じてナイフ形石器文化期の集団論・社会構造論的な分析が盛んに行われるようになり、その延長線として槍先形尖頭器を伴出するナイ

フ形石器文化期後半や槍先形尖頭器を主体とする時期の社会構造が研究課題として意識的に取り上げられるようになったことである。こうした動きは、資料的な蓄積と先にみた槍先形尖頭器に関する個別研究が進んだことと表裏の関係にあると同時に、1985年に発足した石器文化研究会が関東地方を中心とするナイフ形石器文化期について集団論、社会構造論を含めた総合的な研究を継続的に推し進めており[6]、その果たした役割も大きいと思われる。今一つは、研究史第3期後半に縄文時代移行期に関する議論が高まりをみせ、一定の成果が蓄積されたことに関連しており、縄文時代との関わりでこの時期をどのような社会として意義づけるかが大きな研究課題として示された。この問題意識は第4期へと引き継がれ、1998年に長野県考古学会主催で神子柴遺跡の検討会が開催されるとともに、旧石器時代研究のパラダイムシフトを提唱する安斎正人を中心として議論が継続されている。こうした槍先形尖頭器に関連した集団論・社会構造論への問題意識の高まりに伴って多くの研究業績が蓄積されるとともに、第6回（1998）岩宿フォーラム／シンポジウム「武井遺跡と北関東の槍先形尖頭器文化」、第8回（2000）岩宿フォーラム／シンポジウム「槍先形尖頭器文化期の集落と武井遺跡」（笠懸町教育委員会・新里村教育委員会・岩宿フォーラム実行委員会1998・2000）にみるごとく、シンポジウムのテーマを構成する重要な柱の一つとして取り上げられるようになった。また、1990年代後半、関東地方では資料の蓄積を反映して、槍先形尖頭器の地域的様相の解明や資料集成を行う動きが顕著で、上述の第6回岩宿フォーラム／シンポジウムでは関東地方北部の槍先形尖頭器の集成（岩宿フォーラム実行委員会1998）がなされ、2001年には千葉県文化財センターによって房総半島の槍先形尖頭器石器群を中心とする槍先形尖頭器の共同研究成果が公表されている（渡邉編2001）。そこでは、千葉県内の槍先形尖頭器出土遺跡の集成、主要石器群の概要紹介、関連文献集成が行われるとともに、研究史（島立桂）、技術形態学的分析（落合章雄）、遺跡分布と構造（永塚俊司）、編年（落合章雄・永塚俊司）、石材からみた社会構造分析（田村隆）、利用石材（黒曜石）の産地分析（二宮修治・島立桂）、房総半島の槍先形尖頭器石器群の特質（島立桂）など、多岐にわたるテーマについて議論されている。

　槍先形尖頭器に関連した集団論・社会構造論は、資料蓄積の進んでいる関東地方を中心として行われており、基本的に接合資料や個体別資料に基づく集落論的分析をベースに、台地を単位とした一地域内の遺跡相互の関係を中心に分析したものと、遠隔地搬入石材である黒曜石・珪質頁岩類を介して関東地方と黒曜石原産地である中部高地、珪質頁岩類原産地である東北地方南部との関連を分析するものが主なものである。

　地域内の遺跡相互の関係を分析し社会構造の一端を明らかにしようとしたものとしては、島田和高、国武貞克らの論攷がある。島田和高は神奈川県月見野遺跡群上野遺跡第Ⅳ文化層の槍先形尖頭器関連資料を分析対象として、個体ごとの石材消費のあり方を分析し類型化した（島田1994）。島田によれば、槍先形尖頭器の接合資料から槍先形尖頭器の製作工程は大きく2工程が存在し、個体別資料は前半段階で廃棄されているものと後半段階で廃棄されているものに大まかに区分される。槍先形尖頭器の製作工程としてみると、いずれも遺跡内で完結しておらず、前者は遺跡外への搬出、後者は遺跡外からの搬入を想定させ、複数の遺跡を移動することによって槍先形尖頭器の製作工程が完結するとした。ナイフ形石器文化後半期では石材補給によって常に一定量の石核を保持し、ナ

イフ形石器を中心とする石器装備を満たしていたのに対して、槍先形尖頭器が主体となる段階では常に一定量の槍先形尖頭器未成品を補充・保有することによって石器装備を満たす構造であり、石器生産の構造が変化したことを指摘した。

　国武貞克は武蔵野台地のナイフ形石器文化終末期の遺跡を対象として、石材消費のあり方を中心に分析することによって遺跡相互の機能的関係を明らかにしようと試みた（国武 1999）。国武は武蔵野台地の遺跡が遺跡内で製作された石器と遺跡外から搬入された石器の比率および遺跡内で消費が完了した石材のあり方を検討し、遺跡内で多くの石器を製作し多くの石材を消費するⅠ類、大半の石器が搬入品で石材の消費も少ないⅢ類、両者の中間的様相を示すⅡ類の3類型に整理できることを明らかにした。また、槍先形尖頭器はⅠ類およびⅢ類の遺跡では出土するが、Ⅱ類遺跡では基本的に出土しないこと、ナイフ形石器はⅠ類、Ⅱ類、Ⅲ類の順で搬入品が増加するが、Ⅲ類遺跡でも製作痕跡が認められること、これに対して槍先形尖頭器はⅠ類遺跡では製作しているがⅢ類遺跡では基本的に搬入品のみで構成されること、槍先形尖頭器・ナイフ形石器以外の器種についてみると、Ⅰ類遺跡では器種が豊富であるがⅢ類では削器を中心として単純であることなどから、Ⅰ類・Ⅱ類・Ⅲ類の各遺跡は機能差を有するとともに連鎖的な関係にあると理解した。また、Ⅰ類遺跡では石器・石材が自給であることから多様な活動が想定されるのに対して、Ⅲ類遺跡では石器・石材が依存的で、単純で短期的な活動（狩猟活動）が想定されるとした。さらに国武は樋状剥離のある槍先形尖頭器が複数遺跡にわたって再加工されながら使用されることに着目し、再加工の内容と遺跡の内容を検討することによって遺跡に機能差があることを明らかにした（国武 2000）。国武は、まず埼玉県下柳沢遺跡の樋状剥離のある槍先形尖頭器の剥離面相互の切り合い関係を検討し、樋状剥離が行われる予定の反対側縁辺の調整→樋状剥離が行われる側の縁辺調整→樋状剥離→樋状剥離の行われた縁辺とは反対縁辺の調整（形状修正）の順で樋状剥離前後の剥離工程が定式化しており、長野県梨久保遺跡、東京都吉祥寺南町三丁目遺跡B地点出土資料においても同様の工程が認められることから、樋状剥離のある槍先形尖頭器の製作工程においては一般化できるものと考えた。こうした剥離工程のうち全工程が行われた遺跡（1類）、樋状剥離が中心に行われた遺跡（2類）、樋状剥離後を中心とする器体の形状修正が中心に行われた遺跡（3類）の3類型が認められ、2類遺跡では槍先形尖頭器・ナイフ形石器以外の器種が認められず、3類遺跡では削器を特徴的に伴うなど遺跡の規模や内容に差が認められ、行動論的に異なる範疇に属していると解釈した。

　地域間の集団関係を考察し、旧石器時代社会の復元を試みたものに、島田和高、白石浩之、大工原豊らの論攷がある。島田和高は中部高地および関東地方南部の砂川期（ナイフ形石器文化後半期）遺跡の分析を通じて、両地域の社会構造の相違と関東地方に遠隔地石材である黒曜石が搬入される契機について解明を試みた（島田 1998）。砂川期の中部高地では黒曜石原産地遺跡群とそれを衛星的に取り巻く遺跡群からなり、前者における集中的な石器生産と後者における消費行動を想定した。また、槍先形尖頭器の製作は原産地遺跡群で集中的に行われ、衛星的な遺跡ではナイフ形石器を主体に製作しており、それぞれに応じた生業が営まれ地形に対応した二重構造的な移動生活様式の存在を想定した。一方、関東地方南部では相模野台地の各遺跡の石器ブロック規模、石材の消費状況およびナイフ形石器製作のあり方を分析することによって、台地単位で在地産石材が恒常的に利用

可能な石材獲得システムが成立していたことを明らかにするとともに、大形流域遺跡と流域遺跡に区分し、前者において拠点的な石器製作、後者において石材・石器搬入と小規模な石器生産が行われ、両者の間を回帰的に移動する生活様式を想定した。これらの分析を通じて中部高地と関東南部に別の地域集団の存在を想定し、相模野台地では在地石材の利用を主としながら黒曜石・珪質頁岩など地域外の石材が一定量利用され、黒曜石については一括搬入がなされている状況を指摘し、中部高地地域集団の遠征による相模野地域集団への譲渡が行われ、これに伴って男女倉型尖頭器を含む槍先形尖頭器が搬入されたと解釈した。

白石浩之は関東地方出土の樋状剥離のある槍先形尖頭器（樋状剥離尖頭器）について石器ブロックとの位置関係や同一個体のあり方を相模野台地、武蔵野台地、下総台地、北関東の4地域で検討し、製作システムや流通システムについて考察した（白石 1997）。白石は樋状剥離のある槍先形尖頭器出土遺跡には、①樋状剥離のある槍先形尖頭器を消費する場、②拠点的遺跡として樋状剥離のある槍先形尖頭器の原形を製品化する場、③石核ないし剥片の素材を用いて樋状剥離のある槍先形尖頭器の原形を製作し製品化して搬出する場、④樋状剥離のある槍先形尖頭器をストックする場の4種類があり、男女倉型尖頭器では②が少ないのに対し、東内野型尖頭器では①・③が少なく②が顕著であるとして、両型式における樋状剥離のある槍先形尖頭器の製作と伝達のあり方が大きく異なっているとみなした。また、相模野台地・武蔵野台地を中心に分布する男女倉型尖頭器は単独個体が多いこと、多くの遺跡で削片の剥離は認められるが、原形製作の痕跡が認められないことなどから、黒曜石原産地における管理集団、関東地方における半ば専業集団化した樋状剥離のある槍先形尖頭器保有集団を想定し、保有集団から各集団へ樋状剥離のある槍先形尖頭器が搬出・分配されたと仮定した。

大工原豊は群馬県武井遺跡における槍先形尖頭器文化期（武井Ⅱ）の集落の成り立ちを前後の時期の石材獲得・消費行動を復元することによって推定しようとした（大工原 1998）。大工原は原石の直接採取を前提として、武井Ⅱ以前に位置づけられる東内野型尖頭器では東北産頁岩を主として利用し、同尖頭器を保有する集団は東北地方南部から下総台地を、男女倉型尖頭器は黒曜石を主として利用し、同尖頭器を保有する集団は中部高地から関東地方を長距離回帰していると想定した。長距離回帰は武井Ⅱに後続する北方系湧別技法を基盤とする細石刃石器群においても認められ、武井Ⅱ前後の時期を通じて認められる行動型であるとした。武井遺跡の槍先形尖頭器の利用石材は在地産のチャート、黒色安山岩が約半数を占めるとともに東北産の頁岩類が約1/4を占めることから、北関東の在地集団に下総台地—東北地方を回帰する集団が合流して遺跡が形成されていると推定した。また、須藤隆司は武井遺跡が大規模遺跡である背景として在地集団による各原石産地からの大規模な原石・素材の持ち帰りと集中的な槍先形尖頭器製作を想定した（須藤 1998）。

これらの論攷のうち、大工原や須藤の分析は具体的な資料に基づく議論がなされておらず、研究史第3期の初歩的な集団論・社会論の段階を脱していないが、その他については各遺跡における石器ブロックを単位とした集落論的分析および技術論的・型式論的な分析をベースとしていることに特徴があり、第3期の議論とは一線を画している。しかし、地域間の集団関係についてはなお解釈論の段階にあり、今後の方法論的深化が必要である。一地域の遺跡の機能論的研究は相模野台地を

主とした分析対象としており、より具体的な内容が提示されるようになったことは高く評価されるであろう。しかし、島田と国武の樋状剥離のある槍先形尖頭器の遺跡間移動のあり方に関する評価にみられるごとく、解釈部分で必ずしも研究者が一致しているわけではなく、さらに議論を進展させる必要がある。それにもまして、分析のベースとなっている個体別資料分類のあり方を今一度問い直す必要がある。現状では個体別資料分類の基準が調査者によって統一されておらず、客観性を欠く場合も少なくない[7]。個体別資料分類には主観の入り込む余地が大きく、分類された個体別資料の客観性を保証するのは接合資料であり、一定点数以上の接合資料を保有しない個体別資料は基本的に個体別資料として扱い得ない。こうした状況下にある資料に基づいた立論は足元から崩れ去る危険性を孕んでいる。提示された個体別資料はあくまでも絶対的なものではないことを分析者は肝に銘じておく必要があろう。

　上述のような個別集落遺跡における個体別資料・接合資料などの分析を基礎として石材の需給関係や入手法、消費過程などの復元を行い、集落相互の関係や地域の社会構造、地域集団相互の関連など考察する集団論・社会論に対して、縄文時代移行期を中心とする社会論的研究は時代論や社会構造の変遷史的な視点から議論されている。この縄文時代移行期の研究はすでに述べたごとく、第3期からの継続的な研究史的流れをもっているが、田中英司・栗島義明の論攷を別とすれば、第3期における議論が個別石器群の内容分析を通じた編年的位置づけ・特徴・系統などを主とするものであったのに対して、第4期における議論がこの時期の社会構造を本格的に問題とする議論に力点が置かれ始めたことに特徴がある。安斎正人は社会生態学的視点から移行期の問題を扱い、北方系細石刃石器群が東北日本を中心とする広範な地域に分布する時期を経て、それ以前とは異なる社会構造が成立したと想定した（安斎1994）。安斎は、ナイフ形石器文化後半期から土器出現期の石器群を考察することによって、細石刃石器群以前の槍先形尖頭器と以後のそれは系統的・機能的な質的不連続の存在であるとし、土器出現期の槍先形尖頭器の系統を北海道の石器群に求めた。基本的には在地の集団が生態系の変化に対応して外的な要素を受容しながら縄文社会へと移行することを想定しているが、北海道の細石刃石器群保有集団との接触を通じて成立した北方系細石刃石器群の成立を直接的な契機とみなしている。細石刃石器群以降は完新世への移行期でもあり、変動する生態系に対応する形で生業システムを変化させるとともに、多様な生業形態に基づく食料収集技術および食料貯蔵技術を獲得することによって縄文時代（専業集団の出現と階層化社会、定住社会）へ移行したとしている。さらに、安斎は縄文時代移行期の象徴的存在である長野県神子柴遺跡に関する従来の研究を批判的に紹介し、石斧・槍先形尖頭器の厳密な型式定義、遺物分布の解釈における客観性などの必要性を指摘するとともに、象徴論的・社会構造論的研究が必要であることを提言した（安斎1999）。そうした認識に立って、安斎は神子柴遺跡の槍先形尖頭器や石斧のもつ象徴的意味を解明し、この時期の社会構造の特質や遺跡の景観的意味を明らかにしようと試みている（安斎2001）。また、従来の神子柴石器群は大陸側からの流入によって成立したという伝播論的見解を批判し、湧別技法に関連する細石刃石器集団の本州への拡散を契機として本州の在地集団の文化的変容によって成立したという見解を改めて提示した（安斎2002）。その論証過程で、石斧の出現と展開については1994年の論攷で示した見解を撤回し、本州側の長者久保石器群が北海道南部へと展開

し、北海道の細石刃石器群の組成に組み込まれたという逆の見解を述べている。

稲田孝司は1986年の論攷で神子柴石器群を縄文時代初頭に位置づけ、神子柴遺跡が「交易関係の遺跡」として位置づけられるという見解に対して、「日常生活の遺跡における道具類のさまざまなあり方ときりはなしては考えられず、日常生活の多様性の中に位置づけてこそ正しい理解ができる」と述べるとともに、山内清男・佐藤達夫らの神子柴石器群についての見解が分業に基づく交換・交易の存在する社会を投影しようとしたことに対して否定的な立場をとりながらも、「提起された論点は旧石器時代・縄文時代の社会関係を究明するうえできわめて重要なものだといわなければならない」という認識を示した（稲田 1986a）。稲田はこうした認識に基づき、神子柴石器群における社会構造の分析をさらに進めた（稲田 1993）。稲田は相模野台地を中心とするナイフ形石器文化～縄文時代初頭（神子柴石器群）の遺跡における母岩別資料の内容を分析することによって、いずれの時期も石器の製作と使用、廃棄が連鎖する循環型のシステムであることを確認するとともに、神子柴石器群においては製作と使用の分離傾向が認められることを指摘した。次に神子柴石器群およびこれに後続する縄文時代草創期の石器集積遺跡を分析し、交易品と考えられる槍先形尖頭器・石斧のみを出土する遺跡がきわめて少なく、製品の量が少ないこと、日常生活に必要な石刃や石刃製石器を多くの遺跡で伴っていること、典型的な交換・交易の場として捉えられている神子柴遺跡ではグループごとの石器の内容が交換・交易を行ったと解釈するにはきわめて不自然であることなどの理由を挙げて、この時期に「商人に支えられた恒常的な交易」の存在は認められないとした。その一方で、これらの石器製品集積遺跡ならびにきわめて優美な槍先形尖頭器や石斧の存在、母岩別資料分析において確認できる製作と使用の分離傾向などから、石器製作のスペシャリスト（石器熟練製作者）の存在を想定し、集団内に分業が成立したことを述べている。

安斎・稲田の集団論・社会構造論的視点から神子柴石器群を縄文時代初頭に位置づける見解に対して、岡本東三は改めて旧石器時代終末に位置づける見解を提示した（岡本 1999）。岡本は、土器の共伴を拠り所として神子柴石器群を縄文時代初頭に位置づける、1980年代後半から1990年代前半に主流となった時代区分論を批判するとともに、技術基盤における石刃技法の有無、遺物包含層の地質学的な位置を基本的な時代区分の原理としてみると、神子柴石器群が旧石器時代末（原文は先土器時代）に位置づけられることを再論した。この時期の具体的な集団論や社会構造については触れていないが、細石刃石器群と神子柴石器群の間に旧石器時代と縄文時代の社会的・構造的な変革を認めることは難しいとしている。

研究史第4期においても槍先形尖頭器関連の良好な資料蓄積が継続的に行われ、関東地方を中心とする地域的な様相がさらに詳細に提示されるようになった。上述のシンポジウムやそれに付随して製作された資料集などにその成果をみることができる。しかし、集団論・社会構造論的な研究は大きな高まりをみせるようになったものの、その他の分野に関しては取り上げるべき論攷はあまり多くなく、地域的な型式論や技術論・編年論などが散見されるにすぎない。主要なものを概観すると、道沢明は下総台地を中心に分布する東内野型尖頭器（樋状剥離のある槍先形尖頭器）の形態細分と編年を行い、東内野型尖頭器の出現過程と同石器が下総台地に集中して分布する背景について考察した（道沢 1994）。小池聡は相模野台地出土の樋状剥離のある槍先形尖頭器を集成し、出土層

位、形態的特徴、石材について検討し、4期に編年した（小池1998）。形態的特徴のうち、先端角には45°を中心とする一群と65°を中心とする一群があり、前者が相模野台地の特徴であることを指摘した。また、樋状剥離のある槍先形尖頭器は相模野台地において独自に発生した槍先形尖頭器の一形式ではなく、末端分布域であり、通常の槍先形尖頭器の発達に伴い衰退・吸収されたと評価した。また、白石浩之はこれまでの自身の研究の総括として、『石槍の研究』を著した（白石2001）。槍先形尖頭器の形態論・編年論・起源論を中心として検討し、遺跡分布・石材・遺構などから予察的な社会論を述べている。これまでに公表された論攷を下敷きにして論旨を統一したものであり、基本的に新たな成果や認識は盛り込まれていない。

第2節　槍先形尖頭器の技術論的研究とその方法論

　前節では、槍先形尖頭器の研究について概観したが、本書においては槍先形尖頭器製作技術の復元が重要な柱の一つを占めていることから、槍先形尖頭器の技術論的研究について改めてまとめておきたい。さらに、研究史で取り上げる槍先形尖頭器の技術論的研究法の有効性について検討し、本書における研究の視座を確認しておきたい。
　槍先形尖頭器の技術論的研究は、①槍先形尖頭器の剥離面相互の切り合い関係による分析、②槍先形尖頭器調整剥片による分析、③接合資料による分析、④製作実験による分析の大きく四つの方向が認められる。

1. 槍先形尖頭器の剥離面相互の切り合い関係による分析

　石器に残された剥離面相互の切り合い関係（前後関係）の分析によって、石器製作技術を復元することができることを初めて示したのは松沢亜生である。松沢は長野県梨久保遺跡出土の槍先形尖頭器を分析対象資料とした。槍先形尖頭器は多数の剥離面から構成されるが、剥離面相互の切り合い関係からみると、剥離の順序が連続的に追跡できる一定のまとまり（剥離面のグループ）が認められ、剥離面のグループが一定の前後関係をもって形成されていることから、製作にはいくつかの段階があることを明らかにしたのである（松沢1959）。松沢は剥離面相互の切り合い関係分析法の有効性を示したが、剥離面が非常に多い場合にはすべての剥離面の切り合い関係を明らかにすることは不可能であることから厳密な製作工程の復元は困難であること、剥離面の数に関連して非常に多くの時間を必要とすることなど、この分析法の欠点も指摘している。山崎信二は、この分析法を主として槍先形尖頭器製作技術の発展過程を跡づけようと試みた（山崎1978）。山崎は中部地方の各時期の槍先形尖頭器を分析対象として、剥離の順序があまり規則正しくないものから規則的なもの（交互剥離）へ変化したことを想定したが、槍先形尖頭器の製作技術を復元するためには素材・調整技術など総合的な分析が必要であることを示した。
　槍先形尖頭器は調整の進行によって先行する調整面が徐々に失われていくことから、完成品においては製作工程の一部しか観察できない場合が一般的である。剥離面相互の切り合い関係による製作技術・製作工程の分析は非常に多くの労力を必要とするにもかかわらず、すべての剥離面の前後関係が明らかにできるわけではない。さらに、石材によっては前後関係の判定が困難な場合もある。

第11表　新潟県中林遺跡における槍先形尖頭器の製作工程と調整剥片（芹沢1966）

大形・中形の槍先形尖頭器製作工程

L1－aの一部（7cm以上の大形で横長の剥片）
↓
L1－c・d（5cm程度の細長い剥片）
↓
L1－b（5cm程度の縦長の剥片）
↓
M1－b（3cm程度の縦長の剥片）
↓
S－a（2cm以下の小形で横長の剥片）

中形の一部・小形槍先形尖頭器製作工程

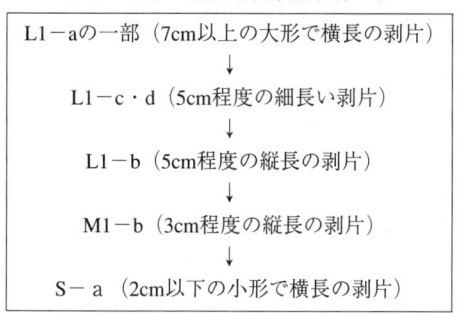

L1－aの一部（5cm以上の大形で横長の剥片）
↓
L1－c・d（5cm程度の細長い剥片）
↓
L1－b（5cm程度の縦長の剥片）
↓
S1（1.5cm程度の小形の剥片）
↓
S2－c・d（1.5cm以下の小形で細長いの剥片）

これらのことから、主として剥片剥離技術の復元など剥離面構成が比較的単純な資料の分析に利用されており、上述の論攷のほかには槍先形尖頭器の分析には現在に至るまでほとんど利用されていない。また、1980年代以降、槍先形尖頭器に関する良好な接合資料が知られるようになり、直接的な製作工程の検討が可能になったことも、この方法による研究が少ない一つの理由でもある。

2. 槍先形尖頭器調整剥片の分析

　芹沢長介は、新潟県中林遺跡の調査で槍先形尖頭器の調整剥片があるまとまりをもって出土し、それらに含まれる剥片は大きさや形など各種の形態が含まれていることに着目して、調整剥片の分類と分析を通じて槍先形尖頭器の製作工程を復元しようと試みた（芹沢1966）。まず調整剥片を大きさ（剥離方向での長さ）と形態（長幅比）について分類し、各種の調整剥片の割合、バルブのはじけた剥片の比率（破損率）について分析した。その結果、槍先形尖頭器製作では幅広の剥片がより多く生じること、幅広の剥片を剥離して粗く調整した後、細身の剥片を剥離するという手順が繰り返されること、遺跡外で自然面を剥離する作業がなされていること、槍先形尖頭器の大小によって最終工程で生じる剥片が異なること、破損率の差は工具の差を示すものと考えられ、「小形」の調整剥片はタガネによる間接打法が推定されること、剥離の順序は一方向であること（接合資料）などを明らかにした。さらに、これらの分析をもとに中林遺跡の槍先形尖頭器には二つの製作工程（「中・大形」と「中形」の一部・「小形」）が存在し、各段階で生じる調整剥片を想定することによって製作工程を復元した（第11表）。芹沢の研究はそれまでの研究が槍先形尖頭器そのものを中心として分析されてきたのに対して、初めて調整剥片を正面から取上げ定量的に分析するという画期的なものであり、現在の研究に繋がる基本的視点を提供した。

　しかし、調整剥片の分析を通じて製作技術や製作工程の復元を試みた論攷は決して多くはなく、いくつかの論攷を挙げることができるにすぎない。宮塚義人・矢島國雄・鈴木次郎は神奈川県本蓼川遺跡の分析を行う中で、槍先形尖頭器調整剥片を、①大きく平坦な打面をもち、打瘤のよく発達した剥片、②打面のクラッシングしている剥片、③小さい打面を残す剥片の3種類に分類し、①は初期段階、③は最終段階の調整剥片と推定した（宮塚・矢島・鈴木1974）。筆者は、出現期の槍先形尖頭器の完成品・未完成品・調整剥片を個別的に分析し、相互に関連づけることによって槍先形尖頭器製作技術を復元した（藤野1989b）。調整剥片のみの分析による製作技術や製作工程の復元ではないが、製作技術や製作工程の復元や素材推定などに有効な分析手段であることを示している。

調整剥片の分析を通じて得られる情報は槍先形尖頭器の製作技術や製作工程を復元する上できわめて有用であるが、一般に槍先形尖頭器製作遺跡においては多量に調整剥片が出土するためほとんど分析されることがなく、資料化されることも少ない。調整剥片は、後述する接合資料と補完的に用いることにより、詳細な製作技術や製作工程の復元を行うことができる。さらに、厳密な意味での個体識別が行われれば、遺跡への槍先形尖頭器製品・ブランク・素材の搬入・搬出形態や遺跡内での遺物の動き、石器ブロックの相互関係など集落論・社会論にかかわる基礎的かつ重要な情報を提供することができることから、今後積極的な分析が望まれる。

3. 接合資料による分析

槍先形尖頭器の接合資料としては、調整剥片の研究の項で紹介した新潟県中林遺跡の例が初出である。その後、神奈川県上和田城山遺跡（中村喜代重 1979a）、東京都多摩ニュータウンNo.27遺跡（雪田編 1979）、寺尾遺跡第Ⅰ文化層（白石浩之 1980a）など、槍先形尖頭器と調整剥片、調整剥片同士の接合資料が数例知られるようになったが、製作工程の復元に利用できるような資料に乏しかった。しかし、前田耕地遺跡では良好な接合資料が多数検出され（橋口 1985）、接合資料による槍先形尖頭器製作技術や製作工程の具体的な復元を可能とする道を開いた。橋口美子は前田耕地遺跡の接合資料を中心として土器出現期の槍先形尖頭器製作技術を分析し、素材の相違を主として5類型に分類した（橋口 1985）。システム1は楕円礫を長軸方向に二分割した分割礫素材、システム2は扁平な礫素材、システム3は縦長剥片素材、システム4は横長剥片素材、システム5は板状剥片素材で、システム3～5は連続的な素材獲得工程が想定されている。システム1では4工程が想定され、第1工程は素材の獲得、第2工程は槍先形尖頭器の素形の製作、第3工程は成形、第4工程は仕上げである。システム3～5はシステム1の第2工程を欠くが、おおむね同様の工程を有しているようである。

さらに、東京都和田・百草遺跡群（中島 1986）、神奈川県月見野遺跡群上野遺跡第1地点第Ⅳ文化層（相田 1986）、多摩ニュータウンNo.426遺跡第Ⅰ文化層（佐藤宏之 1989）、群馬県房ヶ谷戸遺跡第Ⅰ文化層（谷藤 1992a）、長野県下茂内遺跡（近藤・小林編 1992）、八風山遺跡群（須藤編著 1999）などの遺跡で良好な接合資料が蓄積されており、各遺跡の報告書の中で製作工程が復元されている。主なものを概観すると、中島英子は和田・百草遺跡群の接合資料の分析を通じて、槍先形尖頭器素材の製作（母岩の分割）、交互剥離による祖形の作製、槍先形尖頭器の完成という3工程を復元した（中島 1986）。月見野遺跡群上野遺跡第1地点第Ⅳ文化層では多数の槍先形尖頭器接合資料が得られた。必ずしも製作工程全体を示す資料が得られたわけではないが、相田薫はある程度剥離の進行状況がわかる資料を中心に分析を行い、調整剥離が一定の範囲を単位として連続的に行われることを指摘した（相田 1986）。さらに相田は調整加工のあり方には多様性があり、槍先形尖頭器に利用された素材の多様性に対応しているとした。佐藤宏之は多摩ニュータウンNo.426遺跡第Ⅰ文化層の接合資料の分析を通じて大型の槍先形尖頭器製作工程を復元した（佐藤 1989）。盤状剥片様ブランク→大型尖頭器→中型尖頭器という製作工程を想定し、「大型で非常に高度の調整技術を駆使する尖頭器では、（中略）中間に疑似尖頭器体を挟みながら調整を加え完成度を高めるのであろう」と評価している。谷藤保彦は房谷戸遺跡第Ⅰ文化層の接合資料を中心とした分析を通じて

4段階の槍先形尖頭器製作工程を復元した（谷藤1992b）。第1工程は槍先形尖頭器素材剥片生産段階、第2工程は形状成形段階（粗い調整を施して先端・基部などを作り出すが、素材の長さは保持する）、第3工程は器体整形段階（厚みを減じて完成品に近い状態まで調整する）、第4工程は最終調整（先端部、基部などに調整を施しバランスを整える）としている。第1工程は遺跡内では認められず、第2・3工程が主として行われ、大半が第3工程終了段階で搬出されたことを明らかにしている。近藤尚義は下茂内遺跡の豊富な接合資料の分析を通じて、槍先形尖頭器の素材生産から製品の完成に至るまでの工程を明らかにした（近藤1992a・1992b）。槍先形尖頭器の素材生産は類型Ⅰ：連続的な縦長剥片生産、類型Ⅱ：原石の分割、類型Ⅲ：第Ⅰ類の残核利用の3類型にまとめている。槍先形尖頭器の製作技術は二つの技法を設定している。調整技法Aは4段階の製作工程が想定されており、第1工程で両面から調整が施され、断面菱形あるいは凸レンズ状の形状に成形されることを特徴とする。背面と腹面で主として調整される縁辺が異なっている。調整技法Bは5段階の製作工程が想定されており、第1工程で断面三角形に成形されることを特徴とする。第2工程では第1工程の断面形状を基本的に保持しながら断面の三角形の高さが減じられるように薄身に調整されるが、調整技法Aの第2工程、調整技法Bの第3工程以降は槍先形尖頭器状に整えられ、ほぼ同様な調整が進行する。さらに近藤は素材との関連で各技法が2種類に細分され、合計で四つの製作技法が存在することを指摘している。第一は素材の形状に関係なく調整技法Aの第1工程において交互剥離を多用するもの、第二は調整技法A第2工程以降の工程で器体中軸線を越える剥離を多用するもの、第三は完成品に近い厚さの素材を用意し調整技法Bを用いるもの、第四は調整技法Bを用い、片面ずつ調整するものとしているが、第一と第二技法、第三と第四の技法が別々の技法として成立するのかどうか、さらに検討が必要であろう。

4. 製作実験による分析

製作実験による槍先形尖頭器製作技術や製作工程の復元は日本ではほとんど行われておらず、松沢亜生の研究（松沢1973・1974）を挙げうるにすぎない。松沢はフランスの考古学者F.ボルドの製作実験を紹介し、自身も槍先形尖頭器を製作して、ハード・ハンマーによって生じる剥片の特徴などについて述べているが、予備実験的な内容である。日本においてはいまだに本格的な製作実験による研究例はなく、今後の研究が望まれる。

以上、槍先形尖頭器の技術論的研究に関する四つの個別研究法についてみてきたが、槍先形尖頭器の技術論的研究は槍先形尖頭器の製作技術や製作工程を復元することを目的とするものであり、各研究法はそれぞれ別の視点からその目的を達成しようとしたものである。**1．2．3．**はいずれも出土資料を対象とした分析研究であり、**4．**は**1．2．3．**の分析法によって復元された製作技術、製作工程の論証や個別的な出土資料の技術的理解を補助するものである。出土資料の分析においては、すべての個体について完全な接合資料が得られれば、**1．** 剥離面相互の切り合い関係の分析、**2．** 調整剥片による分析は基本的に必要ないが、実際にはいくつかの理由[8]から完全な接合資料を得ることはきわめて困難で、ましてや1遺跡においてすべての個体について完全な接合資料を得ることは望むべくもない。したがって、すでに述べたように、**2．** 調整剥片による分析法と**3．** 接合

資料による分析法は補完的関係にあり、両分析法を併用することによってより詳細な製作技術や製作工程の復元が可能となろう。また、接合資料の得られない遺跡も少なくなく、**1. 剥離面相互の切り合い関係による分析法**も今なお有効な研究法と考えられる。

　槍先形尖頭器の製作技術や製作工程の分析を行うためには、槍先形尖頭器の完成品、未完成品（搬出のためのブランクや欠損などによる失敗品）、調整剥片、素材（礫・剥片・分割礫）の相互関係を明らかにすることが必要とされるが、こうした製品・素材・製作に伴う廃棄物の関連を有機的に捉える視点を初めて提示したのは松沢亜生である。松沢は、長野県北踊場遺跡の報告を行う中で、槍先形尖頭器を主体とする石器を素材に基づいて、I群：採集された石材をそのまま加工、II群：いったん石材を打ち割り剥片を生産し剥片を加工、III群：加工によって生じた調整剥片を素材として加工の3種類に分類し、各群について製作工程を考察した（松沢1960）（第12表）。詳細な製作工程については明らかにされていないが、素材、加工の状態、器種、生じる調整剥片が有機的な関係にあることを明らかにしており、石器群の総合的分析の有効性と必要性を示した。その後、槍先形尖頭器の技術論的研究は、先にみたごとく個別的な研究が中心に行われてきたが、筆者は旧石器時代～縄文時代への移行期（土器出現期）の槍先形尖頭器の製作技術を接合資料、槍先形尖頭器完成品・未完成品、完成品や未完成品に残された素材面などを総合的に検討することによって復元した（藤野1991）。また、筆者は類似した製作技術を製作技術類型としてまとめ、盤状剥片を素材とする製作技術類型I類と剥片を素材とする製作技術類型II類の2類型を設定した。移行期の前半期

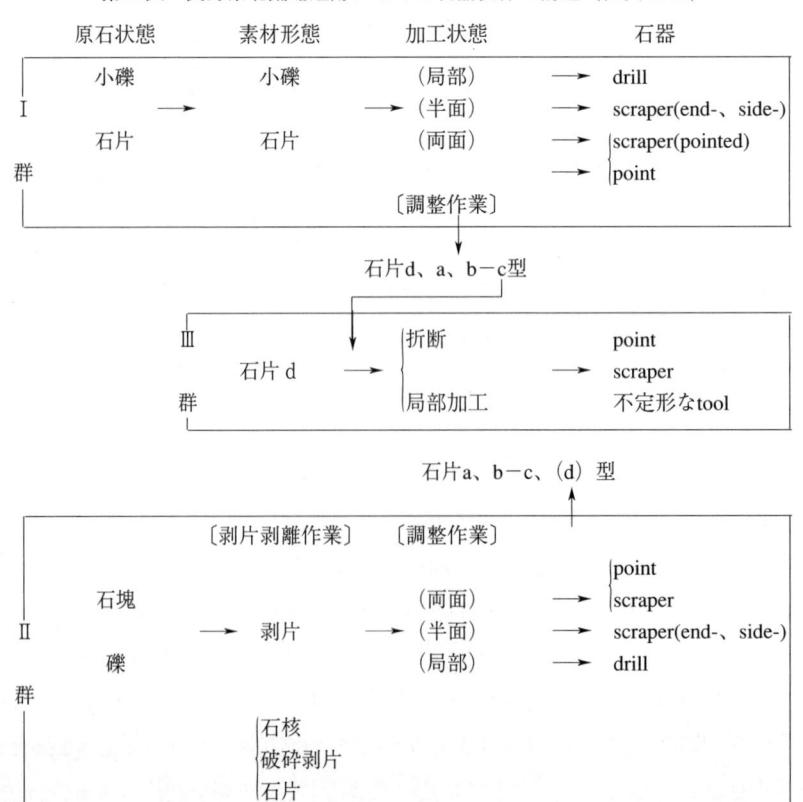

第12表　長野県北踊場遺跡における石器製作の構造（松沢1960）

	原石状態	素材形態	加工状態	石器
I群	小礫 石片	小礫 石片	（局部） （半面） （両面）	drill scraper(end-、side-) scraper(pointed) point

〔調整作業〕

石片d、a、b-c型

III群	石片d	→	折断 局部加工	point scraper 不定形なtool

石片a、b-c、(d)型

〔剥片剥離作業〕　〔調整作業〕

II群	石塊 礫	→ 剥片	（両面） （半面） （局部）	point scraper scraper(end-、side-) drill
	石核 破砕剥片 石片			

ではⅠ類1類型、Ⅱ類2類型の合計3類型、後半期ではⅠ類2類型、Ⅱ類1類型の合計3類型の製作技術が存在することを明らかにし、その系統関係について論じた。さらに、筆者は同様な視点で細石刃石器群以前の槍先形尖頭器石器群について製作技術の復元を試み、出現期および移行期の槍先形尖頭器製作技術を含めた系統関係について概括的な考察を行った（藤野1993）。

槍先形尖頭器関連資料の総合的な分析は、先に述べた群馬県房谷戸遺跡、長野県下茂内遺跡の報告など個別遺跡の分析では散見されるようになったが、なお資料蓄積は十分ではない状況にある。今後、個別の分析方法の深化とともに総合的な分析を進めていく必要があろう。

註

(1) 芹沢は東京都根の上遺跡採集の石核を取り上げて細石刃核に類似することを指摘しており、日本においても旧石器時代末に細石刃石器群が存在する可能性を考えるとともに、縄文時代直前に位置づけられることを示唆した。論文が発表された前年の1953年12月に長野県矢出川遺跡において細石刃石器群の存在を確認していたが、論文の受理日との関係で論文には反映されなかったものとみられる。

(2) 1966年の1次調査では砕片（チップ）はほとんど出土位置が記録されていないようであるが、1973年の第2次調査では全点が記録化され、詳細な出土状態の検討が可能となっている。いずれにせよ、砂川遺跡以前の調査では主要石器の出土位置を記録することが一般的で、新潟県神山遺跡（芹沢編1959）などの例外を除けば、出土状態の平面・垂直分布図が提示されることはなかった。砂川遺跡では接合関係や個体別資料の分布状況を遺物平面・垂直分布図に連動させることで一時期の石器群を客観的に抽出するとともに石器群を動的に理解する方法が提示され、発掘に携わらない研究者がさまざまな分析を可能とする資料提示法を定着させた功績は高く評価される。

(3) 出土石器同士が接合することはすでにいくつかの遺跡で知られていたが、分析方法のレベルで利用されることはなかった。また、剥片の生産や石器の製作は一つの原石を単位として行われるのであるから、遺跡から出土した一群の遺物を剥離された原石ごとに区分できる（個体識別）というのは、しごく当たり前の理屈のように思われるかもしれない。土器の復元では一般的に行われていた作業であるが、石器研究ではそのような発想には至らなかった。それは、石器が土器と異なり、石器1点が土器の完形品1点に対応すること、それまでの研究で発見された遺物が黒曜石・頁岩・安山岩など個体識別が困難な石材が主であったことなどと関連しているものと思われる。砂川遺跡では原石ごとの特徴が明確なチャートが主要な石材として利用されており、剥離技術の明確な石刃技法を基盤としていたこと、一定量の石材の消費が遺跡内で行われる時期の石器群であったことなど良好な条件が揃っていたことなどが、良好な接合資料の検出と個体別資料分析法の開発を可能にした背景であろう。

(4) 石器ブロックは出土石器の平面的・垂直的分布のまとまりであり、石器ユニット（小林・小田・羽鳥・鈴木1971）、地点分布（安蒜1977）と呼称されることもある。砂川遺跡調査以前においても新潟県神山遺跡などで遺跡における出土石器の分布に一定の平面的なまとまりがあることが指摘されていたが、石器群を分析する単位として認識されたことはなかった。石器ブロックは石器製作や石器の保管など遺跡内で行われた活動の単位を示すものと理解されているが、その認定は基本的に平面的な視覚的まとまりを基準としており、遺跡全体の遺物密度が高い場合はブロックの認定が必ずしも客観的でない場合も多い。十分な分析を経た後に石器ブロックの設定をすべきであるという意見もあるが、石器ブロックは分析を進めていくための当面の単位と理解され、分析を通じて遺跡における活動単位を抽出していくのが一般的である。いずれにせよ、砂川遺跡において遺跡における活動の単位としての石器ブロックが認識され、分析の単位としての方法論が

(5) 墳墓説では芹沢長介1960、藤沢宗平・林茂樹1961、住居跡説では林茂樹1983、デポ説では山内清男1969、山内清男・佐藤達夫1969などがある。

(6) 石器文化研究会は関東地方の研究者を中心に構成され、テーマを定めて研究者各人が定期的に研究発表を重ねて、その成果をもとに5年程度に1回の割合でシンポジウムが開催されている。テーマは後期旧石器時代の古い時期から順に設定されており、これまで1991年に「AT降灰以前の石器文化―関東地方における変遷と列島内対比―」、1996年に「AT降灰以降のナイフ形石器文化―関東地方におけるⅤ～Ⅳ下層段階の石器群の検討―」、2000年に「砂川―その石器群と地域性」と題したシンポジウムが実施されている。

(7) 例えば、神奈川県月見野遺跡群上野遺跡第1地点では、各文化層ともほぼ全点が個体別資料として分類されている。個体別資料分析法の開発された砂川遺跡では、個体ごとの石材特徴が明瞭であったのと同時に多数の接合資料が得られ（F地点では出土総数431点のうち個体別資料として抽出されたのは361点で、接合資料総数は122点あり、単純計算で個体別資料の約3割を占めている）、一定以上の大きさの遺物についてはほぼ全点に近い識別が行われた個体別分類の妥当性を保証した。しかし、砂川遺跡のような例はきわめてまれであり、多くの遺跡では接合資料は出土点数の1割以下である。さらに、個体ごとの特徴が明瞭ではない石材を多く含んでいる場合が一般的である。砂川遺跡の報告以降、本格的な集落研究の出発点となった静岡県寺谷遺跡においても、出土点数の3割程度しか個体識別は行われていない。

(8) 時期によって異なるが、第Ⅱ期以降の槍先形尖頭器は製作の過程で移動する場合がかなりある。また、槍先形尖頭器は使用による欠損などで再調整される場合が想定されること、製作の場所と使用の場所が異なることなどの理由から、製作が開始された石器ブロックに製作途中で廃棄された資料の一部を除けば、すべての資料が接合することはない。また、槍先形尖頭器製作遺跡においても発掘調査時のサンプリング・エラーや遺跡埋没過程における遺物の拡散などすべての資料が回収できない場合も多い。

第2章　日本列島における槍先形尖頭器の編年と地域性

第1節　槍先形尖頭器の編年

　日本列島における槍先形尖頭器を伴う石器群（隆線文土器出現以前）は、槍先形尖頭器の形態組成（大きさ・平面形態・加工状態）、石器組成などから大きく5期に分けることができる（藤野 1989a）。第Ⅰ期は槍先形尖頭器の出現期で、中部高地（中部地方中央部）および関東地方南部に分布がほぼ限られる。ナイフ形石器が石器群の主体を占める時期であり、ナイフ形石器文化後半期にあたる。関東地方南部の資料がきわめて少なく、槍先形尖頭器は客体的存在であるが、中部高地ではナイフ形石器に匹敵する量の槍先形尖頭器が生産されている。槍先形尖頭器は5cm前後の中型を主体とするが、形態は個体差がかなり大きく、第Ⅰ期前半の中部高地などにおいて左右非対称のナイフ形石器形態Aに類似した形態が特徴的に存在する。槍先形尖頭器は両面加工を基本としているが、製作技術は未発達である。

　第Ⅱ期では中部高地、関東地方南部を中心に、東北地方南部、中部地方北部、関東地方北部、東海地方など周辺の広い地域でも槍先形尖頭器の存在が確認される。樋状剥離を有する形態が各地域に共通して存在する。やはり、ナイフ形石器を主体とする時期で、石器組成の上では中部高地とその他の地域ではかなり様相を異にする。中部高地では槍先形尖頭器が組成に占める割合が大きく、ナイフ形石器に匹敵する存在であるのに対し、その他の地域では量的にわずかで、ナイフ形石器が組成の主体となり、槍先形尖頭器は客体的存在でしかない。これは槍先形尖頭器を主体的に出現・発展させつつある地域とそれを客体的に取り込んでいる地域の差を表すものであろう。しかし、いずれの地域においても何らかの製作の痕跡を残している遺跡が多く、単純な製品の移動ではないことを示している。槍先形尖頭器の形態は斉一性が認められ、器種としての安定度が増したことを示す。大きさの上でも分化が認められ、製作技術の上でも完成度が高い。また、中部高地以外の地域では、製作痕跡のあるものや在地石材を利用しているものでは加工度がやや弱く、素材面を残す半両面加工が多いという傾向が指摘できる。

　第Ⅲ期には槍先形尖頭器を主体とする槍先形尖頭器石器群が出現し、槍先形尖頭器文化の成立期であり、槍先形尖頭器の形態組成に大型品が加わる時期でもある。槍先形尖頭器の素材は礫・分割礫・剥片が認められる。剥片は基本的に石核を用意して生産されており、槍先形尖頭器以外の器種にも同一石核から素材が供給されている。これは、基本的にはナイフ形石器石器群と同様な素材生産システムである。しかし、この時期から大型品の生産が本格的に開始されることにより、大型品製作過程で剥離される調整剥片を槍先形尖頭器およびその他の器種の素材として利用する例が認められる。こうした槍先形尖頭器製作を石器群の中核に据えた素材生産のあり方は第Ⅳ期を経て第Ⅴ

期に完成をみるが、この時期にその起源を認めることができる。

　第Ⅲ期はさらに二つの小期に区分される。第Ⅲa期は石器群の主体がナイフ形石器から槍先形尖頭器へ主体が移行し、ナイフ形石器は組成の上では非常に貧弱な存在となる。また、中部高地以外の地域ではナイフ形石器の一部が周辺加工の槍先形尖頭器と形態・技術ともに共通したあり方を示す。槍先形尖頭器石器群成立期である。分布の上では第Ⅱ期とほぼ同じであるが、中部高地では両面加工を主体とする槍先形尖頭器石器群であるのに対し、その他の地域では剥片の周囲に調整を施した周辺加工を主体とする槍先形尖頭器石器群である。中部高地を除く地域の槍先形尖頭器加工技術の特徴は各地域の地域集団が独自にナイフ形石器石器群を母体としながら主体的に槍先形尖頭器石器群へと転換を果そうとする過渡的な姿と評価できよう。槍先形尖頭器の形態組成は小型・中型を基本としており、平面形態は全般的に細身の形態に移行しつつあり、中部地方北部や東北地方でその傾向が著しい。槍先形尖頭器製作技術は中部高地では小型・中型についてはほぼ完成域に達しているが、なお大型を安定して製作するまでには至っていない。その他の地域では斉一性のある形態を製作しているが、両面加工品はいまだ量産されていない。しかし、両面加工品の製作技術は、中部高地同様、完成の域に達しており、槍先形尖頭器の量産化にあたって石材調達システムと関連して周辺加工品が主体となっている可能性がある。

　第Ⅲb期には本州のほぼ全域および四国の一部に分布を広げており（中国地方は中国山地が主体と思われる）、両面加工を主体とする槍先形尖頭器石器群が成立している。石器組成にナイフ形石器が若干含まれるが客体的存在である。槍先形尖頭器の形態組成にはいずれの地域でも大型が加わる。形態組成の主体は中型であるが、中部高地、東北地方では大型の割合がやや高く、とくに東北地方ではその傾向が強い。槍先形尖頭器の製作技術は大型品が形態組成に安定的に加わることによって一層の進展がはかられる。また、地域的特徴として、第Ⅲ期前半期の関東地方南部の下総台地や東海地方は、第Ⅲa期同様、周辺加工の割合が非常に高く、片面加工も一定量存在するなどの地域的特徴を示す。とくに下総台地では樋状剥離を有する形態（東内野型）が多量に存在し注目される。さらに第Ⅲb期後半では、両面加工を基本とし樋状剥離を有する形態が主体で、石刃を素材とする各種の石器を伴っている。同様の石器群は青森県大平山元Ⅱ遺跡などでも知られており、東北地方の太平洋側沿いに下総台地まで広がっていた可能性がある。こうした背景により次の段階には北方系細石刃石器群が分布するものと理解される。また、槍先形尖頭器の平面形態は東北地方において柳葉形の割合が高いなど、地域差が顕著となる時期である。

　第Ⅳ期は細石刃石器群が列島の広い地域に分布し、槍先形尖頭器石器群は大きく後退するが、中部高地、関東地方北部、東北地方西南部など地域的に限定されながら存続する。また、細石刃石器群の組成中に槍先形尖頭器が含まれることがあり、両石器群を背景とする集団は活動領域を一部重複させながら何らかの関係を保っていたものと思われる。

　第Ⅴ期は土器・石斧など新たな要素を加え（一部は第Ⅳ期に出現していると考えられる）、日本列島のほぼ全域に槍先形尖頭器石器群の分布が認められる。形態組成の上ではかなり地域差が明確である。北海道地方、九州地方は細石刃石器群が主体で、北海道地方は細石刃石器群に伴う形で槍先形尖頭器が認められる。また、九州地方では細石刃石器群に貫入するように槍先形尖頭器石器群

が確認される。槍先形尖頭器は細身で大型の形態が優勢で、九州地方では大型柳葉形が主体である。東北地方、中部地方北部では柳葉形を主体に中細形木葉形が一定量伴い、中型・大型の組成である。関東地方北部および関東地方南部の下総台地もこれに近い。下総台地を除く関東地方南部では中細形木葉形を主体に柳葉形が一定量伴い、中型・大型が主体である。中部高地では中広木葉形あるいは柳葉形が主体で、小型～大型が組成をなすが、中型が主体である。東海地方では柳葉形が不明確だが、中部高地に近似した様相の可能性がある。近畿、中・四国地方は不明な点が多いが、中細形木葉形と柳葉形あるいは中広形木葉形を基本とする組成である。槍先形尖頭器の製作技術の完成期で、製作技術がもっとも洗練された時期といえる。槍先形尖頭器が文字どおり石器製作の中核にあり、ほかの器種の素材獲得については槍先形尖頭器製作過程に織り込まれているようなあり方を示す。石材獲得や石器保有のあり方など第Ⅲ期以前とは大きく異なっており、背景となる社会に大きな構造変化があったものと想定される。

第2節　日本列島各地における槍先形尖頭器の様相

　前節の時期区分に基づいて、槍先形尖頭器の形態組成を中心に石器組成（特にナイフ形石器と槍先形尖頭器との関連を中心に）・石材などを地域ごとに概観してみたい。地域区分については、大きく東北日本、中部日本、西日本に区分し、さらに小地域に区分して様相を概観する。関東地方については発掘調査の進展と良好な堆積条件に基づく層位的な事例によって多くの資料が蓄積されていることから細かな検討が可能である。とくに関東地方南部では台地ごとの様相が明瞭である。同地域は東北日本の西南部に位置し、中部・西日本と接していることから両地方の文化的要素が後期旧石器時代を通じて認めることができる。関東地方南部においては台地ごとで石器群の様相を異にしており、これは隣接地域の諸集団との関連で考えておくことが妥当であろう。これらのことから、日本列島の槍先形尖頭器石器群の動向を考える上で重要な地域であり、台地を単位とした槍先形尖頭器の出現と展開について概観する。

Ⅰ. 東北日本

1. 関東地方

　もっとも調査が進展している地域であり、台地単位の様相が明らかとなっていると同時に、台地ごとの様相に違いが認められることから、台地単位に概観する。西から相模野台地（神奈川県中央部）、武蔵野台地（東京都・埼玉県南部）、大宮台地（埼玉県中部）、下総台地（千葉県北部、一部埼玉県を含む）が位置している。相模野台地では後期旧石器時代に対応する立川ローム層が6m以上の厚さを有し、石器群が良好な状況で包含されており、石器群の層位的な編年を行うのに最適の地域である。武蔵野台地では立川ローム層の厚さは3～4m（武蔵野台地北部ではさらに薄く2m程度）で、相模野台地に比べると堆積条件は良好とはいえないが、本書で行った槍先形尖頭器の5期編年に対応する程度の層位的検討は可能である。大宮台地や下総台地ではさらに立川ローム層は薄くなり、厚さ2m前後で槍先形尖頭器の編年を層位的に行うことは困難であり、とくに細かな編年の

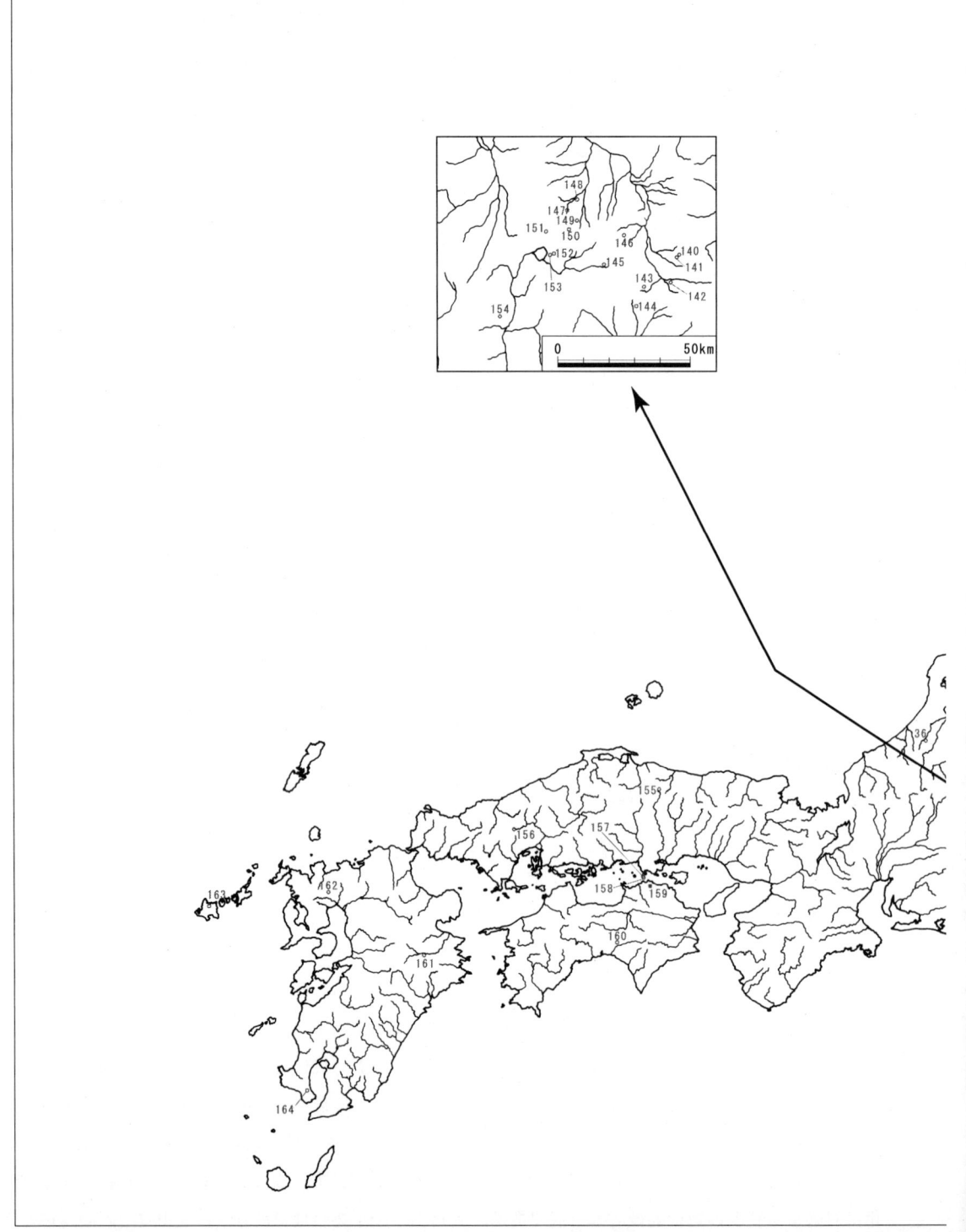

第2図　日本列島における槍先形尖頭器出土遺

第 2 章　日本列島における槍先形尖頭器の編年と地域性　45

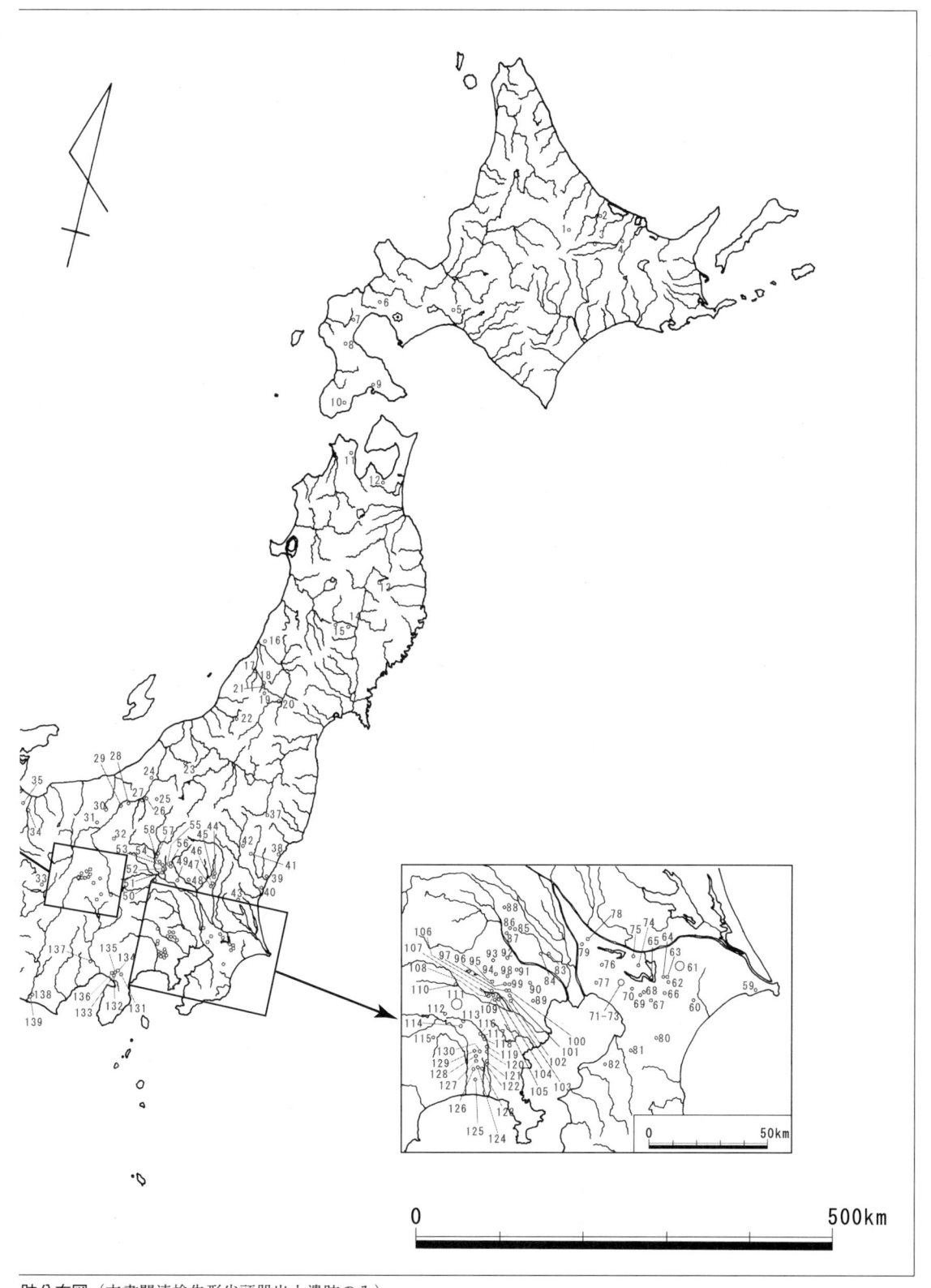

跡分布図（本書関連槍先形尖頭器出土遺跡のみ）

第13表 日本列島における槍先形尖頭器出

	都道府県名	遺跡名		都道府県名	遺跡名
1	北海道	白滝遺跡群	42	栃木県	川木谷遺跡
2	北海道	タチカルシュナイ遺跡	43	栃木県	二子塚遺跡
3	北海道	吉村遺跡	44	栃木県	西赤堀遺跡
4	北海道	間村遺跡	45	栃木県	多功南原遺跡
5	北海道	美沢Ⅰ遺跡	46	栃木県	三ノ谷東遺跡
6	北海道	立川遺跡群	47	栃木県	八幡根東遺跡
7	北海道	美利河Ⅰ遺跡群	48	栃木県	上林遺跡
8	北海道	大関遺跡	49	群馬県	御正作遺跡
9	北海道	石川遺跡	50	群馬県	藤岡北山遺跡
10	北海道	湯の里遺跡群	51	群馬県	荒砥三木堂遺跡
11	青森県	大平山元遺跡群	52	群馬県	下触牛伏遺跡
12	青森県	長者久保遺跡	53	群馬県	石山遺跡
13	岩手県	小石川遺跡	54	群馬県	三ツ屋遺跡
14	岩手県	和賀仙人遺跡	55	群馬県	武井遺跡
15	岩手県	峠山牧場遺跡	56	群馬県	元宿遺跡
16	山形県	八森遺跡	57	群馬県	房谷戸遺跡
17	山形県	越中山遺跡群	58	群馬県	見立溜井遺跡
18	山形県	弓張平遺跡	59	千葉県	三崎3丁目遺跡
19	山形県	上野A遺跡	60	千葉県	西長山野遺跡
20	山形県	高瀬山遺跡	61	千葉県	新東京国際空港遺跡群
21	山形県	月山沢遺跡	62	千葉県	両国沖遺跡
22	山形県	平林遺跡	63	千葉県	東内野遺跡
23	新潟県	御淵上遺跡	64	千葉県	南大溜袋遺跡
24	新潟県	真人原遺跡	65	千葉県	平賀一の台遺跡
25	新潟県	大刈野遺跡	66	千葉県	朝陽遺跡
26	新潟県	中林遺跡	67	千葉県	向原遺跡
27	新潟県	楢ノ木平遺跡	68	千葉県	御山遺跡
28	長野県	横倉遺跡	69	千葉県	池花南遺跡
29	長野県	関沢遺跡	70	千葉県	大林遺跡
30	長野県	野尻湖遺跡群	71	千葉県	北海道遺跡
31	長野県	上ヶ屋遺跡	72	千葉県	権現後遺跡
32	長野県	唐沢B遺跡	73	千葉県	井戸向遺跡
33	長野県	柳又遺跡	74	千葉県	木苅峠遺跡
34	富山県	直坂Ⅱ遺跡	75	千葉県	角田台遺跡
35	富山県	長沢遺跡	76	千葉県	復山谷遺跡
36	富山県	立見遺跡	77	千葉県	西の台遺跡
37	福島県	背戸遺跡B地点	78	千葉県	元割遺跡
38	茨城県	細野遺跡	79	千葉県	桐田新田遺跡
39	茨城県	宮脇遺跡、宮脇A遺跡	80	千葉県	南河原坂第3遺跡
40	茨城県	三反田遺跡	81	千葉県	武士遺跡
41	茨城県	梶巾遺跡	82	千葉県	百目木B遺跡

土遺跡地名表（番号は第2図に一致する）

	都道府県名	遺跡名		都道府県名	遺跡名
83	埼玉県	叺原遺跡	124	神奈川県	代官山遺跡
84	埼玉県	馬場小室遺跡	125	神奈川県	慶応大学湘南キャンパス内遺跡
85	埼玉県	中川貝塚	126	神奈川県	吉岡遺跡群
86	埼玉県	今羽丸山遺跡	127	神奈川県	寺尾遺跡
87	埼玉県	前戸崎遺跡	128	神奈川県	長ヲサ遺跡
88	埼玉県	提灯木山遺跡	129	神奈川県	栗原中丸遺跡
89	東京都	明治大学泉校地遺跡	130	神奈川県	上草柳遺跡群
90	東京都	下大塚遺跡	131	静岡県	山中城跡二の丸遺跡
91	東京都	丸山東遺跡	132	静岡県	清水柳北遺跡
92	埼玉県	打越遺跡	133	静岡県	八分平遺跡
93	埼玉県	西武蔵野遺跡	134	静岡県	尾上イラウネ遺跡
94	東京都	多聞寺前遺跡	135	静岡県	広合遺跡
95	東京都	鈴木遺跡	136	静岡県	中見代Ⅰ遺跡
96	東京都	武蔵関遺跡	137	山梨県	天神堂遺跡
97	東京都	吉祥寺南町3丁目遺跡	138	静岡県	高見丘Ⅳ遺跡
98	東京都	比丘尼橋遺跡	139	静岡県	広野北遺跡
99	東京都	葛原B遺跡	140	長野県	八風山遺跡群
100	東京都	御殿山遺跡	141	長野県	下茂内遺跡
101	東京都	仙川遺跡	142	長野県	馬場平遺跡
102	東京都	城山遺跡	143	長野県	中ツ原遺跡
103	東京都	野川遺跡	144	山梨県	丘の公園第14番ホール遺跡
104	東京都	坂下遺跡	145	長野県	大反遺跡
105	東京都	府中No.29遺跡	146	長野県	渋川遺跡
106	東京都	西ノ台遺跡B地点	147	長野県	北踊場遺跡
107	東京都	多摩蘭坂遺跡	148	長野県	上ノ平遺跡
108	東京都	武蔵台Ⅰ遺跡	149	長野県	浪人塚下遺跡
109	東京都	前原遺跡	150	長野県	八島遺跡
110	東京都	前田耕地遺跡	151	長野県	鷹山遺跡群
111	東京都	多摩ニュータウン遺跡群	152	長野県	唐沢ヘイゴロゴーロ遺跡
112	神奈川県	風間遺跡群	153	長野県	男女倉遺跡群
113	神奈川県	橋本遺跡	154	長野県	神子柴遺跡
114	神奈川県	下九沢山谷遺跡	155	岡山県	東遺跡
115	神奈川県	サザランケ遺跡、上原遺跡	156	広島県	冠遺跡群
116	神奈川県	下森鹿島遺跡	157	岡山県	鷲羽山遺跡
117	神奈川県	中村遺跡	158	香川県	羽佐島遺跡
118	神奈川県	月見野遺跡群	159	香川県	国分台遺跡群
119	神奈川県	下鶴間長堀遺跡	160	高知県	奥谷南遺跡
120	神奈川県	深見諏訪山遺跡	161	大分県	上下田遺跡
121	神奈川県	上和田城山遺跡	162	佐賀県	多久三年山遺跡
122	神奈川県	高座渋谷団地内遺跡	163	長崎県	茶園遺跡
123	神奈川県	本蓼川遺跡	164	鹿児島県	帖地遺跡

検討は層位的には不可能である。

　以上、主要な台地の堆積状況について述べたが、関東地方南部ではこのほかにも入間台地や多摩丘陵、狭山丘陵、丹沢山地などで良好な石器群が検出されている。槍先形尖頭器の編年に関して通時的に検討できるほどの資料蓄積は現状ではなされていないので、入間台地・多摩丘陵・狭山丘陵の遺跡については武蔵野台地に、丹沢山地・神奈川県西南部（大磯丘陵など）は相模野台地に含めて説明したい。

　1）　相模野台地（第3図）

　非常に良好な堆積条件を備えた地域であり、槍先形尖頭器石器群の変遷を細かく検討することができる。順調な資料蓄積がなされており、槍先形尖頭器の出現期から消滅期までの流れを一貫して追うことができる。

　《第Ⅰ期》　B2U〜L2下半[1]に出土層準をもつもので、神奈川県下九沢山谷遺跡第Ⅳ文化層（中村喜代重 1979b）（図版第1−1・2）、高座渋谷団地内遺跡第Ⅴ文化層（B2U）（小池 1995）（図版第1−3〜6）をあげることができる。ナイフ形石器が石器組成の主体で、槍先形尖頭器がわずかに伴う形で存在する。槍先形尖頭器は両面加工を主体として、周辺加工がわずかにみられる。両面加工は中広形木葉形で、いずれも中型であり、形態上の個体差が比較的大きい。槍先形尖頭器は左右非対称で加工度が弱く、素材面がかなり残されている。石材はチャートなど非黒曜石が主体である。

　《第Ⅱ期》　L2上部〜B1に出土層準をもつもので、神奈川県本蓼川遺跡（L2）（宮塚・矢島・鈴木 1974）（図版第4−1〜4）、大和市No.210遺跡第Ⅱ文化層（L2上部）（小池・田村 1999）（図版第4−5〜13、図版第5）、月見野遺跡群上野遺跡第1地点第Ⅵ文化層（B1下部）（諏訪間順 1986）（図版第6−6〜9）、深見諏訪山遺跡第Ⅳ文化層（B1下部）（曽根編 1983、諏訪間・堤 1985）（図版第6−10〜16）、中村遺跡第Ⅴ文化層（L2上部〜B1下部）（伊藤・鈴木 1987、伊藤・荻上 1987）（図版第7−1〜7）、下鶴間長堀遺跡第Ⅲ文化層（B1下底〜B1下部）（安藤・諏訪間・中村・服部 1984）（図版第7−8〜15）、長堀南遺跡第Ⅳ文化層（L2上部〜B2下部）（麻生順司 1987）（図版第8−1）、長堀北遺跡第Ⅵ文化層（B1下部）（滝沢・小池編著 1991）（図版第8−2・3）、月見野Ⅰ遺跡B1下底（月見野遺跡群調査団 1969）（図版第8−4）、下九沢山谷遺跡第Ⅱ文化層（B1中部）（中村喜代重 1979）（図版第8−5）、下森鹿島遺跡第Ⅲ文化層（B1下部）（麻生順司 1993）（図版8−10〜15）、栗原中丸遺跡第Ⅴ文化層（B1下半）（大上・鈴木 1984）（図版第8−18・19）[2]、月見野遺跡群上野遺跡第1地点第Ⅴ文化層（B1上部）（伊藤 1986）（図版第6−1〜5）、上和田城山遺跡第Ⅲ文化層（B1上部）（中村喜代重 1979a）（図版第8−16・17）、月見野ⅣA遺跡B1上部（月見野遺跡群調査団 1969）（図版第8−20・21）など多くの遺跡が認められるようになる。この時期は2時期に細分することが可能で、前半期はL2上部〜B1下部・中部、後半期はB1上部を出土層準とする。前半期は本蓼川遺跡、大和市No210遺跡第Ⅱ文化層、月見野遺跡群上野遺跡第1地点第Ⅵ文化層、中村遺跡第Ⅴ文化層などで、L2出土の槍先形尖頭器は肩をもつ形態が多く、凧形四辺形に近いものや左右非対称で片方に肩を有する形態などがある。素材面を残す個体も少なくないが、調整剥片や成品の状態からみて第Ⅰ期に比べて加工量が多くなっており、素材も大型化する傾向にあり、中型において長さ8cmを超えるやや大形で厚手の形態が認められる。また、樋状剥離を有する槍先形尖頭器（有樋尖

頭器）が特徴的かつ安定的に存在している。後半期は月見野遺跡群上野遺跡第1地点第Ⅴ文化層、上和田城山遺跡第Ⅲ文化層、月見野ⅣA遺跡B1上部などで、1遺跡における出土点数に増加する傾向があるが、槍先形尖頭器も素材面を広く残し調整が粗雑なものが多い。このように、前半期と後半期の槍先形尖頭器の様相には相違が認められるが、石器群全体としては共通的な要素が多い。ナイフ形石器が石器組成の主体であり、槍先形尖頭器を組成に含む石器群がかなり散見されるようになるが、槍先形尖頭器を組成に含まない石器群の方がなお多い（ただし前半期では、大和市No.210遺跡第Ⅱ文化層のように槍先形尖頭器が主体を占め、ナイフ形石器の伴出が明確ではない遺跡が存在する）。槍先形尖頭器は各遺跡においては1〜数点存在するにすぎないが、全体としてみれば形態分化が認められる。両面加工を主体として片面加工・部分加工が比較的安定（量的にはわずかである）して認められるようになる。両面加工では中広形木葉形とともに、中細形木葉形が新たに出現している。両形態とも中型を主体としながら小型が存在する。石材は黒曜石を使用するものが多いが、チャートなど非黒曜石石材も約半数の割合で認められ、遺跡ごとで様相が異なっている。

《第Ⅲ期》　第Ⅲ期は石器群の様相から3小期に細分できる。

第Ⅲa期：B1最上部を中心に出土層準をもつもので、下鶴間長堀遺跡第Ⅱ文化層（中村1984b）（図版第17-1〜20）、代官山遺跡第Ⅳ文化層（B1上半〜L1H下半）（砂田1986b）（図版第17-21〜31）[3]、下森鹿島遺跡第Ⅱ文化層（麻生順司1993）（図版第18）などがある。ナイフ形石器は一定量存在するが、石器組成の主体は槍先形尖頭器に移っており、ナイフ形石器の平面形は槍先形尖頭器と共通するものが多い。槍先形尖頭器は両面加工・片面加工・周辺加工・部分加工の各形態存在するが、周辺加工を主体とすることがこの小期の特徴である。また、第Ⅱ期までは個体差が比較的大きかったのに対し、この時期を境に形態ごとに斉一性が認められるようになる。両面加工は中広形木葉形・中細形木葉形で、それぞれ中型・小型があり、第Ⅱ期と同様の様相である。周辺加工は中細形木葉形中型を主体として若干の形態分化が認められる。石材は黒曜石を主体としながらもチャート、凝灰岩など非黒曜石石材の割合が大きく増加している。

第Ⅲb期前半：L1H下部〜中部に出土層準をもつもので、神奈川県月見野遺跡群上野遺跡第1地点第Ⅳ文化層（相田1986）（図版第26・27）、寺尾遺跡第Ⅱ文化層（白石浩之1980b）（図版第28-1〜8）、月見野ⅢA遺跡L1H下部（月見野遺跡群調査団1969）、月見野ⅣA遺跡L1H下部（月見野遺跡群調査団1969）、上原遺跡第Ⅳ文化層（鈴木次郎1997）（図版第28-9〜13）、サザランケ遺跡第Ⅳ文化層（鈴木次郎1996b）（図版第29）など多くの遺跡が認められる。ナイフ形石器は基本的には消滅しており、名実ともに槍先形尖頭器が組成の主体である。第Ⅲa期同様、両面加工・片面加工・周辺加工・部分加工の各形態が存在するが、主体は両面加工にある点が大きく異なる。両面加工は中広形木葉形・中細形木葉形に広形木葉形・柳葉形が新たに加わっているが、中細形木葉形に主体が移っており、第Ⅲa期の周辺加工がちょうど両面加工に転換したような組成となっている。大きさの点では、小型・中型に加えて大型がこの時期に安定した形で組成に加わっている。中細形木葉形は小型・中型・大型の各形態が揃っており、小型・中型が主体であるが、量的には小型が上回っているようである。周辺加工は極端に減少しており、第Ⅲa期からの技術的な進展と素材の安定確保として評価される。柳葉形の出現はさらに遡る可能性もあるが、安定した存在として確認で

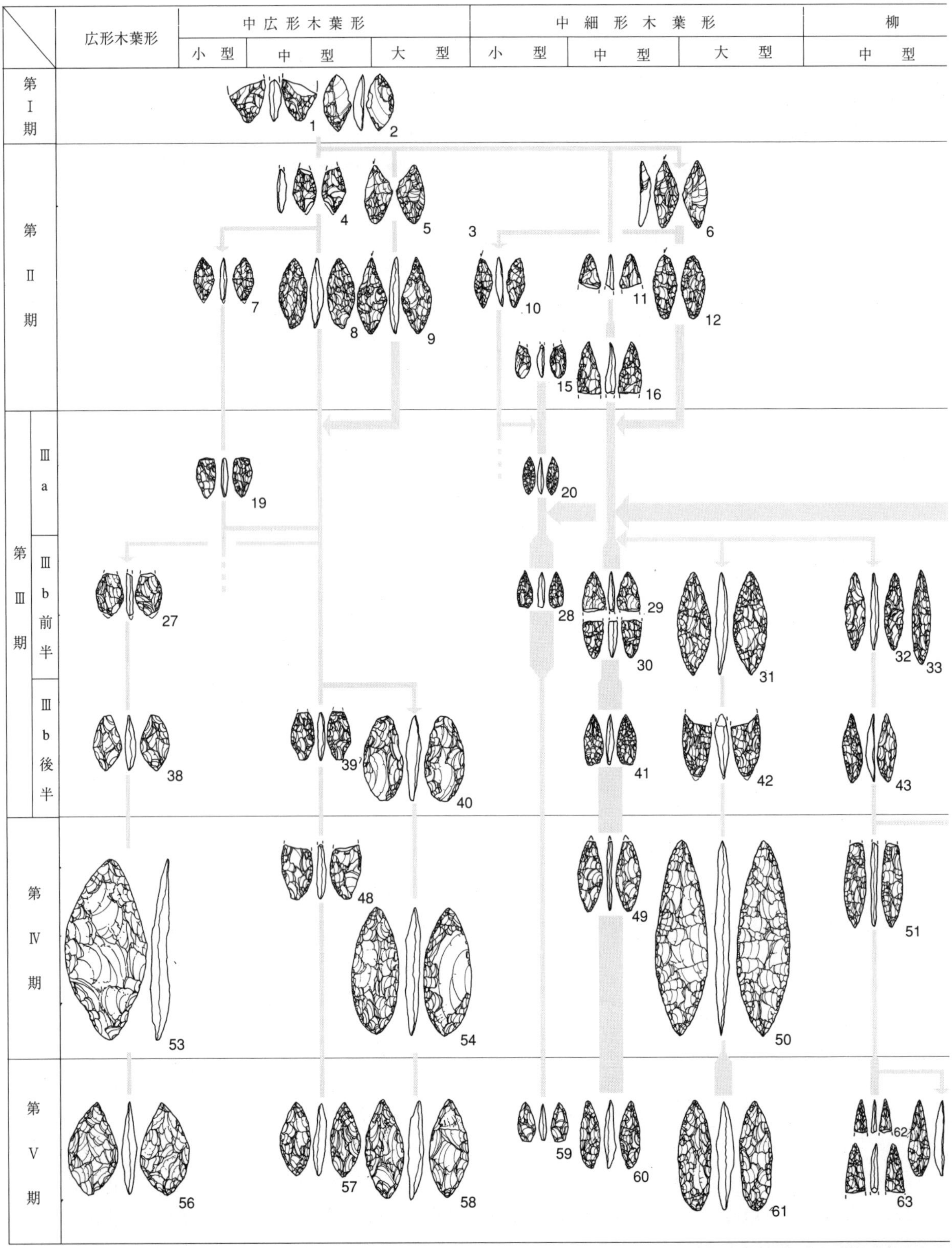

	広形木葉形	中広形木葉形			中細形木葉形			柳
		小型	中型	大型	小型	中型	大型	中型
第Ⅰ期			1	2				
第Ⅱ期		4	5		3	11	6	
		7	8	9	10	15 16	12	
第Ⅲ期 Ⅲa		19			20			
Ⅲb前半	27				28	29 30	31	32 33
Ⅲb後半	38	39	40		41	42		43
第Ⅳ期	53	48	54			49	50	51
第Ⅴ期	56	57	58		59	60	61	62 63

第3図 関東地方相模野台地にお

第 2 章　日本列島における槍先形尖頭器の編年と地域性　51

葉　　形		片面加工	両面加工	部分加工
	大　型			

凡　　例

分化

吸収・消滅

影響・吸収

影響・吸収

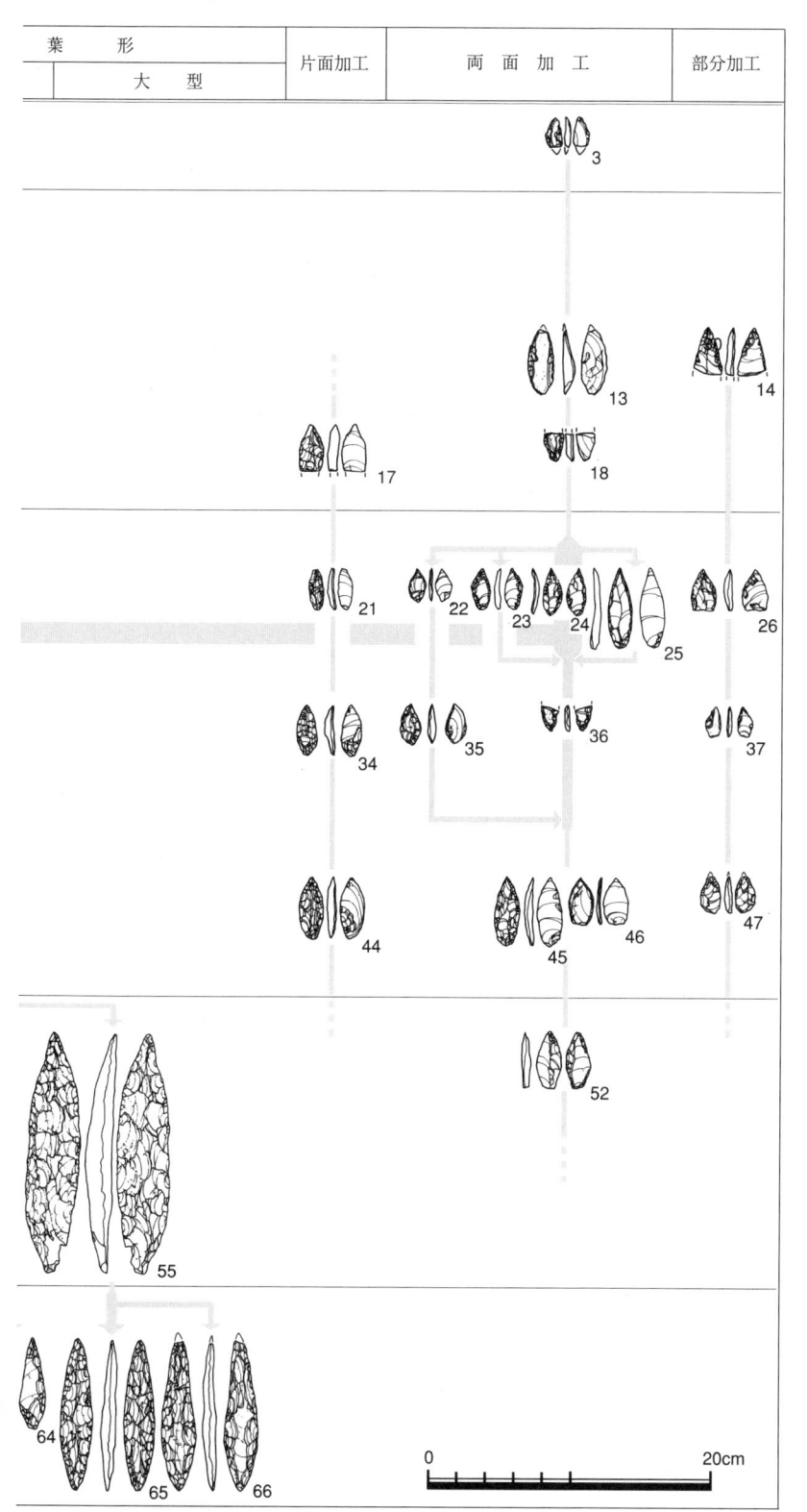

※縦の棒線の太さは量比を表す。
　ただし、各形態の相対的比率を
　示しているもので、必ずしも実
　数を示すものではない。

0　　　　　　　　20cm

ける槍先形尖頭器形態組成変遷図

きるのはこの時期であり、第Ⅴ期に至るまで量的には貧弱である。石材については黒曜石が一定量存在するが、玄武岩、チャート、凝灰岩など非黒曜石石材に大きく転換してしおり、黒曜石は小型にほぼ限定されている。

　第Ⅲb期後半：L1H上部を主体に出土層準をもつもので、神奈川県中村遺跡第Ⅲ文化層（伊藤・鈴木・豊田 1987）（図版第45・46）、月見野遺跡群上野遺跡第3地点（相田 1988）（図版第47）、サザランケ遺跡第Ⅲ文化層（鈴木次郎 1996a）（図版第48〜51）などがある。前小期同様、両面加工・片面加工・周辺加工・部分加工の各形態が存在するが、両面加工が主体である。両面加工は、柳葉形・中細形木葉形・中広形木葉形・広形木葉形の各形態が認められる。中細形木葉形に組成の主体があるが、柳葉形・広形木葉形の割合が増加しており、逆に中広形木葉形は大きく減少傾向にある。中細形木葉形は小型・中型・大型が揃っているが、主体は中型に移っている。柳葉形・中広形木葉形・広形木葉形でも中型に加えて大型が出現している。周辺加工は一層減少傾向にある。全体の傾向として最大幅は中央部付近にあるが、やや下半に下りはじめる傾向が認められる。また、平面形態は細身の柳葉形への傾斜が顕著となり、広形木葉形も安定的な存在となることから二極分化の傾向も認められる。石材は非黒曜石石材を利用している。

　ところで、第Ⅲ期にはもう一つの流れがある。第Ⅲa期では深見諏訪山遺跡第Ⅲ文化層（B1上部）（曽根編 1983）（図版第19）、中村遺跡第Ⅳ文化層（伊藤・長沢 1987）などがあり、周辺加工を主体に片面加工が一定量存在し、両面加工がわずかに伴う。周辺加工・片面加工は小型を主体としながら中型が伴い、大きさの分化が認められる。石器群全体が小型に比重があり、周辺加工を主体とする点では、同期の下鶴間長堀遺跡第Ⅱ文化層と共通するが、形態組成の中心が中広形木葉形にある点が大きく異なる。第Ⅲb期はまとまった資料に乏しいが、深見諏訪山遺跡第Ⅱ文化層（曽根編 1983）、上和田城山遺跡第Ⅰ文化層（中村喜代重 1979a）などがある。周辺加工に両面加工がわずかに伴い、小型を主体とする。これらの石器群はいずれも黒曜石を主要石材としている。こうした第Ⅲ期の二つの系は槍先形尖頭器が地域に根ざして独自に発達する姿の二相と評価できようが、これらの槍先形尖頭器石器群は本流とはなりえず、消滅の道をたどっている。

　《第Ⅳ期》　B0を主体に出土層準をもつもので、栗原中丸遺跡第Ⅲ文化層（鈴木次郎 1984b）（図版第58-1〜7）[4]、東大竹・山王塚（八幡台）遺跡（諏訪間伸 1992）（図版第58-8〜11）、神奈川県風間遺跡群（麻生順司 1989）（図版第59〜61）、長堀北遺跡第Ⅰ文化層（滝沢・小池編著 1991）（図版第62・63）などがある。槍先形尖頭器は両面加工を基本としており、広形木葉形・中広形木葉形・中細形木葉形・柳葉形がみられる。大きさの面では、小型・中型・大型がセットになるものと考えられ、前時期までと同様中型を主体とするが、大型の割合が大幅に増加している。基部は基本的には尖っており、最大幅は器体下半に下がっている。石材の傾向については変化ない。全般的な傾向は共通するものの、風間遺跡群、栗原中丸遺跡、長堀北遺跡では様相が異なっている。風間遺跡群では中型・大型柳葉形および中型中広形木葉形を主体に中・大型広形木葉形を一定量伴い、栗原中丸遺跡では中型・大型中細形木葉形を主体としている。長堀北遺跡では中・大型中広形木葉形、中型広形木葉形を主体としている。それぞれ時間差を有するものであろうが、系統差を示している可能性がある。さらに検討が必要である。

また、この時期は細石刃文化期にあたっており、相模野台地においても細石刃石器群が主として分布している。細石刃石器群はL1H上部〜L1S下部の層準で検出され、3時期程度に編年できるが、神奈川県上草柳第1地点遺跡第1文化層（堤・安藤1984）、吉岡遺跡群B地区L1H（砂田・仲田1998）など槍先形尖頭器を石器組成に含む例が散見される。槍先形尖頭器は両面加工で中細形木葉形を主としており、小型や長さ7cm以下の中型を主としている。上述の槍先形尖頭器を主体とする石器群との関連は明らかにすることはできないが、形態組成の上では大きく異なっている。

《第Ⅴ期》 L1Sに出土層準をもつもので、神奈川県寺尾遺跡第1文化層（白石浩之1980a）（図版第80〜82）、月見野遺跡群上野遺跡第1地点第Ⅱ文化層（相田・小池1986）（図版第83）、勝坂遺跡（青木・内川1990）、吉岡遺跡群A地区（砂田1998）（図版第85）、吉岡遺跡群C地区第Ⅵ〜Ⅷ層（白石・笠井編著1999）（図版第86〜88）などがある。基本的には両面加工のみで構成され、広形木葉形・中細形木葉形・中広形木葉形・柳葉形の各形態がセットをなすが、中細形木葉形が主体であり、柳葉形が一定量存在することが特徴である。柳葉形・中細形木葉形は小型・中型・大型がセットをなすが、小型の存在は貧弱で、中型を中心としながら大型の割合が大きく増加している。最大幅は器体下半に下がる傾向が一層顕著となり、器体の下1/3付近に最大幅をもつ形態が出現し、初期の有茎尖頭器と密接な関連がうかがわれる。基部は尖るか尖り気味の形態を主体としながら、丸身を帯びるものが若干ある。石材は前時期と同様の傾向にある。この時期にはL1S上半を中心に栗原中丸遺跡第Ⅰ文化層（鈴木次郎1984a）（図版第84）、深見諏訪山遺跡第Ⅰ文化層（曽根編1983）など広形木葉形を主体とする槍先形尖頭器石器群が知られている。上述の槍先形尖頭器石器群とは一部形態の重複もあるが、槍先形尖頭器の形態組成が大きく異なること、広形木葉形は最大幅が極端に基部寄りに存在する形態が特徴であること、石器組成が異なることなどから、両者は何らかの関連をもちながらも別系統の石器群の可能性が高く、第Ⅳ期の長堀北遺跡第Ⅰ文化層の系統につながる可能性がある。

2) 武蔵野台地（第4図）

相模野台地に比べれば堆積層の厚さが薄いため層位的な編年はやや粗くなるが、石器群はやはり良好な出土状況である。槍先形尖頭器の形態組成は基本的には相模野台地と同様の変遷をたどっている。

《第Ⅰ期》 第Ⅳ層下半を中心に出土し、比丘尼橋遺跡第Ⅳ層（長崎1993）（図版第1-7〜11）、葛原遺跡B地点第Ⅱ文化層（廣田・前田1987）（図版第2-1〜4）、西之台遺跡B地点第Ⅳ層中部（小田編1980）（図版第2-5〜7）[5]、武蔵台遺跡Ⅳ中文化層（相沢浩二1984）（図版第2-8〜16）[6]などがあげられる[7]。ナイフ形石器が石器組成の主体であり、槍先形尖頭器が少量伴う形であるが、槍先形尖頭器は両面加工を主体とし、片面加工・周辺加工が認められる。両面加工は素材面を残すものが多く、半両面加工というべきものが主体である。小型を主体としており、中型が一定量認められる。平面形態は中広形木葉形を基本としているが、全般的に斉一性に乏しく、比丘尼橋遺跡や葛原遺跡B地点では左右非対称形で一方の肩の張る形態が特徴的に存在している。また、石器組成の上では明確な角錐状石器が基本的に伴出しないという共通性が指摘できる。武蔵台遺跡、比丘尼橋遺跡と西之台遺跡B地点では伴出石器群、とくにナイフ形石器の組成が異なっており、相模野台地

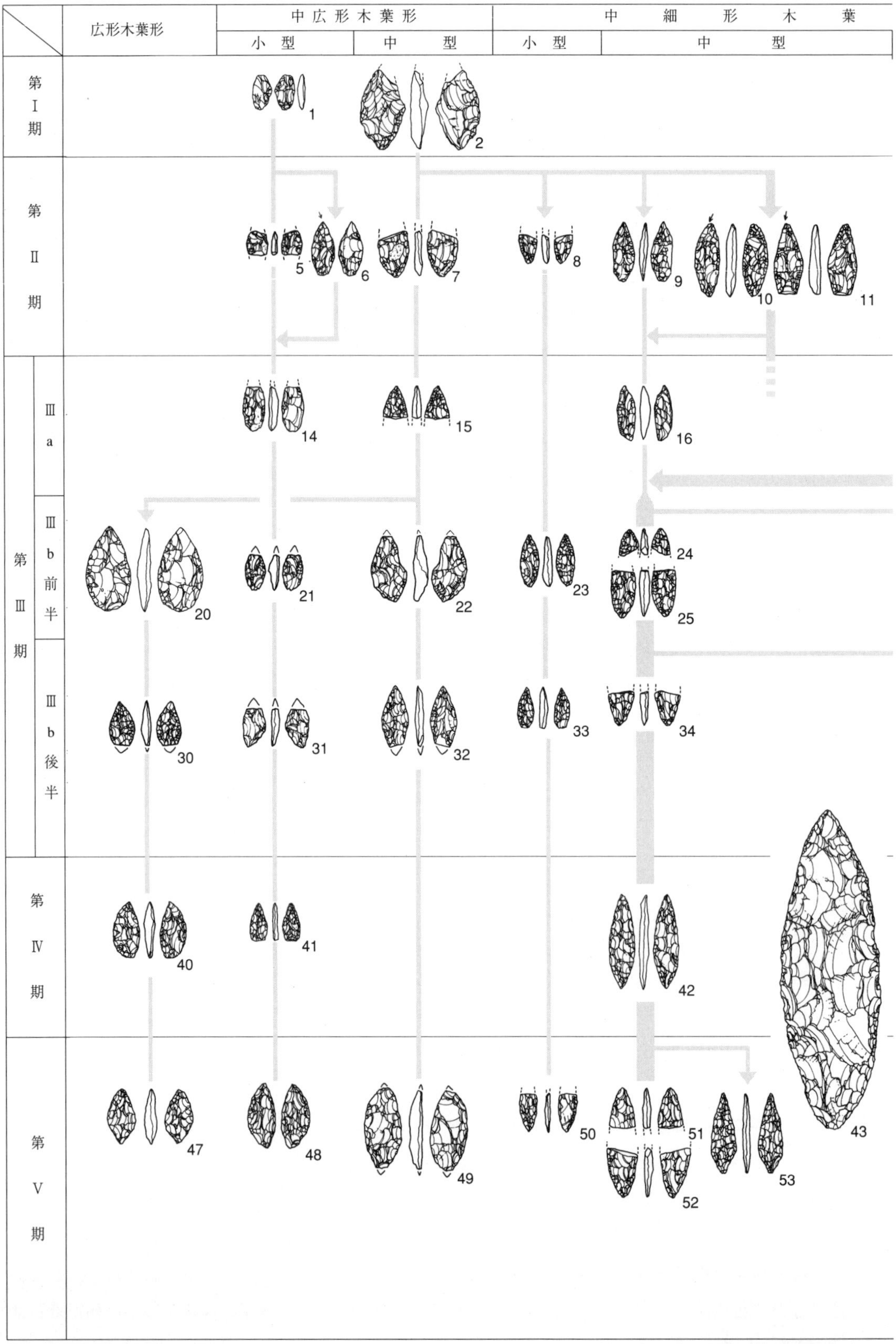

	広形木葉形	中広形木葉形		中細形木葉	
		小型	中型	小型	中型
第Ⅰ期		1	2		
第Ⅱ期		5, 6	7	8	9, 10, 11
第Ⅲ期 Ⅲa		14	15		16
第Ⅲ期 Ⅲb前半	20	21	22	23	24, 25
第Ⅲ期 Ⅲb後半	30	31	32	33	34
第Ⅳ期	40	41			42, 43
第Ⅴ期	47	48	49	50	51, 52, 53

第4図 関東地方武蔵野台地にお

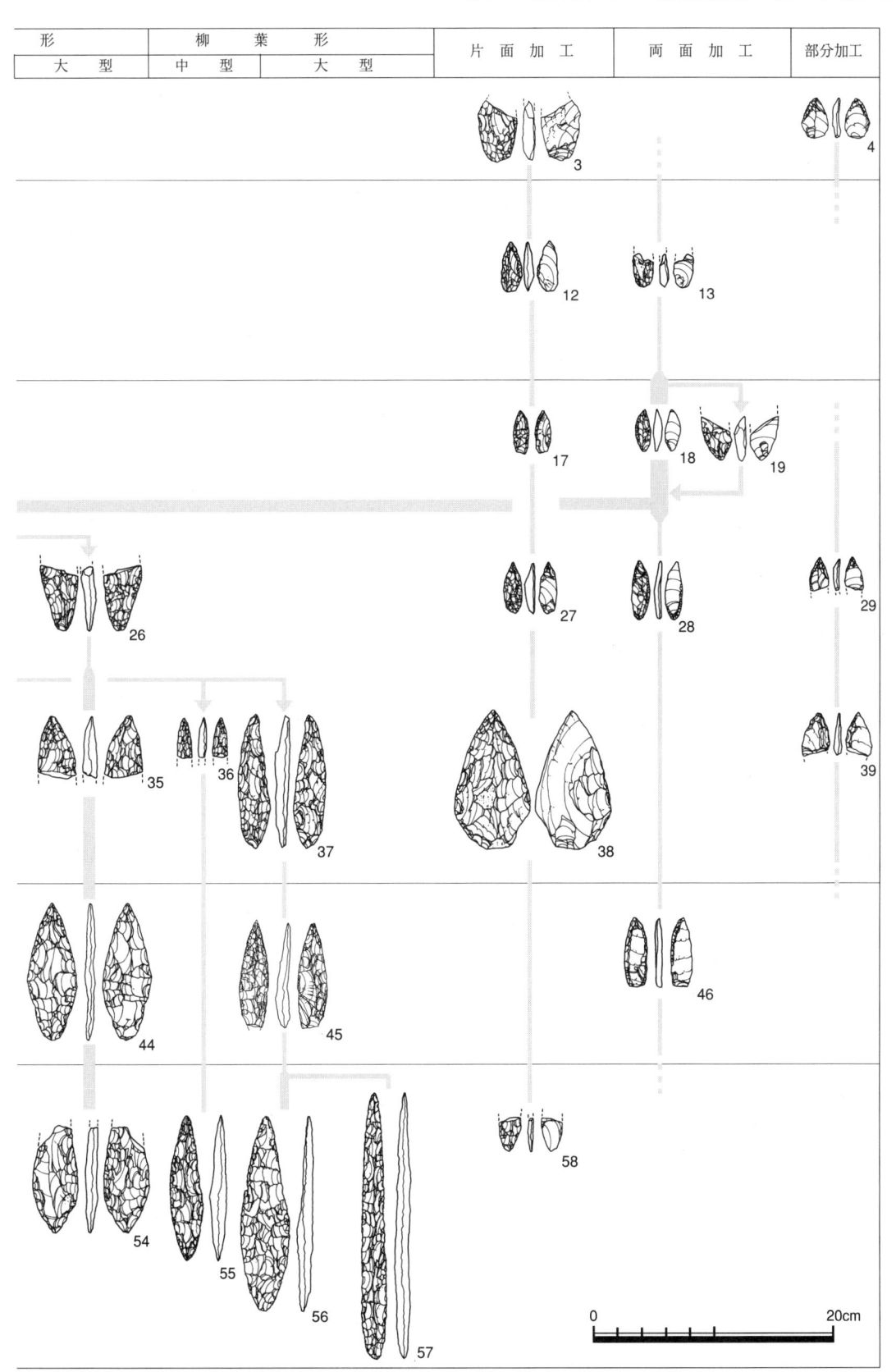

形	柳　葉　形		片　面　加　工	両　面　加　工	部分加工
大　型	中　型	大　型			

同様、時間的前後関係を示すものかもしれない。しかし、層位的には上下関係を捉えられるほど堆積条件が良好ではないことや関連の遺跡が現状では多くないこと、葛原遺跡B地点は槍先形尖頭器を主体とする石器群であり遺跡ごとの内容が異なり複雑な様相を示すことなどから、今後の資料的増加を待ってさらに検討する必要がある。

《第Ⅱ期》 第Ⅳ層上半を中心に出土し、東京都府中市№29遺跡第Ⅰ文化層（比田井・五十嵐 1996）（図版第 9）[8]、城山遺跡第Ⅳ層中部（竹崎編 1982）（図版第10−1〜8）、吉祥寺南町三丁目遺跡B地点（小西編著 1997）（図版第10−9〜13）、前山遺跡第Ⅳ層文化層（林 1998）（図版第11−1〜3）、下柳沢遺跡第 3 文化層（亀田・武藤・国武 2000）（図版第11−5〜16）、葛原遺跡B地点第Ⅰ文化層（廣田・前田 1987）（図版第11−17〜20）、埼玉県西武蔵野遺跡（西井・村田 1996）（図版第10−14〜18）、打越遺跡第 2 地点Ⅲ層（荒井 1976）（図版第11−4）、東京都前原遺跡第Ⅳ層上部（小田・伊藤・キーリー編 1976）（図版第12−1・2）、鈴木遺跡Ⅳ層上部Ph区・Pi区・Pj区ほか（織笠昭・織笠明子・金山・桑野 1980）（図版第 12−3〜10）、野川中州北遺跡東地区第Ⅳ層上部（千葉 1989）など多くの遺跡が認められるようになる。同時期の遺跡の中で槍先形尖頭器を伴う遺跡は少ないが、槍先形尖頭器を出土する遺跡ではナイフ形石器が石器組成の主体であり、槍先形尖頭器が一定量伴う。この時期は前半期と後半期に区分され、前半期では城山遺跡、府中市№29遺跡、吉祥寺南町三丁目遺跡B地点、西武蔵野遺跡など近年多くの遺跡が知られるようになった。後半期では、前原遺跡、鈴木遺跡などがあるが、石器群の内容が明確な遺跡は必ずしも多くはない。槍先形尖頭器は前半期から形態の分化が認められる。両面加工を基本としながらも、片面加工や周辺加工の形態がある。全般的に加工量は多くなく、両面加工品も素材面を残す半両面の形態が多い。両面加工は中広形木葉形と中細形木葉形の 2 形態があり、中型を主体として小型がすでに分化しているものとみられる。前半期を中心に樋状剥離を有する槍先形尖頭器が特徴的に存在しており、相模野台地同様、槍先形尖頭器とナイフ形石器の量比がかなり近接、あるいは槍先形尖頭器を主体とする遺跡が認められ、府中市№29遺跡ではナイフ形石器との中間形態も存在する。前半期・後半期を通じて、石材は黒曜石を主体としており、相模野台地とは様相を異にしている。

《第Ⅲ期》 第Ⅲ期は、相模野台地同様、3 小期に細分できる。

第Ⅲa期：第Ⅳ層最上部〜第Ⅲ層を出土層準とするもので、東京都野川遺跡第Ⅳ₁層（小林・小田・羽鳥・鈴木 1971）（図版第20−1〜6）、明治大学泉校地遺跡（安蒜・小菅・須藤・戸沢・矢島 1988）（図版第20−7〜11）、坂下遺跡第 1 文化層 1・3 号ブロック（門脇・北沢・三原 1988）（図版第20−12〜16）、丸山東遺跡第Ⅲ層 9 号ブロック（東京外かく環状道路練馬地区遺跡調査会 1995）（図版第20−17〜22）などがある。ナイフ形石器と槍先形尖頭器はほぼ同量で、槍先形尖頭器は両面加工・片面加工・周辺加工の各形態が認められるが、周辺加工が主体となっている。両面加工は量的には少ないが、中広形木葉形と中細形木葉形がある。周辺加工は中細形木葉形を基本として、小型を主体に中型が存在するなど大きさの面で分化が認められ、形態的には斉一化が進んでいる。石材は第Ⅱ期同様、黒曜石を主体としている。

第Ⅲb期前半：第Ⅲ層を出土層準とするもので、東京都鈴木遺跡第Ⅲ層（織笠昭・織笠明子・金山・桑野・戸田 1981）（図版第30）[9]、野川中州北遺跡西地区第Ⅲ層 1 号・3 号ブロック（上野・千

葉・西村 1989）（図版第31・32）[10]、多摩ニュータウンNo.774・775遺跡第Ⅰ文化層（阿部・舘野 1982）（図版第33-18～31）などがある。ナイフ形石器はわずかに認められるが、組成の主体は槍先形尖頭器である。槍先形尖頭器は両面加工を主体とし、片面加工・周辺加工・部分加工がわずかに伴い、第Ⅲa期の周辺加工が両面加工に転化した様相である。両面加工は中広形木葉形と中細形木葉形があるが、主体は後者に移行している。また、柳葉形が新たに出現している。中細形木葉形は小型・中型・大型がセットとなっており、中型を主体とする。また、大型が加わったことが、この時期の一つの特徴である。石材はやはり鈴木遺跡では黒曜石を主体とし、中型の一部や大型にはチャートなど別の石材を用いているが、その他の遺跡では非黒曜石石材の割合が大幅に増加している。

　この時期には仙川遺跡第Ⅲ層下部（小田 1974）（図版第33-1～17）、多摩ニュータウンNo.496遺跡第1文化層（舘野編著 1999a）（図版第34）など上述の遺跡とは様相の異なる石器群が認められる。両面加工・片面加工・周辺加工の各形態があるが、後2者が主体で、とくに片面加工の形態が特徴的である。中広形木葉形を主体に中細形木葉形が伴い、小型を主体としている。石材は黒曜石を主体として利用し、石器組成の上では小形の掻器を多数伴うという共通性があり、系統を異にするものであろう。

　第Ⅲb期後半：第Ⅲ層下部を出土層準とするもので、東京都野川中州北遺跡東地区第Ⅲ層（千葉 1989）（図版第52-1～7）、多聞寺前遺跡第Ⅲ層下部（相川・栗島 1983）（図版第52-8～15）[11]、多摩ニュータウンNo.388遺跡第2ユニット（舘野編著 1999b）（図版第53-1～5）、和田・百草遺跡群（中島 1986）（図版第53-6～11）などがある。ナイフ形石器は基本的に消滅しており、槍先形尖頭器は両面加工を主体に片面加工・周辺加工がわずかに伴うものと考えられる。両面加工は中細形木葉形を主体に中広形木葉形・柳葉形があり、広形木葉形が新に加わっている。中細形木葉形は中型を主体として小型・大型の各サイズがあり、大型が一定量存在するようになる。石材は一部に黒曜石を用いているが、チャート、ホルンフェルス、玄武岩など非黒曜石石材に主体が移っている。

《第Ⅳ期》　第Ⅲ層に出土層準をもつが、あまり良好な資料はなく、東京都御殿山遺跡第1地区D地点Ⅲ層中部（加藤・栩木・小林 1987）（図版第64）、多摩ニュータウンNo.426遺跡第Ⅰ文化層（佐藤宏之 1989）（図版第65～68）、多摩ニュータウンNo.769遺跡第1文化層（阿部 1983）、前原遺跡第Ⅲ層中部（小田・伊藤・キーリー編 1976）などがある。槍先形尖頭器は両面加工のほかに周辺加工がある。両面加工は、中細形木葉形・柳葉形を主として広形木葉形が認められる。最大幅が全般的に器体下半に降りてきており、柳葉形では有茎尖頭器の祖形ともいうべき形態が出現している。中型・大型を主体としており、大型が組成の重要な位置を占めている。槍先形尖頭器の形態組成は相模野台地の栗原中丸遺跡と同様の様相である。また、前原遺跡では石器組成に礫器を特徴的に含んでおり、出土層準が細石刃石器群と同一であることからも細石刃石器群とも何らかの関連をもつものかもしれない。

《第Ⅴ期》　第Ⅲ層上部を中心に出土するもので、多摩蘭坂遺跡第Ⅲ層（安孫子・堀井 1980）（図版第89-1～6）、多摩ニュータウンNo.27遺跡（雪田編 1979）（図版第94・95-1～4）、前田耕地遺跡第6集中地点（橋口 1985・1989）（図版第90～93）、狭山B遺跡（吉田・肥留間 1970）などがあり、多

摩蘭坂遺跡は前半に、前田耕地遺跡は後半に位置づけられる可能性がある。槍先形尖頭器は両面加工を原則とするが、片面加工や周辺加工も例外的に認められる。前者は様相が不明確であるが、柳葉形・中広形木葉形がみられ、柳葉形では小型・中型・大型がセットをなしている。後者は、両面加工では中細形木葉形が主体で柳葉形が一定量存在し、中広形木葉形も少量伴っている。中細形木葉形は小型・中型・大型がセットをなし、中型を主体とする。中広形木葉形は小型・中型が認められる。柳葉形は中型を主体とし、最大幅が器体の下1/3以下にあり、基部の尖る形態が特徴的に存在する。全体的に最大幅は器体の下半部に下がっている。前田耕地遺跡第6集中地点は有茎尖頭器出現直前もしくは出現期と考えられる。

西ノ台遺跡B地点第Ⅲ層上部（小田編 1980）（図版第89-7～14）、野川遺跡第Ⅲ層上部（小林・小田・羽鳥・鈴木 1971）（図版第89-15）もこの時期に位置づけられるものであるが、上述の遺跡とは様相を異にしている。両面加工を原則とし、中広形木葉形・広形木葉形をセットとしており、中型が主体である。相模野台地の栗原中丸遺跡第Ⅰ文化層などに対比され、石器組成に礫器を特徴的に含む。別系統の石器群と捉えておきたい[12]。

3） 大宮台地

大宮台地では、現在、200ヵ所近くの旧石器時代の遺跡が確認されているが、後期旧石器時代前半期や終末の遺跡は少なく、武蔵野台地第Ⅳ下層・Ⅴ層段階（本書の槍先形尖頭器第Ⅰ期）の遺跡が大多数を占めている（田代 1997）。第Ⅰ期は関東地方全体でみても遺跡数が少ない時期であり、大宮台地においては明確な槍先形尖頭器に分類できる資料は現状では確認できない。第Ⅱ期以降の遺跡は、上述のごとく遺跡数が少なく、細かな検討を行うことができるような出土状況ではない。槍先形尖頭器の出土例も現状ではあまり多くないことから、本地域の特徴や槍先形尖頭器の変遷を十分明らかにすることはできないが、断片的な資料から概観してみることにしたい。

《第Ⅰ期》 第Ⅴ層～Ⅳ層下部を出土層準とするが、この時期に槍先形尖頭器は確認されていない。しかし、埼玉県大和田高明遺跡（田代・鈴木ほか 1992）では周辺加工の槍先形尖頭器に類似したナイフ形石器が含まれている（図版第3-1・2）。現状では角錐状石器との関連で捉えておくことが妥当であろうが、将来的には槍先形尖頭器との関連も考慮できる可能性がある。

《第Ⅱ期》 第Ⅳ層～Ⅲ層を出土層準とするが、層位的には第Ⅲ期以降の石器群と明確に区分できない場合も多い。埼玉県戸崎前遺跡（金子編 1997）（図版第12-11～16）、提灯木山遺跡（宮本 2000）（図版第12-17）、中川貝塚（宮本 2000）（図版第12-18）、馬場小室山遺跡116区（宮本 2000）（図版第12-19）などがあるが、単独出土資料に類するものが多い。2時期に細分できる可能性があるが、現状では資料が少なく将来の課題である。槍先形尖頭器は両面加工を主とし、片面加工や周辺加工も認められる。中広形木葉形を主とし小型・中型が認められるが、小型に属するものが多い。槍先形尖頭器の石材は黒曜石が主体である。また、樋状剥離を有する槍先形尖頭器が特徴的に存在し、戸崎前遺跡では槍先形尖頭器が主体で、ナイフ形石器の形態も同期のほかの遺跡とは異なっている。

《第Ⅲ期》 第Ⅲ層を中心に出土し、埼玉県今羽丸山遺跡（新屋編 1996）（図版第21-1～5）、叺原遺跡ユニットⅨ（磯野 1997）などがあるが、検出例は少ない。今羽丸山遺跡では、両面加工・

周辺加工を主とし、周辺加工の形態が主である。両面加工は中広形木葉形・中細形木葉形木葉形で、中型と思われる。周辺加工も中広形木葉形・中細形木葉形木葉形を主とし、小型・中型が認められるが、小型が多い。石材は黒曜石を主体とする。吹原遺跡では両面加工を主体に片面加工が認められる。破損品が多いので形態については不明な点が多いが、中広形木葉形を主としているかもしれない。小型・中型の組み合せと思われる。石材は頁岩を主としている。今羽丸山遺跡は第Ⅲa期に、吹原遺跡は第Ⅲb期に位置づけられるものと思われる。

《第Ⅳ期》 この時期に位置づけられる遺跡は、現状で知られていない。

《第Ⅴ期》 第Ⅲ層〜Ⅱ層で出土し、埼玉県西大宮バイパスNo.4遺跡（栗島 1988a）（図版第95−5〜9）が知られる程度である。両面加工を基本とするが、片面加工がわずかに認められる。両面加工は中細形木葉形を主としており、柳葉形が存在する可能性がある。片面加工は中細形木葉形である。出土の槍先形尖頭器はいずれも中型である。石材は黒曜石である。

4） 下総台地（第5図）

1970年代以降大規模な調査が実施されており、多くの資料が蓄積されている。1989年段階までは第Ⅰ期、第Ⅱ期に位置づけられる資料はきわめて少なかったが、その後10年間の間に多くの遺跡が調査されるとともに報告書が刊行され、槍先形尖頭器に関する資料蓄積も進んでいる。第Ⅱ期以降の石器群については第Ⅲ層を中心に遺物が出土することから層位的に編年することは困難である。しかし、石器ブロックを単位とする石器群の様相や槍先形尖頭器の形態組成の検討を中心に編年することができる。

《第Ⅰ期》 第Ⅳ層に出土層準をもつもので、千葉県西長山野遺跡第1文化層（大田・矢本 1992）（図版第3−3）、権現後遺跡第3文化層（第12・14ブロック）（橋本編著 1984）（図版第3−4・5）、向原遺跡第4地点（No.5ブロック）（大原・藤崎編著 1989）（図版第3−6）、井戸向遺跡S−2ブロック・S−3ブロック（田村 1987）（図版第3−7〜10）、池花南遺跡第2文化層（渡辺修一 1991a）（図版3−11）、北海道遺跡第5・45ブロック（橋本 1985）（図版第3−12・13）などがある。ナイフ形石器が石器組成の主体で、槍先形尖頭器は1〜数点伴う程度である。同期の遺跡では槍先形尖頭器を伴う石器群はきわめて少ない。槍先形尖頭器は、両面加工・周辺加工の形態が認められ、両面加工は素材面を広く残す半両面加工のものがほとんどである。小型を主体とし中型が若干認められるが、いずれも長さ4〜5cm程度である。両面加工は調整角度が緩やかで面的加工が顕著なもの（向原遺跡、井戸向遺跡、北海道遺跡）と背面側の調整は周辺加工に近く調整角度のやや急なもの（権現後遺跡）がある。後者は角錐状石器に近い形態である。周辺加工も調整角度の緩やかなもの（西長山野遺跡）と急なもの（権現後遺跡）がある。形態や技術の面で同期の角錐状石器やナイフ形石器に共通する部分も多くさらに検討を要する資料を含んでいるが、多くの資料は先端部を調整によって明確に作出していること、素材として薄手の剥片を利用していることなど角錐状石器とは区別される特徴をもっている。第Ⅰ期の石器群は隣接地域の武蔵野台地と密接な関りを有することから、この時期に槍先形尖頭器の存在を基本的に認めてよいと思われる。

《第Ⅱ期》 第Ⅳ層上部〜Ⅲ層下部に出土層準をもつもので、千葉県大林遺跡第9・10・11ブロック（田村 1989）（図版第13−1〜13）、百々目木B遺跡（稲葉 1998）（図版第13−14・15）、木苅峠遺跡

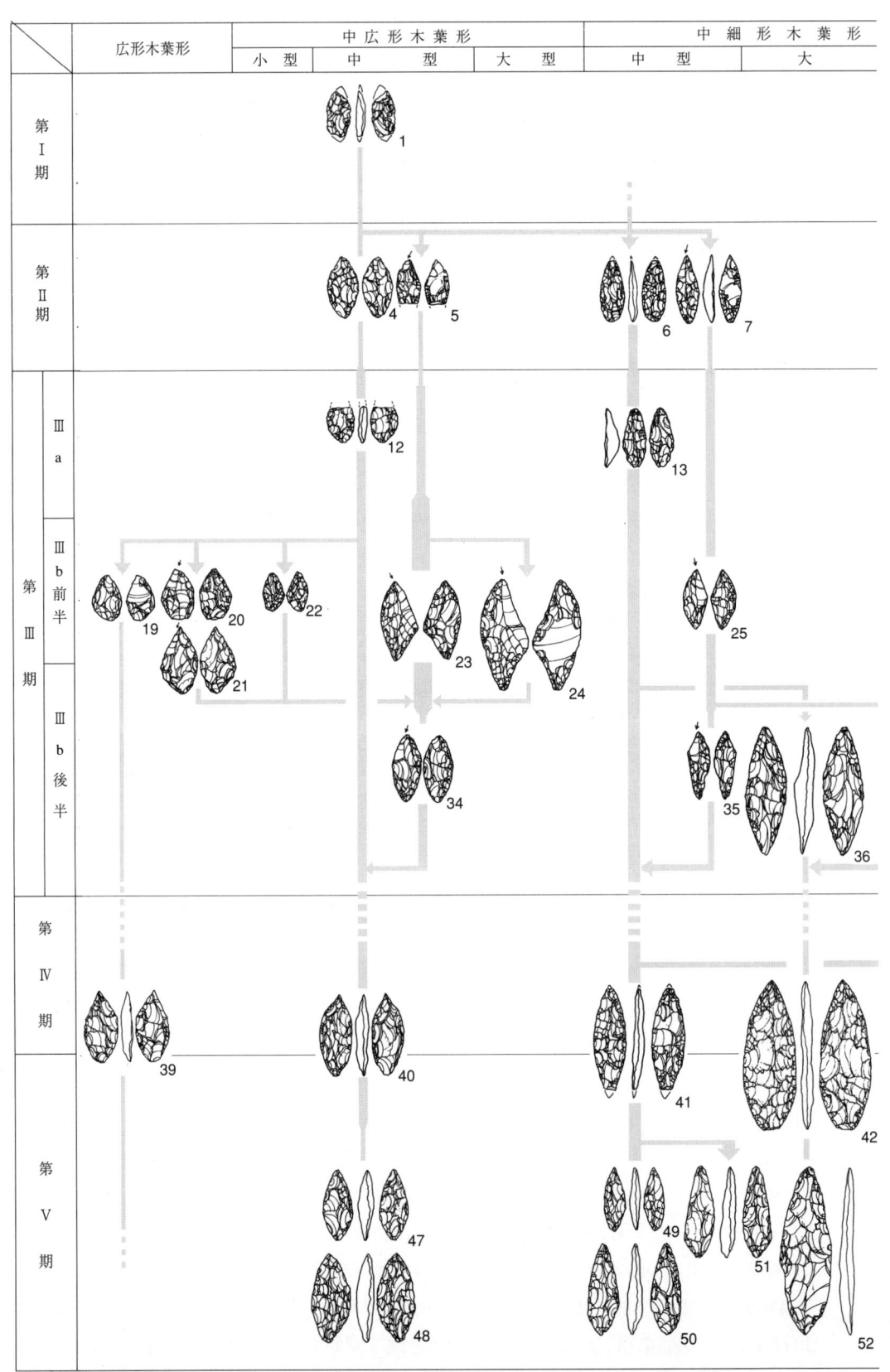

	広形木葉形	中広形木葉形			中細形木葉形	
		小型	中型	大型	中型	大
第Ⅰ期			1			
第Ⅱ期			4　5		6　7	
第Ⅲ期 Ⅲa			12		13	
第Ⅲ期 Ⅲb前半	19　20	22	23	24	25	
21						
第Ⅲ期 Ⅲb後半			34		35	36
第Ⅳ期	39		40		41	42
第Ⅴ期			47 48		49 50 51	52

第5図　関東地方下総台地におけ

第 2 章　日本列島における槍先形尖頭器の編年と地域性　61

型	柳　葉　形		片　面　加　工	両　面　加　工	部　分　加　工
	中　型	大　型			

る槍先形尖頭器形態組成変遷図

第7ユニット（鈴木道之助 1975）（図版第13－16）、三崎3丁目遺跡第2文化層（道沢 2000）（図版第13－17～23）、取香和田戸遺跡第2文化層（新田 1994）（図版第14－1～12）、御山遺跡第Ⅷa文化層（矢本 1994）（図版第14－13～17）、池花遺跡第3文化層3・10ブロック（渡辺 1991）（図版第14－18～21）、御塚山遺跡第7地点第2文化層（㈶千葉県文化財センター 1993）（図版第15－1～4）、南河原坂第3遺跡A地点（島田 1996a）（図版第15－5～9）、同C地点上層文化層（島田 1996b）（図版第15－10～23）、武士遺跡第7文化層A1（田村 1996）などが挙げられる。ナイフ形石器が石器組成の主体であり、槍先形尖頭器が少量伴う。槍先形尖頭器を伴出しない石器群も多いが、第Ⅰ期に比較して槍先形尖頭器を伴う遺跡数はかなり増加しており、石器ブロック単位でみると槍先形尖頭器の量的比率が優位な例も認められる。槍先形尖頭器は、両面加工を主体に片面加工・周辺加工が認められる。両形態とも中型を主体とし、小型が認められる。両面加工は中広形木葉形・中細形木葉形である。また、樋状剥離を有する形態が特徴的に存在し、量的にも槍先形尖頭器の中でも優位を占めている。この時期は2小期に細分でき[13]、槍先形尖頭器の形態組成も変化が認められる可能性が高いが、詳細な分析を行うには十分な資料を欠いている。しかし、この時期は前半期・後半期を通じて樋状剥離を有する槍先形尖頭器が存在し、隣接する相模野台地や武蔵野台地の様相とやや異なっている。

《第Ⅲ期》　石器群の様相から3小期に細分されるが、出土層準はいずれも第Ⅲ層で、上下関係として捉えることは困難である。この時期の石器群は、東京湾に面する地域（下総台地西縁部および下総台地南部―前原台地・袖ヶ浦台地・木更津台地）や下総台地中央部の印旛沼周辺地域で数多く調査されているが、両地域で様相を異にしている。

東京湾に面する下総台地西縁部をはじめとする地域では、相模野台地や武蔵野台地に共通した様相を認めることができる。

第Ⅲa期：千葉県桐ヶ谷新田遺跡（朝比奈編著 1979）（図版第21－6～13）、南河原坂第3遺跡E地点第Ⅰ地文化層（橘川 1984）（図版第21－14～27）、武士遺跡第7文化層A2（田村 1996）（図版第22－1～4）、武士遺跡第7文化層B（田村 1996）（図版第22－5～16）、大網山田台No.8遺跡（田村 1994）などがある。ナイフ形石器を一定量伴っている場合が多いが、槍先形尖頭器が組成の主体である。両面加工・片面加工・周辺加工・部分加工の各形態が認められ、周辺加工が形態組成の主体である。両面加工は中広形木葉形・中細形木葉形が認められる。組成に占める割合は低く、素材面を残すもののかなり認められる。片面加工も一定量認められる。周辺加工・片面加工も中広形木葉形・中細形木葉形で小型・中型である（中型も長さ7cm以下の小ぶりである）。石材は黒曜石を主体とする石器群が多い。

第Ⅲb期前半：池花遺跡第3文化層1・2・4・6～8ブロック（渡辺修一 1991b）（図版第35・36）、南河原坂遺跡D地点（島田 1996c）（図版第37）、千葉県西の台遺跡ユニット1～5（道沢 1985）（図版第38）などがある。槍先形尖頭器が組成の主体であり、基本的にナイフ形石器は伴わない。両面加工・片面加工・周辺加工の形態がある。遺跡によって様相の差があり、池花遺跡は両面加工を主体とするが、西の台遺跡では両面加工・片面加工が主で、南河原坂遺跡では周辺加工の割合が高い。また、平面形状についても遺跡ごとに様相を異にしており、池花遺跡・南河原坂遺跡では中細形木

葉形を主体に、中広形木葉形が一定量伴う（南河原坂遺跡ではさらに柳葉形が伴う）のに対して、西の台遺跡では中広形木葉形を主体としており、大きく2様相が認められる。西の台遺跡は武蔵野台地の仙川遺跡などの様相が共通する。大きさの組成では、両面加工は中型を主体に小型が一定量伴う。また、量的には少ないが、大型が伴う。周辺加工は中型を主体としており、小型が一定量認められる。石材は黒曜石・頁岩を主としている。

　第Ⅲb期後半：千葉県西の台遺跡ユニット6（道沢 1985）（図版第54－1～10）、有吉遺跡第4文化層（第1ブロック）（山田 1999）（図版第54－11～16）などがあるが、資料はあまり多くない。両面加工を基本としており、周辺加工が若干認められる。中型・大型を基本とする組成である。両面加工は中細形木葉形・中広形木葉形が認められ、前者を主とするものと思われる。中細形木葉形では最大幅が器体の下半部に位置している。西の台遺跡では頁岩を主要石材として使用している。

　下総台地中央部の印旛沼周辺地域では、第Ⅱ期に引き続き地域的特色を示す石器群が分布している。

　第Ⅲa期：千葉県木苅峠遺跡第6・9・18・23ユニット（鈴木道之助 1975a）、東内野遺跡Ⅲ層（戸田編 1977、篠原・木川・羽鳥 1978、戸田・篠原編 1979、橋本勝雄編著 1990）（図版第23－1～5）[14]、平賀一ノ台遺跡ユニット20・24～26・34（道沢・新井・大沢・山村 1985）（図版第23－6～19）、十余三稲荷峰東遺跡（永塚 2001）（図版第22－17～25）などがある。石器組成は槍先形尖頭器が主体となっており、一定量のナイフ形石器が伴う。槍先形尖頭器は両面加工・片面加工・周辺加工があり、周辺加工が顕著である。両面加工は中型を主体に小型が一定量存在するが、ブロックを単位でみると小型が主体となっている例もある。中細形木葉形が多いが、中広形木葉形や広形木葉形も認められ、木苅峠遺跡では幅広の形態が多い。片面加工・周辺加工についても両面加工とほぼ同様な状況であるが、中細形木葉形が比較的多い。全般的にやや小形で、中型は長さ5cm前後のものが多い。黒曜石を主要石材とする石器群も多く、それらでは中広形木葉形を主とする場合が多い。この時期にも樋状剥離を有する槍先形尖頭器が一定量存在し、両面加工のみではなく片面加工・周辺加工でも認められる。

　第Ⅲb期前半：千葉県東内野遺跡第Ⅲ層（戸田編 1977、篠原・木川・羽鳥 1978、戸田・篠原編 1979、橋本勝雄編著 1990）（図版第39）[15]、平賀一ノ台遺跡ユニット2・9～13・54・55（道沢・新井・大沢・山村 1985）（図版第40）などがあり、ナイフ形石器は基本的には伴わない。槍先形尖頭器は両面加工・片面加工・周辺加工・部分加工の各形態が揃っている。部分加工はわずかであるが、その他の3者の形態はほぼ同じ割合で存在し、両面加工が量的に増加しているものの、片面加工・周辺加工が前小期同様かなりの割合で存在し、とくに片面加工の存在が顕著である。また、樋状剥離を有するものが形態の相違を越えて存在し、しかもきわめて多くの個体が樋状剥離を有するのが、この時期の特徴である。両面加工は広形木葉形・中広形木葉形・中細形木葉形が認められ、中広形木葉形が主体である。中広形木葉形は小型・中型・大型に分化しているが、主体は中型である。片面加工・周辺加工にも中広形木葉形と中細形木葉形が認められ、主体は前者である。さらに、片面加工は小型と中型に分化している。石材は黒曜石も使用されているが、主体はチャートや頁岩など非黒曜石の石材である。

第Ⅲb期後半（角田台遺跡；田村・橋本 1984、田村 2000）（図版第55－1～8）、朝陽遺跡（田村・橋本 1984）（図版第55－15～17）、平賀一ノ台遺跡ユニット41・42（道沢・新井・大沢・山村 1985）（図版第55－9～14）などがあり、前小期同様、樋状剥離を有する槍先形尖頭器が主体を占めているが、両面加工に集約され、大型が安定的に存在することに特徴がある。また、小型の割合は低く、中型・大型がセットである。槍先形尖頭器は両面加工を基本に片面加工がわずかに認められる。両面加工は中広形木葉形と中細形木葉形が存在するが、後者に主体が移っており、中型・大型が認められる。石材は非黒曜石である。

《第Ⅳ期》　この時期に位置づけられる確実な資料は現在まで知られていない。この時期は細石刃石器群が広範に出現しており、基本的には槍先形尖頭器石器群はこの地域では断絶しているのかもしれないが、第Ⅴ期の槍先形尖頭器の形態組成は、第Ⅴ期になって柳葉形が安定的に組成に加わっている点を除けば、第Ⅲb期の形態組成と基本的に同じであることや周辺地域の状況からすれば、この時期にも槍先形尖頭器石器群が貫入的に存在する蓋然性は十分にある。

《第Ⅴ期》　千葉県復山谷遺跡第Ⅲ層直上（鈴木定明 1978）（図版第96－1～8）、六通神社南遺跡（渡邉編 2001）（図版第97・98）、南大溜袋遺跡（戸田 1978、田村・橋本 1984）（図版第99）、元割遺跡（田村 1986a）（図版第100）、弥三郎第2遺跡（織笠 1992）（図版第101）、両国沖Ⅲ遺跡（篠原編著 1982）（図版第96－9～16）などがあり、石器群の様相から復山谷遺跡、六通神社南遺跡は、南大溜袋遺跡、元割遺跡、弥三郎第2遺跡、両国沖Ⅲ遺跡などより時期的に先行するものと思われる。槍先形尖頭器は両面加工が基本であり、中広形木葉形・中細形木葉形が認められ、柳葉形が安定して存在する。最大幅は器体の下半寄りの傾向が認められ、最大幅が基部付近にあり、基部の尖る有茎尖頭器の祖形ともいうべき形態が出現している。復山谷遺跡、六通神社南遺跡では中細形木葉形・中広形木葉形・柳葉形・広形木葉形の各形態が認められ、中細形木葉形・柳葉形が主体となるものとも思われ、第Ⅳ期末～第Ⅴ期前半に位置づけられる可能性がある。広形木葉形は中型であるが、主体となる中細形木葉形・柳葉形では中型・大型を組成し、長さ8cm以上の大形品の割合が高い。南大溜袋遺跡、元割遺跡では柳葉形を主体に中細形木葉形・中広形木葉形が伴っている。柳葉形ではきわめて細長い形態が顕著な発達を示しているのも特徴といえる。いずれの形態も中型・大型の組成であるが、柳葉形では大型の割合が高い。石材は非黒曜石である。

以上みてきたように、下総台地は関東地方の中でも複数の系統が入り混じっており、きわめて複雑な様相を示す。それと同時に、利用可能な在地産石材が乏しいことから、東内野遺跡を典型とするように、この地域独特の石材消費と結びついた槍先形尖頭器の型式を発達させている。こうした状況を勘案しながら、第5図に下総台地東北半部の様相を示した。

5)　関東地方北部（第6図）

近年まで群馬県南部の資料を中心として編年の考察をせざるをえない状況にあったが、栃木県を中心として資料が増加しつつあり、地域全体の様相がかなり明らかになりつつある。大きくは茨城県中・南部を中心とする地域と群馬・栃木県南部の榛名山・赤城山から男体山に至る連山の南山麓や周辺に広がる台地の二つの地域に区分することができるが、茨城県中部から南部に広がる台地（那珂台地・茨城台地・新治台地・北浦台地・稲敷台地）（橋本 1995）の様相は現状でもあまり明

らかではない。前者は下総台地と密接な関連をもつものと推定され、東北地方東半部との関連で今後の調査の進展が期待される地域である。また、後者は関東地方南部、中部高地（中部地方中央部）、東北地方西南部などを繋ぐ地域として注目される。

《第Ⅰ期》　この地域では、第Ⅰ期の槍先形尖頭器は知られていないが、中部高地や関東地方南部に隣接しており、すでに槍先形尖頭器が出現している可能性はある。現状では第Ⅰ期に属する良好な石器群は必ずしも多くはなく、槍先形尖頭器の存在が確実視できるのは第Ⅱ期以降である。

《第Ⅱ期》　群馬県下触牛伏遺跡第Ⅰ文化層（岩崎 1986）（図版第16－1～7）、藤岡北山B遺跡（軽部 1994）（図版第16－8）、栃木県多功南原遺跡（山口耕一編著 1999）（図版第16－9～20）、茨城県西原遺跡（窪田 1998a）などがあり、ナイフ形石器を主体として槍先形尖頭器が一定量伴っている。両面加工・片面加工があり、樋状剥離を有するものが多い。両形態とも中細形木葉形・中広形木葉形で、両面加工は小型・中型が認められ、片面加工は中型を中心としている。石材は黒曜石を主体とする。

《第Ⅲ期》　石器群の様相から3小期に細分される。

　第Ⅲa期：群馬県御正作遺跡（須藤・大工原 1984）（図版第24）、三ッ屋遺跡（相沢・関矢 1988c）（図版第25－1～3）、栃木県八幡根東遺跡3号ブロック（斎藤 1996）（図版第25－4～11）、塙遺跡（岩宿フォーラム実行委員会 1998b）、茨城県二子塚遺跡（窪田 1998b）（図版第25－12～19）などがあり、ナイフ形石器を伴う場合があるが、槍先形尖頭器との量的関係は完全に逆転している。槍先形尖頭器は両面加工・片面加工・周辺加工が認められ、周辺加工の量的比率が高い。中広形木葉形を主体とする石器群と中細形木葉形を主体とする石器群が認められる。両面加工・周辺加工は小型を中心に中型が伴っている。群馬県の遺跡は石材がすべて黒曜石である。

　第Ⅲb期前半：群馬県武井遺跡第Ⅱb文化層（杉原荘介 1984、加部・小菅 1995、加部 1996、阿久澤 1998・2000）（図版第41－12～27、図版第42・43）[16]、元宿遺跡（相沢・関矢 1988b）（図版第44－1～11）、見立溜井遺跡第Ⅰ文化層（大塚・白石 1985）（図版44－12～19）、茨城県西原遺跡（江幡 1993）などがある。ナイフ形石器は伴出せず、槍先形尖頭器は両面加工を主体に片面加工・周辺加工が認められるが、片面加工・周辺加工は量的に大きく後退している。両面加工は中広形木葉形・中細形木葉形・広形木葉形・柳葉形があり、前2者が主体である（武井遺跡、元宿遺跡では中細形木葉形が主体となっている）。中型を主体とし、大型・小型が若干認められる。石材は黒曜石を主体とするもの（見立溜井遺跡）と頁岩など非黒曜石石材を主体とするもの（武井遺跡、元宿遺跡など）がある。片面加工・周辺加工も両面加工の様相と同様であるが、中広形木葉形・中細形木葉形のみである。また、武井遺跡第Ⅱa文化層（杉原 1984）（図版第41－1～11）は、小型が主体で片面加工を中心としており、石材はやはり黒曜石を主体とする。武蔵野台地の仙川遺跡第Ⅲ層（小田 1974）などと共通した様相がうかがえ、別系統の石器群と捉えることができるものと思われる。

　第Ⅲb期後半：栃木県西赤堀遺跡（上野 1996）（図版56－1～4）、茨城県宮脇遺跡（窪田 1998c）（図版56－5～8）、宮脇A遺跡（窪田 1998d）（図版第56－9・10）などがある。大型が安定して存在し、両面加工を基本に片面加工・周辺加工がわずかに伴うものと考えられる。両面加工は中細形木

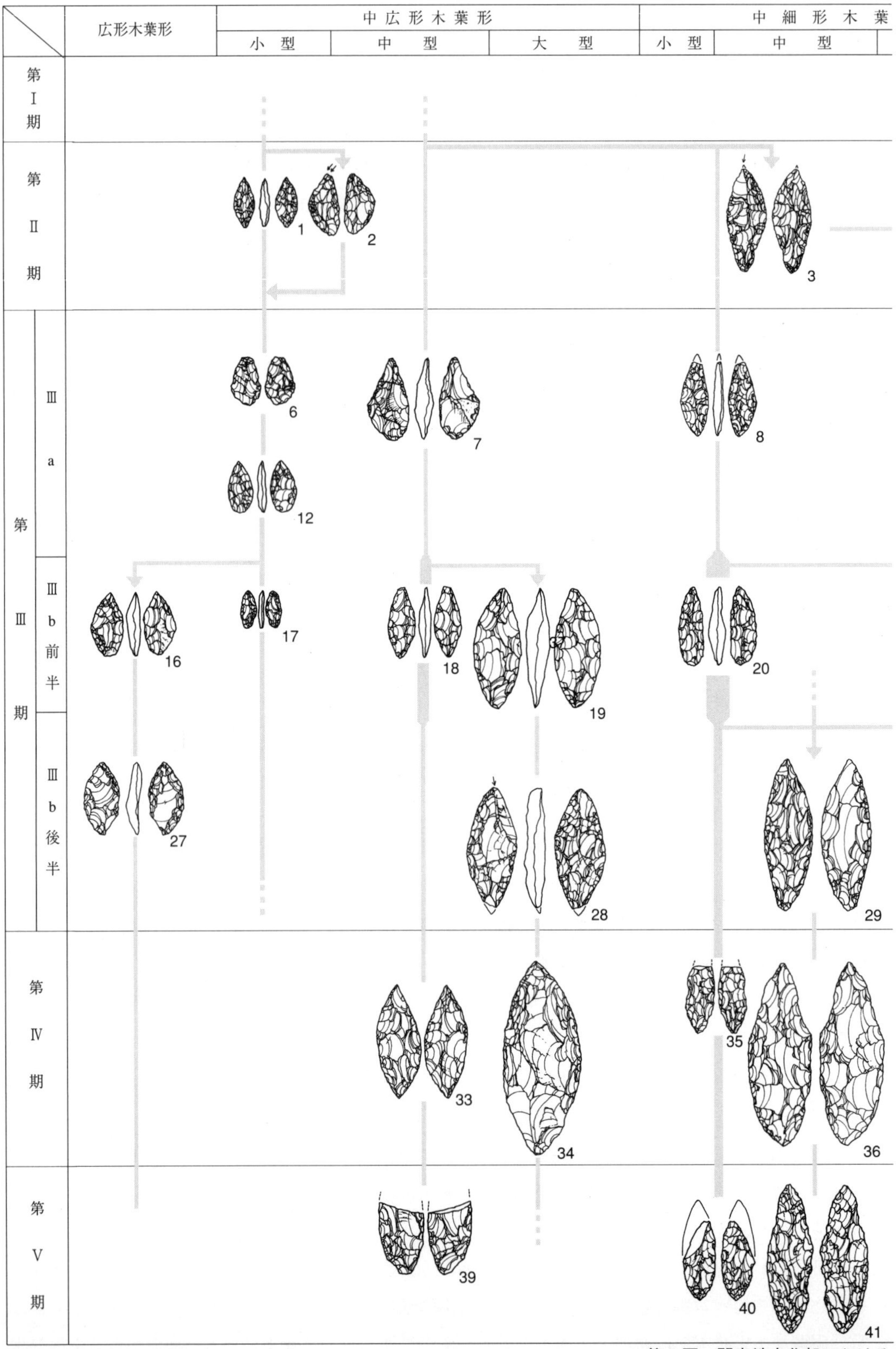

	広形木葉形	中広形木葉形			中細形木葉	
		小 型	中 型	大 型	小 型	中 型
第Ⅰ期						
第Ⅱ期		1, 2				3
第Ⅲ期 Ⅲa		6	7			8
		12				
第Ⅲ期 Ⅲb前半	16	17	18	19		20
第Ⅲ期 Ⅲb後半	27		28			29
第Ⅳ期			33	34	35	36
第Ⅴ期			39		40	41

第6図 関東地方北部における

第 2 章　日本列島における槍先形尖頭器の編年と地域性　67

形	柳　葉　形		片面加工	周　辺　加　工	
大　型	中　型	大　型		小　型	中　型

槍先形尖頭器形態組成変遷図

葉形を主体に中広形木葉形が一定量伴い、広形木葉形もわずかにみられる。中細形木葉形は小型・中型・大型が、中広形木葉形は中型・大型がセットで中型が主体である。石材は黒曜石も使用されているが、頁岩・安山岩・チャート・メノウなど非黒曜石石材が主体となり、使用石材が大きく変化している。また、この時期に位置づけられる遺跡として、栃木県上林遺跡第1文化層（出居1998）（図版第57－1～5）、茨城県細原遺跡（窪田 1998e、橋本 1995）（図版第57－6～12）がある。上林遺跡では中型・大型の両面加工で樋状剥離を有する槍先形尖頭器がまとまって出土しており、細原遺跡は小・中型の両面加工・片面加工・周辺加工の槍先形尖頭器で、平面形は菱形や肩の張る形態が多く、樋状剥離を有するものも多い。これらの石器群は石刃あるいは縦長剥片素材の削器・掻器・彫器などを伴っている。石器群の様相から下総台地の角田台遺跡や東北地方の大平山元Ⅱ遺跡第Ⅱ層下などの出土石器群に関連するものと思われる。

《第Ⅳ期》 群馬県房谷戸遺跡第Ⅰ文化層（谷藤 1992a）（図版第70～79）、栃木県川木谷遺跡（芹澤 1989）（図版第69－4～10）などがある。両面加工を基本として片面加工が若干認められる。中広形・中細形木葉形を主体とし、柳葉形は含まれない。小型・中型・大型が認められるが、中・大型を主体とする。中部高地の大反遺跡の形態組成に類似している。

《第Ⅴ期》 群馬県石山遺跡（相沢・関矢 1988d）（図版第102～104）、荒砥北三木堂遺跡第Ⅲ文化層（岩宿フォーラム実行委員会 1998c）（図版第105・106）、栃木県三ノ谷東遺跡Ⅲ地区第1文化層（田代・日下田・倉田 1990）（図版第107－1～6）、茨城県三反田下高井遺跡（窪田 1998f）（図版第107－7～11）、梶巾遺跡（窪田 1998g）（図版第107－12・13）などがある。両面加工を主体に周辺加工が若干認められる。両面加工は柳葉形・中細形木葉形を主体に中広形木葉形が認められ、柳葉形ではきわめて細身の形態が認められる。中・大型を主体とし、小型が若干認められる。周辺加工は中型の広形木葉形である。

 2. 東北地方（第7図）

良好な資料は山形県に集中しており、現状の資料のみで東北地方全体の様相として捉えることには問題を残している。資料が増加すれば、小地域に細分される可能性を残しているが、ここではとりあえず一地域として取り扱う。なお、石材は珪質頁岩が主として使用されている。

第Ⅰ期に位置づけられる遺跡は現状では知られておらず、第Ⅱ期以降に槍先形尖頭器が出現しているものと思われる。

《第Ⅱ期》 福島県背戸遺跡B地点（柳田 1987）（図版第108－1～3）、岩手県峠山牧場Ⅰ遺跡A地区17・18ブロック（高橋 1999）（図版第108－4～8）・和賀仙人遺跡（小野寺・菊池・鈴木・山田 1984）（図版第108－9）[17]など、現状ではわずかな資料が知られるのみである。ナイフ形石器を主体とする石器組成で、少量の槍先形尖頭器が伴っている。槍先形尖頭器は両面加工と周辺加工で、いずれも中型である。両面加工は素材面をまったく残さず入念な調整が施されているものと片面あるいは両面に素材面を広く残す半両面加工のものが認められる。全体の形状がうかがえるものは中細形木葉形である。周辺加工は中広形木葉形・中細形木葉形で縦長剥片を素材としている。なお、背戸B遺跡のスクレーパーとされている資料のうち1点（図版第108－3）は槍先形尖頭器の未成品かもしれない。

《第Ⅲ期》 石器群の様相から3小期に細分される。

　第Ⅲa期：現状では平林遺跡（加藤稔 1963）（図版第109）のみであり[18]、石器組成はナイフ形石器を主体としながら槍先形尖頭器がほぼ等量伴っている。槍先形尖頭器は両面加工・片面加工・周辺加工・部分加工の各形態があるが、両面加工は少なく周辺加工が主体的である。両面加工は広形木葉形と中広形木葉形があり、いずれも中型である。周辺加工は小型と中型があり、小型は中細形木葉形を主体とし、中型は中広形木葉形を主体として広形木葉形が認められる。片面加工・部分加工の存在は必ずしも明確ではないが、中型と考えられる。

　第Ⅲb期前半：山形県越中山遺跡A地点（柏倉・加藤 1973、下平 1973、加藤稔 1975）（図版第110・111－1・2）、高瀬山遺跡（名和・渋谷・阿部 1982）（図版第110－5～8）、岩手県小石川遺跡（菊池・武田・沢口 1982）（図版第110－3・4）などがある。石器組成の主体は槍先形尖頭器で、ナイフ形石器は痕跡的に認められるにすぎない。槍先形尖頭器は両面加工を主体としながら、片面加工・周辺加工・部分加工の各形態が認められる。両面加工は中細形木葉形を主体とし、中広形木葉形がわずかに認められる。中細形木葉形は小型・中型・大型がセットをなしており、越中山A遺跡では大型にややウェートがあるが、本来の組成は中型と大型に主体があるものと考えられる。また、大型では15cmを超える特大品が出現しており、量的には少ないが、これ以後、比較的安定した組成の一員となっている。周辺加工は前時期に比較して減少しており、平面形もやや細身の中広形木葉形に統一されている。小型と中型がセットになっている。

　第Ⅲb期後半：山形県越中山遺跡A´地点（加藤編 1974・1975）（図版第112・113）、岩手県峠山牧場Ⅰ遺跡A地区7・8・10ブロック（高橋 1999）（図版第117－1～6）があり、槍先形尖頭器は一層細身の傾向が著しい。両面加工を基本として部分加工がわずかに伴う。両面加工は柳葉形が新たに出現し、中細形木葉形とともに組成の主体をなしている。中細形木葉形は中型と大型がセットとなり、柳葉形では中型が主体で大型が認められる。部分加工は周辺加工との中間的な形態である。

《第Ⅳ期》 上野A遺跡（阿部・米倉ほか 1998）（図版第117－7～8・118）、山形県月山沢遺跡（名和編 1980）（図版第119）などがある。槍先形尖頭器は両面加工を原則とし、中型と大型が組成の基本である。中細形木葉形・柳葉形を主体に中広形木葉形が例外的に認められる。全体の傾向として最大幅が器体の下半部に大きく下がっているものが多い。その結果、基部付近に最大幅をもち、逆三角形気味に基部を作り出す形態が出現しており、その存在は次の第Ⅴ期では明瞭となる。山形県八森遺跡（佐藤禎宏 1999）（図版第120・121）、青森県長者久保遺跡（山内・佐藤 1967）、大平山元Ⅰ遺跡（岩本・三宅編 1979、谷口編 1999）などの神子柴石器群もこの時期に位置づけられる。八森遺跡を除くと槍先形尖頭器の出土量が少ないが、月山沢遺跡、上野A遺跡同様、中型・大型を基本的な組成として、中細形木葉形、柳葉形が主体である。

《第Ⅴ期》 良好な石器群は弓張平遺跡（加藤稔編 1978・1979）（図版第122～124）を挙げることができる程度で、同期の石器群はあまり検出されていない。槍先形尖頭器は両面加工を原則とし、中細形木葉形と柳葉形が認められるが、柳葉形に組成の主体が移行している。両形態とも中型と大型がセットをなしており、柳葉形では中型が主体である。前時期に出現した有茎尖頭器の祖形ともいうべき形態が安定して存在しており、柳葉形では中型・大型ともに認めることができる。

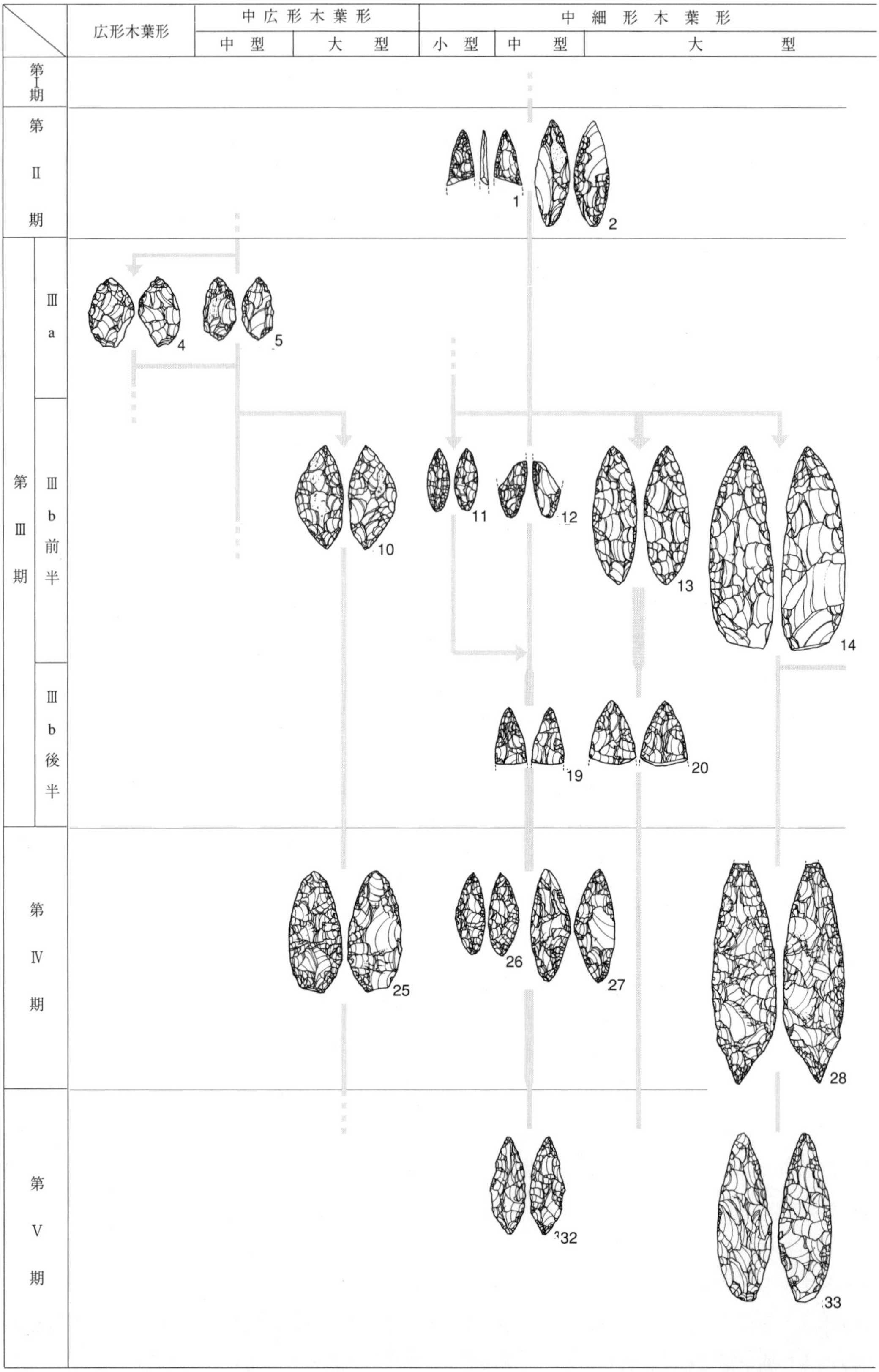

70

	広形木葉形	中広形木葉形		中細形木葉形		
		中型	大型	小型	中型	大型
第Ⅰ期						
第Ⅱ期					1 2	
第Ⅲ期 Ⅲa	4 5					
第Ⅲ期 Ⅲb前半			10	11 12	13	14
第Ⅲ期 Ⅲb後半				19 20		
第Ⅳ期			25	26 27		28
第Ⅴ期				32		33

第7図 東北地方における槍

第 2 章　日本列島における槍先形尖頭器の編年と地域性　71

柳　葉　形		片面加工	周　辺　加　工		部分加工
中　型	大　型		中　型	大　型	

先形尖頭器形態組成変遷図

以上、東北地方の槍先形尖頭器石器群の変遷を概観したが、第Ⅲb期にはこうした流れとは別の石器群が存在する。青森県大平山元Ⅱ遺跡第Ⅱ層下（三宅・横山編著 1980）（図版第114～116）、大平山元Ⅲ遺跡ユニット1（三宅・松山・山口 1981）の槍先形尖頭器は両面加工を基本とし、中広形木葉形・中細形木葉形を主体に柳葉形がわずかに伴っている。中型を主体とし、大型がわずかに伴う組成で、樋状剥離を有する槍先形尖頭器が主体を占めている。石器群の様相から第Ⅲb期前半～第Ⅲb期後半に位置づけられるものと考えられるが、関東地方南部の下総台地第Ⅲb期後半の石器群と密接な関連がうかがわれ、その意味では先に触れたごとく、少なくとも東北地方の太平洋沿岸では上述の槍先形尖頭器石器群の流れとは別の様相が将来的には指摘できる可能性がある。

3. 北海道地方

　この地域における槍先形尖頭器は基本的には細石刃石器群に伴って出現しており、大半の資料は第Ⅳ期以降に位置づけられる。しかし、本州地方に比べて細石刃石器群の出現は時間的に早いと考えられる。近年まで北海道の細石刃石器群の出現は約15,000年前で、それ以前は石刃石器群を主体とする前期白滝文化（15,000～17,000年前）、台形様石器などを指標とする非石刃石器群（約20,000年前）とする考え方（長沼孝 1985、千葉英一 1988）が支配的であったが、1997・1998年に調査された柏台1遺跡において恵庭a火山灰（16,000～19,000年前）の下層から細石刃石器群が検出され（福井編 1999）、細石刃石器群の出現年代を含めた従来の編年観を大きく修正する必要が出てきた。柏台1遺跡では2群の石器群が検出されており、3・6・12・14・15ブロックから細石刃石器群が出土した。^{14}C年代測定がなされており、19,850±70～20,790y.B.P.の年代が得られている。本州における細石刃石器群の年代と比較して飛び抜けて古い年代であるが、北海道の地理的位置や自然環境などのバックグラウンドや石器群の様相からみて、この測定年代は容認することができよう。また、柏台1遺跡に先行して調査された美利河1遺跡でも柏台1遺跡の細石刃石器群に近い^{14}C年代値が得られている（長沼編 1985）。美利河遺跡では大きく3枚の文化層が検出されており、下層よりSb-1・2・3（美利河Ⅰ石器群）、Sb-4（美利河ⅡB石器群）、Sb-5～13（美利河ⅡA・ⅡB・ⅢA・ⅢB石器群）の各石器ブロックが層位的に捉えられている。美利河Ⅰ石器群では峠下型、美利河ⅡA石器群では美利河型、美利河ⅡB石器群では蘭越型、美利河ⅢB石器群では広郷型の細石核が出土しており、層位的・平面的に完全に分離できない部分もあるが、細石核型式の平面的・層位的把握が可能な状況で石器群が検出されている。美利河Ⅰ石器群では20,100±335、20,900±260y.B.P.（^{14}C年代）、美利河ⅡB石器群では19,800±380y.B.P.（^{14}C年代）、11,700±600、11,500±500y.B.P.（黒曜石水和層年代）、美利河ⅢA石器群では18,200±230、17,500±200y.B.P.（^{14}C年代）の理化学的年代が得られている。美利河Ⅲ石器群は有茎尖頭器を含む槍先形尖頭器が主体となる石器群であることから、^{14}C年代をそのまま実年代とすることには躊躇を覚えるものの、各文化層の資料採集法や^{14}C年代測定法に問題はないようである[19]。

　北海道において細石核の型式のみによる編年は困難な状況であり、細石核の型式によってはかなり長い存続時期が想定されるが、その出現時期や組み合わせによってある程度の時間的前後関係を想定することが可能である。蘭越型・峠下型は柏台1遺跡や美利河1遺跡Ⅰ石器群において主体となる型式で、北海道における細石刃石器群出現期から確認できる型式といえる。これらの石器群で

は槍先形尖頭器は伴出していない。美利河1遺跡ⅡB石器群の一部も層位的には古く位置づけられ、湧別技法に先行すると考えられる。この石器群でも槍先形尖頭器の共伴は明確ではないが、少量の槍先形尖頭器が伴うかもしれない。湧別技法札滑型・白滝型は北海道の広い範囲で出土しているが、石器群の内容が明確なものは必ずしも多くない。槍先形尖頭器を伴うと考えられるが、点数は少量である。忍路子型・広郷型は有茎尖頭器が伴出する例が多く、細石核の型式としてはもっとも新しく位置づけられるものであろう。

　北海道地方と本州地方の石器群の編年対比は様相がかなり異なることからかなり困難であるが、湧別技法を伴う石器群を手がかりにすると、本州における細石刃石器群盛行期（第Ⅳ期）以前を前半期、本州地方の細石刃石器群盛行期およびそれ以降を後半期とすることが可能である。前半期は湧別技法出現以前の細石刃石器群で、本書の槍先形尖頭器第Ⅰ～Ⅲ期に併行するものとみられる。槍先形尖頭器の出土が明確な石器群は現状では確認できない。しかし、年代的に前半期に位置づけられる美沢1遺跡（森田 1979）（図版第125－1）では両面加工の槍先形尖頭器先端部が1点出土している。出土点数がきわめて少なく、石器群の評価を十分に行える状況にないが、黒曜石水和層年代で18,500±1000y.B.P.の値が得られている。出土層は恵庭a火山灰の下層であり、層位的にもこの時期に属する可能性がある。また、美利河1遺跡ⅡA石器群においても槍先形尖頭器が少量伴出する可能性が指摘されている（長沼編 1985）。前半期に槍先形尖頭器が出現している可能性が指摘できるが、量的にはきわめて少ない。その場合、中型両面加工で中細形木葉形を基本としているものと思われる。後半期の湧別技法を伴う石器群は本州の第Ⅲ期～第Ⅳ期に並行するものと思われる。タチカルシュナイ第Ⅴ遺跡A地点下層（直井 1973）（図版第125－2・3）、白滝遺跡第30地点（白滝団体研究会 1963）（図版第125－4・5）などがあるが、近年の調査では良好な石器群は出土していない。槍先形尖頭器の共伴関係は必ずしも明確でないが、出土点数は1～数点で、量的にはきわめて少ない。石川1遺跡（長沼 1988）では出土石器群がすべて同一時期であるとの前提に立てば、例外的に槍先形尖頭器が一定量共伴している（図版第126）。両面加工を原則としており、柳葉形を主体に中細形木葉形・中広形木葉形が認められる。柳葉形では中型も認められるが、大型が圧倒的に多い。忍路子型・広郷型は本州の第Ⅴ期を中心とする時期に併行するものと思われ、タチカルシュナイ第Ⅴ遺跡A地点上層（直井 1973）（図版第125－6～19）、稲田1遺跡（山原 1997）、立川遺跡第Ⅲ地点（吉崎 1960）、湯の里4遺跡A群（畑・矢吹 1985）（図版第127－9～10、図版第128）、美利河1遺跡ⅢA石器群（長沼編 1985）（図版第129）などがある。有茎尖頭器をはじめとする槍先形尖頭器が多数出土する。槍先形尖頭器は両面加工を原則としており、柳葉形を主体として中細形木葉形・中広形木葉形が伴う。各形態とも中型・大型が主体で、とくに大型の割合が高い石器群が多い。大型では長さ20cmを超える大形品が認められる。また、曲川遺跡（名取・松下 1959・1961）や大関校庭遺跡（吉崎 1961）（図版第127－1～8）など槍先形尖頭器を主体とする石器群もおおむねこの時期に位置づけられるものと思われる。しかし、石川1遺跡の例からすれば、後半期前半に属する石器群の存在も否定できない。

II. 中部日本

1. 中部高地（中部地方中央部）（第8図）

槍先形尖頭器石器群のもっとも濃密に分布する地域であるが、層位的上下関係として捉えられる石器群にきわめて乏しく、槍先形尖頭器の形態組成を中心に石器組成や槍先形尖頭器の製作技術などを加味して、その変遷を考察せざるをえない。また、小地域ごとで様相に若干の相違が認められる場合があり、将来的には小地域ごとで石器群の変遷が捉えられるかもしれない。なお、黒曜石原産地をひかえているため、一部の地域を除き、全期間を通じて黒曜石を主要石材として使用している。なお、地域としては異なるが、長野県南部の石器群についてもあわせてここで触れておきたい。現状では、長野県南部は良好な石器群の検出例がわずかであり、全期間を通じて石器群の様相を検討することは困難であると同時に地域的な特色も検討が困難である。中部高地に隣接しており、中部高地の石器群と密接な関係をもつことが予想されるが、断片的に知られている石器群は中部高地とは異なる様相が認められるものもあり、中部高地とは異なる地域として設定できる可能性が高い。

《第I期》 長野県渋川遺跡第II地点（宮坂英弐 1962、守矢・斉藤 1986）（図版第130・131）があり、ナイフ形石器が石器組成の主体であるが、槍先形尖頭器がナイフ形石器に匹敵しうるほど組成に占める割合が大きい[20]。槍先形尖頭器は両面加工を基本として、片面加工・部分加工が伴い、中型が主体である。一方の肩の張る左右非対称の槍先形尖頭器が特徴的で、各形態を通じて認められる。両面加工は中広形木葉形を主体に中細形木葉形が少量伴う。中広形木葉形は中型を主体に小型が認められるが、肩の張る非対称のものが主体である。中細形木葉形も小型・中型が認められ、小型に主体があるようである。片面加工は量的には少ないが、中広形木葉形と中細形木葉形の二者が認められる。全体的に個体差が大きく、形態ごとの斉一性に乏しい。

《第II期》 長野県鷹山遺跡第1地点（玉司・宮坂 1966）（図版第132・133）[21]、鷹山遺跡I遺跡S地点（戸沢・安蒜編 1991）（図版第134・135）、男女倉遺跡J地点（岩佐・黒岩・森山 1975）（図版第136～138）、男女倉遺跡B地点（川上・小林・福島・森嶋・森山 1975）（図版第139～144）などがあり、ナイフ形石器と槍先形尖頭器はほぼ同量である。男女倉遺跡遺跡群では樋状剥離を有する槍先形尖頭器が顕著であり、鷹山遺跡では扁平な礫の利用が顕著であるなど、石材原産地によって異なった様相が認められる。また、時期的な細分が可能であるが、現状では十分に検討できない。槍先形尖頭器は両面加工は中広形木葉形と中細形木葉形が認められるが、後者に主体が移っており、鷹山遺跡S地点や男女倉遺跡B地点では小・中型は基本的に中細形木葉形に仕上げられている。中細形木葉形は小型と中型があり、小型がやや多い。中広形木葉形も小型・中型が認められる。片面加工や周辺加工では中広形木葉形と中細形木葉形が認められるが、やはり後者が主体である。全体としては肩の張る左右非対象のものはほとんど姿を消しており、形態ごとの個体差は小さくなる傾向にある。男女倉遺跡B地点では、槍先形尖頭器は各形態で斉一性が認められるようになり、樋状剥離を有する形態が顕著である。中細形木葉形の中型を主体とし大型が組成に加わっているが、厚さが非常に厚く、薄身に仕上げる技術は成立していない。

長野県南部では、この時期に位置づけられる遺跡として、長野県柳又遺跡C地点第IV文化層 （青

木・内川・高橋編 1993）がある。ナイフ形石器を主体とする石器群で、槍先形尖頭器が数点出土している[22]。槍先形尖頭器は中広形木葉形の両面加工で、このほかに両面加工品の破片が1点、調整剥片の接合資料が1例ある。いずれもチャート製で、ナイフ形石器や剥片類に同系の石材が利用されている。

《第Ⅲ期》 石器群の様相から2小期に細分される。

　第Ⅲa期：長野県八島遺跡（戸沢 1958）（図版第145・146）などがあり、槍先形尖頭器が石器組成の主体で、ナイフ形石器は少量伴う形である。中細形木葉形の両面加工中型を主体とし、片面加工・周辺加工・部分加工がわずかに伴っている。両面加工は中細形木葉形を主体に中広形木葉形が伴う形で、広形木葉形もわずかに認められる。中細形木葉形は中型を主体として小型が伴う。中広形木葉形は中型が認められ、小型も伴うかもしれない。片面加工をはじめとするその他の形態では中型を原則としている。第Ⅱ期では両面加工に大型が認められたが、この時期では明確ではない。

　長野県南部では、この時期に位置づけられる石器群として、長野県柳又遺跡C地点第Ⅲ文化層（青木・内川・高橋編 1993）（図版第147）がある。黒曜石の槍先形尖頭器を主体に、少量のナイフ形石器・掻器などが伴っている。槍先形尖頭器は両面加工を主体に片面加工・周辺加工が少量認められる（周辺加工が主である）。両面加工は中細形木葉形・中広形木葉形が主体で、広形木葉形がわずかに認められる。破損品が多いため、中細形木葉形・中広形木葉形のいずれに主体があるのかにわかに判断ができない。周辺加工は中細形木葉形を基本とするが、中広形木葉形もわずかに認められる。

　第Ⅲb期：長野県唐沢ヘイゴロゴーロ遺跡（川上・神村・森山 1976）（図版第148〜152）などがあり、ナイフ形石器は消滅しているが、縦長剥片剥離技術は残存している。槍先形尖頭器は両面加工を主体としており、中細形木葉形・中広形木葉形・広形木葉形の各形態が認められるが、中細形木葉形の割合は一層増している。中細形木葉形・中広形木葉形は小型・中型・大型がセットをなしているものと思われるが、中型が主体である。

《第Ⅳ期》 長野県北踊場遺跡（松沢 1960）（図版第153・154）、馬場平遺跡（芹沢 1955）、中ッ原遺跡（麻生優 1955）、大反遺跡（石塚・矢嶋・深沢 1986）（図版第155）などがある。遺跡ごとで様相が異なるが、北踊場遺跡がこの時期の石器群の内容を代表していると思われる[23]。槍先形尖頭器は両面加工を基本として片面加工・周辺加工がわずかに認められる。両面加工は中細形木葉形・中広形木葉形を主体に柳葉形が一定量伴い、広形木葉形がわずかに認められる。中細形木葉形・中広形木葉形は中型・大型を基本として、小型がわずかに伴っている。大反遺跡では、中細形木葉形主体に中広形木葉形を基本的な形態組成とし、中型を主体として小型が伴っている。全体としては7〜9cm程度のやや大きめの中型が主体で柳葉形や広形木葉形が基本的にみられないなど、形態組成の上でやや様相を異にしている。北踊場遺跡では大型は主として非黒曜石を主としており、黒曜石の槍先形尖頭器のみを比較すれば共通した様相とみることができることから、基本的に同一時期としてよいであろう。

　中部地方南部では、長野県神子柴遺跡（藤沢・林 1961）（図版第156）などがこの時期に位置づけられる。両面加工を基本とし、中細形木葉形・柳葉形が認められる。中型・大型を基本とし、長

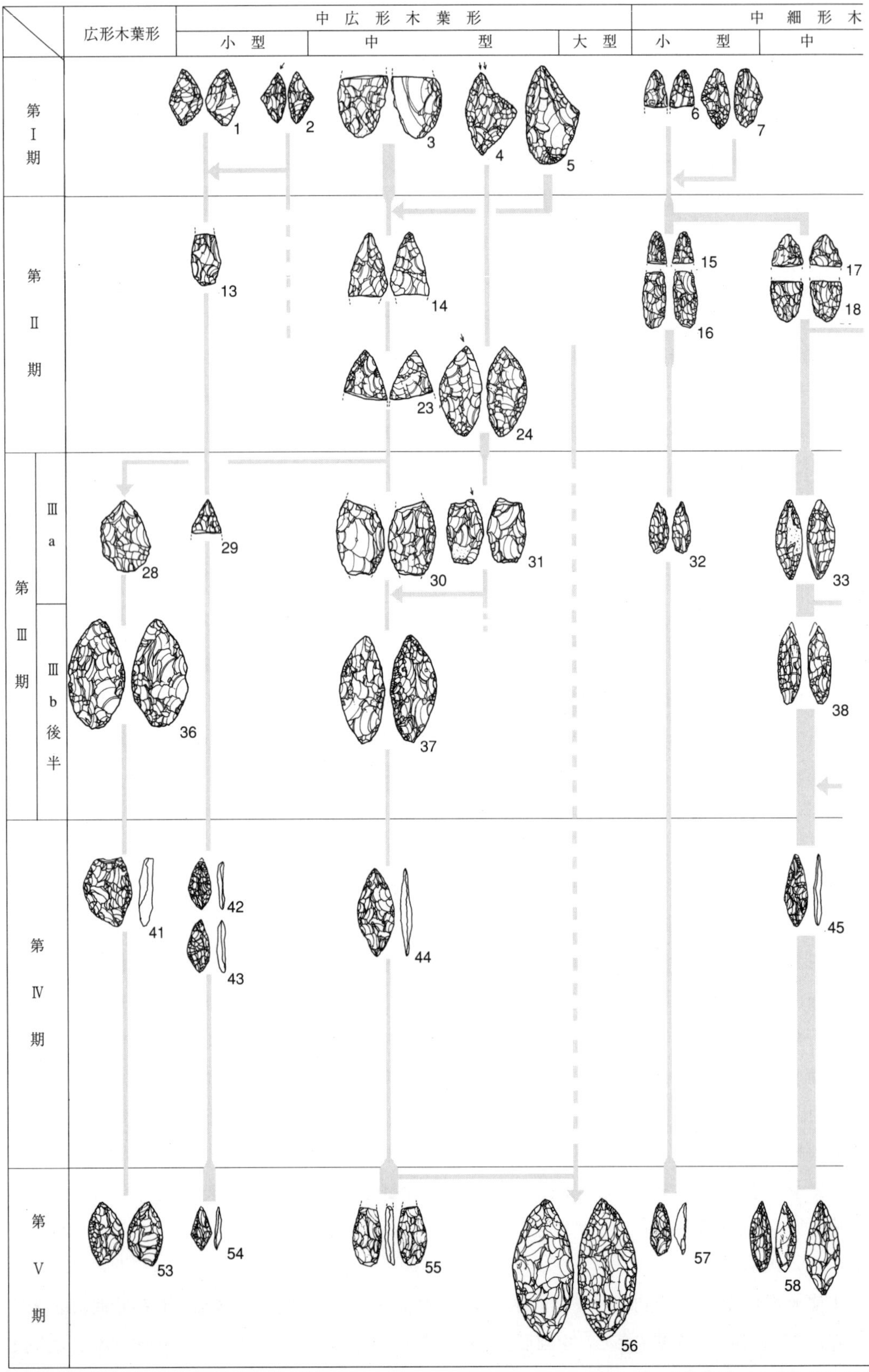

76

	広形木葉形	中広形木葉形			中細形木	
		小型	中型	大型	小型	中

第Ⅰ期 / 第Ⅱ期 / 第Ⅲ期(Ⅲa, Ⅲb後半) / 第Ⅳ期 / 第Ⅴ期

第8図　中部高地（中部地方中央部）

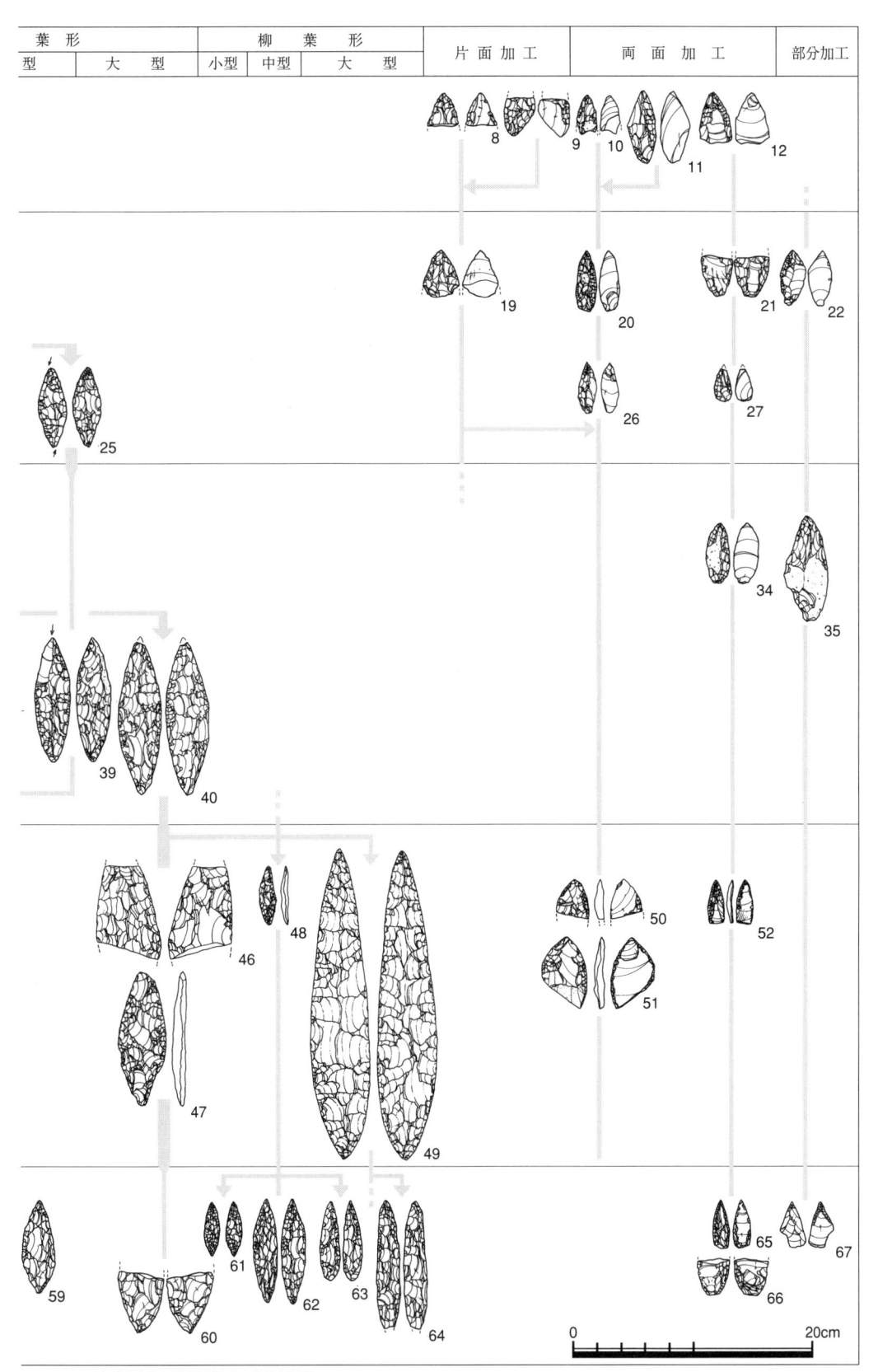

第 2 章　日本列島における槍先形尖頭器の編年と地域性　77

葉　形		柳　葉　形			片面加工	両面加工	部分加工
型	大　型	小型	中型	大　型			

における槍先形尖頭器形態組成変遷図

さ15cmを越える大型が一定量認められる。

《第Ⅴ期》 長野県浪人塚下遺跡（会田・高見 1983）（図版第157）、上ノ平遺跡（杉原荘介 1973）（図版第158）、山梨県丘の公園14番ホール遺跡（保坂編著 1985）（図版第159）などがあり、槍先形尖頭器は中型の両面加工を主体とし周辺加工・部分加工が伴う。柳葉形が量的にも安定して認められるが、形態組成や大きさの組成などは遺跡によって様相が異なり、地域的な差とともに若干の時期差があるのかもしれない。浪人塚下遺跡では柳葉形を主体に中広形木葉形・中細形木葉形・広形木葉形がわずかに伴う。いずれの形態も中型を主体とするが、中広形木葉形では中型・大型がセットをなす。丘の公園14番ホール遺跡は柳葉形・中細形木葉形を主体に中広形木葉形を伴っており、浪人塚下遺跡の様相に近いが、両面加工を主体としながらも周辺加工の割合が高い。中部地方北部や関東地方などと関連をもつ石器群と思われる。上ノ平遺跡は中・小型の両面加工を主体としており、前二者に比較してとくに小型の割合が高い。中細形木葉形・中広形木葉形・柳葉形・広形木葉形の各形態が認められる。破損品が多いため、どの形態が主体となるのか明確にできないが、中細形木葉形が主体となっている可能性があり、中広形木葉形の割合も高いようである。小型・中型に加えて大型が若干認められる。中広形木葉形・柳葉形も一定量存在するものと思われる。

2. 中部地方北部（第9図）

東西に長い広範な地域を含んでおり、将来的には長野県北西部、新潟県を除く北陸、長野県北東部～新潟県などの小地域に区分できる可能性が強いが、現状では資料があまり多くないことから一つの地域として扱う。現状の資料でも、第Ⅲ期の資料はかなり蓄積が進んでおり、長野県北西部と長野県北東部～新潟県ではやや様相が異なることが明らかになりつつある。前者は中部高地と、後者は東北地方西南部と共通する様相が認められる。

《第Ⅰ期》 長野県七ツ栗遺跡3ブロック（谷 2000a）（図版第160-1）など野尻湖周辺の遺跡の中に該当資料が散見されるが、現状ではこの時期に位置づけられる資料は多くはない[24]。七ツ栗遺跡では左右非対称の槍先形尖頭器が1点出土している。一方の肩が張る形態で、両面加工であるが加工量は少なく、素材面を広く残している。

《第Ⅱ期》 上ヶ屋遺跡B群下層（樋口・森嶋・小林 1962、森嶋 1975b）（図版第160-3～9）[25]、貫ノ木遺跡第2地点2037・2039・2041・2044・2045・2046・2048・2050・2063・2086ブロック（大竹 2000b）（図版第160-10・11、図版第161）[26]、新潟県楢ノ木平遺跡（中村孝三郎 1978a）（図版第160-2）[27]などがある。ナイフ形石器が石器組成の主体であるが、槍先形尖頭器との量比はそれほど大きな差はない。槍先形尖頭器は両面加工を基本に周辺加工が若干伴う。両面加工は中広形木葉形・中細形木葉形が認められ、中型を主体としている。樋状剥離を有する槍先形尖頭器が特徴的かつ量的に存在する。貫ノ木遺跡では安山岩・黒曜石が主に利用され、上ヶ屋遺跡B群下層では黒曜石を主体に珪質頁岩を若干用いている。

《第Ⅲ期》 石器群の様相から3小期に細分される。

第Ⅲa期：長野県西岡A遺跡11・13・14ブロック（大竹 2000d）（図版第162）などがあり、少量のナイフ形石器が伴う可能性があるが、組成の主体は槍先形尖頭器に移っている。両面加工・片面加工・周辺加工・部分加工の各形態が認められ、両面加工は一定量存在するが、その他の形態の占め

る割合が大きく、とくに周辺加工の存在が顕著である。各形態とも中・小型の中広形木葉形を主体
とし、5cm以下の小形品の割合が高い。石材は黒曜石を主としている。

　第Ⅲb期前半：長野県貫ノ木遺跡第1地点1007（Ⅲ層）・1010ブロック（大竹2000a）（図版第163）、
関沢遺跡（望月 1981）（図版第164）、新潟県御淵上遺跡（中村孝三郎編著 1971）（図版第165）、新
潟県真人原遺跡（小野編 1992・1997）（図版第166～169）などがあり、基本的にはナイフ形石器は
伴わない。両面加工を主体に片面加工・周辺加工が伴っている。中型を主体に小型・大型が伴って
おり、大型が新たに組成に加わっている。第Ⅲa期に認められた地域差をほぼ引き継いでおり、長
野県北部（貫ノ木遺跡第1地点、関沢遺跡）では両面加工を基本としており、両面加工は中広形木
葉形・中細形木葉形を主体に広形木葉形・柳葉形がわずかに伴っている。詳細にみると、貫ノ木遺
跡では両面加工が主体で、中広形木葉形を主体に中細形木葉形が一定量伴っているが、柳葉形は伴
っていない。黒曜石を主として利用している。関沢遺跡では中広形木葉形・中細形木葉形を主体に
柳葉形が伴っている。片面加工や周辺加工が一定量認められ、頁岩を主として利用している。この
ように、関沢遺跡は後述の新潟県と長野県北西部との中間的様相とみることができる。新潟県（御
淵上遺跡、真人原遺跡）では両面加工・周辺加工を主体とし、とくに周辺加工の割合が高い。両形
態とも中細形木葉形を主体として、両面加工では柳葉形、周辺加工では中広形木葉形が少量認めら
れる。石材は頁岩を主体としている。

　第Ⅲb期後半：長野県上ヶ屋遺跡B群上層（樋口・森嶋・小林 1962、森嶋 1975）（図版第170−1
～5）、向新田遺跡野尻上部ローム層Ⅱ（野尻湖人類考古グループ 1987）（図版第170−6～10）、新
潟県道下遺跡（佐藤・山本・織田・安部 1999）などがある。槍先形尖頭器は両面加工を基本とし
て、片面加工・周辺加工がわずかに認められる。両面加工は中細形木葉形・中広形木葉形を主体に
広形木葉形・柳葉形が少量伴っており、中細形木葉形の割合が高い。中細形木葉形は中型を主体に
大型が伴う。柳葉形は小型・中型が認められ小型が分化している。全般的に中型が主体である。

《第Ⅳ期》　長野県上の原遺跡Ⅱ石器文化（谷 2000b）、下茂内遺跡第Ⅰ文化層（近藤・小林編
1992）（図版第171～176）、同第Ⅱ文化層（近藤・小林編 1992）（図版第177～180）、八風山Ⅰ遺跡
（須藤 1999a）（図版第181）、八風山Ⅵ遺跡（須藤 1999b）（図版第182～191）、新潟県大苅野遺跡
（佐藤雅一編 1988）（図版第192～194）、寺田上A遺跡（岡・山本・安部 1998）、富山県直坂Ⅱ遺跡
第5・7ユニット（橋本正編著 1976、橋本正 1977）などがある。槍先形尖頭器は中型・大型が主体
を占め、両面加工を基本とする。中細形木葉形・中広形木葉形・柳葉形が認められるが、中細形木
葉形に主体がある。全体に最大幅は器体の中央より下半に下がっている。石材原産地を中心に集中
的な槍先形尖頭器の製作が認められる。従来、神子柴石器群とされてきた長野県横倉遺跡（神田・
永峰 1958、永峯 1982）（図版第195・196）や唐沢B遺跡（森嶋・川上・矢口・矢嶋・佐藤・堤 1998）
（図版第197）などもこの時期に位置づけられる。横倉遺跡では大型を中心とする両面加工の槍先形
尖頭器40点がきわめて狭い範囲から出土（大半は採集）しており、中細形木葉形・中広形木葉形を
主体としている。

《第Ⅴ期》　新潟県中林遺跡（芹沢 1966）（図版第198・199）などがある。有茎尖頭器の祖形とも
いうべき基部を三角形に作り出し、最大幅が胴部と基部の境界にある形態がこの時期の特徴で、し

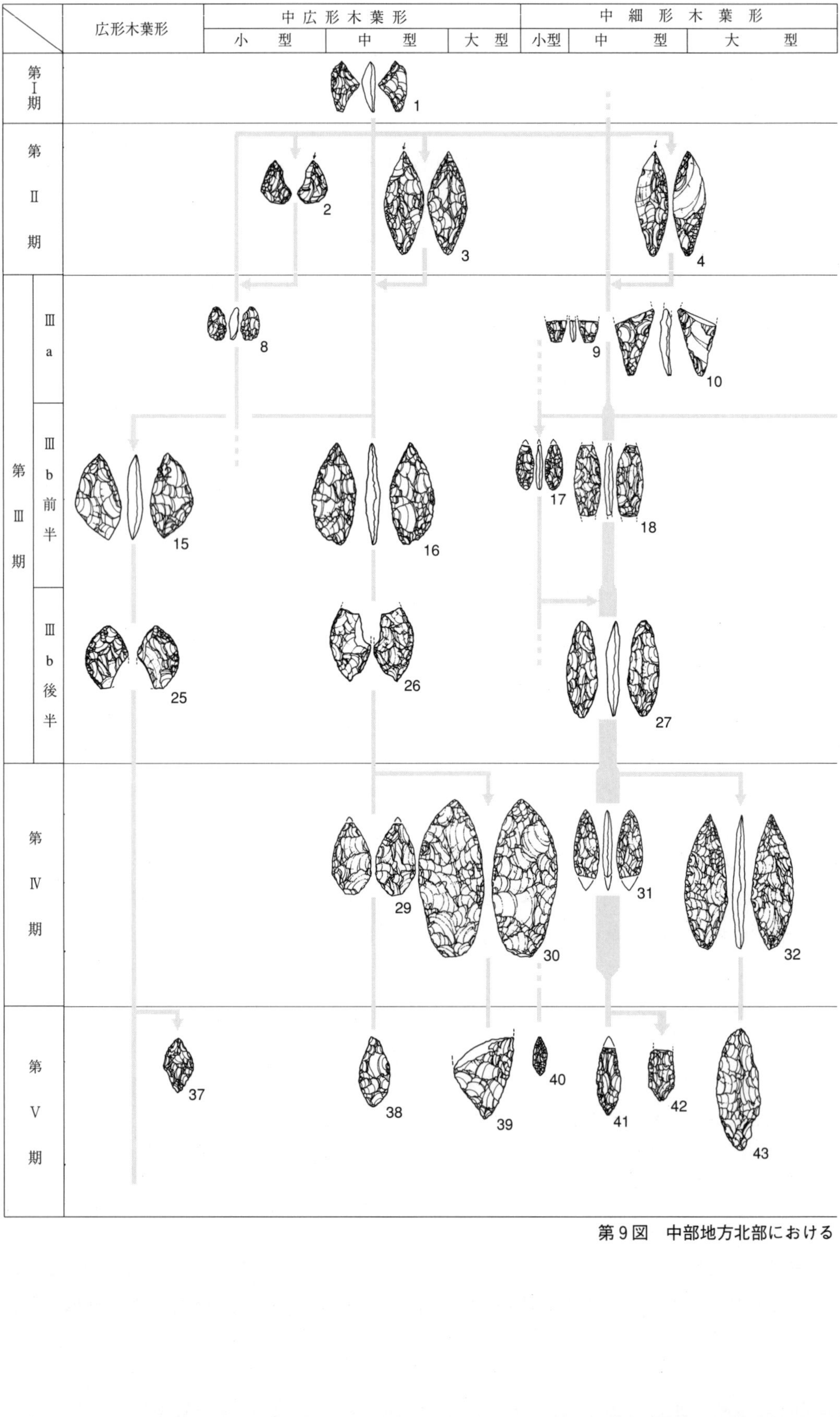

	広形木葉形	中広形木葉形			中細形木葉形		
		小　型	中　型	大　型	小　型	中　型	大　型
第Ⅰ期			1				
第Ⅱ期		2	3				4
第Ⅲ期 Ⅲa		8			9	10	
第Ⅲ期 Ⅲb前半	15		16		17	18	
第Ⅲ期 Ⅲb後半	25		26			27	
第Ⅳ期			29	30		31	32
第Ⅴ期	37		38	39	40	41　42	43

第9図　中部地方北部における

柳　葉　形		片　面　加　工	両　面　加　工	部　分　加　工
中　　型	大　　型			

槍先形尖頭器形態組成変遷図

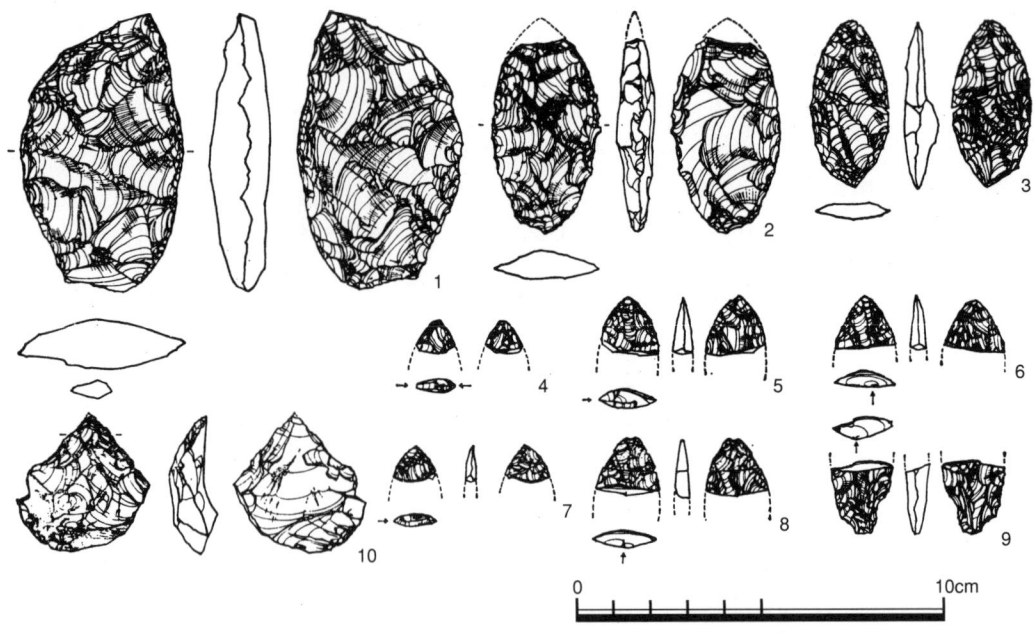

第10図　富山県見立遺跡出土の槍先形尖頭器（西井 1975）

かも量的に主体を占めている。槍先形尖頭器は両面加工を基本とし、例外的に片面加工・部分加工が伴う。両面加工は柳葉形に主体があり、広形木葉形・中広形木葉形・中細形木葉形が少量伴う。柳葉形・中細形木葉形は小型・中型・大型がセットをなし、中広形木葉形でも中型と大型が認められる。柳葉形では有茎尖頭器の祖形と考えられる形態が主体で、大型ではきわめて細長い形態が認められる。

また、富山県立美遺跡（西井 1975）もこの時期に位置づけられるものと思われるが、信濃川流域とはまったく様相を異にしている。両面加工を基本として、小型・中型・大型の中広形木葉形が主体となるもので、中でも小型・中型が主体である（第10図）。黒曜石を主要石材としており、石器群の様相から中部高地の石器群に系統が求められるものと思われる。

3. 東海地方（第11図）

現状では第Ⅰ期に位置づけられる資料はなく、槍先形尖頭器の出現は第Ⅱ期以降と考えられる。また、周辺加工の顕著な地方として特徴づけられる。

《第Ⅱ期》静岡県尾上イラウネ遺跡第Ⅴ層北区ブロック群（関野編著 1981）（図版第200-4～11）[28]、中見代第Ⅰ遺跡第Ⅰ文化層（高尾 1989）（図版第200-1）、高見丘Ⅳ遺跡第8ブロック（富樫 1998）（図版第200-2）、山梨県天神堂遺跡（山本編 1971、小林・里村 1976、伊藤 1979）（図版第200-12～19）などがある。石器組成の主体はナイフ形石器で、少量の槍先形尖頭器が伴う。槍先形尖頭器は両面加工・片面加工・周辺加工・部分加工の各形態が認められ、両面加工を基本とするが、石器群の内容が明らかな資料が少ない。石器ブロックを単位としてみると、部分加工を除く各形態がとくに片寄りなく出土している。両面加工は中広形木葉形と中細形木葉形が認められ、中型を主体とする。両面加工は全般的に加工量が少なく、周辺加工に近い半両面加工の形態も多い。また、尾上イラウネ遺跡、中見代第Ⅰ遺跡をはじめ、広合遺跡a区（池谷編 1990）（図版第200-3）などで樋

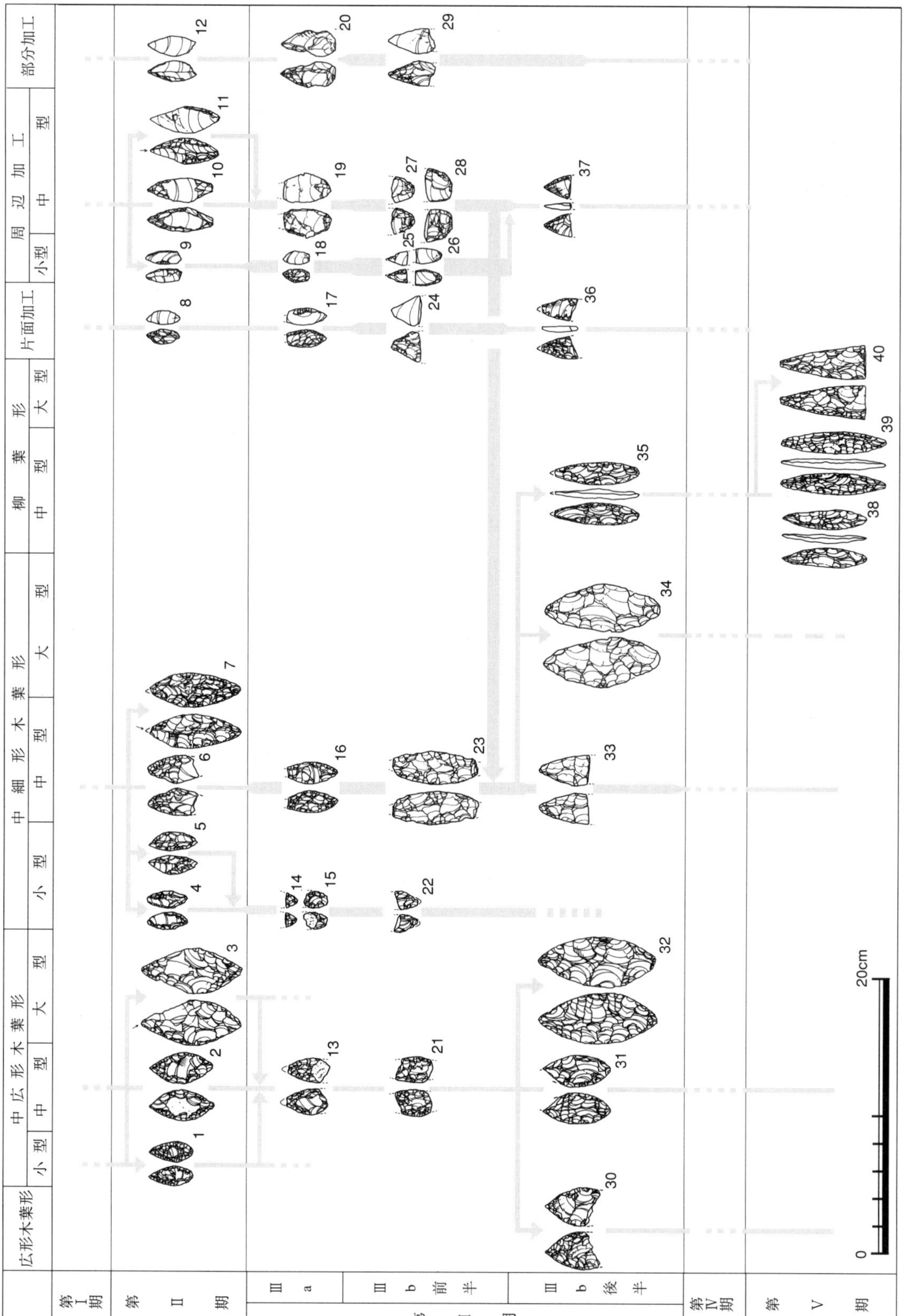

第2章 日本列島における槍先形尖頭器の編年と地域性

第11図 東海地方における槍先形尖頭器形態組成変遷図

状剥離を有する形態が散見されるが、石器群の内容が明確なものは少なく、単独出土の状態に近い。

《第Ⅲ期》 石器群の様相から3小期に細分される。

第Ⅲa期：静岡県広野北遺跡2b層中央区東半部ブロック群（山下編 1985）（図版第201－1～14）[29]、尾上イラウネ遺跡第Ⅴ層南区ブロック群（関野編著 1981）（図版第201－15～24）などがあり、石器組成はナイフ形石器と槍先形尖頭器が拮抗している。槍先形尖頭器は両面加工・片面加工・周辺加工・部分加工の各形態が認められ、周辺加工の割合が増加している。両面加工は中細形木葉形が主体で、小型・中型が認められる。各形態とも中細形木葉形に属するものが多い。

第Ⅲb期前半：静岡県広野北遺跡2b層中央区西半部第Ⅰブロック群（山下編 1985）（図版第202・203－1～12）、八分平遺跡（平川 1981）などがあり、基本的にはナイフ形石器は消滅している。槍先形尖頭器は両面加工・片面加工・周辺加工・部分加工の各形態がセットをなす。両面加工は量的には増加しているが、周辺加工の割合が非常に多く、部分加工も一定量存在する。両面加工は中細形木葉形と中広形木葉形が認められるが、前小期同様、前者に主体がある。中細形木葉形は小型・中型がセットをなすが、中型はやや大形化している。

第Ⅲb期後半：静岡県尾上イラウネ遺跡第Ⅴ層H13区出土石器群（関野編著 1981）（図版第203－13～15）、山中城跡三ノ丸第1地点第2文化層（鈴木敏中編著 1994）（図版第204）などがある。両面加工を基本とし、全体に大形化しており、大型が出現している。中広形木葉形・中細形木葉形を主体に広形木葉形・柳葉形が認められる。

《第Ⅳ期》 本地方は細石刃文化の卓越する地域であり、細石刃石器群に槍先形尖頭器が伴出する可能性はあるものの、基本的に槍先形尖頭器石器群は認められないものと考えられる。

《第Ⅴ期》 この時期の様相は明確ではなく、今後の資料の増加によって再検討する必要がある。静岡県清水柳北遺跡東尾根YL層出土石器群（関野・関本・鈴木 1990）（図版第205）の一部がこの時期に位置づけられる可能性がある。槍先形尖頭器は両面加工を主体としており、両面加工は中細形木葉形、柳葉形を主体としているようである。中型を主体とし、大型が存在する可能性が高い。

Ⅲ. 西日本

1. 中・四国、近畿地方

一地域としてまとめるには問題があり、将来資料が増加すればいくつかの地域に細分されるものと考えられるが、現状では検討できる資料がきわめて乏しいことから、今回はとりあえず一つの地域として扱う。この地域では発掘調査による良好な一括資料に乏しく、将来に残される問題が多いが、比較的単一の様相を示す表面採集資料を含め、主要な石器群を概観して、この地域の槍先形尖頭器石器群の変遷について見通しをたてておきたい。なお、現状では近畿地方において石器群の内容を検討できる形で検出された槍先形尖頭器はなく、中・四国地方において検討可能な石器群がいくつか知られているにすぎない。

岡山県鷲羽山遺跡は発掘調査で両面加工を主体に若干の片面加工・周辺加工の槍先形尖頭器が出土している（鎌木 1956）が、層位的に一括として捉えられるものではない。両面加工は中広形木葉形を主体に中細形木葉形があり、前者では中型を主体に若干の大型が、後者では中型が認められ

る。この遺跡では発掘資料のほかに多量の槍先形尖頭器が採集されている（山本1969）（図版第206）。両面加工を主体に片面加工・周辺加工・部分加工が認められる。両面加工はやや細身の中細形木葉形を主体に中広形木葉形・柳葉形が一定量認められ、いずれの形態も小型・中型が主体である。発掘の資料を含めて同時性が保証される根拠はないが、槍先形尖頭器の形態組成や製作技術などからみれば、ほぼ一時期の様相を示しており、大部分の資料は第Ⅲb期でも新しい段階に位置づけられる可能性がある。

香川県羽佐島遺跡（渡辺明夫1984）の発掘調査でも多量の槍先形尖頭器が出土しているが、やはり層位的に一括と捉えられる資料はない。しかし、槍先形尖頭器の分布は大きく3ヵ所に比較的集中するようであり、とくにA・B・C地区8〜20グリッドとA地区35〜42グリッドではある程度単一時期の様相を示している可能性がある。前者（図版第207-1〜8）では両面加工を主体にわずかに周辺加工が認められ、両面加工は中細形木葉形を主体に中広形木葉形・柳葉形がみられる。中型を主体としており、第Ⅲb期に位置づけられる資料が多く含まれている可能性がある。後者（図版第207-9〜18）も両面加工を主体に若干の周辺加工が認められるが、両面加工は柳葉形と中細形木葉形が主体で、中広形木葉形が若干認められる。中型を主体とするが、前者に比べれば大型がかなり多く、第Ⅴ期に位置づけられる可能性がある。

広島県冠遺跡第10地点（12トレンチ・同拡張区第Ⅴ-1層）（三枝1983）（図版第210〜213）では良好な槍先形尖頭器石器群が検出されている。槍先形尖頭器は両面加工を主体に片面加工・周辺加工が若干伴う。両面加工は中細形木葉形を主体に柳葉形が一定量存在し、中広形木葉形が若干伴う。中細形木葉形は中型と大型がセットで、柳葉形は中型である。量的には少ないが、中広形木葉形も中型と大型がセットである。周辺加工はいずれも大型で、機能的にはスクレーパーかもしれない。槍先形尖頭器の形態や組成は地域的にはかなり離れているが、神奈川県風間遺跡群B0層出土石器群（麻生1989）に共通する点が多く、時期的にも第Ⅳ期に位置づけられる可能性が強い。冠遺跡群では、この12トレンチ・同拡張区を含めた槍先形尖頭器第10地点のほか、冠遺跡D地点第Ⅰ文化層（藤野1992）（図版第214）、冠遺跡第4地点（藤野1985）、冠遺跡第11地点（藤野1995）で槍先形尖頭器を主体とする石器群が検出・採集されている。これに対して冠遺跡群では細石刃石器群関連資料はきわめて少なく、まとまった資料の検出例もない。細石刃文化期に併行する時期においても槍先形尖頭器石器を主体とする石器群が主として分布していたものと想定される。冠遺跡群の槍先形尖頭器石器群は中型・大型を主体としており、中でも大型の割合が高いことや柳葉形も一定量認められることから、第Ⅳ〜Ⅴ期に位置づけられるものと考えられる。とくに、冠遺跡D地点第Ⅰ文化層では柳葉形を主体としており、第Ⅴ期に位置づけられるものであろう。

高知県奥谷南遺跡ではナイフ形石器文化期後半〜縄文時代早期に至る文化層が検出されており、大きく5枚の文化層に区分されている（松村1997）。槍先形尖頭器は下層よりⅩ層段階（槍先形尖頭器石器群）、Ⅷ層段階（細石刃石器群）、SX1段階（隆線文土器）の3枚の文化層から検出されているが、現在整理作業が進行中で詳細は不明である。Ⅹ層段階の槍先形尖頭器は小型を主体としており、両面加工を主体に周辺加工も認められる。両面加工は中細形木葉形が主体で柳葉形も認められる。同様の形態組成を示す類例を中・四国、近畿地方で求めることは現状ではできず、位置づけが

第14表 日本列島におけ

		九州	近畿, 中・四国	東海	中部高地	関
						相模野台地
第Ⅰ期					渋川ⅡA	下九沢山谷Ⅳ 高座渋谷団地Ⅴ
第Ⅱ期			尾上Ⅴ北, 中見代Ⅰ, 広合a 天神堂 広野北		鷹山1 男女倉J 男女倉B 鷹山ⅠS	本蓼川L2 大和市No.210Ⅱ, 中村Ⅴ 月見野ⅠB1下, 月見野上野1Ⅵ, 下鶴間長堀Ⅲ, 深見諏訪山Ⅳ, 下九沢山谷Ⅱ 栗原中丸Ⅴ, 上和田城山Ⅲ, 月見野ⅣAB1上, 下森鹿島Ⅲ
第Ⅲ期	Ⅲa			尾上Ⅴ南, 広野北2b中央東半	八島, 男女倉C, 柳又CⅢ	下鶴間長堀Ⅱ, 代官山Ⅴ, 下森鹿島Ⅱ, 深見諏訪山Ⅲ
	Ⅲb前半			広野北2b中東-Ⅰ, 八分平		月見野上野1Ⅵ, 月見野ⅢAL1H下, サザランケⅣ, 寺尾Ⅱ
	Ⅲb後半		鷲羽山 (羽佐島A35-42) 東	山中城三の丸1-2 尾上ⅤH13	唐沢ヘイゴロゴーロ	中村Ⅲ 月見野上野3, サザランケⅢ
第Ⅳ期		上下田 (福井Ⅳ) 帖地	冠10 国分台		北踊場, 大反, 馬場平, 中ッ原 神子柴	栗原中丸Ⅱ 風間遺跡群 長堀北Ⅱ
第Ⅴ期		多久三年山, 多久茶園原	冠DⅠ 羽佐島A・B・C8-20 十川駄場崎	清水柳北尾根	浪人塚下, 上ノ平 丘の公園	寺尾Ⅰ 吉岡A, 吉岡C

る槍先形尖頭器編年表

東　　　南　　　部			関東北部	中部北部	東　北	北海道
武蔵野台地	大宮台地	下総台地				
比丘尼橋Ⅳ, 葛原BⅡ 武蔵台Ⅳ中, 西ノ台BⅣ中	(大和田高明)	権現後, 西長山野, 井戸向, 池花南, 北海道		七ツ栗3B		
府中No.29 城山Ⅳ中, 吉祥寺南町B, 下柳沢, 打越 西武蔵野 前原Ⅳ上, 葛原BⅠ, 鈴木Ⅳ上	戸崎前 中川貝塚 馬場小室	取香和田戸	下触牛伏Ⅰ 多功南原	貫ノ木2 楢の木平 上ヶ屋B下	背戸B, 峠山牧場ⅠA-17・18B, 和賀仙人	
野川Ⅳ1, 明治大泉校地, 丸山東Ⅲ		桐ヶ谷新田, 南河原坂3−EⅠ, 武士-7, 東内野6	御正作, 三ツ屋, 八幡根東, 二子塚	西岡A	平林	
鈴木Ⅲ, 野川中洲北・西区Ⅲ, 仙川Ⅲ	今羽丸山	西の台-1〜5, 池花-3, 東内野上層, 一ノ台2・9〜13Uほか, 木苅峠	見立溜井Ⅰ, 武井Ⅱa・Ⅱb, 元宿	貫ノ木1007Bほか, 真人原, 御淵上, 関沢	越中山A、高瀬山、小石川	(美沢Ⅰ)
野川中洲北・東区Ⅲ, 多聞寺前Ⅲ下, 多摩No.388, 百草	叺原−ⅨU	西の台6U, 角田台, 朝陽	西赤堀, 宮脇上林, 細原	上ヶ屋B上 向新田	越中山A´ 大平山元Ⅱ下, 大平山元Ⅲ	
御殿山 多摩No.426			房谷戸Ⅰ 川木谷	下茂内Ⅱ, 八風山Ⅰ, 八風山Ⅵ, 大刈野 下茂内Ⅰ, 直坂Ⅱ、横倉, 唐沢B,	月山沢, 上野A、八森, 長者久保, 大平山元Ⅰ	タチカルシナイⅤA下, 白滝30
多摩蘭坂Ⅲ, 前原Ⅲ, 西之台BⅢ, 多摩No.27 前田耕地6	西大宮バイパス	六通神社南 復山谷Ⅲ直, 両国沖 南大溜袋, 弥三郎2	三ノ谷東 石山, 荒砥北 三木堂, 梶巾	中林	弓張平	美利河1-13, 湯の里4-A

困難であるが、層位を重視すれば第Ⅲb期後半〜第Ⅳ期に属する可能性が高い。形態的には細石刃石器群に伴出する小型の槍先形尖頭器と共通する。しかし、いずれの文化層の槍先形尖頭器も中細形木葉形で小型両面加工を主体とし、形態的には共通する部分が多く、今後の資料整理の進展を待ってさらに検討したい。

このほか、東遺跡（鎌木・小林 1985）や国分台遺跡第7地点（竹岡 1988）（図版第208・209）などで槍先形尖頭器石器を主体とする石器群が検出されており、第Ⅳ〜Ⅴ期に位置づけられるものであろう。なお現状では、この地域においてナイフ形石器に確実に伴う槍先形尖頭器は検出されていないが、第Ⅱ期後半〜第Ⅲ期前半に槍先形尖頭器の出現が遡る可能性も残されている。

2．九州地方

九州地方における槍先形尖頭器は、佐賀県多久地域を除くと、比較的近年までほとんど様相が不明で、細石刃石器群に伴って少量の槍先形尖頭器が出土している程度であった。1990年前後から角錐状石器に関連すると思われる「尖頭器」を含め槍先形尖頭器が九州各地で検出されるようになり、本地方における槍先形尖頭器の編年的位置をある程度考察できる環境が整い始めている。

九州地方における槍先形尖頭器は大分県上下田遺跡（橘 1981・1983）（図版第215−1・2）、鹿児島県帖地遺跡第1文化層（XII層）（永野編著 2000）（図版第215−3）[30]など細石刃石器群に数点が伴出することが報告されており、第Ⅳ期にすでに出現している可能性可能性が高いが、槍先形尖頭器は細石刃石器群に伴出する例はきわめて少なく、むしろ例外的な組成である。また、槍先形尖頭器を主体とする石器群については、確実なところでは第Ⅴ期に出現期が求められる。本地方では縄文時代初頭まで細石刃石器群が存在することからすれば、槍先形尖頭器石器群は細石刃石器群と時間的併存が想定される。長崎県福井洞窟遺跡（鎌木・芹沢 1965）、泉福寺洞窟遺跡（麻生優編 1984）など西北部九州を中心とする研究成果によれば、隆線文土器出現以降も細石刃石器群が存続しており、少量の槍先形尖頭器尖頭器を共伴している。これらのことからすれば、隆線文土器出現以前の細石刃石器群に槍先形尖頭器が伴出する蓋然性はきわめて高い。しかし、その後の縄文時代の石器群に多久三年山遺跡などのような大型両面加工の槍先形尖頭器を出土する遺跡はなく、細石刃石器群に伴出する槍先形尖頭器についても現状では同形態のものはない。大型・中型の槍先形尖頭器を組成の主体とすること、組成にナイフ形石器などを含まないことや上述の状況からすれば、細石刃石器群と時間的に併行関係にあると想定することが妥当であろう。

第Ⅴ期では佐賀県多久三年山遺跡（杉原・戸沢・安蒜 1983）（図版第216〜222）、多久茶園原遺跡（西村編 1979・1980、杉原・戸沢・安蒜 1983）（図版第223〜226）、長崎県松山A遺跡（安楽 1989）などがある。両面加工が原則で、柳葉形を基本として若干の中細形木葉形が伴っている。わずかに中型が認められるものの大型が大半であり、15cmを超える特大品がきわめて多い。このほかに、長崎県茶園遺跡第Ⅳ層（川道編 1998）でも槍先形尖頭器がまとまって出土している。同じ第Ⅳ層からは細石刃・細石核などが多数出土しており、槍先形尖頭器との共伴関係が問題となる。報文では別系統の石器群として分離されているが、出土状況からは分離できる状況ではない。槍先形尖頭器は両面加工を原則とし、中細形木葉形・柳葉形を主体に中広形木葉形が認められる。中型を主体に大型が認められる。中型を主体とすることや中細形木葉形が組成の重要な部分を占めると

いった様相は、岩下洞窟遺跡（麻生優編著 1968）など隆線文以降の縄文時代草創期に位置づけられる槍先形尖頭器の組成と共通した様相がうかがえることから、多久三年山遺跡などより新しい段階に位置づけられるものと思われる。

註

(1) L2出土の石器群は、筆者が全国的に資料を集成した1988年当時（藤野 1989a）に比べて、資料蓄積が進んできた。しかし、現状でもL2中位から下位にかけての検出石器群は少なく、1石器群あたりの出土量もわずかであることから、その様相を十分にうかがい知ることはできない。断片的な資料からすれば、B2Uの状況に近いことが予想され、槍先形尖頭器の伴出状況、形態的・技術的特徴も同様である可能性が高い。

(2) 報文では「B1半ば」を中心に遺物が出土したとされているが、各石器ブロックおよび礫群の垂直分布図は示されていない。遺物の垂直分布に関する情報は、24・42・46号ブロックについて10cm単位で出土レベルを集計してグラフ化し堆積層柱状図と対応させたもののみで、これについても堆積層柱状図のL1H、B1、L2層は1枚の層として表示されており、この図からは出土遺物がL1H～L2層のどのレベルに集中しているのか読み取ることはできない。本遺跡ではB1層が肉眼で判別が困難であることから図中に表示されていないものと理解されるが、逆に報文で述べられている遺物が「B1半ば」を中心に出土しているという物的な根拠は示されていないことになる。出土の石器群は、通常、相模野台地においてはL2上部～B1下部の出土石器群に共通するものである。図示された垂直分布図ではL1H～L2層の下から1/3付近にピークが位置することからB1下部～L2部に対応する可能性が強く、ここではB1下半と仮定しておきたい。

(3) 本遺跡のB1層は肉眼的に明確に識別できないため、周辺遺跡の状況を参考にL2～L1H層を機械的に区分している。第Ⅳ文化層の石器群はB1層上部あるいは最上部に位置している可能性が強いが、上記の理由から報文では「B1上半～L1H下半」と記載されている。

(4) 栗原中丸遺跡第Ⅲ文化層の石器群は同一層から出土してはいるが、単独出土品で一括資料ではなく、問題を残している。しかし、形態などの点でこの時期の特徴を示していると考えられることから取り上げた。

(5) 西ノ台遺跡では第Ⅳ中部の文化層の上下に文化層が重複しているが、文化層の認定や遺物の帰属に関して客観的な判断が下せる形で公表されていない。しかし、槍先形尖頭器の形態および石器群の様相が相模野台地に共通しており、検出状況に疑問は残るものの、積極的にこの時期に位置づけたい。本遺跡では少なくとも2点の槍先形尖頭器が出土している。公表されているものはいずれも黒曜石の両面加工で、小型の中広形木葉形である。

(6) 報告書ではⅣ中文化層として報告されているが、掲載されている石器類・礫群の垂直分布図をみる限りでは、石器類は第Ⅳ層下部に出土のピークが認められ、礫群は第Ⅳ層下底近くに下底面が揃っている。また、出土の石器群うちナイフ形石器の組み合わせは基部加工の形態と切り出し状の形態が主体となっており、これは第Ⅳ層下部の石器群の様相に一致する。これらのことからすれば、本遺跡の石器群はⅣ層下部の石器群に対比することが可能である。

(7) このほかに、鈴木遺跡第Ⅴ層、同第Ⅳ層下部（織笠・金山・戸田ほか 1980）などで槍先形尖頭器が出土している。しかし、鈴木遺跡例はいずれも単独出土であり、これらの槍先形尖頭器出土地点の上層には多数のブロックが重複している。こうした状況からすれば、出土層をもってそのまま同層の石器群と同一時期に位置づけるのは問題があろう。

(8) 報告書では第Ⅳ層中位に出土層位を比定しているが、掲載の垂直分布図をみる限りでは、4号石器集中部（＝石器ブロック）、7号石器集中部南半は第Ⅳ層上位に出土のピークがある。また、1号礫群、6号礫群はやはり第Ⅳ層上位に礫群の下底面が求められる。槍先形尖頭器の形態においても左右非対称のものと対称形の

ものが認められる。遺跡は谷に接して立地しており、北東に向かって緩やかに傾斜していることから、土層に投影した垂直分布がそのまま出土層を示しているのではないにしても、近接する石器ブロックや礫群でもレベル差が認められることから、2時期に細分される可能性がある。本遺跡は槍先形尖頭器が18点程度出土しており、両面加工・片面加工・周辺加工が認められるが、全般的に素材面を残すものが多く、加工量はあまり多くない。未成品を除いても左右非対称の形態が多い。また、単独出土あるいは単独出土に近い状態で樋状剥離のある槍先形尖頭器が4点出土している。両面加工で、調整は入念で素材面は認められない。いずれも黒曜石製で、ブロック内出土の槍先形尖頭器の多くが非黒曜石を素材とし、素材面を残しているのとは対照的である。製作の痕跡が認められないことなどから搬入品の可能性が高い。上述のように、本文化層は2時期の石器群に区分できる可能性があるが、形態や調整技術の様相から近接した時期であり、第Ⅱ期に位置づけられるものである。

(9) 『鈴木遺跡Ⅳ』の報文では出土層を重視して文化層を区分しているため、出土層を越えて上下に分布している遺物はほぼ機械的に別文化層とされているようである。したがって、同一石器ブロックと考えられる石器群が二つの文化層に区分されている。『鈴木遺跡Ⅳ』において、ここで編年した第Ⅱ期後半～第Ⅲ期に関連するのはⅣ層上部およびⅢ層であり、両者の出土遺物平面図を比較すると、出土遺物の多くが重複している。個々の遺物の出土位置や石材、槍先形尖頭器の形態などを検討してみると、上下の文化層で出土位置が近接する出土遺物のグループはよく類似した傾向をうかがうことができ、同一ブロックを上下の文化層に分離していると判断される。報文では石器ブロックを設定していないので、みかけ上の分布状況で仮に石器ブロックを設定すると、Ⅲ層に分布の主体をもつものとⅣ層上部に主体をもつものがある。また、出土石器を検討すると、ナイフ形石器を主体とするものと槍先形尖頭器を主体とするものが認められる。これらのことから、Ⅲ層～Ⅳ層上部にかけて少なくとも二つの文化層が存在することは間違いなく、報文の文化層の設定には大きな問題点を指摘できる。ここでは、報文のⅢ層およびⅣ層上部の石器群を、上述のごとく平面位置、槍先形尖頭器の形態・製作技術、出土石器の様相などの検討を通じて第Ⅲ期に属する石器群を抽出した。

(10) 野川中州北遺跡西地区第Ⅲ層では5基の石器ブロックが検出されている。出土層準は第Ⅲ層下半を中心とするブロック（1・2・5号）と第Ⅲ層上半を中心とするブロック（3・4号）の大きく二つのグループがあるが、石器群の様相は出土層準に対応していない。出土石器群はナイフ形石器を主体とするもの（3号ブロックの一部、2号・4号ブロック）、槍先形尖頭器を主体とするもの（1号、3号ブロックの一部）、細石刃・細石核を主体とするもの（1号ブロックの一部）などがあり、基本的には時期差で捉えられるものであろう。しかし、1号・3号ブロックではこれらの石器群が重複しており、出土レベルや平面分布、石材などで完全に分離できる状況にはないが、1号ブロックにおいて細石刃・細石核は黒曜石を主として利用し、チャートなど非黒曜石石材を主体とする槍先形尖頭器石器群とは分布を異にしている。槍先形尖頭器の多くは第Ⅲ期後半に属するものと思われる。

(11) 報告書では槍先形尖頭器に関連するブロックもすべて第Ⅳ層上部とされており、単独出土の槍先形尖頭器のみ第Ⅲ層に相当するとされている。しかし、槍先形尖頭器に関連すると考えられるg～mブロックはナイフ形石器を主体とするブロックに比べ出土レベルの中心が高く、基本的に第Ⅲ層下部に位置している。これらのブロックはホルンフェルスやチャートなど非黒曜石石材を主体としており、ナイフ形石器に関連するブロックが黒曜石を主体とするのとは対照的である。ブロック外の槍先形尖頭器の石材もチャート、ホルンフェルスであり、出土レベルからみても同時期のものと考えたい。

(12) 石器組成の上ではかなり異なっているが、第Ⅴ期の槍先形尖頭器の組成には広形木葉形・中広形木葉形が含まれていることから、これらの石器群との関連性をもつとみることもできる。同一集団においても生業や季節によって石器の装備が異なることは予想できるが、これらの遺跡とその他の第Ⅴ期の遺跡との間に顕著な立地の違いを見出すことはできないことから、ここでは系統差と捉えておきたい。

第2章　日本列島における槍先形尖頭器の編年と地域性　91

(13) 第Ⅲ期の様相は、後述のごとく東京湾に面する地域などと下総台地中央部で様相を異にしており、将来的に資料が増加すれば、第Ⅱ期においても同様な小地域ごとの相違が認められる可能性がある。

(14) 東内野遺跡は4回にわたる発掘調査が実施されており、大きく3枚の文化層が検出されている。最上部の文化層（第1～3次調査の上層文化層、第4次調査の第1文化層）は第Ⅱ層～Ⅲ層を出土層準とし、「東内野型」と呼称される槍先形尖頭器を主体とする石器群である。第1次調査では多量の槍先形尖頭器とともにナイフ形石器が一定量出土しているが、ナイフ形石器は槍先形尖頭器と時期差をもつものと捉えられている。第2・3次調査でも槍先形尖頭器とともに少量の小形ナイフ形石器が出土しており、これらのナイフ形石器については槍先形尖頭器に伴うものとみなされている。しかし、第1～3次調査の出土資料については個々の石器や石器群全体の出土状況を客観的に検討できる形で資料提示がなされておらず、最上層出土の遺物について同時性を検討することができない（第3次調査のⅠ地点で第Ⅱ層中より掻器を主体とする石器群が出土したとして、最上層の文化層が2枚に細分できるとされているが、これについても出土状態の資料提示がなく検討できない）。第4次調査では第2地点aブロックおよび第6地点で槍先形尖頭器を含む石器群が検出されている。第2地点aブロックでは槍先形尖頭器3、ナイフ形石器2、彫器1、掻器2などを組成としている。槍先形尖頭器のうち樋状剥離を有するものが1点あるが、樋状剥離の角度が背面と急角度で交わっており、機能的には彫器の可能性があり、通常の「東内野型」とは異なっている。ほかの2点は欠損品であるが、樋状剥離は認められない。本書の第Ⅱ期後半に位置づけられるものと思われる。第6地点では槍先形尖頭器4、ナイフ形石器3、彫器3、掻器2などを組成としている。槍先形尖頭器のうち1点は裏面加工の顕著なナイフ形石器に近い。また、ナイフ形石器うち1点は背面側の1/3を調整加工で覆われており、調整加工の角度も緩やかである。槍先形尖頭器とナイフ形石器の間では形態的・技術的に共通性をもつ形態が認められ、本書の第Ⅲa期に位置づけられるものと思われる。第1～3次調査出土資料についても近接した時期の石器群が複数含まれている可能性が強く、第Ⅲa期に位置づけられる石器群が存在するものと推定されるが、上述のごとく詳細な検討を加えることができない。ここでは、第Ⅲa期の石器群が存在することを想定するに留めたい。

(15) 東内野遺跡第1～3次調査出土の石器群の多くは、この時期に属するものと思われる。

(16) 武井遺跡は5次にわたる発掘調査が実施されており、第1次は明治大学（杉原1984）、第2～5次は新里村教育委員会（阿久澤1998、阿久澤2000、加部・小菅1995、加部1996）によるものである。明治大学による第1次調査では2枚の文化層が検出され、上層の第Ⅱ文化層から多量の槍先形尖頭器が出土した。第Ⅱ文化層に伴うとされる礫群はハード・ローム最上部に層準をもつものとソフト・ロームに層準をもつものの二者がある。出土石器についてみると、BトレンチⅠ・Ⅱ区では黒曜石を主体とする小型の槍先形尖頭器が集中的に出土しており、EⅠ・EⅡ・EⅢ区などでは頁岩・安山岩・チャートなどの非黒曜石石材を主体に用いた槍先形尖頭器が出土している。両者を完全に分離することはできないが、前述の礫群に対応する石器群と推定される。ここでは、前者を第Ⅱa文化層、後者を第Ⅱb文化層とし、時期差と捉えておきたい。第2～5次調査では、第1次調査の2枚の文化層に加えてさらに2枚の文化層が検出された（第Ⅰ～Ⅳ期）。第Ⅰ期が第1次調査の第Ⅰ文化層、第Ⅲ期が第1次調査の第Ⅱ文化層である。第Ⅲ期の文化層では同様に多量の槍先形尖頭器が出土した。槍先形尖頭器の形態や伴出のナイフ形石器などから本稿の第Ⅱ期～第Ⅲ期に位置づけられる石器群の存在が確認され、複数時期にわたって文化層が形成されていることが明らかとなった。しかし、第Ⅲ期に文化層の主体があることは間違いなく、ここで第Ⅱb文化層とした石器群が主体を占めている。

(17) 調査では槍先形尖頭器（報文では尖頭器）が4点出土しているが、2点は撹乱層出土であり、形態や調整から縄文時代に属するものと思われる。残り2点のうち1点は未製品と思われるもので、もう1点は中細形木葉形の周辺加工である。

(18) 岩手県峠山牧場Ⅰ遺跡A地区5・21ブロックも、この時期に属する可能性がある。平林遺跡の槍先形尖頭器は中広形木葉形および広形木葉形が主体であるが、前後の時期の槍先形尖頭器の形態組成から想定される

平面形態の変化には一致しない。平林遺跡の様相はむしろ関東地方に近く、東北地方ではより細身の形態が主体になっている可能性がある。今後の資料増加をまってさらに検討する必要がある。

(19) 長沼孝は「成果と問題点」の「年代について」という項目の中で、^{14}C年代測定について、測定法、炭化木片と石器群の層位関係、炭化木片の3点について検討を行い、問題点を指摘できないとしているが、石器群の年代として採用できるかどうかについては態度を保留している。

(20) 槍先形尖頭器はナイフ形石器に比較して製作途上で放棄される場合（欠損など）が多いと予想されることから、出土数をそのまま組成比と理解することはできず、石材原産地に位置する製作遺跡ではとくにそのことに留意する必要がある。渋川遺跡はこれに該当することから、槍先形尖頭器の組成における実数はもう少し控えめにみておくのが妥当であろうが、製作途上で放棄されたものが多数あるということは、それに見合う程度の完成品も製作されていると想定することが可能で、いずれにせよ槍先形尖頭器の組成に占める割合が高いと考えて大過あるまい。

(21) 鷹山遺跡は、1964・65年の尖石考古館による発掘調査、1984・89・90年の鷹山遺跡群調査団による発掘調査など、数多くの調査が行われている。槍先形尖頭器は尖石考古館調査の鷹山遺跡第1地点および鷹山Ⅰ遺跡S地点で多数出土している。第1地点とS地点は近接した地点に位置しており、出土石器群の内容も共通する点が多い。しかし、第1地点ではナイフ形石器と槍先形尖頭器の出土数がほぼ同数であるのに対し、S地点では槍先形尖頭器がナイフ形石器を大きく凌駕している。ナイフ形石器の形態の組み合わせは両遺跡で類似しているが、第1地点は一側縁加工、部分加工を主とする形態組成で、幅広の縦長剥片を主として素材に利用している。S地点では二側縁加工・一側縁加工・部分加工を主とする形態組成であり、細身の縦長剥片の利用が顕著に認められる。槍先形尖頭器はS地点においてより細身の形態（中細形木葉形）への志向が強く、縦長剥片の利用度が高い。また、S地点で槍先形尖頭器の素材として利用されている分割礫のような幅広厚手の縦長剥片の生産は第1地点では顕著ではないなど、両遺跡で石器組成や製作技術、技術構造などの面で相違点も多く指摘できることから、時期差があるものと理解される。

(22) 第Ⅰ文化層〜第Ⅳ文化層の石器群は平面的に近接あるいは重複して検出されている。検出の石器群は厚さ50cm程度の堆積土中に集中しており、垂直分布の上でもかなりの重複が認められる。第Ⅰ・Ⅱ文化層は第Ⅲ層〜第Ⅳ層に包含されており、第Ⅰ文化層は第Ⅲ層に、第Ⅱ文化層は第Ⅲ層下部〜第Ⅳ層上面にかけてピークがあるとされている。第Ⅲ文化層は第Ⅲ層下部〜第Ⅳ層上面に、第Ⅳ文化層は第Ⅳ層中部〜第Ⅳ層下部に出土遺物のピークがあるとされている。しかし、包含層が薄いことから出土層準で文化層を分離することは困難であり、とくに単独資料については形態的特徴や技法などによって所属時期を決定したことが報文中に述べられている。文化層ごとの使用石材については傾向性があるが、これも絶対的な指標とはならないことからすると、遺物の出土状態からみて近接する石器の所属文化層については不確定要素の残る資料も存在する。第Ⅳ文化層の槍先形尖頭器についてはこれに該当するが、同種の石材（同一母岩や接合資料はない）をナイフ形石器に利用していること、第Ⅲ文化層の槍先形尖頭器が黒曜石を主体としていることなどから報文の見解に従っておく。

(23) 馬場平遺跡では5地点の調査が行われ、槍先形尖頭器を主体とする石器群が検出されている。いずれの地点のも中型の両面加工を基本としているが、柳葉形・中細形木葉形・中広形木葉形・広形木葉形のいずれか1形態あるいは2形態の組み合わせを主としており、地点ごとで内容が異なる。1時期の内容を十分に表わしているとは考えられない。表面採集資料（柴田・西村ほか編 1992）では両面加工を主体に片面加工・周辺加工が認められ、小型・中型・大型の各大きさの槍先形尖頭器が認められる。平面形態も柳葉形・中細形木葉形・中広形木葉形、広形木葉形が認められ、樋状剥離を有する槍先形尖頭器も存在することなどから、本遺跡が複数時期にわたって営まれたことをうかがわせる。発掘調査の各地点出土石器群は若干の時間差を有する可能性が高いが、第Ⅳ期に位置づけられるものが多く、調査面積が狭いことから形態組成の一部を示して

いるものと理解される。中ッ原遺跡についても同様に組成の一部を示しているものと思われる。

(24) このほかに、野尻湖遺跡群の貫ノ木遺跡第4地点4052ブロック（大竹2000c）などの中に、この時期に位置づけられる可能性のある槍先形尖頭器が出土しているが、石器群の内容の明確なものはない。貫ノ木遺跡出土の関連資料は両面あるいは片面加工で、やはり加工量は少ないようである。

(25) 槍先形尖頭器は10点出土しており、石材は黒曜石・珪質頁岩・頁岩・安山岩・メノウ？などを用いている。一方、ナイフ形石器は黒曜石を主体に珪質頁岩・チャートを使用している。個体別資料の分布状況や槍先形尖頭器製作関連の遺物の分布状況などが不明であるが、黒曜石、珪質頁岩とそのほかの石材では槍先形尖頭器の様相も異なることから、ここでは2時期に細分し、ナイフ形石器を主体とするものをB群下層、槍先形尖頭器を主体とするものをB群上層としておきたい。

(26) 貫ノ木遺跡では、このほかに第4地点4022・4023、4090ブロック（大竹2000c）でこの時期の槍先形尖頭器が出土しているが、単独出土に近く石器群の内容は不明である。

(27) 佐藤雅一・山本克らは1999年の楢ノ木平遺跡2次調査（佐藤ほか2000）の成果などを踏まえて、槍先形尖頭器の共伴について検討の必要性を述べている。中村孝三郎が行った1次調査について出土状態などの詳細な資料の提示がないため検討することは困難である。現状では結論は保留すべきであるが、野尻湖遺跡群の調査成果や周辺地域の様相などを勘案すれば、楢ノ木平遺跡の編年的位置や槍先形尖頭器の形態的・技術的特徴などからみて共伴と仮定したとしても齟齬をきたす状況ではない。

(28) 遺跡の中央部分が大きく削平されており、第Ⅴ層の出土遺物は調査区の南北に分断されるように検出されている。仮にB～I列を北区、K～P列を南区とすると、北区ではナイフ形石器を主体とする石器群が分布し、南区ではナイフ形石器ともに槍先形尖頭器が組成の主体となる石器群が分布している。

(29) 2b層では多数のブロックが検出されており、中央区東半部はいずれもナイフ形石器を石器組成に含む石器群である。西半部では槍先形尖頭器を主体とするブロックと細石刃・細石核を主体とするブロックがあり、前者はⅠ～Ⅲのブロック群がある。

(30) 第1文化層（Ⅻ層）では細石核・細石刃とともに槍先形尖頭器、局部磨製石斧、石鏃、土器などが出土している。槍先形尖頭器は大型両面加工で中細形木葉形である。槍先形尖頭器の形態や製作技術などから第Ⅴ期に位置づけられるものと思われる。しかし、槍先形尖頭器が細石刃や土器などに共伴するかどうかは検討の必要がある。文化層は出土層を基本に設定されており、上下の遺物の重複がどの程度考慮されているのか報文ではうかがうことができない。入戸火砕流（ⅩⅤ層、始良Tn火山灰相当層）上にⅫ・ⅩⅢ・ⅩⅣ層の3枚の自然層が堆積しており、連続的に文化層が設定されている。報告書に示されている土層断面図を参考にすれば、3枚の自然層の厚さの合計は厚い部分で50～60cm程度であり、ⅩⅢ・ⅩⅣ層は欠落している場所や両者が分離不可能である部分が見受けられる。平面的に遺物の分布をみると、上下の層で重複している部分がかなりあり、上述の層厚や堆積状態からみて各文化層の遺物が上下の層に移動していることは想像に難くない。このような状況からみて、設定されている文化層の遺物が共伴関係にあるのかどうかさらに検討が必要であろう。また、出土石器の内容から文化層の細分の検討も必要と思われ、とくに縄文時代移行期にあたる第1文化層の扱いは慎重な検討を要すると考えられるが、報告書の記載内容から検討することは困難な状況である。これらのことから槍先形尖頭器と共伴する石器群を特定することは困難であるが、報文の設定のごとく、細石刃・細石核に共伴する可能性は十分可能性がある。

編年図使用槍先形尖頭器出土遺跡名一覧（引用文献は本部を参照）

第3図　1～3：下九沢山谷遺跡、4：本蓼川遺跡、5・6：大和No.210遺跡、7・11・13・14・19～26：下鶴間長堀遺跡、8・9・39～47：中村遺跡、10・12：深見諏訪山遺跡、15：上草柳第3地点遺跡、16：上和田城山遺跡、17・18・27～32・34～37：月見野遺跡群上野遺跡第1地点、33：月見野ⅣA遺跡、38：月見野遺跡群上野遺

跡第2地点、48〜52：栗原中丸遺跡、53〜55：風間遺跡群、56〜66：寺尾遺跡

第4図　1：武蔵台遺跡、2・3：比丘尼橋遺跡B地点、4：葛原遺跡B地点、5〜9・21〜29：鈴木遺跡、10・11：城山遺跡、12・13・46：前原遺跡、14〜19：野川遺跡、20：野川中洲北遺跡、30・32〜36・38：多聞寺前遺跡、31・37・39：多摩蘭坂遺跡、40〜42・44・45：東京都御殿山遺跡、43：多摩ニュータウンNo.426遺跡、47〜58：前田耕地遺跡

第5図　1：向原遺跡第1地点、2：井戸向遺跡、3：権現後遺跡、4・5：百々目木B遺跡、6〜11：取香和田戸遺跡、12〜18・39〜41・43・44：復山谷遺跡、19〜33：東内野遺跡、34〜37：角田台遺跡、38：朝陽遺跡、42・45・46：六通神社南遺跡、47〜51・53〜56：南大溜袋遺跡、52：元割遺跡、57：弥三郎第2遺跡

第6図　1・2・4：下触牛伏遺跡、3：藤岡北山B遺跡、5：多功南原遺跡、6・7・10・11：御正作遺跡、8：八幡根東遺跡、9：三ツ屋遺跡、12〜23・25：武井遺跡、24・26：見立溜井遺跡、27：西赤堀遺跡、28・30・32：上林遺跡、29：宮脇A遺跡、31：宮脇遺跡、33〜38：房ヶ谷遺跡、39〜46：石山遺跡

第7図　1・3・23：峠山牧場I遺跡、2：背戸遺跡B地点、4〜9：平林遺跡、10・13〜18：越中山遺跡A地点、11：小石川遺跡、12：高瀬山遺跡、19〜22・24：越中山遺跡A´地点、25〜31：月山沢遺跡、32〜38：弓張平遺跡

第8図　1〜12：渋川遺跡第II地点、13〜22：鷹山遺跡第1地点、23〜25・27：男女倉遺跡B地点、26：男女倉遺跡J地点、28〜35：八島遺跡、36〜40：唐沢ヘイゴロゴーロ遺跡、41〜48・50〜52：北踊場遺跡、49：神子柴遺跡、53・56・62：浪人塚下遺跡、54・55・57・59〜61：上ノ平遺跡、58・63〜67：丘の公園14番ホール遺跡

第9図　1：七ッ栗遺跡、2・7・25・26・28：上ヶ屋遺跡、3〜6：貫ノ木遺跡第2地点、8〜14：西岡A遺跡、15：関沢遺跡、16〜24：真人原遺跡、27：向新田遺跡、29〜36：下茂内遺跡、37〜47・49〜51：中林遺跡、48：長沢遺跡

第11図　1・5・8・9・18・19・33・34：イラウネ遺跡、2・4・6・10・12：天神堂遺跡、3：中見代I遺跡、7：広合遺跡a地区、11：高見丘IV遺跡、13〜17・20〜29：広野北遺跡、30〜32・35〜37：山中城跡三の丸第1地点、38〜40：清水柳北遺跡

補遺1（第2章第2節　北海道）

　北海道地方においては、黒曜石原産地下に形成された白滝遺跡群の大規模な発掘調査が北海道埋蔵文化財センターによって2000年から継続されており、調査済、調査中、調査予定の遺跡は合わせて十数遺跡に及ぶ。これまで調査された遺跡では後期旧石器時代後半期を中心とした膨大な遺物が出土しており、槍先形尖頭器についても多量な出土をみている。調査は現在も進行中であり、出土資料の大半も整理途上であるが、順次報告書が刊行されている。これまでに刊行された報告書の成果を参照すると、一時期の石器群を抽出するには必ずしも良好な状況ではないが、槍先形尖頭器については上白滝5遺跡（長沼・鈴木・直江編2002）、奥白滝1遺跡（長沼・鈴木・直江編2002）、北支湧別4遺跡（長沼・鈴木・直江・越田編2001）などできわめて良好な接合資料が多数得られており、北海道の槍先形尖頭器の製作技術を考察する上で、第一級の資料を提供している。槍先形尖頭器の所属時期については細石刃石器群文化末〜細石刃消滅後に位置づけられ、大きくは2時期に区分できるとされており（長沼孝2001）、基本的に支持できる。本州地域の槍先形尖頭器との関連でみると第IV期〜第V期に位置づけられるものであろう。

　北海道地方の槍先形尖頭器は本州地域の槍先形尖頭器の出現とは直接関連しないと考えられるが、北海道地方においては有茎尖頭器出現期以降槍先形尖頭器が量産されており、大型の製作技術

も大きく進展している。神子柴石器群や細石刃石器群消滅期の槍先形尖頭器石器群と近接した時期であることから，本州地方の第Ⅳ期，第Ⅴ期の槍先形尖頭器製作技術との関連なども今後検討していく必要があろう。

補遺2（第2章第2節 中・四国地方）

　近年、これまで良好な槍先形尖頭器の資料が少なかった中・四国地方において岡山県東遺跡および高知県奥谷南遺跡の報告書が相次いで刊行された。両遺跡ともこの地域における一時期の槍先形尖頭器の組成を検討する上で重要な資料であることから、若干の補足をしておきたい。

　岡山県東遺跡は中国山地に位置する遺跡で、岡山理科大学と瀬戸内考古学研究所の共同による発掘調査が1982年以来行われており、1983年の第4次調査について報告されている（白石・小林 2001）。これによると、東区では細石刃石器群、西区および北区では槍先形尖頭器石器群が検出されており、細石刃石器群は漸移層（第Ⅱ層・第Ⅱ´層）下部、槍先形尖頭器石器群は第Ⅱ´層最下部から第Ⅲ層（ソフトローム）上面に文化層を想定できることから、時期差があることを述べている。出土の槍先形尖頭器は両面加工を原則として、小型・中型を主体に大型が認められる。平面形は中広形木葉形を基本としており、中細形木葉形が組成する可能性がある。東遺跡については、開発に伴って2001年〜2003年に3次にわたって蒜山教育事務組合教育委員会による発掘調査が行われている。大半の資料については現在整理中であり、詳細は不明であるが、2001年度の調査については報告書が刊行されている（新谷編著 2003）。これによると、岡山理科大学・瀬戸内考古学研究所が調査した東区に隣接したT-17から細石刃石器群、同じく西区に隣接したT-19、T-24から槍先形尖頭器石器群が検出されている。石器群は黒色土〜ソフトロームにかけて出土しているが、いずれも漸移層に出土レベルの中心があるようである。槍先形尖頭器は、両面加工を主体として片面加工、周辺加工がわずかに認められる。破損品や未成品が多いため大きさや平面形の組成は十分解明できないが、中型を主体に小型が認められ、平面形は中細形木葉形、柳葉形を主体とするようである。岡山理科大学・瀬戸内考古学研究所と蒜山教育事務組合教育委員会の調査区は相互に隣接しているにもかかわらず出土の槍先形尖頭器石器群の様相は異なっており、文化層の層準の認識も微妙に異なるようである。これらの槍先形尖頭器石器群は出土層準や石器群の様相から第Ⅲb期後半から第Ⅳ期に位置づけられるものと思われるが、上述のことからすると複数の時期に細分できる可能性があるのかもしれない。蒜山教育事務組合教育委員会の調査は岡山理科大学・瀬戸内考古学研究所の調査区を含めた遺跡全域を対象としている。本遺跡は中・四国地方では層位的に検討可能な数少ない良好な遺跡であり、出土層準や細石刃石器群との時間的関係などを含め、今後の整理作業の進展をまって改めて検討したい。

　高知県奥谷南遺跡は高知県東部の高知平野北縁部に位置しており、旧石器時代〜縄文時代を中心とする遺跡である（松村編 2001）。遺跡は巨岩2基の南側の岩陰部分（1号・2号岩陰）および両岩陰部に挟まれた部分を中心に形成されており、後期旧石器時代後半期のナイフ形石器文化期、細石刃文化期、縄文時代草創期以降の遺物が複数の層にまたがって出土している。槍先形尖頭器は第Ⅷ・Ⅶ層を主体として、第Ⅴ〜Ⅹ層で28点が出土している。小型を主体としており、中型を少量組

成しているが、中型の多くは未成品である。両面加工を主体としているが、周辺加工を一定量含んでいる。平面形は中細形木葉形を主体とし、中広形木葉形・柳葉形が認められる。報告者は調整技術、形態から6類に分類しており、大きくは押圧剥離あるいはその可能性のある1類とそれ以外の2種類に区分できるとしている。さらに、これらの類型は出土層位とある程度対応しており、1類は細石刃石器文化期以前あるいは細石刃文化期、2類（B）は細石刃文化期あるいは縄文時代草創期、5類は縄文時代、6類も縄文時代に属する可能性を想定している。しかし、1類の根拠としている押圧剥離は判断基準が明確ではなく、同様の剥離状態のものが他の類型に分類されている。2〜4類の分類基準は大きさであったり、石材であったり基準が統一的ではない。

　ところで、ナイフ形石器文化期および細石刃文化期の遺物の出土状況について、各時期の代表的器種であるナイフ形石器、角錐状石器、細石刃、細石核で検討してみると、出土層はいずれも第Ⅴ〜Ⅹ層で第Ⅷ・Ⅶ層を主体としている。平面分布の上でもこれらの器種はいずれも集中部分が基本的に重複しているとみてよく、垂直分布も出土層の状況が示すとおり、やはり重複している。槍先形尖頭器についてもまったく同様の出土状況である。報告者は第Ⅹ〜Ⅻ層がナイフ形石器文化期の石器群の本来の文化層であり、多くの資料が包含層の再堆積によって移動したとみているが、図示されたナイフ形石器58点のうちわずか3点のみが第Ⅹ〜Ⅻ層出土であることや岩陰部分での大幅な再堆積は考えにくいことからすると、ナイフ形石器文化期以降の包含層形成のあり方に大きな変化はなかったとみるべきであろう。これらのことからすると、本遺跡において槍先形尖頭器を含めたナイフ形石器文化期、細石刃文化期の遺物を平面的・垂直的に分離することは困難であることが了解される。報告者が指摘するように、槍先形尖頭器には複数時期の所産が混在している可能性を想定して検討することが必要であり、縄文時代の石器（石鏃）が含まれているのは確実と思われる。しかし、一時期の槍先形尖頭器の組成が複数の形態から構成されることは本書で縷々述べてきたところであり、製作技術についても複数の技術を用いている場合が一般的であることから報告者の見解にはにわかに賛同しがたい。また、長さ3cm以下のものについては石鏃である可能性も高く（ただし、細石刃に伴うものは長さ3cm以下の槍先形尖頭器が散見される）、調整技術を含めて検討する必要があろう。報告では個体識別を含めた石材分類作業や接合資料などによる分析が行われておらず、今後槍先形尖頭器の所属時期の決定や一時期の組成などを抽出するためにはさらに検討を行う必要があろう。

第3章　槍先形尖頭器の製作技術

第1節　槍先形尖頭器の製作技術類型の時期別様相

　前章において槍先形尖頭器の変遷を地域ごとに検討してきたが、槍先形尖頭器出現の時期に差があるものの、いずれの地域においても槍先形尖頭器の組成は一定の共通性をもって変化していることがわかる。つまり、大きさ・平面形態・加工形態の3者の組み合わせが時間とともに変化しており、主体となる形態が地域によって異なると同時に、大局的にみると、槍先形尖頭器の形態組成は両面加工の中型中細形木葉形・中広形木葉形を主体とする組み合わせから中型中細形木葉形・柳葉形＋大型中細形木葉形・柳葉形を主体とする組み合わせへ変化している。また、第Ⅰ期～第Ⅲ期では形態的に個体差の激しい段階から斉一的な形態に収斂する段階への流れをみて取ることができ、器種としての発展過程として位置づけることができる。こうした槍先形尖頭器における形態組成の変化は背景となる製作技術の発達・変化と連動している。本章では、製作技術の面から槍先形尖頭器の発達過程を跡づけてみたい。

1. 槍先形尖頭器の製作技術

1）製作技術類型の定義

　槍先形尖頭器の製作は一定の共通した内容をもついくつかの技術類型としてまとめることができ、製作技術は素材生産・選択と製作工程（素材加工工程）の大きく二つの要素に分けて考えることができる。素材は剥片・分割礫・礫などがあり、素材の選択は製作工程や目的とする形態と密接に結びついている。剥片や分割礫は特定の素材生産技術によって獲得される場合が多いが、その内容は時期や石材環境などによって変化している。製作工程は、大まかにいって初期工程・中期工程・最終工程の3段階に分けられる。しかし、初期工程＝成形段階、中期工程＝整形段階、最終工程＝細部調整段階となる場合もあれば、初期工程＋中期工程＝成形段階、最終工程＝整形＋細部調整となる場合もあり、製作工程の内容は技術類型によって異なっている。また、選択素材と製作工程によって素材の変形度（素材の加工度）が左右される。

　これらの要素をもとに両面加工の槍先形尖頭器製作技術は、大きく二つの技術類型に区分することができる。

　製作技術類型Ⅰは剥片・分割礫・礫など各種の素材を利用するが、厚手の素材を用い、素材の変形度が大きい（加工度の割合が高い）ものである。一方、製作技術類型Ⅱ類は基本的に剥片を素材として利用しており、素材が薄手で完成品との厚さとあまり変わらないものが選択されており、その分素材の変形度が小さい（加工量が少ない）。製作技術類型Ⅱ類は完成品を意識して素材を選択している。それは同時に、素材の形状に完成品が規定されているともいえる。

これら二つの製作技術類型は製作工程の内容からさらにいくつかに細分され、時期や地域にかかわらず、複数の製作技術によって槍先形尖頭器が製作されているのが基本である。また、時期や地域によって製作技術類型の組み合わせが異なっており、槍先形尖頭器の形態組成の様相と密接な関連をもっている。
　2） 用語の定義
　以下の分析の中で使用する用語について若干説明しておきたい。
　成品・未成品　槍先形尖頭器を形態の上から完成品か未完成品か判断することはかなり困難を伴う場合が多く、とくに製作遺跡あるいは製作痕跡が顕著な石器ブロック出土品についてはそうである。製作の場から離れて出土する槍先形尖頭器は一部にブランクを含みながらも、おおむね完成品あるいは完成直前の製品とみて大過ないであろう。これらの資料をもとにすれば、ある程度完成品の形態を予想することは可能であるが、その数は決して多くなく、すべての時期、すべての地域の資料をこうした視点から分析することは現状では不可能である。製作痕跡の顕著な石器ブロック出土の槍先形尖頭器の多くは欠損品であり、製作途上で欠損し廃棄されたものが大半を占めるものと推定される。これらは形態的特徴や加工状態を観察すると、製作の初期段階から最終段階までさまざまな段階で欠損し放棄されている。また、製作痕跡の顕著な石器ブロック出土品の中にも使用結果として欠損した資料も含まれていると推定されるが、完成間近で欠損した資料と区別することは困難である。両者は使用痕や欠損状態などを詳細に検討することにより将来的には区別可能となるものと予想される。さらに、製作痕跡の顕著な石器ブロックには欠損していない槍先形尖頭器も残されている。それらは器体中央部などに調整で取り残された高まりが認められる場合が多く、それ以上調整加工を施してもその高まりの除去が困難であるものが大半であり、その結果放棄されたと判断されるが、中には整った形状をしながらそのまま残されている資料が稀に存在する。こうした資料については何らかの理由で完成品が残されたのか、別の理由で未成品として放棄されたのかは現状では判断できない。
　以上のように、槍先形尖頭器の完成品・未完成品の判断は非常に困難な部分が残されており、厳密に完成品・未完成品の区別ができない。ここでは、筆者が形態的に完成品の可能性が高いと判断した資料および完成間近と判断した資料について成品、それ以外の資料について未成品としている。
　分割礫・盤状剥片・板状剥片　槍先形尖頭器の素材としては、剥片・分割礫・礫などが使用されている。礫は各種の形態があるが、槍先形尖頭器に利用されているのは一般的に扁平な角礫・亜角礫が多く、中部高地のいくつかの黒曜石原産地では板状の角礫・亜角礫を積極的に利用している遺跡も認められる。
　分割礫は礫を2〜5点程度に粗割りにし、礫をいくつかの塊に細分したものである。割り取り方に規則的な順序はなく、3点以上に分割する場合でも打撃場所は適宜選択している。選択される礫の形状もとくに傾向性はなく、石材原産地における礫の形状を基本的に反映している。生産された分割礫の中でも槍先形尖頭器に利用されるものは直方体状の形態が選択されている。
　剥片は石材から連続して剥離された石片である。槍先形尖頭器に利用される剥片は、ナイフ形石器などの剥片石器の素材と共通するもの、あるいはそれらの剥片生産技術に準じるもの、ナイフ形

石器などの素材に比べて大型厚手のもの（盤状剥片）、槍先形尖頭器の調整剥片の大きく3種類に分類される。盤状剥片は長さあるいは幅が15cm以上、厚さ3cm前後の大型剥片で、連続的に剥離されている。盤状剥片という用語自体は瀬戸内技法の復元にあたって松藤和人が翼状剥片石核の素材剥片に対して呼称したもの（松藤1974）であり、交互剥離的な剥離方法で生産されている。槍先形尖頭器に利用されている盤状剥片でも交互剥離的な剥離方法で生産されている場合もあるが、石理に沿うように輪切状に剥離されている場合が少なくない。盤状剥片のうち厚さ2cm前後以下の薄身のものをとくに板状剥片と呼ぶことにする。板状剥片という呼称は、同様に松藤和人が使用しており（松藤1979）、盤状剥片のうち背面構成が単純でやや薄身のものを指している。しかし、実態的には通常の盤状剥片とほとんど区別がつかない厚さのものまで含んでおり、現在では積極的に使用されていない。槍先形尖頭器の場合、加工のあり方が通常の盤状剥片と異なり、とくに中期工程の内容が異なることからあえて呼び分けたい。とくに薄手大形の板状剥片は石理の発達した安山岩を利用している。

2. 第Ⅰ期の槍先形尖頭器製作技術

　第Ⅰ期（出現期）に属する遺跡は、現状では基本的に中部高地および関東地方南部を除き確認することができない。中部高地では長野県渋川遺跡第2地点などがあり、関東地方南部では、神奈川県下九沢山谷遺跡、県営高座渋谷団地内遺跡、東京都武蔵台遺跡、比丘尼橋遺跡、西ノ台遺跡などがある。以下、各遺跡における槍先形尖頭器製作の様相を概観してみたい。

　1）槍先形尖頭器製作関連資料の分析

　①中部高地

　渋川遺跡第2地点　1958・59・61年にA・B二つのトレンチが調査され、第3層赤土層を中心に石器群が出土した（宮坂編著1962）。A・B両トレンチをあわせた出土石器は、ナイフ形石器123、槍先形尖頭器74、掻・削器70、彫器5、石錐2など（守矢・斉藤1986）であるが、槍先形尖頭器はAトレンチを中心に出土している。黒曜石原産地に近接して存在する遺跡で、豊富な黒曜石を利用している。そのため、槍先形尖頭器の製作に関連する資料も数多く存在し、一連の製作工程を分析するには良好な遺跡といえる。しかし、ほとんどすべての資料が黒曜石を原材とするため、個体別分類がきわめて困難であり、個体を単位とした素材や製作段階ごとの分析は不可能に近い。したがって、ここでは、未成品・調整剥片・成品の分析を通じて、先の問題に迫ってみたい。

　本遺跡ではかなりの量の未成品（図版第130-6〜15）があり、その調整の進行具合はさまざまである。素材面（図中アミ目部分）を残しているものもかなりあり、槍先形尖頭器の素材を推定する有力な資料である。7・8・11は両面に素材剥離面を残しており、背腹いずれかの面がポジティブ面であることから剥片素材であることが明らかである。10・12・13は腹面にポジティブな素材剥離面を広く残しており、同様に剥片素材である。6は背面に複数の剥離面からなるネガティブな素材剥離面を残しており、剥片素材と考えられ、しかも素材面の多くは縦長の剥離痕であることから、縦長剥片素材の可能性が強い。15も背面に広くネガティブな素材剥離面を残すことから剥片素材であろう。9は背面に広く礫面を残しており、礫素材か剥片素材かは確定できない。しかし、礫面中央に稜線が通るような素材の使い方や礫と考えるには厚さが薄いこと（腹面の加工状態から加工の初

期段階にあると考えられ、そうであれば、かなり薄い礫を使用したことになる。背面の礫面の状態からみて、角礫とすればはかなり特殊な形態といえる）などから、やはり、剥片素材もしくは分割礫素材の可能性が強い。14は槍先形尖頭器の製作途上で大きく剥離してしまった調整剥片を素材とするもので、一応剥片素材ではあるが、素材としては特殊である。

　これら素材面を残す資料の大半はポジティブな剥離面もしくはネガティブな剥離面で構成されており、礫面のみで構成されているものはきわめて少ない。前者は剥片素材を示しており、後者に関しても剥片素材を基本とする可能性が強い。冷山産黒曜石では原石の組織的な採掘が想定されており（守矢・斉藤 1986）、そうした原石を利用したとすれば遺跡に搬入される石材の多くは礫面を残さないものと考えられ、礫面を残す資料が少ないことが即礫素材利用の僅少さを示すとはいえないが、未成品などから推定される素材の大きさなども考慮すれば、剥片素材を主体としている可能性が高いといえよう。素材となる剥片の形状については、加工の進んでいる資料については判断が困難であるが、素材の用い方に着目すると、素材打面を槍先形尖頭器の先端部または基部に設定しているもの（6・7・10・13）と素材打面を槍先形尖頭器の主軸に直交する側縁部に設定しているもの（8・11・12）があり、前者は縦長剥片、後者は横長剥片を素材とするものが多いと推定される。

　未成品の調整加工の状態をみると、共通した特徴を指摘できる。6・9は背面に調整があまり及んでおらず、調整の初期段階を示しているものと思われるが、一方の側縁（6の腹面左側縁、9の背面左側縁）からの調整が器体中軸線を大きく越えており、おおむね反対側の縁辺まで抜けている。剥離される調整剥片の多くはかなり広い打面をもち、打角も比較的小さく、幅広ながら縦長の形状であるといった特徴を示すものと推定される。こうした調整の状況は、8の腹面、10の背面、13の背面、15の腹面など多くの資料で確認することができ、成形段階の一般的あり方と理解することができる。また、6・9に比べ調整の進んでいる10・13では相対する反対側の側縁から調整加工が連続的に施されており、それらの調整は器体中軸線を越えることはなく、やや急角度の調整で縁辺から器体の1/3前後までしか剥離が及んでいない。こうしたあり方はその他の多くの資料でも観察され、やはり一般的な調整法とすることができよう。このような特徴は成品もしくはそれに近い加工状態状態の資料（図版第130－1～5）でも観察できる。1の腹面、3の背面、5の背面などで、2・4は上部を欠失しているため確実ではないが、それぞれ背面が同様の状態と思われ、断面の形状がその特徴をよく表している。しかし、このような一方の側縁からの剥離でほぼ全面を調整するようなあり方が両面で認められる例は成品では少なく、未成品でも同様である。両面に調整が施されている未成品（図版第130－7・8・10～12・15）でみると、反対側の面の調整は器体中軸線を大きく越えるものはきわめて少なく、器体の中央付近までで止まるものを主体とする。8は比較的調整の進んだものであるが、背面両側縁からの剥離は中央付近までしか及んでいない。先の特徴的な調整は一般的に成形の初期になされており、素材面を打面とする場合が多いが、先行の調整による剥離面（調整の及ぶ範囲は器体中軸線付近までで、構成剥離面は少ない）を打面とする例もある（7）。この特徴的な調整に後続して行われる反対側の面の調整は同一の縁辺を利用するものが多い。

　また、本遺跡の槍先形尖頭器の形態的特徴は平面形が非対称で、一方の縁辺の中央付近が大きく張り出す形態がきわめて多いことであるが、縁辺が直線的であることも大きな特徴として指摘する

ことができる。これは、調整状況の異なる多くの未成品にも共通することであり、素材縁辺の形状や調整法に関連しているものと推定される。

　調整剥片（図版第131）は多量に存在する。しかし、調整の初期に属する剥片は未成品の観察で触れたように、打角が比較的大きく、幅広ながら縦長形状の剥片を主体としている。本石器群が素材生産の上では縦長剥片剥離技術を基盤としていることから、槍先形尖頭器製作にかかわる調整剥片のうち、調整の初期に属するものを抽出することは必ずしも容易ではなく、ここではその可能性のあるものも含めて提示している。調整剥片は打面の有無を基準に大きく二つに分類できる。打面を有する剥片（1～4・6・8～10・14～16）のうち、幅広で厚みのある打面を有するもの（1・3・6・9）は背面の構成剥離面数が少なく、基本的に細かな剥離痕を有していない。上下を欠損し、打面部を残さないが、5も同様の剥片であろう。3・5は幅広ながら縦長の形状と推定され、9の背面では縦長状の剥片が連続的に剥離されているものと推定される。打角は比較的小さい。これらの剥片の特徴は未成品の観察で推定した成形の初期段階の剥片に相当するものと推定され、未成品での観察を間接的ながら裏づける結果となろう。また、これらの剥片の背面には素材面を残すもの（1・3・5）があり、ポジティブもしくはネガティブな剥離面（1・5）と礫面（3）が認められる。前者は素材が剥片であることを示している。後者は素材を限定できないが、背面に礫面を残す剥片がきわめて少ないことからすれば、やはり剥片素材の可能性は強い。調整剥片から推定される素材も剥片を基本とすると考えられ、未成品の分析結果と一致している。打面を残す剥片のうち、もう1種類は打面が小さく幅が狭い（2・4・8・10・14～16）。おおむね先の調整剥片の剥離に後続する工程で剥離されたものであろうが、打角が小さく背面の構成剥離面数の少ない剥片（2・4）は打面が小さいものの、先の剥片同様、成形段階に属する可能性が強い。その他の打面を残す剥片は背面に複数方向からの剥離痕を有し、打角は総体的に小さくなっている（8・10・14・15）。打面は細かな複数の剥離面で構成されるもの（10・14・15）と1枚の剥離面で構成されるもの（9）があり、前者は背面の構成剥離面の状況も考慮すれば、両面に調整が及んでおり、整形に伴う調整剥片と考えられる。後者は打面が小さいため判断が困難であるが、素材面を打面としているものは成形段階の剥片の可能性もある。打面のない調整剥片（7・11・12・13・17～20）は背面の剥離面が複数方向から構成されるもの（7・12・14・18～20）が多く、整形段階の剥片を中心として、調整段階の剥片を若干含んでいるものと考えられる。図示はしなかったが、微細な剥片も存在し、整形・調整段階に属するものと考えられる。

②関東地方南部

下九沢山谷遺跡第Ⅳ文化層　本石器群はB2Uを主たる包含層とするもので、ナイフ形石器、槍先形尖頭器、削器、掻器、彫器、斧状石器などを石器組成としている（中村喜代重1979b）。槍先形尖頭器は3点出土しており、両面加工（図版第1-1・2）と周辺加工の形態で、両面加工は素材面（図中アミ目部分）を広く残している。詳細は不明で、製作に関連する資料が存在するか否かは不明である。

　1は左右非対称で、シルエットはナイフ形石器形態A[(1)]にきわめて類似する。調整加工は素材の打面部側からの調整が主体で、器体の中央部を越えては及んでいない。右側面に素材の縁辺を大き

く残しており、ナイフ形石器とも分類しうるが、調整加工はナイフ形石器とは異なり、当初より面的加工が意図されているところから槍先形尖頭器と捉えたい。両面に広く素材面を残しており、腹面側がポジティブ面であることから横長剥片を素材にしているものと推定される。推定される加工量は少ない。2は上半部を欠損しているが、平面形は左右非対称と推定される。背腹両面に素材面を残しており、背面側がポジティブ面であることから素材は剥片である。したがって、両面加工ではあるが、加工量は比較的少ないと推定される。周辺加工品は横長剥片を素材としている。

　未成品や調整剥片が不明のため両面加工品の製作工程はほとんど分析しえない。成品から観察するかぎりでは、完成品と素材の大きさが極端に異なる可能性は低い。成形段階と整形段階が未分化で、成形が同時に整形の役目も果している。

　県営高座渋谷団地内遺跡第Ⅴ文化層　本石器群はB2Uを主たる出土層準とするものであり、ナイフ形石器を主体に、槍先形尖頭器、角錐状石器、抉入石器、彫器などが出土した（小池1995）[2]。槍先形尖頭器は2点出土しており、いずれも両面加工である（図版第1-3・4）。また、槍先形尖頭器の可能性がある石器が1点あり、片面加工もしくは周辺加工と思われる（図版第1-5）。

　3は両面に広く素材面を残しており、半両面加工というべき資料である。平面形は左右非対称で背面左側に肩をもち、渋川遺跡や下九沢山谷遺跡に共通する特徴を示す。調整加工は器体の中央部を基本的に越えることはなく、背面左側縁上半、腹面左側縁下半は加工が途切れている。腹面側が素材の主要剥離面で、剥片素材であることが明らかである。4は先端部を欠損しており、やはり左右非対称の平面形を呈する。腹面右上部に素材面（主要剥離面）を残しており、剥片素材である。背面側の調整加工は比較的入念であるが、腹面側は粗く、下端部を除き腹面側の調整が背面側に先行する。調整加工は器体中軸線を基本的に越えていない。腹面側の調整はやや特異で、下端部から施されており、左半は先端近くまで剥離が抜けている。初期の成形に関わるものと思われ、素材の厚さを減じているのであろう。3・4ともに加工量は少なく、断面は大略三角形を呈して素材の形状を比較的残している。5は上半を欠損している。報文ではナイフ形石器とされているが、粗い調整が背面側に面的に施されている。背面左上部の2枚の剥離面は素材面かもしれないが、残存部のほぼ全周に調整加工が施されている。平面形は上部が欠損しているので明確にはできないが、左右非対称の形態である。製作途上に欠損した未成品かもしれない。このほか、二次加工ある剥片の中に素材腹面側を中心に面的加工が施されているもの（図版第1-6）があり、槍先形尖頭器の未成品である可能性が高い[3]。これらの槍先形尖頭器は遺跡内に製作痕跡をまったく残しておらず、搬入品と判断されるため、製作工程を具体的に分析することはできないが、全般的に加工量が少なく、剥片を素材としている。また、素材は基本的に成品の大きさに見合ったものが選択されており、とくに厚さは未成品と成品で大差はないと思われる。しかし、6が槍先形尖頭器の未成品とすれば、やや大形の素材も利用される場合があるようである。

　比丘尼橋遺跡第Ⅳ層　第Ⅳ層で第Ⅰ期に属する石器群が出土しており、石器ブロック13基、礫群50基が検出された（長崎・井上1993）。礫群の検出レベルから2時期に細分されるが、第Ⅳ層の厚さが薄く、石器ブロックが相互に近接すること、いずれの石器ブロックも出土レベルが第Ⅳ層全体に及び、必ずしも本来の生活面が推定できないことなどから、石器ブロックについては時期を細分し

ていない。5号・6号・9号石器ブロックは明確な密集部をもっており、1号・4号・10号・11号石器ブロックも平面的なまとまりの認識が比較的容易である。黒曜石・チャートを主要石材としている。上述の平面的まとまりが良好な石器ブロックを中心にみてみると、石材構成比率は石器ブロックごとで異なっており、1号・4号・6号・11号ブロックは黒曜石、5号・10号ブロックはチャートが主体で、9号ブロックは両者がほぼ同じ比率である。接合関係はブロック内を主としており、明確な形で石器ブロック相互の関連はうかがえない。個体別資料の上では、9号・10号・11号ブロックが個体の共有関係を示し、とくに9号・11号ブロック間での共有個体が多い。その他の石器ブロック相互は排他的関係を示している。出土レベルについてみると、5号ブロック以外は第Ⅳ層上部を主体に出土している。5号ブロックは特定の集中レベルをもたずに第Ⅳ層全体に分布しているとされているが、平面分布は北東から南西に細長い分布状況を示しており、上下のブロックが重複している可能性を示している。定型石器は東半部に集中し、第Ⅳ層中位～下位に集中している。個体別資料Ch－30も平面的にも垂直的にもよくまとった分布を示し、第Ⅳ層中位付近に集中している。これらのことからすれば、5号ブロックは北半部を中心とする分布と南半部を中心とする分布に区分が可能で、前者を第Ⅳ層下位～中位、後者を第Ⅳ層上位にあてることが可能であろう。また、出土レベルからみれば、第7ブロックは第Ⅳ層中位に集中部をもっている。このように、石器ブロックは平面分布の上で比較的まとまりのよいものに関してはある程度出土層準を確定することが可能であるが、分離が困難である石器ブロックが存在するのも確かである。第Ⅳ層出土の石器は、ナイフ形石器、槍先形尖頭器、角錐状石器、掻器などで、ナイフ形石器・掻器が主体である。出土石器としては第Ⅳ層上位を中心とするものが主体で、第Ⅳ層中位～下位を中心とするものは少ないようであるが、明確に区分できるものを比較しても、両者は石器組成や形態組成の上であまりはっきりした違いを指摘できない。石器群の様相は武蔵野台地第Ⅳ層下半（Ⅳ下～Ⅳ中下位）出土石器群に位置づけられ、大きくは同一時期に属するものであろう[4]。

　槍先形尖頭器は9号ブロックで2点、11号ブロックで1点の合計3点が出土している（図版第1－7・8・11）。いずれもチャート製で、素材面（図中のアミ目部分）を広く残している。11号ブロック出土品はブロックの縁辺部に位置している。前述の分析からすれば、本文化層中では新しい時期に位置づけられ、武蔵野台地第Ⅳ層中位文化層に相当し、前原遺跡第Ⅳ1層や後述の西ノ台遺跡Ⅳ中など第Ⅳ層中位文化層前半に属すると考えられる。7は先端部を一部欠いており、背面右側縁中央部に肩を有する平面左右非対称の形態を示す。両面加工であるが、両面に広く素材面を残しており、腹面側が素材の主要剥離面である。調整加工は器体の左右で異なっているのが特徴である。背面左側縁、腹面右側縁からの加工が主体で、器体の中軸線部付近まで及んでいるが、背面右側縁からの加工は縁辺部を主体としており、加工範囲も下半部のみである。腹面左側縁は基本的に調整加工を施していない。縁辺部の細かな剥離面を除けば、調整加工は全般的に角度が浅い。縁辺部が一部未加工であることなどから未成品である可能性もあるが、推定される先端部は鋭利であること、先端部がブロック内に残されていないこと、背面右側縁を中心に入念な調整加工が施されていることなどから成品とみなしておきたい。8は上部を欠損しているが、1同様、平面左右非対称の形態と考えられる。背面側を主体に調整加工を行っており、片面加工といってもよい状態である。背面

側は全周から入念な調整加工を施して器体中軸線付近まで調整加工が及んでいるが、中央部に素材面が若干残されている。腹面側は大半が素材主要剥離面で、基部を中心に調整加工が施されている（腹面右中央部の剥離面はバルバー・スカーかもしれない）。11は上半部を大きく欠損している。8と同様の形態と思われ、現存部分でみる限りではほぼ片面加工である。背面側は入念な調整加工が施され素材面は残されていないが、腹面側は調整加工が基部のみで広く素材主要剥離面を残している。また、9・10は削器に分類される資料であるが、面的な調整を施しており（10は未成品かもしれない）、槍先形尖頭器と共通した調整加工を認めることができる。とくに、10は背面の広い部分を調整加工が覆っている。

　7は10号ブロック、8は9号ブロック、11は11号ブロック出土で、8・11は単独の個体別資料として分類されている。7はCh－4の個体別資料に分類され、65点の同一個体を有している。同個体別資料は第9ブロックに分布の中心をもち、3例の接合資料を有するが、7の槍先形尖頭器と接合例はなく、資料中に明瞭なポイント・フレークも認められないことから、8・11同様、ブロック内での製作は基本的に行われていないものと思われる。

葛原遺跡B地点第II文化層　第IV層上部から第I期に属する石器群が出土しており、石器ブロック5基（第9・第22～25ブロック）、礫群20基、炭化物集中部3ヵ所が検出されている（廣田・前田1987）。石器ブロック相互は接合資料を有し、比較的短期間に形成されたものと思われる。出土石器はナイフ形石器、槍先形尖頭器、彫器などである。槍先形尖頭器は4点出土しており、第22ブロックで2点、第25ブロックで2点出土した（図版第2－1～4）。素材面（図中のアミ目部分）を残すものが多い。1は平面左右対称で、一方に肩を有する形態であり、両面加工である。背面左側先端部に樋状剥離を有する。調整加工は入念であるが、腹面中央部には素材面と思われる広い剥離面が残されている。2は周辺加工というべきもので、やはり左右非対称で、一方の肩が張る形態である。腹面側は先端部を中心に入念な調整加工が施され、背面側は腹面側の調整加工と補完的に右側縁中央部、左側縁下半部を中心に調整加工を施している。両面に広く素材面を残し、腹面が素材の主要剥離面である。3も1と同様の形態であるが、幅広で寸詰まりである。両面とも入念に調整加工が施され、素材面は残されていない。背面左側縁の調整加工がほかの部分に比べてやや急傾斜である。4は先端部を中心に調整加工を施した部分加工品で、両面とも先端部に調整が集中している。幅広の縦長剥片を素材としている。石材はチャート・頁岩で、遺跡内での製作痕跡は認められないようである。

武蔵台遺跡IV中文化層ほか　武蔵台遺跡IV中文化層（第IV層中部）では第I期の石器群が出土しており、密接して2基の石器ブロックが検出されている（相沢浩二1984）。出土遺物の垂直分布のピークは第IV層中部でもその下半にあり、礫群の下底面は第IV層下部に位置している。武蔵野台地の第IV層中部に位置づけられる石器群の中でもその前半に位置づけられるもので、第IV層下部文化層と近い様相をもつ。黒曜石を主体とする石器群で、ナイフ形石器、槍先形尖頭器、掻器、削器、楔形石器などを石器組成とする。

　槍先形尖頭器は6点出土しており（図版第2－8・11～13・15・16）、黒曜石、水晶を利用している。いずれも剥片素材（図中のアミ目部分が素材面）であり、大半の資料は未成品と思われる。8は上部が欠損した後、欠損部上半の背面側を中心に再調整して小型の槍先形尖頭器に仕上げている

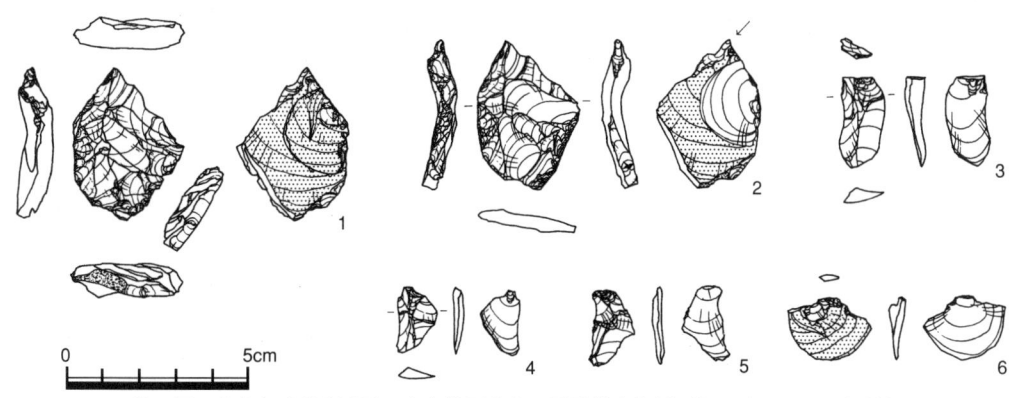

第 3 章　槍先形尖頭器の製作技術　105

第12図　東京都武蔵台遺跡Ⅳ中文化層出土の彫器接合資料（相沢浩二 1984に加筆）

（図版第2-9）。欠損前の状況を復元すると、腹面側に広く素材面（主要剥離面）を残していることや両面加工品ではあるが一方の縁辺側（背面左側縁・腹面右側縁側）に調整加工が集中していることから、製作途上での欠損であった可能性が強い。やや厚手の剥片を素材としているが、調整加工は器体の中央部までで、素材の変形度は小さい。11は先端部をわずかに欠損しており、平面形は左右非対称である。腹面に広く素材面（主要剥離面）を残しており、背面にも若干の素材面が認められる。素材は通常の剥片で、切出し状のナイフ形石器とも共通するものと思われる。調整加工は背面側を主体としており、半両面加工というべき状況である。調整加工は器体の中軸線付近までで、加工量は少なく、素材の厚みは基本的に変化していない。12は上部を欠損しており、やはり両面に素材面を残している（背面が素材の主要剥離面）。平面形は左右対称気味であるが、背面右上端部でやや屈曲していることから、11同様、上部では直線的な縁辺を呈していた可能性がある。調整加工は器体中軸線付近までで、加工量も少ない。15は上半部を大きく欠損しており、腹面右半に素材主要剥離面を残す。調整加工は器体中央付近までを主体としているようであるが、腹面ではわずかに器体中央を越えているかもしれない。16は片面加工で、槍先形尖頭器というより石錐とした方がよいかもしれない。背面中央にわずかに素材面が残され、器体中央部に向けて調整加工が施されている。調整加工は上半部、とくに先端部では急傾斜である。13はナイフ形石器として報告されているものであるが、調整加工は角度が緩やかで面的に施されており、槍先形尖頭器の可能性が高い。上下を欠損しており、製作途上で欠損したため調整加工が全周をめぐっていないのかもしれない。調整加工は背面のみで、器体中央まで及んでいるものは少ない。

　槍先形尖頭器の製作に関連すると考えられる調整剥片は抽出することは可能であるが、出土状況と関連づけた形で報告されていないので詳細に分析できない。槍先形尖頭器はいずれも小型であり、加工量が少なく素材の変形度も小さいので、形態のみからナイフ形石器などその他の石器の調整剥片と厳密に区別することは困難である。ここでは、形態的にその可能性のあるものをいくつか紹介するにとどめる。第12図 1 は面的加工を施す彫器(2)と調整剥片（3～6）の接合資料で、本遺跡の槍先形尖頭器の製作を考える上で参考となるので紹介しておきたい。3 の打面がやや大きい[5]が、そのほかは小さな打面もしくは点状・線状打面である。調整初期の剥片でありながら、3～5 の背面は多方向の剥離痕を残しているのは、この彫器の素材背面がもともと多方向の剥離面で構成されて

いたためである。6は素材主要剥離面を加工した調整剥片で、腹面側が主要剥離面であるが、他の調整痕が細かであるため背面に広く素材面が残されている。また、いずれの調整剥片も薄手である。槍先形尖頭器の製作において素材が完成品と大差ない厚さで成品が小型である場合、この接合資料から推定されるように、多くの調整を必要とせず、調整の初期段階においても剥離される調整剥片も基本的に小形である。したがって、打面の形状も小さく、点状あるいは線状を呈する打面をもつものがかなりの割合を占めるものと想定される。想定される背面構成は大きく二つに分類されるものと思われ、一つは素材剥離面や礫面を広く残すもの、一つはかなりの枚数の複数剥離面で構成され、多くの場合多方向からの剥離を示すものである。前者は調整の初期に、後者はある程度調整が進んだ段階以降におおむね対応すると想定される。後者のうち、細部調整剥片は基本的に1方向の背面構成、先端や基部付近の成形のための調整剥片は2方向以上の背面構成を示すと考えられる。また、図版第2－14は石核転用の削器で、槍先形尖頭器の製作初期工程と技術的関連がうかがえる資料である。素材の両長辺部を利用して背面側を主体に幅広の剥片を生産しているが、石核の中央を越えるような剥離が認められ、縦長の剥片も剥離されている。剥離角度は大きい。腹面の大半は礫面で、背面下端に素材面の可能性のある剥離面が認められる。剥片素材の石核の可能性がある。

このほか、西ノ台遺跡B地点でも第Ⅰ期に属すると思われる槍先形尖頭器が出土している。西ノ台遺跡B地点は第Ⅳ層中部を出土層準とし、ナイフ形石器、槍先形尖頭器、角錐状石器、削器、掻器などを石器組成とする（小田編1980）。第Ⅳ層中位の石器ブロックとほぼ重複する形で第Ⅳ層上位にも石器ブロックが存在し、両者は垂直レベルの上でも一部重複している可能性があるが、報文では垂直レベルに関する記載がなく、接合関係や個体別資料に関する提示もない。第Ⅳ層中部の石器群が黒曜石を多用するのに対して第Ⅳ層上部の石器群がチャートを多用する傾向があることから、石材と石器の形態を中心に両文化層の石器ブロックが識別されていると推察されるが、詳細については不明である。第Ⅳ層中位は武蔵野台地において槍先形尖頭器の出現期にあたっているので、出土の槍先形尖頭器の扱いは詳細な出土状態の分析を経たのちに判断する必要があるが、ここでは参考資料として提示しておく。槍先形尖頭器は黒曜石製の小型品が1点出土している（図版第2－5）。両面加工品で先端を欠損している。調整加工は比較的入念であるが、背面下部に礫面が残されており、腹面中央部の剥離面も素材主要剥離面（アミ目部分）と思われることから、加工量は多くないと考えられる。このほかにも、器種としてはナイフ形石器や削器に分類されているものの中に、面的加工を施すものがあり（図版第2－6・7）、比丘尼橋遺跡B地点と共通した様相がうかがえる。

2) 槍先形尖頭器の製作技術

第Ⅰ期の槍先形尖頭器は大きく二つの技術類型が認められる。第一は厚手の大形剥片を主体に、少数ながら分割礫や礫を利用するものである。製作工程は大きく3工程を認めることができるが、工程が必ずしも区分できない場合もある。素材は完成品よりひとまわり、あるいはふたまわり大きいものが用意されるが、完成品が大きくても長さ5～7cm程度の中型であるため、あまり大形ものではない。初期工程は成形段階で、まず素材長辺のいずれか一方を主として利用し、素材中軸線を大きく越える調整剥離を施し（剥離が反対側の縁辺まで達する場合も多い）、同様の調整剥離をやはり長辺のいずれか一辺を主体として素材の反対側の面に施している。最初に調整が行われた面と

反対側の面の調整が行われる前後に、調整の主体となる縁辺とは反対側の縁辺や先端部、基部に調整を施している場合も多い。主として調整を行う縁辺は背腹面で異なる場合が多いが、同一の縁辺を利用する場合もかなりある。初期工程では調整剥片の縦断面が直線的なものが多く、製作途上の槍先形尖頭器の断面形は平行四辺形、菱形、三角形などとなる。中期工程は整形段階で、調整は器体中軸線付近までが主体で全体の形状を整えている。最終工程は調整段階で、先端部や基部を主体とし、潰れた縁辺を鋭利にするなどの作業を行っている。こうした製作技術を製作技術類型Ⅰa類とする。Ⅰa類は後述の製作技術類型Ⅱa類に比べて加工量が多く、したがって素材の変形度も大きいが、第Ⅱ期以降のⅠ類と比べると加工量が少ない。中部高地の遺跡では主体となる製作技術の一つであるが、関東地方南部全体でみると後述の製作技術類型Ⅱ類が主体である。

　第二は素材として剥片を利用しており、成品と素材の大きさは大差なく、素材の変形度が製作技術類型Ⅰ類に比較してかなり小さい。剥片の形状は加工のため復元することが困難な資料が多いが、縦長剥片・横長剥片の双方が認められ、短形剥片[6]が利用されている可能性もある。おおむね縦長剥片は素材を縦位に、横長剥片は横位に利用しているようである。両面加工は加工量が多いため十分に素材を推定できないが、素材を縦位に用いるものと横位に用いるものの割合に極端な差はないようである。製作工程は単純で、典型的なものでは大きく2工程が捉えられる。工程の前半は成形段階と整形段階の明確な区別はなく、素材周辺に順次調整を加えながら成形と整形を同時に行っている。調整剥離は器体中軸線付近までで、器体中軸線を大きく越えるような調整は基本的に行われていない。工程の後半は全体の形状を整えながら縁辺の形状を整えている。整形段階と調整段階が一体化したような工程である。多くの資料では成形・整形・調整が明確に区別できず、渾然一体となって1工程で成品に仕上げている。製作技術類型Ⅱa類としておきたい。なお、片面加工や周辺加工は素材を縦位に用いるものが多く、縦長剥片素材の割合が高い。

　以上のように、第Ⅰ期では二つの製作技術類型を認めることができるが、両類型とも素材については、すでに述べたごとく基本的に剥片を利用しているようである。ここで素材についてもう少し考察してみたい。中部地方の渋川遺跡は黒曜石原産地に立地する遺跡であり、豊富な石材を利用できる環境にある。渋川遺跡は現在知られている黒曜石露頭から約2kmの近接した位置にあり、黒曜石露頭下に形成された通称ズリと呼ばれる大小の角礫・亜角礫を利用していると思われるが、ズリをそのまま石器素材に利用している様子は見受けられない。槍先形尖頭器は両面加工を基本として、周辺加工や部分加工がある。後者は剥片素材である。両面加工では未成品、調整剥片や素材面を残す成品のうち礫面を残すものが散見されるが、成品・未成品において両面に礫面を残すものは認められず、基本的に剥片素材（分割礫を含む）と考えられる。関東地方南部では黒曜石・チャートを利用するものが多く、とくにチャートの割合が高い。産地は不明であるが、武蔵野台地出土の槍先形尖頭器は荒川など比較的近傍の河原・河岸段丘礫層のチャートを利用している可能性が高い。両面加工を主体に片面加工・周辺加工・部分加工が認められる。遺跡内で製作痕跡を残すものが少ないが、両面加工は素材面を残すものが多く、剥片素材を基本としていることが想定できる。素材面の残されている成品・未成品を観察すると全般的に加工量が少なく、素材変形度が小さい。したがって、素材の大きさも成品よりひとまわり大形である程度で、厚さはほとんど同じといってよい。

槍先形尖頭器の大半が長さ5cm以下であることから、槍先形尖頭器の素材として特別な素材が用意されているわけではないことがわかる。製作痕跡の残されている遺跡では槍先形尖頭器に明確な素材面が認められるものは少ないが、調整剥片に素材面と思われる広い剥離面を残すものがわずかに認められること、槍先形尖頭器の断面形が三角形状を呈することなどから素材として剥片を利用している可能性がある。槍先形尖頭器は長さ5cm前後の中・小型であるが、調整剥片は槍先形尖頭器に残された剥離面よりかなり大形のものが存在する。南関東のほかの遺跡に比べてやや大形の素材が利用されていると思われるが、遺跡で素材生産を行った痕跡はなく、素材面を残す調整剥片が極端に少ないことから剥片以外の素材を利用したか否かは判断できない。

このように、中部地方および関東地方南部などの諸遺跡においては、いずれも槍先形尖頭器の素材が剥片を基本とすることが特徴である。製作技術類型Ⅰ類の素材となる剥片は、ナイフ形石器などの素材に比べれば一般的には厚手で大形の剥片である。それは加工量、素材の変形度の相違にもかかわらず、槍先形尖頭器とナイフ形石器の大きさの平均が大きな差を示さないことからも、間接的に知ることができる。図版第130-11などにみられるごとく、明らかに大形厚手の剥片を利用していることが確認され、両面に素材面を残すものでは背面が複数方向からの剥離面で構成されるものや両面の剥離方向が異なるものなどがかなりあり、渋川遺跡などでは打面転位石核も認められることから、槍先形尖頭器の素材獲得のため独自の素材生産が展開されている可能性もある。しかし、図版第130-11の資料は素材としては最大クラスのもので、これに比較すると多くの素材はひとまわりからふたまわり小形であり、その程度の素材であれば、量的には少ないが、ナイフ形石器をはじめとするその他の石器にも利用されている。また、渋川遺跡では未成品の中に明らかに縦長剥片素材のものが一定量認められ、素材は剥片を基本とすること、直接的に素材の一部を共有することなど、基本的に槍先形尖頭器もナイフ形石器を主体とするその他の石器と共通の基盤の上に成立している器種といえよう。しかし、ナイフ形石器の素材としては利用されない大形厚手の剥片や礫・分割礫を素材として一定量利用し始めており、槍先形尖頭器としての独自の動きも当初から認められる。

3. 第Ⅱ期の槍先形尖頭器製作技術

第Ⅱ期の槍先形尖頭器は、第Ⅰ期に分布が確認された中部高地、関東地方南部を中心に、東海地方、中部地方北部、関東地方北部、東北地方などかなり広い地域で確認される。中部高地、関東地方南部以外では必ずしも資料は多くはないが、地域ごとで主要な資料を概観してみたい。

1) 槍先形尖頭器製作関連資料の分析

①中部高地

長野県鷹山遺跡群、男女倉遺跡群を中心に多くの資料が知られており、鷹山遺跡第1地点、男女倉遺跡J地点、男女倉遺跡B地点などがある。

鷹山遺跡第1地点 1961年(信州ローム研究会)および1964・65年(尖石考古館ほか)に発掘調査されており、64・65年の調査では3地点が発掘され、第1地点で多くの遺物の出土をみた(玉司・宮坂1966)。石器群は第3層上部の軟質黄色ローム層を中心に出土しており、石器組成は、槍先形尖頭器、ナイフ形石器、掻器、削器、彫器などである[7]。渋川遺跡同様、豊富に黒曜石を利用しているため、槍先形尖頭器の製作工程は個体を単位として分析することはきわめて困難であり、

多量に存在する未成品、調整剥片および完成品の総合的な分析を通じて製作工程の様相を観察する。未成品（図版第132-8～16）はさまざまな調整の進行状況を示すものが存在する[8]。素材面（図中のアミ目部分）を残しているものに注目すると、礫面を残すもの（8・9・11～16）、ポジティブもしくはネガティブな剥離面を残すもの（10・11・13）があり、11・13は礫面と剥離面を有するものである。16は両面に礫面を残しており、扁平な礫を素材としている。10は腹面にポジティブな剥離面を広く残しており、剥片素材であることが明らかである。11・13も側面にネガティブな剥離面を残すことから剥片素材である可能性は高い。その他については素材を判定することはにわかには困難である。しかし、図示しなかった資料を含めて、礫面を留めているものがかなり目立つことは、この遺跡の大きな特徴であろう。また、明らかな礫素材の存在も重要である。また、調整上の特徴として、左右いずれか一側縁からの連続的な調整が器体中軸線を大きく越え、多くの剥離面が反対側の縁辺にまで及ぶような調整法が多くの資料に共通して観察される。8・9・11・13などでは両面で観察され、9・13では相異なる側縁を利用して調整されている。

　完成品および完成品に近い状態のもの（図版第132-1～7）のうち、両面加工品でもわずかに素材面を残すもの（1・3・6・7）がある。1は背面に礫面、腹面にポジティブな剥離面を残しており、明らかな剥片素材である。3・6・7は背面もしくは腹面にわずかに礫面を残しており、素材を確定できないが、未成品の様相に通じる。本遺跡の槍先形尖頭器は比較的多くの片面加工品があり、多くは剥片を素材としている（4）。未成品で認められた調整加工の特徴は完成品でも確認することができる（1・2の背面、3の腹面、6の背腹両面など）。

　調整剥片（図版第133）は各調整段階のものが認められ、調整剥片の構成内容は第Ⅰ期の渋川遺跡と基本的には同様であるが、いくつかの相違点も認められる。第1点は礫面を残す調整剥片が非常に目立つことである。成形段階に属する調整剥片では背面の大半が礫面で覆われる剥片（1～3）は相当数にのぼり[9]、その他の成形段階に属すると考えられる調整剥片（4・5の背面、6の腹面）や整形段階と推定される調整剥片（9の両面、7・10の腹面）にも礫面が認められる資料がかなり存在することから、素材に広く礫面を残すものが利用されていることが推定される。1は打面部および背面、下底部に、2・3は背面に礫面が広く残されており、礫または分割礫から剥離されたものと推定される。5・9は成形段階に属すると考えられる剥片であるが、5は打面部と下底部に礫面が残され、礫または分割礫、9は両面に礫面が残され、礫素材と考えられる。こうした事実は礫または分割礫が素材として一定量利用されていることを推定させ、未成品の分析結果とも符合する。また、背面にポジティブな剥離面を残す調整剥片（6・8）も認められることから、剥片素材も一般的に利用されていると考えられ、やはり未成品や完成品の分析結果と一致している。第2点は調整剥片の大きさの面でかなり大形の剥片（5×4cm程度）が一定量存在することである。それは、成形段階の剥片（1・4・6）を主体に整形段階の剥片（9）でも認められ、素材の一部に大形品が利用されていることを示すとともに、渋川遺跡と比較した場合、完成品の大きさに明確な差異は認められないことからすれば、加工量が相対的に多くなっていることを示しているものと理解される。

　男女倉遺跡J地点　第Ⅱ期前半に位置づけられ、黄色粘質土層[10]上半部からナイフ形石器・槍先形尖頭器を主体とする石器群が集中して出土した（岩佐・黒岩・森山 1975）。遺物は大きく3群（ユ

ニットA・B・C）に区分できるとされているが、10ブロック以上に細分可能である。ブロックは原石、石核、石核調整剥片など素材生産に関連する石器類で構成されている。ナイフ形石器は調査区の全域に散漫に分布しており、分布の片寄りは認められない。槍先形尖頭器の出土点数は多くはないが、調査区中央部を中心に散漫に分布しており、ナイフ形石器の分布と重複している。遺物の出土状況から複数の時期の遺物を抽出することはできない。ナイフ形石器は良質の黒曜石を利用しているのに対して、槍先形尖頭器中型の一部（長さ8cm以上）に不純物を多く含む黒曜石を使用し、中型・小型は良質の黒曜石を利用している。利用黒曜石に若干の相違を指摘できるが、素材の大きさに起因する可能性があり、時期を分離する積極的な根拠とはならない。ここでは一時期の遺物とみなして分析を進める。

　出土の槍先形尖頭器はいずれも未成品と考えられるが、両面加工では成品に近い状態から調整の比較的初期の状態までいくつかの段階が認められる（図版第136・137）。両面加工は調整加工が両面を覆うものが基本であり、明確に素材を推定できるものは少ない。背面あるいは腹面に礫面を残している資料（136−7・10・11、137−2・5〜7）は一定量認められ、断面三角形状を呈するものが多い[11]。両面に礫面を残すもの（136−6・8・9）が認められ、板状の礫であることがわかる。厚手の素材を利用しているものも多く（136−11、137−1〜6）、136−11は分割礫素材といってもよい形状である。137−1〜6は素材が不明であるが、分割礫を利用しているものを含んでいるものと思われる。137−3・5は腹面側が平らで断面が台形状を呈し、その可能性が高い。ただ、礫素材である136−9も断面三角形を呈していることから、すべてを分割礫素材とすることはできないであろう。これらのことから、中型では厚手大形剥片を含む分割礫や板状の扁平礫を主体に利用しているものと推定され、中型の一部や小型では剥片が利用されていた可能性がある。素材の礫は断面三角形・台形・方形を呈していたと思われる。片面加工や周辺加工はいずれも小型で、剥片を素材としている（136−2〜4）。

　製作工程については十分考察できる資料がないが、初期工程（成形段階）の未成品では三つの様相が認められる。第一は断面三角形あるいは台形の分割礫（大形厚手の剥片を含む）・扁平礫を用意し、平坦な面を打面として反対側に調整加工を施し、角錐状石器状の形状に成形する。ある程度まで調整が進むと、平坦な素材面側の調整加工を行う。その際、一方の側縁からの調整加工が主体となり、反対側の縁辺にまで調整が達するものが多い。この段階が成形段階で、ほぼ両面加工の槍先形尖頭器ができるが、なお厚さが厚い場合には、中期工程においてさらに整形を行うものと思われる。調整剥片は相対的に薄くなっていると思われ、断面三角形の頂点側の調整では中央の稜線を越える調整剥離が行われ、次第に稜線の高さが低くなるものと推定される。さらに、縁辺部の細部調整を行って成品に仕上げるのであろう。断面形は大略凸レンズ状となっているが、なお素材の形状を反映して断面の片方が膨らむ非対称の凸レンズ状となっているものが多いと推定される（図版第136−5）。第二は分割礫などの厚手の素材を利用し、素材周辺から両面にほぼ均等な調整加工を施して、厚手の断面菱形あるいは凸レンズ状の木葉形に成形するものである（137−1・2・4・7）。中期工程（整形段階）以降の調整は第一とほぼ同様と思われるが、137−1・4・6のように欠損部がまったく認められないもの、あるいはわずかな欠損部しか認められないものを含んでいることから、

一定以上の厚さの素材を利用した場合、十分に厚さを減じる技術が未発達であるため放棄されているのかもしれない。第三は、分割礫（大型厚手の剥片を含む）、扁平な礫を素材として、主として片面ずつ調整加工を施して成形を行うものである（図版第136－10）。いずれか一方の縁辺側からの調整加工が主となっており、反対の縁辺あるいは縁辺近くまで抜けている調整が多く、反対側の縁辺の調整加工は縁辺を整える程度の加工である。整形段階以降は他のものと同様であろう。

調整剥片（図版第138）は形態的特徴から分類可能なものも少なくないが、調整の初期段階のものは個体別資料の抽出が困難で接合資料も認められないことから、石核調整剥片などと区分することは困難であり、可能性のあるものを取り上げた。1・3は大形厚手の調整剥片で初期の調整剥片と想定され、3は広い打面を残している。1は背面に広くポジティブな素材面を残しており、大形厚手の剥片もしくは分割礫を素材としているものと思われる。2・4は1・3に比べてひとまわり小形で厚さも比較的薄く、側面形も若干湾曲している。打面も薄い。背面の剥離面は比較的単純であることから、ある程度成形が行われた段階で剥離されたものと思われる。6・7はさらに小形であるが、背面の状況から3・4に比較的近い段階と思われる。5は線状打面であるが、厚手である。しかし、背面構成はかなり複雑で、上下両側からの剥離面を中心としており、調整がかなり進んだ状態で厚さを減じる目的で剥離された可能性がある。これらの調整剥片からみると、調整加工の段階に応じた形状の剥片が剥離されており、未成品から推定したごとく複数の製作工程が存在することが予想される。

また、器体の中軸線を大きく越え、反対側の縁辺の一部を切り取っている調整剥片が認められる（9～12）。いずれも調整の失敗といってよく、反対側の縁辺部を大きく切り取ってしまっている。9は成形段階、10～12は整形段階の調整剥片と思われ、10は樋状剥離作出の際に失敗した削片の一部かもしれない。

本遺跡では両面加工において成品に近い資料がほとんどなく、どのような形態を主として目的したか不明であるが、わずかに成品に近い形態が認められる（図版第136－1・5）。1は中広形木葉形、5は中細形木葉形である。祖型をみると、幅広の形態（図版第136－8、137－2・6など）とやや細身の形態（図版第136－7・9～11、137－4など）があり、素材の推定できるものではそれぞれの形態は素材の形状を反映しているようである。調整が進行していく過程でどのように形状が変化するかは明確にできないが、幅広の祖型の場合、図版第136－1の中広形木葉形と比較してもかなり幅広であることから、次第に細身となるような調整が行われるものと推定される。細身の祖型の場合、平面形は成品とあまり大きな差はないため、比較的相似形に近い形で小形化しているものと思われる。

男女倉遺跡B地点　層序は男女倉遺跡J地点と同様であり、黄色粘質土層を中心に旧石器時代の遺物が出土した（川上・小林・福島・森嶋・森山1975）。出土遺物は3群（3ユニット）に分けられているが、遺物の濃淡は認められるものの、調査区全域にほぼ満遍なく遺物が分布している。10ヵ所以上の石器ブロックを設定することが可能であり、多数の石器ブロックが相互に重複していると考えられる。出土石器は槍先形尖頭器を主体とし、ナイフ形石器も一定量が出土している。両者の分布は重複しており、石器群全体の出土状況からも明確に複数時期に区分できる状況にはないことか

ら、ここでは一時期と捉えておく。

　槍先形尖頭器は両面加工を主体としており、調整の状況はさまざまであるが、素材面を残しているものは多くはない（図版第139〜141）。素材を確認できるもの（図版第139－7〜11、141－1・2、図中のアミ目部分は素材面を示す）はいずれも分割礫および剥片である。139－8は分割礫を素材とするもので、背面側に稜線をもつ礫面が広く残されており、断面三角形を呈する。両面加工を意図としていると思われ、初期工程の開始段階の資料と思われる。139－11も分割礫素材と思われ、腹面側の主要剥離面は平坦で、本来の素材は扁平な角礫状の形態であったと思われる。139－7・9は剥片素材である。7は角錐状石器状であり、縦長剥片状の素材である。9は背面右半に素材の主要剥離面を広く残している。141－1は腹面右上部にポジティブな剥離面が認められ、素材を縦位に用いている。141－2は腹面下半にポジティブな剥離面、背面中央に礫面を残しており、厚手の横長剥片を素材としている。また、素材として確認できないが、大型厚手の槍先形尖頭器（140－3、141－3・4）が製作されていることから、礫が素材として利用されている可能性もある。しかし、上述の素材を残すものや未成品の厚さや形状からすると、剥片を含む分割礫素材が主体であるものと推定される。男女倉遺跡J地点のように、扁平な礫が素材として利用されている可能性もあるが、本遺跡では確認できない。

　出土の槍先形尖頭器は基本的に未成品と思われるが、比較的薄手で縁辺部の細部調整が進んでいるもの（図版第139－1・2・4〜6）が認められ、成品に近い形態と思われる。成品に近い未成品を除くと、素材面をほとんど残さず（まったく残さないものもある）厚手のもの（139－3、140－1〜3、141－3・4）と素材面を残しているが薄手のもの（139－7〜11、141－1・2）がある。前者は調整が比較的粗いものと（139－3、140－2・3）と調整が進んでいるもの（141－3・4）があり、調整の粗いものはさらに調整を施して厚さを減じる可能性がある。しかし、いずれも基本的に欠損部は認められないことから、製作途上の破損によって放棄されたものではないことは明らかである。中部高地では同期の遺跡が男女倉遺跡群以外ではほとんど不明の状態なので、槍先形尖頭器の組成を明確にすることが困難であるが、139－1・2・4・5を成品に近い形態だとすると、特大品である140－3、141－3・4は除くとしても、140－1・2はなお十分な調整が施されなければ成品として利用することができないであろう。1・2が大きな欠損部が認められないことからすれば、技術的に十分薄身に仕上げることができないため放棄された可能性はある（まったく別の目的に使用するために製作されたとする想定も可能である）。本遺跡では接合資料が得られていないので、十分に製作工程を復元することはできないが、初期工程では素材の厚さを大きく減じる作業を目的に調整が行われ、成品に近い厚さまで成形がなされているものと思われる。初期工程の後半では平面形状も整えられ、木葉形に成形されるのであろう。調整は器体中軸線を大きく越える例も認められ（140－1の両面、140－2の腹面など）、初期工程の前半を中心に厚さを減じる作業が行われているものと思われる。中期工程では器体の中軸線を大きく越える調整をある程度連続的に行いながらさらに厚さを減じ、ほぼ成品の形状に整形するものと推定されるが、初期工程の調整剥片に比べてかなり薄手となっているようである。しかし、前述のごとく未欠損の厚手未成品が認められることから、中期工程における厚さを減じる作業はなお未発達と思われる。成品に近いものは中細形木葉形であり、

これらに比べると初期工程終了段階の未成品はかなり幅広であることから、中期工程で平面形が次第に細身となるように調整されるものと思われる。

　後者の素材面を残し薄手の素材を利用しているものは素材に剥片や薄手の分割礫を利用しており、成形段階において2種類の調整法が認められる。第一の調整法は器体中軸線付近までの調整を中心に施すもの（図版第139－9・11）で、第二はいずれか一方の縁辺部を主として利用し、反対側の縁辺あるいは縁辺近くまで調整剥離を行うもの（139－10）である。成品に近い未成品でみると前者（139－1・2・4・6）が主体であるが、後者の例（139－5）も認められる。厚さが薄いため初期工程終了段階で断面は扁平な菱形や凸レンズ状を呈しており、多くの場合さらに厚さを大きく減じる必要はない。やや厚手の場合さらに調整を行って形状を整え成品としていると想定されるが、成品と同様の厚さとなっているものも多く、成形と整形の区別が不分明で、最終的な細部調整を除けば、多くの場合1工程で製作されている。総体的に加工量が少ないため、断面三角形を呈し側面形が湾曲しているもの（139－1・2）も存在するなど、素材の形状を残しているものが認められる。

　ところで、長さ15cmを越える大型（図版第140－3、141－3・4）はいずれも厚さ3cm以上の厚手である。とくに大きい140－3は先端部や基部の作出も十分ではなく、両面に残された調整痕も粗いことからみて成形途上であることは予想されるが、欠損部は認められない。141－3・4は140－3と比較してひとまわり小形であり、厚さもそれに応じて薄くなっているが、なお3cmを超える厚さを有し、141－4では成形の調整が深いことから側面の形状も凹凸が著しい。しかし、先端部・基部とも明瞭に作出されており、平面形も整った形状であるとともに、縁辺部にも細かな調整が施されている。実用利器として機能したかどうかは疑問が残るにしても、先端部をわずかに欠損する程度で、破損品として廃棄される状況にはない。これらの槍先形尖頭器が未成品であるにしても、非常に大形厚手の素材を薄手に仕上げる技術はなお未発達であったことを示しているものと理解される。これは、上述のごとく中期工程における厚さを減じる調整が未発達であったことを裏づけるものであり、中型・大型の中期工程に属すると想定される調整剥片の中に器体中軸線を大きく越えているもの（剥離に失敗したと思われるものを除く）があまり多くないことからも肯首されよう。

　槍先形尖頭器未成品とともに、多量の調整剥片（図版第142～144）が出土している。背面に広く礫面を残すもの（142－1～4、143－1）が多数認められ、縦長剥片剥離関連資料と明確に区分できないものの、分割礫を中心とする素材の成形段階の調整剥片を多く含んでいるものと思われる。これらの剥片は背面に主要剥離面とは異なる方向の剥離痕や多方向の剥離痕を残しているものが多く、剥離は一般的に粗い。厚手で打面が大きく、成形段階前半の調整に対応する形状を示している。側面形は直線的なもの（142－1・3・4）と湾曲するもの（142－2、143－1）があり、前者は成形段階初期、後者はある程度の調整の進んだ段階に対応するものかもしれない。142－3、143－4は背面に多方向からの粗い剥離痕を残す厚手の剥片で、打面はかなり小形となっており、同様の剥片は打面がはじけ飛んでいるものも多いことから、成形段階後半～整形段階初期の剥片の可能性がある。142－5、143－2・3・5、144－1～10は背面に多方向からの剥離痕を残し、成形段階の調整剥片に比べて一般的に細かな剥離痕で構成されており、薄手であることから整形段階に属すると思われる調整剥片である。打撃方向とは逆方向からの剥離痕が認められ、器体中軸線を越えて調整がなされて

おり（143－2・3・5、144－1・2ほか）、未成品から推定される調整のあり方を支持している。143－5は反対側の縁辺を大きく切り取っているが、こうした調整剥片は量的には少なく、むしろ意に反した調整の失敗と考えられる。調整剥片全体の様相は器体中軸線を少し越える調整が主体であったと想定される。ここに示した調整剥片は中型の槍先形尖頭器を主体とするものと思われるが、144－6・8・9は長さ8cm以下の中型あるいは小型に関連する調整剥片かもしれない。

なお、本遺跡では樋状剥離を有する槍先形尖頭器が多数製作されており、槍先形尖頭器において主要な形態を占めている。成形段階・整形段階それぞれにおいて認められ、整形段階後半にとくに集中するといった傾向は指摘できない。これら槍先形尖頭器の樋状剥離は機能部の作出であると同時に、成形の意味も同時にもっている可能性が高い。

②東海地方

本地域では第Ⅱ期の槍先形尖頭器を出土した遺跡は愛鷹・箱根山麓を中心として分布が認められるが、一括性の高い資料に乏しく、石器群として検討できるものはほとんどない。わずかに静岡県イラウネ遺跡第Ⅴ層北区ブロック群（関野編著1981）、山梨県天神堂遺跡（山本編1971、伊藤恒彦1979）を挙げることができる。イラウネ遺跡での槍先形尖頭器はブロック周辺から出土しているものが大半で、石器群の内容を検討できるものは多くないが、形態的にこの時期に位置づけられるものが含まれている。天神堂遺跡はやや内陸部に位置し、中部地方と東海地方の中間的位置にあることから東海地方の様相を代表するかどうか若干の問題を残しているが、ナイフ形石器の形態や剥片剥離技術などから東海地方の石器群とみなして問題ないと思われる。

天神堂遺跡　石器群は第5層を主体に出土しており、礫群10基が検出されている。遺物は礫群周辺を主体に出土しているようで、石器ブロックが重複して形成されているものと思われる[12]。礫群相互の時間的関係は不明であるが、一時期の石器群と考えられる。槍先形尖頭器は第2礫群で1点、第4礫群で2点、第6礫群で1点、第7礫群で1点、第10礫群で2点など合計8点出土している（図版第200－12～19）。両面加工（12・13・17・19）・周辺加工（14～16）・部分加工？（18）の形態が認められるが、両面加工は周辺加工的で広く素材面を残しており、槍先形尖頭器はいずれも剥片素材（図中の網目は素材面）である。成形・整形が一体となった1工程で仕上げられている。

このほか、東海地方では素材面を残す槍先形尖頭器が顕著であるが、静岡県中見代Ⅰ遺跡第1文化層（高尾編著1989）、同中尾遺跡（静岡県考古学会シンポジウム実行委員会編1989）など、素材面を残さない両面加工の槍先形尖頭器も散見される。これらの一部は搬入品の可能性が高いが、地域内でも製作されていると思われ、成形段階・整形段階・調整段階の工程が想定されるものを含んでいる。

③関東地方南部

関東地方南部では、相模野台地、武蔵野台地、大宮台地など広範な地域で該期の資料が検出されており、とくに相模野台地で槍先形尖頭器関連の資料が多く検出されている。主要な遺跡として、相模野台地では、神奈川県本蓼川遺跡、大和市No.210遺跡、月見野上野遺跡第1地点、中村遺跡、下鶴間長堀遺跡などがあり、武蔵野台地では、東京都府中市No.23遺跡、城山遺跡などがある。

本蓼川遺跡　本遺跡の出土資料は発掘調査ではなく工事中に採集されたものであるが、基本的に

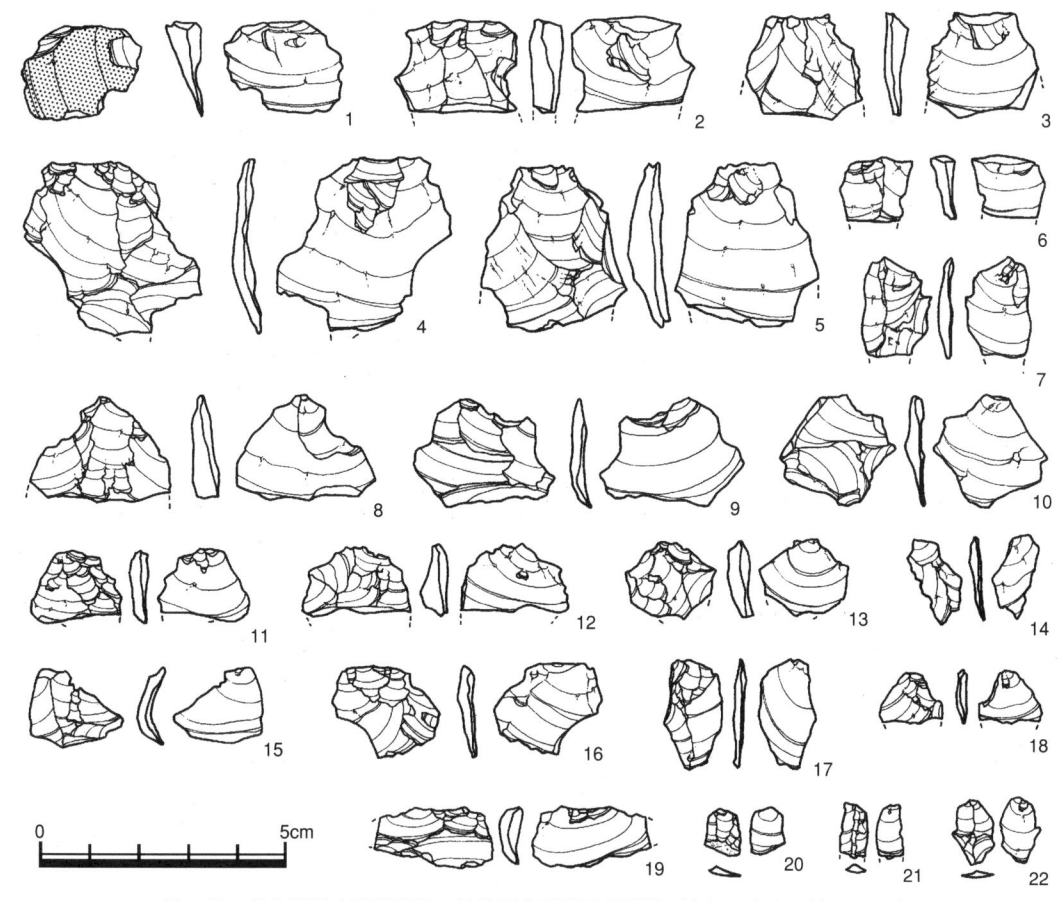

第13図　神奈川県本蓼川遺跡の槍先形尖頭器調整剥片（宮塚・矢島・鈴木 1974）

出土層準が確認されており、中でも槍先形尖頭器関連の資料はL2層中に包含される1ブロックの一部が破壊されて採集された一括資料とされている[13]。黒曜石を主要石材とする石器群で、ナイフ形石器、槍先形尖頭器、加工痕ある剥片、縦長剥片、同石核などを石器組成としている（宮塚・矢島・鈴木 1974）。槍先形尖頭器関連資料としては、槍先形尖頭器4点のほかに製作にかかわる調整剥片類が出土している。槍先形尖頭器はいずれも黒曜石製であり、剥片類は槍先形尖頭器と同一母岩の可能性のある黒曜石が大半で、このブロック内で槍先形尖頭器が製作されたことを示している。

槍先形尖頭器（図版第4-1～4）はいずれも欠損品で、4は製作途上での欠損品と考えられるが、その他は縁辺部の調整状況や厚さなどからみて成品と思われる。先端部および基部の断面形はおおむね凸レンズ状を示すが、中央部では扁平な三角形もしくは蒲鉾形を呈する。素材面を残してはいないが、こうした断面形の特徴は厚さや大きさからみて素材が剥片である可能性を示している。左右の調整剥離の及ぶ範囲を観察すると、1の背面ではほぼ中央部まで及んでおり、中央付近に稜線が形成されるが、腹面では右側縁からの調整が器体の2/3もしくはそれ以上に及んでおり、逆に左側縁からの調整は縁辺部から深く及んではいない。調整の順序はおおむね右側縁→左側縁である。こうした状況は3の背腹両面でも観察され、2の腹面側もその可能性がある。

槍先形尖頭器製作に関連する調整剥片（第13図）は報文では3種類に分類されている。第一は

「大きく平坦な打面をもち、打瘤のよく発達した」剥片（1〜3・6）、第二は「打面のクラッシングしている」剥片（4・5・7〜12・15〜17・19〜21）、第三は「小さい打面を残す」剥片（13・14・18・22）であり、第二の剥片は「打瘤部が大きく剥離している」剥片（4・5・8・9・16）と「打面周辺の表裏が細かくつぶれている」剥片（10〜12・15・17〜19）の2種類に分類できることが観察されている。また、製作工程との関連では、第一の剥片が初期段階の、第三の剥片が最終段階のものであろうとしている。基本的に支持したい。

　接合資料や完形の未成品がまったくみられないため、細かな製作工程の復元はできないが、調整剥片についてさらに検討してみたい。槍先形尖頭器の素材についてはほとんど手がかりがないが、背面に広い剥離面の一部を残している剥片があり、成品の断面形などともあわせて剥片が一定量利用されている可能性がある。成形段階にあたる第一の調整剥片グループでは広い打面と比較的小さな打角が特徴的である。1は横長であるが、2・3・6は下半の欠損部を補ってやれば、幅広ながら縦長の形状であろう。また、背面の剥離痕も幅広の縦長剥片が剥離されたことを推定させ、しかも、それらが並列している。こうしたことからすれば、成形段階では、素材の長辺部を主体に左右に打点を移動させながら、連続的に幅広の縦長剥片を主体とした剥片が剥離されたものと想定される。第二の調整剥片グループの多くは成形段階に属するものであろうが、細分された二つの調整剥片グループは必ずしも工程段階の差を示すものではないと思われる。しかし、「打瘤部が大きく剥離している」剥片の多く（4・5・8・9）は背面の剥離痕の1枚1枚がその他の剥片に比較して大きく、打面に接する付近に細かな剥離痕が顕著ではない。また、剥片自体の大きさが大きく、第一の調整剥片グループとほぼ同じかそれ以上の大きさであるといった特徴をもち、成形段階の調整剥片に近い様相である。ただ、明らかに異なる点は打点が意図的に縁辺に近接して選択されていることであり、その結果、第一の調整剥片グループ同様のかなり強い力で打撃されたため、打面や打瘤部が剥離の際はじけたものと考えられる。これはより器体を薄く剥がし、形を整えようという意図のもとになされた作業を示す可能性が強く、成形段階とは一線を画すると考えられる。事実、第一の調整剥片グループに比べ相対的に厚さが薄いものが多い。整形段階でも初期に属し、第一の調整剥片グループに後続する作業によって剥離されたものが主体と考えられる。その他の第二の調整剥片グループは前述の調整剥片に比べひとまわり小形のものが大半で、前述の調整剥片に後続する整形段階で剥離されたものが多くを占めている可能性が強い。第三の調整剥片グループは調整段階を中心として整形段階にも一定量剥離されているものと考えられる。

　出土の槍先形尖頭器と同種の黒曜石（同一母岩かもしれない）製調整剥片が大半であることから、このブロックで製作作業が行われた可能性が高いが、素材面を残す調整剥片がきわめて少なく、ある程度形を整えてこのブロックにもち込まれているらしい。すべての資料が回収されている保証はないので問題は残るが、各種剥片の比率が製作の状態を正しく反映しているとすれば、成形段階に属する剥片の割合が低いことはその傍証となるかもしれない。整形段階の詳細は十分明らかにできないが、調整剥片の量からみて1個体当りの加工量はあまり多くないかもしれない。4・5は背面の剥離痕の観察を含めて資料中最大級の大きさで、器体中軸線を大きく越えており、幅広ではあるが縦長剥片である。主要剥離面と同一剥離方向での長さは器体幅に近い値の可能性が強く、この剥片

を剥離した本体の幅は最大でも 5 cm を大きく超えることはないだろう。この程度の大きさの剥片が連続的かつ一定量剥離されている様子はなく、その他の整形段階に属する剥片は長幅比がほぼ等しいものや横長剥片の割合が高く、背面には 180°剥離方向の異なる剥離痕を有するものが多い。これらのことから、整形段階初期に部分的に器面を大きく調整した後は器体の稜線部（必ずしも器体の中央付近とは限らず、左右どちらかに寄っている可能性もある）を大きく越えない調整を行いながら完成品に近い形態に仕上げているものとみられる。また、調整段階では縁辺に細かな調整を加えながら作業が行われている。成品に残された剥離痕の大半はかなり細かで、対応する調整剥片は多くないが、発掘品でないことを勘案すれば、資料が回収されていない可能性がきわめて高い。

　大和市 No.210 遺跡　本遺跡では 2 枚の文化層が検出されており、下層の第Ⅱ文化層が該期の石器群である（小池編 1999）。2 基の石器ブロックと 6 基の礫群が検出されており、第 1 ブロックは L2 最上部付近に、第 2 ブロックは B1 下底部付近に垂直分布の中心がある。礫群 6 基のうち 3 基（4～6 号礫群）は礫群と呼ぶには躊躇する規模であるが、2～4 号礫群は第 1 ブロックに、1・5・6 号礫群は第 2 ブロックに伴うものとみられる。礫群は B1 下底部～L2 最上部に層準をもつものが大半である。第 1 ブロックと第 2 ブロックはやや離れて存在し、直接の接合関係をもたないことやブロックの垂直レベルに若干の差が認められることから時間差をもつ可能性があるが、同じ石器ブロックに伴うと考えられる礫群相互で若干のレベル差をもつことや第 1 ブロックと第 2 ブロックに伴う礫群相互で接合資料があることから、同一時期と捉えて大過あるまい。出土遺物は槍先形尖頭器を主体とする石器組成で、第 1 ブロックは槍先形尖頭器の製作跡である。

　槍先形尖頭器は 9 点出土しており（図版第 4－5～13）、そのうちの 6 点で素材面（図中のアミ目部分）を確認できる（7・9～13）。7 は腹面側に広くポジティブな剥離面を残しており、背面中央上部の剥離面も素材面かもしれない。9 は腹面中央部にポジティブな剥離面を残しており、背面下半中央には礫面をわずかに残している。10 は腹面中央に広くポジティブな剥離面を残しており、背面左半中央～下部の剥離面も素材面かもしれない。11 は両面の中央部に広く素材面を残しており、腹面側がポジティブな剥離面である。12 は片面加工で、腹面はポジティブな剥離面である。13 は製作途上で欠損して放棄されているため槍先形尖頭器の体をなしていないが、11 のような形態を想定して製作されたものであろう。両面とも広く素材面を残しており、腹面がポジティブな剥離面である。このように素材面が確認できる資料はいずれも剥片素材であることを示している。素材面を確認できない 3 点（5・6・8）については、5 は通常の剥片素材である可能性が高いが、6・8 は大形厚手の素材を利用していると考えられる。5 は側面形が湾曲しており、断面形が三角形であるなど素材が剥片であることを推定させる。6・8 は具体的な素材は明らかにできないが、8 は現状で厚さが 1.4cm と厚く、大形厚手の剥片もしくは分割礫などを素材としているものと思われる。また、大形の槍先形尖頭器祖型の製作を示す接合資料（図版第 5）があり、分割礫が素材として利用されている可能性（礫の可能性も含む）がある。

　素材剥片についてみると、素材を縦位に用いているもの（7・10・12・13）と横位に用いているもの（9・11）が認められ、加工量があまり多くないことから、前者は縦長状剥片、後者は横長状剥片とみてよかろう。縦長状剥片は基本的に縦長剥片といってよかろうが、幅広の形態である。本

石器群は縦長剥片剥離技術が基盤となっており、槍先形尖頭器の素材のうち縦長状剥片はこの技術基盤により生産された可能性がある。横長状剥片については縦長剥片生産に伴って剥離された石核調整剥片を利用している可能性もあるが、槍先形尖頭器祖型製作段階の調整剥片を利用している可能性がある。槍先形尖頭器祖型製作段階では縦長状剥片も剥離されており、やはり槍先形尖頭器の素材として利用されているかもしれない。

　製作工程についてみると、素材面を残すもの（7・9～13）では加工量が全般的に少なく、基本的に複数の工程は認められない。素材の周辺から調整加工を施し、形を整えながら仕上げており、周辺加工の形態では素材の形状を大きく変形することはない。両面加工においても調整加工は器体の中軸線前後までしか及んでおらず、素材の厚さはほとんど減じられていないものと考えられる。素材面の認められないもの（5・6・8）は相対的に加工量が多いと推定される。5は素材面の残されているものとあまり変わらない可能性があるが、背面上半や腹面には粗い調整加工が残されており、成形段階と整形・調整段階の大まかな2工程が存在したかもしれない。6は背面および腹面下半、8は両面に粗い調整加工を残していることから、まず粗い調整を加えて成形し、さらに調整を加えてやや厚さを減じ細部を調整しながら平面形を整えるという、少なくとも2工程を経て製作されているものと思われる。

　本石器群では槍先形尖頭器の製作工程を分析できる接合資料（図版第5-1・2）があり、初期工程（成形段階）、中期工程（整形段階）、最終工程（調整段階）を経て成品に至る複数の工程の存在をうかがうことができる。1と2は同一個体とされているが、直接の接合関係はない[14]。1は大形・中形の調整剥片5点が接合したもので、背面には粗い調整剥離が残されており、初期工程途上の未成品状態で遺跡に搬入されたものと考えられる。搬入時の形態は長さ10cm程度の大形で幅広の形態と推定される。背面は右半分の縁辺からの調整加工を主体として成形されており、調整は器体の中央部を大きく越え、縦長剥片状の調整剥片が剥離されている。反対側の縁辺からは形状を整える程度の調整しか施されていない。接合資料の調整剥片は大形2点と中形3点で構成され、調整剥片の打面が大きく厚手であること、調整剥片の厚さがかなり厚いことなどから、成形段階後半に属するものと思われる。槍先形尖頭器本体の形状が不明であるため、どこに主軸を設定するか困難であるが、ここでは背面の垂直方向からやや左に斜交する器体主軸を想定したい[15]。器体中央部付近は厚さ・幅を減じるため器体中軸線を大きく越える調整を施し、先端部あるいは基部付近はやや細かな調整を行って形状を整えている。さらに形状を整える調整を施して、成品に近い形状に仕上げるものと思われる。2は調整剥片6点で構成され、やはり祖型の状態で搬入されている。本接合資料は未成品の中央部分を構成していたものと思われ、長さは不明であるが、復元すると長さ10cm程度はあったものと推定される。幅は6cm程度で、1に比較してやや細身と思われるが、やはりかなり幅広の形態である。背面は左右側縁からの粗い調整が残されており、器体の中央付近で稜を形成しており、反対側の形状も同様であると仮定すると祖型断面は菱形に近い形状であるが、1が組み合うのであれば断面三角形状となる。調整剥片は幅4・5cmの大形3点と幅3cm前後の中形3点で、大形の調整剥片は厚さが厚く打面が大きいものを含んでいるが、残りは打面がはじけ飛んでいるものを含めて比較的小さく、厚さも比較的薄い。中形の調整剥片は比較的薄手である。大形の調整剥

片は器体の中軸線を大きく越えており、左右の縁辺から連続的に厚さを減じる作業が行われていることがわかる。整形段階初期に位置づけられるものであろう。こうした明確な工程が認められる資料は中型でも長さ8cm程度を超えるやや大形品が該当するものと思われる。

なお、本遺跡における槍先形尖頭器は樋状剝離を有する形態が主体である。器体と鋭角的に交わる樋状剝離を作出しており、削片の形態とも一致している。樋状剝離は機能部の作出であると同時に、形状の調整の役割を果しているものと思われる。

月見野遺跡群上野遺跡第1地点 本遺跡では10枚の旧石器時代文化層が検出されており、該期に属するのはB1上半部を出土層準とする第Ⅴ文化層、B1下底部付近を出土層準とする第Ⅵ文化層、L2中位を出土層準とする第Ⅶ文化層である（相田編 1986）が、第Ⅶ文化層については出土点数がわずか2点であり内容が不明であるため、ここでは第Ⅴ・第Ⅵ文化層について述べる。

第Ⅵ文化層では石器ブロック5基、礫群5基が検出されている。第1・2ブロックおよび第4・5ブロックが近接して残されているが、石器ブロックは3ヵ所の離れた地点に位置している。第2～5ブロックおよび礫群はB1下底部に出土遺物の垂直分布のピークが認められ、第1ブロックはB1下半部にピークがありやや出土レベルが高いが、第1ブロックに重複する第1・第2礫群がB1下底部に出土層準をもつことから同時期に位置づけてよく、第Ⅱ期前半に属する。

槍先形尖頭器は4点が出土しており（図版第6－6～9）、第4ブロックに集中している。いずれも製作痕跡がなく搬入品である。6・7は両面加工であるが、7には両面に素材面が残されており（図中のアミ目部分が素材面）、背面下半は礫面、腹面上半はポジティブな剝離面で、剝片素材であることがわかる。8・9は周辺加工で、両面に広く素材面を残しており（図中のアミ目部分が素材面）、剝片素材であることが明瞭である。両面加工の製作工程については、遺跡内に製作痕跡がないため十分明らかにできないが、7は素材の変形が進んでおらず、成形・整形段階が一体となっている。6は成形・整形・調整の各工程を経て製作されている可能性がある。しかし、祖型をさらに調整する整形段階で器体の中軸線を大きく越える調整がほとんど施されておらず、結果として祖型の厚さを十分に減じることができなかったようで、棒状の形態となっている。

第Ⅴ文化層では石器ブロック40基、礫群14基が検出されている。第40ブロック第1～3礫群は南側に離れて残されているが、大半の遺構は段丘崖を取り巻くように連続的に分布している。石器ブロックおよび礫群の出土レベルはB1上部とB1中部にピークをもつものがある。また、接合関係は近接するブロックに限られることから、同一時間面における遺構数はかなり少なく、時間的に少しずつ異なる遺構が累積的に残されることによって密集した遺構分布状況を示しているものと思われる。しかし、出土石器群の様相から同一時期に属するとみて大過ない。

槍先形尖頭器は第17ブロック、22ブロック、32ブロック、35ブロック、40ブロックから各1点が出土し、合計5点である（図版第6－1～5）。17ブロック以外は上下の文化層の石器ブロックと重複していないが、第17ブロックは上層の第Ⅳ文化層の第26ブロックと重複している。26ブロックは出土点数わずか7点の散漫な分布を示す小ブロックで、B1上部を主体に遺物が出土しており、第Ⅴ文化層第17ブロックと出土レベルがほぼ重複している。第17ブロックの槍先形尖頭器はブロックの最外縁部に位置しており、出土層もL1Hである。第Ⅳ文化層のブロックが重複していることからす

と、帰属の文化層が問題にされなければならない。報告者は玄武岩を主とすることから分離して第Ⅳ文化層に帰属させているが、第Ⅴ文化層でも玄武岩を利用している。第Ⅳ文化層第26ブロックからは第Ⅳ文化層に帰属させる明確な根拠のある石器も出土していない。これらのことからすれば、無理に二つの文化層に分離して理解する必然性はないように思われる。第Ⅳ文化層第26ブロック出土遺物は第Ⅴ文化層第17ブロックから浮き上がったものが主体であると理解され、第Ⅴ文化層に属する一つの石器ブロックと捉えたい。槍先形尖頭器についてもその出土層準のみを根拠に上層の文化層に帰属させる理由はないので、第Ⅴ文化層の中で理解しておきたい。本文化層は第Ⅱ期後半に位置づけられる。

槍先形尖頭器は両面加工（1・2）・片面加工（3）・周辺加工（4・5）が認められるが、両面加工は半両面加工というべき形態である。いずれの資料にも広く素材面を残しており（図中のアミ目部分が素材面）、剥片素材である。いずれも遺跡内に同一個体は認められず、搬入品であることから具体的な製作状況はうかがうことはできない。素材の変形はあまり進行しておらず、両面加工においても、背腹面の大まかな調整の順序はあるにせよ、成形・整形を同時に行いながら成品としている。

深見諏訪山遺跡　本遺跡では3枚の旧石器時代文化層（第Ⅱ～Ⅳ文化層）が検出されており、第Ⅳ文化層が該期に属する（曽根編1983）。第Ⅳ文化層はB1下部が出土層準で、第Ⅱ期前半に属する。石器ブロック3基、礫群2基が検出され、遺構は相互に近接して残されている。上層の第Ⅲ文化層の石器ブロックと重複しているが、個体別資料ごとの垂直分布や石器の型式学的検討などから上下の文化層に分離されており、ここでは報文の分析結果に従って分析を進める。

槍先形尖頭器は、第1ブロックで5点、第3ブロックで2点の合計7点が出土している（図版第6－10～16）。いずれも両面加工で、樋状剥離を有する形態が主体となっている。12の背面にわずかに礫面が認められるが、素材を推定できる資料はない。槍先形尖頭器は成品あるいは半成品の形態で搬入されているようで、樋状剥離の作出とそれに伴う調整が主体となっていると思われる。大半の資料は成品に近い状態で搬入されているが、10は成形段階を終えた程度の状態で搬入されており、両面に粗い調整加工の痕跡をとどめている。成形段階では両面とも片側の縁辺からの調整を主体に成形されており、器体の中軸線を大きく越えて反対側の縁辺近くまで調整が及んでいたものと推定され、反対側の縁辺では補助的な調整が行われている。13・15も比較的厚く、同様に祖型を作成する成形段階を経ている可能性が高い。

中村遺跡　本遺跡では6枚の文化層が検出されており、B1～L2最上部に出土層準をもつ第Ⅴ文化層が該期に属する（伊藤・荻上・鈴木・豊田・長沢1987）。第Ⅴ文化層の石器群は第Ⅱ期前半に属し、C区およびD～F区で検出されており、C区で石器ブロック22基、礫群7基、D～F区で石器ブロック21基、礫群9基が検出されている。遺構の垂直レベルのピークは差があり、同一時間面における遺構の数はあまり多くないものとみられる。槍先形尖頭器はC区第6ブロックで1点、第9ブロックで1点、第10ブロックで2点、第12ブロックで2点、D～F区第17ブロックで2点出土しており、合計7点である。しかし、C区第12ブロックは上層の第Ⅲ文化層第8ブロックと平面的に重複しており、垂直分布の上でも一部重複している。槍先形尖頭器（図版第7－2・3）はブロック縁辺部に

位置し、B1上面付近とL1H下部から出土している。上層の第Ⅲ文化層第8ブロックはL1H下半に出土のピークをもつ。槍先形尖頭器の石材はチャートであり、第Ⅲ文化層、第Ⅴ文化層の双方の文化層で利用されている石材である。報告者はナイフ形石器と同一個体であることから第Ⅴ文化層に帰属させているが接合関係はなく、上述の状況や槍先形尖頭器の型式学的特徴から帰属時期を明確にすることは困難と考えられる。ここでは帰属時期を保留して、考察から除外しておきたい[16]。したがって、ここで分析の対象とする槍先形尖頭器は5点である（図版第7-1・4〜7）。

　槍先形尖頭器は両面加工2点（1・6）のほかは周辺加工および部分加工である（4・5・7）。両面加工のうち6は周辺加工に近い形態で素材面を広く残しており、4・5・7も素材面を広く残している（図中のアミ目部分が素材面）ことから剥片素材であることが明瞭である。とくに4・7は整った縦長剥片を利用しており、ナイフ形石器と同一の素材である。1は両面加工で入念な調整が施されており、素材面はまったく残されていない。製作痕跡が残されていないことから製作工程については不明であるが、断面は比較的整った凸レンズ状を呈して薄身であり、側面は直線的で反りも認められないことから、厚手の素材を用いて成形段階・整形段階など複数の工程を経て成品となっている可能性が高い。その他の槍先形尖頭器については成形・整形・細部調整が一体となっており、1工程で仕上げられている。

　下鶴間長堀遺跡　本遺跡では、4枚の文化層が検出されており、B1下部に出土層準をもつ第Ⅲ文化層、L2に出土層準をもつ第Ⅳ文化層が該期に属するが、第Ⅳ文化層では槍先形尖頭器は出土していない（見崎編著1984）。第Ⅲ文化層では石器ブロック16基、礫群26基が検出されており、遺構の垂直分布のピークからすべての遺構が同時存在ではないことが推定される。槍先形尖頭器は、第2ブロックで1点、第5ブロックで3点、第9ブロックで1点、第13ブロックで1点、ブロック外で2点出土しており、合計8点である[17]（図版第7-8〜15）。しかし、第5ブロックは上層のB1最上部に出土レベルのピークをもつ第Ⅱ文化層第2ブロックと平面的に重複しており、垂直分布の上でもわずかに重なりを有する。第Ⅲ文化層第5ブロックはチャートを主体としており、槍先形尖頭器は黒曜石（両面加工）・安山岩（部分加工）・チャート（破片、周辺加工?）を利用している。一方、第Ⅱ文化層第2ブロックは黒曜石を主体としており、槍先形尖頭器は黒曜石のほかに頁岩、粘板岩、チャートなども使用しているが、両面加工は黒曜石にほぼ限られる。第Ⅲ文化層第5ブロック出土の両面加工（8）は黒曜石製であり、上述の遺物出土状況からすると、黒曜石の厳密な個体識別は困難であることからすれば、上層からの混じり込みを完全に排除できず、型式学的にも時期を限定することが困難であることから、ここでは所属時期を保留しておきたい。したがって、ここで対象とする資料は合計8点となる（図版第7-9〜15）。

　槍先形尖頭器は、両面加工1（9）・周辺加工2（12・14）・部分加工1（11）の形態があり、13は部分加工、10は両面加工の可能性がある。11を除き、いずれも素材面を広く残しており（図中のアミ目部分が素材面である）、剥片素材であることが明らかである。両面加工のうち11は先端部のみで製作工程については不明である。10は製作途上で欠損したものと思われ、周辺加工に近い。成品となっても素材の変形はあまり行わなかったものと思われる。周辺加工・部分加工は素材面を広く残しており、素材の変形度は小さく素材の形状をよく残している。いずれも成形と整形が一体とな

った製作法である。

　府中No.29遺跡　本遺跡では3枚の文化層が検出されており、第Ⅰ文化層が該期に位置づけられ、第Ⅳ層を中心に、石器ブロック8基、礫群7基が検出されている（比田井・五十嵐編1996）。礫群は第Ⅳ層中部に出土レベルをもつもの（2〜5号・7号礫群）と第Ⅳ層上部に出土レベルをもつもの（1・6号礫群[18]）がある。石器ブロックは第Ⅳ層中部付近に出土レベルのピークをもつものが大半である。8号ブロックは台地縁辺の緩傾斜地に位置し、やや斜面下方に遺物が移動している可能性があり、垂直分布も第Ⅳ層全体に万遍なく分布している。1号ブロックや7号ブロックも台地縁辺に近く、平面分布の上でやや拡散しているようにもみえ、集中部分に接した北側あるいは東側の散漫な分布域は垂直方向にも拡散している。ただし、1号ブロック北側の分布は第Ⅳ層上部〜第Ⅲ層に出土レベルがあり、礫群に対応して第Ⅳ層上部の石器ブロックが重複している可能性がある。現状では第Ⅳ層上部に属する可能性のある石器ブロックを明確に指摘できないが、礫群の存在から第Ⅳ層上部に文化層があることは間違いなかろう。第Ⅳ層上部の礫群は最大でも2基であることから、対応する石器ブロックの数も多くはないと思われる。1号ブロックでは上下の文化層のブロックが重複している可能性がある。また、3号ブロックも上下の文化層のブロックが重複している可能性がある。3号ブロックは平面形状がいびつで、いくつかの小集中部に分けることも可能で、2号・6号礫群が近接することなどから第Ⅳ層上部の石器群が重複しているとみることができる。接合関係からみると、2・3・4号ブロック、7・8号ブロックが有機的な関連を示している。1号ブロックでは6例の接合資料があり、ブロック内で完結している[19]。相互に若干の時間差をもつ可能性があるが、基本的には同時期の所産と考えられる。出土石器は、ナイフ形石器、槍先形尖頭器、角錐状石器、掻器、削器、彫器などであり、ブロックによって石器組成に差が認められる。

　槍先形尖頭器は1号ブロックで2点、2号ブロックで1点、3号ブロックで1点、4号ブロックで4点、5号ブロックで2点、8号ブロックで6点出土しており、合計16点となる（図版第9）。一部に第Ⅳ層上部に属する資料が含まれている可能性があるが、おおむね第Ⅳ層中部の文化層と考えてよかろう。また、ブロック外で4点の槍先形尖頭器が出土しており、樋状剥離を有する形態を中心としている。出土層準は第Ⅳ層下部あるいは中部であるが、形態や技術的特徴から第Ⅱ期に位置づけられ、同時期の所産と考えられる。槍先形尖頭器は両面加工（1〜13・15）を主体に、片面加工（14・17・18）・周辺加工（16）があるが、4・8・10〜18は素材面（図中のアミ目部分）を広く残しており、全般的に加工量が少なく素材の変形度が小さい。1〜3・5はブロック外出土で、搬入品であり製作痕跡をとどめない。いずれも断面三角形状を呈し、1は側面にわずかな反りが認められる。これらのことから剥片素材の可能性がある。3・5〜7・9は素材面が残されていないが、大きさからみて剥片素材の可能性が強い。明確に素材を推定できるものをみると素材は縦長剥片で、基本的にナイフ形石器と同じ素材を利用しているものと思われる。基本的に1工程で製作されているものと思われ、素材の形状を生かしながら素材中央付近までの調整加工を中心に調整している。14・16・17・18は一部に素材縁辺を残しており、ナイフ形石器として分類することも可能であるが、いずれも調整加工が緩やかで面的な調整を施して左右対称に仕上げていることから、槍先形尖頭器と考えられる。

城山遺跡 本遺跡では、石器ブロック5基、礫群3基が検出されている（竹崎編 1982）。石器ブロックは第Ⅳ層上部、礫群は第Ⅳ層中部と報告されているが、礫群はいずれも石器ブロックと重複しており、石器群の内容からみても石器ブロックは第Ⅳ層中部の文化層に位置づけられる。いずれにせよ報告書が未刊であり、詳細は不明である。

槍先形尖頭器は8点図示されており、いずれも両面加工で樋状剥離を有する形態である（図版第10−1〜8）。多くの資料に素材面が残されており（2〜4・6〜8、図中のアミ目部分が素材面）、ポジティブな剥離面が確認され、いずれも断面三角形状を呈することから剥片素材であろう。素材面の残されていない1・5のうち、5は断面が三角形に近く、剥片素材である可能性がある。このように、主として剥片を素材として利用していると考えられる。素材の変形度は総じて小さく、調整加工は器体の中軸線付近までで、成形と整形が一体となり、1工程で仕上げられているものが大半である。しかし、素材面の認められない1・5については製作工程を十分に明らかにできず、祖型を製作してさらに調整を行って成品としているかもしれない。樋状剥離については整形の1工程と位置づけられるかもしれない。

ここでは第Ⅱ期前半の資料を中心に紹介したが、このほかに、第Ⅱ期全般においてナイフ形石器を主体とする石器群に少量の槍先形尖頭器が伴う類例を多く指摘することができ、第Ⅱ期では槍先形尖頭器が比較的安定した器種（狩猟具）として石器組成の一角を占めている。先に分析を行った資料を含めて遺跡内に製作痕跡をとどめない例も多く、そのため両面加工については製作工程を推定・復元できないものもある。しかし、素材面を残している資料が多く、形態的特徴を含めて概観すると、剥片素材を主体としており、成形と整形が一体化し製作工程が未分化なものが主体を占めているようである。とくに第Ⅱ期後半では素材面を残す資料が多く、両面加工でも半両面加工が多い。第Ⅱ期における素材剥片は、ナイフ形石器などと同一の縦長剥片を利用するものと縦長状あるいは横長状のやや不定形の剥片を利用するものがある。前者は石器群の基盤となる縦長剥片剥離技術によるものである。後者は組織的な素材生産技術が存在する様子はなく、石核調整剥片や槍先形尖頭器の調整剥片などを選択的に利用しているものと思われる。

④関東地方北部

群馬県下伏牛触遺跡、栃木県多功南原遺跡などがあるが、類例は多くない。ここでは下触牛伏遺跡の資料を取り上げる。

下触牛伏遺跡 本遺跡では2枚の文化層が検出されており、Ⅴa層に出土遺物のピークをもつ第Ⅰ文化層が該期に属する（岩崎・小島編 1986）。第Ⅰ文化層では、石器ブロック7基、礫群7基が検出されており、ほとんどの石器ブロックと礫群が重複している。ブロックを越えた石器・礫の接合関係からみてほぼ同時に残されたものと考えられる。

槍先形尖頭器は、第1ブロックで1点、第2ブロックで1点、第6ブロックで1点、第7ブロックで1点、ブロック外で1点の合計5点が出土している（図版第16−1〜3・5・6）。また、第Ⅰ文化層の彫器や掻器の一部は形態や製作技術の上で槍先形尖頭器と共通点が多く、面的加工が顕著である（図版第16−4・7）。槍先形尖頭器は両面加工を主体とし、片面加工が1点（5）ある。2・3・5は素材面（図中アミ目部分）を残しており、剥片素材である。1・6は素材が不明であるが、大きさか

らみて剥片素材の可能性があり、1は側面形がわずかに反っていることから剥片素材の可能性が高い。剥片素材と考えられる2・3・5は成形と整形を一体として行いながら成品としているようである。1も同様の工程と思われるが、縁辺部には細かな調整が行われ、先端部は入念に作出されているのに対し、器体中央部にはやや粗い調整が残されていることから、成品に近い形状まで仕上げた後に細部調整を集中的に行っている可能性があり、大きく二つの製作工程が存在するかもしれない。6は平面長楕円形の両面加工品を製作したのち上端から削片を2枚作出し、さらに腹面上半(先端部)を主体に調整加工を施している。削片作出前の両面加工品は背腹面とも右側面側から調整加工を主体としている。剥離面は器体中央部を大きく越えており、反対の縁辺からの調整は形状を整える程度の調整が主体となっている。本資料の場合、削片の剥離までを成形段階、そのあとを整形段階と捉えることが可能である。

⑤東北地方

　この時期に位置づけられる資料はきわめて少なく、福島県背戸遺跡B地点、岩手県峠山牧場Ⅰ遺跡A地区などをあげることができる程度である。

　背戸遺跡B地点　本遺跡では、7ブロックが検出されており、第5層を主たる出土層準としている(柳田1987・1990)。1時期のブロックと推定されるが、石器ブロック間での直接的な接合関係は認められていない。

　槍先形尖頭器はCブロックで1点、ブロック外で1点の合計2点が出土している(図版第108-1・2)。ブロック外の1点は3～4層出土で、周辺ブロック出土石器類と接合関係はないが、旧石器時代の遺物がこれらの層まで浮き上がっていること、石器ブロックとの間に同一母岩が存在することなどを根拠に、報文では同時期としている。出土石器群には明確に異なる時期の遺物を含んでいないことから、ここでも同一時期の所産として扱いたい。1は両面加工であるが周辺加工に近く、2は周辺加工である。両者とも広く素材面を残しており(図中のアミ目部分が素材面)、剥片素材であることが明瞭である。成形と整形が一体化しており、1工程で仕上げている。このほかに、スクレーパーとして報告されているものの中に槍先形尖頭器に共通する加工状態を示すものがある(図版第108-3)。刃部にあたる部分の調整が粗く、あるいは槍先形尖頭器の未成品かもしれない。

　峠山牧場Ⅰ遺跡A地区　7枚の文化層が検出されており、Ⅱa層上部を出土層準とする第5文化層で該期の石器群が検出されている(高橋・菊池編1999)。第5文化層では石器ブロック16が検出されているが、ブロックの内容は、ナイフ形石器を主体として槍先形尖頭器を伴出しないもの(1・2・16ブロックなど)、ナイフ形石器を主体として少量槍先形尖頭器を伴出するもの(17・18ブロック)、槍先形尖頭器を主体としてナイフ形石器をわずかに伴出あるいはまったく伴出しないもの(7・8ブロック)、ナイフ形石器と槍先形尖頭器がわずかに出土するも(10・21ブロック)などいくつかの様相が認められ、出土のナイフ形石器や槍先形尖頭器の形態も異なっていることなどから、いくつかの時期に分けられるものと考えられる。ナイフ形石器を主体として槍先形尖頭器を伴出しないブロックおよびナイフ形石器を主体として槍先形尖頭器をわずかに伴出するブロックが、該期(第Ⅱ期)に位置づけられるものと考えられる。したがって、ここでは17・18ブロック出土の槍先形尖頭器について概観しておきたい。

17ブロックでは 4 点、18ブロックでは 1 点の槍先形尖頭器が出土している（図版第108-4～8）。いずれも破損品で全体をうかがえるものはないが、両面加工（5）と周辺加工（6～8）があり、4 も両面加工と推定される。5 は素材面が認められず、素材は不明である。4 は腹面側に素材主要剥離面を残しており、6～8 は両面に素材面（図中のアミ目部分）を残している。いずれも縦長剥片を素材としているようであり、ナイフ形石器の素材と共通の剥片生産技術により生産されているものと推定される。5 についても、断面三角形状で、その他の素材がいずれも剥片であることからすれば、剥片素材の可能性が高い。両面加工の製作工程についてはあまり明確にはできないが、素材面を残す 4 ではかなり薄手の剥片を素材としているようであり、成形・整形段階と調整段階の 2 工程程度で成品としている可能性がある。5 についても粗く調整を行った後、周辺部や先端部に細かな調整を行っており、基本的には 4 と同様に 2 工程で仕上げている可能性がある。周辺加工は基本的に 1 工程で仕上げているとみてよかろう。

2) 槍先形尖頭器の製作技術

第Ⅱ期の槍先形尖頭器は、第Ⅰ期同様、大きく 2 種類の製作技術類型が認められる。製作技術類型Ⅰ類は、長野県男女倉遺跡 J 地点・同 B 地点や神奈川県大和市 No.210遺跡などで認められ、分割礫や扁平な礫などを素材とするものがある。製作工程は大きく 3 工程に分けられ、初期工程では素材の厚さを減じて、成品に近い厚さまで成形している。いずれか一方の縁辺を中心に器体中軸線を大きく越える調整を連続的に施している。中期工程では平面および側面形状の成形を主としており、最終工程の細部調整を経て成品となるようである。基本的には第Ⅰ期の製作技術類型Ⅰa類に通じる製作技術と思われるが、製作工程が確立している。第Ⅰ期に比較して相対的に大形厚手の素材を一般的に利用することから、初期工程における素材の減厚作業が技術的に確立しており、さらに中期工程における減厚作業も同時に行われるようになった（調整剥片は初期工程のものに比べて薄手で、打面も小形である）。これらの製作技術は第Ⅰ期の製作技術類型Ⅰa類を基盤として発達したもので、製作技術類型Ⅰb類としたい。また、男女倉遺跡 J 地点では初期工程において角錐状石器状の形状を経て成形される製作技術が認められるが、初期工程におけるバリエーションの一つと捉え、製作技術類型Ⅰb類に含めて考えておきたい。なお、扁平な礫や厚手の剥片を素材とするものの中には、第Ⅰ期の製作技術類型Ⅰa類と同じ内容をもつものもある。

製作技術類型Ⅰb類は中型の一部や大型の槍先形尖頭器の製作に用いられており、この時期に出現する長さ 8 cm を超える中型や大型に対応するもので、初期工程段階の未成品の形態と中期工程における平面形状の変化から 2 類型に細分することも可能である。つまり、やや幅広の形態を製作し、中期工程における調整で次第に細身となるものと、比較的細身の形態を製作し中期工程の調整でやや細身になるものの、ほぼ相似形に小型化するものである。しかし、素材の形状選択があまり厳密ではなく、初期工程段階の未成品形状は素材の形状を基本的に反映していることから、両者の相違が生じたと考えられる。初期工程における未成品の形態的相違を中期工程の整形によって吸収（修正）していると考えることができ、技術的は同一のものとみることができる。しかし、第Ⅳ期以降には祖型を意図的に細身の成品に仕上げる製作技術（製作技術類型Ⅰc1類）と祖型を相似形に小型化して製品に仕上げる製作技術（製作技術類型Ⅰc2類）が存在することから、その技術的起源がこ

の時期にすでに存在していることは注目しておきたい。

　製作技術類型Ⅱ類は剥片および薄手の分割礫を素材としており、成形段階・整形段階の区別がなく、成形・整形が一体となっており、器体中軸付近までの調整を主体として両面の調整が終了した段階では、ほぼ成品に近い形状に仕上がっている。さらに調整段階も区別なく、部分的に形状を整えながら成品としている場合も多いようである。一般的に素材の変形度が低く、完成品に近い形状の素材を選択的に用意しているものと思われる。第Ⅰ期の製作技術類型Ⅱa類と同じ技術と考えてよかろう。両面加工で素材面を残しているものでは、素材を縦位に用いているものと横位に用いているものがある。一部に縦長剥片を利用しているものがあり、素材面を残していないものの中にも側面が反っているものがある。周辺加工・部分加工は剥片素材であり、縦長剥片を利用しているものが多い。

　製作技術類型Ⅰb類は、上述のごとく長さ8cmを超える中型や大型の製作に用いられており、中部高地では製作技術類型Ⅱa類とともに主体となる技術である。より大型の槍先形尖頭器製作のために進展した技術と捉えることができるが、初期工程において製作された祖型がかなり厚手であった場合、次の中期工程で器体中軸線を大きく越えるような調整剥離を安定して施すまでに技術が成熟しておらず、成品も厚手の形態を示している。とくに大型でその傾向が顕著である。もちろん、この時期に器体の中軸線を大きく越える調整剥離を連続的に施す技術が存在しないということではない。初期工程では一方の縁辺を主に調整が行われ、反対の縁辺まで剥離が連続的に達している資料は多く認められ、調整剥片の中にも反対側の縁辺部まで達している資料を認めることができる。しかし、初期工程の場合、素材の変形が目的で、調整剥片はおおむね厚手であり、形状を整えるための中期工程においては同様な調整を行うことは基本的にはできない。実際に長野県男女倉遺跡B地点で認められるごとく、中期工程の調整剥片で反対の縁辺まで剥離が達している調整剥片の多くは反対側の縁辺を広く切り取っており、厚さも厚いことから形状を大きく変形しており、整形に失敗したものと判断される。中期工程の調整剥片は一定以下の厚さで、器体の断面形に沿うような剥離を行うことが基本的条件であり、なおかつ器体の中軸線を大きく越えるような調整技術はなお未発達であったものと思われる。

　中部高地以外の地域では、製作技術類型Ⅱa類が主体であり、中型を主体に小型を製作しており、大型は現状では認められない。両面加工のほかに周辺加工や部分加工が一定量認められ（とくに周辺加工が多い）、両面加工を含めて素材面を残しているものが多いことから、相対的に加工量が少ない。また、この時期は樋状剥離を有する形態が特徴であり、黒曜石製で遺跡内に製作痕跡がない資料については中部高地から搬入されている可能性もあるが、チャートや玄武岩製の槍先形尖頭器については製作痕跡の認められるものも多い。このように製作技術類型Ⅱa類が主体であるが、関東地方南部の一部の遺跡では製作技術類型Ⅰ類が明確に認められる。神奈川県大和市No.210遺跡では初期工程後半～中期工程初期の調整剥片の接合資料があり、神奈川県中村遺跡第Ⅴ文化層の資料中にも大きさや厚さからみて製作技術類型Ⅰ類によると考えられる資料が認められる。これらの資料は成形段階を終了した状態で遺跡に搬入されているようであるが、成形段階の製作がいずれの地で行われたのか、現状では明らかにできない。一方、中部高地の製作遺跡において成品・半成品の

形で遺跡から搬出されていると想定され、それらの一部が関東地方に搬入されている可能性がある。

上述のごとく、この時期は樋状剥離を有する槍先形尖頭器が特徴的に製作されている。樋状剥離の作出は成形段階の最終段階に行われる場合と整形段階の最終段階に行われる場合があるようである。前者は成形の意味合いが強く、全体の形や先端部などの形を作り出しており、北海道石川遺跡（長沼編 1988）の槍先形尖頭器成形段階に認められる折断加工調整と同じような意味合いをもつものと思われる[20]。後者は大きな変形は基本的に行われておらず、鋭利な縁辺部を作り出しているものが多い。機能部の作出や器種の系統的類似性[21]の獲得などが目的と思われる。前者は成形技術の、後者は整形技術の一工程として組み込まれているといえよう。

4．第Ⅲ期の槍先形尖頭器製作技術

第Ⅲ期は石器組成の中で槍先形尖頭器が主体的な器種として成立する時期で、石器群が槍先形尖頭器を中心とした構造へ変化する大きな転換期にあたっており、製作技術の変遷の上では第Ⅲ期に大きな画期が認められる。槍先形尖頭器という器種においては発達期として位置づけられる時期である。

第Ⅲ期は第Ⅲa期と第Ⅲb期に細分され、第Ⅲb期はさらに前半と後半に細分できる。中部、関東、東北地方や中・四国、近畿地方の一部に槍先形尖頭器石器群の分布が認められるが、時期や地域によりその様相はやや異なっている。

1） 槍先形尖頭器製作関連資料の分析

①中部高地

中部高地は槍先形尖頭器が継続的に発達した地域であるが、この時期は製作技術の分析に良好な資料が少ない。第Ⅲa期は長野県八島遺跡、男女倉遺跡C地点などがある。

八島遺跡　1952年道路工事に伴って多量の黒曜石製石器などが発見され、1955年に戸沢充則・松沢亜生らによって小規模な発掘調査が実施された。発掘調査は小範囲であり、石器の出土状態を十分検討できないが、型式学的には明らかに異なる時期の石器は混在していないことから、同一時期として問題はないものと思われる。

槍先形尖頭器は両面加工を主体に片面加工や周辺加工が少量存在する（戸沢1958）が、成品とみなせるものはほとんど存在しない（図版第145・146）。両面加工は中型を主体とし、大型の存在は明らかではない。素材は礫および剥片が使用されており、礫を素材とするものが主体を占めているものと思われる。礫は大きいものでも拳大程度で、扁平で断面長方形または三角形の形態が選択的に利用されており、両面に礫面を残した未成品（145−4、146−1・2・4・7・11）から形状が推測できる。剥片は縦長剥片状のもの（145−8・9）を多く使用しているようで、それらを生産した石核も出土している。厚手の横長剥片を利用したもの（145−13・14）も認められるが、組織的に素材を生産した様子はなく、縦長剥片生産に付随して剥離された剥片や、分割礫生産に伴って剥離された剥片を適宜利用しているものと思われる。

槍先形尖頭器は中型を主体として製作されており、扁平な礫を素材とするものでは素材の厚さに応じて製作工程が異なっているようである。やや厚手の素材の場合、初期工程で素材中軸線を大きく越える粗い調整を片面あるいは両面に施して厚さを減じ、成品に近い厚さに成形している。器体

中軸線を大きく越える調整剥離は左右いずれかの縁辺を主体としており（145－1～3・10・12、146－7の両面、145－5の腹面、145－7・13、146－3・8・9の背面など）、反対側の縁辺の調整は器体中軸付近までで、片寄った稜線を中央付近に修正している。中期工程では器体中軸線前後の調整を主として平面形状や側面形状を整形しており、適宜細かな調整を施している。最終工程で細部調整を行って成品としているものと思われる。扁平で薄手の礫を素材とするものはほぼ1工程で成品に仕上げているようで、最初から器体中軸線付近の調整を中心としており、調整剥離様相はやや厚手の素材の中期工程に相当している（145－4、146－11など）。剥片を素材とするものも扁平で薄手の礫素材と基本的に同様な製作工程を経るものと思われる。

男女倉遺跡C地点　C1地点とC2地点の2地点の調査がなされているが、C1地点ではほとんど遺物は出土しておらず、C2地点で第4層～第7層にかけて石器群が出土した（大久保・川上・笹沢1975）。遺物は大きく3群（ユニット）に分かれて分布しており、5～6ブロックに細分できるものと思われる。石器ブロック相互の関連は不明であるが、一時期に属するものと思われる。

槍先形尖頭器は両面加工を主体としており、中型を主体に小型が若干認められる。成品と考えられるものはほとんどなく、いずれも未成品と思われる（第14図・第15図）。両面に礫面が認められるもの（2・8・17）や広い平坦な剥離面（12～14）が認められるものがあり、扁平な礫および剥片が素材として利用されており、後者は厚手の素材の場合、分割礫の可能性が高い。剥片は縦長剥片も一部に利用されているようである。剥片を主体とした薄手の素材を利用するものでは製作工程が複数の段階に分かれていないようであるが、分割礫、扁平な礫を利用するものでは、大きく3工程を経て成品が製作されているものと推定される。初期工程は成形段階で、粗い調整で両面加工が施され、いずれか一方の縁辺を主体として器体中央部を大きく越える調整が施され、厚さを減じている（1・3・5～7・15～17の両面、11の背面など）。中期工程は整形段階で器体中軸付近までの調整を主体とし、ほぼ成品に近い形状に整形しているものと想定される。最終工程は調整段階である。

第Ⅲb期は長野県唐沢ヘイゴロゴーロ遺跡をあげることができる。

唐沢ヘイゴロゴーロ遺跡　水田造成地の断面を中心に採集された資料であり、黒土混じりローム層を主体として遺物は包含されていたものと推定されている（川上・神村・森山1976）。発掘調査による一括資料ではないが、断面において出土層準が確認されていることや明確に異なる時期の遺物が採集されていないことなどから、一時期の資料と捉えておく。

槍先形尖頭器は両面加工を基本とし、中型を主体に大型が存在する。素材面を残す未成品はかなり認められ（図版第150～152）、礫面を残す資料が多い。150－1～5、152－3は両面に礫面を残し、礫を素材としている。素材礫は扁平で縦長の形態が選択されており、断面は長方形・台形・三角形などである。151－1・2、152－1・4は腹面にポジティブな剥離面を残している（図中のアミ目部分）。151－1は長さ20cmを超える大型の素材で、分割礫素材と思われる。152－1も分割礫素材と推定され、礫素材では扁平礫が利用されていることから、礫を半割した程度の分割礫と思われる。152－5・7は素材剥離面を残していないが、形状からみて152－1と同様な分割礫素材の可能性がある。151－2、152－4は剥片素材と分割礫素材の両方の可能性がある。152－2・6は背面に主軸方向の縦長の素材剥離面を残しており（図中のアミ目部分）、剥片素材の可能性が高い。本遺跡では縦長剥

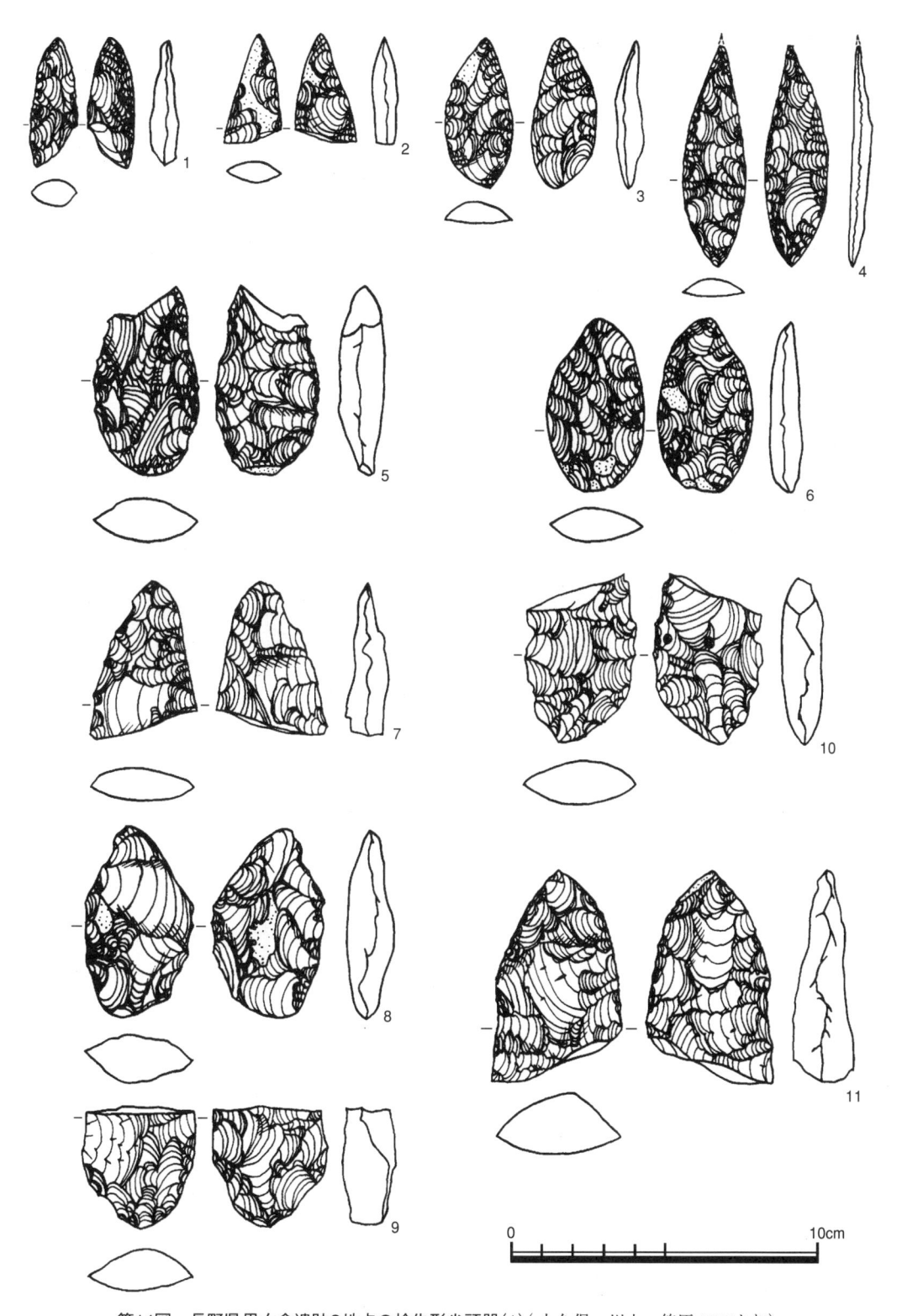

第 3 章 槍先形尖頭器の製作技術 129

第14図 長野県男女倉遺跡C地点の槍先形尖頭器(1)(大久保・川上・笹原 1975より)

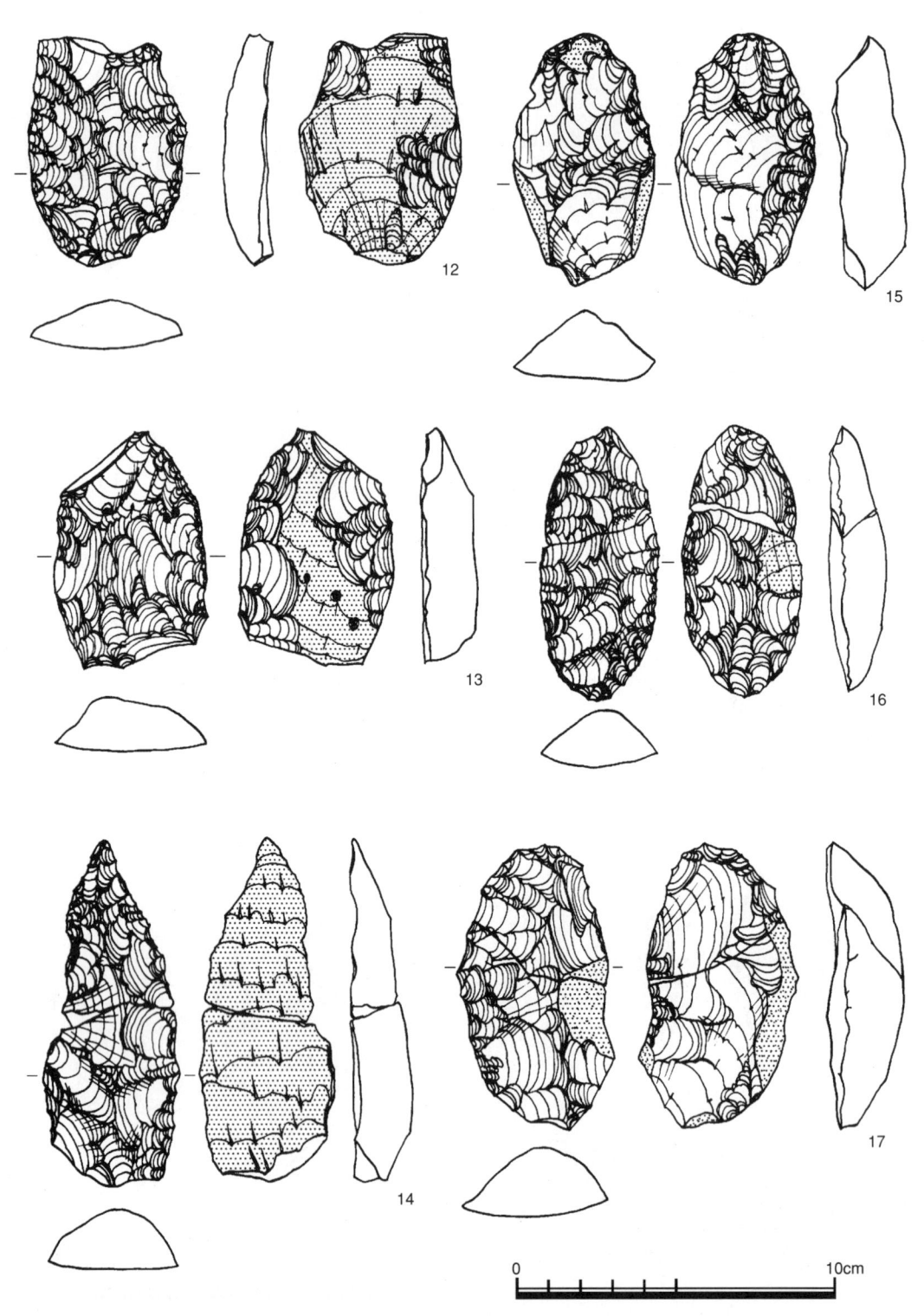

第15図　長野県男女倉遺跡C地点の槍先形尖頭器(2)（大久保・川上・笹原 1975より）

片や同石核が多数出土しているが、明確に縦長剥片の利用を示す資料はない。若干の縦長剥片利用は想定されるが、量的にはあまり多くなく、扁平な礫・分割礫を主体に利用しているもの推定される。

　中型の一部は成品の厚さと大差ない素材を用いていることが想定され、製作工程が複数に分かれていない場合もあろうが、おおむね 3 工程を経て成品として仕上げているものと思われる。中型では扁平な礫や分割礫を主体に素材として利用しているようで、極端に厚い素材は利用していない。また、比較的細身の形状を選択的に利用しているようである。初期工程は成形段階で祖型を製作している。いずれか一方の縁辺側から調整剥離を主体とし、反対側の縁辺の調整は補助的に行っているものが多く見受けられる。主体となる調整剥離は器体の中軸線を大きく越え、反対側の縁辺に達している場合も少なくない。これら成形段階の調整剥離は平面的に大まかな形を作出するとともに、厚さを減じることを大きな目的としているようである。本遺跡では基本的に成品は残されていないことから、成品においてどの程度まで厚さを減じるのか明らかではないが、かなり調整の進んだ資料（図版第148・149）をみても厚さ 1 cm以下の資料は認められないことから、次の中期工程（整形段階）では平面形態の整形と一定の厚さを減じることが主眼となっている可能性が高く、器体中軸線を大きく越える調整剥離が連続的に施されることはほとんどなかったものと思われる。大型は点数が少なく、素材面を残している資料は限られるため素材を十分確認できないが、素材は小さいものでも長さ15cmを超えるものが一般的であると想定され、未成品で長さ20cmを超える例（151－1）もある。未成品は極端に厚いものは少ないことからすれば、分割礫を主体とし、厚手の剥片を利用している可能性もある。3 工程が存在するものと思われるが、中期工程（整形段階）の様相は必ずしも明らかではない。しかし、素材として比較的薄手のものを選択していることからすれば、整形段階で極端に厚さを減じる作業を想定する必要はなく、ある程度連続的に器体中軸線を大きく越える調整を行っている可能性があるが、基本的には中型とほぼ同様の内容が想定できる。本遺跡では成品に近い形態（図版第148・149）は中細形木葉形を主体としており、祖型もそれに近いやや細身の形態であることから、大きく平面形状を変形することなく成品としていると推定される。

　②中部地方北部
　中部地方における第Ⅲ期の遺跡は近年の調査でかなり知られるようになった。製作工程を分析できる良好な資料はあまりないが、第Ⅲ期を通じて大型の発達は顕著ではなく、両面加工では中型が主体である。また、東部地域（新潟県〜長野県北東部）では剥片素材の周辺加工の存在が顕著である。ここでは一括資料を抽出しうる石器群として、長野県西岡A遺跡Ⅲa石器文化（第Ⅲa期）、新潟県真人原遺跡C地点（第Ⅲb期）を取り上げて分析を進める。

　西岡A遺跡Ⅲa石器文化　本遺跡では 6 枚の文化層が検出されており、Ⅲa石器文化層出土石器群が当該期に属する（大竹編著 2000）。石器群は第Ⅲ層黒褐色土（モヤ層）を中心に包含されている。第Ⅲ層を主たる出土層準とする石器群は20ブロック近くが存在するが、石器群の内容から三つの石器文化に区分されている（層位的には区分できない）。

　Ⅲa石器文化は11・13・14・19・25ブロックの 5 ブロックで構成されるとされている。小型を主体としており、両面加工は少なく、片面加工や周辺加工が主体である（図版第162）。周辺加工や片面

加工では素材を縦位に用いており、おおむね縦長剥片状の素材を利用していると思われるが、横位に利用しているものも散見される。石核の出土は少ないが、打面転位を行い幅広の縦長剥片を生産するものが認められ、ほかの石器の素材からも一定量の縦長剥片が生産されていたことがうかがえる。片面加工・周辺加工の素材の多くはほかの器種と素材が共通していると考えられる。両面加工も一部はこれらの剥片を素材としているものと思われるが、中型（3）ではやや大形の素材が用いられているようであり、素材はほかの器種と必ずしも共通していないかもしれない。いずれにせよ、両面加工も剥片素材を基本としているものと思われる。

　製作工程の明確なものはないが、素材面を残すものが多い。両面加工（1～3・8・13）では粗い調整痕と縁辺を中心とする細かな調整痕が認められることから、成形・整形段階と調整段階の大きく2工程に分けられるかもしれない。ただし、半両面加工の13では広く両面に素材面を残しており、周辺加工同様、1工程で製作されていると思われる。片面加工（4～7・9・14）についても両面加工と同様に2工程で仕上げられている可能性がある。周辺加工（10～12・15～18）は1工程で仕上げられているようである。

　真人原遺跡C地点　本遺跡では第Ⅳ層黄褐色風化火山灰層上部を主体に石器群が出土しており、石器ブロック1基が検出されている（小野編 1992・1997）。旧石器時代の遺物は上部の堆積層からもかなり出土しているが、集中部が上下で一致しており、出土石器の様相からみても一時期の石器群と考えられる。

　槍先形尖頭器は両面加工・片面加工・周辺加工・部分加工の各形態があるが、周辺加工の割合が高く、素材面を残すものが非常に多い（図版第166・167）。中型を主体として大型・小型が認められる。多様な素材が利用されているようである（長沼正樹1997）が、剥片素材を基本としているようである。素材面が残っている資料（図版第167）を概観すると、いずれも中型・小型で、基本的に素材を縦位に利用している。両面に素材面を残しているもの（1・6～15）についてみると、基本的に背腹面で剥離方向は一致しており、形状的には縦長剥片と考えられるものが大半である。石器ブロックからは90°あるいは180°打面転位を繰り返す縦長剥片石核から縦長剥片が相当量生産されており、槍先形尖頭器から推定される素材の様相に一致する。また、素材剥離軸に対して90°あるいは斜行した剥離面をもつもの（11・15）も若干ある。そうした剥片は打面転位型の石核からも生産されると同時に、槍先形尖頭器製作過程でも剥離される。事実、両面加工の槍先形尖頭器を製作したと思われる接合資料（図版第168）の中に、剥離された調整剥片を周辺加工の槍先形尖頭器の素材とした例（168－3・4の接合資料のアミ目部分が槍先形尖頭器）が認められることから、縦長剥片を素材とする槍先形尖頭器の中にも両面加工槍先形尖頭器の調整剥片が一定量含まれている可能性が高いが、主として縦長剥片石核から剥離された素材を利用しているものと思われる。両面加工は半両面加工を除き素材面を残存するものは少ない（166－2は素材面の可能性のある剥離面が残されており、剥片素材の可能性がある）が、166－1・2など小型および長さ7cm以下の中型は片面加工や周辺加工などと同様に剥片素材（縦長剥片）の可能性が高い。長さ8cm程度を超える中型・大型は厚手の大形剥片や礫を素材としていると思われる。166－6は未成品で、腹面に素材面を残しており、大形厚手の分割礫を素材としている。168－1は素材の形状がよくわかる程度に接合し

た資料で、比較的扁平な礫を素材としている。長さ 8 cm 以上の中型・大型では大形厚手の剥片および礫のいずれが素材として主体となっているのか明らかにできないが、調整剥片（図版第168－5〜10、図版第169）を概観すると、169－1・2 が最大級の大きさであることから、この接合資料（168－1）が素材としては最大級の大きさであろう[22]。大形厚手の剥片の生産が組織的になされているかどうかも不明であるが、槍先形尖頭器の大型が少ないことからすれば、組織的な生産を想定することは困難である（分割礫素材を主としている可能性が考えられる）。

　両面加工のうち、小型および長さ 7 cm 以下の中型は成形・整形段階と調整段階の大きく 2 工程で製作されているものと思われる。長さ 8 cm 以上の中型・大型は上述のごとく、大形厚手の剥片・分割礫や礫を中心に素材として利用していると思われる。縦長剥片を素材とする場合も可能性があり、それらは成品と厚さが大きく異ならないことから、成形・整形段階と調整段階の 2 工程で製作されているものと思われる。大形厚手の剥片や礫を素材とするものでは複数の工程を経て成品に至るものと思われる。図版第166－6 は大形厚手の分割礫を素材とするもので、成形段階を終えた状態で搬入された可能性がある資料である。素材周辺から粗い調整が施され、祖型が製作されているが、背面右側縁側、腹面左側縁側からの調整によって厚さの調整がなされており、反対側の縁辺からの調整は主として形状を整えることを主眼としている。本資料は、なおかなりの厚さがあり、さらにかなりの調整加工を施して成品になると推定されるが、詳細は不明である。この次の工程として、器体中軸線を大きく越える調整が一定量施され、厚さが大きく減じられるものと推定される。この調整でひとまわり小形化するものと推定され、平面形態はやや細身となると思われる。本遺跡の成品と比較して本資料はやや幅広であり、厚みをある程度減じた段階で器体の中軸線付近までの調整を連続的に施して、細身の形態にする調整が行われているのであろう。図版第168－1 は礫を素材とするもので、調整剥片と槍先形尖頭器の接合資料である。168－2 が調整された結果としての槍先形尖頭器未成品で、成形段階を終了した祖型と思われる。素材周辺から、中軸線を大きく越える調整を一定量含みながら、かなりの量の調整剥片を剥離している。調整剥片は縦長剥片状のもの（168－3・6 および 4 の槍先形尖頭器など）を一定量含んでおり、両面加工品製作としてはやや不自然な剥離工程を含んでいるため、製作途上の一時期において石核として利用されていた可能性がある。本資料は成形段階で放棄されているが、かなり厚くやや幅広であることから、さらに工程が進行したとするならば 166－6 同様の製作工程が想定される。

　調整剥片は多量に出土しているが、図版第169に両面加工に関わると推定されるものを示した。1〜5 は打面の形状や背面の剥離状況などから成形段階のものと思われる。器体の中軸線を大きく越えるものはあまり多くない。また、極端に大型のもはなく、本遺跡内では素材の厚さを極端に減じる調整はあまり顕著ではないようである。6〜18は整形段階を主とするものと思われる。やはり、器体の中軸線を越えるものは顕著ではなく、本遺跡においては両面加工の製作が顕著には行われていないことを示すものであろう。これは、成品および調整の進んだ未成品の様相に一致している。片面加工は両面加工小型および長さ 7 cm 以下の中型と同様に、成形・整形段階と調整段階の大きく 2 工程で製作されているものと思われる。周辺加工・部分加工は成形・整形・調整の区別なく 1 工程で仕上げられている。

なお、貫ノ木遺跡Ⅲc石器文化（大竹編著 2000）は中型品を主体としており、厚手の剥片や分割礫を主として素材に利用しているようである（図版第163）。

③東海地方

東海地方における第Ⅲ期の槍先形尖頭器石器群は多数知られているが、層位的には第Ⅱ期や第Ⅳ期・第Ⅴ期の石器群と同一層から検出される場合が多く、複数時期のブロックが重複している場合も多いことなどから、必ずしも製作技術の分析に適した資料が得られているわけではない。ここでは、静岡広野北遺跡中央区第2b層（ナイフ形石器文化K2期、第Ⅲa期）、静岡県広野北遺跡中央区第2b層尖頭器文化第Ⅰブロック群（第Ⅲb期）を取り上げて分析を進めたい。

広野北遺跡中央区第2b層（ナイフ形石器文化K2期）　本遺跡の第2b層からは細石刃文化期、槍先形尖頭器文化期、ナイフ形石器文化期の3時期の石器ブロックが検出されている（山下編 1985）。これら3者の文化期の遺物は層位的には分離不可能な状態であるが、平面的にはある程度区分することができる。ナイフ形石器文化期のブロックは中央区の中央部東半部に集中して分布しており、細石刃文化期、槍先形尖頭器文化期の石器ブロックとは独立してブロックの名称がつけられている。石器ブロックは近接した年代が推定されるが、接合関係などから大きく三つのグループに区分することができ、第Ⅱブロック群を第Ⅲa期に位置づけることができる。

槍先形尖頭器は製作途上で欠損した未成品が大半である（図版第201-1～14）が、両面加工（1）・周辺加工（5）が主要な形態と思われ、ナイフ形石器（7）は周辺加工と形態的・技術的に共通する点が多い。両面加工の未成品と考えられるもの（1～4・6・9・13）は多数あり、いずれも剥片素材である。1は素材面を残していないが、大きさからみて剥片素材の可能性が高い。周辺加工（5・11・12）・部分加工（14）はいずれも剥片素材である。このように、本石器群では剥片素材を基本としているが、素材を横位に用いるもの（1・5・11～13）と縦位に用いるもの（3・6・8・9・14）がある。本石器群では打面転位を行いながら縦長状の剥片を中心にさまざまな形状の剥片を生産しており、槍先形尖頭器の素材も大きさや形状からみて、基本的にこれらの剥片を素材として利用しているもの推定される。素材の選択にあたっては、大きさ、とくに厚さは成品のそれと大きな差のない形態を選択している。

次に製作技術であるが、両面加工は小型を主体としており、上述のごとく成品に近い比較的薄手の剥片を素材としていることから、加工量は一般的に少ないようである。6・8・13など広く素材面を残す資料をみると、全体に調整を行う過程で粗い調整とともに細かな調整が適宜加えられている。両面が調整で覆われるころにはほぼ完成品に近い形態となるものと推定され、ほぼ1工程で製品が仕上げられているものと想定される。調整は素材の中軸線付近までで、全体の形状を整えることに主眼が置かれている。周辺加工は加工量がさらに少なく、1工程で仕上げられている。

広野北遺跡中央区第2b層（槍先形尖頭器石器文化）　上述のごとく第2b層出土の石器群は3時期ある。細石刃文化期、槍先形尖頭器文化期の石器ブロックは第1ブロック群で重複しているほかは、すべて槍先形尖頭器文化期の石器ブロックと思われる。第1ブロック群では、細石刃文化期の石器ブロック（1・2ブロック）が槍先形尖頭器文化期の石器ブロック（4ブロック）と完全に重複している。時期判別の可能な器種分布をみると分布域を若干異にしているが、両時期の遺物を完全に分離する

ことはできないようである。両文化期の石器が重複したブロック出土の遺物は時期判別可能な器種や接合資料、個体別資料などを考慮に入れながら分離されているが、完全に分離することはきわめて困難である。

槍先形尖頭器は両面加工を主体に周辺加工が一定量存在し、部分加工が認められる（図版第202）。両面加工は中型を主として小型がある。小型は剥片素材を基本としており（1・2・16）、中型の一部（長さ7cm以下）も剥片を基本とするものと思われる。長さ7cm以上の中型は接合資料や調整剥片の様相から、分割礫や大形厚手の剥片などを主として素材に利用しているものと推定される。周辺加工や部分加工はいずれも剥片素材である（12～15）。

次に製作技術であるが、小型では成品に近い大きさの剥片が素材として用意され、加工量は比較的少ない。素材面が広く残されている7・16・18・19についてみると、粗い調整と細かな調整が混在しており、部分的に形状を整える作業を繰り返しながら成品に近い形状を作出するものと推定される。最終的に細部の調整を行い成品としているものと思われる。形状の成形・整形と最終調整は一連の工程である可能性があり、1工程で製作されている可能性が高い。しかし、7では全体が比較的粗い調整で覆われており、全体の形状を整形した後、細部を調整する場合もあった可能性がある。中型では大きさ（長さ）によって2種類の製作技術が推定される。長さ7cm以下の比較的小形のものでは、小型と同様、成品に近い大きさの剥片が素材として選択されており、製作技術は小型に準じているものと思われる。関連の資料は多くないが、小型に比べてやや大形の素材を利用していることから、成形・整形に対する比重が高いと推定され、成形・整形と調整の大きく2工程が存在する可能性が高い。長さ7cm以上の中型では接合資料（図版第203－1～12）や調整剥片から複数の工程が推定される。6は調整剥片2点（7・8）が接合したもので、背面には粗い剥離面が残されている。成形段階の調整面と思われる。接合資料からかなり大形で幅広の両面体が推定できる。こうした成形段階の粗い調整は調整剥片からも推定でき、かなり大形厚手の素材に粗い調整が施されているようである。1は、2に3～5の調整剥片が接合したものである。整形段階の調整の状況を示すものと思われ、器体の中軸線を越える調整を行って厚さを減じるとともに、幅もやや減じている。9は10に11・12の調整剥片が接合したものである。整形段階の最終段階の調整状況を示しているものと思われ、器体中軸付近までの調整を行って全体の形を整えているものと思われる。これらの資料から、まず大形厚手の素材に粗い調整を施して、幅広厚手の両面加工の祖型を作出している（成形段階）。さらに器体中軸線を大きく越える調整を連続的に施して祖型の厚さを減じるとともに、幅もやや減じ細身にしている（整形段階前半）。成品に近い厚さまで調整が進むと器体中軸線付近までの調整に主体が移り、全体の形態を整えるとともにさらに細身に調整されている（整形段階後半）。さらに先端部・基部や縁辺などの形状を整え（調整段階）、成品に仕上げているものと推定される。成品として大型は確認できないが、調整剥片からみると大型が存在した可能性はある。

④関東地方南部

第Ⅲ期に属する遺跡は多数調査されており、相模野台地をはじめとする各台地単位で分析することも可能な状況である。堆積状態の良好な地域であり、槍先形尖頭器の製作痕跡を確認できる遺跡が多い。ここでは、良好な資料の出土している神奈川県下鶴間長堀遺跡第Ⅱ文化層（第Ⅲa期、相

模野台地)、神奈川県月見野上野遺跡第1地点第Ⅳ文化層(第Ⅲb期前半、相模野台地)、千葉県南河原坂遺跡D地区(第Ⅲ期b前半、下総台地)、神奈川県サザランケ遺跡第Ⅲ文化層(第Ⅲb期後半、相模野台地)を取り上げて分析を進めてみたい。

下鶴間長堀遺跡第Ⅱ文化層 出土石器群は第1黒色帯(BB1)の最上部付近に出土のピークをもち、石器ブロック4基(さらに小ブロックに細分可能なものもある)、礫群4基が検出されている(中村喜代重 1984b)。石器ブロックと礫群は近接あるいは重複している。第1～3ブロックは近接して位置しているが、第4ブロック(第1礫群)はやや離れて位置している。使用石材の様相も第1～3ブロックが黒曜石を主としているのに対して、第4ブロックでは黒曜石・チャートを主体としており、やや様相を異にしている。第1～3ブロックは同時存在と考えられる。しかし、石器群の様相や個体別資料の共有関係などからみて第4ブロックも同時存在である可能性が強く、少なくとも同時期の石器群とみなして問題ない。

槍先形尖頭器は周辺加工を主体に両面加工・片面加工・部分加工の各形態が認められる(図版第17－1～20)。両面加工は小型を主体としており(1～5・12)、成品では素材面を残すものも少なくない(2・4・12、図中のアミ目部分)。素材面を残すものはいずれも剥片素材と考えられる。4は腹面にポジティブな素材剥離面を残している。12は半両面加工で両面中央部に素材面を残しており、腹面がポジティブ面である。3は広く素材面を残している未成品であり、腹面下半に素材剥離面を残している。また、素材面を残していない、あるいは素材が確定できないが、断面がD字状をなすものや側面が湾曲するもの(2)は剥片素材である可能性が高い。素材形状が推定できる未成品(3)をみると、厚さはやや厚いものの成品と比べて極端な差はなく、成品よりひとまわり大形の素材が用意されていたものと推定される。素材は横位に利用するもの(3・4)と縦位に利用するもの(12)がある。縦長剥片を利用していると考えられる資料(12)もあるが、おおむね厚手の不定形素材を利用しているものと想定される。素材生産については明らかではないが、組織的に生産している様子は認められず、石核素材の生産過程や石核調整剥片などを利用しているものと推定される。片面加工は1点のみである(11)が、縦長剥片を素材としているものと思われる。周辺加工(6～10、13～19)は剥片素材であり、素材は縦長剥片を基本としており、縦長剥片を量産する技術が存在する。部分加工(20)も縦長剥片を基本的に使用しているが、20の素材は縦長剥片剥離技術よるものとは異なるようである。

両面加工の製作技術は明らかにできないが、素材面を残す資料(2～4・12)からみて加工量はあまり多くないと推定される。調整加工の状態から2種類の製作工程が復元加工である。一つは成品の大きさとあまり変わらない素材を用意するもの(2・4・5)で、周囲から素材中軸線前後までの調整を連続して施し、縁辺部の細部調整を適宜加えながらほぼ1工程で成品に仕上げていると想定されるものである。もう一つは、成品よりひとまわり以上大形厚手の剥片を素材としているもの(1・3)で、素材中軸線を大きく越える調整剥離を含む粗い調整を施して成品に近い形態まで成形を行い、さらに先端部や縁辺部に細部調整を行って成品としていると推定されるもので、成形・整形段階と調整段階の大きく2工程が想定される。成形・整形段階は槍先形尖頭器としての形作りの工程であり、厚さを減じるための作業はどちらか一方の縁辺からの剥離が主体となっている場合が

多いようである（1の腹面左側縁側など）。また、成形・整形段階においても適宜細部調整は行われているようである。片面加工は成品とあまり大きさの変わらない素材を用意しているようで、1工程で製作されているものと推定される。周辺加工・部分加工は素材縁辺にやや急角度の調整を施して1工程で仕上げられている。

月見野遺跡群上野遺跡第1地点第Ⅳ文化層　L1H層を主体に石器ブロック37基、礫群14基が検出されている（相田編1986）。石器ブロックは調査区の南部（第1区）、中央部（第2区）、北部（第3区）の大きく3ヵ所に分布しており、第1区と第2区の石器ブロックに礫群が伴っている。石器ブロックはL1H上位・中位・下位に出土のピークをもつものがあり、礫群もこれに対応するようにL1H上位・中位・下位に位置するものがある。第1区では2基程度の石器ブロックが近接して分布し、全体としては石器ブロック群が散漫に分布する。礫群はL1H上位および中位であり、若干の時間差が予想される。第2区は石器ブロックが相互の密集度が高く、第Ⅳ文化層の大半のブロックが分布している。石器ブロック相互に多くの接合関係が認められる。礫群はL1H中位・下位に位置するものが主体で、近接した時間内に残されたものと判断される。第3区では石器ブロックが散漫に分布しているが、遺物集中度の高いのは31ブロックのみで、L1H中位に出土のピークをもっている。一部のブロックが第Ⅲb期後半に属する可能性があるものの、出土位置や接合関係、石器群の様相からおおむね一時期の石器群とみてよい。また、上下の文化層の石器ブロックとかなりのものが重複しており、石材や個体別資料、接合関係などから上下の重複ブロックと分離されている。基本的には報文の設定でよいと考えられるが、上下の文化層で遺物が一部混在している可能性を完全には否定することはできない。

　槍先形尖頭器は両面加工を主体とし、片面加工・周辺加工・部分加工が少量存在する。両面加工は小型・中型を主体とし、大型が認められる（図版第26－1～6）。大型では扁平な角礫や分割礫（図版第27－1・3）が素材として主に使用されている。1は扁平な角礫を素材としている。3は5に調整剥片が接合した状態を示しており、大型の分割礫を素材としていることがわかる。中型は未成品に素材面（図中のアミ目部分）を残すもの（図版第26－10、27－2・4）が多く、基本的に大型剥片を素材とすると考えられる。かなり厚手の素材を使用するもの（26－10）と完成品と同等程度の厚さの素材を使用するもの（27－2・4）が認められ、素材の選択に応じて製作工程に差が生じている。26－10は背面右半に素材面を残しており、かなり厚手の素材（分割礫）を利用している。27－2は未成品に調整剥片が接合したもので、厚さの面では成品とあまり大差ない大形剥片を素材としている。27－4は背面上半に広くポジティブな素材面、腹面に礫面を広く残しており、27－2同様、比較的薄手の素材である。これらの素材として利用されている剥片は比較的薄手（成品に近い厚さ）で、側面が直線的であるという共通した特徴を指摘できる。少なくとも遺跡内では組織的な素材生産の様子を認めることはできない。石核素材の生産や分割礫生産に付随している可能性が高く、小型を中心に利用されている縦長剥片の一部も利用している可能性がある。小型は素材面を残すもの（図版第26－5、図中のアミ目部分）ではいずれも剥片素材で、剥片素材を基本としているものと考えられる。周辺加工（26－3）・部分加工も剥片素材である。小型両面加工や周辺加工・部分加工の素材面を観察すると、成品の主軸と素材の剥離方向が一致するものが大半で、そのほかの剥離面の

剥離方向も同一方向を示すものが多く、素材は縦長の形状を基本とする。剥片生産については、幅広ながら縦長形状の剥片が量産されている。打面を90°または180°転位しながら剥片を生産するものが基本である。背面構成などから観察すると打面転位を頻繁に繰り返す石核より生産されたようで、前述の素材生産と一連の工程として理解される可能性も残している。

次に両面加工を中心に製作技術についてみると、大型では角礫・分割礫は平面形状が平行四辺形状（あるいは方形）の形態が選択されており、平行四辺形の対角線を主軸に設定している（図版第26－1・3）。大形剥片では素材の長軸を主軸に設定しているらしい。初期工程は礫面などを除去し、両面加工の祖型を製作している。調整は背腹いずれかの面の一定範囲を連続的に剥離し、さらに別の部分の一定範囲を調整するという作業を繰り返している。その際、背面あるいは腹面単位でみると、まず左右いずれか一方の縁辺で主体的な調整がなされ、調整される縁辺は相互に重複しない。続いて反対側の縁辺が調整され全体の形状が整えられるのであろう。また、調整剥離は中軸線付近でとどまるものが多く、断面は菱形や粗い凸レンズ状を呈するが、素材の厚さを大きく減じることはない。成形工程終了時には幅広の木葉形を呈すると推定される。整形工程では形状を整えながら厚さを減じ、平面形はより細身の形態に整えると考えられる（26－11）。詳細は不明だが、主軸を大きく越える調整を連続的に施す（11の波目部分）ことによって厚さを減じていると推定され、調整剥片からも裏づけられる。さらに同様の調整を行い、厚さや幅を減じているものと思われる。調整工程では全体の形状を整え細部を調整して、中細形木葉形に仕上げていると考えられる（26－6）。

中型では、上述のごとく2種類の素材が利用されている。厚手の大形剥片や分割礫素材では大型と同様な製作工程を示すようで、成形工程で祖型を製作している。選択素材が幅狭の場合、初期工程においてかなり細身で厚い形態となる（26－10）。本遺跡で主体となる中細形木葉形（26－4）に仕上げるにはかなり小形化する必要があり、素材の利用効率は悪い。またかなり細身の柳葉形に仕上げれば長さは保つことができようが、その形態は本遺跡では認められない。こうした理由から作業を継続する場合が少なかったと推定され、欠損部位のない未成品（26－7）の存在はこうした面から説明されるかもしれない。中期工程は厚さを減じる工程であり、中軸線を大きく越える調整が施され、平面形状はさらに細身となる。26－8は、26－9に調整剥片が接合した状態を示している。8は製作途上で欠損し整形が上半部でとまっているが、調整が継続されれば9の段階より細身になることは容易に推定できる。完成品と同等程度の厚さの素材を使用するものでは、ほぼ平面的に目的とする形状を作出するのみの作業といえ、調整剥離は成品の中軸線を大きく越えるものは少ない。かなり幅広の素材を使用している場合には、まず祖型を製作する成形段階が想定され（27－2の接合資料の中核部分）、さらに調整を施してより細身でひとまわり小形に仕上げていると思われる。2工程が推定される。

小型は素材形状を生かしながら成形・整形・細部調整が1工程で行われていると推定され、片面加工・周辺加工・部分加工も同様である。

サザランケ遺跡第Ⅲ文化層　L1H上部を中心に石器ブロック4基（第1ブロックは3ブロックに細分できる）、炉跡2基、礫群1基、配石1基が検出されている（鈴木次郎 1996a）。石器ブロックは相互にかなりの距離をもって分布しており、第2ブロックに礫群、第3ブロックに炉跡・配石、第4ブ

ロックに炉跡が伴っている。ブロック相互の直接的な関係を示す接合関係は確認されていない（個体の共有関係は1例あるのみとされている）。第1〜3ブロックはいずれもL1H上位に出土石器のピークがあり、遺構も同一層準で検出されている。これに対し、第4ブロックはL1H上面付近に石器群の出土レベルのピークがあり、遺構はL1H上面付近から掘り込まれている。これらのことから、第1〜3ブロックと第4ブロックは明瞭な時間差を指摘できるが、出土石器群の様相に基本的な相違は認められず、時間差は存在するものの、同一時期として扱ってさしつかえないと思われる。したがって、ここでは第Ⅲb期後半の様相として分析を進める。

槍先形尖頭器は両面加工を原則としており、中型を主体に小型・大型が認められ、小型はわずかで大型が一定量存在するという組成である（図版第48・49）。小型・中型では素材面（48-2・3、49-1〜3・5〜7・9のアミ目部分）を残す資料がある。48-2は成品に近い形態であり、腹面中央にポジティブな剥離面が認められる。48-3、49-1〜3・5〜7・9は未成品と思われ、48-3の腹面上半、49-1の腹面上半、49-3の腹面下半、49-5の腹面上部、49-6・9の腹面にポジティブな剥離面を残している（49-2の腹面左もポジティブ面かもしれない）。これらの素材は成品と極端に厚さの違わない剥片と推定される。48-2・3、49-5・6・9は素材を横位に、49-1〜3は素材を縦位に利用している。遺跡内で素材生産は基本的には行われていないため、素材生産については十分明らかにできないが、背腹面に素材面が残されているもの（49-5・6・9）では背腹で剥離方向が必ずしも一致していない。素材を横位に利用するものはおおむね横長の剥片と推定されるが、比較的寸づまりの形態も含まれているようである。素材を縦位に利用するものはいずれも素材面がわずかしか残されていない。背腹両面に素材面が残されている例がないことから形状を明らかにできないが、石器群全体としてみたとき、縦長剥片の生産や縦長剥片素材の石器は認められないことから、これらの素材も縦長剥片ではないと考えられる。これら中型の素材剥片は礫や大型の分割礫などを石核素材として打面転位を繰り返しながら素材生産を行う石核から剥離されている可能性があり、剥離された多様な形態の剥片の中から選択されているのであろう。したがって、素材の形状を生かす形で主軸は設定されているものと思われる。また、素材面が認められない未成品の中にかなり厚手の状態を示すもの（49-8・10）があり、中型でも分割礫を素材として利用しているものがあるものと想定される。大型の接合資料（図版第50）や初期工程初期の調整に関連すると思われる調整剥片（図版第51-1・2）などからかなり大形厚手の素材が想定され、分割礫を主として素材に利用しているものと思われる[23]。また、比較的薄身で大形の剥片（49-4）を利用しているものもある。49-4は破片であるが、背面中央に節理面、腹面右半にポジティブな剥離面を残している。扁平でかなり大形の剥片であることが推定される。中型の素材剥片と同一の素材生産技術で得られているのか、分割礫の生産過程で得られているのか、現状では判断できない。

次に製作工程であるが、大型では良好な資料が得られている（図版第50）。1は、2の槍先形尖頭器未成品に3〜9の調整剥片が接合したものである。2の腹面側に調整剥片が接合しており、本資料が搬入された段階の状態をよく示している。縁辺部に若干の細かな調整も施されているが、全体に粗い調整が器体中軸付近まで施されている。背面側は調整剥片が接合しておらず、剥離の状態がややわかりにくいが、腹面に対応する調整剥離面が中央部に残されており、やはり粗い調整剥離面で

構成されている。しかし、腹面側と異なり、左側縁からの調整が器体中軸線を大きく越えており、右側縁からの調整は、調整されていたとしても側縁の形状を整える程度の剥離痕であったものと思われる。これらの両面の調整痕に対応する調整剥片は遺跡内に若干存在するが、本資料に接合するものはなく、粗い調整が施された両面加工の状態で遺跡に搬入されたものと考えられる。したがって、本資料は遺跡外で初期工程（成形）の調整が行われており、初期工程では全体に粗い調整を施して祖型を製作している。祖型は明瞭な先端部の作出もなされておらず、幅広で厚手の扁平なラグビーボール状の形態であったものと推定される。また、断面は腹面側に稜のある蒲鉾状であったものと推定される。本遺跡内では中期工程から開始されており、腹面側の稜を除去し厚さを減じるため中軸線をやや越える程度の調整剥離を腹面側に両側縁から施している。厚さが半分程度まで薄くなった時点で、背面側の両側縁に比較的細かな調整を連続的に施して形状を整えている。この段階の平面形状は、長さについては搬入時の形状とあまり変化がないが、幅についてはかなり減じていることから、祖型に比べてかなり細身となっている。厚さについてはなお2cm以上あり、成品に比べてかなり厚く、さらに厚さを減じ形状を整える作業が1〜2回程度行われると思われるが、本資料では2回目の厚さを減じる段階あるいは1回目の形状を整えている段階で大きく欠損し、製作が放棄されている。最終工程では細部調整が行われ、成品となるものと想定される。こうした複雑な工程を経て成品となるものは、主に分割礫を素材として利用していると思われる。本遺跡の槍先形尖頭器調整剥片（図版第51）あるいは調整剥片素材の石器を概観すると、大形で背面に広く礫面を残すもの（1・2・7）は少なく接合資料もないことから、多くの資料は遺跡外からの搬入品と考えられる。また、大形で背面構成が単純な調整剥片（6）はあまり多くはなく、長さ5〜6cm以下の調整剥片（3〜9）を主体としていることから、大型や中型の一部は祖型の形で本遺跡に搬入されているものと推定される。大形剥片を素材とするもの（48−10・49−4）は素材があまり厚くないことから厚さを減じる作業にあまり重点をおく必要がなく、初期工程で背腹いずれか一方の面を中心に厚さを減じる作業を行い（48−10の背面側、49−4の腹面側）ながら、同時に大まかな形状の調整も行っているようである。中期工程では器体中軸線前後の調整を中心に施して全体の形状を整え、最終工程では細部調整を行っているものと想定される。

　中型は厚手の剥片や分割礫を素材としていると推定されるもの（49−7・8）は基本的に分割礫などを素材とする大型の製作工程に準じており、初期工程で祖型を製作している。しかし、大型に比べて祖型の厚さがかなり薄く、中期工程の厚さを減じ形状を整える作業は1回程度と思われる。また、厚さを減じる作業も大型ほど顕著ではないことが予想される。剥片素材については成品とあまり厚さが変わらないため、祖型を製作することは基本的にないようである。製作工程は大きく2工程に分かれるようで、前半では比較的粗い調整を施して成品に近い形状まで成形しており、先端部や基部も同時に作出している。後半では部分的に厚さの修正や平面形の修正を行い、縁辺部や先端部の形状を調整して成品としている。さらに、素材によっては成形・整形と調整の区別が明確でなく、ほぼ1工程で仕上げているものもある（48−2）。小型は剥片素材の中型の製作工程に準じるものと思われる。

⑤関東地方北部

　関東地方南部同様、多く関連資料が知られているが、製作技術の分析が十分できる遺跡は多くない。ここでは、群馬県御正作遺跡（第Ⅲa期）、栃木県八幡根東遺跡（第Ⅲa期）、群馬県武井遺跡（第Ⅲb期）を取り上げて分析を進めたい。

　御正作遺跡　遺物は第Ⅲ層を中心に出土しており、石器ブロック4、礫群1が検出されている（車崎編 1984）。2号ブロックは視覚的に二つのブロックに細分が可能である。接合関係は各ブロック内を主体としながら、ブロック間においても接合関係が認められ、ほぼ同時に残されたとみてよい。槍先形尖頭器は両面加工・片面加工・周辺加工の各形態が認められるが、両面加工と周辺加工が主体で、周辺加工の割合がやや高い（図版第24−1〜9）。両面加工の素材はあまり明確にはできないが、接合資料に剥片素材を示すものがあること（図版第24−16）、接合資料の調整の状態から極端に大形の素材は想定できないこと（図版第24−10の背面には礫面を広く残しており、腹面には素材面は残されていないが、背面側と同様の調整がなされている可能性が高いことから、厚手の剥片素材である可能性が高い）、成品および調整の進んだ未成品は小型および長さ7cm以下の中型であることなどから、剥片を基本としているものと思われる。素材の大きさは接合資料の加工量からみて成品のふたまわり大の大きさで、あまり大形の素材は利用されていないものと推定される。片面加工・周辺加工の素材は剥片素材であり、縦長剥片もしくは縦長剥片状の素材を主として利用している（4〜8）。本石器群は縦長剥片剥離技術を素材生産の基盤としており、槍先形尖頭器を含む多くの石器素材を供給している。しかし、先に述べたごとく、両面加工についてはやや大形で厚手の素材が用意されており、縦長剥片剥離技術とは異なるものと考えられる。分割礫や石核成形の初期段階に剥離される大型の調整剥片などが想定されるが、礫面を広く残す資料が認められることから扁平な礫も利用されているかもしれない。

　両面加工では製作工程を示す接合資料（図版第24−10〜25）がある。10は、11の槍先形尖頭器（3と同一資料）に調整剥片（12〜15）が接合したものである。接合資料背面の槍先形尖頭器に接合している調整剥片は初期工程（成形段階）のものと思われ、槍先形尖頭器に残された剥離痕に比べかなり粗い。また、接合資料の背面にはほぼ同方向の粗い剥離痕が数枚残されており、先行する成形痕かもしれない（素材面の可能性もある）。腹面側では接合資料はないが、ほぼ同様な調整が行われているものと思われる。調整剥離は器体の中軸線を大きく越えており、この段階の調整は大まかな形状を作り出すとともに素材の厚さを減じることが大きな目的となっている。成形が終了した段階で成品に近い厚さとなっており、器体の中軸付近までの調整を行って整形している。最終的にはさらに調整を行って成品となるのであろうが、本資料は整形段階でとどまっている。16は、17の槍先形尖頭器に調整剥片（18〜20）が接合したものである。本資料では背面側を中心に成形調整が行われている。調整剥片は初期工程の最終段階のものと思われる。背面側には比較的細かな剥離痕が残されていることから、ある程度形状を整える作業が並行して行われていたものと思われる。19・20の調整でも器体の中軸線までの調整であり、整形の意味合いが強い。しかし、18の調整剥片は反対側の縁辺まで剥離が抜けており、厚さを減じるとともに平面形状をかなり変形している。腹面は大まかな剥離が右側縁側から数回なされているのみで、最終の剥離痕が器体の約半分を占めて

いる。成形工程の終了時には成品に近い厚さとなっている。整形工程では先端部を中心に調整が行われているが、先端を欠損して放棄されている。21は22～25の調整剥片が接合したものである。成形工程の初期段階に属するもので、礫面の除去を行っている。調整剥片は粗い剥離を示しているが、背面には細かな剥離痕がかなり認められ、縁辺の調整を行いながら成形を行っている様子が認められる。これは16の接合資料でも確認できたことである。以上の接合資料から、両面加工では成品より一定以上の厚さと大きさの素材が用意されていることは明らかで、初期工程（成形）、中期工程（整形）、最終工程（調整）の3工程が想定できる。初期工程では大まかな形状の製作と厚さを減じることを目的に調整が行われている。調整は大まかな剥離が主体で、器体の中軸線を大きく越えるものも多い。また、資料によって個体差があるが、縁辺部の調整も行われ、形状の調整も行っている。とくに工程の後半段階ではかなり細かな調整が広い範囲にわたって行われる場合もあり、工程的には次の中期工程と一部重複している。初期工程終了時には成品とほぼ同じ厚さとなっている。中期工程では器体の中軸前後までの調整を基本としており、調整剥片の厚さも薄くなっている。中軸線を大きく越える調整もわずかには行われているようである。さらに細部調整を行う調整工程を経て成品を製作している。

　片面加工・周辺加工は剥片を素材としており、成品とほぼ同じ大きさの素材を使用している。片面加工は成形・整形と細部調整は区分できる可能性もあるが、片面加工を含め、工程を細分することはできず完成までの工程は1工程であろう。

　八幡根東遺跡　9ブロックが検出されており、出土層準はいずれも第2層下位～第3層上位である（斎藤1996）。槍先形尖頭器が出土した3号ブロックは、ナイフ形石器を主体とする他のブロックとは離れて単独で検出されている。3号ブロックではナイフ形石器が出土しているが、1点のみであり、その他のブロックで主体となる斜め切断による二側縁加工の形態ではなく、幅広薄手の縦長剥片を素材とする一側縁加工の形態である。3号ブロックとその他の石器ブロックに同一母岩の可能性がある石材が存在するとされているが、直接の接合関係はない。報文ではすべて同時期としているが、検討の余地がある。

　槍先形尖頭器は8点出土しており（図版第25－4～11）、両面加工・周辺加工があり、大半の資料で剥片素材であることが確認できる。両面加工で素材面が確認できないものを含めて、剥片素材を基本としているものと思われる。いずれも3～4cmの小型で、両面加工でも加工量が少なく、素材を大きくは変形していない。成形と整形が一体となって調整されており、1工程で成品を仕上げていると思われる。

　武井遺跡　本遺跡は5次にわたる調査が行われており、明治大学が行った1次調査（1954年、寄居山地区；杉原1984、加部1998）については本報告、新里村教育委員会が行った2次調査（1982年、峯岸地区；阿久澤1998）、3次調査（1992年、内出東地区；加部2000、阿久澤2000）、4・5次調査（1993・1995年、峯岸地区；加部1996）については概要報告がなされている。これまでの調査で、本遺跡では4枚の文化層が検出されており、第Ⅲ層を主たる出土層準とするⅢ期石器群が槍先形尖頭器を主体とする文化層である（第Ⅲ層は上下2枚に細分され、下層の第Ⅲb層に生活面が求められるとされている）。1～5次調査の第Ⅲ文化層出土石器群はいずれも大きくは第Ⅲ期に属するものと

みて大過ないが、槍先形尖頭器の形態やナイフ形石器の型式からみて、すべてが一時期の所産ではないと考えられる。1次調査の本報告を含めて出土状況が確認できる状況ではないので、詳細な分析を行うことはできないが、槍先形尖頭器の形態・石材と分布状況、礫群の出土レベル・形態からみて、1次調査出土石器群は少なくとも2期に細分できる可能性がある。また、1～3次調査出土のナイフ形石器の形態的特徴からみて、第Ⅱ期の槍先形尖頭器が含まれていることも否定できない。しかし、上述のごとく出土資料の大半が第Ⅲ期に属するとみて大過なく、その多くは第Ⅲb期の所産である可能性が高い。細かな時期は限定できないが、おおまかに第Ⅲb期の様相と捉えて分析を進めてみたい。また、本遺跡では多量の槍先形尖頭器と製作工程にかかわる資料が出土しているが、現状では検討できる状況になく、ここでは2次調査出土の槍先形尖頭器を分析する。

　槍先形尖頭器は両面加工・片面加工・周辺加工の各形態があり（図版第42・43）、両面加工を主体とするが、周辺加工も一定量存在する。両面加工は中型を主体としており、小型・大型が少量存在する。加工の進んだものでは素材面を残すものはあまりないが、素材面が残されているもの（42－8・9、43－1・2・12～14）では、いずれも剥片素材であることが確認できる。小型・中型・大型の各形態で剥片素材を確認できること、片面加工・周辺加工はいずれも剥片素材であることから剥片を主体に素材に利用している可能性が高い。しかし、両面加工で素材面を残さない資料の中には厚手の資料（42－13）があり、長さ7cmを超える中型や大型の中には分割礫や扁平な礫を素材としているものもあると思われる。本遺跡では縦長剥片が組織的に生産されており、槍先形尖頭器の素材として一定量が利用されている。

　両面加工の製作工程については多くを語ることができない。図版第42－8・9、43－1は腹面に広く素材面を残しているが、厚さはかなり薄くなっており、成品と素材の厚さにあまり隔たりのない素材が利用されているものと思われる。長さ7cm以下を中心とする中型・小型では、主として成品の形状に比較的近い剥片が素材として用意され、成形と整形が渾然一体となった調整を行って成品に近い形状を作り出し、さらに調整を行って成品としているものと思われる（大まかには2工程に分けられるものと思われる）。42－13は初期工程（成形段階）を終了した状態の未成品と思われ、粗い調整を主として剥離面が構成されている。具体的な初期工程の調整は不明である。両面に残された剥離面のうち広い範囲を剥離している剥離面は器体の中軸線を大きく越えているが、こうした剥離が連続して行われているかどうかは不明である。初期工程の後半段階では器体中軸線付近までの剥離を中心としており、祖型の形を大まかに作り出している。次の中期工程（整形段階）では形を整えるとともに厚さを減じる作業が必要である。42－5の腹面中央部に残された中軸を大きく越える連続的な剥離痕は、整形工程のそうした厚さを減じる作業の痕跡を残すものであろう。43－12～14は広く素材面を残しているが、厚さは極端には厚くない。これらの資料には成形を目的とする粗い調整が施されると同時に、形状を整える細かな調整が同時に行われており、成形と整形がほぼ同時進行で進んでいることがわかる。さらに調整が進めば、13・14はやや厚手の整った両面加工となるであろう。次の整形工程では厚さをさらに減じるため、上述の調整同様、器体の中軸線を大きく越える調整を一定量施すのであろう。このように、初期工程では利用素材の形状によって2種類のあり方が想定される。

片面加工・周辺加工は基本的に1工程で製作されている。

⑥東北地方

東北地方における第Ⅲ期の遺跡は山形県を中心に良好な遺跡が知られているが、分析可能な遺跡は多くはない。第Ⅲa期では山形県平林遺跡、第Ⅲb期では山形県越中山A遺跡（前半）、山形県越中山A'遺跡（後半）、青森県大平山元Ⅱ遺跡（後半）を取り上げて分析を進めたい。第Ⅲa期では、両面加工は少なく、周辺加工が主体である。第Ⅲb期では槍先形尖頭器は周辺加工が大幅に減少し、両面加工が基本となる。また大型が登場し、技術的な進展が認められる。

平林遺跡 石器群は表土直下の黄褐色粘土層最上部から出土しており、ブロックの一部が調査されたにすぎないとされている（加藤稔1963・1983）。槍先形尖頭器は両面加工が少なく、周辺加工を主体とし小型・中型である（図版第109）。両面加工は5点認められる[24]（1～3・11・12）。2・3・11・12の4点には広く素材面が残されており、剥片素材である。1の素材は不明であるが、5cm程度の中型で厚さは1cm程度でありながら未だに調整が粗い状態であることからすれば、剥片素材である可能性が高い。両面加工の製作工程は明らかではないが、少なくとも剥片素材の3点については1工程で製作されている。素材面の認められない1については全体に粗い調整であるが、背面縁辺部や腹面左側縁上半については細かな調整が認められることから、成形・整形段階と調整段階の2工程を認めてよいようである。組成の主体を占める周辺加工（4～7・9・10）は縦長剥片素材が一般的で、本遺跡においては素材となる幅広の縦長剥片が量産されている。素材縁辺が残されていることから定義上はナイフ形石器に分類されるものが槍先形尖頭器とほぼ同数出土している（8）が、周辺加工と調整技術や平面形状が共通しており、機能的には同一器種に分類できるものと思われる。なお、これら槍先形尖頭器に含めたものは必ずしも先端部が鋭利に作出されていないものもある。未成品を含むとともに、削器や切裁具の機能を有するものもあるものと思われる。

越中山A遺跡 石器群は表土直下の鶴岡ローム層最上部から出土した（下平1973、柏倉1964、加藤稔1975）。礫群1基が検出され、遺物は径15mの範囲から出土したとされており、複数ブロックに分かれるものと思われる。槍先形尖頭器は小型・中型・大型の各形態が認められる（図版第110、111－1・2）。小型・中型は両面加工・周辺加工（110－1～8）の大半が素材面を残しており[25]、縦長状の剥片をおおむね使用しているようである。基本的に1工程で仕上げていると推定される。なお、中型では先端部の作出に折断手法を用いたものが散見される（110－7・8）。成形の一手法として注目しておきたい。大型（110－9～11、111－1・2）はいずれも両面加工で、素材の推定が困難だが、剥片素材と思われる資料が認められる（110－9、アミ目部分は素材面の可能性のある剥離面）。この遺跡では長さ15cmを超える超大型（111－1）があり、先の資料を含めて大型の素材には大形厚手の剥片が利用されていた可能性が高い。製作工程ついては推測の域を出ないが、祖型を製作する初期工程、厚さを減じ成品の形態に近づける中期工程、全体形状の調整と細部調整を行う最終工程の3工程が存在したものと推定しておきたい。

越中山A'遺跡 越中山A遺跡同様、鶴岡ローム層最上部から石器群は出土した（加藤稔編1974・1975）。調査区北端部で石器ブロック1基、調査区南端部で石器ブロック3基[26]の合計4基の石器ブロックが検出されており、いずれも槍先形尖頭器を主体とするものである。調査区北端部と南端

部は40m程度離れており、両地区の石器ブロックが同一時期かどうかは検討が必要であるが、槍先形尖頭器の形態や石器組成からみて近接した時間内に残された可能性が高く、ここでは同一時期として扱う。

　槍先形尖頭器は中型を主体に大型が認められる [27]（図版第112）。中型は柳葉形を主体に中広形木葉形・中細形木葉形など各種の形態が認められる。また、両面加工を主体として周辺加工（3・13・17）が一定量認められ、両面加工の一部にも剥片素材を示す資料（4・6・7・10・12・15・18）がかなり存在する。いずれも素材の主体は縦長状の剥片と考えられ、組織的な素材生産が行われているものと推定される。中型の両面加工の製作工程は十分に明らかにできないが、成形・整形段階と調整段階の大きく2工程に別れるものと思われる。大型はいずれも破片で素材や製作工程は明らかではないが、調整剥片（図版第113）をみるとかなり大型の両面加工品を製作している様相がうかがえることから、祖型を作成して厚さを減じながら成品に近づけるような複数の工程の存在が予想される。

　大平山元II遺跡　3枚の文化層が検出されており、第Ⅲb期後半に属する石器群は第Ⅱ層下半を主とするⅡc文化層で検出されている（三宅・横山編著 1980）。石器ブロック（報文ではユニット）2基、礫群3基が検出されており、石器ブロックと礫群は重複している。槍先形尖頭器を主体とする石器組成で、少量のナイフ形石器が伴っている。

　槍先形尖頭器は両面加工を基本とし、中型を主体に大型が伴っている（図版第114、115-1・2）。槍先形尖頭器の素材についてはあまり明確にできない。中型の中には素材面を残すもの（114-6・7、図中のアミ目部分が素材面）があり、剥片が利用されていることを確認できる。本石器群には縦長剥片剥離技術や石刃技法が存在するが、剥片素材の槍先形尖頭器の素材は必ずしも縦長剥片や石刃素材ではないようである。本石器群では樋状剥離を有す形態が多く、中型においてもかなりの資料が樋状剥離を有する。接合資料からみると樋状剥離の作出によってかなり大きく変形しているものが確認されること、114-1の腹面や114-5の腹面にみられるようにかなり大きな調整剥離面を残し、最終形態に至るまでにかなり変形されている（平面形態や大きさ）ことが推定される資料も存在することから、厚手でやや大形の剥片や分割礫が多く利用されていると思われる。大型は、後述のごとく成形段階ではかなりの厚さを有することから、素材は大形厚手の分割礫か盤状剥片の可能性が強く、素材面と考えられる剥離面を残す資料（図版第116-1側面）がある。なお、出土品に残された礫面の状況からすれば原石は円礫である。

　中型の製作工程を分析できる資料に乏しく詳細は不明である。剥片素材では成形段階と整形段階の区別なく連続的に調整されているものと思われるが、大形厚手の剥片や分割礫を素材として利用するものは、後述の大型の製作工程に準じるものと想定される。中型の場合、大型の素材に比べて一般的に薄手であると推定されるため、中期工程における厚さを減じる作業は1回程度と考えられるが、樋状剥離の作出作業が中期工程に組み込まれている場合は変形が大きく、樋状剥離作出前段階よりひとまわりあるいはふたまわり小形に整形している。中型では中細形木葉形（114-2・4）を基本としていると思われ、柳葉形（114-1・8）が少量みられる。これら柳葉形は腹面側に大きな調整剥離面が多く残されており、推定される打点位置から背面側の調整以前はやや幅広の形態であったと推定されることなどから、樋状剥離作出後の整形によって小形化するとともに細身になっ

ているものと思われる。

　大型では製作工程の内容を示す良好な接合資料が存在する（図版第115－3、図版第116）。115－3は初期工程（成形段階）後半の調整剥片の接合資料と考えられ、遺跡搬入時の形状を示しているものと思われる。この段階ではかなり幅広の形態と推定される。調整は中軸線を大きく越えることはなく、初期工程終了時には、搬入時と比較してひとまわり細身の形状であるが、かなり厚手の形態を示していたであろう。したがって、後続の中期工程では中軸線を大きく越える調整を施して厚さを減じる作業が行われている（116－1・2）。これらの接合資料では調整剥片の厚さは115－3に比べてかなり薄手である。116－1は中期工程前半、116－2は中期工程後半の調整の状況を示す接合資料と考えられる。116－2では、この接合資料に先行する調整で左側縁側から器体の中軸線を大きく越える調整が連続的に施され（116－2のアミ目部分）、続いて反対側の右側縁から部分的に背面の稜を少し中央よりに修正する作業が観察される。この段階でかなり細身の形態（116－2の破線a）となっており、本遺跡の大型（114－9）が中細形木葉形であることから、平面的にはほぼ目的の形状に達していると思われる。しかし、なお厚さが厚く、引き続き厚さを減じる作業を行っている。まず背面左側縁から中軸線を大きく越える調整を連続的に行い、大きく厚さを減じている。このとき平面形は前段階と大差なく、大きさはひとまわり小さくなっている（114－2破線b）。さらに大きく右側に片寄った背面の稜線を中軸線寄りに修正すべく背面右側縁から連続的な調整が施されている。その後さらに同様な調整がなされる場合もあるが、本例ではほぼ完成品の大きさに達している。なお、初期工程・中期工程では必要に応じて縁辺部に細かな調整を施して、平面形状および剥離前の打面部を整えている。

　中・四国、近畿地方では第Ⅲ期に位置づけられる資料に乏しく、製作技術を分析し得る良好な資料もみられない。今後の資料増加に期待したい。

　2）　槍先形尖頭器の製作技術

　次に、先の各地域の資料分析もとに第Ⅲ期の槍先形尖頭器製作技術についてまとめておきたい。第Ⅲa期では中部高地で大型が存在する可能性はあるが、槍先形尖頭器の形態組成は中型を主体とする中型・小型の組み合わせが基本である。加工状態は両面加工と周辺加工が主体である。中部高地では両面加工が主体だが、その他の地域では両面加工がわずかで周辺加工が主体である。両面加工の素材は中部高地では礫・分割礫・剥片が認められ、その他の地域では剥片を主体とするようである。中部高地では中型に礫が利用されており、扁平な断面長方形や断面三角形の形態の礫が選択されている。剥片はいずれの地域でも縦長剥片の利用度が高く、縦長剥片を量産する技術が存在する。また中部高地以外の地域では、やや大形厚手の剥片も利用されているが、素材生産の様相は十分明らかにできない。石核素材である分割礫の生産に付随して剥離されたものや石核の調整剥片などを利用している可能性があり、独立した素材生産は行われていないものと推定される。小型は原則的に剥片素材で、縦長剥片素材を主体とする。周辺加工は剥片素材で、大半は縦長剥片である。

　両面加工では、大きく二つの製作技術が認められる。製作技術類型Ⅰ類では2種類の製作技術があり、一つは長野県八島遺跡や群馬県御正作遺跡など多くの遺跡で確認することができるもので、扁平な礫や比較的大形厚手の剥片などを素材とし、3工程が認められる。初期工程は成形段階で粗

い調整を主体として、素材の厚さを減じながらほぼ目的形状を作出する。詳細にみると、いずれか一方の縁辺を主体に中軸線を大きく越える調整が連続的に施され、厚さを減じている。こうした調整は両面に及ぶ場合と片面のみの場合があり、反対側の縁辺からの調整はおおむね中軸線付近までである。中期工程は整形段階で、細部調整を行いながら中軸線付近までの調整を主体に全体の形状を整えている。最後に縁辺に細かな調整を施して細部の形状修正を行って仕上げているが、中期工程の調整と不可分である場合も少なくない。これは第Ⅰ期の製作技術類型Ⅰa類に共通する技術であり、中型でも長さ7〜8cm程度のやや大形品の製作を主体に用いられている。今一つは様相を十分明らかにできないが、製作技術類型Ⅰa類同様、扁平な礫や比較的大形厚手の剥片などを素材とし、3工程が認められるが、初期工程で祖型の製作を行い、中期工程で厚さを減じるものであり、第Ⅱ期の製作技術類型Ⅰb類と基本的に共通するものである。やはり、中型でも長さ7〜8cm程度のやや大形品の製作を主体に用いられている。

　製作技術類型Ⅱ類は完成品の厚さと同等の素材を使用するもので、第Ⅰ期・第Ⅱ期の製作技術類型Ⅱa類と基本的に同じ技術である。剥片を主体にきわめて扁平な礫もわずかに利用されているようである。まずはじめに粗い成形がなされ、調整は中軸付近の剥離を主体とする。成形が整形の役割も果しており、成形と整形が一体となった1工程の製作技術といえる。Ⅱa類は素材形状に完成品が制約されるため、中型でも長さ5〜6cm程度のやや小形品を中心に製作していると思われる。両面加工の小型も基本的にこのⅡ類によって製作されていると考えられる。周辺加工は技術的にはこのⅡ類の変形あるいはバリエーションと捉えることもできよう。

　第Ⅲb期の前半と後半を比較すると製作技術に一定の進展が認められるが、おおむね共通した製作技術と捉えられる。第Ⅲb期は両面加工を主体とし、大型がいずれの地域においても形態組成の一員となることに特徴があり、第Ⅲa期の製作技術を土台に一層の進展をみせている。両面加工を中心にみると、大型の素材は礫・分割礫・盤状剥片などが利用されていると思われる。関東地方南部、中部高地では礫・分割礫の使用が確認できる。礫はやや扁平な角礫で、素材の長軸方向を製品の主軸として設定している。東北地方では頁岩の利用が一般的で、原石が大形円礫である場合が多いことから、素材は分割礫あるいは盤状剥片が利用されている可能性が高い。大型の製作工程は製作技術類型Ⅰ類に基づいている。初期工程・中期工程・最終工程の大きく3工程が認められる。初期工程は祖型を製作する段階で、素材周辺から粗い調整が連続的に施される。調整加工は器体中軸線前後での剥離が主体で、祖型は素材の厚さと大差なく、目的とする成品の平面形状に比べかなり幅広である。背腹面の左右縁辺が基本的な調整の単位で、場合によっては先端部・基部とそれに挟まれる部分が調整の単位となる。初期工程前半は成形のための調整が背腹で補完的となる（たとえば、背面では左側縁を中心に調整を施すと、続く調整は腹面左側縁と中心とするといった具合である）場合が多いようである。細かな調整による部分的な形状修正も適宜行われ、最終段階では縁辺全体に施される。中期工程は厚さを減じるとともに器体の幅を次第に細くし目的の形状に近づける工程で、調整は中軸線を越える剥離が連続的に施される。この器体中軸線を大きく越える調整は背面あるいは腹面単位でみると左右いずれか一方の縁辺からの剥離が主体となっており、その反対側の縁辺からの調整は器体中軸線付近までを主体としている。これは厚さを減じる作業によって形成

された稜線の片寄りを中軸線寄りに修正することによって断面形状を整えているもの理解される。この一連の作業で先行の形態よりひとまわり小形化し、続いて縁辺部に細かな調整を施して形状を整えている。以上の作業を1～複数回繰り返すことでほぼ目的の形態を作出している。最終工程は全体の形状や側面稜線の修正、先端部・基部などの細部調整を行って仕上げている。こうした技術を製作技術類型Ｉｃ類とする。Ｉｃ類は大型および中型の一部を製作していると考えられる。東北地方では大型の製作が顕著で、長さ15cmを超える大きさでありながらかなりの薄さを保っている。こうした大型の製作には、青森県大平山元Ⅱ遺跡でみられるごとく、中期工程の発達が不可欠で、厚さおよび幅を減じ形状を整えるという作業が繰り返し行われたと考えられる。

中型では大きく3種類の製作技術が存在する可能性がある。第一は実態を明らかにできないが、第Ⅲ期前半で述べた製作技術類型Ｉａ類で、未成品の様相から推定される。大型の一部もこれによって製作しているかもしれない（薄手の素材を利用した場合にその可能性がある）。第二は前述の製作技術類型Ｉｂ類で、中型でも長さ8cm前後より大きいものを主としている。第三は完成品とほぼ同等の厚さの剥片を素材とするもので、完成品に至るまで基本的に1工程で仕上げている。第Ⅲａ期の製作技術類型Ⅱａ類と基本的に同じとみてよい。中型の大半と小型がこの技術によっており、大型のごく一部もこの技術によって製作している可能性がある。素材は縦長形状の剥片が多く、素材の長軸を槍先形尖頭器の主軸として設定している。関東地方などでは素材剥片は打面転位石核から量産され、中部高地や東北地方では縦長剥片剥離技術や石刃技法により素材を供給している。また、製作技術類型Ｉｃ類に利用されたと想定される盤状剥片・分割礫などの生産についてはその実態を明らかにできないが、槍先形尖頭器の素材として安定して供給されており、組織的に生産されていると想定される。大型礫などを石核素材として打面を転位しながら素材が生産されているものと思われるが、最後まで剥離し尽くされ、基本的には残核が残されない可能性や残核が槍先形尖頭器の素材として利用されている可能性がある。

5. 第Ⅳ期の槍先形尖頭器製作技術

第Ⅳ期は細石刃石器群が日本列島に広く分布する時期である。細石刃石器群は外来的要素の強い石器群であり、槍先形尖頭器が石器組成に含まれる場合もあるが、石器群の中で主体的な位置を占めることはない。この時期は細石刃石器群に併行して第Ⅲ期から系統的に連続する槍先形尖頭器石器群が東北日本を中心に分布しており、槍先形尖頭器を主体とする石器組成である。その分布は、中部地方北半部、関東北部、東北地方南西部などの山間・山岳地帯やそれに接する地域を中心としている。槍先形尖頭器は大型・中型を主体とする石器群が多く、形態組成において大型が安定した存在となると同時に形態組成や製作技術を考える上で重要な位置を占めている。次の第Ⅴ期に直接的に連続する石器群と考えられる。ここでは、これら槍先形尖頭器を主体とする石器群の槍先形尖頭器製作技術について分析を行う。

1）槍先形尖頭器製作関連資料の分析

①中部高地

中部高地では、長野県大反遺跡、北踊場遺跡、馬場平遺跡などがあるが、槍先形尖頭器の製作に関して詳細な検討をできる遺跡はほとんどない。ここでは大反遺跡、北踊場遺跡を取り上げて様相

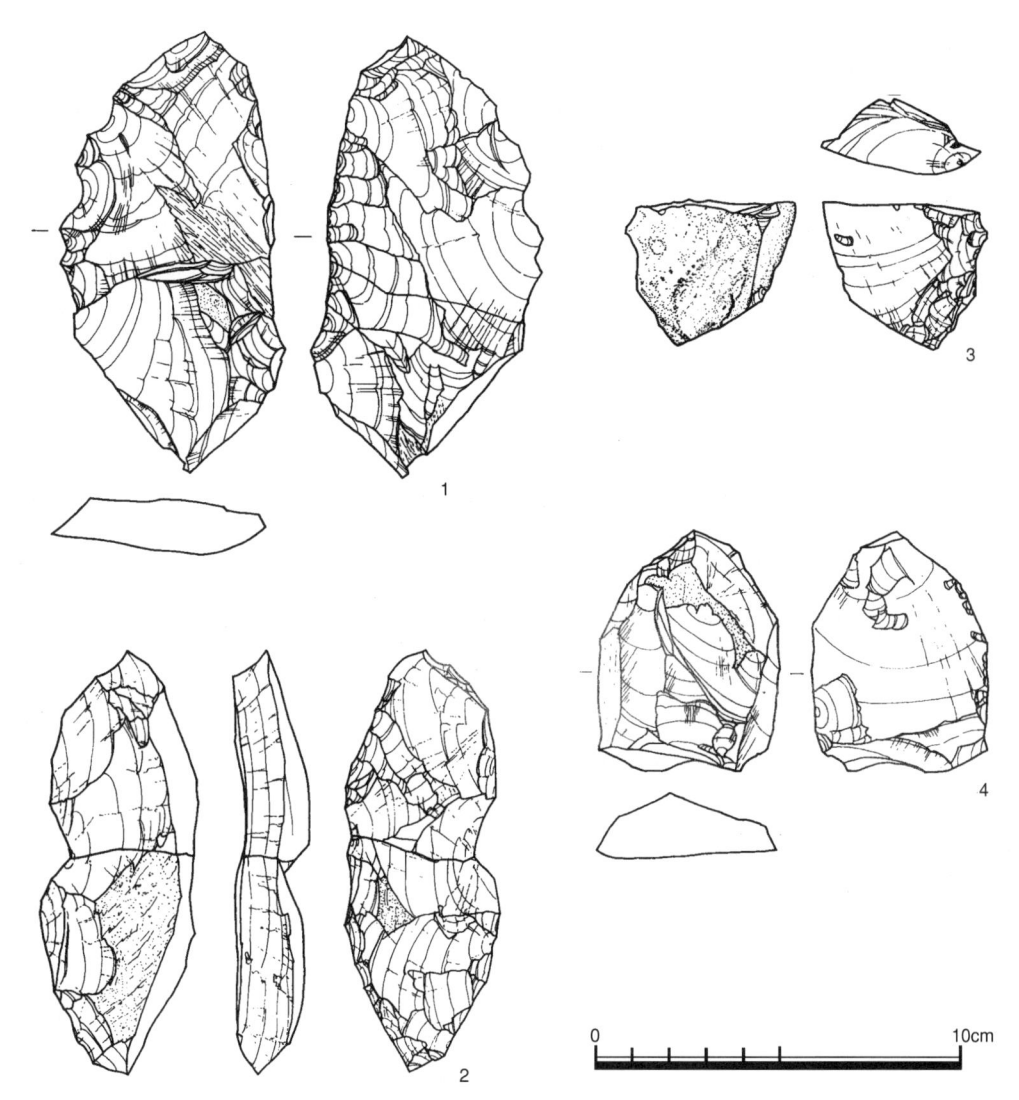

第16図　長野県大反遺跡の槍先形尖頭器未成品および素材（石塚・矢嶋・深沢1986より）

を述べてみたい。

　大反遺跡　本遺跡は長野県南佐久郡八千穂村に所在し、1971年に池の平遺跡発掘調査団によって発掘調査が実施され、黒ボク層下層の黒モヤ層（漸移層）〜デカパミロームⅠ層の6枚の堆積層中より黒曜石製の槍先形尖頭器を主体とする石器群が検出されている（石塚・矢嶋・深沢1986）。出土石器は平面分布からみると、ア20区に分布の中心をもつブロックとア18・イ18区に分布の中心をもつブロックに分かれる。前者はデカパミⅢ層を中心にその上下の層に包含され、後者はより下層のデカパミⅡ層〜デカパミⅠ層を中心に包含されている。両ブロックは若干の時期差をもつものと考えられ、前者が当該期に属するものと思われる。

　槍先形尖頭器は中型を主体に大型が一定量伴う組成である（図版第155）。ほとんどの資料が欠損品でいずれも未成品と考えられるが、製作の初期と考えられるものから成品に近いものまである。明確に素材の推定できるものはほとんどないが、両面に礫面を残すもの（第16図1・2）が認められ、

扁平な角礫を利用していることがわかる。扁平な角礫利用は下層のブロックでも認められる。また、礫を分割した程度の厚手の剥片を利用したもの（第16図3・4；分割礫という方が適当である）も認められる。また、155－11・12は大型および長さ8cm以上の中型で、背面側に素材面を比較的広く残しているが、厚さは成品に近い厚さであることから、もともと素材の厚さがあまり厚くなかった可能性がある。これらのことからすると、大型では扁平な角礫、扁平な分割礫を主体として利用されているものと思われる。中型は長さ8cm前後以上のやや大きいものは大型と同様と思われる。長さ7cm以下の中型は剥片を主として利用していると思われるが、組織的な素材生産が存在するかどうかは不明である。

次に製作工程であるが、大型では素材に粗い調整を主体として、ある程度細かな調整を交えながら成品に近い形態まで成形しており、随時縁辺の形状も整えているようである。さらに、やや細かな調整を施して整形し、最終工程で細部調整を行って成品としていると思われる。厚手の素材を利用している場合にはもう少し複雑な工程を経ている可能性があるが、薄手あるいは扁平な素材を主として利用しているようである。

中型もおおむね大型と同様な工程と思われる。しかし、剥片を利用しているものでは成形と整形の調整が一体的で、1工程で成品にまで仕上げていると思われる。

北踊場遺跡　本遺跡は長野県諏訪市に所在し、1949年に工事中に発見されたもので、ローム層上部から松沢亜生らによって多量の黒曜石製を主とする槍先形尖頭器およびその製作関連遺物などが採集された（松沢1960）。発掘調査はなされていないが、遺跡を発見した松沢亜生らによって1953年に試掘調査が実施されている。採集遺物が一時期の石器群である保証はないが、土器はまったく採集されていないこと、槍先形尖頭器以外にナイフ形石器など明確に他の時期に属する旧石器時代の定型石器が認められないことなどの事実と試掘調査の成果を合わせて考えると、ほぼ一時期の槍先形尖頭器の製作遺跡であると思われる。

槍先形尖頭器は中型を主体に小型・大型が一定量伴う組成である（図版第153・154－1～8）。両面加工を原則とするが、周辺加工（154－4・7）が若干認められる。

出土資料の製作工程や製作技術については、松沢亜生が報告の中でかなり詳しく分析している（松沢1960）。素材についてこれを参考にすると、角礫と剥片および槍先形尖頭器調整剥片を利用している。礫は扁平な角礫（図版第154－9・14）で、一部に分割礫を含んでおり、基本的に縦位に用いている。剥片は一部に縦長剥片状の形態（154－4）も認められるが、大半は幅広の剥片（154－7・11）で、素材剥離のための打面が一定していないものが多い。石核の出土はわずかで詳細は不明な点が多いが、出土の石核は打面転位を行いながら幅広の剥片（一部縦長剥片状の剥片も剥離されている）を生産している。また、頁岩を中心とする非黒曜石石材も利用しており、掻器などの素材から推定すれば石核から剥片を生産していることも確かである。しかし、一部の素材は大型の槍先形尖頭器の調整剥片が利用されている可能性もある。第三の素材とした槍先形尖頭器調整剥片は槍先形尖頭器製作途上で意に反して反対側の縁辺まで大きく剥離してしまった調整剥片で、打点と反対側の器体の一部を大きく剥ぎ取っているものである。製作途上で欠損した個体の一方をさらに調整して本来目的とした大きさより小形に成形する場合と共通しており、素材の利用法とし

ては副次的なあり方である。

　大型はおおむね非黒曜石石材を利用しており、素材面を残すものはなく、詳細な分析ができる状況にはない。多くは遺跡外から搬入されている可能性があり、素材は想像の域を出ないが、盤状剥片である可能性がある[28]。中型は扁平な角礫・分割礫・剥片などが利用されている。小型は基本的に剥片を利用しているものと思われる。

　大型の製作工程についてはほとんど不明といわざるをえない。おそらく数工程を経て成品に仕上げられるものと推定される。中型では扁平な角礫（分割礫を含む）を利用する場合と剥片を利用する場合では工程が異なっている。前者ではまず目的となる成品の平面形状に合わせて素材の選択が行われ、柳葉形や中細形木葉形では細身の礫が選択されているようである。次に素材に粗い調整を施して成品に近い形状にまで成形しており、適宜細かな調整も施して整形的な調整も同時に行っている（細かな調整はとくに工程の後半段階に集中し、先端部や基部の形状を整えている可能性が考えられる）。この段階で器体の厚さも減じており、もともと厚さがあまり厚くない素材を利用しているため、この工程で成品に近い厚さに成形されているが、この段階で厚さの厚い個体についてはさらに厚さを減じる工程があるものと思われる。次に全体の平面形状を整えつつ、厚さもある程度減じる整形工程が続くものと思われる。最終工程で細部の調整を行い、成品に仕上げるのであろう。一方、剥片を素材とするものはおおむね成形と整形が一体化したような調整によって成形しており、縁辺を中心とする細部調整を行って成品に仕上げているものと推定される。また、剥片を素材とするものの中には細かな調整を主体として周辺加工の形態も認められる。

　小型はいずれも入念に調整されているため工程をうかがうことは困難であるが、成形・整形・調整が一体となった1工程で仕上げられているものと推定される。

　②中部地方北部

　中部地方北部では、長野県八風山遺跡群、下茂内遺跡、新潟県大刈野遺跡などがある。長野県八風山遺跡群、下茂内遺跡は黒色安山岩原産地に立地する遺跡であり、良好な槍先形尖頭器製作関連資料が出土している。

　下茂内遺跡　本遺跡は1988〜1989年に発掘調査が実施され、2枚の文化層が検出された（近藤・小林編 1992）。第Ⅰ文化層は第Ⅸ層を中心に、第Ⅱ文化層は第ⅩⅤ層を中心に包含されている。第Ⅰ文化層は自然流路に接して石器ブロックが形成されており、24ブロックが設定されている。第Ⅱ文化層も自然流路に接して石器ブロックが形成されており、22ブロックが設定されている。両文化層とも、石器ブロック周辺に広がる礫層上面の黒色安山岩礫を中心に利用しており、石材原産地に立地した遺跡である。第Ⅰ文化層（上層文化層）と第Ⅱ文化層（下層文化層）の間にはテフラである第ⅩⅣ層が堆積しており、浅間－大窪沢第2降下軽石（As－OP2；年代不明、＞13,000－14,000 y.B.P.）に比定されている。As－OP2は浅間－板鼻軽石層（As－YP、13,000－14,000 y.B.P.）の下位に比定されているが、本遺跡ではAs－OP2以外のテフラは2次堆積であるため、テフラによる細かな編年はできない状況である。

　第Ⅰ文化層の槍先形尖頭器は中型と大型を組成とするもので、大型は長さ12〜13cm程度のものが主体のようである（図版第171〜173）。大型は基本的に盤状剥片を素材としていると推定される

が、盤状剥片を利用した大型の槍先形尖頭器の製作過程を具体的に復元できる接合資料はあまり多くはない。盤状剥片の獲得は石理を利用して原石を輪切り状に剥離している。接合資料No.9（図版第174）では4枚の盤状剥片（A～D）が接合しているが、この接合資料は原石全体の半分あるいはそれ以下の大きさに相当するものと思われ、もともとの原石は50cm角程度の角礫もしくは亜角礫と推定される。この接合資料の盤状剥片は石核素材として利用されているものが多く、盤状剥片C（図版第175－1；盤状剥片Cを石核素材として剥離された剥片・石核などが接合した状態を示している）は残核が両面加工の槍先形尖頭器未成品状を呈している（図版第175－2）。先端部や基部の作出は明確ではなく、素材となった盤状剥片に比較してかなり小形になっているにもかかわらず、剥離の状態がかなり粗いことから石核として剥片剥離が進行したものと理解されるが、石核を槍先形尖頭器に転用した可能性がある。上部が大きく欠損したため放棄したのであろう。盤状剥片Cを素材とした剥片剥離では多様な形状の剥片が生産されており、残核を槍先形尖頭器に含めると、生産された剥片を素材として7点の槍先形尖頭器（図版第175－2～7；アミ目部分は素材面を示す）が製作されている（図版第175－1；アミ目・平行線部分は2～7である）。いずれも未成品であるが、完成すれば、2・7は大型、3～6は中型になると思われる。中型は槍先形尖頭器状の石核から剥離された剥片を素材とするもののほかに、縦長剥片を素材とするものがある。縦長剥片は分割礫や礫を素材とし、打面を固定する石核および打面の90°転位を行う石核から生産されている。接合資料No.8（図版第176－1）は打面が固定的で、縦長剥片を連続的に生産しており、そのうちの1点が槍先形尖頭器の素材に利用されている（図版第176－2）。接合資料No.4（図版第176－4）は打面を90°転位するもので、2点が槍先形尖頭器に利用されている（図版第176—5・7）。図版第176－4・6は5・7がそれぞれ石核に接合した状態を示しており、図版第176－8は残核である。

　大型の具体的な製作工程は不明であるが、基本的は第Ⅱ文化層の大型の製作と大差ないものと推定される。剥片を利用するものでは、大きく2工程が認められるようで、まず成形を行って、細部の調整を行い成品としているようである（図版第175－7）。中型のうち長さ8cmを超えるやや大型のものは大型の製作工程に準じているものと思われる。長さ5～7cm程度の中型は成形と整形が明確に区分できないものが大半で、ほぼ1工程で製作しているものと思われる。

　第Ⅱ文化層の槍先形尖頭器も中型と大型の組成である（図版第177・178）。槍先形尖頭器の素材は、盤状剥片と剥片が認められる。盤状剥片は大型の角礫あるいは亜角礫を素材として、石理を主に利用して素材礫を輪切り状に剥離することで生産している。接合資料No.5（図版第180－5）では人頭大の亜角礫を素材とし、石理方向を中心に3～4枚の盤状剥片を生産している。接合資料No.5の盤状剥片は石核素材として利用されており、打面転位を繰り返しながら多様な形状の剥片を生産している。接合資料No.5背面側の盤状剥片（側面図左）を素材とした剥片剥離では背腹面を作業面として相互に打点を移動しながら剥片を生産しており、そのうちの1点を槍先形尖頭器の素材に利用している。剥片生産はこうした盤状剥片を利用するもののほか、分割礫や礫を素材として打面を固定して縦長剥片を生産するもの（図版第180－3；180－4は残核で、3は4に剥片が接合した状態を示している）や90°・180°の打面転位を繰り返しながら縦長状の剥片を生産するものがある。

　大型槍先形尖頭器の素材は盤状剥片（図版第179－1、180－1）を主体としているが、未成品に残

された素材面から剥片を利用していることを確認できる（図版第178－3；アミ目は素材面で、背面下端に礫面を残していることから大形の剥片を素材としていると推定される）。しかし、素材剥片の様相からみて大型の剥片は基本的に量産しておらず、これらの素材は盤状剥片生産に付随して副次的に獲得されている可能性が高い。中型は未成品に残された素材面は剥片であることを示していることから、剥片素材が主体であると推定されるが、長さ8cm以上の中型の中には大型同様の工程をもつものがあると想定され、盤状剥片を利用しているものも存在すると想定される。

　大型の製作工程については良好な接合資料があり、製作工程の前半～中期工程の様相を具体的にうかがうことができる。接合資料No.7（図版第179）は槍先形尖頭器が遺跡外に搬出されているようで、中央部が空洞となっている。1・2は接合資料全体を示しており（接合線は消している）、1は素材面の様子を、2は初期の調整の様相を示している。3・4は接合資料を背面側と腹面側で分離した状態を示しており、3は1の背面側の接合状態を、4は1の腹面側の接合状態を示したものである。本資料は盤状剥片を素材としており、背面中央部（1背面の平行線およびアミ目部分）や腹面のほぼ全面（1腹面の薄いアミ目および濃いアミ目部分）に素材面を残している。背面側では上部中央のアミ目部分がもっとも古い剥離面で、平行線部分はその剥離面を切ることから加工痕である可能性もあるが、背面の2/3以上を覆う剥離面と推定され、素材面であろう。腹面は左1/3が礫面（薄いアミ目部分）で、右2/3が節理面と考えられる剥離面（濃いアミ目部分）である。素材の盤状剥片は、長さ35～40cm、幅15～20cm、厚さ7～8cm程度の大きさであったものと推定できる。平面は長方形状、断面は三角形を呈している。まず、盤状剥片両面の周囲に粗い調整を施して（2のアミ目部分）、やや幅広の祖型を作成している（3・4のa1の外形線）。この段階でブロック内に搬入された可能性があり、素材の厚さはほとんどそのままで、腹面側の素材中央の稜もほぼそのまま残されている。さらに、背面側を中心に粗い調整が加えられ、やや細身となっている（3・4のa2の外形線）。この段階までを祖型の製作段階と捉えることもできる。次に、両面で器体中軸線を越える調整を連続的に施し、厚さを減じている。厚さが薄くなると同時に細身となるはずであったが、下端部を大きく欠損したため、ほぼ同形でひとまわり小形となっている（4のbの外形線）。次に、下端部を欠損したため、腹面側で全体の形を調整しながら、厚さを減じる作業もある程度行っている（4腹面のb内側にある中央部の調整剥片）。この段階で、槍先形尖頭器は搬出されており、柳葉形ではあるが、なおやや幅広で、やや厚身の形態であったものと推定される。

　接合資料No.29（図版第180－1・2；接合線は消している）は槍先形尖頭器の片面側の調整剥片が接合したものである。なお、ここでは図示しないが、接合資料No.29に対応すると推定される反対側の面の調整剥片接合資料（接合資料No.28；No.29とは直接接合していない）がある。接合資料No.29の背面中央には素材剥離面（1のアミ目部分）が残されており、対応する接合資料No.28には広く礫面が存在したと推定される。素材は盤状剥片と考えられ、長さ35～40cm、幅20cm前後の大きさで、接合資料No.7同様、長方形状の形態であったものと推定される。素材の主軸と槍先形尖頭器の主軸がほぼ一致するように利用されており、素材両面の周辺部に粗い調整を施して祖型を作成している（2のアミ目部分）。この段階でブロック内に搬入されているようであり、接合資料No.7に比較してかなり調整が進んでおり、先端部や基部の作り出しもかなり明確である（2のa1の外形線）。

やや幅広の形態であるが、整った形状（中細形木葉形）を呈しており、縁辺部に細かな調整を施して形状を整えている。この調整では素材中央部まで調整が達しておらず、中央部では素材の厚さのままである。次に、まず器体中央部を大きく越える調整を主体に施して厚さを減じている。調整剥片はおおむね大形で、祖型を作成する段階と同様に厚手で打面も広い。さらに縁辺部に細かな調整を施して形状を整えている。平面形の長さはほとんど変化していないが、幅を減じており、さらに細身となっている（2のa2の外形線）。同様の工程を2～3回繰り返しながら成品に仕上げているが、次の工程からは調整剥片はかなり薄手となり、断面形も凸レンズ状に整えている。平面形においては長さが少しずつ短くなっているが、その割合は小さく、幅を減じる割合の方が大きいことから、成品は柳葉形を呈している。本資料では祖型から2～3工程の調整が行われた後、槍先形尖頭器を搬出しており、搬出時には完成品にかなり近い状態であったものと推定される（2のbの外形線）。

　大型のうち剥片を素材とするものは、成品の厚さに比較的近い素材を選択しており、盤状剥片素材の槍先形尖頭器における初期工程（祖型の製作）は基本的になく、厚さを減じる調整もあまり顕著ではないようである。製作工程を復元的に推定すると、まず素材周辺から粗い調整を施して成形し、縁辺部に細かな調整を施して形状を整える。粗い調整では器体中央部を大きく越え、厚さを減じる剥離も行っているが、器体中軸線付近までの調整が主体のようである。また、調整の順序も粗い調整を終えて縁辺部の細かな調整を行うという手順では必ずしもなく、粗い調整と細かな調整を組み合わせた成形と整形が一体になった調整法に近い場合も多いようである。素材の厚さが十分薄い場合には1工程で成品を作成している可能性があるが、同様の工程を2回程度繰り返して成品としているものが多いと思われる。

　中型は製作工程を分析できる接合資料がなく、具体的に復元することはできない。前述のごとく、素材として剥片を主体に利用しているものと思われ、未成品では厚さ1～1.5cm程度の比較的薄手の剥片を中心に利用している。剥片素材のものは大幅な厚さを減じる作業を行う必要はないので、成形・整形の過程で徐々に厚さを減じているものと思われる。基本的には剥片素材の大型槍先形尖頭器と同様な作業を行うものと思われ、おおむね1工程で成形・整形し、最後に細部調整を行って成品としているものと推定される。また、中型のうち、長さ8cm以上のものの一部には盤状剥片を素材とするものが含まれている可能性があり、大型のそれと基本的に同じ製作工程をもつものと思われる。しかし、相対的に小形の素材を利用すると想定されることから、中期工程が2工程以下である可能性が高い。

八風山Ⅵ遺跡　八風山遺跡群は八風山西南麓に位置する黒色安山岩原産地遺跡であり、旧石器時代～縄文時代の遺跡が6遺跡確認されている（須藤編著1999）。八風山南麓一帯は黒色安山岩原石が広く分布しており、多くの原産地遺跡の存在が予想されている。八風山遺跡群に近接して前述の下茂内遺跡が位置している。八風山Ⅵ遺跡は1994年に佐久市教育委員会によって発掘調査が実施され、A・B・C地点で旧石器時代および縄文時代の文化層が検出されている（須藤1999b）。旧石器時代の文化層は2枚検出されており、第Ⅳ層を主たる出土層準とするもの（上層文化層）と第Ⅷ層を出土層準とするもの（下層文化層）である。B地点では上層文化層のみが、A・C地点では上下の文化層が検出されている。上層文化層下の第Ⅴ層下部に軽石層が堆積しており、浅間・板鼻軽石

層（As－YP；13,000－14,000 y.B.P.）に同定され、下層文化層上の第Ⅶ層は浅間―大窪沢第Ⅱテフラ（As－OP2；年代不明、＞13,000－14,000 y.B.P.）に同定されている。上下の文化層とも槍先形尖頭器を主体とする石器群と思われるが、下層文化層では定形石器が削器のみであり、調整剥片の接合資料から槍先形尖頭器の存在が推定できるにすぎない。上層文化層ではB地点で良好な接合資料が多数得られており、大型の槍先形尖頭器を中心とする製作工程を復元することができる。B地点では1ヵ所の炭化物集中地点を取り巻くように4基の石器ブロックが検出されている。石器群の主たる出土層準である第Ⅳ層はa・bの2層に細分され、両層を区分する礫床上面が生活面と推定されている。

　本遺跡では中型・大型の槍先形尖頭器が製作されており、大型の製作が主体である（図版第182・183）。素材は盤状剥片と剥片が認められるが、剥片を目的とする石核は基本的に認められず、基本的に盤状剥片の生産に伴って副次的に剥離された剥片や、槍先形尖頭器製作過程で剥離された調整剥片を利用している。

　盤状剥片の素材となる礫は遺跡内および遺跡周辺で採集できる大型の亜角礫などが利用されている（図版第185－1、図版第186－1）。185－1は長さ約30cm、幅約30cm、厚さ約18cmの亜角礫、186－1は長さ約30cm、幅約35cm、厚さ約25cmの亜角礫を利用している。185－1では9枚の盤状剥片および板状剥片が生産されている（図版第185－2・3）。2は盤状剥片単位に接合状態を示したもの（3はその模式図）で、背面側から原則的に石理に沿う形で順次剥離が行われている。作業面は1枚を除き（3Eの盤状剥片は他の剥片とは作業面が90°異なっている）同じ剥片剥離作業面を利用しているが、打点は背面図の上、右、下と90°あるいは180°移動している（上→下→右の順で移動している）。186－1では3枚もしくは4枚の盤状剥片を生産している（図版第186－2、187－1・3）。接合している3枚の盤状剥片は1枚目の方向がそれ以降の盤状剥片とやや異なるが、ほぼ同じ方向から剥離されている。このように、盤状剥片の生産は石理に沿うように原礫を輪切り状に剥離している。石理に直交あるいは斜行して剥離される場合も若干はあるかもしれないが、全体に占める割合は少ないと推定される。

　大型槍先形尖頭器の素材は、上述のごとく盤状剥片を主体として剥片も一定量利用している。盤状剥片をそのまま槍先形尖頭器の素材として利用しているものが多いが、盤状剥片を半分に分割し、槍先形尖頭器の素材としているものも認められる（図版第186－1、187－1・3、188－1）。188－1の盤状剥片を2分割（188－3・4）し、それぞれを槍先形尖頭器の素材としている（3・4断面のアミ目部分は推定復元した槍先形尖頭器断面で、槍先形尖頭器自体はブロック外に搬出されている）。186－2は主要剥離面の打撃方向と186－1の接合状態から復元されるもともとの盤状剥片の大きさから考えて、盤状剥片を半分に分割してそれぞれを槍先形尖頭器の素材としていると思われる。187－1・3も盤状剥片を分割している可能性が強いが、187－3については成形のための折断の意味合いが強いかもしれない。

　大型の製作工程については良好な接合資料がある。接合資料No.1E（図版第189・190）は186－1の亜角礫から生産された盤状剥片（189－1）を素材としている。平面扁五角形を呈しており、粗い調整によって背面左側の飛び出した先端部をまず除去（189－2アミ目部分）して方形に近い形状に整

えている（190−2のa1の外形線）。さらに両面に粗い調整を施して（190−1および190−4のアミ目部分；1は調整剥片の接合状態を、4は祖型に残された調整剥離面を示しており、断面中央の破線部分は搬出された槍先形尖頭器断面の推定復元形状を示す）、祖型を製作している（190−2のbの外形線）。祖型は幅広の木葉形を呈しているが、先端や基部は十分作り出されていない（190−3；アミ目部分は素材面）。また、腹面側を中心に素材面が残されており、平面および側面の成形が主体で、厚さは基本的に素材のそれと大きな変化はない。次の工程の様相を190−4の調整剥片の接合状態を内面側から検討してみる（190−5；5の右側および左側の接合図は190−4の左右の接合図に対応し、それぞれの腹面側（内面側）の接合状態を示している）。左側ではまず器体の中軸線を大きく越える調整が主体となって施されており、厚さを減じると同時に幅を減じている（190−5のc1の外形線）。次に形状を整形するための調整が若干加えられている（c2の外形線）。右側でもまず、器体中軸線を大きく越える粗い調整が施されている（d1の外形線）。次の工程では器体中軸線をやや越える程度の調整が中心で、前段階に比べると調整剥片は大きさが小さく厚さも薄い。打面は総じて小さく、縁辺部の細部調整も行われている。長さは若干短くなっていると思われるが、前段階と大きな変化はなく、一段と細身となっている（d2の外形線）。同様の調整は次の工程でも繰り返されており、この段階で搬出されているが、ほぼ成品の状態となっていたものと推定される。左側のc1・c2の外形線と右側のd1・d2の外形線を比較すると、後者が一段と細身となっており、平面形は対応していない。このことからすれば、まず厚さを減じる作業が行われた後、主として190−4の腹面側（190−5の右側）で整形作業が行われたものと思われる。

　接合資料No.5は成品に近い槍先形尖頭器に調整剥片が接合し、素材の形状が推定できる資料である（図版第191−1〜5）。素材は幅広縦長の盤状剥片のようであり、素材を縦位に用いている（1；薄いアミ目は素材面を示し、濃いアミ目は槍先形尖頭器本体を示す）。まず、素材周辺に粗い調整を施して（2の薄いアミ目部分）、平面木葉形の祖型を作成している（2のaの外形線）。先端部や基部の作り出しはきわめて粗いようで、厚さは素材と基本的に同じである。次に、器体中軸線を越える調整を施して厚さを減じている（3断面の薄いアミ目部分）。この接合資料で観察する限りでは、背面では右側、腹面では左側の縁辺からの調整によって大きく厚さが減じられており、反対側の縁辺からの調整は断面形状を整えるように器体中央付近までの剥離が主体となっている。調整剥片は厚手で打面の広いものが多い。この工程では縁辺に細かな調整を適宜行って形状を修正していると思われるが、とくに工程の最終段階に集中している可能性がある。次の工程でも厚さを減じる目的で器体中軸線を越える調整をある程度連続的に施している。しかし、調整剥片の厚さは前段階の工程に比べてかなり薄く、打面も小さくなっている。同様の工程をさらにもう1回繰り返し、ほぼ成品に近い形態としている（5）。これらの工程を通じて、槍先形尖頭器の長さはあまり短くなっておらず、幅を減じ次第に細身となっている（4のa→b→c；4は3背面における調整剥片接合部分の内側の接合状態を示している）。次の工程では全体の形状を主として整えているが、先端部を大きく欠損して、ひとまわり小型にすべく形状の修正を試みている。しかし、中央付近で再度欠損し放棄されたものと思われる。

　接合資料No.3（図版第191−6〜8；8は最終形態）は縦長の盤状剥片を縦位に用いていおり、横断

面形は大略直角三角形を呈する。厚さの厚い側（背面右側）を中心に粗い調整を連続的に施しているのに対し、反対側は素材の形状を生かしてほとんど調整を加えることなく調整が進行している（6の断面図；アミ目は槍先形尖頭器本体）。本資料では、前述の二つの接合資料とは異なり、器体中軸線を大きく越えるような調整は基本的に行われておらず、素材の一部の形状（断面直角三角形の鋭角部分）を目的の形に取込む形で調整が進行している。つまり、断面三角形の鋭角の角に対向する縁辺部分を両面から調整し、断面菱形の形状を作出しているのである。本資料では工程の初期段階で先端部を大きく欠損したため、目的の大きさを大きく修正せざるをえなくなっている。そのため、本来ならば断面形を大略菱形に成形した（つまり祖型を製作した）のち、器体中軸線を大きく越える調整が行われる予定であったものと想定されるが、実際には背面右側・腹面左側に器体中軸線付近までの調整を集中的に行うことによって厚さを減じるとともに祖型（7；腹面のアミ目は素材主要剥離面を示す）を製作している。次の工程においても背面右側・腹面左側で調整が進められ、反対側の縁辺に補足的な調整が施されているにすぎない。背面右側・腹面左側の調整は縁辺において潰れ状の剥離面が多く見受けられ、角度が急であることから、さらに調整を進めるためには大きく形状を変更させることが必要であることや、槍先形尖頭器の素材として適当でないと判断されたことなどから放棄されたものと推定される。

　大型において剥片を素材とするものも散見される（図版第183-1、184-5；アミ目は素材面を示す）が、これら素材剥片は盤状剥片剥離生産の途上において副次的に剥離された可能性が強く、その意味では板状剥片とするのが適当かもしれない。接合資料がないため詳細は不明であるが、素材中軸線付近まで調整を施して祖型を製作している。素材がもともとあまり厚くないため厚さを減じる作業はあまり顕著ではないが、素材主要剥離面と反対側の面の調整において主として厚さが減じられており、この段階では素材主要剥離面は比較的広く残されている場合が多いようである（断面は三角形状を呈する）。次の工程では器体中軸線を越える調整を一定量施すことによって少しずつ厚さを減じ、縁辺部に細かな調整を施して形状を整えているものと思われる。また、この段階には先端部や基部もかなりていねいに作り出されているものとみられる。同様の工程が2回前後繰り返され、最終的には調整段階を経て成品となるのであろう。なお、184-5は祖型作成途上で下部が欠損し、欠損面から中央部の厚みを減じる目的で大きく調整が行われ形状の修正が試みられているが、形状の修正途上に再び上部が欠損し放棄されている。184-1も欠損によって放棄されているものと思われる。

　中型では調整が進んだ未成品は認められないが、欠損によって形状の修正を試みているものの中に調整が進んでいるものを若干認めることができる（182-1の基部を除く部分、182-2下半）。また、調整のあまり進んでいない未成品の中に中型が認められる（184-1～4）。2～4は現状では大型であるが、順調に調整が進んだと仮定すると長さ8～9cmの中型に仕上げられたものと推定される。これらの未成品は剥片素材が主体であるが、3は盤状剥片（板状剥片）を分割して素材としているものと思われる（背面左上部のアミ目部分は折断面）。また、4は図示していないが、多くの調整剥片が接合しており、盤状剥片を素材としていることがわかる。剥片を素材とするものは剥片素材の大型槍先形尖頭器と同様の工程と推定されるが、祖型作成後の中期工程（整形段階）が1回程度で

成品となっているものと想定される。また、祖型を製作しない場合も想定される。盤状剥片を素材とするものは 4 以外に資料がないため具体的な工程は不明であるが、4 では盤状剥片の両面に粗い調整を施して大形の調整剥片を剥離し、かなり薄手の祖型としている。4 は素材との体積比でみると1/4程度になっているものと思われる。大型の場合、次の工程で大幅な厚さの軽減を行っているが、本資料の場合十分薄くなっており、これ以後の工程は基本的に剥片素材の資料と同様と推定される。

③関東地方南部

関東地方南部では神奈川県風間遺跡群、栗原中丸遺跡第Ⅲ文化層、東京都多摩ニュータウンNo.426遺跡などがあり、多摩ニュータウンNo.426遺跡において大型槍先形尖頭器の良好な接合資料が得られている。

多摩ニュータウンNo.426遺跡 本遺跡は1973年より 9 次にわたる発掘調査が実施されており、ここで取り上げる資料群は第 6 次調査で検出されたものである（佐藤宏之1989）。第 6 次調査では 4 枚の旧石器時代文化層が検出されており、第ⅤA層を中心とする第 1 文化層が第Ⅳ期に位置づけられる。第 1 文化層では 6 基の石器ブロック（遺物集中地点）が検出されており、槍先形尖頭器を主体とする石器群が出土している。6 基の石器ブロックは相互に同一個体や接合関係を有さず、直接的な時間関係は示さない。第 5 および第10ブロック（遺物集中地点）は大型槍先形尖頭器製作にかかわるもので、製作技術の面からも同一時期のものと判断される。第 6 ブロックは槍先形尖頭器と細石刃・細石核の製作にかかわるもので、個体別資料の分布状況から両者は共存するものと考えられる。槍先形尖頭器は中型の中細形木葉形あるいは柳葉形で、腹面側には素材面（剥片素材）を広く残しており、第 5・第10ブロックの槍先形尖頭器とは製作技術を異にしている。出土レベルはほぼ同一であるが、出土の細石核は野岳・休場型であり、両者は近接した時間関係をもちながらも、ここでは一応別時期の所産と考えておきたい[29]。第 1・第 4・第12ブロックは槍先形尖頭器の出土がなく、製作の痕跡もほとんど認められない。出土点数も少なく、石器群の内容を十分把握できない。第 5・第10ブロックに近接して存在することからすれば、同時期と判断してもよいかもしれない。

第10ブロックは集中的な槍先形尖頭器製作の痕跡を示しており、2 個体の槍先形尖頭器製作を中心に形成されている。2 点の槍先形尖頭器は製作途上のものであるが、いずれも15cmを超える超大型である。うち 1 点（図版第66－1）はかなり完成度の高いもので、完成品の形態に近いものと判断される。最大幅は器体上部にあり、先端部は緩やかに尖り、器体中央部から基部にかけては直線的に細くなっている。

接合資料 2 例のうち 1 例は、大型槍先形尖頭器 1 点と調整剥片43点からなる（接合資料No.1、図版第67・68－1・2）。槍先形尖頭器は長さ23.8㎝、幅7.7㎝、厚さ2.8㎝の大きさで、3 点に折損している（図版第65－7）。断面の形状が粗い凸レンズ状であることや縁辺の側面観がかなりきついジグザグを呈していることなどからいまだ製作途上にあるものと判断され、折損によって廃棄されたものとみられる。

接合資料は槍先形尖頭器の全面を覆うまでには至っていないが、両面の中央部には素材面と考えられる平坦な剥離面が観察できる（67－1アミ目部分）。背面中央上部の平坦な面は節理面もしくは礫面で、両面中央部の広い面は後の調整によって切られているが、もともとは 1 枚あるいは 2 枚程

度の剥離面で構成され、背面あるいは腹面全体を覆っていた平坦な剥離面と判断される。この背腹両面を構成する平坦な素材剥離面はほぼ平行関係にあり、素材は厚さ 4 cm 前後で断面長方形あるいは平行四辺形の大形厚手の剥片（盤状剥片）であったものと推定される（67-1 断面図）。また、腹面の素材面に接する右側面の剥離面の一部は素材面をかなり急角度で切っているものが多く、いくつかの剥離面は素材面の一部を構成していたと考えられる。

　初期工程の調整は盤状剥片の断面の稜を取り去るように行われ、断面菱形の厚手の槍先形尖頭器（祖型）が製作されているものと推定される。素材面を切る周囲の剥離面はおおむね素材に最初に加えられた調整痕と考えられ（67-2アミ目部分）、素材面や調整によって生じた大きな剥離面をそのまま打面として粗く剥離している。これら素材面を切る周囲の剥離面は比較的大きな面で打面も広いと推定されるにもかかわらず、対応する調整剥片が見出せないことから、遺跡外で調整されたものであろう。したがって、遺跡に搬入されたときにはすでに素材周辺に粗い調整が施され、基部と先端部をわずかに作り出した形態であったと推定され、断面の形状は上下辺の長い六角形を呈していたものと思われる。遺跡搬入後、さらに断面の稜線部を除去するような調整を継続しており、報告の資料ナンバーでは152、153、154、398、297、128、408＋619などの調整剥片がこの段階に属する（68-1）。この初期工程では平面形態において完成品のそれに近い形に近づけることに意を注いでいるものと考えられるが、この工程の最終段階に至るまで縁辺部に細かな調整を加えることは基本的にはなく、剥離される調整剥片は一般に大きくて厚く、打面は大きくて広い。調整剥片の側面形は直線的で、調整の及ぶ範囲は最大で器体中軸線付近までである。剥離の順番は背腹両面の剥離の先後関係を決定できる調整剥片が少ないため詳細に検討できないが、あまり規則的ではなく、先端部右側縁、基部左側縁など一定の範囲を単位として両面に適宜調整を施しているものと判断される。さらに縁辺部に細かな調整を施して祖型が完成している。祖型は廃棄された槍先形尖頭器よりひとまわり大きく、ほぼ相似形に成形されているものと思われる。

　次の工程ではやはり一定の範囲を単位として調整が進められており、祖型をひとまわり小形にして厚さを減じ、形を完成品に近い形態まで整えている（68-2）。剥離される調整剥片は大小あるが、打面は極端に小さくなっている。大形および中形の調整剥片では側面形が湾曲しており、初期工程の調整剥片に比べて薄く、縦断面（剥離方向）でみると背面の屈曲点付近に最大厚を有するものも多い。また、バルブの発達も悪く、初期工程に使用された工具とは別の加工具が使用されているものと推定される。大形の調整剥片はいずれも器体中軸線付近まで達しており、器体中軸線大きく越えているものも観察される（68-2のアミ目部分）。こうした調整剥片の特徴からこの工程段階は祖型にカンナをかけるように器面を整えて断面凸レンズ状とし、平面形態もほぼ完成品と同様に仕上げることを目的としている。大形および中形の調整剥片の打面は調整打面状のものと平坦打面があるが、両者の比率に大差はなく、後者では打面に接する背面側に頭部調整痕状の細かな剥離痕が認められるものが一定量存在することから、前者は前段階の縁辺部細調整を打面に取り込んでいるものと考えられる。こうした部分的な形状修正は、同時に続いて剥離される大形・中形調整剥片の打角補正の役割も果しているのであろう。この工程ではまず大形・中形の調整剥片を剥離して厚さを減じているが、大形・中形の調整剥片を剥離する前後に縁辺部の一部に細かな調整を施して形状を

整える作業を適宜行っている。この工程の最終段階では縁辺部全体に細かな調整を施して、平面形態を整えているが、調整は一定の範囲内では背面あるいは腹面のいずれか一方に主体的かつ連続的に施されている（68－2の⟵⟶部分）。

　もう1点の接合資料（接合資料No.2）は、大型槍先形尖頭器1点と調整剥片9点で構成され、先述の接合資料と同一母岩とされている。槍先形尖頭器は長さ17.8cm、幅4.9cm、厚さ1.5cmの大きさで、3点に折損している（66－1）。下半部の折損後も調整を行っているが、さらに折損したため廃棄されたものであろう。厚さはかなり薄くなっており、断面はなめらかな凸レンズ状を呈し、縁辺の側面観も直線的で整っているなど完成品に近い状態と考えられる。

　接合資料は槍先形尖頭器の背面中央部と腹面先端部および基部を覆う程度であるが、両面とも素材面とみられる平坦な剥離面を残している（図版第68－3のアミ目部分）。背面側は中央部に平坦な剥離面が広く観察される。ポジティブ面かネガティブ面かは判断しがたいが、背面側を広く覆っていた剥離面と判断される。腹面側は先端部と基部にそれぞれ平坦な剥離面が観察される。二つの剥離面とも節理面と考えられ、両者はかなり離れているものの同一面である可能性がある。これら両面の平坦な剥離面相互は平行関係に近く、前述の接合資料同様、盤状剥片素材と判断される。

　初期工程では、盤状剥片の周囲に粗い調整を施して（図版第68－4アミ目部分）槍先形尖頭器の形状を大略作り出し、さらに周辺部に比較的ていねいな調整を施して（図版第68－4 縁辺部白抜きの剥離面部分）祖型を作製している。この祖型の平面形状は接合資料の核となっている槍先形尖頭器のそれとほぼ相似形と推定され（68－4破線部分）、大きさは、長さ21cm、幅8cm、厚さ4cm程度と推定される。

　次の工程では、祖型をまず大きく剥離する作業を中心としているものと推定され、剥離される調整剥片は大型で器体中軸線を大きく越えている（68－4断面図、報告の資料ナンバーでは133、145＋628、608、42）ものが多い。中央部の調整剥片と槍先形尖頭器の接合状況をみると、祖型の背面側中軸線に比べて接合資料の核となっている槍先形尖頭器中軸線がやや左に片寄っていること、接合資料の核となっている槍先形尖頭器に残されている広い剥離面は背面側では左半部、腹面側では右半部がおおむね古く、これらの器体中軸線を大きく越える調整が背面側は左側縁側から、腹面側は右側縁側から主として行われている可能性がある。これらの調整剥片は湾曲した側面観を有し、初期工程で剥離された大形剥片に比較してかなり薄いものと推定される。打面は相対的に小さい。この段階でも大形の調整剥片剥離の合間に縁辺部に細かな調整が部分的に施されている。続いて全体の形状を整える作業が行われているものと推定されるが、接合資料としては多くない（報告の資料ナンバーでは43、94）。調整剥片は中形が中心で、大形の剥片に比較して一層厚さが薄く、剥離の範囲は器体中軸線付近までが中心であり、両面の稜線を中軸線付近に整え、凸レンズ状の断面を形成している。この段階の剥離作業は先端部、基部、中央部左半部、中央部右半部などある程度まとまった単位で両面に施されているようであるが、同一単位内では一定の規則性をもちながらも1回1回の剥離の状況に応じて、かなりランダムな順序で剥離されているものと推定される[30]。さらに縁辺部に細かな調整を施して全体の形状を整えているが、背腹いずれかの面のある程度の範囲を連続的に調整している。

第 3 章　槍先形尖頭器の製作技術　161

　このほかに、槍先形尖頭器のブランク（祖型）と考えられるもの（図版第66－2）があり、単独の個体別資料であることから、この形で遺跡に搬入されたものとみられる。大きさは、長さ12.3cm、幅6.75cm、厚さ3.2cmである。背面側を主体に調整が施されており、両面に素材面（図中のアミ目部分）を残している。背面側は先端部にわずかに礫面を残しており、中央部や下端部の大剥離面も素材面かもしれない。腹面側は右半上部が節理面で残りの部分は同一面であり、素材の主要剥離面である。やや小型の盤状剥片を素材としており、完成品は中型であろう。

④関東地方北部

　関東地方北部では、この時期に位置づけられる遺跡は多くはなく、群馬県房ヶ谷遺跡第Ⅰ文化層などがあげられるにすぎない。

　房ヶ谷戸遺跡第Ⅰ文化層　本遺跡は1997・98年に群馬県教育委員会によって発掘調査がなされ、3枚の旧石器時代の文化層が検出された（谷藤編 1992）。上層から第Ⅰ、第Ⅱ、第Ⅲ文化層と呼称され、最上層の第Ⅰ文化層が槍先形尖頭器を主体とする文化層である。第Ⅰ文化層出土石器群は第Ⅵ層～第Ⅶb層から出土し、第Ⅶa層下部（下底）をピークとして出土したとされている。また、第Ⅶ層の中ほどに浅間－板鼻黄色軽石層（AS－YP）が堆積しており、出土遺物はAS－YPに絡みながら、AS－YP層直上出土と判断されている。しかし、報文では出土資料の検出状況を堆積層との関連で復元できるように提示されていないことやAS－YSがブロック状の堆積なので、出土層準についてはさらに検討が必要である。

　第Ⅰ文化層では2ブロックが検出されており、製作痕跡が顕著である。多数の黒色頁岩を主体とした槍先形尖頭器未成品が出土するとともに、良好な接合資料なども得られている。槍先形尖頭器は中型・大型を主体とする組成（図版第70）で、大型は盤状剥片、中型は厚手の剥片を主として素材に利用している。しかし、本遺跡では基本的に初期工程段階のブランクとして搬入されており、遺跡内での素材の生産を原則的に欠いていることから、詳細な素材生産の様相を検討することはできない。大型および中型の一部（長さ8cm以上）では盤状剥片を素材としている（図版第71－1・3、74－1；アミ目は素材面を示す）。大型では盤状剥片主体としながら、盤状剥片石核（残核）も利用している可能性がある（図版第74－2）。盤状剥片の生産は74－2が石核素材であるとするならば、打面転位を行いながら多様な剥片を剥離しているものと推定されるが、背面側の素材面を広く残している未成品がほとんどないため、一般的な素材生産のあり方は不明である。中型の一部（長さ8cm以上）は盤状剥片よりも薄手の剥片（図版第71－4、72－1・2、73－1～3；アミ目は素材面を示す）を主として利用しているようである。厚手の剥片の生産が盤状剥片の生産と別に存在する可能性もあるが、盤状剥片を生産する過程で主に生産されている可能性が高い。中型の一部（長さ8cm以下）は成品の厚さに近い素材（71－2）を主に利用しているものと思われ、大型でも稀に同様の素材（70－2）を利用している。

　次に、槍先形尖頭器の製作工程について考察する。大型は盤状剥片を主たる素材としていると推定されるが、資料として確認できるものはほとんどない。したがって、素材の形状は十分明らかにできないが、中型の一部（長さ8cm以上）の素材となっている盤状剥片同様、断面方形のものと素材背面が山形を呈する断面台形もしくは三角形の形状を呈するものがあると思われる。大型につい

ては製作の比較的初期段階を示す接合資料が5点（図版第75・76、背面側は接合線を消している）あるが、片面側のみの調整剥片の接合であることから、素材の全体形状を復元することはできない。断面が三角形状を呈するものと扁平なものがあり、素材の形状を反映しているのかもしれない。盤状剥片を素材とするものでは、まず粗い調整を中心に祖型が製作されている（75－1・2、76－1～3の背面側、74－2も同様に粗い調整を加えて祖型としている）。多くの資料が祖型の製作を別遺跡（石材原産地およびその周辺遺跡と推定される）で行い、祖型の成形途中あるいは祖型完成段階で本遺跡に搬入しているため、祖型製作の際に剥離された調整剥片はほとんど残されていないようであるが、接合資料背面や未成品に残された剥離面を観察すると、大型で厚く、打面が広い形態を主体としているものと思われる。祖型製作の最終段階では縁辺部に細かな調整を加えて形を整えているものも認められるが、部分的である場合が多い。この段階では素材の断面形状をなおよく残しているようであるが、断面方形の素材では四隅を調整剥離して断面菱形あるいは扁平な六角形状に成形しているのに対して、断面三角形の素材はやや背面側の稜が低くなっているものの、ほぼ同様な断面形を呈しているようである。次の工程では大きく厚さを減じており、調整剥片は器体中軸線を大きく越える場合が多い。調整剥片は祖型製作段階に比べれば小形で打面も小さく厚さも薄いが、次の工程に比べればかなり大形で厚手のものが多く、とくにこの工程の前半の調整剥片は厚手のものが多いようである。また、厚さを減じる作業は左右いずれかの側からの調整を主体としている場合も認められ、断面三角形状の稜の高いものの場合、その傾向が顕著である（75－1、76－1断面図は白抜き部分）。また、細部の形状をある程度整えながら整形作業を進めているようである。接合資料では次の段階の調整剥片がほとんど接合していないので、この段階の調整結果としてどのように形状が変化したか明らかにするのは困難であるが、わずかに接合している次の工程の調整剥片からみて、この工程によって祖型よりやや細身になるものの、ほぼ相似形にひとまわり小形化しているようである（75－2、76－1の破線b）。図版第77－4はこの工程最終段階前後の形態を示すものと思われ、図版第78－1・2の接合資料も同様であろう。さらに次の工程でも器体中軸線を大きく越える調整が施されて厚さが減じられているが、前段階の工程と比べて調整剥片はさらに薄手となっており、この工程段階でほぼ成品に近い厚さまで仕上げられている可能性が高い。この工程で平面形態がどのように変化したかを示す具体的な資料はないが、成品および調整の進んだ未成品は中広形木葉形・中細形木葉形・柳葉形の各形態が認められること（図版第70）、祖型の形状が幅広の形態や細身の形態が認められること（図版第72～74）、祖型から推定される素材の形状も同様であることなどから、素材・祖型・成品の形状が対応関係にある可能性がある。したがって、この工程においても相似形にひとまわり小形化している可能性が高い。図版第77－2・3はこの工程段階に属する資料と思われる。最終工程[31]では全体の形状の調整と先端・基部の細部調整を行っているものと思われるが、本遺跡ではこの段階まで調整を行っている資料は多くないようである。

　大型でもわずかに剥片素材が認められ（70－2）、大まかには2工程で仕上げられるものと思われる。まず全体に粗い調整を行って成品に近い形態に成形し、細部調整を行って成品としているようであるが、前半の成形段階に細かな調整を随時加えて整形していることから、工程を厳密に区別できない。

中型では盤状剝片および厚手の剝片（両者は一連の剝離工程で生産されているものと思われることから分類は便宜的である）を利用するものと剝片を利用するものがある。前者は成品が長さ8cm前後以上のものを主体とする。後者は長さ7cm以下のものを主体としており、素材と成品の厚さはあまり大きな差がない。前者の製作工程は盤状剝片素材の大型とほぼ同様の内容と想定される。厚手の剝片を素材とするもの（図版第73-1～3）では、厚さがあまり厚くないことから祖型製作後の厚さを減じる工程は1回程度で成品に近い形態（77-1）まで整形されるものと推定される。剝片を素材とするもの（71-2）は厚さがすでに成品に近いことから、成形・整形・調整を明確に区別せず1工程で仕上げているものと思われる。

⑤東北地方

東北地方では、山形県上野A遺跡、同月山沢遺跡などがある。上野A遺跡では良好な槍先形尖頭器製作資料が出土しているが、概要報告のみで詳細は明らかではない[32]。月山沢遺跡についても同様である。ここでは上野A遺跡の様相について概観してみたい。

上野A遺跡 本遺跡は、1986年、1987年、1993年、1996年の4次にわたる発掘調査が慶應義塾大学によって行われ、1万点を越える遺物が出土している（阿部・米倉ほか1998）。旧石器時代～縄文時代の遺跡で、旧石器時代の遺物は第Ⅲ層明黄褐色土を中心に出土している。遺物は調査区の全域に分布し、調査区北西部に大きなまとまり（小ブロックに細分可能）があり、調査区東端部にもいくつか希薄なまとまりがある。槍先形尖頭器を主体とする石器群とナイフ形石器を主体とする石器群が重複しているようであり、両者を分離することは現状ではできないが、石器群の主体は前者と思われる。

槍先形尖頭器は大型を主体としている。素材は盤状剝片および縦長剝片（図版第117-7・8；アミ目は素材面）である。縦長剝片はナイフ形石器文化期のものと厳密に分離はできないが、やや幅広で打面の大きい縦長剝片を生産しているものが該当する可能性がある。盤状剝片の生産については詳細が明らかではない。

盤状剝片を素材とするものは祖型を製作するものと製作しないものがある。祖型を製作するものは厚手の盤状剝片を利用しており、粗い調整で先端部と基部がわかる程度の形状を作り出している。素材背面を中心に粗い調整が加えられ、腹面側はかなり入念な調整が加えられるものが多い。次に厚さを減じる作業が行われ、細部にも調整が加えられて成品に近い平面形状を作り出しているものと思われる。さらに平面形状は細身に、厚さは薄手にする作業が行われ、先端部などの細部調整を経て成品となっているものと思われる。祖型を製作しないものは盤状剝片でも薄手の板状剝片を利用している。素材中軸線付近までの調整を中心として縁辺の細部調整を行いながら、先端部・基部も明確に判断できるほど整った形状を作り出している。この段階では、なお厚さが厚いので、次の工程では器体中軸線前後の調整で少しずつ厚さを減じながら整形を行っている。また、平面形は少しずつ細身に整形されているものと推定される。縦長剝片を素材とするものは厚さが成品とあまり違わないため、厚さを減じる作業は顕著ではなく、器体中軸線の前後までの調整を中心として成形・整形されている。成形・整形・調整の区分は明確ではなく、ほぼ1工程で仕上げられているものと想定される。

⑥中・四国地方

　中・四国地方では、広島県冠遺跡第10地点（12トレンチ・拡張区）、岡山県東遺跡、香川県国分台遺跡、高知県奥谷南遺跡などがある。槍先形尖頭器の製作技術についてはあまり明らかではないが、ここでは発掘調査が実施され報告書の刊行されている冠遺跡第10地点の様相を概観してみたい。

　冠遺跡第10地点（12トレンチ・拡張区）　本遺跡は1979年に広島県教育委員会によって調査された（三枝 1983）。保存を前提とした小規模な調査であり、調査区全域を完掘していないこともあってブロックの数や規模などの詳細については不明である。旧石器時代〜縄文時代の遺跡で、旧石器時代では3枚の文化層が検出されており、第Ⅴ−1層下部を主たる出土層準とする第1文化層が槍先形尖頭器を主体とする石器群である。報文では第Ⅱ層〜第Ⅲ層でも槍先形尖頭器を組成にもつ石器群が検出され、第Ⅲ層下部付近に生活面をもち、縄文時代に属するものと想定されている。しかし、組成に石匙を含んでおり、当地方では石匙は縄文早期中葉頃に出現し、この時期まで槍先形尖頭器を主体とする石器群は残存していないこと、この時期の槍先形尖頭器はきわめて調整が粗く形状が整っていないこと、第Ⅱ層〜第Ⅲ層の遺物が集中する地区では第Ⅳ層以下の調査がなされておらず、下層の文化層から槍先形尖頭器などが浮き上がっている可能性があることなどから、少なくとも槍先形尖頭器は旧石器時代あるいは縄文時代初頭の時期に属する可能性が高い（第Ⅴ−1層出土石器群とは時期差をもつ可能性がある）。

　第Ⅰ文化層の槍先形尖頭器の組成は中型・大型である（図版第210・211）。素材は盤状剥片（板状剥片）および剥片を利用している。盤状剥片の生産に関しては接合資料がある（図版第213−1・2；1は2の石核に盤状剥片が接合した状態を示す）。やや扁平な亜角礫を原材としており、石理にやや斜行するように剥離を行っている。背面右下半・腹面左下半で打面と作業面を交代させながら盤状剥片を生産した後、さらに上部で剥離を試みている可能性がある。しかし、不規則に折れており、目的とした盤状剥片は生産されなかったようである。残核（2）はさらに盤状剥片生産が可能な程度の大きさであるが放棄されており、剥離された盤状剥片が槍先形尖頭器などの素材として利用されていないことからみて、石材があまり良質ではないのかもしれない。この接合資料以外の盤状剥片（図版第213−3）を概観しても厚さ2〜3cm程度と全般的に薄く、板状剥片と呼ぶのがふさわしい。剥片（図版第213−4・5）については、剥片生産を目的としている石核などは認められないことから、盤状剥片生産や大型槍先形尖頭器の製作に伴って剥離されているものと思われる。

　大型槍先形尖頭器は盤状剥片（板状剥片）を主体に使用しているものと思われるが、素材面を残しているもの（210−6、211−1・2、212−4）はいずれも厚さ2cm程度の板状剥片であり、かなり薄手である（212−3も先端部欠損前は大型を目的として調整されていたものと思われ、板状剥片を素材としているものであろう）。中型は基本的に剥片を素材としているものと思われ、素材面を残している未成品も散見される（210−2・3、212−1・2）。

　槍先形尖頭器の製作技術については、接合資料などが得られていないため詳細を明らかにすることはできない。大型では基本的に祖型を作成する工程はなく、最初から成品に近い形状に成形している可能性がある。板状剥片が多く利用されていることから、大きく厚さを減じる作業を行う必要がないためであろう。とくに厚さ1.5cm程度以下の素材を利用し素材面を残すものでは、1工程で成

品を製作しているものと思われる（210－6・211－1）。211－1 は中央部欠損時点で調整が基本的に停止しており、本来はさらに調整が進行すると思われるが、成品も幅広の形態を志向しているようで、調整は周辺加工的で、成品段階でもかなり広く素材面が残されたものと推定される。一方では、210－7 の背面左側・腹面左側、211－2 腹面左側、212－7 背面左側などにおいて器体中軸線を大きく越える調整が連続している様相を認めることができることから、まず器体中軸線を大きく越える調整をある程度行って、成品に近い厚さに成形する工程があったことが確認できる（調整が両面同等ではなく、背・腹面いずれかの面を主体に行っている場合もある）。これらの成形工程を有するものは、次いで形状を整え、最終的な調整を行って成品としているものと思われる。成形・整形工程を繰り返す場合もあったのかもしれないが、板状剥片を素材とするものは基本的に複数回の繰り返しは行っていないと思われる。中型の製作工程も大型同様、成形・整形・調整の3工程をもつもの（整形と調整は分離できないかもしれない）と成形・整形・調整が分離できず1工程で仕上げているものがあるようである。

2) 槍先形尖頭器の製作技術

次に、槍先形尖頭器製作技術の様相をまとめてみたい。第Ⅳ期の槍先尖頭器は両面加工を基本として、中型・大型を主体とする組成である。とくに、大型の製作を中心に製作技術の進展を認めることができる。製作技術類型Ⅰ類で3種類、製作技術類型Ⅱ類で1種類の槍先形尖頭器製作技術を認めることができる。

まず、製作技術類型Ⅰ類であるが、その第一は扁平な角礫・分割礫を素材とし、大きく3工程に分けられるもので、長野県北踊場遺跡など黒曜石原産地周辺で認められるものである。初期工程では素材に粗い調整を施して成品に近い形状まで成形する。成形途上に細かな調整を適宜交えながら同時に整形も行っており、もともと素材の厚さがあまり厚くないものが多いため、初期工程で成品に近い厚さとなっている場合が多い。中期工程では、器体中軸付近までの調整を主体にある程度の厚さを減じながら全体の整形を行っていると推定され、厚さの厚いものは厚さを減じる工程を経た後、整形を行っていると思われる。最終工程では先端部・基部や縁辺部の調整を行って成品としている。こうした製作技術は、基本的には第Ⅰ～Ⅲ期の製作技術類型Ⅰa類に共通するものと思われる。

第二は盤状剥片を素材とし、まず祖型を製作し相似形に大きさを減じながら成品に完成するもので、東京都多摩ニュータウンNo.426遺跡をはじめ、群馬県房ヶ谷戸遺跡第Ⅰ文化層などで認めることができる。初期工程では祖型の製作を行っている。盤状剥片断面の角を除去するように粗い調整を施し、断面を扁平な六角形あるいは菱形の形状とし、平面形は先端部・基部ともに作り出して、おおむね槍先形尖頭器の形状とする。さらに縁辺部を中心に調整を施し、素材と同様に厚手であるが、平面形は目的とする完成品とほぼ同様の形状に仕上げている。中期工程は相似形に小型の形状を作出しながら厚さを減じ、完成品に近い形態に整形することを目的とする。前半の作業では器体中軸線を大きく越える調整が連続的に施され、祖型の厚さを減じている。この際調整剥片は側面観が緩やかに湾曲しており、断面は続く調整によって凸レンズ状となるように調整されている。また、一連の調整は背面および腹面単位でみると、いずれか一方の縁辺からの調整に偏っている場合が多

い。後続の作業では背面および腹面側の稜線の片寄りを中央部に修正し、断面凸レンズ状に調整している。したがって、調整は先行の調整とは反対の縁辺を中心に行われ、調整剥片は中央付近でとどまるものが多い。これらの作業によって器体中央部などが目的とする厚さに達していない場合、あるいは側面形状が不規則である場合、器体中軸線を大きく越える調整剥片を剥離して形状を整えている。続いて縁辺部に細かな調整を施して全体の形状を整える。これら一連の作業をさらに繰り返すことによって完成品に近づけている。最終工程は最終的な形状補正と全体的な形状を整える作業で、縁辺部への細部調整を主体としている。こうした槍先形尖頭器製作技術は第Ⅲb期の製作技術類型Ⅰc類と基本的には共通する技術であり、素材となる盤状剥片を組織的に生産している点で、素材生産から成品に至るまでの工程や中期工程における整形技術がより整備されたものといえる。

　製作技術類型Ⅰcは大型品の製作を中心に用いられ、長さ15cmを超える超大型品では中期工程における相似形に小型化する作業が2回以上繰り返されている。多摩ニュータウンNo.426遺跡接合資料No.1のように祖型が長さ20cmを超えるような大型品の場合は、中期工程初期ではきれいな断面凸レンズ状ではなく、作業の進行にしたがって整った凸レンズ状に仕上げられているものと推定される。この技術類型では盤状剥片を素材とするが、大型礫もしくは石塊から盤状剥片が連続的に生産されているものと考えられる。その際、副次的に盤状剥片に比較すると小形ながら厚手の剥片が生産され、中型・小型の槍先形尖頭器の素材として利用されているものと想定される。また、調整剥片の全体形状や打面形状から初期工程とそれ以降では工具が異なっているものと考えられる。

　また、長野県八風山Ⅵ遺跡、下茂内遺跡の槍先形尖頭器製作技術は上述の製作技術類型Ⅰc類と基本的には同じ技術類型といってもよいものであるが、中期工程において次第に細身に仕上げられる点が異なっている。大きくは同一の製作技術であることから、多摩ニュータウンNo.426遺跡を典型とするものをc2類、八風山Ⅵ遺跡を典型とするものをc1類として区別しておく。

　第三は広島県冠遺跡第10地点を典型とするもので、薄手の盤状剥片（板状剥片）を素材とし、素材の厚さや大きさを生かしながら槍先形尖頭器を製作している。素材の盤状剥片は大型の角礫あるいは亜角礫から連続的に生産されている。製作工程の詳細は不明であるが、大きく3工程が存在するものと推定される。初期工程ではまず大まかな形状を作成し、先端や基部も作出している。初期工程前半の調整剥片は主として大型で厚手と推定されるが、器体中軸線を大きく越えるものはあまり多くなく、素材の厚さを大きく減じる作業は顕著ではないようである。素材が成品と近い厚さであるため、初期工程終了時点で成品に近似した平面形状と厚さを獲得している。中期工程では整形を主としており、全体の形状を整え、厚さもある程度減じているが、やはり厚さを減じる作業はあまり顕著ではないようである。最終工程は先端部・基部や縁辺部の形状を整えて成品としているものと思われる。素材が十分薄い場合には素材面を完全に除去していない場合もあり、成形・整形・調整の明確な区別がなく、1工程で完成品としている。こうした槍先形尖頭器製作技術を製作技術類型Ⅰd類とする。この技術類型では大型品を中心に製作している。製作技術としては、製作技術類型Ⅰ類とⅡ類の折衷的技術と評価できる。

　次に製作技術類型Ⅱ類に分類できるものであるが、剥片を素材とし、素材の形状を生かしながら槍先形尖頭器を製作しており、多くの遺跡で確認できる。素材となる剥片は長野県下茂内遺跡、北

踊場遺跡、山形県上野A遺跡など組織的な素材生産が認められるものと、槍先形尖頭器製作途上で生じる大形・中形の調整剥片を適宜利用している場合がある。素材の平面形から不要部分を除去するように調整され、素材の形状を最大限生かしており、素材剥離面を大きく残すものも認められる（とくに素材主要剥離面はすでに断面形における凸レンズの一方の形状を具えており、広く残されている場合が多い）。残された素材主要剥離面を観察すると、素材を縦位に用いるものと横位に用いるものがあり、これも素材の形状を最大限利用しているためと判断される。調整は素材の形状を利用し、目的の形状に近づけるための最小限の調整を施しているものが多く、素材背面を中心として調整されている。素材中軸線付近までの調整を主体として、素材主要剥離面側では縁辺部にとどまる例も多い。製作工程は単純で、まず目的とする完成品に近い形状に調整し、次に縁辺部に細部調整を施して若干の形状修正や全体の形状を整え仕上げており、成形・整形の区別は困難である。基本的には1工程と捉えることができ、成形・整形・細部調整が一体化しているといえる。これは第Ⅲ期以前の製作技術類型Ⅱa類と基本的に共通する技術である。この技術類型では中型品を中心に小型・大型の一部が製作されている。

6. 第Ⅴ期の槍先形尖頭器製作技術

第Ⅴ期は細石刃石器群の余韻が残りながらも、再び槍先形尖頭器を主体とする石器群が日本列島に広く分布する時期である。すでに土器が出現しており、後続の隆線文系土器に伴う石器群に先行する時期でもある。日本列島のほぼ全域で槍先形尖頭器石器群を確認することができるが、製作技術を検討できる資料はあまり多くなく、良好な資料は関東地方南部に集中しているのが現状である。

1）槍先形尖頭器製作関連資料の分析

①中部高地

長野県上の平遺跡、浪人塚遺跡などがある。上の平遺跡では多量の槍先形尖頭器が出土しているが、成品あるいは半成品を中心として資料化されていることから、製作技術を十分復元できる状況にはない。浪人塚遺跡では少量の接合資料などもあるが、槍先形尖頭器の出土量が少なく、資料が十分公表されていないことから、やはり十分に製作技術を復元できる状況にはない。

②中部北部

中林遺跡などがある。本地域も製作技術に関しては十分に分析できる資料は公表されていない。

中林遺跡　本遺跡は1965年に東北大学（芹沢長介）によって発掘調査が実施され、第Ⅲ層を中心に槍先形尖頭器を主体とする石器群が検出された（芹沢 1966）。遺物の平面的な出土状態については記載がなく、垂直方向での包含状態もあまり明らかでないので、詳細な検討を行うことができない。しかし、出土の槍先形尖頭器は柳葉形を主体としており、基部寄りに最大幅を有するものが主体であることなどの形態から第Ⅴ期の特徴を示している。

本遺跡では中型・大型を主体とする組成である（図版第198・199）。製作工程の復元に参考となる資料はほとんど公表されていない。素材を推定できる資料はわずかにあり、198−5は剥片素材で、199−8も断面形などからみて剥片素材であろう（アミ目は素材面）。打面転位を行いながら剥片を生産する石核が認められ、小型および長さ7cm前後以下の中型は剥片を素材として主体的に利用している可能性がある。大型は盤状剥片あるいは大形の剥片を素材としている可能性がある。

また、製作工程を示す接合資料が得られている（図版第199-9）。背面中央は平坦で広い剥離面で、祖型製作の初期の調整面あるいは素材面（背面アミ目部分）と考えられ、外側（上部）に接合している調整剥片は祖型の形状の一端を示しているものと考えられる。そのほかの調整剥離は器体中軸線まで達しているものは少なく、祖型の断面は扁平な六角形を呈していたと推定される。縁辺部には細部調整が施され、先端部および基部は明瞭に作り出されていたものと推定できる。次の工程では祖型を背面左側縁から大きく剥離し、厚さを減じている。調整剥片は大型で器体中軸線を大きく越えている。さらに反対側から大きく剥離して断面における背面側の稜線を中央寄りに修正し、その後縁辺部を中心に調整を施して形状を整えているが、内側（下部）に接合する調整剥片から復元される器体外縁（腹面側破線b）は祖型外縁（腹面側破線a）にほぼ平行すると想定され、相似形に小形化しているものと判断される。

　③東海地方

　製作技術の分析を行うことができる良好な石器群はいまだに検出されておらず、詳細は不明である。

　④関東地方南部

　東京都前田耕地遺跡、多摩ニュータウンNo.27遺跡、神奈川県寺尾遺跡、千葉県元割遺跡など製作技術を分析する上でも良好な遺跡が多く知られている地域である。とくに、前田耕地遺跡では良好な接合資料があり、槍先形尖頭器の製作工程が復元されている。

　前田耕地遺跡　本遺跡は1976年から数次にわたる発掘調査が実施され、6ヵ所の遺物集中地点が検出されている。中でも「無文土器」を出土した2軒の住居跡周辺に形成された第6集中地点では槍先形尖頭器製作関連のきわめて良好な接合資料が得られている（橋口 1985・1989）。この第6集中地点は第1集中地点とともに本遺跡においてもっとも古い段階に位置づけられている。出土の槍先形尖頭器は柳葉形を主体に中細形木葉形、中広形木葉形が伴うようである。柳葉形では小型・中型・大型がそろっており、長幅比5.0を越える極細の形態が特徴的に存在する（図版第90）。

　槍先形尖頭器製作に関わる接合資料は多数あるが、ここでは橋口氏の槍先形尖頭器製作技術システム1（橋口 1985）のモデルとなった資料について検討してみたい。この接合資料は2個体の槍先形尖頭器製作に関わっており、礫の状態にまで接合が進んでいる（図版第91-1）。素材となる礫は扁平な円礫で、長径約17.5cm、短径約17cm、厚さ約8.5cmの大きさである。二枚貝を開けるように礫はほぼ半分に分割されており（91-1断面図A・B）、分割礫A側では分割面を観察できる（91-2）。以下、分割礫Aの接合資料を個体A、分割礫Bの接合資料を個体Bとして説明する。

　〈個体A（図版第92）〉　初期工程ではまず分割面側の調整が主体的に行われ、次いで礫面側の調整が集中的に行われているようである。この際、剥離される調整剥片は大形・中形で、大形を主体とする。これらの調整剥片はおおむね厚手で、打面も広く大きい。縁辺部の細部調整も基本的には行われていない。さらに縁辺部に部分的な調整を施して槍先形尖頭器の祖型が形成されているが、背面側（分割面側）では調整が周辺部を中心として中軸線まで達することはなく、祖型中央部には広く素材の平坦な分割面が残されていたものと推定される。腹面側（礫面側）の調整剥離も器体中軸線を基本的に越えることはなく、祖型中央部には礫面が残されている。したがって、祖型は素材

の厚さをほとんど減じることもなく、やや扁平な菱形もしくは変形の五角形を呈していたものと推定できる（92−1断面図アミ目部分）。祖型の平面形は先端・基部ともに尖らず、長楕円形に近い形状であったものと推定される（92−1背面破線部分、アミ目部分は祖型の一部を構成していたと思われる調整剥片）。また、祖型は主軸方向においては素材の長さを減じることなく成形されている[33]。この段階での工具はハード・ハンマーで、直接打撃の可能性が高い。この祖型の大きさは、長さ約18cm、幅約10cm、厚さ約4cmと推定される。

　次の工程では先端部ならびに基部の作出を中心に調整が行われている。剥離される調整剥片は中形・大形が主体であるが、打面は相対的に小さくなっており、大形の調整剥片は器体中軸線を越えて剥離されている。初期工程の工具とは異なっている可能性がある。平面形では中央部の幅はほとんど減じることはなく、中広形木葉形の形態となっており、長さは祖型とほとんど変わらない（92−2平面図破線部分）。断面形は中央部ではほとんど変化ないが、先端部および基部ではかなり薄身となり、全体的に扁平な菱形を呈しているものと推定される（92−2断面図アミ目部分）。さらに縁辺部全体の細部調整が行われ、次の工程ではさらに幅や厚さを減じる作業が行われるのであろうが、この資料では確認することはできない。

　〈個体B（図版第93）〉　素材分割面側の調整剥片接合資料をほとんど欠いており、素材礫面側も祖型作出時の調整剥片の接合はわずかである。個体Aとほぼ同様の作業工程が復元でき、初期工程ではまず背面（素材分割面側）の周辺部を中心とする粗い調整、続いて腹面側（礫面側）を中心とする粗い調整（93−1腹面のリングの描かれている剥離面）が行われ、さらに背面側を中心に部分的な細部調整が施されて、祖型が完成している。祖型は平面の形状（93−1背面破線部分、アミ目部分は祖型の一部を構成していた調整剥片）、大きさとも個体Aとほぼ同様で、断面は扁形の六角形を呈している（93−1断面図アミ目部分）。素材の長さ・厚さともにほとんど変化していない。

　次の工程ではやはり先端部と基部を作出しているものと推定される（93−2破線a）。この接合資料では次の工程の調整剥片が接合しており、やや細身になっているものと推定される（93−2破線b）。この段階では全体に断面形は扁平な菱形ないしは凸レンズ状を呈しているものと思われる。

　ところで、本遺跡の槍先形尖頭器は柳葉形を主体としているようで、長幅比5.0以上の極細タイプが多数認められる（90−2〜4など）。長さが10cmを越えるような3・4などは搬入品と考えられているが、9〜10cm程度の長さを中心に遺跡内で多数製作されているようである。90−1・5・6にあげた槍先形尖頭器は中細形木葉形に属するものであるが、平面の形状、全体の調整の状況、細部調整のあり方、厚さ、断面の形状、縁辺の側面観などから、製作途上で折損し廃棄されたものと判断される。3点の中でも1がもっとも調整の進んでいないものとみられ、腹面には礫面がまだ残っている。長さ14.4cm、幅4.6cm、厚さ1.6cmの大きさである。個体A・Bから素材の長さをあまり変化させることなく幅を減じていく様子が復元でき、個体Bの最終段階の工程からさらにもう1工程調整が進んだ状態を復元すると、1とほぼみあう形状と大きさと推定される。平面形状や厚さ、調整の状況などからみれば、1→6→5の順で調整が進んでいるものとみられる。形状を整えながら次第に細身にしていく過程が想定され、9のような形状を経て、2のような大きさの極細の槍先形尖頭器が完成するものと推定される。5・6の段階から9の形状の段階に至るまでに相似形にひとまわり小形

化する作業が介在する可能性もあるが、現状では検証できない。9から2への調整は厚さをほとんど減じることなく、器体中軸線までの調整剥離で幅を減じている可能性があり、断面形が厚手の凸レンズ状の形態を呈するものが多いのは強度の問題とともに、最終工程における調整も関連するものと推定される。

多摩ニュータウンNo.27遺跡　本遺跡は1974年から7次にわたる発掘調査が実施されており、1979年の第7次調査地区で槍先形尖頭器を主体とする石器群が検出されている（雪田編 1979）。調査地区では8ブロックが検出されているが、第1ブロック（報文ではNo.1ユニット）はナイフ形石器を主体とするもので、包含層もほかのブロックに比べ明らかに下層である。ほかの石器ブロックはいずれも第Ⅴ－1層を中心に検出されており、第2・3・4・7ブロックで槍先形尖頭器が出土している。石器ブロック相互の時間的検討はなされていないので、これらのブロックが同一時期に属するかどうかは確証がない。第3ブロックを除けば、槍先形尖頭器は柳葉形を主体としており、第Ⅴ期に位置づけられるものである。第3ブロック出土の槍先形尖頭器は大型で、中細形木葉形あるいは中広形木葉形で、第Ⅳ期～第Ⅴ期に位置づけられるものであろう。第2・3ブロック、第4・5・6・8ブロックはそれぞれ近接して存在し、時間的共存関係にある可能性があり、いずれのブロックでも石材は安山岩を主体に使用していることから、これらのブロック群をここでは同一時期とみておく。第7ブロック周辺では石斧・礫器が出土しており、組成中に含まれるものであろう。

第3ブロックでは大型の槍先形尖頭器製作を示す接合資料が得られている（図版第95－1～4）。両面に広く素材面が認められ、背面側は下半部のほぼ全体に、腹面側はほぼ全体に残されている（95－1アミ目部分）。背面側は1枚の剥離面、腹面側は2枚の剥離面で構成され、背面および腹面中央部の剥離面はいずれもネガティブ・ポジティブの判断は困難なほど平坦な剥離面であるが、面構成からみれば背面側が素材の主要剥離面であろう。両者はほぼ平行な関係にあり、厚さは約2cmと薄い。また、背面右側縁下端部に素材礫面がわずかに残されている。石材は安山岩であり、発達した石理を利用して連続的に生産された板状剥片を素材としているものとみられる。

素材はすでに目的とする成品の厚さに近く、素材の厚さを大きく減じることなく縁辺部の形状を整える調整を中心に成形を行っている。したがって、調整剥片は器体中軸線を大きく越えるものは少ない。しかし、発達した石理が災いして器体の一部が大きく剥離してしまったり欠損したりしており、そのつど全体の形状を小形に修正しながら調整が続行されているが、最終的には器体中央部が折損して放棄されている。

寺尾遺跡　本遺跡は1977年に発掘調査され、7枚の旧石器時代文化層が検出された（鈴木・白石編著 1980）。第Ⅰ文化は軟質の赤褐色ローム層（L1S）中に包含され、槍先形尖頭器を主体とする石器ブロック21、散漫分布域4が検出された（白石 1980a）。ブロック相互の時間的関係は検討されていないが、出土石器の内容や槍先形尖頭器の形態などから同一時期の所産と考えられる。石器群の内容は槍先形尖頭器58、石斧6、掻・削器5、舟底形石器1、細石刃12などで、口縁部外面を中心に横位刺突文を施した土器[34]が供伴している。舟底形石器はやや厚身の両面加工石器で、甲板面の幅より底面までの高さがはるかに長い。甲板面は石器の長軸方向から2回程度の打撃によって作出されており、その後甲板面より片方の側面に細かな調整が行われている。こうした特徴は北方

系の削片系細石核（湧別技法による細石核など）に近いものであり、ブランクと考える方が妥当であろう[35]。報告では細石刃関連の遺物は別時期と判断されているが、土器、細石核、槍先形尖頭器（大型柳葉形・中細形木葉形）の供伴は神奈川県月見野遺跡群上野遺跡第1地点第Ⅱ文化層（相田・小池 1986）など類例が増加しつつあり、出土状況や石器群の内容から本例も供伴と考えてよかろう。

　槍先形尖頭器製作に関わる接合資料はあまり多くないが、素材の形状をうかがわせる資料（図版第82-9）がある。大型の槍先形尖頭器製作に関わるものと判断され、背面側に広く礫面を残している。側面の形状から円礫を大きく剥離した分割礫を素材としているものとみられる。接合資料の範囲内でみる限り、背面右側縁側からの調整が主体となっている。しかし、接合資料の核となる部分（槍先形尖頭器本体）から推定すると先端部あるいは基部付近の調整と考えられる（破線c）ので、この接合資料で全体の調整法を代表させることができるかどうか判断できない。両面での調整を交互に行いながら成形している様子がうかがえるが、縁辺部の形状補正（細部調整）は腹面側（調整剥片の打面側）を主体に行われている。腹面左側の最初に剥離された調整剥片の打面部外縁を結ぶ線（破線a）は想定される本体の主軸とほぼ平行し、背面側は礫面で覆われていることから、これらの調整剥片は製作工程の初期に剥離されたことを推定させる。これら初期の調整で縁辺の形状は大きく変化し、先細りの形状となっている（破線b）。これ以降の調整では縁辺の形状がほぼ平行するように後退していることから、この段階で祖型が完成しているものと推定される。

　このほか、槍先形尖頭器の中に素材面を大きく残し、剥片素材と推定することができる資料がある（図版第80-1・3・6、81-4・9、82-5・7、アミ目は素材面を示している）。80-1は腹面中央部に、80-3は腹面上半部に、80-6は腹面下半部中央に剥離面を広く残しており、ポジティブ面と思われる。81-4は腹面に広くポジティブな剥離面を残しており、側面形は顕著な湾曲を示している。素材を縦位に用いており、素材は幅広ながら縦長の形状であった可能性が強い。81-9は両面に広く素材面を残しており、背面側がポジティブ面である。82-5は腹面中央部に、82-7は両面の中央部に広く素材面を残している。こうした剥片素材と推定される槍先形尖頭器は小型・中型・大型の各形態で認めることができ、中型・大型では素材の長さが8～15cm程度は必要と考えられる。一方では、82-7で観察されるように、素材の厚さと完成品の厚さは大差ないものが主体を占めるものと推定される。本石器群ではこれらの素材生産を行った横長剥片石核や縦長剥片石核は検出されておらず、出土剥片の観察からもその存在は指摘できない。また、81-4で指摘したように、側面形が湾曲していることをあわせ考えると、これらは大型の槍先形尖頭器製作を中心として主に初期工程において剥離される大形調整剥片を適宜利用しているものと推定される。

　元割遺跡　本遺跡は1979・80年に調査され、第1地点のⅡc層下部で槍先形尖頭器を主体とする2ブロックが検出されている（田村 1986a）。槍先形尖頭器は柳葉形を主体とし、長幅比5.0を越える極細タイプが一定量含まれており（図版第100-1・2）、前田耕地遺跡第6集中地点に対比される石器群である。調整剥片の出土はわずか23点と少なく、大形の調整剥片を含まないことから、槍先形尖頭器は完成品あるいはほぼ完成品として搬入され、最終的な調整や使用に伴う部分的な修正が施されたものと考えられる。したがって、槍先形尖頭器の製作工程を分析する資料としては適当では

ないが、前田耕地遺跡で取り上げた資料とは異なる素材が推定されるため、補足として説明しておきたい。

槍先形尖頭器の多くは調整が入念に施され、素材の推定できるものや製作過程を推測させるものはない。大型品や中型品の一部は前田耕地遺跡第6集中地点で取り上げた資料と同様の製作工程をもつものであろうが、少数ながら素材面を観察できる資料がある（100-3・5・6、アミ目は素材面を示す）。3は背面下部中央に節理面をわずかに残しており、素材は剥片あるいは分割礫の可能性がある。5は大型で、背面下部右半および腹面中央部に素材剥離面を、背面下部左側縁にわずかに素材礫面を残している。腹面が素材の主要剥離面で、素材剥片を縦位に使用している。素材の厚さをあまり変化させていないものと判断され、素材の形状を生かしながら1工程のみで仕上げているものと考えられる。6は周辺加工の槍先形尖頭器（機能的には削器かもしれない）で、両面に広く素材面を残しており、剥片素材であることは明瞭である。これらの槍先形尖頭器の素材となる剥片がどのような形で獲得されているのかは本遺跡の性格上分析できないが、伴出の掻・削器類の素材にはおおむね槍先形尖頭器の調整剥片が利用されており（100-9・10、アミ目は素材面を示す）、これら槍先形尖頭器の素材剥片も大型の槍先形尖頭器の初期工程を中心に剥離される大形・中形の調整剥片が適宜利用されているものと判断される。

⑤関東地方北部

群馬県石山遺跡、荒砥北三木堂遺跡などが知られるが、同時期の石器群はあまり多くはない。ここでは石山遺跡を取り上げて様相を概観する。

石山遺跡　本遺跡は1967年に東毛考古学研究所によって発掘調査が実施され、板鼻黄色軽石層（第Ⅳ層）上に堆積する第Ⅲ層黄色ローム層中から槍先形尖頭器を主体とする石器群が検出された（相沢・関矢 1988d）。槍先形尖頭器は100点以上が出土しており、大半は未成品で製作関連の調整剥片なども多数出土しているが、詳細は不明である。槍先形尖頭器は中型・大型の柳葉形を主体とする組成である（図版第102・103）。

素材は剥片を利用する例が認められ（103-2・7）、扁平な礫も利用している（102-5）。剥片素材の例では縦長剥片状の細長い形状で縦位に用いており、扁平な礫素材の可能性のある例も細長の形状で縦位に用いている。また、大型を中心に盤状剥片や分割礫を利用しているものと推定される。

製作工程の詳細は不明であるが、盤状剥片など厚手の素材を利用するものでは祖型を製作しており、祖型は厚手で幅広の形態を主とするものと思われる（図版第104-2・3）。

祖型は調整の進行に伴って厚さが減じられるとともに、次第に細身となるものと推定される。成品に至るまでに複数の工程を経るものと推定され、柳葉形もしくは中細形木葉形の形態に仕上げられるものと思われる。剥片あるいは扁平な礫を素材とするものは素材がすでに成品に近い厚さであるため、相対的に加工量が少なく、調整は器体中軸線前後の剥離が中心となっている（102-5、103-2・3・7）。成形・整形が一体的で、基本的に1工程で仕上げられているものと思われる。

⑥東北地方

山形県弓張平遺跡などが知られるが、良好な石器群はわずかである。弓張平遺跡は多数の槍先形尖頭器が出土しており、中型・大型の柳葉形を主体とする組成である。槍先形尖頭器の製作を行っ

た遺跡であるが、製作に関する資料の詳細は不明である。大型については複数の製作工程の存在が予想される。

⑦中・四国地方

　広島県冠遺跡D地点第Ⅰ文化層などがあるが、石器群として検討できるものは現状で知られていない。冠遺跡D地点第Ⅰ文化層では槍先形尖頭器の製作技術の全体を分析するには資料が少ないが、槍先形尖頭器の製作工程を示す接合資料が得られており、出土の槍先形尖頭器を中心に資料を概観してみたい。

冠遺跡D地点　冠遺跡D地点は1988年に㈶広島県埋蔵文化財センターが発掘調査を実施した（妹尾編著 1989）。さらに1990年には埋蔵文化財調査センター調査区の隣接地を広島大学考古学研究室が発掘調査しており（藤野 1992）、3枚の文化層が検出されている。槍先形尖頭器を主体とする石器群は第Ⅱ層を中心に出土しており（第Ⅰ文化層）、小型・中型の柳葉形の槍先形尖頭器が4点出土している（図版第214-1～3・5）。いずれも素材面を残しており、剥片あるいは盤状剥片素材である。1は中型で両面に素材面を残しており、成品に近い大きさの素材を選択しており、少ない加工量で成品に仕上げようとしている。2は先端部のみであるが、両面に素材面を残しており、厚さからみて小型と思われる。1同様に成品とほぼ同じ大きさの素材を選択しているものと推定される。3は素材面がわずかしか残されていないため詳細は不明であるが、前2者と同様である可能性がある。それに対して、5は完形品で腹面左半に広く素材面を残している。この槍先形尖頭器はさらに調整剥片など（図版第214-6～8）と接合しており、盤状剥片を素材としていることがわかる（214-4）。素材は、長さ14cm、幅5cm、厚さ3cm程度の大きさで、盤状剥片を半分程度に分割して細身の素材を用意している。素材は当初大型用に準備されたものと思われるが、製作の比較的初期段階に先端部を大きく欠損し、中型として再加工されている。

　製作工程についてみると、小型や中型の多くは剥片素材と思われ、目的形状に近い大きさの素材を選択しているため、大きく厚さを減じる必要がなく、器体の中軸線を大きく越えるような調整は原則的に施していない。成形と同時に整形を行いながら基本的に1工程で仕上げられているものと想定される。大型や一部の中型は盤状剥片を素材としている。214-4は盤状剥片を分割し、分割面を打面として粗い調整を施して成形を行っている。本例では、先端部腹面に調整痕は認められず、背面も右半のみであることから成形段階の比較的早い時期に先端部が欠損し、大幅な形状修正が行われたものと思われる。先端部が欠損しなければ大型としての成形が継続したものと思われる。背面側の調整は器体中軸を大きく越えているものは基本的になく、中軸線の前後までで稜線を形成している。形態の修正過程では腹面側で主として調整が実施されているが、先端部が欠損していない場合の成形においても腹面側を主体として調整が実施された可能性は高い。調整は器体中軸線を大きく越える剥離を交えていたものと想定されるが、冠遺跡第10地点と同様、比較的薄手の盤状剥片を素材として利用していることから、厚さを減じる作業の重要性は相対的に低く、中軸線をやや越える程度の調整が主体であった可能性がある。成形段階で成品にかなり近い厚さになっていた可能性があり、平面も成品に近い形に整えられるものと思われる。中期工程では全体の整形作業を1回程度経て細部調整が行われ、成品とされたものと想定される。

⑧九州地方

　佐賀県多久三年山遺跡、茶園原遺跡など九州地方北部を中心に多久産安山岩を利用した遺跡が散漫に分布しているが、製作技術を検討できるのは多久三年山、茶園原遺跡など原産地遺跡に限られる。しかし、これらの原産地遺跡の出土資料についても詳細は不明であることから、現状では製作技術の問題を十分の検討できる状況にはない。ここでは多久三年山遺跡を中心に、製作技術の問題について概観してみたい。

　多久三年山遺跡　本遺跡は1960年に明治大学によって発掘調査が実施され、大型の槍先形尖頭器および未成品、調整剥片など製作に関連する資料が多量に出土した（杉原・戸沢・安蒜 1983）。第二層の黄褐色粘土層を中心に石器群は出土した。調査面積は約90㎡と狭く、調査区の全体から出土したが、調査区南部のⅣ・Ⅴ区側に分布の中心があったとされている。

　出土石器は、槍先形尖頭器関連のものを主体とし、削器や縦長剥片、同石核が含まれている。明確に異なる時期の遺物は認められないことなどから一時期のものとみなすことができる。槍先形尖頭器は大型を主体とし、若干中型が認められるが、点数はきわめて少なく、大型の槍先形尖頭器の製作を目的とした製作跡である。

　槍先形尖頭器はいずれも未成品（図版第216～222）と考えられるが、成品に近い段階から工程の初期段階に近いものまで各種のものがある。成品に近い形態（216－1～5、217－1・2ほか）はいずれも柳葉形であり、柳葉形を基本として製作されていたものと考えられる。素材は、盤状剥片を主としている可能性がある。素材面を残すもの（217－2・3、219－1～5、222－2～5）はかなりあり、明らかに剥片素材であることを確認できるものも多い。219－3・4のごとく、成品に近い厚さの素材を選択しているもののほか、十分に加工が進展し素材面を残していない状態でなおかつ厚さが厚いもの（218－1・4、221－2、222－3～5）があり、多様な厚さの素材が利用されている。石核は横長剥片石核、縦長剥片石核が認められるが、後者は整った縦長剥片を連続的に剥離しているものは少なく、打面を転位しながら幅広で大形の剥片を剥離しているものが多数含まれている。横長剥片石核は基本的に大形剥片を剥離している。これらのことからすれば、本遺跡では盤状剥片の生産が基本的に行われているものと理解され、成品に近い厚さの剥片を利用しているものについても、盤状剥片生産に伴って剥離された薄手の剥片を適宜利用したものと推定される。報文では、縦長剥片を素材として利用しているものが認められることが述べられているが、図示されているものの中には認められない。主要剥離面を残すもの（217－2、219－1～5、222－2～5）はいずれも素材を横位に用いており、平面形状からみて素材はいずれも横長の剥片であろう。縦長剥片を槍先形尖頭器の素材として利用している可能性はあるが、例外的と思われる。また、221－2のように非常に厚い素材を利用していると想定されるものもあり、分割礫も素材として利用されているものと思われる。

　製作工程の詳細は不明であるが、薄手の盤状剥片（成品の厚さに近いもの）を利用するものと厚手の盤状剥片・分割礫を利用するものでは様相を異にしているものと思われる。両者とも大きく3工程が存在すると思われる。前者では、初期工程は成形段階で比較的細身の形態に成形している。調整は粗いが、器体中軸線前後までの調整剥離が主体である（219－2～4）。素材も比較的細身ものを中心に選択している可能性があるが、やや幅広の素材では器体中軸線を大きく越える調整を連続

的に施している（219-5）。中期工程では器体中軸線までの調整を主体として全体の形状を整えると同時にさらに細身に加工し、ほぼ成品に近い形状に成形するものと思われ、さらに最終工程で細部の調整を行って成品に仕上げているものと思われる。後者では初期工程において祖型を製作しているようである。祖型は器体中軸線付近までの粗い調整を主体としており、厚手で幅広の形態である（221-2）。中期工程では器体中軸線を越える調整（217-1・218-1の両面、221-1の背面など）を施しながら厚さを減じるとともに、幅を減じて細身の形態に調整している。中期工程の後半では全般的に調整は細かくなり、縁辺の細部調整も顕著となっていると思われる。最終工程では縁辺や先端・基部の形状を整え細部調整を施して成品としているものと思われる。

このほか、未成品に中には角錐状石器と技術的・形態的に区別のつかないものが含まれている（222-1・4・5）。出土状況から槍先形尖頭器などと区別することはできない。これらは時期的に分離できる可能性もあるが、素材面を広く残し調整の粗いもの（222-4・5）はやや幅広で厚手であり、調整が進行するにしたがって細身で厚さも薄くなる様子（222-1・2）が観察されることなどから、本遺跡における調整技術の一つと理解しておきたい。

2）　槍先形尖頭器の製作技術

次に槍先形尖頭器製作技術の様相をまとめてみたい。第Ⅴ期では製作技術類型Ⅰ類で2種類、製作技術類型Ⅱ類で2種類の槍先形尖頭器製作技術を認めることができる。

製作技術類型Ⅰ類の第一は分割礫を素材とし、まず祖型を製作して、祖型の幅と厚さを減じながら目的とする槍先形尖頭器を製作するもので、前田耕地遺跡第6集中地点を典型例とする。素材としては前田耕地遺跡の場合、比較的扁平な大型楕円礫を二分した分割礫が用意される。初期工程は祖型の作出を目的とし、素材両面に粗い調整が施され、断面形が扁形の六角形あるいは五角形の両面加工品を製作している。調整剥離は素材中央まで及ばず、祖型中央部に素材面が広く残されたままとなっている場合が多い。さらに部分的な細部調整が施されて祖型を製作している。先端部および基部の作出はほとんどなされておらず、平面形は楕円形に近く、素材の長さおよび厚さはほとんど変化していない。中期工程の初期段階では先端部および基部の作出を主体とし、先端部および基部では器体中軸線を越えるような調整が施されている。さらに全体に細部調整を施して形状を整えている。器体中央部は幅・厚さ・断面形状ともにほとんど変化はないが、先端部および基部はかなり薄身となり、断面形は扁平な菱形となっている。次の段階では、器体中軸線をやや越える調整剥離を主体として全体にわたって大まかな調整が施され、幅・厚さを減じる。長さについてはあまり変化しないように注意が払われ、平面形態は前段階より細身になっている。次いで縁辺部に細部調整を施して全体の形状を整えている。こうした大まかな調整による厚さの減少→細部調整による形状の補正という調整を繰り返しながら次第に細身の形状に変化させ、目的とする厚さに近づけている。最終工程ではほぼ目的の形状に仕上げられた製品に細部調整を施して、部分的な形状修正や全体の形状を整えて完成品とする。この際、中期工程の最終段階で厚さの点ではほぼ目的を達しているが、幅がやや広い形態である場合、全般的に器体中軸線を越えない調整を施すことで最終的に細身の形態を作り出している。全工程を通じて素材の長さをできるだけ有効に生かすべく注意されているようで、祖型と完成品の長さは大きくは変化していないものと推定される。第Ⅳ期の製作技術

類型Ⅰc1類と基本的に共通する技術であり、柳葉形、とくに長幅比5.0を超える極細タイプの槍先形尖頭器製作に伴って発達したものと思われる。大型および中型を製作している。

　第二は祖型を製作して、厚さを大きく減じながら成品とするもので、平面形は祖型をおおむね相似形に小形化している。新潟県中林遺跡で確認することができるが、その内容については必ずしも明らかでない。しかし、第Ⅴ期においても中型・大型の中細形木葉形の槍先形尖頭器はかなり一般的に製作されていることから、この技術が広く利用されている可能性は高い。盤状剥片を素材としていると推定されるが、詳細は明らかではない。初期工程では素材両面に粗い調整を施して祖型を製作しているが、素材中軸線付近までの調整を主体としているため、断面は扁平な六角形状を呈していたと推定される。縁辺部には細部調整が施され、先端部および基部は明瞭に作り出されていたものと推定できる。中期工程では一方の縁辺側を中心として器体中軸線を大きく越える調整を連続的に施し、厚さを減じている。さらに反対側の縁辺から大きく剥離して断面における背面側の稜線を中央寄りに修正し、その後、縁辺部を中心に調整を施して形状を整えている。大型の槍先形尖頭器製作の場合、同様の整形を複数回繰り返しほぼ完成品に近い形態に仕上げているようである。これは第Ⅳ期の製作技術類型Ⅰc2類と基本的に共通する技術であり、大型や一部の中型の製作に用いられているものと推定される。

　製作技術類型Ⅱ類の第一は元割遺跡をはじめ多くの遺跡で認めることができる。製作技術の内容は第Ⅰ期以降存在する製作技術類型Ⅱa類と基本的に変わることはない。中型品を主体に大型・小型の製作に広く用いられている。素材は特定の石核から剥離された剥片を素材とする場合もあるが、大型を中心とする槍先形尖頭器の素材である盤状剥片生産過程で剥離される剥片や大型を中心とする槍先形尖頭器製作の初期工程で剥離される大形の調整剥片などを主に利用しているようである。成形と整形が一体化しており、基本的に1工程で製品に仕上げられている。

　製作技術類型Ⅱ類の第二は大形の板状剥片を素材とし、素材の厚さや大きさを生かしながら槍先形尖頭器を製作するもので、東京都多摩ニュータウンNo.27遺跡を典型例とし、薄手の盤状剥片を用意するものも類似の技術と考えられる。素材の板状剥片は発達した石理をもつ石材を選択しており、大形の礫あるいは原石のブロックから連続的に生産されているものと考えられる。素材段階でほぼ完成品に近い厚さを具えているため、調整は素材の平面形状から不要部分を除去するように剥離し、目的とする形状に仕上げている。作業の前半では粗く調整を施し、大まかな形状を作出し、断面は大まかな凸レンズ状を呈している。調整剥離は素材の中軸線を大きく越える場合もあるが、中軸線付近までを中心としている。後半では形状の修正を行い、最終段階では縁辺部に細部調整を施して仕上げている。第Ⅳ期の製作技術類型Ⅰd類に類似する技術であるが、素材の板状剥片製作の点でさらに特化しており、製作技術類型Ⅱb類として分類しておきたい。この技術類型では大型品を中心に製作している。

第2節　槍先形尖頭器製作技術の確立と展開

　前節までみてきたように、槍先形尖頭器の製作技術は時期や地域によって変化しているが、槍先

形尖頭器の製作技術は形態と密接に関連しながら変化していることがわかる。また、第Ⅱ期以降の製作技術はそれぞれ前段階の製作技術を基盤としながら次第に発達し、複数の製作技術の組み合わせとして変化してきたこともわかる。ここでは通時的に槍先形尖頭器の製作技術の変化を追い、槍先形尖頭器の技術的系譜を概観してみたい。

第Ⅰ期では、製作技術類型Ⅰa類と製作技術類型Ⅱa類の2種類の製作技術を認めることができる。Ⅰa類は中型を主体として製作されており、成品よりひとまわり大きな素材が利用されている。素材は厚手の剥片を主とし、分割礫や扁平な礫も一部には認められる。典型なものでは初期工程（成形段階）、中期工程（整形段階）、最終工程（調整段階）の3工程が認められるが、素材の形状によっては成形段階と整形段階が渾然一体となっている場合もある。初期工程では大まかな形状を作り出すと同時に、器体中軸線を大きく越える調整を連続させ、素材の厚さを減じること目的としている。初期工程でおおむね厚さは成品に近づけられているので、中期工程では平面形状を主とする整形が主たる目的とされている。Ⅱa類は中型・小型を製作している。成品に近い大きさの剥片が素材として利用されており、加工量はあまり多くない。したがって、完成形態は素材の形状にかなり規制されており、一定の範囲で素材の選択を行っている。製作工程は比較的単純で、素材の厚さを基本的に減じる必要がほとんどないことから、成形と整形が一体化しており、最終的な細部調整が集中的に行われる場合を除けば、1工程で仕上げられている。

第Ⅱ期では製作技術類型Ⅰb類および製作技術類型Ⅱa類の2種類の製作技術を認めることができる。また、製作技術類型Ⅰb類のバリエーションと捉えることも可能であるが、製作技術類型Ⅰa類も認めることができる。Ⅰb類は、長野県男女倉遺跡J地点、同B地点、神奈川県大和市No.210遺跡などで認めることができる。分割礫や扁平な礫などなど第Ⅰ期の素材に比べて大形厚手の素材を主に使用しているが、素材の組織的な生産は行われていない。大きく3工程を認めることができ、初期工程で素材中軸線を大きく越える調整を施して素材の厚さを大きく減じ、初期工程の終盤では先端部や基部を作出して成品に近い形状に成形している。厚手の素材を利用しているため、初期工程終了段階においてもなおやや厚手の未成品が多く、中期工程でさらに器体中軸線を越える調整を一定量施して成品に近い形状を整えていると想定される。Ⅰb類は第Ⅰ期の製作技術類型Ⅰa類をもとに発展した技術と想定される。中型の中でも長さ8cmを超えるやや大形品を中心に製作しており、第Ⅰ期のⅠa類は3段階の製作工程が認められたものの、必ずしも各段階を明確に峻別できない場合も多く、十分に完成された製作技術ではなかったが、Ⅰb類は製作工程において初期工程・中期工程・最終工程の3工程が確立しており、完成した槍先形尖頭器製作技術と評価できる。そのため、第Ⅰ期では素材の形状による制約などのため槍先形尖頭器の形状にばらつきが多いが、第Ⅱ期では平面形態の上で斉一性が認められるようになる。製作技術類型Ⅰa類およびⅡa類は第Ⅰ期の製作技術類型Ⅰa類およびⅡa類と基本的には同じ内容である。

中部高地では、製作技術類型Ⅰ類を主に製作技術類型Ⅱa類によっても一定量の槍先形尖頭器が製作されているものと思われるが、その他の地域では製作技術類型Ⅱa類が主体となっており、製作技術類型Ⅰ類による製作は顕著ではない。

第Ⅲ期は槍先形尖頭器が組成の主体を占め、槍先形尖頭器が量産され始める時期であるが、第Ⅲ

a期と第Ⅲb期では製作技術の様相が異なる。第Ⅲa期における技術組成の様相は基本的に第Ⅱ期の様相を引き継いでおり、製作技術類型Ⅰa類および製作技術類型Ⅱa類の2種類の技術が認められ、詳細は明らかではないが、製作技術類型Ⅰb類も存在する可能性がある。槍先形尖頭器は中部地方〜東北地方の東日本を中心に分布するが、両面加工・片面加工などの槍先形尖頭器調整状態に基づく組成は中部高地とその他の地方で異なっている。それに対応するように技術組成の面でも、中部高地は製作技術類型Ⅰ類が主体であり、その他の地域は製作技術類型Ⅱ類が主体となっている。製作技術類型Ⅰa類は中型を主として、大型を製作している。扁平な礫や大形厚手の剥片を利用しており、3工程が認められる。初期工程は成形段階で、粗い調整を施して槍先形尖頭器形に成形しており、器体中軸線を大きく越える調整を連続的に施して素材の厚さを減じている。中期工程は整形段階で、器体中軸前後の調整を主体に細部調整を行いながらほぼ完成形に近づけ、最終工程で細部調整を行って仕上げている。第Ⅱ期の製作技術類型Ⅰa類と基本的に同様の技術である。製作技術類型Ⅱa類も第Ⅰ期・第Ⅱ期の製作技術類型Ⅱa類と基本的に同じ技術であり、素材剥片は縦長剥片を主体とし、縦長剥片を量産する技術も存在する。

　第Ⅲb期後半は前半と後半に細分され、後半には一定の技術的進展が認められるが、基本的には同一の製作技術類型としてまとめることが許されよう。槍先形尖頭器の製作技術は製作技術類型Ⅰc類と製作技術類型Ⅱaの2種類が認められる。製作技術類型Ⅰc類は大型および中型の一部（長さ8cm以上のものが主体）を製作しており、礫（比較的扁平のものが多い）・分割礫・盤状剥片を素材としている。分割礫や盤状剥片は前半期では組織的に生産されている様子はないが、後半期の東北地方や関東地方南部などで盤状剥片を組織的に生産している様子が確認できる。製作工程は大きく3工程が認められ、初期工程は祖型の製作段階で、素材両面の周囲に粗い調整が施され、槍先形尖頭器状に成形されるが、器体中軸線を大きく越える調整は少なく、素材の厚さとあまり変わらない。平面形態も目的とする成品に比べてかなり幅広である。中期工程は厚さと幅を減じる作業が行われ、調整は器体中軸線を大きく越える調整が連続的に施されている。平面形状および側面形状を整えると同時に縁辺部や先端・基部の細部調整も適宜行いながら調整は進行している。これらの一連の調整によって祖型よりひとまわり小形化しており、こうした作業を1〜複数回繰り返すことによりほぼ成品に近い形態まで整形している。最終工程では、部分的な形状の修正や縁辺部の修正を行い成品に仕上げている。製作技術類型Ⅰc類は第Ⅱ期の製作技術類型Ⅰb類に系譜をもつもので、大型を主とする槍先形尖頭器製作の量産に伴って発達した技術と評価でき、第Ⅲb期後半に主要な製作技術の一つとして確立している。とくに盤状剥片を中心とする大型素材の組織的生産と中期工程の発達が大型の量産に不可欠の技術であったものと考えられる。製作技術類型Ⅱa類は第Ⅲa期以前のⅡa類と基本的には同じ技術であり、槍先形尖頭器出現期以来基本的な部分ではほとんど変化していない。中型を主体に小型を製作しており、大型の中にもこの技術を用いているものがある。この点は、前段階までとは様相をやや異にしており、大型が形態組成において重要な位置を占めるのに伴って副次的に素材利用の変化があったものと思われる。素材剥片は縦長剥片が主体で量産しているが、基本的に中型・小型に供給されており、大型の剥片素材利用が副次的であったことが素材生産のあり方からもうかがえる。また、大型の製作に伴って、初期工程を中心とする調整剥片が

槍先形尖頭器を含めた剥片石器の素材として意識的に利用しはじめられ、素材生産の面でもナイフ形石器石器群の構造が大きく変化する様相がうかがえるようになる。

第Ⅳ期は細石刃石器群との併行期で、槍先形尖頭器石器群は中部高地や東北南部など地域的に限定される。槍先形尖頭器製作技術は製作技術類型Ⅰa類、Ⅰc1類、Ⅰc2類、Ⅰd類、Ⅱa類の5種類の製作技術が認められる。製作技術類型Ⅰa類は中型を主体に製作しており、中部高地の黒曜石原産地周辺で認められる。扁平な角礫・分割礫を素材としており、製作工程は3工程に分けられる。初期工程は成形段階で、素材に粗い調整を施して成品に近い形状まで成形する。素材中軸線を大きく越える調整をある程度連続的に施している場合もあるが、もともと素材の厚さがあまり厚くないものが多いため、初期工程で成品に近い厚さとなっている場合が多い。中期工程は整形段階で、器体中軸付近までの調整を主体としているが、厚さの厚いものは厚さを減じる作業を経た後、平面形・側面形の整形を行っていると思われる。最終工程では先端部・基部や縁辺部の調整を行って成品としている。

製作技術類型Ⅰc1類は大型を主体に製作しており、長野県八風山Ⅳ遺跡・下茂内遺跡などを典型例とする。盤状剥片を素材としており、素材は組織的に生産している。製作工程は大きく3工程に分けられ、初期工程は祖型の製作段階で、盤状剥片の断面の角を除去するように粗い調整を施し、断面が扁平な六角形あるいは菱形の形状とし、槍先形尖頭器状の形態を成形している。厚さは素材とほぼ同様であるが、平面形は目的とする成品とほぼ同様の形状に仕上げている。中期工程は祖型の厚さを減じる工程で、平面形においても完成品に近い形態にすることを目的とする。器体中軸線を大きく越える調整を連続的に施して厚さを減じ、続いて縁辺部に細かな調整を施して全体の形状を整える。これら一連の作業を複数回繰り返すことによって次第に細身に整形される。最終工程は最終的な形状補正と全体的な形状を整える作業で、縁辺部への細部調整を主体としている。

製作技術類型Ⅰc2類は内容的には製作技術類型Ⅰc1類とほぼ同じであるが、中期工程において相似形に小形化するように仕上げられる点が異なっており、東京都多摩ニュータウンNo.426遺跡を典型例とする。

製作技術類型Ⅰd類は大型を主体に製作しており、広島県冠遺跡第10地点を典型例とする。薄手の盤状剥片（板状剥片）を素材とし、素材の厚さや大きさを生かしながら槍先形尖頭器を製作している。素材は組織的に生産されている。製作工程の詳細は不明であるが、大きく3工程が存在するものと推定されるが、素材と成品の厚さがあまり違わないため、厚さを減じる作業はあまり顕著ではない。Ⅰd類はこの時期に初めて確認されるもので、大型の製作に伴って成立したものである。製作技術類型Ⅰ類とⅡ類の中間的技術で、不十分ながら石材の特徴を利用した素材処理を行うことによって調整加工の割合を大幅に減少させ、大型を比較的短時間で量産することを可能にしたと思われる。

これらの製作技術類型Ⅰc1およびⅠc2類は第Ⅲb期のⅠc類を直接の系譜として地域や石材に応じて発展・成立したものと評価できよう。

製作技術類型Ⅱa類は中型を主体に小型や大型も製作している。剥片を素材とするもので、第Ⅰ期以来の系譜をもつものである。素材の形状を生かしながら槍先形尖頭器を製作しており、組織的

な素材生産が認められるものと槍先形尖頭器製作途上で生じる大型・中型の調整剥片を適宜利用している場合がある。残された素材主要剥離面を観察すると、素材を縦位に用いるものと横位に用いるものがあり、これも素材の形状を最大限利用しているためと判断される。製作工程は成形・整形の区別は困難で、最終工程を除けば、基本的には1工程と捉えることができ、成形・整形・細部調整が一体化している場合も指摘できる。

第Ⅳ期は大型が組成の中で重要な位置を占めており、製作技術の上でも素材（盤状剥片）の組織的な生産や製作工程・形態の斉一化などにみられるごとく、石器群において主体的な位置を占めている。また、地域ごとの多様性を認めることができる。これらの製作技術は第Ⅲb期、とくに後半期の製作技術のさらに進展した様相であり、直接の系譜をもつものと判断される。

第Ⅴ期では槍先形尖頭器石器群を日本列島のほぼ全域で認めることができるが、製作技術の分析を行うことができる遺跡は必ずしも多くない。槍先形尖頭器の製作技術は製作技術類型Ⅰc1類、Ⅰc2類、Ⅱa類、Ⅱb類の4類型が認められる。製作技術類型Ⅰc1類は大型を主体に製作している。分割礫を素材としており、良好な接合資料の得られている東京都前田耕地遺跡では円礫を半割した分割礫が素材として用いられている。製作工程は3工程が認められ、初期工程は祖型の製作段階である。祖型は素材両面に粗い調整を主として槍先形尖頭器状の形状に成形しているが、先端や基部は明瞭ではなく、両面の中央部に素材面を残しており、素材の厚さは基本的に減じられていない。中期工程は素材の厚さを大きく減じるとともに幅を次第に減じながら細身の形態に仕上げる工程である。工程の初期では両端の調整を行って先端部や基部を作り出しており、器体中軸線を大きく越える調整を交えながら成品に近い状態に整形している。次に本格的な整形作業に移行し、器体中軸線を大きく越える調整を全体に連続的に施して厚さを減じるとともに、幅も減じている。さらに縁辺部の整形を行って形状を整える。こうした作業を複数回繰り返すことによって成品に近づけているが、成品に近い厚さになると、調整の主体は器体中軸線付近までとなり、主として幅を減じる作業に移行しているようである。中期工程を通じて長さは大きく変化することはなく、次第に細身の形態に仕上げられている。最終工程は全体の形状を整える工程である。第Ⅴ期の製作技術類型Ⅰc1類は第Ⅳ期の製作技術類型Ⅰc1類と直接の系譜関係をもつものと思われるが、関東地方・中部方部・東北南部の地域でとくに顕著で、長幅比5.0以上のきわめて細身の柳葉形を量産する技術として用いられている。

製作技術類型Ⅰc2類は新潟県中林遺跡などで認めることができ、大型を主体に中型の一部を製作しているものと思われる。盤状剥片や分割礫を素材としているものと推定される。詳細は必ずしも明らかではないが、不完全な接合資料などから推定すると、製作工程は大きく3工程が存在するものと思われる。初期工程は祖型の製作段階で、素材に粗い調整を施して槍先形尖頭器状に成形している。中央部には素材面を残している場合があり、厚さは素材と基本的に変わるところはない。先端部や基部は作り出されており、工程の後半を中心に縁辺部に細かな調整を施して全体の形状も整えている。中期工程では器体中軸線を大きく越える調整を連続的に施し、厚さを減じ次第に成品に近づけている。まず器体中軸線を大きく越える調整を施して厚さを減じているが、調整剥片は初期工程のそれと比較して薄く、打面も小さい。縁辺部に細かな調整は適宜施されるが、厚さがある程

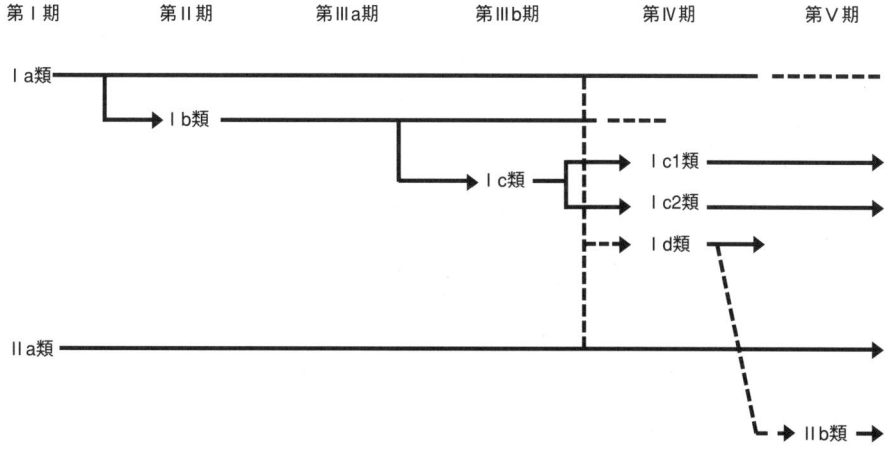

```
第Ⅰ期    第Ⅱ期    第Ⅲa期    第Ⅲb期    第Ⅳ期    第Ⅴ期

Ⅰa類 ─────────────────────────────────────────────
     └→ Ⅰb類 ──────────────────────────
              └→ Ⅰc類 ┬→ Ⅰc1類 ──────→
                      └→ Ⅰc2類 ──────→
                      └→ Ⅰd類 →

Ⅱa類 ─────────────────────────────────────
                                      └→ Ⅱb類 →
```

第17図　槍先形尖頭器製作技術の系譜

度減じられると、縁辺部を中心に形状が整えられている。この一連の作業によって祖型よりひとまわり小形となっている。同様の作業を複数回繰り返し成品に次第に近づけるが、厚さが次第に薄くなるとともに、平面形は相似形に次第に小形となっている。製作技術類型Ⅰc2類は第Ⅳ期のⅠc2類と基本的に同じ製作技術と評価でき、日本列島の広い範囲で確認できるものと思われる。

　製作技術類型Ⅱa類は、第Ⅳ期以前の製作技術類型Ⅱa類と基本的に同じもので、中型を主体として小型・大型の製作に用いられている。素材は剥片であるが、素材を量産する技術は基本的にはなく、大形素材の生産で副次的に得られるものや主として大型の初期工程で生じる調整剥片を素材として利用している。

　製作技術類型Ⅱb類は大型の製作に主として利用されている。板状の大形剥片を使用しており、素材生産の様相は明確ではないが、石理の発達した石材を利用して組織的に生産しているものと推定される。大きく2工程が認められ、前半の工程では粗い調整が施され、成品に近い形状に仕上げているが、もともと成品とほぼ同じ厚さの素材が用意されていることから平面形状の成形が主たる目的である。後半の工程では整形と細部調整を行っている。製作技術類型Ⅱb類は、技術的には第Ⅳ期の製作技術類型Ⅰd類と密接な関係をもつものと思われる。第Ⅳ期の製作技術類型Ⅰd類は類例が少ないものの、関東地方南部から中国山地に至る広い地域に分布が認められる可能性がある。このことからすれば、第Ⅴ期の製作技術類型Ⅱb類は第Ⅳ期の製作技術類型Ⅰd類と直接的な系譜関係をもつ可能性が高い。第Ⅳ期の製作技術類型Ⅰd類で利用される板状剥片よりさらに石理の発達した石材を選択することにより、成品とほぼ同じ厚さでありながら側面形が反りを有さない素材を用意することができたと評価することができる。小型や比較的小形の中型の場合、通常の剥片を素材として選択しても成品に近い厚さで反りの少ない形状のものを用意することはある程度可能であるが、一定以上の大きさの槍先形尖頭器を製作しようとすると、厚さ1cm前後の剥片に素材を求める限りその多くが一定の反りを有することから、大型槍先形尖頭器の素材としては適当ではない。したがって盤状剥片などの厚さのある素材を選択して、調整を繰り返すことで一定以上の大きさの槍先形尖頭器を製作している。その意味では成品に近い形状の素材を用意し、調整加工の手間を最小

限に抑えている点で、本製作技術類型は素材処理のもっとも発達した姿の一つといえる。しかし、素材の石理に沿って薄くに割れるという性質が同時に成形加工の際に大きく欠損するという欠点も内包しており、必ずしも槍先形尖頭器の製作技術複合の中で主流を占める技術とはなりえていない。

以上のように、槍先形尖頭器の製作技術を通時的に概観してみると、前段階の技術を土台としながら次第に発達していく様子をみてとることができると同時に、技術的系譜は途切れることなく連続していることがわかる。技術的系譜を中心に今一度まとめると、第Ⅰ期では、製作技術類型Ⅰa類・Ⅱa類の2類型が存在するが、Ⅰa類によって一定量の槍先形尖頭器を生産しているのは中部高地の黒曜石原産地を主としており、多くの遺跡ではⅡa類が主体である。Ⅰa類は大きく3工程が認められるものの、十分確立しておらず、初期工程と中期工程が渾然一体となっている場合も多く見受けられ、技術的にはⅡa類と密接な関連にある。Ⅱa類の素材は基本的にはナイフ形石器のそれと共通しており、基本的には石器群がナイフ形石器を中心とする剥片石器の製作という共通の基盤上にあるといえる。しかし、製作技術類型Ⅰa類は十分完成度高い槍先形尖頭器製作技術ではないとはいえ、素材の上では基本的にナイフ形石器と異なり、槍先形尖頭器という新たな器種の成立に伴って成立した技術といえよう。

第Ⅱ期では製作技術類型Ⅰa類・Ⅰb類・Ⅱa類の3類型の技術が存在する。Ⅰb類は第Ⅰ期の製作技術類型Ⅰa類を土台として成立した技術で、中型を中心とする槍先形尖頭器製作するための一応完成した技術として捉えることができる。3工程が認められ、遺跡ごとでかなり斉一性の高い形態に仕上げられている。しかし、なお厚手の素材の調整法が未発達で、大型の存在は指摘できるものの点数的にはきわめて少なく、厚さも十分に減じられていない。Ⅱa類は基本的に第Ⅰ期の製作技術類型Ⅱa類と基本的に変わるところはないが、工程が確立している。中部高地などの石材原産地周辺以外ではⅡa類の割合が高い状況は第Ⅰ期とほぼ同じ状況である。製作技術類型Ⅰa類とⅠb類は男女倉遺跡J地点、同B地点において複合的に利用され槍先形尖頭器が製作されている。Ⅰa類では主として初期工程で素材の厚さを減じるのに対し、Ⅰb類では初期工程と中期工程の両方で厚さを減じている。利用されている素材の相違による技術適応と考えられ、Ⅰa類では比較的薄手の素材、Ⅰb類では厚手の素材を利用しており、後者では初期工程における減厚作業に加えて、中期工程においてさらに厚さを減じる作業が加わったものと理解される。しかし、Ⅰb類における中期工程における減厚技術はなお未発達であり、中型の一部や大型の製作では厚さを十分減じるに至っていない。中期工程における減厚技術の確立は第Ⅲb期における大型槍先形尖頭器の製作技術である製作類型Ⅰc類に求めることができるが、製作技術類型Ⅰb類は製作技術類型Ⅰc類の成立基盤となる製作技術として、製作技術的系譜上、重要な位置を占めている。

第Ⅲa期では製作技術類型Ⅰa類・Ⅱa類の2類型の技術が主体で、Ⅰb類も認められる。槍先形尖頭器の技術複合の様相は第Ⅱ期と大きく変わるところはないといえるが、石器組成の主体は槍先形尖頭器に移行している。中部高地以外の地域では第Ⅱa類を主体とする槍先形尖頭器製作が行われており、石器素材生産の面でも槍先形尖頭器を中心とする構造に変化している（素材生産技術については、関東地方南部などでは打面転位型の割合が増え、前段階とはやや様相が異なっているが、基本的には縦長剥片を主体としており、素材の供給が槍先形尖頭器を主体とするものに変化してい

るにすぎないともいえる)。槍先形尖頭器の製作技術の上では第Ⅲa期と前段階の第Ⅱ期の間に大きな差はないと考えられる。第Ⅲb期では製作技術類型Ⅰc類・Ⅱa類の2類型が主体である。製作技術類型Ⅰc類は大型および中型の一部を製作している。製作工程は3工程に分かれ、初期工程は素材の製作、中期工程は厚さの減少と平面形の整形、最終工程は縁辺や部分的な形状修正と考えられる。とくに中期工程の発達が著しく、厚さを減じ形状を整える作業が複数回繰り返されている。大型製作のために大形厚手の素材を選択したことに伴って進展した調整技術と位置づけられる。この時期は東日本を中心に槍先形尖頭器を主体とする石器群が広く認められ、大型が一定量製作されている。第Ⅱ期の製作技術類型Ⅰb類を土台として大型を製作するための技術として発達したものと評価できよう。製作技術類型Ⅱaは第Ⅰ期以来認められるⅡa類に系譜をもつものである。

　第Ⅳ期では製作技術類型Ⅰa類・Ⅰc1類・Ⅰc2類・Ⅰd類・Ⅱa類の5類型の技術が認められる。製作技術類型Ⅰa類は中型を主として製作しており、板状の扁平な原石を主に素材として利用している。中部高地の板状の黒曜石原石が採集される地域にほぼ限定して認められるもので、第Ⅲ期の製作技術類型Ⅰa類に系統をもつものである。製作技術類型Ⅰc1類・Ⅰc2類はいずれも大型を主体に、中型の一部を製作している。素材は盤状剥片で、石材原産地あるいはその近傍で素材生産と槍先形尖頭器製作が集中的に行われている。盤状剥片の生産、槍先形尖頭器の製作を一連の工程として捉えることができ、第Ⅲb期のⅠc類に直接の系譜をもつ技術である。製作技術類型Ⅰc1類は第Ⅲb期のⅠc類とほぼ同じ内容をもち、中期工程における厚さの減少と整形の繰り返し作業がより完成された形で、大型の量産を可能にしている。製作技術類型Ⅰc2類は第Ⅲb期のⅠc類を土台として派生・進展したもので、中期工程においてⅠc1類が次第に細身に成形されるのに対し、Ⅰc2類は相似形に小形化する。製作技術類型Ⅰd類は大型の製作に主として利用されている。板状剥片を素材として利用しており、素材は交互剥離的な剥離によって連続的に生産されている。Ⅰ類とⅡ類の融合的技術で、素材処理の面からは第Ⅴ期の製作技術類型Ⅱd類へと系譜が連続するものと想定される。製作工程は3工程が認められるが、中期工程の内容は貧弱で、平面形状を主体とする整形が主たる目的である。製作技術類型Ⅱa類は中型を主として製作しており、小型や一部の大型の製作に利用されている。第Ⅰ期以降のⅡa類と基本的に同じ内容であるが、素材生産が組織的になされているものと大型の製作に伴って剥離される調整剥片（初期工程を主体とする）や盤状剥片生産に伴って副次的に剥離される剥片を主として素材に利用するものが認められる。

　第Ⅴ期では製作技術類型Ⅰc1類、Ⅰc2類、Ⅱa類、Ⅱb類の4類型の製作技術が認められる。製作技術類型Ⅰc類は第Ⅳ期のⅠc類とほぼ同じ内容をもち、直接的な系譜関係にあると考えられるが、製作技術類型Ⅰc1類は非常に細身の柳葉形製作に特化しており、関東地方〜中部地方北部を中心に分布が認められる。製作技術類型Ⅱa類は第Ⅰ期以降のⅡa類と基本的に同じ内容であるが、素材剥片を組織的に生産しているのは例外的で、大型の製作を中心として剥離される調整剥片（初期工程を主体とする）や盤状剥片生産に伴って副次的に剥離される剥片を基本的に利用している。製作技術類型Ⅱb類は大型を主体とした製作に利用され、第Ⅳ期のⅠd類と系譜関係をもつものと思われる。

　以上、第Ⅰ期の槍先形尖頭器製作技術を土台として、技術的系譜をもって分化・発達したことがうかがわれ、技術系譜の断絶は認められないことが確認できる。技術史的な側面からみると、第Ⅰ

期は槍先形尖頭器製作技術の成立期で、素材生産の上ではナイフ形石器と基本的に共通の基盤に立っており、製作技術類型Ⅱa類が広く認められる。しかし、中部高地を中心として製作技術類型Ⅰ類による製作が同時に行われ、明らかにナイフ形石器をはじめとする剥片石器とは素材獲得のあり方に大きな変化が生じている。製作技術類型Ⅰ類とⅡ類の区分はなお不分明な部分を残しており、成立期の様相を示している。第Ⅱ期では中部高地以外の地域では製作技術類型Ⅰ類が必ずしも主たる技術として確立していないものの、製作技術類型Ⅰ類が槍先形尖頭器製作の重要な技術として成立している。製作工程も整備され、ナイフ形石器文化の中にあって独自の製作技術体系を形成しはじめている。製作技術類型Ⅰ類とⅡ類の大きく二つの製作技術が槍先形尖頭器製作の基盤となっており、槍先形尖頭器製作技術の確立期である。第Ⅲ期は槍先形尖頭器製作技術の発達期であり、とくに後半は製作技術類型Ⅰb類に系譜関係をもつⅠc類の成立によって大型が組成の中で重要な位置を占めるようになる。前半の第Ⅲa期では製作技術類型Ⅱ類による槍先形尖頭器の製作が主となる地域が多いが、後半の第Ⅲb期では製作技術類型Ⅰ類による槍先形尖頭器の製作が広い地域で大幅に増加する。第Ⅳ・Ⅴ期は製作技術類型Ⅰc類を中心にⅠ類が複数の技術に分化・発達しており、大型を量産している。製作技術類型Ⅱ類も槍先形尖頭器製作の重要な位置にあるが、第Ⅲ期まではⅠ類の素材生産とは独立している。Ⅱ類の素材生産はむしろナイフ形石器を中心とする剥片石器製作基盤の中に包括され、二重構造的な石器生産体制にあったが、第Ⅲb期後半以降、次第にⅠ類の素材生産に付随する形を取るようになり、最終的には大型の製作を中心とする素材生産・石器生産の中に包摂されている。これは、石器群全体が槍先形尖頭器の製作を中心とした製作構造へ変化したことと軌を一にしている。第Ⅳ・Ⅴ期は槍先形尖頭器の製作技術の上で頂点に達した時期と評価できる。

註
(1) ナイフ形石器の形態については、鈴木・矢島（1979b）の形態分類にしたがっている。
(2) ブロックごとあるいは礫群ごとでいくつかのレベルをもつことから、多少の時間差をもつ可能性がある。
(3) 報告者も槍先形尖頭器未成品の可能性を考えている。
(4) 武蔵野台地北部の遺跡は一般的に第Ⅳ層の厚さが薄く、出土層準のみで武蔵野台地で用いられている編年に対比することはできない。石器群の様相からすると、武蔵野台地北部の遺跡の場合、第Ⅳ層出土石器群は武蔵野編年の第Ⅳ層下部〜中部、第Ⅲ層下部出土石器群が武蔵野編年の第Ⅳ層上部（一部、第Ⅳ層中部を含む）におおむね対比できるようである。
(5) この資料自体は小形であるが打面幅が最大幅となっている。大きさに比べて厚さも厚く、主要剥離面の状態も折れ面に近い。細部調整伴うものかどうかは問題があるが、いずれにせよ、意図に反した大きな力が加わった結果であろう。
(6) 長幅比が1：1前後の剥片をさす。
(7) 細石刃・細石核が出土しており、細石核4点のうち、2点は第1層、2点は第3層出土であるが、後者は第3層の最上層出土であり、基本的に時期の異なる石器群と捉えられる。
(8) 図版第132－13・15・16は同一方向の剥離面を区別せずまとめており、最外部の剥離面の稜線をつなげて1枚の剥離面として示している。
(9) 縦長剥片石核など槍先形尖頭器以外の製作作業に関連するものとの区別は必ずしも容易ではないが、礫面

を残存する剥片の量は渋川遺跡に比較して画然たるものがある。明らかな成形段階や整形段階と推定される調整剥片の様相からみても、背面の大半を礫面で覆われる剥片の中のかなりのものが槍先形尖頭器製作に関連する蓋然性はきわめて高い。

(10) 基本土層は、上層より黒色土層、暗褐色土層、黄色粘質土層、灰黄色粘質土層と続き、黄色粘質土層は厚さ約50cm、地表から粘質土層上面までの深さ約60cmである。旧石器時代の遺物は黒色土層～黄色粘質土層上半部で出土しているが、黄色粘質土上半部に集中している。

(11) 図版第136-7・11は片面加工であるが、いずれも加工途上の未成品で、成品となった場合、両面加工に仕上げられるものと思われる。7は縁辺部の調整も入念に行われていることから片面加工品の可能性もある。しかし、先端が欠損していることや基部の作出が不十分であることから、両面加工品の可能性を考えておきたい。11は調整が粗く、先端や基部の作出が不十分であることから未成品と考えられる。

(12) 原報告（山本編1971）では、第5層出土遺物を第Ⅰ文化層、第4層出土遺物を第Ⅱ文化層として二つの文化層を認定しているが、伊藤恒彦（1979）は第Ⅱ文化層の遺物が第Ⅰ文化層の礫群と平面的に重複することから、両者は同一の文化層とみている。ここでも、伊藤の見解を支持したい。

(13) 採集遺物の一括性や出土層準について疑問視する意見もあるが、採集時の観察は報文の記述からみて重視されるべきであろう。基本的に支持したい。

(14) 1と2では調整剥片の内容が若干異なっている。1では大形で厚手の調整剥片が主体で、打面は幅広で厚手のものが多い。2は1に比べると調整剥片の大きさがひとまわり小さく、大形で厚手のものを含んでいるが、相対的に薄手で、打面も小さいものが多い。平面形状を比べても1は2に比べてやや細身である。石質は非常によく似ているが、現状で同一個体と判断するのはやや躊躇する。

(15) 槍先形尖頭器本体の主軸を接合資料のどこに想定するかによって、本資料の調整状況の評価が異なってくる。実測図の上下方向に本体の主軸を想定すると、背面右側縁および上端部から器体の中軸を大きく越える調整を連続的に行い、背面左側縁から形態の補足的調整を行っていると想定できる。本体の主軸を実測図の上下方向と左45°斜交する方向に設定すると、器体中央部付近は両側縁から器体中軸線を大きく越える調整を行って幅と厚さを減じ、続いて先端もしくは基部付近はやや細かく調整していると想定することができる。ここでは、後者の立場である。

(16) このほかにも、C区第12ブロックで成形段階初期の粘板岩製槍先形尖頭器が出土している。ブロックの縁辺に位置し、出土層準はL1H下部である。同一個体はなく搬入品である。本文化層に帰属する可能性があるが、上述の理由により帰属文化層をここでは保留したい。

(17) 第5ブロックで槍先形尖頭器の可能性がある破片が1点出土している。器体中央部左側の破片で、調整の一部が途切れている。周辺加工状の槍先形尖頭器の可能性が高いが、ナイフ形石器の破片である可能性もあるためここでは取り上げない。

(18) 報文では、第6号礫群は第Ⅳ層中位に出土層準をもつと記載されているが、提示された図面をみる限りでは第Ⅳ層上部が出土層準と思われる。

(19) 接合資料は北側に集中しており、平面的なまとまりとも一致している。出土レベルを確認することはできないが、本文中に述べたように、第Ⅳ層上部の文化層に属する一群である。

(20) 石川遺跡の槍先形尖頭器は礫を素材としているものが多く、成形段階の比較的初期に槍先形尖頭器として不要な部分を大きく折り取るように調整して除去しており、製作工程における位置づけや技術は樋状剥離の作出とまったく異なり、厳密な意味での目的も異なっているが、広い意味での槍先形尖頭器の成形という点では共通している。

(21) 樋状剥離を有する槍先形尖頭器の評価については意見の分かれるところであるが、第Ⅰ期の左右非対称あるいは菱形の槍先形尖頭器や二側縁加工ナイフ形石器との機能的・系統的関連を想定できるものと思われる。

(22)　遺跡内ですべての製作工程が行われているわけではないので、あまり確定的なことはいえないが、槍先形尖頭器が最大のものでも長さ10cmを少し超える程度の長さであること、素材面を残す未成品（図版第166－6）から推定される素材の大きさなどからみて接合資料（図版第168－1）を最大級の大きさの素材と想定しても大過ないと思われる。

(23)　遺跡内での素材生産の痕跡がほとんどないため、明確なことはわからない。大型の素材については、盤状剥片を利用している可能性も否定できず、中型の素材生産と一体となっているかもしてない。

(24)　いずれも未成品の可能性が高い。

(25)　両面加工はいずれも半両面加工品である。純粋な周辺加工の形態は少なく、両面加工と周辺加工の中間形態ともいうべきものが多く見受けられる。

(26)　各石器ブロックはさらに複数のブロックに細分が可能である。

(27)　図版第112－1は小形品かもしれないが、先端部もしくは上半部の破損品のため断言できない。

(28)　非黒曜石製の槍先形尖頭器が搬入品を主体とするのであれば、頁岩を利用する中部地方北部や東北地方の同時期の様相からみて、盤状剥片素材である可能性は高い。

(29)　系統を異にしながらも時間的併行関係にあると考えることも可能である。

(30)　報文では中形剥片は頻繁に打撃方向を入れ換える（180°程度のことが多い）ことが観察されているが、こうした同一面での打撃方向の移動は基部や先端部の状況と考えられ、その他の部分では同一縁辺での左右あるいは背腹面への打点移動を行っているものと推定される。

(31)　素材が大形厚手の場合、最終工程以前に同様の工程がさらにもう1回程度行われる場合があるかもしれないが、本遺跡では確認できない。

(32)　上野A遺跡については、2002年に正式報告書が刊行され（米倉・阿部編 2002）、槍先形尖頭器製作技術について、より詳細に検討できる状況となったが、本書の記述を基本的に変更する必要はないと思われる。

(33)　橋口氏もそのことをすでに指摘している（橋口 1985）。

(34)　神奈川県寺尾遺跡および相模野第149遺跡出土の土器については口縁部成形のあり方の分析などから寺尾遺跡→相模野第149遺跡→隆線文土器という土器編年を提示する栗島義明（栗島 1988b・1990b）とこれらの土器群を窩紋土器と捉え、文様構成や有段のあり方などから相模野第149遺跡→寺尾遺跡→隆線文土器という土器編年を提示する大塚達朗（大塚 1989a・1989b・1990）の編年観が対立しているが、いずれもこれらの土器群を隆線文土器以前に位置づけ、刺突による施文によって文様帯を構成するという立場では一致している。

(35)　すでに、鈴木忠司が月見野遺跡群上野遺跡第1地点第Ⅱ文化層出土の細石核の系譜を検討する中で寺尾遺跡の舟底形石器について細石核との見解を示している（鈴木 1988）。しかし、鈴木は土器の共伴や石核成形・石核調整技術などを重視して、月見野上野例を含めこれらの細石核を福井・泉福寺洞穴をはじめとする土器を伴出する細石核に系統関係を求めている。石核成形・石核調整技術の特徴は北方系の削片系細石核にも同時に認められる要素であり、土器共伴の問題は神子柴系石器群との関連もあって微妙である。近年の資料的蓄積からみれば、北方系の削片系細石刃石器群の分布は中部地方北半から近畿・中国地方の日本海側へと広がる様相をみせている半面、鈴木自身が指摘したように、近畿・東海地方における福井・泉福寺洞穴の細石核に関連する資料は今なお未検出のままである。現状では、関東地方における類例も含めて北方系削片系細石刃石器群拡散の脈絡の中で捉えておく方がよいと思われる。

第4章　日本列島における旧石器時代の狩猟具と槍先形尖頭器の出現

　日本列島における槍先形尖頭器は狩猟具として成立した器種と考えられ、後期旧石器時代後半にナイフ形石器文化の中から生み出された。後期旧石器時代末には石器群の中核をなす器種として発達し、縄文時代初頭まで主要な利器であり続けた。本章では、槍先形尖頭器出現以前および出現期の様相や日本列島周辺地域の様相を分析することによって槍先形尖頭器出現の背景に迫ってみたい。なお、日本列島における前期・中期旧石器時代の遺跡は十分検討に耐えうる遺跡がきわめて少ないため、ここでは後期旧石器時代を対象として考察を進めることとする。

第1節　後期旧石器時代の狩猟具

　日本列島における旧石器時代槍先形尖頭器出現以前の狩猟具[1]と想定される器種としてはナイフ形石器がある。また、槍先形尖頭器出現以前の主要な器種として台形様石器があるが、台形様石器は原則として刃部が石器の主軸に対して直交することから基本的には加工具と考えられよう[2]。また、槍先形尖頭器出現期はナイフ形石器文化において狩猟具と想定される器種が顕在化する時期であり、西南日本を中心に剥片尖頭器、角錐状石器が出現している。

　ところで、ナイフ形石器文化は後期旧石器時代の大半を占めており、大きく3期に区分することができる[3]。槍先形尖頭器は第2期後半に出現しており、細かな前後関係や地域を別とすれば、剥片尖頭器や角錐状石器も第2期後半に出現している。ナイフ形石器は時期や地域によって形態や形態組成が異なっており、各時期の様相を概観してみたい。

1. ナイフ形石器

　ナイフ形石器は加工部位や平面形態などから大きく五つの形態に区分することができる[4]。形態A、Bは先端を尖らす形態であり、形態Cも先端を尖らすものが多い。先端を尖らせるこれらの形態は一般に刺突機能が想定されており、一定の大きさ以上のものは狩猟具と推定される。形態Dおよび形態Eは左右非対称で、先端は一般的にあまり鋭利ではない。素材の鋭利な側縁部を機能部として利用すると推定され、切截具と想定されている。しかし、組み合わせ具としての使用法を想定する場合、小形品の一部は狩猟具としての可能性が残されている。出現期の槍先形尖頭器と比較する場合、槍先形尖頭器単体としての使用が想定されることから、ここでは主として形態A・形態B・形態Cの様相を検討する。また、北海道地方においては渡島半島で東北地方の石器群に系統をもつと考えられるナイフ形石器が一時期散見されるが、大局的にみると北海道地方の石器群は基本的に本州側のナイフ形石器文化とは直接的な関連を有していないことから、ここでは本州以南の様

相について概観してみたい。

　ナイフ形石器は後期旧石器時代初頭から認めることができる。第1期ではナイフ形石器の組成に占める割合は必ずしも多くなく、とくに第1期前半ではその傾向が強い。西南日本（東海地方以西）における第1期前半は台形様石器が組成の主体でナイフ形石器の組成に占める割合は少なく、長さ3cm以下の小型のナイフ形石器を主体としている。形態A、形態B（ペン先型ナイフ形石器を含む）が主であるが、九州地方では熊本県曲野遺跡（江本1984）、石の本遺跡（池田編1999）など形態Eが主体である。形態A・形態Bともに未加工の部分が先端のみのものが多く、形態的に類似している。また、形態A・形態Bは一般的に左右対称である。また、先端が鋭利さに欠けるものが多い。第1期後半では広島県西ガガラ遺跡第1地点第1・2ブロック（藤野1988）、岡山県小林河原遺跡X層（鎌木・小林1987）など台形様石器を主体とする石器群が散見されるものの、ナイフ形石器を主体とする石器群が広く認められるようになる。ナイフ形石器を主体とする石器群では3cm以下の小型のナイフ形石器を主体とするものと3〜5cmの中型のナイフ形石器を主体とするものが認められる[5]。前者に属する兵庫県七日市遺跡第Ⅲ文化層（久保・藤田編1990）では形態D・形態Eが主体で、先端が鋭利でないものが多いが、この例を除くと、形態Eとともに形態A・形態Cが形態組成の主体を占めている。石器群によって様相は異なるが、形態Aは小型・中型に関係なく、おおむね先端が鋭利に作り出されており、左右対称に近いものが多い。また、形態Cの一部は左右非対称ながら先端を鋭利に作り出しているものが散見される。

　中部地方北半部、東北地方の東北日本では第1期を通じて石刃あるいは縦長剥片素材の形態Bがナイフ形石器の主体を占めており、形態A・形態Cが若干認められる。ペン先型ナイフ形石器（形態B）を除くと、平面は細身の形態が主体である。形態Bは長さ4〜7cm程度の中型と長さ7cmを超える大型が認められる。全般的に先細りの石刃もしくは縦長剥片を素材として利用するものが多く、左右対称で先端が鋭利に尖るものが一般的であるが、先端が尖らないものやや左右非対称のものも散見される。形態Aおよび形態Cは4・5cm程度で、中型の中でも小形品であるが、おおむね先端は鋭利である。秋田県松木台Ⅲ遺跡（大野1986）のごとく、長さに特別な集中分布が認められない（3.8〜9.4cm）例もあるが、長さ4・5cmを主体とする秋田県新堤G遺跡（菅原1983）、長さ5〜7cmを主体とする秋田県家の下遺跡（高橋・五十嵐編著1998）、長さ7cm以上の大型を主体とする福島

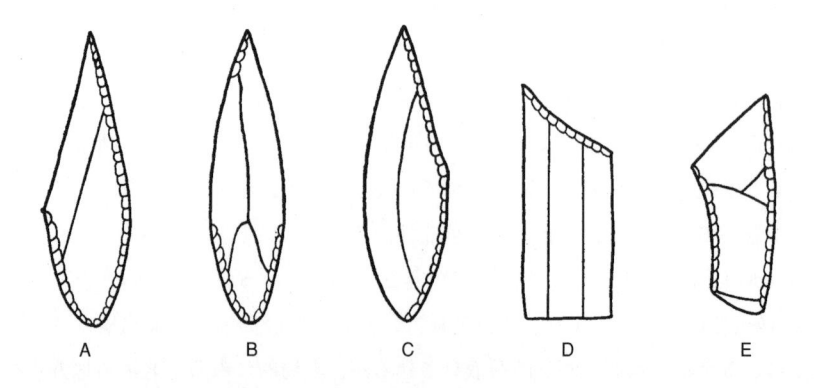

第18図　ナイフ形石器の形態模式図（鈴木1979より）

県笹山原№8遺跡（柳田1995）など遺跡によってナイフ形石器の大きさは偏りが認められる。

　関東地方は西南日本と東北日本の接触地帯的様相を示しているが、ナイフ形石器に限ってみると、第1期前半は東北日本的様相である。1遺跡における出土点数は一般的に少なく、形態Bを主体としており、形態Aも若干認められる。ペン先型を除けば、石刃あるいは縦長剥片を素材とした細身の形態が多い。長さは5～7cm程度の中型を主体としている。形態Bは先細りの石刃あるいは縦長剥片を利用しているものが多く、先端が鋭利に尖る形態が主体であるが、平面形が長方形状で先端が尖らない形態も一定量認められる。また、先端が鋭利であっても左右非対称で左右いずれかに反っているものも認められる。形態Aはおおむね先端が鋭利で左右対称的である。第1期後半はナイフ形石器を組成の主体とする石器群が広く認められ、形態Aの割合が増している。とくに関東地方南部でその傾向が強く、中部地方南半を含めて地域圏を形成しているものと思われる。石刃あるいは縦長剥片を素材として、形態Aを主体に形態B・形態C・形態Eを製作している。遺跡により大きさにばらつきがあるが、長さ4～7cm程度の中型を主体とする。形態Aは原則として先端が鋭利に尖っているが、一方の肩が張るやや左右非対称の形態が目立つようになる。形態Bも先端は鋭利に尖っており、左右対称を原則としている。なお関東地方北部では、群馬県後田遺跡（麻生敏隆編著1987）を代表として、東北日本的様相を示しており、石刃素材の形態Bが組成の主体を占めている。

　第2期は列島のほとんどの地域で台形様石器が消滅し、ナイフ形石器が石器組成の主体となっている。関東地方、中部地方南半以西の西南日本と中部地方北半、東北地方の東北日本で大きく様相が異なっており、関東地方北部、関東地方南部の下総台地の一部や北陸地方などは接触地帯的な様相を示している。第2期前半の西南日本では形態Aおよび形態Eが主体となっており、形態C・形態Dも一定量認められるが、形態Bはきわめて少ない[6]。ナイフ形石器の形態組成に長さ3.5cm前後以下の小型を一定量組成するものと中型を主体とするものが認められる。前者は熊本県狸谷遺跡第Ⅶ層（狸谷Ⅰ石器文化）（木﨑編1987）、広島県西ガガラ遺跡第1地点第3～5ブロック（藤野1988）、神奈川県寺尾遺跡第Ⅵ文化層第2～5ブロック（鈴木次郎1980）などがあり、長さ4cm以上の中型は量的には少なく長さ3.5cm前後以下の小型が主体であり、西ガガラ遺跡では小型のみで構成されている。後者では、長さ5～7cm程度の中型でもやや大形品を主体とする大分県百枝遺跡C地区第Ⅲ文化層（清水・栗田編1985）、東京都鈴木遺跡第Ⅵ層（鈴木遺跡調査団1978、織笠1978）などと長さ5cm前後の中型を主体とする岡山県恩原1遺跡R文化層（稲田1986b）などの二者が認められる。形態Aは大きさに関係なく平面形態が左右対称のものと一方の肩が明瞭に張る左右非対称のものが認められ、両者が一定量認められる石器群が一般的である。おおむね平面形態は細身であるが、形態Eとの中間形態はやや幅広である。形態Cは先端が尖る形態が多い。東北日本の様相は、堆積条件が悪く様相を明確にすることは困難であるが、前後の時期の様相や近接する関東地方の間接的状況証拠から、第2期を通じて石刃素材の形態Bが主体を占めるものと思われる。平面形態は細身で左右対称を原則とし、先端は鋭利に尖るものが主体と想定される。

　第2期後半は中部高地・関東地方南部において槍先形尖頭器の出現期（槍先形尖頭器第Ⅰ期）にあたっており、ナイフ形石器の形態は地域差が次第に明瞭になるが、石器組成の上で西南日本を中心に角錐状石器が共通して認められる。西南日本においては地域ごとでナイフ形石器の様相が異な

っている。九州地方では、長崎・佐賀県を中心とする九州地方西北部は形態Aが卓越し、熊本県南部から鹿児島県にかけては形態Eが卓越する石器群、大分県大野川流域を中心とする東九州地域では形態B・形態Cが卓越する石器群が認められるなど、地域や小期ごとにみると必ずしも様相は単一ではないが、形態A・形態Eが安定して組成に含まれている。形態Aは長さ2～5cmの小型・中型が中心で、先端は鋭利に尖っているが、平面形態は長幅比2.0前後のやや幅広の形態が多い。佐賀県船塚遺跡第Ⅶ層（八尋編著 1984）など平面左右対称の形態を主体とするものと宮崎県赤木遺跡第Ⅰ文化層（永友・渡辺 1987）など平面左右非対称で一方の肩が張る形態を主体とするものが認められ、時期差や地域差を示す可能性があるが、平面左右非対称の形態がどちらかといえば多いようである。形態Bは大分県岩戸遺跡第6層上部（清水・高橋・柳田 1986）など九州地方東北部を中心に認められ、先細りの縦長剥片を素材として利用し、平面左右対称で先端は鋭利に尖っている。長さ5cm前後の中型を主体としており、平面細身の形態が多い。形態Cは九州地方の多くの石器群で認められるが、佐賀県船塚遺跡第Ⅶ層（八尋編著 1984）や大分県岩戸遺跡第6層下部（清水・高橋・柳田 1986）など瀬戸内地方の石器群との関連が強い九州地方北部、九州地方東北地域の石器群で顕著に認められる。先端が鋭利に尖るものが多く、長さ4・5cmのやや小形の一群と長さ7・8cmのやや大形の一群が認められるが、瀬戸内技法など横長剥片を素材とするものは岩戸遺跡第6層下部の接合資料（柳田 1986）にみられるごとく、再調整を行って小形化しているものを含んでいる。平面形は細身のものとやや幅広のものが認められ、7・8cm程度の大型はおおむね細身の形態である。

中・四国地方、近畿地方は山陰、中国山地、瀬戸内・近畿地方西部、四国地方南部など地域ごとで様相が異なっているようであるが、中国山地、瀬戸内・近畿地方西部を除くと様相はほとんど不明である。中国山地西部や瀬戸内西部は九州地方北部との関連がうかがわれ、形態A・形態B・形態C・形態Eの各形態が認められる。形態A・形態B・形態Cは尖る形態が主体で、大きさは安山岩原産地に立地する広島県冠遺跡D地点第Ⅱ文化層（藤野 1992）では長さ約10cmの形態Aが認められるものの、長さ5cm前後のものが多い。中国山地東部では岡山県恩原遺跡O文化層（稲田 1990）、フコウ原遺跡（鎌木・小林 1987）などわずかな遺跡が知られるのみである。形態A・形態Bを主体としており、山陰東部も同様の様相である可能性が高い。先端部・基部とも尖る形態が多い。形態Aは平面左右非対称、長さ5cm前後で、平面形はやや幅広も形態である。形態Bは1点のみであるが、平面左右対称で細身の形態である。長さは7cm前後であろう。瀬戸内東部、近畿地方西部は層位的事例に乏しいためこの時期に確実に位置づけられる遺跡は少ないが、形態Cを主体に形態Aが一定量認められるものと思われ、形態Eも若干存在するものと思われる。また、香川県花見山遺跡（西村・藤好 1989）、大浦遺跡（藤好 1984）など瀬戸内東部では縦長剥片素材の形態Bが一定量認められ、九州地方東北部や山陰との関連をうかがわせる。形態Cは横長剥片素材を原則とする。おおむね長さ3～10cmの範囲に収まるが、石器群ごとで大きさの範囲に差があり、それぞれの範囲内で連続的に変異している。平面が細身の形態とやや幅広の形態があり、前者はおおむね先端が鋭利であるが、後者はあまり鋭利でないものや尖らない形態をかなり含んでいる。また、長さが5cm以上のものは細身の形態が多い。平面左右対称ものと非対称のものが認められるが、大きさや先端の鋭利

さには関係ない。形態Aも横長剝片を素材とするものが多いが、縦長剝片を素材とするものも認められる。先端は基本的に尖っており、平面左右対称のものが多い。大きさは5cm以下のものが多い。形態Bは縦長剝片を原則とするが、横長剝片を素材としているものもわずかに認められる。長さ3〜6cm程度の小型・中型と7cmを超えるやや大型がある。平面形は細身で、先端が鋭利に尖るものが多い。九州地方東北部の石器群に系統をもつものと思われる。第3期に属するものが含まれていると思われるが、分離することができない。

　中部地方南半、関東地方はほぼ同じ文化圏としてまとめることができるが、伴出の特徴的な石器として中部高地では角錐状石器の存在が希薄で槍先形尖頭器を集中的に製作しているのに対して、その他の地域では角錐状石器が伴っており、槍先形尖頭器が伴う例は稀である。形態Aおよび形態Eが基本的に主体となるが、静岡県中見代第Ⅱ遺跡BB1（高尾1988）、神奈川県慶応大学藤沢湘南キャンパス内遺跡B2L下部（関根・五十嵐1992）、東京都嘉留多遺跡第3文化層（對比寺・高杉編1982）など角錐状石器が組成に加わらない時期が確認でき、角錐状石器出現以前と以後でナイフ形石器の様相がかなり異なっている。角錐状石器出現以前は形態Bが組成に占める割合が高く、形態Aは刃部が器体の半分以上の長さを有し、平面左右対称の形態が多い。一般的に先端は尖っている。形態Bは先細りの縦長剝片を素材とするものが多く、先端に調整を施して先端を鋭利に尖らしている。平面左右対称で細身の形態が基本である。両端を尖らせる形態も認められ、杉久保型ナイフ形石器との系統関係がうかがえる。形態A、形態Bともに長さ5〜7cmのやや大ぶりのものが主体である。角錐状石器出現以降は形態Eの組成に占める割合が高くなり、形態A・形態Bともに長さ5cm以下の小ぶりのものが主体となる。形態Aは形態Eとの中間形態が量的に増すが、平面左右対称のものと左右非対称のものがある。全般的にやや幅広の形態が主体である。形態Bは量的には少ないが、平面左右対称で先端を尖らすものが原則である。また、第2期後半を通じて形態Bも少量認められる。

　中部地方北半、東北地方の東北日本は堆積条件があまりよくないため層位的な編年が困難であるが、近年の長野県野尻湖周辺や岩手県峠山牧場Ⅰ遺跡（高橋・菊池編1999）の層位的な調査成果をもとにすれば、中部地方北部〜東北地方の日本海側を中心とする地域では長野県杉久保遺跡AⅠ（森嶋1982）、貫ノ木遺跡第2地点Ⅱ石器文化（大竹編著2000）、山形県横道遺跡（加藤・佐藤1963）など杉久保型ナイフ形石器を主体とする石器群が、東北地方の太平洋側を中心とする地域でも岩手県峠山牧場Ⅰ遺跡第3・4文化層（高橋1999）など石刃素材の形態Bを主体とする石器群が広がっていたものと想定される。いずれにせよ、東北日本では形態Bを主体としており、形態Aや形態Eが少量認められる。形態Aや形態Eは主として関東地方など周辺地域との関連で成立した形態と思われる。形態Bは先端が鋭利に尖り平面左右対称形が基本であり、杉久保型では両端が尖っており、非常に細身である。杉久保型ナイフ形石器は時期が新しくなると小形化するといわれているが、一部の石器群を除き、長さ5〜8cm以上のものが多く、とくに東北の石器群は長さ7・8cm以上のものを主体としている。形態Aも平面左右対称形のものが多く、大きさは4〜6cmと形態Bに比較してやや小形である。なお、山形県越中山遺跡K地点（加藤稔1975）など近畿地方西部・瀬戸内東部の石器群に系統関係をもつ石器群が認められ、ナイフ形石器は形態Cを主体としている。先端は鋭利に尖っているが、在地のナイフ形石器に比較すると幅広である。

第3期は地域差がさらに明確化するが、基本的には第2期後半に認められた地域差を踏襲している。また、中部日本・東日本の広い範囲で槍先形尖頭器が組成に含まれるようになる（槍先形尖頭器第Ⅱ期）。

　九州地方は西北部、東北部、南部でやや様相を異にするが、ナイフ形石器は形態Aが卓越し、佐賀県、長崎県、熊本県、鹿児島県を中心とする九州地方西半部では台形石器が発達する地域としてまとめることができる。宮崎県南部も鹿児島県とほぼ同様の様相を示すものと思われる。九州地方西北部では佐賀県磯道遺跡（堀川編著1981）のように整った縦長剥片を素材とする形態Aが卓越する石器群が一時期認められるものの、台形石器が次第に組成主体となり、長さ5cm以下のやや小ぶりのナイフ形石器が主体となる。形態Aを主体に形態Eが一定量伴っており、形態B・形態Cも少量認められる。形態Aは先端が鋭利に尖り、平面形は左右対称を呈するものが主体である。整った縦長剥片を素材とする磯道遺跡などでは長さ4cm前後の小ぶりな形態と長さ5・6cmのやや大ぶりの形態が認められる。形態Bは先端が尖り、平面左右対称の形態であり、形態Cは先端が尖るものと尖らないものがある。形態B・形態Cとも長さ5cm以下のものを主体としている。九州地方東北部は様相があまり明確ではないが、大分県前田Ⅲ遺跡X層（清原・高橋・綿貫1989）など形態Bを主体とする石器群や大分県五馬大坪遺跡（綿貫1989）など形態A・形態E（形態Bとの中間的なものが多く、形態Bから変化したものかもしれない）を主体とする石器群が認められ、編年的には前者が先行するものと思われる。前者は4～6cmの中型を、後者は3～4cmの小型を主体としている。

　中・四国地方、近畿地方のうち、山陰は広島県樽床遺跡G地点（梅本・児玉・三枝・柴田・辻1986）、鳥取県野津三第1遺跡（稲田・日野1993）などの様相からすると中部地方北部（北陸地方）の石器群と系統関係をもつようであり、形態Bを主体に形態A・形態Cが伴うようである。形態Bは縦長剥片を素材として、平面左右対称で先端が鋭利に尖る形態を原則としている。形態A・形態Cも先端が尖り平面左右対称である。長さは5cm前後のものを主体としているが、形態Bでは長さ8cmを超える大型も認められる。近畿地方西部・瀬戸内・中国山地は横長剥片剥離技術を基盤とする石器群が広く分布しており、形態A・形態C・形態Eを主体とする。石器群により形態組成の様相が異なり、時期差と解釈できる場合もあるが、中国山地を除くと層位的に編年できる例に乏しく、ここでは概括的に捉えておく。形態Aは先端が鋭利に尖るものが原則であるが、平面左右対称の形態と左右非対称の形態がある。長さは2.5～10cmの間に分布し、多数のナイフ形石器を出土した遺跡では大きさの変異は連続しているが、長さ5cmを超えるものは細身で左右対称の形態が主体である。長さ5cm以下では形態Eとの中間形態が認められる。形態Cも先端が鋭利に尖るものが多いが、先端が鋭利でないものや尖らないものを含んでいる。平面左右対称の形態と左右非対称で半月形を呈するものがある。長さは2～11cmの間に分布し、形態A同様、ナイフ形石器が多数出土した遺跡では大きさの変異は連続的であり、平面形態との相関性も認められない。香川県花見山遺跡（西村・藤好1989）などの備讃瀬戸の遺跡や岡山県恩原2遺跡S文化層（稲田・大野・絹川・富樫・山本1989）などでは黒曜石製を主体とする形態Bのナイフ形石器が多数出土しており、山陰に系統をもつものと思われる。長さ3～5cmのやや小形の形態が多く、やや幅広の形態である。終末期には、岡山県牧野遺跡第5地点（小林博昭1988）、香川県井島遺跡（鎌木1957、藤野1999）、兵庫県西脇

遺跡（稲原1996）、大阪府八尾南第2地点（原田・長屋・三原・松藤1989）など長さ3cm以下を中心とする小型ナイフ形石器を主体とする石器群が広く分布するようで、形態Eを主体に形態A・形態Cなどが一定量伴う組成である。四国南部は高知県奥谷南遺跡（松村2000）など小型ナイフ形石器を主体とする石器群が分布するようで、形態A・形態C・形態Eを主体としている。

　関東地方、中部地方南半はいわゆる茂呂文化圏で、形態A・形態Eが卓越する。形態A・形態Eのほかに形態C・形態Dが一定量伴い、とくに形態Dの割合が高い。形態Bはほとんど認められない。前半期は埼玉県砂川遺跡（戸沢1968、戸沢・安蒜・鈴木・矢島編1974）、神奈川県栗原中丸遺跡第Ⅴ文化層（大上・鈴木1984）など砂川型ナイフ形石器が広く分布する時期である。形態Aの割合が高く、先端はいずれも鋭利に尖っているが、平面左右対称のものと一方の肩の張る平面非対称のものが認められる。長さ2～4cmの小型の一群と長さ5・6cm前後の中型の一群が認められ、平面形に対応関係はないが、長さ6cm前後のもっとも大形のナイフ形石器はいずれも平面左右非対称である。中型は細身の形態が多いが、小型はやや幅広の形態が多い。形態Cは先端が尖るものが多いが、平面左右非対称で形状の整っていないもの、先端が尖っていないものが主体である。形態Bは先端が鋭利に尖り、平面左右対称の形態が原則で長さ5cm以下のものが多い。長野県男女倉遺跡B地点（川上・小林・福島・森嶋・森山1975）、東京都城山遺跡Ⅳ層（竹崎編1982）など槍先形尖頭器が石器組成の重要な位置を占める石器群では、ナイフ形石器は長さ5cm以下の小ぶりのものが主体で、相対的に形態Aの組成に占める割合が低いようである。後半期には長さ5cm程度のやや小ぶりのものが主体となり、終末期には長さ3cm前後の小型ナイフ形石器を主体とする石器群が認められる。

　東北日本（中部北部、東北地方）は石刃素材の形態Bを主体としている。東北地方では両設打面石核から剥離される大形石刃を素材とするナイフ形石器で、従来東山型と呼称されてきたものである。長さ10cmを超える大形品も珍しくない。先端が尖るものが多いが、あまり鋭利でないものや平らなものも含んでいる。細身であるが、杉久保型に比較すると一般的に幅広である。また、槍先形尖頭器を伴う福島県背戸B遺跡（柳田1987）、岩手県峠山牧場Ⅰ遺跡第5文化層ブロック18（高橋1999）などでは形態A・形態Cが認められる。形態Aは平面左右対称で先端が尖る形態である。中部北部では長野県貫ノ木遺跡（大竹編2000）などの層位的事例を参考にすれば、杉久保型ナイフ形石器の系統に属する先端・基部を尖らせる形態Bを主体とする石器群が引き続き分布しているようである。形態Bは基部を尖らせるものが多いが、素材打面を残すものも一定量含んでいる。左右対称のものが多く、中型を主体とするが、長さ3～5cmのやや小形品の一群と長さ6・7cm以上のやや大形品の一群がある。形態Aは平面左右対称のもと左右非対称のものがあり、長さは5cm前後の中型である。平面形はおおむね細身である。

　以上概観したように、中部地方北部～東北地方の東北日本ではナイフ形石器石器文化期を通じて石刃素材の形態Bが主体であり、先端が尖り平面左右対称の形態が主流となっている。大きさは時期や石器群によって違いが認められるものの、中型と大型が基本的な組み合わせであり、第3期ではとくに大型の割合が高い。

　一方、関東地方および中部地方南半の中部日本、近畿以西の西日本では時期や地域によって様相がかなり複雑である。第1期前半では関東地方は基本的に東北日本的様相であり、第1期後半には

形態Aの割合が増加するが、関東北部は基本的に東北日本的様相が継続している。一方、中部地方南半以西の西南日本は第1期前半では長さ3cm前後以下の小型ナイフ形石器が主体であり、第1期後半においても小型ナイフ形石器を主体とする石器群が顕著である。長さ3〜5cmの中型ナイフ形石器を主体とする、あるいは一定量組成する石器群が認められるが、先端が鋭利に尖る形態はあまり顕著ではない。西南日本の第1期は総じて小型ナイフ形石器が顕著であるといえよう。

　第2期は前半と後半で様相がかなり異なる。第2期前半では形態A、形態Eが主体で、形態Aを中心にみると、長さ3.5cm前後以下の小型を主体とする石器群と長さ4〜7cm程度の中型を主体とする石器群が認められる。第2期後半ではかなり地域色が明確となり、中国地方の山陰や中国山地は東北日本的様相と思われるが、現状では資料が少ない。基部と先端を尖らせる形態A・形態Bが認められる。九州地方東北部でも形態Bを主体とする石器群が認められ、九州地方東北部あるいは山陰に系統をもつと考えられる形態Bが瀬戸内のナイフ形石器の中に散見される。また反対に、瀬戸内に系統をもつ形態Cを主体とする石器群が九州地方東北部や西南部の一部に分布している。九州地方は一部に異なる様相も認められるが、形態A・形態Eを主体とする石器群が広く分布している。総じて形態Aは長さ5cm以下で小ぶりである。瀬戸内、近畿地方西部では横長剥片を素材とする形態Cを主体とする石器群が広く分布しており、形態A・形態Eも一定量組成する。中型を主体としているが、長さ4・5cm前後の小ぶりの一群と長さ6・7cm前後のやや大ぶりの一群があり、石器群により組み合わせが異なる。関東地方、中部地方南半は形態A・形態Eの組み合わせ成立以前に、中型の形態B（形態Aを一定量組成）を主体とする時期があり、東北日本との関連をうかがわせる。形態A・形態Eを主体とする石器群における形態Aは、おおむね長さ5cm以下の小ぶりのナイフ形石器である。第2期の西南日本は全体としてみると、形態A・形態Eが優勢な地域で、形態Cを主体とする瀬戸内・近畿地方西部や形態Bを主体とする九州地方東北部が第2期後半に貫入的に分布しているような状況である。また、形態Bを主体とする山陰の石器群は中部地方北部（北陸地方）と関連するようで、第3期においても同様な状況を示す。

　第3期は第2期後半に認められた地域色を基本的に引き継いでいるが、中国地方の山陰が東日本的様相を示すのを除くと、いずれの地域でも形態Aが一定量を占めている。九州地方西半部（南部を含む）は台形石器が卓越する地域であり、形態A・形態Eを主体とする。台形石器を主体とする石器群では形態Aも長さ4cm以下の小ぶりの形態が主である。九州地方東半部は形態Bを主体とする石器群が認められるものの、後半期には形態A・形態Eを主体とする石器群が広く分布するようである。九州地方は総じて長さ5cm以下の小ぶりのナイフ形石器を主体とするようであり、他地域に比較してナイフ形石器の小形化が顕著といえよう。四国南部も形態A・形態C・形態Eを主体としている。瀬戸内、中国山地、近畿地方西部では横長剥片素材の形態A・形態C・形態Eを主体とする石器群が広く分布している。形態A・形態Cは長さ4〜7cm程度の中型を主体としているが、8cmを超える大型も一定量認められる。終末期には形態A・形態C・形態Eを中心とする小型ナイフ形石器が成立している。関東地方、中部地方南半部は形態A・形態Eを主体とする石器群である。小型と中型の組み合わせが基本であるが、槍先形尖頭器を石器組成の主要器種とする石器群では小型が主体となっている。終末期には小型ナイフ形石器を主体とする石器群が認められる。関東地方以西の西

南日本ナイフ形石器の組成は横長剥片剥離技術を基盤とする一部の地域を除くと形態A・形態Eを基本に、その量比や他の形態との組み合わせのバリエーションとみることができよう。

　ナイフ形石器を狩猟具として想定した場合、形態A・形態B・形態Cは槍の穂先として想定しうる。しかし、単体で槍の穂先に利用したとすれば、少なくとも長さ4cm以下の資料は柄に装着して槍として使用するには不適であろう。長さ3.5cm前後以下の小型ナイフ形石器を組み合わせ具の部品とみることも可能であるが、それにはさらに別の議論が必要であるし、槍先形尖頭器は基本的に単体の槍の穂先であることから、ここでは組み合わせ具としての検討は行わない。また、先端が鋭利でない形態、尖らない形態や側面形が大きく反っている形態、極端に平面左右非対称の形態も槍の穂先としては不適であろう。形態Aは平面左右対称の形態と左右非対称の一方の肩が張る形態の2形態が認められるが、平面左右非対称で一方の肩が張る形態も突き槍として使用する上では問題はなく、おおむね投げ槍として飛形に影響するほどアンバランスな状態ではないと思われる。したがって、極端な非対称の形態を除けば狩猟具の形態としては問題ないと思われ、側面形の方がより重要な要件であろう。形態Dも先端が鋭利に尖る形態の中には狩猟具としての要件を備えるものもあろうが、大半は両側縁の刃部が機能部と考えられることから、主として切截具と推定される。形態Eはおおむね小型であり、形状からみて主として切截具の機能が想定される。

　以上のような要件に照らして日本列島におけるナイフ形石器の変遷を狩猟具との関連で見直してみると、東北日本は一貫して形態Bのナイフ形石器を狩猟具と想定することが可能である。形態Bは先端が鋭利に尖るものが主体で、基本的に平面左右対称形である。しかし、先端が鋭利でない形態、先端が尖っていない形態、側面形が反っている形態（着柄した際に柄と一直線にならない程度に反っているもの）は狩猟具としては不適であり、一定量の形態Bが除外される。形態Bは長さ4～7cmの中型を主体としており、第1期および第3期には長さ8cm以上の大型が一定量認められる。長さ4cm以下の小型も認められ、これらについては狩猟具の可能性は基本的になかろう。形態A・形態Cの中にも狩猟具としての要件を備えるものが散見される。ナイフ形石器の破損状況や使用痕の研究などさらに詳細な検討を行う必要があるものの、形態Bを主体として少なくとも半数以上のナイフ形石器を狩猟具として想定することが可能であり、東北日本はナイフ形石器文化期を通じてナイフ形石器を狩猟具として主体的に利用する器種構成とみることができよう。

　関東地方以西の西南日本では時期によってナイフ形石器の様相が異なることはすでにみたとおりであるが、第1期は総じて狩猟具として想定できるナイフ形石器がきわめて少ない様相をみて取ることができよう。関東地方は東北日本に隣接する地域であり、直接的な人的・物的交流が想定され、第1期前半は東北日本に関連する形態Bが卓越する。しかし、先端が鋭利でない形態や基部加工がきわめて貧弱な形態が散見され、狩猟具として利用されなかったものも一定量含まれているものと思われる。第1期後半では形態Aの割合が増加し、形態Bも先端が鋭利に尖る形態がかなり多くなることから、長さ4～7cmの中型の形態A・形態Bのナイフ形石器が狩猟具として主体的に利用されたものと想定される。しかし、形態A・形態Bとも先端が鋭利でない形態もなお多く認められ、狩猟具としては不適である。長さ4cm以下の形態も一定量認められ、これらについても同様である。第1期後半においても1遺跡におけるナイフ形石器の出土量は必ずしも多くないことから、関東地方

においてはナイフ形石器を主体的に狩猟具として利用する器種構成では必ずしもないといえる。中部地方南部以西の西南日本では、狩猟具に想定されるナイフ形石器はきわめて貧弱である。第1期前半ではナイフ形石器がきわめて少なく、多くは小型である。第1期後半も小型の割合が高いが、長さ3～5cmの中型の形態A・形態Cが認められ、狩猟具として想定可能なものを含んでいる。第1期では狩猟具的機能を有するナイフ形石器が貧弱であり、それに代わる器種も認められないことから、西南日本において単体の狩猟具が存在したとすれば、木製や骨角製の槍が主体になっていたことが想定できる。

　第2期は前半と後半で様相を異にしている。前半のナイフ形石器の形態組成は形態A・形態Eを主体にしており、小型を主体とする石器群と中型を主体とする石器群が認められる。中型の形態Aは先端が鋭利に尖るものが多く、おおむね狩猟具と想定可能である。後半になると、地域ごとで要素の異なる石器群が成立し、ナイフ形石器の形態組成に特徴が認められるが、きわめて大雑把にみると、長さ5cm以下の小ぶりの形態が主となる九州地方の大半と中型を主とする中・四国地方以東の地域に分けることができる。九州地方は形態A・形態Eを主体とし、形態Aの中に狩猟具に想定できるものが認められるが、全体としてみるとナイフ形石器を狩猟具として利用する割合はあまり高くなく、後述する剥片尖頭器や角錐状石器（三稜尖頭器）が主たる狩猟具としての位置を占めている。中・四国地方以東では、形態Bおよび形態Aを主体とする山陰や中国山地（九州地方東北部も一時期形態Bを主体とする）、形態Cおよび形態Aを主体とする瀬戸内、近畿地方西部、形態A・形態Eを主体とする中部地方南部、関東地方（形態A・形態Eの組み合わせ成立以前に形態A・形態Bを主体とする時期がある）が認められるが、狩猟具と想定できる形態A・形態B・形態Cは中型を主体とする。中でも瀬戸内、近畿地方西部では、長さ5cm前後の一群と長さ7・8cm前後（長さ10cm程度の大型を含む）の一群を有する石器群も認められ、狩猟具と想定されるナイフ形石器を発達させている。第2期前半の西南日本は第1期後半に比較すると狩猟具と想定されるナイフ形石器の比率が増加しているが、普遍的にナイフ形石器が狩猟具として利用されているわけではないようである。しかし、本格的な石器を利用した狩猟具の成立として評価できる。第2期後半では九州地方ではナイフ形石器以外の器種が狩猟具としての地位を占めるようになり、その他の地域ではナイフ形石器の狩猟具としての重要度が増加しており、とくに瀬戸内、近畿地方西部では狩猟具としてのナイフ形石器が発達しているように見受けられる。また、瀬戸内・近畿地方西部では九州地方同様、後述の狩猟具としての角錐状石器が発達しており、山陰、中国山地、中部地方南部、関東地方などとの中間的様相を示す。しかし、角錐状石器を多く組成する石器群では狩猟具と想定されるナイフ形石器が少なかったり、ナイフ形石器そのものが貧弱であったりする一方、狩猟具と想定されるナイフ形石器を主体とする石器群では、角錐状石器が貧弱であったり角錐状石器が伴出しなかったりする現象が認められ、両者が相容れないような状況も認められる。第2期後半には中部高地では槍先形尖頭器が成立し、狩猟具の主体を占めている。関東地方南部では一部で槍先形尖頭器が狩猟具として利用されているが、角錐状石器が一般的に伴出する。しかし、狩猟具として想定できる角錐状石器は必ずしも多くはない。第2期後半は全体としてみれば、ナイフ形石器を含めた石器を主体とする狩猟具が広く成立した時期と評価できる。

第3期は第2期後半の地域色を受け継いでいるが、狩猟具としてのナイフ形石器を評価すると少し別の面がみえてくる。九州地方は、大雑把にみることが許されるならば、ナイフ形石器は長さ5cm以下の小ぶりの形態が主体となる。狩猟具と想定される形態A（および形態B）は量的には少なく、組成に占める割合が大きく後退している。とくに九州西半部では台形石器を主体とする石器群が成立し、石器群全体が小型化する傾向が強い。単体の狩猟具を主体とするあり方から組み合わせ石器による狩猟具へとシフトしているのではないかと思われ、細石刃石器群成立の背景が整備されつつある。四国地方南部も小型ナイフ形石器を主体とする石器群で、九州地方の動きに連動しているものと思われる。瀬戸内、中国山地、近畿地方西部は形態Cを中心に形態A・形態Eを主体とする組成で、形態C・形態Aの多くが狩猟具と想定でき、第2期後半のナイフ形石器を主体とする狩猟具のあり方を継承している。中型を主体とするが、中国山地では大型が一定量組成し、もっとも発達した様相をみせている。しかし、第3期終末には小型ナイフ形石器を主体とする石器群が成立し、九州地方と同様に組み合わせ石器による狩猟具を主体とする方向に向かうものと想定される。中部地方南部、関東地方では中型の形態Aを中心とする狩猟具が主体となっている。中部高地では槍先形尖頭器が狩猟具の主体であり、関東地方や東海地方でも組成の一端に加わっているが、多くの石器群では狩猟具としての役割はナイフ形石器である。しかし、後半にはナイフ形石器は長さ5cm以下の小ぶりなものが主体となっており、次の時期には槍先形尖頭器が狩猟具の主体となっている。

2. 剥片尖頭器

　剥片尖頭器は通常大形で先細りの縦長剥片を素材とし、素材打面に接する両側縁を抉るように調整して明瞭な基部を作り出した石器（素材打面が原則として残存する）で、狩猟具と推定されている器種である。清水宗昭によって命名され、その特徴から3形態に分類された（清水1973）。形態Ⅰは基部以外に片側の縁辺全体にブランティングを施すもの、形態Ⅱは基部以外に先端部に調整加工を施すもの、形態Ⅲは基部以外に調整加工を施さないものである。形態や加工技術からみると、ナイフ形石器形態Bに属するが、一般的な形態Bに比べて基部の抉り込みが著しく、粗い調整を加えており、九州地方を中心としたかなり限定した地域に分布することなどから独立した器種として認識されている。その後、稲原昭嘉（稲原1986）、荻幸二（荻1987）らによって形態細分案が提出しされているが、基本形態としては上述の3形態に集約されるといってよかろう。また、基部の整形技術についてはナイフ形石器と異なることが指摘されている（小谷1990）。

　剥片尖頭器の分布は九州地方全域と九州地方に隣接する山口西南部の宇部台地である。剥片尖頭器に形態的によく類似する資料が長野県東裏遺跡（谷2000c）、神奈川県柏ヶ谷長ヲサ遺跡第Ⅸ文化層（堤1997）など九州からかなり離れた地域で出土している。東裏例は複数時期の石器群が混在した状態で出土しているので細かな共伴関係は明らかにできないが、基部加工（形態B）のナイフ形石器に伴う可能性が強く、所属時期も九州地方における剥片尖頭器の存続時期の範囲内に収まるものと思われる。しかし、基部の作出は通常の基部加工ナイフ形石器に比べて明確な抉り込みが認められるものの、通常のブランティングである。何らかの関連性をもつものであろうが、九州地方の剥片尖頭器が直接波及したものではなかろう。柏ヶ谷長ヲサ例は基部の作り出し方は剥片尖頭器に類似しているが、先端は尖っておらず剥片尖頭器とすることはできない。しかし、先端部を除

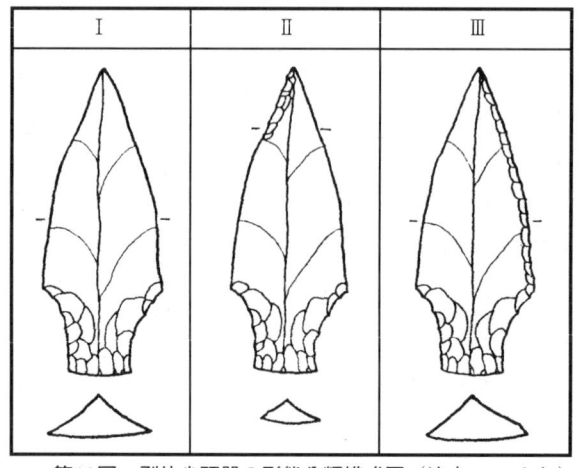

第19図　剥片尖頭器の形態分類模式図（清水1973より）

く形状の類似性は十分に認めることができ、やはり九州地方からの直接的な波及ではないが、何らかの関連性を有する可能性がある。しかし、中部地方、関東地方においてはきわめて特種な形態で一般的な存在でないことは明らかである。九州地方との中間地帯に属する中・四国地方、近畿地方においても剥片尖頭器に直接関連する資料を指摘することは現状ではできない。将来的には関連資料が検出される可能性は否定できないが、剥片尖頭器が九州地方とその隣接地の一部に特徴的に分布する石器であることは明白である。

　剥片尖頭器はナイフ形石器文化第2期後半に特徴的な器種であり、第2期後半の前半を中心に認めることができる。石器群によって剥片尖頭器の形態組成や大きさ、加工の入念さなどの相違や伴出石器の様相の相違が認められることから時期差を示すものと考えられ、編年が試みられている[7]が、層位的上下関係を確認できる遺跡がほとんどなく、大方の研究者の賛同を得る編年は現状では確立していない。

　剥片尖頭器の大きさについては、稲原昭嘉が検討している（稲原1986）。稲原は清水の分類のうち、形態Ⅲを形態Ⅲa（従来の形態Ⅲ）と形態Ⅲb（加工を素材全周に施すもの）に細分するとともに、中原型ナイフ形石器（二側縁加工で基部の一方を抉り気味に加工、平面形は左右非対称）を加えて大別4型式に分類している。しかし、剥片尖頭器は平面形における左右対称性を強く意識して製作されていることから、中原型ナイフ形石器は剥片尖頭器と型式学的に類縁関係の深い器種ではあるが、ここでは除外して考えたい。

　形態Ⅲで長さ10cmを超えるきわめて大形の形態が若干認められるが、おおむね長さ3～10cmの範囲に集中している。しかし、各形態とも長さ5cm前後以下のものは基部の抉り込みが弱いものや体部と基部の調整に変化がないもの（ナイフ形石器形態Aとの区別が困難なもの）、形状が整っていないものなど剥片尖頭器の典型例とはいえないものを含んでいる。また、ナイフ形石器の項目でも指摘したように、長さ4cm以下の形態は狩猟具としては不適と考えられる。そうした目で今一度みてみると、形態Ⅰ・形態Ⅱでは長さ5cm前後を境にわずかに空白部が認められ、5cm以上の長さに分布の中心があることがわかる。形態Ⅲでは分布は連続的であるが、長さ7cm前後を境に2グループに分離できる。長さ3～7cmのグループには前述の典型的でない資料が含まれていることを考慮すれば、形態Ⅲについても5cm以上の長さに分布の中心があるとみて大過ない。同時期の九州地方におけるナイフ形石器の長さが5cm前後を中心としていることと比較すると、剥片尖頭器の大きさが際立つ。長幅比については形態Ⅱ・形態Ⅲaがより細身の形態に分布の中心があり、形態Ⅰがやや幅広の形態を含んでいる。形態Ⅲbは長さ5cm前後のやや小形の形態が幅広である。

以上のように、剥片尖頭器は平面形態（厚手の縦長剥片を素材としており、側面形態も反りが少なくおおむね直線的である）や大きさなどからみて同時期のナイフ形石器よりひとまわり大形であり、狩猟具として想定できる器種である。角錐状石器の一部とともに第2期後半の九州地方において単体の狩猟具として成立したものと想定される。その出自を第2期前半以前の形態Bナイフ形石器の形態変化に求める意見[8]もあるが、九州地方において第2期前半では形態Bのナイフ形石器は未発達であり、大きさ、基部の加工状況、素材などからみて第2期前半の九州地方に系統関係を求めることができる状況にはない。第2期前半の東北日本では形態Bのナイフ形石器が主体であるが、九州地方との間に介在する中・四国地方、近畿地方では、九州地方同様に形態Bは未発達である。第2期後半には中国山地、山陰で形態Bが主体となっている可能性はあるが、基部を尖らせる形態で、形態的にも技術的にも剥片尖頭器とは直接的な関連性をもたない。現状では九州地方で自立的に成立した器種とみるには困難な状況にある。周辺地域に目を向けると、朝鮮半島南部の韓国で忠清北道スヤンゲ（垂楊介）遺跡（李1984・1985）、忠清南道龍湖洞遺跡（延世大学校博物館編2001）、全羅北道チングヌル遺跡（延世大学校博物館編2001）、慶尚南道古禮里遺跡（小畑2001a）などで剥片尖頭器と形態が共通する資料が検出されている。スヤンゲ遺跡では剥片尖頭器に対比できる「有茎尖頭器」55点が確認されている。古禮里遺跡出土資料も合わせて概観すると、素材打面を除去して基部が尖る形態が多いが、中原型ナイフ形石器を含む剥片尖頭器の各型式が認められる。これらの資料はATを前後する時期に出現したと韓国の研究者はみており（朴／小畑訳2000）、九州地方の剥片尖頭器の出現時期とその前後関係は微妙であるが、ほぼ同時時期に出現しているとみることができる。このような状況を受けて、現状では九州地方の剥片尖頭器の出自を朝鮮半島に求める意見（松藤1987・木﨑1996）が多い。朝鮮半島における当該資料の型式学的検討・技術的検討や石器群全体の総合的な分析を通じて判断すべきであるが、九州地方での自立的発展の中に系統関係を見出せない現状では、その可能性は高いといえよう。朝鮮半島の剥片尖頭器に対比される資料の系譜については、中期旧石器時代のムスティエ型尖頭器やルヴァロア型尖頭器に系統関係を求める意見もある（清水2000）が、形態的・技術的な隔たりが大きいことや日本列島の隣接地域において形態変化を追うことができないことから肯定できる状況にはない。

3. 角錐状石器

　角錐状石器は、岡山県宮田山遺跡出土の素材主要剥離面とは反対面を急傾斜の調整によって全面加工して、一方の先端を尖らし断面三角形もしくは四角形に仕上げた石器に対して命名された呼称である（西川・杉野1959）。同様の形態的・技術的特徴をもつ石器は、瀬戸内周辺ではかつて舟底様石器（鎌木1960）、舟底形石器[9]、舟底形尖頭器（大船・冨成1976）とも呼称されていた。九州地方では三稜尖頭器[10]と呼称される場合が多く、単に尖頭器（芹沢1967、芹沢編1978）と記される場合もある。とくに素材主要剥離面にも調整加工を施したものを三面加工尖頭器（中村和正1981）と呼ぶこともある。九州地方の研究者は現在でも三稜尖頭器の名称を使用する場合が多いが、角錐状石器の名称を用いる研究者も増えてきた。関東地方では、かつて関形石器（関型石器）（中沢・杉山1956）、ゴロゴロ石器（小田・伊藤・キーリー編1976）、尖頭器様石器（矢島・鈴木1976）などと呼称されていたが、現在は角錐状石器の名称で統一されている。

角錐状石器が命名された岡山県宮田山遺跡の報告では、「原材lumpから剥離された横長の剥片を、片面（主要剥離面）だけを残して他の面を両側縁から細部加工し、一端を尖らせたもので、全体が三角錐乃至四角錐状を呈するものである。そして残された一面は平滑で未加工のまゝになっている」と定義されており、「全体の作りが特に部厚く出来ていること、先端の尖り方は鋭くないこと、平滑な面が残されていること等」を特徴としてあげている。宮田山遺跡の資料は確かに一方が尖っているのみで基部は平坦であるが、基部は欠損していると考えられ、本来は両端が尖る形態が原則である。先端については報文ではあまり鋭利でないことが指摘されているが、提示資料の5点のうち2点は鋭利である。一般的に先端が鋭利なものとあまり鋭利でない形態があるが、先端を細く作り出す意図はおおむね明瞭である。素材について報文は横長の剥片を素材としていることが指摘されているが、角錐状石器は加工量が一般に多く、素材を推定できる場合は必ずしも多くない。素材剥片を横位に利用するか縦位に利用するかを判断できるにすぎないものが一般的である。縦長剥片を利用していると推定される資料も散見されることから、素材は横長剥片に限定されない。素材は厚手のものを主として利用していると思われるが、両面に素材面を広く残す断面四角形の形態はナイフ形石器と共通の素材も一定量利用されている。調整加工は急傾斜の調整を主としており、稜上加工を施すなど基本的にナイフ形石器と同じ技術基盤に立っている。宮田山遺跡の角錐状石器は片面加工（二面加工）であるが、素材主要剥離面全体に調整を施す両面加工（三面加工）の形態も広く分布している。片面加工・両面加工とも地域や時期を同じくして分布しており、素材主要剥離面全体の調整加工の有無以外、製作技術や形態などの面でも相違は基本的にないので、同じ器種とみてよい。

　以上のことから、角錐状石器は、①先端を明瞭に作り出し鋭利に尖る形態が多い、②基部は丸みを帯びるもの、平坦な形態と同時に先端同様尖る形態が一般的に認められる、③素材主要剥離面側から調整加工を行う片面加工（二面加工）の形態が一般的であるが、素材主要剥離面全体にも調整加工を施す両面加工（三面加工）の形態も一定量存在する、④素材主要剥離面側から施す調整加工は急傾斜で、素材主要剥離面側への調整は素材面に沿った加工が原則である、⑤平面形は左右対称形・左右非対称形いずれも認められ、長さ5cmを超える中型・大型では左右対称の形態が多い、⑥断面形は三角形あるいは五角形・台形を呈する、といった形態的・技術的特徴を抽出することができる。こうした定義に基づく石器は、実態的にみると多様な形態の石器が含まれることになり、先にみたように地域によってさまざまな器種名で呼称されることとなったが、型式学的・技術学的検討や編年に基づく地域ごとの形態組成の検討（佐藤達夫1970、白石1974、松藤1981、織笠1988）などによって同一器種であるという認識が現在では一般的になっている。しかし、近畿地方東部～中部地方にかけては関連資料が稀薄であることや関東地方と近畿地方以西の角錐状石器に若干の型式学的な相違が認められることなど、今後さらに検討すべき課題も残されている。

　角錐状石器の形態分類は加工状態（面的加工・周辺加工）による分類（比田井1981、多田1997）や加工状態（二面《片面》加工・三面《両面》加工・周辺加工）を考慮した断面形態（柳田1978・1983、松藤1981）による分類が主体で、大きさの分析はなされるものの平面形態などに基づく分類（萩原1994、岩谷1997）は顕著ではない。角錐状石器を狩猟具との関連でみるとき、先端形状

は重要な要素である。また、角錐状石器が槍先形尖頭器の遡源形態であるとするならば、技術的な分析と同時に平面形状や加工状態に基づく分類を行い、形態組成の検討を行う必要があろう。

　角錐状石器を槍先形尖頭器と同様の視点で分類すると、平面形態は細形・中細形・中広形の3種類があり[11]、加工状態は片面加工（二面加工、甲板面側にわずかに調整が施されるものを含む）、両面加工（三面加工）、周辺加工の3種類に分類できる。大きさは地域や石器群により若干の違いがあるが、長さ4.5cm以下を小型、長さ5～8cmを中型、長さ8cm以上を大型として記述する。

　角錐状石器は九州地方～東北地方南部に分布し、第2期後半を代表する器種である。これらの分布地域では第2期後半初頭にほぼ同時に出現していると思われるが、九州地方などでは第3期にも残存しているようであり、地域によって角錐状石器の形態や組成、変遷の様相は異なっている。地域ごとに形態組成を中心に概観してみたい。

　九州地方では第2期後半を通じて認めることができ、地域によっては第3期にも残存することはすでに述べた。角錐状石器は九州地方全域に分布するが、西北部は小形の中広形を中心としており、南部も中型・大型の角錐状石器は未発達であるなど、顕著な地域差が認められる。層位的にはAT（姶良丹沢火山灰）上位の堆積層中から検出される[12]。AT直上層[13]およびその上位層まで出土が確認され、一定の時期幅があることが確認できる。大分県大野川中流域では岩戸遺跡（芹沢編 1978、清水・高橋・柳田編 1986）をはじめ、ATを包含する堆積層の上部あるいはATを包含する堆積層の直上層であるハードローム層から石器群が出土している。熊本県下城遺跡（第1文化層）ではATを含むハードロームからその上位のソフトロームにかけて（古森 1980）、熊本県狸谷遺跡（第Ⅱ文化層）ではAT（入戸火砕流、肉眼で確認できる）直上の堆積層から石器群が出土している（木﨑編 1987）。鹿児島県西丸尾遺跡では入戸火砕流の二次堆積層直上の第Ⅶ層中位から下位にかけて（宮田編 1992）、宮崎県船野遺跡ではATよりさらに降下年代の新しい小林軽石層の上位から石器群が出土している（萩原 1994）。出土層位や石器群の様相から第2期後半を遡る例はない。また、第2期後半に属するものが大半であり、船野遺跡例のように第3期に属するものも確実に存在する。第2期後半の角錐状石器については層位的上下関係で編年できる例もあるが、大半は困難である。ナイフ形石器をはじめとする石器群の様相や角錐状石器の型式学的検討などから2時期に細分できるものと思われる。前半期についてみると、九州地方中部は大分県岩戸遺跡第1次調査地区（芹沢編 1978）、同第3次調査地区第6層下部（清水・高橋・柳田編 1986）、津留遺跡（高橋信武編 1982）などがあり、中型の中細形・細形を主体としている。片面加工で厚さの厚い形態が主体であるが、両面加工も認められる。九州地方南部では熊本県狸谷遺跡第Ⅱ文化層（木﨑編 1987）、鹿児島県小牧3A遺跡（長野編 1996）などがあり、小型中広形・中細形が主体である。後半期の九州地方中部では、大分県百枝遺跡C地区第Ⅱ文化層（清水・栗田編 1985）、熊本県下城遺跡第Ⅰ文化層（古森 1980）、福岡県宗原遺跡（杉原・水ノ江編著 1994）などがあり、中型・大型の細形・中細形が主体である。片面加工を主体とし、両面加工が一定量認められる。大型が形態組成の主要な一角を占めるとともに、下城遺跡、宗原遺跡では扁平化が著しく、槍先形尖頭器と同様の形態も認められる。九州地方南部では熊本県白鳥平B遺跡（宮坂孝宏編 1994）、鹿児島県西丸尾遺跡Ⅷ層（宮田編 1992）などがある。小型中広形を主体としている。後半期は熊本県・福岡県西部・佐賀県東部を中心として角錐状石器

が組成の主体を占める石器群が顕著に認められる。九州地方西北部では第2期後半を通じて小型中広形を主体としており、平面菱形に近い形態が多い。やはり片面加工を主体としながら、両面加工が認められる。第3期にはほとんどの地域で角錐状石器は姿を消しているが、宮崎県船野遺跡（橘1975）、鹿児島県木場A－2遺跡（牛ノ浜編著1982）など九州地方南部では小型中広形・中細形を主体に広く残存しているようである。

中・四国地方、近畿地方では瀬戸内地域を中心に分布している。他地域と比較検討できる層位的な出土例が少なく、広島県冠遺跡D地点第Ⅱ文化層（妹尾編著1989、藤野1992）、岡山県竜頭遺跡第Ⅲ層（鎌木・小林1987）、兵庫県板井寺ヶ谷遺跡上位文化層（山口編1991）、香川県中津間西井坪遺跡（藤好・森下・小野2000、森下編2001）などをあげることができるのみであるが、九州地方同様AT下位からの出土例はなく、石器群の様相からみても第2期前半に遡る資料は現状では存在しない。また、層位的には冠遺跡D地点、板井寺ヶ谷遺跡ではATの一次堆積層が認められ、その直上層から出土しており、さらに板井寺ヶ谷遺跡石器包含層の上位を大山ホーキ火山灰が覆っていることから、その上限年代も押さえることができる。中間西井坪遺跡ではATが火山ガラスのピークとして検出されており、AT降下層準と推定された第Ⅲ層下部の上位に堆積する第Ⅰ層・第Ⅱ層を主体に石器群は包含されており、AT降下時期と石器群の年代は一定時間の隔たりを予想させる。竜頭遺跡では大山ホーキ火山灰の上位に堆積するソフトローム層下位で出土している。以上のように中・四国地方、近畿地方の角錐状石器は一定の存続期間が予想され、第2期後半を通じて広く分布し、一部の地域では第3期にも残存している可能性がある。また、角錐状石器の出現時期は角錐状石器の型式学的検討や堆積状況の良好な東海地方、関東地方の様相などから九州地方同様に第2期後半初頭と想定しているが、中・四国地方、近畿地方のみの資料で十分に検証できる状況にはない。瀬戸内〜近畿地方西部では第2期後半を通じて認められると思われるが、層位的に編年できる資料がないので、詳細な検討はできない。第2期後半の角錐状石器を伴う石器群は型式学的にみると九州地方同様2期に細分できる可能性があるが、現状では層位的には検証できない。瀬戸内、近畿地方西部では、広島県西ガガラ遺跡第2地点第3ブロック（藤野1986）、愛媛県宝ヶ口Ⅰ遺跡（多田1994）、香川県中間西井坪遺跡（森下編2001）、大阪府国府遺跡第6地点（石神1990）、郡家川西遺跡H地点（森田克行1980）など多くの遺跡が分布している。瀬戸内西部の角錐状石器は小型の中細形であり、素材は薄手で片面加工である。時期的には第2期後半でも新しく位置づけられるものと考えられる。備讃瀬戸では角錐状石器が検出される遺跡がとくに多く分布している。良好な出土状態を示すものは少ないが、中間西井坪遺跡は良好な状況で多数の石器ブロックが検出され、各ブロックから角錐状石器が出土している。層位的な上下関係は必ずしも明確ではないが、角錐状石器の形態組成やナイフ形石器の型式などが石器ブロックごとで異なっており、一定の時間幅をもって形成されたことが予想される。角錐状石器は片面加工が主体で、両面加工が認められるが、量的にはわずかである。角錐状石器の形態組成は大きくは三つの様相を指摘することができる。中型・大型の細形を主体とするもの、中型細形を主体とするもの、小型中細形および中型細形を主体とするものであり、おおむねナイフ形石器の様相も対応している。小型中細形および中型細形を主体とするものは小型のナイフ形石器を主体としており、小型は素材が薄身で周辺加工を主体として

いる。前2者より新しく編年されるものと思われるが、前2者の前後関係については整理途上であり明確にできない。国府遺跡第6地点など近畿地方の角錐状石器を主体とする石器群ではナイフ形石器の存在が稀薄で、郡家今城遺跡（大船・冨成編著 1978）などナイフ形石器を主体とする石器群に角錐状石器が伴う例では角錐状石器の点数はわずかである。時期差とみるのか遺跡の機能差とみるのか現状では判断が困難である。近畿地方西部の角錐状石器は片面加工で、中型の細形・中細形を主としている。瀬戸内、近畿地方西部は大まかにみると細形および中細形が主体であり、備讃瀬戸（瀬戸内中部）において細形の発達が著しい。また、中型を基本とするが、備讃瀬戸では大型が発達する時期があり、第2期後半の新しい時期には小形化、短寸化、素材の薄身化、調整の簡略化などの現象が認められる。中国山地は西部の広島県冠遺跡群および東端部の兵庫県板井寺ヶ谷遺跡上位文化層で角錐状石器を伴う石器群が認められるが、現状ではあまり顕著な存在ではない。冠遺跡群では、冠遺跡B地点（梅本 1983）、冠遺跡D地点第Ⅱ文化層（妹尾編著 1989、藤野 1992）などがある。冠遺跡B地点では製作途上で破損したものが大半であることから、本来の形状は推定するほかはないが、冠遺跡群では中型細形を中心として大型も製作されている。板井寺ヶ谷遺跡上位文化層（山口編 1991）では中型の細形・中細形を主体としている。片面加工が主体であるが両面加工を含んでいる。山陰は第2期後半の資料に乏しいためこの時期の様相は不明であるが、中国山地東部の様相からすると角錐状石器の存在は稀薄であったと推定される。四国地方南部もこの時期の石器群はほとんど不明であるが、高知県奥谷南遺跡（松村 2000）でナイフ形石器とともに角錐状石器が出土している。ナイフ形石器、角錐状石器は第Ⅷ～Ⅻ層で出土しており、ナイフ形石器の一部は第Ⅶ層の細石刃石器群に混在して出土している。角錐状石器は長さ3～5cmの小型・中型の中広形・中細形を主体としており、ナイフ形石器も長さ5cm以下の小ぶりのものが多い。角錐状石器は甲板面側の調整は粗いが両面加工を一定量含んでいる。現在整理途上であるため詳細は不明であるが、いくつかの文化層が重複している可能性もある。九州地方南部に共通する様相もうかがえ、第2期後半の後半期～第3期に位置づけられる可能性がある。近畿地方東部～東海地方西部では角錐状石器を伴う遺跡がわずかで様相はあまり明確ではないが、片面加工で小型・中型の中広形・中細形が主体で、長さ5cm以下の小ぶりのものが多いようである。

　静岡県沼津市周辺を含む関東地方では、角錐状石器を伴う石器群は関東地方南部を中心に多数分布している。関東地方の角錐状石器は第2期後半を通じて認められ、第3期にはほぼ消滅している。第2期後半初頭には角錐状石器が認められるが、この時期の遺跡が現状では少ないこともあり、明確な層位的事例は1例のみである。相模野台地ではB2L下部～B2U上部、武蔵野台地では第Ⅴ層～Ⅳ層中部[14]、下総台地では第Ⅳ～Ⅲ層[15]に包含されている。大宮台地も武蔵野台地に比べると堆積層はあまり厚くなく、堆積環境に恵まれているとはいえないが、ハードローム層（武蔵野台地の第Ⅴ～Ⅳ層にほぼ対応）を中心に角錐状石器は包含されている。関東地方南部では現在60文化層以上で角錐状石器が確認されており、形態組成の変化を追うことができる。層位的な出土資料を中心に分析した亀田直美は大きく3時期に区分している（亀田 1996）。Ⅰ期はB2L下部（および第Ⅴ層下部）を出土層準とし、角錐状石器の出現期である。素材打面を基部に設定し、大型で黒曜石以外の石材を利用する。第Ⅱ期はB2U中部、第Ⅴ層（上部）を出土層準とし、形態が多様化する。大きさ

の点でも大型と小型が組成している。黒曜石を含む多様な石材を利用している。第Ⅲ期はB2L上部〜B2U、第Ⅳ層下部〜中部を出土層準とし、小形化するとともに短寸化する。黒曜石・チャートを利用するものが増加する。Ⅰ期は神奈川県柏ヶ谷長ヲサ遺跡ⅩⅠ文化層の１例のみであり、大きさの点を除くと、同遺跡のⅩ文化層（B2L下部）、Ⅸ文化層（B2L中部）の角錐状石器の一部と素材や調整加工などが共通する。あえて別の時期に区分する根拠は現状ではないように思われる。したがって、現状の資料では大きく２時期に区分することが可能で、前半期（B2U下部〜中部、第Ⅴ層）は片面加工で中型の細形・中細形・中広形を主体とする。薄手の素材を利用して周辺加工を主体とするものと、厚手の素材を利用して甲高で片面加工に仕上げるものが認められる。相模野台地では薄手の周辺加工の割合が高く、それらは中広形を中心にやや幅広の形態が多いのに対して、武蔵野台地では甲高で、細形を中心とする細身の割合が高いなど小地域ごとの相違も認められる。後半期（B2L上部〜B2U、第Ⅳ層下部〜中部）では片面加工の小型中広形を主体とし、中型も認められるが、全体に小型化するとともに短寸化している。平面形態も整っていないものが多い。関東地方北部は武蔵野台地Ⅴ層・Ⅳ層下部段階の遺跡が少なく、したがって角錐状石器出土資料も多くはない。現状では小型を主体とする資料が知られているが、時期別の編年を行える状況にない。

　東海地方を除く中部地方は類例がきわめて乏しいが、第２期後半を主として第３期に属する可能性のあるものも認められる。中部高地では角錐状石器がきわめて貧弱で、長野県手長丘遺跡などで片面加工の小型中広形・中細形が若干認められる程度である。中部高地の周辺では長野県柳又遺跡C地点で中型の中細形・中広形が、長野県貫ノ木遺跡で小型中細形が認められるなど類例はきわめて少ない。

　これまでみてきたように、角錐状石器は小型・中型・大型の３種類があるが、小型はその大きさからみて多くの資料を狩猟具と想定することは困難であろう。九州地方では西北部（長崎県・佐賀県西部）や南部（熊本県南部・宮崎県南部・鹿児島県）は小型中広形を中心としており、先端が尖る形態でもあまり鋭利でないものが多い。中型で先端が鋭利に尖る形態も認められるが、量的に少なく、これらの地域では狩猟具としての角錐状石器は顕著ではない。九州地方中部（大分県南部・熊本県）や佐賀県東南部・福岡県南部などでは第２期後半を通じて中形細形・中細形が安定して存在し、とくに後半期では大型・中型を基本的な形態組成とし、平面左右対称で先端部も鋭利に尖る形態が基本であるなど、狩猟具と想定される角錐状石器が顕著に発達している。中・四国地方、近畿地方では瀬戸内（広島県冠遺跡群など中国山地西部の一部などを含む）、近畿地方西部で顕著な角錐状石器の発達が認められ、中型の中細形・細形を主体とする形態組成が広く認められる。とくに備讃瀬戸（瀬戸内中部）における大型の発達が顕著で、香川県中間西井坪遺跡など中型・大型を主体とする形態組成が成立している。中部地方の様相はあまり明確ではないが、東海地方や中部高地では小型が主体であり、長野県柳又遺跡C地点のように中型で構成される石器群も認められるが、現状では全般的に小型が顕著である。関東地方では第２期後半の前半期は中型・小型を基本とする形態組成であるが、後半期は小型を主体とする形態組成となる。前半期の中型は左右対称で先端部が鋭利に尖るものも多く、一定量の角錐状石器が狩猟具として利用されているものと想定されるが、後半期では小形化するとともに左右非対称で先端部があまり鋭利でない形態や先端部が錐状を呈す

る形態が顕著となることから、狩猟具と想定できる角錐状石器はきわめて少ない。以上のように、狩猟具と想定される角錐状石器は九州地方中部〜瀬戸内、近畿西部を中心に発達したことがわかる。九州地方では剥片尖頭器が広く分布するが、大型や扁平な角錐状石器が発達する佐賀県東南部・福岡県南部を含めた九州地方中部では剥片尖頭器の組成に占める比率は低い。とくに角錐状石器が組成の主体となる石器群では剥片尖頭器が伴わないか1・2点伴う程度で、排他的な関係が指摘できる。

　角錐状石器の出自については、剥片尖頭器同様、日本列島外に求める意見が多く、その系譜を朝鮮半島（木﨑1997）や中国大陸（中川1995）に求めている。一方、少数派であるが、瀬戸内方面の影響を受けながら九州地方における内的発展による成立の可能性を想定する見解（岩谷1997）や大陸を含めた各地の角錐状石器の製作技術や組成の中における役割など、なお十分な検討を行うべきであるという慎重論（織笠1988）もある。確かに角錐状石器が分布する地域において先行の石器群の中に出自を求めるのは現状の資料においては困難である。韓国忠清南道スヤンゲ遺跡で剥片尖頭器や角錐状石器と考えられる石器が報告（李1984・1985）されて以来、角錐状石器についても朝鮮半島や中国大陸など列島外に出自を求める見解が急増したが、朝鮮半島では剥片尖頭器類似の石器は類例が次第に増加しているものの、角錐状石器類似の石器はスヤンゲ遺跡のほかに類例が増加する様子はない。角錐状石器の分布の中心は日本列島側にあり、逆に九州地方の石器群が朝鮮半島側に影響を与えているのではないかと考えられる状況にある。中国大陸においても前期・中期旧石器時代においては尖状器と分類される器種の中に角錐状石器に類似する形態や起源と推定されるような形態が存在するが、後期旧石器時代になると中期旧石器時代〜後期旧石器時代初頭に位置づけられているといわれる水洞溝遺跡などで類似品が認められるものの、後期旧石器時代前半期では角錐状石器に対比できる資料はなく、対比可能な資料は細石刃石器群の出現まで待たねばならない。また、中国山地西部、瀬戸内、近畿地方西部の角錐状石器を伴う石器群に目を転じると、厚手の素材を利用した一側縁、二側縁の比較的細身のナイフ形石器が伴う例がある。これらのナイフ形石器は角錐状石器の出現によって、ナイフ形石器の中に中間形態が出現したと一般には解釈されている。周辺加工の角錐状石器についても時間的に新しい位置づけがされがちである。しかし、瀬戸内、近畿地方西部の石器群はいまだに型式編年の段階を脱し得ない状況にあり、第2期前半の石器群についてはほとんど不明の状況にある。したがって、上述の角錐状石器と技術的に関連をもつナイフ形石器も一概に角錐状石器の成立あるいは接触に伴うという視点のみではなく、先行の石器群の中に存在したとみる可能性も残しておくことができよう。同時に、周辺加工の角錐状石器もすべて技術的省略形態という視点のみではなく、ナイフ形石器からの派生形態という視点からの検討も十分に行う必要がある。中型片面加工の角錐状石器を出現期の形態と想定することが許されるのであれば、上述の仮定も成り立つ。角錐状石器の出自に関しては、列島内外の石器群を詳細に分析しさらに検討する必要があるというのが現状であろう。

4. 槍先形尖頭器出現期の狩猟具の評価

　前項まで槍先形尖頭器出現期以前の単体の狩猟具として想定されるナイフ形石器、剥片尖頭器、角錐状石器について概観してきた。ナイフ形石器は形態A・形態B・形態Cのうち、中型・大型の

先端が鋭利に尖る形態が狩猟具として想定された。中部地方北部〜東北地方にかけての東北日本ではナイフ形石器文化期を通じて形態Bを中心とするナイフ形石器が主たる利器であり、単体の狩猟具の利用が推定された。これに対し、関東地方以西の西南日本では、関東地方が中間地帯的な様相を示すものの、ナイフ形石器を利用した単体の狩猟具は第2期後半に至るまできわめて貧弱であることがわかる。しかし、第2期後半、第3期では、四国地方南部を除く中・四国地方、近畿地方西部や第3期の関東地方・東海地方などにおいてナイフ形石器が主要な単体の狩猟具として利用されたことが想定される。一方、九州地方では一部の地域・時期を除いては、第2期後半・第3期にナイフ形石器が単体の狩猟具として利用されているにせよ、主体的ではなかった。九州地方では第3期には基本的に単体としての狩猟具はきわめて貧弱な状況となる。中国地方、近畿地方以西においても、第3期末には単体の狩猟具は基本的には認められなくなるようである。剥片尖頭器は九州地方を中心に第2期後半に特徴的に認められた。九州地方の全域と山口県西南部に分布がほぼ限られるが、石器群における組成の比重をみると、九州地方西北部や九州地方南部で比重が高い。角錐状石器も第2期後半を特徴づける器種であり、九州地方〜東北地方南部の広範な地域に分布が認められ、関東地方以西の西南日本に分布の中心がある。先端が鋭利に尖る形態のうち、中型・大型を中心として狩猟具として想定される。九州地方南部や四国地方南部などでは第3期にも残存するものと思われるが、第2期後半に主体がある。九州地方中部（佐賀県東南部・福岡県南部を含む）、瀬戸内（中国山地西部を含む）、近畿地方西部を中心に発達する様相が認められ、角錐状石器を主体とする石器群が成立している。

　狩猟具と想定されるナイフ形石器、剥片尖頭器、角錐状石器について総合的にみると、東北日本ではナイフ形石器形態Bを主体とする狩猟具構成がナイフ形石器文化期全体を通じて認められる。第3期には槍先形尖頭器が狩猟具として加わるが、組成に占める割合は小さく、槍先形尖頭器が伴わない石器群のほうが現状では主体である。これに対して、西南日本では大雑把にいってナイフ形石器文化期前半（第1期、第2期前半）では単体の石器を利用した狩猟具は総じて貧弱であり[16]、第2期後半にナイフ形石器を単体の狩猟具として積極的に利用するようになるが、第2期後半では剥片尖頭器や角錐状石器と複合的な狩猟具構成であり、第3期に多くの地域でナイフ形石器を主体とする狩猟具構成へと移行している。九州地方ではナイフ形石器と剥片尖頭器、ナイフ形石器と角錐状石器という組成が基本であるが、剥片尖頭器や角錐状石器の発達が著しく、ナイフ形石器は狩猟具としてはむしろ補助的に利用されている観がある。しかし、九州地方では単体の狩猟具として発達した剥片尖頭器、角錐状石器は第2期後半で姿を消している。一部の地域では角錐状石器が第3期にも認められるが、基本的に狩猟具と想定されるものではない。第3期では狩猟具と想定されるナイフ形石器も貧弱となり、急速に小形化の方向に向かっている。九州地方では第2期後半において単体の狩猟具を利用した生業活動がピークを迎えるが、第3期以降に継続発展することなく、急速に組み合わせ石器を中心とする狩猟具へ転換（細石器化）し、細石刃石器群成立の技術的・社会構造的基盤を用意しているものと思われる。中・四国地方、近畿地方の中でも瀬戸内（中国山地西部などを含む）、近畿地方西部では九州地方同様、ナイフ形石器と角錐状石器による複合的な構成に基づく狩猟具が成立している。備讃瀬戸ではとくに角錐状石器の発達が著しく、近畿地方ではナ

イフ形石器がほとんどあるいはまったく伴わず、角錐状石器を主体とした石器群が認められるが、これらの地域では九州地方に比べてナイフ形石器の狩猟具としての割合が全般的に高い。中国山地東部〜山陰にかけては角錐状石器がほとんど認められず、形態B・形態Aナイフ形石器を主体とする狩猟具の構成であり、東北日本的なあり方を示すものと思われる。第3期には九州地方とは逆に、ナイフ形石器を主体とする狩猟具の構成となるが、終末期にはナイフ形石器は小形化し、九州地方の様相に連動するものと思われる。東海地方〜関東地方も瀬戸内、近畿地方西部と基本的には同じ様相である。第2期後半は角錐状石器とナイフ形石器による複合的な狩猟用具構成である。しかし、狩猟具としてみた場合、角錐状石器の発達は顕著ではなく、1遺跡における狩猟具と想定されるナイフ形石器の出土量も多くはない。とくに第2期後半の後半期はナイフ形石器、角錐状石器ともに小形化し、ナイフ形石器では形態Eが大幅に増加するなど、単体の石器による狩猟具は大きく後退している。この地域における槍先形尖頭器は単体の石器としての狩猟具が後退した第2期後半の後半期に出現している。第3期は角錐状石器が基本的に消滅するが、形態Aを主体とするナイフ形石器による狩猟具構成が成立している。この地域では単体の石器を利用した生業活動がナイフ形石器文化期の中ではもっとも顕著な時期である。また、第3期には少量の槍先形尖頭器を組成に含む石器群が多く認められるようになり、槍先形尖頭器を組成の主体とする遺跡もわずかながら出現する。中部地方中部〜南部の様相は必ずしも明確にできないが、第2期後半の中部高地は槍先形尖頭器が出現し、槍先形尖頭器とナイフ形石器による複合的な狩猟具構成である。第3期には槍先形尖頭器を主体とする狩猟具構成であり、狩猟具に想定されるナイフ形石器は大幅に減少している。

　槍先形尖頭器は中部高地の黒曜石原産地を中心として成立したものと考えられるが、こうした日本列島における狩猟具の流れの中ではどのように理解することができるだろうか。中部高地はナイフ形石器文化期を通じて関東地方と密接な関連にあり、大まかにいって西南日本に属している。しかし、ナイフ形石器文化期前半期の遺跡の検出例は少ないものの、長野県茶臼山遺跡（藤森・戸沢1962）、池のくるみ遺跡下層（金井・石井・大脇1969）など単体の狩猟具と想定されるナイフ形石器形態Bを主体とした東日本型の狩猟具構成が広く存在した可能性がある。仮に東日本型のナイフ形石器文化が主体でなかったとしても、中部地方北部や東北南部に接する地域であり、確実に東日本型の石器群が存在することから相互に強い影響関係にあったことは間違いなかろう。これまでみてきたように、西南日本はナイフ形石器文化期前半（第1期・第2期前半）では、単体の石器を主体的に狩猟具に利用する伝統に乏しいが、ナイフ形石器文化後半期の第2期後半にはナイフ形石器および角錐状石器、剥片尖頭器による複合的な狩猟具構成が成立し、東北日本とは異なる単体の石器を主体的に利用した狩猟活動が顕著に認められるようになる。とくに角錐状石器は西南日本を中心に一部は東北日本にも分布し、西南日本の全域でナイフ形石器と角錐状石器による複合的な狩猟具構成が成立している。この時期、中部高地ではナイフ形石器は石刃や縦長剥片を利用した形態Bはほとんど姿を消し、形態A・形態Eを主体としており、関東地方（とくに関東地方南部）との密接な関連があるようにみえる。第3期も関東地方と関連の深いナイフ形石器の組成であり、黒曜石を仲介とした石材の需給関係や槍先形尖頭器の様相などからみても、東北日本よりもナイフ形石器文化後半期の中部高地と関東地方（南部）は密接な関係にあったことがうかがえる。しかし、第2

期後半には角錐状石器はほとんど認められず、槍先形尖頭器を成立させ発展させおり、角錐状石器を発達させる西南日本とは別の動きをみせている。また、ナイフ形石器についても狩猟具と想定される形態が組成に占める割合は少なく、槍先形尖頭器と複合的な狩猟具構成をなすにせよ、槍先形尖頭器を主体とする構成であり、同時期の石器群としては基本的には単体の石器を狩猟具とする東北日本型に属するといえるであろう。

　このように、第2期後半の中部高地の石器群はナイフ形石器の形態組成や素材生産技術の様相、他地域との石材需給関係などから関東地方南部と密接な関係にあり、大きくは西南日本に属するが、狩猟具構成の観点からみると東北日本型に属するというように、中間的な様相をみせている。槍先形尖頭器は面的加工を施し、素材の大幅な変形を基本とする器種であり、同じ狩猟具と想定されるナイフ形石器や剥片尖頭器とは異なり、角錐状石器と基本的に共通した技術構造をもっている。槍先形尖頭器は層位的事例の明らかな関東地方南部では、角錐状石器にやや遅れて第2期後半の後半期に出現する。中部高地では堆積条件が悪く、層位的にその出現時期を明らかにすることはできないが、槍先形尖頭器を伴う石器群に先行する第2期後半の石器群を指摘することはできず、第2期後半の初頭に槍先形尖頭器が出現すると仮定することも可能である。狩猟具としてみた場合、関東地方～東海地方の角錐状石器は顕著な発達を示していないが、一定の発展過程を認めることができ、形態組成の変化を追うことができる。また、第2期後半の前半期では小型・中型の組成が成立しており、平面形態は細形・中細形・中広形の各形態が認められ、両面加工が認められるものの片面加工が基本である。これに対して、槍先形尖頭器は中型両面加工を基本とし、角錐状石器の中広形に対応する中広形木葉形を主体として出発しており、角錐状石器の形態組成や形態をもとに派生した様相ではない。また、第2期後半の後半期には関東地方～東海地方の角錐状石器は小形化して狩猟具としては衰退の方向に向かっており、技術的発展過程として槍先形尖頭器の派生を求めるには矛盾した現象といえよう。隣接地域である瀬戸内・近畿地方西部では狩猟具としての角錐状石器が顕著に発達しているが、中型・大型の細形・中細形を主体とする形態組成であり、やはり片面加工を主体としている。両面加工が一定量認められるが、片面加工と形態に差はなく、槍先形尖頭器の形態組成とは大きく異なっている。これらのことから、槍先形尖頭器は角錐状石器の直接的な後継器種あるいは派生器種とは考えられず、時期的に基本的には重複している。

　これまでみてきたように、第2期後半は西南日本においても単体石器を狩猟具として主体的に利用した生業活動が成立した時期と捉えることができ、北海道を除く日本列島のほぼ全域において単体石器を主体とする狩猟具構成の石器群が分布していたとみることができよう。西南日本では、とくに剥片尖頭器、角錐状石器といったナイフ形石器以外の狩猟具が成立し、その発達が著しい[17]。剥片尖頭器、角錐状石器の出自についてはひとまずおくとしても、剥片尖頭器は九州地方を中心に角錐状石器は広く西南日本に分布することから、第2期前半には東北日本型の狩猟具構成であった中部高地も第2期後半に成立した西南日本型の狩猟具構成の影響を強く受けたことは想像に難くない。東北日本型のナイフ形石器は基部と先端部を主体とする調整加工によって製品を仕上げており、素材を生かした整形方法であり、面的な調整も基本的に行っていない。こうした点からすれば、西南日本の第2期後半におけるナイフ形石器以外の狩猟具としての器種の成立・発達と同じ脈絡の中

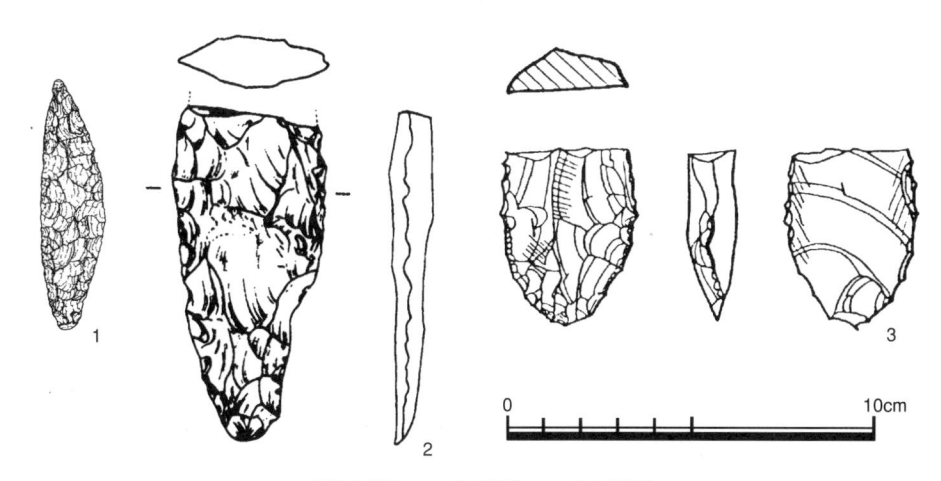

1：石壮里遺跡、2：月坪遺跡、3：壬仏里遺跡

第20図　朝鮮半島の槍先形尖頭器および尖頭器（小畑2001、朴／小畑訳2000、中山1989より）

で、中部高地の槍先形尖頭器の成立や展開を位置づけることができよう。また、角錐状石器が直接的な遡源形態ではないにせよ、角錐状石器における面的加工技術が槍先形尖頭器成立の技術的背景の重要な要素の一つとみることができる。槍先形尖頭器は第2期前半以前の東北日本型狩猟具伝統を背景としながら西南日本の新たな石器群の構造変動と融合する形で成立した器種といえる。

第2節　日本列島周辺地域の様相

　本節では、日本列島の周辺地域における槍先形尖頭器の出現と展開の様相を概観する。また、あわせて周辺地域における槍先形尖頭器出現以前の狩猟具の系譜を概観することによって、日本列島における槍先形尖頭器の系譜について検討してみたい。対象地域は朝鮮半島、中国大陸、シベリア・沿海州の3地域である。シベリアについてはエニセイ川以東の東シベリアの様相を中心に概観したい。

1. 朝鮮半島

　朝鮮半島における旧石器時代の遺跡は現在100ヵ所以上に達している（小畑2001a）が、大半は大韓民国（韓国）に分布しており、朝鮮民主主義人民共和国（北朝鮮）の様相はほとんど不明の状態である。韓国では近年大規模な開発に伴って多くの旧石器時代遺跡が発見・調査されるとともに、継続的な学術調査も行われている。とくに近年の調査で後期旧石器時代の様相が急速に明らかになりつつあり、日本列島と比較検討できる石器群が多数検出されている。しかし、後期旧石器時代、とくに前半期の様相はほとんど不明の状態であり、槍先形尖頭器の起源を周辺地域に求めるとき、十分な議論ができる状況にはない。

　さて、槍先形尖頭器に目を転じると、朝鮮半島においてはきわめて発見例が少なく、確実な槍先形尖頭器は忠清南道石壮里遺跡、全羅南道月坪遺跡の2例3点のみである。これらはいずれも表面採集品であり、どのような石器群に伴うのか不明である。石壮里遺跡の槍先形尖頭器は2点採集されており（朴／小畑訳2000）、柳葉形・中細形木葉形の整った形をしている（第20図1）。調整の状

態や平面形態からすれば旧石器時代末〜新石器初頭に位置づけられる可能性が強い。月坪遺跡の槍先形尖頭器（小畑2001a、延世大学校博物館編2001）は先端部が欠損しているが、柳葉形または中細形木葉形と思われ、薄身で平坦な剥離面に覆われている（第20図2）。石壮里遺跡例同様、旧石器時代末〜新石器時代初頭に位置づけられる可能性が高い。このほかに関連資料としては全羅南道牛山里谷川遺跡、慶尚南道壬佛里遺跡などで両面加工あるいは片面加工の槍先形尖頭器状の石器が出土している。牛山里谷川遺跡の資料（朴／小畑訳2000）は平面三角形状を呈し粗い調整加工であるが、先端部は背面側のみであるが細かな調整を施している。厚さが長さ約5cmに対して厚さ約2.5cmと非常に厚く、先端部の形状などからみても狩猟具に想定するのは困難である。壬佛里遺跡の資料（中山1989）は上部を欠損しており、残存部は幅広の形態である（第20図3）。基部を丸く作り出していることから掻器の可能性もあるが、側面形からみると基部の角度は鋭角的であることから槍先形尖頭器と思われる。側面から推定すると、少なくとも全体の半分程度は欠損しており、中広形木葉形あるいは中細形木葉形の可能性がある。本資料は細石刃石器群に伴っており、石器群の様相からみて旧石器時代末に位置づけられるものと思われる。

　以上のように、朝鮮半島の現状の資料では槍先形尖頭器の存在はきわめて貧弱で細石刃石器群に伴って出現する可能性がある。しかし、朝鮮半島における細石刃石器群は近年の調査によって忠清北道スヤンゲ遺跡（李1984・1985）をはじめ多数検出されているものの、槍先形尖頭器の存在は明確ではなく、基本的な石器組成に含まれないようである。後述する中国東北部や東シベリア・沿海州の細石刃石器群は、量的多少は別として基本的に槍先形尖頭器を組成することからすると、朝鮮半島における細石刃石器群の成立過程で槍先形尖頭器が欠落したということであろう。また、この点からすると、槍先形尖頭器が朝鮮半島から日本列島に伝播した可能性は現状ではないといえよう。

　次に、槍先形尖頭器出現以前の狩猟具について概観してみる。朝鮮半島の前期・中期旧石器時代の時期区分については、製作技術の上で大きな違いが指摘できず、朝鮮半島中部の漢灘江、臨津江流域を中心として分布するハンド・アックス、クリーバーなどのアシューレーアン型の大形石器を主体とする遺跡と、朝鮮半島南部を中心として分布するチョッパー、チョッピング・トゥールを主体とする遺跡に分類され、十分根拠ある区分を行うことが困難な状況である（裵／黄訳2001）。いずれの石器群にも剥片石器が組成しているが、槍先形尖頭器のように着柄に基づく狩猟具と想定される石器としては尖頭器に分類されている器種を挙げることができる程度である。忠清南道石壮里遺跡では第4文化層、第8文化層、第10文化層、第11文化層で尖頭器が出土している（後藤1976）が、厚手で調整加工が粗く、小形のピック状の形態が多く、着柄するのは困難であろう。後期旧石器時代では、前節でも取り上げたように、忠清北道スヤンゲ遺跡を始めとして朝鮮半島南部では剥片尖頭器類似の石器（以下、「剥片尖頭器」と表記する）が広く分布している。後期旧石器時代前半期の様相はあまり明確ではないが、前期・中期旧石器時代の尖頭器から「剥片尖頭器」への系譜を追うことはできない。また、「剥片尖頭器」およびその他の石器から槍先形尖頭器への変化も追うことはできない。

　以上のように、朝鮮半島では前期・中期旧石器時代の着柄による狩猟具はきわめて未発達な状況

であり、後期旧石器時代半ばになって剥片尖頭器類似の石器が突然出現する。その出自は必ずしも明確ではないが、中国北部〜沿海州にかけて同様の石器が散見されることから、後期旧石器時代初頭の石刃石器群の成立と展開の中で出現した器種と考えられる。槍先形尖頭器は細石刃石器群の成立に伴って出現しているが、現状の資料では細石刃石器群以前の石器群に系譜を求めることができない。

2. 中国大陸

中国大陸における旧石器時代の研究は1920年代の周口店遺跡や水洞溝遺跡などの調査にはじまり、これまでに多くの調査・研究成果が蓄積されてきたが、近年まで後期旧石器時代の研究は必ずしも十分進展してこなかった。とくに、後期旧石器時代後半の細石刃石器群とそれ以前に位置づけられる後期旧石器時代前半期の石器群の系統がまったく追えず、文化的断絶があるかのごとき様相であった。これは中国の旧石器研究が中国民族の起源に関連して前期・中期旧石器時代のより古い時期の石器文化に高い関心が寄せられていたからかもしれない。現時点においてもその状況が大きく変わったとはいえないが、揚子江（長江）以北を中心とする近年の調査で後期旧石器時代の遺跡が多く発見され、後期旧石器時代前半期の様相も少しずつ明らかになりつつある。

中国大陸において槍先形尖頭器（狩猟具としての機能が想定された尖頭器を含む）は、黒龍江省涇査遺跡（吉林省文物工作隊1983）、河北省虎頭梁遺跡（盖・衛 1977）、籍箕灘遺跡（河北省文物研究所 1993）、東灰山遺跡（河北省文物研究所 1989a）、山西省下川遺跡上層（王建・王向前・陳 1978）、五八溝遺跡（陳 1996）、薛関遺跡（王・丁・陶 1983）、党梨樹圪梁遺跡（陳 1996）、趙王村遺跡（劉ほか 1995）、丁村遺跡77地点（王ほか 1994）、山東省黒龍潭遺跡（徐・加藤 1991）、河南省大崗遺跡（張・李 1996）などが知られており、細石刃石器群に伴って出土している。いずれの遺跡でも詳細な報告がなされていないので、詳細な点数は不明であるが、槍先形尖頭器出土点数はあまり多くないようである。虎頭梁遺跡では表面採集資料を含めてかなりの量の槍先形尖頭器が出土しているようであるが、同遺跡では多数の地点から構成されており、1地点あたりの出土量はあまり多くないと思われる。これら細石刃石器群に伴う槍先形尖頭器は虎頭梁遺跡（第21図1〜5）、籍箕灘遺跡、嘎査遺跡（第21図7）、薛関遺跡（第21図6）などのように中型・大型を主体とするものと東灰山遺跡（第21図8）、党梨樹圪梁遺跡、趙王村遺跡（第21図9）、丁村遺跡77地点（第21図10・11）、黒龍潭遺跡、大崗遺跡など小型を主体とするものが認められる。前者は中国大陸の北部を中心として分布している。中広形木葉形、広形木葉形を主体としており、中細形木葉形も認められる。また、最大幅が基部寄りにあり、基部を丸く作り出す形態が共通して認められる。後者は前者と一部地域を重複するが華北地方を中心に分布している。中広形木葉形を主体とするが、東灰山遺跡、党梨樹圪梁遺跡、趙王村遺跡のように先端が鋭利でないものを含んでおり、これらは別器種と考えられる。また、長さ3cm前後のものが主体であり、大半のものが少なくとも単独で使用する狩猟具とは考えられない。また、剥離面の状態から押圧剥離によって製作していると推定されるものを多く含んでいる。下川遺跡上層は小型・中型の槍先形尖頭器で、中間的様相を示す（第21図12〜20）。中型は中細形木葉形を主体とし、小型は報文では石鏃とされているもので、基部を丸く作り出しており、丁村遺跡出土資料と形態的・技術的に共通している。三稜尖状器として報告されて

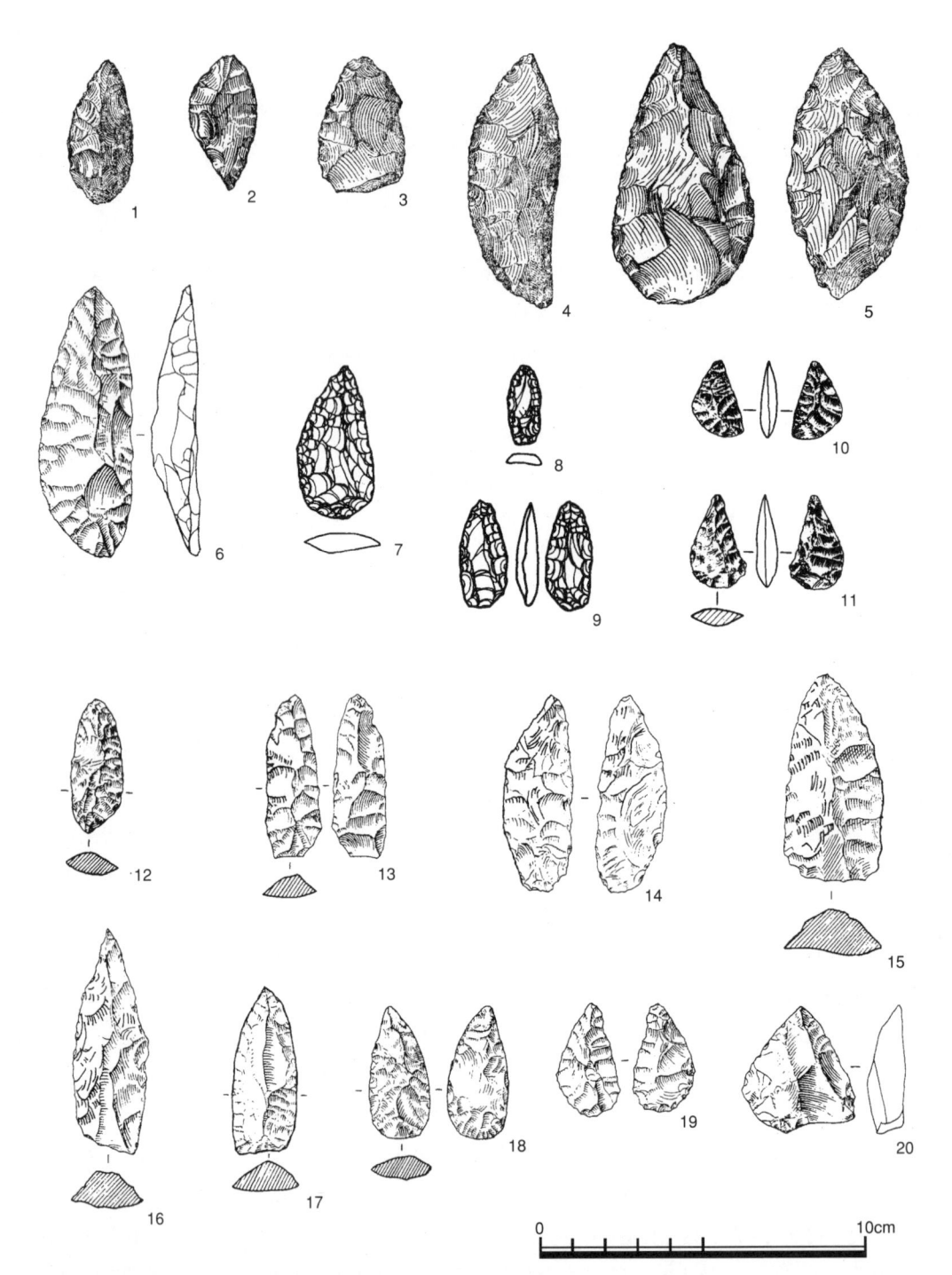

1～5：虎頭梁遺跡、6：薜関遺跡、7：嘎査遺跡、8：東灰山遺跡、9.：趙王村遺跡、10・11：丁村遺跡77地点、12～20：下川遺跡上層

第21図　中国大陸の槍先形尖頭器および尖頭器（蓋・衛1977、王建・王向前・陳1978、
王・丁・陶1983、王ほか1994、加藤真二2000aより）

いるものは小型を主体としており、角錐状石器と共通した形態である。下川遺跡上層の石器群は複数地点（遺跡）・複数時期の石器群を一括して報告している可能性があり、石器組成については今後十分に検討される必要がある。いずれにしても槍先形尖頭器は細石刃石器群に伴うものと思われ、中型と小型は時期が異なるかもしれない。

　このほかに、細石刃石器群に単体の狩猟具が伴う例として山西省柿子灘遺跡（山西省臨汾行署文化局 1989、張 1990）があり、片面加工・周辺加工の中型・大型尖頭器（尖状器）が多数出土している。細石核は削片系・非削片系が認められ、各種の形態があるが残核は小型のものが主体である。掻器が多数出土しており、これもきわめて小型である。尖頭器は比較的薄手の素材を利用して調整加工の角度が浅いものと厚手の剥片を利用して急角度の調整加工を施しているものがあり、後者は角錐状石器に類似する。平面形態は中細形木葉形を主体としており、柳葉形も認められる。先端部は鋭利に尖るものが多く、狩猟具と想定できるものが多い。縦長剥片あるいは石刃素材のナイフ形石器も認められる。細石刃・細石核に伴う石器群としては加工具と狩猟具の素材やサイズが大きく異なっている。報文では上下2枚の文化層が検出されたことが述べられており、細石刃石器群と尖頭器は同一文化層として報告されている。しかし、近年の研究では下文化層・中文化層・上文化層の3枚の文化層に区分されており、中文化層・上文化層が細石刃文化とされている（加藤真二 2000a）。ナイフ形石器が認められること、細石刃石器群に同様な例が認められないことなどから、尖頭器がどのような石器群に組成するのか今後さらに検討していく必要がある。

　以上のように、中国大陸における槍先形尖頭器は華北地方～中国東北部を中心として分布が認められる。下川遺跡上層や柿子灘遺跡の槍先形尖頭器あるいは尖頭器が仮に細石刃石器群にすべて伴出すると仮定すると、中国東北部の様相は不明確ながら、華北地方北部～中国東北部は中型・大型の中広形木葉形・中細形木葉形を主体とする組成、華北地方南部は小型・中型を主体とする組成という大きく二つの異なる様相を認めることができる。前者では、両面体のブランクを用意する削片系細石核、舟底状の非削片系細石核（ホロカタイプ）を主体とする石器群が分布しており、華北以南の地域とは基本的に地域伝統を異にする集団が活動していたものと想定される。後者では黄河周辺を除くと、槍先形尖頭器の存在は稀薄で、単体の狩猟具による狩猟活動は顕著でないようである。

　ところで、華北地方南部と以北の地域では槍先形尖頭器の形態組成に相違がみられたが、技術的発展過程として認めることはできず、各地域内においても技術的発達過程を示す資料は現状では認められない。中国大陸では槍先形尖頭器に先行する狩猟具として想定される器種に尖状器がある。尖状器は先端部を尖らせた石器全般を含んでおり、尖頭器という用語とほぼ同義である。中国大陸では尖状器が発達しており、考古地磁気法によって100万年を超える古さをもつともいわれる河北省東谷坨遺跡（衛 1985）や100万年に近い年代が推定されている岑家湾遺跡（謝・李 1993）など、前期旧石器時代[18]の初頭に位置づけられている石器群において、すでに確認することができる。これら前期初頭の石器群では大形石器と小形石器の大きさの差が極端で、尖状器についても大きさからみて着柄による狩猟具とするのは困難である。大型尖状器はピック状の石器で、小型尖状器は長さ5cm以下のものが主体で、先端に調整が集中するものものが多く、錐あるいはスクレーパーの機能を有するものと思われる。前期前半に属する北京市周口店遺跡第1地点8～11層（裴・張 1985）

などについても基本的に同様の状況である。ただ大型の尖状器は少なく、小型の尖状器が多い。小型尖状器の中には両面加工品が認められるようになるが、形状の整ったものはなく先端部の尖り方も鈍い。前期後半では周口店遺跡第1地点2〜7層（裴・張 1985）をはじめとして小型の尖状器が顕著に認められるようになる。面的加工を施した両面加工・片面加工の形態が主体で、先端が鋭利に尖る形態も散見される。厚手の形態が基本で先端が鈍いものが多く、長さも4cm以下のものが多いなど、狩猟具と想定するには躊躇する形態が多い。しかし、一部には狩猟具として利用されたものが含まれている可能性が高く、後続する前期旧石器時代末〜中期旧石器時代初頭に位置づけられる周口店遺跡第15地点（裴／張訳 1990）では中型の尖状器が主体となっている。やはり厚手であるが、調整が入念となり形状も整っている。また、片面加工では未加工面側に素材の稜線を意識的に取り入れ、断面菱形あるいは凸レンズ状の形態に仕上げるという共通性が認められる。こうした技術的特徴は中期旧石器時代前半の河北省板井子遺跡（李・謝・石 1991）、中期後半の河北省新廟庄遺跡（謝 1991）、中期旧石器時代末〜後期旧石器時代初頭の山西省塔水河遺跡（陳 1989）など華北の地域で継続して認められる。

　中期旧石器時代になると、遼寧省鴿子洞遺跡（鴿子洞発掘隊 1975）、甘粛省窰頭溝遺跡（蓋・黄 1982）、河北省許家窰遺跡（賈・衛・李 1979）、板井子遺跡、新廟庄遺跡など尖状器を組成する石器群が広く認められる。とくに河北省板井子遺跡、新廟庄遺跡では、多数の尖状器が出土している。中期旧石器時代の尖状器は片面加工が主体で、時期が新しくなると周辺加工の割合が増すようである。中型を主体とするが、前半期の遺跡では小型を一定量含んでいる。比較的薄手の剥片を素材としているのも、この時期の特徴である。また、後半期の新廟庄遺跡では先端の鋭利な形態が多く、片面加工は形態的には角錐状石器に類似する。

　中期旧石器時代末〜後期旧石器時代初頭に位置づけられる寧夏自治区水洞溝遺跡（M. Boule, H. Breuil, E. Licent 1928、賈ほか 1964、寧夏博物館・寧夏地質局地区地質調査隊 1987、山中 1986、稲田 1994）、山西省塔水河遺跡、峙峪遺跡（賈・蓋・尤 1972）などでは周辺加工の尖状器が主体をなしており、石器群の中でも中心的器種の一つである。尖状器に分類されているものがすべて狩猟具として想定できるものではなく、先端部の作り出しの弱いものは削器、先端部が極端に細くなるものは錐と考えられるが、中型で先端が鋭利に尖る形態のかなりの部分が狩猟具として想定可能であろう。これらの周辺加工尖状器は基本的には中期旧石器時代の伝統の上に発達したものと理解されるが、これらの石器群は縦長剥片あるいは石刃の生産を基盤としており、シベリア方面からの影響を否定することはできない。後期旧石器時代前半の石器群は上述の遺跡を除くとあまり明確な内容を指摘できる遺跡に乏しい。北京市王井府東方広場遺跡（李・郁・馮 2000）、河北省西白馬栄遺跡（河北省文物研究所 1989b）、河南省小南海遺跡（安 1965）などがあげられ、再び長さ5cm以下の小型が主体となる。形態的にみても大半の資料が錐を中心とする加工具と思われる。また、王井府東方広場遺跡のように尖状器が明確でない石器群も認められる。

　以上みてきたように、中国大陸における槍先形尖頭器出現以前の狩猟具は各種形態の尖状器が該当すると考えられ、中国大陸南部の資料が明確ではない部分もあるが、揚子江以北の中国大陸北部を中心に発達するようである。尖状器は前期旧石器時代初頭から認められるが、前期旧石器時代を

通じて着柄を前提とする狩猟具は基本的に存在しないと考えられる。大型は狩猟具の可能性があるが、製作技術や使用法などから槍先形尖頭器への系譜を認めることはできず、中期旧石器まで残存している。小型についても狩猟具ではなく加工具と推定されるが、小型尖状器の中から前期旧石器時代末～中期旧石器時代初頭には中型でやや薄手の形態が現れ、中期旧石器時代の中型尖状器へと繋がっていくものと想定される。中期旧石器時代は華北地方を中心に中型尖状器が発達し、とくに中期旧石器時代後半～後期旧石器時代初頭には石器組成の中で主要器種の一つとなっている。中期旧石器時代末～後期旧石器時代では石刃や縦長剥片を利用した尖状器が主体を占めており、先端部が鋭利に尖る形態が一般的に認められるなど、着柄に基づく単体石器を利用した狩猟具が大きく発達したことがうかがえる。しかし、後期旧石器時代前半には狩猟具と想定される尖状器はほとんど認められなくなる。

細石刃石器群に伴って出現する槍先形尖頭器の製作技術については十分明らかにできないが、平面形態は斉一性があり共通する型式が認められること、調整加工は面的な調整によく適応しておりおおむね薄手に仕上げられていることなどから、製作技術としては完成した姿とみることができる。槍先形尖頭器を伴う細石刃石器群に先行する後期旧石器時代前半期の尖状器から形態的・技術的に槍先形尖頭器が成立した様相は現状の資料からは認められない。また、先にみたように後期旧石器前半期には石器単体の狩猟具の存在がきわめて貧弱であり、そうした石器群のあり方からみても単体の狩猟具である槍先形尖頭器を成立させる背景は醸成されていないとみるべきであろう。

中国大陸の細石刃石器群の成立時期については大まかにみて後期旧石器時代後半期と思われ、理化学年代としては河北省孟家泉遺跡17,500±250yr.B.P.、下川遺跡上層16,400±900yr.B.P.～23,900±1000yr.B.P.など（加藤真二 2000a）がもっとも古い年代である。加藤真二が指摘する（加藤 2000b）ように、中国大陸北部においてナイフ形石器を主体とする石器群が広く分布しているとするならば、細石刃石器群の成立は後期旧石器時代後半期でもやや新しいとみるべきであり、日本列島（北海道を除く）における細石刃石器群の時期とあまり変わらない可能性もある（下川遺跡における2万年を超える測定値はナイフ形石器を主体とする年代の可能性がある）。しかし、後述するシベリア・沿海州における細石刃石器群の年代観や北海道における細石刃石器群の成立年代を重視すれば、直接的な石器群の流入ではないにせよ相互に関連しながら成立した石器群であることに間違いはなく、黄河以北に分布する削片系細石核を主体とする細石刃石器群の年代を極端に新しくみることには問題があると思われる。非削片系細石核を主体とする細石刃石器群についても同様であろう。後期旧石器時代前半の石器群をみると、長さ5cm以下の小形石器を主として製作している石器群が多く認められ、小南海遺跡、西白馬栄遺跡などではすでに小形の縦長剥片や石刃状剥片を生産している。このように、華北を中心とする地域では後期旧石器時代前半期に細石器的な要素を認めることができ、連続的に細石刃石器群の成立へと展開していく可能性がある。このような状況からすれば、後期旧石器時代後半期の比較的早い段階に細石刃石器群が成立していると考えられる。

加藤真二は中国大陸北部の細石刃石器群をA群（両面調整石器製作技術、石刃技術）とB群（「角錐状・舟形」細石核、複合的剥片剥離技術）の2群に分類し、各群をさらに二分してB-1群（第Ⅴa期）→（A-1群；過渡期）→A-2群・B-2群（第Ⅴb期）の変遷を想定している（加藤 2000a）。

第Ⅴa期ではB-1群が主体で、A-1群はほとんど認められないとしており、A-1群に属する河北省油房遺跡（謝・成 1989）については槍先形尖頭器が認められない点でB-1群に近いが、「角錐状・舟形」細石核を伴う点でA-2群に近いとして第Ⅴa期と第Ⅴb期の過渡期に位置づけている。しかし、第Ⅴa期の遺跡は河北省・山西省・北京市に分布するのみで、遼寧省より北の地域は分布が空白となっている。油房遺跡は河北省北部に位置し中国東北部に近接している。地理的にみて「角錐状・舟形」細石核が主として分布する地域に接していることから、細石核に「角錐状・舟形」細石核を含むことをもって時期的に新しく位置づける決定的根拠にはならない。油房遺跡は石刃技法を主体とする石器群であり、シベリア方面の細石刃石器群にきわめて近い様相を示していることからすれば、第Ⅴa期に位置づけられる可能性がある。そうした視点からすれば、第Ⅴa期に位置づけられる細石刃石器群が中国大陸東北部に広がっている可能性を今後検討する必要があろう。

　しかし、いずれにしても、現状では槍先形尖頭器の出現は細石刃石器群の中に求められ、理化学年代でいえば18,000年前を超えることはない。日本列島の石器群と直接対比できる状況にはないが、中国大陸における細石刃石器群の成立は日本列島（北海道を除く）の細石刃石器群の成立に先行することは確実と思われ、ナイフ形石器文化第3期に併行する可能性がある。中国大陸における槍先形尖頭器は内的発展によって成立する様相ではなく、中国大陸北部に分布する細石刃石器群の中でも、より北側に分布する削片系細石核を主体とする石器群に伴うことなどから、シベリア・沿海州の細石刃石器群の強い影響下に出現した可能性が高い。

3. シベリア・沿海州・サハリン

　シベリアはウラル山脈以東のロシア連邦に属する地域をさし、エニセイ川を境として西シベリアと東シベリアの大きく二つの地域に分けることができる。西シベリアは平原（西シベリア低地）であるが、東シベリアはエニセイ川とオビ川の間に高原が広がっており（中央シベリア高地）、中央シベリア高地東側には山地帯が広がっている（東シベリア山地）。さらに、中央シベリア高原南側にも山地帯が広がっており、バイカル湖やアンガラ川などが位置している。このように、東シベリアは小地域ごとで複雑な景観を呈している。東シベリアの中でも太平洋分水界以東の地域を極東と呼び、文化的にも北海道を中心とする東北日本と密接な関連をもっている。また、極東東南端部の間宮海峡から日本海に面するシホテアリニ山脈・ハンカ湖・アムール川下流域を沿海州として区分することが多い。ここでは東シベリアの状況を中心に概観してみたい。

　この地域における編年研究は、加藤晋平によって本格的な研究がはじめられ（加藤 1971・1975・1985）、木村英明（木村 1985・1988・1991・1992a・1992b・1993）、加藤博文（加藤 1991・1993・1996a・1996b）、白石典之（白石 1993）、小畑弘己（小畑 1989・1992・1993・1999・2000）らによって研究が継承されており、近年、木村英明、小畑弘己によって詳細かつ体系的な研究が発表されている（木村 1997a、小畑 2001b）。これらの最近の成果を参考にすると、東シベリアにおける両面加工を基本とする槍先形尖頭器はアンガラ川流域のウスチ・カーヴァ遺跡中層（Дроздов Н. И идр. 1990）、エニセイ川上流域のカシュタンカⅠA遺跡（木村 1997d）がもっとも古く位置づけられる。ウスチ・カーヴァ遺跡では両面加工の大型中広形木葉形が出土しており、体部両側縁が直線的で先端および基部がやや丸みを帯びている形態である（第22図4・5）。カシュタンカⅠA遺跡では両面

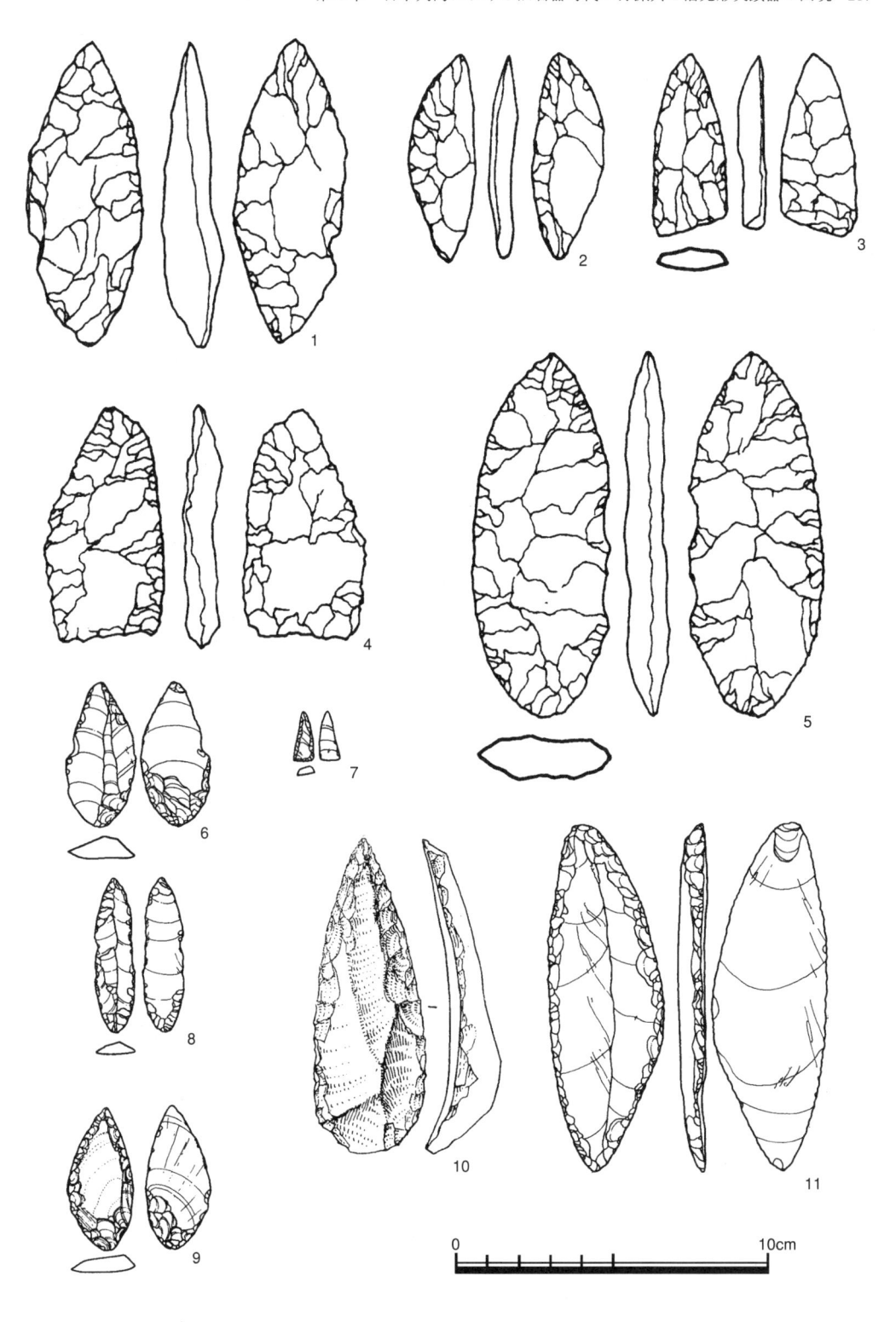

第4章 日本列島における旧石器時代の狩猟具と槍先形尖頭器の出現 217

1～3：カシュタンカⅠA遺跡、4・5：ウスチ・カーヴァ遺跡、6～8：マリタ遺跡、
9：マカロヴァⅣ遺跡、10：ノヴォセロヴォⅫ遺跡、11：ノヴォセロヴォⅩⅢ遺跡

第22図　シベリアの槍先形尖頭器および尖頭器（木村1997a、小畑2001bより）

加工で中型・大型の中細形木葉形や中広形木葉形が出土している（第22図1～3）。ウスチ・カーヴァ遺跡に比べやや細身の印象を受ける。これらの遺跡は細石刃石器群以前の後期旧石器時代中頃に位置づけられている。槍先形尖頭器は調整が入念であり、おおむね薄く仕上げられており形態も整っている。技術的にも形態的にも完成した姿で出現している。

これらアンガラ川流域以東の地域における槍先形尖頭器は年代的にかなり新しく、削片系細石核を基盤とする細石刃石器群に伴って出現するとされている。槍先形尖頭器の伴う細石刃石器群は後期旧石器時代後半でも後半期～末に近い時期で、理化学年代では約14,000年以降とされている（小畑2000）。単純に理化学年代のみで比較すると、ウスチ・カーヴァ遺跡中層では23,920±310yr.B.P.（^{14}C年代）の測定値が公表されており、かなりの年代的な開きがある。アンガラ川流域以東の地域においては環境に基づく生業形態が大きく異なっていて、槍先形尖頭器を利用した狩猟活動が行われなかったと想定することも一つの選択肢であろうが、近接地域においても出土例がまったくなく、エニセイ川上流域やアンガラ川流域ではウスチ・カーヴァ遺跡、カシュタンカⅠA遺跡に後続する石器群において、槍先形尖頭器の存在が明確ではないことや後続の年代に大きな開きがあることから、年代的な位置づけについてはさらに検討が必要であろう。いくつかの想定が可能と思われるが、細石刃石器群の年代を含めた検討が必要と思われる。

小地域ごとにもう少し詳しくみてみよう。エニセイ川流域では上流域に遺跡が集中しており、先にみたように後期旧石器時代中期と思われるカシュタンカⅠA遺跡において、石刃石器群に伴って両面加工の槍先形尖頭器が出現する。しかし、次の段階の細石刃石器群においては、明確な槍先形尖頭器を認めることができない。ココレヴォⅠ遺跡（Аврамова 1979）では石刃の先端部を中心に調整加工して先端を鋭利に尖らせた尖頭器が出土している。後に述べるマリタ遺跡などの尖頭器に系譜がたどれる形態である。ココレヴォⅡ遺跡（木村 1997e）、アフォントヴァ山Ⅱ遺跡（木村 1997e）において片面加工尖頭器とされている石器が出土しているが、先端が極端に細い形態や先端が鋭利でない形態であり、錐や削器に分類されるものと思われる。ココレヴォⅡ遺跡やタシュトィクⅠ遺跡（木村 1997e）では面的加工を施したスクレブロが出土しており、形態的には槍先形尖頭器に似たものを含んでいるが、片面加工や周辺加工であり、厚手の形態が多く、カシュタンカⅠA遺跡に比較すると両面加工技術という点では後退していることや形態的特徴などからみて、系統関係にあるものではない。また、ノヴォセロヴォⅥ遺跡（Аврамова 1979）、ノヴォセロヴォⅫ遺跡（Аврамова 1979）、ノヴォセロヴォⅩⅢ遺跡（Аврамова 1979）では尖頭形の削器が出土している。いずれも周辺加工であり、ノヴォセロヴォⅫ遺跡の資料は側面形が大きく湾曲し（第22図10）、ノヴォセロヴォⅩⅢ遺跡の資料は先端が鋭利さに欠け角度も急であるなど基本的に削器とみてよい（第22図11）。ノヴォセロヴォⅥ遺跡では多数の尖頭形削器が出土しており、直線的側面観を有するものや片面加工品に近いものがあり、槍先として利用されている可能性がある。点数は少ないが、片面加工尖頭器が出土している。しかし、ノヴォセロヴォⅥ遺跡の年代は旧石器時代末～中石器時代初頭に位置づけられている。この地域では、アフォントヴァ山Ⅰ遺跡やココレヴォⅠ遺跡など大形の植刃器や骨製尖頭器が発達しており、旧石器時代の細石刃石器群においては槍先形尖頭器による狩猟は基本的に行われていないようである。

アンガラ川はバイカル湖から流れ出すエニセイ川支流であり、先にみたように後期旧石器時代中期に位置づけられているウスチ・カーヴァ遺跡で、両面加工の槍先形尖頭器が石刃石器群に伴って出現している。同時期に位置づけられているマリタ遺跡（木村1991・1992a・1993）では石刃素材で周辺加工の中型尖頭器が出土している（第22図6～8）。狩猟具と思われ、腹面基部に面的加工が若干施されているものの、ウスチ・カーヴァ遺跡の槍先形尖頭器とは面的調整技術に大きなギャップがある。石器群の様相や理化学年代から同一時期に位置づけられているが、ウスチ・カーヴァ遺跡の削器は調整が器体のかなり内部まで達しており、石核も側面調整や裏面調整の顕著で扁平な石核や細石核に近い小石刃核が顕著に認められることなど新しい様相が認められることから、一時期の石器群とすれば、削片系細石核を主体とする細石刃石器群に近い様相が指摘できる。一方、同時期に位置づけられているソスノーヴォ・ボル遺跡第6文化層（木村1997e）などでは槍先形尖頭器は出土していない。これらの後期旧石器時代中期の石器群に後続するソスノーヴィ・ボル遺跡第5文化層（木村1997e）、クラスヌィ・ヤル遺跡第Ⅴ文化層（木村1997e）などは細石刃石器群で、両面加工のブランクを用意する削片系細石核を主とするが、槍先形尖頭器は伴出していない。槍先形尖頭器はさらに後続する後期旧石器時代後期後半～末に位置づけられる細石刃石器群でも伴出していないが、中石器時代初頭とされるヴェルホレンスカヤ山遺跡Ⅱ層（木村1997e）、ウスチ・ベラヤ遺跡XVI～XIV層（加藤晋平1975）などにおいて再び中型の中細形木葉形の整った槍先形尖頭器が伴出するようになる。

バイカル湖周辺およびザバイカル（外バイカル）では、後期旧石器時代前半期に石刃石器群、後半期には細石刃石器群が分布するが、現状では槍先形尖頭器を伴出する遺跡は知られていない。細石刃石器群は中石器時代にも存続しており、やはり槍先形尖頭器は伴っておらず、新石器時代初頭には石鏃が組成に新たに加わるものの、やはり槍先形尖頭器は伴っていない。この地域では植刃槍による狩猟から石鏃による狩猟へと移行するようである。

レナ川中・下流域およびレナ川支流のアルダン川流域では、後期旧石器時代初頭～前期に位置づけられるマカロヴォⅣ遺跡（木村1997c）で石刃石器群に伴って周辺加工の尖頭器が出土している（第22図9）。中型中広形木葉形で背面側の全周に調整加工を施し、腹面基部にも調整加工を施すものである。形態的にみて狩猟具と思われるものであるが、同時期の石器群に類例はなく、後続石器群のマリタ遺跡の尖頭器に通じる形態や製作技術である。槍先形尖頭器は後期旧石器時代後期のジュクタイ洞穴などの細石刃石器群に伴って出現する。ジュクタイ洞穴遺跡（小畑2000）では3枚の文化層が検出され、各文化層から槍先形尖頭器が細石刃石器群に伴って出土しており、下層の2枚が旧石器時代に比定されている。最下層のⅠ文化層（9層）では大型柳葉形の槍先形尖頭器が出土しており、Ⅱ文化層（8層）でも破損品であるが大型柳葉形と推定される槍先形尖頭器が出土している。中石器時代に位置づけられているⅢ文化層（7層）では中型・大型の槍先形尖頭器が出土しており、柳葉形・広形木葉形など形態分化が認められる。中石器時代以降、この地域の槍先形尖頭器は小形化するとともに、柳葉形・中細形木葉形が主体となるようであるが、石鏃の出現とその主体的利用に伴って消滅している。この地域では細石刃石器群に槍先形尖頭器が伴出する例は多いが、後期旧石器時代～中石器時代を通じて組成の重要部分を占めるまでには至っていない。

極東においても細石刃石器群に伴って槍先形尖頭器が出現するが、アムール川中・下流域と沿海州ではやや様相が異なっている。アムール川中・下流域ではセレムジャ遺跡第4文化層・第3文化層（小畑2000）などで細石刃石器群に伴って槍先形尖頭器が出現しており、細石核は両面調整のブランクを製作する削片系である。セレムジャ遺跡は層位的に不安定であることが指摘され、各文化層の石器群の一括性が必ずしも保証されないようであるが、大まかな傾向性を捉えることが可能で、槍先形尖頭器は中型で中細形木葉形・中広形木葉形のほかに広形木葉形を認めることができる。後続する後期旧石器時代終末のオシポフカ遺跡（加藤晋平1975、小畑2001c）などでは槍先形尖頭器の石器組成における割合が大きく増加している。オシポフカ遺跡は槍先形尖頭器と石斧を主体とする石器群で、槍先形尖頭器大型・中型の柳葉形・中細形木葉形・中広形木葉形・広形木葉形の各種の形態が認められる（第23図1～9）。柳葉形・中細形木葉形は中型である。槍先形尖頭器、石斧の形態が多様であることからみて一時期の石器群であるのか、さらに検討が必要であるが、槍先形尖頭器が石器組成の主体をなすことは間違いないようである。後続の旧石器時代末～中石器時代の段階までこうした傾向が続くようであるが、その後槍先形尖頭器は急速に消滅するようである。沿海州ではウスチノフカⅠ遺跡上層（小畑2001c）など細石刃石器群に伴って槍先形尖頭器が出現するが、細石核は非削片系の舟底形細石核（ホロカ型？）である。ウスチノフカⅠ遺跡の槍先形尖頭器は中型の中細形木葉形・中広形木葉形であり、組成に占める割合はそれほど高くない。後続するスヴォローワⅣ遺跡（木村1997e）でも槍先形尖頭器は同様な状況である。しかし、削片系細石核を主とするウスチノフカⅣ遺跡（小畑2001c）、ガルバトカⅢ遺跡下層（小畑2001c）などでは槍先形尖頭器の比率がやや高い。なお、大型槍先形尖頭器はスヴォローワⅢ遺跡（小畑2001c）やウスチノフカⅢ遺跡（第23図10～14）（梶原・横山・Kononenko・Garkovik 1995）など旧石器時代末～中石器時代段階になって明確に組成に含まれている。

　サハリンの様相はあまり明確ではないが、細石刃石器群を中心とした遺跡が知られている。槍先形尖頭器を伴う石器群としてはアゴンキⅤ遺跡（木村1997f）があるが、組成中に有茎尖頭器を含み旧石器時代末に位置づけられる。アゴンキⅤ遺跡以前に位置づけられるソコル遺跡（木村1997g）では札滑型・峠下型細石核および各種石刃石器が出土しており、石材も黒曜石が主体を占めるなど北海道の石器群ときわめて近い様相を示している。両面加工石器1点も出土しているが、明確な槍先形尖頭器は認められない。出土遺物は遺跡破壊途中に採集されたものであるため石器組成のすべてを示していない可能性もあり、同時期の北海道の石器群からすれば少量の槍先形尖頭器を含んでいた可能性が高い。これらのことからすると、様相は不明な点が多いが、サハリンにおいても細石刃石器群に伴って槍先形尖頭器が出現する可能性が高い。

　このほか、カムチャッカ半島のウシュキⅠ遺跡（Ⅶ・Ⅵ文化層）（ジコフ1975a・1975b）においても細石刃石器群に伴って槍先形尖頭器や有茎尖頭器が出土している。旧石器時代末に位置づけられるものであろう。シベリア東端に位置するチュコト半島周辺では旧石器時代遺跡はほとんど様相が不明で、中石器時代の遺跡で槍先形尖頭器が出土しているようである。

　以上のように、東シベリアでは両面加工を基本とする槍先形尖頭器は後期旧石器時代中頃のアンガラ川およびエニセイ川上流域で散見されるものの、その後継続的に槍先形尖頭器が利用されるこ

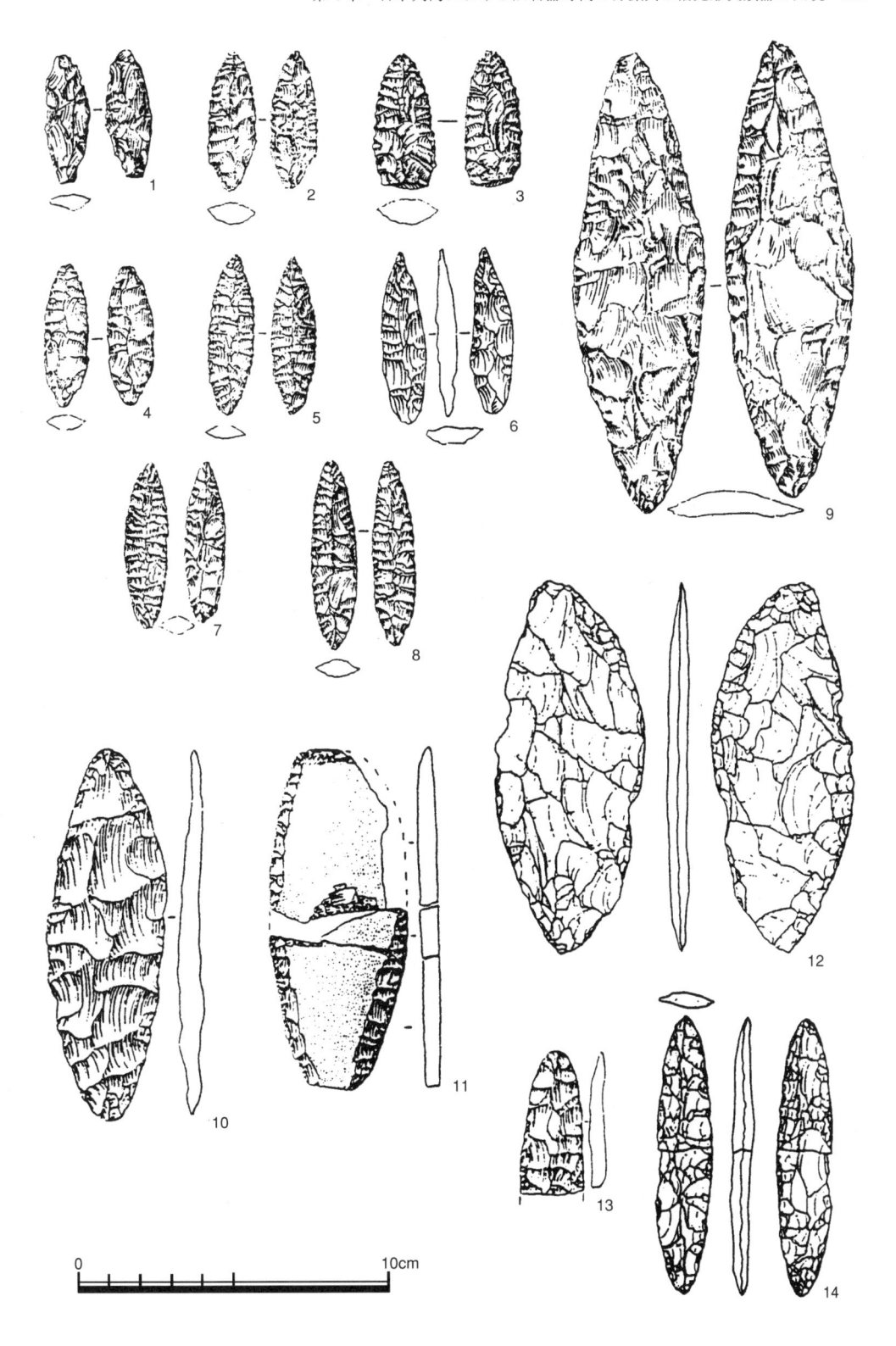

第4章 日本列島における旧石器時代の狩猟具と槍先形尖頭器の出現 221

1〜9：オシポフカ遺跡、10〜14：ウスチノフカⅢ遺跡

第23図 極東地域の槍先形尖頭器（梶原・横山・Kononenko・Garkovik 1995より）

とはなく、後期旧石器時代後期後半に細石刃石器群に伴って東シベリア・レナ川流域以東の広範な地域に出現している。細石核は両面加工のブランクを作製する削片系細石核を主としており、これらの細石核製作の進展に伴って槍先形尖頭器の製作も活発化したようにもみえる。レナ川流域以東では細石刃石器群においては、槍先形尖頭器が組成に基本的に組み込まれる道具立ての一つとなっているが、狩猟用具の主体は植刃槍（細石刃槍）であり、槍先形尖頭器は補助的存在である場合が一般的である。細かな編年が困難な状況から槍先形尖頭器の組成変化については十分言及できないが、極東では槍先形尖頭器が発達しており、大型の槍先形尖頭器が顕著に認められるとともに、沿海州では槍先形尖頭器を主体とする石器群が成立している。これら極東の石器群では同時に石斧を組成に含んでおり、花粉分析による植生復元や狩猟対象獣などから森林の拡大に伴う森林性動物が狩猟対象として主として利用されることに伴って、大型の槍が突き槍として登場したと解釈されている（小畑 2000）。

　ところで、エニセイ川上流域やアンガラ川流域で散見される後期旧石器時代中頃の槍先形尖頭器は先行石器群と関連でどのように位置づけられるだろうか。すでにみたように、カシュタンカⅠA遺跡（エニセイ川上流域）、ウスチ・カーヴァ遺跡（アンガラ川流域）に先行する槍先形尖頭器関連の遺跡としてレナ川上流域のマカロヴォⅣ遺跡がある。周辺加工の（槍先形）尖頭器が出土しており、同系統の尖頭器は後続のアンガラ川流域のマリタ遺跡（後期旧石器時代中頃）などに認められる。西シベリアの様相は不明であるが、シベリアに隣接するヨーロッパ・ロシアのコスチェンキⅠ遺跡第5層（ボルド／芹沢・林訳1971）やモロドヴァⅤ遺跡第Ⅹ層（Погачев・Аникович 1984）などで石刃を利用した周辺加工の槍先形尖頭器が出土しており、シベリア中央部〜ヨーロッパ・ロシアにかけて石刃石器群に伴出する周辺加工の槍先形尖頭器が分布しているものと思われる。カシュタンカⅠA遺跡、ウスチ・カーヴァ遺跡の両面加工の槍先形尖頭器とは技術的にも形態的にも大きなギャップがあり、前者から後者の槍先形尖頭器が発展的に出現したとは考えがたい状況である。これら周辺加工の尖頭器は形態的・技術的には先行する中期旧石器時代のムステリアン尖頭器の一部に共通している。中期旧石器時代の典型的なムスティエ石器群の東限はオビ側上流のアルタイ地域までである（木村 1997b）が、中期旧石器時代後半〜末にはムスティエ石器群に影響を受けて成立した石器群がエニセイ川上流域・アンガラ川流域やモンゴルなど、さらに東の地域に分布している（白石典之 1999）。これら類ムスティエ石器群には少なからずムステリアン尖頭器を組成しており、ムステリアン尖頭器はスクレーパーの機能を有するものとともに狩猟具と想定できるものも多い。中期旧石器時代末〜後期旧石器時代初頭にムスティエ石器群および類ムスティエ石器群を基盤として石刃石器群が成立したと考えられ、形態や組成に占める割合は後退するものの、後期旧石器時代の周辺加工尖頭器は同一系統の上に成立した器種と思われる。

　ムスティエ石器群の東限地域に接し、類ムスティエ石器群の分布するシベリア中央部に位置するカシュタンカⅠA遺跡、ウスチ・カーヴァ遺跡において両面加工の槍先形尖頭器が出現することは示唆的であり、先行石器群においても単体の狩猟具として（槍先形）尖頭器が認められることも機能的連続性をうかがわせる。しかし、形態的・技術的連続性を認めることはできず、突如出現した観をぬぐえない。先行石器群において周辺加工の尖頭器を伴出する石器群は少なく、組成に占める

割合も小さい。また、先行石器群において面的加工が発達する過程をみてとることもできない。内的発展過程を通じて両面加工槍先形尖頭器の出現を求めることができないとすれば、地域外に系統関係を求めざるをえまい。同時期あるいは近い年代観を有する石器群としてはフランスを中心に分布するソリュートレ石器群[19]があるが、同石器群は隣接する東欧を含め東方には分布が認められない。もちろん、西シベリアにおいても両面加工の槍先形尖頭器を同時期の石器群に求めることはできない。

エニセイ川上流域およびアンガラ川流域では、後続石器群においても槍先形尖頭器を認めることができず、現状では中石器時代まで槍先形尖頭器の使用を確認することができない。細石刃石器群の成立はマリタ遺跡に後続する石器群に求められており、マリタ遺跡における小型石刃石核と石核調整技術を原型として、次第に両面加工のブランクを利用した削片系細石核が成立するものと思われるが、マリタ遺跡に後続する石器群ではいまだ面的調整技術がカシュタンカⅠA遺跡、ウスチ・カーヴァ遺跡の槍先形尖頭器に比較して未発達といわざるをえない。こうした観点に立てば、カシュタンカⅠA遺跡、ウスチ・カーヴァ遺跡の槍先形尖頭器の製作技術が細石刃ブランク製作技術に転換したとも考えにくい。

以上のことからすると、カシュタンカⅠA遺跡、ウスチ・カーヴァ遺跡の槍先形尖頭器はきわめて位置づけの困難な資料となる。成品から判断される製作技術や形態は細石刃石器群に伴って出土する後期旧石器代後半の後半期～末の槍先形尖頭器に共通しており、出土状況なども勘案すれば、複数時期の遺物が混在している可能性も視野に入れて、さらに検討することが必要と思われる。ここでは、シベリアにおける出現期の槍先形尖頭器という評価は保留しておきたい。

4. 東アジアにおける槍先形尖頭器の出現と展開

シベリアおよび中国大陸における槍先形尖頭器の出現は細石刃石器群に伴うものであり、朝鮮半島では様相が不明であるが、その出現の契機は削片系細石刃石器群の成立に関連している可能性がある。シベリアでは細石刃石器群成立以前に槍先形尖頭器の存在が報告されているが、現状では系統関係を含めた槍先形尖頭器成立の背景や後続石器群との関連などを説明することができないことから、槍先形尖頭器の出現を細石刃石器群の中に求めざるをえない。シベリアの槍先形尖頭器は後期旧石器時代後期[20]後半の細石刃石器群に伴って出現している。両面加工を中心とするブランクを利用した削片系細石核を主として利用する細石刃石器群で、後期旧石器時代後期前半を通じて細石核の面的加工技術が進展したことを背景に成立したものと思われる。槍先形尖頭器の具体的な製作技術や発展過程を明らかにできないが、こうした面的加工技術の進展が槍先形尖頭器を出現させる技術的背景となったものであろう。シベリアにおける旧石器時代の槍先形尖頭器はレナ川流域以東の東シベリアに分布しており、とくに極東においては槍先形尖頭器の発達が著しく、沿海州では槍先形尖頭器を主体とする石器群が成立している。中国大陸における槍先形尖頭器も後期旧石器時代後期後半の細石刃石器群に伴って出現する。槍先形尖頭器は華北～東北部に分布しており、槍先形尖頭器の形態組成や細石核の形態から大きく二つの分布圏を想定することが可能である。すなわち、中型・大型の槍先形尖頭器を主体とし両面加工のブランクを利用する細石刃石器群と、小型・(中型)の槍先形尖頭器を主体とし非削片系細石核を主とする石器群で、両者は分布域を一部重複させ

ながらも、前者は華北北部〜東北部に、後者は華北南部を中心に分布する。中国大陸における細石刃石器群は後期旧石器時代後期前半に成立し、ほぼ同時期にシベリアとは別個に独自に成立したものと思われる[21]。中国大陸においては石刃石器群の発達は顕著ではなく、後期旧石器時代前期にはすでに小型の石器が発達しているようである。それらの石器群は小型・中型の縦長剥片を生産する技術が存在し、それらを基盤として独自に発達して細石刃石器群が成立したものと想定され、後期旧石器時代後期前半の細石核も非削片系である。また、細石刃石器群成立以前に狩猟具と想定される片面加工の尖状器が存在するものの、現状の資料からすると、少なくとも細石刃石器群成立直前の後期旧石器時代中期には尖状器はほとんど認めることができない。こうした様相からすれば、中国大陸において槍先形尖頭器が独自に成立したと想定することは困難な状況にあるといえよう。華北北部〜東北部の細石刃石器群は石器群の様相からシベリアの細石刃石器群の流入や影響によって成立したものと想定され、槍先形尖頭器の出現もこれに伴うものと考えられる。華北南部の細石刃石器群に伴う槍先形尖頭器は量的には少なく、同地域においては槍先形尖頭器を利用した狩猟活動は顕著ではない。また、形態的にシベリアの中石器時代の槍先形尖頭器（石鏃として報告されているものを含む）に対比できるものを含んでおり、華北南部の槍先形尖頭器はより新しい段階に成立した可能性がある。朝鮮半島の槍先形尖頭器は類例が少なく、石器群の内容が検討できる資料を欠いている。朝鮮半島における細石刃石器群においても両面加工のブランクを利用した削片系細石核を主とする石器群は認められるが、明確な槍先形尖頭器の伴出例を現状では確認することができない。また、細石刃石器群全般において明確な槍先形尖頭器が伴出する例を確認することができない。

　このように、日本列島を除く東アジアでは細石刃石器群に伴って槍先形尖頭器が出現するが、東シベリア〜中国大陸北部（華北北部・東北部）を中心に分布し、少なくとも朝鮮半島を通じて日本列島に影響を与える可能性は現状では認められない。また、東シベリア〜中国大陸北部の槍先形尖頭器も細石刃石器群に伴って出現するもので、細石刃文化後半期（後期旧石器時代後期後半）に位置づけられるものであり、北海道における槍先形尖頭器の出現もこれと軌を一にしている。本州以南の日本列島における槍先形尖頭器はナイフ形石器文化後半期（第2期後半）に出現し、北海道の槍先形尖頭器の出現に先んじている可能性が高い。北海道を含めた東アジア北部における槍先形尖頭器の出現期と本州以南の日本列島における槍先形尖頭器の出現時期の前後関係はひとまずおくとしても、石器群の構造がまったく異なる日本列島に槍先形尖頭器のみが流入することは考えがたい。

第3節　日本列島における槍先形尖頭器の出現とその評価

　これまで日本列島における槍先形尖頭器の変遷、槍先形尖頭器出現以前の狩猟具および周辺地域（東アジア）の槍先形尖頭器の様相をみてきた。これらをもとに、本節では日本列島における槍先形尖頭器の出現に関して、出現の地域や起源、技術的背景などはどのように評価できるのか考えてみたい。日本列島における槍先形尖頭器の出現期である第Ⅰ期に槍先形尖頭器の認められる地域は、現状では中部高地と関東地方南部のみである（将来的には関東地方北部などで検出される蓋然性は高い）。関東地方南部では、近年の調査によって第Ⅰ期・第Ⅱ期の槍先形尖頭器を伴う石器群の例

はかなり増加したが、数量や製作の痕跡などからみて槍先形尖頭器は主体的存在ではない。ところが、中部高地は第Ⅰ期よりナイフ形石器に匹敵しうるほど安定した器種として出現しており、槍先形尖頭器利用・製作に関していえば、第Ⅲ期はじめまでは先進的地域である。そして、先進的地域であるがゆえに、第Ⅲ期は他地域とは異なる様相を示している。つまり、他地域の第Ⅲa期において両面加工が存在し製作も行っているが、組成の主体は周辺加工で、製作技術類型Ⅱ類を基盤として槍先形尖頭器の量産を行っている。槍先形尖頭器の素材生産はナイフ形石器の素材生産技術を基本的に踏襲しており、第Ⅲb期に至って両面加工を主体とする槍先形尖頭器石器群が成立している。第Ⅲa期は技術的にも石器組成の上でも過渡的様相を示しているといえ、第Ⅱ期から第Ⅲb期にかけて形態面・製作技術面とも段階的な発達を捉えることができる。しかし、中部高地では他地域の第Ⅲa期に該当する段階はみられず、同小期にはすでに両面加工を基本とする槍先形尖頭器石器群が成立している。槍先形尖頭器石器群の分布の上でももっとも中心となる地域であることからしても、槍先形尖頭器を最初に出現させた地域として妥当性がきわめて高いといえよう。

では、槍先形尖頭器の出現の背景はどのように考えられるのであろうか。槍先形尖頭器の起源については日本列島の周辺からの流入を想定してみることも必要であろうが、現状ではその可能性はきわめて少ない。前節でみたように日本列島の周辺地域、具体的には朝鮮半島、中国、シベリア・沿海州・サハリンにおいて、日本列島における槍先形尖頭器出現期に槍先形尖頭器あるいはそれに類する尖頭器を認めることはできず、日本列島の両端に位置する北海道地方および九州地方において第Ⅰ・Ⅱ期に槍先形尖頭器を認めることはできない。これらのことからすれば、槍先形尖頭器は日本列島内で独自に発生・展開したものと考えられ、槍先形尖頭器の分布状況や第Ⅰ・Ⅱ期における地域ごとの製作技術の様相、槍先形尖頭器製作の様相などから中部高地で成立したものと想定できる。時期ごとの分布についてみると、第Ⅰ期では中部高地、関東地方南部に分布し、第Ⅱ期では中部地方北部、関東地方北部、東海地方、東北地方に分布圏を拡大し、第Ⅲ期では本州・四国地方のほぼ全域に分布している。中部高地は第Ⅰ期から槍先形尖頭器が量的に安定していることからすれば、中部高地を中心として時期が下るに従い分布圏を拡大していく様相をみてとることができる。また、大陸にもっとも近接する北海道地方や九州地方では槍先形尖頭器の出現は第Ⅲ期以降で、北海道地方の場合、槍先形尖頭器に関する限り、基本的に本州地方とは直接的関連を指摘できない。槍先形尖頭器の形態組成について細かな地域ごとの特徴を不問としておおまかな流れを概観してみると、まず中広形木葉形の中型を主体とする組成から出発して、第Ⅱ期には中細形木葉形が組成中で安定した存在となり、同時に小型の存在も明確化する。さらに、第Ⅲ期には中細形木葉形に主体が移行するが、広形木葉形や柳葉形が分化し、大型が安定した形で組成に加わっている。また、第Ⅰ期では個体差がかなり大きいが、第Ⅱ期以降、とくに第Ⅲ期以降では地域ごとで各形態において斉一性が認められる。このように、形態および形態組成のうえでも一定の発展過程を認めることができる。さらに槍先形尖頭器の製作技術についても発展過程を認めることができる。第Ⅰ期では製作技術類型Ⅰ類、Ⅱ類が認められ、中部高地においても製作技術類型Ⅱ類の割合が高い。Ⅰ類では厚手の素材が利用されているが、原則として剥片を素材としており、製作技術類型Ⅰ類の製作工程も比較的単純で未分化である。素材の加工技術が未発達なため成品の形状が不揃いで個体差が大き

い。槍先形尖頭器の製作技術として未発達な様相がうかがえる。第Ⅱ期では製作技術類型Ⅰ類・Ⅱ類が認められ、Ⅰ類では素材に礫や分割礫がかなり利用されるようになり、利用素材の多様性に対応して加工技術に一定の進展あったことが了解される。また、平面形状の個体差が小さくなり、斉一性が高くなることからもうかがうことができる。しかし、中部高地では大型が散見されるものの、厚さを薄くすることができず、大形厚手の素材の処理技術はなお未発達であった。第Ⅲ期では製作技術類型Ⅰ類・Ⅱ類が認められる。製作技術類型Ⅰ類のうちⅠc類は、素材として分割礫を中心とする大形厚手の素材が主として利用され、素材から成品に至るまで数工程を要する比較的複雑な製作技術が完成している。これによって第Ⅲ期には大型が出現している。このように、槍先形尖頭器は日本列島内において独自の発展過程を認めることができ、北海道地方を除く日本列島の槍先形尖頭器は列島内で生成・発展したと想定することができよう。

では、槍先形尖頭器は出現以前の石器群との関連でみるとき、どのように評価できるだろうか。狩猟具としての系譜の中で位置づけについては第1節の中で考察したように、槍先形尖頭器出現以前（ナイフ形石器文化第1期、第2期前半）の東北日本型の狩猟具伝統を基盤として、新たに成立した西南日本型の狩猟具伝統の影響を強く受けることによって成立したと想定される。製作技術および機能の面からみると、槍先形尖頭器の出現は大きくナイフ形石器との関連で考える見解と角錐状石器との関連で考える見解があるが、角錐状石器については槍先形尖頭器出現以前にすでに形態分化が進んでおり、それらの組成を受け継ぐ形で槍先形尖頭器は出現していない。角錐状石器の平面形は関東地方南部では多様な形態が認められるものの、角錐状石器が発達する西南日本では細身の形態が一般的で、槍先形尖頭器の中細形木葉形・柳葉形に対応することから、槍先形尖頭器のより後出の形態に共通している。これらことから、直接的な関連は基本的には想定できない。現状ではナイフ形石器を介して槍先形尖頭器という器種が成立したと想定する方が妥当であろう。第Ⅰ期、とくに渋川遺跡第Ⅱ地点では一方の肩の張った左右非対称の形態が顕著で、同時に左右対称の形態も存在している。これらの槍先形尖頭器は平面形、大きさや推定される機能などからみれば、ナイフ形石器形態E（切出し形石器）よりもナイフ形石器形態Aや形態Bの形態転化とみる方が妥当ではなかろうか[22]。

第4節　槍先形尖頭器出現の技術的背景

前節までみてきたように、日本における槍先形尖頭器は列島内で独自に生成したと考えられる。槍先形尖頭器の起源については、ナイフ形石器からの発展形態とする考えとナイフ形石器文化期に出現する角錐状石器からの発展形態とする考え（白石浩之 1974・1979）の二つに要約され、前者では切出し形ナイフ形石器形態転化説[23]（戸沢 1965b、稲田 1969、安蒜 1978）、面的加工技術の拡大説（橋本正 1977）、ナイフ形石器・出現期槍先形尖頭器同一技術基盤説（小林・里村 1976）などがある。これらの槍先形尖頭器の出現を列島内での独自の生成に求める各説では、意見の相違こそあれ、一致して先行するナイフ形石器文化の中に形態や加工技術など共通基盤を求めている。しかし、いずれの場合も対象資料の分析が不十分で、やや具体性に欠けているものが多い。本節では第

3章で行った第Ⅰ期（槍先形尖頭器出現期）の槍先形尖頭器製作技術分析をもとに、槍先形尖頭器出現期および出現期以前の素材生産を含めた石器製作技術と対比・検討することによって、槍先形尖頭器の出現にかかわる技術的背景を明らかにしたい。

1. 出現期の槍先形尖頭器の製作技術

　槍先形尖頭器出現期および出現期以前の石器製作技術との比較を行う前に、今一度第Ⅰ期（出現期）の槍先形尖頭器製作技術の内容を確認しておきたい。第Ⅰ期の槍先形尖頭器製作技術には製作技術類型Ⅰa類およびⅡa類の大きく二つの技術類型が認められる。製作技術類型Ⅰa類は厚手の大形剥片を主体に分割礫を利用している。長野県渋川遺跡を中心に認めることができる。製作工程は大きく3工程を認めることができるが、工程が必ずしも区分できない場合もある。素材は完成品よりひとまわり、あるいはふたまわり大きいものが用意されるが、完成品が大きくても長さ5〜7cm程度であるため、あまり大形のものではない。初期工程は成形段階で、素材長辺のいずれか一方を主として利用し、素材の中央を大きく越える調整剥離を施し、同様の調整剥離を長辺のいずれか一辺を主体として素材の反対側の面に施している。最初に調整が施された面と反対側の面の調整が行われる前後に調整の主体となる縁辺とは反対側の縁辺や先端部、基部に調整を施している場合も多い。主として調整を行う縁辺は背腹面で異なる場合が多いが、同一の縁辺を利用する場合もかなりある。初期工程では調整剥片の縦断面が直線的なものが多く、製作途上の槍先形尖頭器の断面形は平行四辺形・菱形・三角形などとなる。中期工程は整形段階で、調整は器体の中央付近までが主体で全体の形状を整えている。最終工程は調整段階で、先端部や基部を主体とし潰れた縁辺を鋭利にするなどの作業を行っている。第Ⅱ期以降のⅠ類と比べると加工量が少ない。

　製作技術類型Ⅱa類はいずれの遺跡でも確認することができる。素材として剥片を利用しており、成品と素材の大きさは大差なく、素材の変形度が製作技術類型Ⅰ類に比較してかなり弱い。剥片の形状は復元することが困難な資料が多いが、縦長剥片・横長剥片の双方が認められ、短形剥片も利用されているようである。製作工程は単純で、典型的なものでは大きく2工程で捉えられる。工程の前半は成形段階と整形段階の明確な区別はなく、素材周辺に順次調整を加えながら成形と整形を同時に行っている。調整剥離は器体の中央付近までで、器体中央を大きく越えるような調整は基本的に行われていない。工程の後半は全体の形状を整えながら縁辺の形状を整えている。整形段階と調整段階が一体化したような工程である。多くの資料では成形・整形・調整が明確に区別できず、渾然一体となって1工程で成品に仕上げている。両面加工は素材の用い方の詳細は不明であるが、片面加工や周辺加工は素材を縦位に用いるものが多く、縦長剥片素材の割合が高い。

　製作技術類型Ⅰa類は中部高地の遺跡では主体となる製作技術の一つであるが、関東地方南部全体でみると後述の製作技術類型Ⅱa類が主体である。中部高地および関東地方南部の諸遺跡においては、いずれも槍先形尖頭器の素材が剥片を基本とすることが特徴である。製作技術類型Ⅰa類の素材となる剥片は、ナイフ形石器などの素材に比べれば一般的に厚手で大形の剥片である。長野県渋川遺跡では明らかに大形厚手の剥片を利用しており、両面に素材面を残すものでは背面が複数方向からの剥離面で構成されるものや両面の剥離方向が異なるものなどがかなりあり、打面転位石核も認められることから、槍先形尖頭器の素材獲得のため独自の素材生産が一定の割合で展開されて

いると想定される。しかし、多くの素材はナイフ形石器をはじめとするその他の剥片石器と共通する大きさ範疇にあり、製作技術類型Ⅱa類の素材はナイフ形石器をはじめとする剥片石器とおおむね共通している。基本的に槍先形尖頭器もナイフ形石器を主体とする剥片石器と共通の基盤の上に成立している器種といえるが、分割礫や大形剥片などナイフ形石器などとは異なる素材が利用されていることから、槍先形尖頭器としての独自の動きも当初から認められる。

2. 槍先形尖頭器出現の技術的背景

槍先形尖頭器の出現を技術基盤という視点から先行石器群と比較した場合、列島外からの流入を想定する意見では両者の共通要素の有無はさほど問題にはならない。しかし、列島内での生成を想定する場合、両者に共通する要素は何らかの形で抽出できるであろう。

槍先形尖頭器出現の技術的背景についてはすでにいくつかの指摘があり、第1章で触れた列島内生成説に関してこうした視点で注目してみると、切り出し形ナイフ形石器形態転化説は切り出し形ナイフ形石器を仲介としてナイフ形石器が槍先形尖頭器へ形態転化したとするもので、稲田孝司は切出し形ナイフ形石器と出現期槍先形尖頭器が素材（横長剥片）や調整技術（平坦剥離）など共通した技術基盤を有するとしている（稲田1969）。また、安蒜政雄は槍先形尖頭器とナイフ形石器に共通する形状・刃部・素材という三つの形態要素に注目し、槍先形尖頭器がナイフ形石器と形態的に関連をもちながら変化する（形状共通→刃部共通→素材共通）としており、素材共通段階で両者の技術的同一基盤をみている（安蒜1978）。面的加工技術の拡大説ではナイフ形石器の裏面加工と錯交剥離という二つの加工技術が重視されており、槍先形尖頭器出現の基盤を加工技術と素材の共通性に求めている（橋本正1977）。同一基盤説ではブランティングと平坦剥離の二つの加工技術を取り上げ、両者はナイフ形石器文化末期には出揃い、初期の槍先形尖頭器は両技術を用いて製作されているとして、ナイフ形石器と槍先形尖頭器は同一技術基盤に立つとする（小林・里村1976）。一方、角錐状石器形態転化説は形態的共通性を重視しているようで、技術的な基盤についてはあまり論じられてない[24]。

このほか、槍先形尖頭器出現の技術的背景について論じているものについてみると、織笠昭は相模野台地出土の槍先形尖頭器の素材や調整技術の分析を通じて、素材は寸づまりの剥片が多用され、それらは打面転位技術よって生産されていること、槍先形尖頭器製作過程において打面転位技術が応用されていること、調整技術は面的に施される平坦剥離に特徴があることを明らかにしており、打面転位技術や平坦剥離の技術は槍先形尖頭器出現以前に広く存在することから、槍先形尖頭器出現後の関東地方において短期間で多くの遺跡に槍先形尖頭器を遺存させる技術的背景となったとしている（織笠1987）。また、中村喜代重は相模野台地の第Ⅲ期および第Ⅳ期の槍先形尖頭器を分析し、その調整技術を「押圧によらない」押圧剥離を主体とするものと捉えた（中村喜代重1988）。そして、相模野第Ⅲ期の槍先形尖頭器の多くは薄手の剥片を素材としてナイフ形石器と素材を共有しており、素材生産や機能の面でナイフ形石器と同一基盤に立つことを指摘した。また、調整技術の上では押圧剥離は前期旧石器より存在する技術で、槍先形尖頭器出現にあたっての技術基盤をなしたとしている。

これらの見解について第Ⅰ期の槍先形尖頭器製作技術の分析結果と比較検討してみると、稲田孝

司の見解は一定の妥当性をもっている。槍先形尖頭器の素材については剥片を基本としており、稲田の指摘と基本的に共通する。しかし、素材は横長剥片のみならず縦長剥片も一定量利用されている。また、ナイフ形石器などの剥片石器の素材とはなりえない厚手の剥片も一定量利用されていることから、切り出しナイフ形石器を含めた石器群全体の素材生産技術を基盤としていると考えるべきであろう。槍先形尖頭器の調整技術において平坦剥離は初期工程（成形段階）では一般的な技術ではない。いわゆる平坦剥離といわれる調整は中期工程（整形段階）、とくにその後半に顕著となる。また、渋川遺跡の切出しナイフ形石器の平坦剥離はブランティング面を打面とする例も若干あるが、素材の比較的平坦な面を打面とするものが多く、剥離方向での器体断面の縁辺角度が大きいのに対して、槍先形尖頭器のそれはすでに調整されている面が基本的には打面となるため石核の入念な調整打面と同様の状態で、打点の保持に優れており、剥離方向での器体断面の縁辺角度も小さい。完成品を比較すればよく似た調整状態を示すが、その内容はやや異なっているといえよう。安蒜政雄の見解は、技術的要素についてはあまり述べられておらず十分検討できないが、出現期の槍先形先頭器とナイフ形石器の間に積極的な技術的な共通性を認めていないように思われる。橋本正の主張する裏面加工の技術は槍先形尖頭器出現以前の石器群において量的には少ないが、ナイフ形石器を中心に認められる調整技術であり、ブランティング面を打面に調整を行っている例も多い。槍先形尖頭器出現の技術的一要素となりうる可能性がある。しかし、錯交剥離は槍先形尖頭器出現以前にナイフ形石器に認められる調整技術ではあるが、面的な調整ではなく、槍先形尖頭器出現の直接的な技術基盤とはなりえないであろう。小林広和・里村晃一の分析対象資料は、矢島國雄・鈴木次郎（矢島・鈴木 1976）や伊藤恒彦（伊藤 1979）の指摘にあるごとく、出現期の槍先形尖頭器ではなく[25]、槍先形尖頭器出現期の技術基盤を論じるには適当ではない。また織笠昭は、槍先形尖頭器出現以前から存在する石核の打面転位技術と平坦剥離技術がその技術基盤となったことを指摘した。槍先形尖頭器の製作工程からみて技術基盤の一つとみなしてよいであろう。しかし、槍先形尖頭器の初期工程を観察すると、平坦な面を打面として素材のほぼ端部まで抜けるような剥離を並列的に行い、縦長状の剥片を剥離している場合がある。これは縦長剥片剥離技術ときわめて類似する様相で、こうしたことからすれば、打面転位技術のみならず、槍先形尖頭器の出現には剥片生産技術総体が関与しているとみる方が妥当であろう。中村のいう「押圧剥離」については、具体的な論証過程が提示されておらず、前期旧石器時代にその起源があり、槍先形尖頭器出現の技術基盤となったとする意見は説得性に欠けている。

　以上のように、稲田孝司や橋本正の見解の一部は妥当性をもっており、織笠昭の見解は妥当性のあるものといえる。しかし、いずれの見解における技術も槍先形尖頭器出現の背景となる技術基盤の一部をなすものにすぎないと考えられる。槍先形尖頭器出現の技術的背景については槍先形尖頭器出現以前および出現期の石器群が保有していた剥片生産技術や調整技術が基盤となり、それらが総合化されることによって槍先形尖頭器という新たな器種が生み出されたと評価できる（藤野 1989a・1989c）。槍先形尖頭器の素材は剥片を基本としており、そのうちの多くがナイフ形石器を中心とするその他の剥片石器の素材と共通するものであり、その素材生産は石器群の基盤とする剥片生産技術の中で理解されるものである。初期工程（成形段階）の調整は特徴的なあり方を示して

おり、素材長辺部のいずれか一側縁に打面が限定され、左右に打点を移動させながら連続的に片面のほぼ全面に及ぶような調整を施している。その正面観はさながら縦長剥片石核のそれに酷似し、事実剥離される調整剥片は幅広ながら縦長剥片状の形態を示すものが多く、打角も小さい。同様の技術は縦長剥片石核の石核正面の稜形成調整や石核裏面調整などとも共通する。また、中期工程（整形段階）の打面に相当する部分は、とくにその後半段階では縦長剥片石核の入念な調整打面と同様な状態で、共通した役割を果しているのではないかと推定される。初期・中期工程段階の調整はナイフ形石器を中心とする裏面加工と一面では共通する調整技術といえるかもしれない。また、背腹両面を一定の手順で連続的に剥離していくという手法は打面転位石核の剥片生産の手法に共通するが、90°または180°転位を繰返して縦長剥片あるいは長幅比1：1前後の剥片を生産する技術ではなく、素材の長辺部を中心に打面として利用し、打面と作業面を交替させながらいわゆる横長剥片を生産する技術と共通している。さらに、面的加工という視点では直接的な系統関係とはみなせないが、ナイフ形石器などの裏面加工や石斧などの両面加工石器などに技術や発想を求めることも可能であろう。

　これまでの分析を通じて明らかなように、槍先形尖頭器製作の技術はさまざまな調整技術や剥片生産技術と関連をもっているといえよう。これらの調整技術および剥片生産技術は槍先形尖頭器の出現期以前において関東地方・中部地方の茂呂系ナイフ形石器の分布する地域では一般的に存在する技術と考えられる（第23図）。層位的な出土例の顕著な関東地方で具体的にみてみると、裏面加工はナイフ形石器をはじめ台形様石器・掻器などで認められ、とくに台形様石器では裏面加工と同様な平坦な調整剥離が両面のかなり広い範囲に施される場合がある。ナイフ形石器の裏面加工は武蔵野台地Ⅶ層、相模野台地B3～L3およびその併行期で明確となるが、台形様石器のそれはさらに古く、武蔵野台地第Ⅹ層に認められる。両面加工石器の製作は前期旧石器以来の長い伝統があると想定され、日本列島における槍先形尖頭器出現以前の時期では局部磨製石斧、打製石斧が代表である。このほか、面的な加工技術は角錐状石器においても顕著に認められる。角錐状石器は武蔵野台地第Ⅳ下～Ⅴ層、相模野台地B2U～B2Lおよびその併行期を中心にみられ、槍先形尖頭器出現期直前から出現期にあたる。角錐状石器は厚手の剥片を素材としており、厚手の剥片の処理技術はナイフ形石器の一部にもみることができる（第24図3）。平坦な面を打面として打点を左右に移動しながら連続的に縦長の剥片を生産する技術は武蔵野台地第Ⅹ層には出現しており、顕著な打面調整技術や稜形成技術なども、遅くとも武蔵野台地第Ⅸ層併行期には出現している。打面と作業面の交代させながら横長剥片を主体に生産する技術は「前期旧石器」以来存在する技術と想定され、後期旧石器を通じて認めることができる。素材の長辺部を主体に剥片を生産し、残核が槍先形尖頭器の未成品状の形態を示すものは武蔵野台地第Ⅹ層併行期には出現している。これらの調整技術や剥片生産技術はその出現時期に相違はあるものの、槍先形尖頭器出現以前に広く認められるもので、槍先形尖頭器出現期および出現期以降も一般的に認められる。このように、槍先形尖頭器出現にあたっては、槍先形尖頭器出現以前の調整技術や剥片生産技術がさまざまな形で関与することによって槍先形尖頭器が生み出されたことがうかがえるであろう。

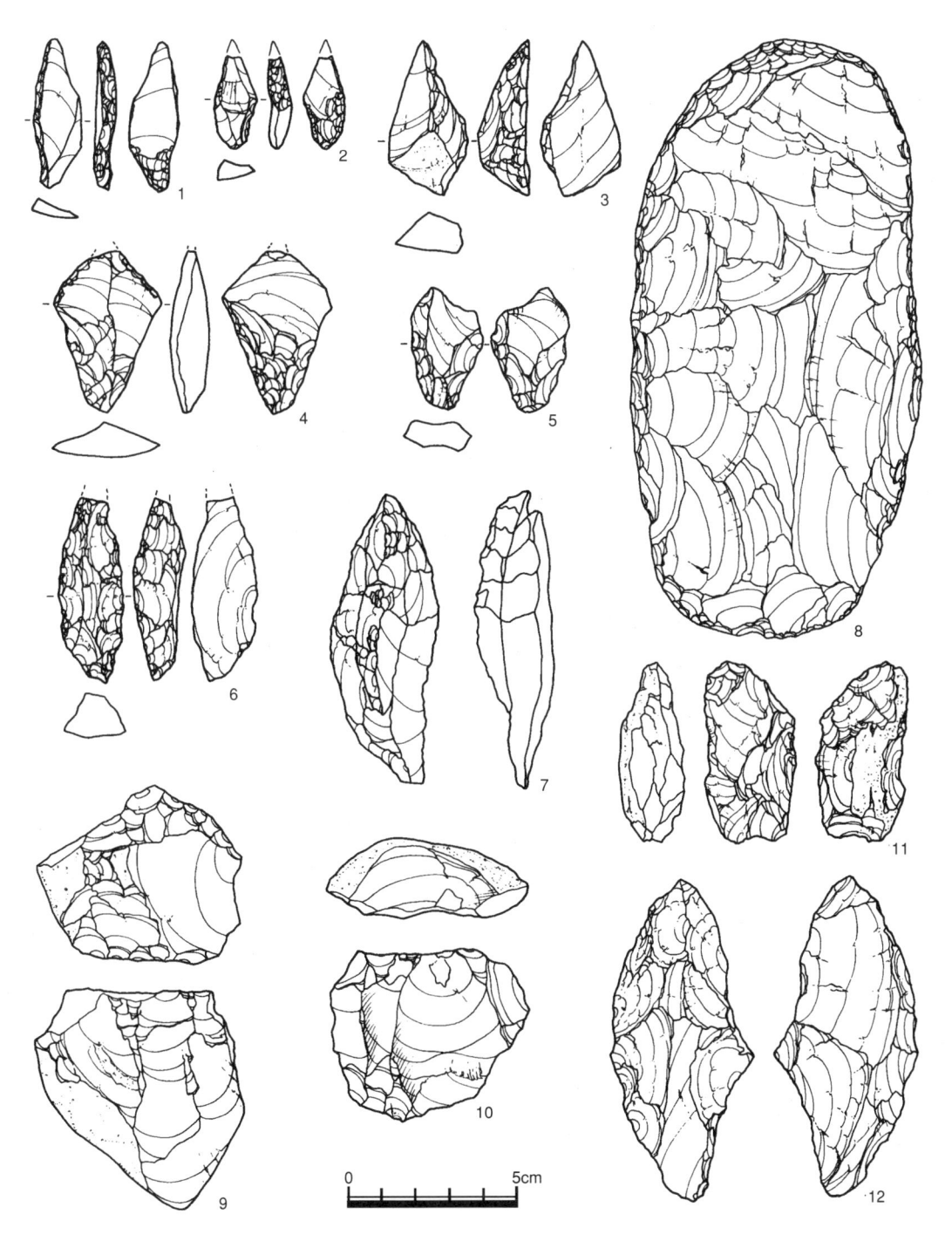

第 4 章　日本列島における旧石器時代の狩猟具と槍先形尖頭器の出現　231

1・2：裏面加工を有するナイフ形石器（神奈川県寺尾遺跡第Ⅵ文化層）、3：厚手の剥片を素材とするナイフ形石器（神奈川県地蔵坂遺跡B3上面）、4・5：両面に平坦な剥離を施す台形様石器（千葉県中山新田Ⅰ遺跡下層）、7：稜形成剥片（千葉県中山新田Ⅰ遺跡下層）、8：両面加工の石斧（東京都鈴木遺跡第Ⅹ層）、9：打面調整を有する石核（千葉県中山新田Ⅰ遺跡下層）、10：広い平坦面を有する石核（栃木県磯山遺跡）、11・12：打面転位石核（11：鈴木遺跡第Ⅸ層、12：高井戸東遺跡第Ⅸ層）

第24図　槍先形尖頭器出現以前の各種の調整加工技術および剥片生産技術（藤野 1989cより）

註

(1) 日本列島においては、特殊な条件が揃わない限り有機質遺物が残存していない。したがって、狩猟具について考察する際も、木製あるいは骨角製の狩猟具についてはその存在が十分予想されるものの、考察から除外せざるを得ない。

(2) 組み合わせ具と考えれば、狩猟具の可能性もあり、完全に狩猟具的な機能を否定できるわけではない。

(3) 後期旧石器時代は第Ⅰ期～第Ⅳ期の4期に区分することができ（藤野2001）、第Ⅰ期～第Ⅲ期がナイフ形石器文化期である。ここでは、槍先形尖頭器の編年について第Ⅰ期～第Ⅴ期の時期区分を使用しているので、混乱を避けるために、ナイフ形石器文化期の区分については、第1期～第3期を使用するが、その内容は上述の後期旧石器時代第Ⅰ期～第Ⅲ期と同じである。

(4) ナイフ形石器の形態分類は、鈴木・矢島（1979）の分類に基本的に従っている。当初の矢島・鈴木の分類は関東地方南部の茂呂系ナイフ形石器について行ったものであり、縦長剥片を素材とし素材の用い方を含めて定義されていた（矢島・鈴木1976）が、ナイフ形石器全般を視野において再分類された（第17図）。ナイフ形石器は地域や時期により素材や加工のあり方、整形技術など細かな点で異なっているが、ここでは平面形状や大きさなどを中心にみていくのでとくに問題はないと思われる。

(5) 兵庫県板井寺ヶ谷遺跡下位文化層では、サヌカイト製の小型ナイフ形石器を主体とするブロックとチャート製の中型ナイフ形石器を主体とする石器群が同一層から分布を異にして検出されている（山口卓也編1991）。主体となるナイフ形石器の形態が同一遺跡あるいは同一文化層で同一の様相を抽出できる場合が多いが、この時期の石器群の様相は複雑であり、異なる集団によって残された石器群や同一集団よる様相の異なる石器群が同一時期の同一地域に残されている場合がある。

(6) この時期の近畿地方・瀬戸内地方の石器群はほとんど不明の状態である。第2期後半以降は独自の地域色を発現する地域であり、第1期後半には周辺地域の石器群にみられる断片的な影響からすでに独自の文化圏を形成しつつあったことがうかがえる。第2期前半においても西南日本のほかの地域とは様相が異なっていたかもしれない。

(7) 稲原（1986）、荻（1987）のほかに、萩原博文（1995）、木﨑康弘（1996）による編年研究などがある。ただし、稲原以外は九州地方のナイフ形石器文化全体を編年する中で剥片尖頭器の編年を行っている。

(8) 佐藤宏之は関東地方を中心とするⅦ層下部からⅣ層下部に至る形態Bの変化を明らかにし、「剥片尖頭器の渡来説ではなく、これらの基部加工ナイフ形石器の変化の中に、九州における剥片尖頭器の特異的発達の母体を考案している」（佐藤1992、201頁）と述べている。

(9) 舟底形石器は当初北海道の細石核に対して呼称された名称である（芹沢1959a）。その後、北海道の舟底形細石核がスクレーパーあるいは細石核と認識される過程で、東北地方～北海道に分布する断面が大略三角形あるいはU字形を呈し、樋状剥離がまったくあるいはほとんど認められない側面舟底状の片面加工石器を舟底形石器と呼称するようになったようであり、機能についてはスクレーパーの一種あるいは石の調整具と考えられている（芹沢1962b）。瀬戸内の角錐状石器についても同様の石器と認識されはじめたのは香川県城山遺跡の報告（鎌木1960）の頃からと思われるが、舟底形石器の名称が認められるのは『日本の考古学Ⅰ』出版前後と思われる（杉原編1965）。

(10) 三稜尖頭器の名称は福岡県和白遺跡の報告（柳田・板橋・島津・塩屋1971）が初出と思われるが、とくに定義されてはいない。

(11) 先端が鋭利であるものと鋭利ではないもので分類する必要があるが、狩猟具との関連で後者についてはここでは分類に含めない。また、長幅比でみると同じグループに属するものでも、平面形態をみると菱形状や木葉形・三角形状など細分されるが、地域色を表現している場合が多く、槍先形尖頭器の組成と比較する上でとくに支障はないと思われるので、こうした視点での分類はここでは行わない。

(12) 大分県百枝遺跡では3枚の文化層が設定され、AT下位とされる第Ⅲ文化層からも角錐状石器が出土したことが報告されており（清水・栗田編1985）、比田井民子も追認している（比田井1990）。しかし、中川和哉が石器群の出土状況の詳細な分析に基づいて、第Ⅲ文化層とされた角錐状石器については上位の文化層（第Ⅱ文化層）に属することを明らかにしており（中川1995）、筆者もこれを支持する。百枝遺跡例を除いて角錐状石器がAT下位から出土した報告例はない。

(13) 九州地方中部（熊本県北部・大分県南部・宮崎県北部）では堆積の良好な遺跡が多いが、ATは肉眼では観察されず火山ガラスのピークとして観察される遺跡が多い。ATが肉眼で確認できない遺跡では、石器群の出土位置とATの火山ガラスのピークとの位置関係からAT直上層あるいはAT直上と表現されることが一般的であるが、出土層準が近接することAT降下年代に時間的近接することは同義ではない。また、肉眼的にAT層が確認でき、その直上層に石器群が検出される場合も同様である。ATの降下年代とほとんど時間差を有さない場合と一定の時間差を有する場合が想定されるが、堆積状態からATと石器群の年代の関係を推定できる状況にないのが研究の現状である。

(14) 武蔵野台地北部は南部に比べてやや堆積層が薄く、南部の第Ⅳ層下部～中部の遺物が第Ⅳ層上部で出土する例も少なくない。

(15) 下総台地の第2黒色帯より上層の堆積状態は総じてよくない（ATは第Ⅵ層に包含）。台地西端部では武蔵野台地の基本層序と同じであるが、東に向かうにしたがって堆積層が薄くなり、台地の多くの遺跡では武蔵野台地の第Ⅲ～Ⅴに対応する層の分層が困難な場合が多い。第Ⅳ層以上がソフト化しているものと思われ、角錐状石器も第Ⅲ層を中心に出土している。1点のみであるが、千葉県聖人塚遺跡では第Ⅶ層の第2黒色帯上部（第16ブロック）から三面加工の角錐状石器が出土している（田村1986）。石器ブロックは出土点数わずか6点で、内容を評価できる状況にない。同一レベルで検出されている石器ブロックもなく、石器の包含位置を十分に検討できる出土でもない。同一層準での角錐状石器の出土例は下総台地では他に例がなく、相模野台地、武蔵野台地でも類例がない。上層からの落ち込みの可能性が強いが、ここでは判断を保留しておきたい。

(16) 骨角製や木製の槍が主体であったのかもしれない。あるいは、ナイフ形石器前半期から組み合わせ石器が成立していたのかもしれないが、ここでは論証の用意がないので指摘にとどめる。

(17) 第2期後半の九州地方では狩猟具と想定される器種として、ナイフ形石器・剥片尖頭器・角錐状石器のほかに槍先形尖頭器あるいは尖頭器として報告されている器種がある。角錐状石器の項で紹介した福岡県宗原遺跡では角錐状石器と区別して尖頭器として報告されている両面加工の石器が1点ある。本例は両端を欠損しているが、多くの角錐状石器と同様、先端が鋭利に尖っていたものと推定される。両面に素材面を残しており、断面五角形を呈している。比較的薄身ではあるが、断面形は凸レンズ状ではなく、調整加工の状況は角錐状石器と基本的に変わりなく、厚さの点ではむしろ素材面を広く残す角錐状石器の方が薄い。宗原遺跡の角錐状石器は表面採集品の1点を含めて9点出土しており、中型・大型の中細形・細形を主とした組成であり、扁平な形態が多い。尖頭器と報告された1点も形態的・技術的にみて角錐状石器に含まれるべきものである。報告者の一人の杉原敏之は、後にこれら宗原遺跡出土の角錐状石器の一部および尖頭器を槍先形尖頭器として位置づけている（杉原1997）。また、熊本県下城遺跡第Ⅰ文化層の扁平な三面加工の角錐状石器なども、この類例として挙げられるであろう。しかし、これら扁平な角錐状石器は厚さの薄い素材を用意し周辺部に調整加工を施すことで扁平な形態を獲得しているものが多く、それらは素材面を広く残しており、調整量からみれば断面三角形の片面加工角錐状石器に比べて、面的加工はむしろ後退している。両面加工品は一般的な三面加工の角錐状石器と技術的な相違はなく、厚手で断面形が直線的な調整剥片を剥離しているようであり、腹面（甲板面）側からの調整を入念に施すことによって厚さを減じているものと推定される。宗原遺跡の尖頭器もすでに述べたごとく、技術的には角錐状石器と変わるところはない。機能的には槍先形尖頭

器と同様な槍としての機能を有するものであろうが、技術的は角錐状石器の範疇で捉えられる。九州地方の角錐状石器は一部の地域では大形化や扁平化など顕著な発達をみせるものの、第3期には急速に衰え槍先形尖頭器に繋がる系譜を捉えることはできない。

　鹿児島県小牧3A遺跡、西丸尾遺跡第Ⅷ層文化層など鹿児島県西部を中心とする九州地方南部において、槍先形尖頭器と捉えられている器種が存在する。報文では尖頭器の器種名で呼ばれており、粘板岩系の石材を用いて薄身で平面木葉形状に仕上げている。石材の特性を利用して扁平な素材を用意し素材周辺からの角度の浅い調整加工を施している。面的な加工が行われているが、素材の変形は小さく素材面を広く残している。扁平な角錐状石器に比較して、さらに扁平で先端の鋭利な形態が意図されている。機能的には槍先とみてよいが、やはり第3期には姿を消してしまい、形態的・技術的な発展をみせることはない。

　九州地方では第2期後半にナイフ形石器以外の狩猟具が顕著に発達し、大形化や扁平化することによって狩猟具としての機能性を高めているものと思われ、九州地方中部を中心とする扁平化した角錐状石器や九州地方南部の尖頭器は形態的にもきわめて槍先形尖頭器に近い。しかし、これらの器種は第2期後半に降盛を迎えるものの、後に継続する器種とはなりえず、九州地方では急速に細石器化へと石器構造が変化している。単体石器による複合的な狩猟具構成が顕著に発達する西南日本的石器構造の中で、九州地方という地域的な特殊様相であり、槍先形尖頭器に直接繋がる系譜ではなかったといえよう。

(18)　中国大陸における旧石器時代の区分は、従来、前期・中期・後期の3時期区分法がとられてきた。しかし、ヨーロッパ・アフリカ・西アジアにおいて前期・中期旧石器時代がルヴァロア技法やムステリアン石器群を指標にして区分されるのと異なり、前期・中期旧石器時代の石器群が連続的で区分が困難であることから、近年では従来の前期と中期を一緒にして前期とし、前期・後期の2時期区分法を主張する意見（高 1999）も強くなってきた。しかし、狩猟具の面からみると、狩猟具と想定される中型の尖状器が従来中期旧石器時代とされてきた時期にもっとも発達する状況がみてとれることから、ここでは従来の区分に従って3時期区分法で記述したい。

(19)　ソリュートレ文化の開始については理化学年代で19,000〜20,000年yr.B.P.程度の年代が与えられている（ボルド／芹沢・林訳 1971、ジョン・ワイマー 1989）。単純に理化学年代のみを比較すれば、カシュタンカⅠA遺跡、ウスチ・カーヴァ遺跡の方がやや新しいことになるが、^{14}C年代の補正の問題などを考えれば、ほぼ同時期と考えてもよいかもしれない。また、同時期の東欧では片面加工を中心とした槍先形尖頭器が分布しているが、槍先形尖頭器を主体とする石器群ではない。

(20)　東アジアの後期旧石器時代を同一の基準で時期区分することは現状では困難であるが、シベリアでは後期旧石器時代中頃に細石刃石器群へ移行する様相が認められる。ここでは、細石刃石器群成立以降を後期とし、細石刃的な剥片剥離技術の認められるマリタ遺跡段階を中期、それ以前の石刃石器群を前期として区分しておきたい。中国大陸においてもシベリアとほぼ同時期に細石刃石器群が成立すると考えられ、細石刃石器群成立以降を後期としたい。中国大陸北部では後期旧石器時代を通じて小形石器が主体となる可能性があるが、遼寧省西八間房遺跡、河北省西白馬営遺跡などの石器群には細石刃・細石核的な小形剥片・小形石核が含まれており、シベリアのマリタ遺跡などの様相に対比でき、中期に位置づけておきたい。朝鮮半島の様相は不明な点が多いが、細石刃石器群成立以降を後期に位置づけるが、現状の資料からするとシベリアや中国大陸に比べて後期の開始は遅れる可能性がある。中期は「剥片尖頭器」を指標とする石器群を暫定的に充てておきたい。

(21)　シベリアにおける細石刃・細石核は石刃石核の小形化によって成立したものと想定されている（木村 1997e）。木村英明はマリタ遺跡の剥片剥離技術を大きく4類型に分類（木村 1993）し、マリタ遺跡や同時期に位置づけられる遺跡において、細石刃様の小形剥片を剥離する石核は素材の小口に剥片剥離作業面を設定する剥片剥離技法Cに属するものが主体であることや、後続する細石刃石器群の細石核が素材の小口から細石刃を生産す

るものであることなどから、剥片剥離技術Cをもとに細石刃剥離技術が成立したと想定している。中国大陸では一部の地域を除いて石刃技法の発達は認められないが、註(20)で触れたように、後期旧石器時代を通じて小形石器が主体となるようで、華北地方～東北部南部では縦長剥片剥離技術を基盤として細石刃石器群が成立する様相が認められる。加藤真二によれば、細石核は角錐状・舟形と楔形の大きく二つに分類され、細石刃文化前半（後期前半）は前者が主体である（加藤2000a）。前者の細石核は中期の細石核的石核に系譜をもつと考えられる。シベリアの細石核と形態的・技術的に異なることから植刃という概念のみを取り入れたと加藤は想定している。しかし、上述のように、中国大陸北部の石器群は小形石器を利用する伝統が認められることからすれば、シベリアと一定の関連をもちながら独自に細石刃石器群が成立したものと思われる。

(22) 白石浩之は形態Aのナイフ形石器の一部が槍先形尖頭器と同一の機能を有していたと想定しており、そのことが槍先形尖頭器の出現によって強い影響を受け型式変化を起こした原因とみている（白石1973）。

(23) 切り出し形ナイフ形石器の槍先形尖頭器への形態転化説については、芹沢長介がまず最初に着目したとする研究史もみられるが、芹沢は槍先形尖頭器と切り出し形石器（切り出し形ナイフ形石器）の素材の共通性（芹沢1954）や片面加工の槍先形尖頭器と切り出し形石器の（形態的）近似性を指摘し、その前後関係を中心に述べてはいるものの、その系統関係や槍先形尖頭器の発生の問題について積極的に発言している箇所はみあたらない。

(24) 白石浩之は角錐状石器と初期の槍先形尖頭器の技術的・形態的共通性について述べている（白石1974・1979）が、初期の槍先形尖頭器としているものは角錐状石器の一種であって、槍先形尖頭器ではないという批判（矢島・鈴木1976）がなされ、その後は槍先形尖頭器と角錐状石器の共通する技術基盤についての積極的な発言はない。

(25) 編年的位置づけに関して矢島国雄・鈴木次郎は相模野第Ⅴ期に比定しているが、伊藤恒彦の指摘のように相模野第Ⅳ期とすべきであり、その後半に位置づけられる可能性が高い。いずれにしても槍先形尖頭器出現期の石器群ではなかろう。

補遺（第4章第2節）

2003年10月18・19日、長野県御代田町浅間縄文ミュージアムで開催された「シンポジウム日本の細石刃文化」において、加藤博文によって衝撃的な研究発表がなされた。これまでシベリアにおける細石刃生産の開始は後期旧石器持代中頃と考えられてきたが、加藤によると中期旧石器時代から後期旧石器時代への移行期あるいは後期旧石器時代初頭に位置づけられるカラ・ボム遺跡第5・6層、ウスチ・カラコル1遺跡9－11層、マリタ遺跡下層、チュレムシュニク1遺跡下層、バリショイ・ナリン1遺跡などで細石核、細石刃が出土しているというものである（加藤2003a）。楔形細石核を主体とするものであり、チュレムシュニク1遺跡下層の細石核は提示された写真・図をみる限りでは蘭越型によく似ており、両面体の細石刃ブランクを作成する技術の存在を予想させる。加藤博文はさらに2003年12月20・21日に神奈川県横浜市で開催された日本旧石器学会第1回シンポジウム「後期旧石器時代の始まりを探る」において「シベリアにおける後期旧石器時代初頭の文化」と題する研究発表を行い、その中で上述のシベリアの状況を積極的に評価し、後期旧石器時代に日本列島では時間差をもって出現する細石刃製作技術、石刃製作技術、槍先形尖頭器を含む両面調整石器製作技術が後期旧石器時代初頭には出揃っており、3者が有機的に連動し、自然環境などの人間集団を取り巻く状況の変化に応じて技術表現形を変化させていると想定した（加藤2003b）。

これら加藤が述べるシベリアの状況が容認できるとすると、少なくともシベリアにおいては本書で述べたような槍先形尖頭器の出現と展開のシナリオは成立しないことになる。また、評価を保留としたカシュタンカⅠA遺跡、ウスチ・カーヴァ遺跡の槍先形尖頭器もとりあえず系統関係を追うことができるということであろう。しかし、槍先形尖頭器の系譜については依然問題を残したままである。加藤博文は、槍先形尖頭器を含む両面調整石器は中期旧石器の両面調整石器に系譜を求め、技術的進展を通じて槍先形尖頭器の出現をみているように思われるが、中期旧石器時代の両面調整石器と提示されている槍先形尖頭器の間にはなお技術的な非連続性があるように思われる。また、東シベリアにおいては後期旧石器時代後半の細石刃石器群では槍先形尖頭器の存在はきわめて貧弱であり、細石核の製作技術のみでは後期旧石器時代後期後半～末の槍先形尖頭器へと繋がる技術的系譜の説明としてはきわめて不十分であろう。後期旧石器時代においては同一集団が複数の石器製作技術を保有し、環境に応じて表現形が変化するという視点では基本的に筆者も同じ立場に立つが、同時に集団が保有する技術には一定の技術的あるいは型式学的発展過程が認められるのが原則であろう。加藤博文の提起している問題は地球規模での後期旧石器時代開始に関わる問題であり、今後、製作技術、石器群の同時性、系譜などを含めた十分な検討が果されるものと思われる。しばらく調査研究の進展状況を見守りたい。

第5章　槍先形尖頭器の展開と終焉

第1節　槍先形尖頭器石器群の成立と展開

　第Ⅰ期に出現した槍先形尖頭器は第Ⅱ期を通じて東北日本・中部日本の広い地域に分布が認められるようになる。この時期はナイフ形石器文化後半期にあたっており、ナイフ形石器が石器組成の主体であり、中部高地以外の地域では槍先形尖頭器が安定した石器組成の一員とはなっていない。剥片を素材とした石器製作が石器群の基盤であり、東北日本・中部日本では縦長剥片・石刃生産を基本的に行っている。槍先形尖頭器の製作技術は製作技術類型Ⅰ類およびⅡ類が認められ、中部高地以外の地域では製作技術類型Ⅱ類が主体である。素材剥片にはナイフ形石器などの素材として生産された縦長剥片・石刃が一定の割合で利用されており、槍先形尖頭器の製作がある程度石器群の構造に取り込まれていたことをうかがわせる。しかし、製作技術類型Ⅰ類のうち厚手の剥片を素材とするものは基本的な石器生産の枠からはみ出しており、ナイフ形石器をはじめとする剥片石器製作とは異なる製作技術が必要とされる。また、これらの素材は中部高地では槍先形尖頭器製作のために用意されており、その他の地方でも一部にその動きが認められる。中部高地以外の地方において、石核の素材生産や剥片生産における調整剥片など本来の目的剥片以外の生産物の利用が主体であると仮定しても、槍先形尖頭器製作が独自の石器技術体系として独立し始めていることをうかがわせる。

　これまでみてきたように、第Ⅱ期において槍先形尖頭器の石器組成における比重や製作技術における一定の進展が認められるが、多くの地域で槍先形尖頭器が狩猟具の主体となっておらず、槍先形尖頭器製作が、石器群の基本構造となっていないことは再三述べてきたところである。しかし、第Ⅲ期になると、槍先形尖頭器を主体とする石器群（槍先形尖頭器石器群）が本州地方においてはほぼ全域において認められるようになる。槍先形尖頭器石器群の成立期であり、槍先形尖頭器の発達期として位置づけられ、各地域で独自の発達の様子を示している。

　第Ⅲ期以降の様相を簡単にまとめてみるならば、関東地方南部では相模野台地と武蔵野台地は基本的には同様な変化を示しており、大宮台地や関東地方北部もおおむね同じ変化とみてよいだろう。第Ⅲa期では槍先形尖頭器とナイフ形石器の石器組成における割合が逆転するか、両者が拮抗状態である。両面加工は少なく、周辺加工が形態組成の主体を占めることに特徴がある。第Ⅱ期同様、中型を主体とすることに変化はないが、平面形では中細形木葉形を主体としており、形態ごとの個体差が小さく斉一性がみられる。第Ⅲb期前半ではちょうど第Ⅲa期の周辺加工が両面加工に転換した形態組成となっており、ナイフ形石器は基本的には消滅している。大型が出現しているが、小型・中型に主体がある。第Ⅲ期以降、槍先形尖頭器全体が細身の形態に主体が移っていく傾向が明

らかで、第Ⅲb期前半に出現した柳葉形は第Ⅴ期になると形態組成の重要な部分を占めている。また、小型・中型を主体とする組成が中型・大型を主体とする組成に変化する様相も指摘できる。一方、同じ関東地方南部でも下総台地の一部は様相を異にしている。下総台地の東京湾に面した地域は相模野台地と基本的に共通した様相であるが、印旛沼周辺では様相が異なり、現状では不明な点が多いものの茨城県中・南部も印旛沼周辺と同様の様相を示す可能性がある。第Ⅲa期は槍先形尖頭器がナイフ形石器の割合を凌駕している。槍先形尖頭器は周辺加工を主体としている。第Ⅲb期前半になると槍先形尖頭器は両面加工が大きく増加しているが、一方では片面加工や周辺加工がほぼ同量伴うという形態組成を示し、樋状剥離を有する形態が大半であるという地域的特性が明確となる。また、両面加工は中細形木葉形・中広形木葉形・広形木葉形が認められるが、中広形木葉形が大半を占めているのもこの地域の特徴であろう。さらに、第Ⅲb期後半では形態組成の基本が両面加工となり、平面形態は中広形木葉形から中細形木葉形に主体が移ってはいるが、樋状剥離を有する形態を主体とする点では第Ⅲb期前半の様相をそのまま受け継いでいる。また、石刃技法を基盤とする各種の器種を伴っており、大平山元Ⅱ遺跡Ⅱ層下、大平山元Ⅲ遺跡と同系列に属するものである。第Ⅳ期は細石刃石器群が広く分布し、槍先形尖頭器石器群は基本的には認められない。この時期には下総台地および茨城県中・南部では北方系細石刃石器群が認められ、少なくとも第Ⅲb期後半以降、これらの地域と東北地方の太平洋沿岸を中心とする地域は密接な関連を有していた可能性が高い。第Ⅴ期では柳葉形が出現しており、後半には柳葉形を主体に中細形木葉形、中広形木葉形が伴う形態組成に変化している。

　中部地方北部、東北地方はほぼ同じ様相を示す。第Ⅲa期ではナイフ形石器が石器組成に一定の割合を占めているが、槍先形尖頭器もほぼ等量もしくはそれ以上存在する。両面加工とともに周辺加工などの形態が特徴的に存在し、東北地方ではむしろ周辺加工を中心とする両面加工以外の形態が主体となっている。こうした様相は関東地方と同様なあり方といえる。しかし、これらの地域は山形県平林遺跡を別とすれば、細身の形態（柳葉形・中細形木葉形）に主体が移行する傾向が顕著で、中部地方北部の新潟県側や東北地方ではその傾向がとくに著しい。第Ⅲb期前半ではナイフ形石器は基本的に消滅している。槍先形尖頭器は両面加工を主体とするが、周辺加工などが一定量伴っており、信濃川中・下流域では周辺加工の割合が相変わらず高い。いずれの形態も中細形木葉形を主体としている。第Ⅲb期前半以降、柳葉形が漸次増加する傾向にあり、東北地方では第Ⅲb期後半には中細形木葉形とともに形態組成の主体となっている。第Ⅳ期は第Ⅲb期後半と同様な様相ではあるが、石器群全体が大形化しており、最大幅がより基部側に寄っている。また、両面加工を原則としている。第Ⅴ期では中細形木葉形と柳葉形を主体とするが、比重は大きく柳葉形に片寄っている。また、有茎尖頭器の祖形と考えられる形態が顕著に存在する。

　中部高地（中部地方中央部）では第Ⅲ期になると槍先形尖頭器が一段と量的増加が著しいが、第Ⅱ期の様相をほぼそのまま受け継いでいる。両面加工を基本にその他の形態が若干存在し、中細形木葉形を主体とする。第Ⅲa期ではナイフ形石器はほとんど消滅しており、両面加工を主体とした槍先形尖頭器石器群が他地域に先んじて成立している。第Ⅲb期になると形態組成は中細形木葉形の占める割合が一層高くなっている。第Ⅳ期では中細形木葉形を主体としながら再び中広形木葉形

が増加する傾向にあり、柳葉形が出現している。黒曜石では中型・小型を主体に製作しており、大型の製作には非黒曜石を主として利用している。第Ⅴ期では柳葉形が中細形木葉形・中広形木葉形とともに形態組成の主体の一つとなっている。遺跡によって形態組成の様相が異なり、さらに小地域に細分されるものかもしれないが、現状では結論できない。

　東海地方は周辺加工の目立つ地域で、第Ⅱ期においても面的加工度が弱い様相を指摘できる。第Ⅲa期は関東地方南部の下総台地の様相とも類似し、組成の主体がナイフ形石器から槍先形尖頭器に変化する様相がうかがえる。槍先形尖頭器は両面加工が増加しているが、量的には周辺加工を主体にその他の形態がかなり多い。いずれの形態も中細形木葉形の中型を主体としている。第Ⅲb期前半は第Ⅲa期とほぼ同様な様相で、周辺加工を組成の主体とすることに特徴があるが、ナイフ形石器は基本的に消滅している。第Ⅲb期後半では両面加工に基本的には転換しており、大型が出現している。第Ⅳ期は細石刃石器群が広く分布しているため、基本的には槍先形尖頭器石器群は認められない。第Ⅴ期の良好な石器群は検出されていないため、様相は不明確であるが、中型・大型の中細形木葉形・柳葉形を主体とするようである。

　近畿、中・四国地方の様相は不明な点が多く、今後の資料の増加に期待される点が大きい。やはり第Ⅳ期では細石刃石器群が広く分布しているが、第Ⅲ期以降独自の展開をするようである。中でも第Ⅲ期の瀬戸内地域は中・大型の中細形木葉形を主体とし、中広形木葉形・柳葉形を伴う形態組成を発達させており、中部地方北部との関連を考慮しておく必要があるかもしれない。第Ⅳ期では両面加工を基本として、柳葉形・中広形木葉形・中細形木葉形・広形木葉形の各形態が認められる。全般的に中・大型を基本とする組成であり、大型の存在が顕著である冠遺跡第10地点では、中細形木葉形・柳葉形を主体に中広形木葉形・広形木葉形が一定量伴う組成である。第Ⅴ期では両面加工を基本として柳葉形・中広形木葉形と中細形木葉形が基本セットで、前2者は中型、後者は中・大型を主体としている。形態組成の上では中細形木葉形を主体としているが、現状では中型を主体とする一群と大型が一定量伴う一群の二つの様相が認められる。

　九州地方は第Ⅲ期以前には槍先形尖頭器は存在せず、第Ⅳ期に細石刃石器群に伴って出現する可能性があり、槍先形尖頭器を主体とする石器群は第Ⅴ期以降顕著である。第Ⅴ期では両面加工を原則とし、大型の柳葉形が主体となっており、やはり特色ある地域である。

　北海道地方は基本的には細石刃石器群出現に伴って槍先形尖頭器も出現している。北海道地方の石器文化は大陸との密接な関係の中で理解されるもので、石器群の対比からも槍先形尖頭器の形態組成の変遷上からも、本州地方の槍先形尖頭器とは基本的に関連を認めることができない。

　以上のように、第Ⅲ期には第Ⅱ期に槍先形尖頭器の存在が不明確であったり、まったく存在しなかったりした地域にも槍先形尖頭器が明確な形で出現し、本州地方のほぼ全域で槍先形尖頭器石器群が成立するとともに、第Ⅲ期以降各地域においてかなり独自の展開をみせている。第Ⅲa期は各地域における槍先形尖頭器石器群の成立期として位置づけられ、それぞれの地域の状況に応じてナイフ形石器を主体とする石器群から槍先形尖頭器を主体とする石器群へ転換する姿がうかがえる。中部高地は第Ⅱ期以前から両面加工を主体とする形態組成が安定した形で成立しており、第Ⅲ期には大型を組成に加えながら石器組成の上でスムーズにナイフ形石器との交代を果たしている。槍先

形尖頭器の製作は製作技術類型Ⅰa類・Ⅰb類およびⅡa類が認められるが、前者を主体としている。一方、関東地方南部、関東地方北部、東海地方では共通した動きが観察され、中部地方北部、東北地方も基本的には同じ様相といえよう。槍先形尖頭器は両面加工が存在するが量的にわずかで、周辺加工を中心とする形態が形態組成の主体であり、ナイフ形石器とほぼ等量か量的に上回っている。槍先形尖頭器の製作技術は製作技術類型Ⅰa類とⅡa類などが認められ、両面加工を含めて後者による製作が主体となっている。素材剥片は縦長剥片など定型的な素材を連続的に生産するものが主体である。こうした様相はナイフ形石器文化の素材生産技術や石器製作技術を基盤としながらも、槍先形尖頭器の量産への要求を最大限充しており、両面加工を基本とする槍先形尖頭器石器群へ転換する過渡的な姿であり、同時に出発点でもあるといえよう。事実、第Ⅲb期にはこれらの周辺加工がそのまま両面加工に転換しており、平面形態や大きさをほぼそのままの形で受け継いでいる。

　第Ⅲb期前半以降は各地域で特色ある展開を示しているが、大まかにみれば関東地方南部・関東地方北部・中部地方北部・東北地方の東北日本、中部高地・東海地方の中部日本、近畿・中国・四国地方の西南日本の三つのより広い地域で比較的共通した様相がうかがわれる（九州地方、北海道地方は除く）。関東地方南部〜東北地方の東北日本では時期が下るにつれ中細形木葉形と柳葉形を形態組成の基本とする方向に進み、東北地方、中部地方北部では柳葉形への傾斜がとくに顕著である。また、大きさの面では小型・中型を主体とする組成から中型・大型を主体とする組成に変化している。中部高地・東海地方の中部日本では中細形木葉形を主体とする組成から中細形木葉形あるいは中広形木葉形と柳葉形を主体とする組成へ変化している。また、いずれの時期も中型を主体としているが、流れとしては小型・中型・大型から中型・大型を基本とする組成に変化している。近畿、中・四国地方の西南日本では様相を十分捉えることができないが、第Ⅴ期では柳葉形・中広形木葉形と中細形木葉形を基本とする組成に変化するようであり、中細形木葉形を主体とする。柳葉形・中広形木葉形は中型を、中細形木葉形は大型を主体としている。

　槍先形尖頭器の製作技術は第Ⅲb期に大きな画期がある。製作技術類型Ⅰa類・Ⅰb類・Ⅰc類およびⅡa類が認められ、製作技術類型Ⅰc類の成立によって大型が安定した形で組成に組み込まれることになった。製作技術類型Ⅰc類は第Ⅱ期および第Ⅲa期に存在した製作技術類型Ⅰa類・Ⅰb類をもとに成立したもので、中期工程において素材の厚さを集中的に減じる技術の進展によって、大型でかつ薄身の槍先形尖頭器を製作することを可能にした。大型の槍先形尖頭器を製作するためには大きく二つの製作方法があり、大形厚手の素材を繰り返し調整加工して完成品に仕上げる方法と、成品に近い薄手の素材を用意して最小限の調整加工を施して完成品に仕上げる方法である。前者は素材の大きさをある程度保ちながら次第に薄身に仕上げる技術の成立が不可欠であり、一定以下の薄さで素材中軸線を大きく越える調整剥片を連続的に剥離することが求められる。後者では、縦長剥片・石刃あるいはそれらに類似の形状を有する剥片や扁平な礫、石理の発達した石材などが素材とされるが、縦長剥片・石刃の類は一般に側面が緩やかに湾曲する場合が多く、直線的な側面を有する素材を安定して用意することは困難である。扁平な礫や石理の発達した石材は地域的に限定され、現状の資料からみると、とくに大型を量産するに足る扁平な礫を安定して供給することは困難であったと推定される。製作技術類型Ⅰc類は前者に属する技術であり、厚手の素材を処理する技術が

第Ⅲb期に成立することにより、大型の量産が可能となった。第Ⅳ期には大型の槍先形尖頭器製作技術はさらに発達し、すでにみたように第Ⅳ・Ⅴ期には中型・大型を主とする形態組成を成立させている。一方では、第Ⅲb期は第Ⅲa期と第Ⅴ期との過渡期的様相もみてとれる。第Ⅲb期には、いまだ第Ⅲa期以来の剥片生産技術が明確に残存しており、製作技術類型Ⅱa類を中心に素材を供給している。この段階では、異なる形態の素材を複数の素材生産技術によって獲得し、目的に応じてそれらの素材を供給している。具体的には、剥片生産と盤状剥片・分割礫生産の大きく二つの素材生産技術があり、前者は小型・中型の槍先形尖頭器およびその他の多くの器種の素材、後者は中型・大型の槍先形尖頭器を中心とする素材として利用されている。素材獲得の様相が多元的であり、槍先形尖頭器の製作を基盤とする構造に転換しながらも、第Ⅱ期のナイフ形石器製作を基盤とする構造の特質がなお色濃く残されている。第Ⅴ期は槍先形尖頭器の素材生産は剥片生産が若干認められるものの、盤状剥片を中心とする構造に転換しており、盤状剥片生産や大型槍先形尖頭器の初期工程など製作過程で副次的に生じた剥片が主体的に利用され、小型・中型の槍先形尖頭器やその他の剥片石器が製作されている。大型の槍先形尖頭器（中型の一部を含む）の製作が同時に素材生産となっており、素材獲得が一元的に行われている。第Ⅳ期は第Ⅲ期と第Ⅴ期の過渡期的様相が認められ、東北日本に分布する神子柴石器群[1]では縦長剥片（石刃）生産と槍先形尖頭器以外の剥片石器の結びつきが強い。しかし、中部地方や関東地方における槍先形尖頭器を主体とする石器群では剥片生産の割合は低く、すでに第Ⅴ期の構造に基本的に転換しているとみなすことができよう。

　先にみたように、第Ⅲ期は槍先形尖頭器石器群が東北日本を中心に成立することによって、地域差も同時に明確になった時期でもある。全体の様相としては形態組成が中細形木葉形を主体とするより細身の形態へ移行しているが、東北地方や中部地方北部ではとくに細身の形態が顕著であり、東海地方や関東地方南部の下総台地印旛沼周辺、中部地方北部の信濃川中・下流域では第Ⅲa期、第Ⅲb期前半において周辺加工の形態が顕著であるなどの地域的様相についてすでに述べた。こうした形態的特徴は同時にその基盤となる製作技術にも地域差があることを示している。また、石材選択を含めた素材獲得のあり方が背景にあることとも関連している。第Ⅱ期・第Ⅲa期までは槍先形尖頭器は小型・中型（おおむね長さ8cm程度まで）の製作が基本であり、一部の地域を除いて石材獲得の面で大きな障害はなかったと推定される。また、素材の大きさを確保する面でもほぼ同様であろう。しかし、第Ⅲb期以降大型の量産が始まると、黒曜石は必ずしも最良の石材とはいえなくなったようである。黒曜石原産地が集中する中部高地では一貫して両面加工を主体とする槍先形尖頭器の製作が行われてきたが、大型を量産する遺跡はほとんど認められない。北海道地方を除くと、黒曜石が搬出された関東地方やその他の黒曜石原産地においても同様である。旧石器時代においては原石の採掘は例外を除けば基本的には行われておらず、転石の利用が基本である。抱えきれないようなきわめて大型の転石も確認できるが、黒曜石原産地においても安定して大型の素材を供給しうる状況にはなかったものと思われる。したがって、第Ⅲb期以降の大型の製作は大型素材が安定して供給可能な頁岩や安山岩などの大規模な非黒曜石原産地を有する東北地方や中部地方北部などで発達し、器種組成の上でも地域差として認識することができる。

　中部高地は全期間を通じて黒曜石を主たる石材として利用しており、石材利用の上でも形態組成

の上でも特徴ある地域である。第Ⅲb期以降、東北日本の各地の石器群は細身の形態へ移行を強めるなか、中部高地では柳葉形が存在するものの、必ずしも組成の主体としての位置を占めるわけではなく、第Ⅴ期に至っても中広形木葉形の割合が高い。槍先形尖頭器の素材についても扁平な礫が各時期を通じて認められ、第Ⅱ期以降素材の重要な位置を占めている。第Ⅳ・Ⅴ期では製作技術類型Ⅰa類の素材として利用されており、中部高地の技術的特色でもある。第Ⅲ期以降、大形の素材として利用されることもあるが、大型の製作に利用できる扁平な礫はあまり多くないようで、未成品からみる限り安定供給されていない。他地域の槍先形尖頭器の組成が中型＋大型に移行する中で、中部高地は小型＋中型が組成の主体であり、原石サイズの問題を含めて素材選択のあり方も背景としてあるのであろう。第Ⅳ期の北踊場遺跡や馬場平遺跡では一定量の大型が出土しているが、大半の資料が頁岩や安山岩などの非黒曜石を利用している。

以上みてきたように、第Ⅲ期は槍先形尖頭器石器群の成立期であり、第Ⅱ期ではあまり明確ではなかった槍先形尖頭器の地域差が明確になった時期でもある。第Ⅲ期の槍先形尖頭器の地域差は基本的に第Ⅱ期の地域差を基盤として成立しているといえよう。また、第Ⅲ期は第Ⅳ期、第Ⅴ期に繋がる各要素が出揃った時期でもある。第Ⅱ期との過渡期的様相（とくに第Ⅲa期はそうであるが）を残しながら、槍先形尖頭器の製作・使用を基盤とする石器群が完成する第Ⅴ期へ移行する基盤が成立している。第Ⅲ期の槍先形尖頭器石器群は細石刃石器群との間で相互に直接的・間接的な影響を及ぼしながら第Ⅳ期の槍先形尖頭器石器群を成立させ、第Ⅴ期の槍先形尖頭器石器群へと変化・発展したといえよう。

第2節　槍先形尖頭器石器群と細石刃石器群

日本列島における槍先形尖頭器は列島内で独自に成立し、細石刃石器群と相互に直接的・間接的影響を及ぼし新たな要素を受容しながらも、縄文時代に至るまで断絶することなく展開してきたことはこれまで再三述べてきた。近年になって細石刃石器群が広く日本列島に分布する時期にも槍先形尖頭器あるいは槍先形尖頭器石器群が存在したとする見解が散見されるようになった[2]ものの、第Ⅲ期の槍先形尖頭器石器群と第Ⅴ期の槍先形尖頭器石器群の間に断絶を認め、両者は基本的に関連を有さないとする見解が大勢を占めている。ここでは、槍先形尖頭器に断絶を認める見解について検討してみたい。

1. 細石刃石器群と槍先形尖頭器

槍先形尖頭器の編年的位置づけの変遷については第1章に詳しいが、研究史的にみると、細石刃石器群の認知に先立って槍先形尖頭器あるいは槍先形尖頭器石器群が認識された。研究史の初期では槍先形尖頭器は細石刃石器群以前に位置づけられたが、有茎尖頭器や有茎尖頭器に関連する槍先形尖頭器に隆線文系土器の伴出が確認されたことや神子柴石器群がシベリアの新石器時代初期の石器群に対比されたことなどから、細石刃石器群に後続する旧石器時代末から縄文時代の初頭にも槍先形尖頭器石器群が存在することが認識されるようになった。1960年代前半には後期旧石器時代、とくに後半期の石器群に関する資料の蓄積が進み、地域ごとの編年も可能な状況になっていた。槍

先形尖頭器については戸沢充則の見解（戸沢 1965b）が当時の研究者の大方の意見を代表しているものと思われる。槍先形尖頭器はナイフ形石器に伴うものやそれに直接後続するもので細石刃石器群以前に位置づけられる石器群と神子柴石器群・有茎尖頭器石器群の大きく2群が認識され、両者の系統関係については直接述べられていないものの、神子柴石器群をシベリア起源と位置づけたことから両者には基本的に系統関係はなく、北方からの新たな文化的波及に伴って細石刃石器群以降の槍先形尖頭器石器群が成立したものとみているのであろう。細石刃石器群以前の槍先形尖頭器と神子柴石器群・有茎尖頭器石器群の間に断絶を想定する根拠として、神子柴石器群がシベリアの新石器時代初頭の石器群に類例が求められることのほかに、細石刃石器群以前の槍先形尖頭器は強い地域性が認められるのに対して、神子柴石器群が広範な地域においてほぼ同じ内容をもつことや槍先形尖頭器の形態や製作技術に断絶が認められることなどをあげている。しかし、戸沢自身は神子柴石器群の編年的位置づけについて細石刃石器群との時間的前後関係は不明として、必ずしも細石刃石器群を挟んで槍先形尖頭器がいったん断絶しているとしているわけではない。1970年以降、大規模な発掘調査が全国的に実施されるようになり、旧石器時代の編年研究も大きく前進した。槍先形尖頭器についても同様で、関東地方南部の相模野台地や武蔵野台地では層位的に詳細な検討を加えることが可能となった。また、細石刃石器群の石器ブロック中から槍先形尖頭器が出土する事例や細石刃石器群と同一層準から槍先形尖頭器石器群が検出される事例が認められるようになっている。

　槍先形尖頭器が出現以降途切れることなく縄文時代へと連続する根拠についてはすでに述べてきたところであるが、細石刃石器群以降の槍先形尖頭器石器群が細石刃石器群出現以前の槍先形尖頭器に系譜関係を有さないとする見解では、その根拠が必ずしも十分説明されているわけではない[3]。これまで示されている論拠の主なものを概観すると、①細石刃石器群の石器ブロックから槍先形尖頭器を出土する事例がきわめて少ない、②細石刃石器群が主として検出される層準から槍先形尖頭器石器群が検出される例がほとんどない、③細石刃石器群終末期に神子柴石器群に代表される新た文化的要素の波及によって新たな槍先形尖頭器群が成立した、といったものがあげられる。①②は良好な層位的事例の豊富な相模野台地を中心としたもので、伊藤恒彦による出土状態の分析（伊藤 1989）がある。伊藤は、相模野台地におけるL1H上部〜L1S出土の槍先形尖頭器（本稿の第Ⅲb期後半〜第Ⅴ期に対応）を、①細石刃を主体とするブロックで単独個体別資料の槍先形尖頭器が検出されたもの、②細石刃石器群を形成するブロック内ではなく同一層準から単独で検出されたもの、③細石刃石器群が多数検出されている層準から複数点数単独で検出されたもの、④細石刃石器群と槍先形尖頭器石器群のブロックが共存状態あるいは同一層準から検出されたものの4類型に分類している。④についてはすべて下層の文化層に帰属が求められること、①〜③は評価ができないが、ナイフ形石器文化における槍先形尖頭器の保有のあり方からみて、細石刃石器群と槍先形尖頭器の共伴あるいは同一文化層における槍先形尖頭器の存在を基本的に否定している。伊藤の見解はあくまでも相模野台地の出土例の検討であり、全国的な視野で検討されたものではない。確かに相模野台地の出土例は全国的にみてもっとも良好な状況を示しているが、ごく限定された地域的状況を示しているにすぎず、列島全体の様相に敷衍することはできない。伊藤はさらに神子柴石器群のあり方を検討することによって、細石刃以前の槍先形尖頭器石器群と細石刃以後の槍先形尖頭器の連続性

を否定している（伊藤1988）が、これも作業仮説の段階にとどまっている。また、詳細な検討を行った結果として、神奈川県上草柳第1地点遺跡第Ⅰ文化層（堤・安藤1984）など細石刃石器群に槍先形尖頭器が伴出あるいは伴出の可能性が高い事例が少数ながらあり、これらの評価については依然残されたままである。

③については神子柴石器群の系統などについて伊藤の見解を含め後で検討するが、細石刃石器群では槍先形尖頭器の製作がきわめて貧弱である。また、神子柴石器群以降の槍先形尖頭器群が新たに成立するとすれば、槍先形尖頭器製作技術そのものが新たに成立することとなり、石器組成や製作技術の大きく異なる石器群を各地の地域集団が受容したことになろう。しかし、通常、石器群の組成や製作技術体系が前後の時期でまったく脈絡なく変化することはなく（これは旧石器時代に限らない）、そうした現象が考古学的に認められる場合、広範な地域における人間集団の交代を想定する必要があるが、神子柴石器群についてはすでに地域的変異が存在し、細石刃石器群を含む在地石器群の地域差を反映していると判断されることから、当該時期において人間集団の広範な地域での交代を想定することは現状では困難であろう。

神子柴石器群の問題に移る前に、北方系削片系細石核の製作技術について検討しておきたい。北方系削片系細石核のうち、大形で両面加工の槍先形尖頭器状のブランクを基本とするのは湧別技法であり、第Ⅲ期と第Ⅳ期以降の槍先形尖頭器が関連性を有さないとすると、これら大形両面加工のブランクを製作する削片系細石核が新たな槍先形尖頭器製作技術成立に関与する可能性が高い。本州における湧別技法を有する細石刃石器群では槍先形尖頭器の存在が稀薄であることからも、その可能性を検討しておく必要があろう。本州おける湧別技法は札滑型と白滝型が認められるが、大型槍先形尖頭器の製作に関しては札滑型のブランク製作関連資料の検討が現状では適当である。

札滑型のブランク製作技術は必ずしも明らかにされているわけではない。細石核は基本的に残核であり、ブランクの形状（大きさ）を推定する資料としては必ずしも適当ではない場合が多い。ブランクや細石核素材の形状を復元するためには、細石核ブランクや接合資料などの分析が不可欠である。しかし、現状では本州において分析可能な資料は少ないのが実情であるが、山形県角二山遺跡（宇野・上野1975、桜井1992）、岡山県恩原1遺跡M文化層・恩原2遺跡M文化層（稲田・絹川・光石1992、絹川・光石1996）などで接合資料が得られている。角二山遺跡では3例の接合資料が得られている（第25図1〜3）。1は盤状剥片を素材として利用しており、細石核の下縁部側からの粗い調整を中心にブランクを製作しているようである。素材は、長さ9cm、幅12cm、厚さ3cm程度の大きさと推定される。ブランクは不完全な両面調整体で、スポールを作出するための打面となる背面左上部側はある程度の調整が行われているが、上半部には広く素材面を残したままである（図中アミ目部分）。接合している調整剥片は大形であるが、比較的薄手で側面観が湾曲している。残核と接合した調整剥片の関係からみて下半部は素材をかなり変形していることがわかるが、調整初期の調整剥片の形状から考えて素材を大きく変形してブランクを製作している可能性は低く、スポール（削片）作出以降の石核調整による変形と推定される。最終的な打面を作出したスキー状スポールの両側面には素材面が残されており、細石核の厚さと素材の厚さはあまり違いがない。本例では素材の厚さを大きく減じることなく、ブランク製作当初より曲面形成のための調整を行ってい

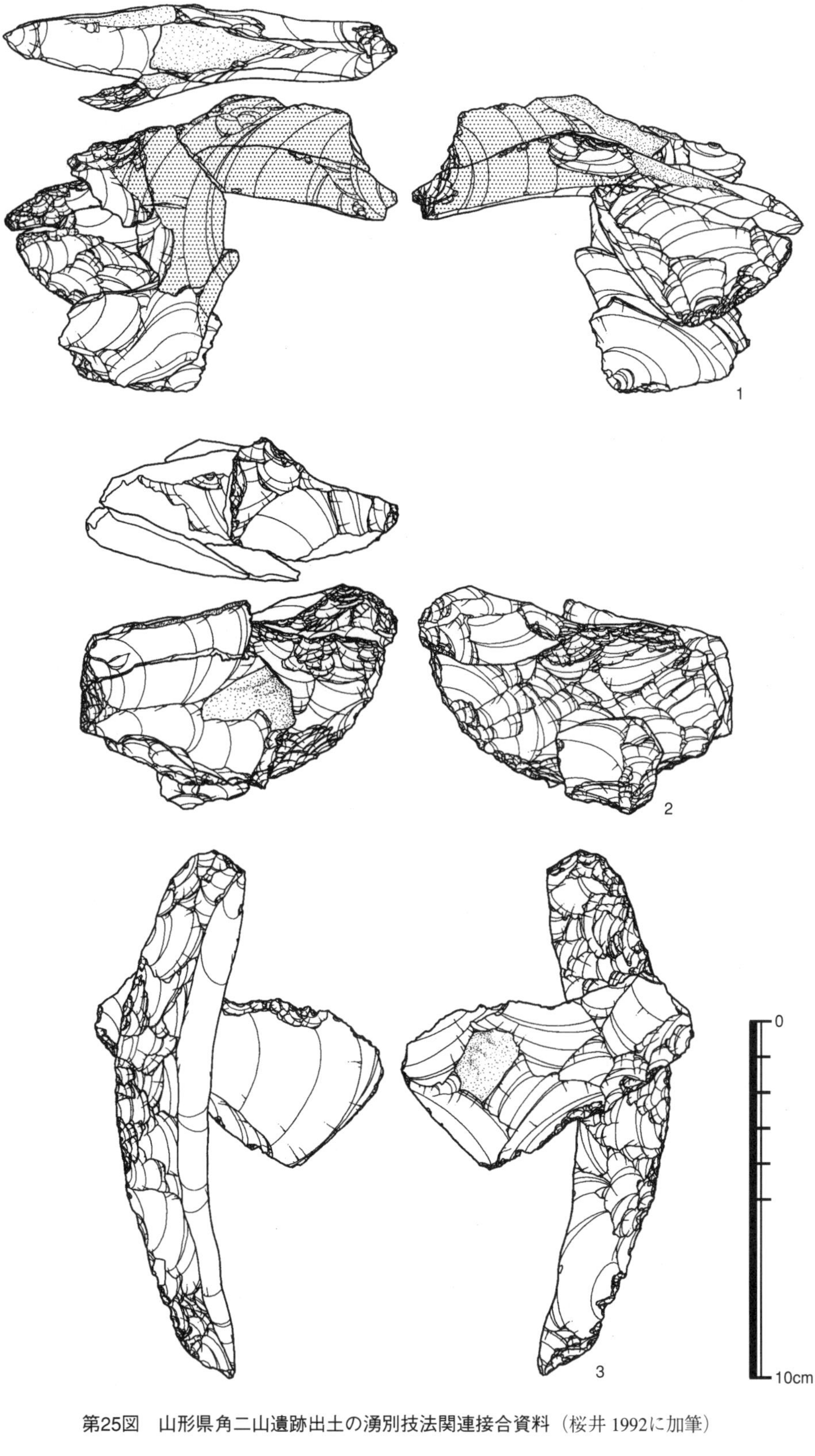

第 5 章　槍先形尖頭器の展開と終焉　245

第25図　山形県角二山遺跡出土の湧別技法関連接合資料（桜井 1992 に加筆）

る。ブランクは長さ10cmを超える大形品と思われる。2は素材の大きさは復元できないが、長さ10cm以上、厚さ4cm以上の厚手で大形の形態である。調整剥片は3点接合しており、うち2点（背面左側からの調整により剥離されている）は大形でやや厚手であり、この調整剥片の剥離によって形成された剥離面は周囲の剥離面によって切られていることから、細石核背面に残されている剥離面の中ではもっとも初期に属するもので、ブランク製作初期の調整剥片と思われる。腹面ではブランク完成時の調整痕を判別することはやや困難であるが、細石核では細石刃剥離が開始されておらず、スポール作出も1枚もしくは2枚であることから、細石核腹面の粗い剥離面はおおむねブランク完成時の調整痕と理解される。本例では、ブランク製作の初期に厚手の調整剥片を連続的に剥離して素材の厚さを減じ、さらに比較的薄手の調整剥片を剥離して整形しているものと推定される。しかし、初期の調整と推定される接合資料背面左側の2枚の調整剥片背面には縦長状の剥離痕が残されており、接合している調整剥片も縦長剥片で、背面左側で製作初期に連続的に縦長剥片が生産されている可能性がある。調整剥片はブランクの中央付近までしか達していないことから、同様の調整が少なくとも背面右半で行われている可能性がある。これらの初期の調整は厚さを減じるとともに石器素材にも供給されているようで、素材生産的な意味合いもあると考えられる。3は断面三角形スポール（ファースト・スポール）に調整剥片が接合したものである。スポールは長さ約15cmで、大形のブランクであったことがわかる。調整剥片の背面にはすでに多方向からの剥離痕が認められるとともに一部に自然面を残している。スポールの両面は細かく調整されているが、大きくは縁辺部を中心とする細かな剥離面とそれらによって切られているやや粗い剥離面に区分され、調整剥片は後者の剥離面に接合していることから、成形段階後半に属するものとみられる。なお、調整剥片は削器の素材として利用されている。以上のように、角二山遺跡における細石核ブランクの製作は必ずしも一様ではなく、素材の変形をあまり行わないものや成形の初期に素材の厚さをかなり減じるものなどがあるが、連続した1工程によって製作されている。

　恩原1遺跡、同2遺跡では6例のブランク製作に関連する接合資料が得られている。ここでは、製作状況を良好に示している3例について検討してみたい（第26図1～3）。1は7点の資料が接合したもので、調整剥片とともに彫器を1点含んでいる。また、調整剥片のうち1点は石核の末端部を大きく剥ぎ取っており、反対側の剥離状態の一部を示している。背面は粗い剥離面を中心に構成されており、ブランク製作の比較的初期の調整状況を示しているものと思われる。接合資料背面には、角二山遺跡でもみられたように、ブランク長軸方向から連続して縦長剥片状の剥片を剥離した痕跡が認められる。背面上方から連続的に縦長剥片状の剥片を剥離し、やや厚ぼったく残された下部を長軸と直交方向から剥離した後、ふたたび長軸方向から縦長状の剥片を連続して剥離している。最終の剥離でブランク末端を大きく剥離し、ブランクの長さが元の2/3程度になってしまっている。調整剥片の打面はいずれも小形で、調整剥片も極端に厚いものはないことから、素材の厚さを大きく減じることを目的としているのではないと理解される。2は調整剥片14点の接合資料で、ブランク片側面の調整状況をよく示している。ブランクは長さ10cmを超える大形品と思われる。背面は粗い剥離面で構成されており、一部に自然面を残していることから比較的調整の初期段階の調整剥片と思われる。調整剥片の打面は比較的小形で全般的に薄身であり、側面観が湾曲していることか

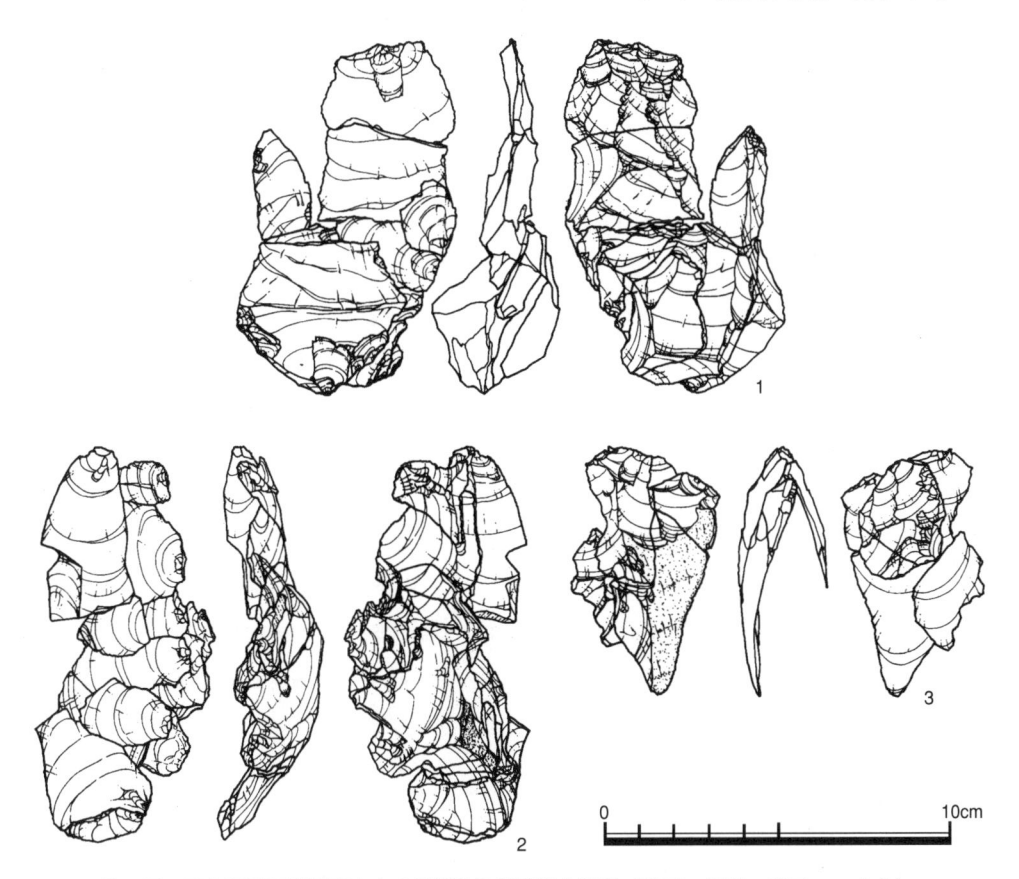

第26図　岡山県恩原遺跡群出土の湧別技法関連接合資料（稲田・絹川・光石1992より）

ら、大きく厚さを減じるものではないと理解され、この調整ではほぼブランクの形状ができあがっているものと推定される。ブランク長軸に直交する方向からの調整を主体とするが、長軸方向からの調整もわずかに認められ、縦長剥片状を呈している。なお、最終の剥離で末端部まで剥離が抜けていれば、ブランクの大きさは長さ10cm、幅6cm、厚さ3cm程度であったと推定される。3は調整剥片4点が接合したもので、背面側に3点、腹面側に1点の調整剥片が接合している。背面側には自然面が比較的広く残されているが、剥離面は比較的細かく、ブランク製作の後半段階に属する調整剥片と思われる。ブランクの厚さは2cm程度と推定される。

　湧別技法の細石核ブランクは両面加工であり、面的調整を連続的に施す点では基本的に槍先形尖頭器と技術的に共通する。長さ10cm以上の大形品を恒常的に製作していることから、第Ⅳ期以降の槍先形尖頭器製作の技術的基盤となる可能性を有している。しかし、これまで接合資料の分析によれば、共通して素材の厚さを減じる意識はあまり強くない。製作段階の初期には厚身のある調整剥片を剥離している場合も見受けられるが、平面形態の成形的意味合いが強く、素材の厚さを大きく減じてはいない。また、ブランク製作初期あるいは途中に長軸方向から縦長剥片状の調整剥片を連続的に剥離しており、素材の厚さを減じる効果をもたらしているが、素材の厚さを減じるよりも素材生産的な意味合いが強いようである。調整剥片の打面は全般的に小さ目のものが多く、側面観が湾曲するものが多い。また、長軸と直交する方向からの調整が主体となっており、大型の槍先形

尖頭器と異なり中軸線を大きく越えるものはほとんど見受けられない。これのことからすれば、ブランク製作工程では素材の厚みを生かしながら両面調整を行っているものと理解できる。

このように、湧別技法の細石核ブランクの製作工程は基本的に1工程であり、むしろ厚手の両面体の製作に主眼が置かれている。製作技術は槍先形尖頭器製作技術類型Ⅰa類に類似するが、槍先形尖頭器においては長さ8cm以下の中型製作が主体である。素材もやや厚手の剥片や扁平な板状の素材の利用が中心であり、細石核ブランクの素材が大形厚手の形状を多く利用しているのと様相を異にしている。湧別技法の細石核はブランク長軸に打面を設定し、小口部から細石刃を連続的に剥離することから細石刃量産にあたっては石核に一定上の厚みがある方が有利であり、槍先形尖頭器と異なり、素材の厚さを大きく減じる必要がないのであろう。

細石核ブランク製作段階で素材の厚さを減じる工程が基本的に存在しないことは、以上みてきたとおりであるが、細石核の打面作出段階や打面更新段階においても石核側面調整が頻繁に行われており、結果的に細石核の厚さは次第に薄くなっている。これは細石核の側面形状の補正が主眼であり、厚さの面で大きく変形することは原則的にない。こうした調整は打面および石核の下縁部から施されている。打面からの側面調整は樋状剥離を有する槍先形尖頭器の調整法に通じるところがあるが、第Ⅳ期以降の大型を中心とする槍先形尖頭器の製作技術とは関連していない。

第2章、第3章でみたように、大型の槍先形尖頭器は第Ⅲ期に組成の一員として確立し、技術的には大形厚手の素材を利用して、素材の厚さを大きく減じる製作技術が成立しており、第Ⅳ期以降の大型量産の基礎を用意している。これまで検討した湧別技法細石核ブランクの作製技術は、大形の両面体を製作する点では第Ⅳ期以降の大型を中心とする槍先形尖頭器群の技術的基盤とはなりえないことを示していると理解される。

ここまでみてきたように、列島外からの新たな人間集団の流入を含めたまったく別の文化要素の流入を認める立場を別とすれば、細石刃石器群を基盤として新たに槍先形尖頭器石器群が成立する可能性はきわめて低いといえる。しかし、槍先形尖頭器石器群が途切れることなく縄文時代まで存続したとしても、細石刃石器群が日本列島を一時期広く覆ったことは紛れもない事実で、槍先形尖頭器石器群を担った集団が細石刃石器群を担った集団を駆逐したと考えることは、逆の意味で肯首しがたい。基本的には地域集団が新たな文化的要素を受容したとする立場に立てば、両石器群に何らかの共通点があったはずであり、ここでは次の2点の共通様相に着目しておきたい。

第1点は、大きな意味での技術構造の共通性である。日本列島における細石刃石器群は東北日本を中心に分布する削片系細石核（湧別技法札滑型など）と西南日本を中心に分布する非削片系細石核（野岳・休場型、船野型など）があり、北海道を除くと時間的にはほぼ併行関係にあると考えられる。また、東北日本には非削片系細石核のホロカ型が分布しており、九州地方北部を中心に削片系細石核（福井型など）が分布している。東北日本を中心に分布するこれらの細石刃石器群（いわゆる北方系細石刃石器群）は細石刃以外の器種が豊富であり、石刃技法あるいは縦長剥片剥離技術による素材生産技術が細石刃生産技術とともに、石器群の基盤をなすといわれている。一方、西南日本を中心に広く分布する非削片系細石核による細石刃石器群は細石刃・細石核以外の器種が少なく、東北日本の北方系細石刃石器群とは対照的なあり方を示すものの、細石刃以外の器種は基本的

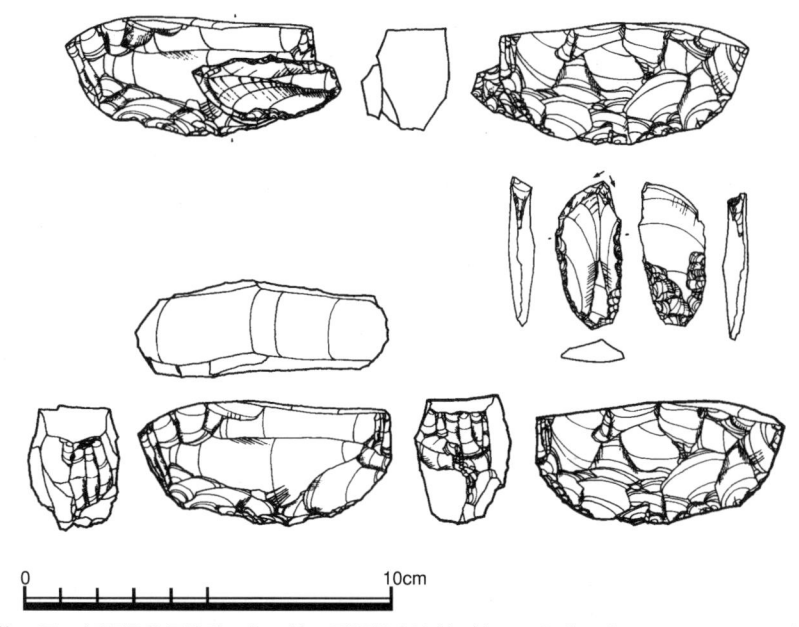

第27図　新潟県荒屋遺跡の細石核・彫器接合資料（会田・須藤・芹沢・山田 1990より）

に剥片生産技術によって素材が供給されている。両者の基本的な技術構造は共通しており、二元的な石器製作構造といえよう。しかし、東北日本を中心とするいわゆる北方系細石刃石器群を詳細にみると、細石刃・細石核以外の器種の素材生産のあり方は必ずしも一様ではない。北海道においては石刃技法が基盤となっているが、本州では石刃技法を有するものと縦長剥片生産技術を有するものの、大きく2者が認められる。前者では、新潟県月岡遺跡（中村・小林 1975）など、後者では山形県角二山遺跡（宇野・上野 1975、桜井 1992）、長野県中ツ原第5遺跡B地点（堤編 1991）、岡山県恩原2遺跡（絹川・光石 1996）などをあげることができ、広い意味では新潟県荒屋遺跡（芹沢 1959b、会田・須藤・芹沢・山田編著 1990）、埼玉県白草遺跡（川口編著 1993）、千葉県木戸場遺跡（矢戸ほか編 1987）なども後者に含まれるものと思われる。本州における北方系細石刃石器群は前者に属するものはきわめて少なく、多くの遺跡が後者に属しているものと思われるが、石核の出土遺跡はあまり多くない。後者の縦長剥片生産技術は平坦打面の石核を利用し、石核調整をほとんど施さずに幅広の縦長剥片を主として生産しているようである。また、縦長剥片生産技術によってすべての剥片石器に素材が供給されているわけではなく、むしろ細石核ブランク製作の過程で生じる剥片や細石核調整剥片を主体的に素材に利用している。新潟県荒屋遺跡では、細石核製作に伴って生じる調整剥片が彫器を中心とする剥片石器素材として利用されていることを、接合資料や剥片石器の背面構成などから確認することができる。荒屋遺跡の接合資料（第27図）は細石核に石核長軸方向から剥離した縦長剥片状の調整剥片を素材とする彫器が接合しており、先に細石核ブランクの製作技術について分析した山形県角二山遺跡や岡山県恩原1遺跡・同2遺跡と共通した様相をみてとることができる。山形県角二山遺跡、長野県中ツ原第5遺跡B地点、埼玉県白草遺跡、千葉県木戸場遺跡、岡山県恩原1遺跡、同2遺跡などでも剥片石器の背面に多方向の剥離痕が認められるものが多く、細石核ブランク成形過程の剥片や細石核の調整剥片をかなり利用していると想定

される。これらの石器群における縦長剥片石核の残存率は決して高くなく、剥片石器の背面構成などを考慮すれば、細石核製作に関連する調整剥片の石器素材への利用の方が主体であると想定する方が妥当であろう。

　石刃技法を有する石器群は北海道に直接の系譜をもつものと考えられ、石刃技法の欠落した石器群は前者の変質したものと多くの場合理解されている。基本的に両者は時間的前後関係に置かれるものであろうが、編年的前後関係と理解する必要は必ずしもなく、石刃技法の欠落した石器群は在地集団による受容の姿だと理解したい。さらに、これら石刃技法の欠落した細石刃石器群は細石刃生産を基盤とする一元的な素材生産の構造に近く、同様に地域集団の文化受容の姿と理解され、石器群の技術構造変化は先行する在地の石器文化および同時期の在地の石器群に大きく関連すると想定される。東北日本を中心とする本州の北方系細石刃石器群にみられる一元的素材生産の構造は、第Ⅳ・Ⅴ期の槍先形尖頭器石器群の技術構造に共通し、ここに両者の接点を見出すことができる。しかし、むしろ第Ⅳ期の槍先形尖頭器石器群集団との接触により北方系細石刃石器群の技術構造が変容したものと理解したい。

　ところで、西南日本の非削片系細石核石器群のうち、関東地方南部の野岳・休場系細石刃石器群では、多くの場合礫器状の石核が伴い、スクレーパーなどに素材を供給しており、一見細石刃の生産と対置的な構造をなしているがごとくである。しかし、礫器状の石核は剥片の生産量のわりには石器への利用率はきわめて低く、礫器としての可能性は今なお残されている。また、すでに指摘（鈴木・矢島 1979）されているように、細石核は厚手の剥片を素材としているものが多く、そうしたあり方は東海地方、中部地方南半部でも共通しているものとみられる。通常の石核では細石核の素材と推定される厚手でやや大形の剥片を生産しており、副次的に削器などの剥片石器へ素材を供給している可能性が強い。こうした見方が許されるならば、石器群の構造は細石核製作を核として剥片石器の生産が付随しているとみることができ、こうした石器製作体系からはみ出た大形石器が別体系として存在するとみることができよう。遡って細石刃石器群成立直前の第Ⅲb期の槍先形尖頭器石器群は、少なくとも中部地方〜東北地方の東北日本に広く分布が認められている。これらの石器群の技術構造は縦長剥片剥離技術を保有し、槍先形尖頭器を中心とする剥片石器に素材を供給するという形を残しているものの、複数の素材生産技術を保有しており、とくに第Ⅲb期後半ではその全体に占める割合はかなり小さくなっている。特定の素材生産技術によって石器素材を等価的に供給するというナイフ形石器文化的構造は大きく変化しており、槍先形尖頭器製作を石器製作の中核として、そのほかの剥片石器の素材は槍先形尖頭器の素材生産や槍先形尖頭器製作に伴って生産される剥片に依存するという形をとっている。さらに、槍先形尖頭器製作過程で生じた大形の調整剥片を槍先形尖頭器やその他の石器の素材に利用するという第Ⅳ期以降の槍先形尖頭器石器群の基本構造も認めることができる。

　こうした石器群の技術構造は前述の野岳・休場系細石刃石器群や石刃技法の欠落した削片系細石核の石器群にも共通し、さらには第Ⅳ・Ⅴ期の槍先形尖頭器石器群に通じている。こうしたことからすれば、ナイフ形石器石器群から槍先形尖頭器石器群（第Ⅲ期）への石器群の構造変化、さらに細石刃石器群、第Ⅳ・Ⅴ期の槍先形尖頭器石器群への石器群の構造変化は連続的とみることができ

る。これは各段階の石器群の表面的な顔つきの相違にもかかわらず、それらを担う集団は連続的であることを示していると解釈でき、新たな文化要素を受容し、あるいは発展させていく姿とみたい。そうした意味では第Ⅳ・Ⅴ期の槍先形尖頭器石器群は第Ⅲ期後半の槍先形尖頭器石器群、細石刃石器群という石器群の構造変化の延長線に位置し、時間的に近接する細石刃石器群と構造的類似性が認められるということもできよう。

第2点は、狩猟具としての細石刃と槍先形尖頭器の形態的・機能的共通性である。槍先形尖頭器の大半の形態が狩猟具である槍として用いられたことは、多くの研究者が了解するところであろう。細石刃は組み合わせ具であるためシャフトの形態を変えることで複数の器種を製作しているが、狩猟具としての槍の製作が重要な位置を占めていたことは間違いない。したがって、具体的な使用法についてはさらに検討を要するが、両者は機能には等価ということができる。槍先形尖頭器の形態は第Ⅲ期以降東北日本の広い地域で細身化の傾向が著しく、第Ⅲ期に成立した柳葉形が第Ⅴ期には形態組成の重要な位置を占めている。日本列島における細石刃を利用した狩猟具がどのような形態をしていたのか現状では想像するほかはない。シベリアの例（第28図）を参考にすれば、シャフト（槍先部）は短いものから非常に長いものまであるが、いずれも細身の形態で、槍先形尖頭器でいえばいずれも柳葉形に属する。長さも10cm以上のものが多い。第Ⅳ期以降、柳葉形が大きく増加し大型の割合も大きく増加する。シベリアの資料を直接比較資料とすることはできないが、少なくとも東北日本の細石刃石器群は共通要素が多く、シャフトの形態も類似したものと想定してもあながち間違いではあるまい。そうだとすれば、機能的にも形態的にも両者は共通点を有したと想定することは許されるであろう。

2. 神子柴石器群の出現と成立の背景

神子柴石器群は第Ⅳ期に位置づけられ、槍先形尖頭器は大型を主体とする（とくに長さ15cmを超える大型を多数組成する）こと、槍先形尖頭器の形態は柳葉形・中細形木葉形を主体とし、最大幅が基部近くに寄っていること（逆に先端近くに寄るもののある）、通常局部磨製あるいは打製の片刃石斧を組成すること、石刃素材の剥片石器（削器・掻器・彫器など）を組成すること、石刃生産が石器群の素材生産の重要な部分を占めることなどの特徴を挙げることができる。こうした特徴の一部は第Ⅴ期の石器群および隆線文土器に伴う石器群に広く受け継がれている。

まず、石器群の名称の由来となった長野県神子柴遺跡および青森県長者久保遺跡について概観してみたい。

長野県神子柴遺跡は1958年、1959年、1968年に発掘調査が実施され、黒色土層下のソフト・ローム層中より石器群が検出された（藤沢・林1961、林1983）。出土石器群は第1次調査（1958年）のA地点トレンチⅠ・Ⅲ・Ⅴで集中的に検出されており、第2次調査（1959年）で砥石1点が出土したのみで、第3次調査（1968年）では関連の遺物はまったく出土しなかった。第1次調査のトレンチⅠ・Ⅲ・Ⅴは相互に接した調査区で、出土遺物は3m×6mの範囲に小規模な石器集中部を形成しながら輪を描くように分布している。

出土石器は、槍先形尖頭器16、石斧14、掻器3、石刃（削器を含む）12、剥片2、石核7、砥石3の50点であり、このほかに35点の黒曜石片が接合して1点の礫となっている。槍先形尖頭器は柳葉

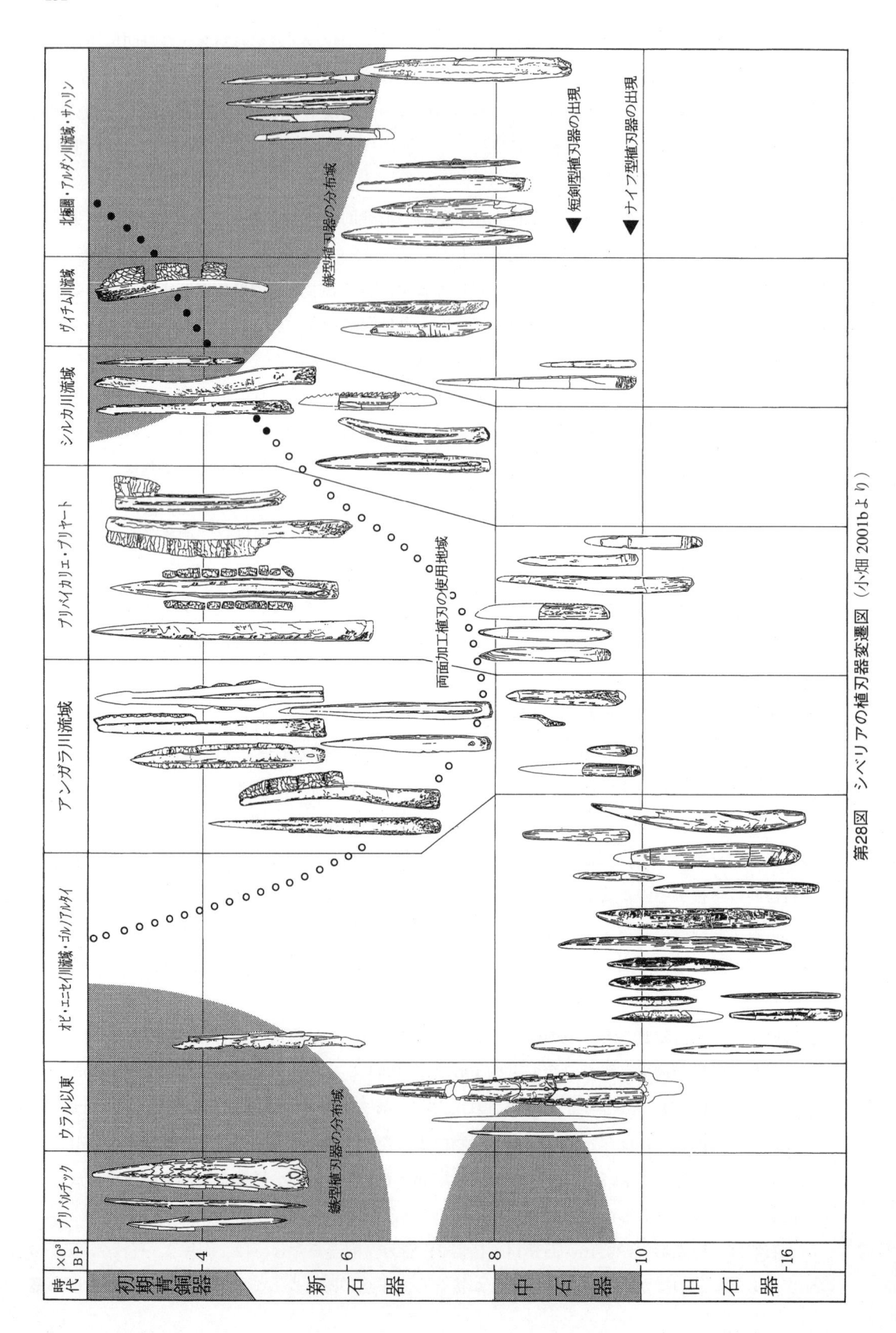

第28図 シベリアの植刃器変遷図（小畑 2001bより）

形および中細形木葉形を主体とし、中広形木葉形がわずかに認められる。細身の形態を主体とする形態組成である。すべて長さ10cmを超える大型で長さ20cmを超える特大品を含んでいる。平均で長さ15cmを超え、薄身に仕上げられており、基部寄りの下半部に最大幅をもつ。石斧は半数以上が研磨されている。小形品では基部を尖らせたものがあり、槍先形尖頭器の再利用かもしれない。掻器など加工具は石刃を素材とするが、点数は少ない。石刃は一定量出土しており、石刃石核から剥離されているものと思われる。石核7点のうち5点が扁平な円盤状で、大半が残核と思われる。最終の剥片剥離作業面では連続して石刃を剥離した様子がうかがえ、作業面の反対側は石核の周囲から調整が施されている。打面と作業面のなす角度は鋭角的で、通常の石刃石核とは異なっている。

　青森県長者久保遺跡は1959年に発見され、1962年、1963年、1964年の3回にわたって山内清男・佐藤達夫らによって発掘調査されている（山内・佐藤1965、山内・佐藤1967）。発掘調査および表面採集によって50点の石器が確認されているが、発掘調査で出土したのは8点のみである。発掘所見によれば、石器包含層は厚さ約5cmの紫黒色腐植土で、この石器包含層が不明瞭な部分では上下の層から出土しているようである。石器出土層上には厚さ2.5～3mの軽石層をはじめ3m以上の堆積物が認められる。大半の出土遺物は原位置が確認できないものの、発掘資料がきわめて良好な包含状態を示すことや他の時期の遺物が認められないことから、一括性の高い遺物群と考えられる。遺跡の発見は客土工事によるものであり、工事で削平された部分の周辺にのみ石器は分布する。削平部分にもっとも石器が集中していたと推定され、直径5mの範囲に石器が集中する状況が復元できる。

　出土石器は、局部磨製石斧1、打製石斧2、槍先形尖頭器2、彫掻器3、彫器7、掻器6、円形掻器2、削器2、石錐1、石刃（縦長剥片を含む）20、剥片3、礫1である。槍先形尖頭器は大型柳葉形・中広形木葉形で、柳葉形は最大幅が基部に大きく片寄っている。柳葉形は基部が欠損しているため形状は不明であるが、やや丸みを帯びていたかもしれない。中広形木葉形も基部を欠損している。最大幅は器体下半にあるが、中央に近い形態である。打製石斧のうち1点は薄身で、槍先形尖頭器にきわめて類似した形状である。刃部は丸く作り出されており、細かな調整が施されている。先端部はきわめて細く作り出されており、槍先形尖頭器とみることも可能である[4]。彫器・掻器・削器などの加工具は石刃もしくは縦長剥片を素材としている。石核が出土していないため、詳細な剥片生産技術は不明であるが、石刃技法の存在が想定される。

　このように、神子柴遺跡と長者久保遺跡では、神子柴石器群の特徴とされる要素は共通して認められるものの、神子柴遺跡では槍先形尖頭器・石斧の組成に占める割合が高く、加工具（石刃素材）の割合が低いのに対して、長者久保遺跡では槍先形尖頭器・石斧の組成中に占める割合が低く、加工具（石刃素材）の割合が高い。また、槍先形尖頭器や石斧の形態、石刃技法の様相など細かな点で相違を指摘することができる。

　神子柴石器群に属する遺跡は東北日本に分布し、青森県大平山元Ⅰ遺跡（岩本・三宅編著1979、谷口編1999）、山形県八森遺跡（佐藤1999）、長野県唐沢B遺跡（森嶋・川上・堤・佐藤・矢口・矢島編1998）、横倉遺跡（神田・永峯1958、永峯1982）、茨城県後野遺跡A地区（川崎・鴨志田ほか編著1976）などが挙げられるが、共通要素で一括りにできるとともに、神子柴遺跡と長者久保遺跡で認められるような組成や槍先形尖頭器・石斧の形態などにみられる相違点も指摘できる。大

平山元Ⅰ遺跡や後野遺跡では槍先形尖頭器・石斧の組成に占める割合は低く、石刃素材の加工具の割合が高い。長者久保遺跡と同じ様相である。横倉遺跡では石斧の共伴は明確でなく、槍先形尖頭器主体の石器群である。槍先形尖頭器は基部がやや丸みを帯びる形態を主体としている。唐沢B遺跡では石斧・槍先形尖頭器の組成に占める割合が高く、神子柴遺跡と似た様相であるが、とくに石斧の比率が高い。石斧は刃部再生を行っている1点を除き、いずれも直刃である。八森遺跡ではナイフ形石器文化期の遺物と十分に分離できない状況で検出されているが、槍先形尖頭器・石斧の組成に占める割合は高く、とくに槍先形尖頭器は36点と多数出土している。石刃素材の加工具も一定量伴う可能性がある。

　こうした様相の違いはおおむね時間差として捉えられている。神子柴石器群の編年は主として石斧の型式分類を中心として行われてきた。森嶋稔は縄文時代初頭の大型の槍先形尖頭器・石斧を有する石器群を含めて神子柴系文化（神子柴系石器組成）として捉えた（森嶋1967）。石斧については刃部形態を正面観および平面形によって分類し、刃部形態における丸のみ型の減少・消滅、石斧平面形状の小形化・細身化を指標としてⅠ～Ⅵ期の6時期に編年した（森嶋1970）。岡本東三は森嶋の研究成果を批判的に継承した。刃部形態・平面形態などを組み合わせて3型式12種に分類し、伴出の石器や石核を検討することによって神子柴型石斧を伴う石器群を5期に編年した（岡本1979）。岡本は大まかな石斧の変遷については森嶋の編年案を支持しながらも、神子柴遺跡と長者久保遺跡の編年位置は森嶋と逆に、長者久保→神子柴とした。その根拠として、山内清男の大陸における石斧の変遷を援用した見解を支持し、さらに神子柴遺跡においては彫搔器の欠落、伴出の石刃石核の形態などが新しい要素であることを挙げている。その後の研究においても、森嶋・岡本の研究成果は大きな影響を与えており、何らかの形で下敷きとされているといえる。

　これまでみてきたように、神子柴石器群はきわめて特徴的な共通要素を有しながらも、槍先形尖頭器・石斧の形態や石器組成などに相違点が認められ、時期差として理解されている。森嶋稔[5]、岡本東三とも3期に区分しており、さらに栗島義明は6期に細分している（栗島1988）。森嶋稔の研究でも触れたように、神子柴型石斧を典型とする片刃の打製あるいは局部磨製石斧や神子柴型尖頭器（槍先形尖頭器）などをはじめとする神子柴石器群の特徴的な個別的要素は東北日本（中部日本を含む）の広い範囲で認められ、西日本においても個別的な要素のみであれば散在的に石器群を指摘できる。これについては、神子柴石器群の変容として編年的に新しく位置づけられることが一般的である。西日本の多くの石器群については基本的に時間差と捉えることに妥当性があるにしても、神子柴石器群とは異なる内容をもちながら、東北日本においては神子柴石器群の特徴的要素の一部を有している石器群をすべて編年的に新しく位置づけることは必ずしも妥当な見解ではない。有茎尖頭器や隆線文系土器などを伴出する石器群については明らかに後出の石器群として位置づけられようが、各地の集団が主体的に文化要素を受容したとする立場に立つと、明確な後出的要素を有さない石器群まで神子柴石器群の要素の欠落をもって無条件により新しく編年することはできない。これに関連して、神子柴石器群は一定の時間幅を有し時間的に細分できるのは間違いないであろうが、石器群の様相の相違をすべて時間差に置き換えることも同様に検討の余地がある。

　神子柴石器群における内容の差や神子柴型石斧、神子柴型尖頭器（槍先形尖頭器）などの一部の

要素しか認められないことをもって石器群がより新しく編年されてきた背景には、神子柴石器群が大陸に起源をもち、一元的な集団の流入（移動）および神子柴石器群を有する集団の長距離移動と時間経過に伴う文化的変容、在地集団との同化に伴う文化変容などが想定されてきたことと無関係ではない。こうした想定に基づいた大陸からの経由地については十分明らかにされていないものの、必然的に北海道を含む本州北部の石器群が古く、南にあるいは西に分布する石器群はより新しく編年されてきたものと思われる。

神子柴遺跡の概要報告の中で、藤沢宗平・林茂樹は槍先形尖頭器や石斧（斧型石器）の形態的・技術的特徴が縄文時代初頭の石器群やシベリアの新石器時代初期イサコヴォ期パナマリェーヴォ墳墓出土石器群に類似し、石器群の出土状況も旧石器時代（原文は無土器時代）末～縄文時代初頭の遺跡や前記のシベリアの新石器時代初期墳墓に類例が求められることなどから、旧石器時代末～縄文時代初頭に位置づけるとともに、北方ユーラシア大陸を中心とする文化圏の影響下に成立したとした（藤沢・林1961）。神子柴石器群をシベリア・バイカル湖周辺の新石器時代初期の石器群に積極的に関連づけ、初めて本格的に文化系統を論じたのは山内清男・佐藤達夫である。山内は縄文時代が内的な自立的発展によるものではなく、大陸からの伝播によって開始されたという立場をとっており（山内1932）、こうした作業仮説に基づいて縄文時代初頭の石器群に認められる細長い槍先形尖頭器を植刃器、左右非対称の槍先形尖頭器を半月形ナイフと理解し、そのほかにも断面三角形石錐、有溝砥石（山内1969、山内1974）[6]など大陸の新石器時代初期の石器群と共通する石器要素（いわゆる渡来石器）が認められるとして、これらの器種が後の縄文時代石器群には認められないことから、縄文時代の開始が大陸側に由来する根拠の一つとした（山内・佐藤1962）。縄文時代初頭石器群の直前に位置づけられる神子柴石器群の出自についても、縄文時代開始に連動した一連の流れと理解し、石斧の形態的特徴からアンガラ川流域のチャドベック遺跡やバイカル湖周辺のイサコヴォ期の出土品と強い類似性を指摘し、イサコヴォ期以外では丸鑿状の石斧は存在しないことから時間的にはこの時期に併行させるとともに、バイカル地方周辺にその起源を求めた（山内・佐藤1969）。その後、佐藤は細石刃石器群まで含めて旧石器（無土器）時代末～縄文時代初頭の諸文化は沿海州に系統を求める見解を示している（佐藤達夫1974a・1974b）。山内・佐藤の見解は岡本東三によって支持されている（岡本1979）が、山内・佐藤が大陸系の要素とした石器（渡来石器）については賛否両論がある[7]。しかし、山内・佐藤が論拠としたA.P.オクラドニコフのバイカル編年については多くの異論が提出され、その年代観や編年の内容に修正が加えられている（小畑2001b）。また、神子柴石器群の系統については、加藤晋平がシベリアの中石器（アンガラ川流域ウスチ・ベラヤ遺跡）の中に求めて（加藤1968）以降、山内・佐藤の見解を支持する研究者と加藤の見解を支持する研究者の間で議論されてきた（岡本1979、岩本1979、中ў1985）。研究の現状は、シベリア・沿海州の調査の進展によって、中石器時代初頭の石器群に土器が伴出することが明らかにされ、^{14}C年代測定に基づく年代観が日本の石器群とほぼ一致することや、神子柴石器群に特徴的な局部磨製の片刃石斧の類例が増加したことなど（小畑2001b）から、直接的な発言は決して多くないが、沿海州あるいはシベリアの旧石器時代末～中石器時代の石器群に神子柴石器群の出自を求める見解が大勢を占めていると思われる。

山内・佐藤は、大陸からの一元的な文化の流入を前提に旧石器時代末～縄文時代の移行期の問題を捉えようとしたわけであるが、神子柴石器群のバイカル湖周辺のイサコヴォ期への対比については石斧および槍先形尖頭器の形態的・技術的類似性を主たる根拠としており、同期の石器群全体を分析対象としているわけではないことに注意しなければならない。山内・佐藤が対比資料としたイサコヴォ期をはじめとする新石器時代の編年は墳墓出土品をもとに組み立てられたもので、特殊な遺物構成といっても過言ではない。その点はひとまず置くとしても、山内・佐藤が対象資料としたイサコヴォ期の局部磨製石斧の一つはポノマレヴォ第10号墓出土品であり、同墳墓からは断面三角形の局部磨片刃製石斧のほかに、やや扁平な局部磨製片刃および両刃石斧、大型槍先形尖頭器（柳葉形）、植刃、細石刃、植刃器、石鏃、装身具などが出土しており、局部磨製石斧と大型槍先形尖頭器を除くと、神子柴石器群の組成とは大きく異なっている。バイカル湖周辺のアンガラ川、ザバイカルなどの新石器時代初期遺跡は細石刃石器群（削片系細石核）であり、細石刃や植刃を利用した植刃器が石器群の中核をなしている。石刃生産は行われているが、大形・中形の石刃を素材とした加工具は大幅に減少している。墳墓で特徴的に出土する局部磨製石斧は数量的には多くはなく、その系統についても不明な点が多い。バイカル湖西岸のウラン・ハダ遺跡では中石器時代の第XI層から小型局部磨製石斧が出土しており（小畑2001b）、アンガラ川流域のウスチ・ベラヤ遺跡でも中石器時代の文化層から打製石斧の可能性のある両面加工石器が出土している（小畑2001b）が、打製石斧を含めてバイカル湖周辺で新石器時代に現れる大型の局部磨製片刃石斧の系統関係を追うことができないのが現状であろう。イサコヴォ期の墳墓はアンガラ川中・下流域に分布の中心があるのに対して、バイカル編年でイサコヴォ期に先行する新石器時代初頭に位置づけられたキトイ期は、バイカル湖沿岸～アンガラ川上流域を中心に分布しており、年代的にも一部重複するとされている（小畑2001b）ことからすると、イサコヴォ期の神子柴型石斧類似の石斧はむしろ西からの影響で成立している可能性も指摘できる。キトイ期では全面磨製の石斧が存在することや、対比に使用された資料を含めイサコヴォ期の局部磨製石斧が全般的に神子柴型石斧に比較してかなり入念に研磨されていることも問題であろう（これら新石器時代の局部磨製石斧は全部磨製の省略形とみるほうが適当ではなかろうか）。近年の調査で、アルダン川流域のウスチ・ティンプトン遺跡（Рыгбакова・Мунчаев・Башилов・Гайдуков編 1989）や沿海州のウスチノフカ3遺跡（梶原・横山・Kononenko・Garkovik 1989）やオシポフカ遺跡（加藤1976、Рыгбакова・Мунчаев・Башилов・Гайдуков編 1989）などの中石器時代文化層から局部磨製・打製の石斧が出土しており、大陸側における石斧の系統は沿海州を中心とするシベリア東部地域を中心に追うことができる状況になりつつある。これら中石器時代の石器群は、ウスチ・ティンプトン遺跡のように細石刃・細石核を主体とする石器群とウスチノフカI遺跡のように槍先形尖頭器を主体とする石器群があるが、いずれも石刃技法が基盤となっており、中・大形の石刃を生産して各種の工具を製作している。

　これまでみたように、石器群の構造分析を含めた総合的な検討を行う必要があることは明らかであろう。山内・佐藤は石斧・槍先形尖頭器以外の諸要素の欠落を日本列島に流入する間の森林適応過程に求めたが、北海道では有茎尖頭器が主体を占める石器群においても細石刃生産は継続されており、更新世末以降森林が大きく拡大したと推定される九州地方も縄文時代初頭まで細石刃生産を

行っている。また、森林の拡大に伴って石鏃の利用は促進されているにもかかわらず、石鏃が組成から欠落しているのは論理的に矛盾している。山内・佐藤の作業仮説は年代的な問題もさることながら、バイカル湖周辺と日本列島の中間に位置するアムール川流域・沿海州などの状況をみても受け入れることができない。石器群の様相からみて、神子柴石器群の比較対象としては沿海州を中心とする中石器時代の石器群が適当であろう。しかし、石斧の形態をみると断面三角形の厚手で片刃の形態をとるものはウスチノフカⅠ遺跡下層やウスチ・ティンプトン遺跡Ⅳa～Ⅴa層の2例程度と少なく、入念に刃部を研磨したものに至っては現状では皆無である。ウスチノフカⅠ遺跡は年代的には後期旧石器時代後半に位置づけられていることから、対比資料としては適当ではないかもしれないが、槍先形尖頭器を伴っておらず、舟底形石器を伴うことなどから北海道の細石刃石器群前半期に併行する可能性があり、神子柴石器群に先行するにせよ、近い年代と思われる。槍先形尖頭器を多数出土したオシポフカ遺跡の石斧は扁平な形態が主体で、厚手の片刃石斧は撥形で端部を切り落としたような直線的な刃部である。槍先形尖頭器の中に神子柴型と認定できるものは基本的にはない。沿海州・アムール川流域を中心とする後期旧石器時代末～中石器時代の石器群は個別の要素としては神子柴石器群に対比できるものが散見されるにしても、直接対比できる資料は指摘できないのが現状であろう[8]。

　縄文時代開始の検討に際して大陸側の資料を詳細に検討し、列島の資料と比較検討していくことはきわめて正当な研究方法であるが、日本列島の縄文文化が大陸側からの一元的な影響によって開始されるという歴史観はさまざまな角度から再検討する必要があろう。今なお、神子柴石器群の編年について北が古く南に下るに従って新しくなるような傾斜編年（栗島 1988）や、形態類似のみから大陸側の資料に対比する見解が散見され、分析視点の根本的な転換を行う時期に来ているのではなかろうか。神子柴石器群に位置づけられる石器群は、その内容に差があることは先にみたとおりである。また、関東地方南部の相模野台地B0～L1H層相当層では神奈川県栗原中丸遺跡（鈴木次郎 1984）、東京都多摩ニュータウンNo.426遺跡（佐藤宏之 1989）や神奈川県吉岡遺跡群A地区（砂田 1998）などでは「神子柴型」槍先形尖頭器や神子柴型石斧を個別的要素として認めることができ、神奈川県寺尾遺跡第Ⅰ文化層（白石浩之 1980a）などのL1S層相当層の諸遺跡でも槍先形尖頭器の形態組成、石斧の伴出をはじめとする石器組成など間接的に神子柴石器群との関連を認めることができる。これら関東地方南部の諸遺跡については神子柴石器群より新しく編年されるものを多く含んでいるが、神子柴石器群の要素が分解された形あるいは変質した形で現れていることを根拠に、すべての遺跡を神子柴石器群より後出の遺跡として片づけることはできないであろう。地域文化の主たる担い手を前段階からその地域に生活する集団に求める立場をとれば、別の解釈も可能である。

　神子柴石器群の特徴として、①大型槍先形尖頭器（柳葉形・中細形木葉形主体、最大幅が主として基部近くにある）、②局部磨製あるいは打製の片刃石斧、③石刃素材の剥片石器（削器・掻器・彫器など）、④石刃生産などを挙げることができるのは先に指摘したとおりである。第一の特徴である大型槍先形尖頭器の製作技術については第3章の第Ⅳ期の長野県下茂内遺跡、八風山Ⅵ遺跡、東京都多摩ニュータウンNo.426遺跡などで詳細に分析した。大型槍先形尖頭器の製作技術は製作技術類型Ⅰc類およびⅡa類の大きく2類型が認められ、とくに前者を主体として製作されていると考え

られる。製作技術類型Ⅰc類では、素材は大形厚手の盤状剥片が主で、素材の組織的な生産が行われている。祖型を製作して器体中軸を大きく越える比較的薄手の調整剥片を連続的に剥離する作業と全体の形状を整える工程を繰り返しながら薄身に仕上げており、中期工程における厚さの低減が技術的特徴である。大型槍先形尖頭器はすでに第Ⅲb期の中部高地、関東地方、中部地方北部および東北地方に広く認められ、槍先形尖頭器の形態組成に組み込まれており、第Ⅲb期後半には第Ⅳ期の製作技術類型Ⅰcの原型が東北地方で成立している。また、槍先形尖頭器の平面形態についても、第2章の分析で明らかなように、時期が新しくなるにしたがって細身の形態が組成の主体となる傾向を明確に読み取ることができる。第Ⅲb期後半では多くの地域で柳葉形が認められ、東北地方、中部地方北部の東北寄りの地域では柳葉形・中細形木葉形が組成の主体を占めている。また最大幅の位置についても、時期が新しくなるにつれて器体中央部から基部側に移動する傾向を指摘することができ、第Ⅲb期後半では器体下半部に最大幅が位置する形態が主体となっている。

　第二の特徴である局部磨製石斧については第Ⅳ期以前にその系統関係を求めることはできず、神子柴石器群に伴う形で突然出現した観がある。神子柴型石斧の製作技術については十分明らかにされているわけではないが、時期的にはやや下るものの、第Ⅴ期あるいはそれ以降に位置づけられる長野県中島B遺跡（大竹・原・百瀬1987）や東京都多摩ニュータウンNo.796遺跡（竹笠1999）では石斧の製作過程を示す良好な接合資料が得られている。中島遺跡では礫を半分割した断面三角形の厚手の分割礫を素材として石斧を製作しているようであり、東京都前田耕地遺跡第6集中地点で観察された槍先形尖頭器製作技術類型Ⅰc類に類似した成形・整形工程をもつものと思われる（第29図）。また、局部磨製石斧の再生に伴う調整剥片の接合資料が認められる。この資料では刃部の再生のみならず、石斧全体に再調整を行いひとまわり小形に仕上げており、大型槍先形尖頭器製作の中期工程と基本的に共通する製作技術を観察することができる。中島遺跡は長者久保遺跡や神子柴遺跡より新しく編年されるものであるが、石斧の製作技術としては基本的に同様のものと推定され

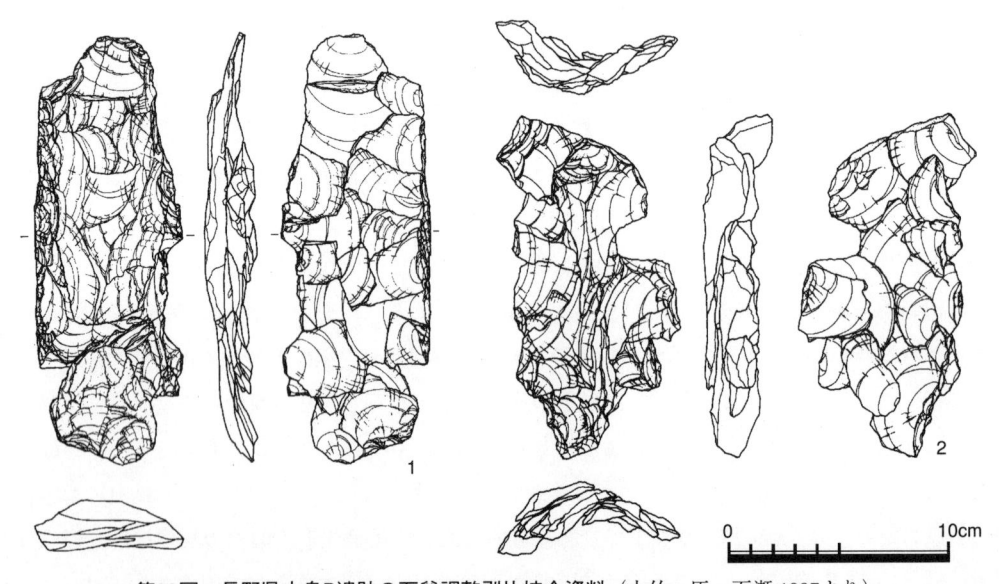

第29図　長野県中島B遺跡の石斧調整剥片接合資料（大竹・原・百瀬1987より）

る。多摩ニュータウンNo.796遺跡では礫を半分割して板状の分割礫とし、半割された分割礫を素材として石斧を製作している（第30図）。分割礫がすでにかなり薄身であることから厚さを減じる作業は顕著ではなく、平面形状の成形を主とした調整が施されており、第Ⅴ期の槍先形尖頭器製作技術類型Ⅱb類に共通する製作技術を観察できる。神子柴石器群における薄手の片刃あるいは両刃の石斧は槍先形尖頭器を再利用したものを含んでいる可能性があるが、扁平な素材[9]を利用して製作されている可能性があり、多摩ニュータウンNo.796遺跡で観察されるような製作技術によるものと推定される。このように、石斧の製作技術は第Ⅳ期・第Ⅴ期の槍先形尖頭器の製作技術に共通する様相がうかがえ、基本的には同じ技術基盤にあるといえよう。

　第三の特徴は、第四の特徴である石刃生産を基盤として成立している。石刃を素材とした加工具は第Ⅳ期以前の東北地方〜中部地方北部に広く分布しており、系譜関係を追うことが可能である。石刃生産は基本的に広義の石刃技法によるもので、細かな点を別にすれば、基本的に東北地方・中部地方北部の第Ⅳ期以前の石刃生産技術に共通するものと思われる。神子柴遺跡では円盤状の石刃石核が出土している。正面の剥片剥離作業面には連続的に大形の石刃を剥離した痕跡が認められるが、裏面は上下方向を中心としながら周囲から剥離が加えられており、打面は極端に小さく傾斜しているなど石刃石核としてはやや特異なものである。非常に薄手の石核であり、残核と考えられることから、石刃生産の全容を明らかにすることはできない。まったく同じ形態の石刃石核を第Ⅳ期以前の石器群に見出すことはできないが、石核打面が小さく傾斜しているものや円盤状の石核は大平山元Ⅱ遺跡（第Ⅲ期）（松山・三宅・横山・山口 1980）などに類例がある。

　以上のように、東北地方を中心とする第Ⅲb期の石器群には神子柴石器群を成立させるための諸要素が出揃っている。もちろん、日本列島内の自立的発展によってのみ神子柴石器群が出現したのではなく、更新世末期から完新世の環境適応に伴う大陸側の諸変化に連動して成立していると思われるが、神子柴石器群出現以前の日本列島における石器群の状況からみて、大陸側に神子柴石器群の出自を一方的に求める必要は必ずしもないと思われる。ここでは、沿海州や北海道などの周辺地域と相互に影響を受けながら、東北地方の石器群を母体として列島内で成立したものと理解したい[10]。また中部地方の神子柴石器群は、東北地方の遺跡に比べて石刃素材の工具が一般的に少ない。神子柴遺跡では、黒曜石製の石刃や石刃石核を含むことから石刃生産を行っていることは間違いないであろうが、石刃素材の加工具や大形石刃など多くが珪質頁岩や珪質凝灰岩であり、かなりのものが東北地方南部あるいは新潟県などの中部地方北部から搬入されていることを推定させる。神子柴遺跡と長者久保遺跡における槍先形尖頭器の形態の相違についてはすでに指摘したところであるが、槍先形尖頭器・石斧などの個別的な石器形態や石器組成の相違については時期差のみで解釈するのではなく、遺跡の性格とともに成立基盤となった前段階の石器群の相違に基づく地域差としての視点も必要であろう。

第3節　槍先形尖頭器石器群の終焉

　槍先形尖頭器石器群は第Ⅲ期に東北日本を中心として成立した後、第Ⅴ期には日本列島のほぼ全

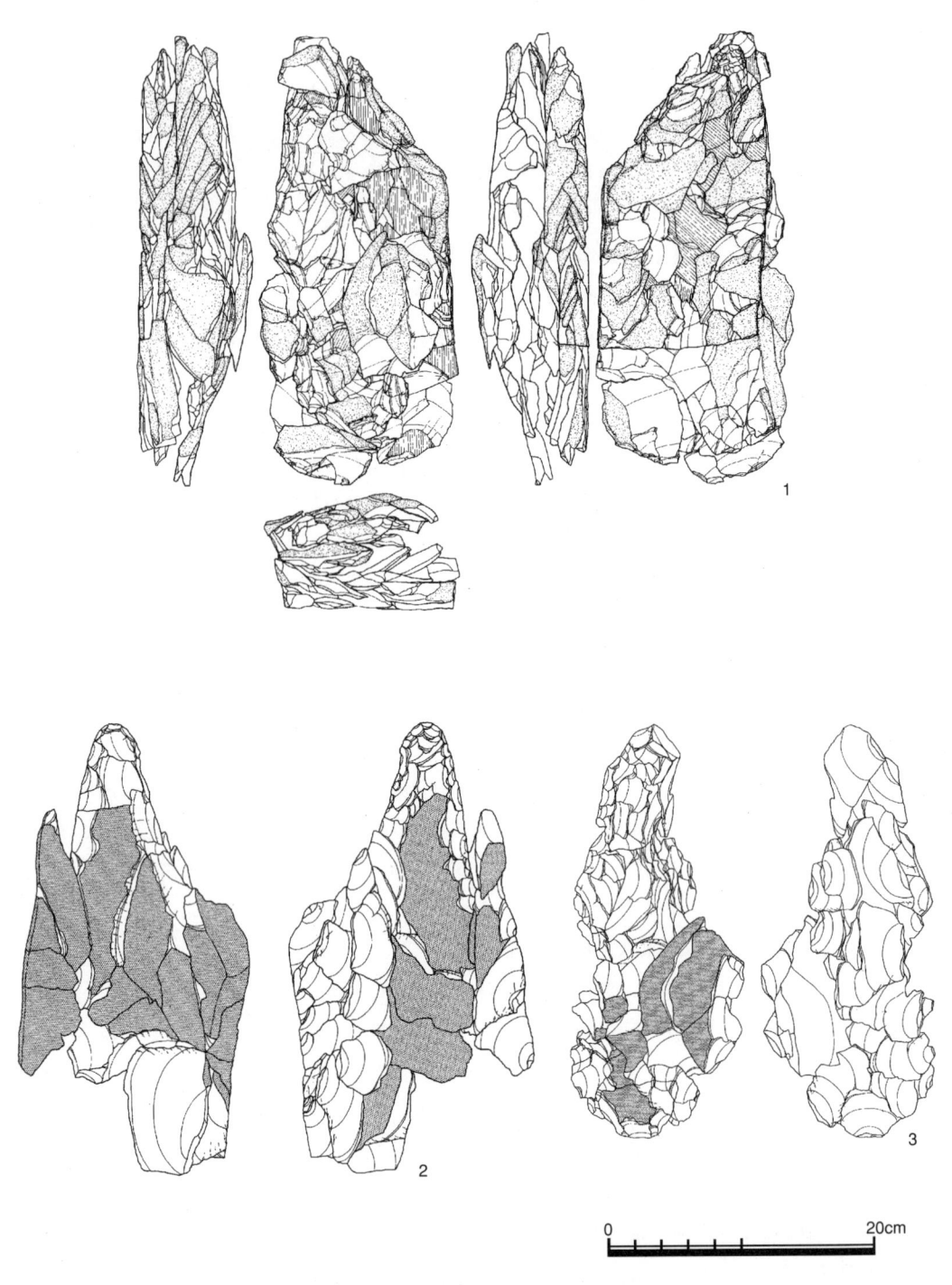

第30図　多摩ニュータウンNo.796遺跡出土の石斧接関連合資料（1を分割して2・3を作製している。図中のアミ目は素材剥離面および自然面を示している。1は竹笠1999より、2・3は筆者作成）

域に分布が認められるようになる。第Ⅴ期以降の縄文時代初頭（草創期）も有茎尖頭器を含む槍先形尖頭器石器群がしばらく継続するが、新たに組成に加わった石鏃が急速に組成に占める割合が増加し、槍先形尖頭器を主とする狩猟法から石鏃を主とする狩猟法へと転換していく。石鏃を主とする縄文時代的狩猟法への転換は地域によってやや様相が異なっており、地域ごとに概観してみたい。なお、多くの地域では槍先形尖頭器が縄文時代草創期以降は急速に消滅する方向に向かうため、草創期の様相を中心に概観する。

ところで、縄文時代草創期は山内清男によって設定され、それまで早期として一括されていた関東地方の撚糸文土器群以前を草創期、それに後続する多縄文の土器型式群を早期として位置づけた（山内 1969）。これに伴って、中部地方～九州地方では押型文土器群以前の土器群が草創期として設定された。その後、草創期の資料が各地で増加し、これまで旧石器時代と考えられてきた石器群にも土器が伴出することが知られるようになり、多数の型式が設定されている。現在ではこうした状況を反映して、山内清男が設定したように関東地方の撚糸文土器群以前の土器型式を草創期とする意見と、撚糸文土器群を早期に編入して、それ以前の土器型式を草創期とする意見に分かれている。草創期設定の経緯からみれば、撚糸文土器群を草創期に含むべきである。しかし、撚糸文土器群を草創期に組み込むと、中部地方以西において編年的な併行関係に齟齬を生じる可能性がある。九州地方においては、押型文土器直前に位置づけられるものとして条痕文土器群がある。中国地方西端部においては条痕文土器群が一時期をなす可能性があるものの、それより東の地域では黄島式など押型文土器群に伴出する場合が一般的である。また、中国山地の広島県帝釈観音堂洞窟遺跡（川越 1976a）では押型文土器が層位的に捉えられており、もっとも古く位置づけられる一群は条痕地に山形押型文を帯状施文し、条痕文土器との関連をうかがわせている。帝釈峡遺跡群では帝釈観音堂洞窟遺跡でネガティブな矩形・山形押型文が認められるものの、大川・神宮寺式の出土はきわめて少ない。層位的には黄島式の下層で出土し、条痕地帯状山形文、帯状山形文やネガティブな矩形・山形押型文など古段階の押型文土器群に併行するものと思われる。中国地方西部では黄島式以前の押型文土器群はほとんど知られていないが、島根県堀田上遺跡（角田・竹広 1991）で神宮寺式に対比されるネガティブな押型文土器群が検出されている。神宮寺式・黄島式いずれに伴うのか不明であるが、少量の条痕文土器が出土している。このように、中・四国地方の押型文土器群の中頃に位置づけられる黄島式の段階まで条痕文土器との関連をうかがうことができ、九州地方の条痕文土器群と中・四国地方の押型文土器群の前半段階は時間的併行関係にある可能性が高い。また、黄島式に伴って撚糸文土器が少量出土する例も多く報告されていることからすれば、押型文土器群の前半段階が撚糸文土器群のかなりの部分と時間的併行関係にある可能性が考えられる。これらのことから、ここでは撚糸文土器群を早期とし、それ以前の土器型式を草創期として論を進めたい。なお、北海道では縄文時代草創期の遺跡が明確ではないことから、九州地方から順に概観する。

1. 九州地方

縄文時代草創期前半[11]では、長崎県福井洞穴遺跡第3層（鎌木・芹沢 1965）、泉福寺洞穴遺跡第7～10層（麻生優編 1984）、宮崎県堂地西遺跡（永友・日高 1985）、鹿児島県加治屋園遺跡（弥栄編 1981）、栫ノ原遺跡（上東・福永編 1998）、奥ノ仁田遺跡（児玉・中村 1995）など隆線文土器[12]を

主として出土し、長崎県を中心とする九州地方西北部と鹿児島県を中心とする九州地方南部で集中的に調査されている。狩猟具を中心として石器群の様相についてみると、九州地方西北部では細石刃石器群であり、槍先形尖頭器を伴っていない。九州地方南部では、加治屋園遺跡は細石刃石器群であり、槍先形尖頭器は伴っていない。その他の遺跡では石鏃を主体とする構成であり、やはり槍先形尖頭器は伴っていない。九州地方南部では、隆線文土器の様相から時期的細分が可能で、いくつかの編年案が提出されているが、共通して加治屋園遺跡を最古段階に位置づけている。近年の調査では加治屋園段階に石鏃の出現を想定する意見もあるが、明確ではない。いずれにせよ、九州地方南部では細石刃石器群消滅以降に石鏃が組成の主体を占めるようになる。九州地方では第Ⅴ期においても細石刃石器群が広く分布し、縄文時代草創期初頭まで同様な様相が存続し、九州地方西南部ではさらに草創期後半まで細石刃石器群が残存している。そのため、第Ⅴ期に槍先形尖頭器石器群を認めることはできるものの、九州地方北部の一部に限定される可能性が高く、縄文時代草創期前半においても同様な状況と思われる。ここで問題になるのが長崎県茶園遺跡第Ⅳ層（川道編1998）の石器群である。同一ブロックから槍先形尖頭器21、細石核14、細石刃680、局部磨製石斧2、石鏃4、縄文土器4などが分離できない状態で出土した。報告者は、泉福寺洞穴遺跡において槍先形尖頭器が第5層の爪形文土器段階以降になって初めて出現すること、縦長の細石核削片が第5・4層の爪形文・押引文段階に顕著であることなどから、草創期後半の爪形文段階に位置づけている。しかし、爪形文段階以降の同地域における槍先形尖頭器は量的にはきわめて少ないこと、縄文土器は明確な隆線文土器はないが胎土や調整法などは隆線文土器に共通することが指摘されていること、細石刃の長さは泉福寺洞穴第7層（隆線文土器後半段階）の細石刃の長さに一致することなどから、草創期前半に位置づけるべきであろう。槍先形尖頭器はいずれも両面加工で、中型を主体に大型が伴う。平面形は中細形木葉形を主体に柳葉形・中広形木葉形が伴っている。石材は黒曜石を若干利用しているが、大半は安山岩である。石斧は頁岩・安山岩などの非黒曜石石材である。これに対して細石核、細石刃、石鏃、スクレーパーなどは黒曜石（淀姫針尾系とされている）を利用しており、対照的なあり方を示している。出土状況から共伴関係は動かすことはできないであろうが、同一集団によって残されたものかどうかさらに検討する余地はあり、縄文時代草創期前半においては九州地方北部では細石刃石器群を有する集団と槍先形尖頭器石器群を有する集団が一部分布域を重複させながら隣接していたものと思われる。

　縄文草創期後半では福岡県門田遺跡（木下1977、井上・木下・小池・荒武1977）、長崎県福井洞穴遺跡第2層（鎌木・芹沢1965）、泉福寺洞穴遺跡第5・6層（麻生優編1984）、熊本県白鳥平B遺跡第Ⅵa層下部～第Ⅵb層上部（宮坂孝宏編1994）、鹿児島県上場遺跡2層～3層上部（池水　1967）、沖縄県渡具知東原遺跡（知念1977）などがあり、九州地方全域で分布を確認することができるが、遺跡ごとで様相が異なる。出土土器は爪形文土器を主体としているが、泉福寺洞穴遺跡第5層では押引文土器を主体としている。狩猟具を主として伴出石器をみると、九州地方西北部では依然として細石刃石器群であり、泉福寺洞穴遺跡では槍先形尖頭器が少量伴っている。第6層では1点出土しており、半両面加工の欠損品で中型中細形木葉形と思われる。第5層では2点出土しており、中型の中細形木葉形・柳葉形である。上場遺跡も細石刃石器群であり、白鳥平B遺跡では石鏃を主体

とし、槍先形尖頭器の破片1点が出土している。また、細石核は出土していないが、細石刃が少量出土している。門田遺跡では爪形文土器が数個体単独に近い状況で出土している。爪形文土器との共伴関係は確認できないが、槍先形尖頭器5点、石斧1点が出土しており、爪形文土器に伴う可能性がある。槍先形尖頭器はいずれも破損品のため形態組成は十分明らかにできないが、中型・大型の柳葉形を主体としているものと思われる。また、出土石鏃の一部もこれらに伴う可能性がある。渡具知東原遺跡では狩猟具は出土していない。草創期後半の様相を大雑把にまとめてみると、九州地方西部では細石刃石器群が残存しているが、槍先形尖頭器が少量伴っている。また白鳥平B遺跡のように、細石刃の割合が少ない遺跡では石鏃が主体となっている。九州地方北部では槍先形尖頭器が主体となっているようで、草創期前半の様相を引き継いでいるものと思われる。その他の地域の様相は不明であるが、九州地方南部では石鏃が主体となっている可能性が強い。

　縄文時代早期前葉～中葉では、長崎県岩下洞穴遺跡（麻生優編著1968）、泉福寺洞穴遺跡4層（麻生優編1984）、茶園遺跡第Ⅲ層（川道編1998）、大分県二日市洞穴遺跡第8・9文化層（橘編著1980）で槍先形尖頭器が出土している。出土土器は前葉では条痕文土器、中葉では押型文土器を主体としている。しかし、茶園遺跡第Ⅲ層、二日市洞穴遺跡では基本的に一時期の遺物が抽出されているものの、その他の遺跡では前葉・中葉の遺物が混在している可能性がある[13]。岩下洞穴遺跡外では狩猟具は石鏃が主体であり、少量の槍先形尖頭器が伴う。岩下洞穴遺跡の早期前葉では石鏃とともに槍先形尖頭器が主体となっている可能性がある。いずれにせよ、槍先形尖頭器の利用は早期前葉が中心で、長崎県の一部の遺跡では早期中葉まで残存しているようである。槍先形尖頭器は中型・大型の柳葉形を主体としており、基部を尖らす形態が一般的であるが、基部を丸く作り出す形が若干認められる。これら槍先形尖頭器を伴う遺跡は長崎県～大分県西部の限られた地域であり、九州地方の多くの地域では槍先形尖頭器が消滅している。基本的に早期前葉には完全に石鏃を主体とする狩猟法に移行している。

　以上のように、九州地方では西北部を中心に長崎県の対岸にあたる熊本県南端部・鹿児島県北端部では、縄文時代草創期全般に渡って細石刃石器群が残存し、草創期後半には少量の槍先形尖頭器が組成に組み込まれるようになる。これに対し、九州地方南部では草創期前半の古い段階には細石刃石器群が残存するものの、石鏃を主体とする組成へ草創期の早い段階で移行している。また、九州地方北部では槍先形尖頭器を主体とする石器群が草創期を通じて分布しているものと思われるが、草創期後半には石鏃が組成に含まれるようになる可能性がある。縄文時代早期になると九州地方の全域において基本的に石鏃を主体とする狩猟法に移行しているが、大分県西端部を含む九州地方西北部では槍先形尖頭器が残存している。九州地方西北部は草創期段階まで細石刃石器群が残存し、細石刃は植刃器槍に主として利用されたことが想定されることから、槍先形尖頭器が縄文時代の比較的新しい段階まで残存した可能性がある。そうした視点に立てば、九州地方では北部において槍を使用した狩猟法が縄文時代草創期のかなりの期間主体的であったことが想定される。しかし、早期以降は完全に石鏃を利用した狩猟法へと転換し、槍先形尖頭器も急速に消滅する。

2. 中・四国地方

　草創期前葉では、広島県帝釈馬渡岩陰遺跡第4層（潮見1976）、愛媛県上黒岩岩陰遺跡第9層

（江坂・西田 1967)、穴神洞遺跡第Ⅷ層（長井 1986)、高知県不動岩屋洞窟遺跡（岡本・片岡 1967・1969)、奥谷南遺跡（松村 1997、松村 2000) などがある。馬渡岩陰遺跡では無文土器が出土するが、その他の遺跡では隆線文土器を主とする。狩猟具を中心に出土石器をみると、穴神洞遺跡では狩猟具の出土が認められないものの、その他の遺跡では有茎尖頭器、槍先形尖頭器、石鏃が出土しており、九州地方と異なり細石刃を伴う遺跡はまったく認められない。馬渡岩陰遺跡では有茎尖頭器を含む槍先形尖頭器と石鏃が伴うが、上黒岩岩陰遺跡では有茎尖頭器を中心とする槍先形尖頭器が主体となり、石鏃を含まない。奥谷南遺跡はSX－1で石鏃を主体するが、包含層では小型の槍先形尖頭器、石鏃の組み合わせとなるようである。不動岩屋洞窟遺跡では遺物の包含状態が悪く、草創期～早期中葉の遺物が混在した状態で出土（地区によっては他の時代の遺物が混在）しており、石器組成の詳細は不明である。槍先形尖頭器（有茎尖頭器を含む）が伴うことは確実と思われるが、石鏃が伴出するかどうかは不明である。以上のように詳細な検討ができる状況にはないが、槍先形尖頭器（有茎尖頭器）＋石鏃と槍先形尖頭器（有茎尖頭器）のみの2様相が認められる。しかし、狩猟法として両者にどれほどの差があるのかは、さらに検討が必要である。つまり、馬渡岩陰遺跡では中型細形[14]の有茎尖頭器2、中型中細形木葉形の槍先形尖頭器1、石鏃3が出土しているのみで、狩猟具の主体が槍先形尖頭器、石鏃いずれにあるのか明確にできない。また、上黒岩岩陰遺跡の有茎尖頭器は中型と小型が認められ、小型については槍の穂先と想定することは困難であろう。それらを矢尻と仮定するならば、槍先形尖頭器＋石鏃の組み合わせとなり、中・四国地方のほかの遺跡と基本的には同様とすることができよう。草創期における槍先形尖頭器（有茎尖頭器）と石鏃の量比については不明な部分が多いが、石鏃主体の狩猟法ではないことだけは確かのようである。また、草創期初頭から石鏃が組成したのか否かも今後の資料の増加を待って検討する必要がある。

　草創期後半の資料はきわめて貧弱で、帝釈観音堂洞窟遺跡第20・21層（川越 1976a)、豊松堂面洞窟遺跡13・14層（川越 1976b) を挙げることができる程度であり、愛媛県上黒岩遺跡第6層（江坂・西田 1967)、穴神洞遺跡第Ⅵ層（長井 1986)、高知県不動岩屋洞窟遺跡（岡本・片岡 1967・1969) もこの時期に含まれるものと思われる。出土土器は無文土器を主体とする。狩猟具として想定される石器は石鏃を主体としており、槍先形尖頭器は基本的に伴わない。

　中・四国地方では石鏃を利用した狩猟法への移行が早いようで、草創期前半には槍先形尖頭器（有茎尖頭器）＋石鏃の組み合わせが確立しており、草創期後半には槍先形尖頭器は基本的に消滅し、石鏃のみによる狩猟法に移行している。早期以降では、早期中葉の広島県早稲田山遺跡（潮見 1960) などできわめて粗い調整を施した中型の槍先形尖頭器を伴う例を散見するが、基本的な狩猟法に変化はないと考えられる。

3. 近畿地方

　草創期前半では、京都府武者ヶ谷遺跡（渡辺・鈴木編 1977)、奈良県桐山和田遺跡（松田 1990、松田編 2002)、北野ウチカタビロ遺跡（光石編著 2001) などがある。出土土器はいずれも隆線文土器を主とする。狩猟具と想定される石器を中心にみると、桐山和田遺跡では槍先形尖頭器、有茎尖頭器、石鏃が出土している。詳細は不明であるが、有茎尖頭器を含む槍先形尖頭器が一定量存在するものの、石鏃が量的には主体を占めているようである。槍先形尖頭器は大型の柳葉形・中細形木

葉形で、有茎尖頭器は中型細形を主体としており、小型中広形木葉形が認められる。また、長さ4〜5cm程度の石鏃と槍先形尖頭器の中間形態ともいえる石器が認められる。北野ウチカタビロ遺跡では有茎尖頭器や石鏃が出土している。やはり詳細は不明であるが、石鏃を主体とする組成と思われる。有茎尖頭器は中型で中細形・中広形で、中型でも長さ6cm程度のやや小形の形態が主体である。武者ヶ谷遺跡では伴出石器が不明である。近接した地点で石鏃が出土しており、同時期のものを含んでいるかもしれない。

　草創期後半ではまとまった資料がほとんど認められず、奈良県上津大片刈遺跡（光石編著2001）、三重県粥見井尻遺跡（光石編著 2001）などで、爪形文土器、多縄文土器などを出土しており、この時期の遺物を確認できるが、一時期の組成が復元できる遺跡は知られていない。狩猟具と想定される石器は、石鏃を主体とするものと思われるが、有茎尖頭器を含む槍先形尖頭器が残存している可能性がある。

　このほか、草創期に位置づけられる遺跡として、兵庫県国領遺跡（久保・三原 1991）、三重県石神遺跡（早川・奥 1965）などがある。国領遺跡は有茎尖頭器の製作遺跡と考えられ、有茎尖頭器、槍先形尖頭器および未成品が多数出土している。石神遺跡では槍先形尖頭器、有茎尖頭器がスクレーパーなどとともに出土している。開墾による出土品であるが、一括性の高いものとされている。これらの遺跡では土器が出土していないことから詳細な時期は不明であるが、石鏃を伴出していない。土器を出土する遺跡がその時期の一般的な組成に近い様相であるとするならば、遺跡の内容が必ずしも明確ではないものの遺跡の性格により石器組成が異なるものと解釈される。

　早期前葉では、大阪府神並遺跡第11・12層（下村・菅原編1987）、奈良県大川遺跡（松田編1989）などがあり、神宮寺式や大川式などネガティブな押型文土器を主体としている。狩猟具と想定される石器は石鏃が主体であるが、神並遺跡では槍先形尖頭器、有茎尖頭器が一定量出土している。槍先形尖頭器は中型・大型の柳葉形を主とし、有茎尖頭器は中細形・中広形である。

　近畿地方では草創期前半から石鏃を主体とし、有茎尖頭器を含む槍先形尖頭器が一定量伴う組成であり、詳細は不明であるが、草創期後半では石鏃を主体とする組成が一層主体となるものと思われる。早期前葉には神並遺跡のように有茎尖頭器を含む槍先形尖頭器が少量伴う場合もあるが、石鏃を主体とする狩猟法に基本的に移行していると想定される。すでに述べたように、草創期後半の様相は不明確であるが、この時期には石鏃を主体とする狩猟法が確立している可能性があり、有茎尖頭器を含む槍先形尖頭器は補助的に利用される狩猟具の可能性が強い。早期中葉以降は槍先形尖頭器が基本的に消滅している。

4. 中部地方

1）中部地方南部

　草創期前半では、愛知県酒呑ジュリンナ遺跡（澄田・大参1967、大参1970）、岐阜県九合洞穴遺跡（澄田・安達1967）、寺田遺跡第Ⅲ層上部（吉田1987）、静岡県葛原沢第Ⅳ遺跡（池谷編2001）、尾上イラウネ北遺跡（池谷1996）、柳又遺跡A地点第Ⅲ層下部〜第Ⅳ層（及川・佐々木・設楽・野村・羽山1996）、柳又遺跡B地点（樋口・森嶋・小林1965）などがあり、出土土器は隆線文土器を主体としているが、複数時期の遺物が混在している遺跡が多く、草創期前半の時期にほぼ限定でき

る文化層が検出されているのは、寺田遺跡、葛原沢第Ⅳ遺跡、尾上イラウネ北遺跡である。狩猟具と想定される石器を主体にみてみる。寺田遺跡では石器ブロック10、土坑1が検出されており、有茎尖頭器、槍先形尖頭器の製作遺跡である。有茎尖頭器16、槍先形尖頭器84、石鏃5が出土しており、隆線文土器は石器ブロック3に重複する土坑内から出土した1点のみであるが、各ブロックおよびブロック周辺出土の有茎尖頭器の形態や個体別資料の共有関係などからみて、基本的に一時期の石器群とみてよいと思われる。槍先形尖頭器が多数を占めるが、未成品や製作途上の欠損品が多く含まれ、有茎尖頭器の未成品を含んでいる可能性があることから、槍先形尖頭器の成品の数量は有茎尖頭器とあまり変わらないと思われる。葛原沢第Ⅳ遺跡では石器の包含状態や土器の分布状況などから、隆線文土器（隆帯文土器）に伴出する石器が抽出されている。これによると槍形尖頭器、有茎尖頭器、石鏃が共伴するようである。組成は必ずしも明らかではないが、石鏃の割合はあまり高くないようである。尾上イラウネ北遺跡では槍先形尖頭器、有茎尖頭器が出土しているが、詳細は不明である。その他の遺跡では複数時期の遺物が混在しているものの、草創期にほぼ限定される。狩猟具に想定される石器は、九合洞穴遺跡では出土しておらず、酒呑ジュリンナ遺跡では有茎尖頭器、槍先形尖頭器、石鏃が出土しており、有茎尖頭器を含む槍先形尖頭器の割合が高い。柳又遺跡A地点では伴出石器は不明であるが、柳又遺跡では本来の文化層が不明であるものの多数の有茎尖頭器が出土しており（森嶋1983）、隆線文土器に伴う可能性が高い。柳又遺跡B地点では隆線文土器類似の土器、爪形文土器とともに、有茎尖頭器、槍先形尖頭器、石鏃が出土しており、有茎尖頭器を主体とする槍先形尖頭器が大半を占める。これら草創期前半の槍先形尖頭器は中型中広形木葉形を主体とし、有茎尖頭器は中型中広形・中細形を主体に中型の細形が一定量認められる。

　草創期後半では、岐阜県椛ノ湖遺跡（原・紅村1975）、静岡県葛原沢第Ⅳ遺跡1号住居跡（池谷編2001）、清水柳北遺跡東尾根（関野・関本1990）、仲道A遺跡（漆畑編著1986）、若宮遺跡（伊藤・馬飼野編著1983）、長野県増野川子石遺跡（酒井1986）などがあり、愛知県酒呑ジュリンナ遺跡、岐阜県九合洞穴遺跡などでも草創期前半の遺物と混在した形で出土している。出土土器は爪形文土器、多縄文土器などである。椛ノ湖遺跡では上下2枚の文化層が検出されており、下層（椛ノ湖Ⅰ文化層）は爪形文土器を主体に、有茎尖頭器、槍先形尖頭器、石鏃、掻器などが伴い、上層（椛ノ湖Ⅱ文化層）は多縄文土器が主体で、有茎尖頭器、石鏃、有孔砥石、石斧などが伴っている。狩猟具と想定される石器は上下の文化層とも石鏃が主体であるが、下層では有茎尖頭器を含む槍先形尖頭器の比率がかなり高いが、上層では有茎尖頭器を含む槍先形尖頭器はわずかで、石鏃が完全に組成の主体となっている。葛原第Ⅳ遺跡第1号住居跡からは多縄文土器が出土しており、石鏃を主体に槍先形尖頭器が伴っている。清水柳北遺跡ではブロック5が検出され、ブロックおよびその周辺で多縄文土器とともに多数の石器が出土している。ブロックおよびブロック周辺出土資料で狩猟具に想定される石器は、槍先形尖頭器20、有茎尖頭器10、石鏃15である。槍先形尖頭器は破損品（製作に伴う破損を含む）が多く、組成に占める割合は出土点数よりやや低いものと思われるが、有茎尖頭器を含めた槍先形尖頭器の割合が高いことは変わらない。槍先形尖頭器は中型・大型を主体とするのに対し、有茎尖頭器は小型・中型が主体である。若宮遺跡では多縄文土器に伴って有茎尖頭器、槍先形尖頭器、石鏃が出土している。槍先形尖頭器は少なく、有茎尖頭器が主体である。

石鏃が組成に占める割合が高いが、有茎尖頭器を含めた槍先形尖頭器もほぼ同様の比率を占める。増野川子石遺跡では多縄文土器を主体に爪形文土器や早期の押型文土器がわずかに出土している。草創期後半の遺物を主体としているとみてよく、狩猟具と想定される石器は石鏃41を主体に、槍先形尖頭器2、有茎尖頭器1が出土した。仲町A遺跡では伴出石器は不明である。全体を概観すると、有茎尖頭器を含めた槍先形尖頭器が主体になる遺跡（清水柳北遺跡）、槍先形尖頭器と石鏃の割合が近い遺跡（椛ノ湖遺跡下層、若宮遺跡）、石鏃が主体となる遺跡（椛ノ湖遺跡上層、葛原原第Ⅳ遺跡、増野川子石遺跡）が認められるようである。

　早期前葉以降は、狩猟具と想定される石器は基本的に石鏃を主とする組成である。愛知県北替地遺跡（大参・浅野・岩野・安達 1965）、岐阜県上原遺跡（坂下町教育委員会 1974）、長野県立野遺跡（神村 1983）など早期段階の遺跡を中心として槍先形尖頭器が散見されるものの、石鏃を主体とする組成であり、槍先形尖頭器数点以下である。槍先形尖頭器はきわめて補助的な狩猟具と理解され、早期以降急速に消滅する。

　2）　中部地方中央部（中部高地）

　草創期前半に位置づけられる遺跡はきわめて少なく、長野県中島B遺跡（大竹・原・百瀬 1987）を挙げることができる程度である。槍先形尖頭器および石斧の製作遺跡であり、石器ブロックが多数検出されている。石器ブロックは大きく3グループに分けられている（1号〜3号ブロック）が、集中する部分だけを取り上げても7ブロック以上に細分できる。出土土器は隆線文土器であり、3号ブロックから出土しており、2号ブロック周辺からも出土が認められる。狩猟具と想定できる石器は槍先形尖頭器のみであり、有茎尖頭器、石鏃はまったく出土していない。槍先形尖頭器は中型の中広形木葉形・中細形木葉形を主体し柳葉形も認められる。土器が出土していない1号ブロック出土の槍先形尖頭器は中型の中細形木葉形・柳葉形で、基部を丸く作り出す形態を含んでおり、隆線文土器に伴う槍先形尖頭器と共通する形態であるが、隆線文土器に伴う石器群において槍先形尖頭器のみで有茎尖頭器を伴わない遺跡は他に類例がない。隆線文土器は3号石器ブロックと完全に重複した状態で出土しており分離することができないが、ブロックの最上部に集中している。隆線文土器と黒曜石槍先形尖頭器の一群は、時期を接しながら時間差をもつ可能性がある。

　草創期後半では、長野県曽根遺跡（藤森 1960）、栃原岩陰遺跡（西沢 1982）などがあるが、現在知られている資料はきわめて少ない。曽根遺跡では爪形文土器を主体としており、狩猟具として想定される石器は、槍先形尖頭器、石鏃が出土している。しかし、槍先形尖頭器については、ナイフ形石器や台形様石器など明らかな旧石器時代の遺物が混在していることから、この時期の組成として確定できる状況ではない。いずれにせよ組成の主体は石鏃であり、槍先形尖頭器が伴うとしてもきわめて少量で補助的存在である。栃原岩陰遺跡では層位と出土遺物の関係を確認しながら発掘調査が行われていないため、出土遺物相互の詳細な組み合わせを検討することはできないが、最下層を中心に多縄文土器が出土している。伴出の石器については確定できないが、狩猟具として想定される石器は石鏃が主体であり、槍先形尖頭器は伴わない。

　早期以降、この地域では石鏃が主体の組成で、基本的に槍先形尖頭器は消滅しているようである。

3) 中部地方北部

　草創期前半では、長野県石小屋洞穴遺跡（永峯 1697）、狐久保遺跡（小林孚 1982）、星光山荘遺跡B地点（中島 2000）、荷取洞窟遺跡（小林達雄 1963）、新潟県小瀬ヶ沢洞窟遺跡（中村孝三郎編著 1960、小熊ほか 1994）、壬遺跡（國學院大學考古学研究室 1980・1981・1982・1983）、田沢遺跡（星野・佐藤 1996）などがある。石小屋洞穴遺跡、小瀬ヶ沢洞窟遺跡、壬遺跡は複数時期の遺物が混在しているが、狐久保遺跡、星光山荘遺跡B地点、荷取洞窟遺跡、田沢遺跡は草創期前半の遺物に限定できる。出土土器は隆線文土器を主としており、無文土器などが認められる。狩猟具と想定される石器は、荷取洞窟遺跡では槍先形尖頭器 4、石鏃45が出土しており、石鏃を主体とする組成であるが、狐久保遺跡では槍先形尖頭器 4、有茎尖頭器 2、星光山荘遺跡B地点では槍先形尖頭器34、有茎尖頭器31、石鏃 1、田沢遺跡では槍先形尖頭器16、有茎尖頭器 2 が出土しており、有茎尖頭器を含む槍先形尖頭器が主体を占めている。星光山荘遺跡B地点の有茎尖頭器は約2/3が石鏃状の小型品（最大でも長さ4cm以下）であり、槍としての利用は想定は困難である。このことからすれば、荷取洞窟遺跡と狐久保遺跡、田沢遺跡の中間的様相といえるかもしれない。これらの遺跡における槍先形尖頭器は中型の中細形木葉形・中広形木葉形を主体に大型柳葉形などが認められる。有茎尖頭器は星光山荘遺跡B地点では小型中広形・広形を主体に中型中細形などが伴うが、その他の遺跡では中型中細形・細形を主としている。石小屋洞穴遺跡、小瀬ヶ沢洞窟遺跡、壬遺跡は複数時期の遺物が混在しているものの、基本的に草創期の時期に限定できる状態である。石小屋洞窟遺跡では草創期全般にわたる土器が同一層から出土しており、出土石器もいずれの土器に伴出するのか明らかではない。狩猟具と想定される石器は槍先形尖頭器（中型柳葉形）、石鏃が出土しているが、石鏃が主体である。有茎尖頭器は出土していない。小瀬が沢洞窟遺跡でも草創期全般にわたる土器が同一層から出土しており、出土石器の帰属時期を明らかにすることはできない。出土石器は多量で、槍先形尖頭器108、有茎尖頭器43、石鏃551（早期以降のものを含んでいると思われる）が確認されている。槍先形尖頭器は中型・大型の中細形木葉形・柳葉形を主体としており、中型・大型の中広形木葉形・広形木葉形も一定量認められる。小型の割合は非常に低く、大型の割合が高い。また、大型柳葉形のうち極端に細身の形態が一定量認められ、その他の槍先形尖頭器の特徴とも勘案すると隆線文土器に先行する時期の槍先形尖頭器石器群が存在する可能性がある。槍先形尖頭器の形態は多様であり、複数時期のものが混在しているのは確実であるが、その多くは草創期前半以前を中心としているものと思われる。有茎尖頭器は中型を主体に大型が一定量認められ、小型も少量存在する。細形・中細形を主体とするが、中型・小型では中広形も認められる。また、石鏃の有茎鏃として分類された中に明らかに小型の有茎尖頭器が含まれている（小熊ほか 1994では長さ3cm以下のものをすべて石鏃として分類している）が、早期以降の有茎鏃も含まれているため完全に分離することは困難である。いずれにせよ、小型の有茎尖頭器も一定量存在するものと思われる。有茎尖頭器も複数時期のものが混在しているものと思われるが、草創期前半を主とするものと考えられる。壬遺跡では草創期のほぼ全般の遺物が出土しており、出土石器と土器の対応関係も明らかではない。狩猟具と想定される石器としては、槍先形尖頭器、有茎尖頭器、石鏃が出土しており、有茎尖頭器を含む槍先形尖頭器は出土量が少なく、石鏃が主体である。

草創期後半では、福井県鳥浜貝塚遺跡（福井県教育委員会 1979・1983・1984・1985）、富山県白岩尾掛遺跡（古川 1984）、長野県小佐原遺跡（広瀬 1982）、仲町遺跡（野尻湖人類考古グループ 1987）、新潟県卯ノ木遺跡第 1 次調査（中村孝三郎 1978b）、室谷洞窟遺跡下層（中村孝三郎 1967）、本ノ木遺跡（芹沢・中山 1957、佐藤雅一 1996）などがあり、長野県石小屋洞穴遺跡、新潟県小瀬が沢洞穴遺跡、壬遺跡などでも草創期前半の遺物と混在した形で出土している。小佐原遺跡、仲町遺跡、元ノ木遺跡、室谷洞窟遺跡下層ではほぼ一時期の遺物を抽出できるが、鳥浜貝塚遺跡、白岩尾掛遺跡、卯ノ木遺跡では複数時期の遺物が混在している。しかし、草創期後半にほぼおさまるものである。鳥浜貝塚遺跡では爪形文土器、多縄文土器が出土しており、石器との対応関係は十分明らかにできないが、狩猟具と想定できる石器は石鏃を主体としている。白岩尾掛遺跡では爪形文土器、刺突文土器、多縄文土器など複数時期の土器が出土しており、石器との対応関係は不明であるが、有茎尖頭器 3 が出土している。小佐原遺跡では多縄文土器を主とする。石器の出土量は少なく、狩猟具と想定されるのは石鏃のみである。仲町遺跡では土坑 3 基が検出されており、1 号・2 号土坑から爪形文土器とともに槍先形尖頭器 5、有茎尖頭器 1、石鏃 9 が出土した。卯ノ木遺跡では多縄文土器を主体に出土しており、狩猟具に想定される石器は石鏃を主体に槍先形尖頭器 1 が出土している。室谷洞窟遺跡下層では多縄文土器を主体としており、室谷下層式に設定された土器が出土した第Ⅵ層以下では狩猟具に想定される石器はいずれも石鏃のみによる構成である。本ノ木遺跡では爪形文土器、多縄文土器などが出土しており、多数の槍先形尖頭器が出土している。しかし、槍先形尖頭器の形態は柳葉形を主体に中細形木葉形・中広形木葉形を伴い、極端に細長い形態を含むなど槍先形尖頭器第Ⅴ期の組成と共通するあり方を示しており、明確な有茎尖頭器が認められず石鏃も伴っていない。こうした様相を示す遺跡は草創期前半を含めても認められず、出土土器と槍先形尖頭器は基本的に時期を異にするものと理解される。これら草創期後半の遺跡は石器の出土量が必ずしも多くないことから、本来の石器組成を十分示していない遺跡も含まれているものと思われるが、白岩尾掛遺跡や仲町遺跡のように有茎尖頭器を含めた槍先形尖頭器の割合が高い遺跡も認められるものの、全般的に石鏃を主体とする組成に移行しつつあるようである。

　早期以降は、狩猟具と想定される石器は基本的に石鏃によって構成される。新潟県室谷洞窟遺跡第 3 層など早期段階の遺跡で槍先形尖頭器が散見されるが例外的で、組成の主体を占める例はない。遅くとも早期末頃には槍先形尖頭器が基本的に組成から姿を消すものと思われる。また、前期に位置づけられる新潟県竜泉寺遺跡（中村孝三郎 1978c）では大型柳葉形の槍先形尖頭器の基部両側縁に抉りを入れる石器（有撮石器）が出土している。先端はやや鋭利さを欠いている。東北地方の同時期の遺跡に類例が認められ、槍先の機能よりナイフの機能が想定されている。

　中部地方の草創期前半では石鏃が組成に確実に一定の割合で含まれるものの、有茎尖頭器を含む槍先形尖頭器の組成に占める割合が高く、なお槍先形尖頭器を主とする狩猟法が維持されており、石鏃は補助具としての印象が強い。しかし、長野県荷取遺跡など石鏃を主体とし、槍先形尖頭器が補助的存在となる遺跡もわずかに認められることから、石鏃を主体とする狩猟法が草創期前半の後半段階には成立していたものと想定される。草創期後半では槍先形尖頭器（有茎尖頭器を含む）が

主体となり、石鏃が補助的存在の遺跡、槍先形尖頭器と石鏃がほぼ同じ割合の遺跡、石鏃が主体で槍先形尖頭器が補助的存在の遺跡の3者が認められる。これら3者は必ずしも土器型式と対応しないことから、槍先形尖頭器を主とする狩猟法と石鏃を主とする狩猟法などが並立的に存在し、遺跡の性格によって両者の比率が変化している可能性が高い。草創期後半以降は急速に槍先形尖頭器が消滅に向かい、基本的に石鏃を利用した狩猟法へと転換することから、草創期後半の一定の段階で石鏃を主とする狩猟法へと大きく転換している可能性があるが、現状の資料では十分論証できない。

5. 関東地方

草創期前半では、神奈川県慶應義塾大学湘南藤沢キャンパス内遺跡（関根・五十嵐編 1992）、相模野№149遺跡L1S上部（鈴木次郎編著 1989c）、代官山遺跡第Ⅰ文化層（砂田 1986a）、月見野遺跡群上野遺跡第1地点第Ⅰ文化層（小池 1986）、月見野遺跡群上野遺跡第2地点第Ⅰ文化層（戸田・相原編著 1984）、長堀北遺跡第Ⅰ文化層（小池 1991）、花見山遺跡（坂本 1995）、東京都多摩ニュータウン№125遺跡（甲崎編 1982）、多摩ニュータウン№426遺跡（横浜市歴史博物館・(財)横浜市ふるさと歴史財団埋蔵文化財センター 1996）、西之台遺跡B地点（小田編 1980）、前原遺跡（小田・伊藤・キーリー編 1976）、千葉県地国穴台遺跡K49地点（天野 1974）、瀬戸遠蓮遺跡（田村・橋本 1987、鈴木道之助 2000a）、一鍬田甚平山南遺跡（鈴木道之助 2000b）、南原遺跡（田村・橋本 1987）、埼玉県小岩井渡場遺跡（安岡・猪野・中島 1977）、橋立岩陰遺跡（芹沢・吉田・岡田・金子 1967）、群馬県乾田Ⅱ遺跡（水田 1988）、白井北中道遺跡（麻生敏隆 1998）、小田島八日市遺跡（麻生敏隆 1998）、栃木県大谷寺洞穴遺跡（塙 1976）など多くの遺跡があり、隆線文土器を主体としている。狩猟具と想定される石器を中心にみると、花見山遺跡、代官山遺跡、月見野遺跡群上野遺跡第2地点、西之台遺跡B地点、瀬戸遠蓮遺跡、白井北中路遺跡など石鏃を伴う遺跡が散見されるが、その点数は少ない。槍先形尖頭器（有茎尖頭器を含む）のみで構成される遺跡もかなりあり、いずれの遺跡でも基本的に槍先形尖頭器が組成の主体である。槍先形尖頭器（有茎尖頭器を含む）を主体とする慶應義塾大学湘南藤沢キャンパス内遺跡、相模野№149遺跡、月見野遺跡群上野遺跡第1地点、多摩ニュータウン№125遺跡、多摩ニュータウン№426遺跡、前原遺跡、瀬戸遠蓮遺跡、一鍬田甚平山南遺跡、南原遺跡、小岩井渡場遺跡、橋立岩陰遺跡、白井北中道遺跡などのうち、慶應義塾大学湘南藤沢キャンパス内遺跡、相模野№149遺跡、多摩ニュータウン№125遺跡、瀬戸遠蓮遺跡では中・大型の槍先形尖頭器、中型の有茎尖頭器を主体とするが、その他の遺跡では小型の有茎尖頭器が一定量認められ、機能的には石鏃と想定される。石鏃が伴う遺跡についても小型の有茎尖頭器を一定量伴っているものが多く、草創期前半の遺跡の多くは槍先形尖頭器を組成の主体としながら石鏃を一定量組成するといえる。

草創期後半では、神奈川県上草柳第3地点東遺跡（中村喜代重 1984a）、深見諏訪山遺跡第Ⅰ文化層（村澤・臼居 1983）、南葛野遺跡遺跡（須田・桜井ほか 1995）、千葉県山倉大山遺跡（篠原 2000）、埼玉県西谷遺跡（栗原・小林 1961）、宮林遺跡（宮井・木戸編著 1985）、水久保遺跡（小林・安岡 1980）、群馬県下宿遺跡（中里 1988）、西鹿田中島遺跡（若槻 1988）、栃木県大谷寺洞穴遺跡（塙 1976）、などがあり、草創期前半に比較すると調査遺跡がやや少ない。爪形文土器、多縄文土器を主体としており、深見諏訪山遺跡では無文土器（条痕文土器）が主体である。狩猟具と想

定される出土石器は、南葛野遺跡では槍先形尖頭器（有茎尖頭器を含む）が主体であるが、石鏃を主体として少量の槍先形尖頭器を伴う組成が一般的であり、宮林遺跡、下宿遺跡など槍先形尖頭器を伴出しない遺跡も認められる。

　早期以降では、群馬県糸井宮前遺跡111号住居跡（関根 1988）、茨城県遠下遺跡（佐藤政則 1979）など早期段階に槍先形尖頭器が認められ、前期以降にもわずかに散見されるようであるが、多くは形態的にも整っていない。早期以降は急速に消滅に向かうようである。また、大型柳葉形の有撮石器が前期を中心に認められ、東北地方からの搬入品と思われる。

　関東地方の草創期前半では槍先形尖頭器（有茎尖頭器を含む）を主体とする組成であり、とくに有茎尖頭器の占める割合の高い遺跡が多い。全般的に石鏃の占める割合が低く、狩猟具としてどれほど機能したか疑問視される程度の遺跡も多い。しかし、小型有茎尖頭器を一定量組成する遺跡も半数近く認められることから、草創期前半のある段階からは主体的に石鏃を利用した狩猟法が導入されたことがうかがえる。草創期後半では基本的に石鏃が組成の主体となっており、槍先形尖頭器は補助的な狩猟具となっており、石鏃を基本とする狩猟法へと移行している。早期以降は槍先形尖頭器が散見されるものの一般的な組成ではない。

6. 東北地方

　草創期前半では、青森県表館1遺跡（青森県教育委員会 1989）、発茶沢1遺跡（横浜市歴史博物館・㈶横浜市ふるさと歴史財団埋蔵文化財センター 1996）、山形県一ノ沢岩陰遺跡（加藤・佐々木 1962、佐々木 1971）、大立洞穴遺跡（佐々木・佐藤編著 1978）、日向第Ⅰ洞窟遺跡（佐々木 1971）、日向洞窟遺跡西地区（井田 1990）、火箱岩洞窟遺跡下洞第Ⅶ層（柏倉・加藤 1967、佐々木 1971）など山形県を中心として調査が行われており、隆線文土器を主体としている。狩猟具と想定される石器は、青森県表館1遺跡、発茶沢1遺跡では伴出石器が不明であり、その他の遺跡では日向洞窟遺跡西地区、火箱岩洞窟遺跡を除くと同一層より複数時期の土器が出土していることから、必ずしも伴出石器を確定できる状況にはないが、日向洞窟遺跡、一ノ沢岩陰遺跡など槍先形尖頭器、有茎尖頭器を主体とするものと火箱岩洞窟遺跡、大立洞穴遺跡など石鏃を主体とするものがある。前者のうち一ノ沢岩陰遺跡では有茎尖頭器は小型が主体で、槍先の機能を想定するのは困難である。

　草創期後半では、青森県鴨平2遺跡（金子・栗島・西井・宮井・宮崎編著 1986）、岩手県大新町遺跡（千田・八木・似内・原田編著 1986・1987）、馬々野Ⅱ遺跡（工藤利幸編 1986）、宮城県野川遺跡（工藤編著 1996）、山形県一の沢岩陰遺跡（加藤・佐々木 1962、佐々木 1971）、福島県仙台内前遺跡（武田 1988）など東北地方の広い範囲で遺跡を確認することができる。出土土器は、爪形文土器、多縄文土器を主体とする。狩猟具と想定される石器は、青森県鴨平2遺跡のように伴出石器の不明な遺跡もあるものの、石鏃が主体となっており、明確に有茎尖頭器や槍先形尖頭器伴出する遺跡はない。野川遺跡、仙台内前遺跡では大型の両面加工石器を伴っている。広形木葉形の槍先形尖頭器といえるものを含んでいるが、全般的に先端はあまり鋭利ではなく、平面楕円形に近いものもあり、いずれも幅広の形態である。槍先形尖頭器は厚さ2cm以下で薄手であるが、先端が鋭利でない形態は厚さ3cm前後と厚手であり、縁辺部に細かな調整を施していないものが多い。未成品あるいは石核と思われる。大半の資料が槍先形尖頭器ではないと仮定するにせよ、大型で整った槍

先形尖頭器を製作する技術を草創期後半段階においてなお保有していることは確実である。しかし、組成の主体は石鏃であり、槍先形尖頭器は補助的存在である。

早期以降においても、早期〜前期前葉の山形県月ノ木B遺跡（阿部・黒坂編1989）のように整った槍先形尖頭器が伴出する遺跡が早期を中心に前期段階まで散見されるが例外的であり、槍先形尖頭器が伴出する遺跡においても槍先形尖頭器はきわめて補助的存在である。

東北地方における草創期前半の様相は必ずしも明確ではないが、槍先形尖頭器（有茎尖頭器を含む）を主体とする遺跡と石鏃を主体に槍先形尖頭器を少量伴う遺跡が認められる。前者のうちでも有茎尖頭器は、小型が主体である遺跡が認められることから、石鏃を主体とする遺跡が優勢とみることができるかもしれない。いずれにせよ、草創期前半段階にすでに石鏃を主とする狩猟法が確立しているとみることができよう。草創期後半では基本的に石鏃を主体とする組成であり、槍先形尖頭器を伴わない遺跡も多いようである。槍先形尖頭器は基本的に補助具として残存している程度である。早期以降も槍先形尖頭器が残存しているが、急速に消滅に向かっている。

7. 北海道地方

北海道地方の縄文時代草創期の様相は大麻1遺跡で多縄文土器が出土しているとされている（金子・栗島・西井・細田・宮井・宮崎編著1986）が、現状では本州の同時期の遺跡と対比できる状況ではない。北海道では、九州地方同様、細石刃石器群が新しい段階まで残存しており、時間的には本州側の縄文草創期のかなりの部分と併行する可能性もある。湧別技法を特徴とする細石刃石器群に後続するものとしては、美利河1遺跡ⅢA文化層（長沼編1985）、同ⅢB文化層（長沼編1985）、立川遺跡第Ⅲ地点（吉崎1960）、湯の里4遺跡（矢吹・畑ほか1985）、中本遺跡（加藤・桑原編著1969）、タチカルシュナイ第Ⅴ遺跡A地点（辻・直井1973）、射的山遺跡（佐藤忠雄編著1961）など有茎尖頭器を伴う石器群が位置づけられる。細石核はオショロッコ型・広郷型を主として蘭越型・峠下型など多様な型式が認められるが、共通して石刃技法を基盤としている。有茎尖頭器は立川型と遠軽型があり、小型を主とする遠軽型を伴う石器群はより新しく位置づけられるかもしれない。一方、美利河1遺跡ⅢA文化層のごとく大型の槍先形尖頭器を一定量保有する石器群は古く編年される可能性がある。北海道地方の有茎尖頭器は伴出の石器群や石刃技法を基盤とすることや有茎尖頭器の形態などから、基本的に本州地方の有茎尖頭器とは関連をもたないと考えられ、本州の槍先形尖頭器第Ⅴ期〜縄文草創期に時間的に併行するものと想定される。有茎尖頭器を伴う石器群は有茎尖頭器を主体に槍先形尖頭器を一定量伴っており、槍先形尖頭器が量的には多い遺跡もある。細石刃を基本的に伴うが量的には少なく、細石刃による植刃槍が存在したとしても組成の主体となる石器群は少ない。これら有茎尖頭器を伴う石器群が本州の縄文時代草創期のいつ頃まで時間的に続いていたか現状では判断できないが、少なくとも草創期前半に併行する時期までは存続した可能性がある。

北海道地方と本州の縄文土器が直接対比可能となるのは縄文時代早期以降である。この段階では、狩猟具と想定される石器としてはすでに石鏃を主体とする組成であり、槍先形尖頭器は補助的に伴うにすぎない。しかし、一石器群における量は少ないものの、基本的な装備として組成の一角を占めており形態的にも整っている。槍先形尖頭器は、前期以降も、前期の美々5遺跡（北海道教

育委員会 1979)、中期のサイベ沢遺跡B地点（森田・高橋 1967）など、中期段階まで一般的な組成として継続的な使用が認められ、中期のトコロ貝塚（トコロ 6 類）（宇田川 1987a）のように槍先形尖頭器（石銛を含む）が多数出土する遺跡も認められる。後期以降は槍先形尖頭器の利用は極端に少なくなるようであるが、続縄文時代まで槍先形尖頭器は残存している（宇田川 1987b）。北海道地方においては、縄文時代早期以降、石鏃を主として用いる狩猟法が確立しているが、槍先形尖頭器を補助的ながら狩猟具の基本的組成として利用する伝統が継続している。本州以南とは地域的伝統とともに対象獣の相違も大きく影響している可能性が強い。

8. 小　結

旧石器時代末〜縄文時代において狩猟具と想定される石器としては、槍先形尖頭器、有茎尖頭器、細石刃、石鏃が主要な器種である。槍先形尖頭器第 V 期では日本列島のほぼ全域で槍先形尖頭器石器群が成立するが、列島の両端に位置する九州地方、北海道地方ではなお細石刃石器群が広く残存し、地域の石器群の主体を占めている。こうした状況は縄文時代草創期前半においても引き継がれ、北海道の様相は十分明らかにできないものの、両地域では細石刃を利用した植刃槍の存在が想定できる。しかし、槍先形尖頭器第 V 期併行期に北海道では、少なくとも道東地域を除くと、槍先形尖頭器、有茎尖頭器を主体とする組成に急速に移行したものと思われる。九州地方では槍先形尖頭器第 V 期には細石刃石器群がなお主体的である。

縄文時代草創期前半は、九州地方西北部において細石刃石器群が広く分布している。しかし、これは狩猟具として細石刃を利用した植刃槍が想定され、社会構造などを問題としなければ槍先形尖頭器を主体とする石器群と基本的には同様な狩猟形態とみることができる。九州地方北部・東部においては内容を明らかにできる石器群は少ないが、槍先形尖頭器を主体とする石器群が想定され、九州地方北半部は槍を主体とする狩猟法であったと想定される。一方、九州地方南半部では細石刃を主体とする石器群が一時期残存する可能性があるが、石鏃を主体とする組成が草創期前半段階から成立している。本州地方では槍先形尖頭器（有茎尖頭器を含む）を主体とする石器群と槍先形尖頭器＋石鏃が認められ、中・四国地方、近畿地方など西日本では槍先形尖頭器＋石鏃を基本としている。草創期初頭から槍先形尖頭器＋石鏃の組成であったのか否かは今後の資料増加を待つ必要があるが、旧石器時代において槍先形尖頭器石器群の稀薄な地域であることなどからみて、地域伝統や自然環境に関連して九州地方南半部を含めて石鏃を利用する狩猟法が東日本よりも早く成立している可能性は十分ある。中部地方・関東地方おいても槍先形尖頭器を主体とする石器群と槍先形尖頭器＋石鏃を主体とする石器群が認められるが、前者が優勢である。東北地方では一時期の組成を示す良好な資料が少なく、現状では槍先形尖頭器＋石鏃の主体とする石器群が多いが、本来的には槍先形尖頭器を主体とする石器群が広く分布している可能性が高い。草創期前半では槍先形尖頭器＋石鏃（石鏃を主体とする石器群を含む）を主体とする西日本と槍先形尖頭器を主体とする中部・東日本の大きく二つの様相を認めることができ、西日本では石鏃を主とし槍先形尖頭器を補助的に利用する狩猟法が草創期前半の比較的早い段階で成立したものと思われる。中部・東日本では槍先形尖頭器を主とする旧石器的な狩猟法が継続しているが、槍先形尖頭器＋石鏃、石鏃を主体とする石器群も認められる。とくに中部日本で散見され、石鏃を主体とする狩猟法も成立したことをうか

がわせる。槍先形尖頭器を主とする狩猟法と石鏃を主とする狩猟法では、狩猟対象をはじめ狩猟対象への接近法や狩猟対象捕獲に至る過程などさまざまな点で異なっていることが予想され、槍先形尖頭器を主体とする石器群を中心としながら槍先形尖頭器＋石鏃、石鏃を主体とする石器群が散見される中部日本では対象獣に応じた狩猟法を選択していたことが予想される。また、九州地方北半部は槍を主とする狩猟法とみることができ、前段階からの狩猟法を基本的に引き継いでいるものと想定される。

　草創期後半になると、九州地方北西部などの一部の地域を除くと、石鏃を主体とした石器群が広く認められるようになる。槍先形尖頭器も一般的に認められるが、組成に占める割合はいずれの地域でも大きく後退している。中部地方では槍先形尖頭器が組成の主体を占める石器群や石鏃に匹敵する割合を有する石器群も認められるが、石鏃を主とする狩猟法が確立し、基本的には槍先形尖頭器は補助具として利用されているにすぎない。九州地方北半部は細石刃や槍先形尖頭器を主体とする石器群が広く分布するようであり、槍を主として利用する狩猟法が継続していると思われる（九州地方北西部を除く地域では石鏃を主体とする石器群は出現している可能性があるが、現状では確認できない）。九州地方北半部では槍を利用した狩猟法の伝統が強く、九州地方北西部では後続の早期前葉まで槍先形尖頭器が一定量残存している。

　槍先形尖頭器は早期段階では列島的に散見されるものの、すでに確実な組成の一員ではなく、形態的にも整っていないものが多い。早期以降、九州地方の一部を除く西南日本では、槍先形尖頭器は急速に消滅の道を歩むことになる。九州地方北西部においても基本的に早期前葉までで、中葉以降にはほとんど姿を消している。東北日本でも北海道地方を除くと西南日本と基本的には同様の状況であるが、関東地方北部、中部地方北東部、東北地方では前期以降も槍先形尖頭器がわずかに残存するようである。しかし、恒常的に石器組成に含まれる器種ではなく、一部の石器群における補助的狩猟具にすぎない。北海道地方においては前期以降も槍先形尖頭器が継続的に利用されているが、狩猟具の主体は石鏃であり、槍先形尖頭器は補助的狩猟具にすぎない。

　以上のように、槍先形尖頭器が狩猟具として主体的に利用されるには縄文時代草創期前半段階までであり、草創期後半以降急速に石鏃を主とする狩猟法へ転換することは明らかであろう。

註
(1) 長野県神子柴遺跡、青森県長者久保遺跡を指標とする石器群については、「長者久保・神子柴石器群」、「神子柴系石器群」などと呼称されることが多い。ここでは、岡本東三が指摘する（岡本1999）ように、最初に発見された神子柴遺跡の名称を冠することが適当と考えられるので、神子柴石器群と呼称したい。
(2) 全国的な視点で細石刃石器群と槍先形尖頭器共存、あるいは時間的併行関係にある槍先形尖頭器石器群の存在を認める見解はほとんどなく、関東地方南部を中心とする地域的な見解が多い。主要なものを挙げると、鈴木次郎は相模野台地を中心とする層位的事例をもとに、細石刃石器群を前後する時期の槍先形尖頭器石器群の型式学的特徴を中心として検討し、本書の第Ⅲ期の槍先形尖頭器が第Ⅴ期の槍先形尖頭器へ連続する見解を述べている（鈴木次郎1989a、1989b）。筆者（藤野1989）、島立桂（島立1993a、1993b）も同様な視点であり、筆者は製作技術の面からも断絶を考えることはできないとした。白石浩之は全国規模で槍先形尖頭器の総合的かつ系統的な研究を行う中で、細石刃石器群に槍先形尖頭器が伴うこと、細石刃石器群と槍先形尖

第 5 章　槍先形尖頭器の展開と終焉　275

頭器石器群が時間的併行関係にあることなどの見解を示している（白石 2001）。しかし、短期間ながら一時期完全に細石刃石器群が日本列島を覆い、槍先形尖頭器石器群が断絶する見解をとっているようである。

(3)　明確な論拠を示さず両者の関係を否定している見解も多い。また、細石刃を主体とするブロックから出土した槍先形尖頭器や同一層準の槍先形尖頭器あるいは槍先形尖頭器石器群を十分な論拠を示すことなく、混じり込みや他の文化層として処理している報告書や論文が散見される。

(4)　基部が丸みを帯びる槍先形尖頭器は、長野県横倉遺跡や唐沢B遺跡などに類例がある。

(5)　森嶋は神子柴型石斧および神子柴型尖頭器を有する石器群を神子柴系文化と捉え、一系統の石器文化としみなして編年した。神子柴系文化は旧石器時代末〜縄文時代初頭にかけて東日本を中心に広く分布しており、有茎尖頭器、石鏃、隆線文土器など遺物群を伴う遺跡をも包括している。ここで扱う神子柴石器群を包括する広い概念規定であり、本論でいう神子柴石器群に限定すれば、3時期に区分している。

(6)　有溝砥石（矢柄研磨器）は、山内・佐藤（1962）の段階では要素の一つとして列挙していないが、その後、渡来を示す重要な要素として積極的に論じている。

(7)　いわゆる渡来石器についての論争に関しては橋本勝雄がまとめている（橋本勝雄 1988）。その後、この問題が議論の俎上にのることはほとんどないが、関連の論攷として栗島（1986a）、鳥立（1988）、中束耕志（1988）、白石浩之（2001）などがある。

(8)　沿海州の後期旧石器時代末〜中石器時代の石器群は渡島半島を除く北海道の様相にもっとも近いのではなかろうか。

(9)　中形および小形の石斧については、槍先形尖頭器同様に石刃や剥片を利用している可能性もある。

(10)　安斎正人は湧別技法を有する細石刃石器集団の本州への拡散を契機として本州在地集団の文化受容によって神子柴石器群が成立したと述べている（安斎 2002）。

(11)　縄文時代草創期の土器は、隆線文土器群、爪形文土器群、多縄文土器群が広い分布圏を有しており、広範な地域の様相を対比する場合に適当な時間軸を与えてくれる。これら3者の土器群は、隆線文土器群→爪形文土器群→多縄文土器群の順で変遷するとされている（鈴木保彦 1982）が、隆線文土器群が列島の広い地域に分布するのに対して、爪形文土器群は西南日本寄りに、多縄文土器群は東北日本寄りに分布の中心がある。また、爪形文土器群と多縄文土器群は時間的に重複する部分もあることから、ここでは、隆線文土器群を草創期前半に、爪形文土器群および多縄文土器群を草創期後半として説明する。また、隆線文土器群以前の土器については槍先形尖頭器第Ⅳ期・第Ⅴ期に該当し、ここでは縄文時代としては扱わない。

(12)　隆線文土器は、隆線の太さや作出法などから隆帯文土器（隆起線文土器）、細隆起線文土器、微隆起線文土器などに分類されており、隆帯文土器（隆起線文土器）→細隆起線文土器→微隆起線文土器の順で変遷し、隆線文の太さが次第に細くなるとされている（小林達雄 1963）。長崎県福井洞穴遺跡や山形県火箱岩洞穴遺跡などで層位的にも確認されたとされている（鈴木保彦 1982）。しかし、太さによる分類は抽象的であり（鈴木道之助 1996）、同一個体内に複数型式が同居する例もあることから、型式が明確に時期差を示すとはいえない状況にある。また、狩猟具の変遷を概観するに際して、細かな型式ごとに検討できる状況にはなく、地域ごとの傾向としては大きな違いも認められないことから、ここでは隆線文土器群として伴出石器の検討を行う。同様に、爪形文土器群や多縄文土器群についても複数の型式に細分が可能であるが、基本的にはそれぞれの土器群でまとめて検討する。なお、多縄文土器群は押圧縄文土器、回転縄文土器などの総称である。

(13)　長崎県岩下洞穴遺跡では第Ⅲ層〜第Ⅵ層で槍先形尖頭器が出土している。第Ⅲ層では押型文土器、曾畑式、弥生土器、土師器など、第Ⅳ層では無文土器、押型文土器、曾畑式、阿高式などが、第Ⅴ層では条痕文土器、押型文土器、轟式など、第Ⅵ層では条痕文土器、押型文土器、轟式、阿高式などが出土している。下層から上層に向かって順次古い型式の割合が減っていく様相が捉えられるものの、複数時期の遺物が同一層に包含されていることは明らかであり、平面分布においても第Ⅲ層〜第Ⅵ層の出土遺物は主要分布域がほぼ重複している。

土器型式ごとの分布状況や接合関係などの分析はなされておらず、出土石器もいずれの型式に伴出するのか特定することはできない。槍先形尖頭器は第Ⅴ・Ⅵ層でまとまって出土が認められ、第Ⅴ層は押型文土器、無文土器を主体とし、第Ⅵ層は無文土器を主体に条痕文土器、押型文土器が一定量出土していることから、早期中葉まで槍先形尖頭器をかなり主体的に利用している可能性がある。泉福寺洞穴遺跡第3層では槍先形尖頭器1点が出土しており、ほかに槍先形尖頭器先端部の可能性のあるものが1点出土している。出土土器は押型文土器を主体に原体条痕文土器、条痕文土器が一定量出土している。条痕文土器は第4層出土のものに比べて条痕が粗く縦位施文、斜行施文のものを多く含むなど新しい様相を示すものの、押型文土器と共伴するか否かの検討はなされていない。

(14) 有茎尖頭器の平面形についても槍先形尖頭器の分類に対応する形で、細形・中細形・中広形・広形の4種類に分類しておきたい。

補遺（第5章第3節）

2003年11月15・16日、群馬県笠懸町岩宿文化資料館において「刺突具の系譜」をテーマとして第11回岩宿フォーラム／シンポジウムが開催された。旧石器時代～縄文時代の狩猟具を検討したシンポジウムであり、縄文時代の槍先形尖頭器（石槍）についても福島県・群馬県・栃木県の資料を中心として系統的に検討されている（芹澤・小菅2003）。これによると、遺構に確実に伴う例はあまり多くないようであるが、前期までは1遺跡における出土点数は多くはないものの槍先形尖頭器が確実に使用されており、とくに前期では出土遺跡はかなりの数に上るようである。前期の槍先形尖頭器は形状や調整はきわめて整ったものが多いが、撮み状の楕円形や棒状の基部を作り出す形態（有撮石器）や両端が尖り中央部がくびれる独鈷形の形態が多く、実用利器であるとともに交易品や威信財として広く流通していると考えられる。中期までこれらの系統を引く形態が散見されるものの、中期後半以降は槍先形尖頭器の出土例は極端に減少するようで、調整が粗く形態的にも整っていないものが多い。

上述した様相は関東地方北部から東北地方南端部の様相であるが、土器型式や石器の搬入の様相からみて東北地方の様相とみてもよかろう。本文で述べたことを基本的に変更する必要はないと思われるが、関東地方南部以西の地域に比較すると槍先形尖頭器が縄文時代の新しい時期まで残存しているとみてよいようであり、芹澤清八・小菅将夫は罠猟を中心として獲物を最終的に仕留める「突き槍」の機能を想定している（芹澤・小菅2003）。しかし、早期以降も本来的な「槍」としての機能を十分果たしていたのかどうかは今後十分に検討する必要がある。今後の調査によって出土例は確実に増加するとしても、槍先形尖頭器出土遺跡が同時期の遺跡の中で少数派である状況は基本的に変更する状況にはならないと推定される。このことからすると、草創期に後続する早期については狩猟の一形態として「槍」の使用を想定する余地を残しておくにしても、量的多少を別にすれば、集落において狩猟具である石鏃が主体であることから、槍先形尖頭器を狩猟用具とするとかなり特殊な用途を想定する必要に迫られる。一般的な狩猟具としての用途を想定するのは困難な状況にあり、なお解決すべき課題が多く残されているといえよう。

終　章　槍先形尖頭器研究の展望
－槍先形尖頭器の出現と社会構造の変化－

　本書では、槍先形尖頭器の編年を確立し、各時期の製作技術の復元と系統関係を解明した。また、それらを基礎として、槍先形尖頭器の出現過程と出現の背景、各地における展開の様相、終焉の様相について明らかにした。関東地方を除くとなお資料不足の地域も多く、今後の資料蓄積状況を睨みながら補強していかねばならない。本書は槍先形尖頭器を伴う石器群の社会構造復元のための基礎的作業であり、本書の研究成果をもとに、個別遺跡の個体別資料・接合資料分析や石材の搬入・伴出形態、槍先形尖頭器を中心とする遺跡内における石器製作工程のあり方などの分析を通じた遺跡の相互関係を検討するとともに、民族考古学の成果や理論などを参照しながら、該期の社会構造を復元したいと考えている。

　これまで述べてきたように、槍先形尖頭器はナイフ形石器文化期後半に出現し、一定の技術的進展を伴いながら槍先形尖頭器を主体とする石器群が出現する。ナイフ形石器文化期の槍先形尖頭器の製作は各地域で認められるものの、中部高地を除くとナイフ形石器の製作に付随あるいは製作の痕跡を有さず、搬入の形態をとる場合が一般的である。十数年前には、関東地方においては製作痕跡を有さず搬入形態の槍先形尖頭器が主流を占めていたことから、「構造外的存在」などと評されることが多かったが、近年製作痕跡を示す例や遺跡内で製作されたほかの器種と同一個体と判断される例などがかなり知られるようになっているし、樋状剥離を有する槍先形尖頭器については再調整した痕跡が多く知られるようになった。製作の痕跡を残すものの多くは基本的に剥片を素材としており、在地産を中心とする非黒曜石石材が多いが、ナイフ形石器を中心とする器種と共通した素材あるいはそれらの素材生産の過程で生じる調整剥片を主として利用しているようであり、必ずしも最初から目的的に用意されたものではないにせよ、ナイフ形石器文化期における石器製作基盤から逸脱する製作のあり方ではないと判断される。これに対して、中部高地では黒曜石原産地を中心として槍先形尖頭器製作が展開している。素材はナイフ形石器を中心とする器種と共通したものも多いが、分割礫や板状の礫など通常の剥片石器には利用しない素材の利用が認められ、時期が下るにしたがって、それらの素材を主体的に利用するようになる。槍先形尖頭器の製作が大幅な素材変形型の技術体系であることからすれば至極当然の帰結であるが、初期の槍先形尖頭器の製作技術が（黒曜石）石材原産地と密接なかかわりのもとに技術的進展を果たしたことに関連している。こうした状況を踏まえて、中部高地において集中的に槍先形尖頭器の製作を行った関東地方の集団が製品や半製品を携えて関東地方に回帰したと解釈する研究者もあるが、ナイフ形石器を中心とする槍先形尖頭器以外の多くの器種については黒曜石の割合が相対的に低い状況や十分な製作技術を保有しながら槍先形尖頭器自体を在地産の石材で主体的に製作していないことなどの現象を説明できないことからも賛成することはできない。関東地方南部におけるナイフ形石器文化後半期の槍先形尖

頭器は黒曜石製品をみると、縦長剥片あるいは縦長剥片状の素材を利用したものや加工量のあまり多くないものが散見されることから、地域内で製作された可能性が高い。また、非黒曜石製品の両面加工品についても基本的に地域内で製作されたものと判断され、近年では明確な製作痕跡が検出された例も散見されるようになった。中部高地から搬入される槍先形尖頭器も少なからず存在するものと思われるが、基本的にナイフ形石器文化期後半には小地域ごと地域集団（例えば、関東地方では相模野台地など台地を単位とした地域を主たる活動基盤とする）が成立しており、搬入品についても基本的には別集団を介したものと推定される。しかし、中部高地とその他の地域における槍先形尖頭器製作の様相の相違は、単なる様相の違いあるいは地域差で片づけられるものではない。関東地方において槍先形尖頭器がナイフ形石器に付随する器種としての扱いしか受けなかった理由があるはずであり、それは狩猟を中心とする生業形態の相違とそれに基づく石器製作体系の相違を背景としている可能性がある。佐藤宏之は、ウルム氷期最寒冷期の到来によって中部高地の利用シーズンが大きく規制され、地域集団の再編が起こり、槍先形尖頭器出現期には中部高地を開発領域とした集団は夏季を中心とする石材採集活動と信州低地や隣接地を中心とした広範な地域を対象とした狩猟採集活動を行ったことを想定し、新たに生じた小・中型哺乳類を主体とする狩猟のための狩猟法の機能的開発・改革およびその確立・安定化に槍先形尖頭器出現の背景を求めている（佐藤1991）。その当否については今後検証していく必要があるが、槍先形尖頭器の対象が中型哺乳類を中心としたものであった可能性については筆者も異論はなく、何らかの環境適応法の変更を迫られた結果として槍先形尖頭器が出現したことも間違いないであろう。これは、中部高地や関東地方のみの現象ではなく、西南日本全体に共通して姶良Ｔｎ火山灰降灰前後のナイフ形石器文化後半期に、ナイフ形石器以外の狩猟具と想定される器種が出現・発達することと無関係ではないことは本論でも論じたところである。

　槍先形尖頭器出現後、一定の発展過程を経て中部日本〜東北日本の各地で槍先形尖頭器を主体とする槍先形尖頭器石器群が成立する（第Ⅲ期）。中部高地を除くと、槍先形尖頭器石器群成立期（第Ⅲa期）の槍先形尖頭器はナイフ形石器文化期の石器製作技術体系を基盤としているが、やがて多くの地域で大型槍先形尖頭器の製作を契機として、槍先形尖頭器の素材生産を含めた石器製作技術体系に変化が認められるようになる（第Ⅲb期前半）。この段階では分割礫や大形厚手剥片（盤状剥片）の生産とともに定型的な剥片の生産が行われており、ナイフ形石器文化期段階の素材生産構造をなお色濃く残しているものの、槍先形尖頭器の製作に大形素材が主体的に利用されるようになる。さらに、細石刃石器群出現直前の時期（第Ⅲb期後半）には大型槍先形尖頭器の安定的な製作に伴って製作工程初期を中心とする槍先形尖頭器調整剥片が槍先形尖頭器を含む多くの器種の素材として組み込まれるようになるとともに、東北地方、中部地方北部以外の地域では定型的な剥片生産が大きく後退しており、石器製作技術体系の変動がはっきりとした形で認められるようになる。細石刃石器群盛行期においても槍先形尖頭器石器群は中部高地や東北地方東南部などの地域で継続し、大型槍先形尖頭器の製作技術がほぼ完成の域に達する。この時期の槍先形尖頭器石器群と北方系細石刃石器群の石器製作技術構造は共通する部分が認められ、各石器群を保有した集団は相互に関連をもち、一部生活圏を重複させながら併存していた可能性が想定できる。東北日本を中心に分

布する北方系細石刃石器群は北海道方面からの直接的な集団の移動を中心にその分布圏が形成されたと想定される場合が多いが、安斎正人が想定する（安斎 2002）ように、基本的には北海道の細石刃石器群保有集団との接触を通じて在地の集団が主体的に石器製作技術体系を変化させたものと理解される。本州の北方系細石刃石器群には石刃状剥片を素材とした各種剥片石器が伴うが、基本的に石刃技法を保有しないこと、槍先形尖頭器を基本的に保有しないことなど、北海道の細石刃石器群とは異なる様相をみせていることなどがその傍証である。本州の北方系細石刃石器群のうち湧別技法を主体とするものの剥片生産技術は、細石核ブランク製作および細石核調整技術と一体となっており、細石核製作の初期工程における集中的な石刃状剥片の生産や細石核ブランクの両面加工過程および削片作出後の細石核再調整段階の調整剥片利用によって石器素材が確保されている。細石刃石器群出現直前の槍先形尖頭器石器群において認められた、大型を中心とする槍先形尖頭器製作における素材生産と石器製作が一体化した技術体系は、この時期にほぼ完成している。これら槍先形尖頭器石器群と北方系細石刃石器群の石器製作技術体系は、基本的に共通した構造を示していることがわかる。細石刃石器群出現以前における石器製作技術体系の変遷の様相からみて、槍先形尖頭器石器群のそれを基盤として本州の湧別技法を伴う細石刃石器群が成立している可能性が高い。また、神子柴石器群についても、本論でみたように第Ⅲb期後半段階まで東北地方、中部地方北部では石刃技法が残存し、とくに東北地方では大型槍先形尖頭器の発達が著しいこと、石斧の製作技術は大型槍先形尖頭器の製作技術の延長線にあることなどから、やはり東北地方を中心とする地域で在地集団を基盤として成立した可能性が高い。細石刃石器群消滅期あるいは細石刃石器群消滅以降の第Ⅴ期の槍先形尖頭器石器群は槍先形尖頭器の形態組成のみならず、石器組成などかなり複雑な様相が認められる。おそらく完新世へと移行する自然環境に対する適応の仕方が単純ではなく、異なる集団が異なる生態系の開発によって一部生活圏を重複させながら併存し、相互に影響関係にあったものと理解される。

　一方では、細石刃石器群出現期直前に始まった石器製作技術体系の変動は、細石刃石器群盛行期（細石刃文化期）を経て第Ⅴ期にはとりあえず完了しているとみてよいであろう。しかし、狩猟具の主体が槍先形尖頭器から石鏃へと移行するのに伴って、槍先形尖頭器の製作を中核とする石器製作体系も崩壊し、器種に基づく石材選択[1]と石核選択[2]が行われる縄文時代的な石器製作体系へと移行していくと考えられる。いずれにせよ、安斎正人が指摘（安斎 1994）するように、第Ⅲ期の槍先形尖頭器石器群と第Ⅴ期の槍先形尖頭器石器群では石器製作体系の構造変化によって質的転換を果しているが、その変化は断絶しておらず連続的であることは本論で示したとおりである。さらに石器製作体系の構造変化は継続し縄文時代へと移行することからみて、細石刃石器群盛行期を含む第Ⅲ期～第Ⅴ期、縄文時代初頭の時期は縄文時代への移行期としての評価が可能と思われる。この時期にみられた石器製作体系の構造変化は遺跡のあり方からみて、これまで指摘されているように社会構造の変化を伴ったものであろう。

　槍先形尖頭器は投槍および突槍の機能が想定されている。今後十分な検証を行っていく必要があるが、第Ⅲb期以降明確な形態分化が認められるようになることから、狩猟対象や狩猟法に関連して機能分化が予想され、とくに大型槍先形尖頭器は突槍としての機能が想定される。ナイフ形石器

文化期の槍先形尖頭器は形態的にはナイフ形石器と重複する部分が多く、狩猟具としての優位性は高くなかった可能性があるが、槍先形尖頭器石器群成立以降、上述のごとく明確な形態分化を果し、狩猟具にふさわしい発達を遂げたとみることができる。狩猟法や狩猟技術の面でも大きな進展があったことが想定され、とくに第Ⅲb期以降では狩猟に伴う集団の再編が伴ったか可能性がある。旧石器時代の生業部門の一つである狩猟活動に焦点を当てるとき、稲田孝司が示した槍先形尖頭器の出現とそれに伴う石器製作体系の構造変化を通じて、旧石器時代社会が崩壊し縄文時代社会へと移行するとした見解（稲田1969）は、対象資料の編年的位置づけや狩猟対象など現在の研究成果とは相容れない部分も多々あるにせよ、正鵠を射ていると思われる。槍先形尖頭器石器群の成立期から縄文時代草創期前半は、新たな縄文時代的要素が加わるともに社会構造の上でも変化していく時期であるが、狩猟部門においては槍による狩猟形態が明確化した時期と評価され、石器製作技術体系、石材の需給関係やそれに基づく社会構造も槍先形尖頭器の製作を基盤としているといえるであろう。その意味において、「槍先形尖頭器文化」と呼称できる内容をもっている。操作単位としての「文化」ないしは「石器文化」が、石器が直接指示する内容を逸脱し、その背景に社会的・生態的内容と構造・諸関係性も込められる場合、対象資料群の石器群構造のシステム論的把握とそれをもたらした社会生態学的プロセスを分明に解釈しなければならないと佐藤宏之が指摘するように（佐藤1991）、石器群の現象的把握のみでは「文化」の名称を冠することは適当ではない。「槍先形尖頭器文化」は狩猟具たる槍先形尖頭器の製作・使用が社会の重要な部分を構成していることは間違いあるまいが、それが集団関係や社会構造をどのように規定しているのかを今後明らかにしていく必要がある。また、「槍先形尖頭器文化」後半期は組織的な水産自然の利用や縄文時代の基盤である植物質食料の加工技術が進展しはじめる時期と評価されることから、真に「槍先形尖頭器文化」足りうるのか検討していく必要があろう。

註

(1) 旧石器時代においても局部磨製石斧などの一部の器種は機能に関連して石材選択が行われているが、必ずしも厳密ではなく、石斧の素材として硬質の石材が選択される場合もかなりある。縄文時代の石器は剥片素材の狩猟具・加工具と打製石斧類、磨製石斧をはじめとする磨製石器類では基本的に異なる石材選択を行っている。

(2) 縄文時代の石器製作体系は、地域や時期によって様相が異なることから一元的に語ることはできないが、剥片石器についてみると、基本的には石鏃のような小形石器には小形石核、スクレーパーや石匙のような中・大形石器には中・大形石核が用意されている。石核の素材としては盤状剥片や分割礫など大形の素材が用意され、石核の消費に伴って大形剥片から小形剥片までさまざまなサイズの素材を生産し、各器種に供給するものと大形の素材を分割して小・中形の石核素材を用意し、目的に応じたサイズの素材を生産するものがあるようである。

図版編

東北日本
  関東地方……………………………283
  東北地方……………………………390
  北海道地方…………………………407
中部日本
  中部高地（中部地方中央部）……… 412
  中部地方北部………………………442
  東海地方……………………………482
西日本
  中・四国、近畿地方…………………488
  九州地方……………………………497

東北日本：関東地方

東北日本：関東地方　283

図版第1　第Ⅰ期の槍先形尖頭器（1）　相模野台地・武蔵野台地

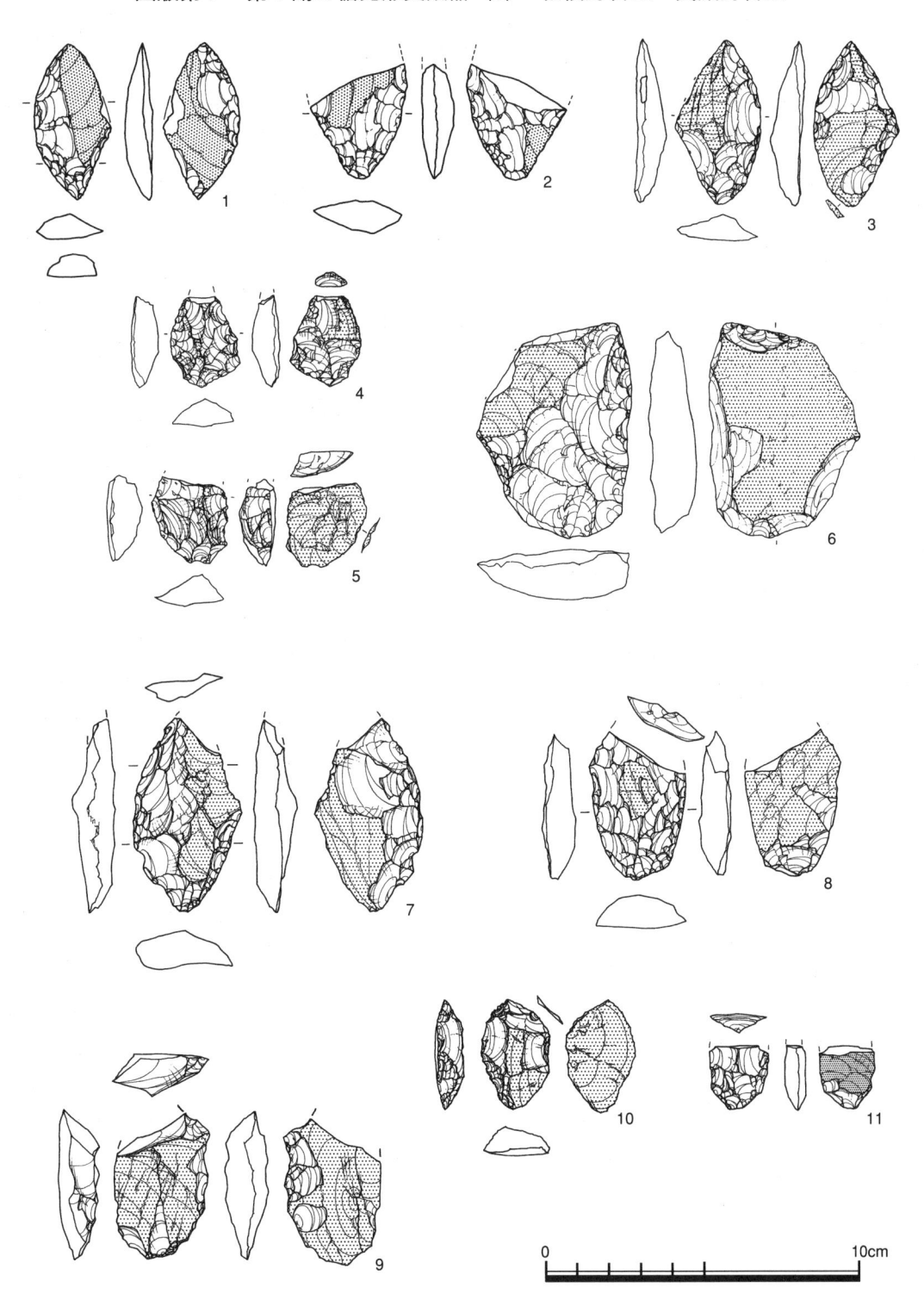

1・2：神奈川県下九沢山谷遺跡第Ⅳ文化層（中村喜代重 1979bに加筆）、3～6：神奈川県県営高座渋谷団地内遺跡第Ⅴ文化層（小池 1995に加筆）、7～11：東京都比丘尼橋遺跡第Ⅳ文化層（長崎 1993に加筆）

図版第2　第Ⅰ期の槍先形尖頭器（2）　武蔵野台地

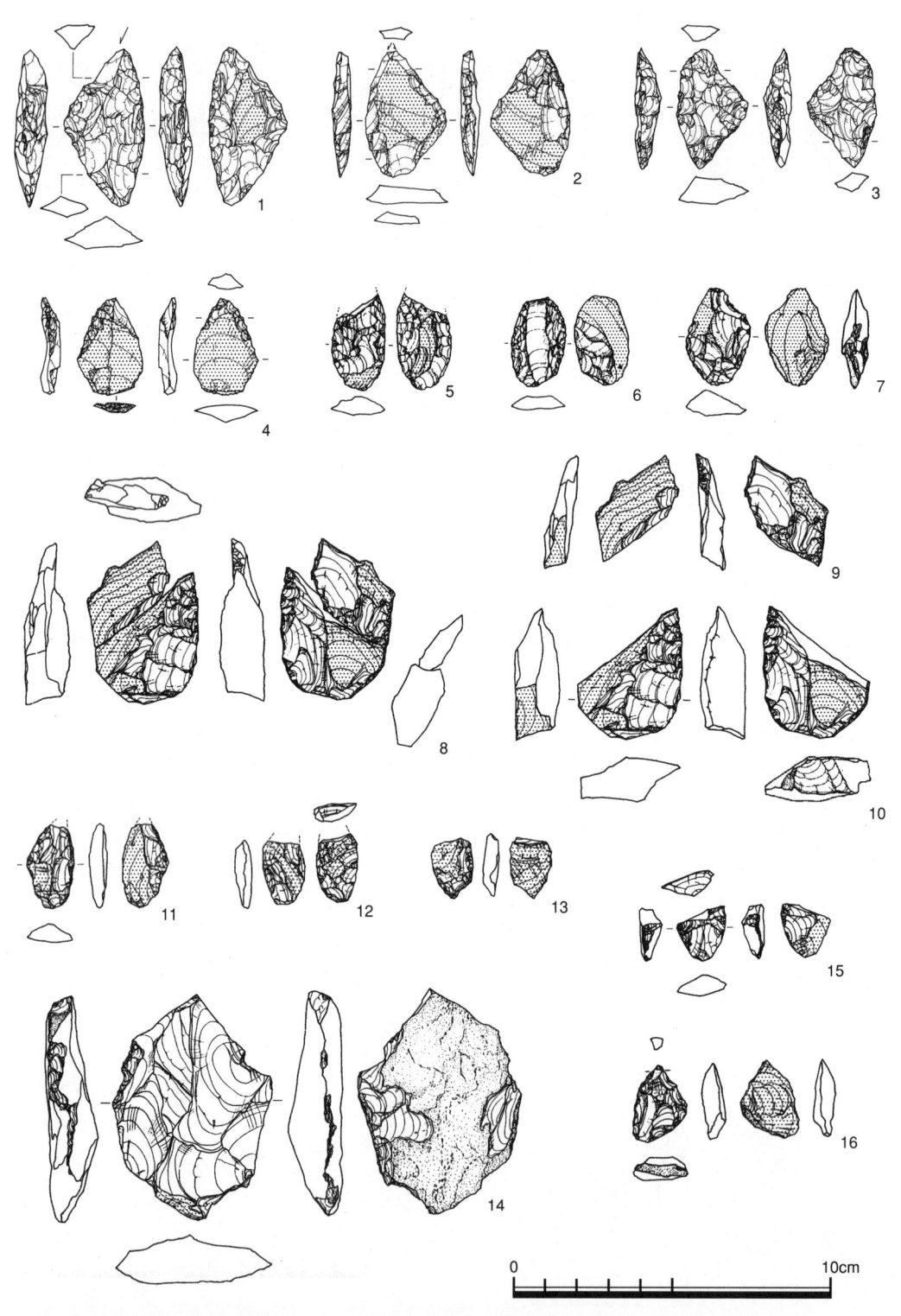

1〜4：東京都葛原遺跡B地点第Ⅱ文化層（廣田・前田 1987に加筆）、5〜7：東京都西之台遺跡B地点第Ⅳ層中部（小田編 1980に加筆）、8〜16：東京都武蔵台遺跡Ⅳ中文化層（相沢浩二 1984に加筆）

東北日本：関東地方　285

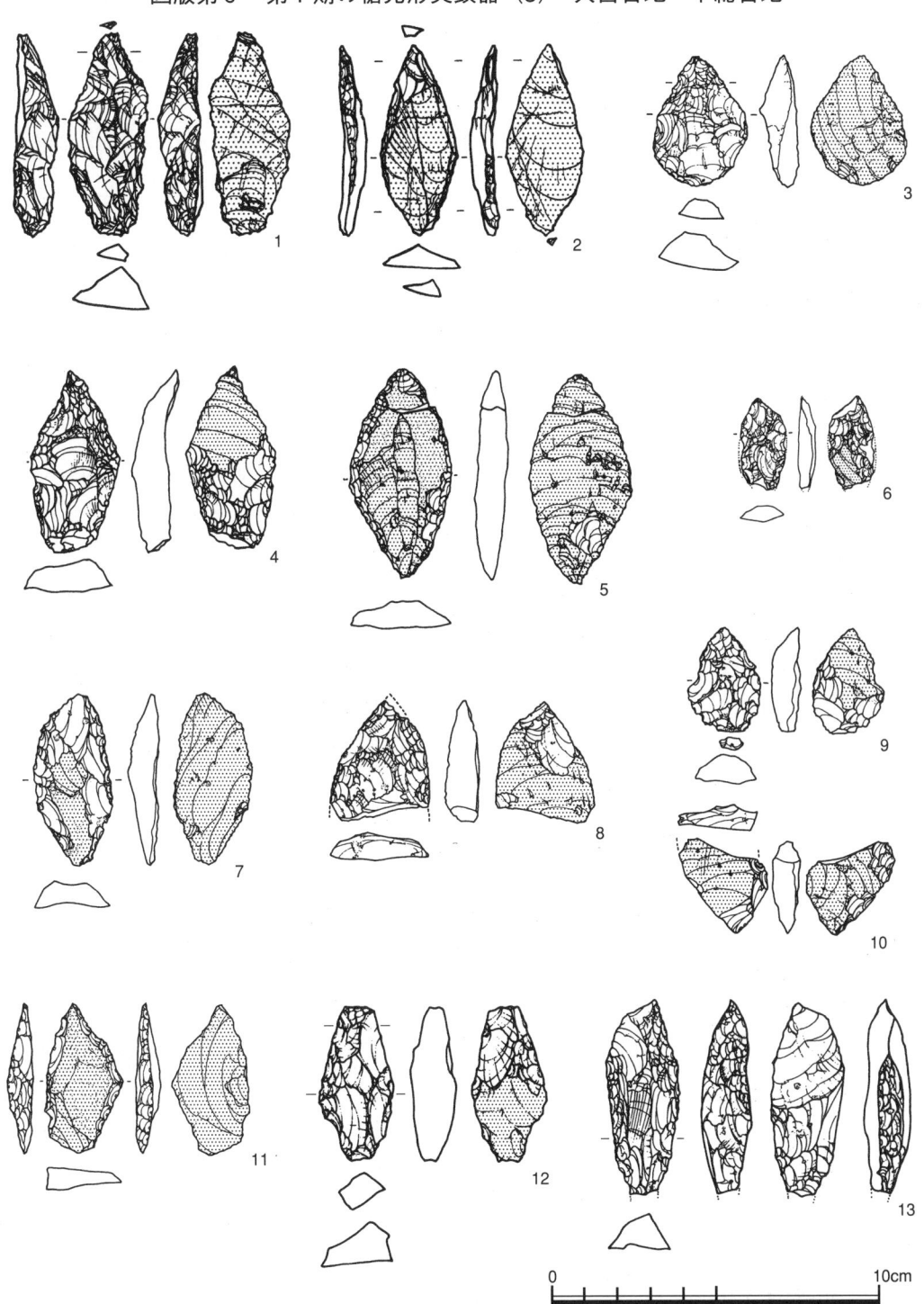

図版第 3　第 I 期の槍先形尖頭器（3）　大宮台地・下総台地

1・2：埼玉県大和田高明遺跡（田代・鈴木ほか 1992 に加筆）、3：千葉県西長山野遺跡第 1 文化層（太田・矢本 1992 に加筆）、4・5：千葉県権現後遺跡第 3 文化層（橋本勝雄編著 1986 に加筆）、6：千葉県向原遺跡第 4 地点（大原・藤崎編著 1989 に加筆）、7〜10：千葉県井戸向遺跡（田村 1987 に加筆）、11：千葉県池花南遺跡第 2 文化層（渡辺修一 1991a に加筆）、12・13：千葉県北海道遺跡（橋本勝雄 1985 に加筆）

286

図版第4　第Ⅱ期の槍先形尖頭器（1）　相模野台地その1

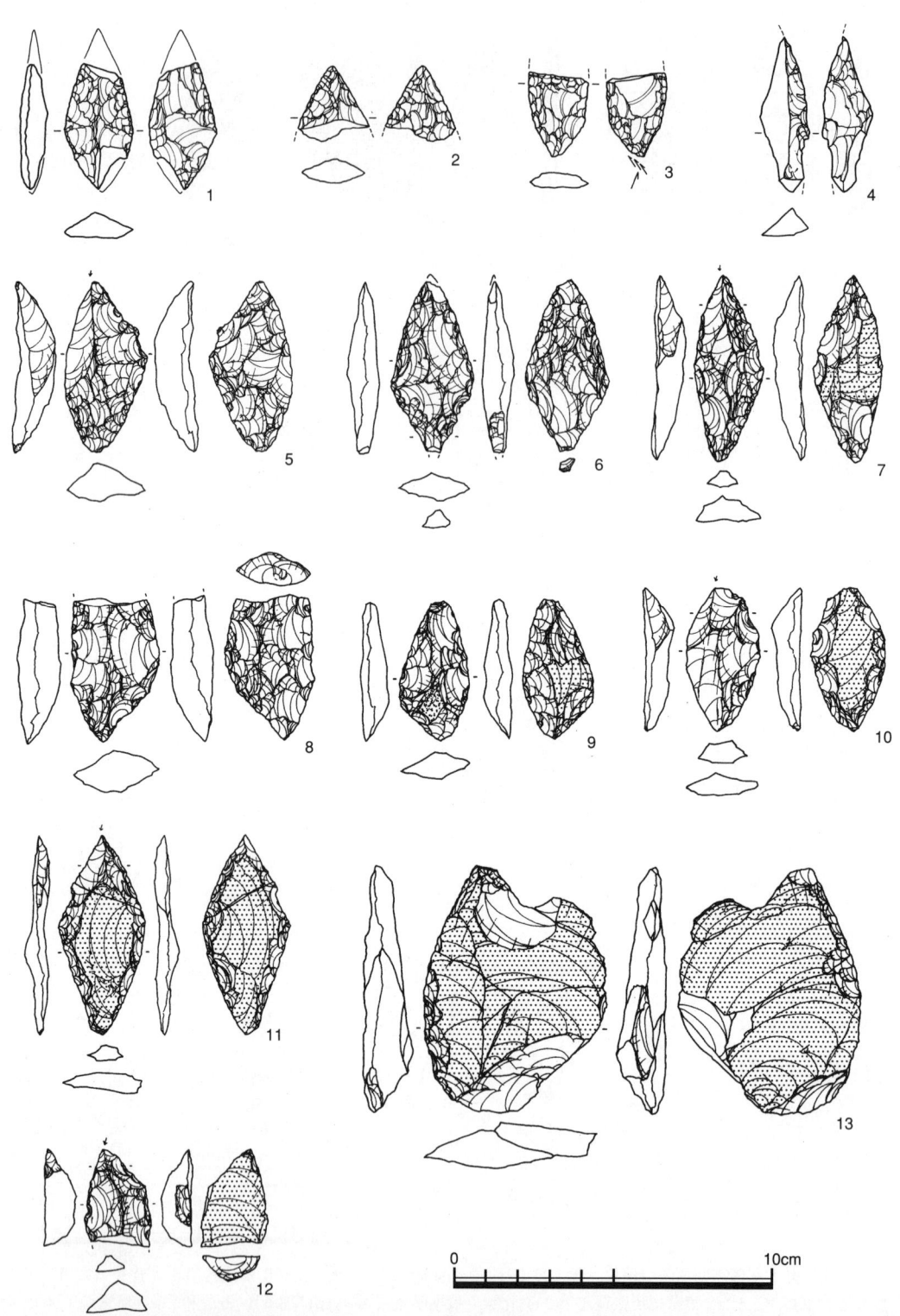

1～4：神奈川県本蓼川遺跡（宮塚・矢島・鈴木 1974に加筆）、5～13：神奈川県大和市No.210遺跡
第Ⅱ文化層（小池・田村 1999に加筆）

東北日本：関東地方　287

図版第 5　第 II 期の槍先形尖頭器（2）　相模野台地その 2

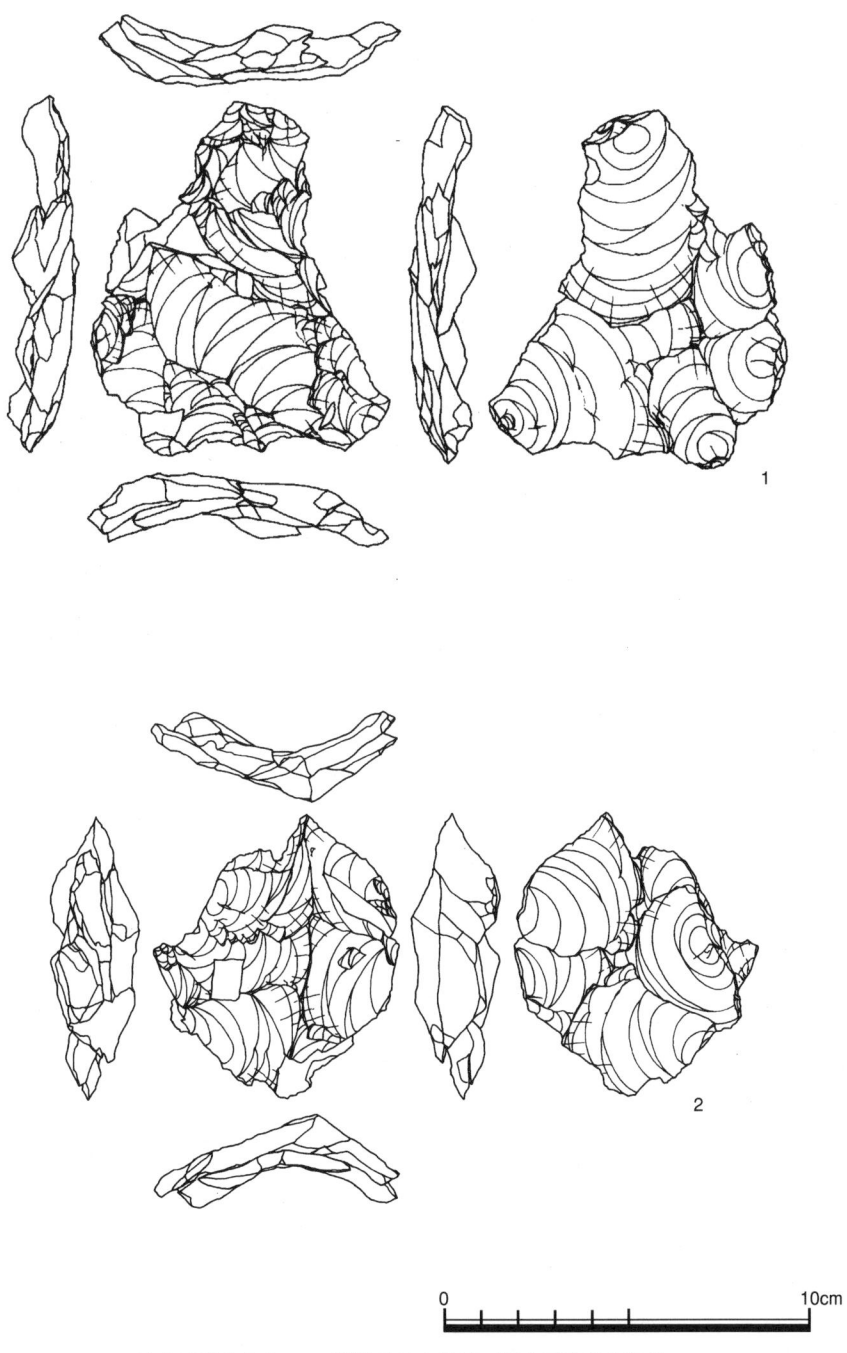

1・2：神奈川県大和市 No.210 遺跡第 II 文化層（調整剥片接合資料、背面の接合線は消してある。小池・田村 1999 に加筆）

288

図版第6　第Ⅱ期の槍先形尖頭器（3）　相模野台地その3

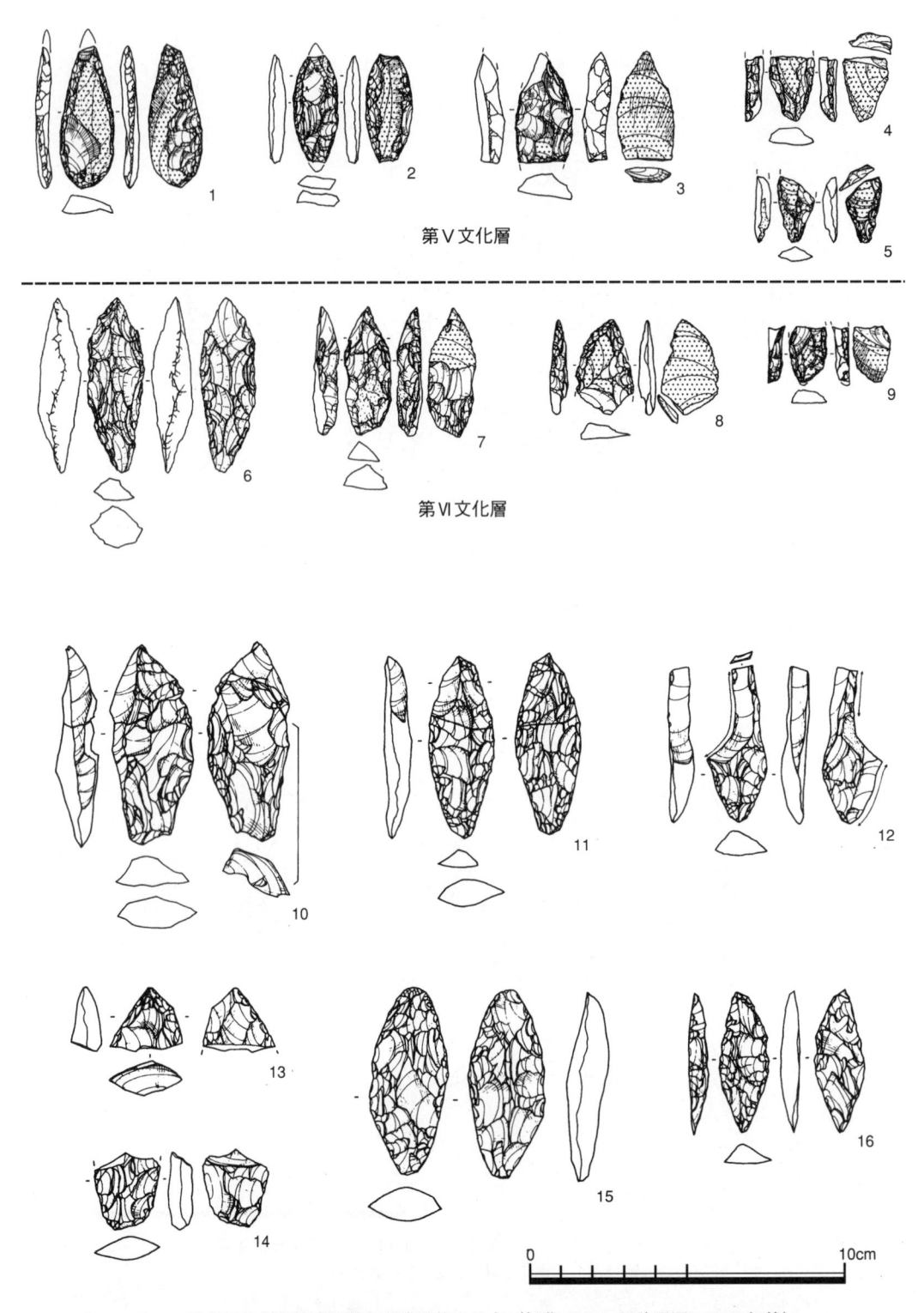

第Ⅴ文化層

第Ⅵ文化層

1〜9：神奈川県月見野遺跡群上野遺跡第1地点（伊藤1986、諏訪間順1986に加筆）、
10〜16：神奈川県深見諏訪山遺跡第Ⅳ文化層（諏訪間・堤1985に加筆）

図版第 7　第 II 期の槍先形尖頭器（4）　相模野台地その 4

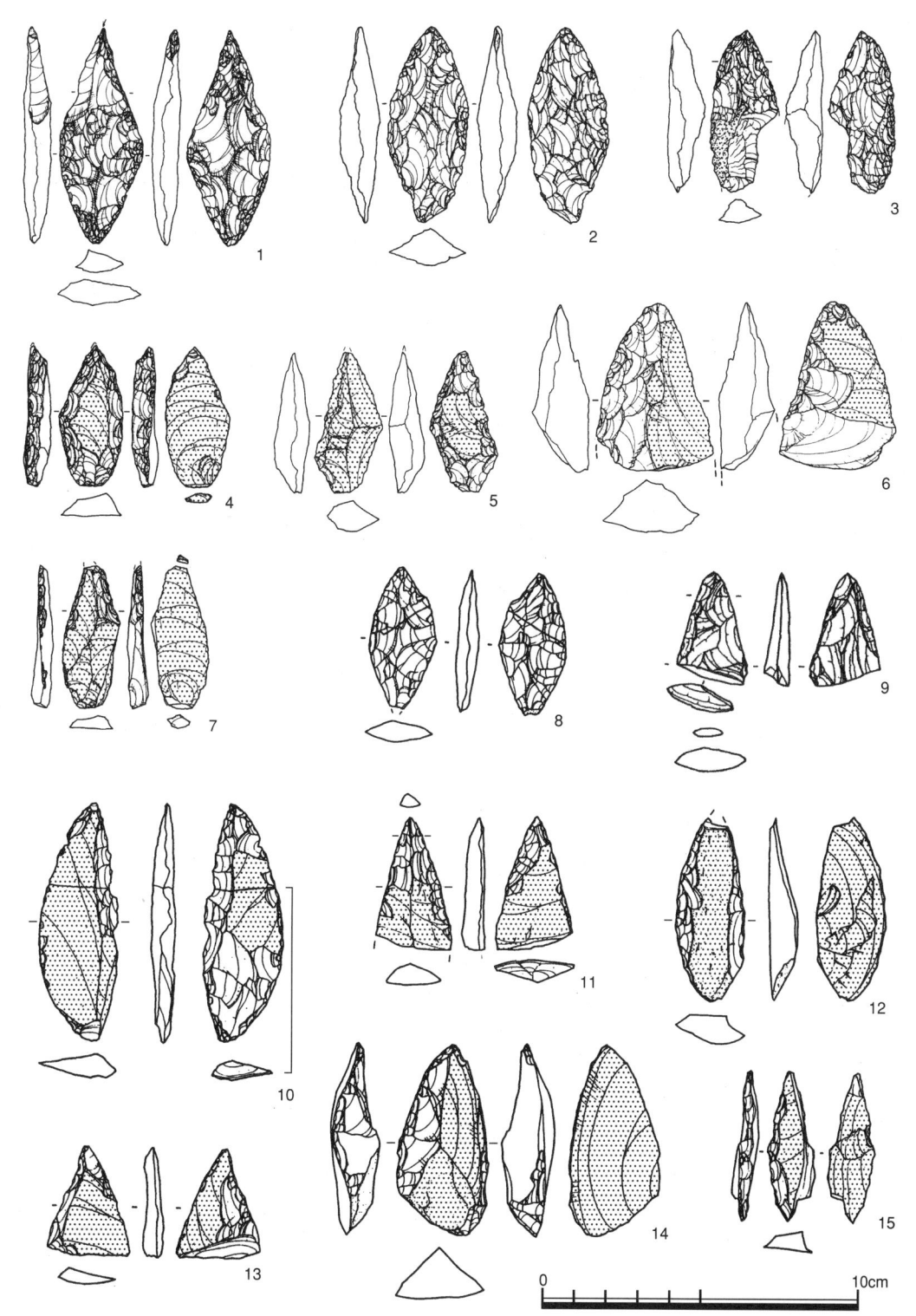

1〜7：神奈川県中村遺跡第 V 文化層（伊藤・鈴木 1987、伊藤・荻上 1987 に加筆）、8〜15：神奈川県下鶴間長堀遺跡第 III 文化層（安藤・諏訪間・中村・服部 1984 に加筆）

図版第8　第Ⅱ期の槍先形尖頭器（5）　相模野台地その5

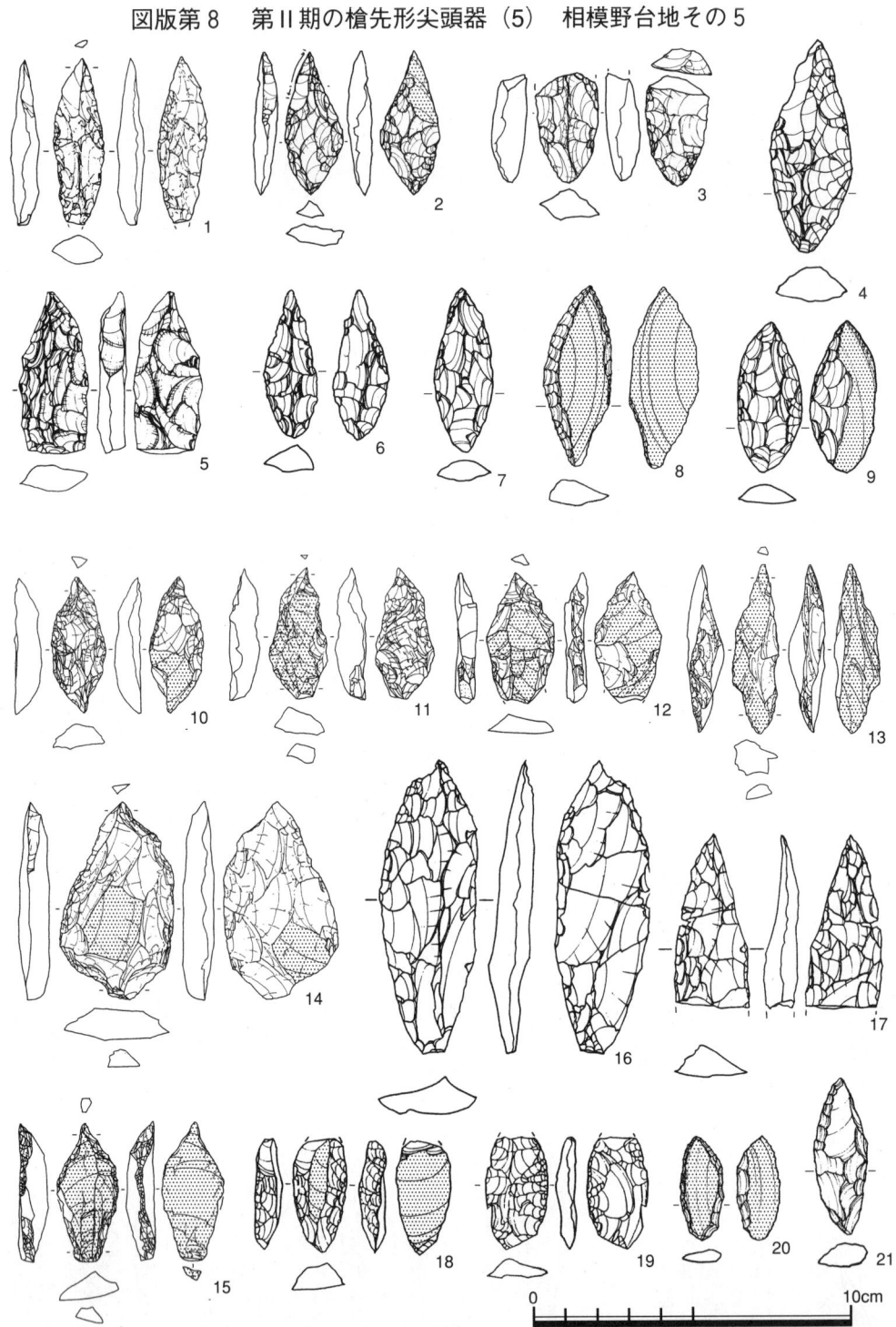

1：神奈川県長堀南遺跡第Ⅳ文化層（麻生順司1987に加筆）、2・3：神奈川県長堀北遺跡第Ⅵ文化層（滝沢・小池編著1991に加筆）、4：神奈川県月見野Ⅰ遺跡B1下底（月見野遺跡群調査団1969）、5：神奈川県下九沢山谷遺跡第Ⅱ文化層（中村喜代重1979b）、6～9：神奈川県月見野Ⅱ遺跡B1（月見野遺跡群調査団1969に加筆）、10～15：神奈川県下森鹿島遺跡第Ⅲ文化層（麻生順司1993に加筆）、16・17：神奈川県上和田城山遺跡第Ⅲ文化層（中村喜代重1979a）、18・19：神奈川県栗原中丸遺跡第Ⅴ文化層（大上・鈴木1984）、20・21：神奈川県月見野ⅣA遺跡B1上部（月見野遺跡群調査団1969に加筆）

東北日本：関東地方　291

図版第 9　第 II 期の槍先形尖頭器（6）　武蔵野台地その 1

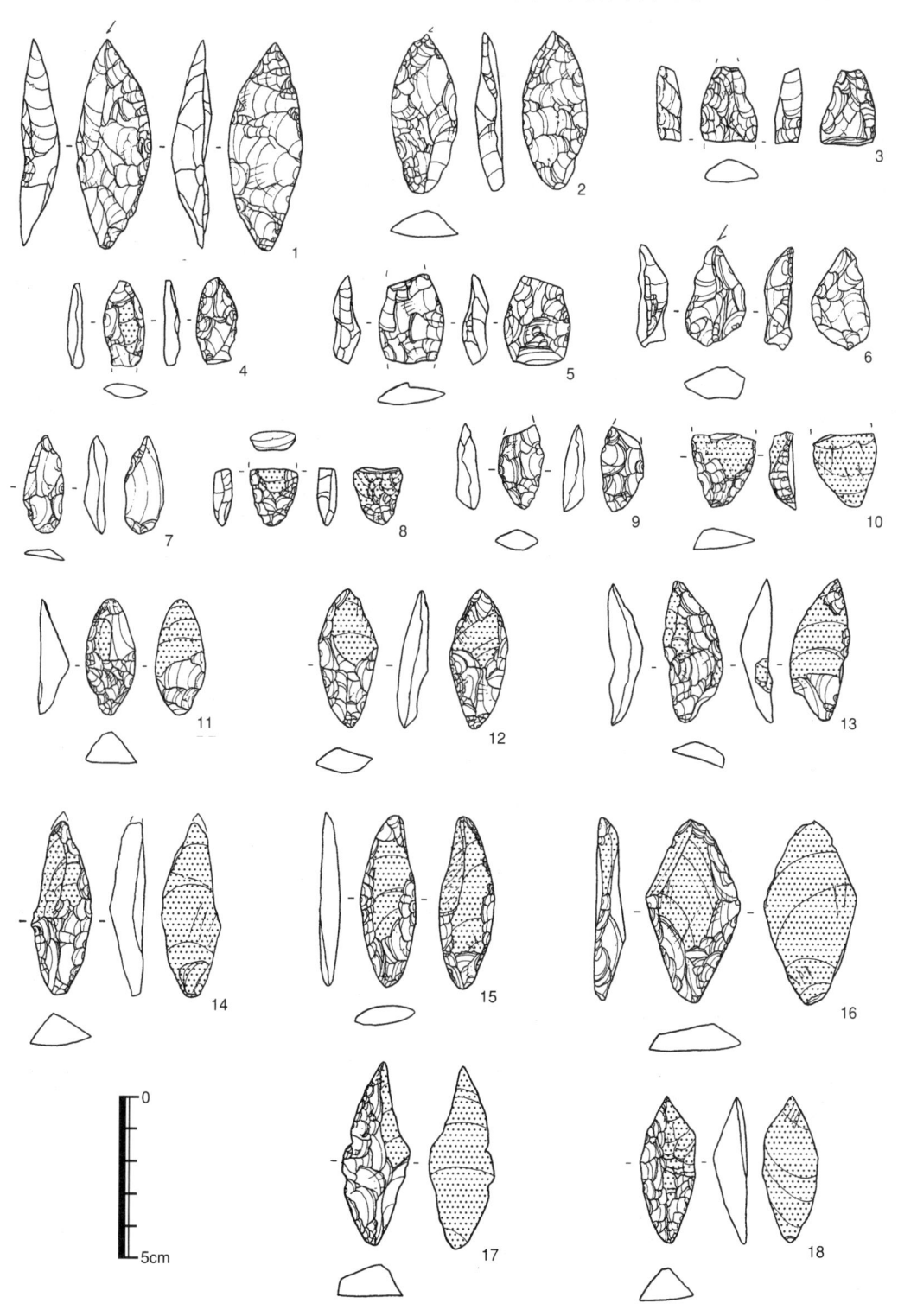

1〜18：東京都府中 No.29 遺跡（比田井・五十嵐 1996 に加筆）

図版第10　第Ⅱ期の槍先形尖頭器（7）　武蔵野台地その2

1～8：東京都城山遺跡（竹崎編1982に加筆）、9～13：東京都吉祥寺南町遺跡B地点（小西編著1997に加筆）、
14～18：埼玉県西武蔵野遺跡（西井・村田1996に加筆）

東北日本：関東地方　293

図版第11　第Ⅱ期の槍先形尖頭器（8）　武蔵野台地その3

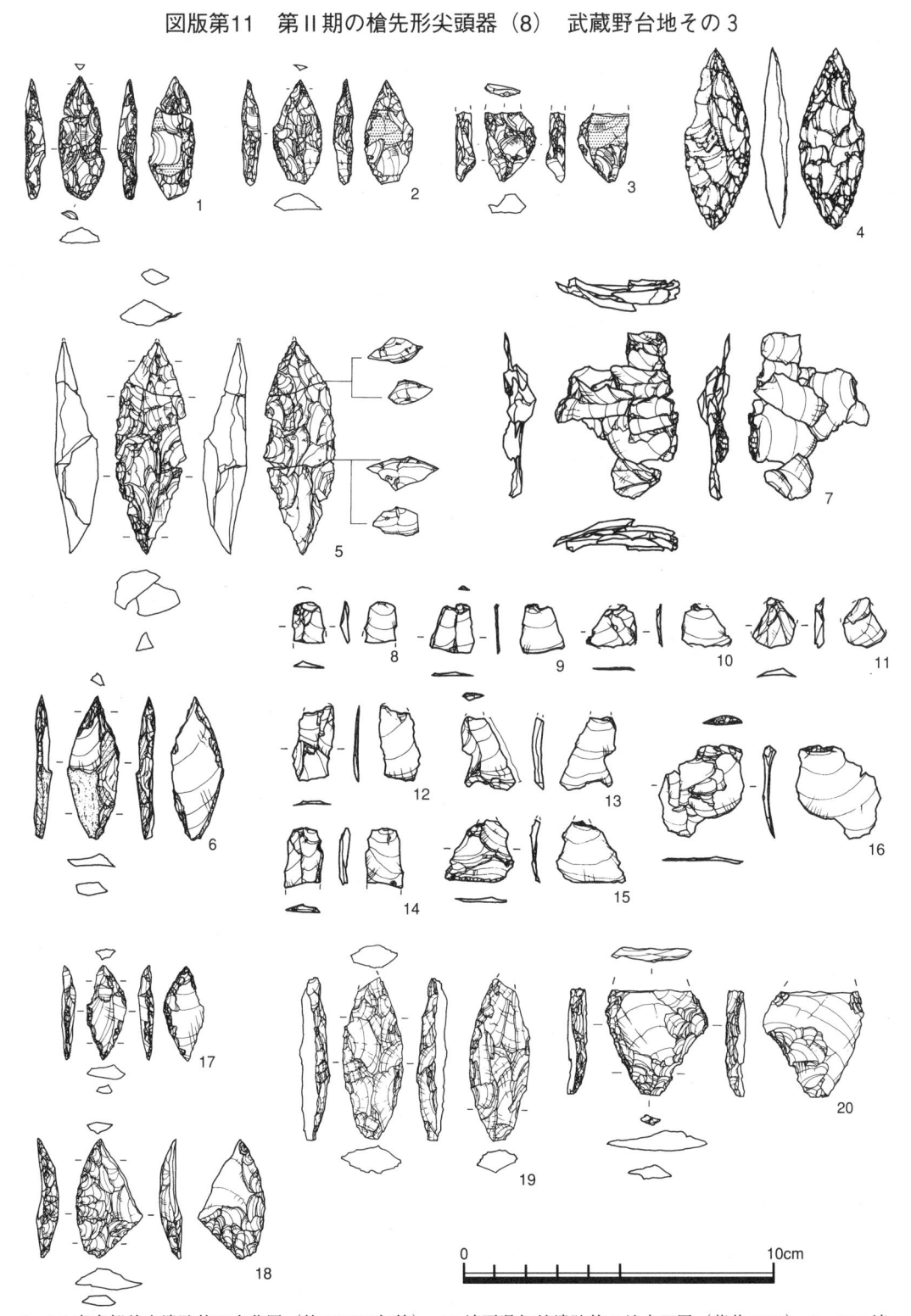

0　　　　　　　　　　10cm

1～3：東京都前山遺跡第Ⅳ文化層（林1998に加筆）、4：埼玉県打越遺跡第2地点Ⅲ層（荒井1976）、5～16：埼玉県下柳沢遺跡第3文化層（5・7は接合資料、亀田・武藤・国武2000）、17～20：東京都葛原遺跡B地点第Ⅰ文化層（廣田・前田1987）

図版第12　第Ⅱ期の槍先形尖頭器（9）　武蔵野台地その4・大宮台地

1・2：東京都前原遺跡Ⅳ上層（小田・伊藤・キーリー編 1976）、3～10：東京都鈴木遺跡Ⅳ上層（織笠昭・織笠明子・金山・桑野 1980）、11～16：埼玉県戸崎前遺跡（金子編 1997）、17：埼玉県提灯木山遺跡（宮本 2000）、18：埼玉県中川貝塚（宮本 2000）、19：埼玉県馬場小室山遺跡（宮本 2000）

図版第13　第Ⅱ期の槍先形尖頭器（10）　下総台地その1

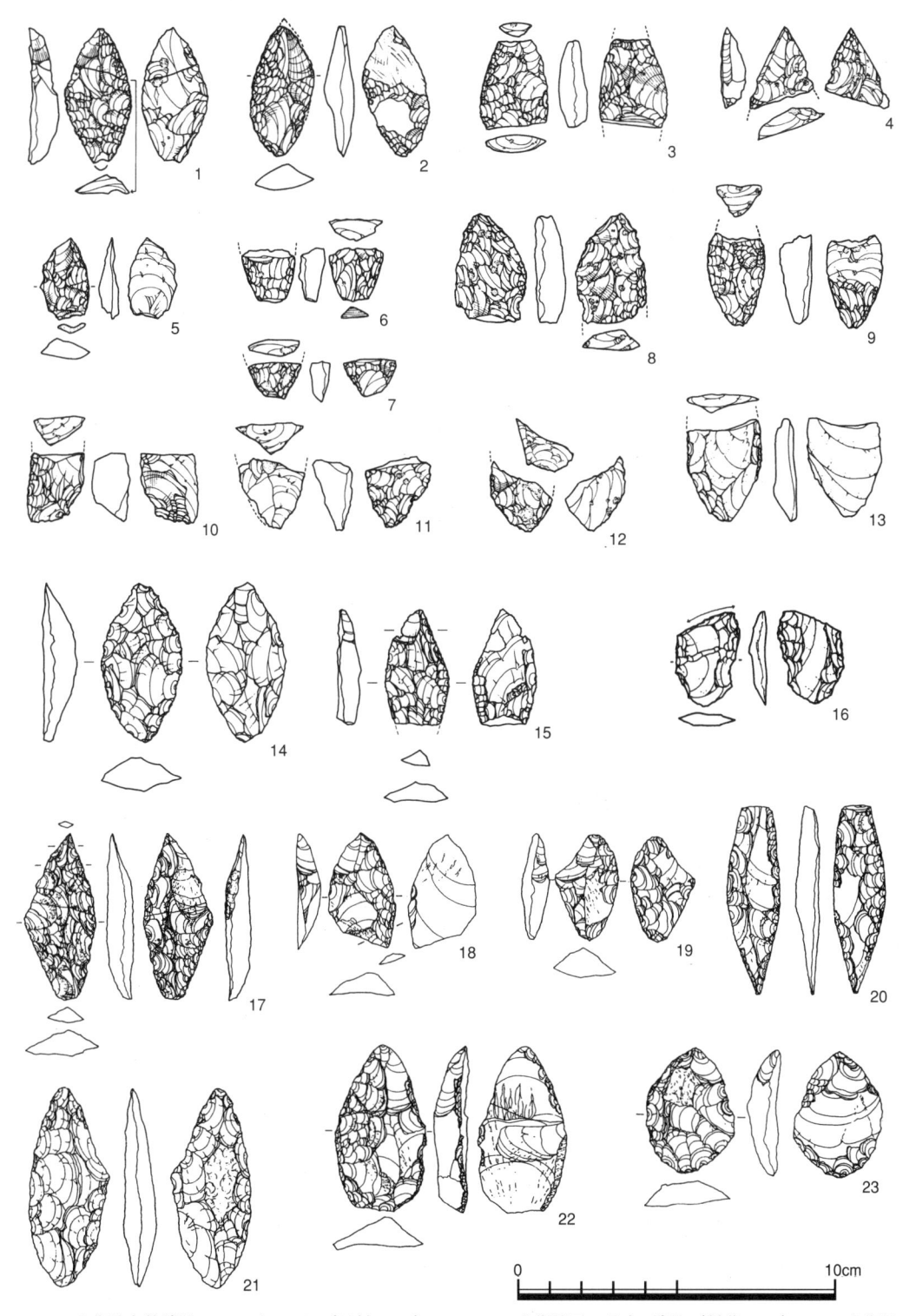

1～13：千葉県大林遺跡9・10ブロック（田村 1989）、14・15：千葉県百々目木B遺跡（稲葉 1998）、16：千葉県木苅峠遺跡第7ユニット（田村 2000）、17～23：千葉県三崎3丁目遺跡第2文化層（道沢 1998）

図版第14　第Ⅱ期の槍先形尖頭器（11）　下総台地その2

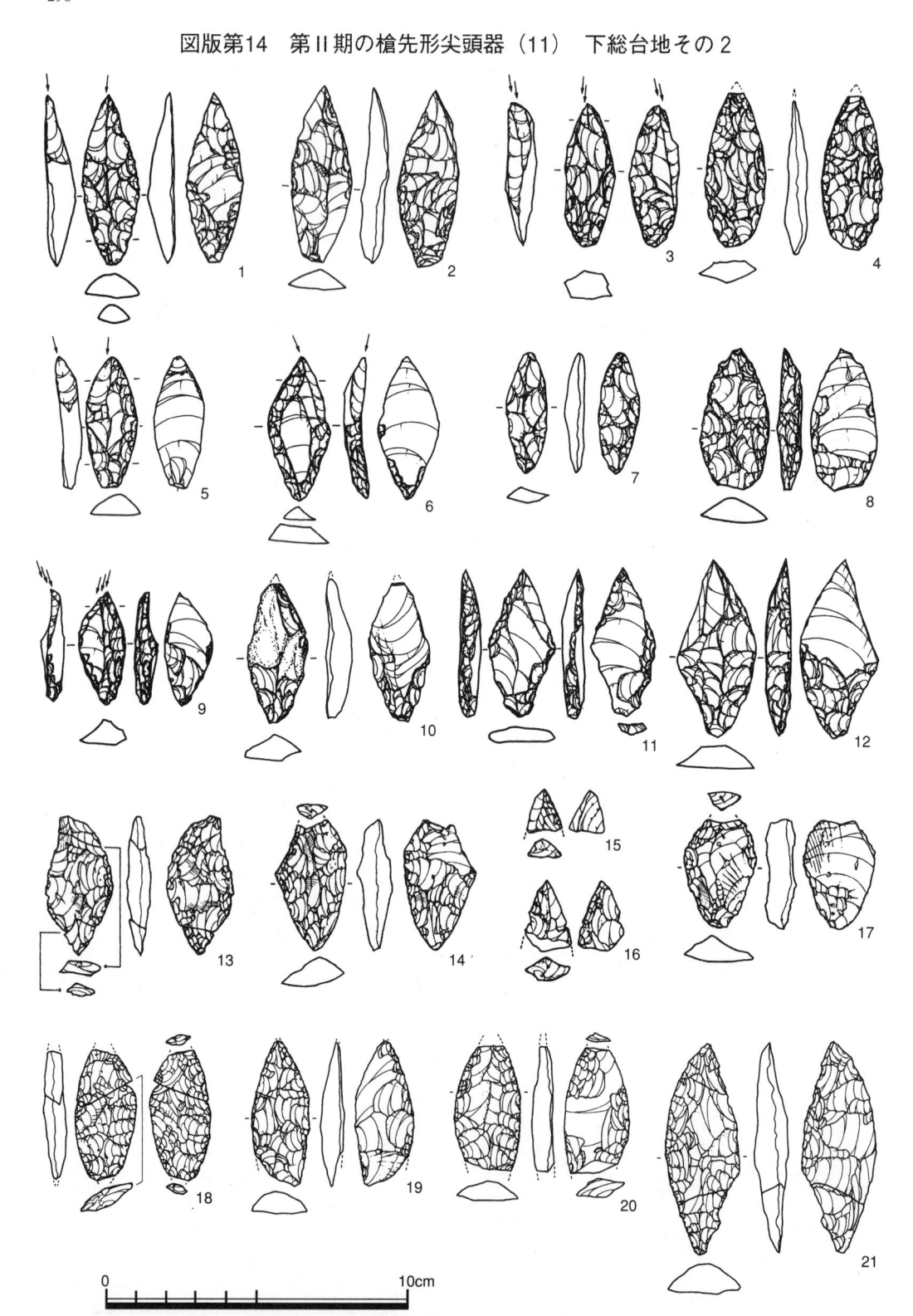

1～12：千葉県取香和田戸遺跡第2文化層（新田1994）、13～17：千葉県御山遺跡第Ⅷa文化層（矢本1994）、
18～21：千葉県池花南遺跡3・10ブロック（渡辺修一1991）

東北日本：関東地方　297

図版第15　第Ⅱ期の槍先形尖頭器（12）　下総台地その3

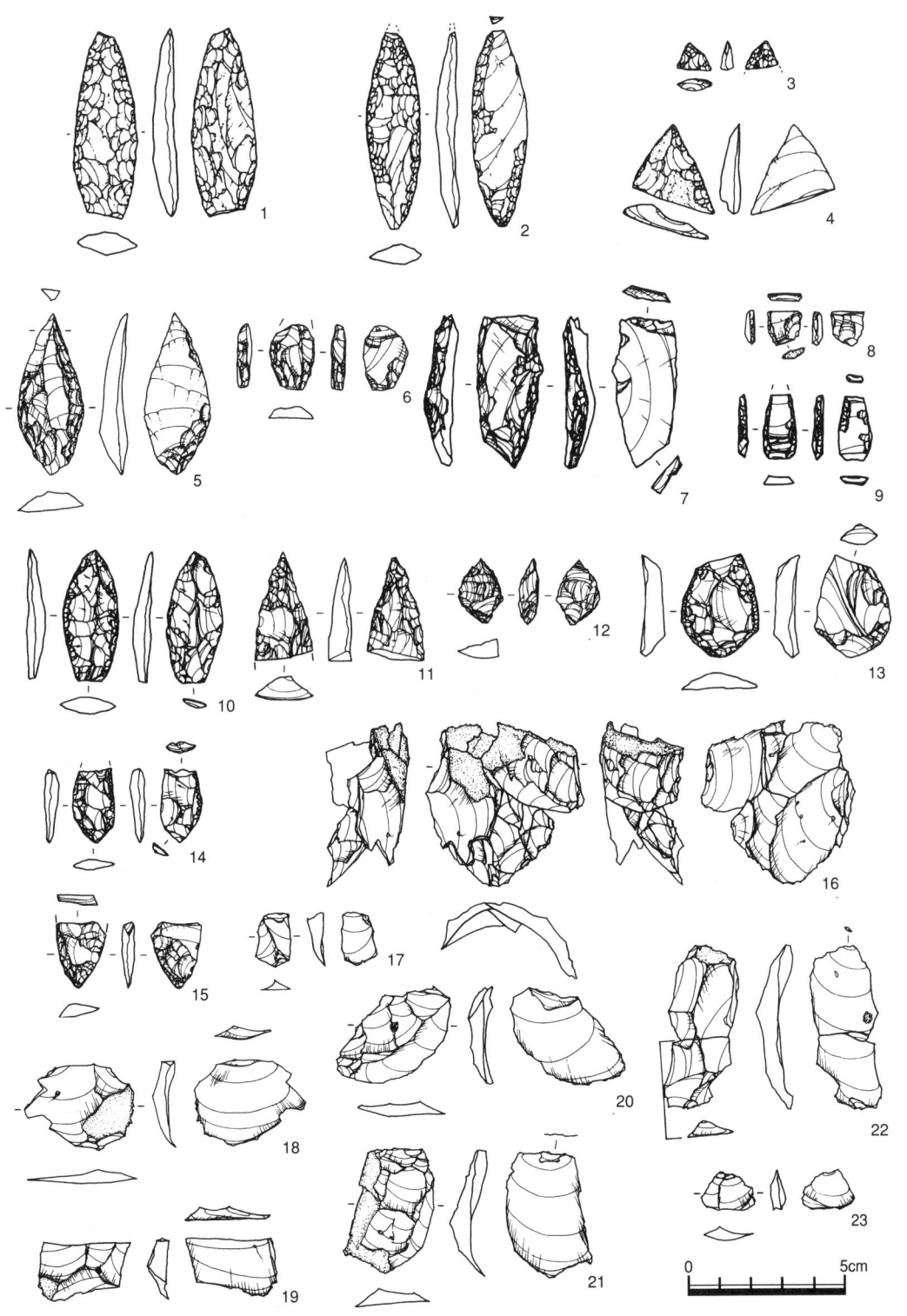

1〜4：千葉県御塚山遺跡第7地点第2文化層（㈶千葉県文化財センター 1993）、5〜9：千葉県南河原坂第3遺跡A地点（島田 1996a）、10〜23：千葉県南河原坂第3遺跡C地点上層（島田 1996b）

298

図版第16　第Ⅱ期の槍先形尖頭器（13）　関東地方北部

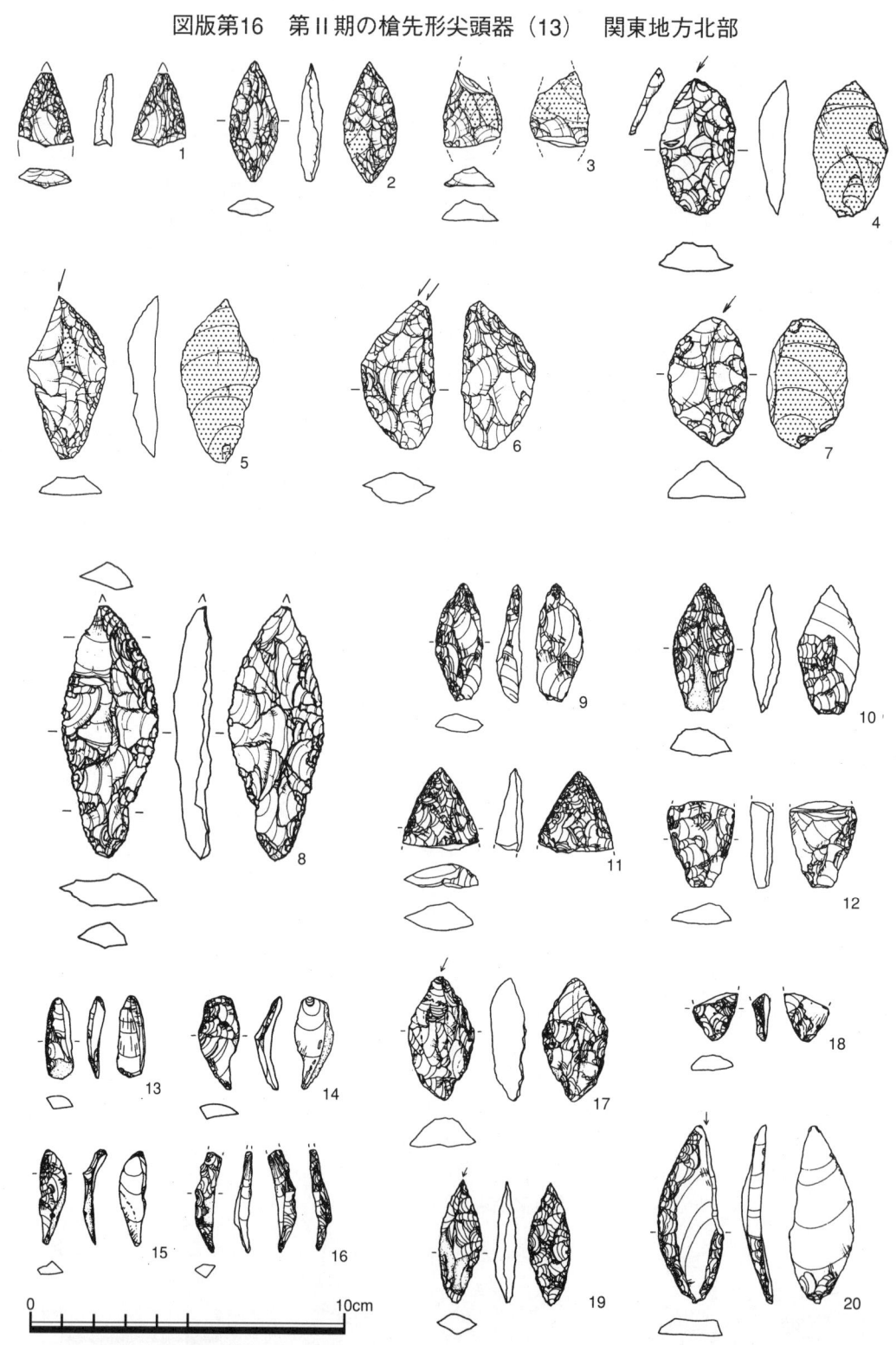

0　　　　　　　　　　　10cm

1〜7：群馬県下触牛伏遺跡第Ⅰ文化層（岩崎1986に加筆）、8：群馬県藤岡北山B遺跡（軽部1994）、
9〜20：栃木県多功南原遺跡（山口耕一1999）

東北日本：関東地方　299

図版第17　第Ⅲa期の槍先形尖頭器（1）　相模野台地その1

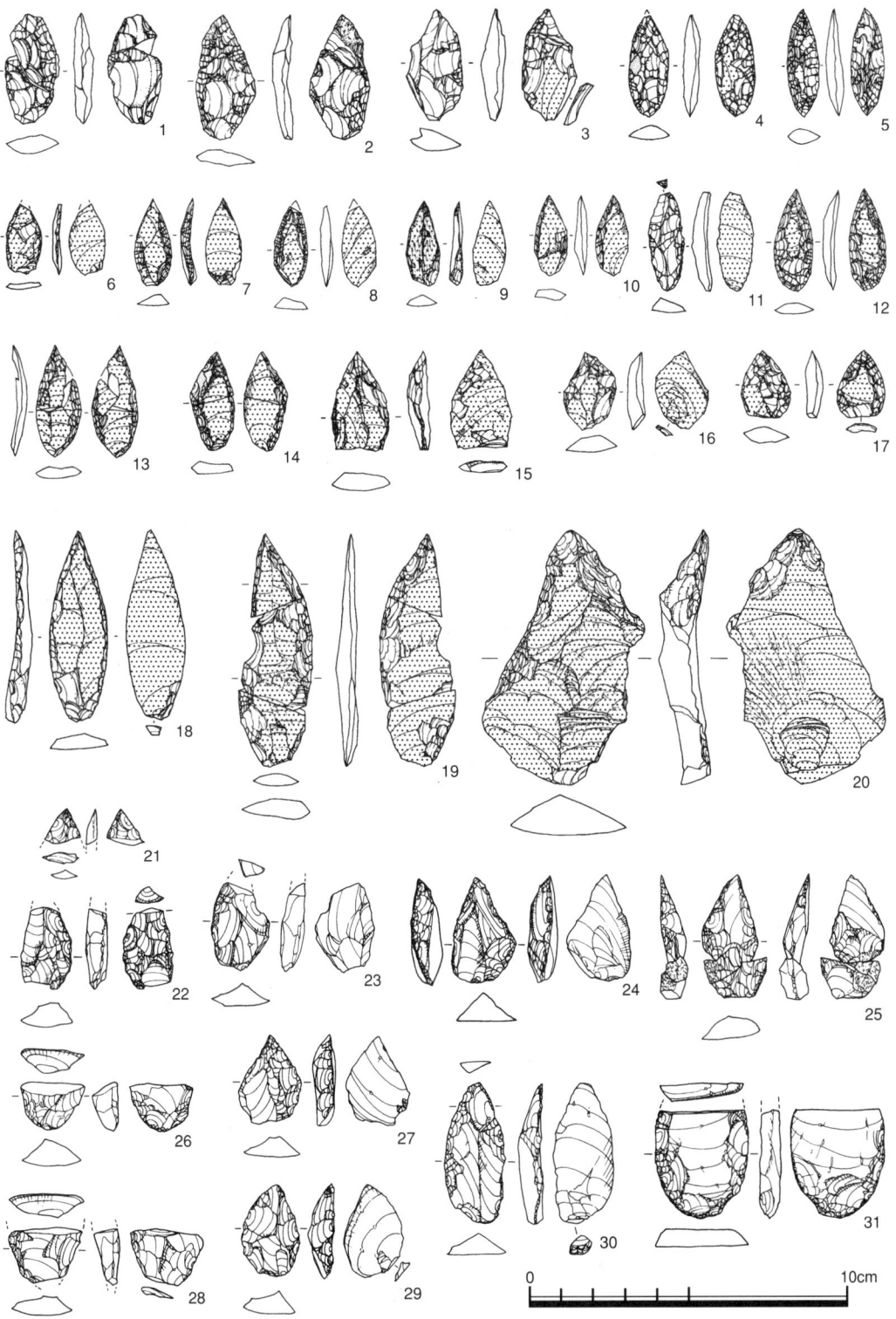

1〜20：神奈川県下鶴間長堀遺跡第Ⅱ文化層（中村喜代重 1984bに加筆）、
21〜31：神奈川県代官山遺跡第Ⅴ文化層（砂田 1986b）

図版第18　第Ⅲa期の槍先形尖頭器（2）　相模野台地その2

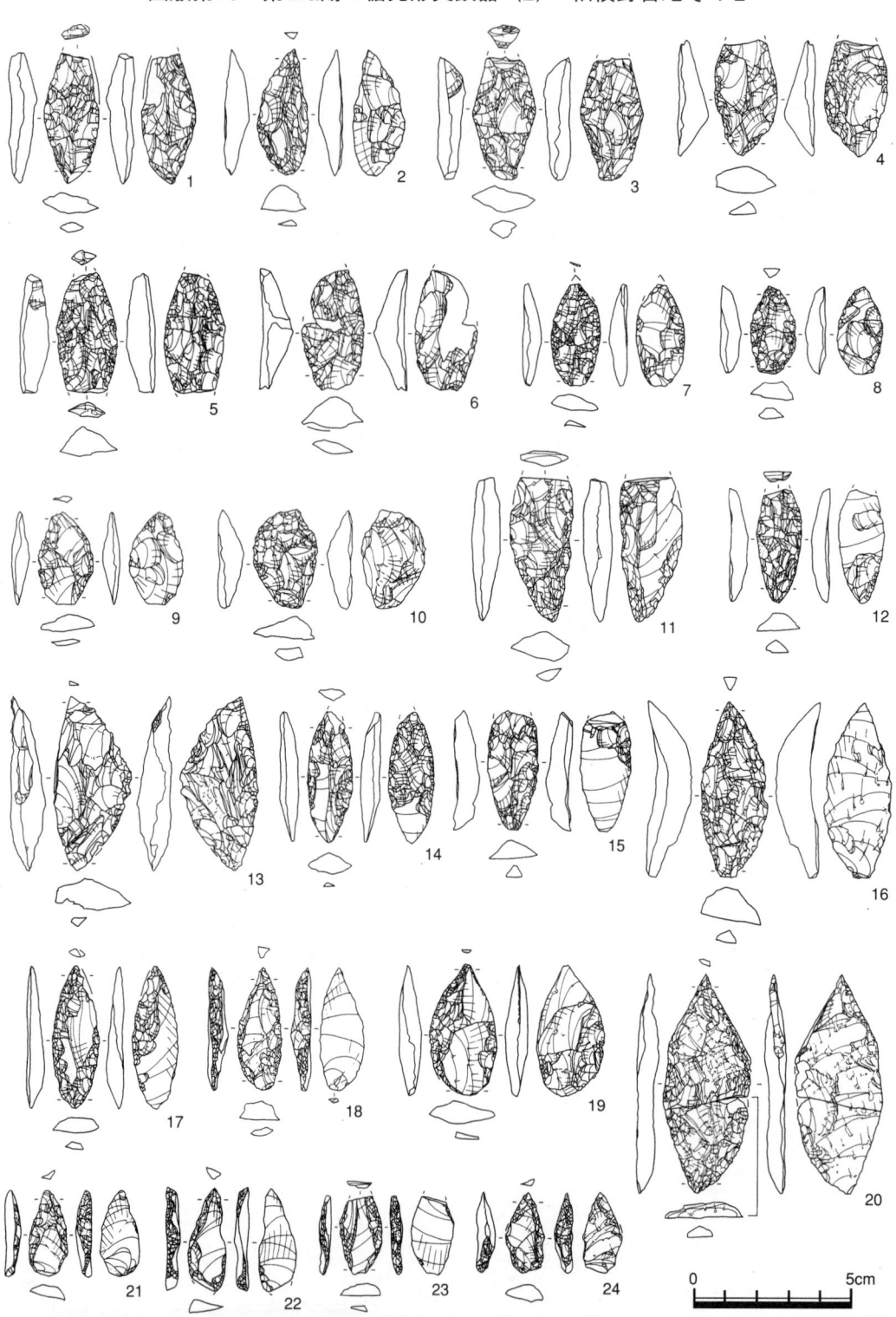

1～24：神奈川県下森鹿島遺跡第Ⅱ文化層（麻生順司 1993）

東北日本：関東地方　301

図版第19　第Ⅲa期の槍先形尖頭器（3）　相模野台地その3

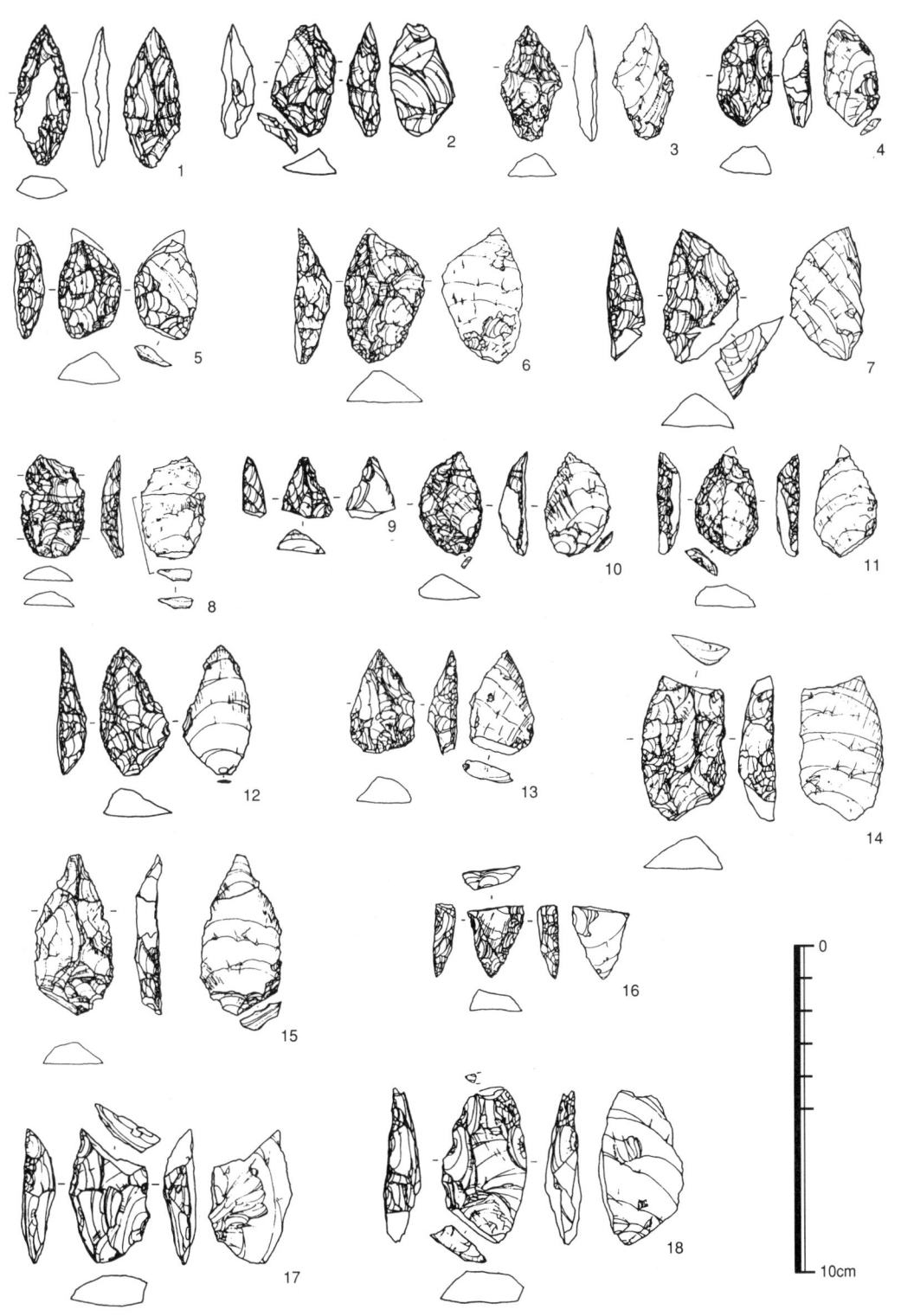

1〜18：神奈川県深見諏訪山遺跡第Ⅲ文化層（曽根編 1983）

302

図版第20　第Ⅲa期の槍先形尖頭器（4）　武蔵野台地

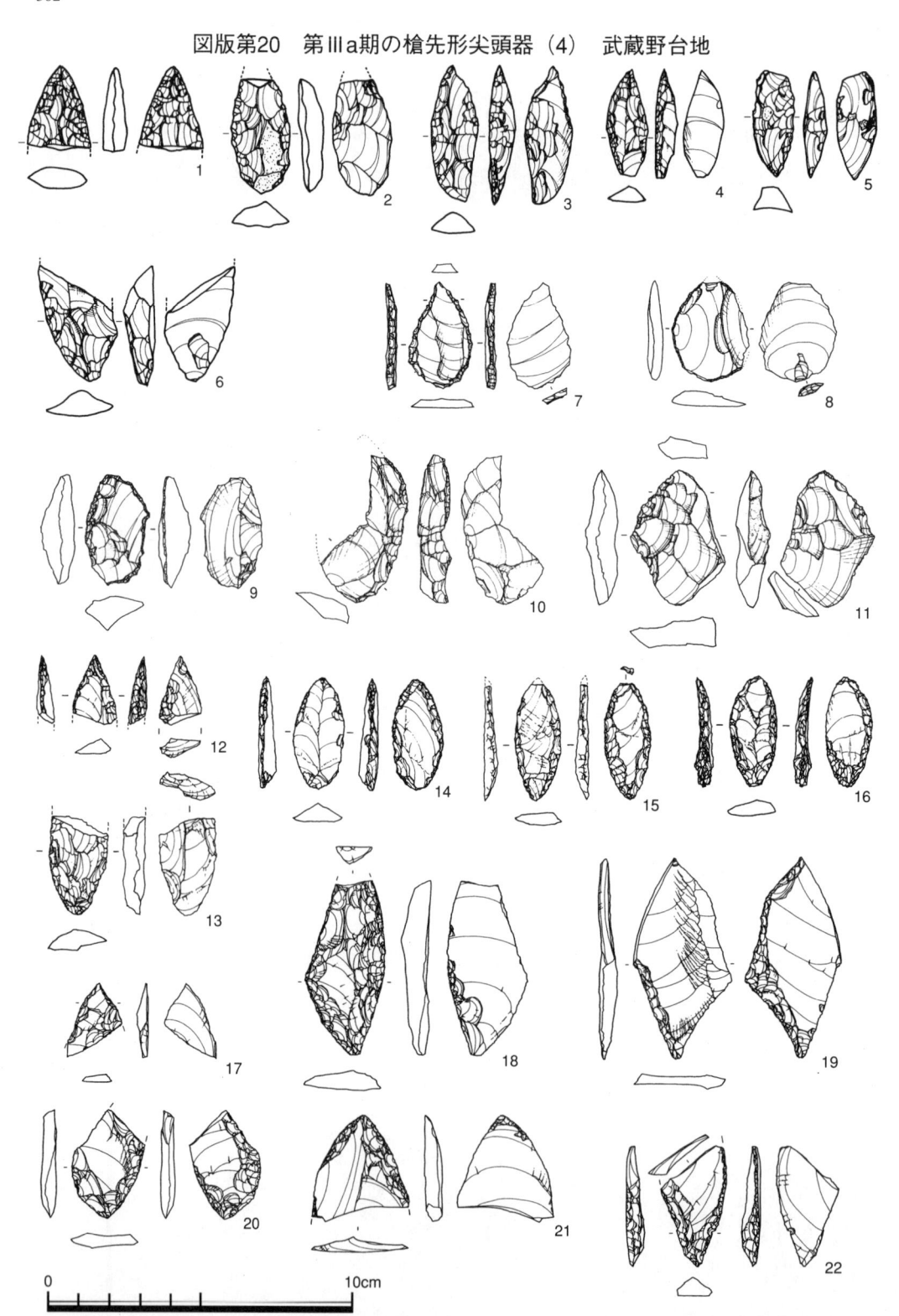

1～6：東京都野川遺跡Ⅳ₁文化層（小林・小田・羽鳥・鈴木1971）、7～11：東京都明治大学泉校地遺跡（安蒜・小菅・須藤ほか1998）、12～16：東京都板下遺跡Ⅲ層1・3ブロック（門脇・北沢・三原1998）、17～22：東京都丸山東遺跡Ⅲ層9号ブロック（東京外かく環状道路練馬地区遺跡調査会1995）

東北日本：関東地方　303

図版第21　第Ⅲa期の槍先形尖頭器（5）　大宮台地・下総台地その1

1～5：埼玉県今羽丸山遺跡（新屋編1996）、6～13：千葉県桐ケ谷新田遺跡（田村・橋本1984）、
14～27：千葉県南河原坂第3遺跡E地点第Ⅰ文化層（橘川1984）

図版第22　第Ⅲa期の槍先形尖頭器（6）　下総台地その2

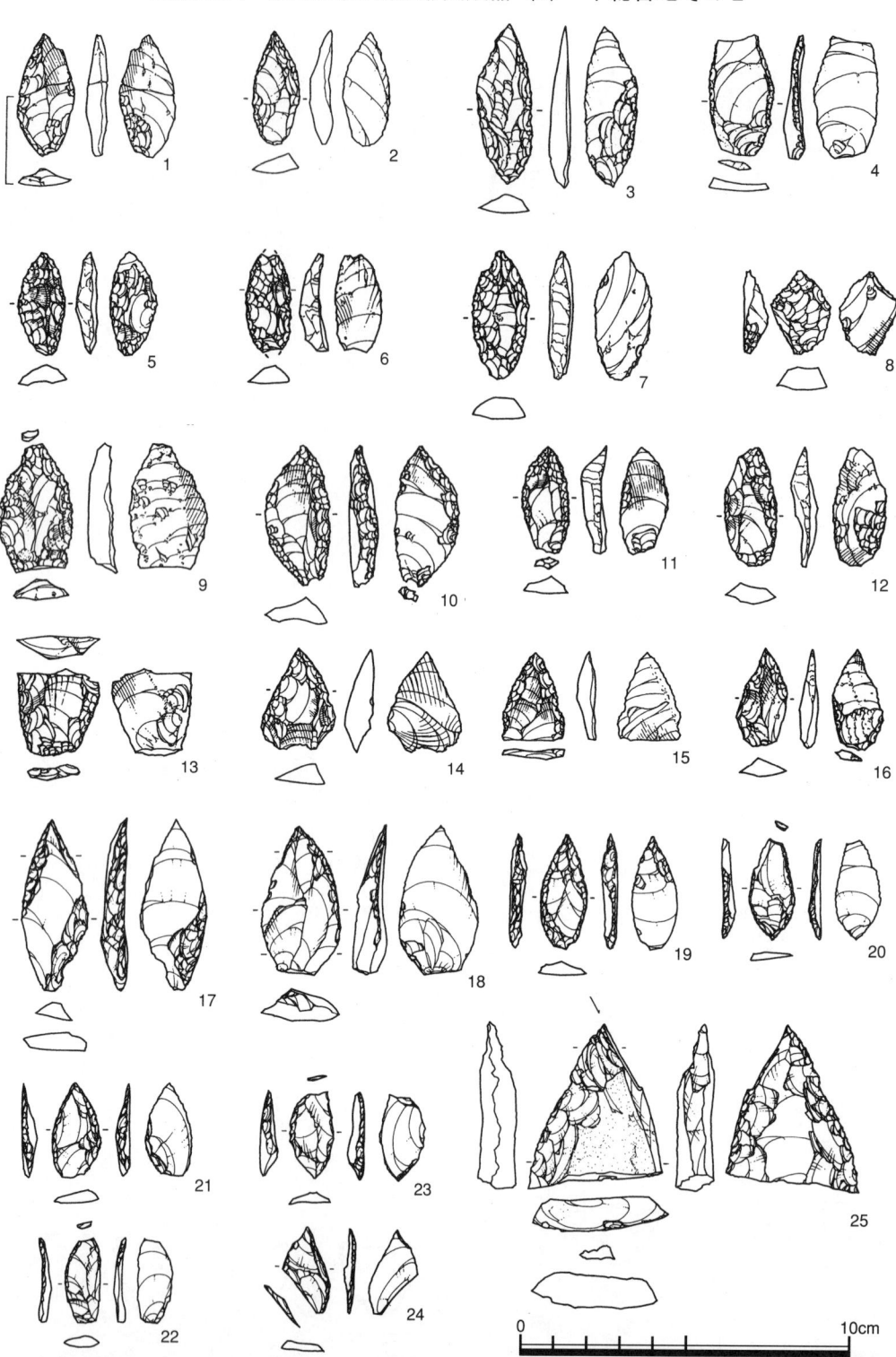

1～4：千葉県武士遺跡第7文化層A2（田村1996）、5～16：千葉県武士遺跡第7文化層B（田村1996）、17～25：千葉県十余三稲荷台東遺跡（永塚2001）

図版第23　第Ⅲa期の槍先形尖頭器（7）　下総台地その3

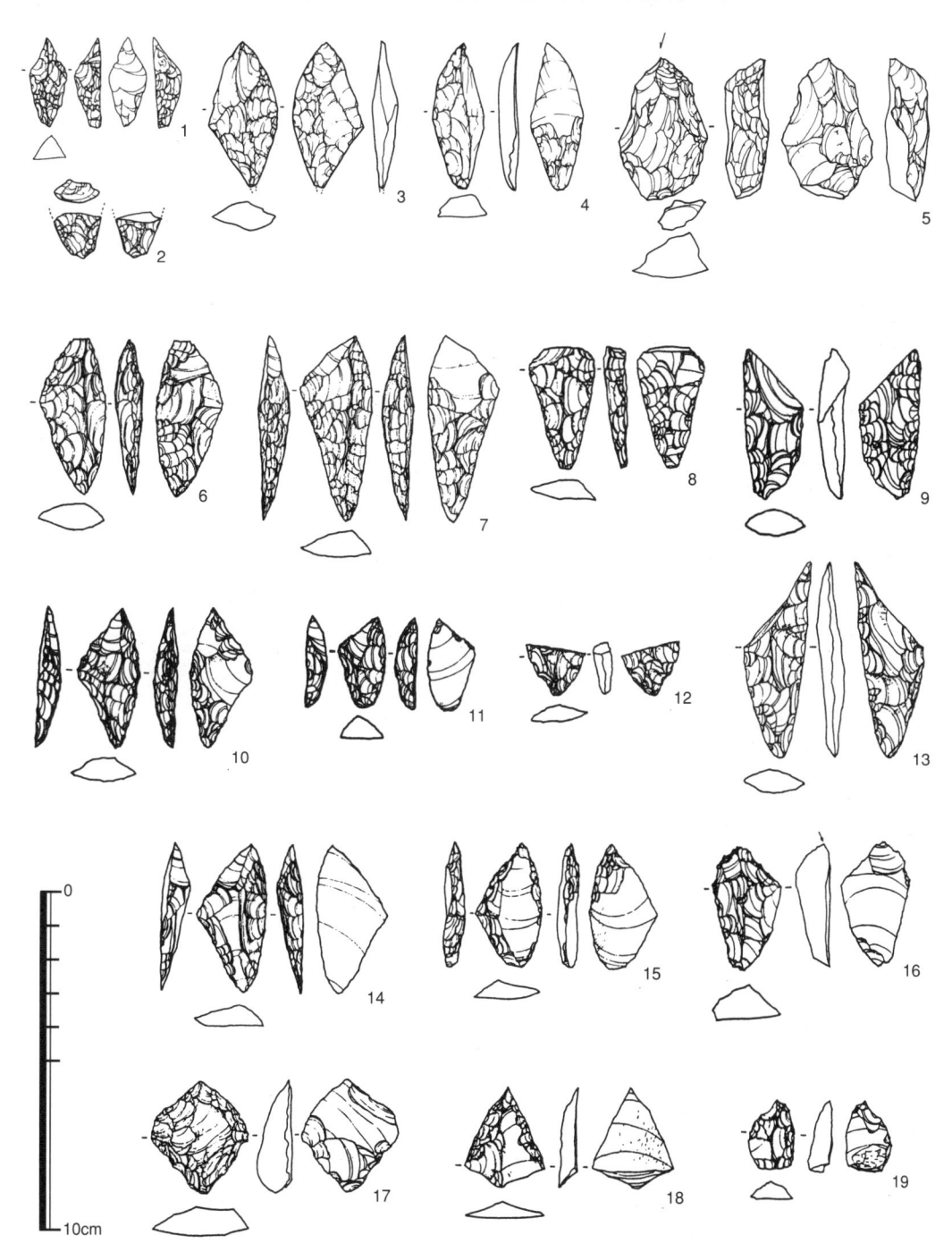

1〜5：千葉県東内野遺跡第6地点（橋本勝雄編著1990）、6〜19：千葉県平賀一ノ台遺跡
20・24〜26・34ユニット（道沢・新井ほか1985）

306

図版第24　第Ⅲa期の槍先形尖頭器（8）　関東地方北部その1

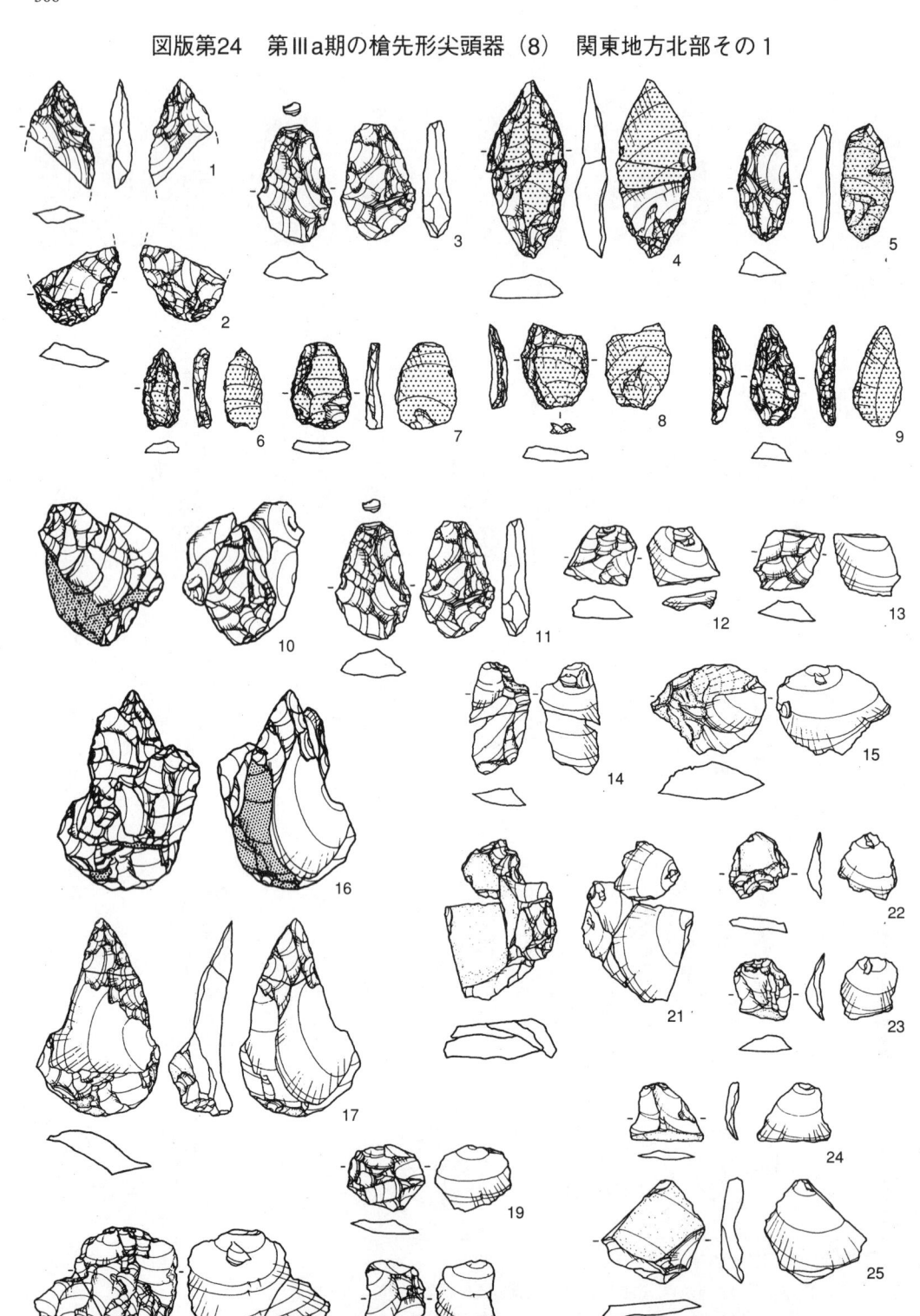

1～25：群馬県御正作遺跡（10～15：接合資料1と構成資料、16～20：接合資料2と構成資料、21～25：接合資料3と構成資料、須藤・大工原1984に加筆）

図版第25　第Ⅲa期の槍先形尖頭器（9）　関東地方北部その2

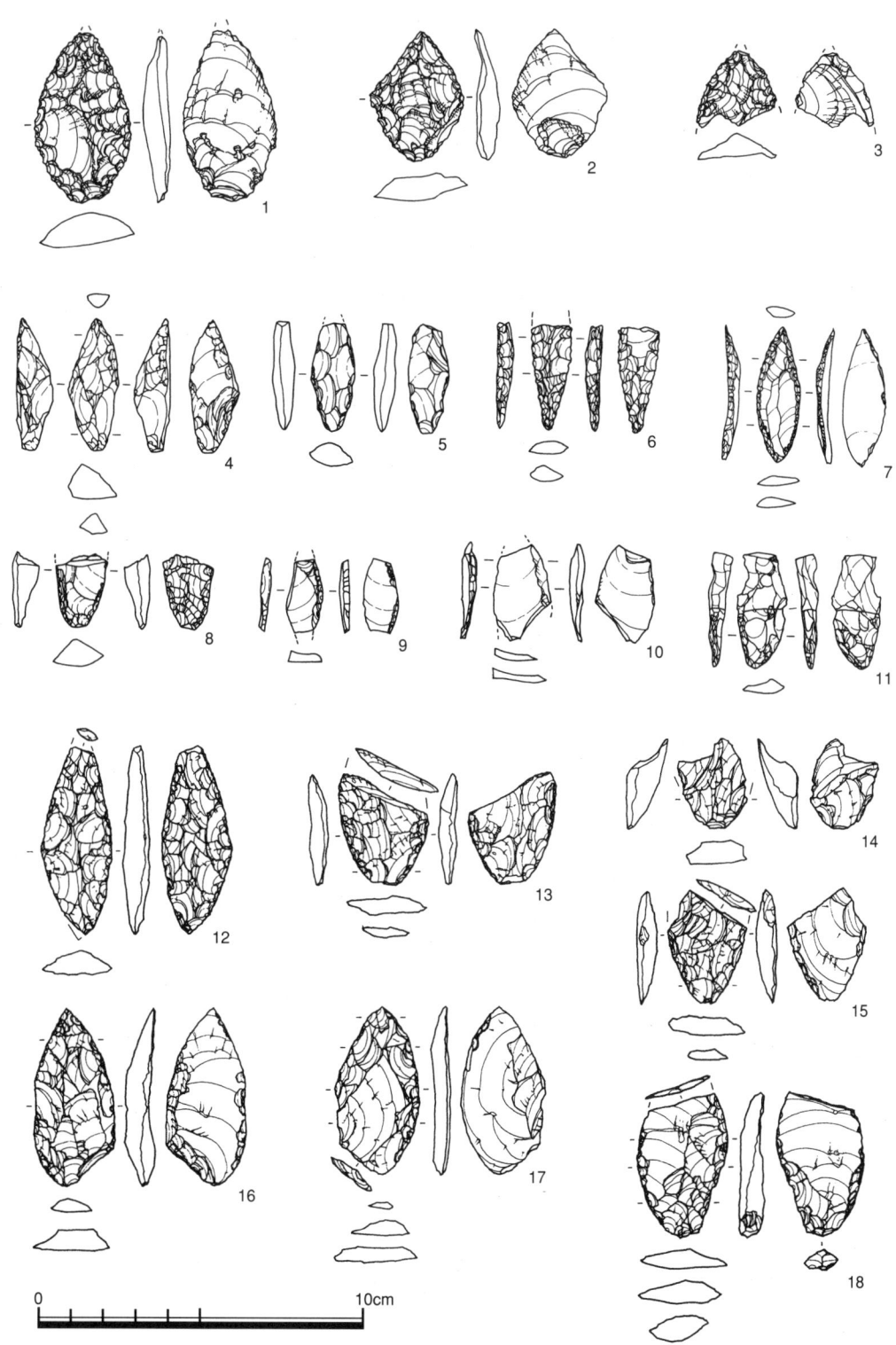

0　　　　　　10cm

1～3：群馬県三ツ屋遺跡（相沢・関矢 1988a）、4～11：栃木県八幡根東遺跡3号ブロック（斎藤 1996）、
12～18：茨城県二子塚遺跡（窪田 1986b）

308

図版第26　第Ⅲb期（前半）の槍先形尖頭器（1）　相模野台地その1

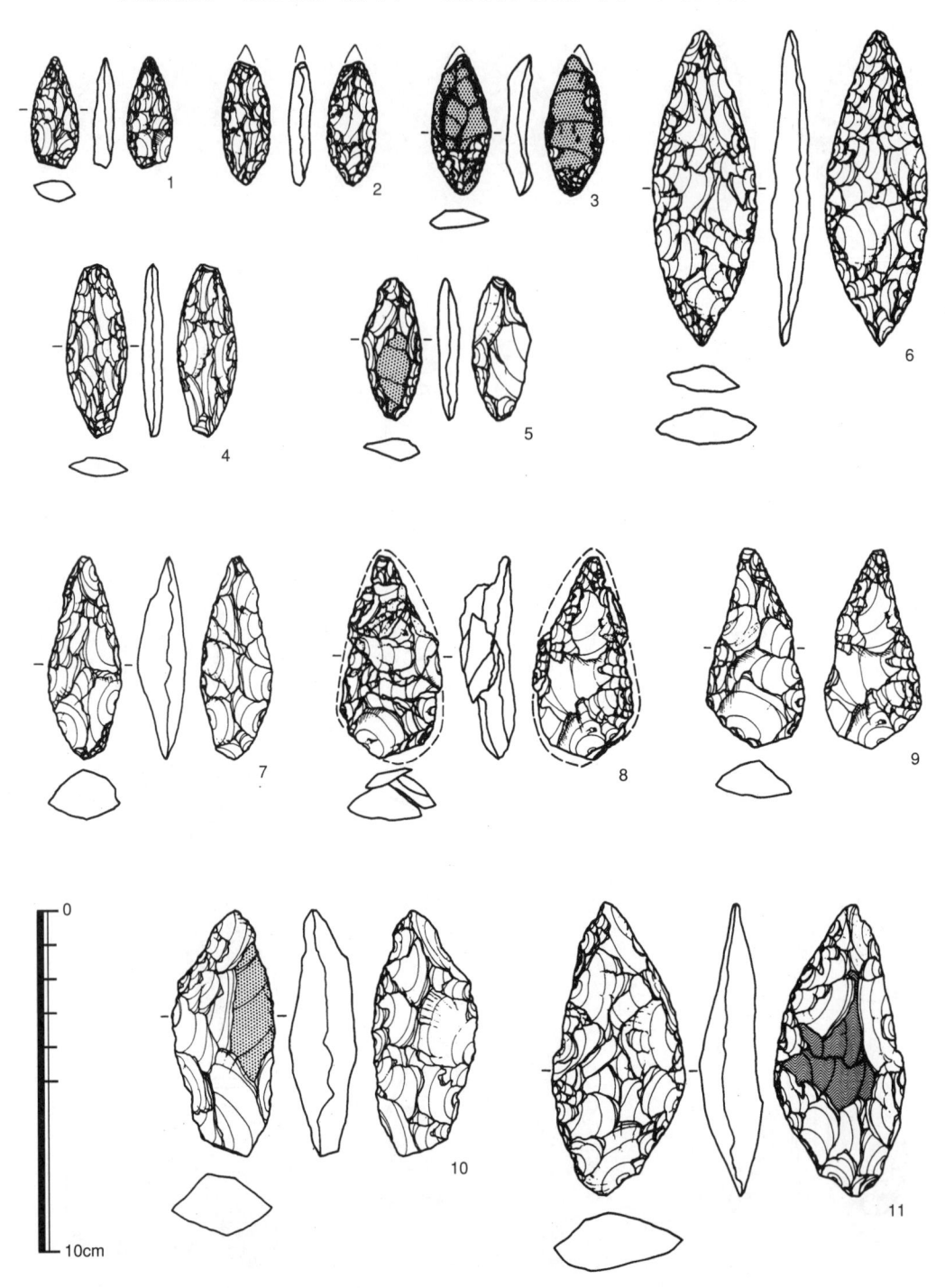

1〜11：神奈川県月見野遺跡群上野遺跡第1地点（藤野1993）

図版第27　第Ⅲb期（前半）の槍先形尖頭器（2）　相模野台地その2

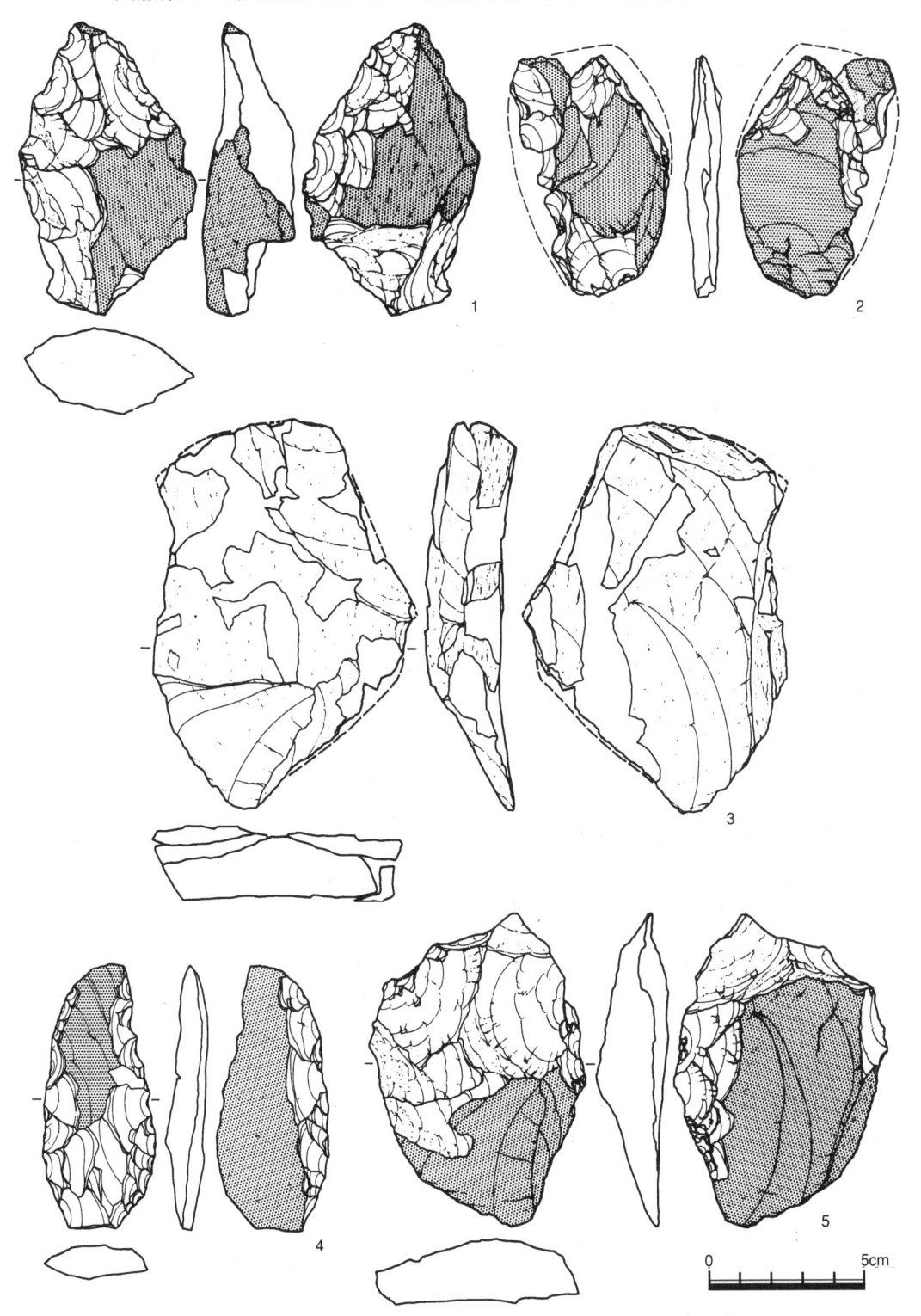

1～5：神奈川県月見野遺跡群上野遺跡第1地点第Ⅳ文化層（2・3は接合資料で、3は接合線を消している。藤野1993）

図版第28　第Ⅲb期（前半）の槍先形尖頭器（3）　相模野台地その3

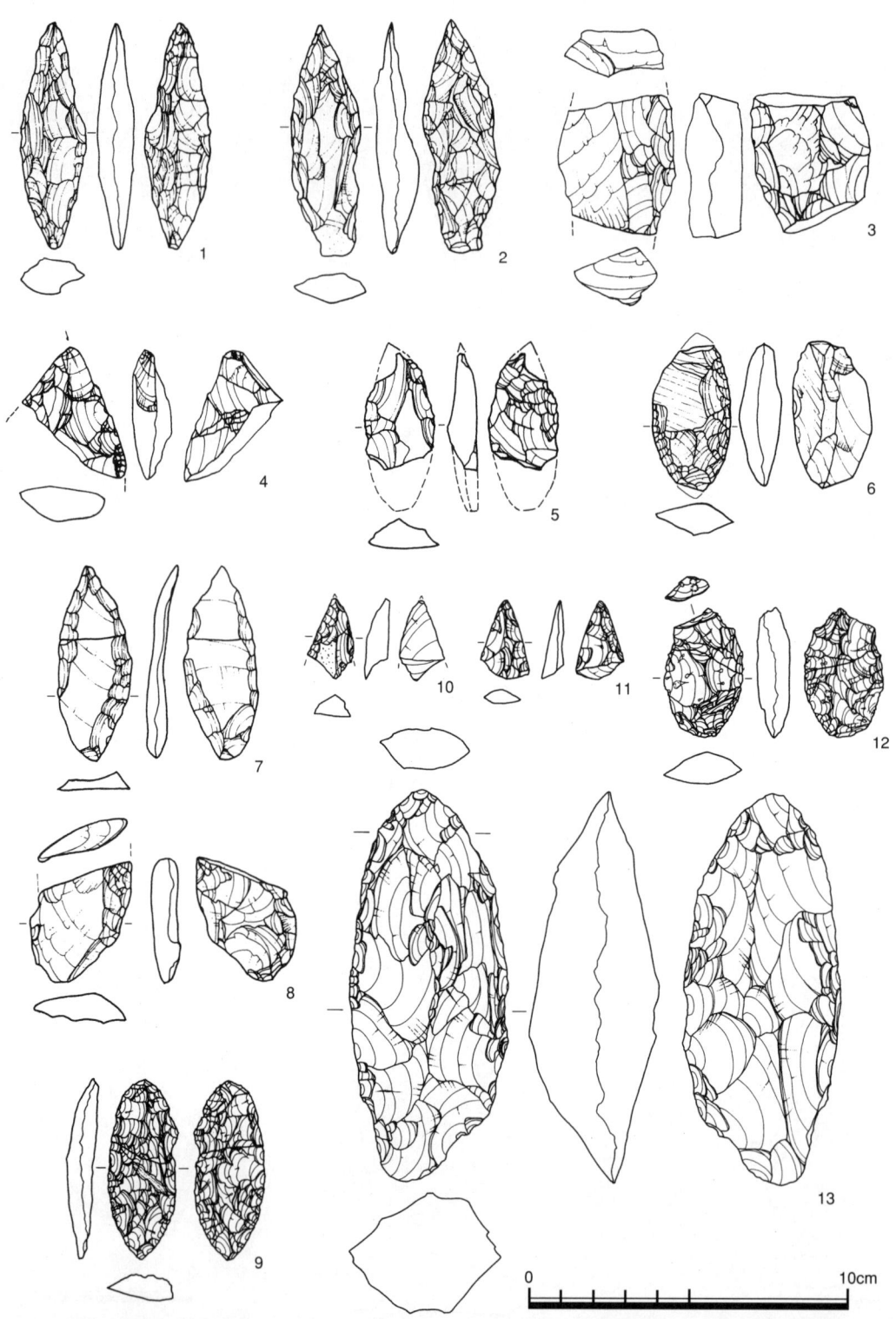

1〜8：神奈川県寺尾遺跡第Ⅱ文化層（白石1980a）、9〜13：神奈川県上原遺跡第Ⅳ文化層（鈴木次郎1997）

図版第29　第Ⅲb期（前半）の槍先形尖頭器（4）　相模野台地その4

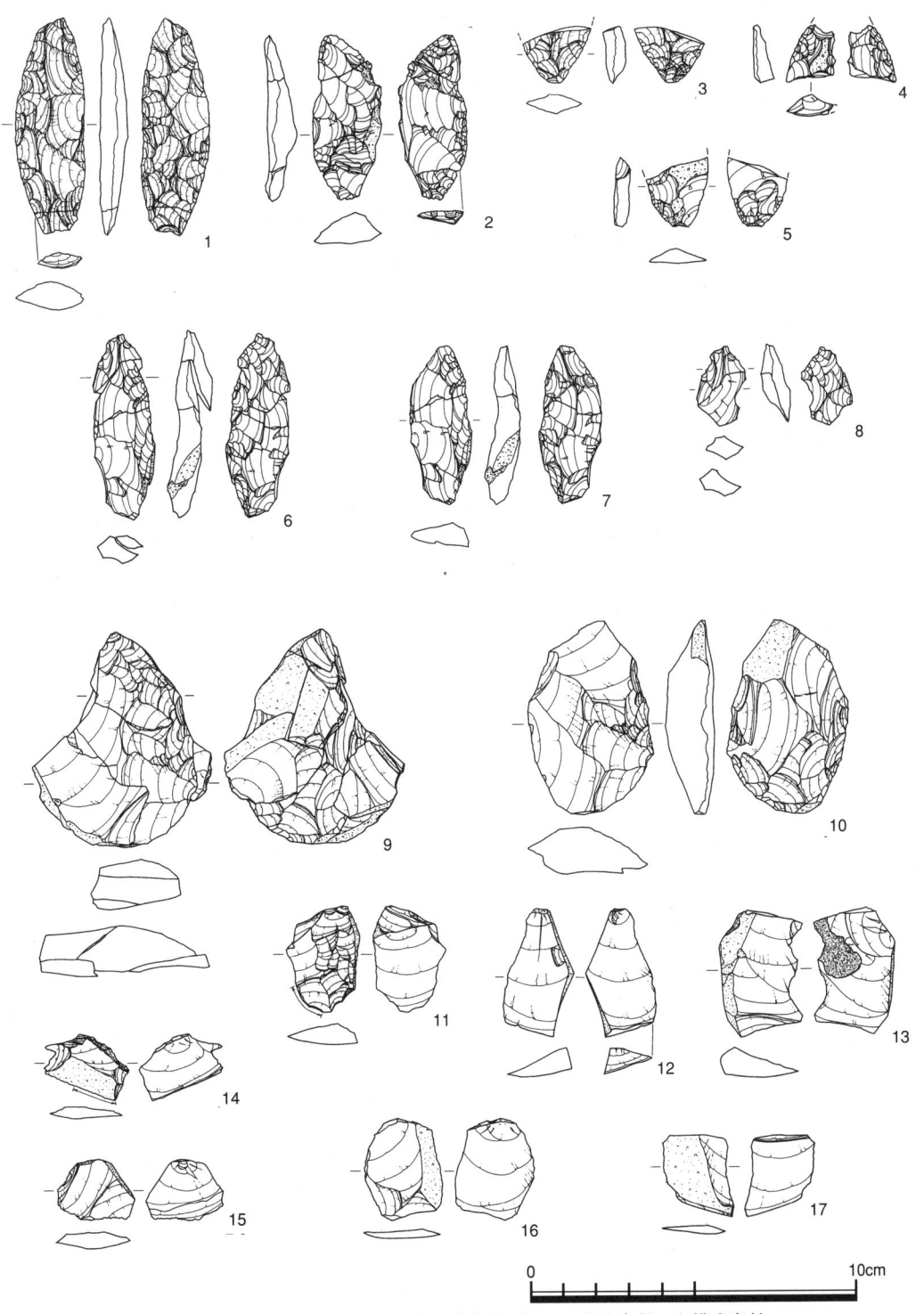

1〜17：神奈川県サザランケ遺跡第Ⅳ文化層（6〜8：接合資料1と構成資料、
9〜17：接合資料2と構成資料、鈴木次郎1996b）

図版第30 第Ⅲb期（前半）の槍先形尖頭器（5） 武蔵野台地その1

1〜27：東京都鈴木遺跡Ⅲ層（織笠昭・織笠明子・金山・桑野 1981）

図版第31　第Ⅲb期（前半）の槍先形尖頭器（6）　武蔵野台地その2

1～22：東京都野川中洲北遺跡西地区Ⅲ層1・3ブロック（上野・千葉・西村 1989）

図版第32　第Ⅲb期（前半）の槍先形尖頭器（7）　武蔵野台地その3

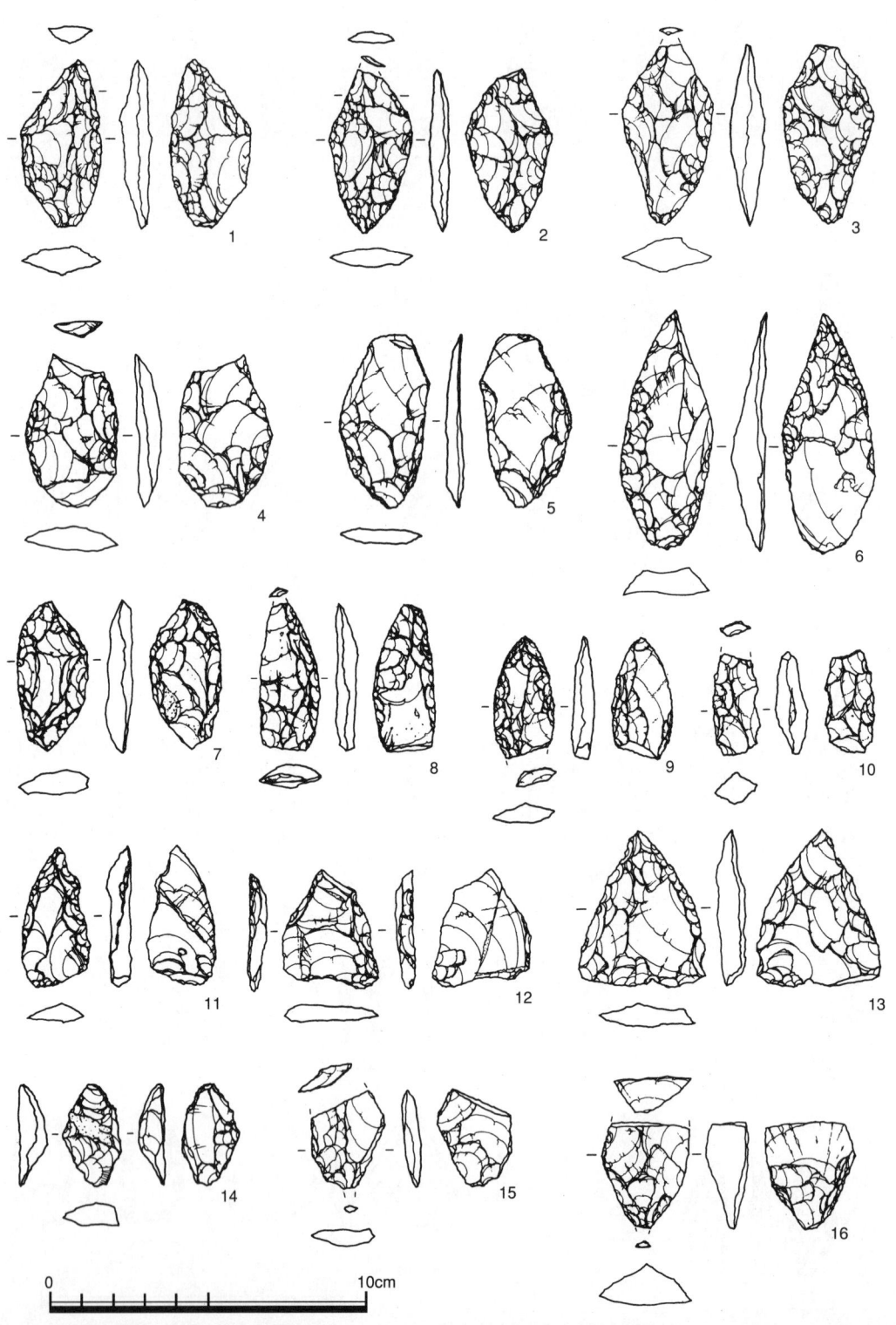

1〜16：東京都野川中洲地遺跡西地区Ⅲ層1・3ブロック（未成品を中心としている。上野・千葉・西村 1989）

図版第33　第Ⅲb期（前半）の槍先形尖頭器（8）　武蔵野台地その4・多摩丘陵その1

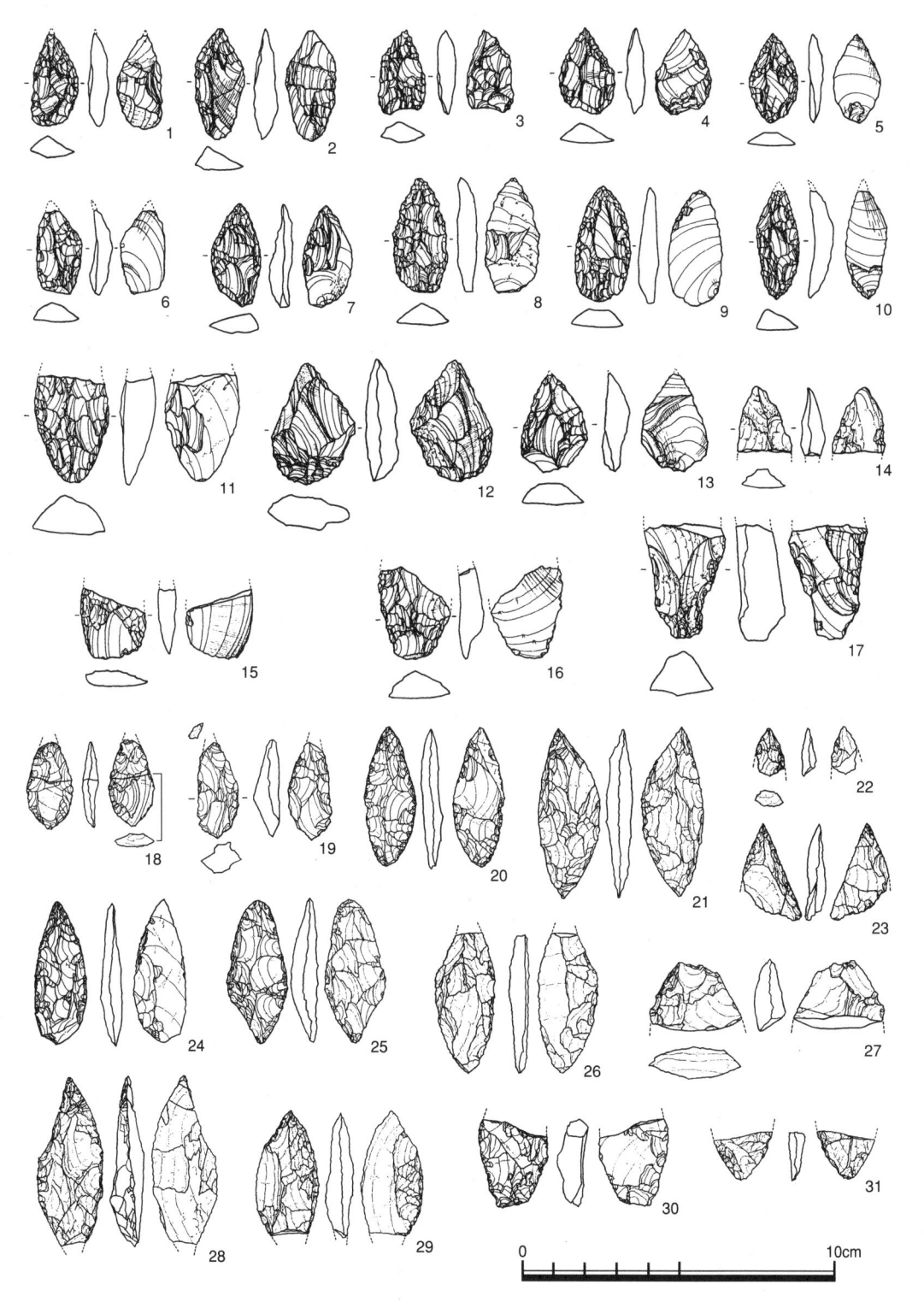

1〜17：東京都仙川遺跡Ⅲ層（小田 1974）、18〜31：東京都多摩ニュータウンNo.774・775遺跡第Ⅰ文化層（阿部・舘野 1982）

316

図版第34　第Ⅲb期（前半）の槍先形尖頭器（9）　多摩丘陵その2

1～25：東京都多摩ニュータウンNo.496遺跡第1文化層（舘野編著1999a）

東北日本：関東地方　317

図版第35　第Ⅲb期（前半）の槍先形尖頭器（10）　下総台地その1

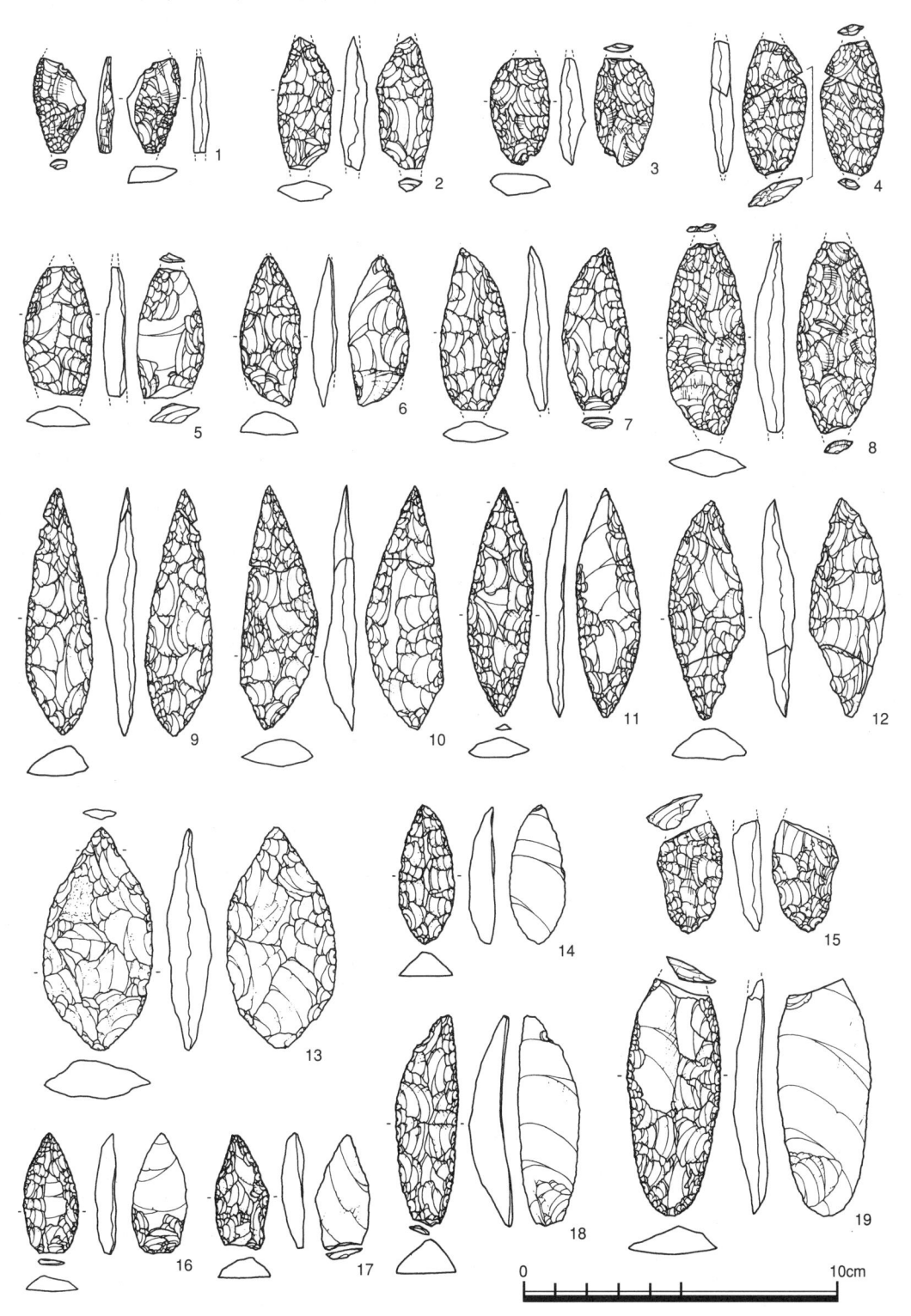

1〜19：千葉県池花遺跡第3文化層（渡辺修一 1991b）

図版第36　第Ⅲb期（前半）の槍先形尖頭器（11）　下総台地その2

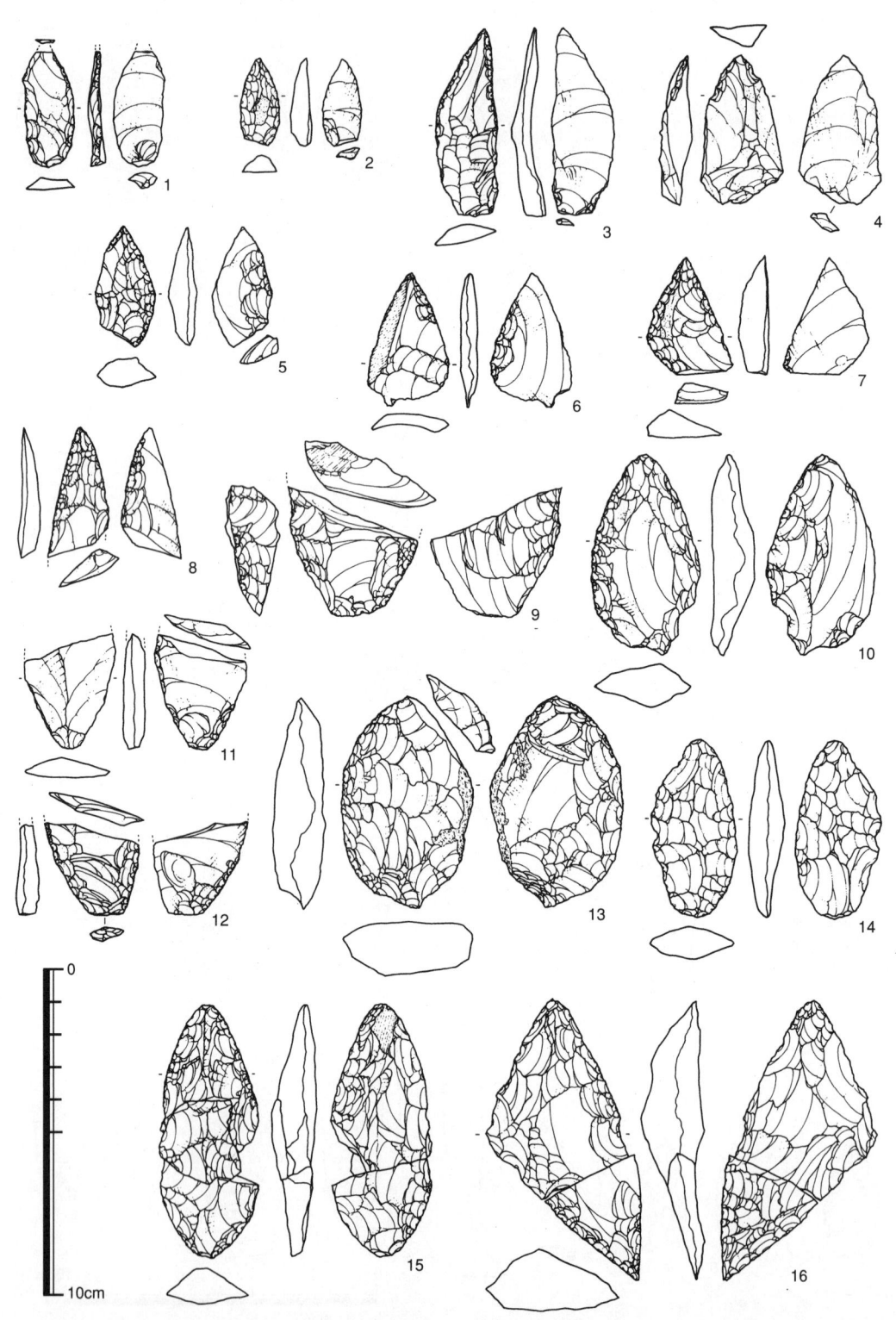

1〜16：千葉県池花遺跡第3文化層（渡辺修一 1991b）

図版第37　第Ⅲb期（前半）の槍先形尖頭器（12）　下総台地その3

1〜28：千葉県南河原坂遺跡D地点（島田 1996c）

図版第38　第Ⅲb期（前半）の槍先形尖頭器（13）　下総台地その4

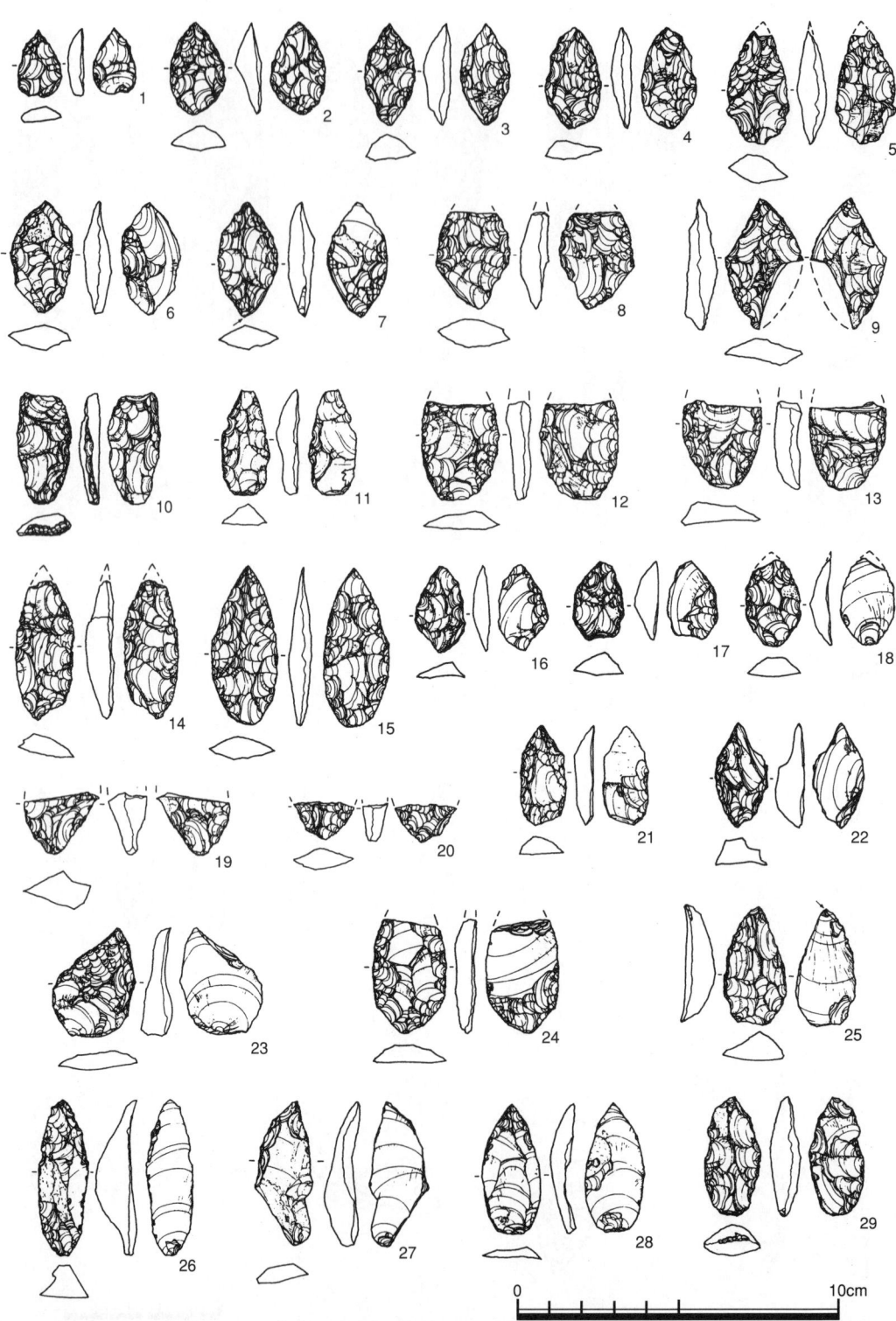

1～29：千葉県西の台遺跡ユニット1～5（道沢 1985）

東北日本：関東地方　321

図版第39　第Ⅲb期（前半）の槍先形尖頭器（14）　下総台地その5

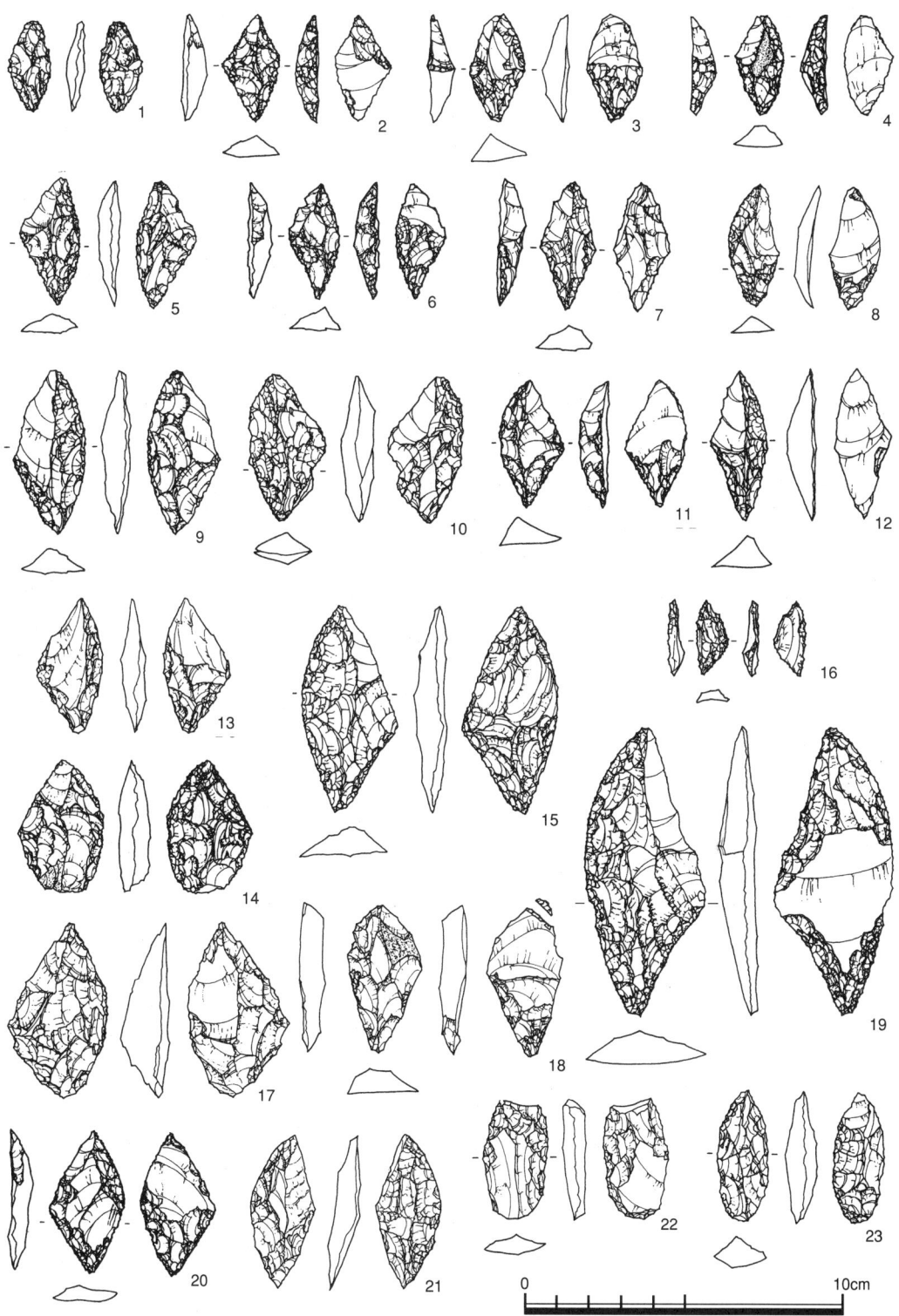

1〜23：千葉県東内野遺跡上層（渡邉編 2001）

図版第40　第Ⅲb期（前半）の槍先形尖頭器（15）　下総台地その6

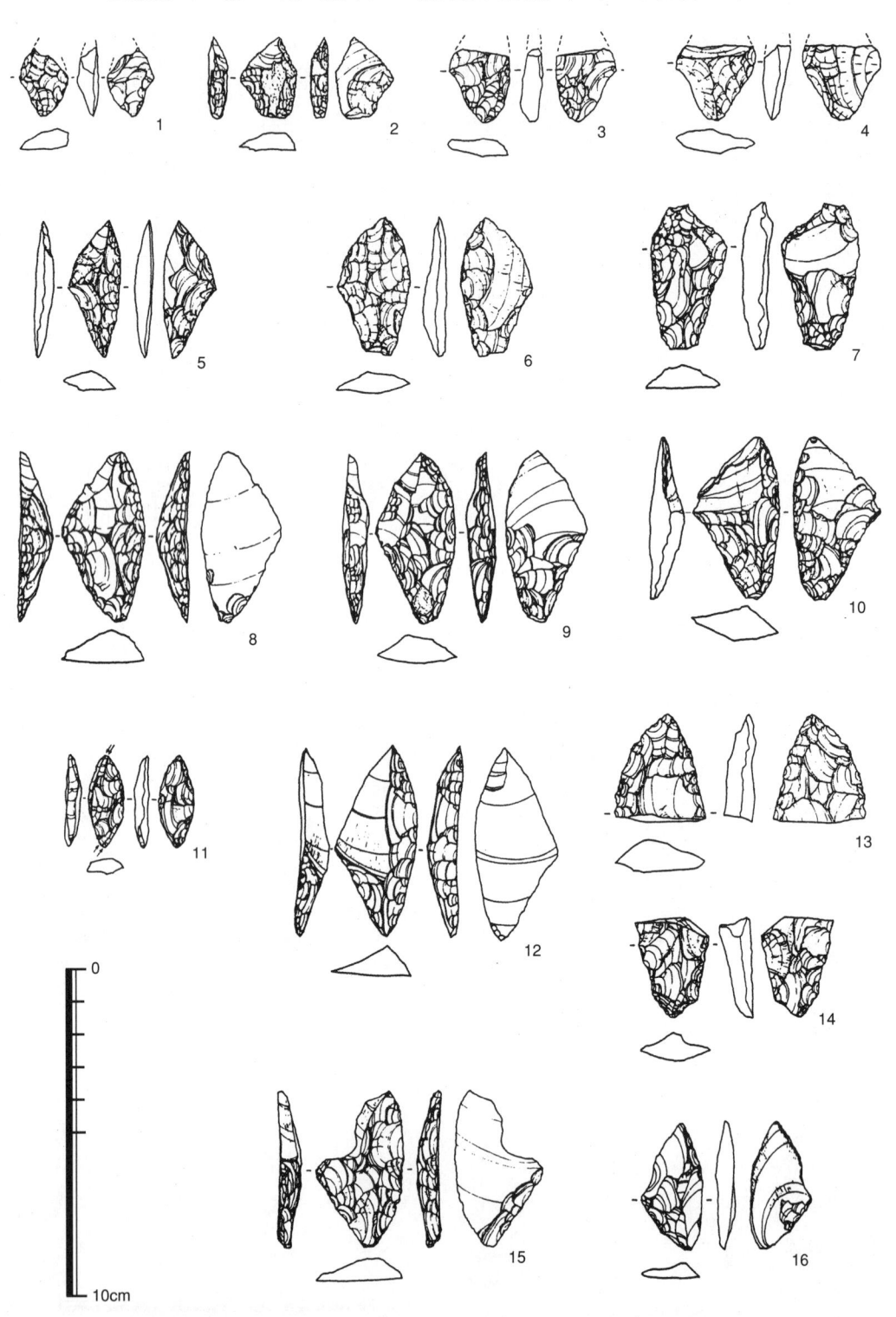

1～16：千葉県平賀一ノ台遺跡ユニット2・9～13・54・55（道沢・新井・大沢・山村 1985）

図版第41　第Ⅲb期（前半）の槍先形尖頭器（16）関東地方北部その1

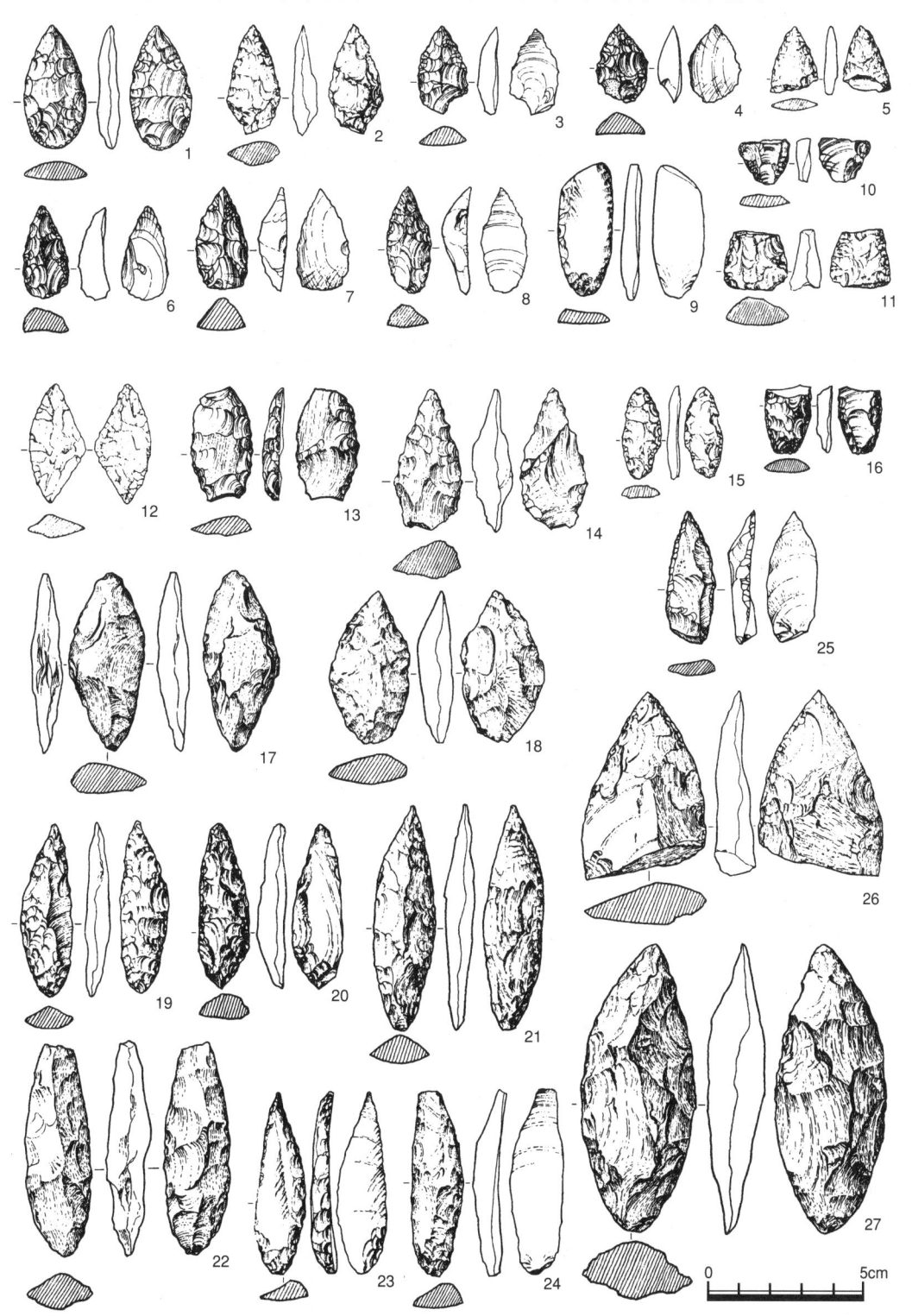

1～11：群馬県武井遺跡Ⅱa文化層（明治大学調査地点、杉原荘介 1984）、12～27：群馬県武井遺跡Ⅱb文化層（明治大学調査地点、杉原荘介 1984）

図版第42　第Ⅲb期（前半）の槍先形尖頭器（17）　関東地方北部その2

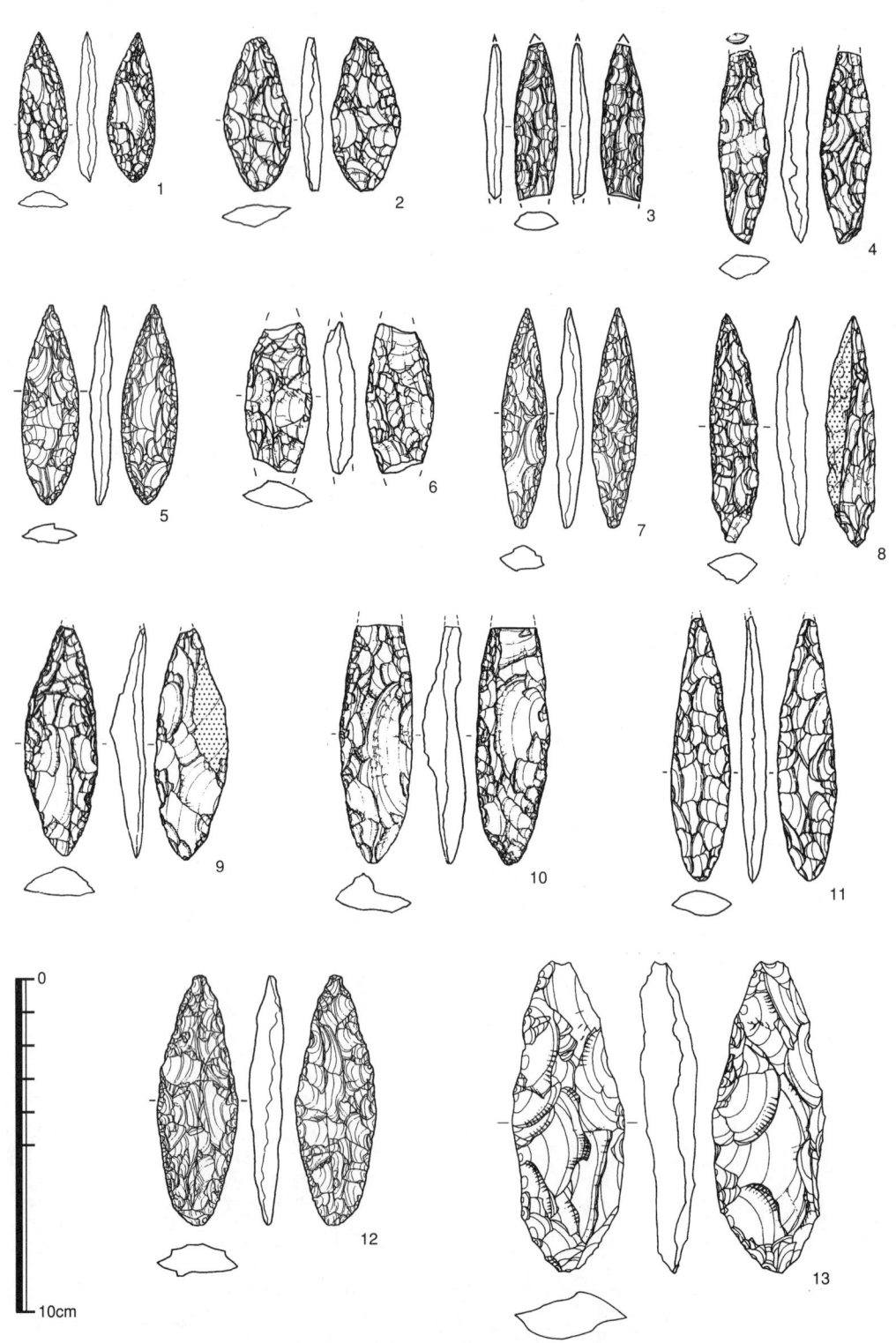

1〜13：群馬県武井遺跡（内出東地区、阿久澤2000に加筆）

図版第43　第Ⅲb期（前半）の槍先形尖頭器（18）　関東地方北部その3

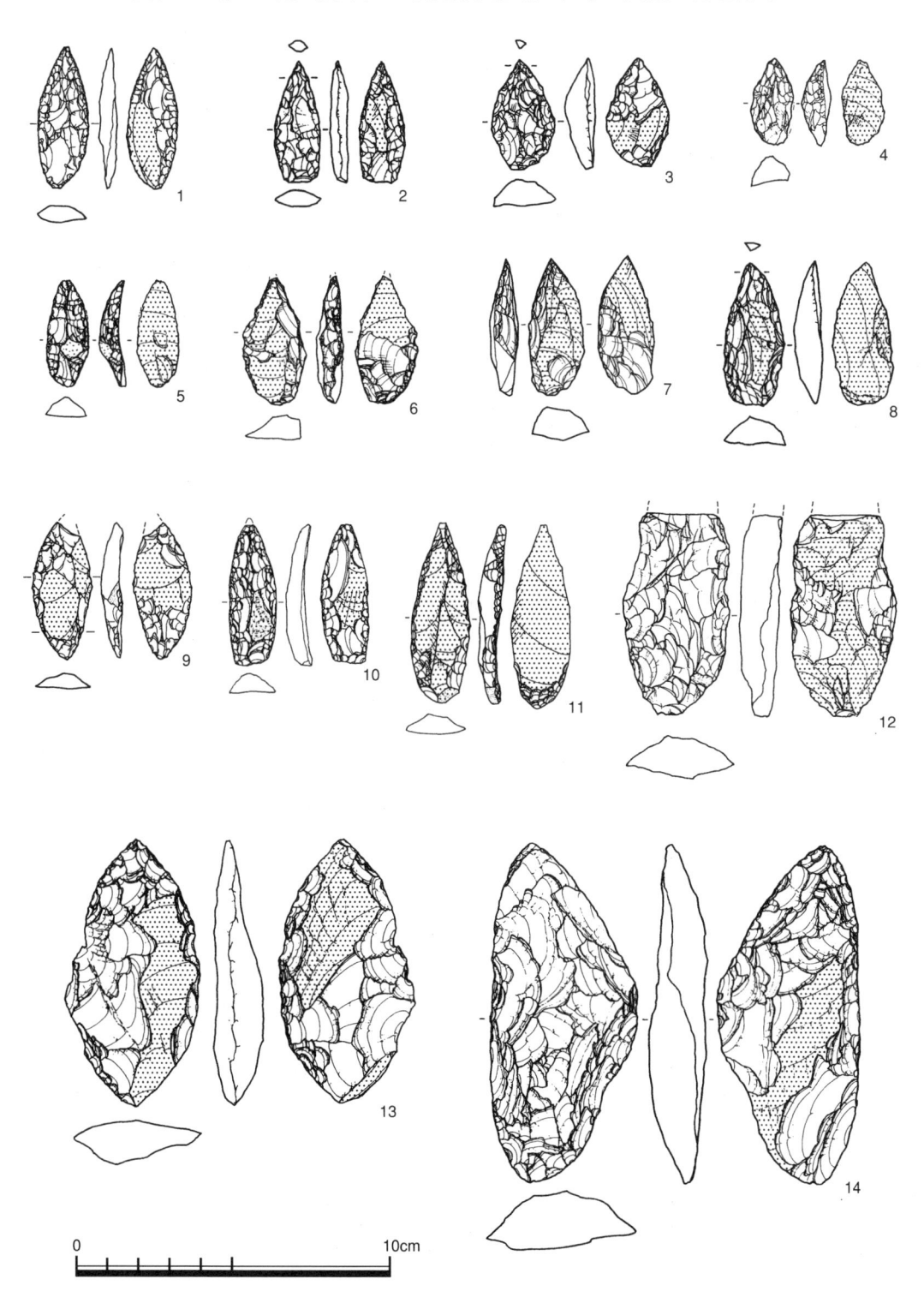

1〜14：群馬県武井遺跡（内出東地区、阿久澤2000に加筆）

図版第44　第Ⅲb期（前半）の槍先形尖頭器（19）　関東地方北部その4

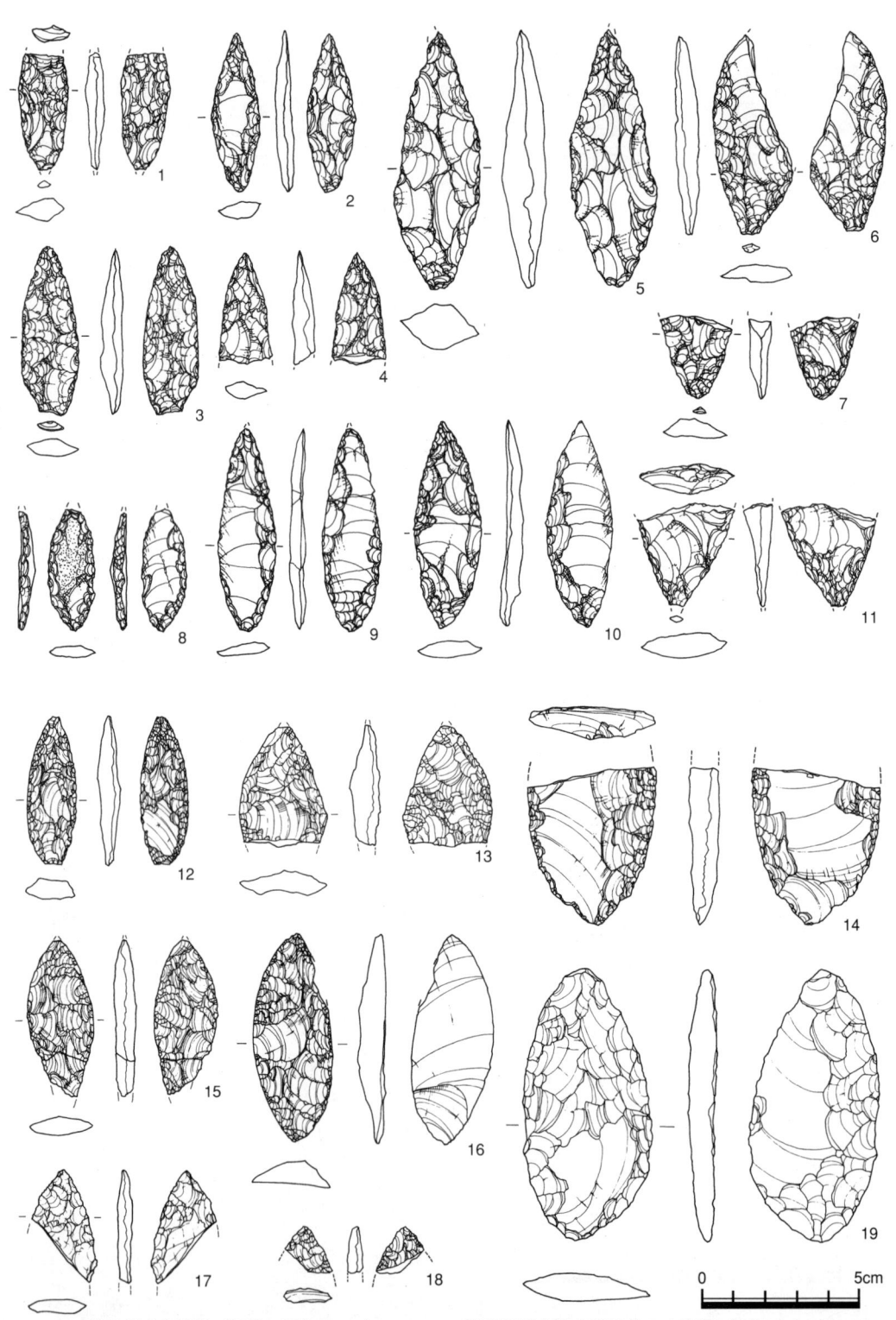

1～11：群馬県元宿遺跡（相沢・関矢 1988a）、12～19：群馬県見立溜井遺跡第Ⅰ文化層（大塚・白石 1985）

図版第45　第Ⅲb期（後半）の槍先形尖頭器（1）　相模野台地その1

1～20：神奈川県中村遺跡第Ⅲ文化層（伊藤・鈴木・豊田 1987）

図版第46　第Ⅲb期（後半）の槍先形尖頭器（2）　相模野台地その2

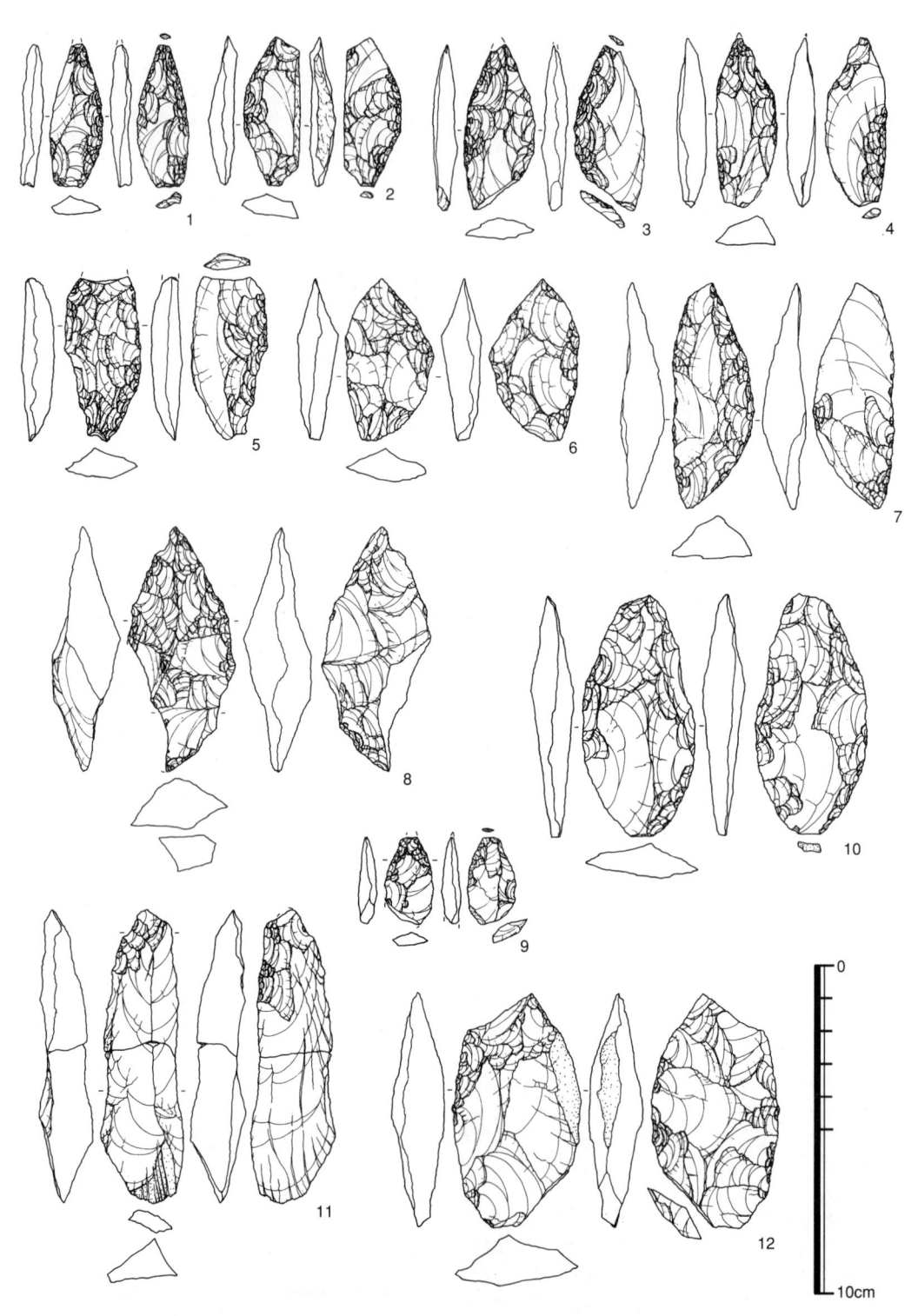

1〜12：神奈川県中村遺跡第Ⅲ文化層（伊藤・鈴木・豊田 1987）

東北日本：関東地方　329

図版第47　第Ⅲb期（後半）の槍先形尖頭器（3）　相模野台地その3

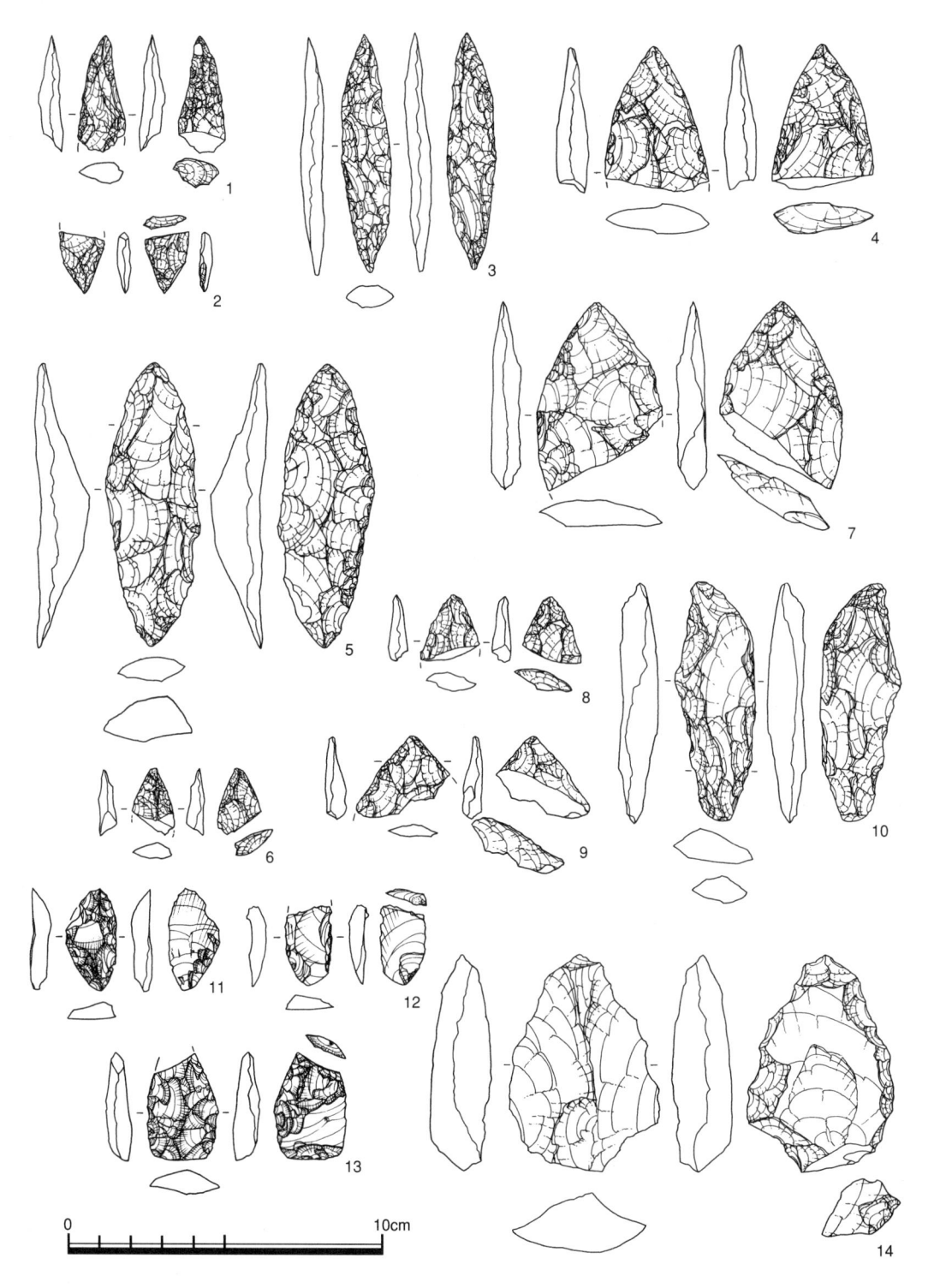

0　　　　　　10cm

1〜14：神奈川県月見野上野遺跡第3地点（相田 1988）

330

図版第48　第Ⅲb期（後半）の槍先形尖頭器（4）　相模野台地その4

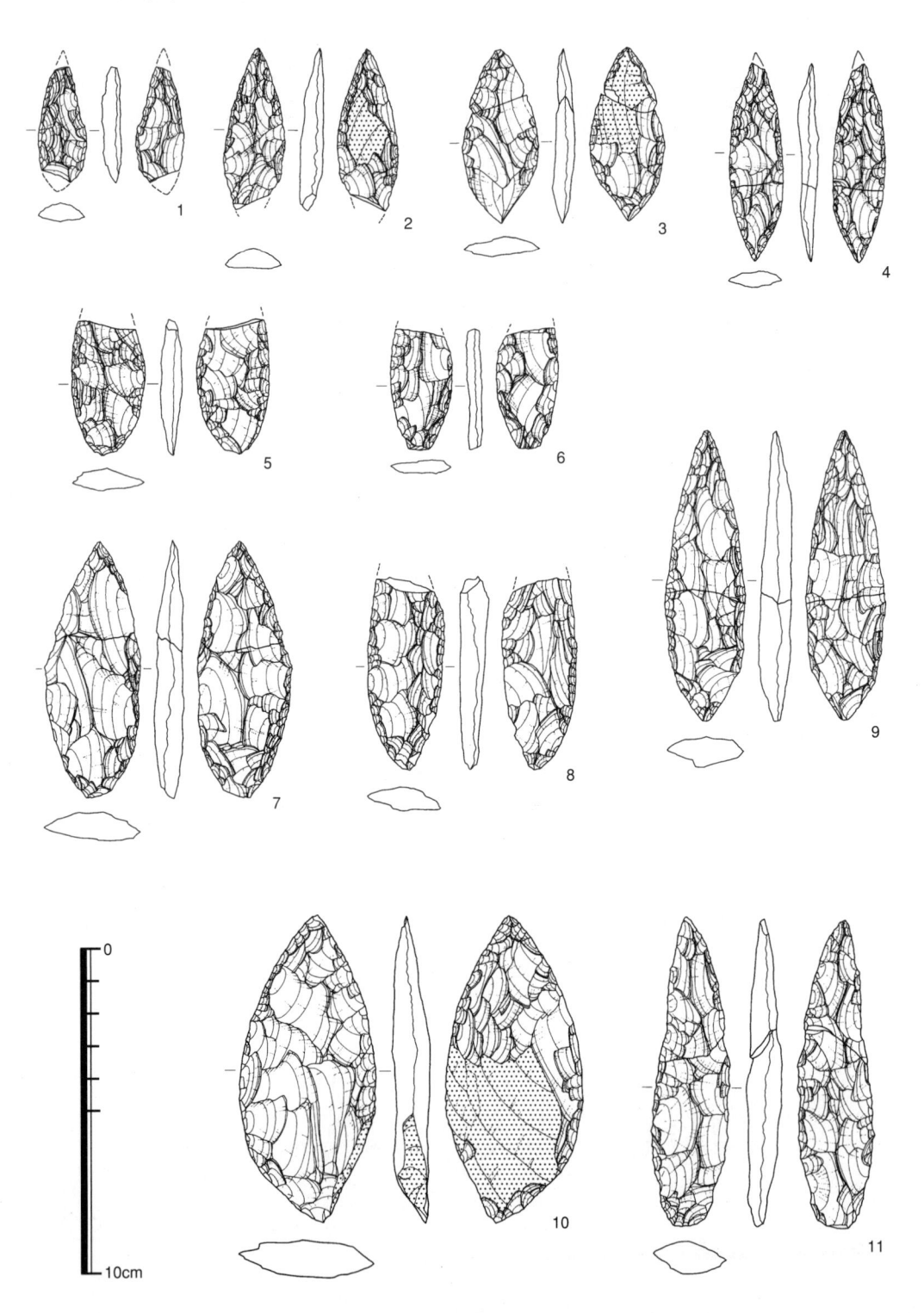

1〜11：神奈川県サザランケ遺跡第Ⅲ文化層（鈴木次郎 1996aに加筆）

東北日本：関東地方 331

図版第49　第Ⅲb期（後半）の槍先形尖頭器（5）　相模野台地その5

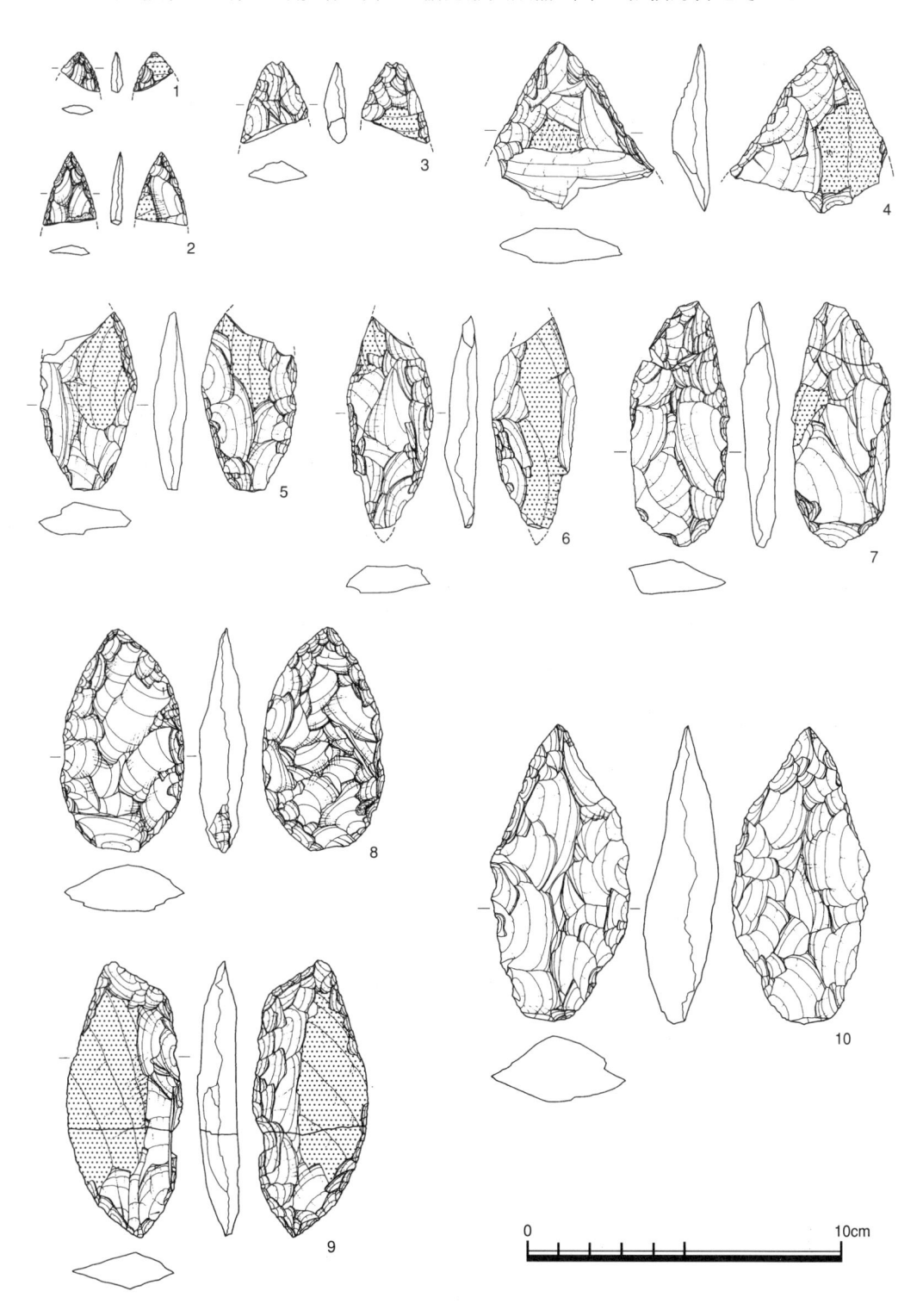

1〜10：神奈川県サザランケ遺跡第Ⅲ文化層（鈴木次郎 1996aに加筆）

332

図版第50　第Ⅲb期（後半）の槍先形尖頭器（6）　相模野台地その6

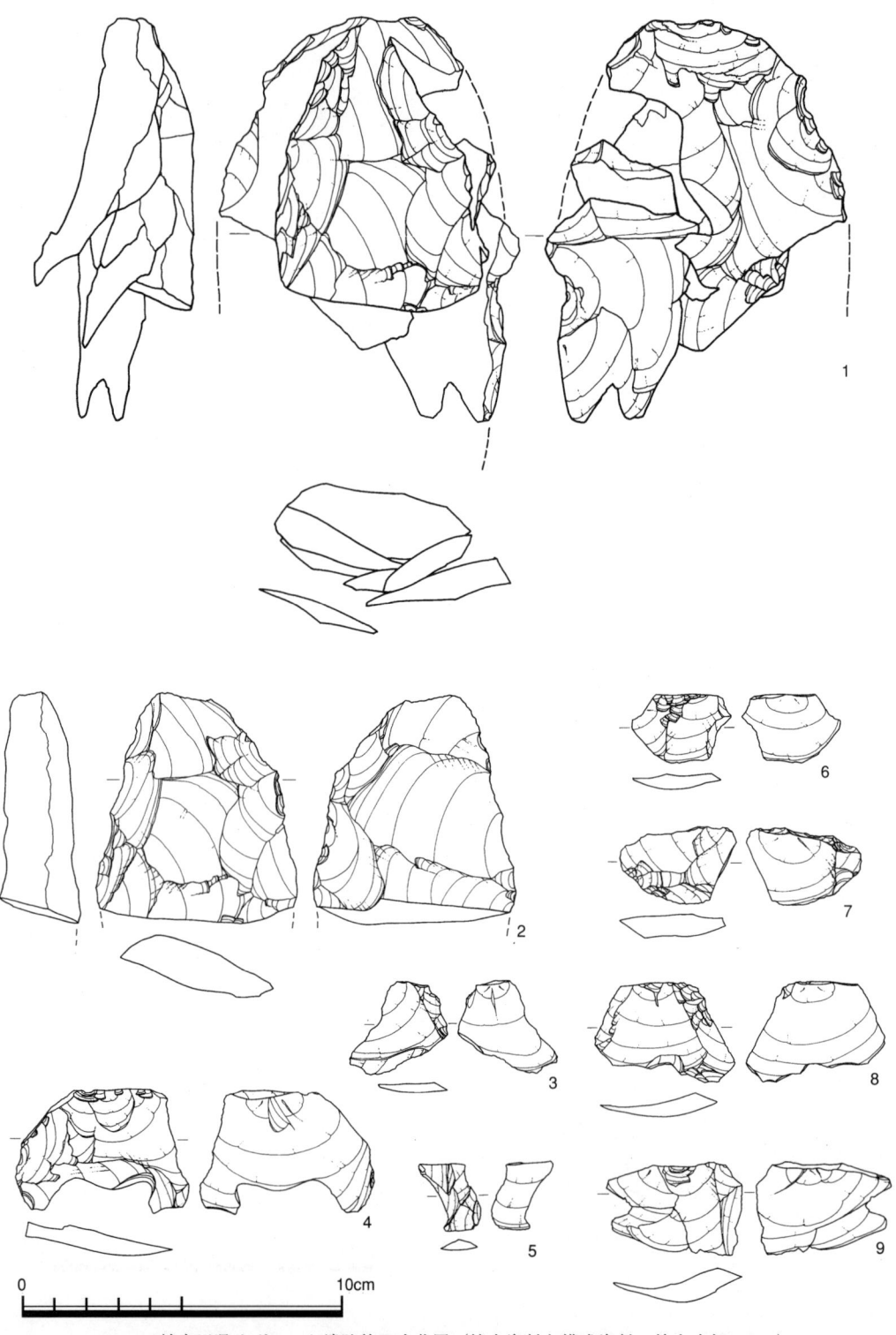

1〜9：神奈川県サザランケ遺跡第Ⅲ文化層（接合資料と構成資料、鈴木次郎 1996a）

東北日本：関東地方 333

図版第51　第Ⅲb期（後半）の槍先形尖頭器（7）　相模野台地その7

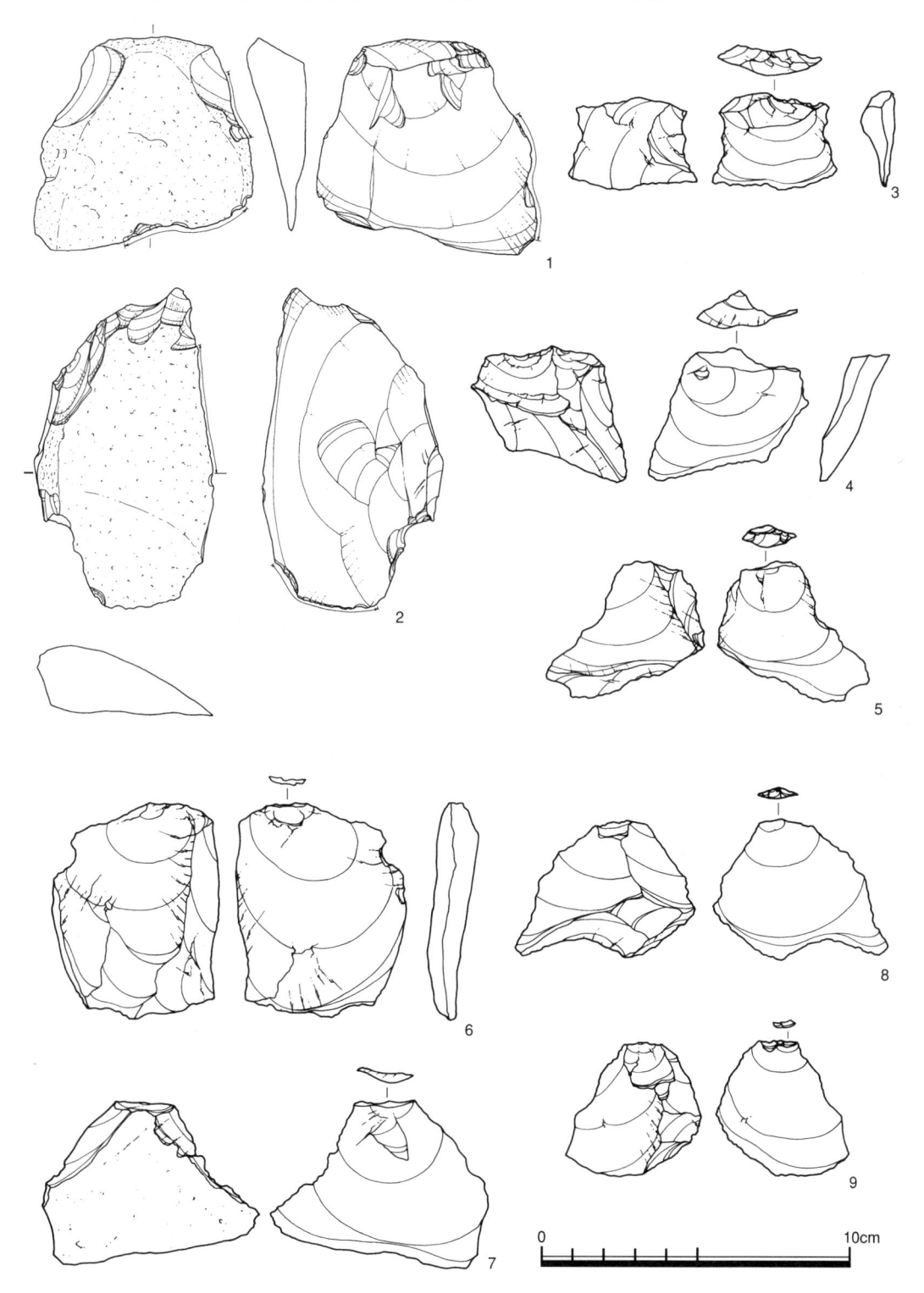

1～9：神奈川県サザランケ遺跡第Ⅲ文化層（槍先形尖頭器調整剥片、1・2：鈴木次郎 1996a、3～9：筆者作成）

図版第52　第Ⅲb期（後半）の槍先形尖頭器（8）　武蔵野台地

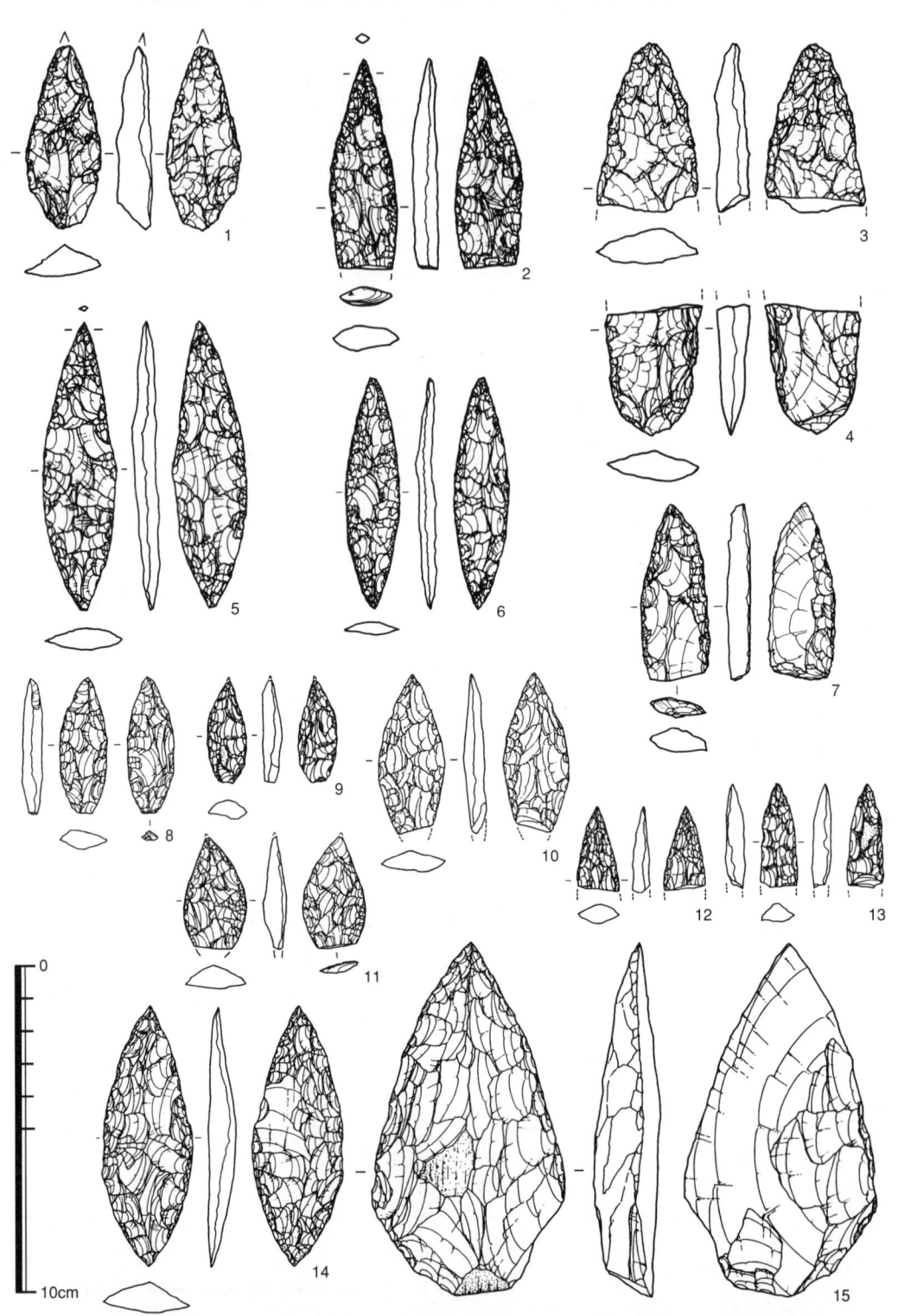

1～7：東京都野川中洲北遺跡東地区第Ⅲ層（千葉1989）、8～15：東京都多聞寺前遺跡第Ⅲ層下部（相川・栗島1983）

東北日本：関東地方　335

図版第53　第Ⅲb期（後半）の槍先形尖頭器（9）　多摩丘陵

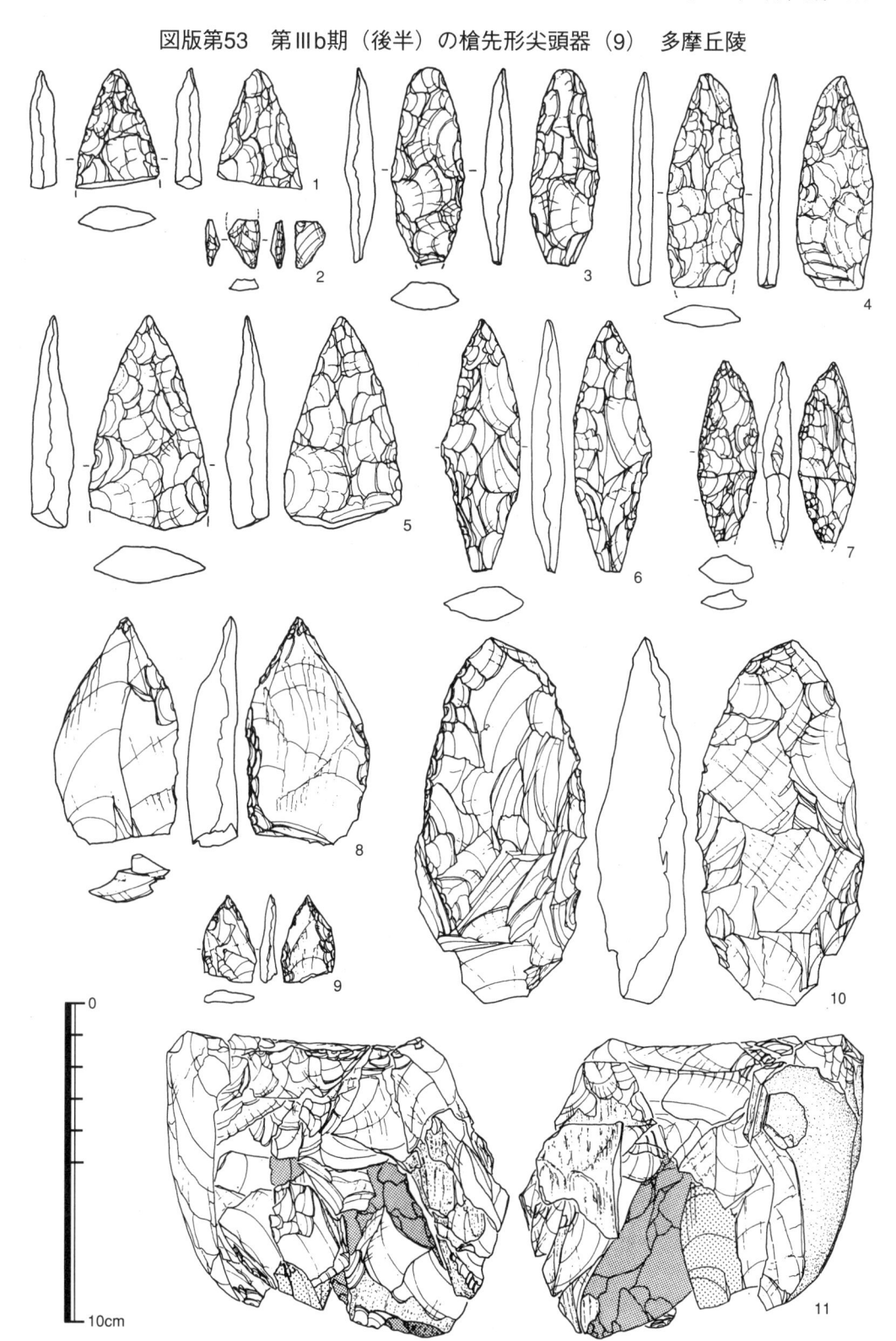

1～5：東京都多摩ニュータウンNo.388遺跡第2ユニット（舘野編著1999b）、6～11：東京都和田百草遺跡群第Ⅲ層（11は接合資料、10は接合資料の核となる槍先形尖頭器、中島1986）

図版第54　第Ⅲb期（後半）の槍先形尖頭器（10）　下総台地その1

1〜10：千葉県西の台遺跡ユニット6（道沢1985）、11〜16：千葉県有吉遺跡第4文化層（山田1999）

東北日本：関東地方 337

図版第55 第Ⅲb期（後半）の槍先形尖頭器（11） 下総台地その2

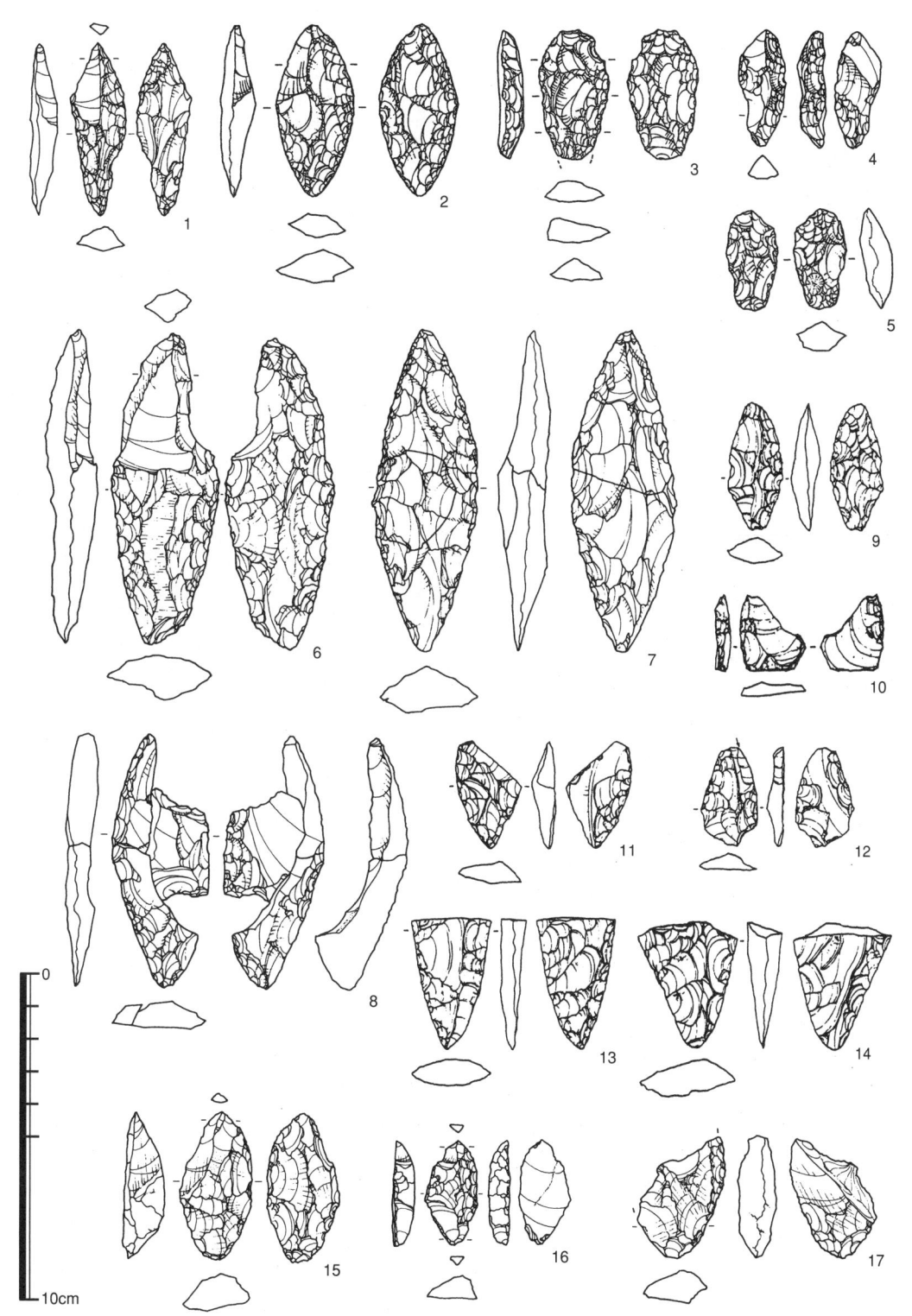

1〜8：千葉県角田台遺跡（田村・橋本 1984）、9〜14：千葉県平賀一ノ台遺跡41・42ユニット（道沢・新井・大沢・山村 1985）、15〜17：千葉県朝陽遺跡（田村・橋本 1984）

図版第56　第Ⅲb期（後半）の槍先形尖頭器（12）　関東地方北部その1

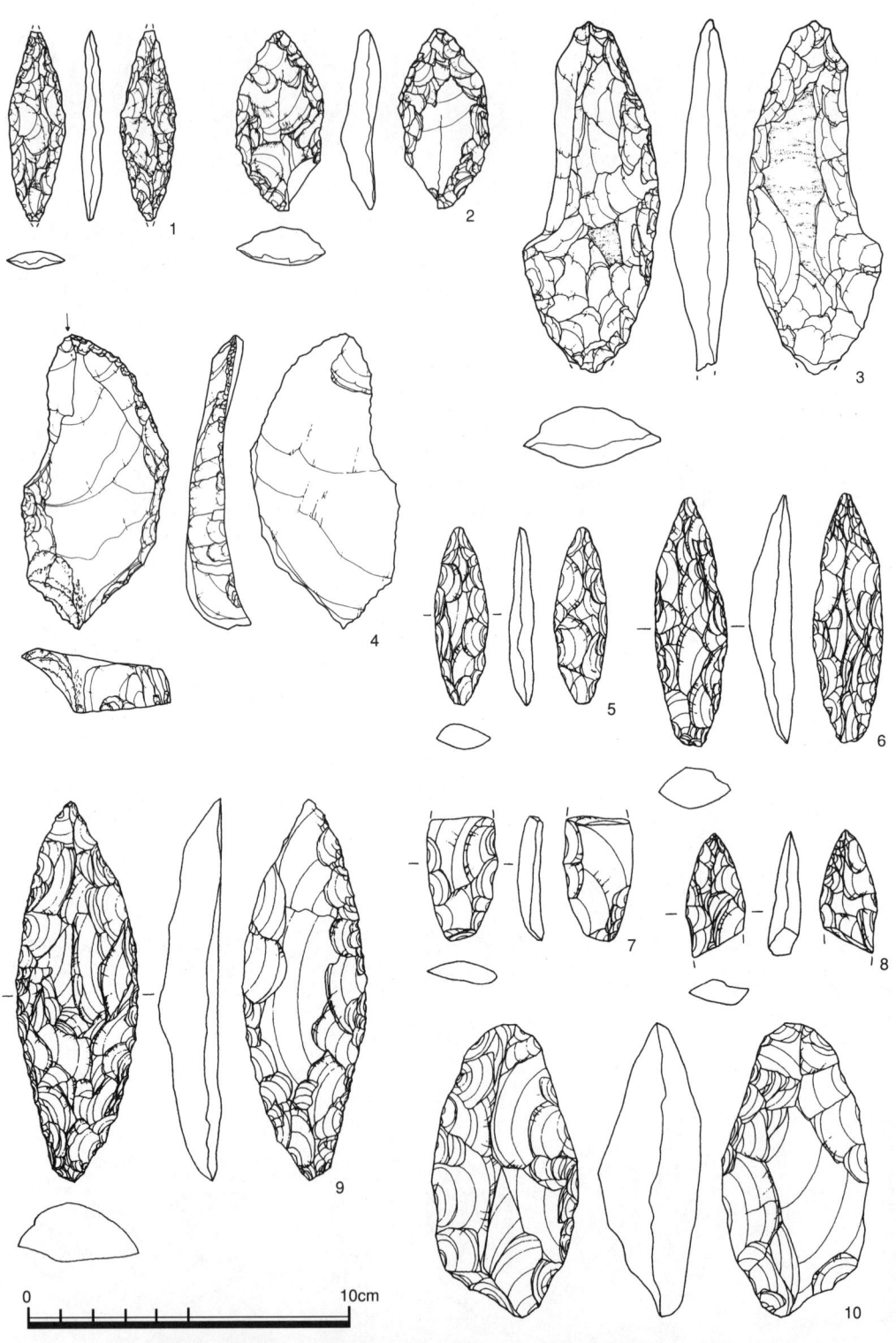

1～4：群馬県西赤堀遺跡（4は彫器、上野1996）、5～8：茨城県宮脇遺跡（窪田1998c）、
9・10：茨城県宮脇A遺跡（窪田1998d）

東北日本：関東地方　339

図版第57　第Ⅲb期（後半）の槍先形尖頭器（13）　関東地方北部その2

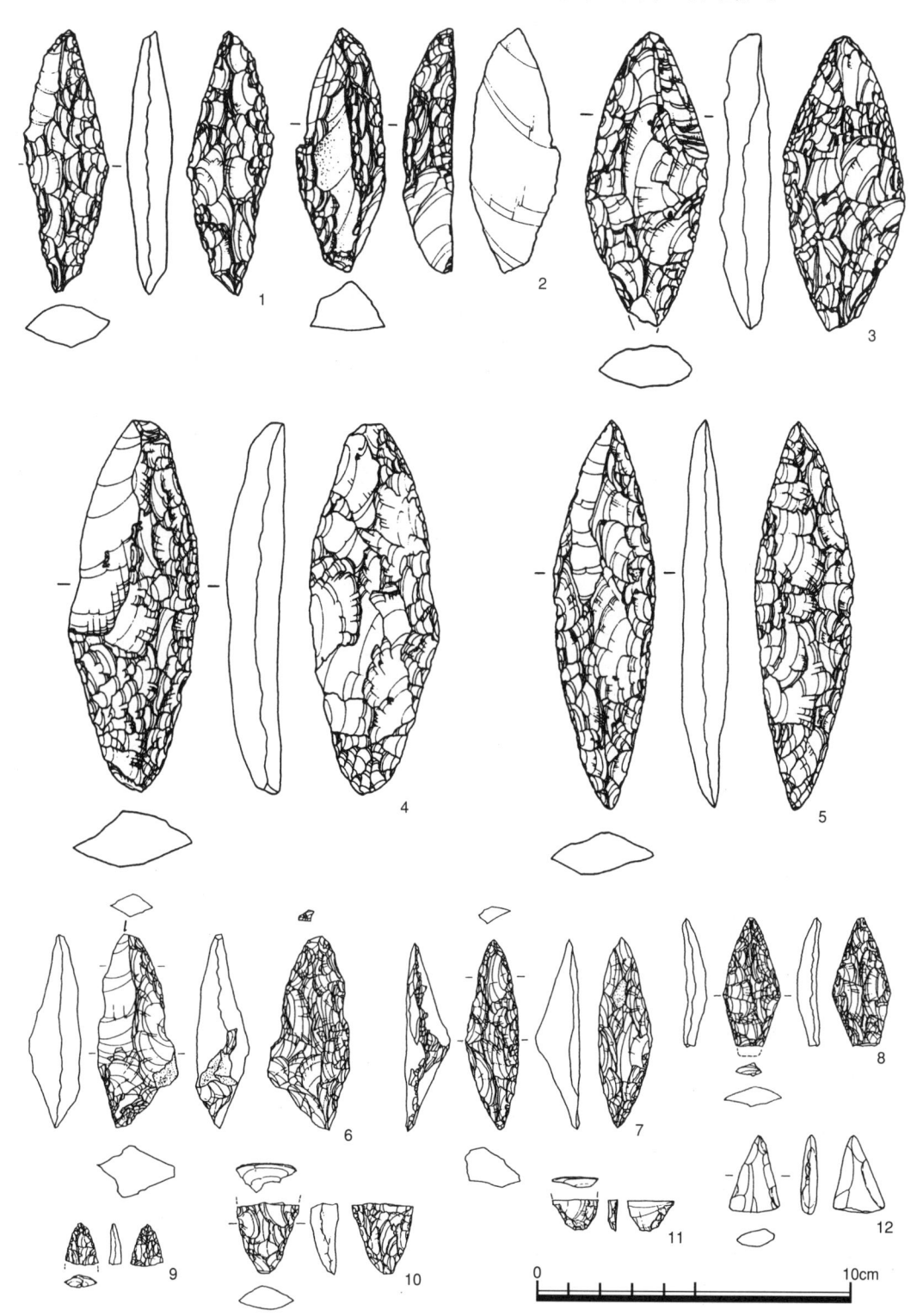

1～5：栃木県上林遺跡第1文化層（出居 1998）、6～12：茨城県細野遺跡（窪田 1998e、橋本 1995）

340

図版第58　第Ⅳ期の槍先形尖頭器（1）　相模野台地その1

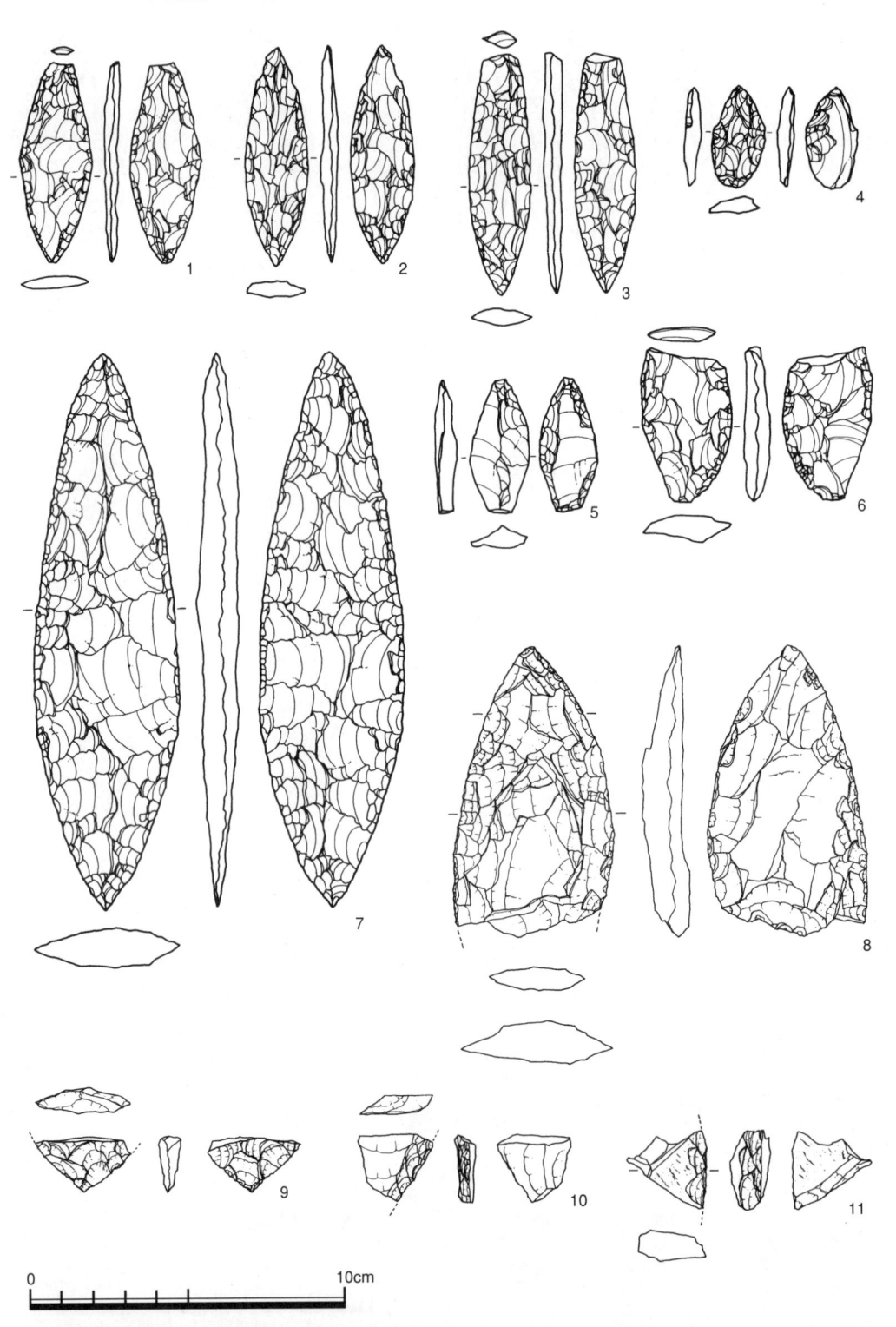

1～7：神奈川県栗原中丸遺跡第Ⅲ文化層（鈴木次郎 1996b）、8～11：神奈川県東大竹・山王塚（八幡台）遺跡（諏訪間伸 1992）

図版第59　第Ⅳ期の槍先形尖頭器（2）　相模野台地その2

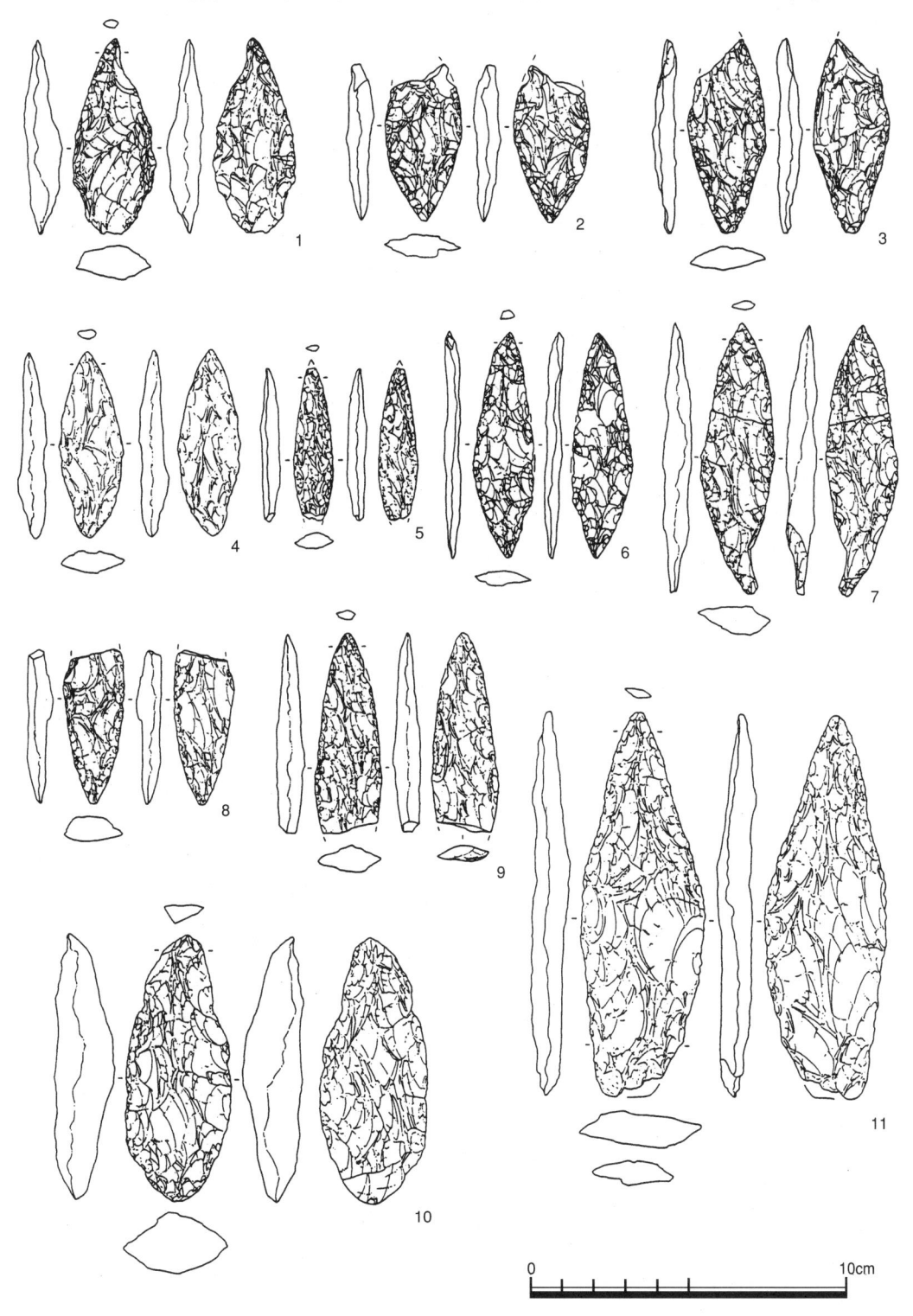

1～11：神奈川県風間遺跡群第Ⅰ文化層(a)（麻生順司 1989）

342

図版第60　第Ⅳ期の槍先形尖頭器（3）　相模野台地その3

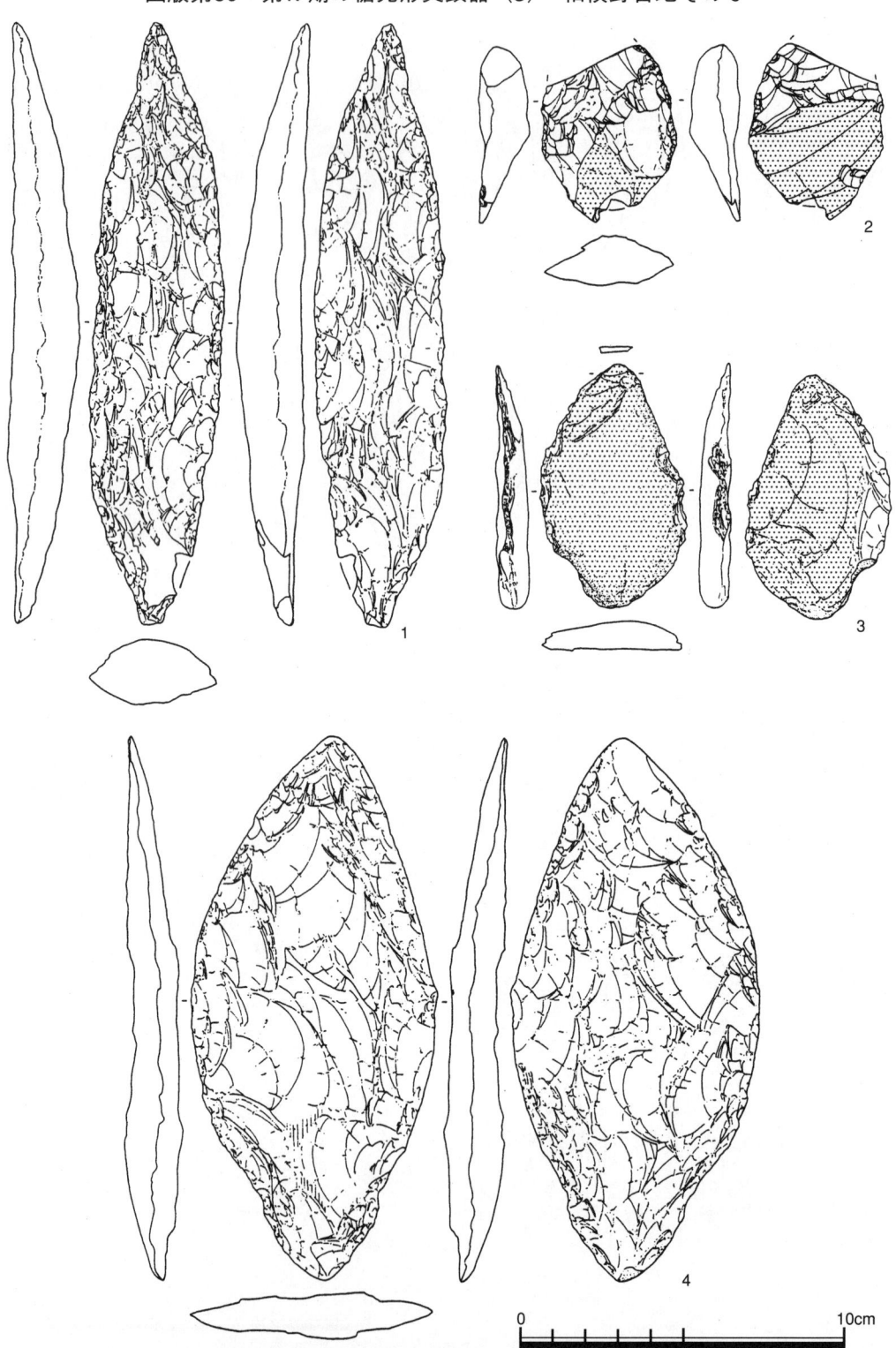

1～4：神奈川県風間遺跡群第Ⅰ文化層（a）（麻生順司 1989に加筆）

図版第61　第Ⅳ期の槍先形尖頭器（4）　相模野台地その4

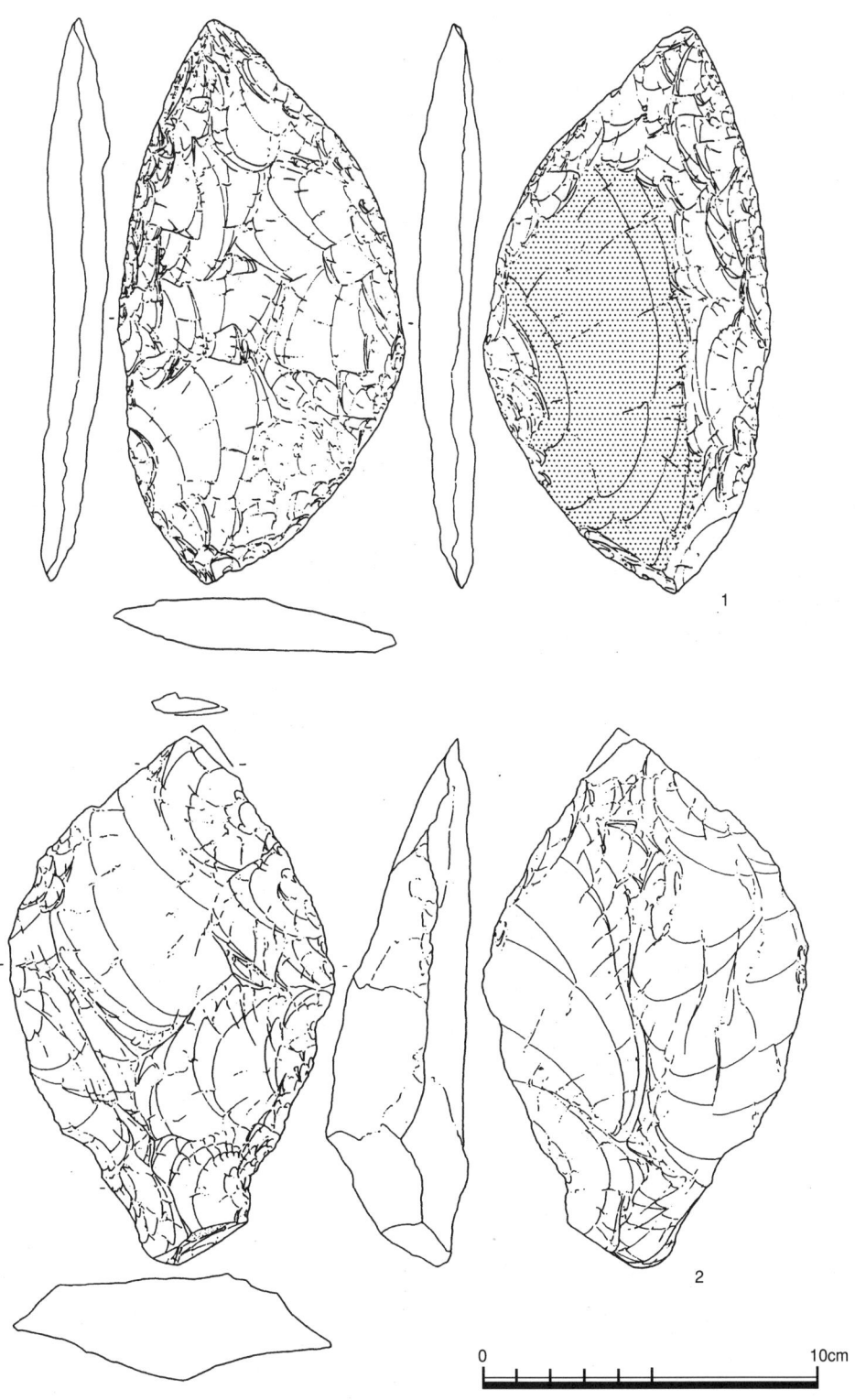

1・2：神奈川県風間遺跡群第Ⅰ文化層（a）（麻生順司1989に加筆）

344

図版第62　第Ⅳ期の槍先形尖頭器（5）　相模野台地その5

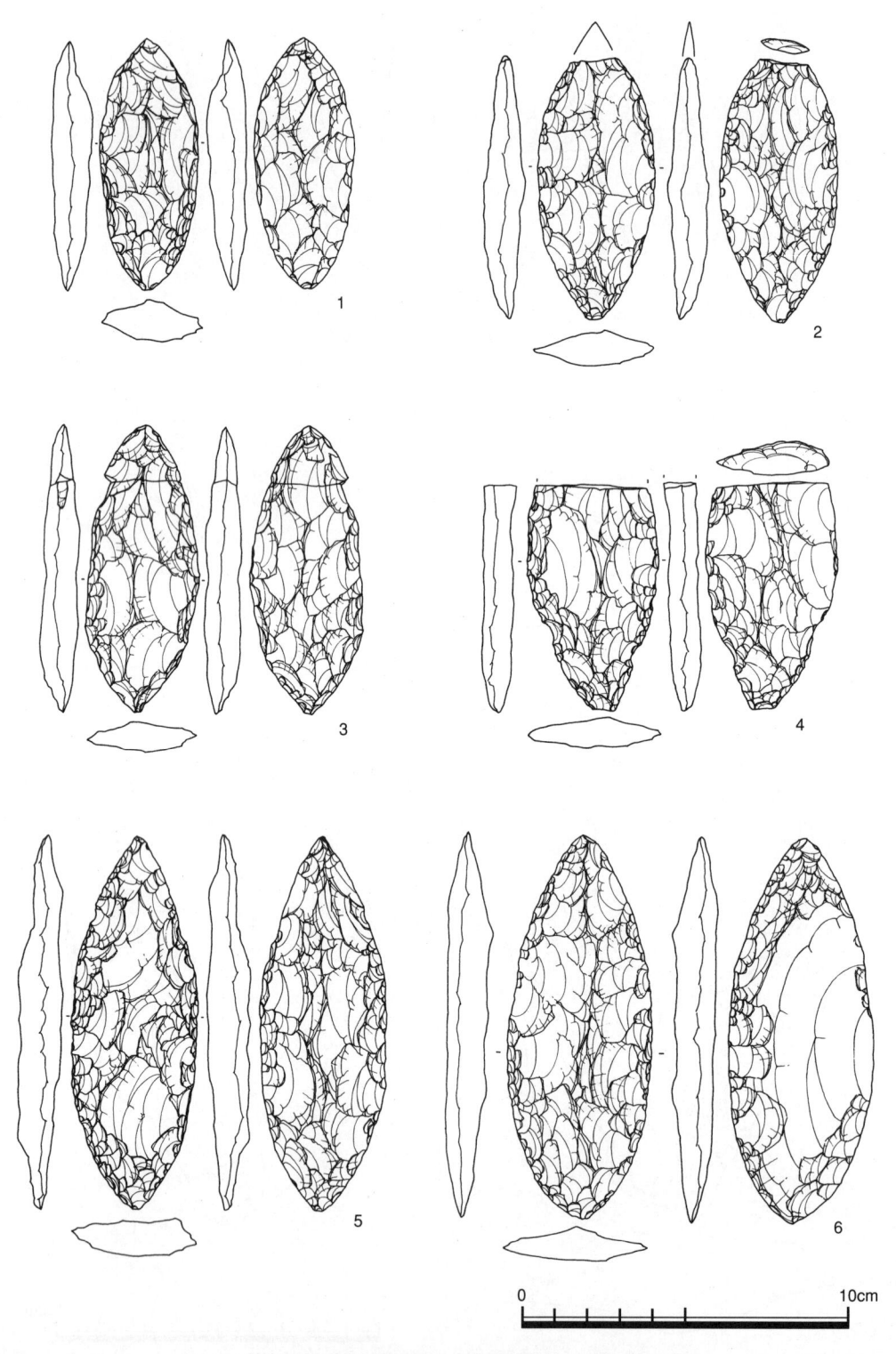

1〜6：神奈川県長堀北遺跡第Ⅱ文化層（滝沢・小池編著 1991）

東北日本：関東地方　345

図版第63　第Ⅳ期の槍先形尖頭器（6）　相模野台地その6

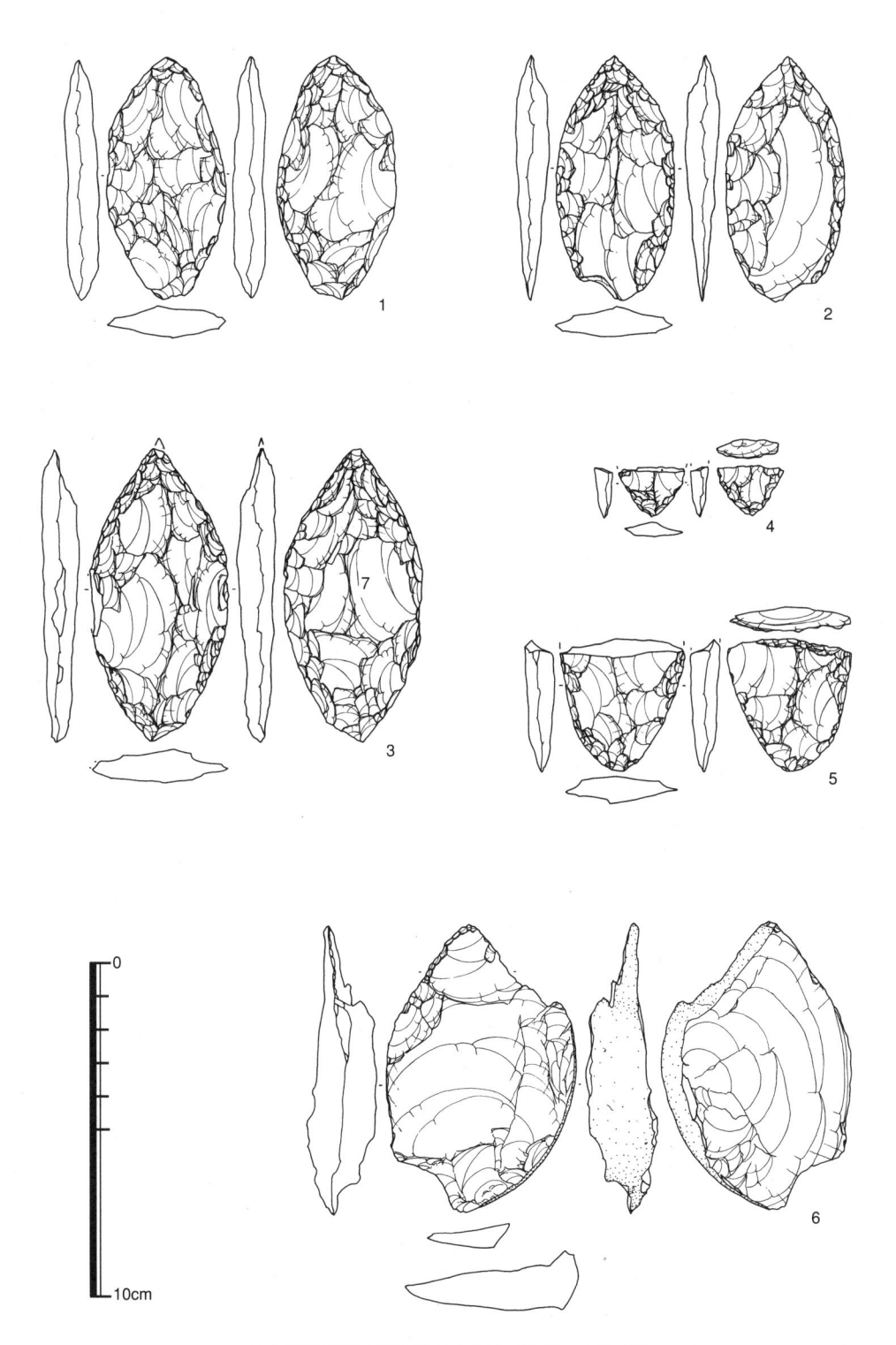

1～6：神奈川県長堀北遺跡第Ⅱ文化層（滝沢・小池編著 1991）

図版第64　第Ⅳ期の槍先形尖頭器（7）　武蔵野台地

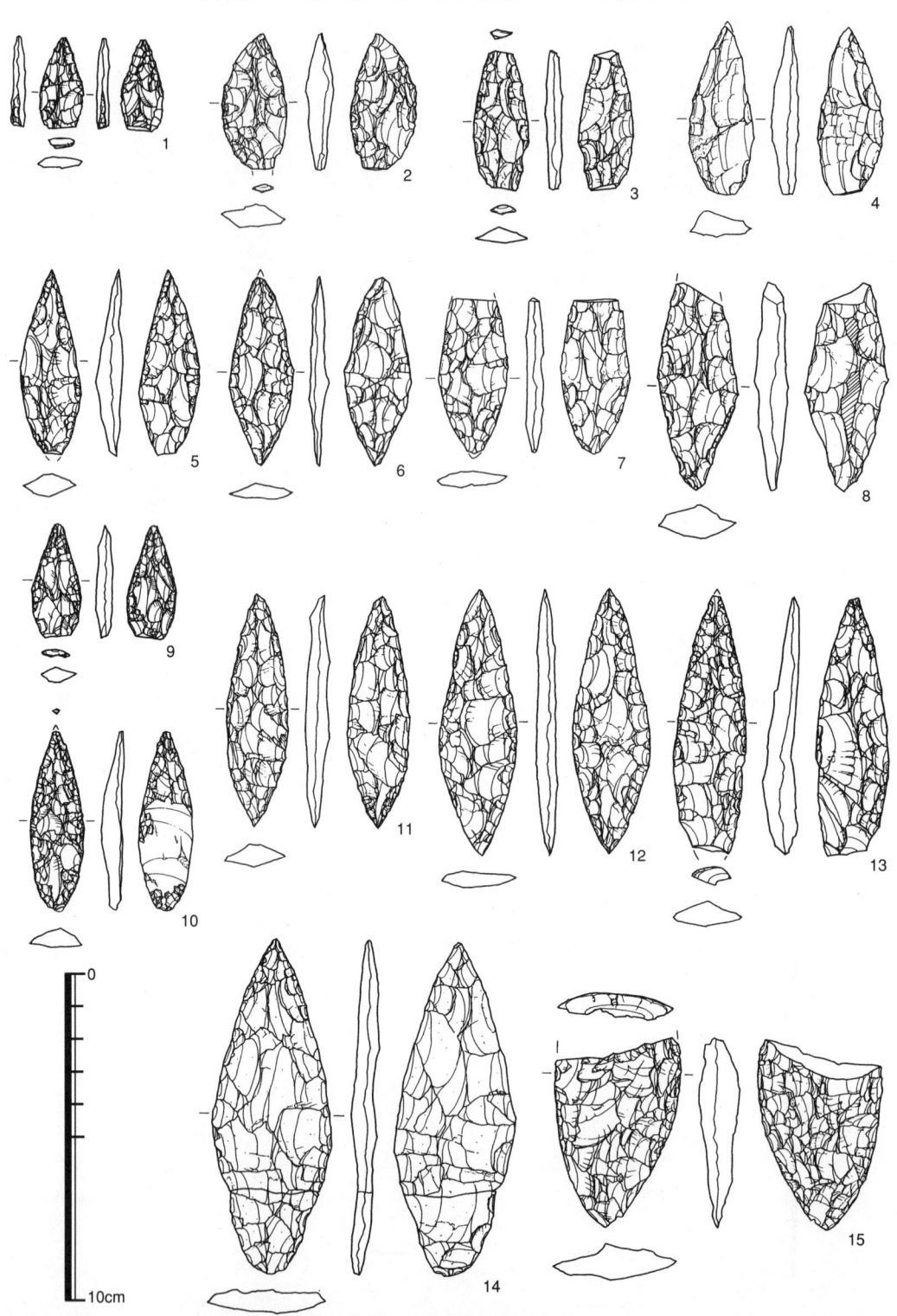

1～15：東京都御殿山遺跡第1地区D地点第Ⅲ層中部（加藤・栩木・小林 1987）

東北日本：関東地方 347

図版第65　第Ⅳ期の槍先形尖頭器（8）　多摩丘陵その1

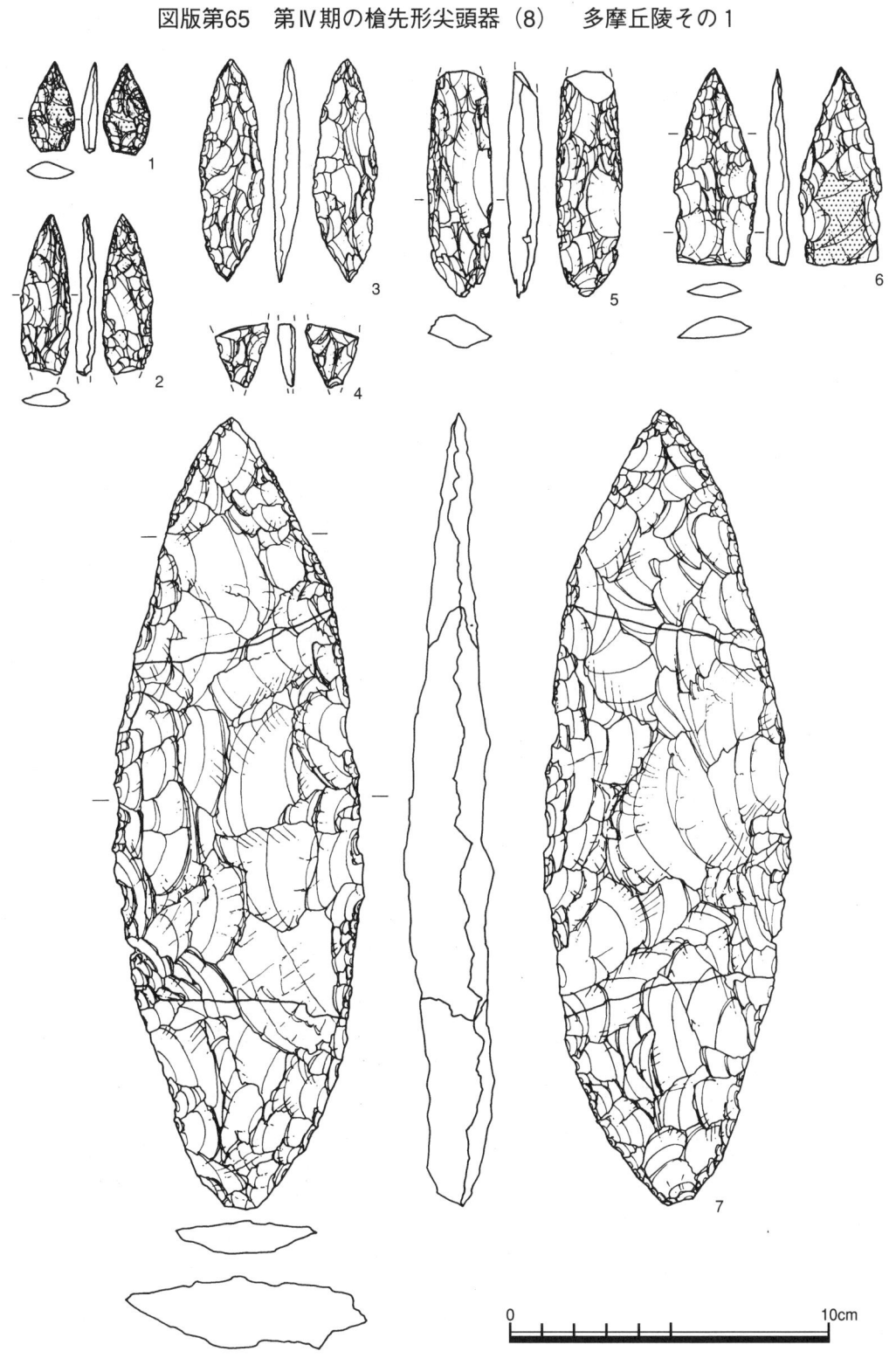

1〜7：東京都多摩ニュータウンNo.426遺跡第Ⅰ文化層（佐藤宏之1989に加筆）

図版第66　第Ⅳ期の槍先形尖頭器（9）　多摩丘陵その2

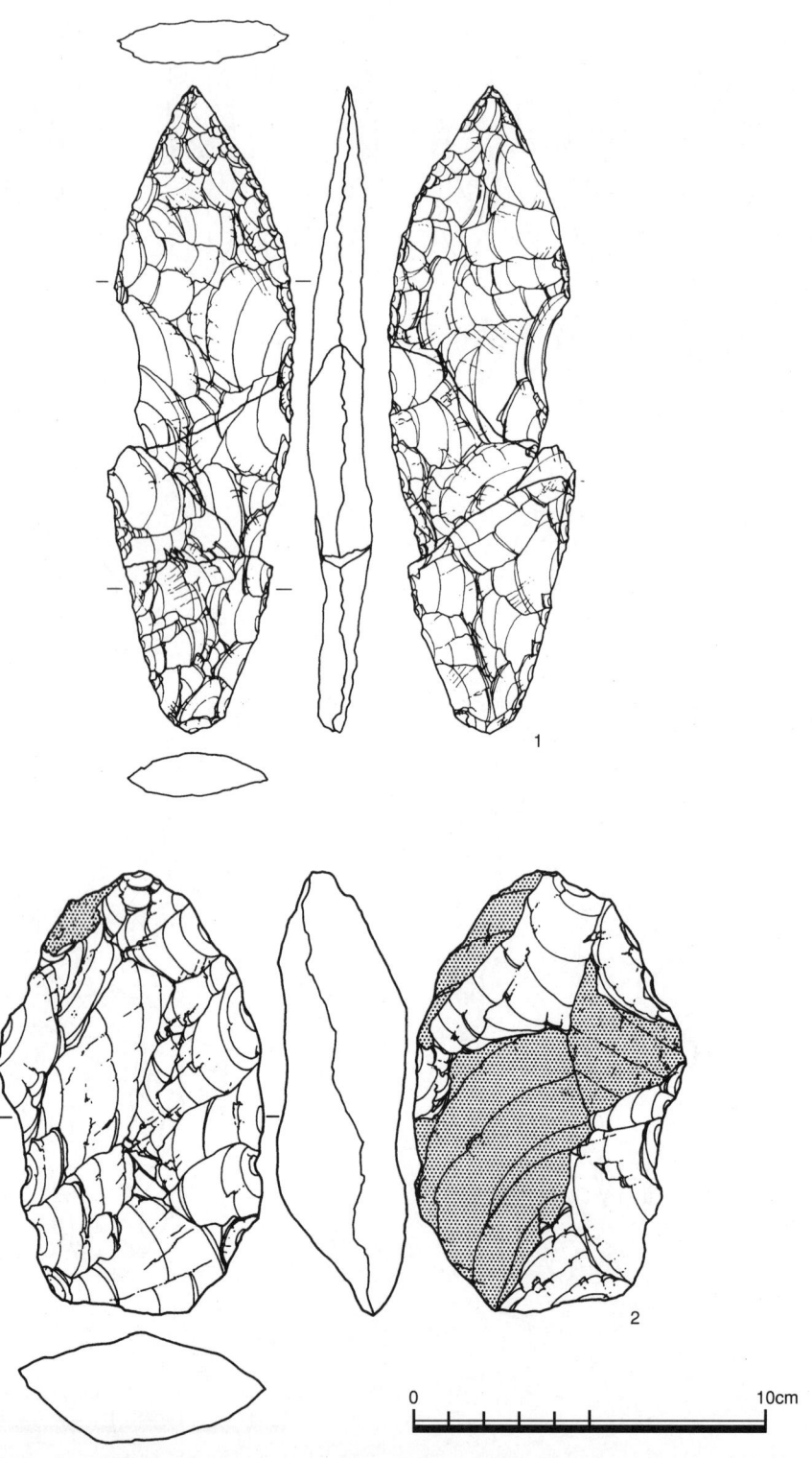

1・2：東京都多摩ニュータウンNo.426遺跡第Ⅰ文化層（佐藤宏之1989に加筆）

東北日本：関東地方　349

図版第67　第Ⅳ期の槍先形尖頭器（10）　多摩丘陵その3

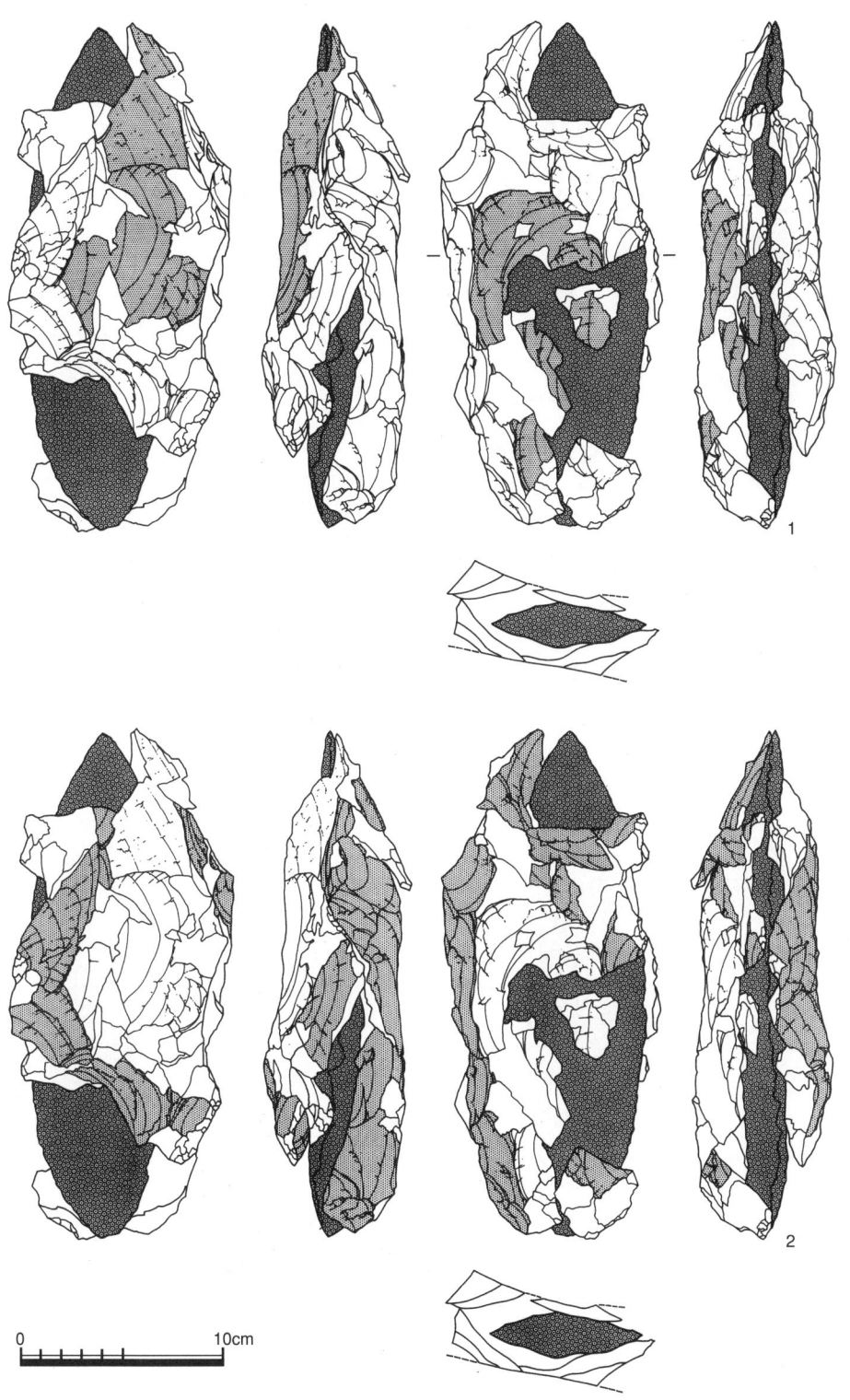

1・2：東京都多摩ニュータウンNo.426遺跡第Ⅰ文化層（接合資料、藤野1991）

350

図版第68　第Ⅳ期の槍先形尖頭器（11）　多摩丘陵その4

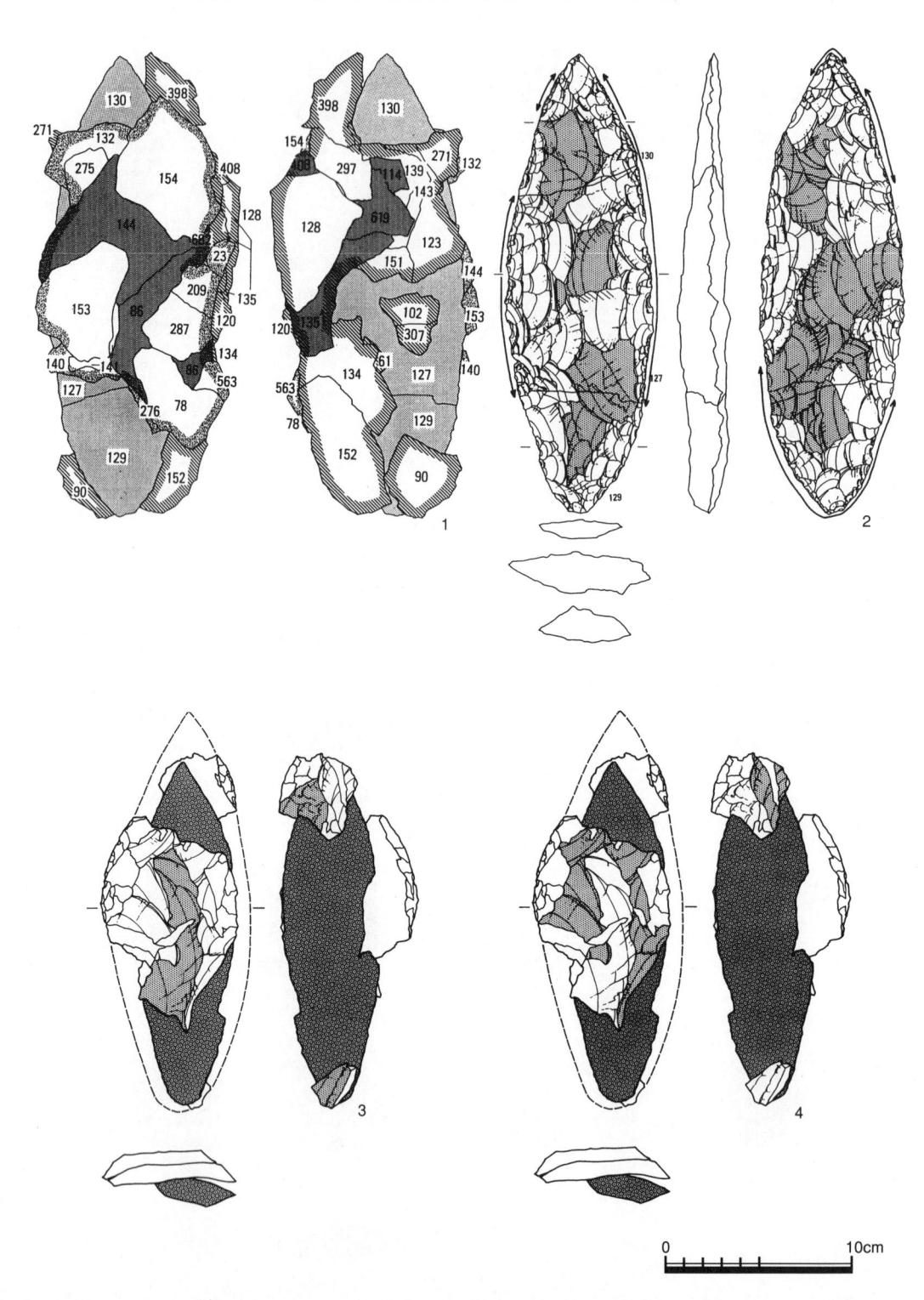

1～4：東京都多摩ニュータウンNo.426遺跡第Ⅰ文化層（接合資料、藤野 1991）

東北日本：関東地方　351

図版第69　第Ⅳ期の槍先形尖頭器（12）　多摩丘陵その5・関東地方北部その1

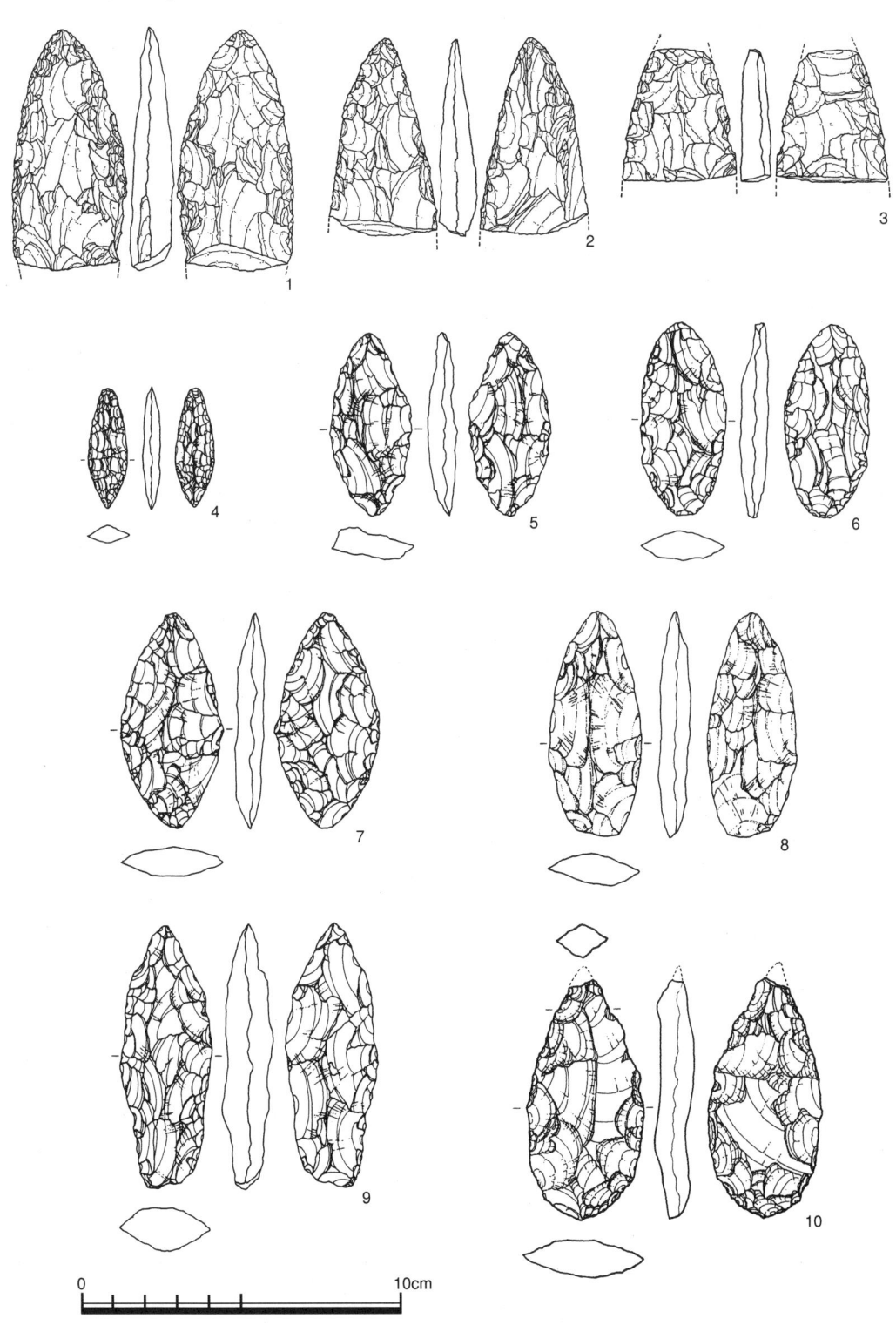

1～3：東京都多摩ニュータウンNo.769遺跡第1文化層（阿部1983）、4～10：栃木県川木谷遺跡（芹澤1989）

図版第70　第Ⅳ期の槍先形尖頭器（13）　関東地方北部その2

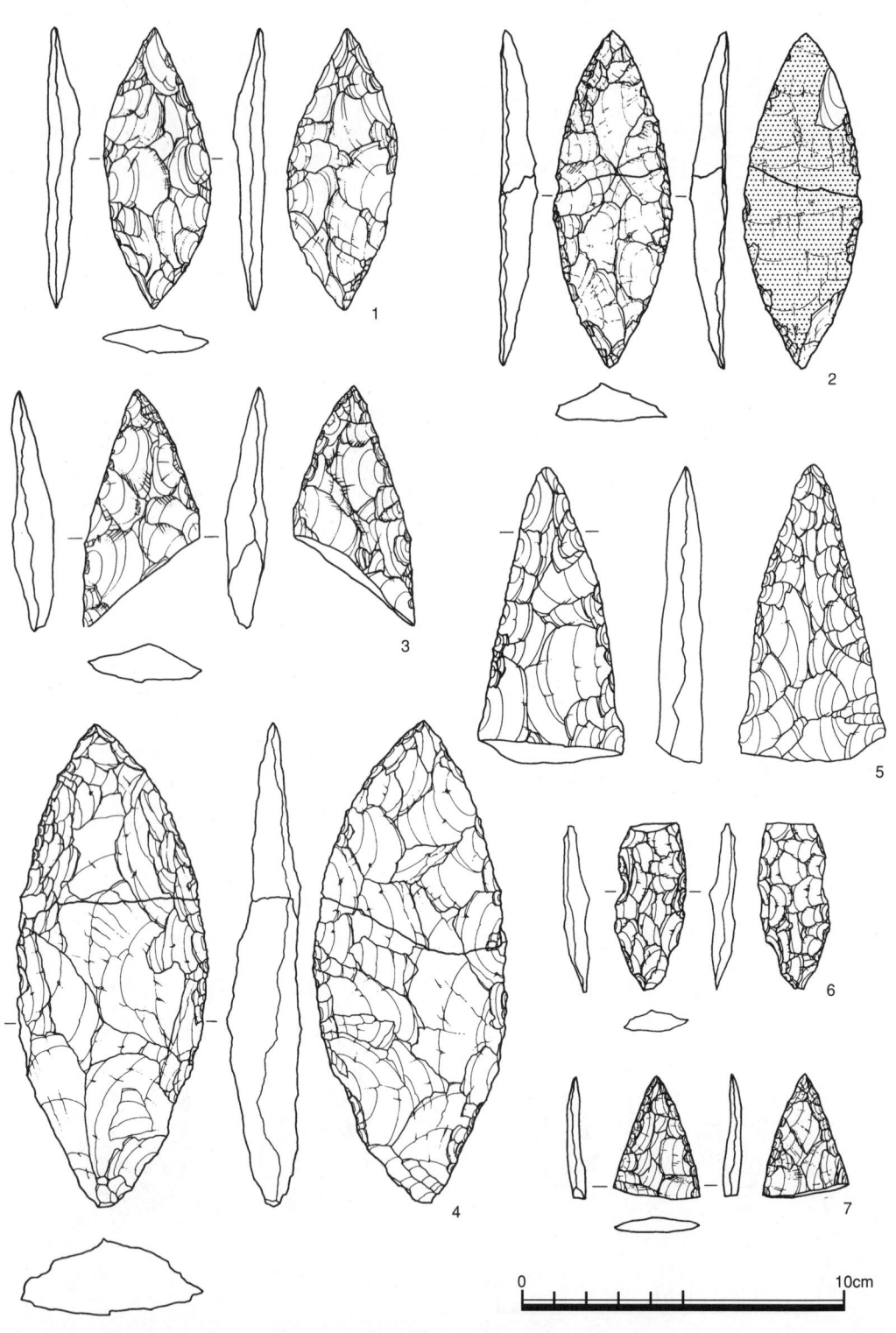

1～7：群馬県房谷戸遺跡第Ⅰ文化層（谷藤1992aに加筆）

東北日本：関東地方　353

図版第71　第Ⅳ期の槍先形尖頭器（14）　関東地方北部その3

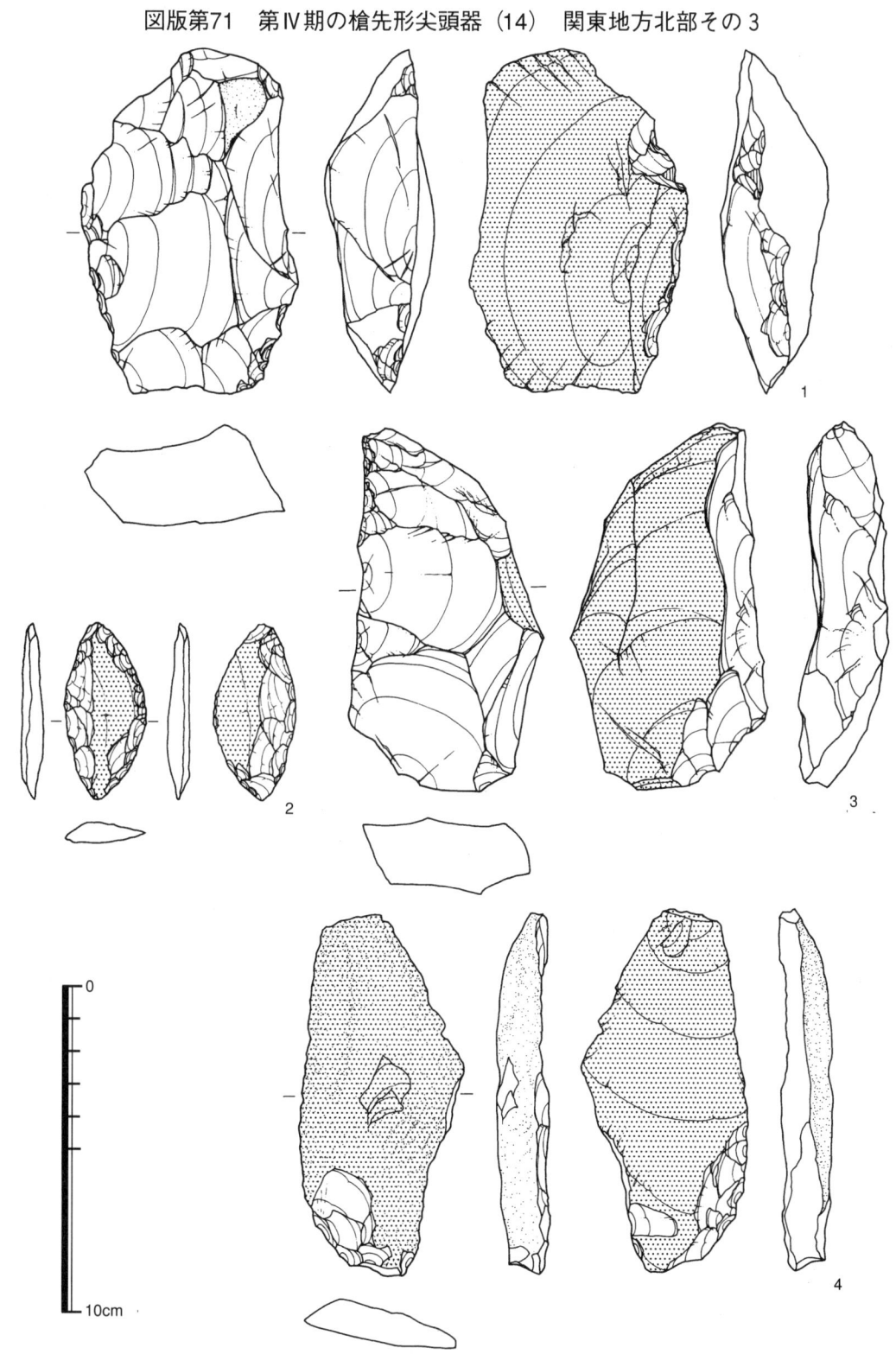

1〜4：群馬県房谷戸遺跡第Ⅰ文化層（谷藤1992aに加筆）

354

図版第72　第Ⅳ期の槍先形尖頭器（15）　関東地方北部その4

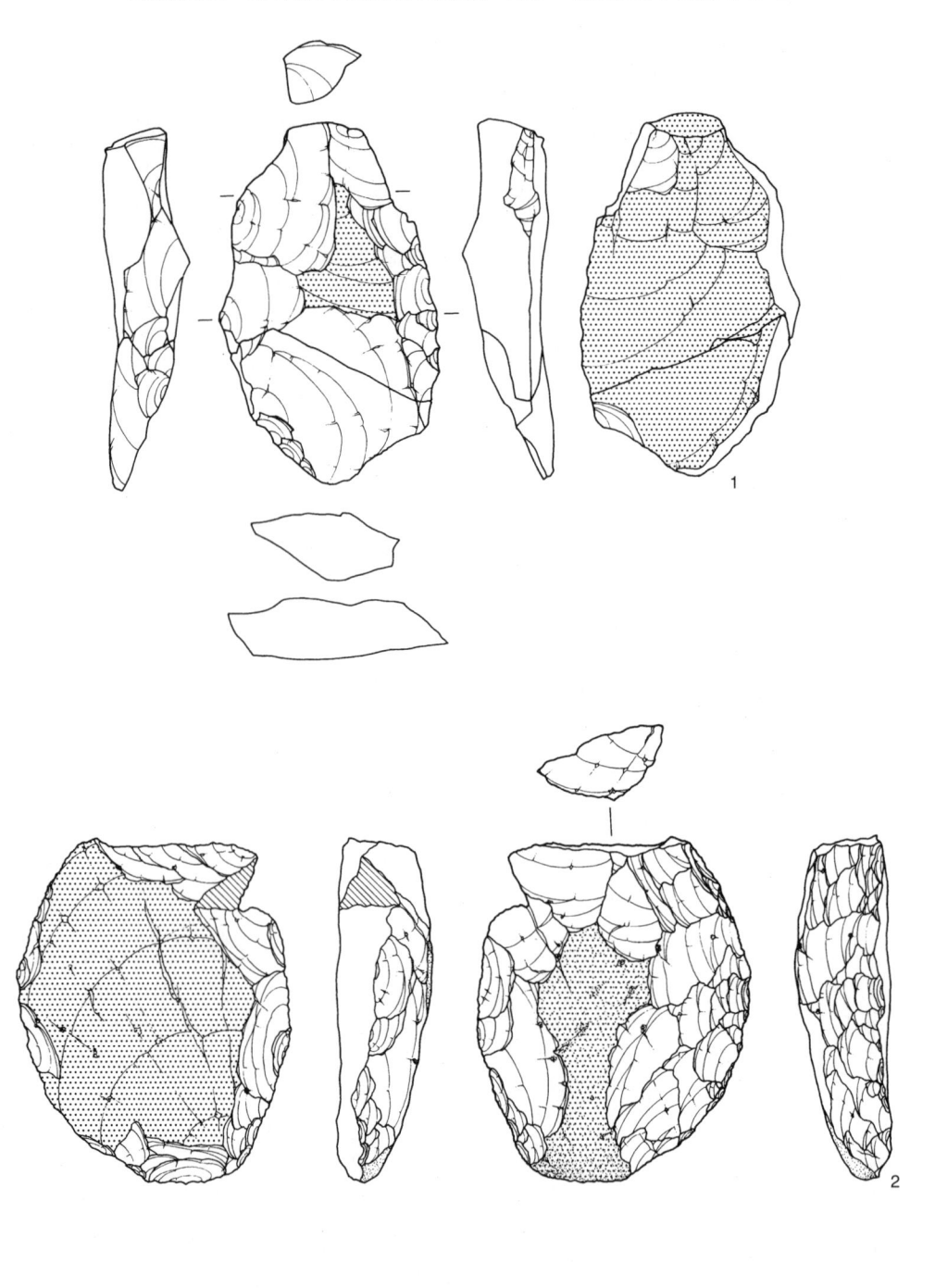

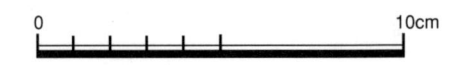

1・2：群馬県房谷戸遺跡第Ⅰ文化層（谷藤1992aに加筆）

東北日本：関東地方 355

図版第73 第IV期の槍先形尖頭器（16） 関東地方北部その5

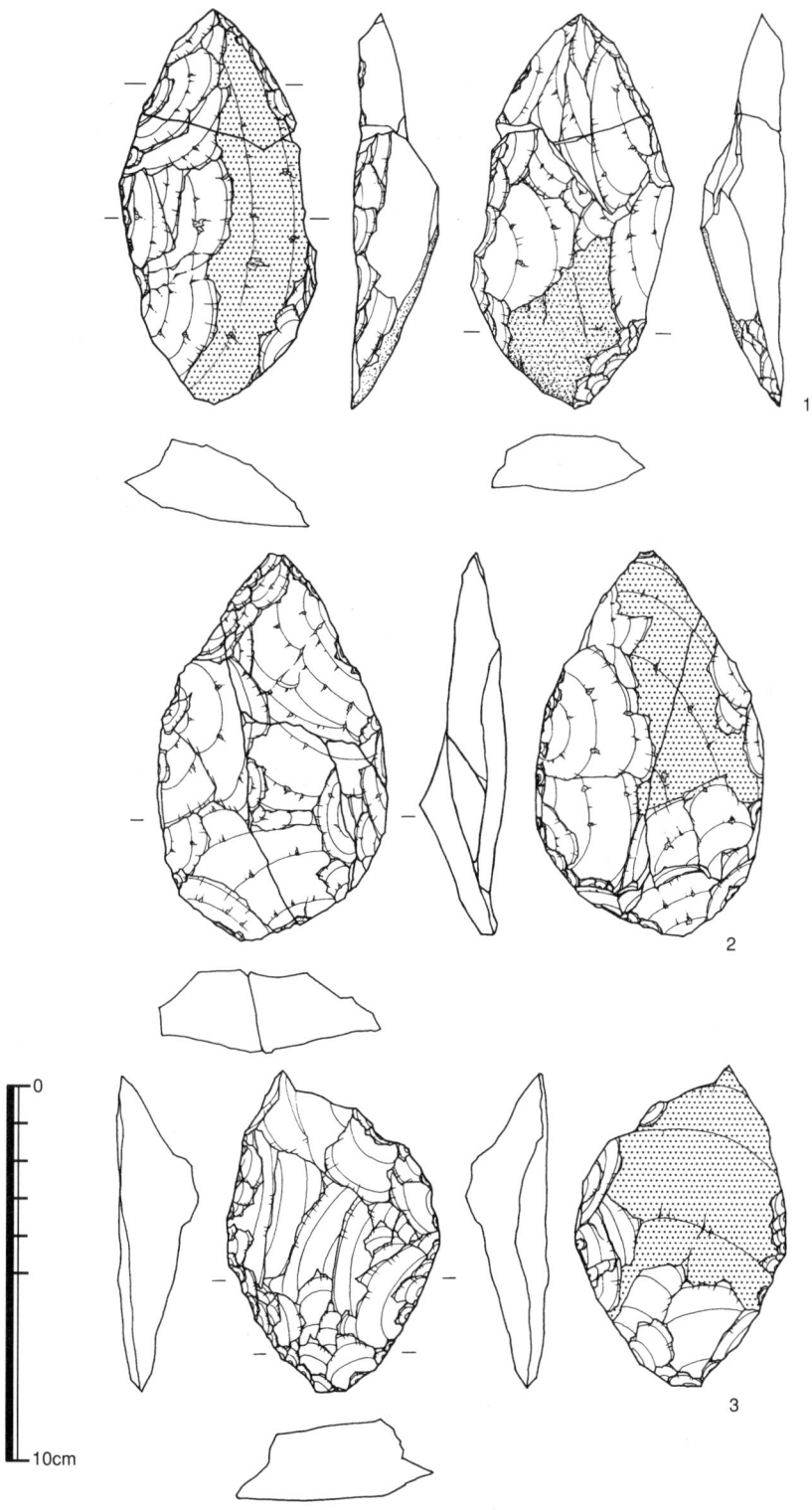

1～3：群馬県房谷戸遺跡第I文化層（谷藤1992aに加筆）

図版第74　第Ⅳ期の槍先形尖頭器（17）　関東地方北部その6

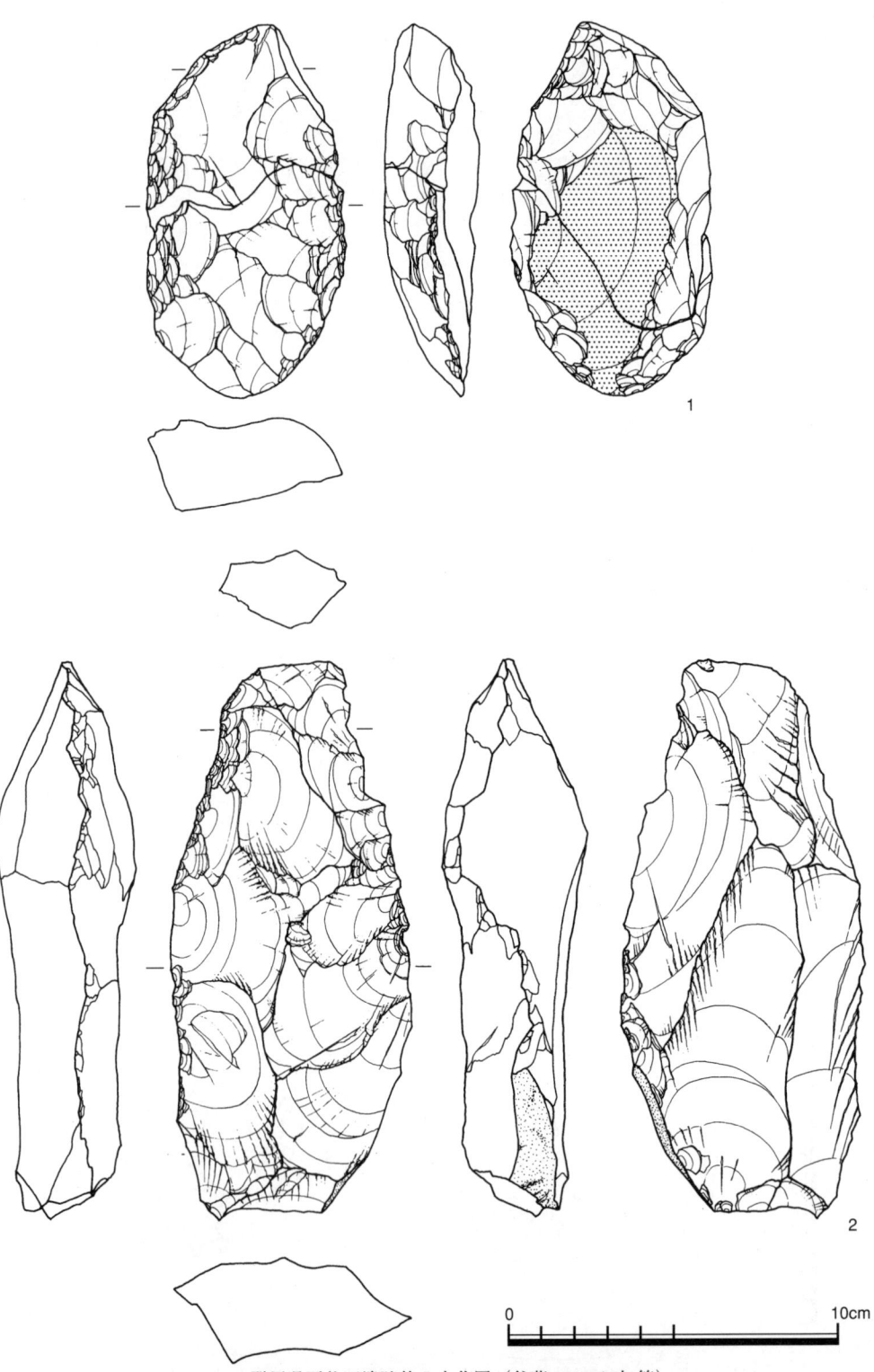

1・2：群馬県房谷戸遺跡第Ⅰ文化層（谷藤1992aに加筆）

東北日本：関東地方 357

図版第75 第Ⅳ期の槍先形尖頭器（18） 関東地方北部その7

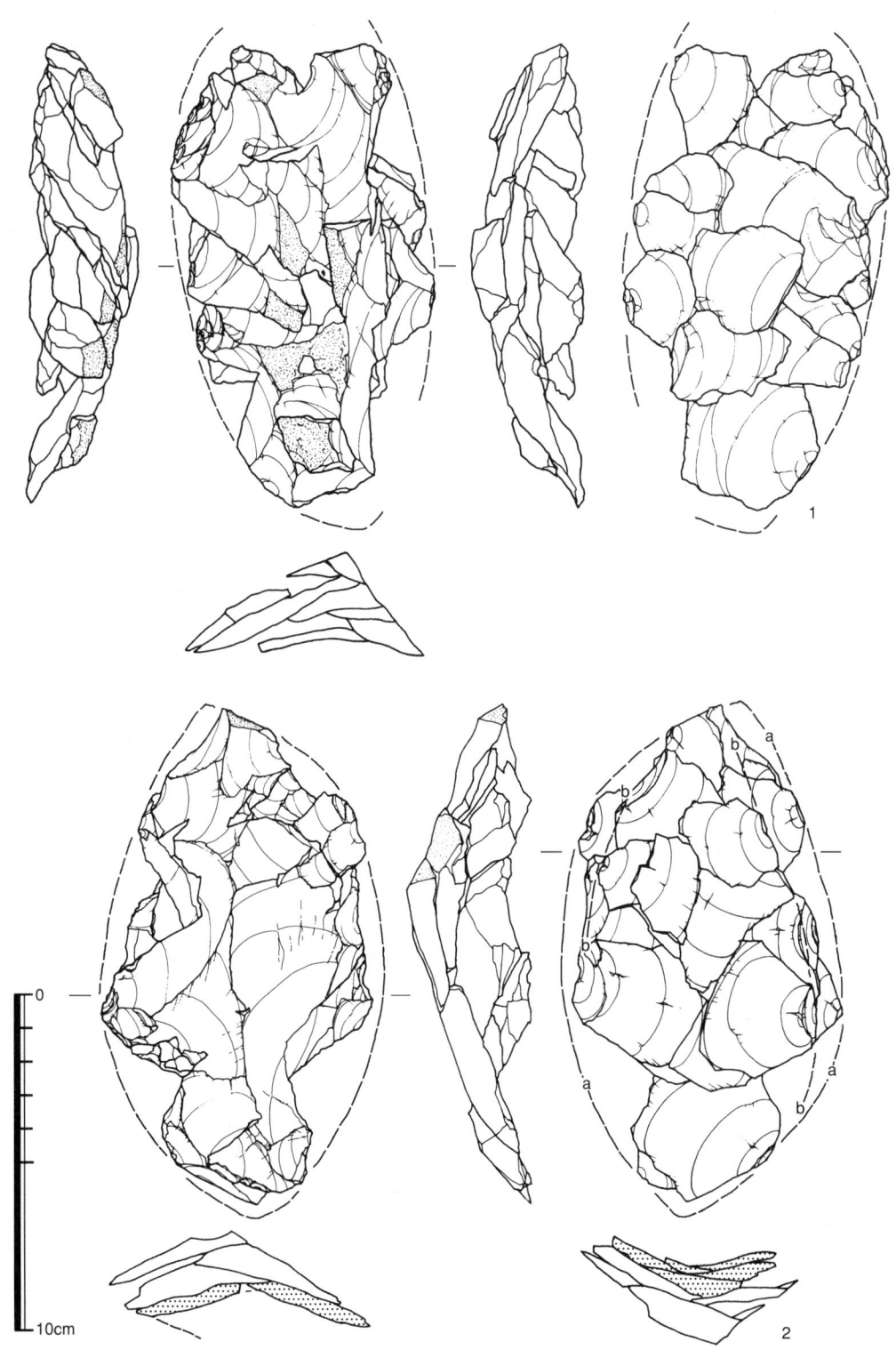

1・2：群馬県房谷戸遺跡第Ⅰ文化層（槍先形尖頭器調整剥片接合資料、谷藤1992aより作成）

図版第76　第Ⅳ期の槍先形尖頭器（19）　関東地方北部その8

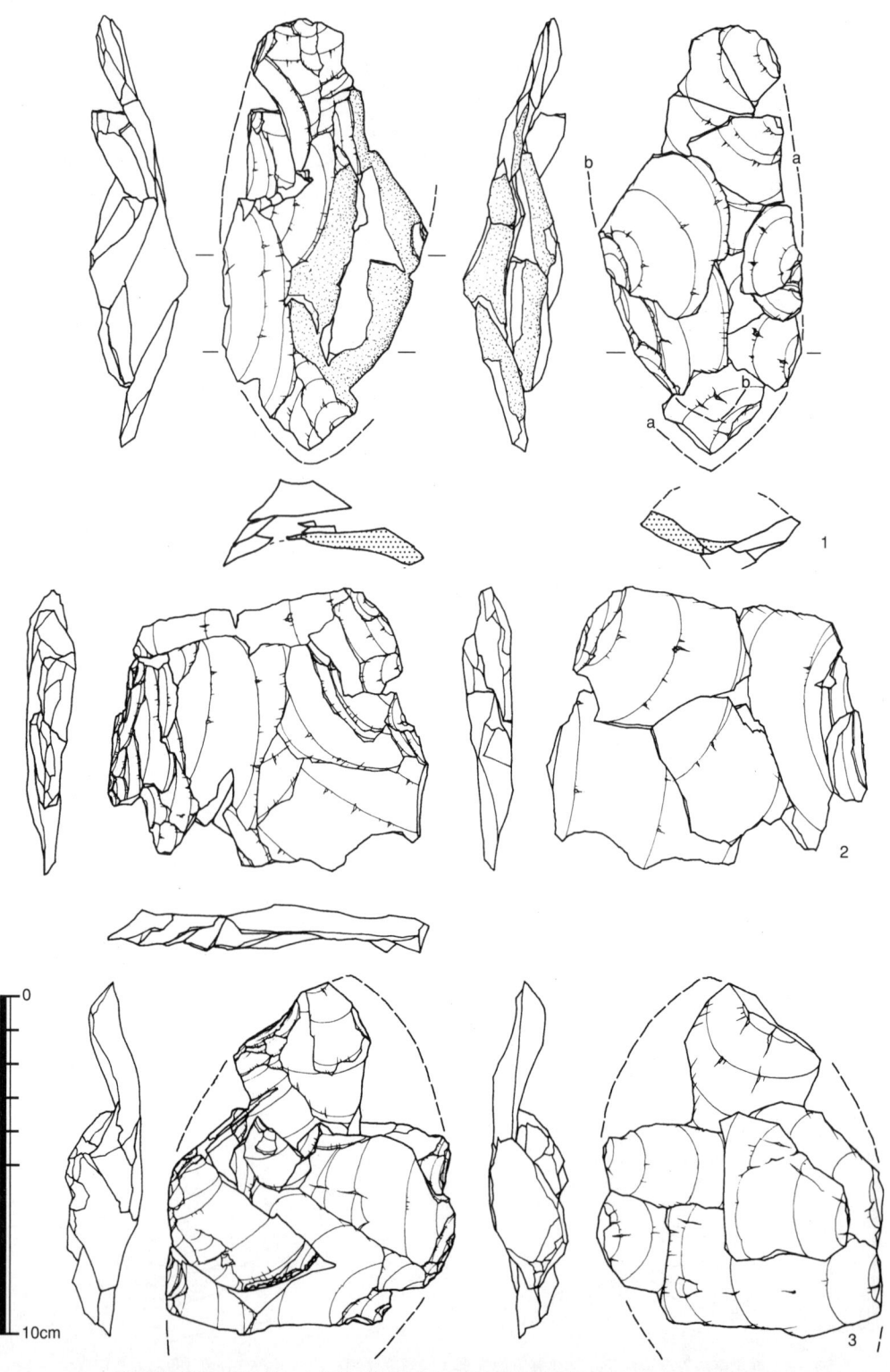

1～3：群馬県房谷戸遺跡第Ⅰ文化層（槍先形尖頭器調整剥片接合資料、谷藤 1992aより作成））

図版第77　第Ⅳ期の槍先形尖頭器（20）　関東地方北部その9

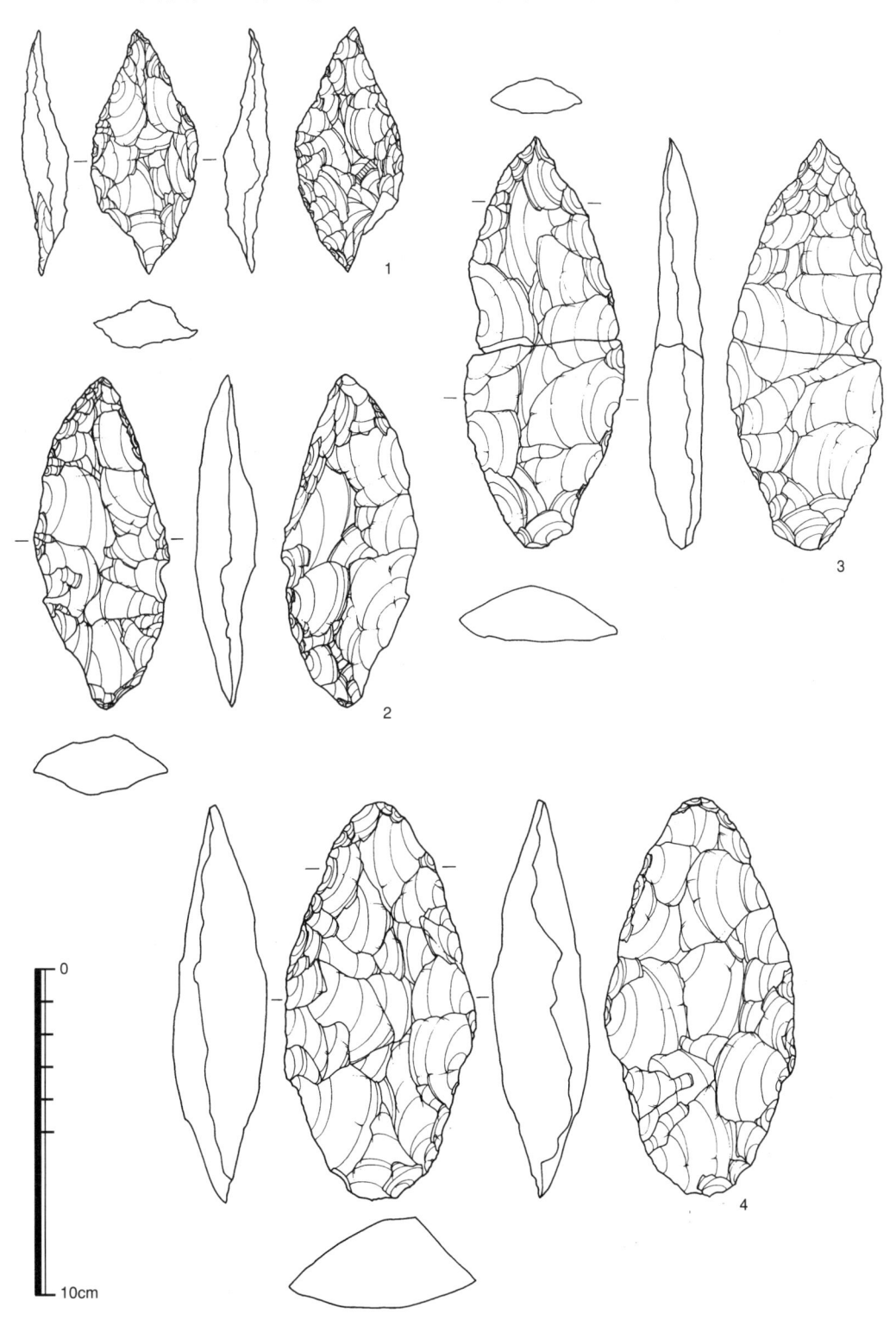

1〜4：群馬県房谷戸遺跡第Ⅰ文化層(谷藤 1992a)

図版第78　第Ⅳ期の槍先形尖頭器（21）　関東地方北部その10

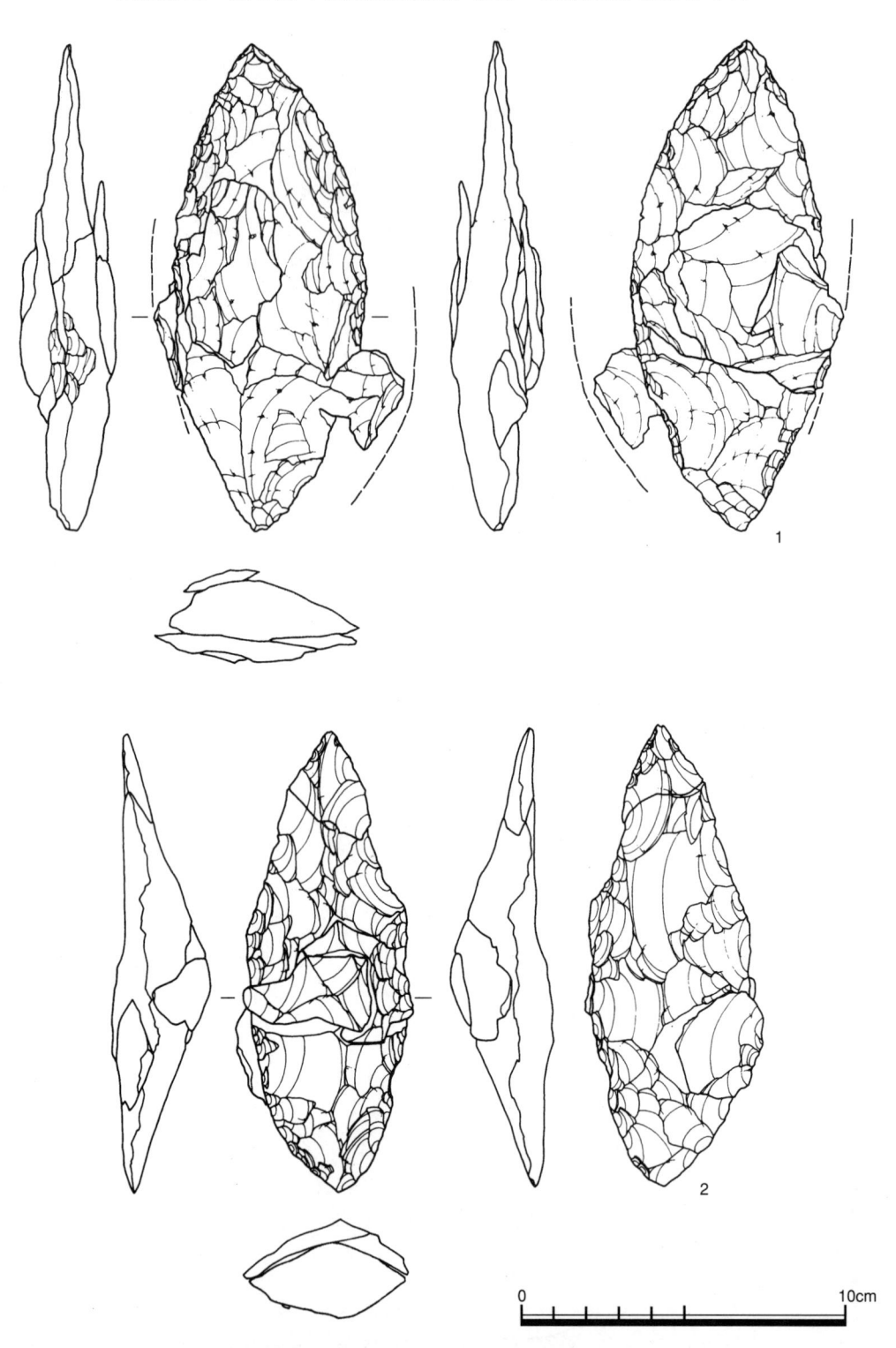

1・2：群馬県房谷戸遺跡第Ⅰ文化層（接合資料、谷藤 1992aに加筆）

図版第79　第Ⅳ期の槍先形尖頭器（22）　関東地方北部その11

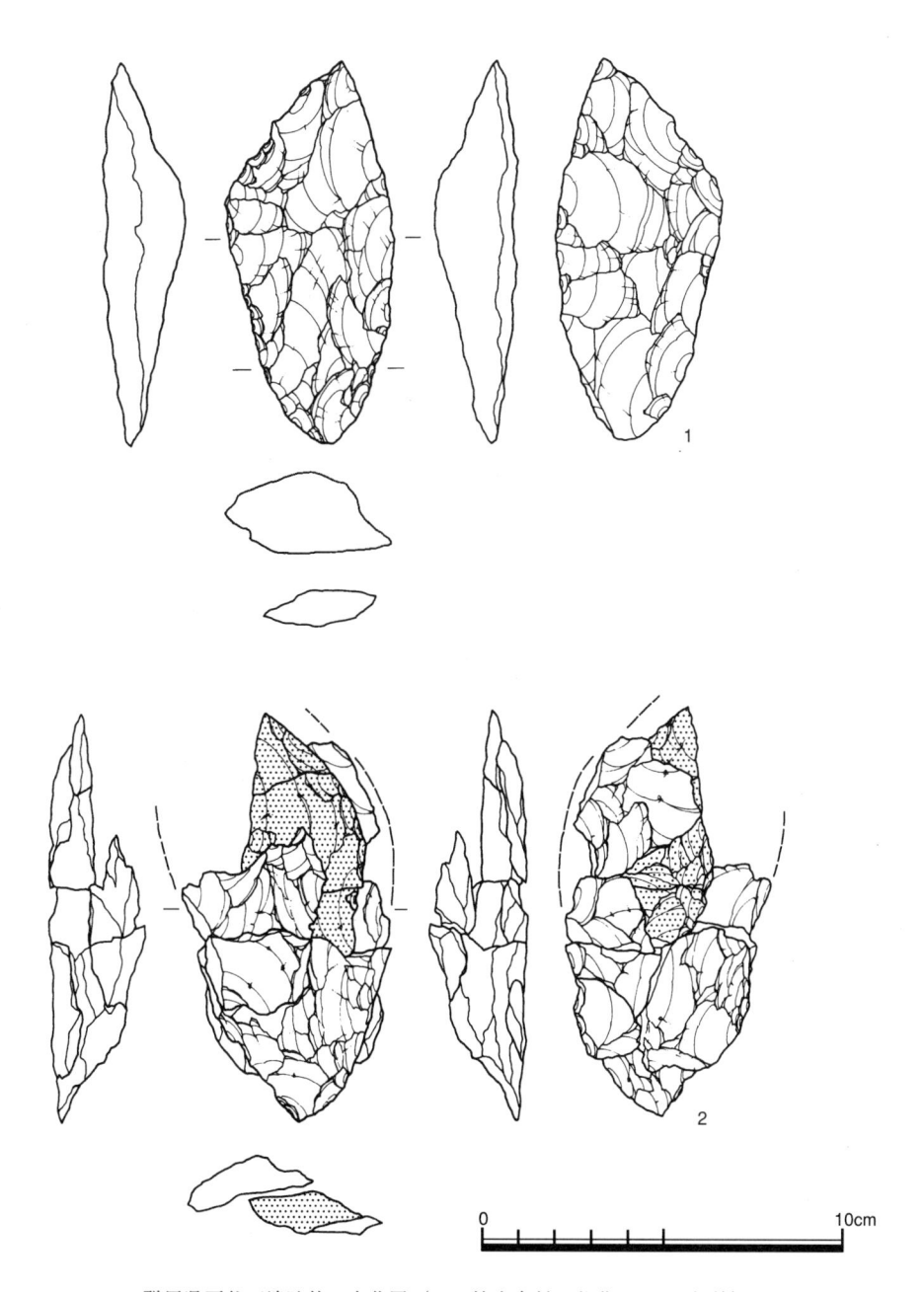

1・2：群馬県房谷戸遺跡第Ⅰ文化層（2は接合資料、谷藤1992aに加筆）

図版第80　第Ⅴ期の槍先形尖頭器（1）　相模野台地その1

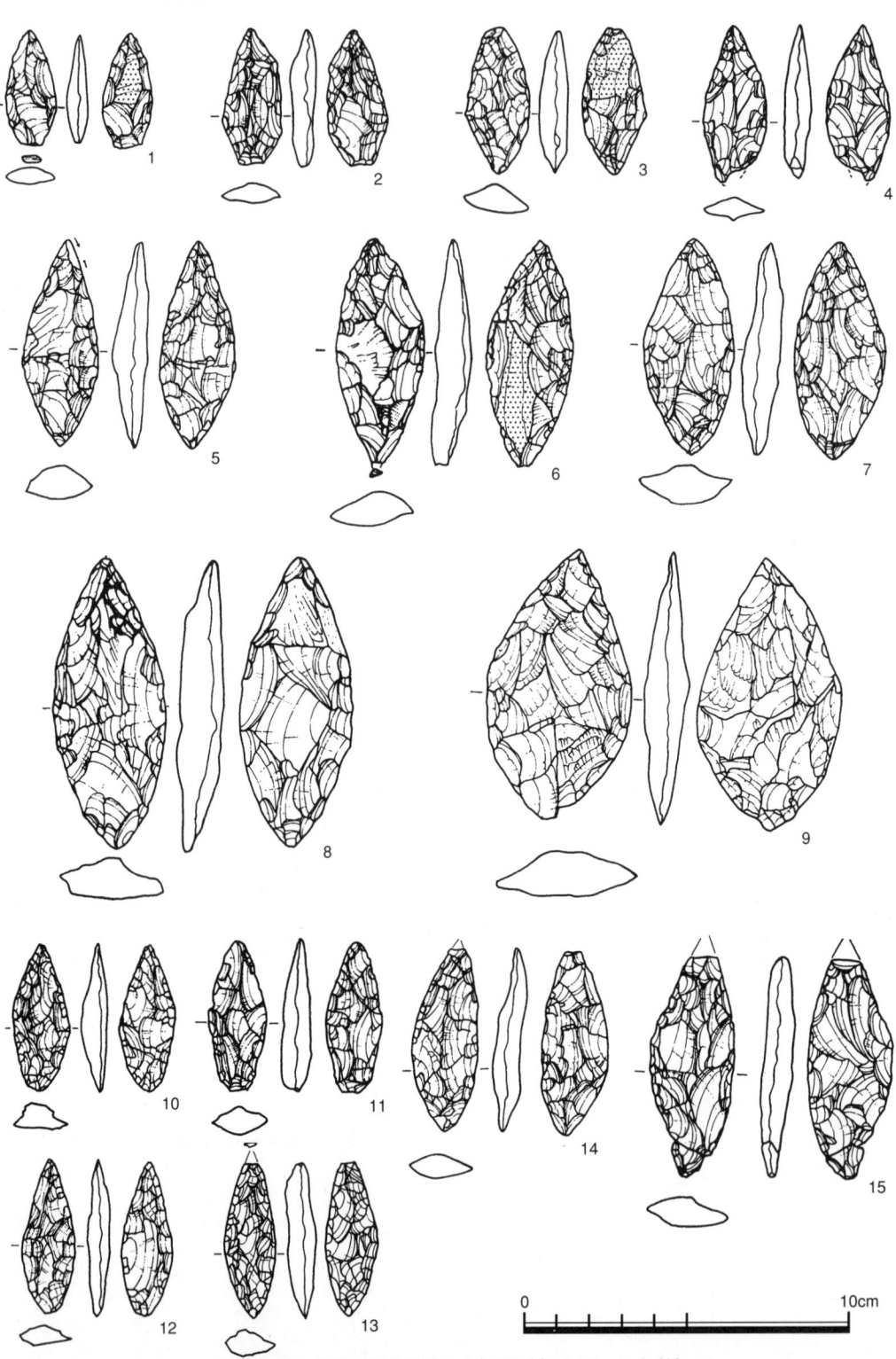

1〜15：神奈川県寺尾遺跡第Ⅰ文化層（白石1980aに加筆）

東北日本：関東地方　363

図版第81　第Ⅴ期の槍先形尖頭器 (2)　相模野台地その2

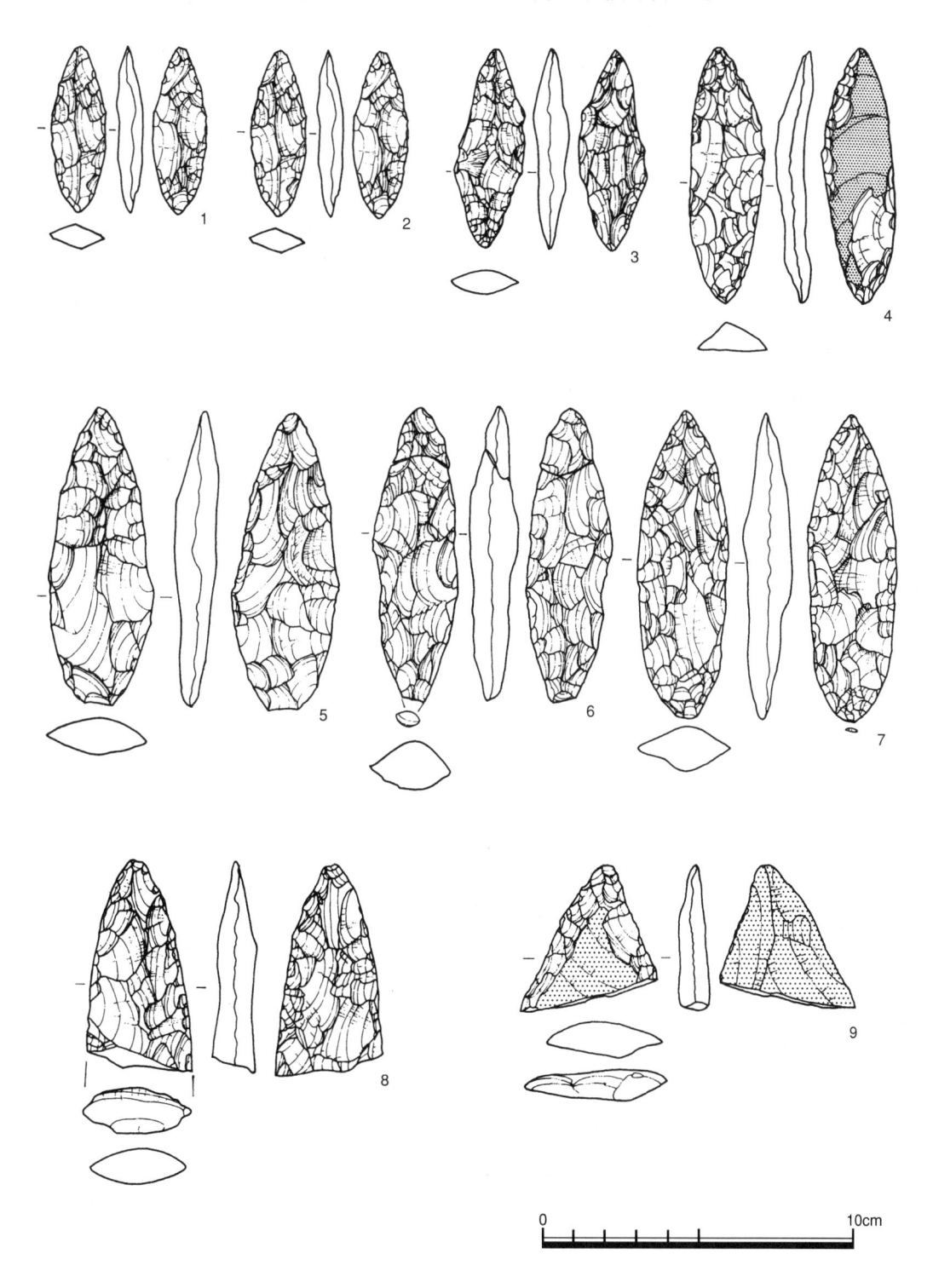

1～9：神奈川県寺尾遺跡第Ⅰ文化層（白石 1980aに加筆）

364

図版第82　第Ⅴ期の槍先形尖頭器（3）　相模野台地その3

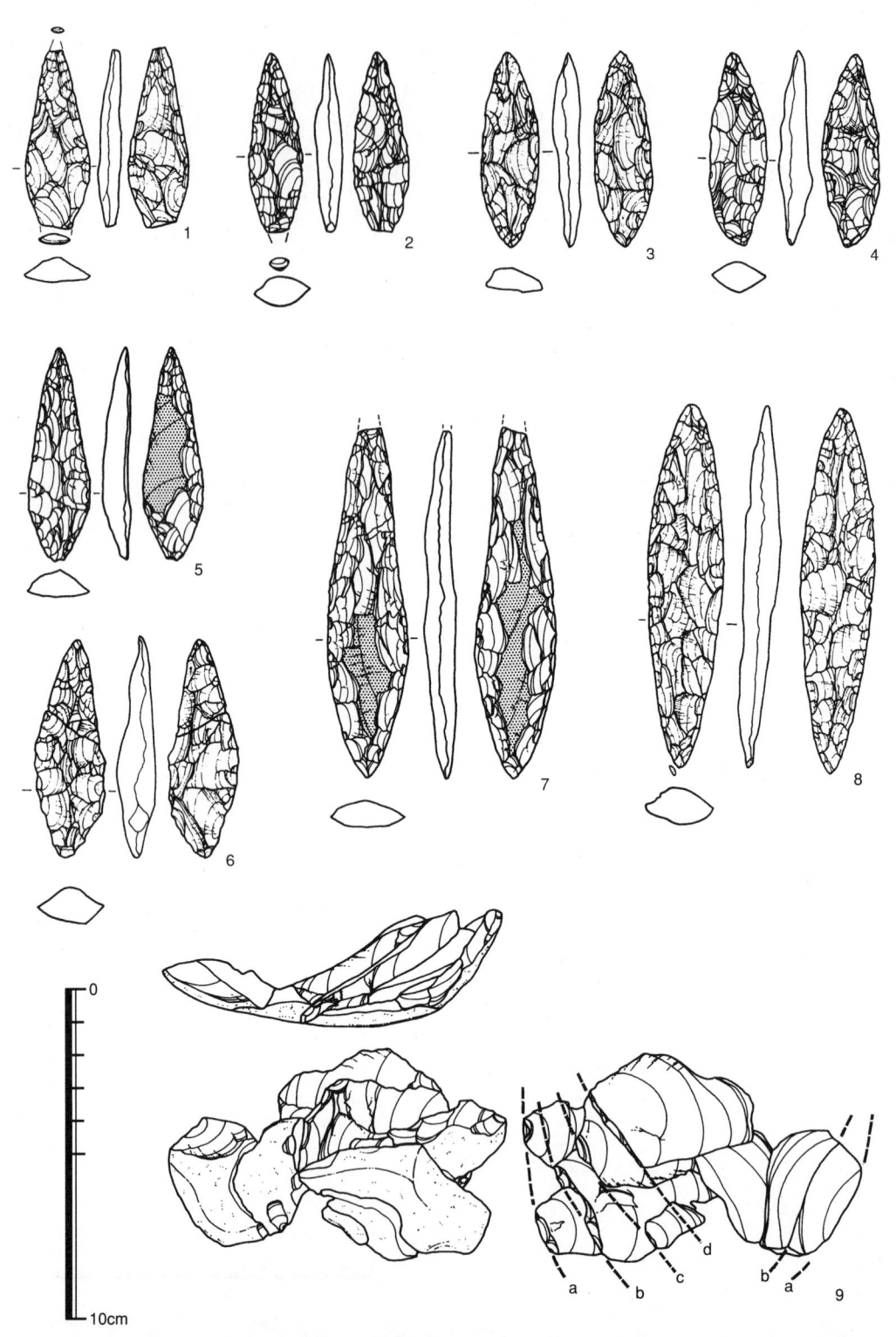

1〜9：神奈川県寺尾遺跡第Ⅰ文化層（9は接合資料、1〜4・6・8：白石1980a、5・7・9：藤野1991a）

東北日本：関東地方 365

図版第83 第Ⅴ期の槍先形尖頭器（4） 相模野台地その4

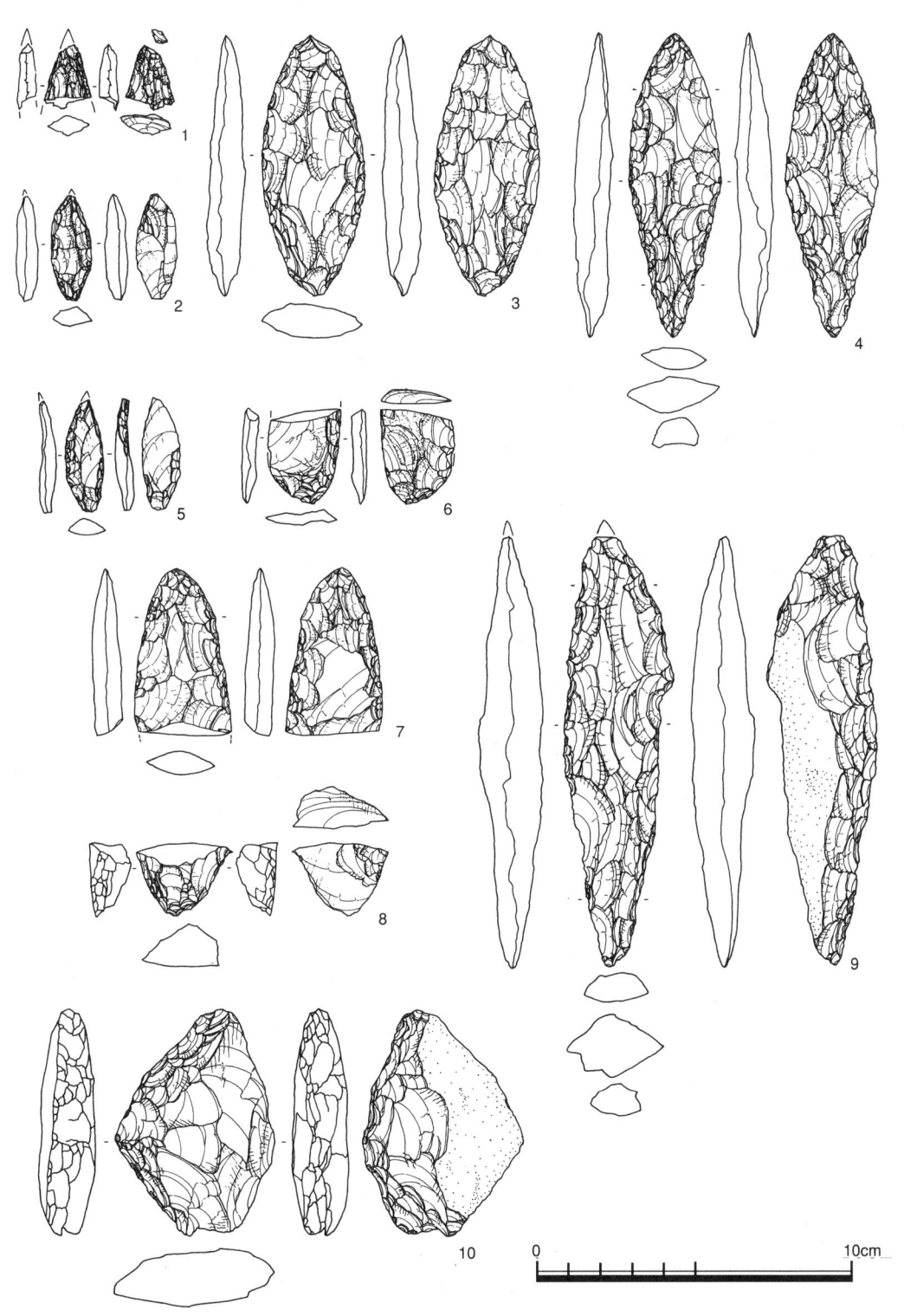

1〜10：神奈川県月見野遺跡群上野遺跡第1地点第Ⅱ文化層（相田・小池 1986）

図版第84　第Ⅴ期の槍先形尖頭器（5）　相模野台地その5

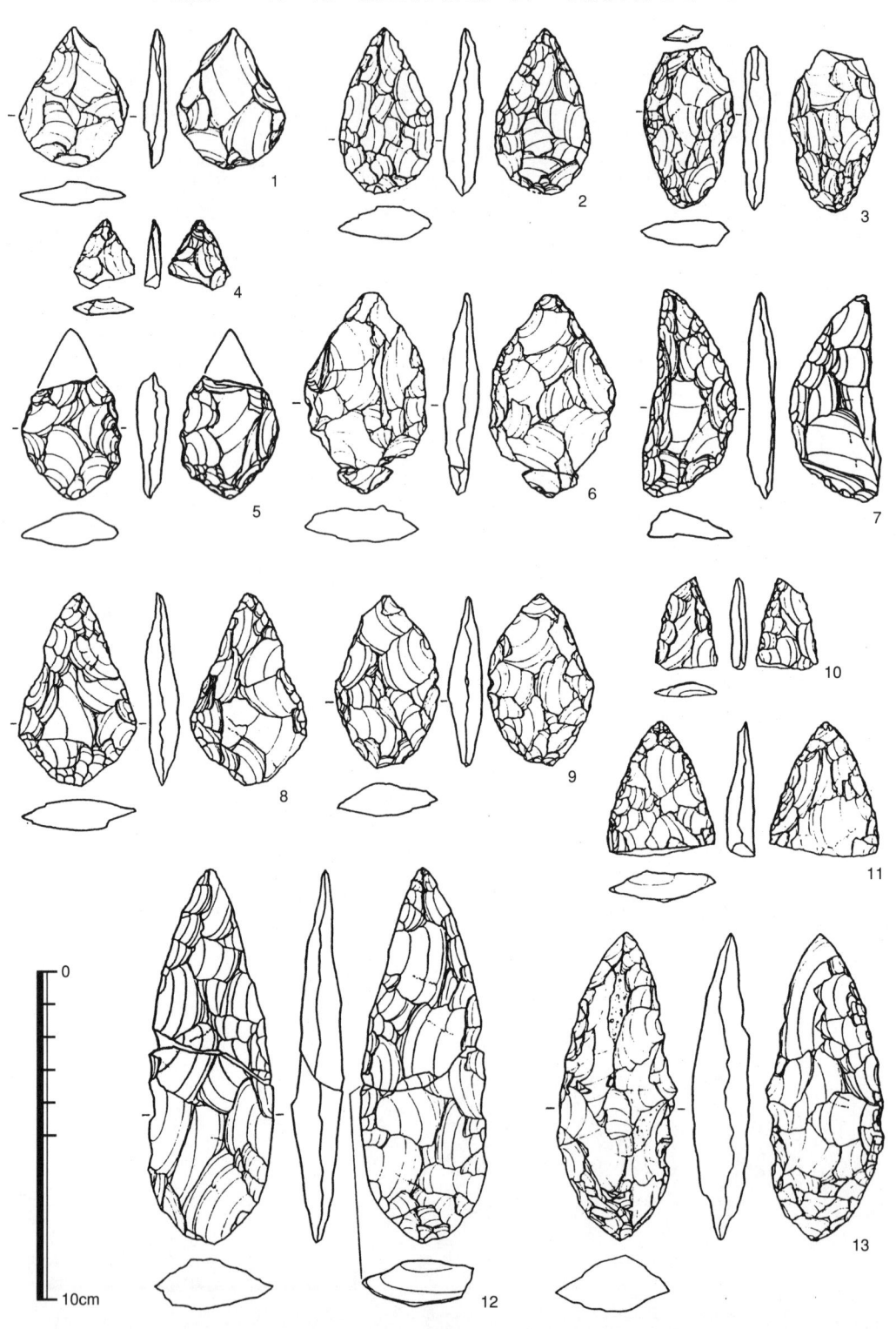

1～13：神奈川県栗原中丸遺跡第Ⅰ文化層（鈴木次郎 1984a）

東北日本：関東地方 367

図版第85　第Ⅴ期の槍先形尖頭器（6）　相模野台地その6

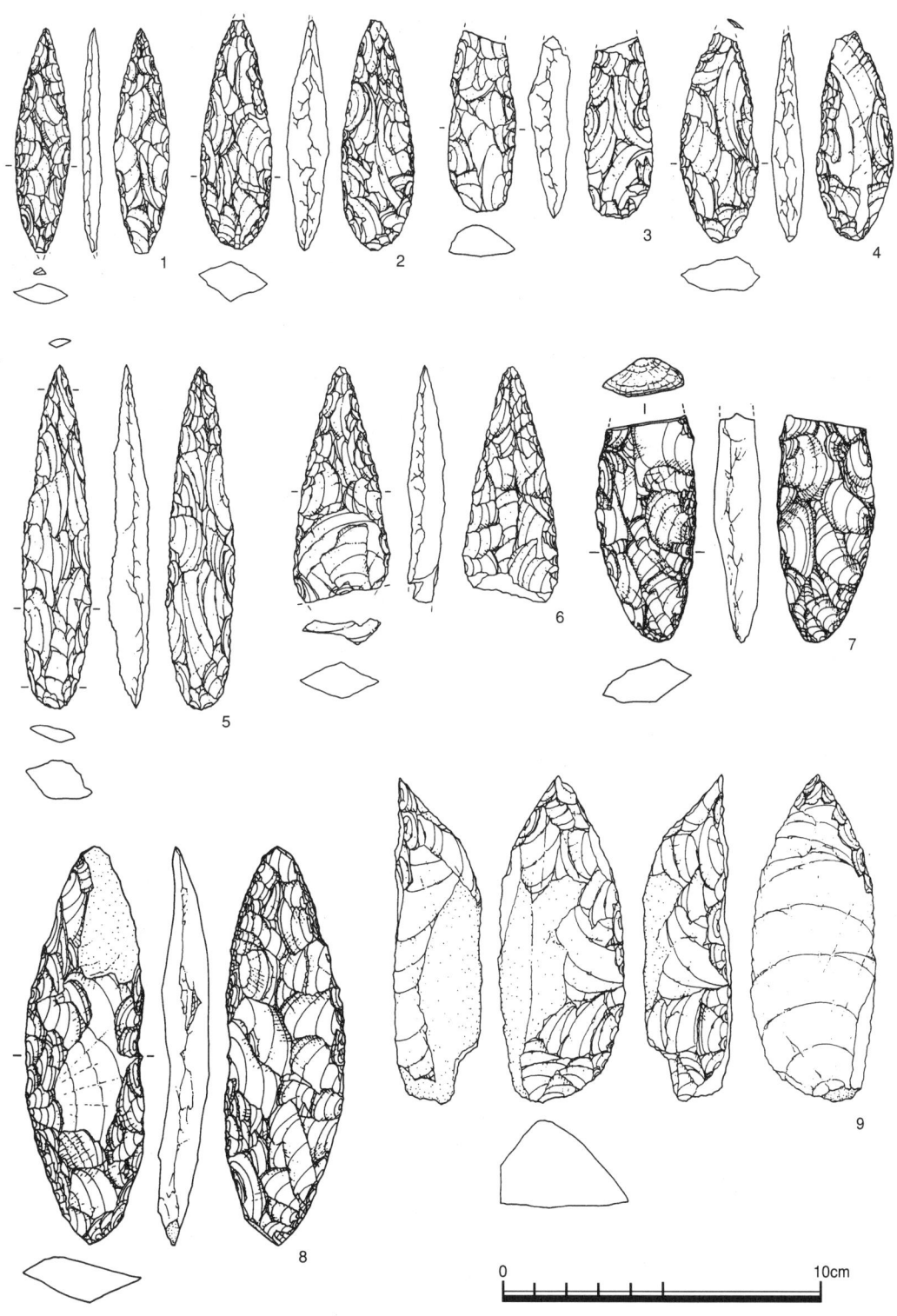

1〜9：神奈川県吉岡遺跡群A区（砂田 1998）

図版第86　第Ⅴ期の槍先形尖頭器（7）　相模野台地その7

1～11：神奈川県吉岡遺跡群C区（白石・笠井編著 1999）

東北日本：関東地方　369

図版第87　第Ⅴ期の槍先形尖頭器（8）　相模野台地その8

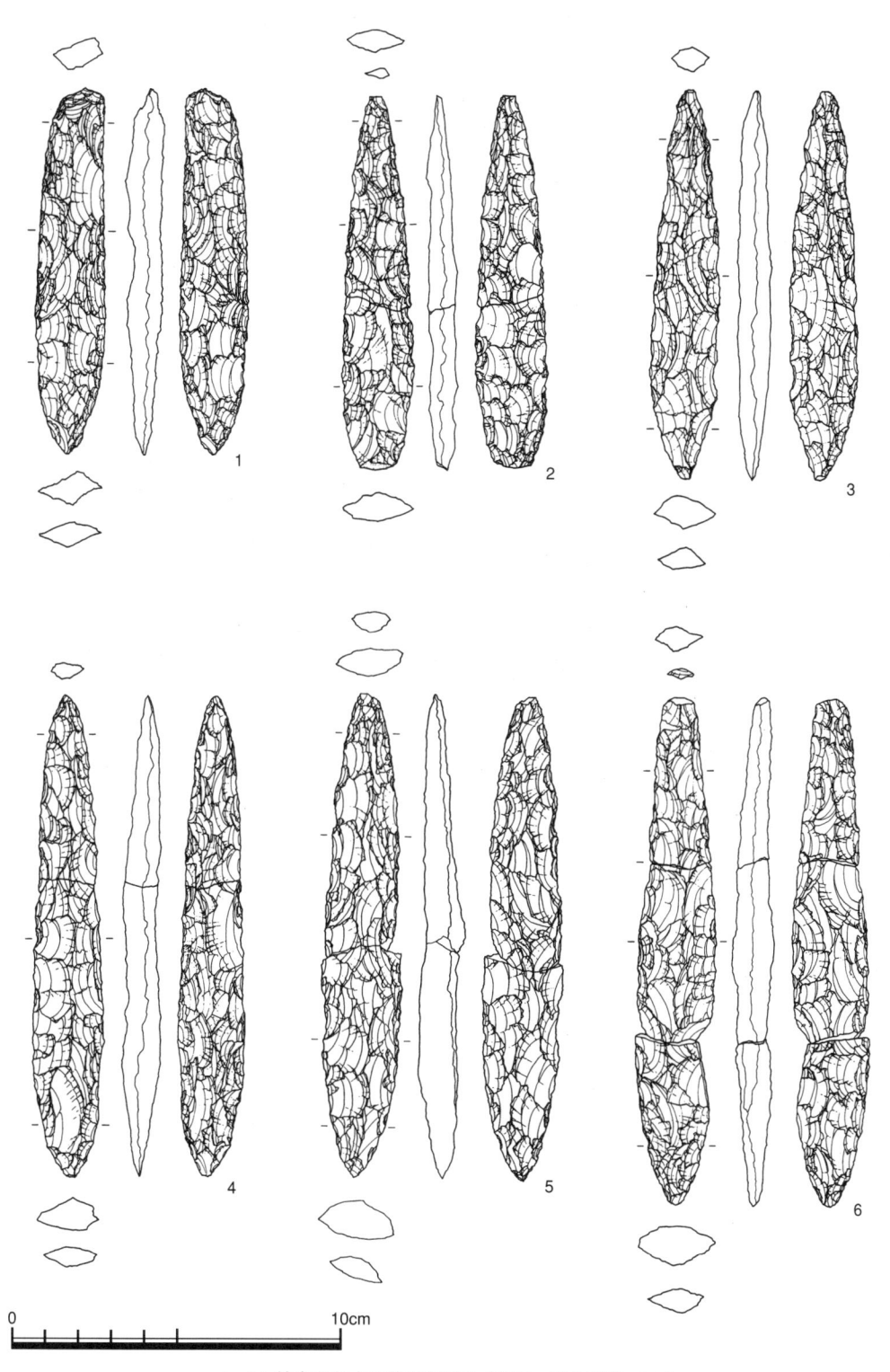

1～6：神奈川県吉岡遺跡群C区（白石・笠井編著 1999）

370

図版第88　第Ⅴ期の槍先形尖頭器（9）　相模野台地その9

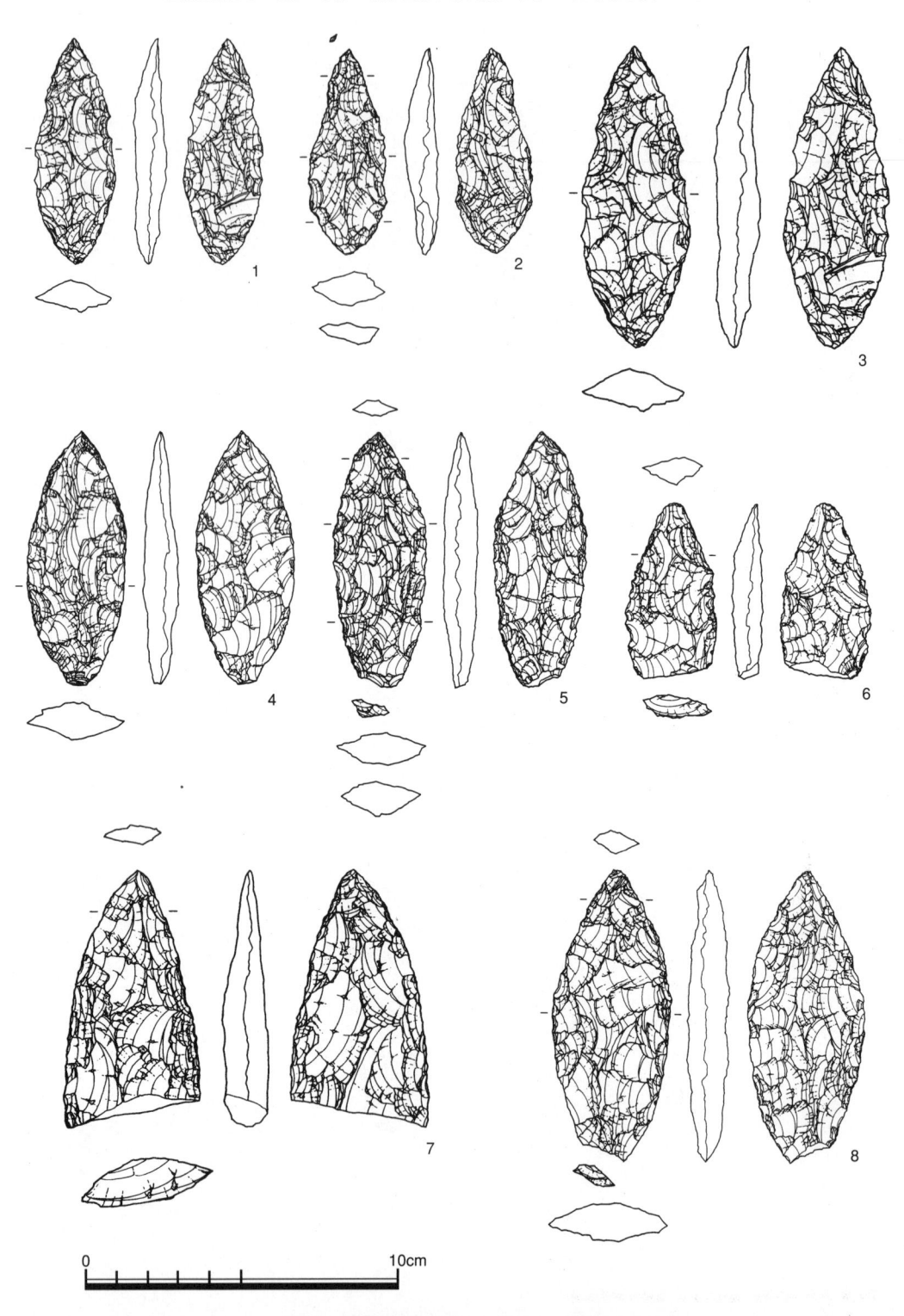

0　　　　　　　　10cm

1～8：神奈川県吉岡遺跡群C区（白石・笠井編著 1999）

東北日本：関東地方　371

図版第89　第Ⅴ期の槍先形尖頭器（10）　武蔵野台地その1

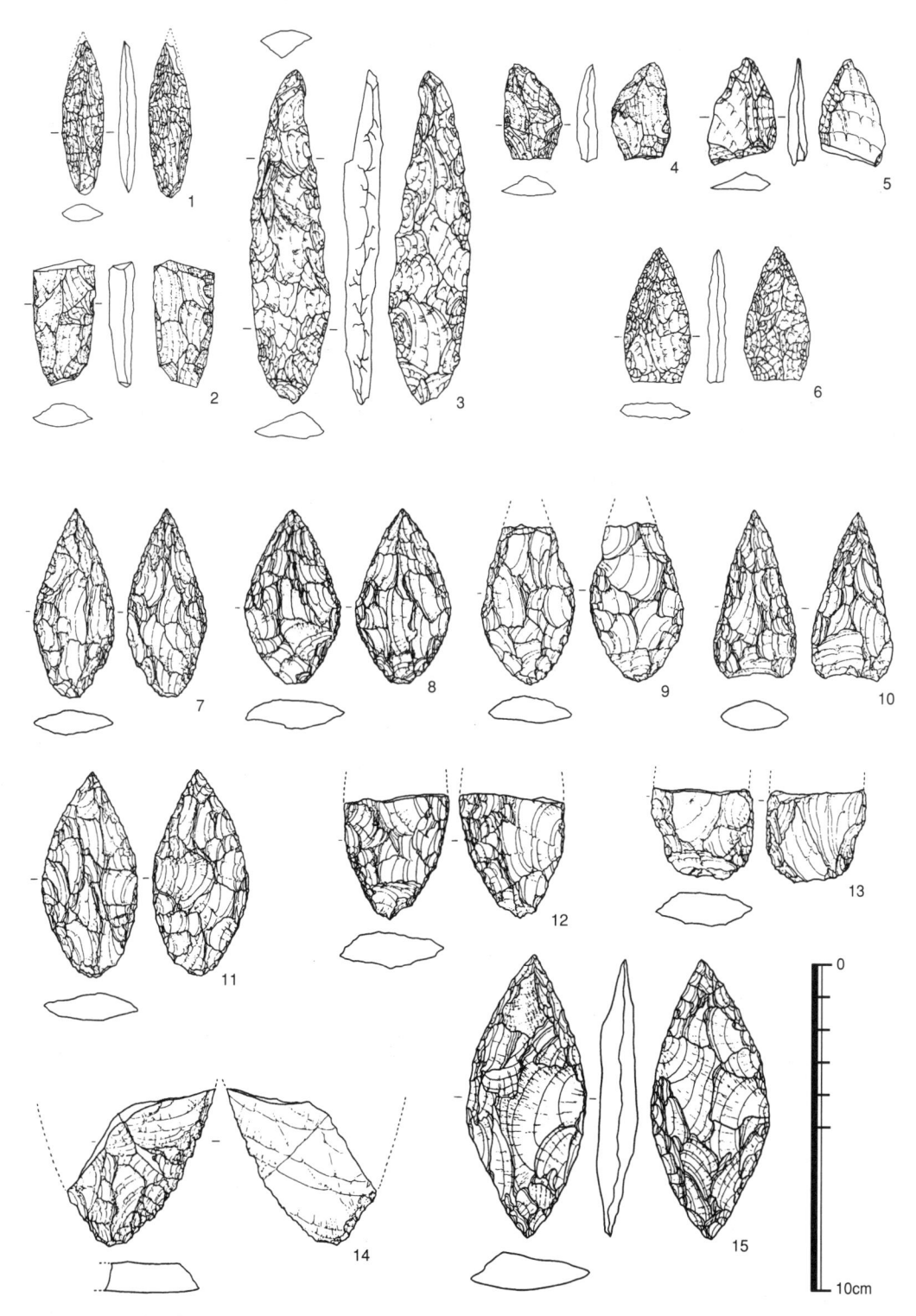

1〜6：東京都多摩蘭坂遺跡第Ⅲ層（安孫子・堀井編 1980）、7〜14：東京都西之台遺跡B地点第Ⅲ層（小田編 1980）、15：東京都野川遺跡第Ⅲ層上部（小林・小田・羽鳥・鈴木 1971）

372

図版第90　第Ⅴ期の槍先形尖頭器（11）　武蔵野台地その２

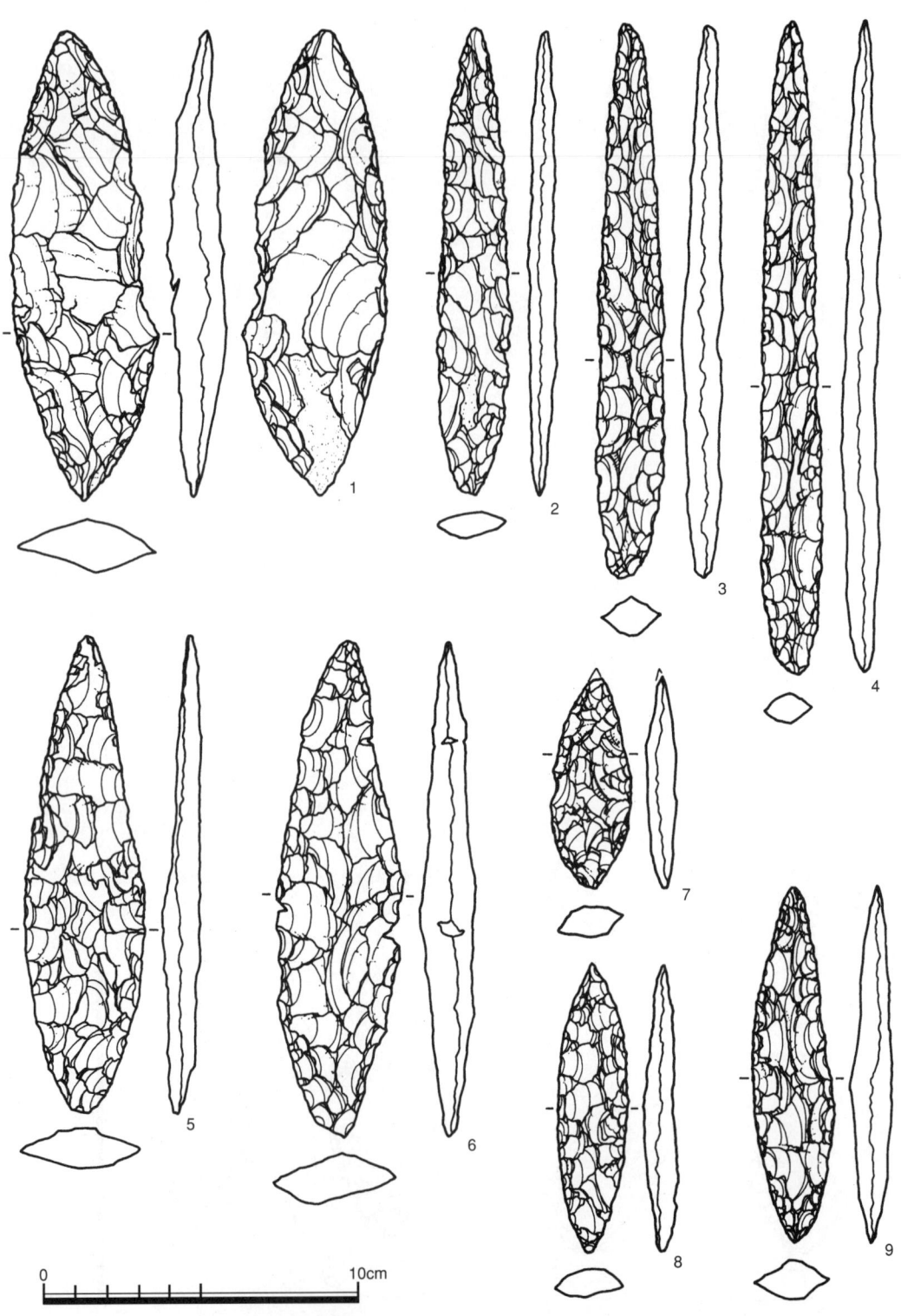

1～9：東京都前田耕地遺跡第6集中地点（藤野1991）

東北日本：関東地方 373

図版第91　第Ⅴ期の槍先形尖頭器（12）　武蔵野台地その3

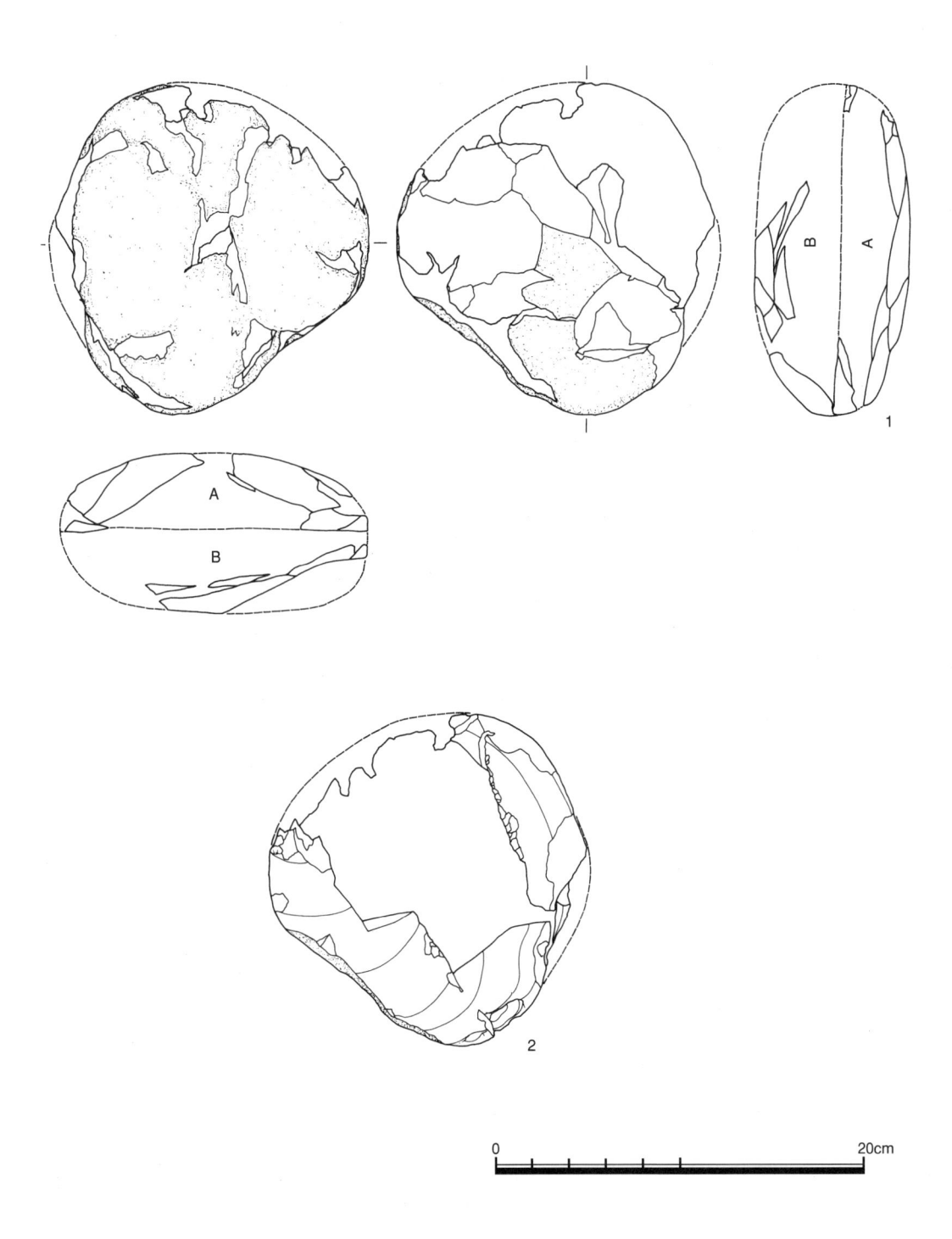

1・2：東京都前田耕地遺跡第6集中地点（接合資料、藤野 1991）

374

図版第92　第Ⅴ期の槍先形尖頭器（13）　武蔵野台地その4

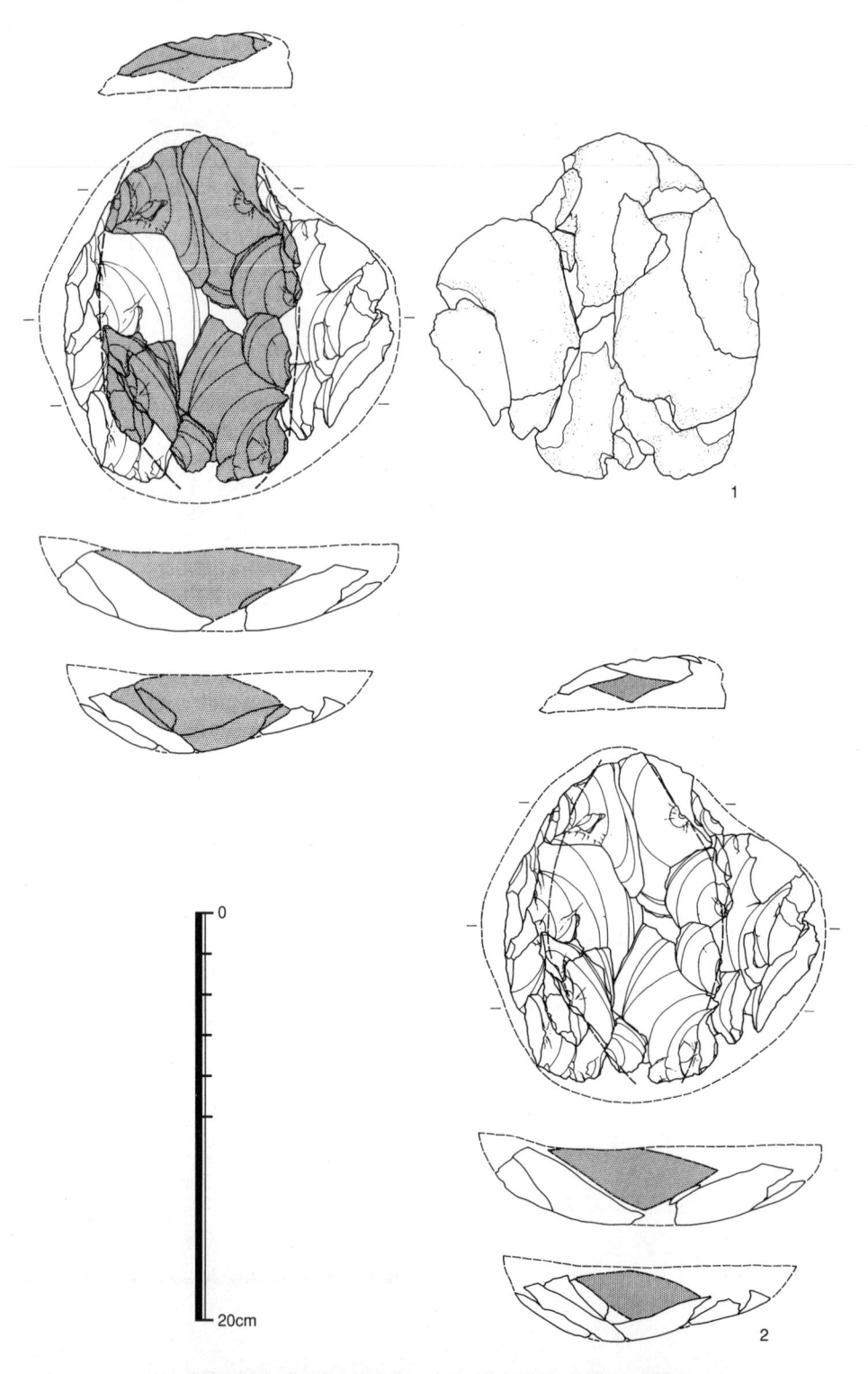

1・2：東京都前田耕地遺跡第6集中地点（接合資料：個体A、藤野 1991）

東北日本：関東地方　375

図版第93　第Ⅴ期の槍先形尖頭器（14）　武蔵野台地その5

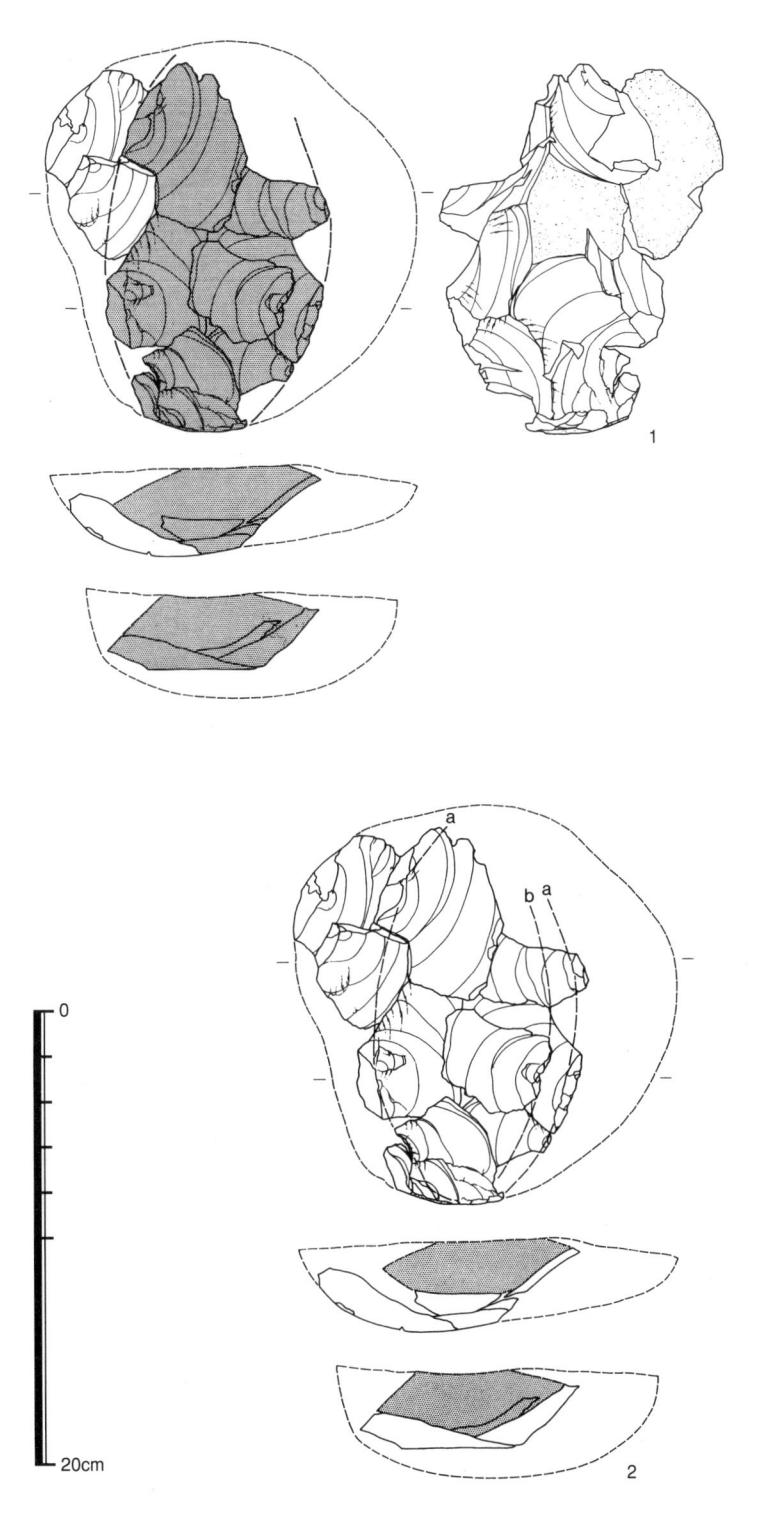

1・2：東京都前田耕地遺跡第6集中地点（接合資料：個体B、藤野 1991）

図版第94　第Ⅴ期の槍先形尖頭器（15）　多摩丘陵その1

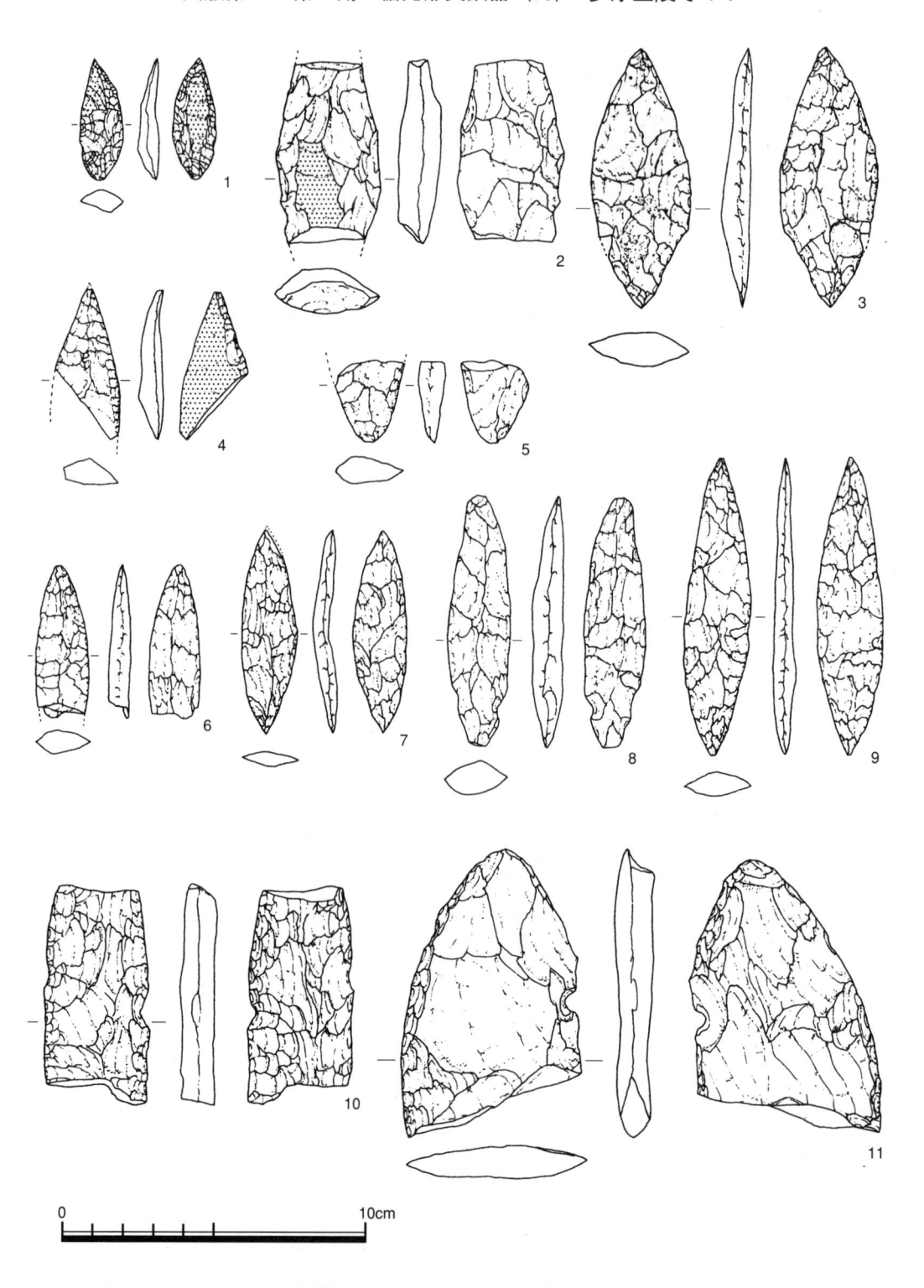

1～11：東京都多摩ニュータウンNo.27遺跡（雪田編 1979に加筆）

東北日本：関東地方 377

図版第95 第Ⅴ期の槍先形尖頭器（16） 多摩丘陵その2・大宮台地

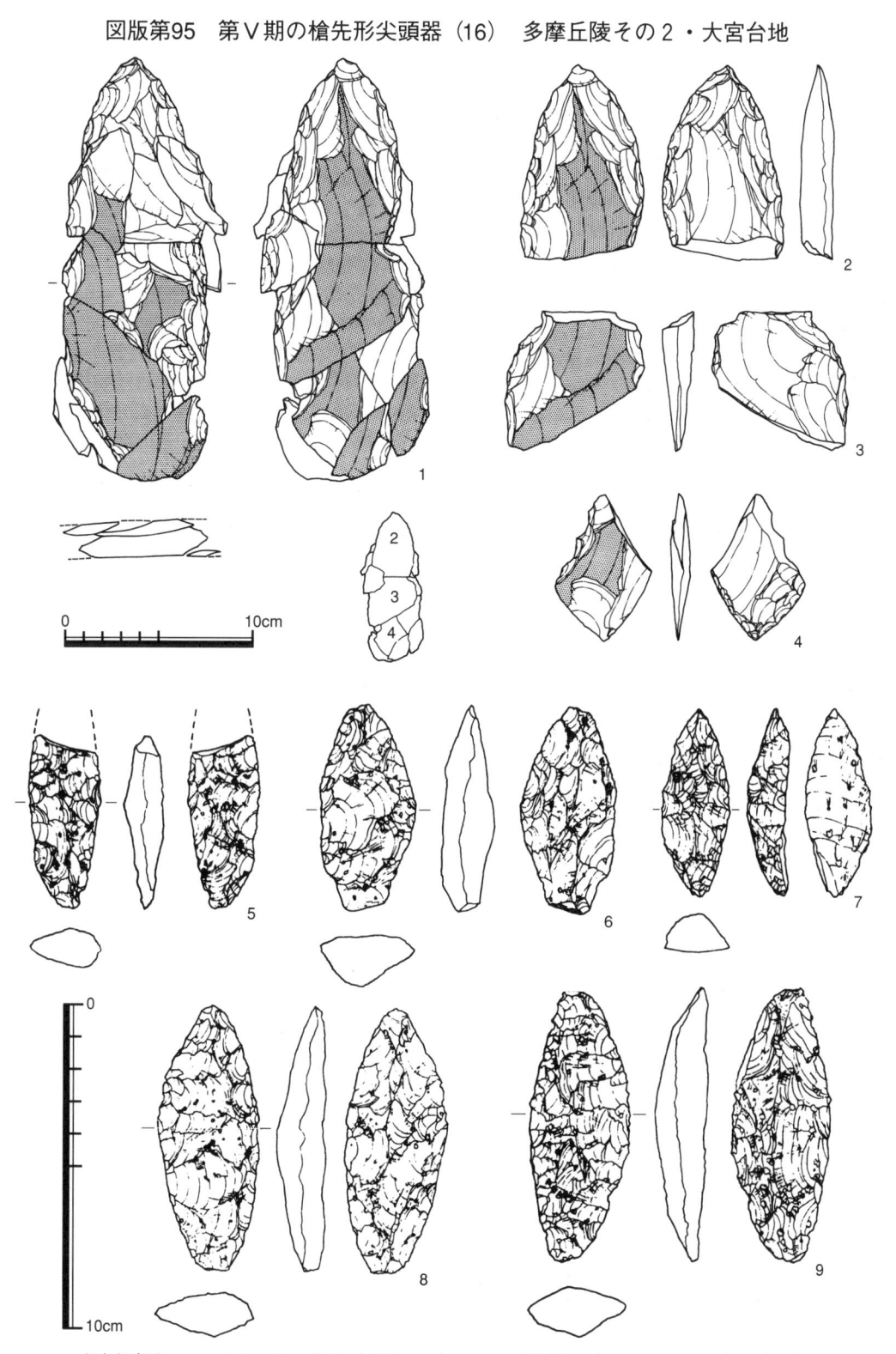

1〜4：東京都多摩ニュータウンNo.27遺跡（藤野 1991）、5〜9：埼玉県大宮バイパスNo.4遺跡（栗島 1988a）
（1〜4は上段のスケール、5〜9は下段のスケール）

図版第96　第Ⅴ期の槍先形尖頭器（17）　下総台地その1

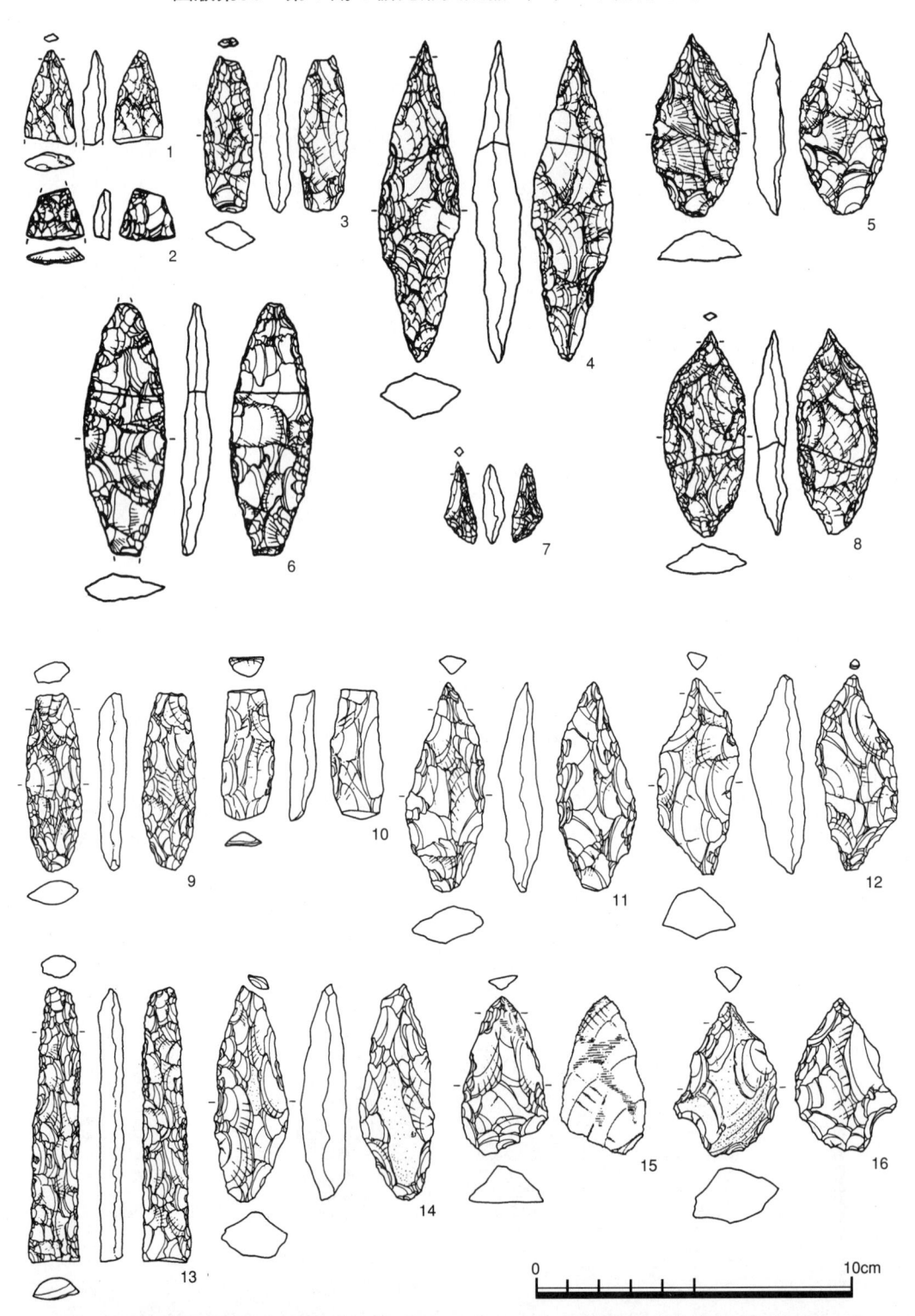

1〜8：千葉県復山谷遺跡第Ⅲ層直上（鈴木定明1978）、9〜16：千葉県両国沖Ⅲ遺跡（篠原編著1982）
（7は槍先形尖頭器破損品利用の石錐）

東北日本：関東地方　379

図版第97　第Ⅴ期の槍先形尖頭器（18）　下総台地その2

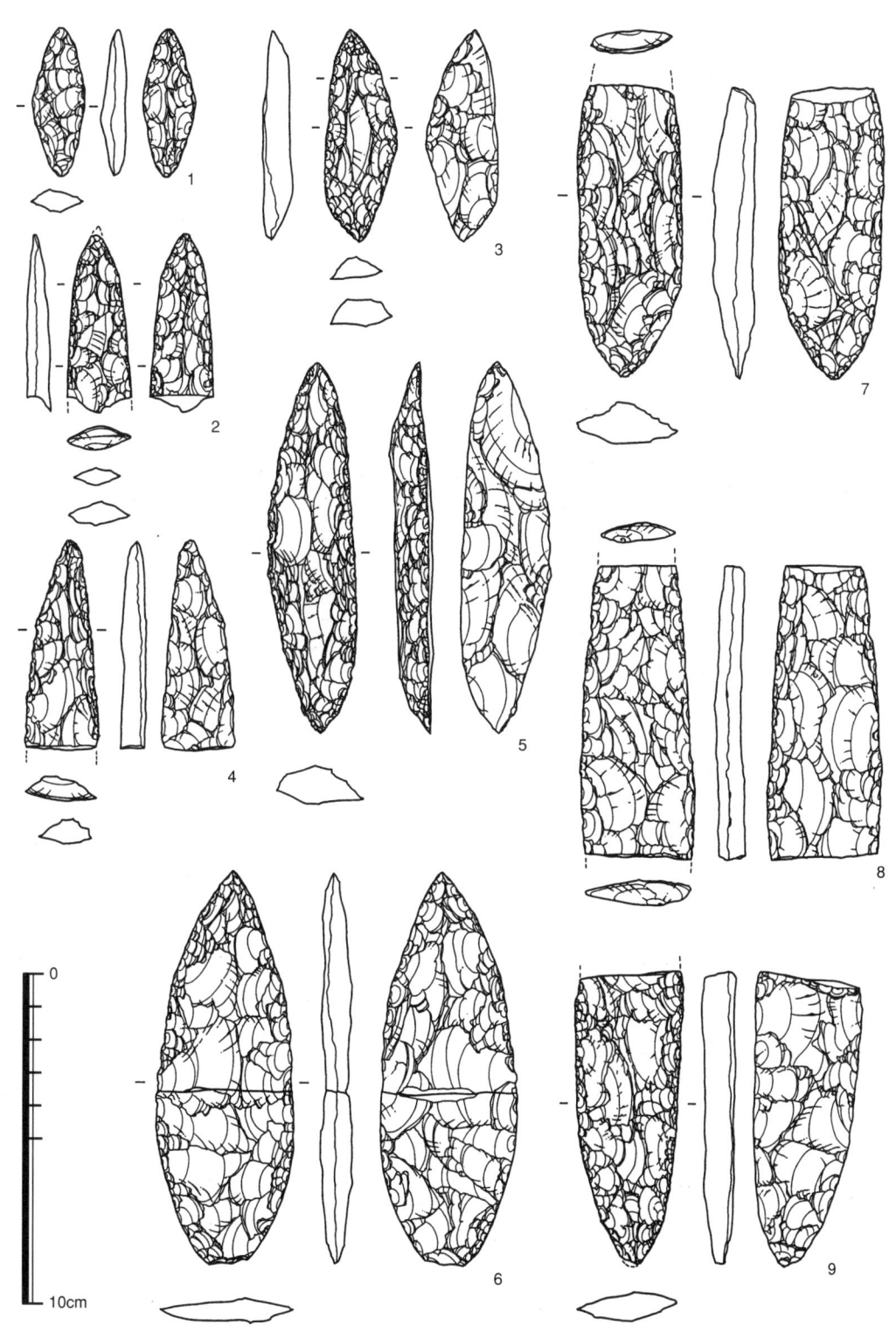

1～9：千葉県六通御社南遺跡（渡邉編 2001）

図版第98　第Ⅴ期の槍先形尖頭器（19）　下総台地その3

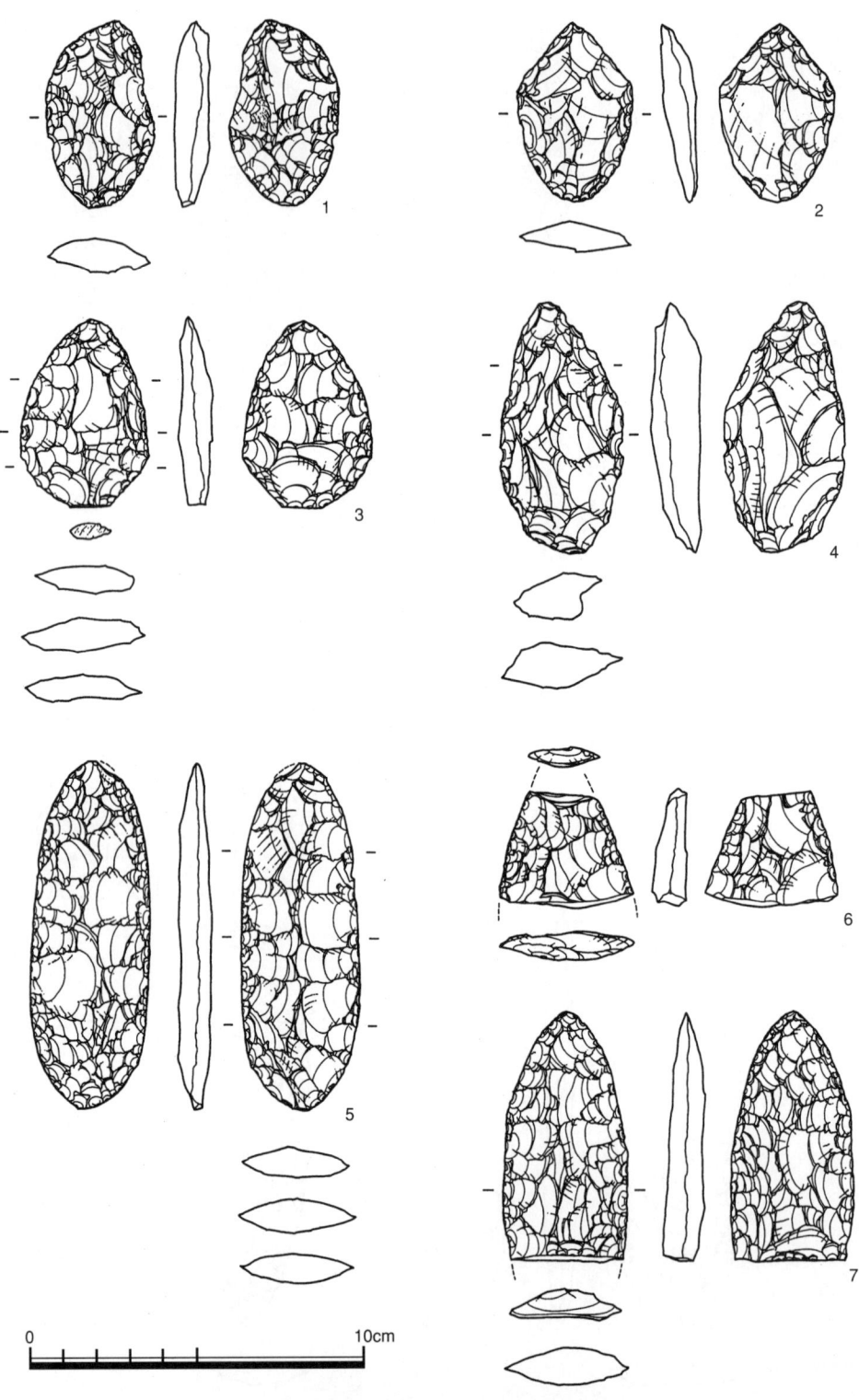

1～7：千葉県六通神社南遺跡（渡邉編 2001）

東北日本：関東地方　381

図版第99　第Ⅴ期の槍先形尖頭器（20）　下総台地その4

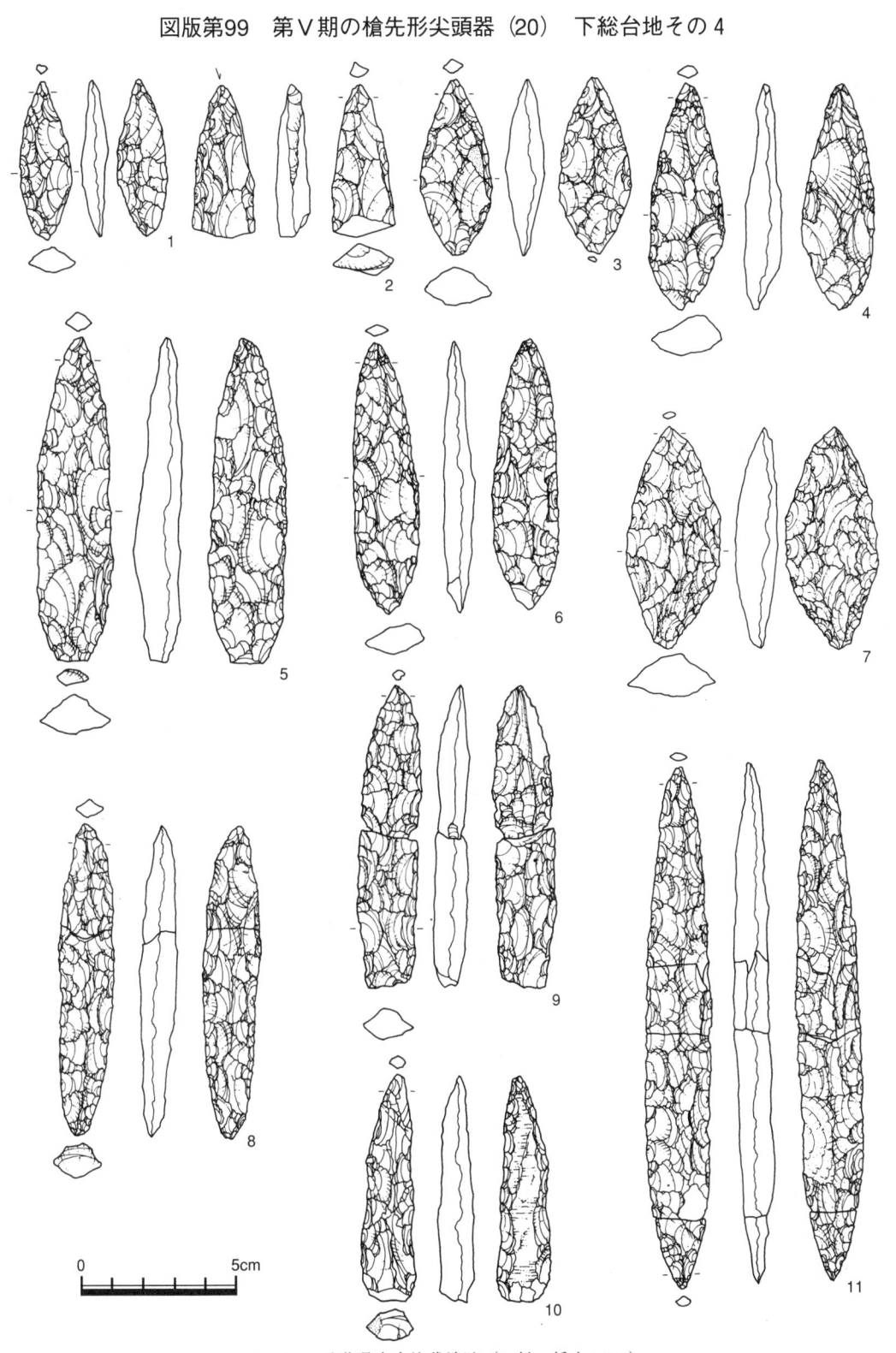

1〜11：千葉県南大溜袋遺跡（田村・橋本 1984）

図版第100　第Ⅴ期の槍先形尖頭器（21）　下総台地その5

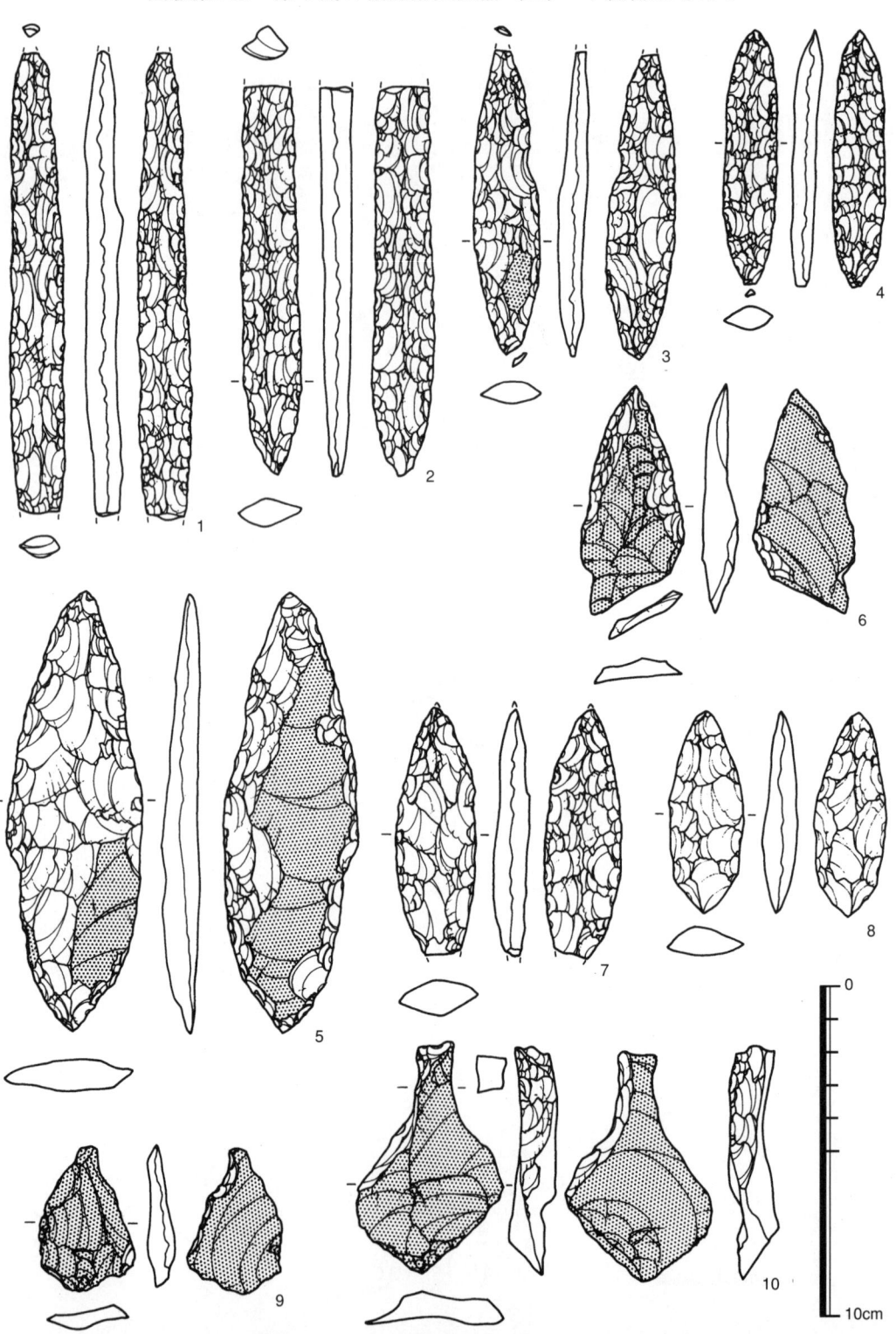

1～10：千葉県元割遺跡（9・10は調整剥片素材の削器・抉入石器、藤野1991）

東北日本：関東地方 383

図版第101　第Ⅴ期の槍先形尖頭器（22）　下総台地その6

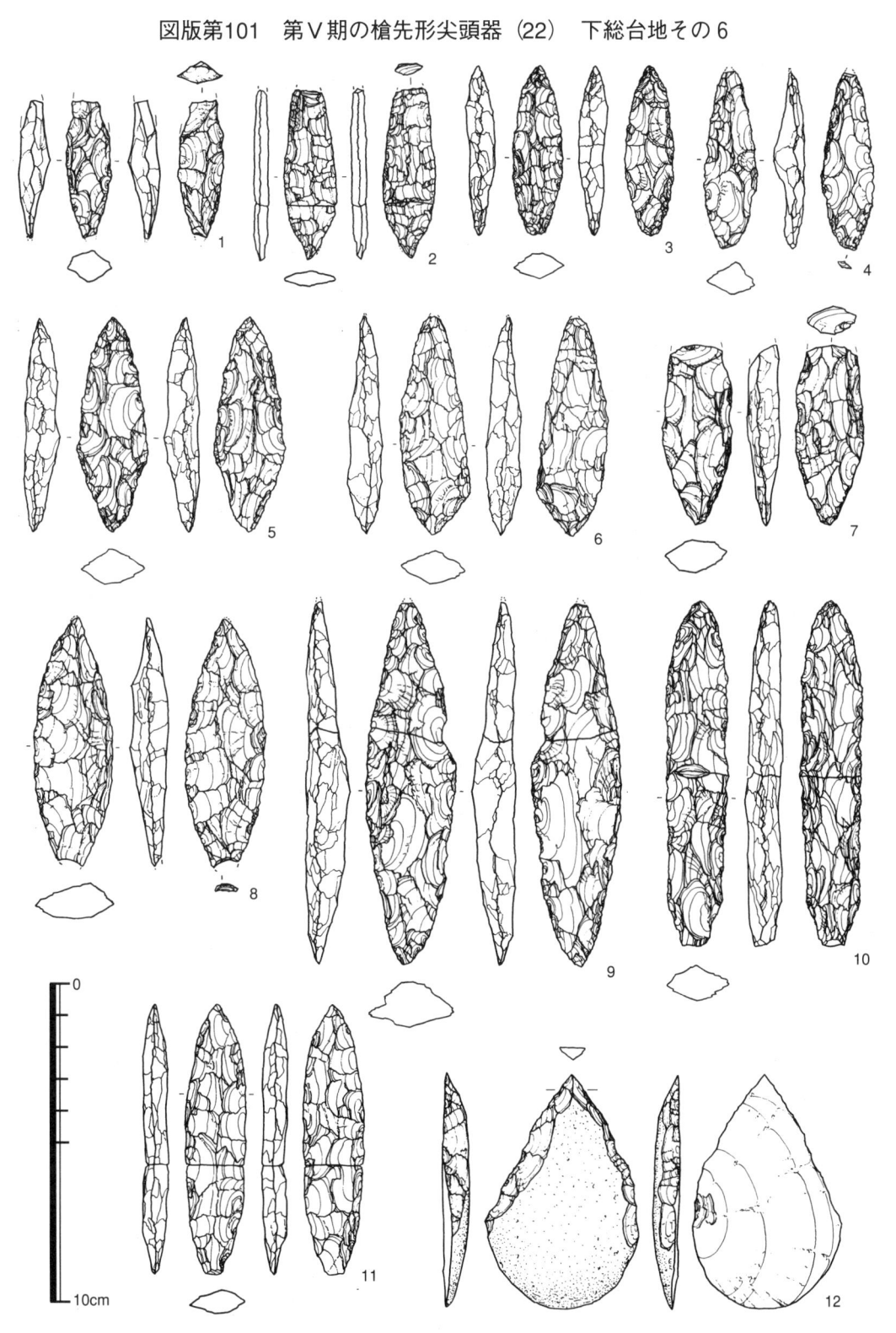

1～12：千葉県弥三郎第2遺跡（織笠1992）

図版第102　第Ⅴ期の槍先形尖頭器（23）　関東地方北部その1

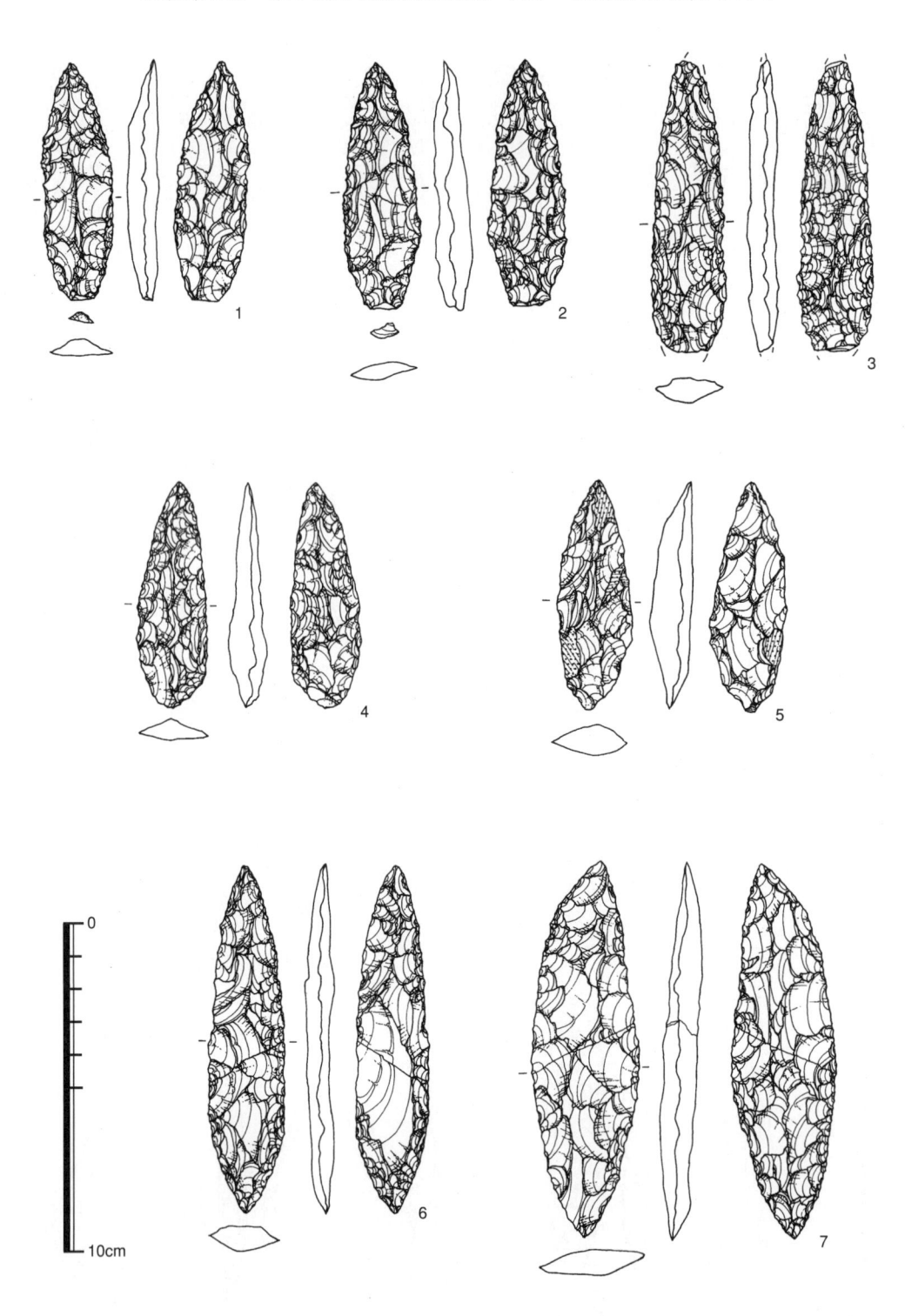

1～7：群馬県石山遺跡（相沢・関矢 1988a）

図版第103　第Ⅴ期の槍先形尖頭器（24）　関東地方北部その2

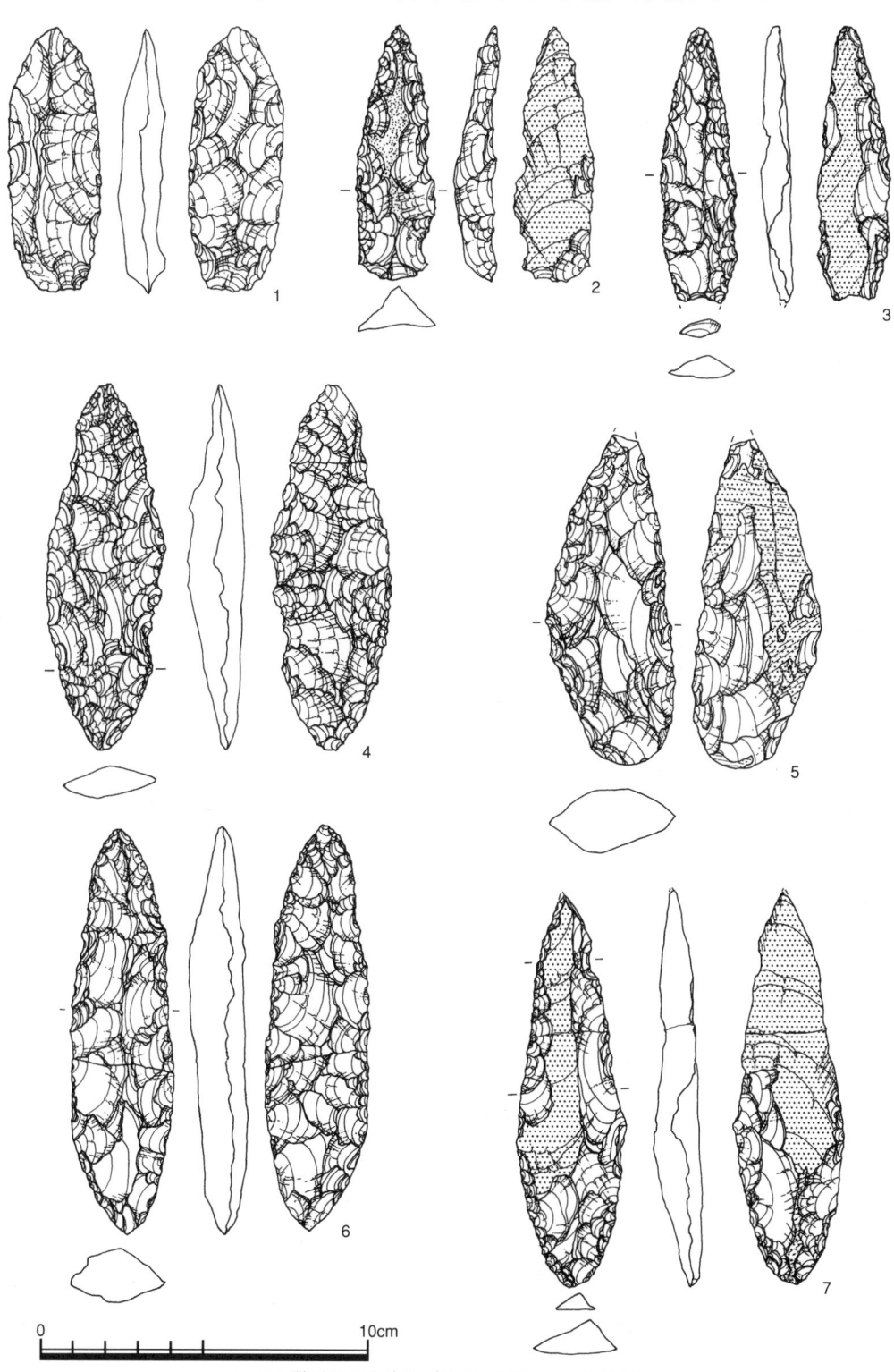

1～7：群馬県石山遺跡（相沢・関矢 1988aに加筆）

図版第104　第Ⅴ期の槍先形尖頭器 (25)　関東地方北部その3

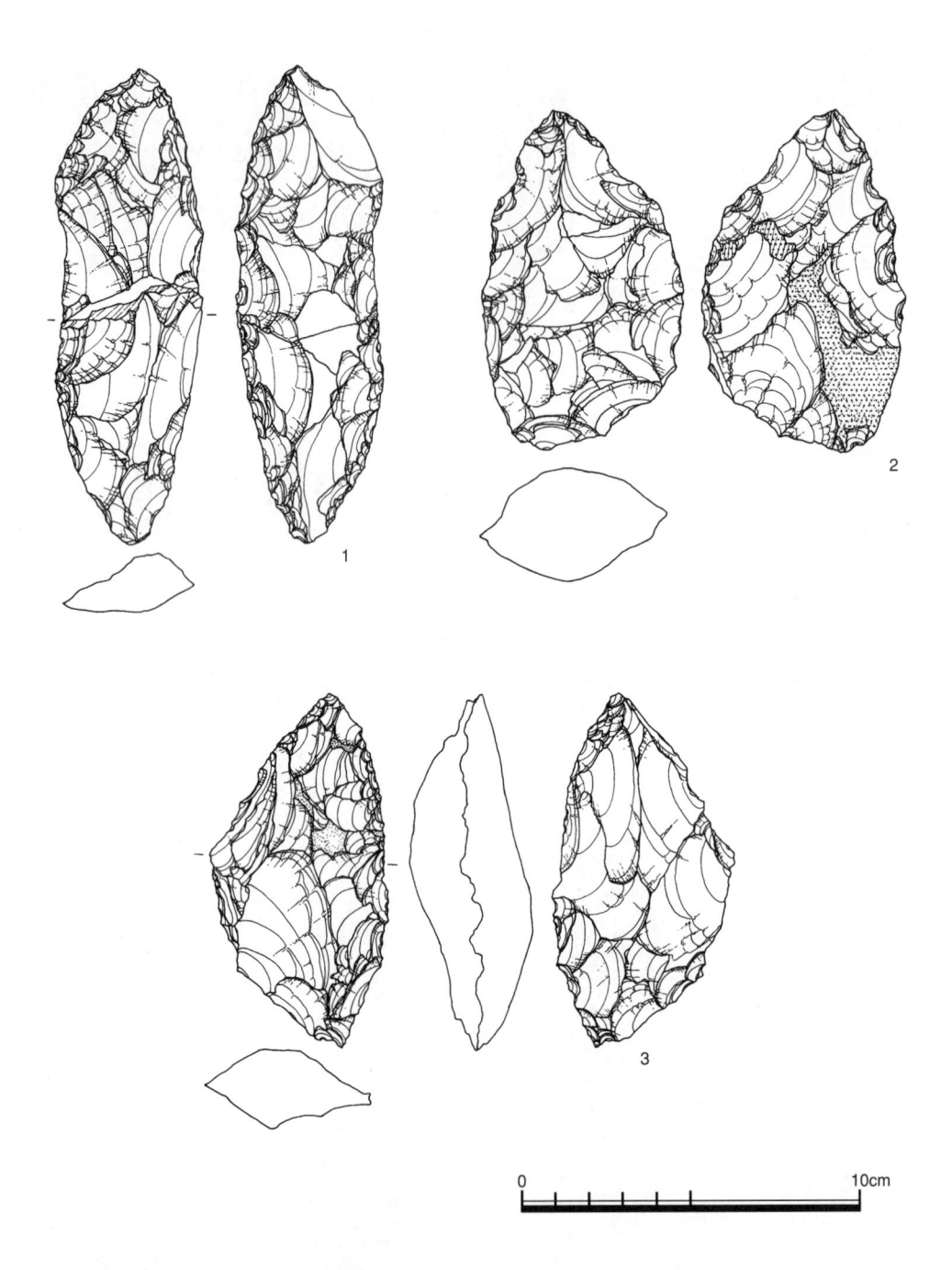

1
2
3

0　　　　　　　10cm

1〜3：群馬県石山遺跡（相沢・関矢 1988aに加筆）

東北日本：関東地方　387

図版第105　第Ⅴ期の槍先形尖頭器（26）　関東地方北部その4

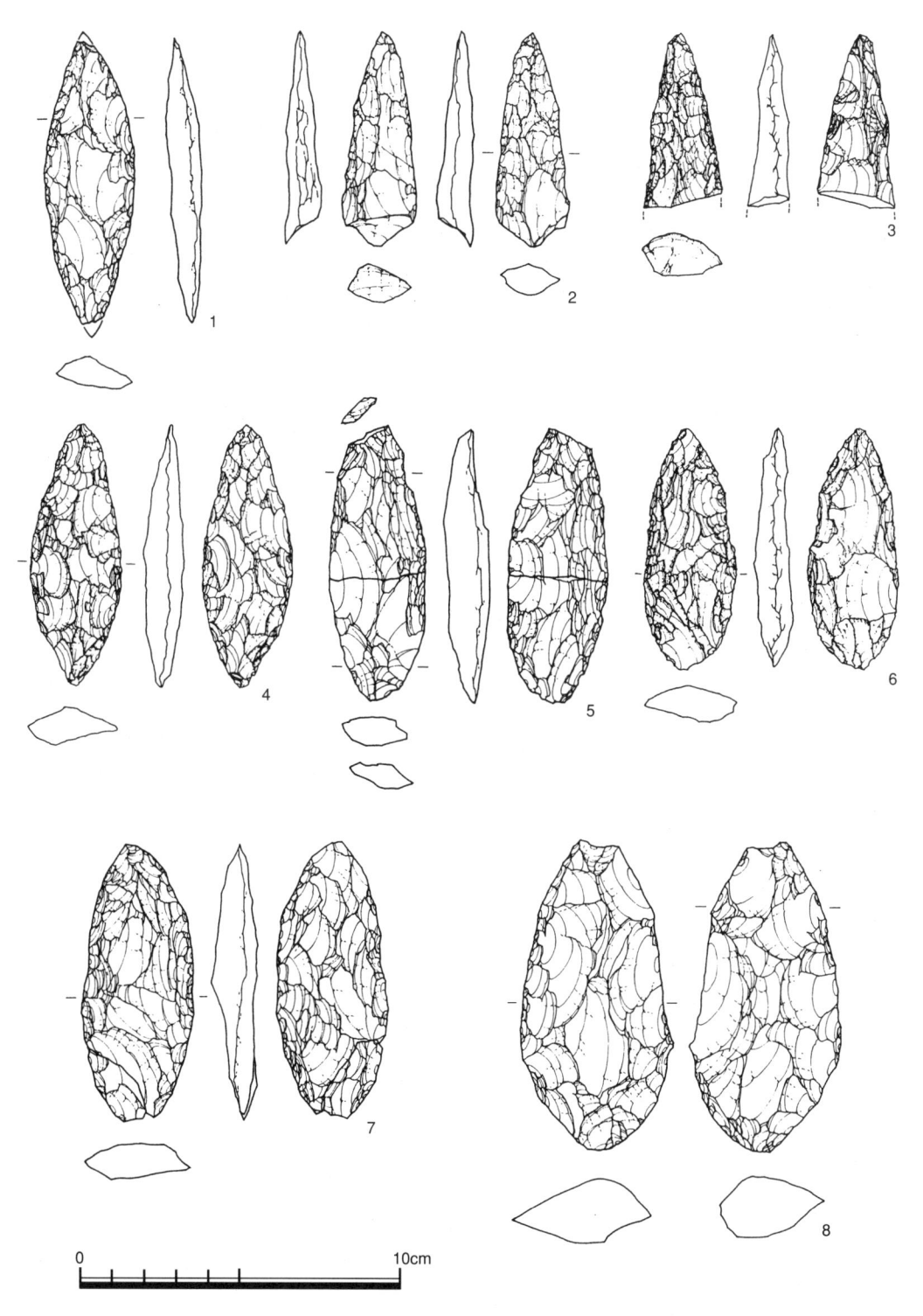

1〜8：群馬県荒砥北三木堂遺跡（岩宿フォーラム実行委員会1998c）

388

図版第106　第Ⅴ期の槍先形尖頭器（27）　関東地方北部その5

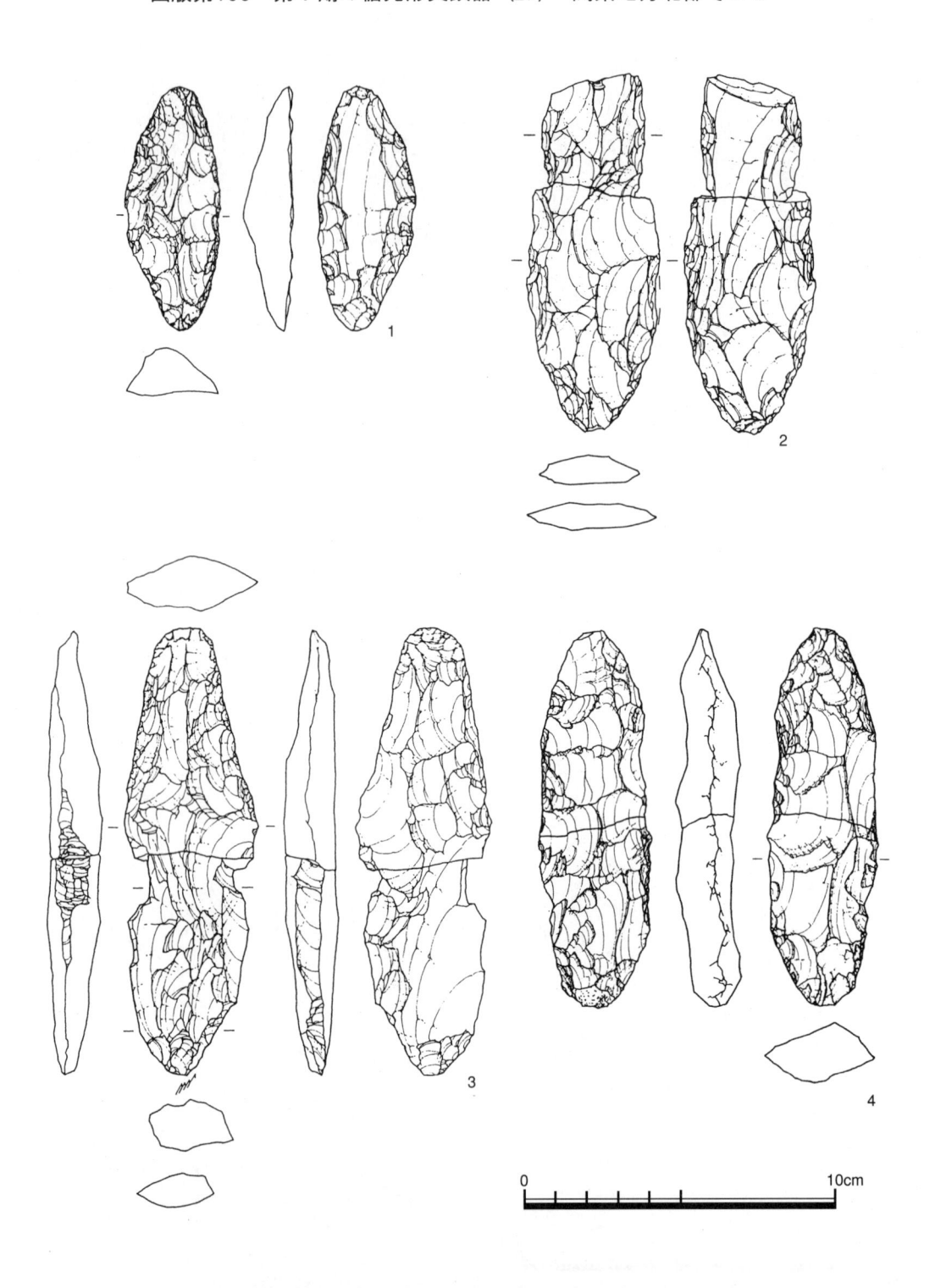

1〜4：群馬県荒砥北三木堂遺跡（岩宿フォーラム実行委員会1998c）

東北日本：関東地方 389

図版第107　第Ⅴ期の槍先形尖頭器（28）　関東地方北部その6

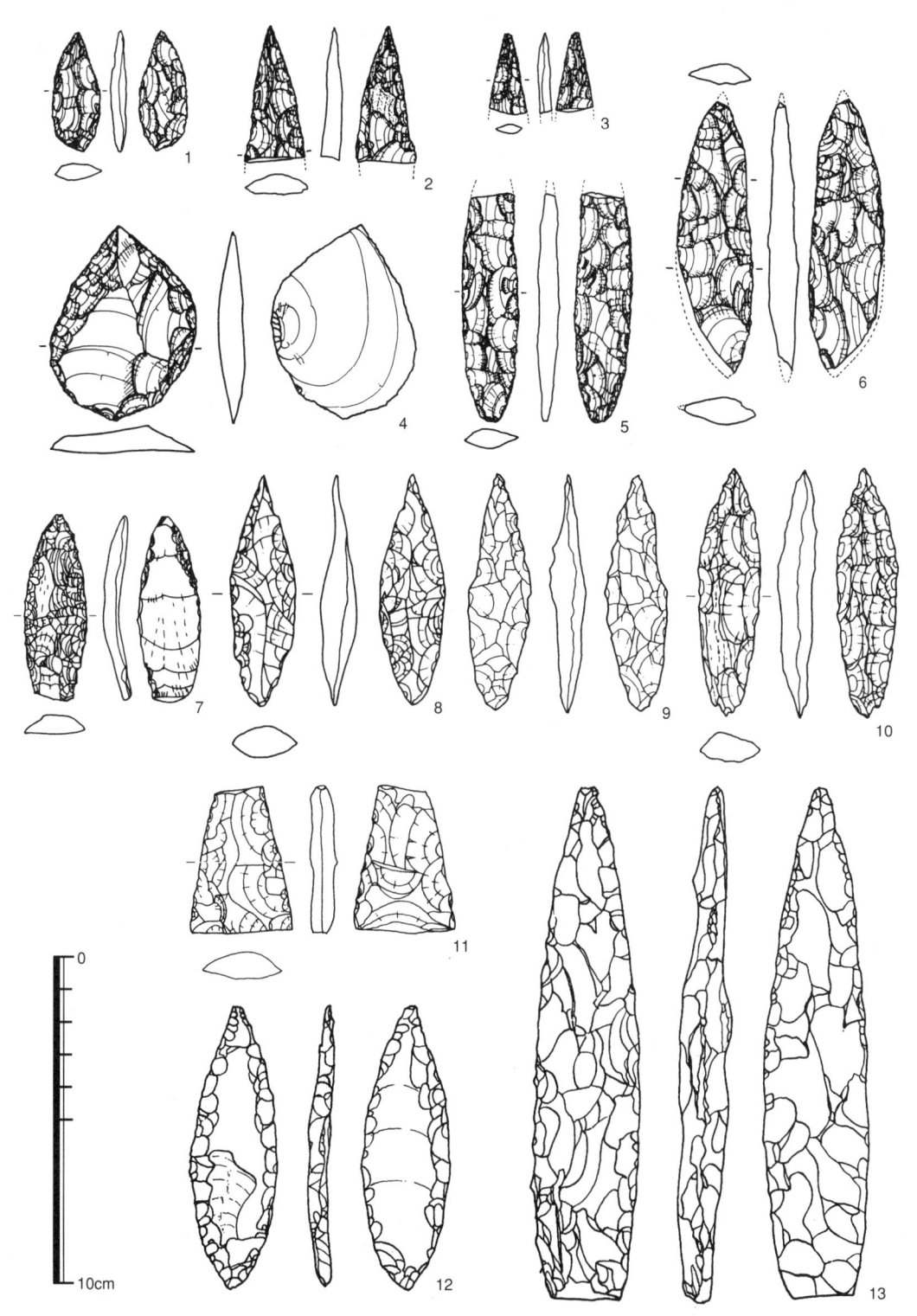

1～6：栃木県三ノ谷東遺跡Ⅲ地区第Ⅰ文化層（田代・日下田・倉田1990）、7～11：茨城県三反田下高井遺跡（窪田1998f）、12・13：茨城県梶巾遺跡（窪田1998g）

東北日本：東北地方

図版第108　第Ⅱ期の槍先形尖頭器

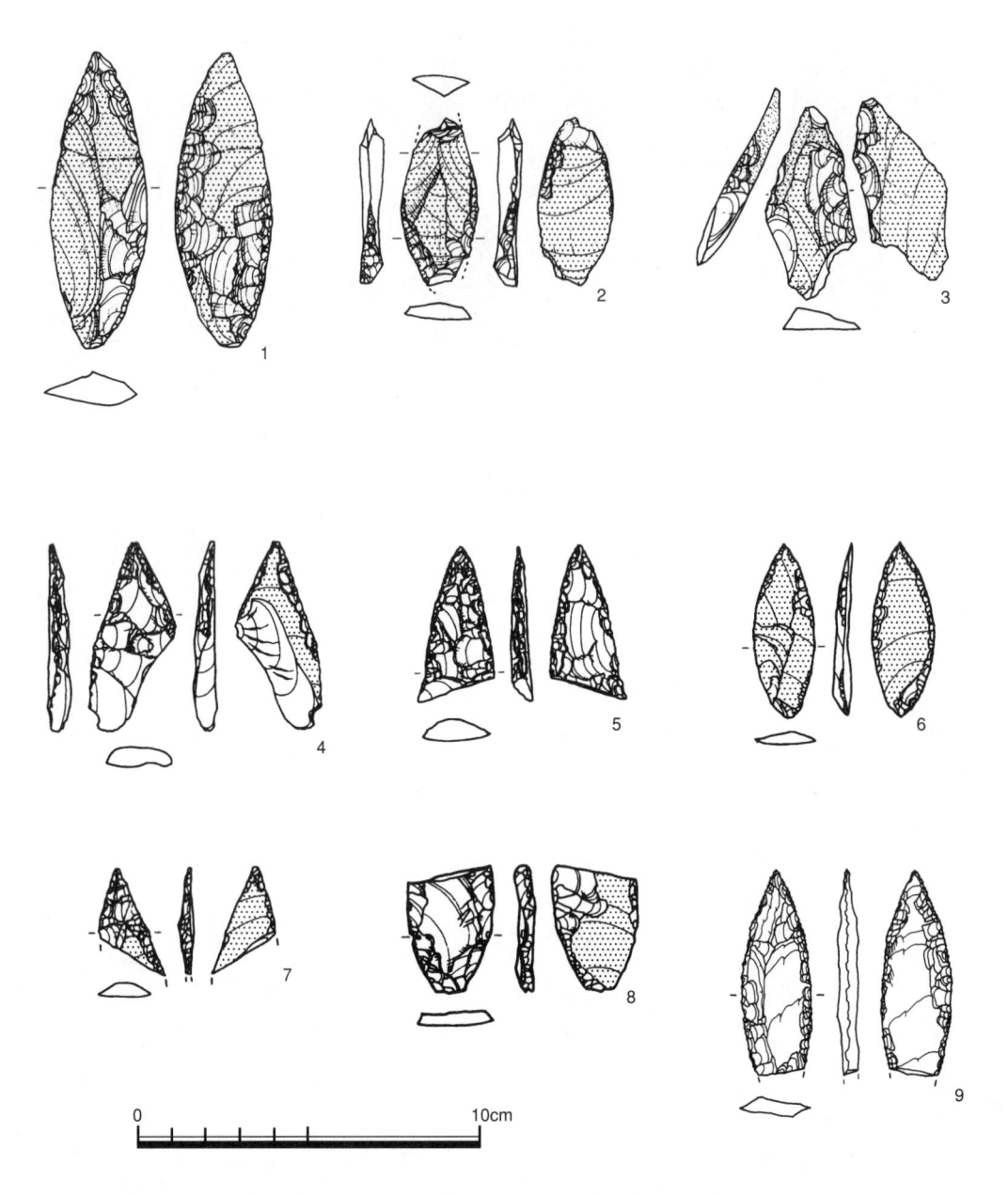

1～3：福島県背戸遺跡B地点（柳田1987に加筆）、　4～8：岩手県峠山牧場Ⅰ遺跡A地区17・18ブロック（高橋1999に加筆）、9：岩手県和賀仙人遺跡（小野寺・菊地・鈴木・山田1984）

図版第109　第Ⅲa期の槍先形尖頭器

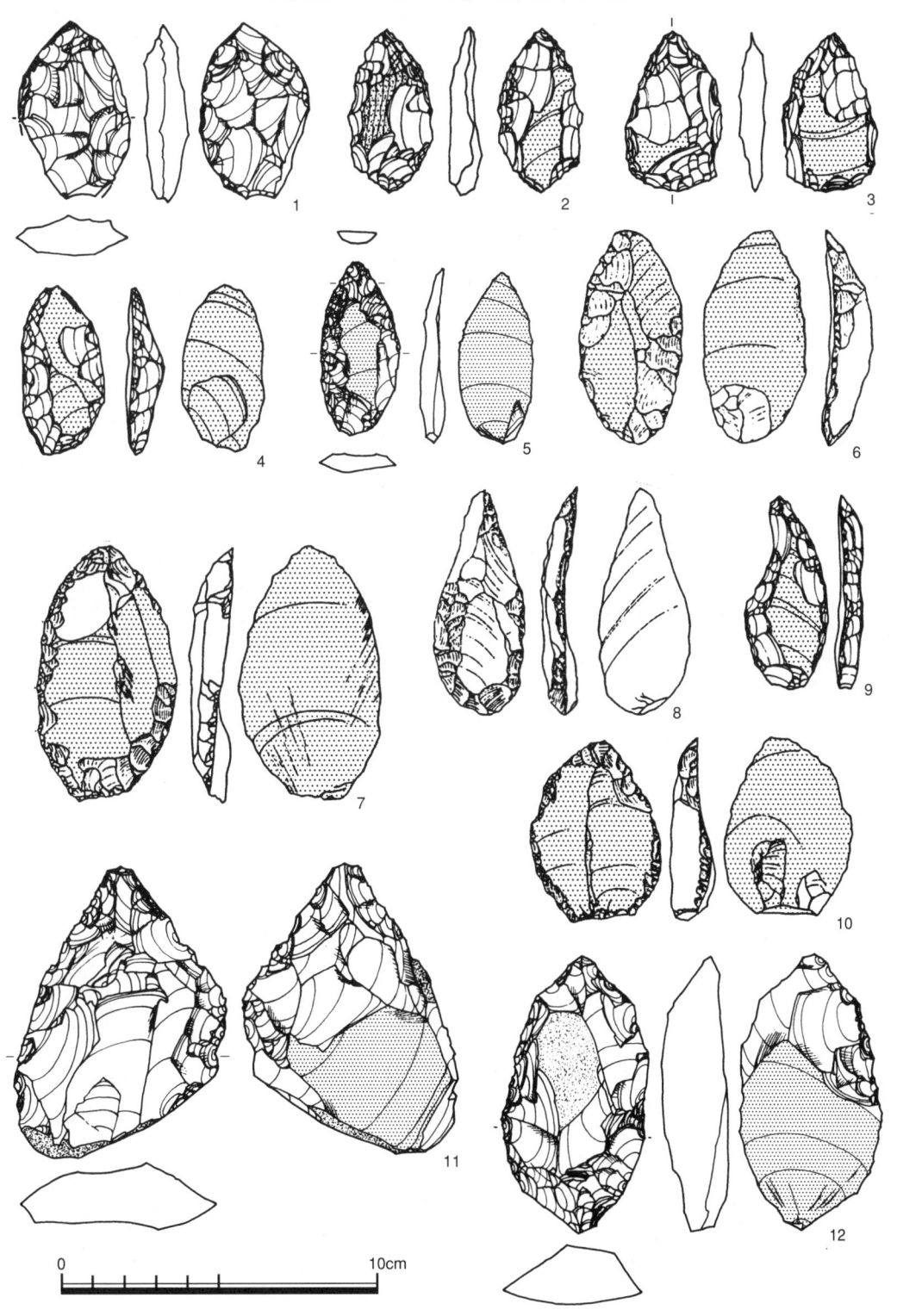

1〜12：山形県平林遺跡（8はナイフ形石器、加藤稔1963に加筆）

392

図版第110　第Ⅲb期（前半）の槍先形尖頭器（1）

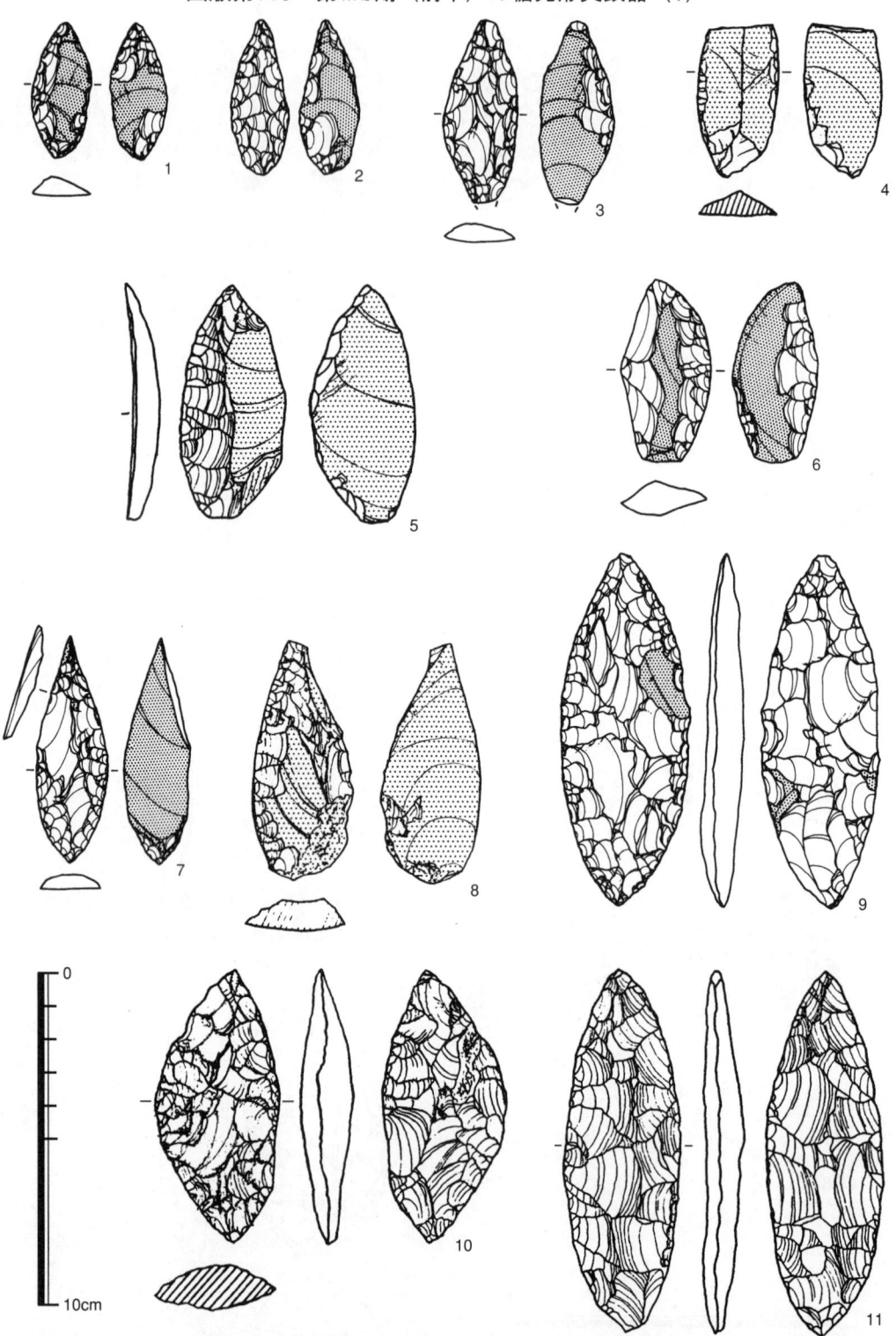

1〜11：山形県越中山A遺跡（1・2・3・6・7・9：藤野 1993、4・5・8：加藤稔 1975に加筆、10・11：加藤稔 1975）

東北日本：東北地方　393

図版第111　第Ⅲb期（前半）の槍先形尖頭器（2）

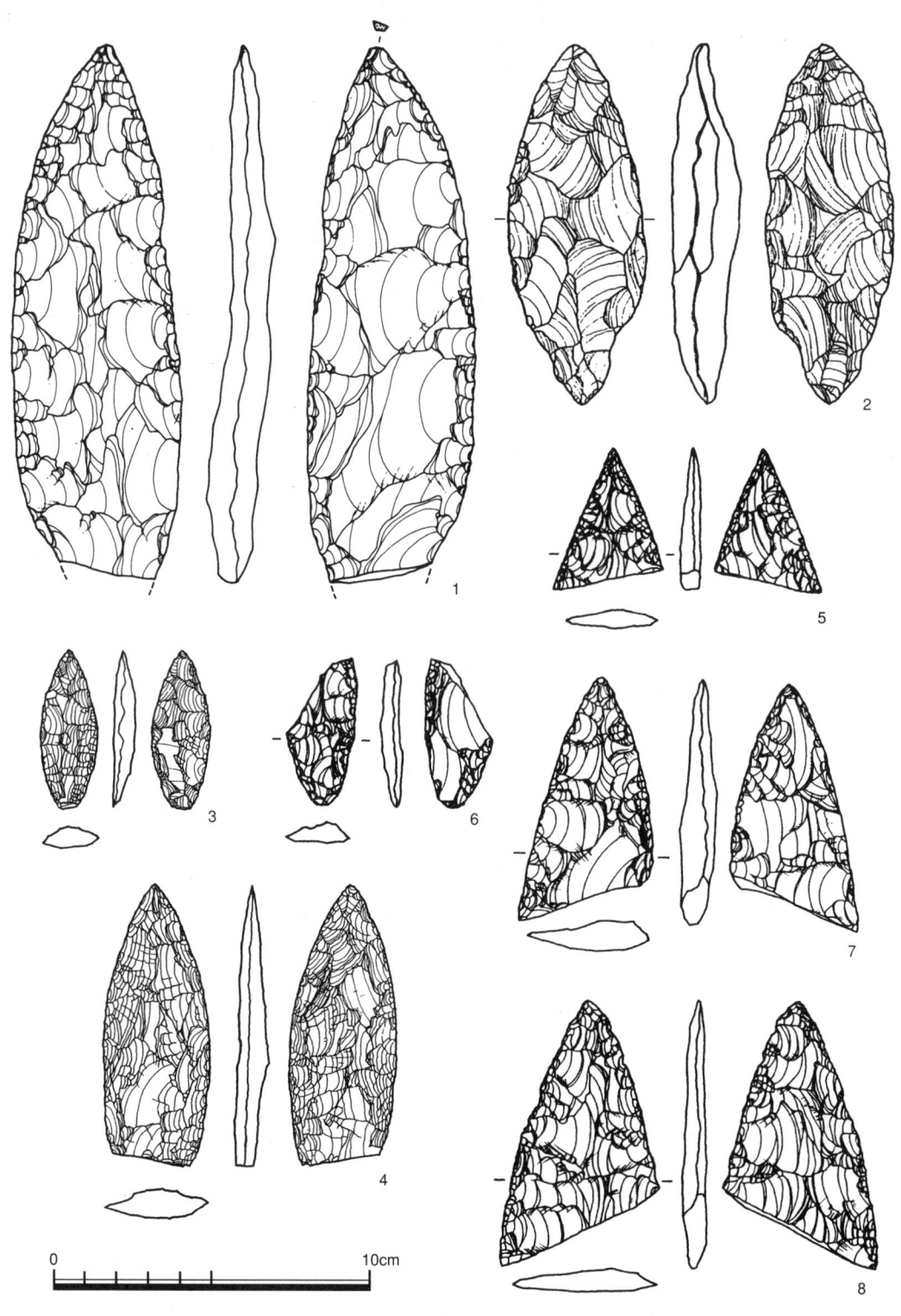

1・2：山形県越中山A遺跡（藤野1993）、3・4：岩手県小石川遺跡（菊地・武田・沢口1982）、
5〜8：山形県高瀬山遺跡（名和・渋谷・阿部1982）

394

図版第112　第Ⅲb期（後半）の槍先形尖頭器（1）

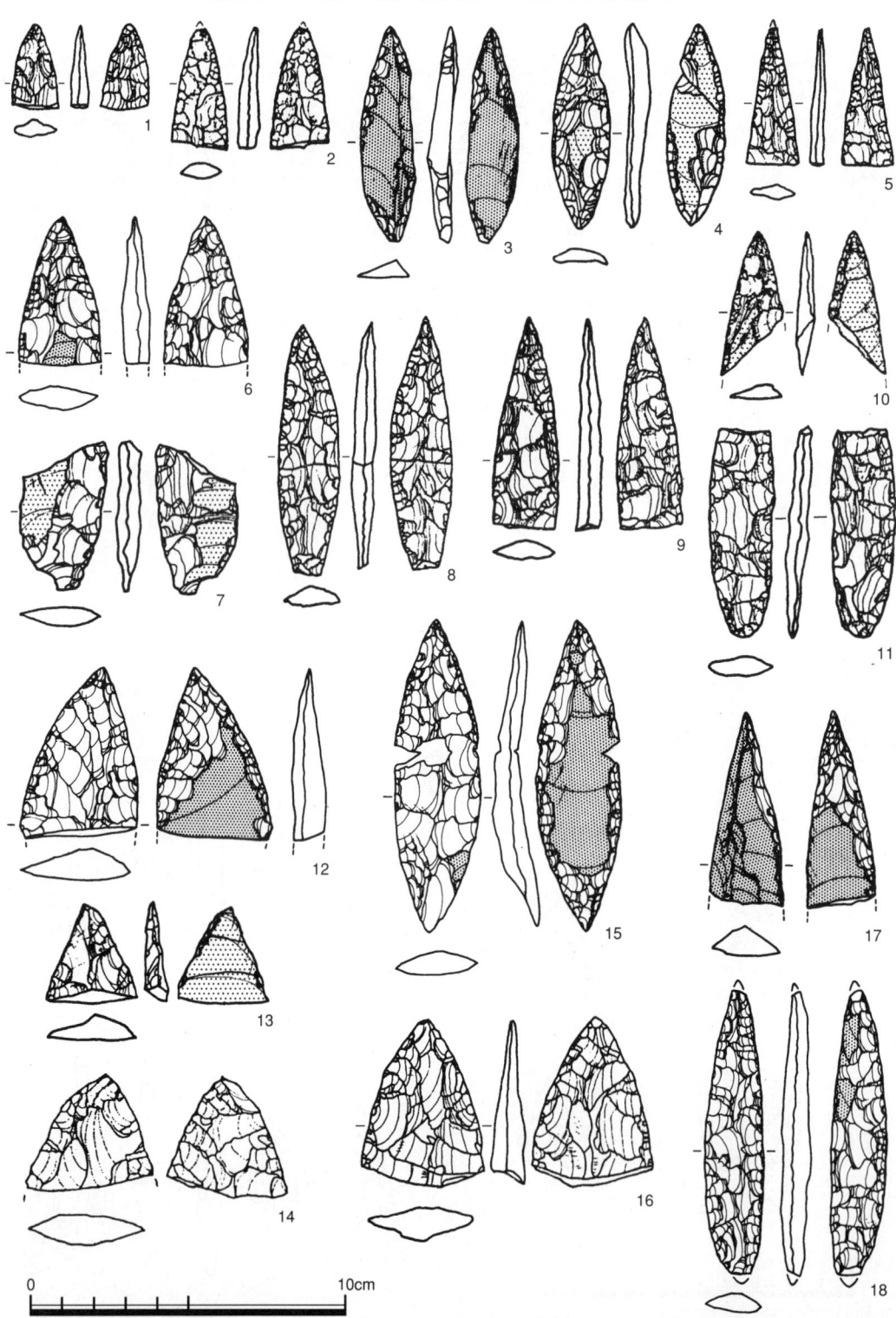

1〜18：山形県越中山A′遺跡（1・2・5・8・9・11・14・16：加藤稔1974、4・7・13：加藤稔1974に加筆、3・6・12・15・17：藤野1993）

図版第113　第Ⅲb期（後半）の槍先形尖頭器（2）

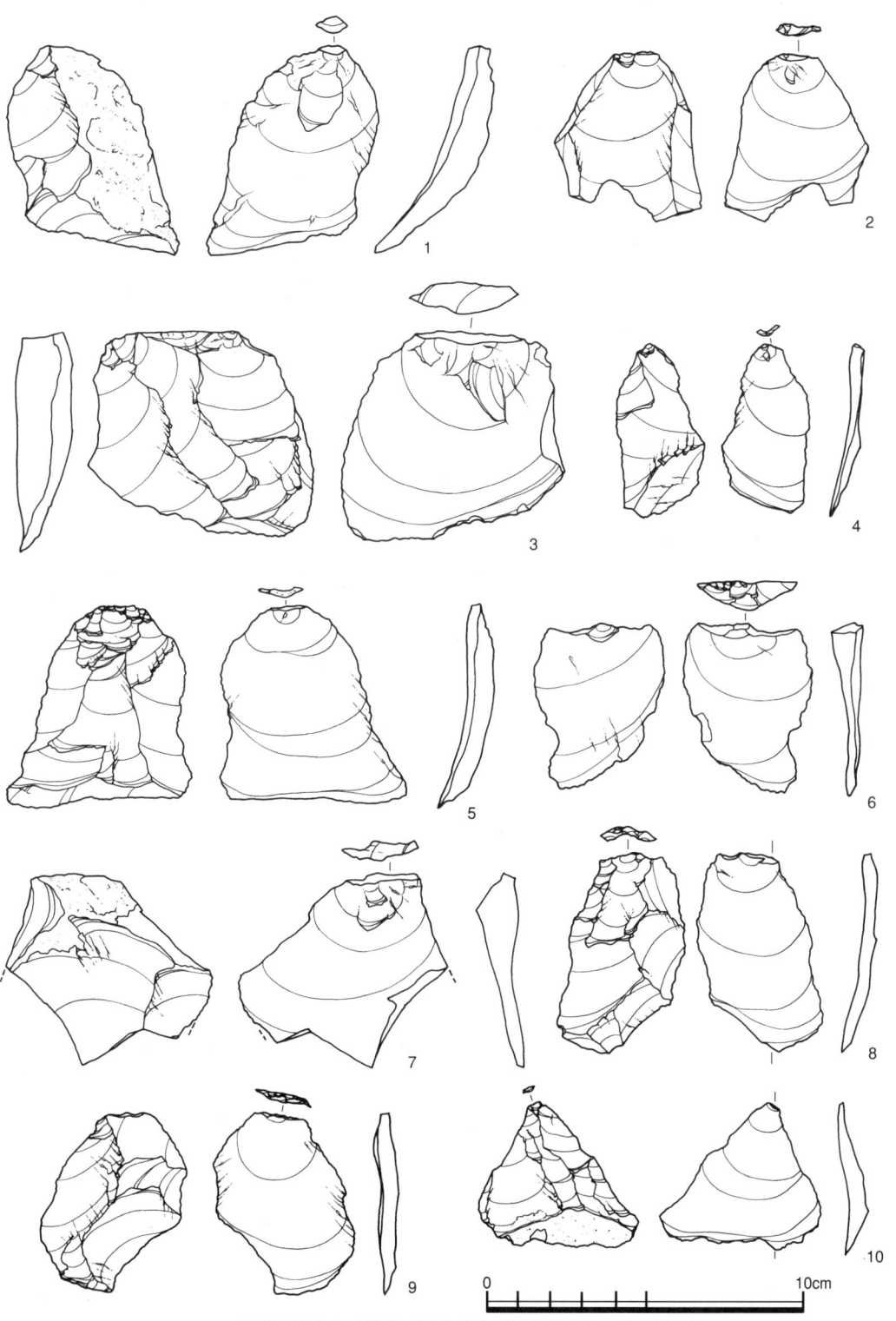

1〜10：山形県越中山A´遺跡（槍先形尖頭器調整剥片、筆者作成）

396

図版第114　第Ⅲb期（後半）の槍先形尖頭器（3）

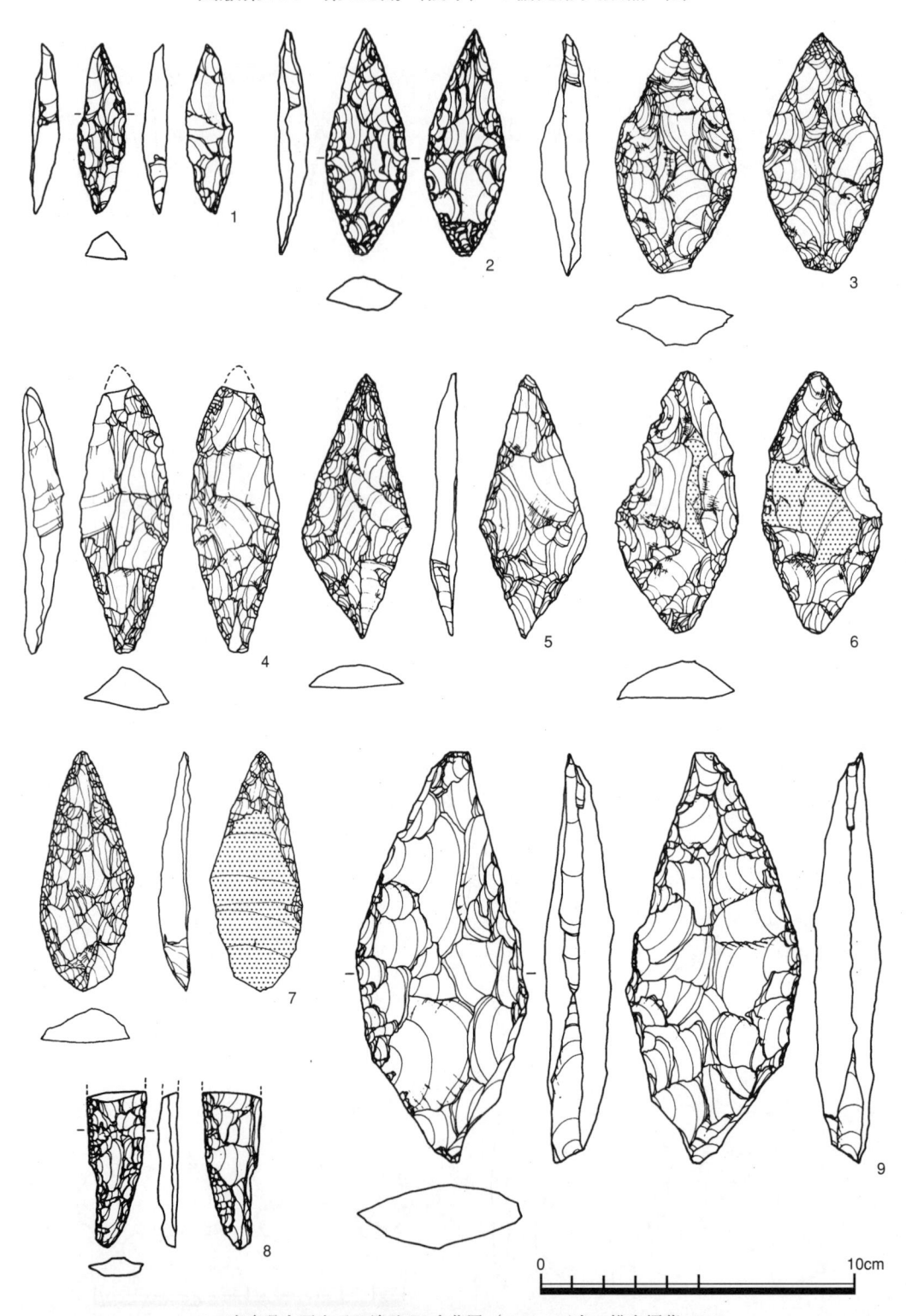

1〜9：青森県大平山元Ⅱ遺跡Ⅱc文化層（3〜5：三宅・横山編著1980、
6・7：三宅・横山編著1980に加筆、1・2・8・9：藤野1993）

図版第115　第Ⅲb期（後半）の槍先形尖頭器（4）

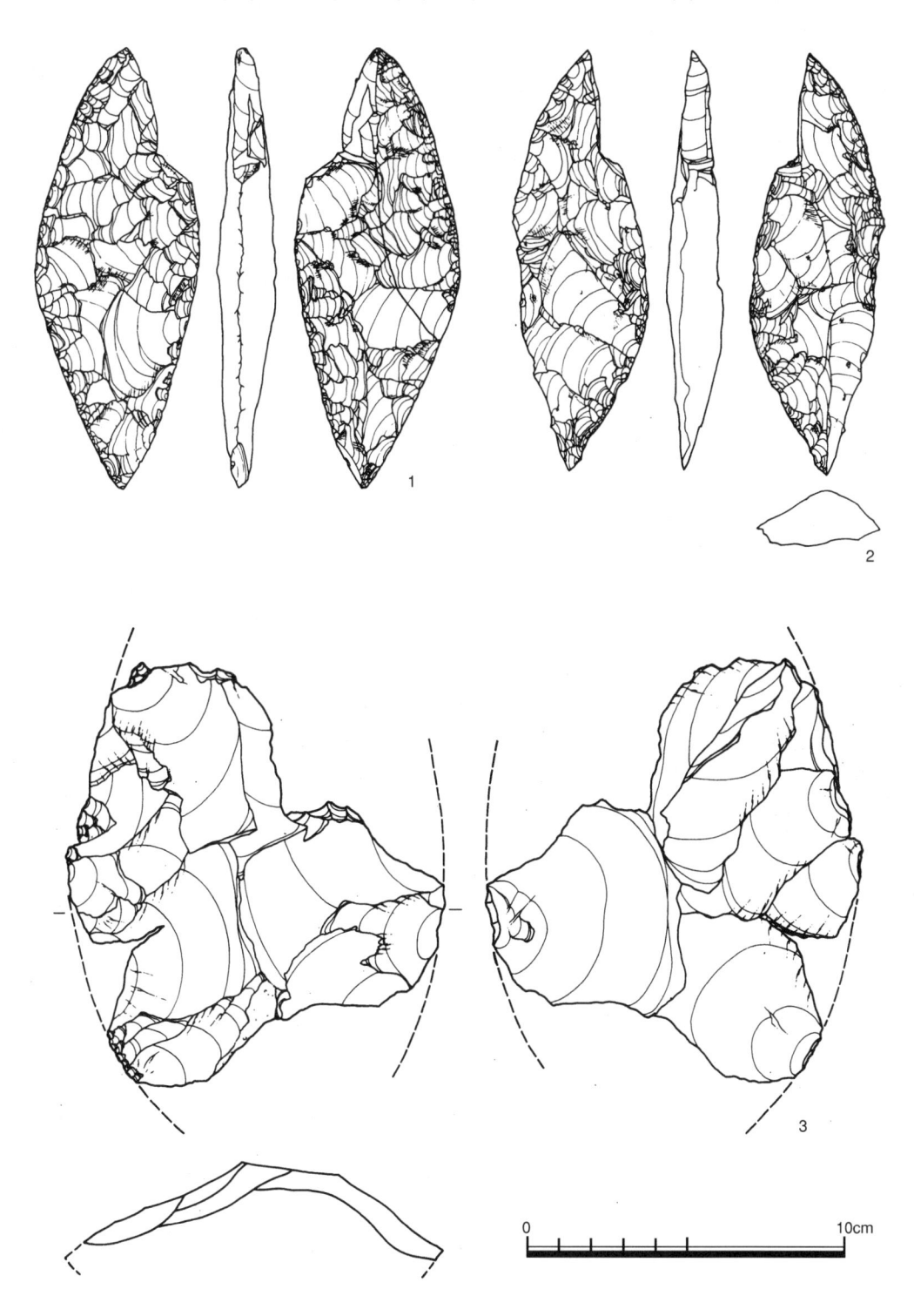

1～3：青森県大平山元Ⅱ遺跡Ⅱc文化層（3は接合資料、1・2：三宅・横山編著1980、3：藤野1993）

図版第116　第Ⅲb期（後半）の槍先形尖頭器（5）

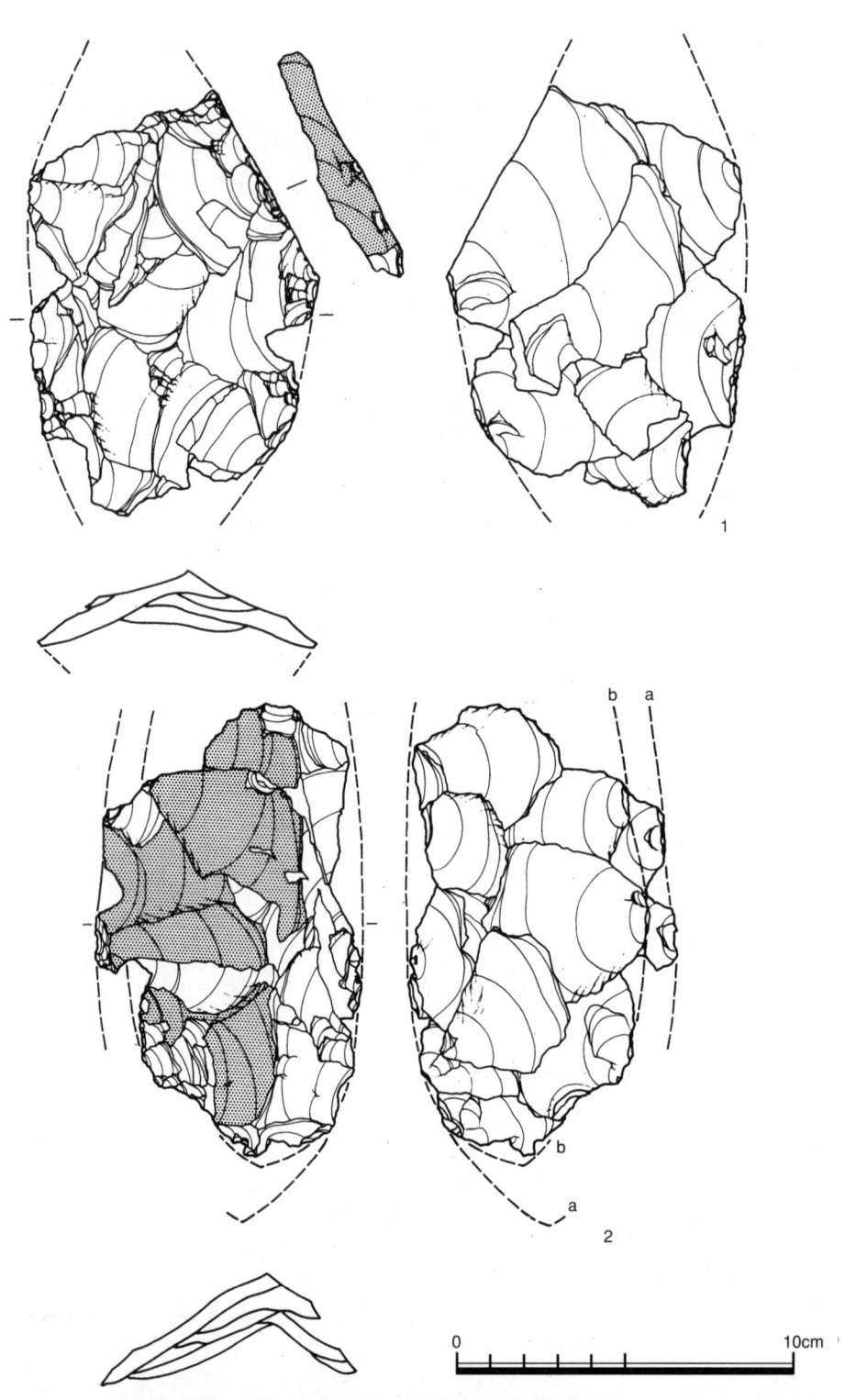

1・2：青森県大平山元Ⅱ遺跡Ⅱc文化層下（1・2は接合資料、藤野1993）

図版第117　第Ⅲb期（後半）の槍先形尖頭器（6）・第Ⅳ期の槍先形尖頭器（1）

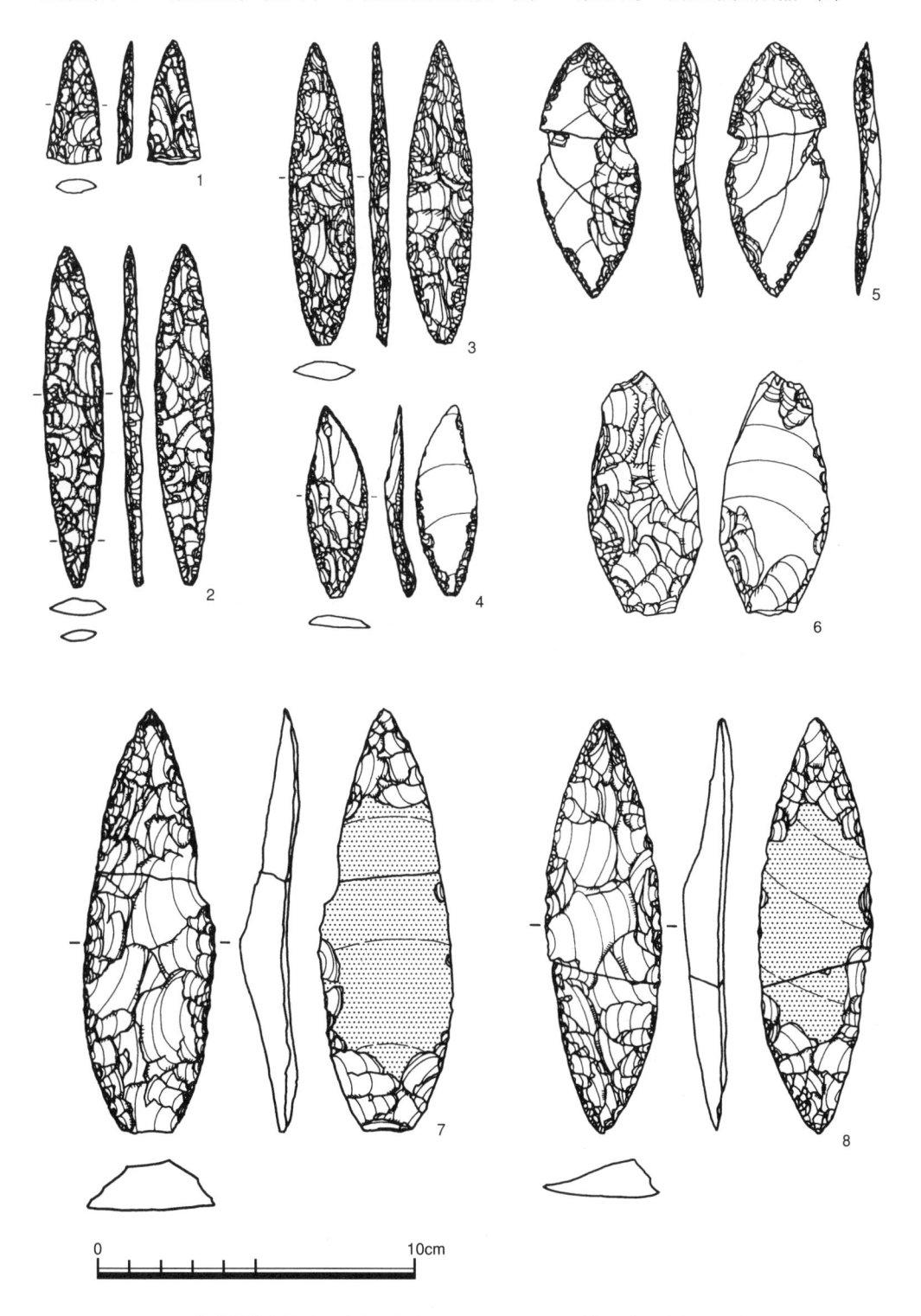

1〜6：岩手県峠山牧場Ⅰ遺跡A地区7・8・10ブロック（第Ⅲb期、高橋1999）、
7・8：山形県上野A遺跡（第Ⅳ期、阿部・米倉ほか1998に加筆）

図版第118　第Ⅳ期の槍先形尖頭器（2）

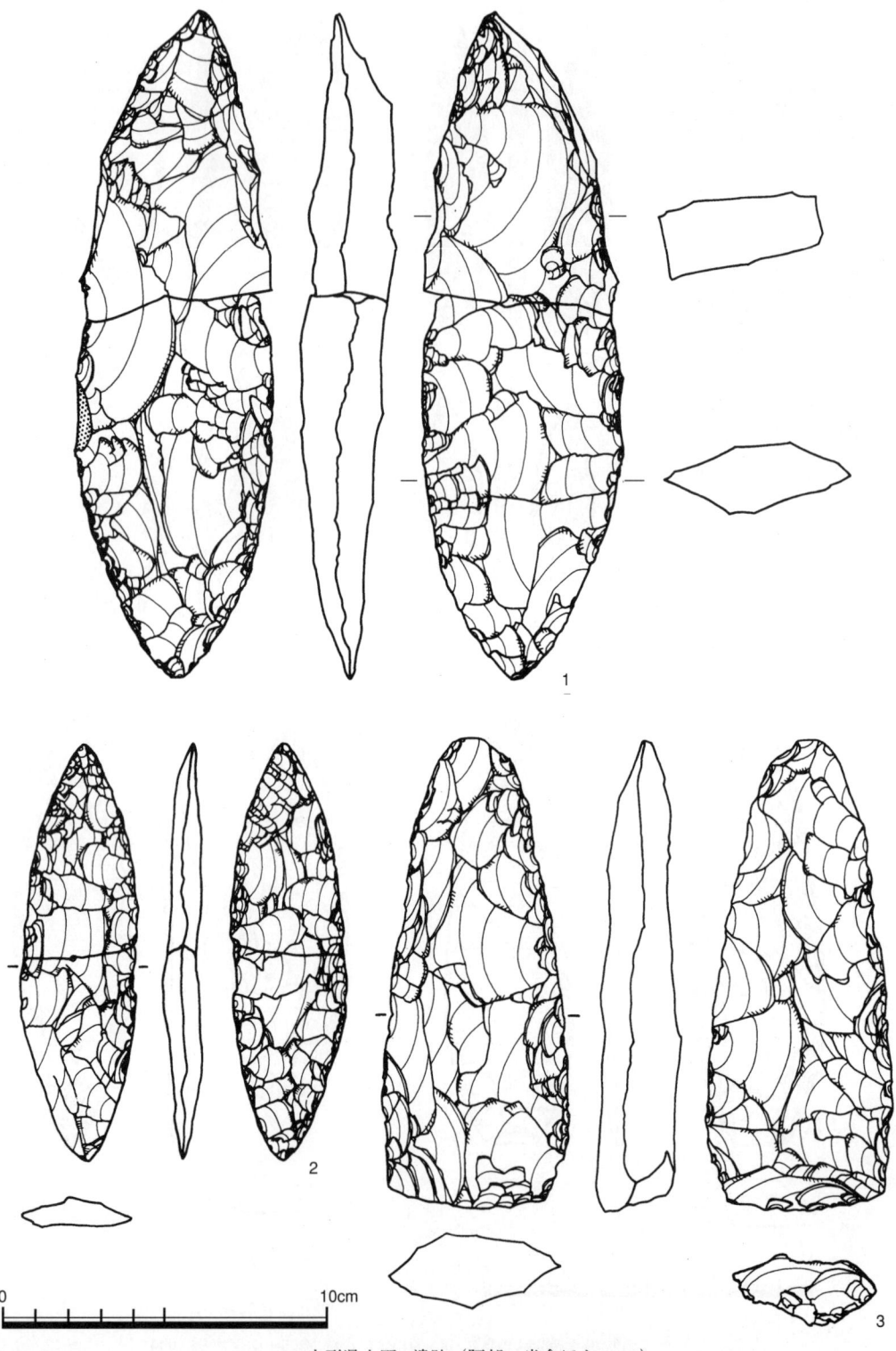

1～3：山形県上野A遺跡（阿部・米倉ほか 1998）

東北日本：東北地方　401

図版第119　第Ⅳ期の槍先形尖頭器（3）

1〜8：山形県月山沢遺跡（名和編　1980）

402

図版第120　第Ⅳ期の槍先形尖頭器（4）

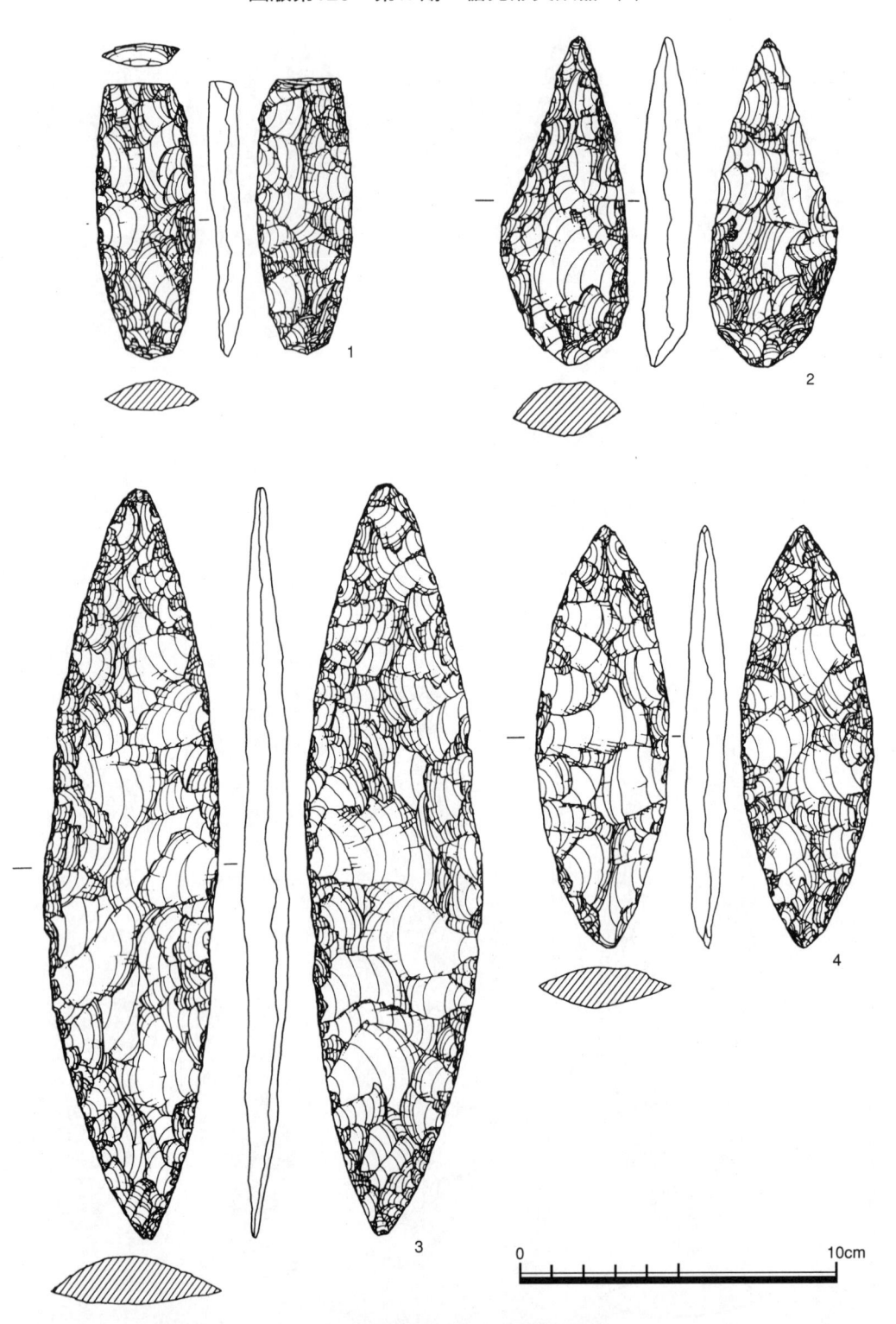

1～4：山形県八森遺跡（佐藤禎宏 1999）

図版第121　第IV期の槍先形尖頭器（5）

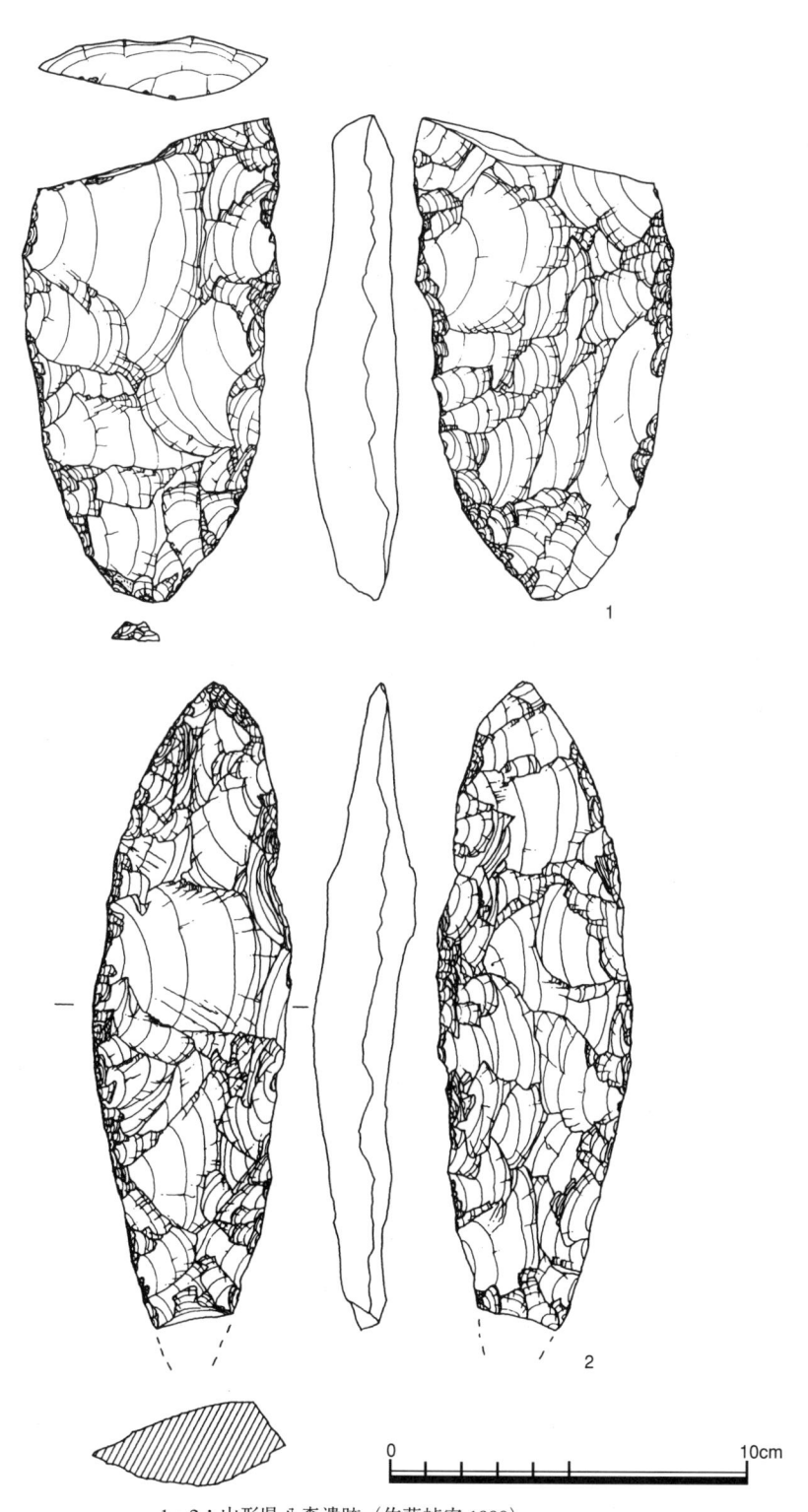

1・2：山形県八森遺跡（佐藤禎宏 1999）

図版第122　第Ⅴ期の槍先形尖頭器（1）

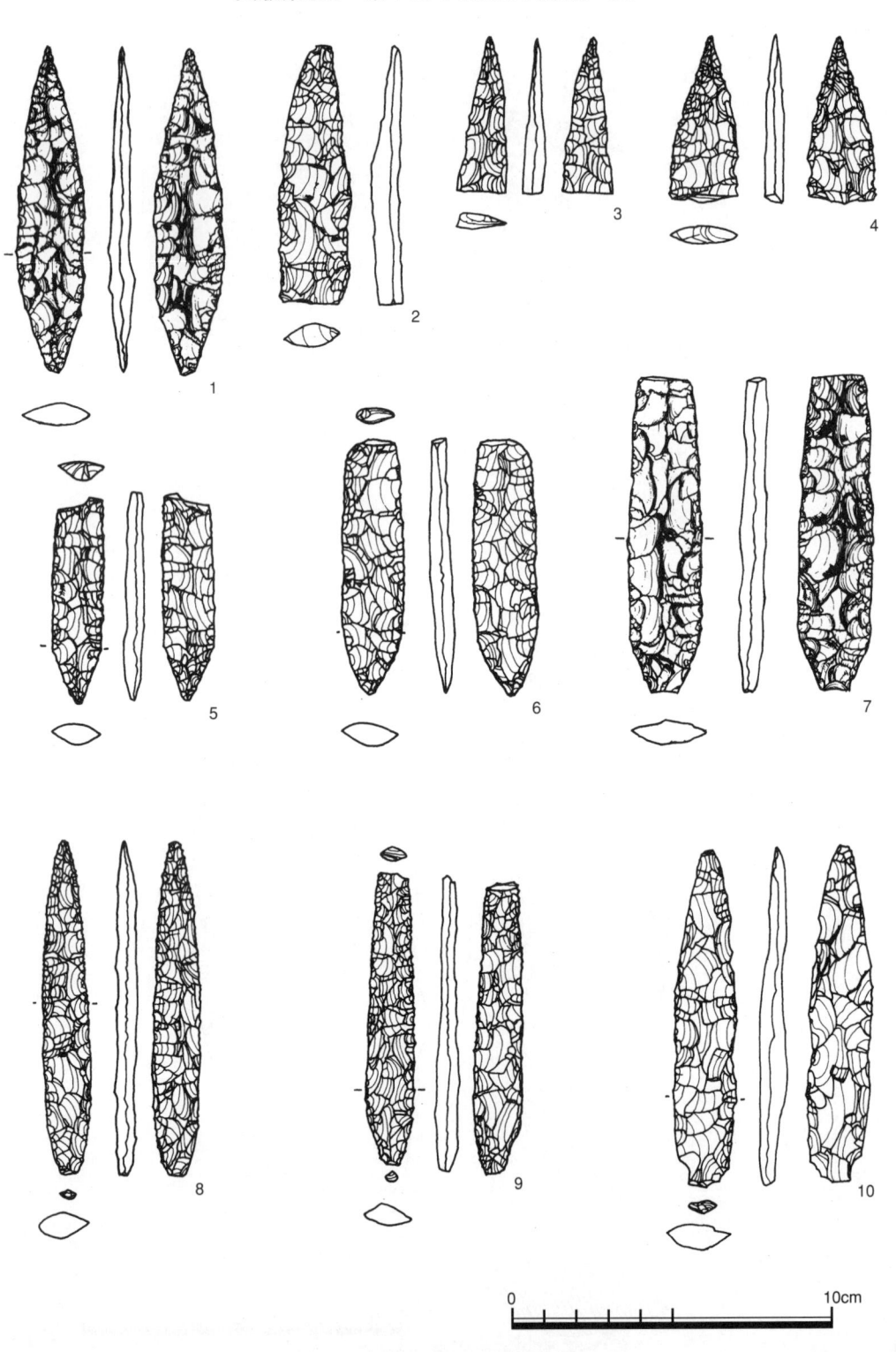

1〜10：山形県弓張平遺跡（加藤稔編　1978・1979）

図版第123　第Ⅴ期の槍先形尖頭器（2）

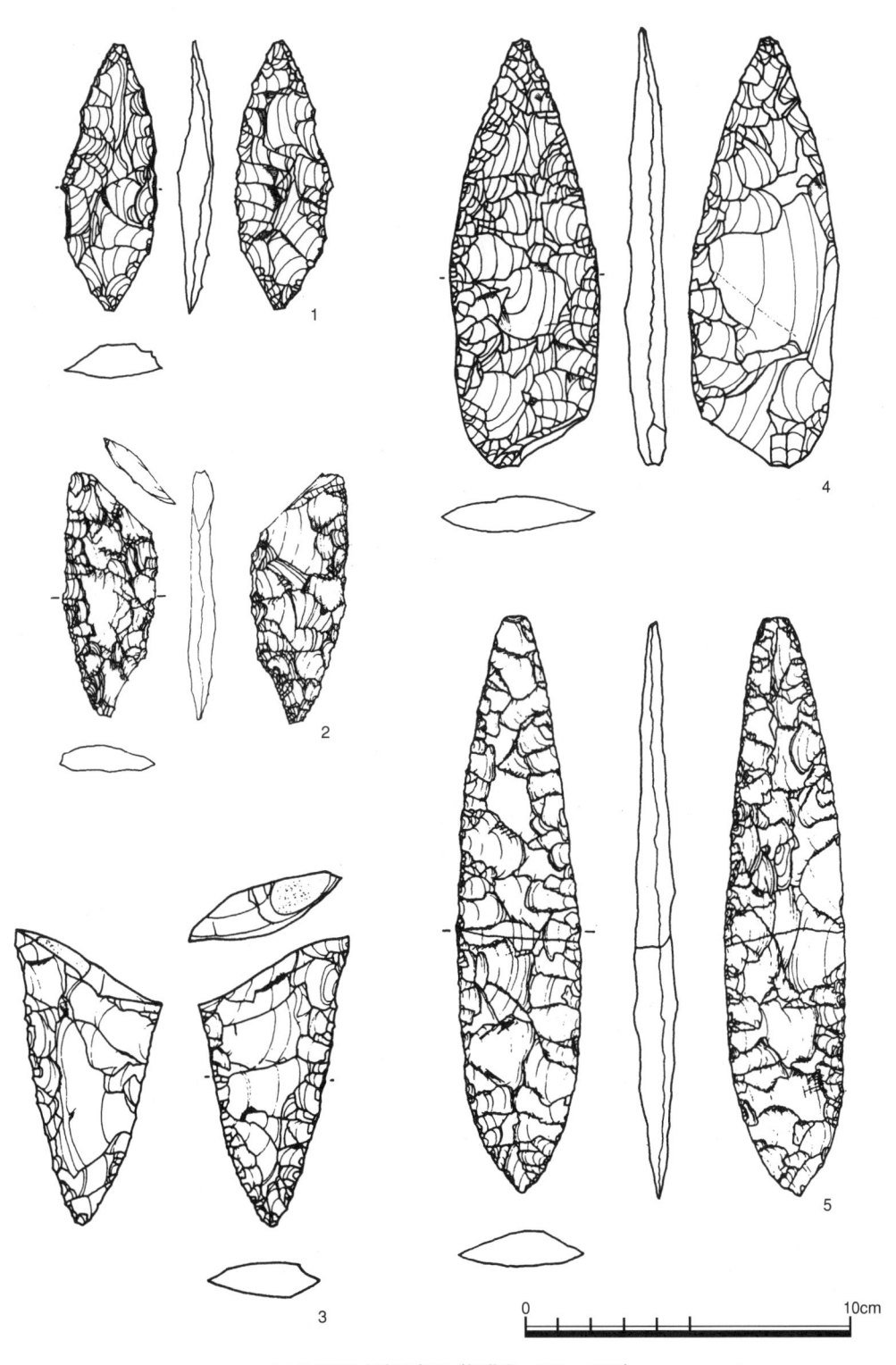

1〜5：山形県弓張平遺跡（加藤稔 1978・1979）

図版第124　第Ⅴ期の槍先形尖頭器（3）

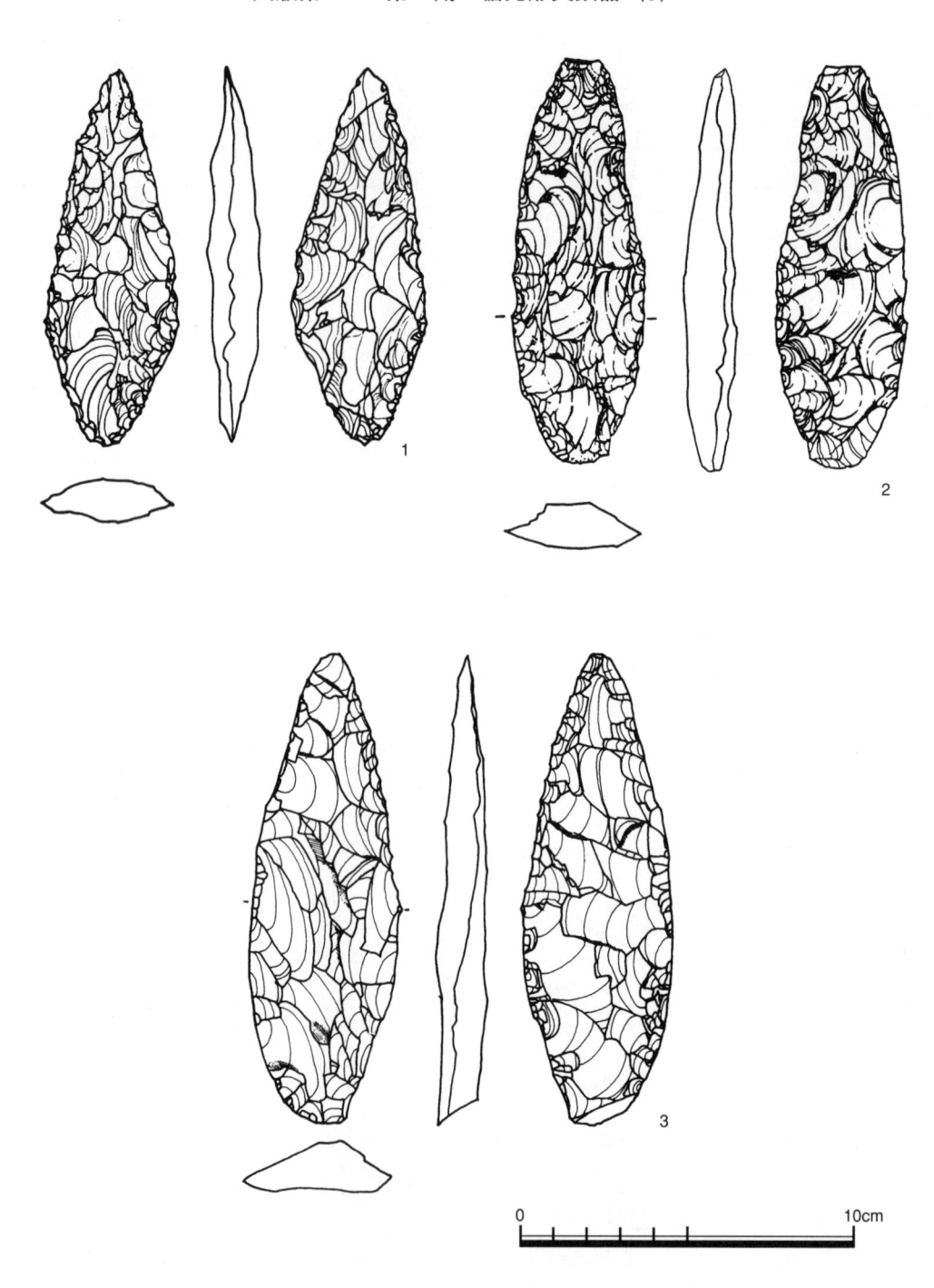

1～3：山形県弓張平遺跡（加藤稔　1978・1979）

東北日本：北海道地方　407

図版第125　第Ⅳ期・第Ⅴ期の槍先形尖頭器（1）

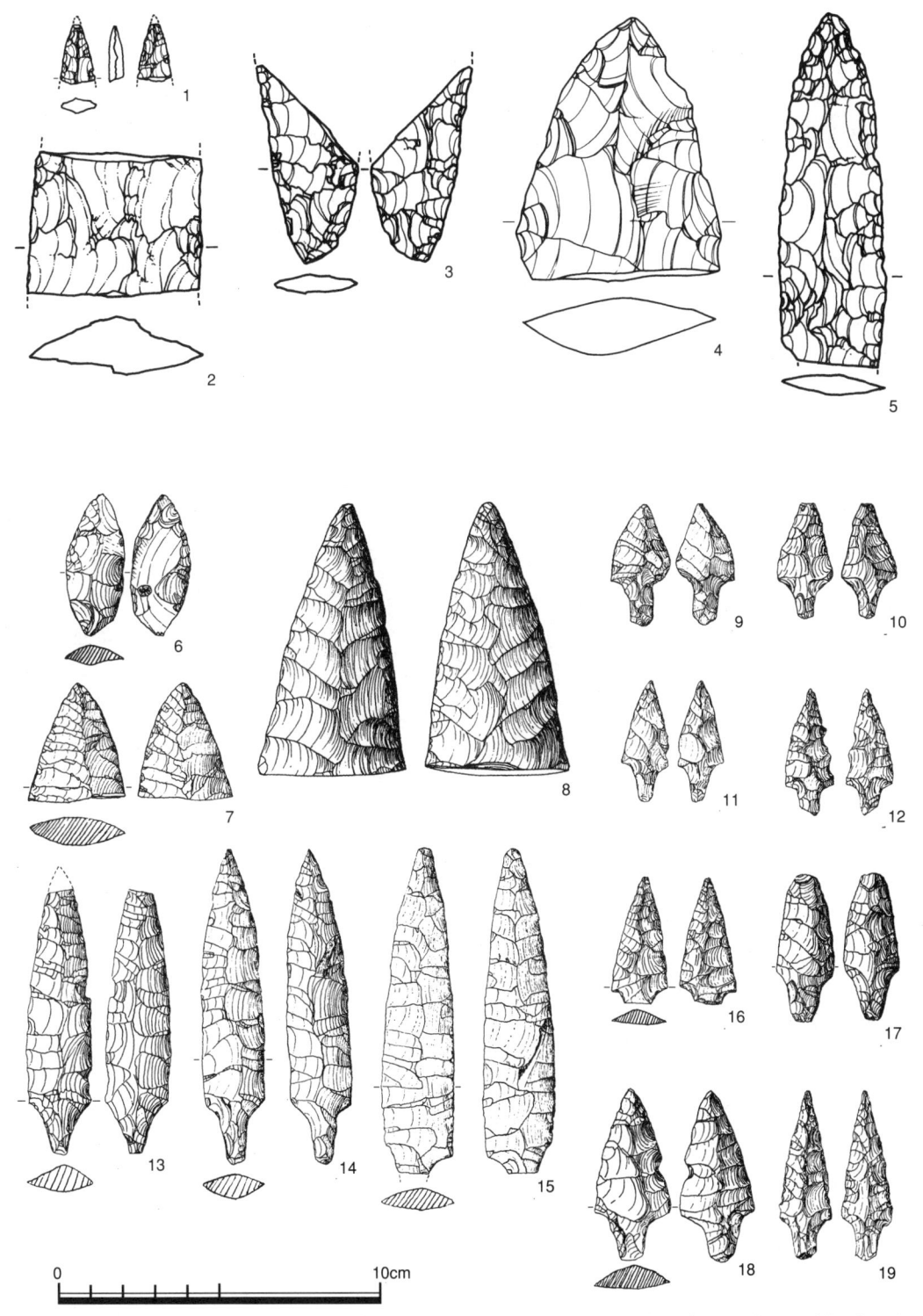

1：北海道美沢1遺跡（第Ⅳ期、森田 1979）、2・3：北海道タチカルシュナイ第Ⅴ遺跡A地点下層（第Ⅳ期、著者作成）、4・5：北海道白滝遺跡第30地点（第Ⅳ期、白滝団体研究会 1963）、6～19：北海道タチカルシュナイ第Ⅴ遺跡A地点上層（第Ⅴ期、直井 1973）

図版第126　第Ⅳ期・第Ⅴ期の槍先形尖頭器（2）

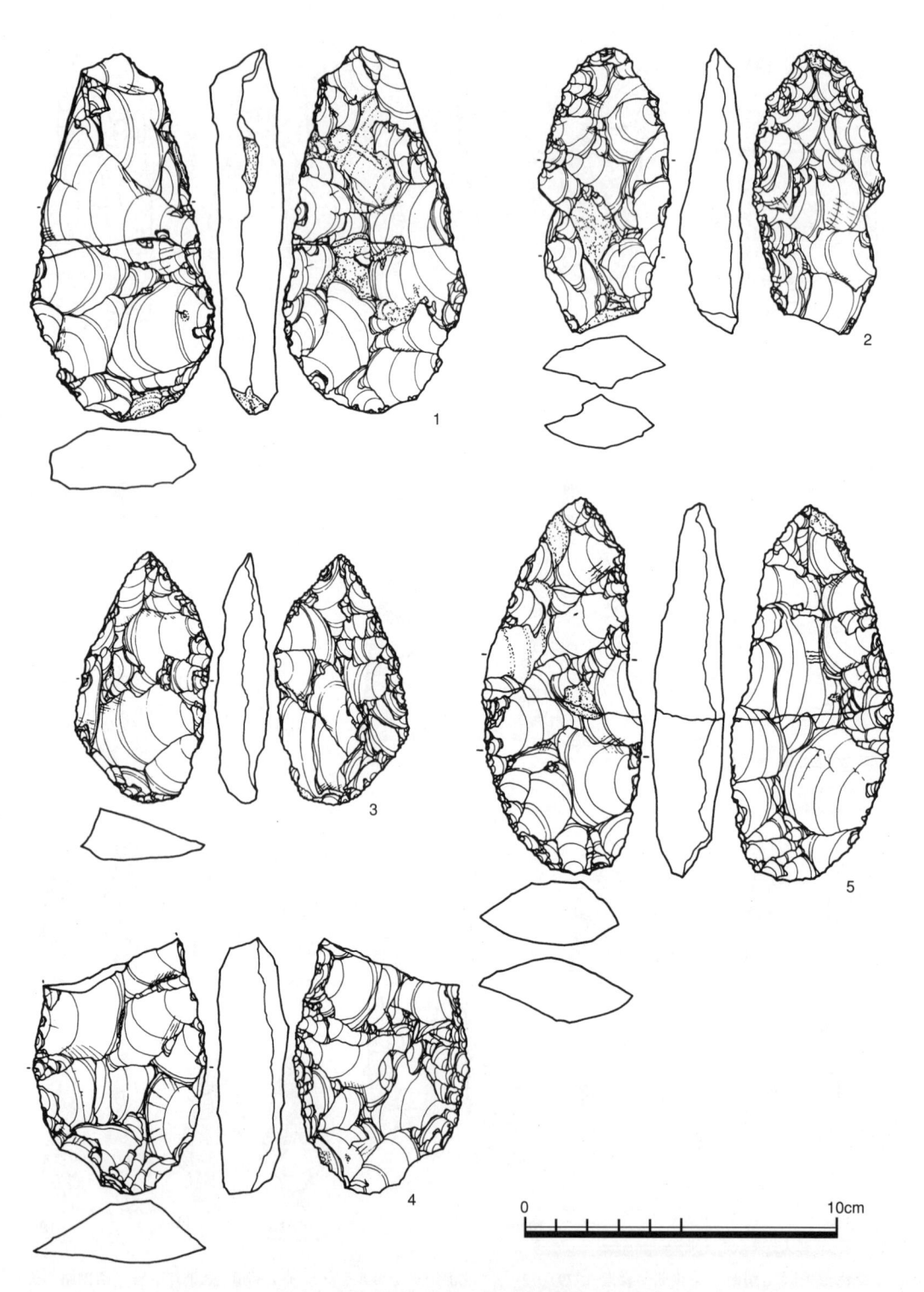

1〜5：北海道石川1遺跡（第Ⅳ期、長沼孝 1988）

東北日本：北海道地方　409

図版第127　第Ⅳ期・第Ⅴ期の槍先形尖頭器（3）

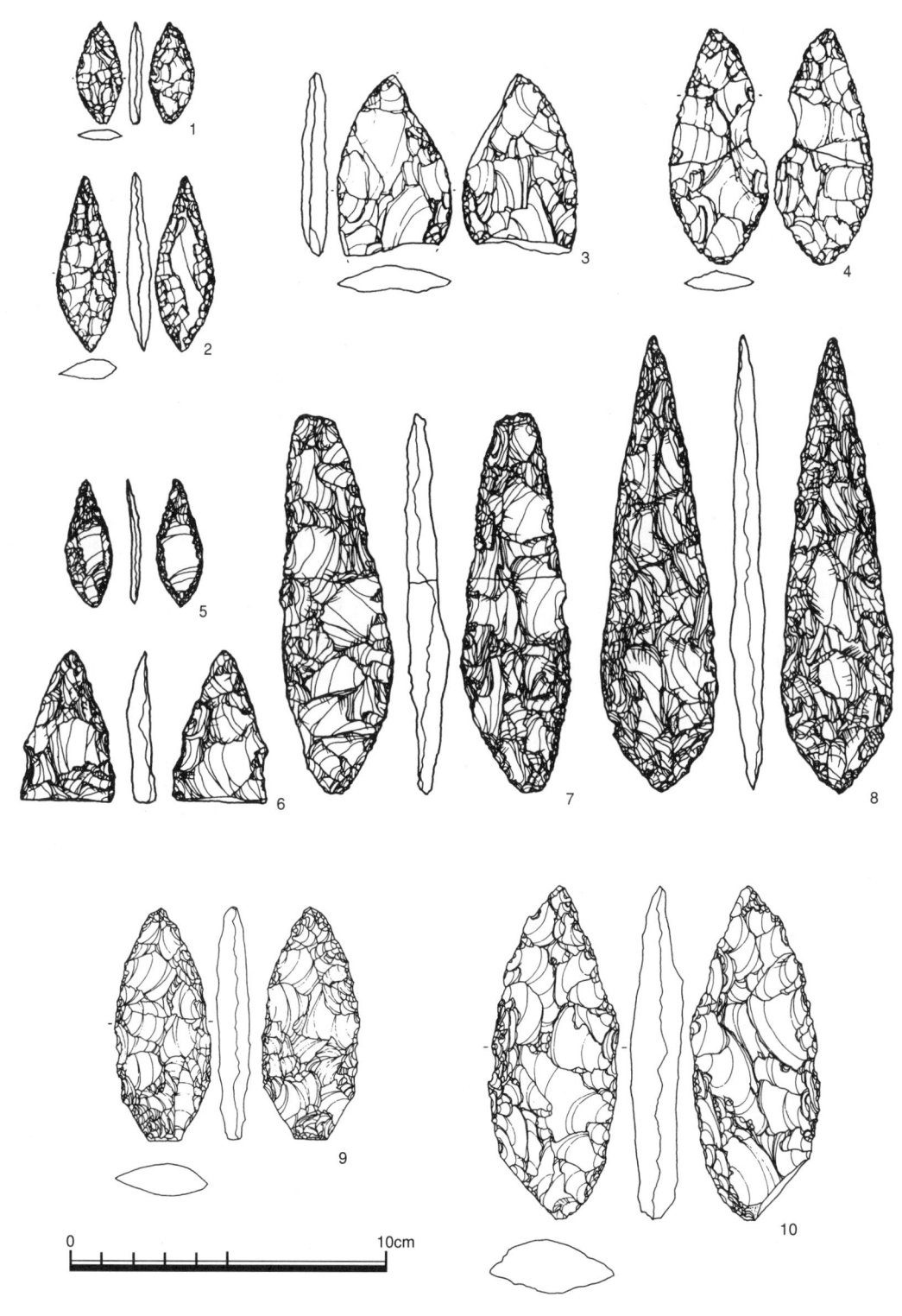

1～8：北海道大関校庭遺跡（第Ⅳ～Ⅴ期、長沼編 1999）、9・10：北海道湯の里4遺跡A群（第Ⅴ期、畑・矢吹 1985）

図版第128　第Ⅳ期・第Ⅴ期の槍先形尖頭器（4）

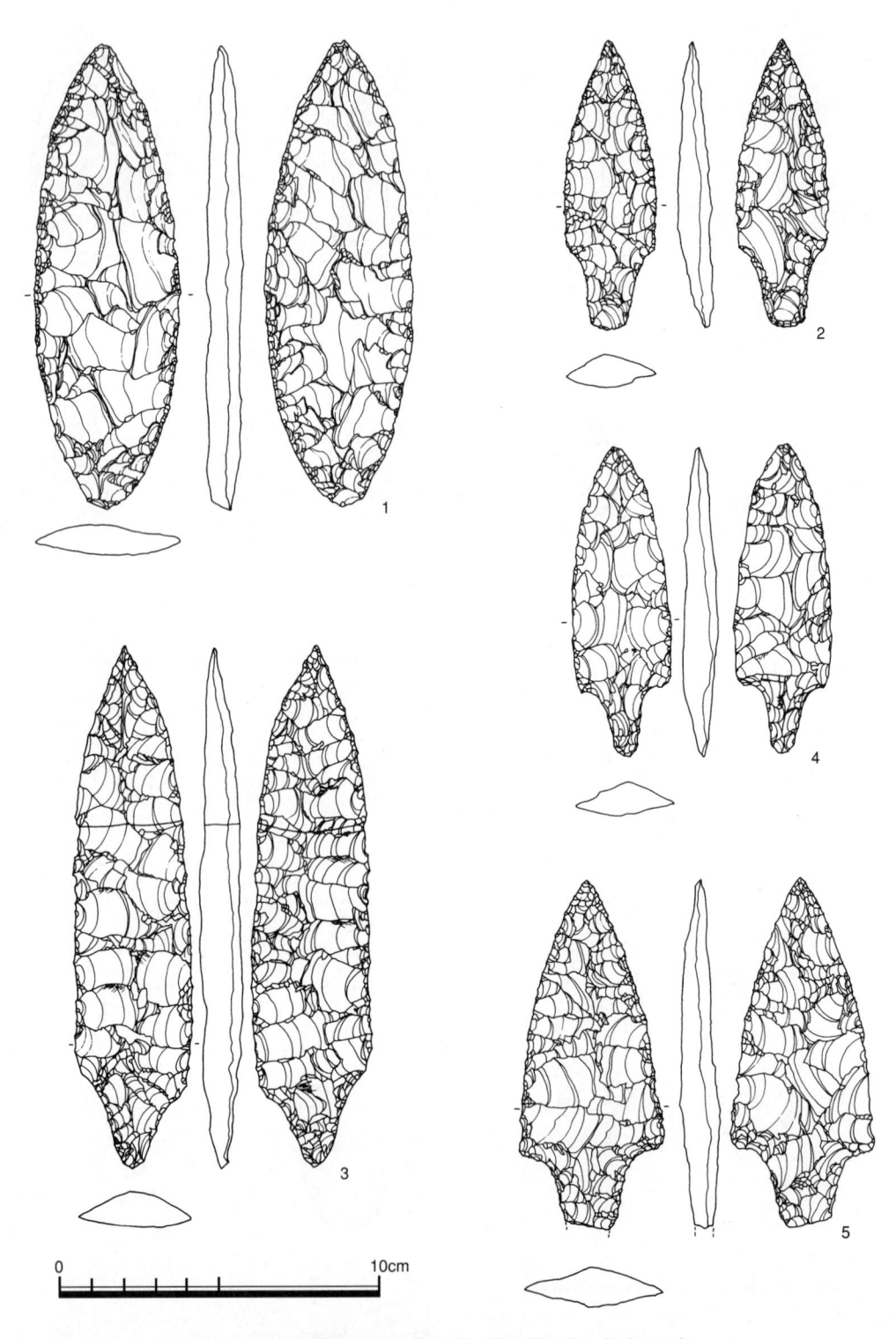

1～5：北海道湯の里4遺跡A群（第Ⅴ期、畑・矢吹 1985）

東北日本：北海道地方　411

図版第129　第Ⅳ期・第Ⅴ期の槍先形尖頭器（5）

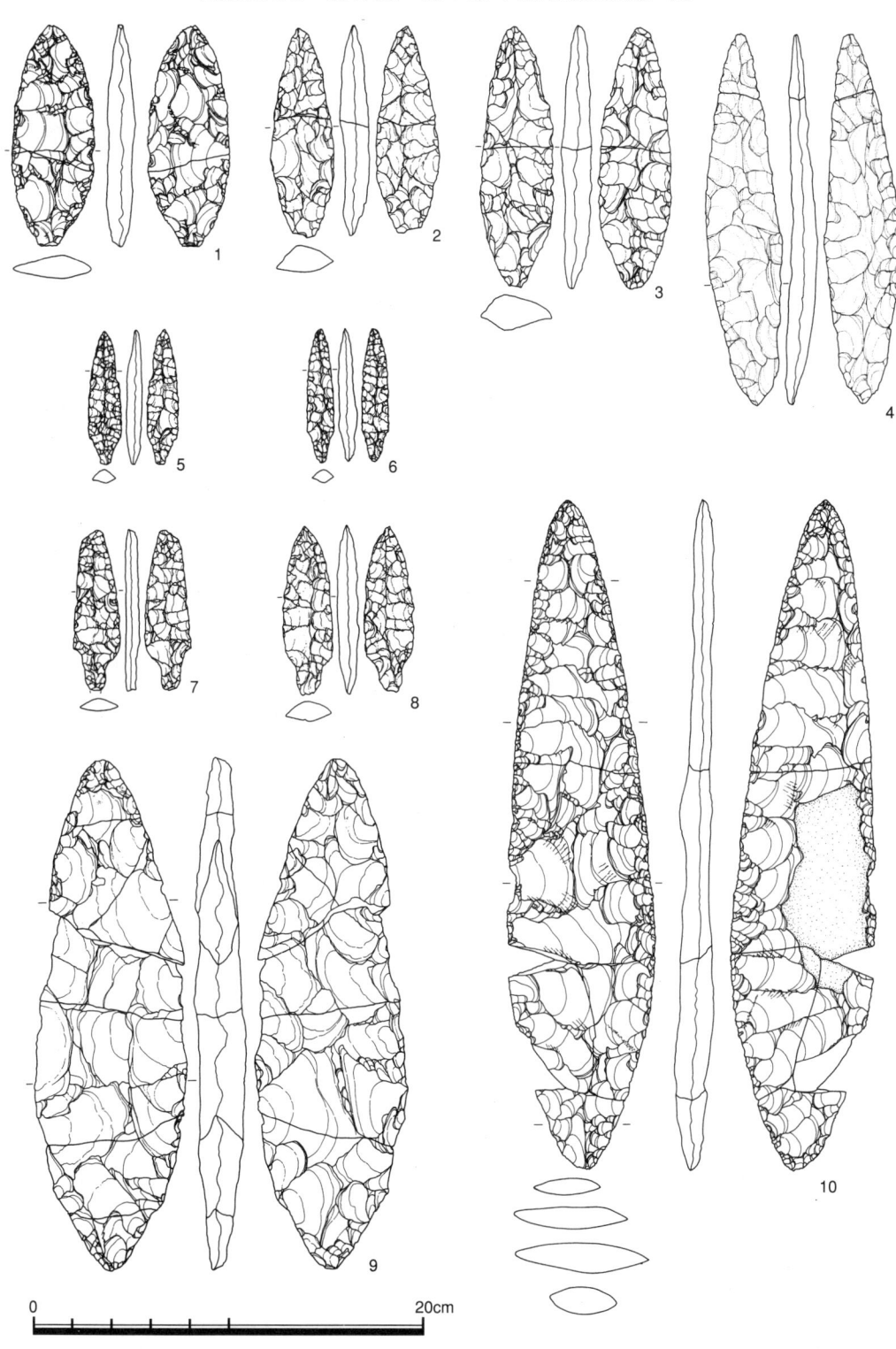

1～10：北海道美利河1遺跡ⅢA（第Ⅴ期、縮尺は約3分の1、長沼編 1985）

中部日本：中部高地
（中部地方中央部）

図版第130　第Ⅰ期の槍先形尖頭器（1）

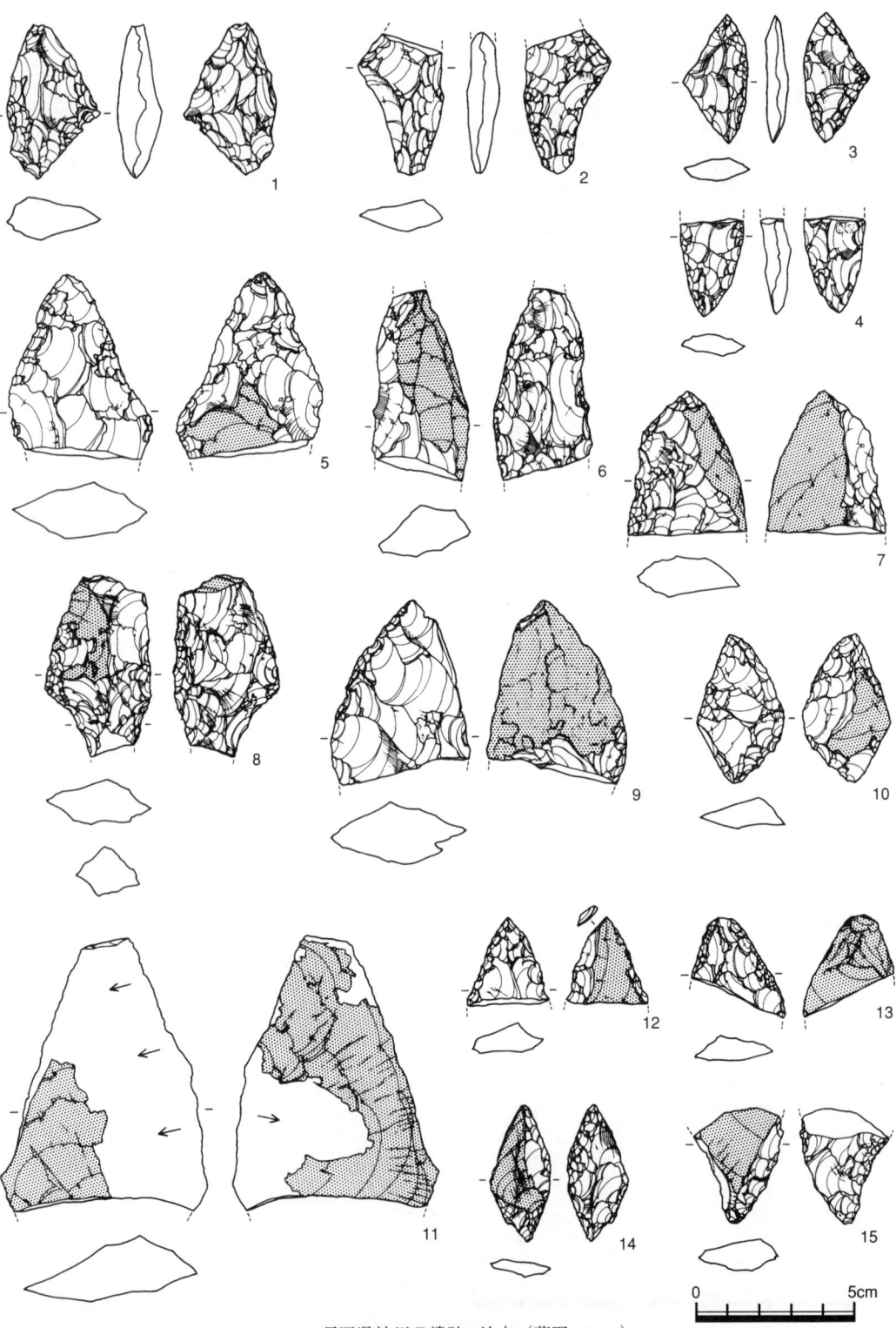

1〜15：長野県渋川Ⅱ遺跡A地点（藤野 1989b）

図版第131　第Ⅰ期の槍先形尖頭器（2）

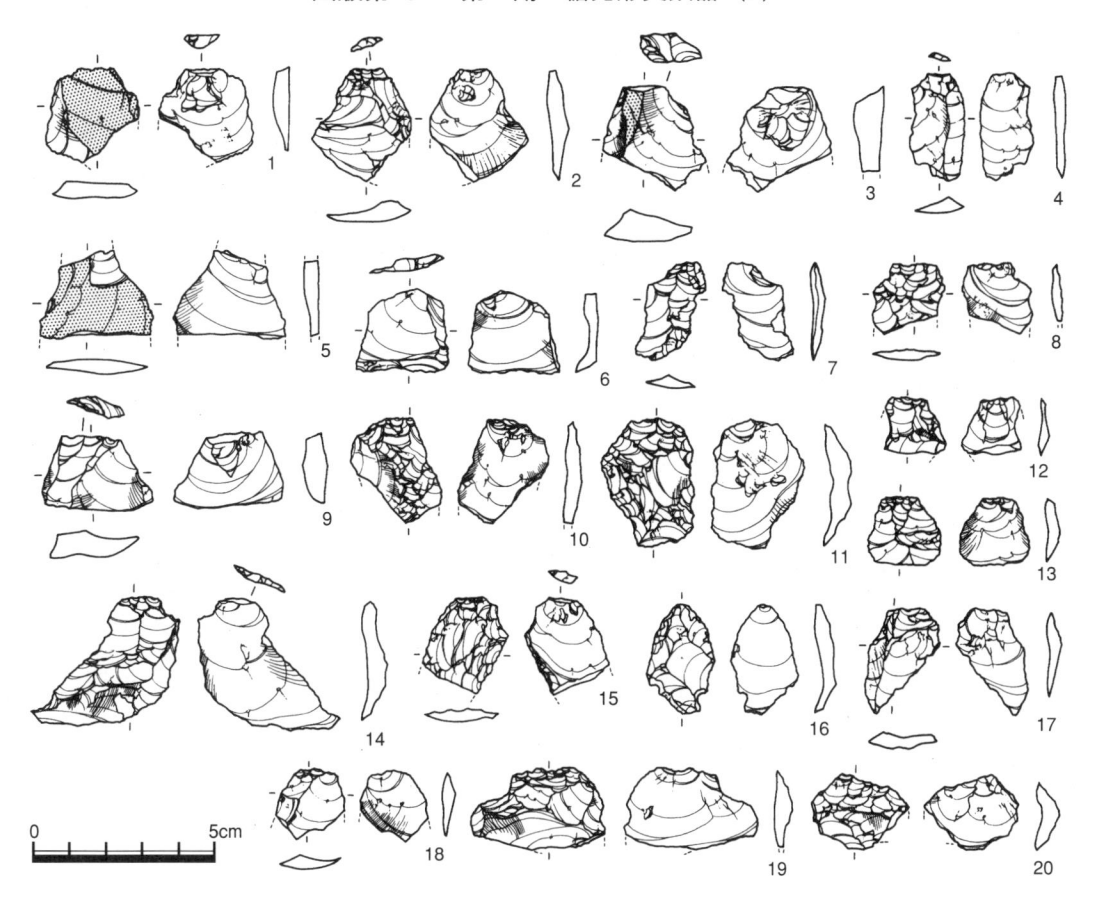

1～20：長野県渋川Ⅱ遺跡A地点（槍先形尖頭器調整剥片、藤野 1989b）

図版第132　第Ⅱ期の槍先形尖頭器（1）

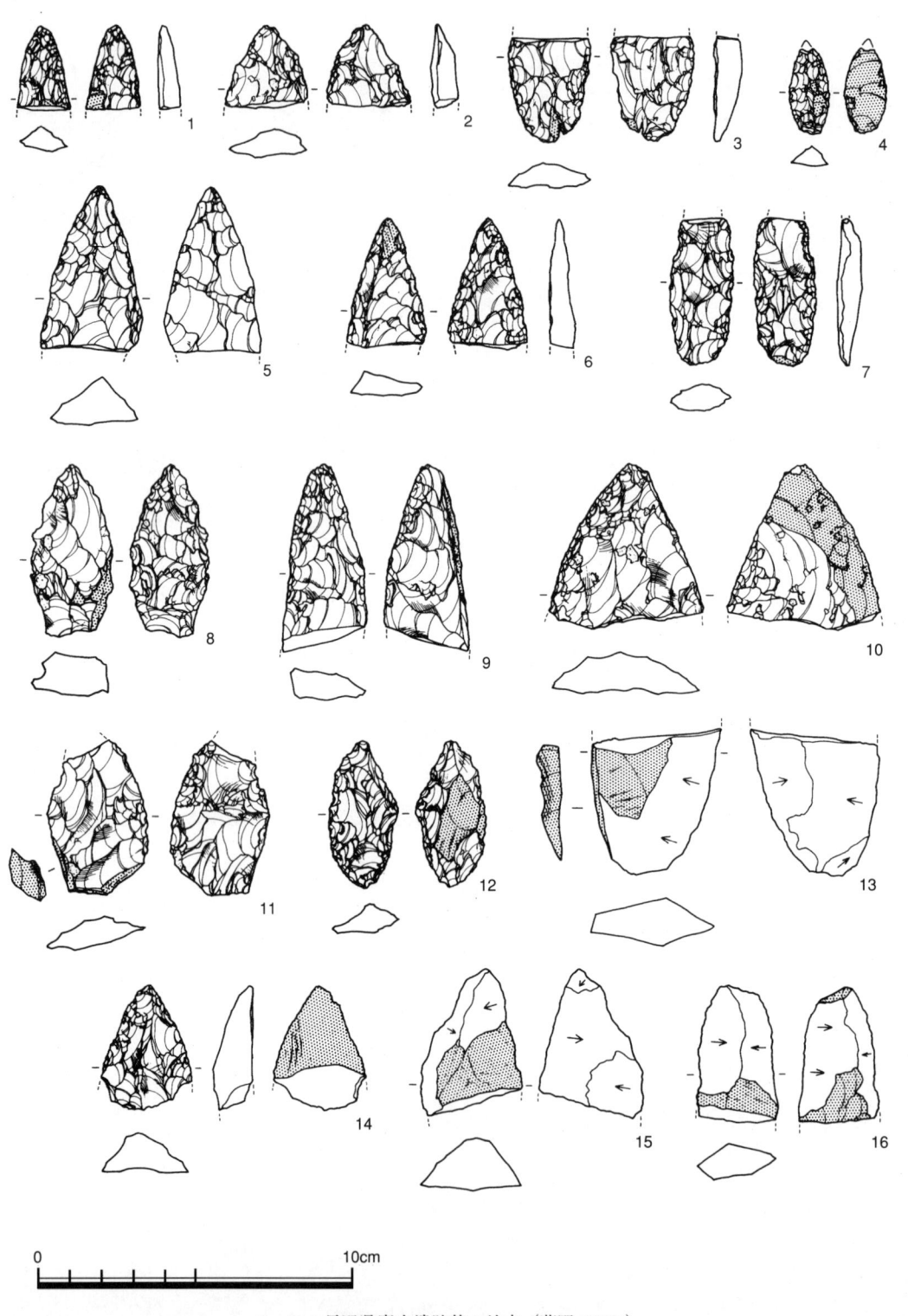

1～16：長野県鷹山遺跡第1地点（藤野1989b）

図版第133　第II期の槍先形尖頭器（2）

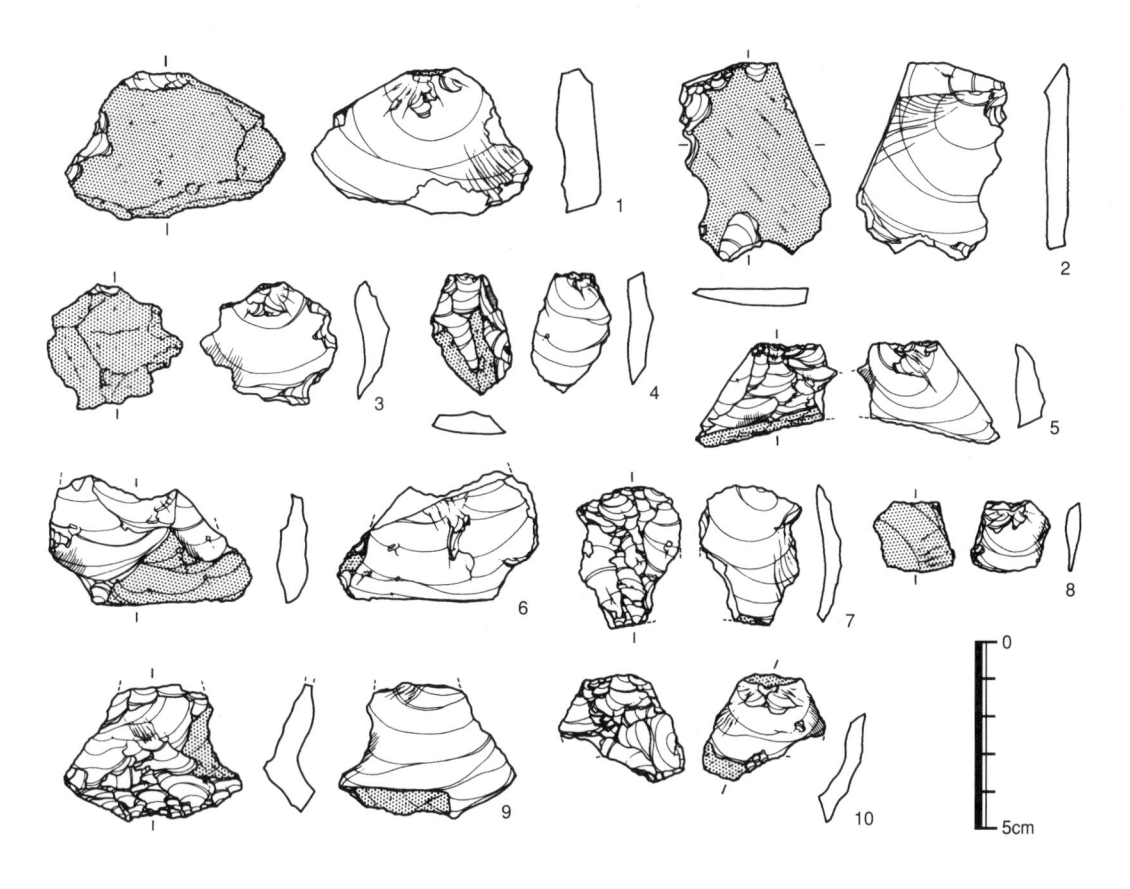

1～10：長野県鷹山遺跡第1地点（槍先形尖頭器調整剥片、藤野1989b）

図版第134　第Ⅱ期の槍先形尖頭器（3）

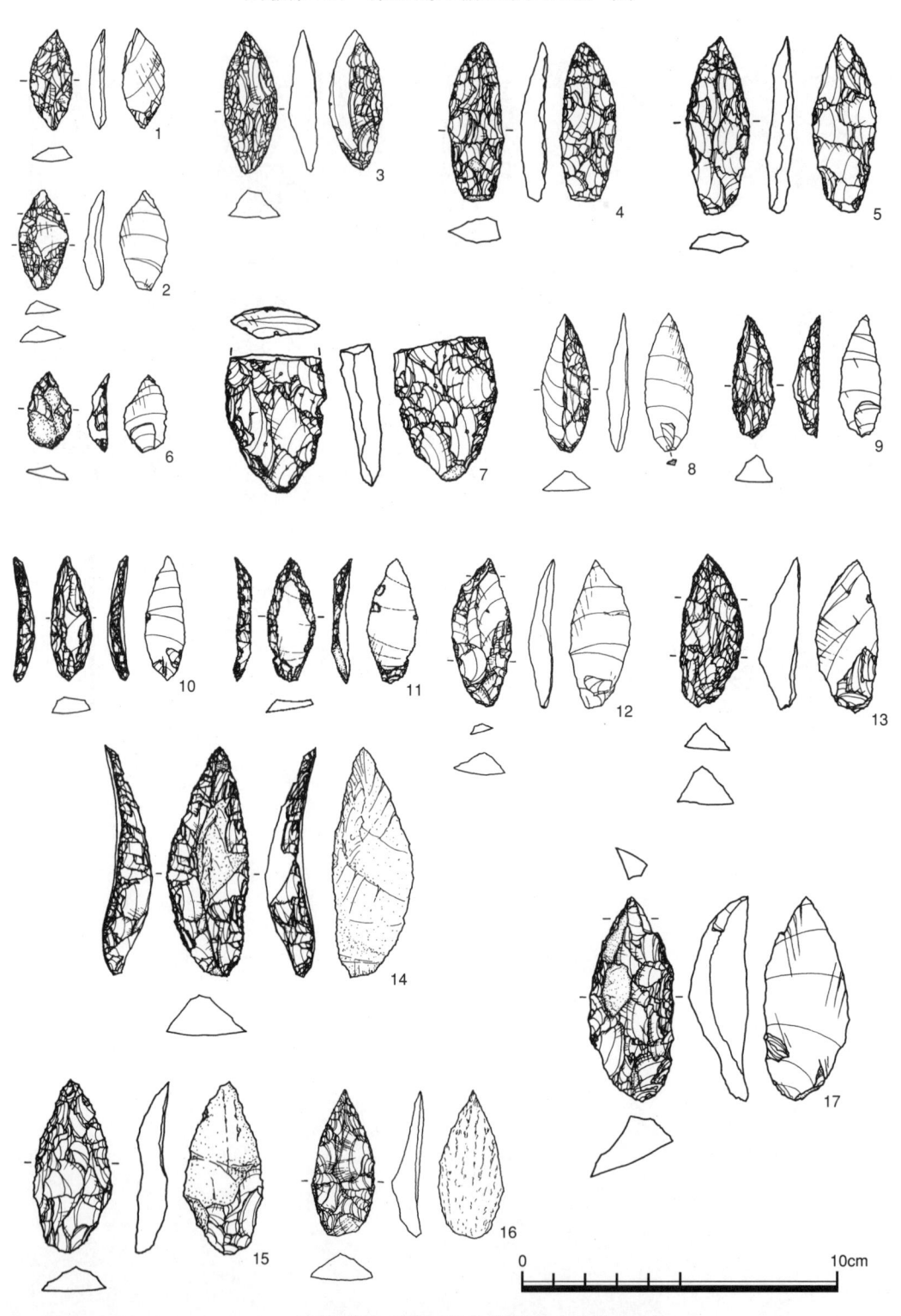

1～17：長野県鷹山Ⅰ遺跡S地点（戸沢・安蒜編　1991）

中部日本：中部高地（中部地方中央部） 417

図版第135　第II期の槍先形尖頭器（4）

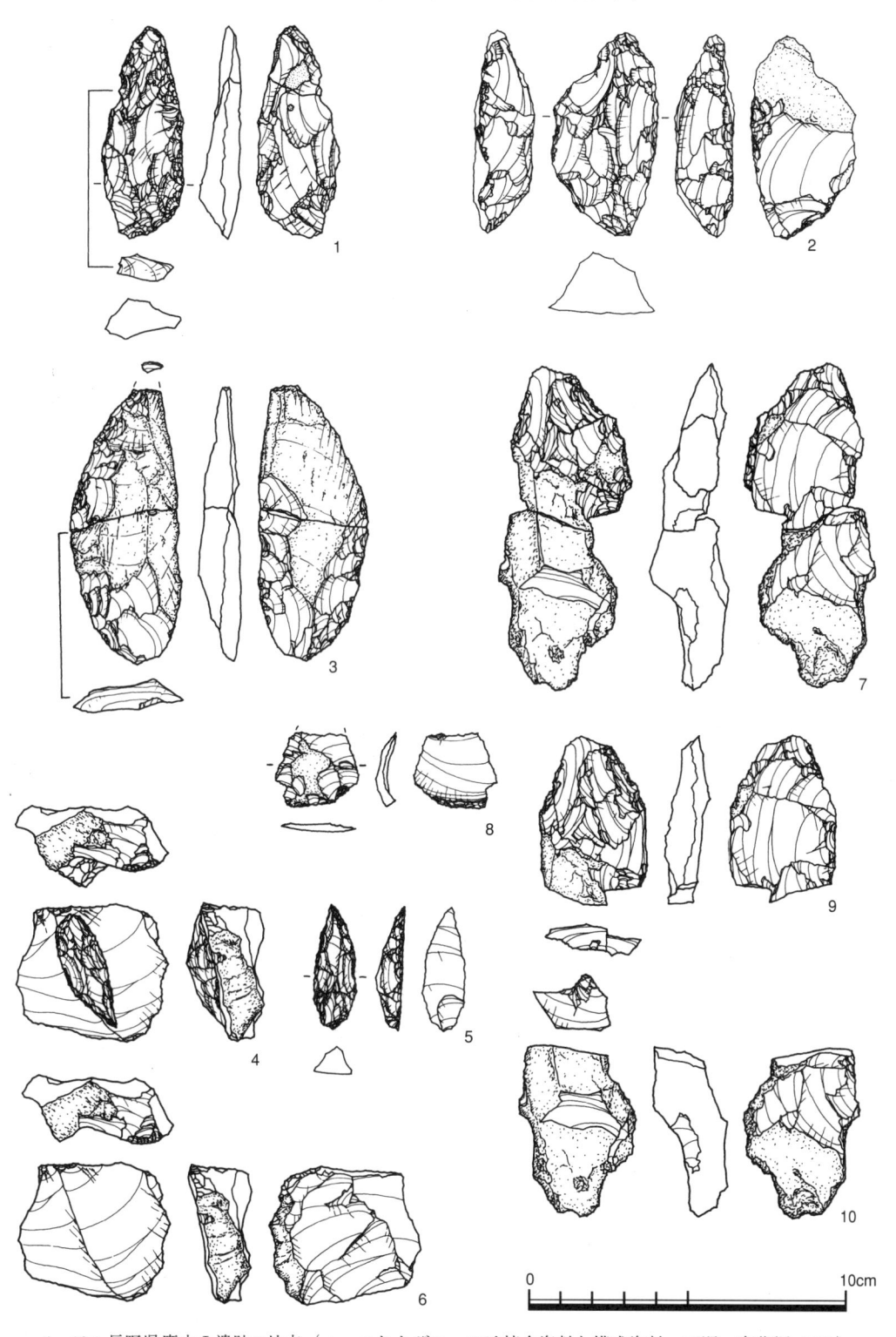

1～10：長野県鷹山I遺跡S地点（4～6および7～10は接合資料と構成資料、戸沢・安蒜編 1991）

図版第136　第Ⅱ期の槍先形尖頭器（5）

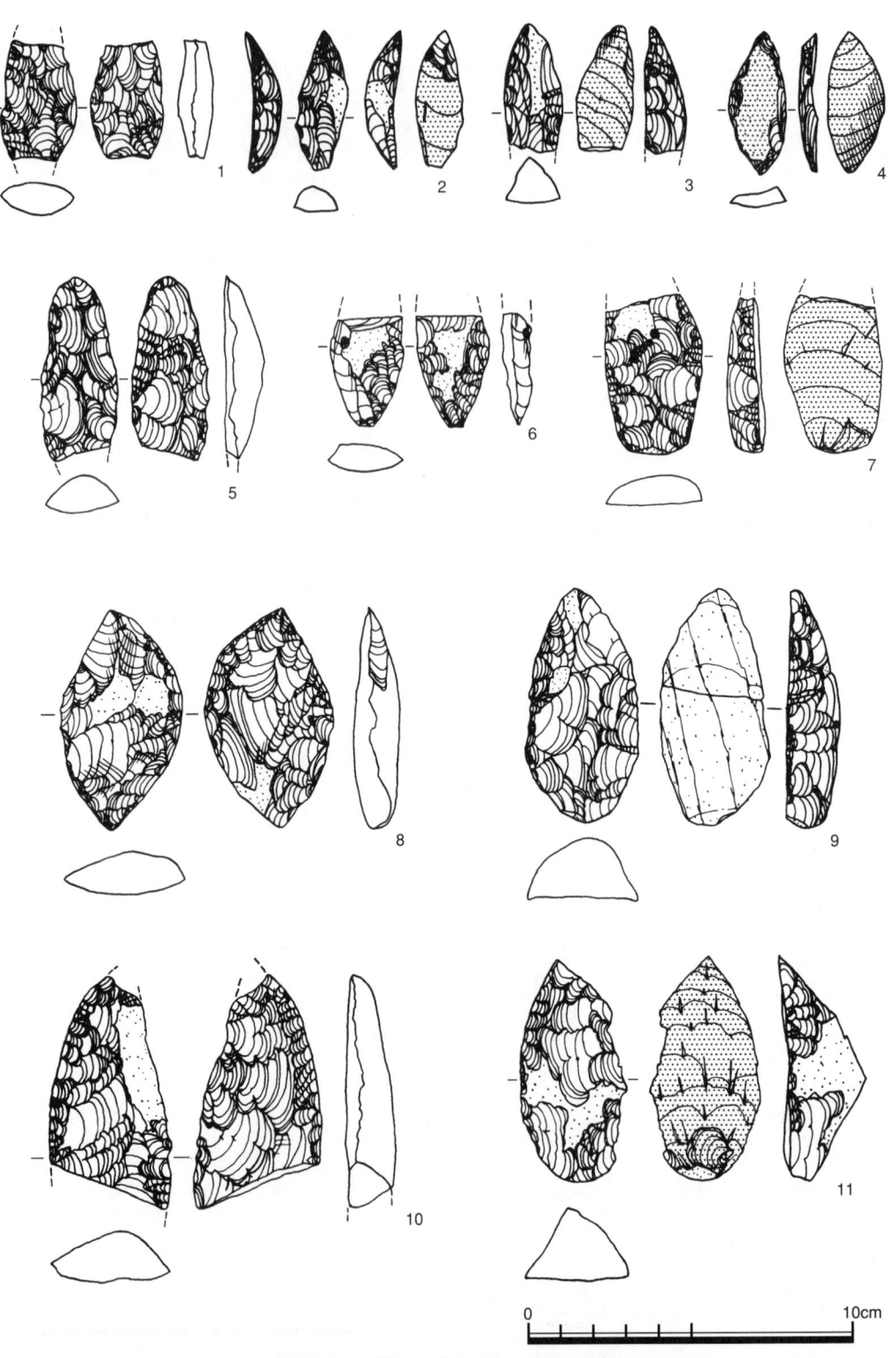

1〜11：長野県男女倉遺跡J地点（岩佐・黒岩・森山 1975）

中部日本：中部高地（中部地方中央部） 419

図版第137　第II期の槍先形尖頭器（6）

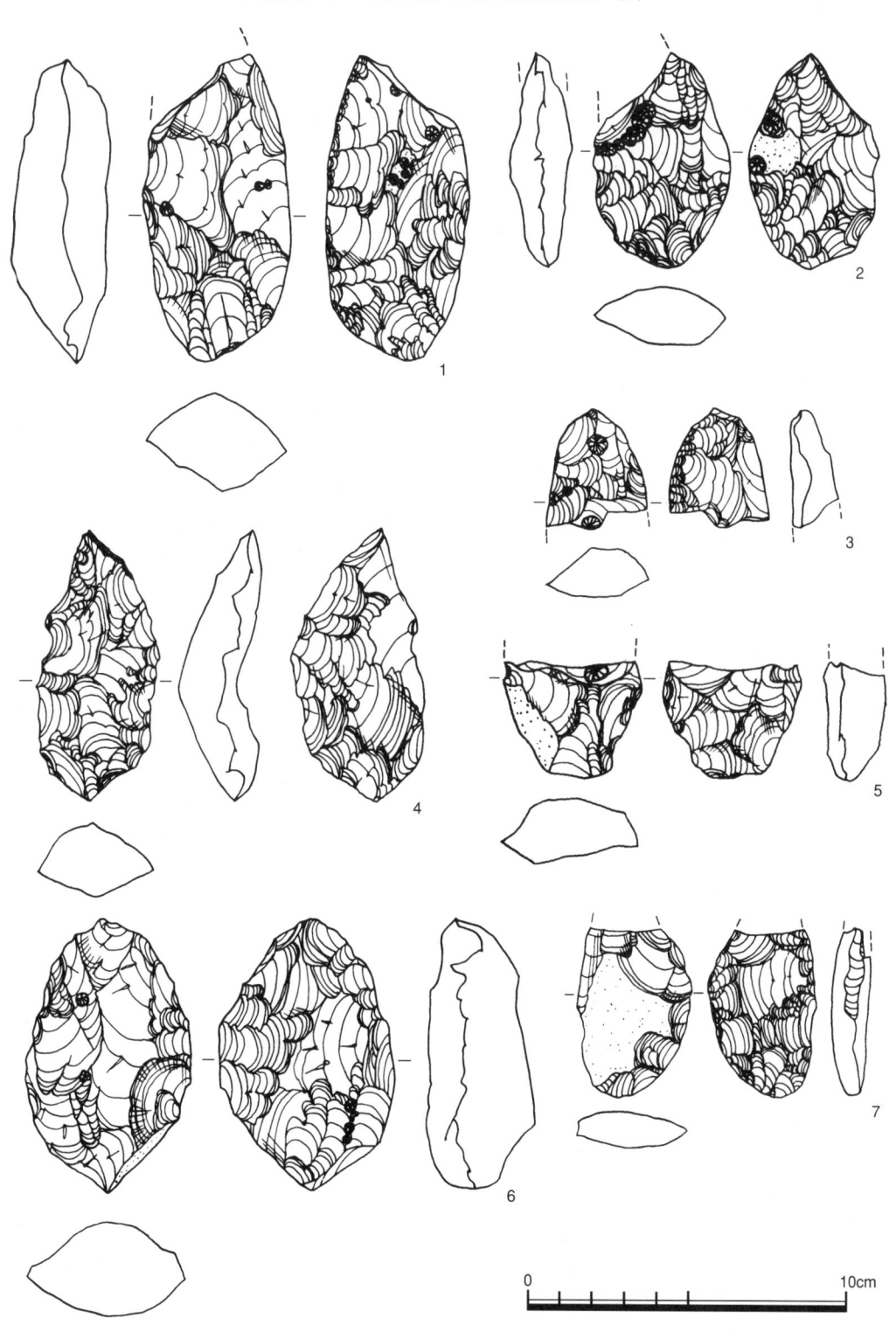

1～7：長野県男女倉遺跡J地点（岩佐・黒岩・森山 1975）

420

図版第138　第Ⅱ期の槍先形尖頭器（7）

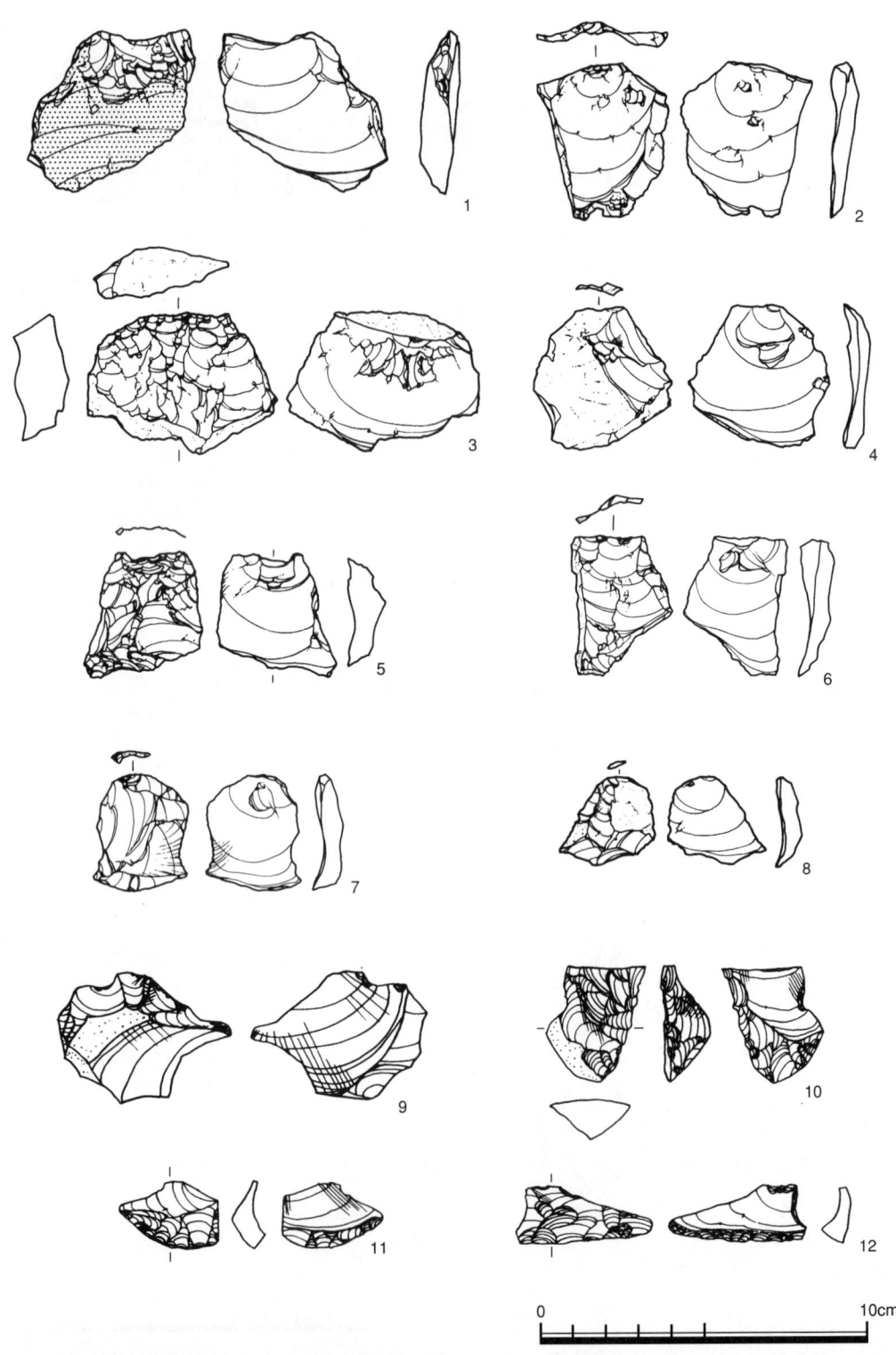

1〜12：長野県男女倉遺跡J地点（槍先形尖頭器調整剥片、1〜8：筆者作成、9〜12：岩佐・黒岩・森山 1975）

中部日本：中部高地（中部地方中央部） 421

図版第139　第Ⅱ期の槍先形尖頭器（8）

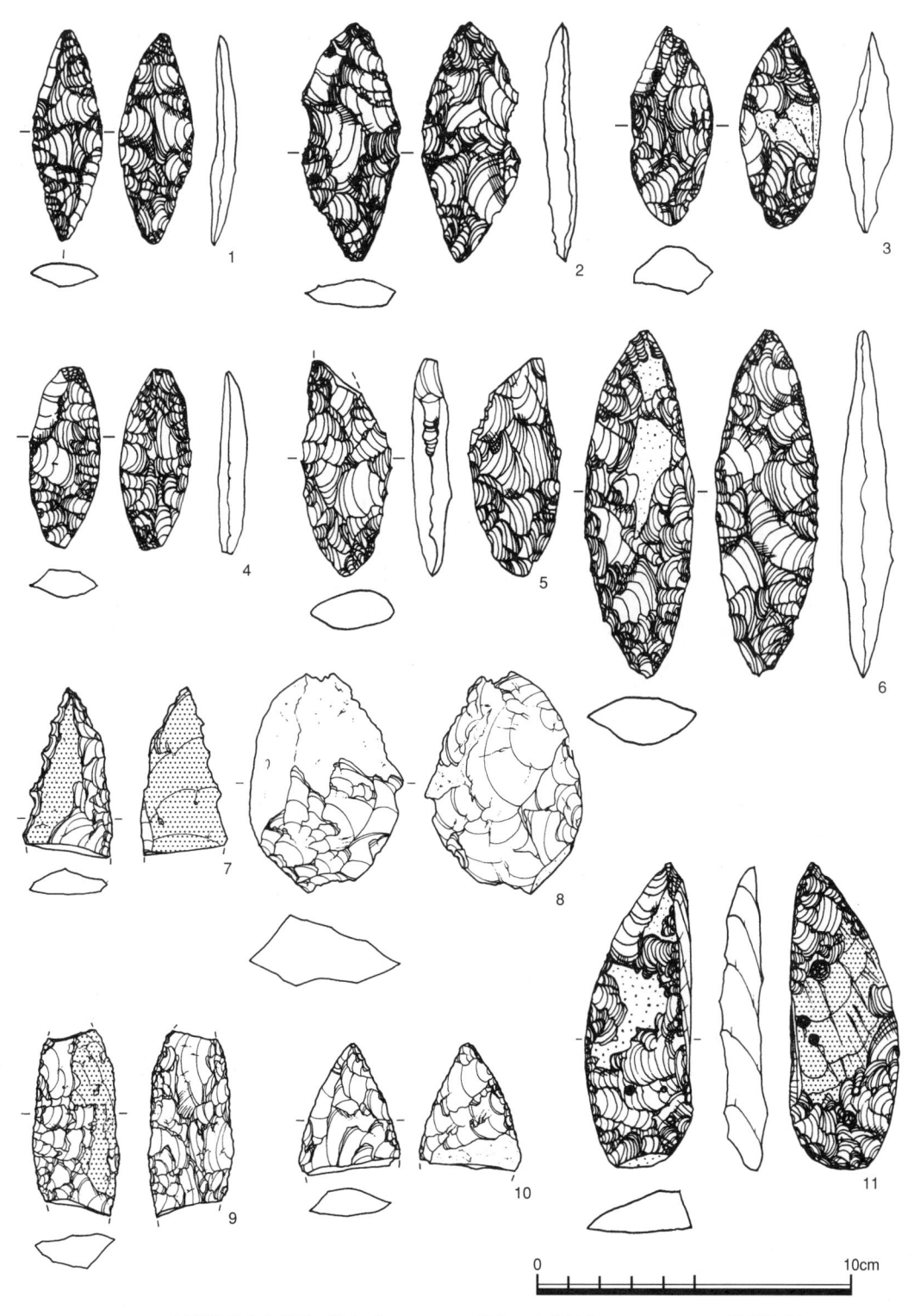

1～11：長野県男女倉遺跡B地点（1～6・11：川上・小林ほか　1975、7～10：筆者作成）

422

図版第140　第Ⅱ期の槍先形尖頭器（9）

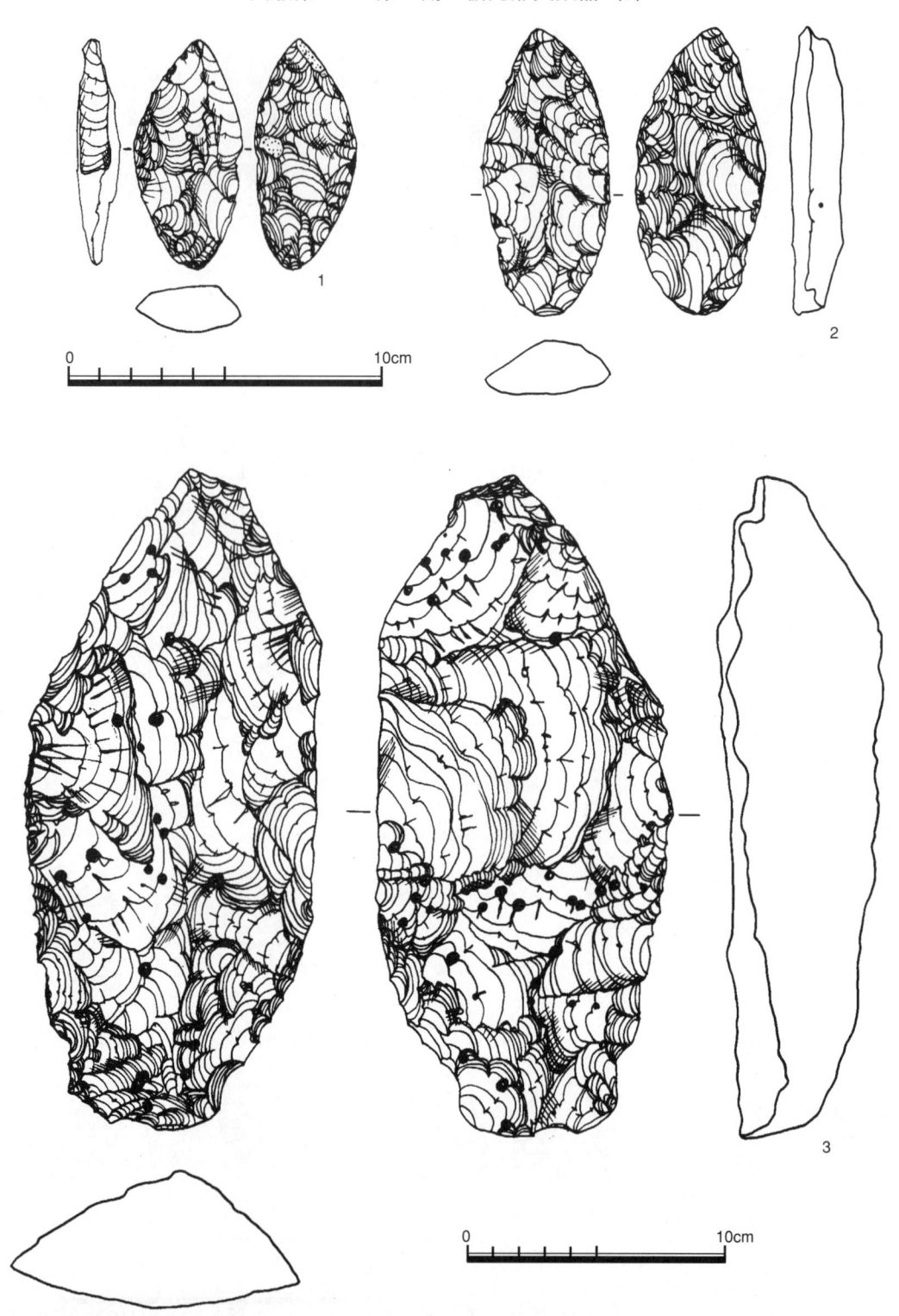

1〜3：長野県男女倉遺跡B地点（1・2は上段のスケール、3は下段のスケール、川上・小林ほか 1975）

中部日本：中部高地（中部地方中央部） 423

図版第141　第II期の槍先形尖頭器（10）

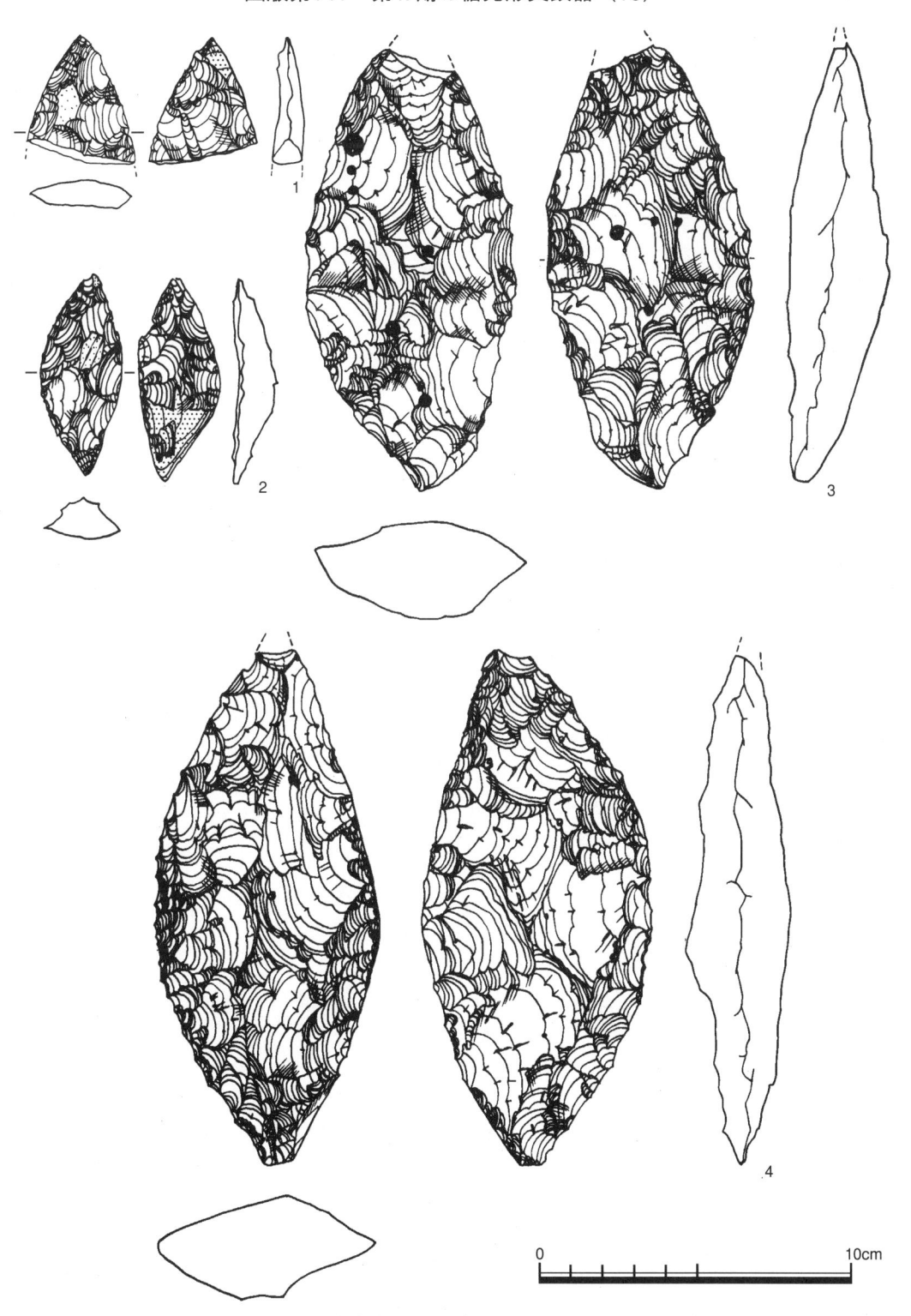

1～4：長野県男女倉遺跡B地点（川上・小林ほか　1975に加筆）

424

図版第142　第Ⅱ期の槍先形尖頭器（11）

1～5：長野県男女倉遺跡B地点（槍先形尖頭器調整剥片、略測図、筆者作成）

図版第143　第Ⅱ期の槍先形尖頭器（12）

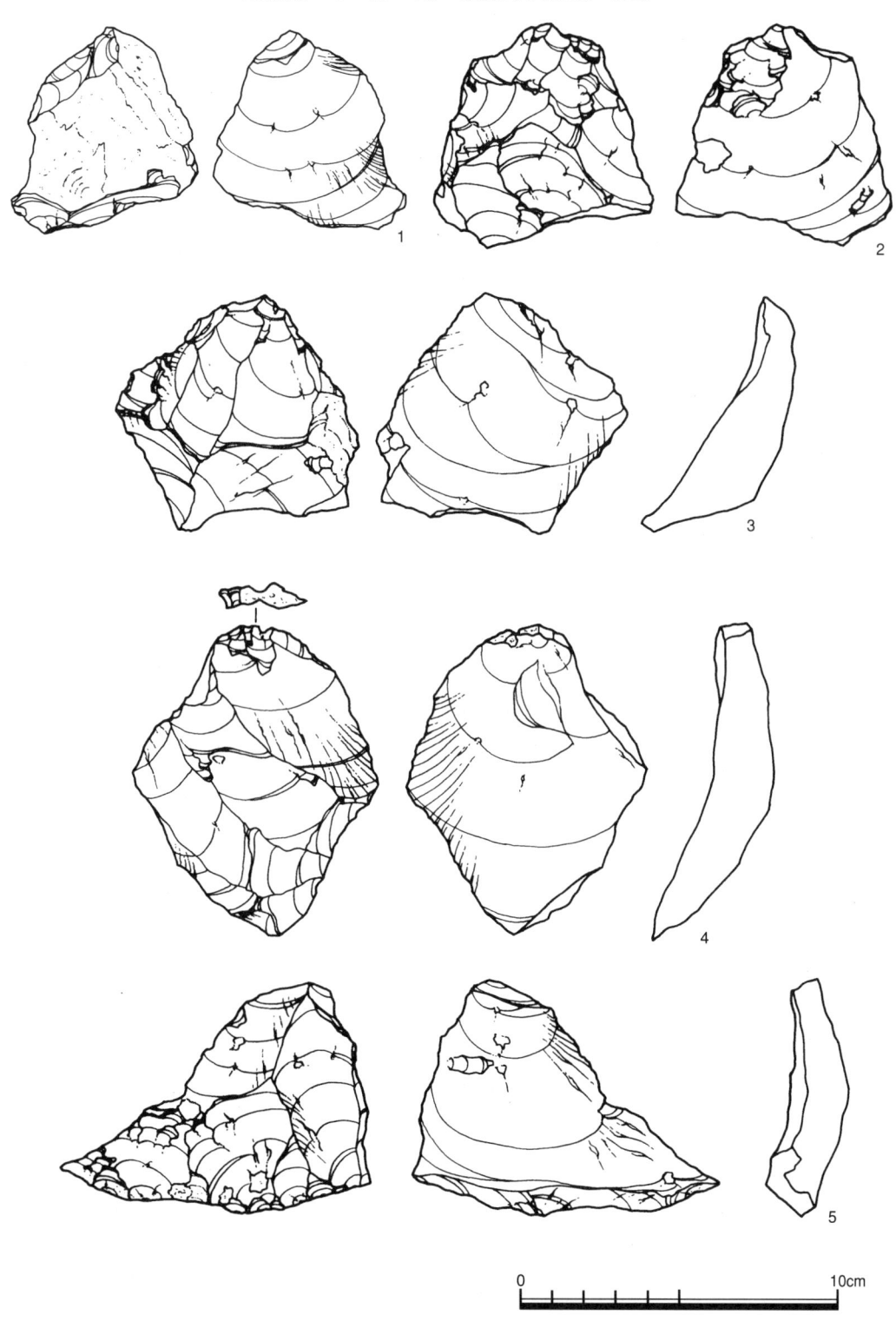

1～5：長野県男女倉遺跡B地点（槍先形尖頭器調整剥片、略測図、筆者作成）

図版第144　第Ⅱ期の槍先形尖頭器 (13)

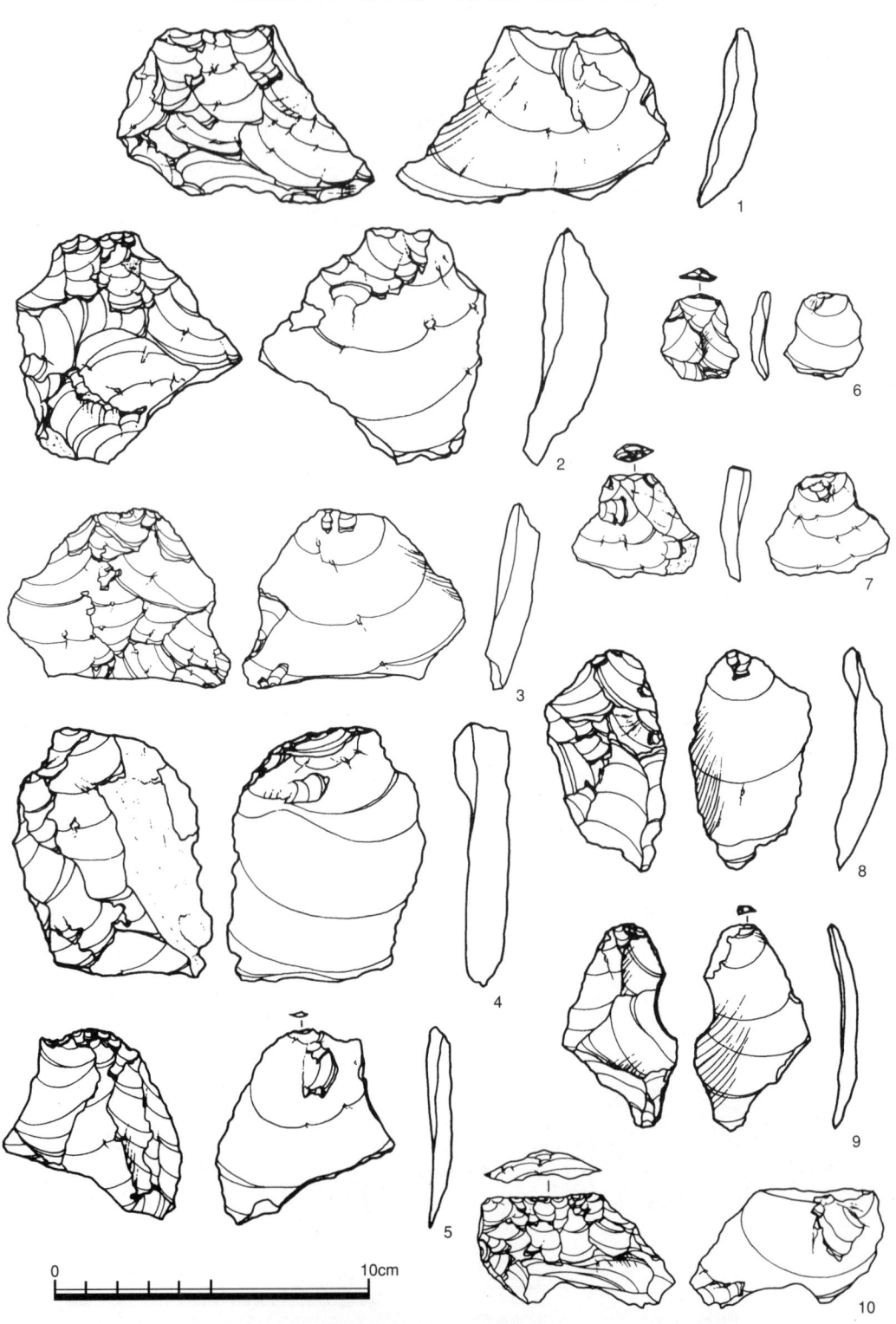

1〜10：長野県男女倉遺跡B地点（槍先形尖頭器調整剥片、略測図、筆者作成）

中部日本：中部高地（中部地方中央部） 427

図版第145　第Ⅲa期の槍先形尖頭器（1）

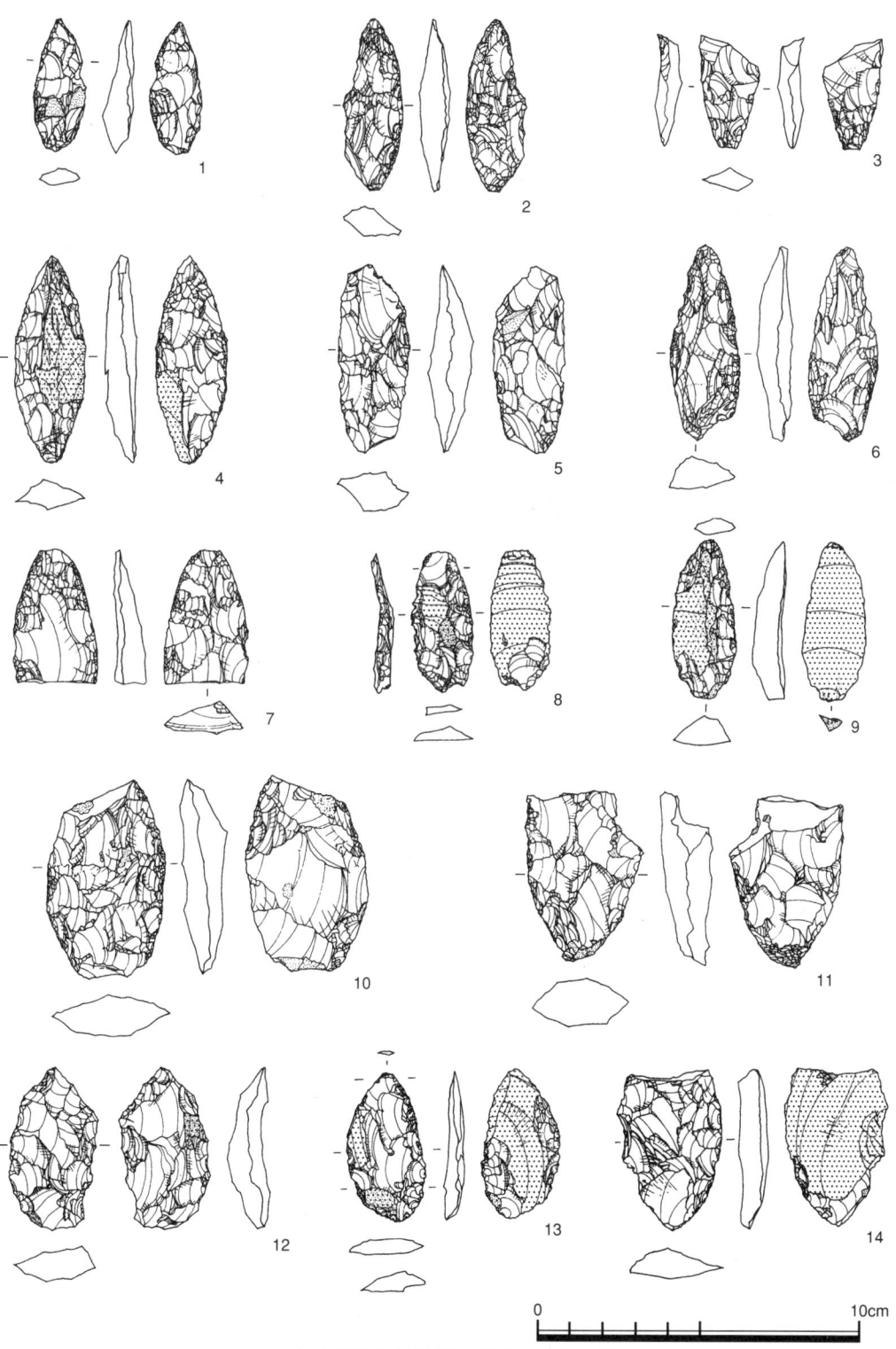

1〜14：長野県八島遺跡（高見 1995に加筆）

428

図版第146　第Ⅲa期の槍先形尖頭器（2）

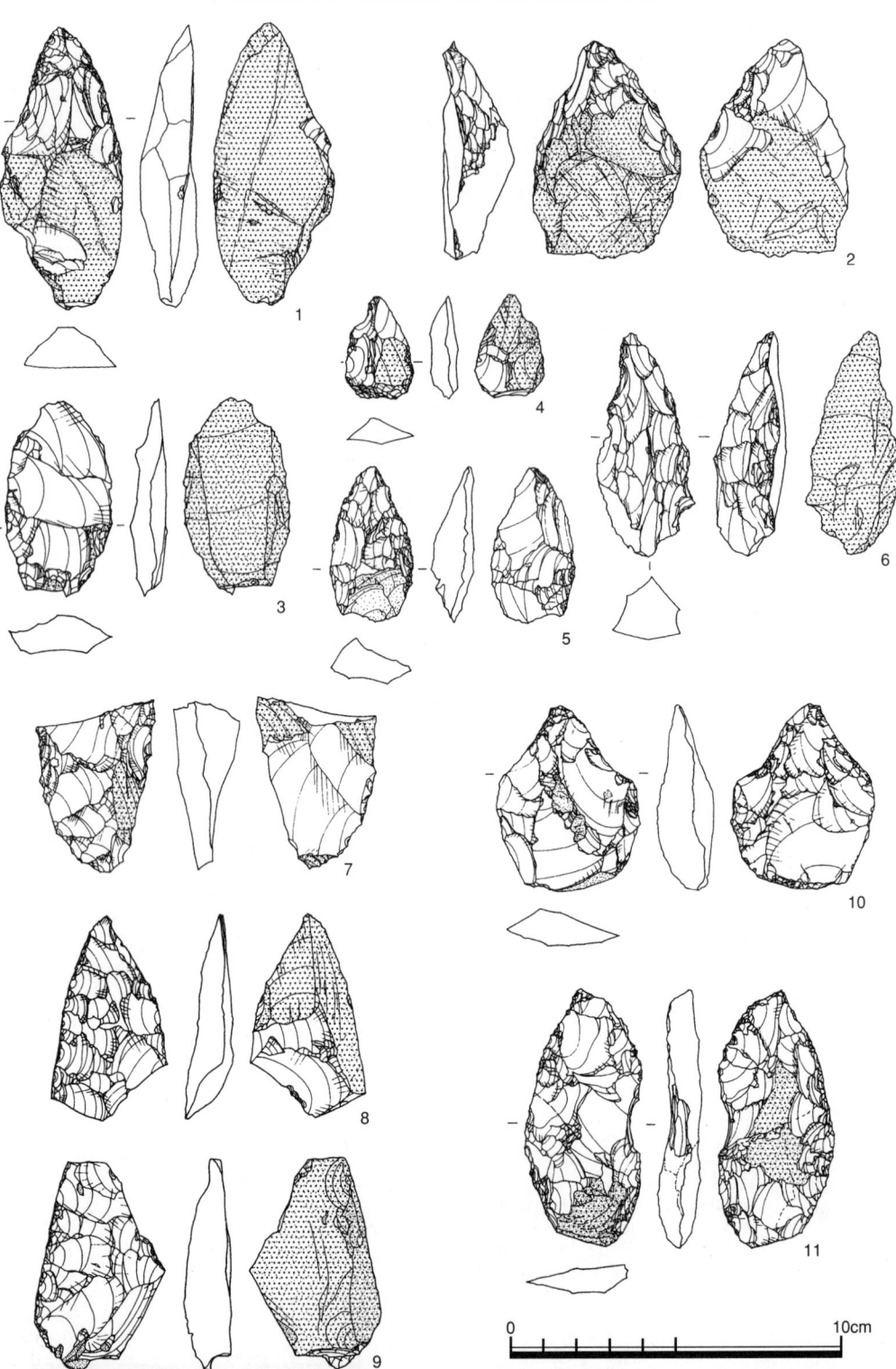

1〜11：長野県八島遺跡（高見1995に加筆）

図版第147　第Ⅲa期の槍先形尖頭器（3）

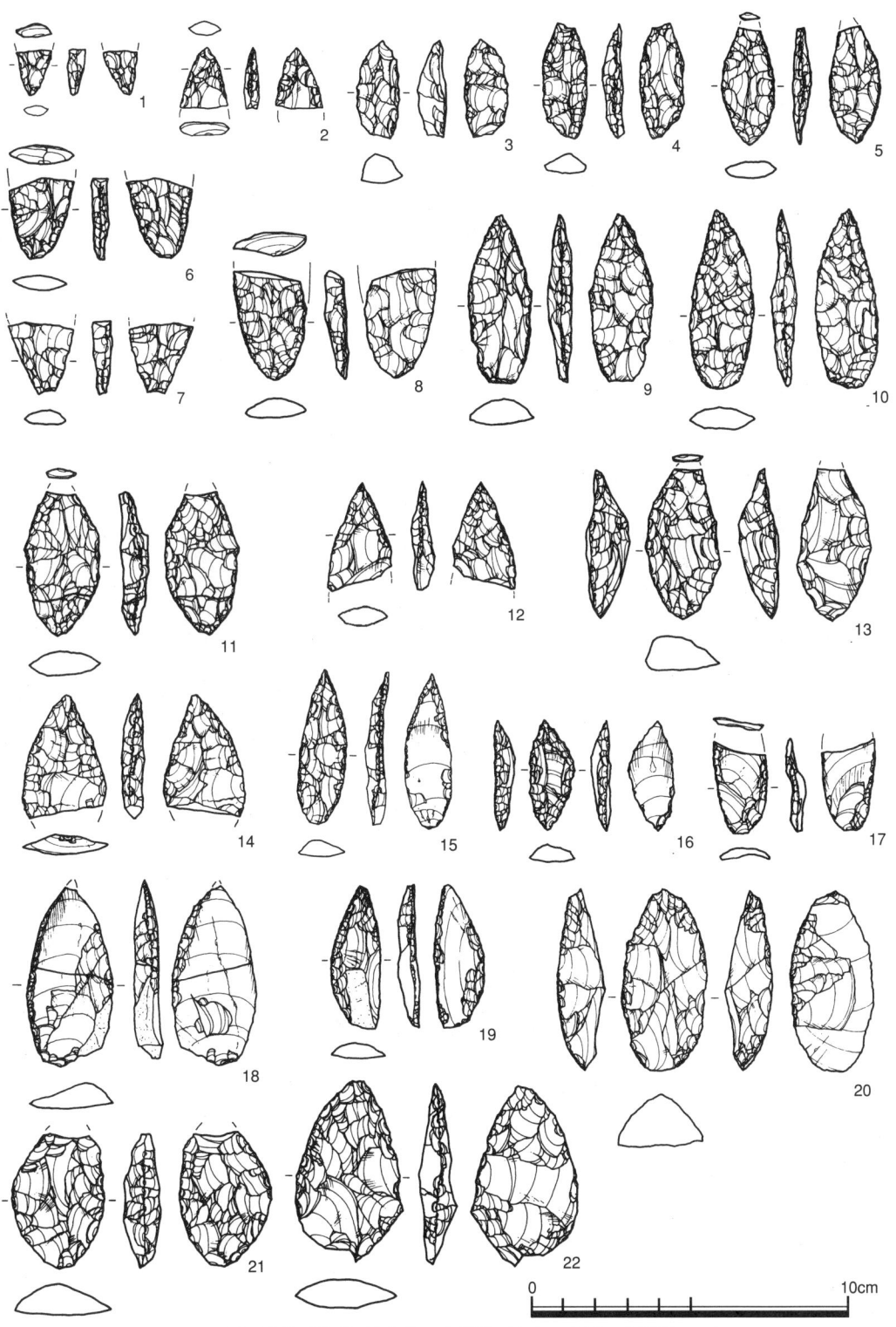

1～22：長野県柳又遺跡C地点第Ⅲ文化層（青木・内川・高橋編 1993）

図版第148　第Ⅲb期の槍先形尖頭器（1）

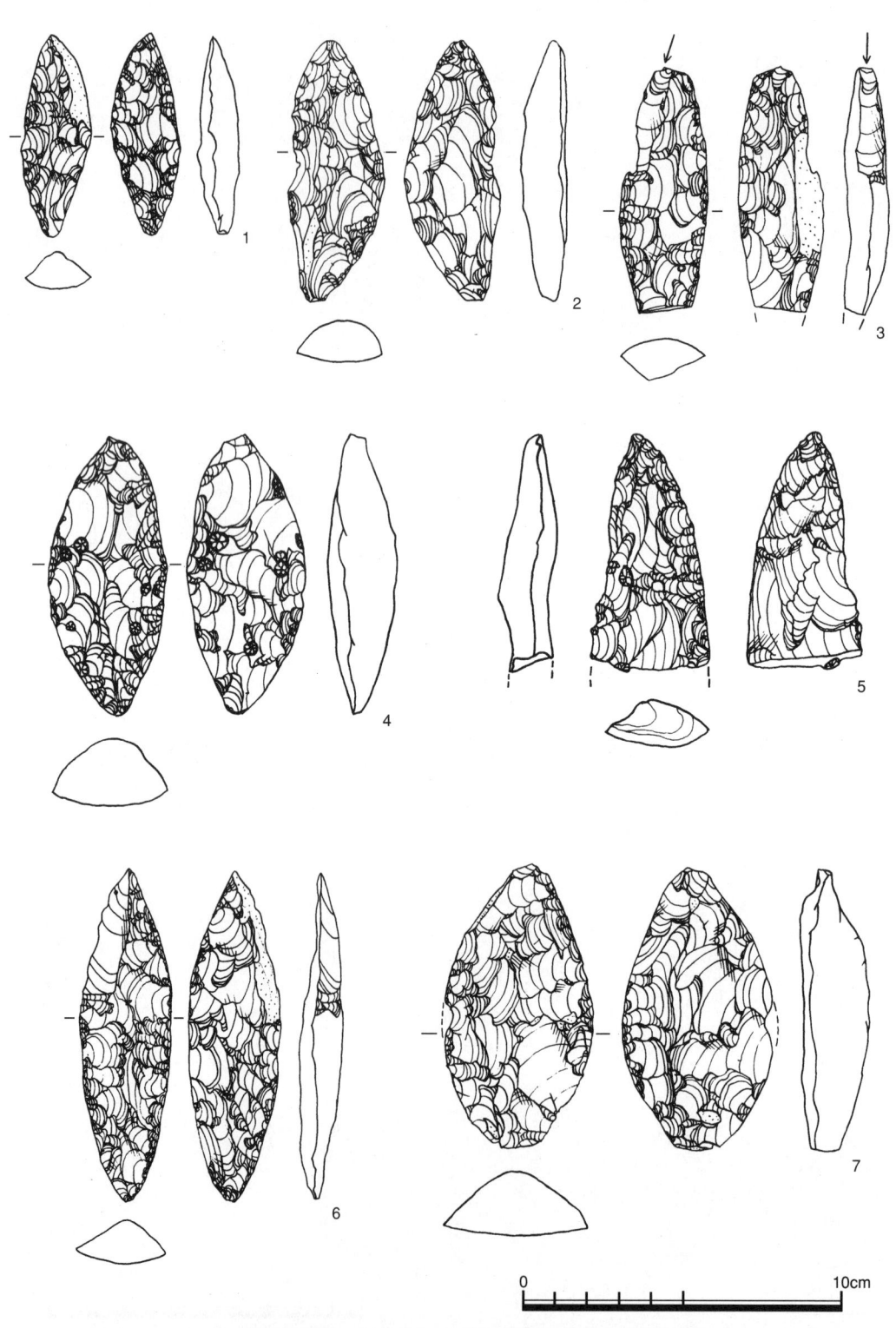

1〜7：長野県唐沢ヘイゴロゴーロ遺跡（川上・神村・森山 1976）

中部日本：中部高地（中部地方中央部） 431

図版第149　第Ⅲb期の槍先形尖頭器（2）

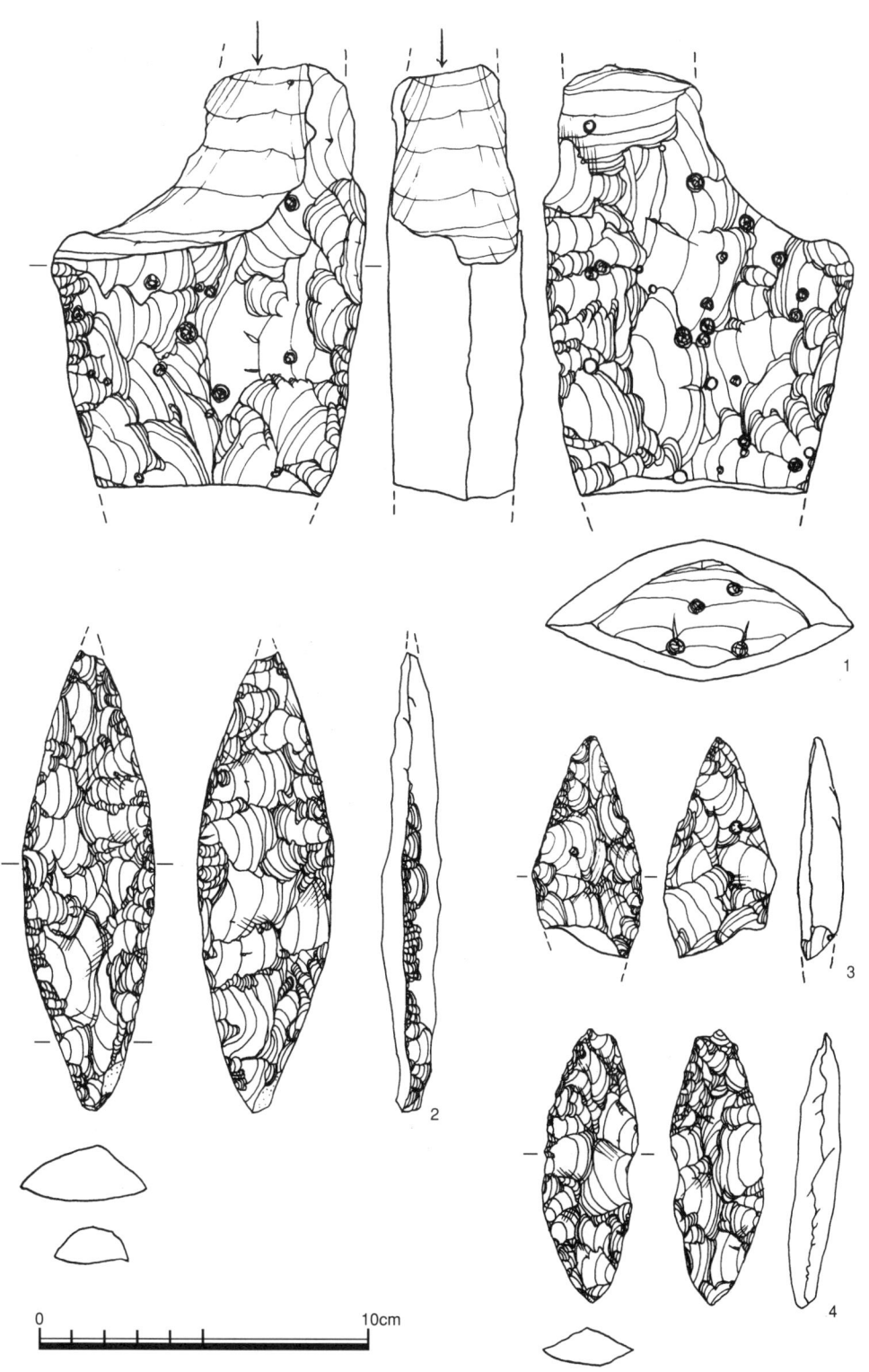

1〜4：長野県唐沢ヘイゴロゴーロ遺跡（川上・神村・森山 1976）

432

図版第150　第Ⅲb期の槍先形尖頭器（3）

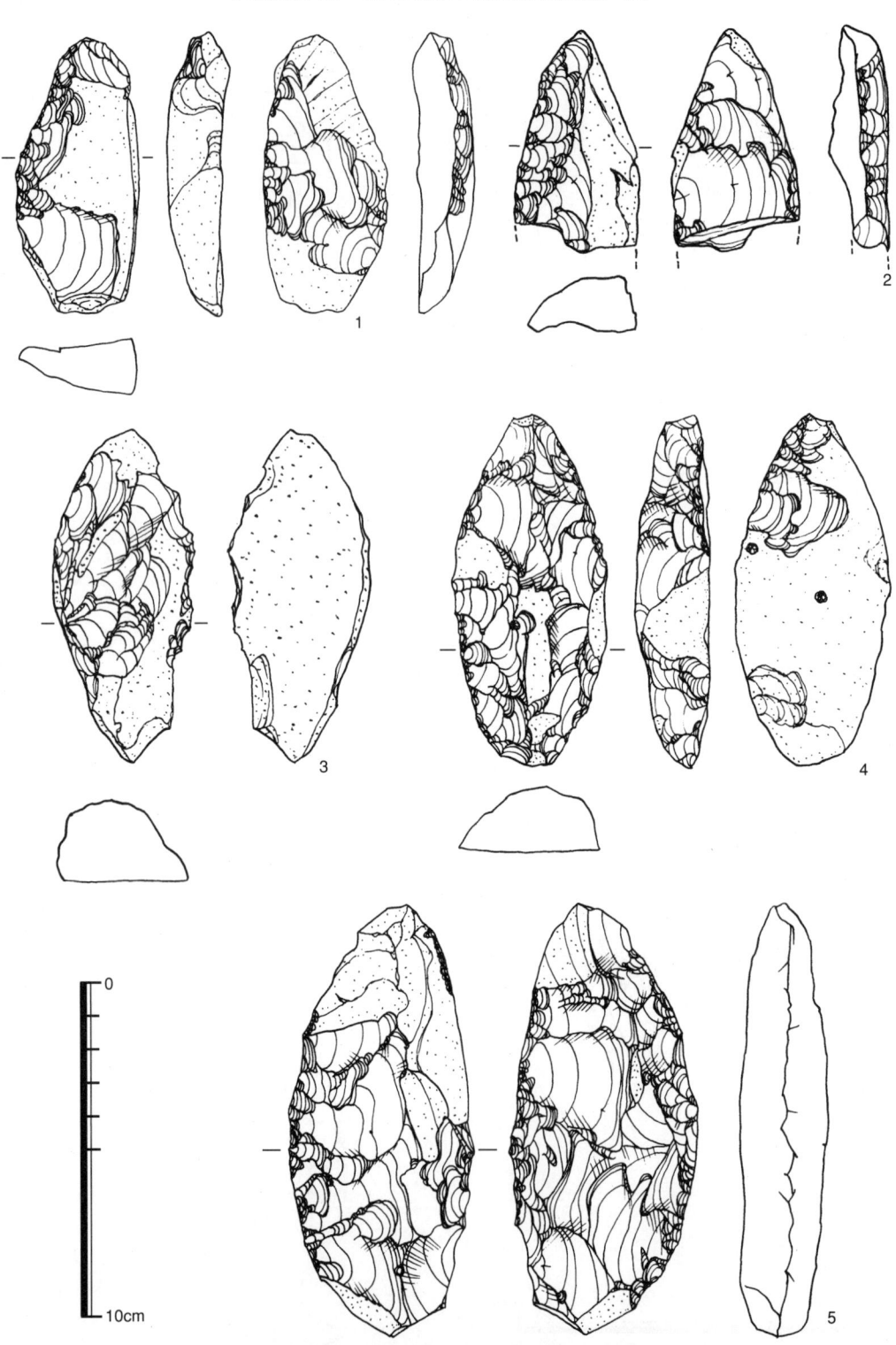

1〜5：長野県唐沢ヘイゴロゴーロ遺跡（川上・神村・森山 1976）

中部日本：中部高地（中部地方中央部） 433

図版第151 第Ⅲb期の槍先形尖頭器（4）

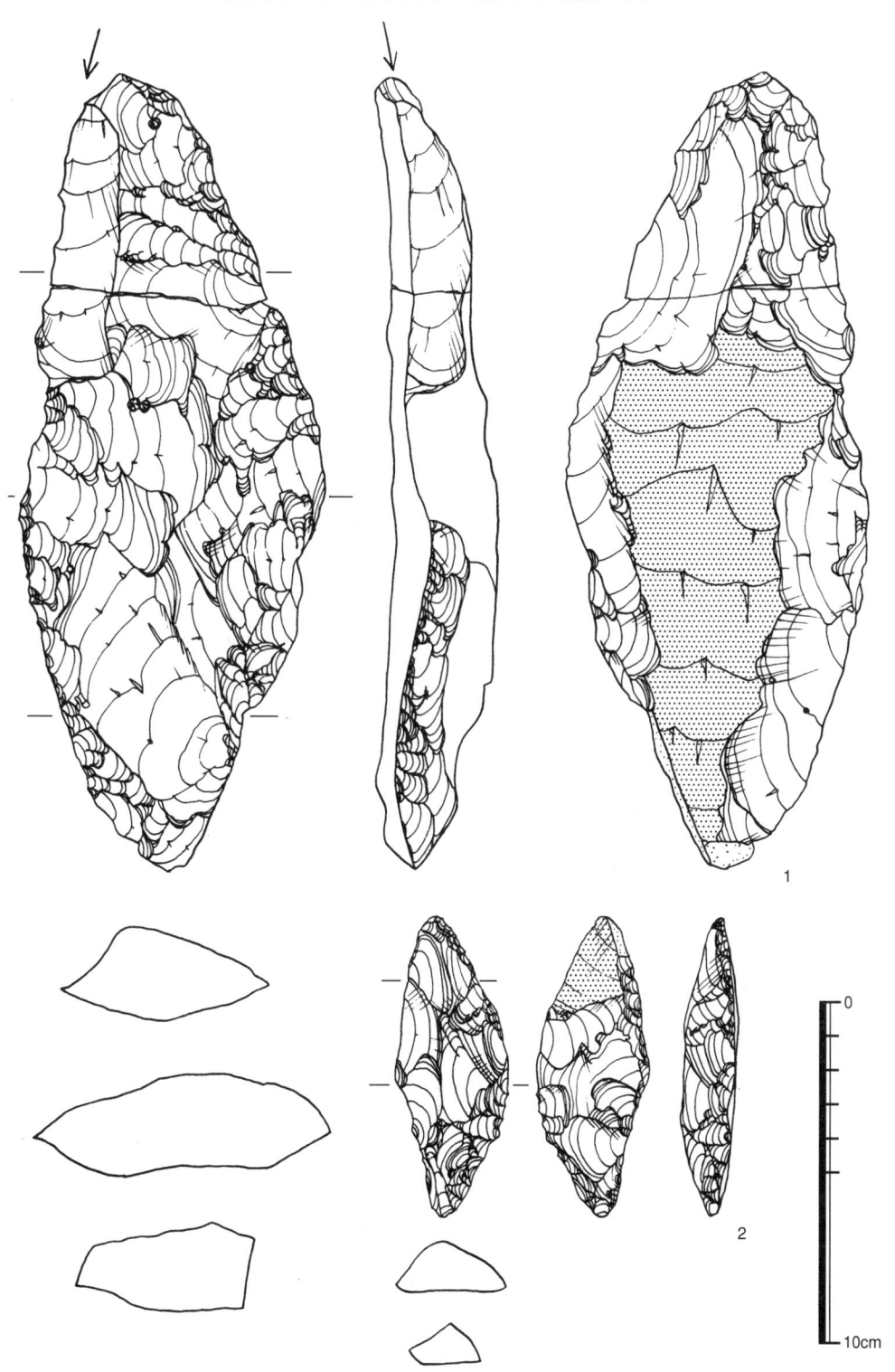

1・2：長野県唐沢ヘイゴロゴーロ遺跡（川上・神村・森山 1976に加筆）

434

図版第152　第Ⅲb期の槍先形尖頭器（5）

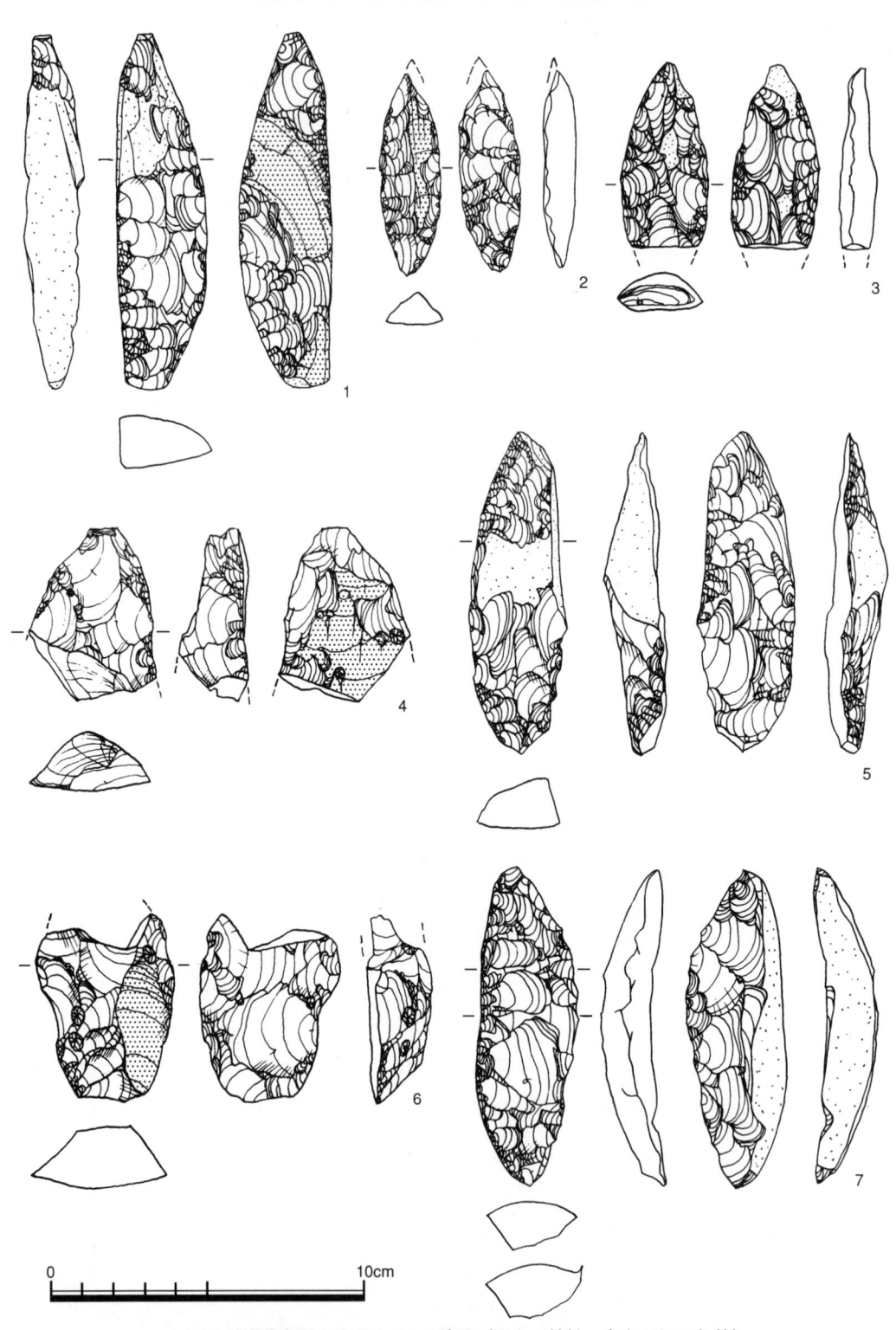

1〜7：長野県唐沢ヘイゴロゴーロ遺跡（川上・神村・森山 1976に加筆）

中部日本：中部高地（中部地方中央部） 435

図版第153　第Ⅳ期の槍先形尖頭器（1）

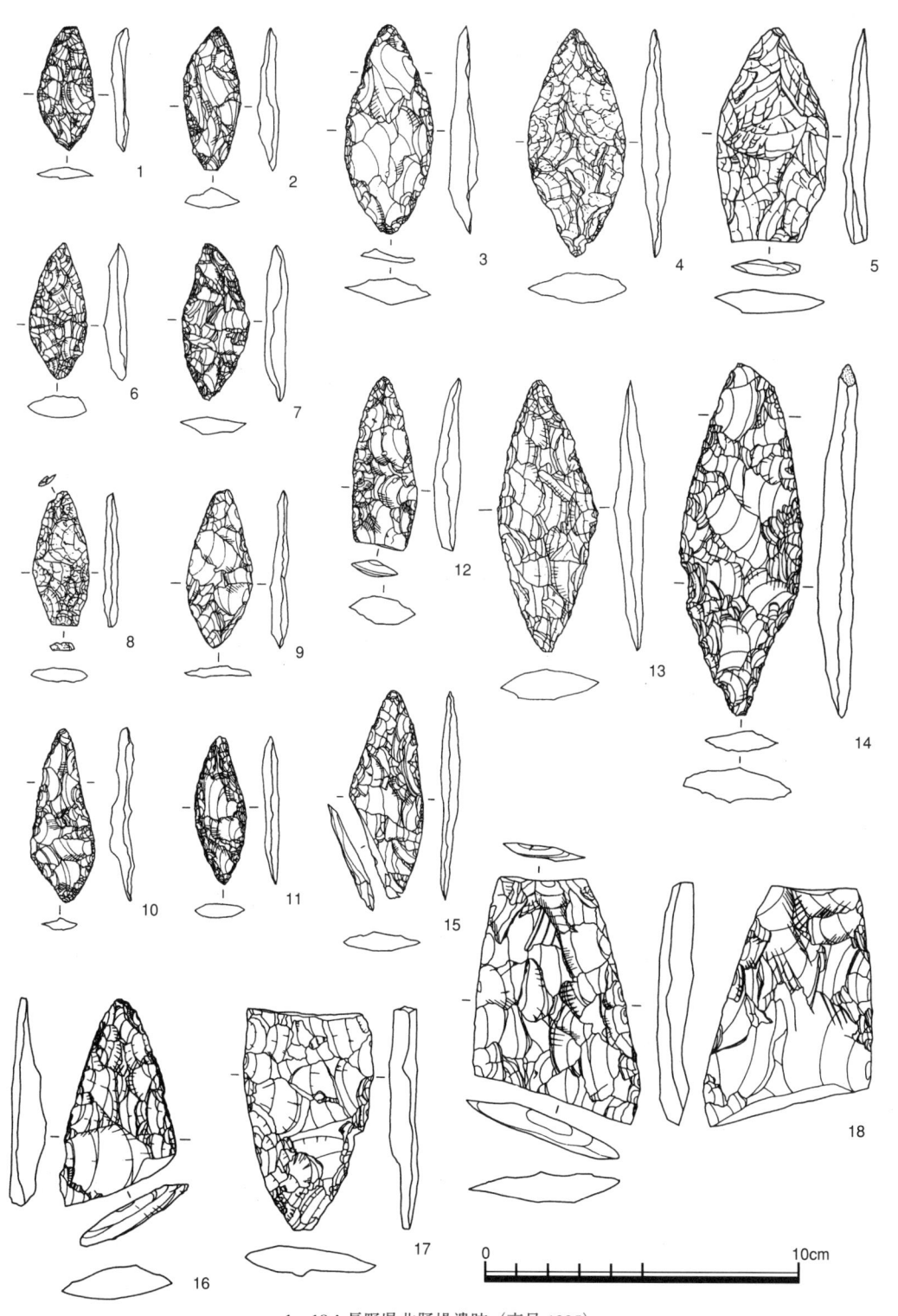

1〜18：長野県北踊場遺跡（高見 1995）

436

図版第154　第Ⅳ期の槍先形尖頭器（2）

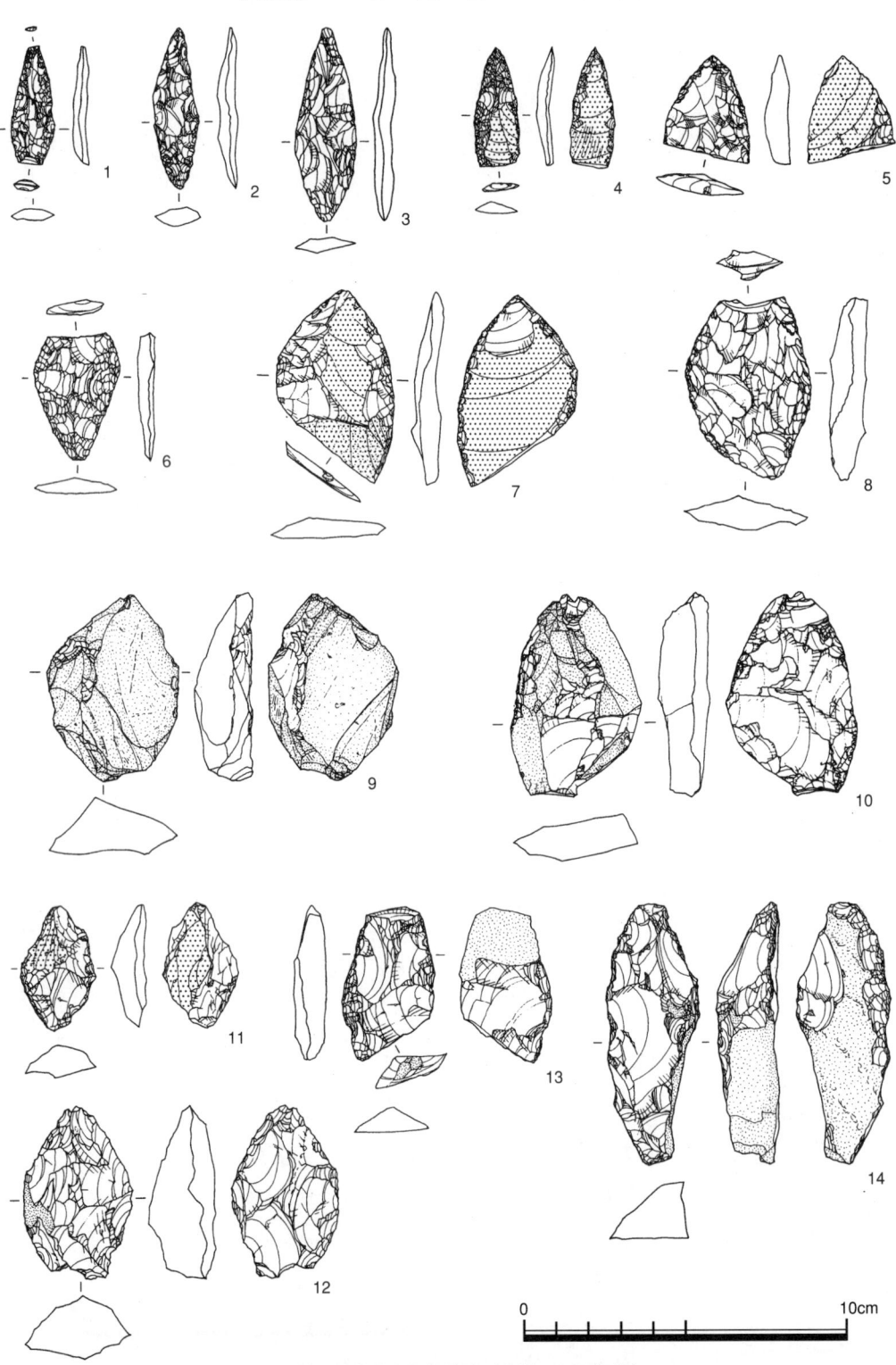

1～14：長野県北踊場遺跡（高見1995に加筆）

中部日本：中部高地（中部地方中央部） 437

図版第155　第Ⅳ期の槍先形尖頭器（3）

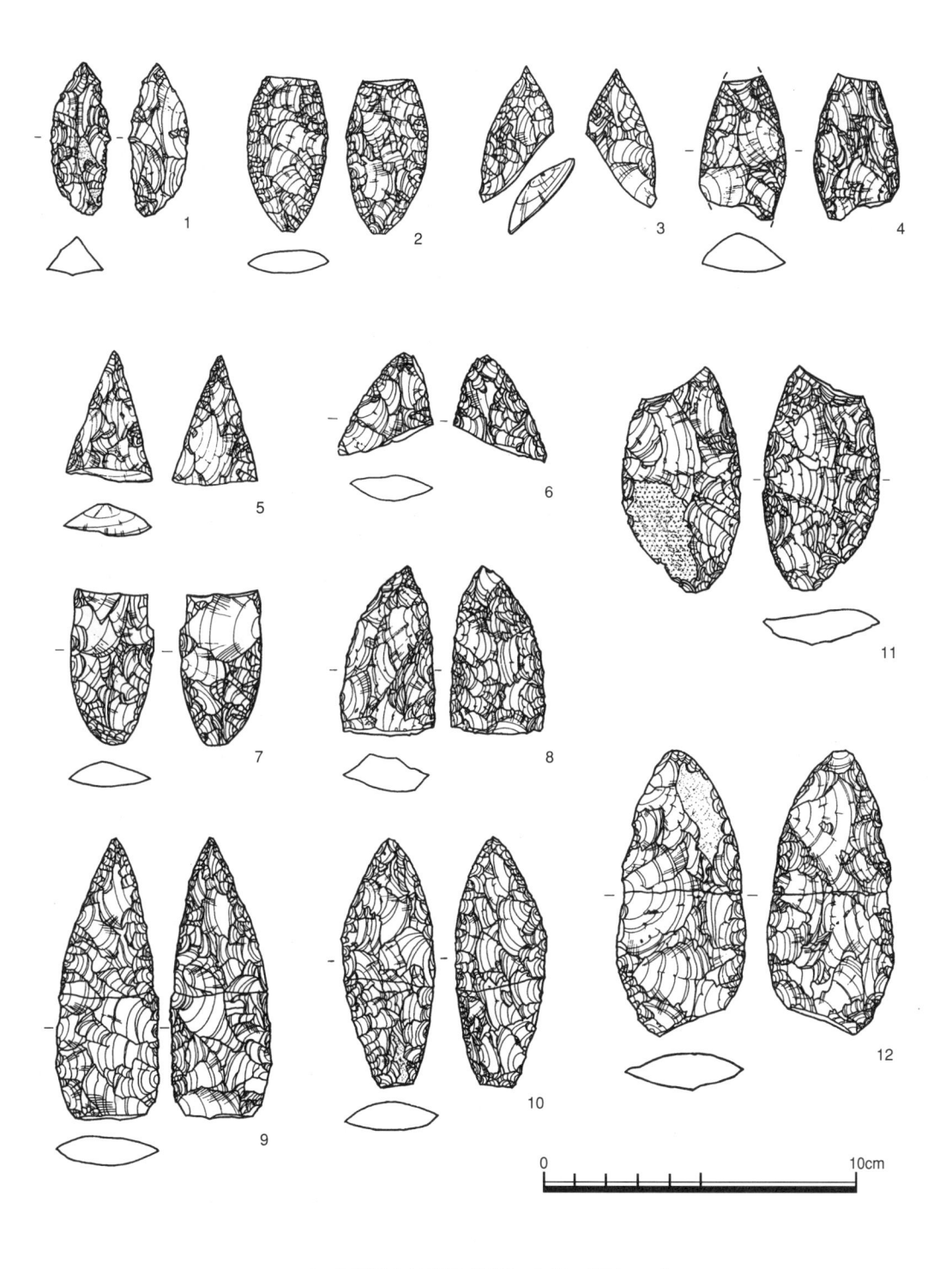

1～12：長野県大反遺跡（石塚・矢嶋・深沢 1986）

図版第156　第Ⅳ期の槍先形尖頭器（4）

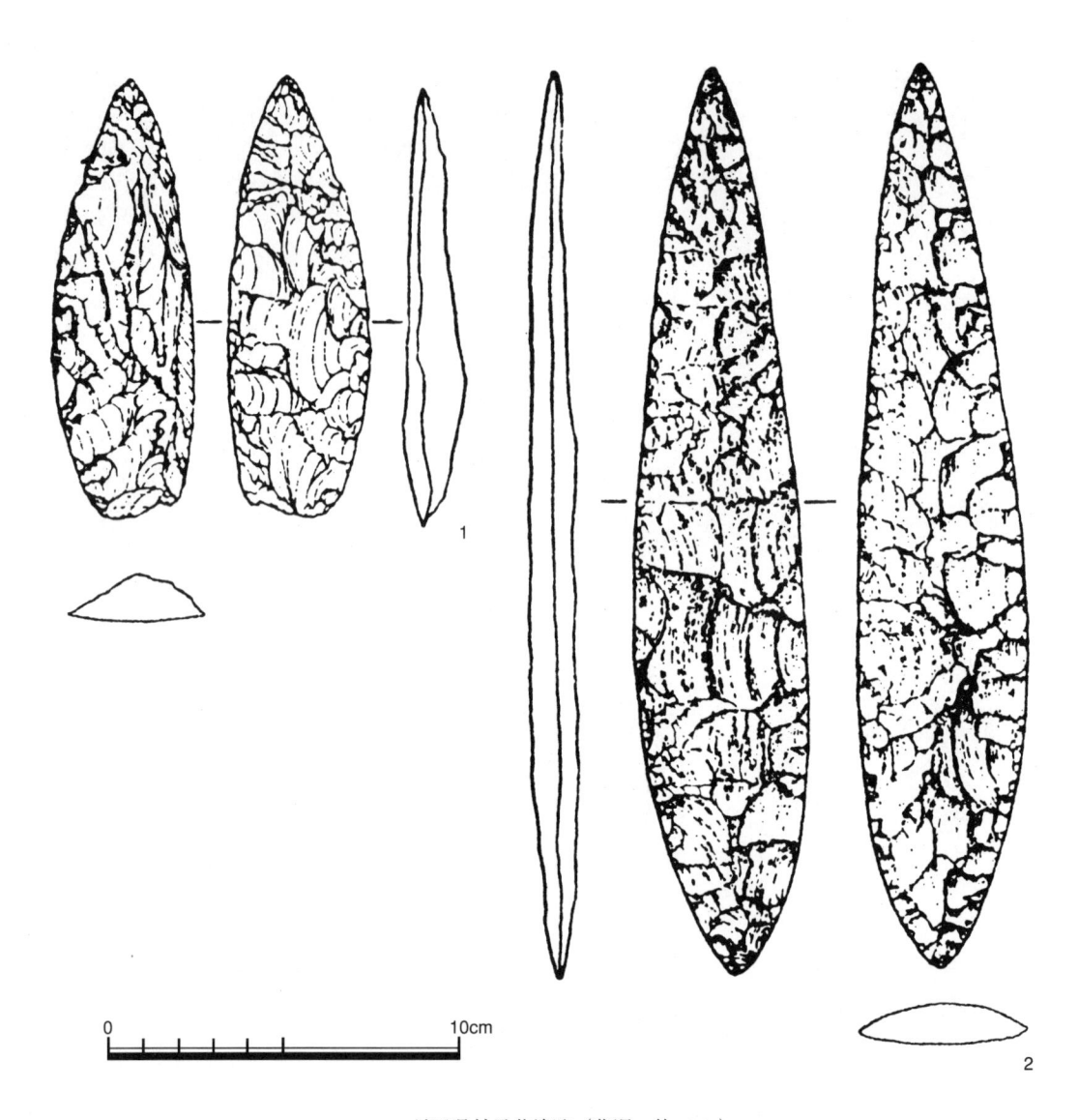

1・2：長野県神子柴遺跡（藤沢・林 1961）

中部日本：中部高地（中部地方中央部） 439

図版第157　第Ⅴ期の槍先形尖頭器（1）

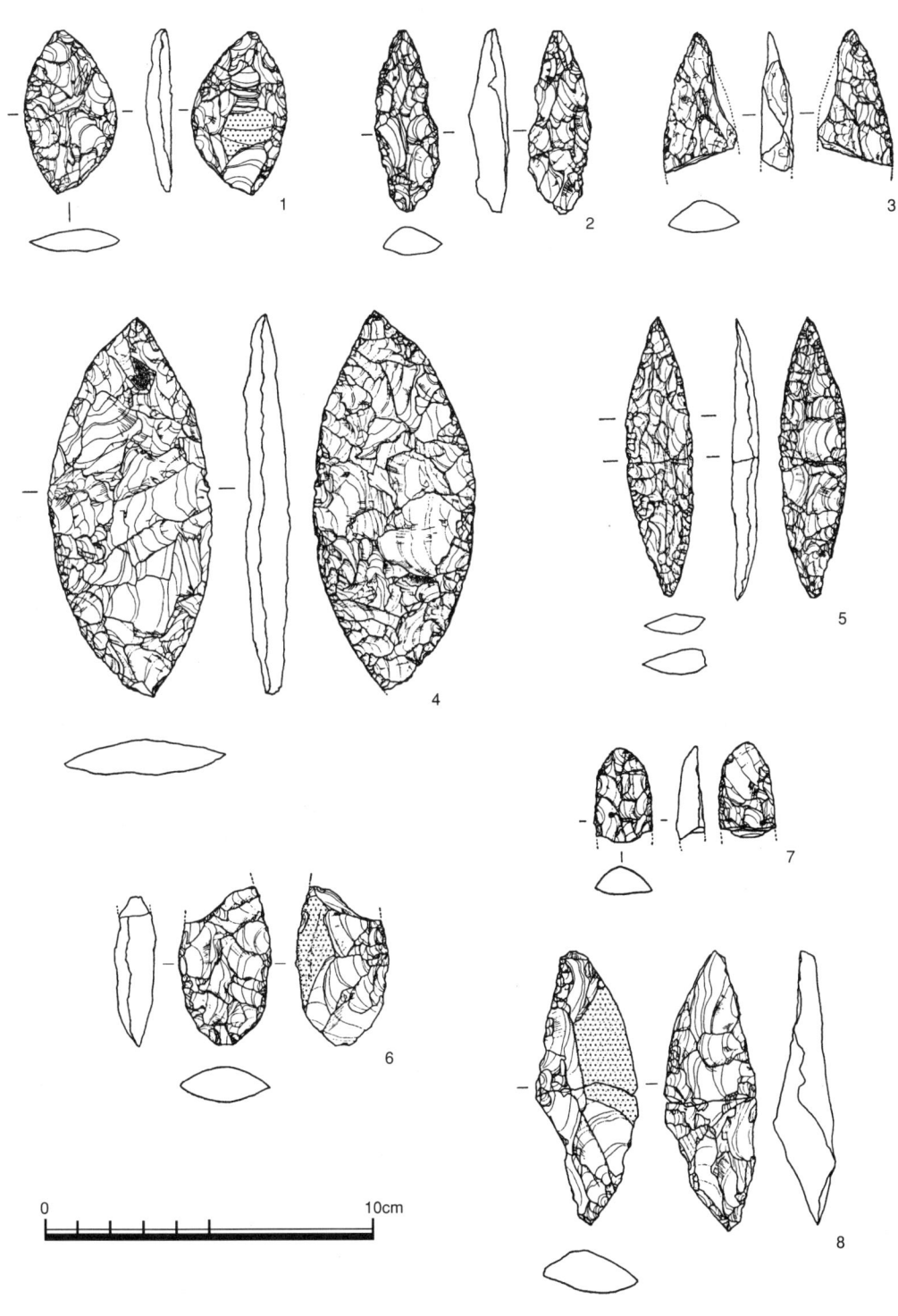

1～8：長野県浪人塚下遺跡（会田・高見 1983に加筆）

図版第158　第Ⅴ期の槍先形尖頭器 (2)

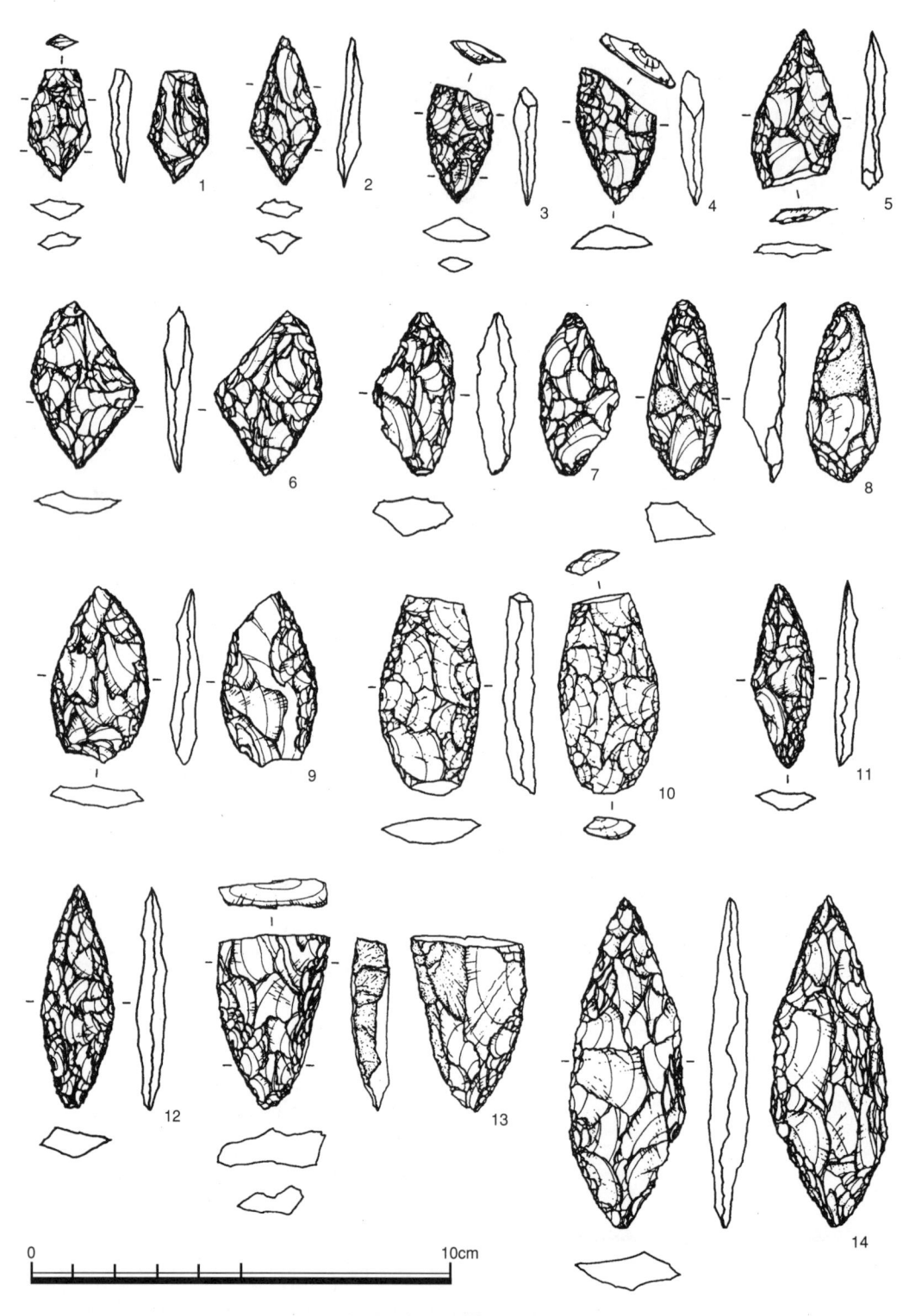

1～14：長野県上ノ平遺跡（高見 1995）

中部日本：中部高地（中部地方中央部）　441

図版第159　第Ⅴ期の槍先形尖頭器（3）

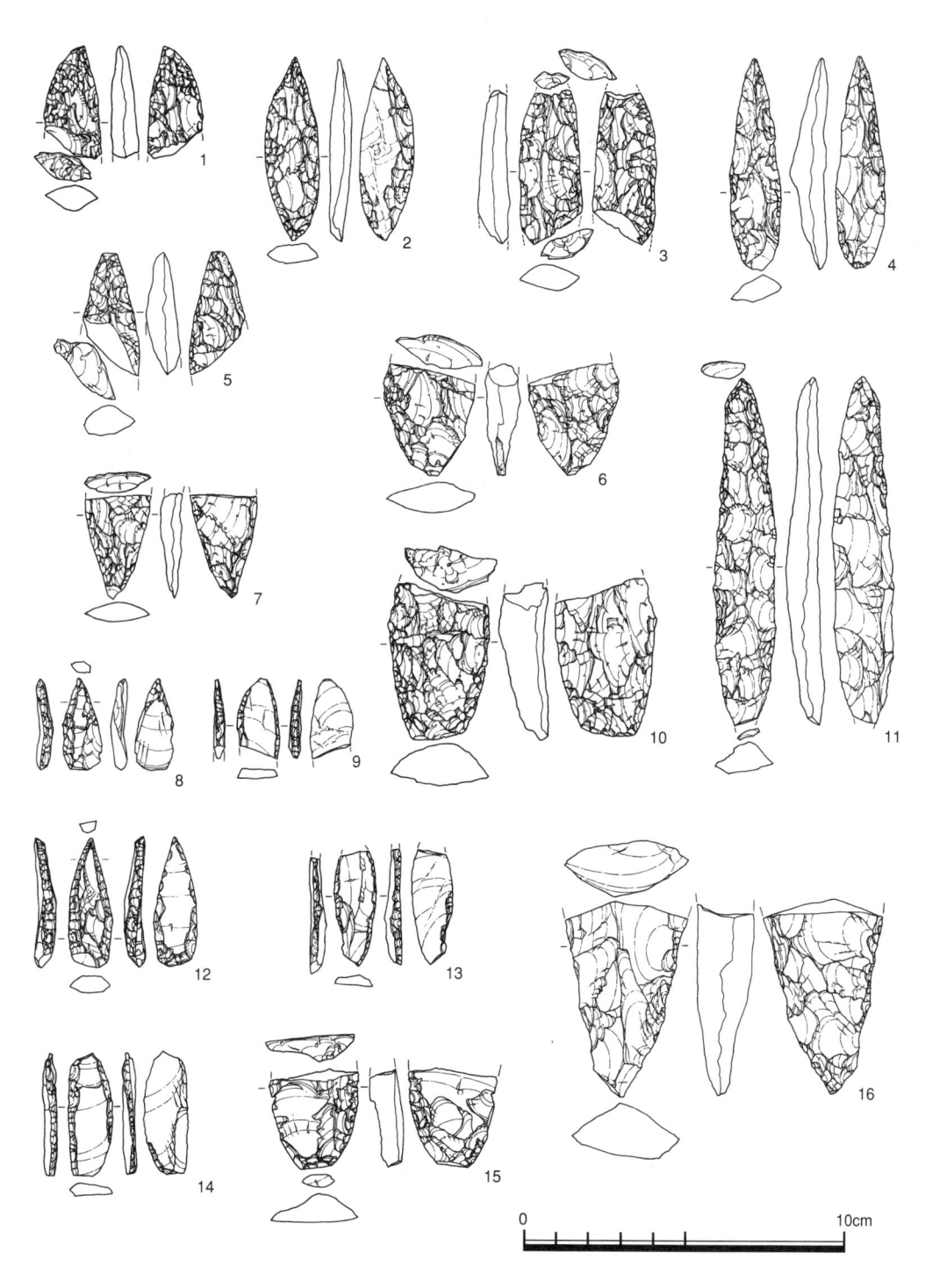

1～16：山梨県丘の公園14番ホール遺跡（保坂編著 1985）

中部日本：中部地方北部

図版第160　第Ⅰ期の槍先形尖頭器・第Ⅱ期の槍先形尖頭器（1）

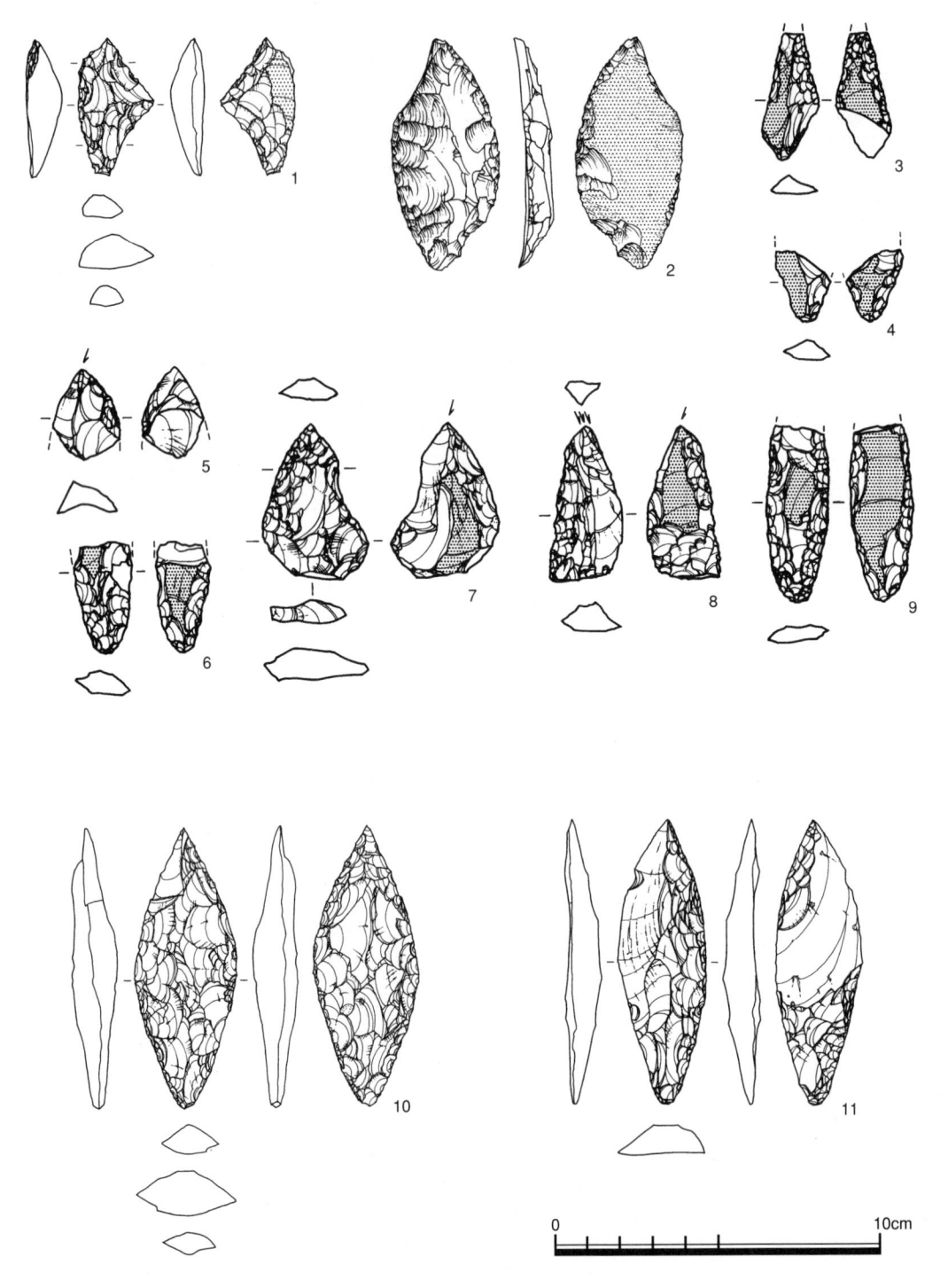

1：長野県七ツ栗遺跡第3ブロック（第Ⅰ期、谷2000に加筆）、2：新潟県楢ノ木平遺跡（第Ⅱ期、中村孝三郎1978a）、3〜9：長野県上ケ屋遺跡B群下層（第Ⅱ期、著者作成）、10・11：長野県貫ノ木遺跡第2地点（第Ⅱ期、大竹編著2000）

図版第161　第Ⅱ期の槍先形尖頭器（2）

0　　5cm

1〜14：長野県貫ノ木遺跡第2地点（大竹編著 2000）

図版第162　第Ⅲa期の槍先形尖頭器

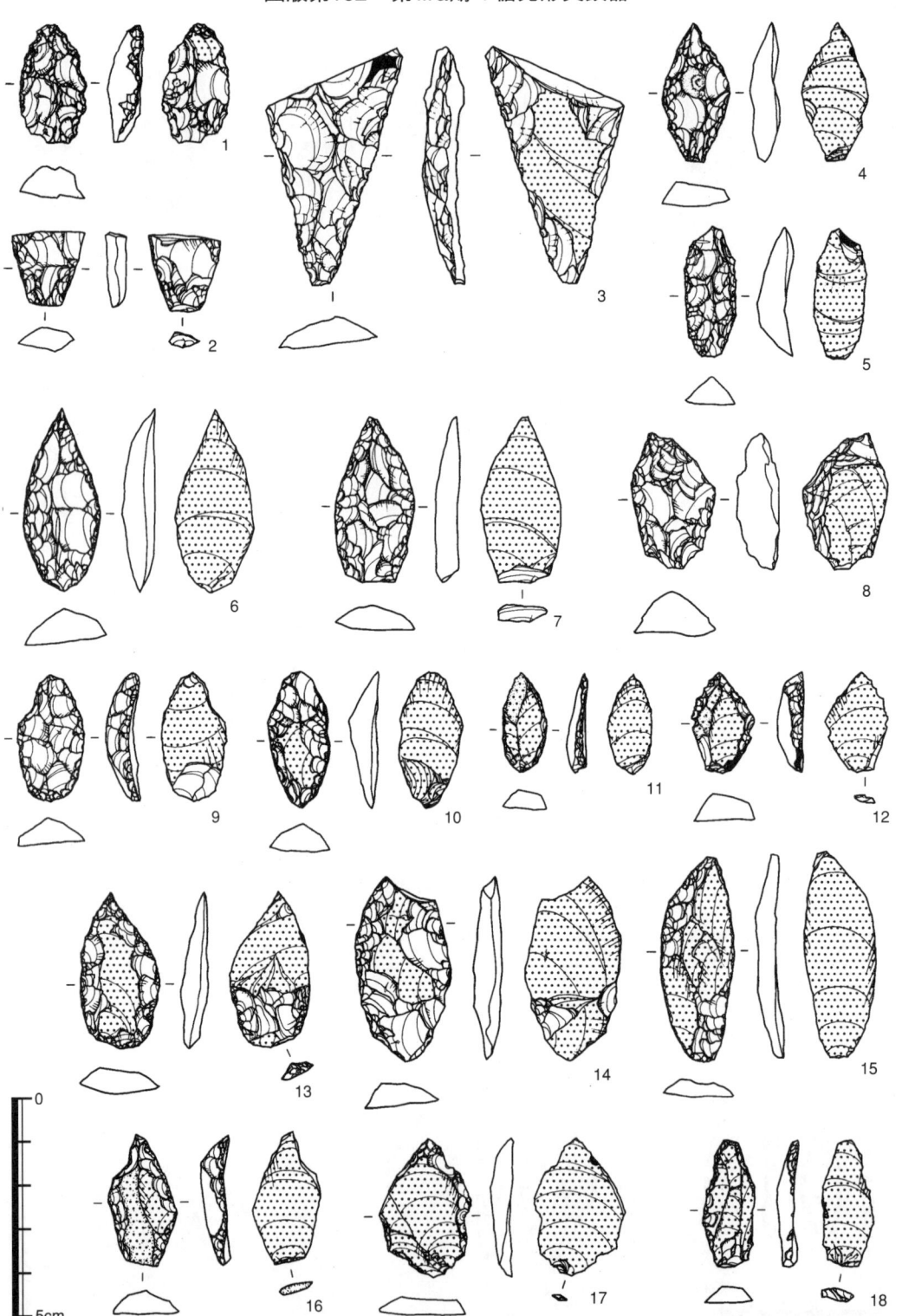

1〜18：長野県西岡A遺跡11・13・14ブロック（大竹編著2000に加筆）

図版第163　第Ⅲb期（前半）の槍先形尖頭器（1）

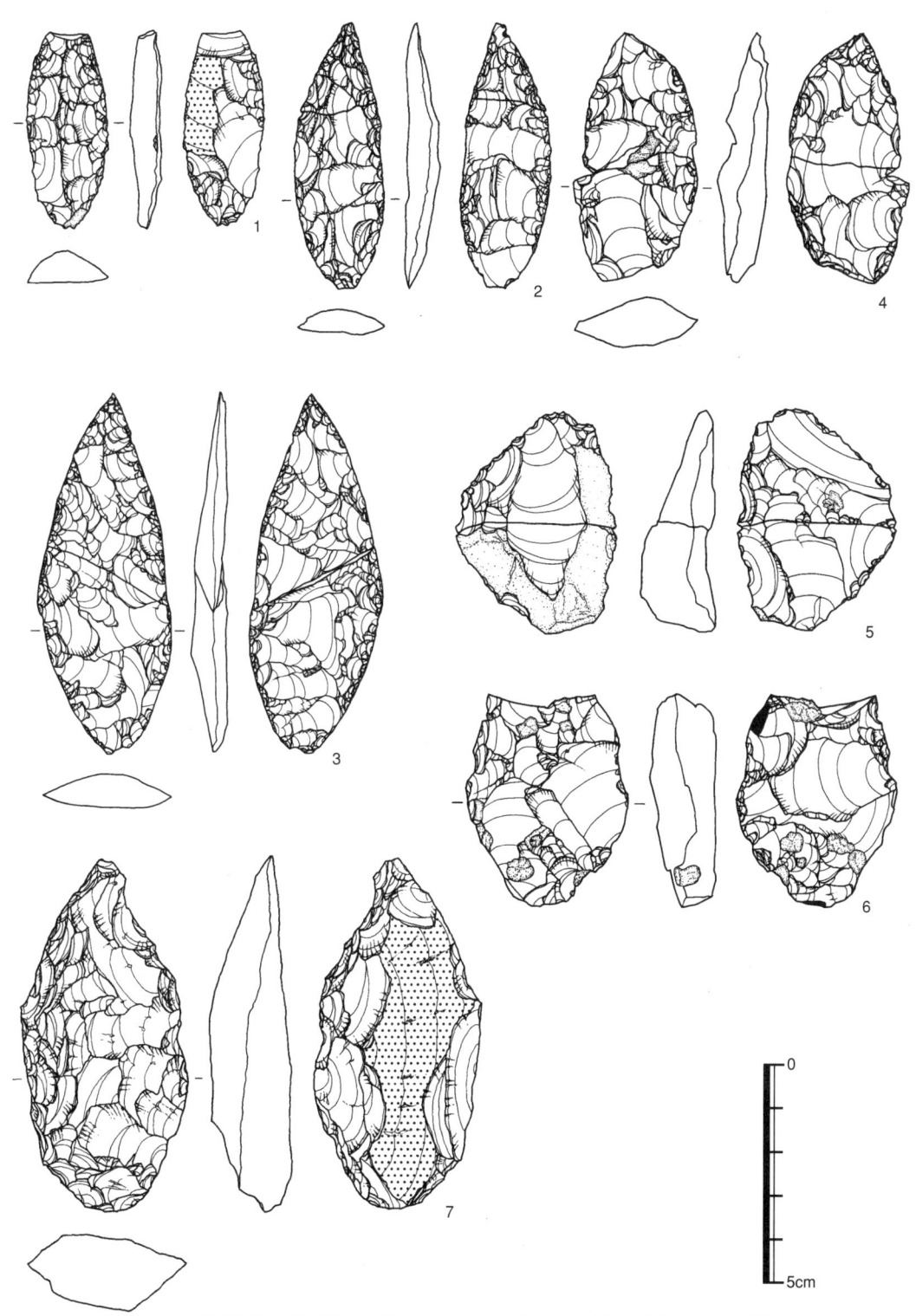

1～7：長野県貫ノ木遺跡第1地点1007・1010ブロック（大竹編著2000に加筆）

446

図版第164　第Ⅲb期（前半）の槍先形尖頭器（2）

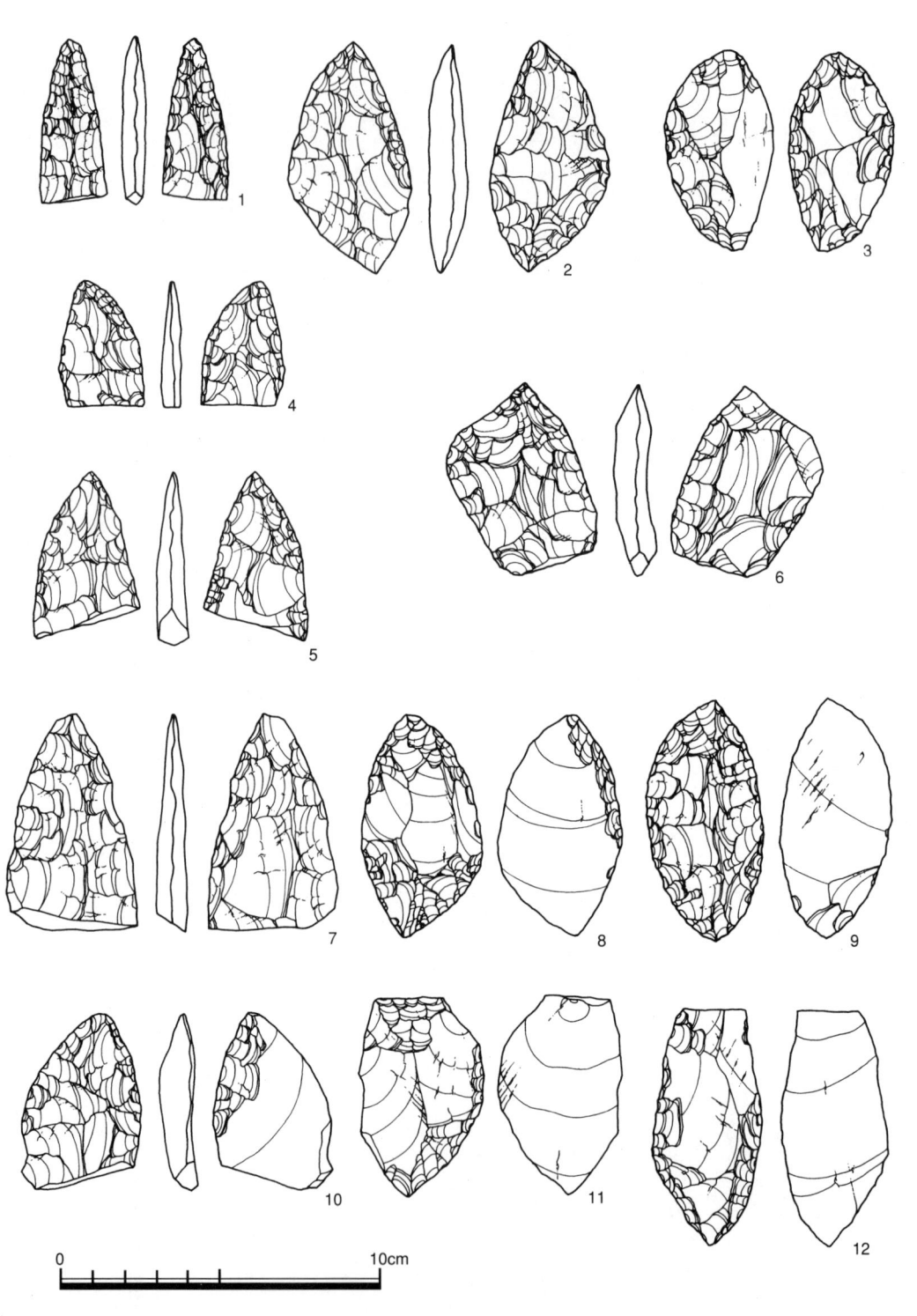

0　　　　　　　10cm

1～12：長野県関沢遺跡（望月 1981）

中部日本：中部地方北部　447

図版第165　第Ⅲb期（前半）の槍先形尖頭器（3）

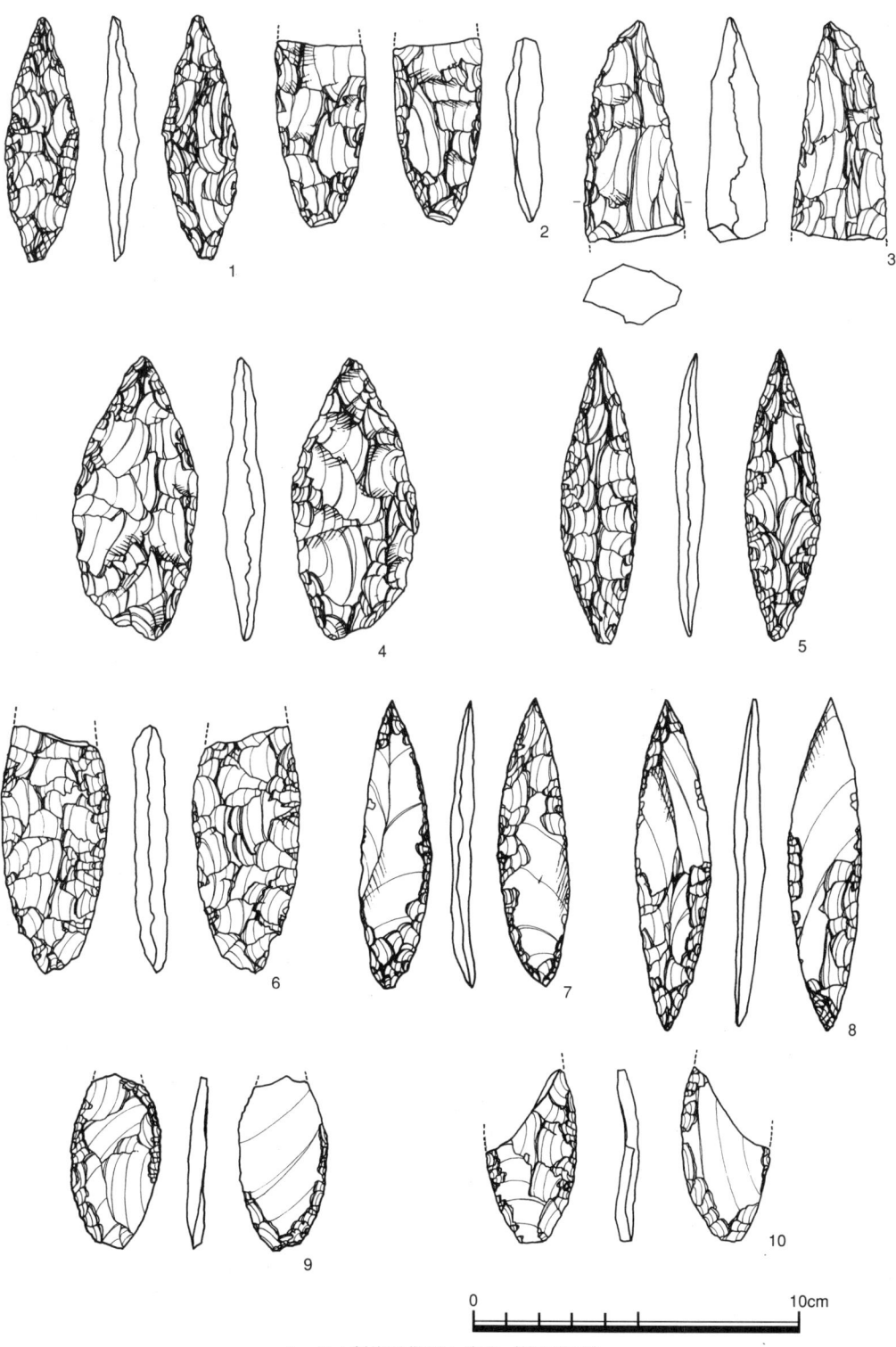

1〜10：新潟県御淵上遺跡（筆者作成）

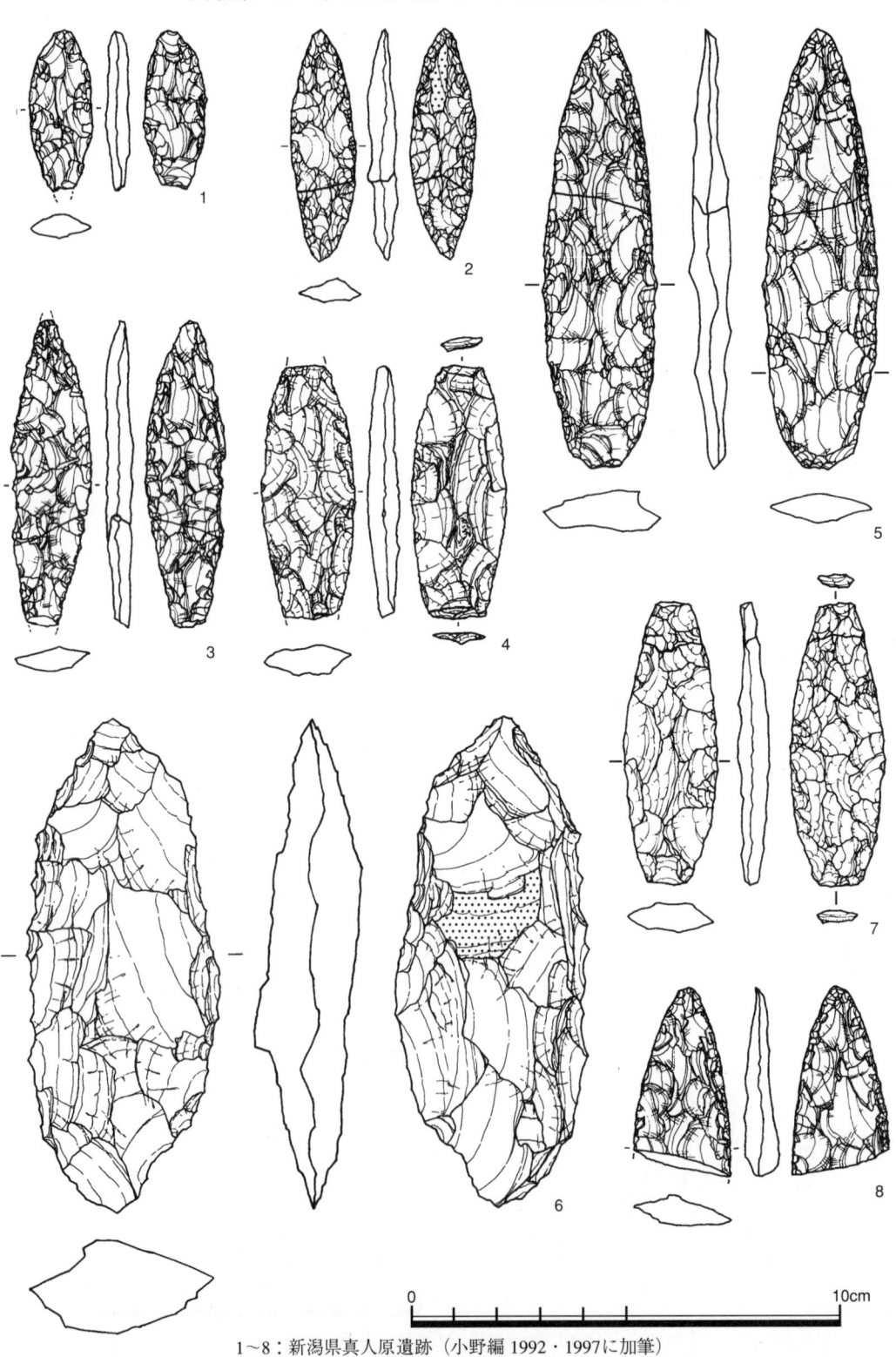

図版第166　第Ⅲb期（前半）の槍先形尖頭器（4）

1～8：新潟県真人原遺跡（小野編 1992・1997に加筆）

中部日本：中部地方北部　449

図版第167　第Ⅲb期（前半）の槍先形尖頭器（5）

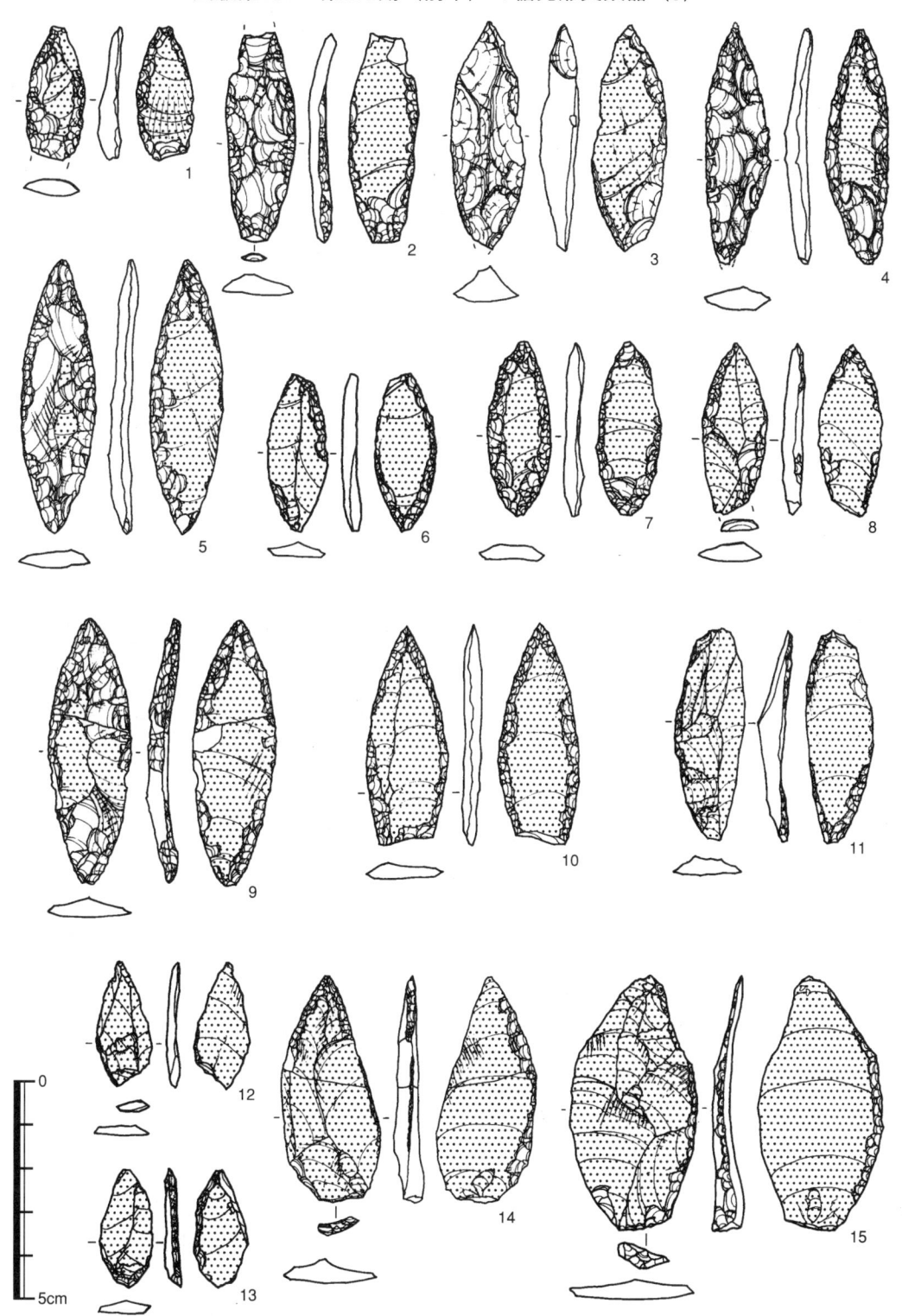

1〜15：新潟県真人原遺跡（小野編 1992・1997に加筆）

図版第168　第Ⅲb期（前半）の槍先形尖頭器（6）

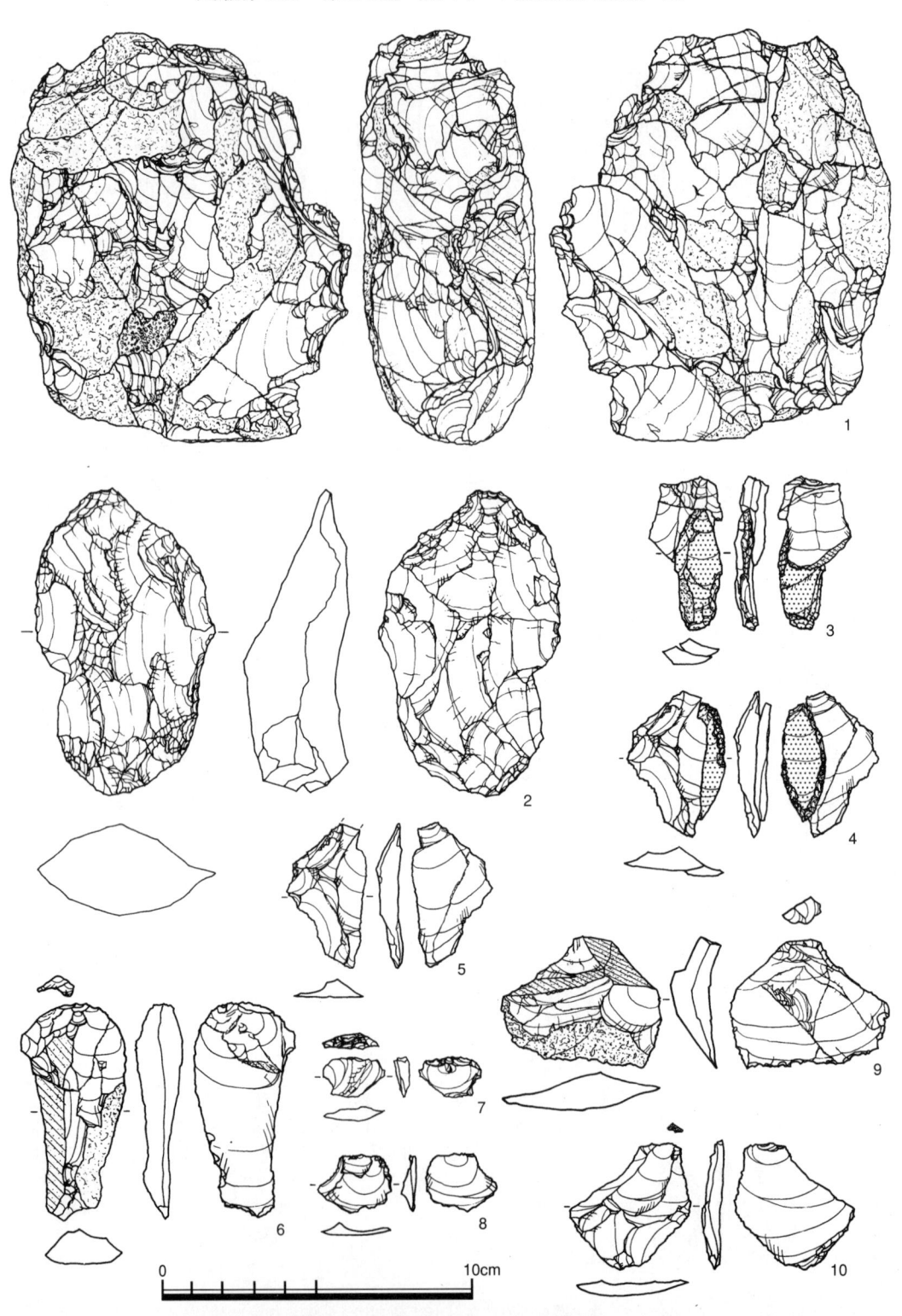

1〜10：新潟県真人原遺跡（槍先形尖頭器接合資料・調整剥片、小野編 1997に加筆）

図版第169　第Ⅲb期（前半）の槍先形尖頭器（7）

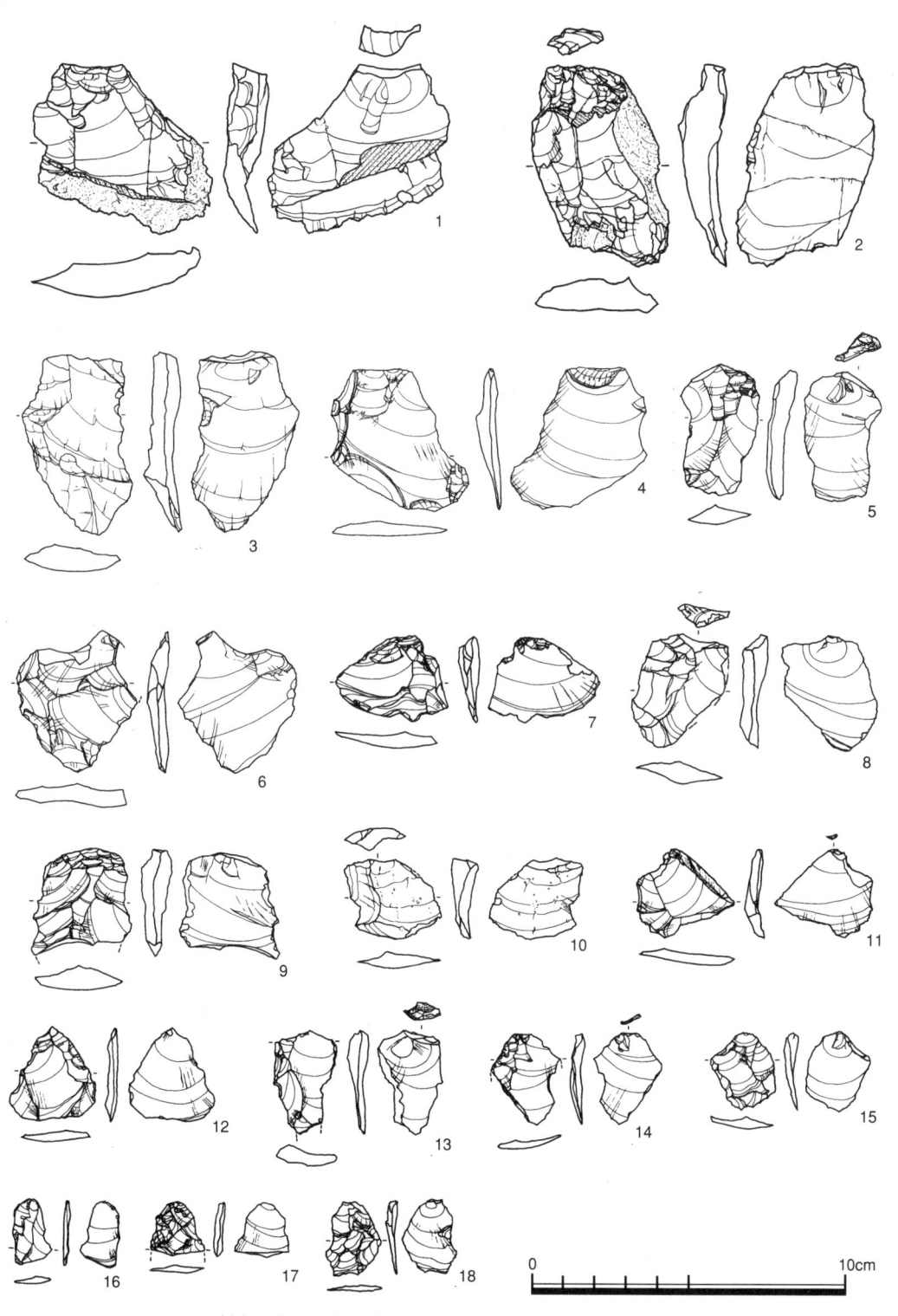

1〜18：新潟県真人原遺跡（槍先形尖頭器調整剥片、小野編 1992・1997）

452

図版第170　第Ⅲb期（後半）の槍先形尖頭器

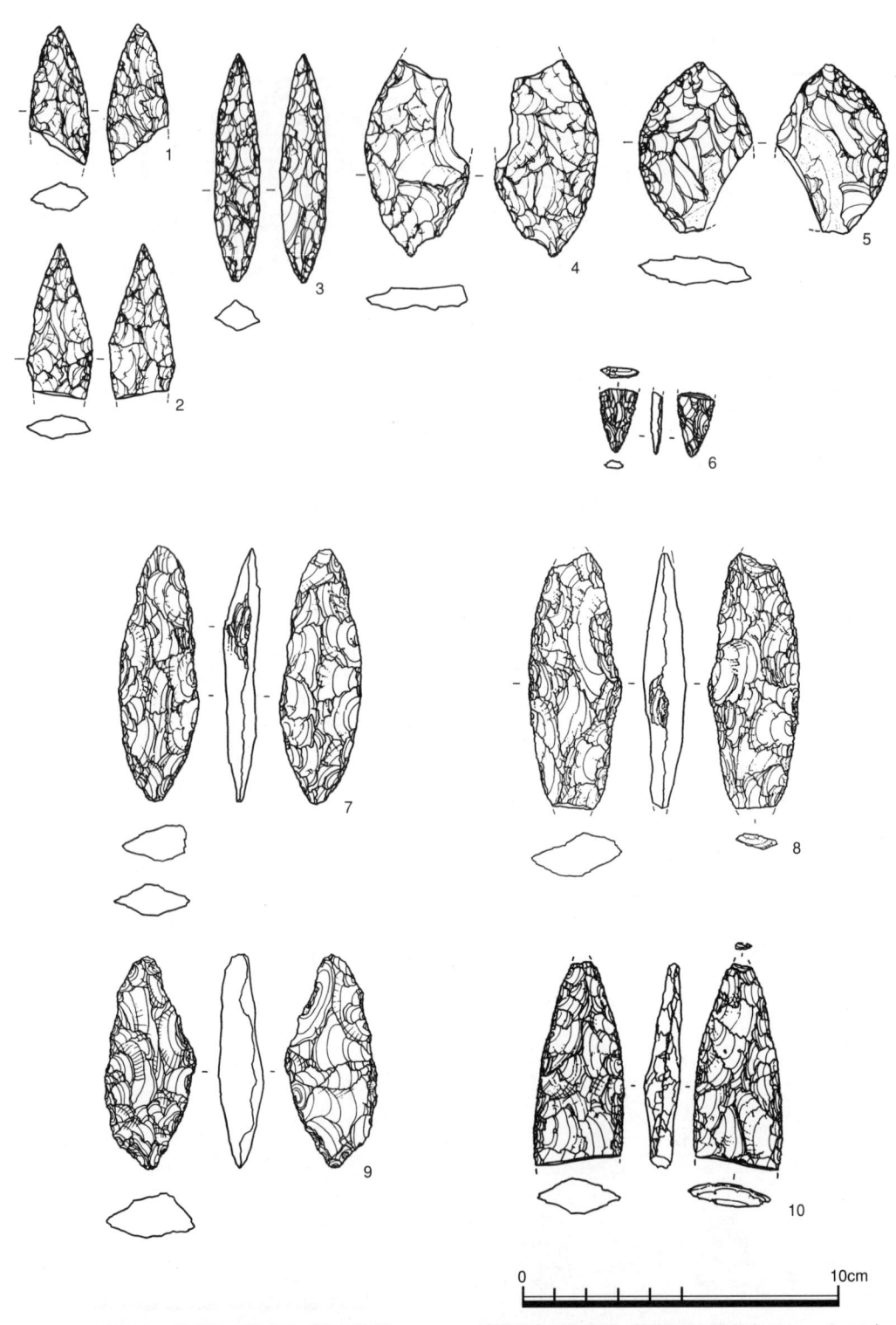

1～5：長野県上ケ屋遺跡B群上層（筆者作成）、6～10：長野県向新田遺跡（野尻湖人類考古グループ 1987）

中部日本：中部地方北部　453

図版第171　第Ⅳ期の槍先形尖頭器（1）

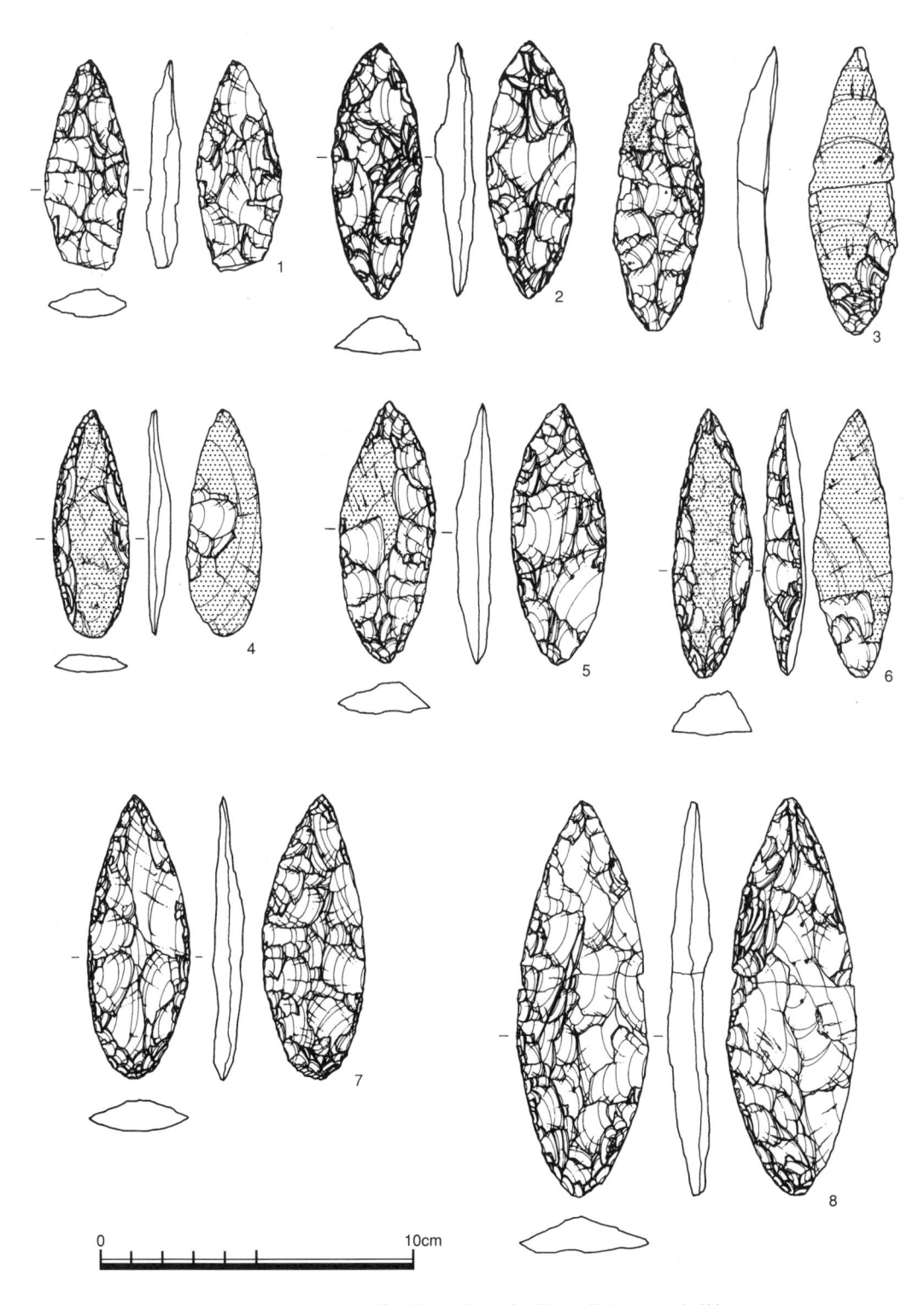

1～8：長野県下茂内遺跡第Ⅰ文化層（近藤・小林編 1992に加筆）

454

図版第172　第Ⅳ期の槍先形尖頭器（2）

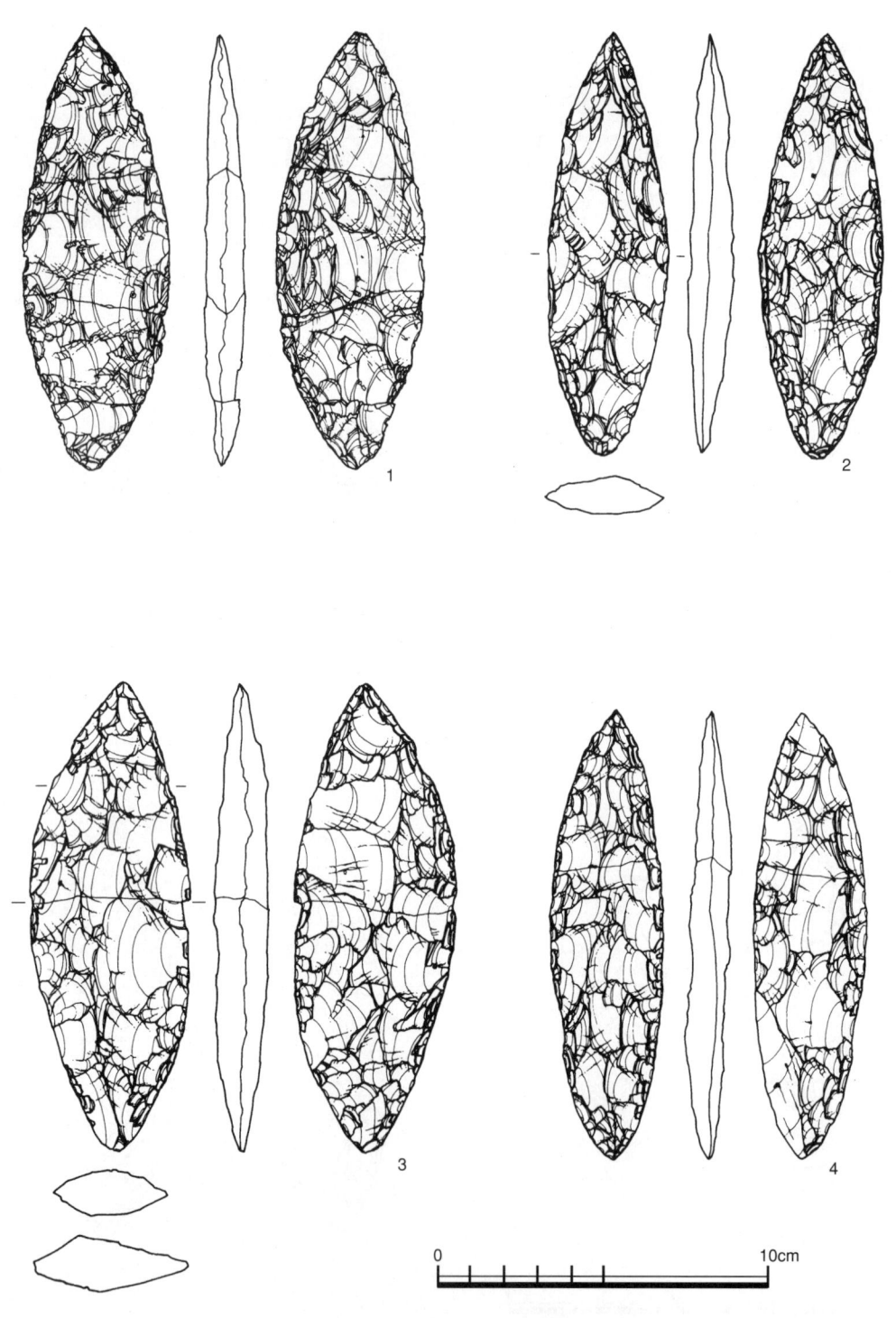

1～4：長野県下茂内遺跡第Ⅰ文化層（近藤・小林 1992）

中部日本：中部地方北部 455

図版第173　第Ⅳ期の槍先形尖頭器（3）

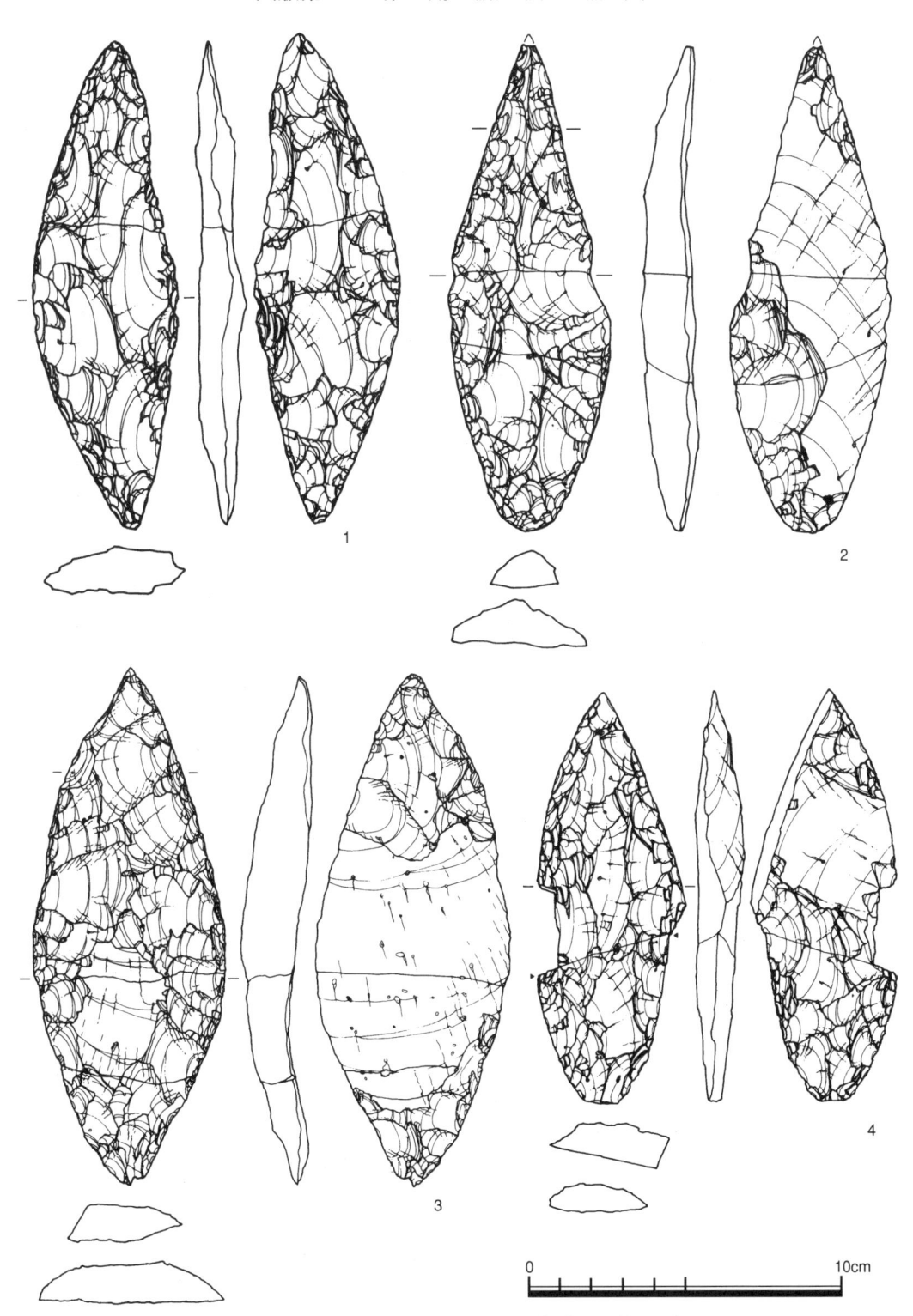

1～4：長野県下茂内遺跡第Ⅰ文化層（近藤・小林 1992）

456

図版第174　第Ⅳ期の槍先形尖頭器（4）

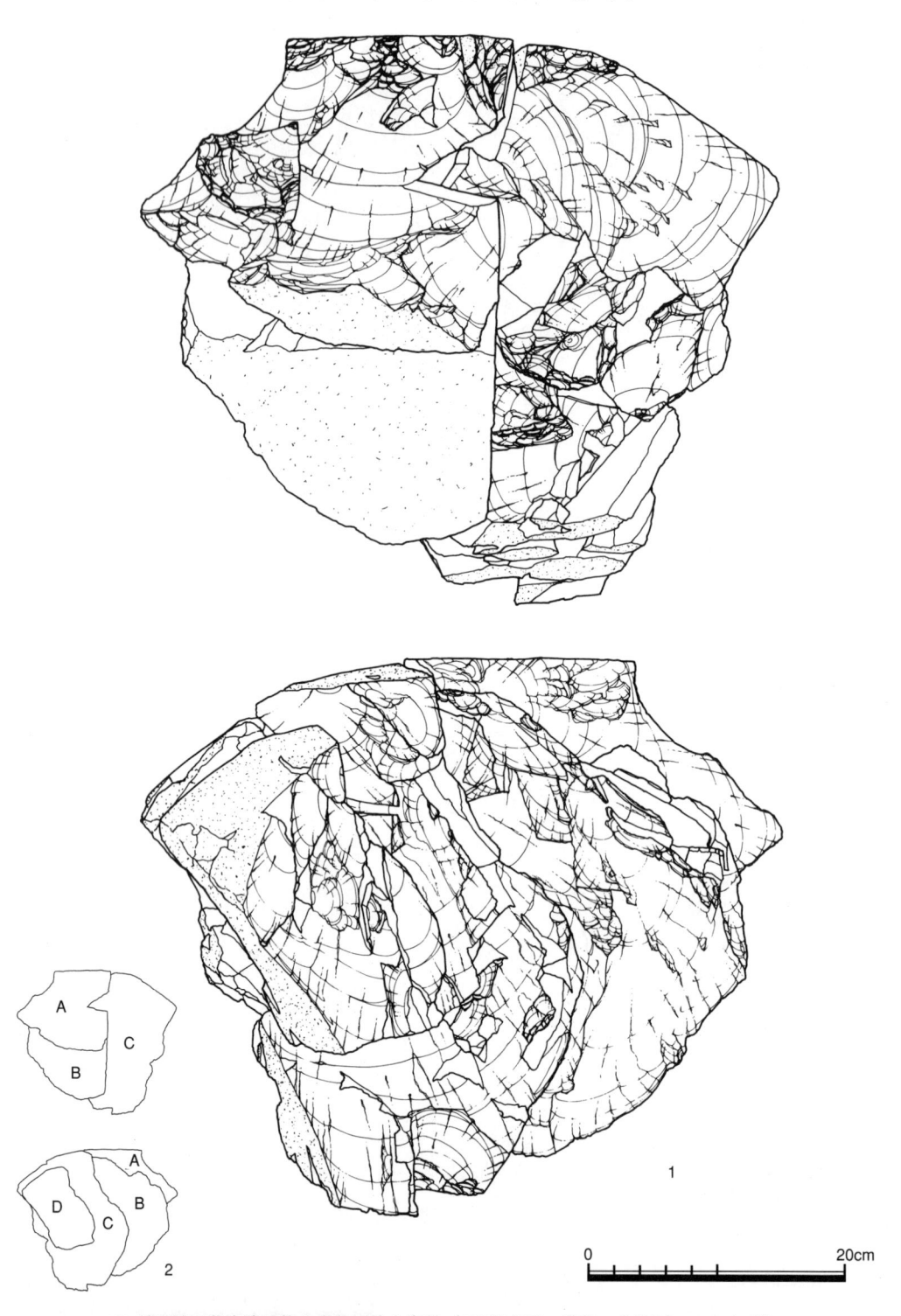

1：長野県下茂内遺跡第Ⅰ文化層接合資料（2は模式図、近藤・小林編 1992に加筆）

中部日本：中部地方北部　457

図版第175　第Ⅳ期の槍先形尖頭器（5）

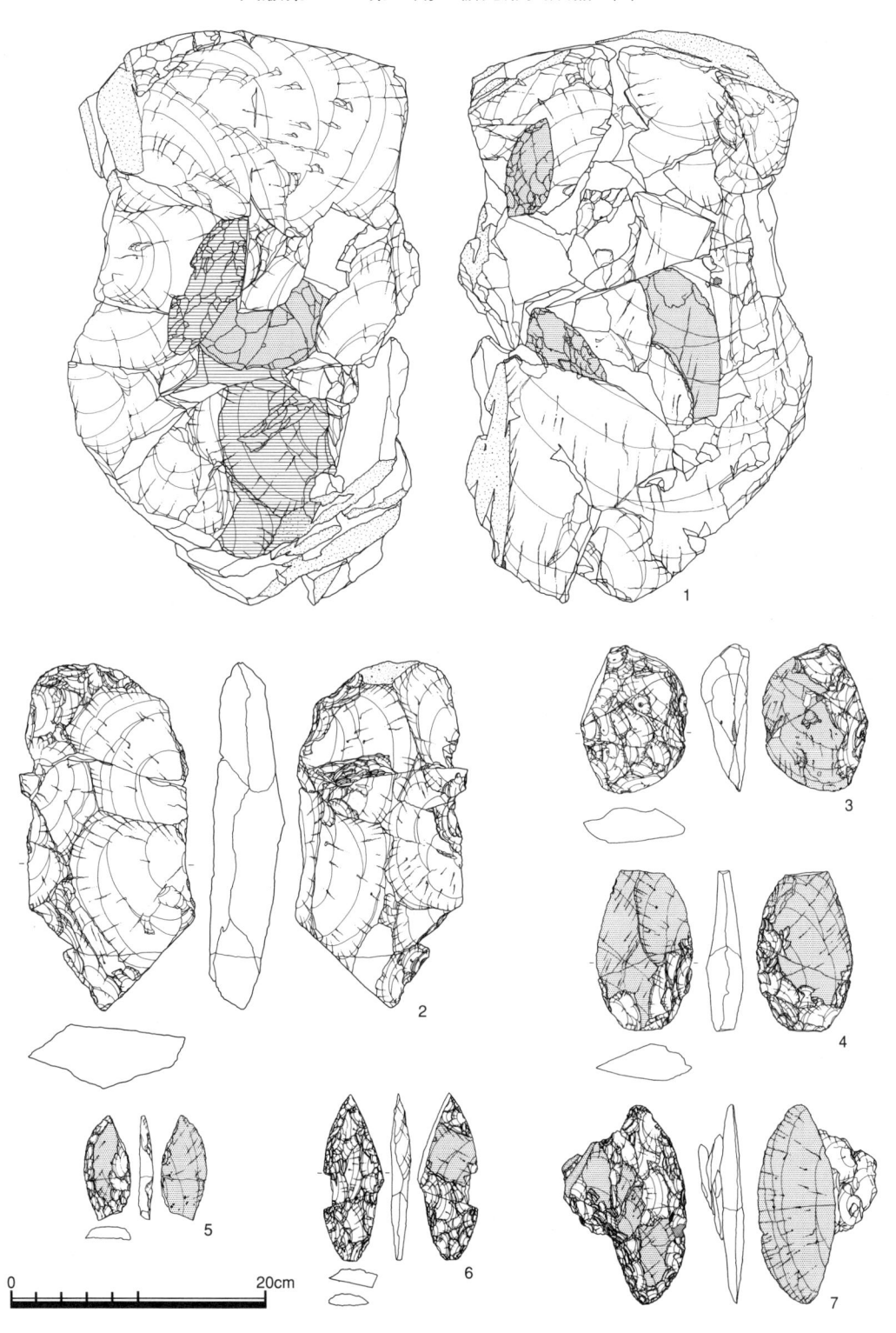

1～7：長野県下茂内遺跡第Ⅰ文化層接合資料（近藤・小林編 1992に加筆）

図版第176　第Ⅳ期の槍先形尖頭器（6）

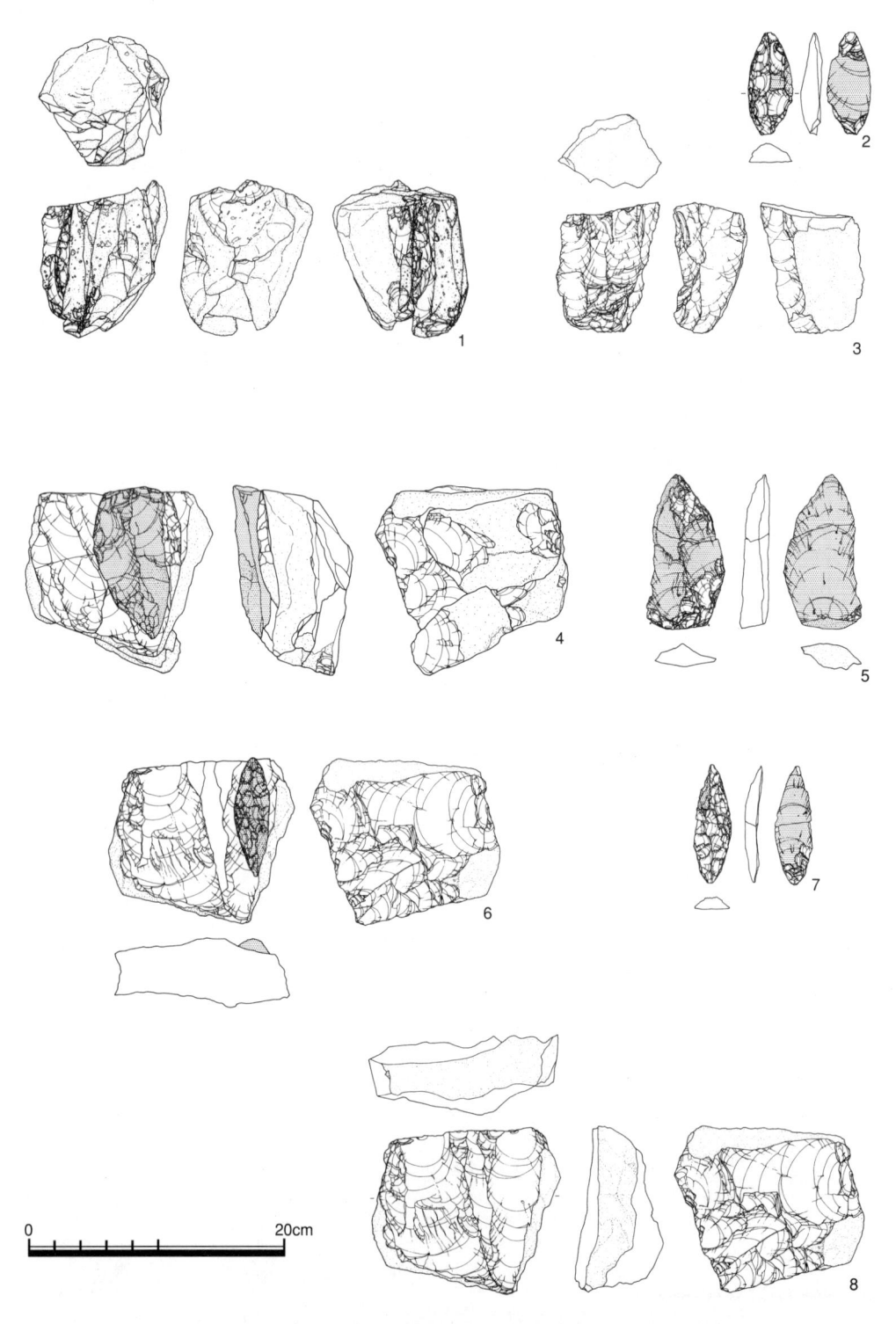

1～8：長野県下茂内遺跡第Ⅰ文化層接合資料（近藤・小林編 1992に加筆）

中部日本：中部地方北部 459

図版第177　第Ⅳ期の槍先形尖頭器（7）

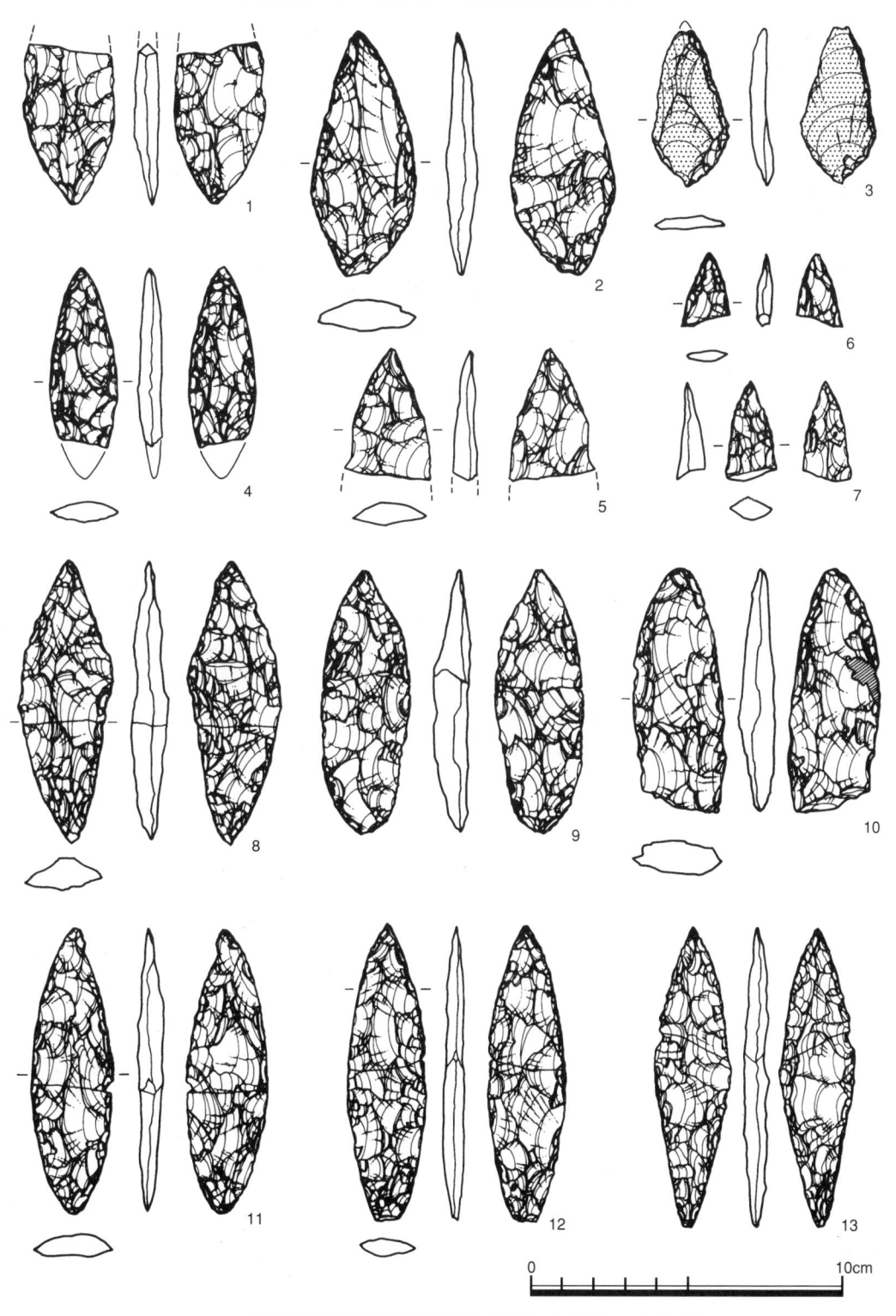

1～13：長野県下茂内遺跡第Ⅱ文化層（近藤・小林編 1992に加筆）

460

図版第178　第Ⅳ期の槍先形尖頭器（8）

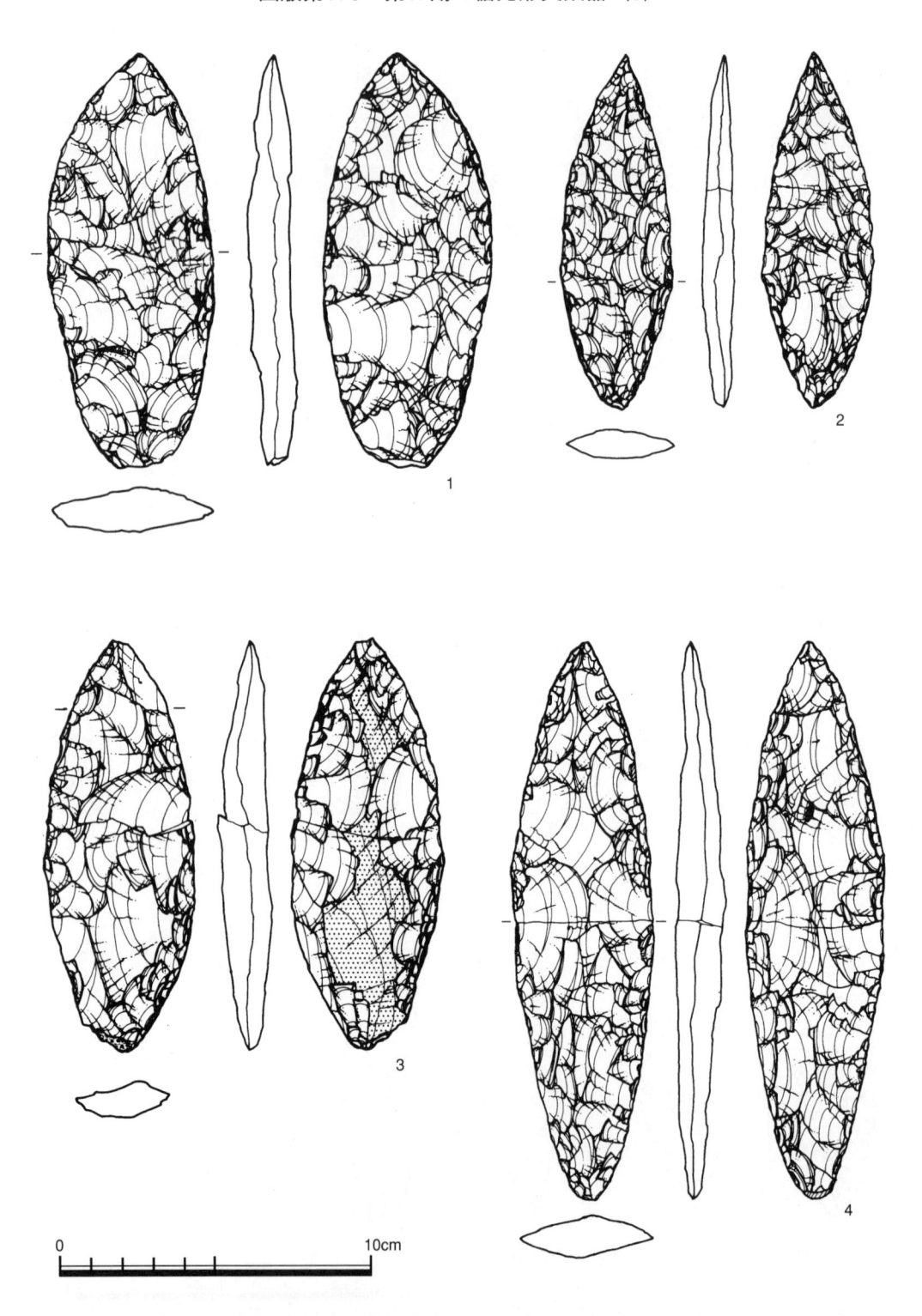

1～4：長野県下茂内遺跡第Ⅱ文化層（近藤・小林編 1992に加筆）

中部日本：中部地方北部　461

図版第179　第Ⅳ期の槍先形尖頭器（9）

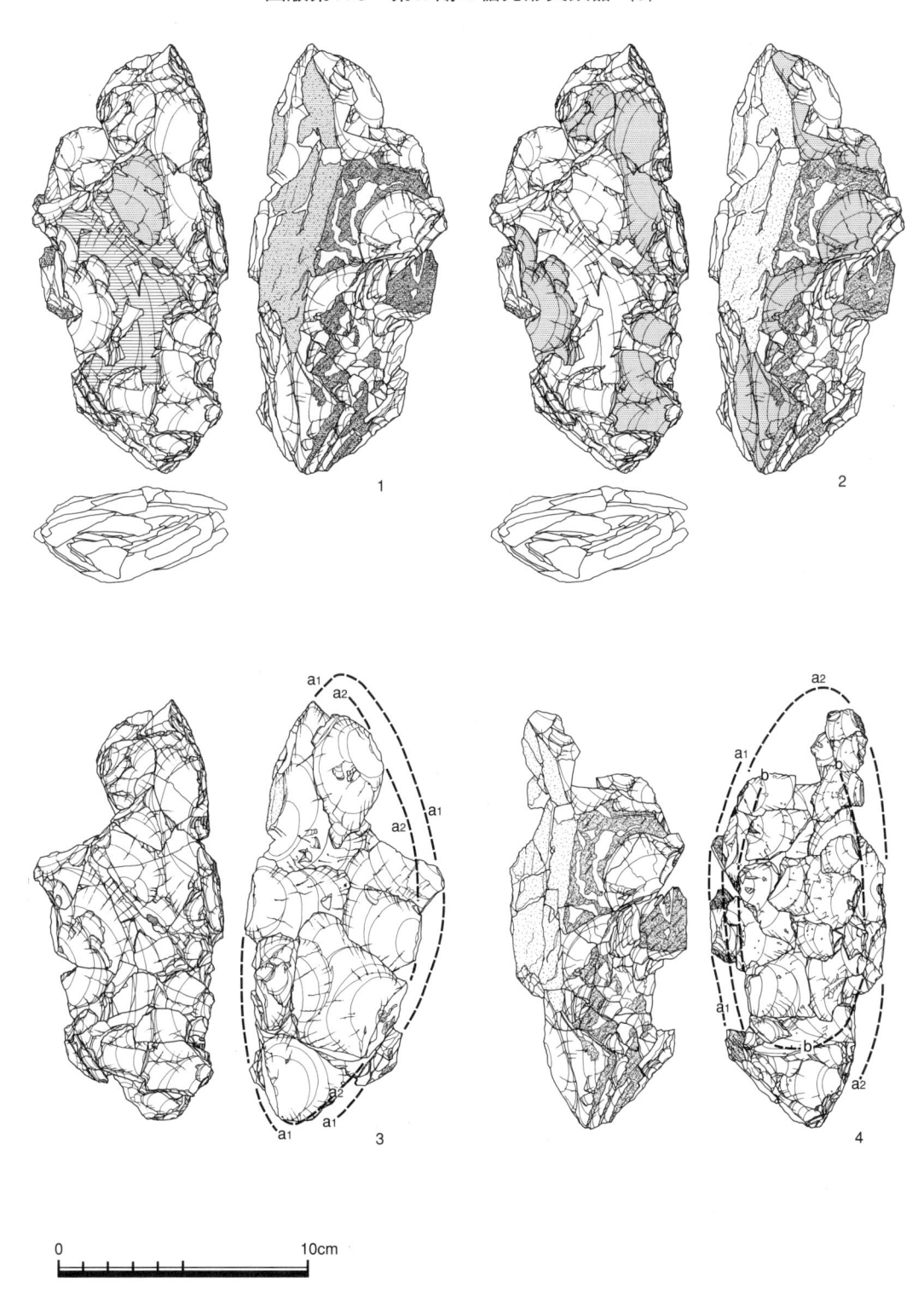

0　　　10cm

1～4：長野県下茂内遺跡第Ⅱ文化層接合資料（近藤・小林編 1992により作成）

462

図版第180　第Ⅳ期の槍先形尖頭器（10）

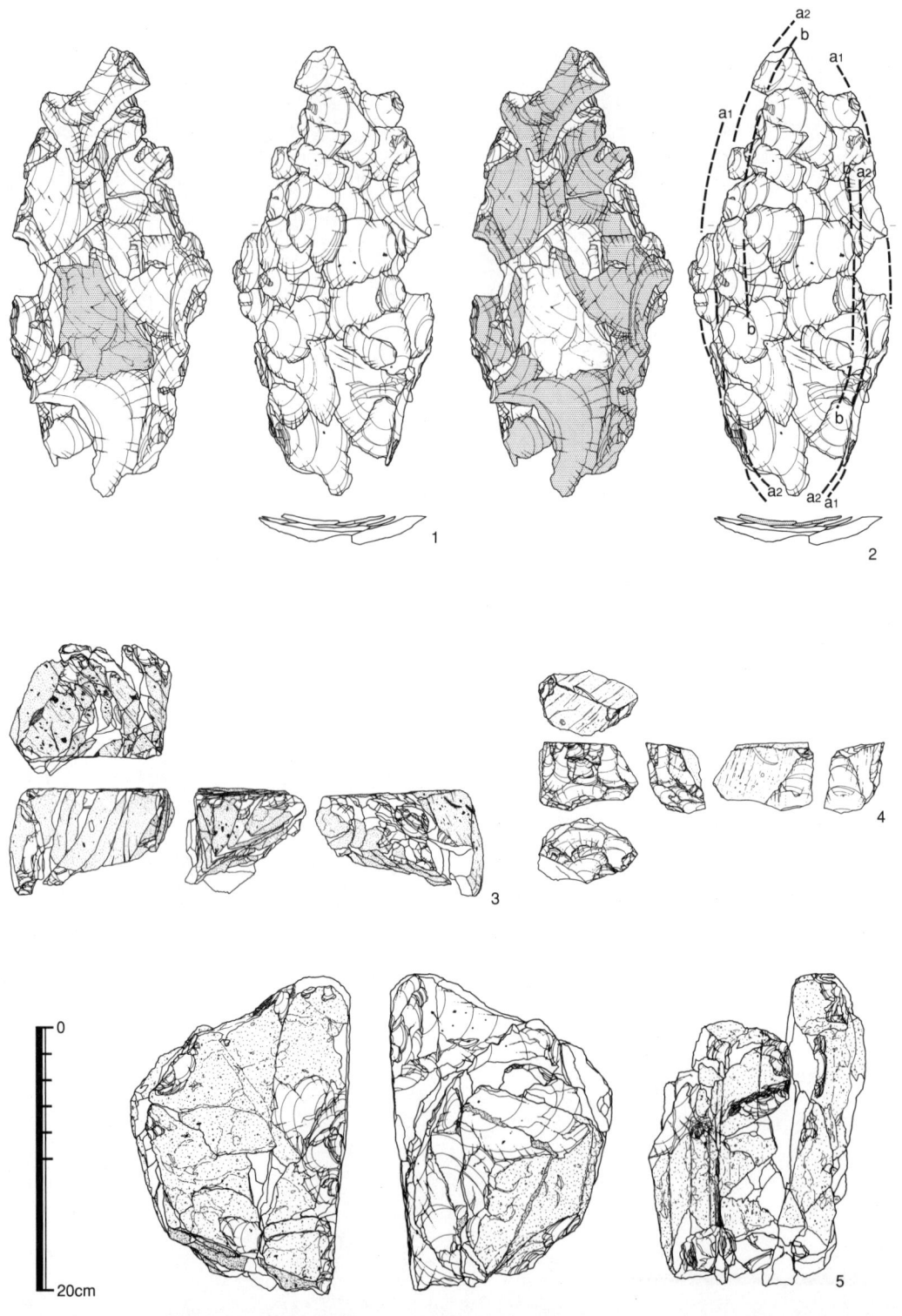

1～5：長野県下茂内遺跡第Ⅱ文化層接合資料（1・2：近藤・小林編 1992により作成、3～5：近藤・小林編 1992）

図版第181　第Ⅳ期の槍先形尖頭器（11）

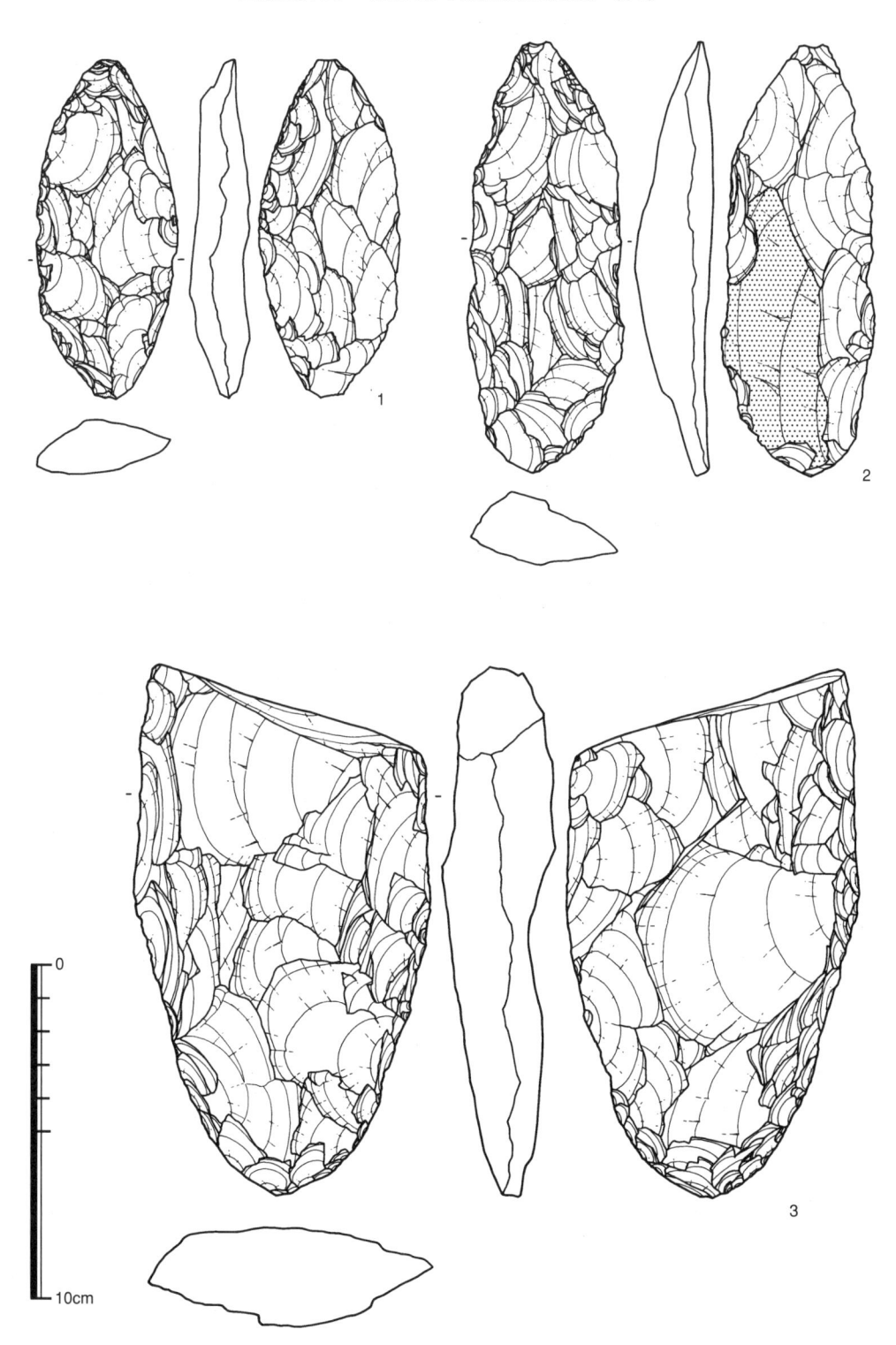

1～3：長野県八風山Ⅰ遺跡（須藤 1999aに加筆）

464

図版第182　第Ⅳ期の槍先形尖頭器（12）

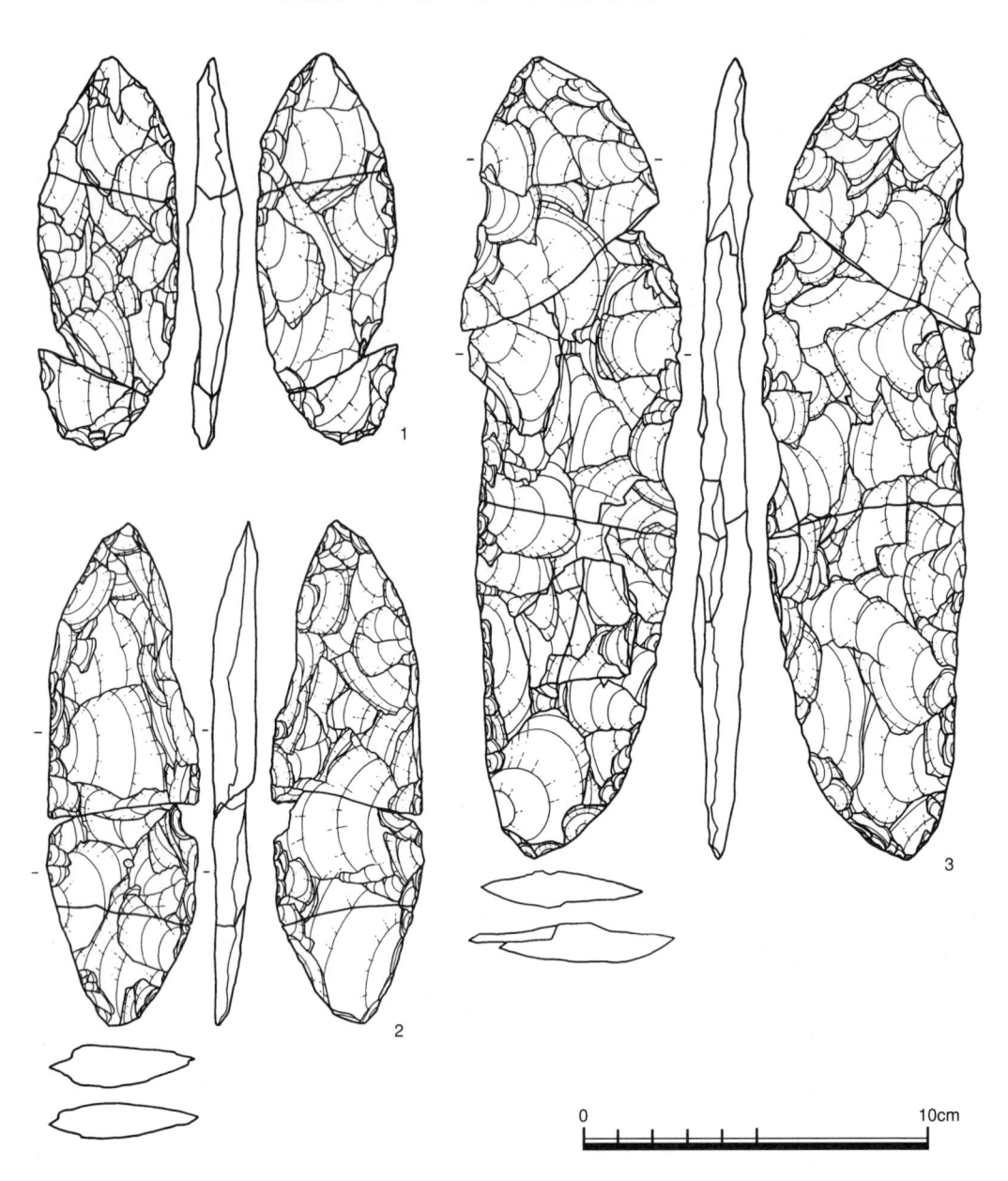

1～3：長野県八風山Ⅵ遺跡（須藤 1999b）

中部日本：中部地方北部 465

図版第183　第IV期の槍先形尖頭器（13）

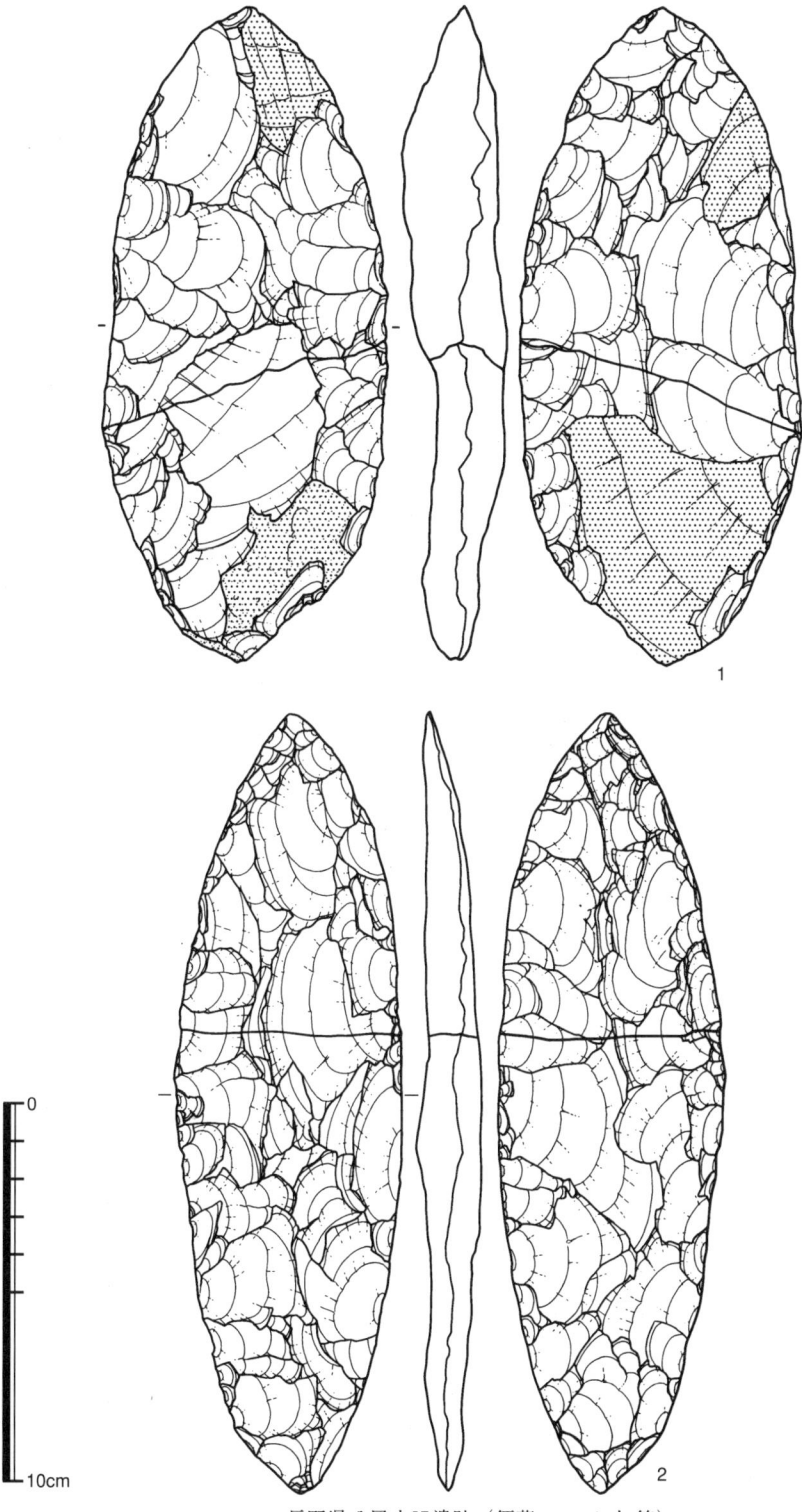

1・2：長野県八風山VI遺跡（須藤 1999bに加筆）

図版第184　第Ⅳ期の槍先形尖頭器（14）

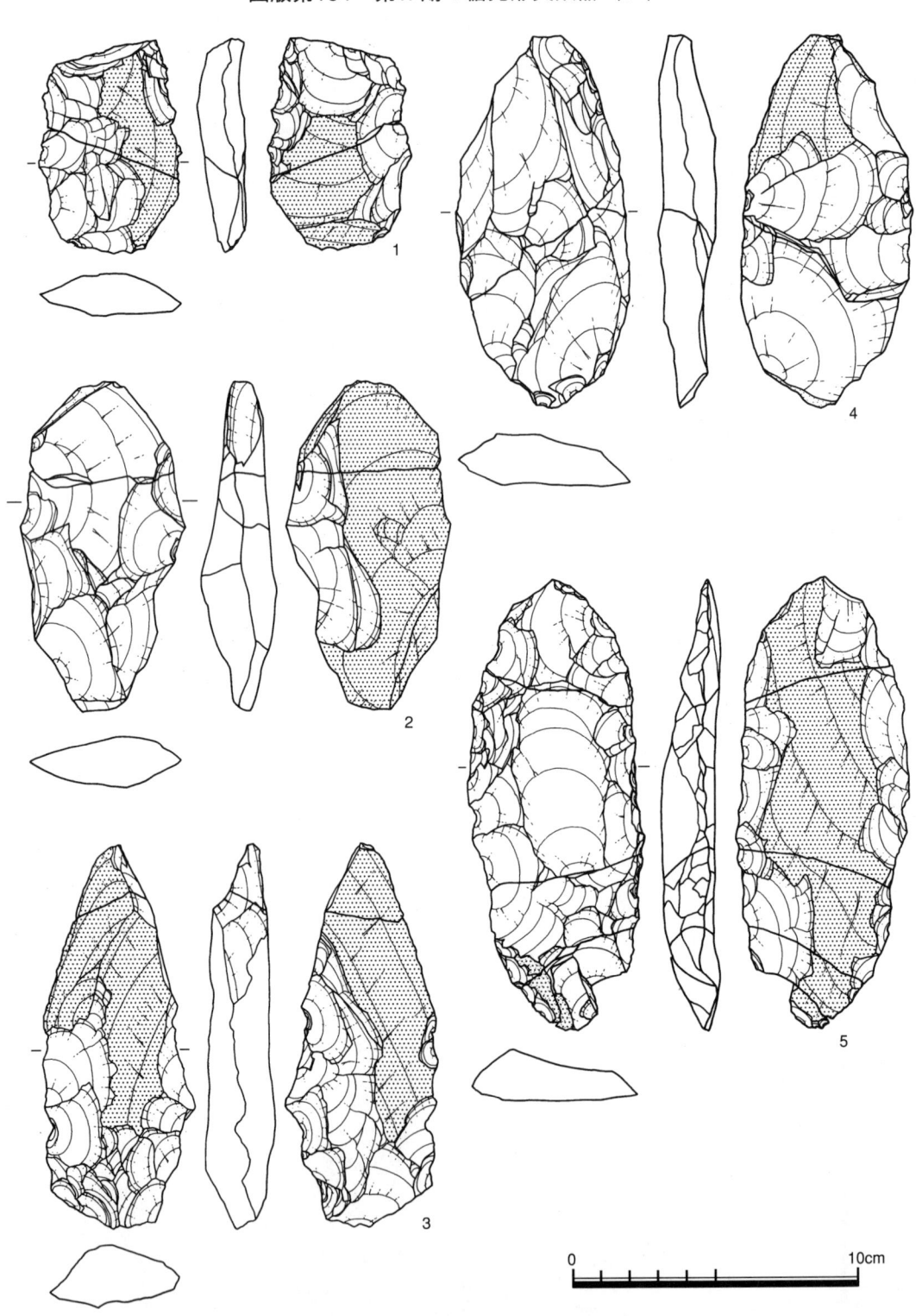

1〜5：長野県八風山Ⅵ遺跡（須藤1999bに加筆）

中部日本:中部地方北部 467

図版第185 第IV期の槍先形尖頭器 (15)

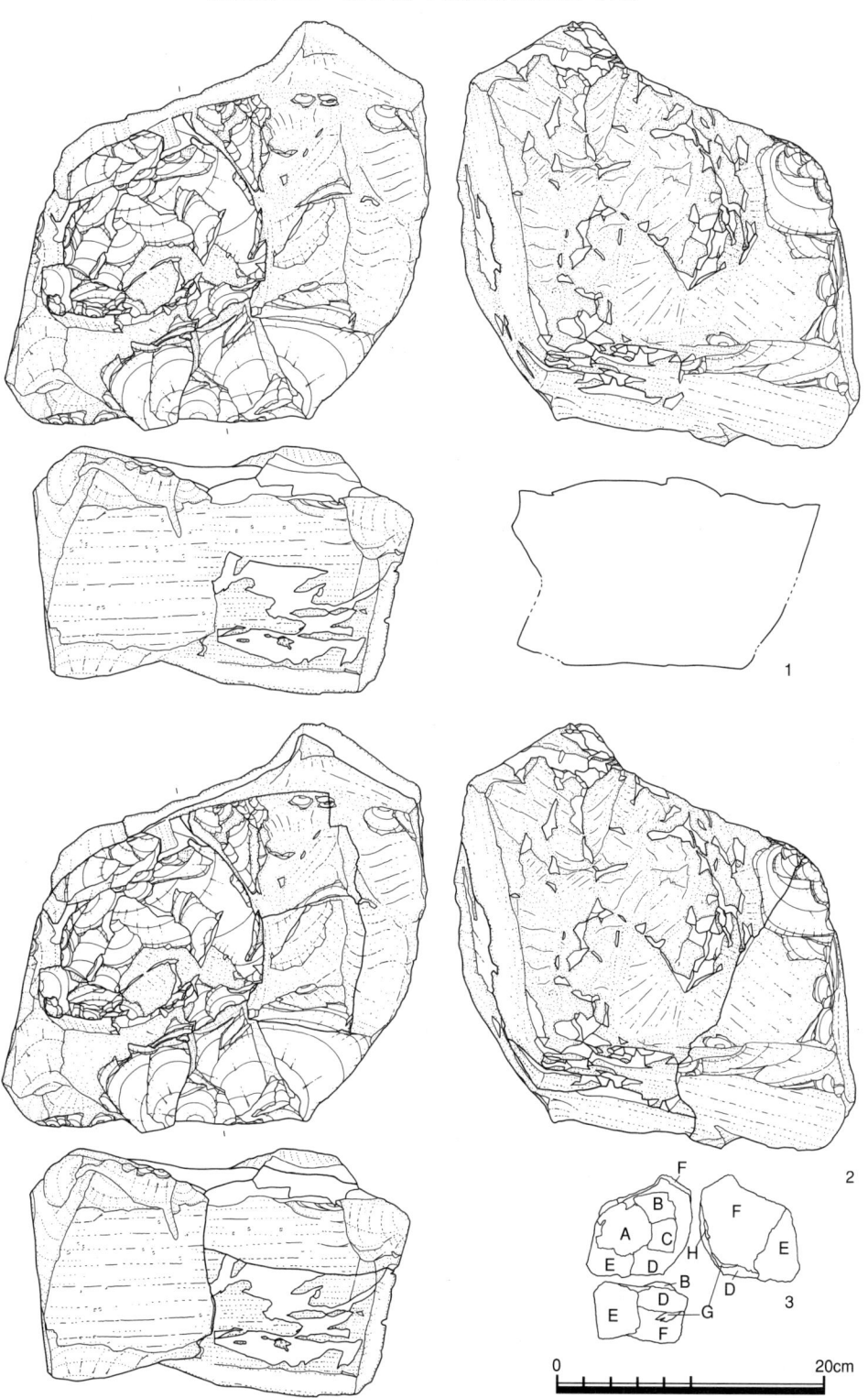

1〜3:長野県八風山VI遺跡接合資料 (3は模式図、須藤1999bより作成)

468

図版第186 第Ⅳ期の槍先形尖頭器（16）

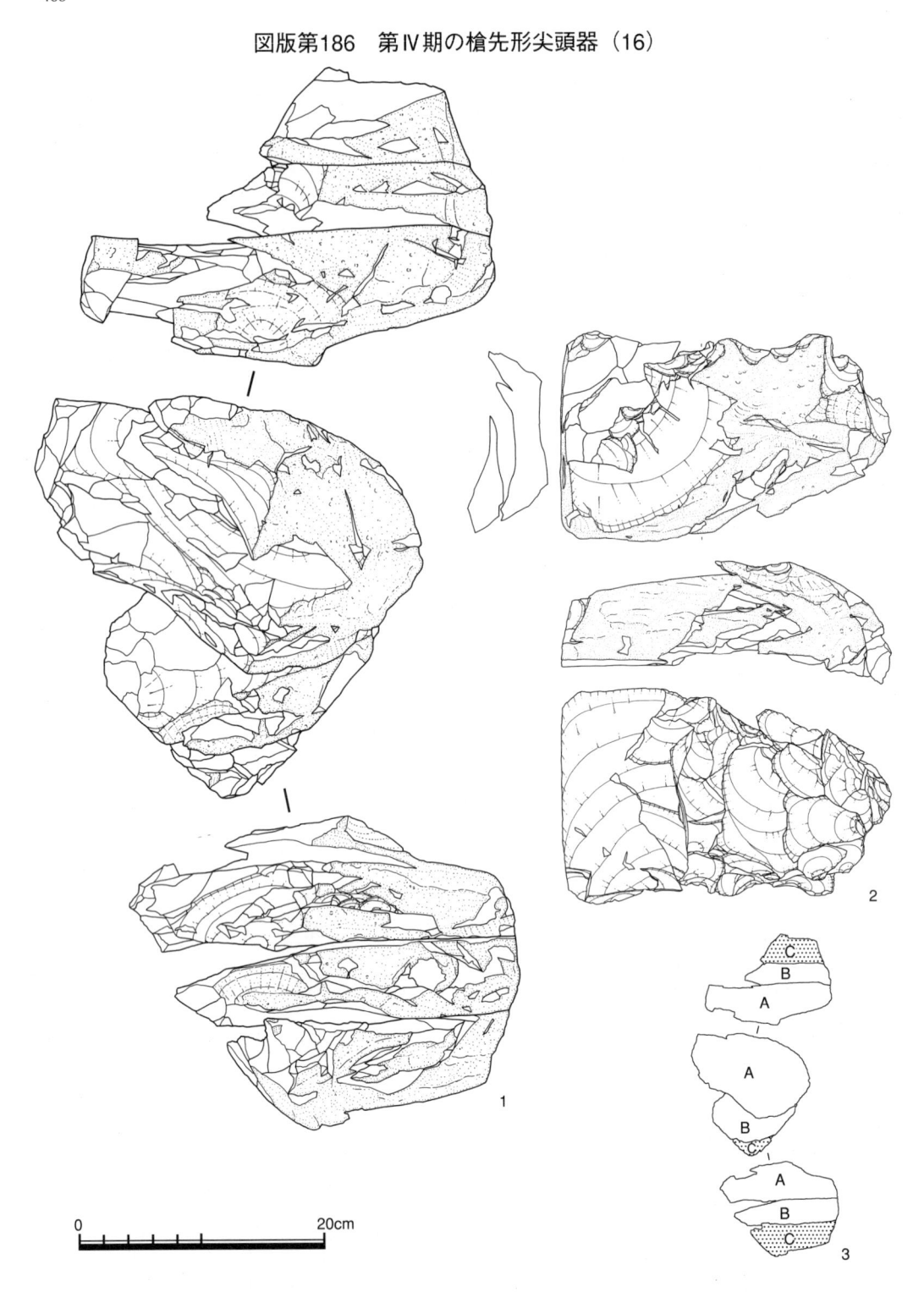

1〜3：長野県八風山Ⅵ遺跡接合資料（3は模式図、須藤1999bより作成）

中部日本：中部地方北部　469

図版第187　第Ⅳ期の槍先形尖頭器（17）

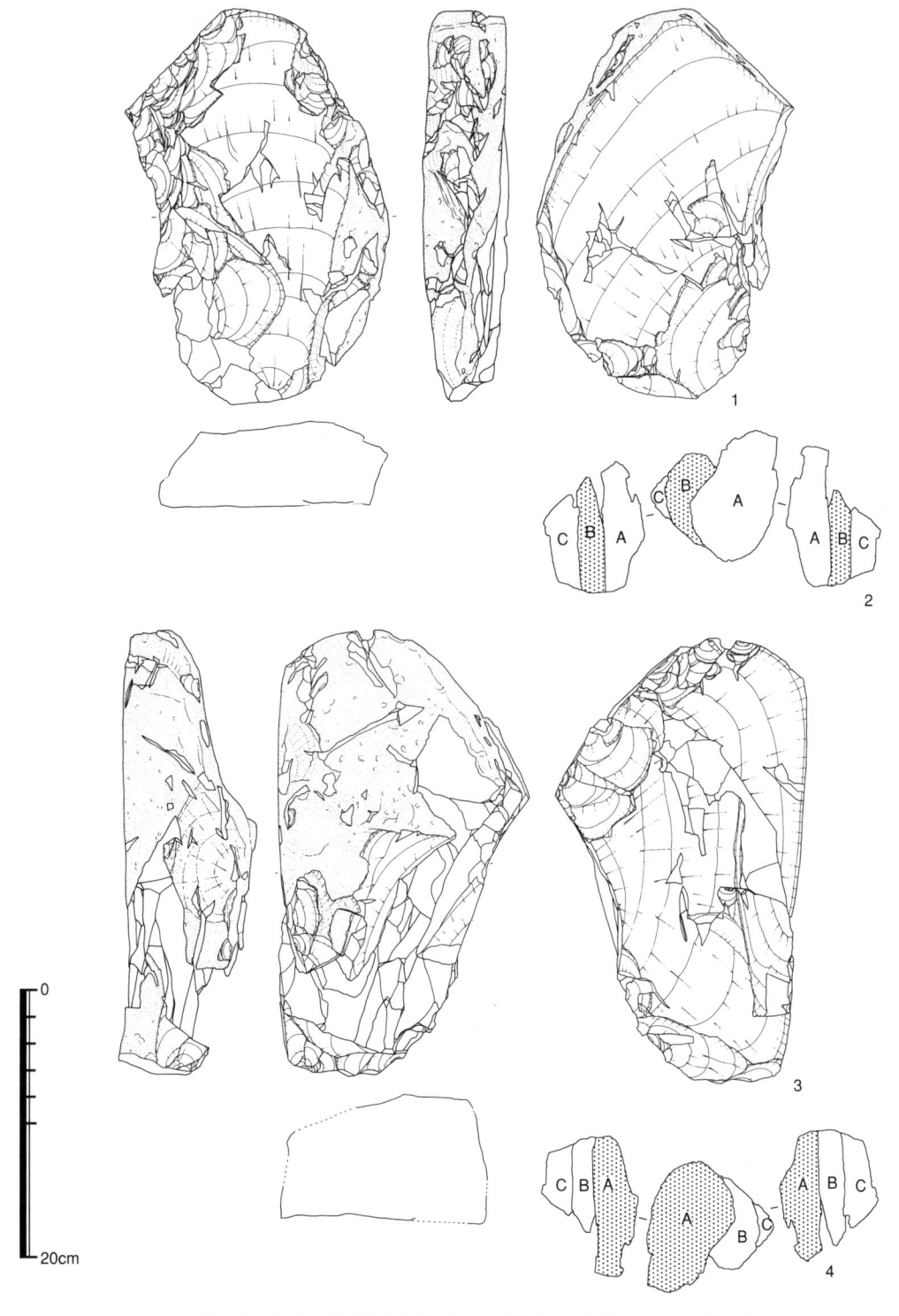

1〜4：長野県八風山Ⅵ遺跡接合資料（2・4は模式図、須藤1999bより作成）

470

図版第188　第Ⅳ期の槍先形尖頭器（18）

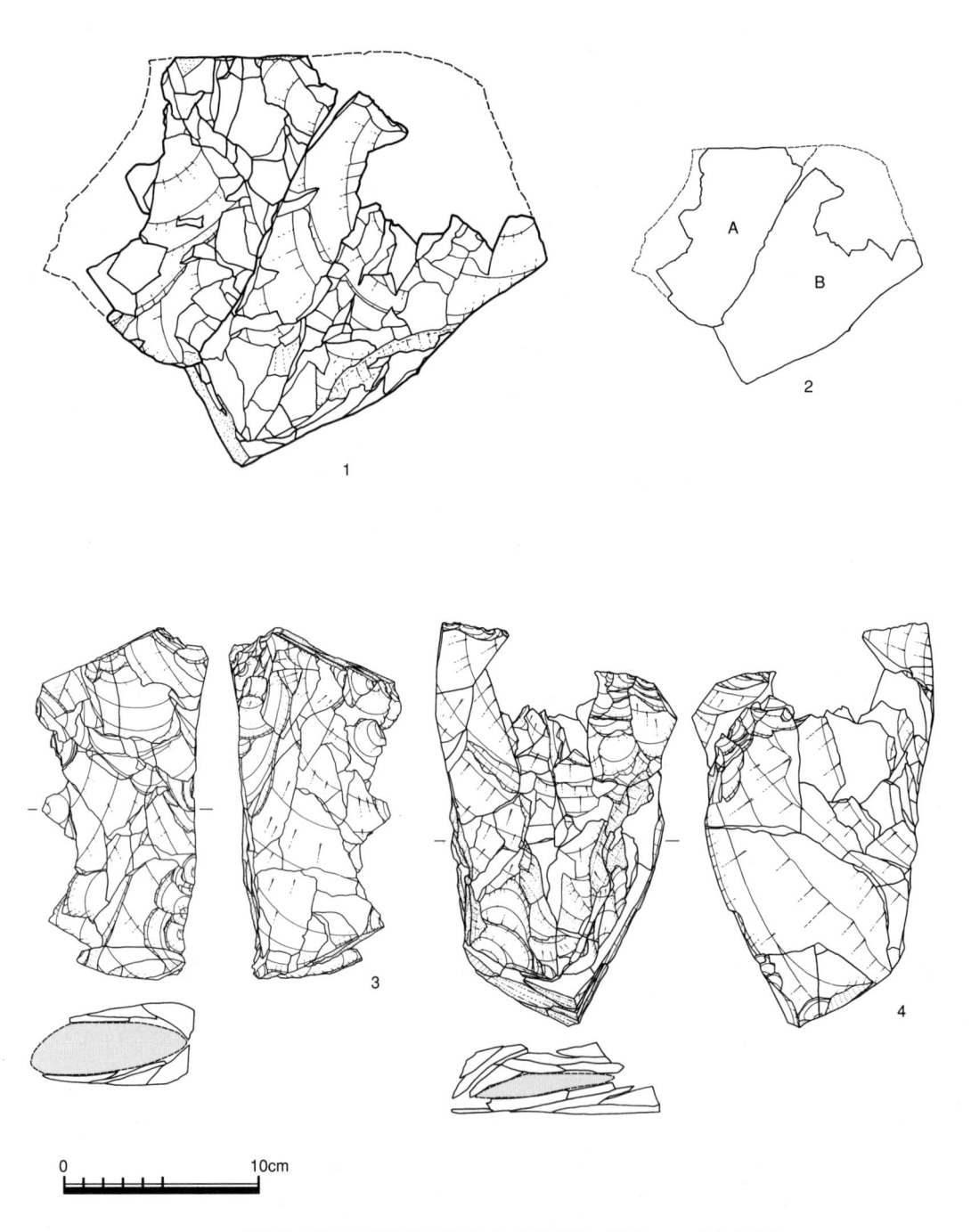

0　　　10cm

1〜4：長野県八風山Ⅵ遺跡接合資料（2は模式図、須藤 1999bより作成）

図版第189 第IV期の槍先形尖頭器 (19)

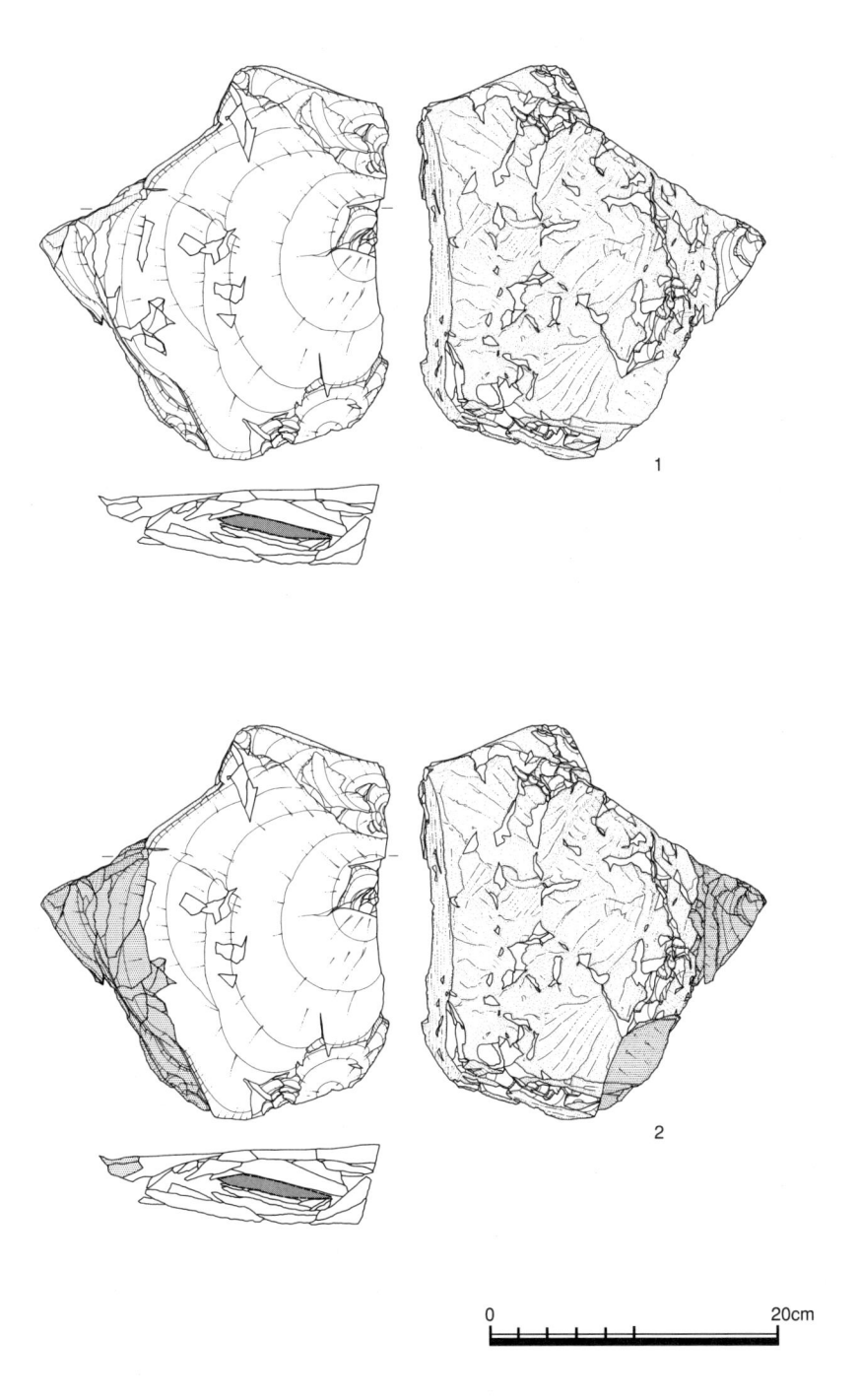

1・2：長野県八風山VI遺跡接合資料（須藤 1999bより作成）

472

図版第190　第Ⅳ期の槍先形尖頭器（20）

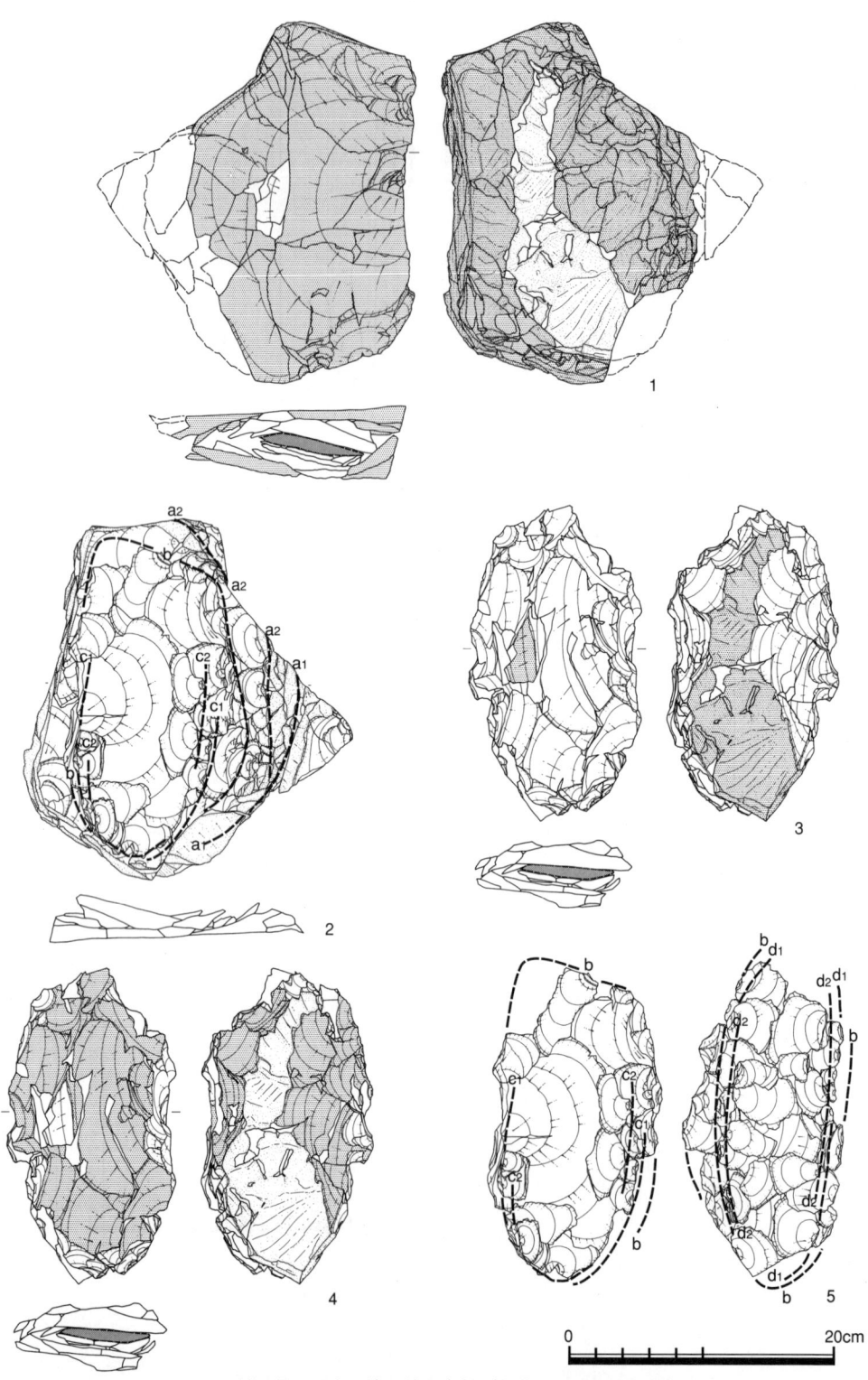

1～5：長野県八風山Ⅵ遺跡接合資料（須藤1999bより作成）

中部日本：中部地方北部 473

図版第191 第Ⅳ期の槍先形尖頭器（21）

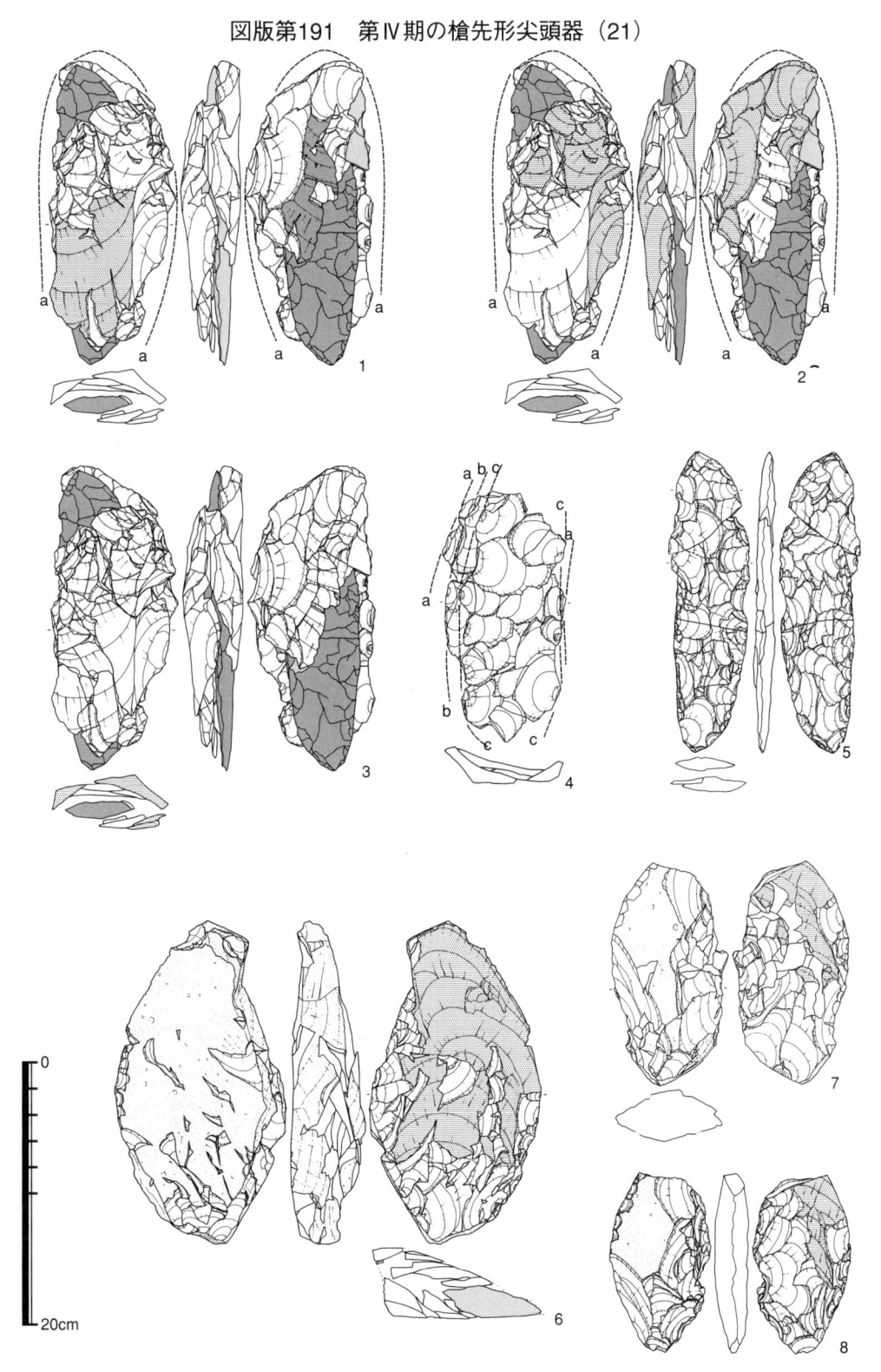

1〜8：長野県八風山Ⅵ遺跡接合資料（須藤1999bより作成）

図版第192　第Ⅳ期の槍先形尖頭器（22）

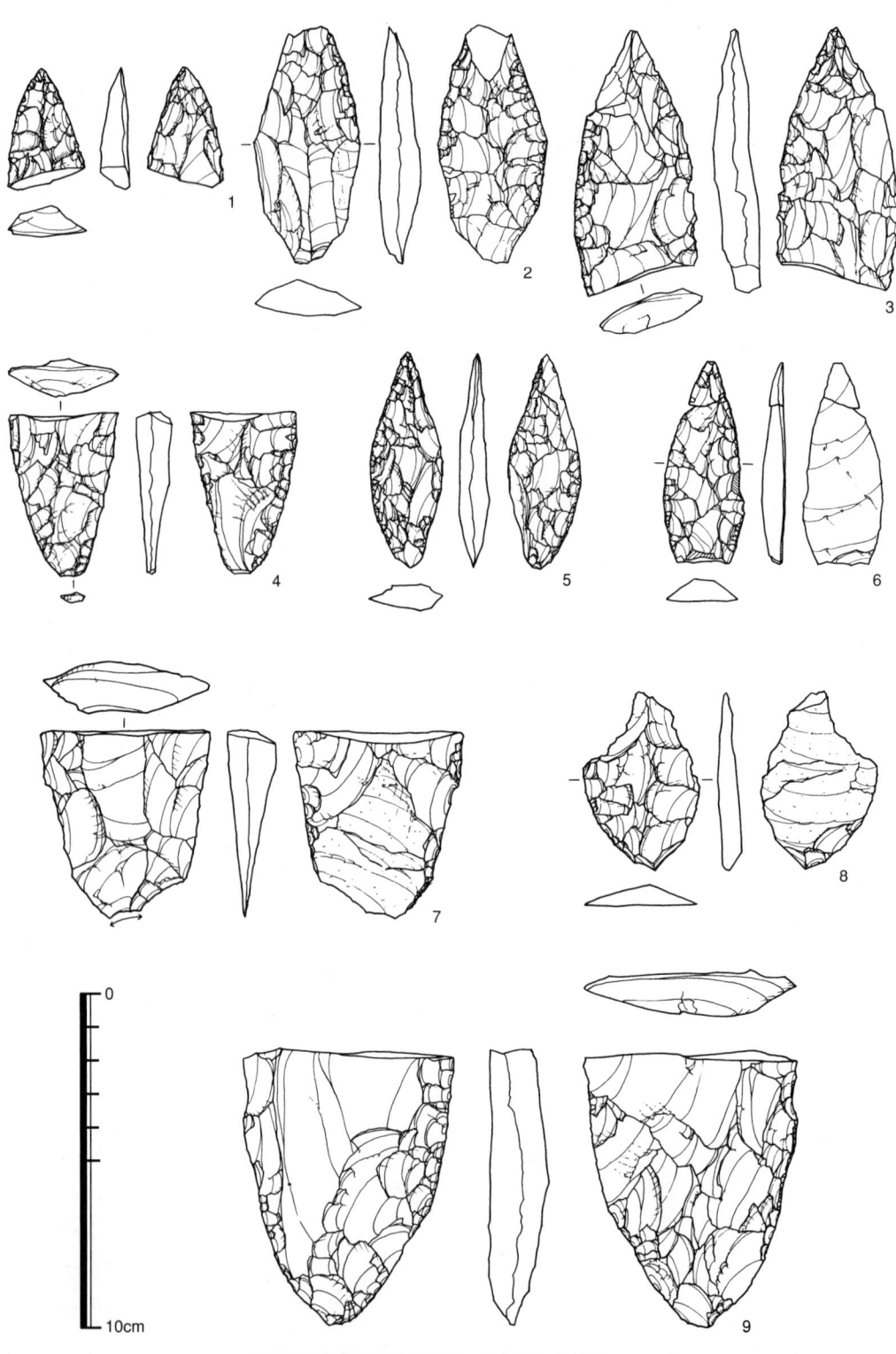

1～9：新潟県大刈野遺跡（第1次調査、佐藤雅一1988）

図版第193　第Ⅳ期の槍先形尖頭器（23）

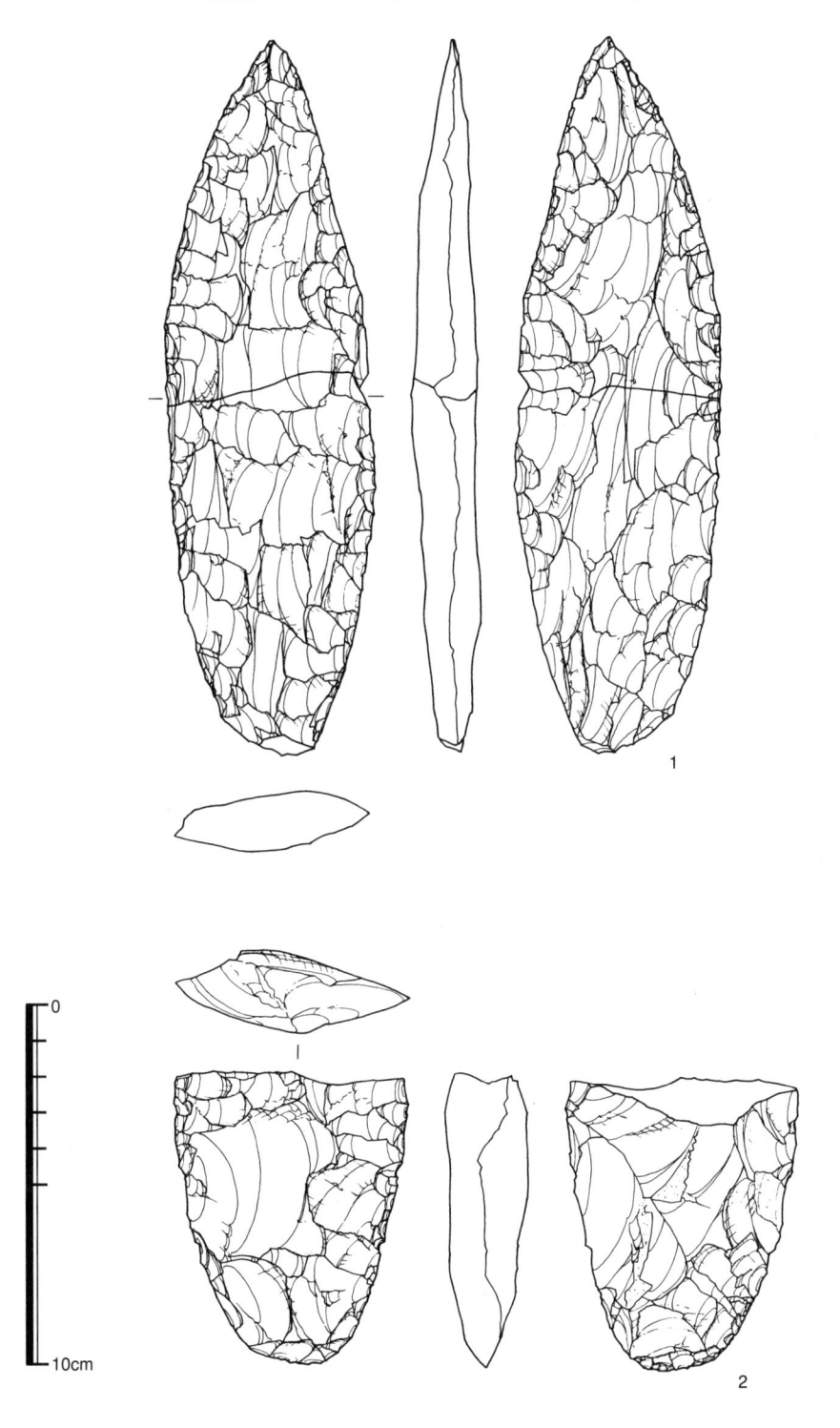

1・2：新潟県大刈野遺跡（第1次調査、佐藤雅一 1988）

図版第194　第Ⅳ期の槍先形尖頭器（24）

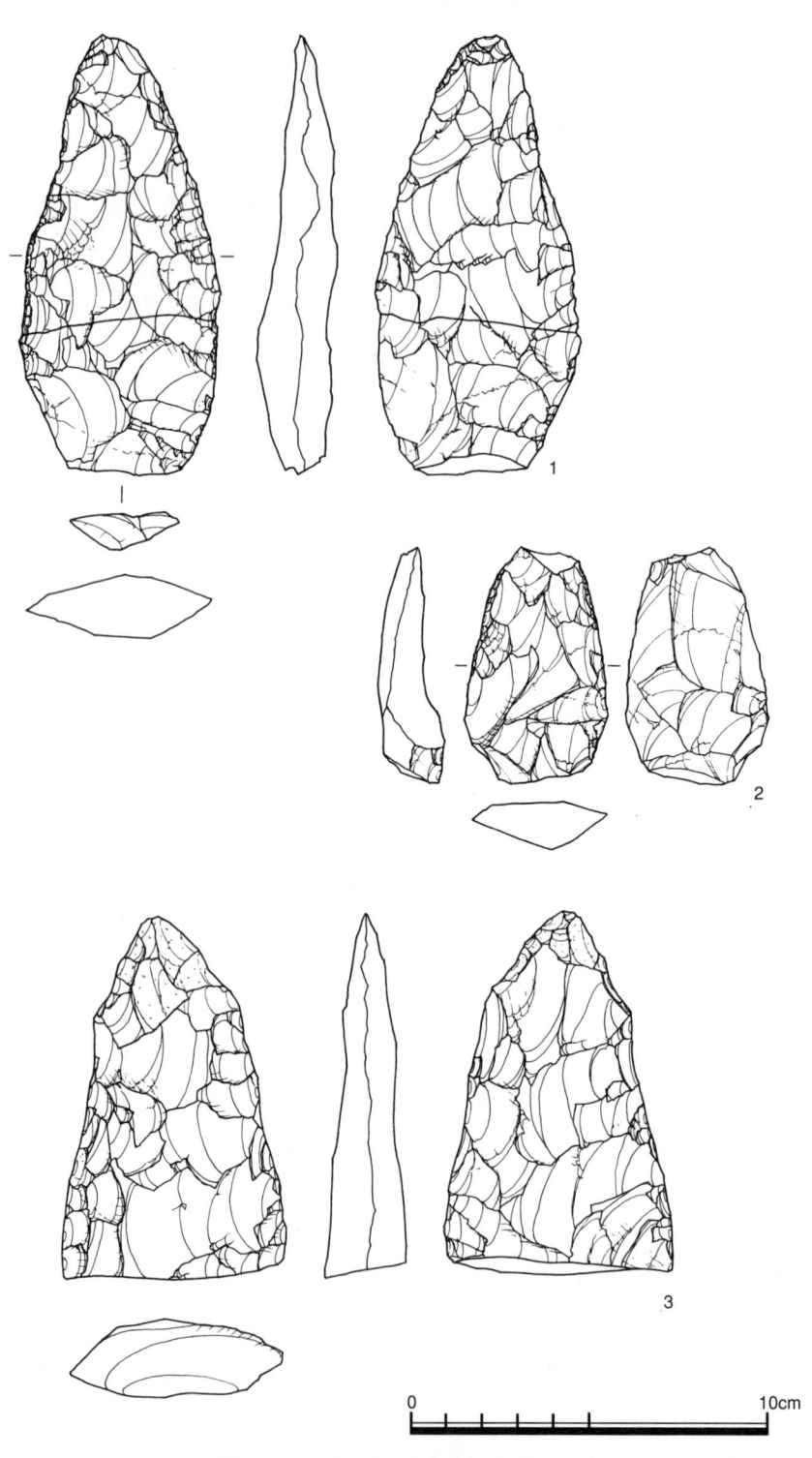

1～3：新潟県大刈野遺跡（第1次調査、佐藤雅一 1988）

中部日本：中部地方北部 477

図版第195　第Ⅳ期の槍先形尖頭器（25）

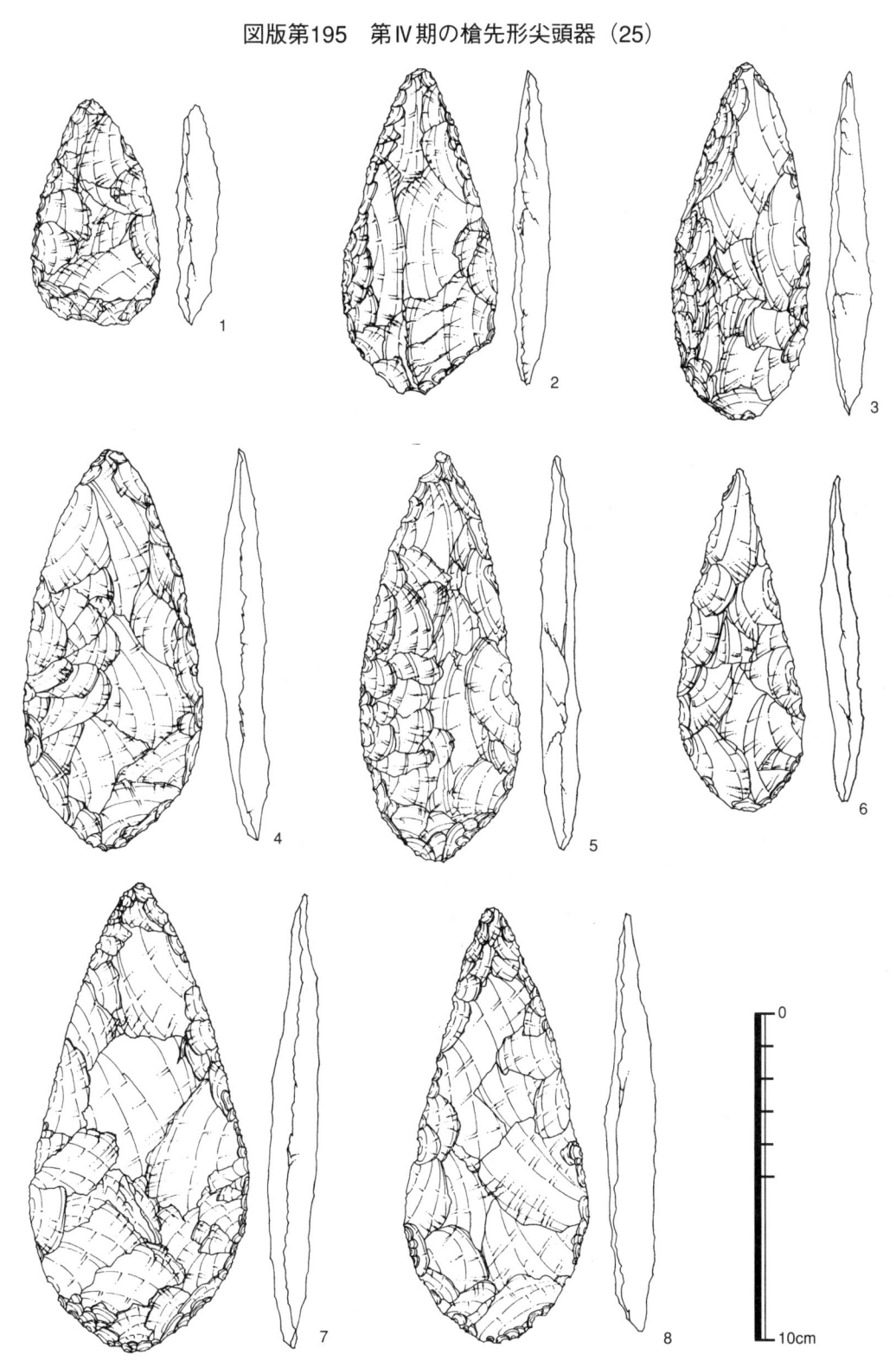

1～8：長野県横倉遺跡（永峯 1982）

図版第196　第Ⅳ期の槍先形尖頭器 (26)

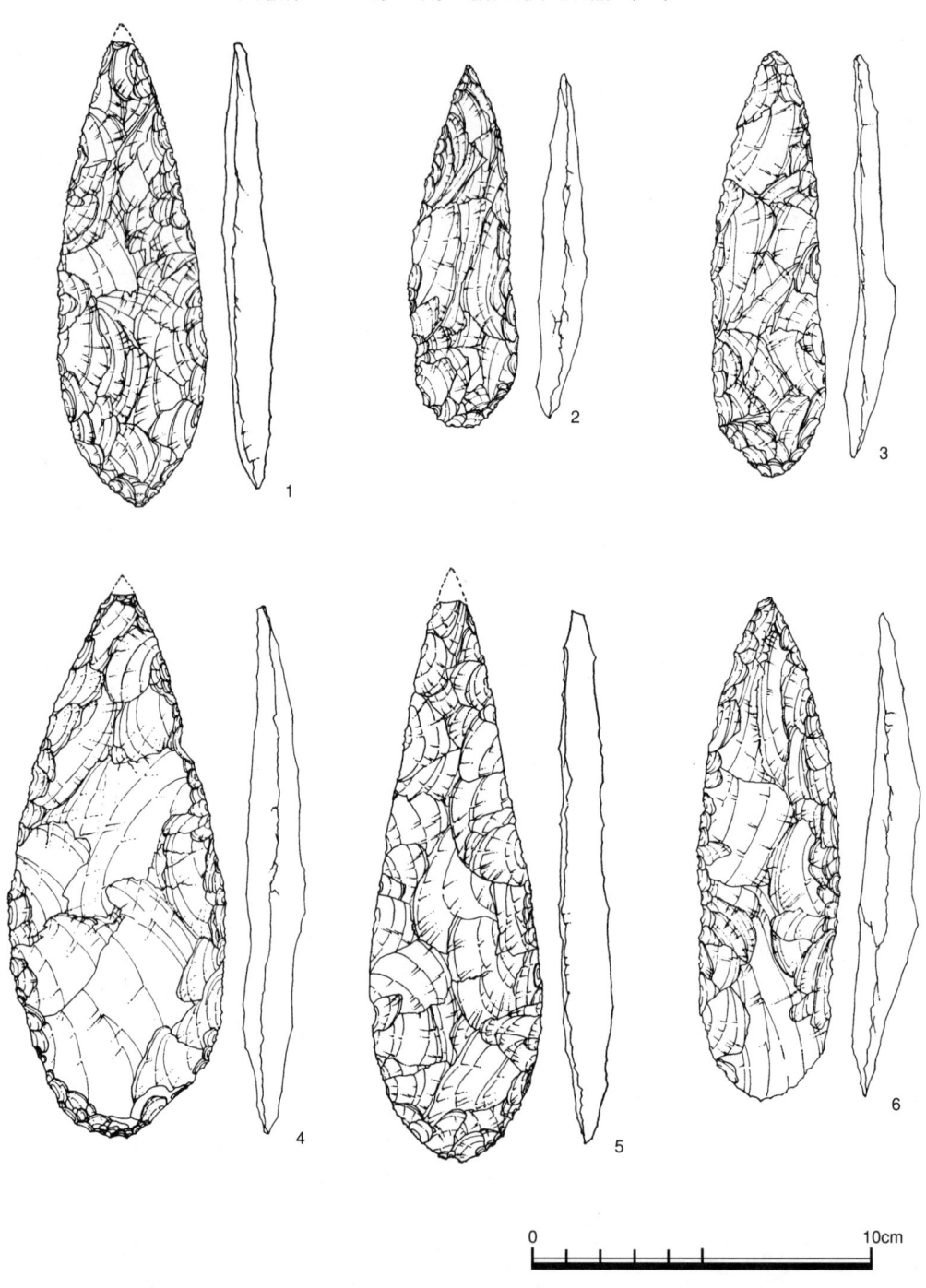

1～6：長野県横倉遺跡（永峯 1982）

図版第197　第Ⅳ期の槍先形尖頭器（27）

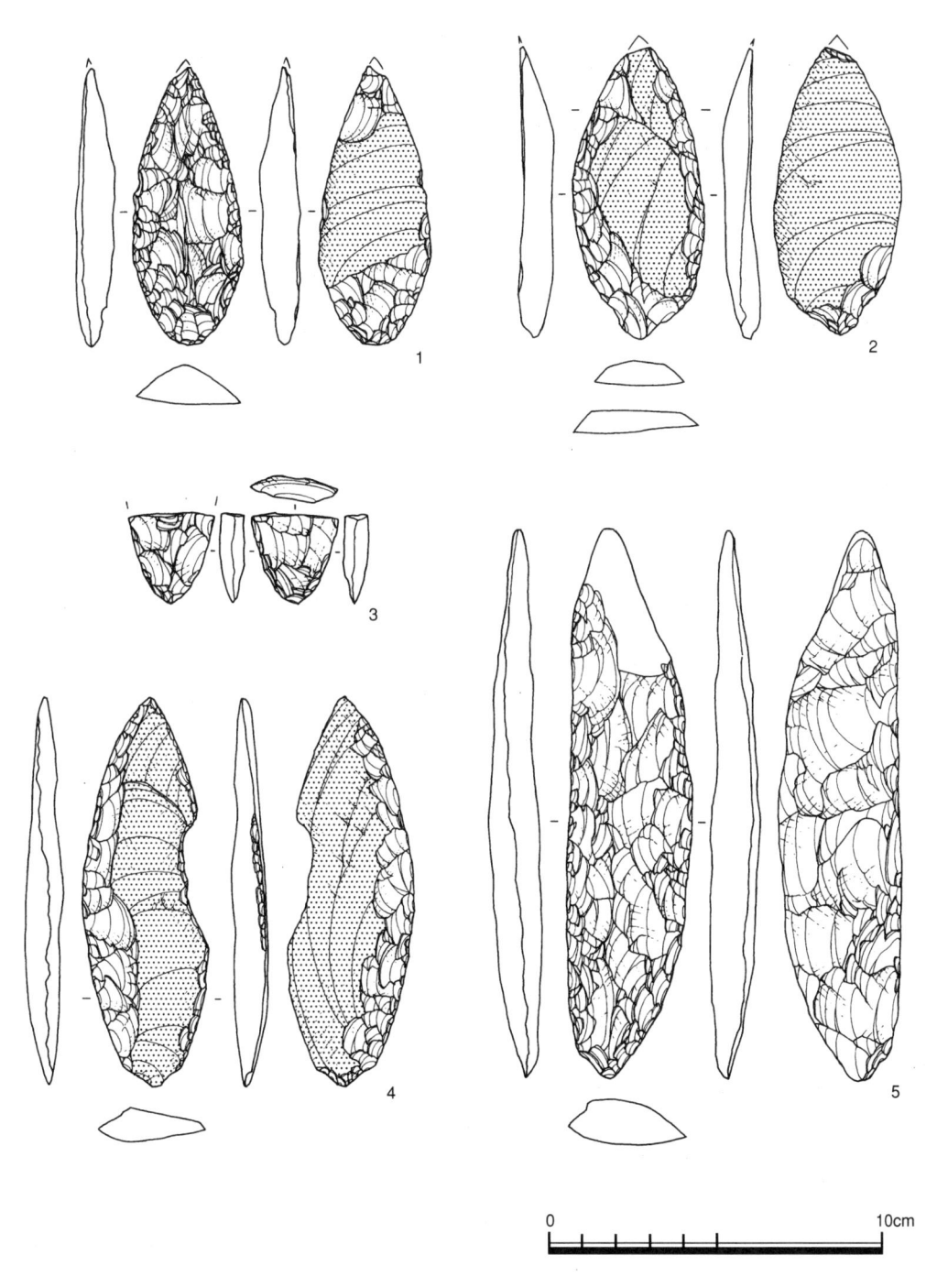

1～5：長野県唐沢B遺跡（森嶋・川上ほか1988に加筆）

図版第198　第Ⅴ期の槍先形尖頭器（1）

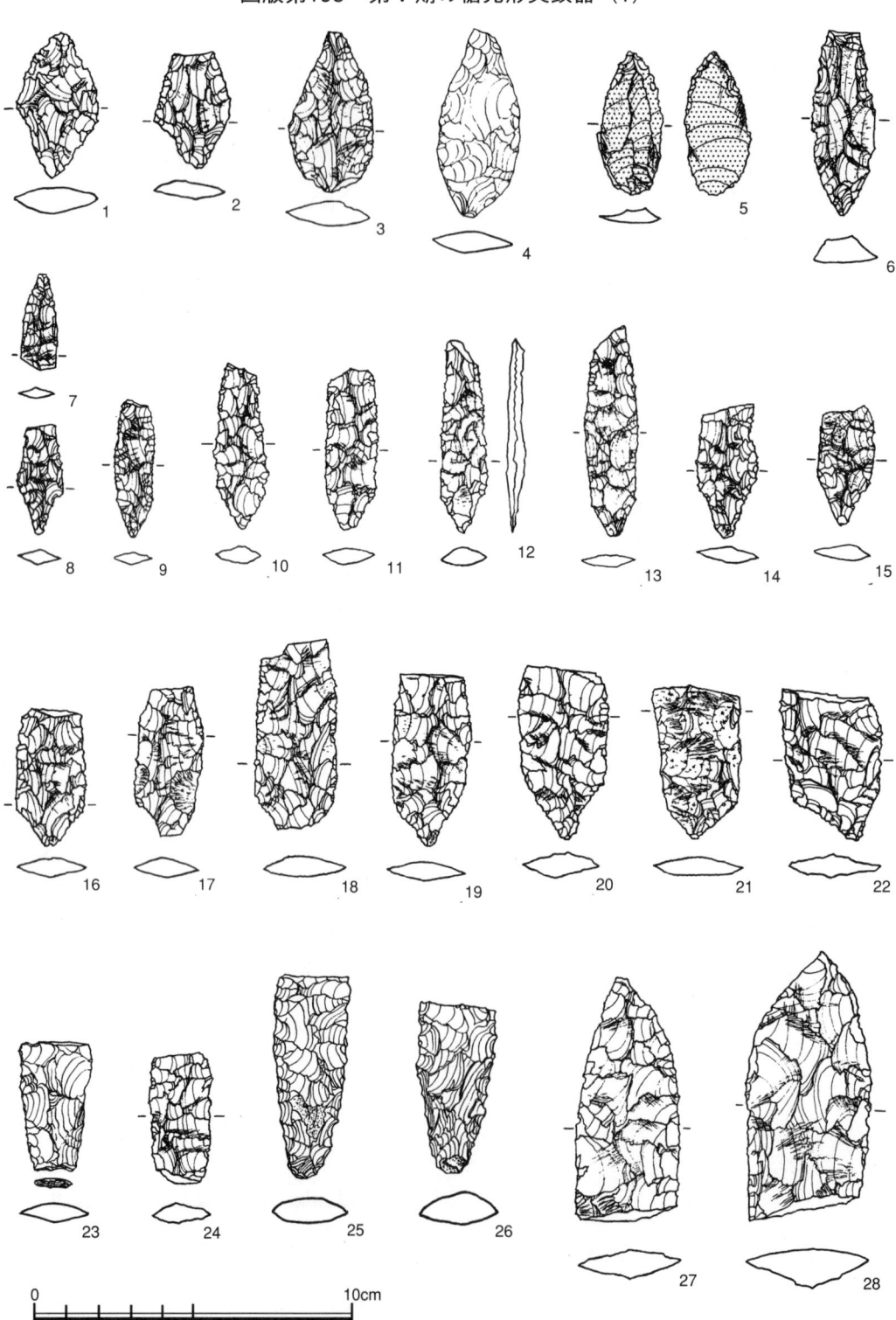

1～28：新潟県中林遺跡（芹沢長介 1966）

中部日本：中部地方北部 481

図版第199　第Ⅴ期の槍先形尖頭器（2）

1〜9：新潟県中林遺跡（9は調整剥片接合資料、1〜8：芹沢1966、9：筆者作成）

中部日本：東海地方

図版第200　第Ⅱ期の槍先形尖頭器

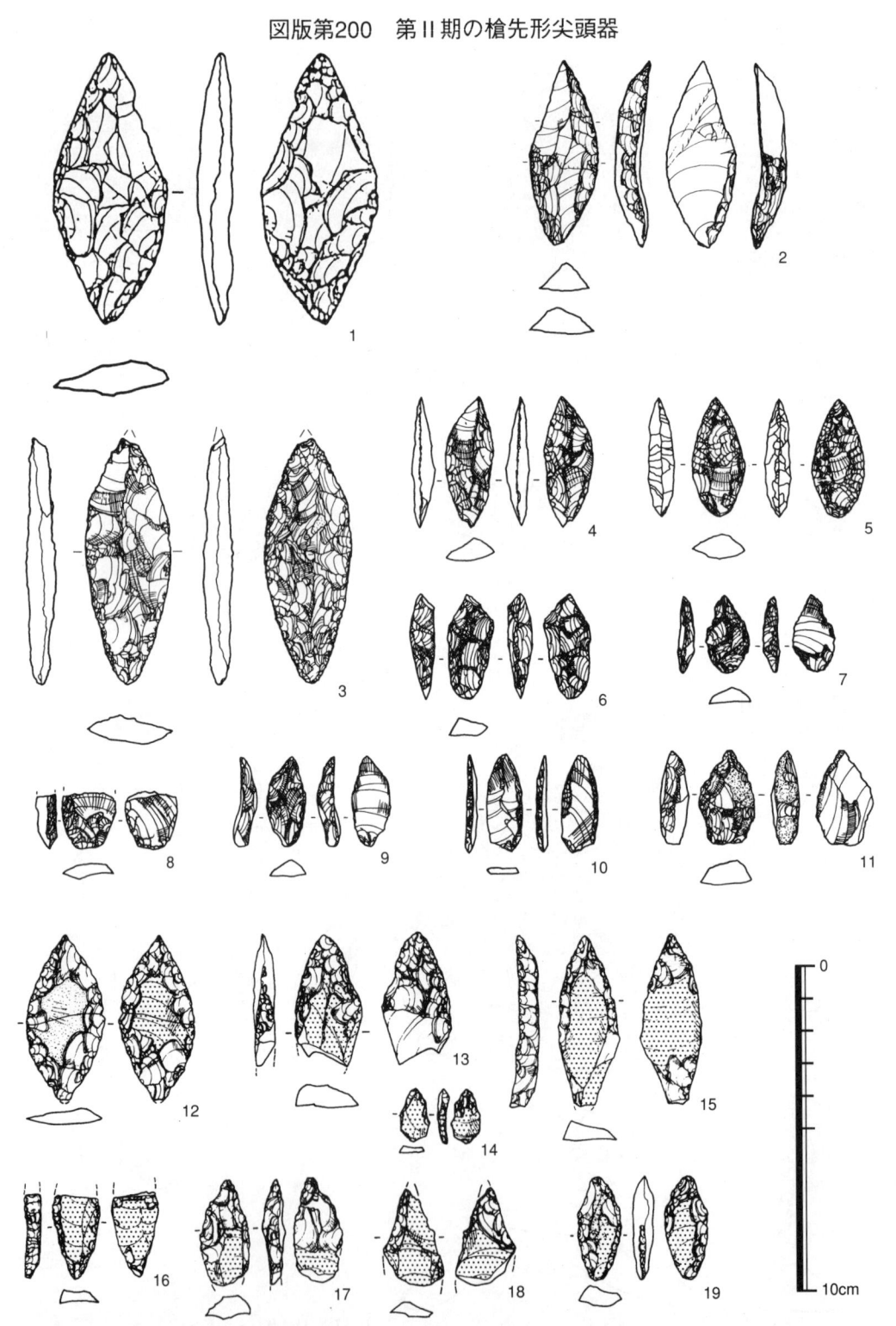

1：静岡県中見代Ⅰ遺跡第Ⅰ文化層（高尾 1989）、2：静岡県高見丘Ⅳ遺跡第8ブロック（富樫 1998）、3：静岡県広合遺跡a区（池谷編 1990）、4～11：静岡県尾上イラウネ遺跡第Ⅴ層北区ブロック群（関野編著 1981）、12～19：山梨県天神堂遺跡（伊藤恒彦 1979に加筆）

中部日本:東海地方 483

図版第201 第Ⅲa期の槍先形尖頭器

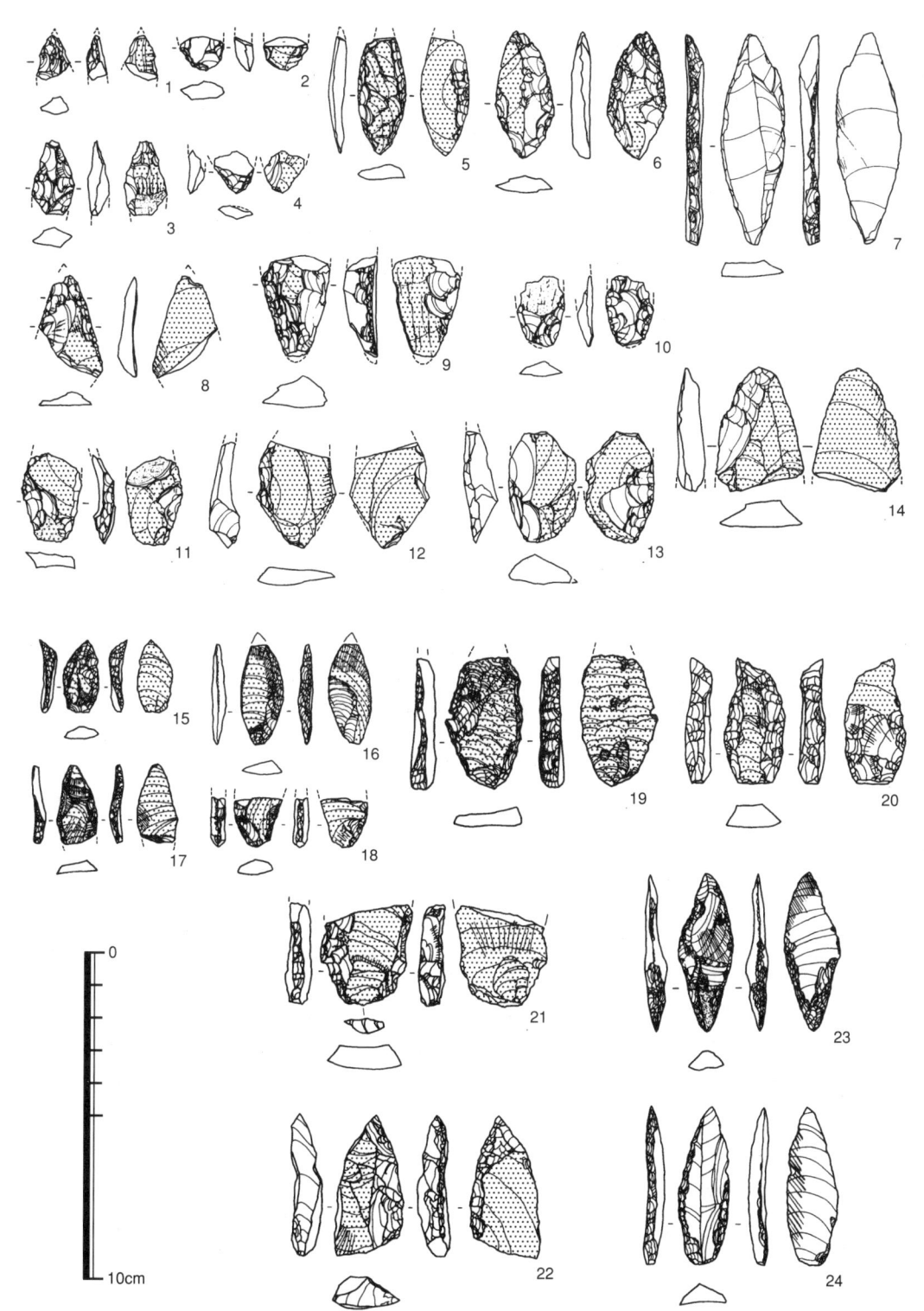

1〜14:静岡県広野北遺跡2b層中央区東半部ブロック群(山下編1985に加筆)、15〜24:静岡県尾上イラウネ遺跡第Ⅴ層南区ブロック群(23・24はナイフ形石器、関野編著1981に加筆)

図版第202　第Ⅲb期（前半）の槍先形尖頭器（1）

1～21：静岡県広野北遺跡2b層中央区西半部第1ブロック群（山下編 1985に加筆）

中部日本：東海地方 485

図版第203　第Ⅲb期（前半）の槍先形尖頭器（2）・第Ⅲb期（後半）の槍先形尖頭器（1）

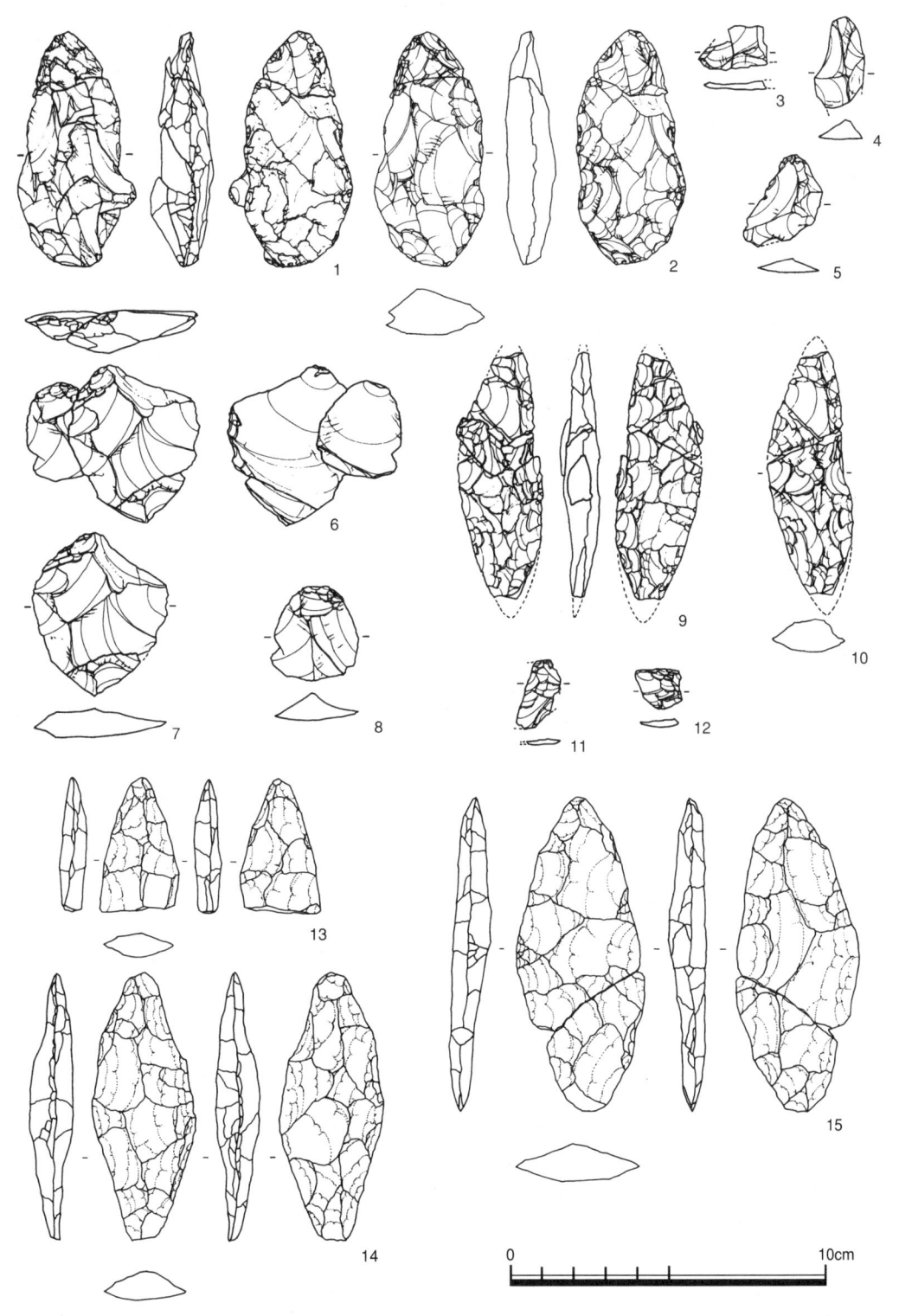

1～12：静岡県広野北遺跡2b層中央区西半部第1ブロック群（第Ⅲb期前半、1～5、6～8、9～12は接合資料と構成資料、山下編 1985）、13～15：静岡県尾上イラウネ遺跡第Ⅴ層南区ブロック群（第Ⅲb期後半、関野編著 1981）

図版第204　第Ⅲb期（後半）の槍先形尖頭器（2）

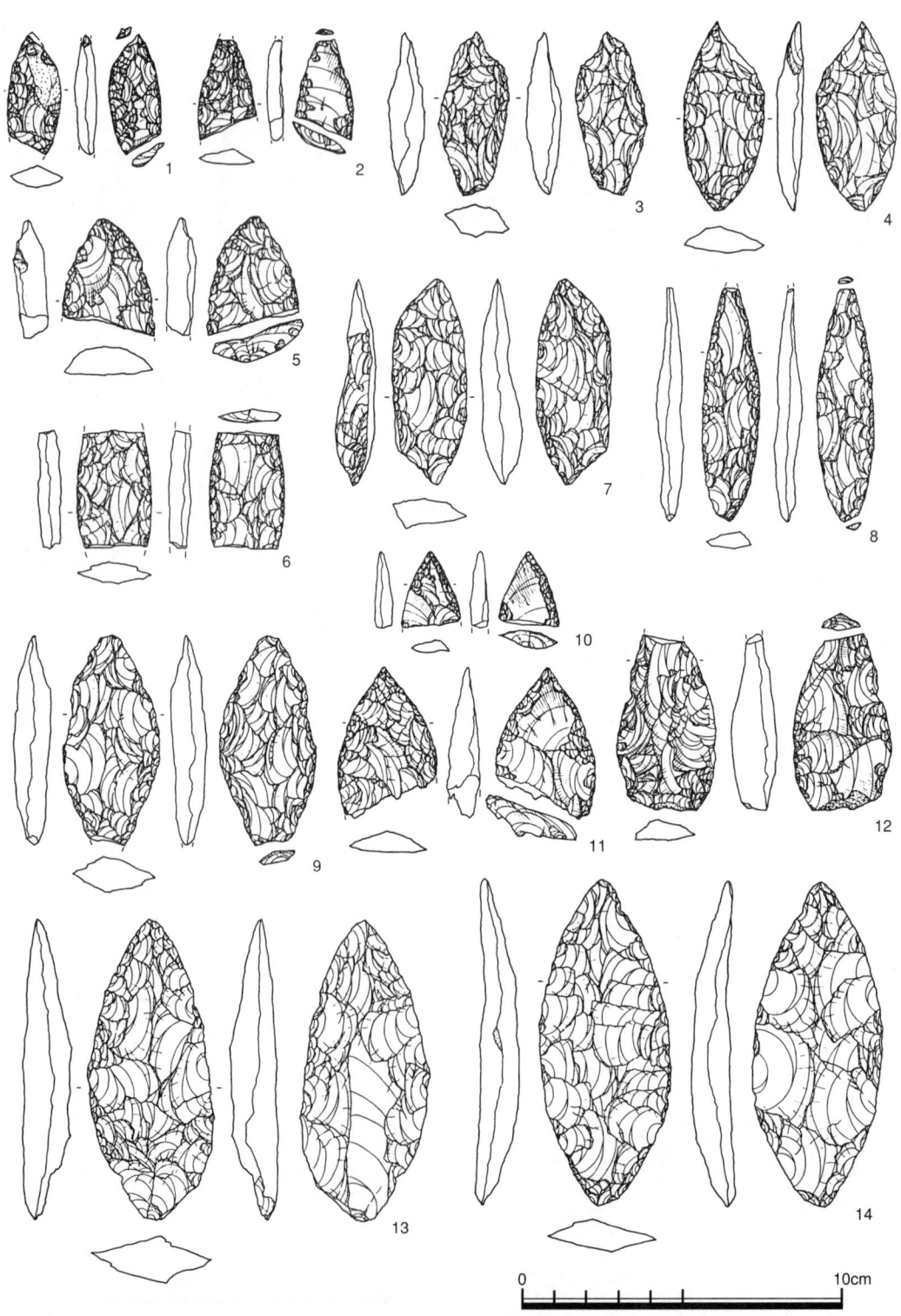

1～14：静岡県山中城跡三の丸第1地点第2文化層（鈴木敏中編著 1994）

中部日本：東海地方　487

図版第205　第Ⅴ期の槍先形尖頭器

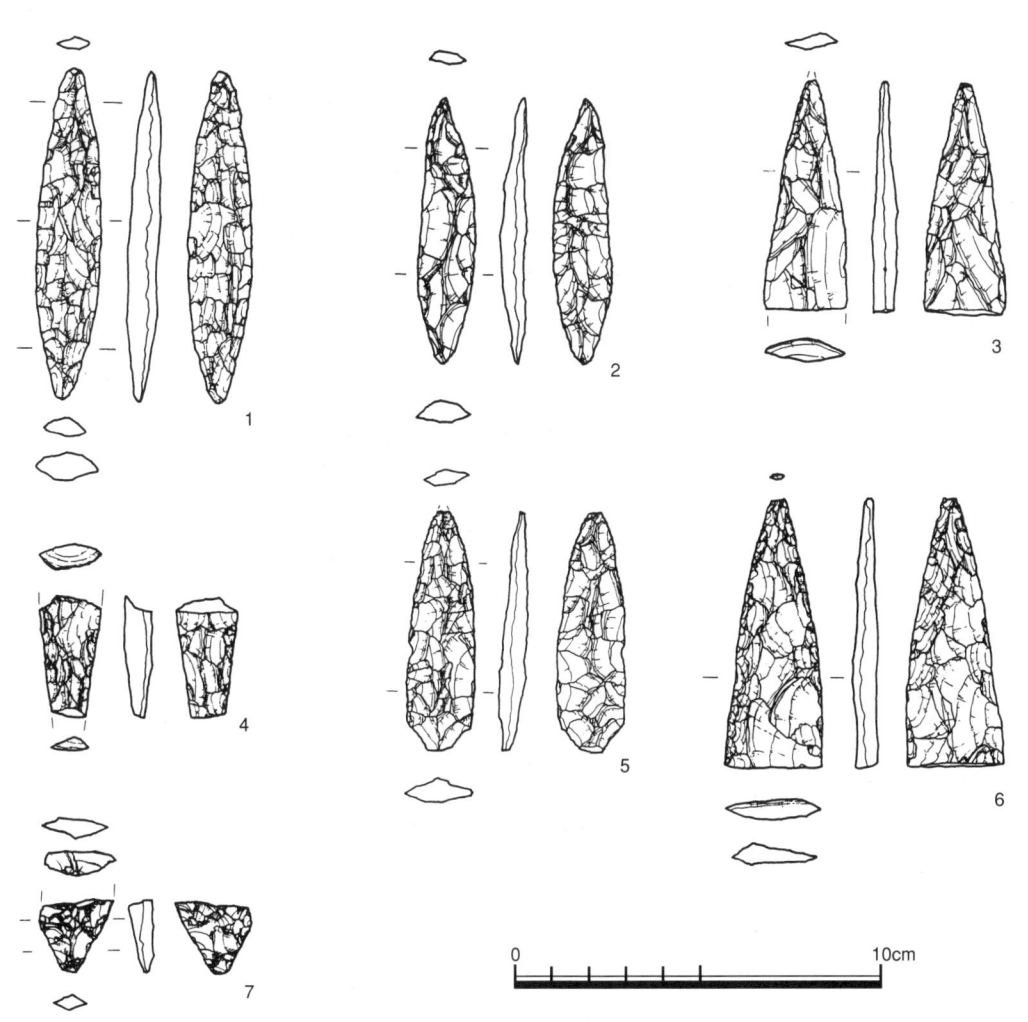

1～7：静岡県清水柳北遺跡東尾根YL層（関野・関本・鈴木 1990）

西日本：中・四国、近畿地方

図版第206　第Ⅲb期（後半）～第Ⅴ期の槍先形尖頭器（1）

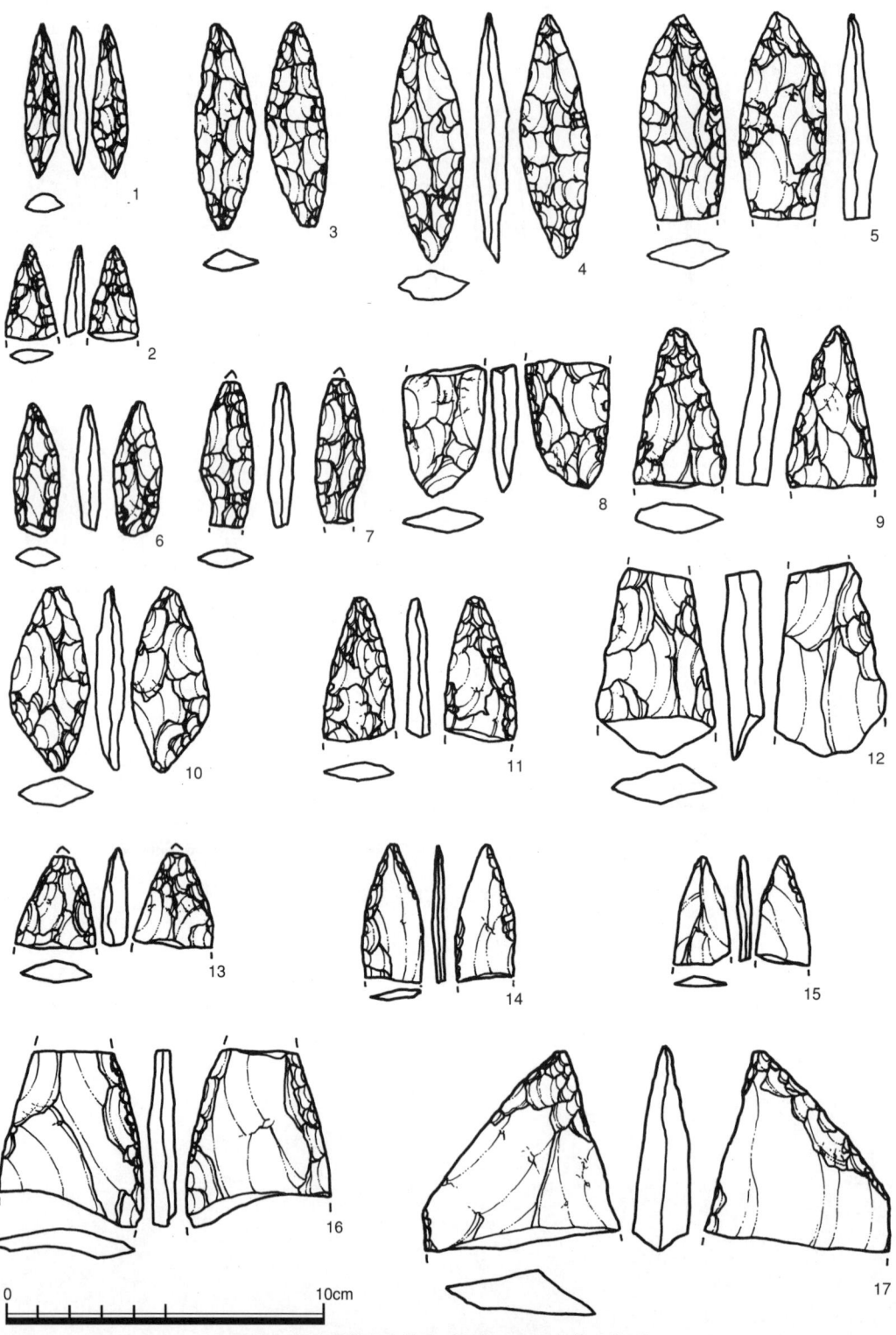

0　　　　　　　10cm

1～17：岡山県鷲羽山遺跡（山本 1969に加筆・修正）

図版第207　第Ⅲb期（後半）〜第Ⅴ期の槍先形尖頭器（2）

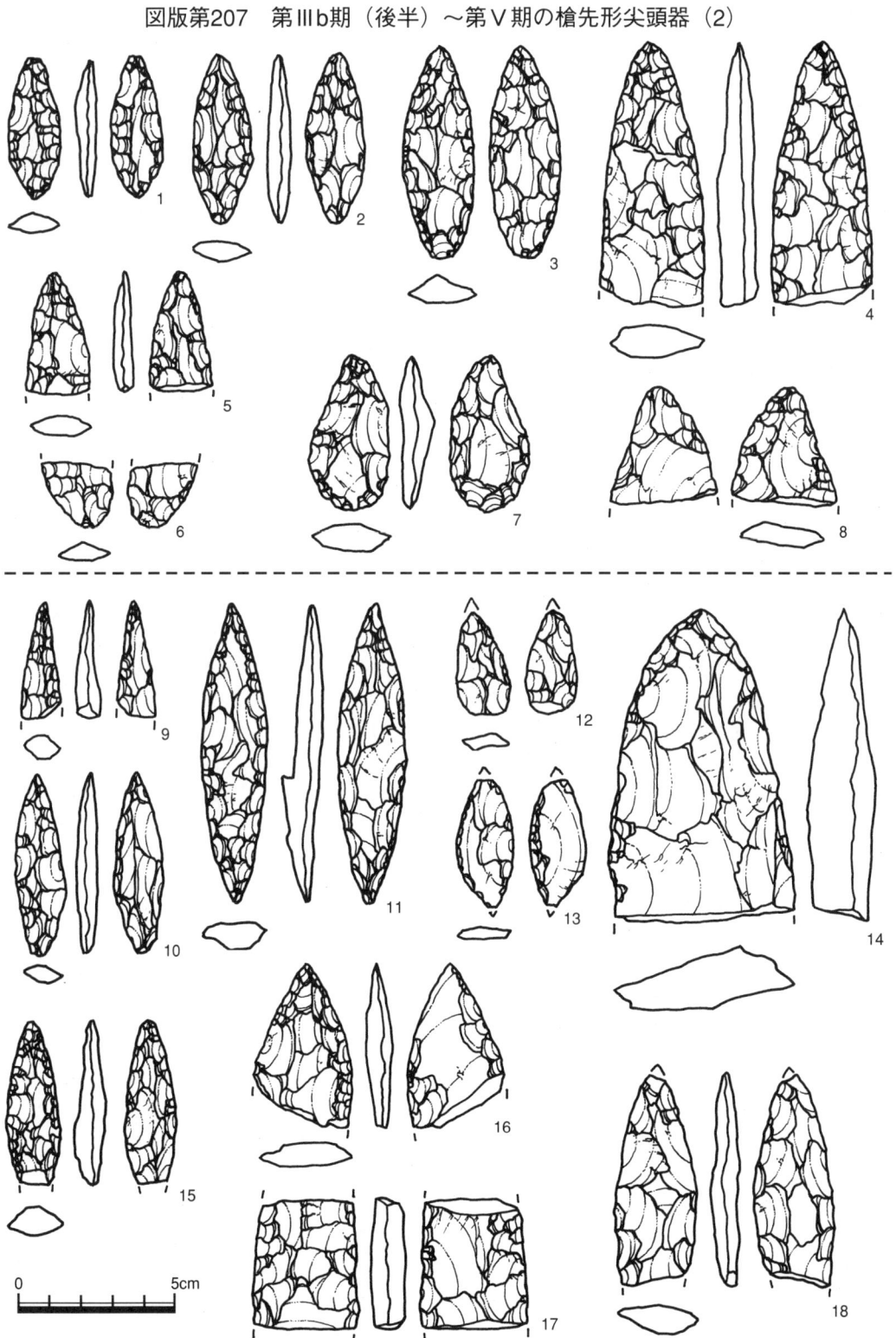

1〜8：香川県羽佐島遺跡北端部（A地区35〜42グリッド）、9〜18：香川県羽佐島遺跡中央尾根鞍部（A・B・C地区8〜20グリッド）

490

図版第208　第Ⅳ期～第Ⅴ期の槍先形尖頭器（1）

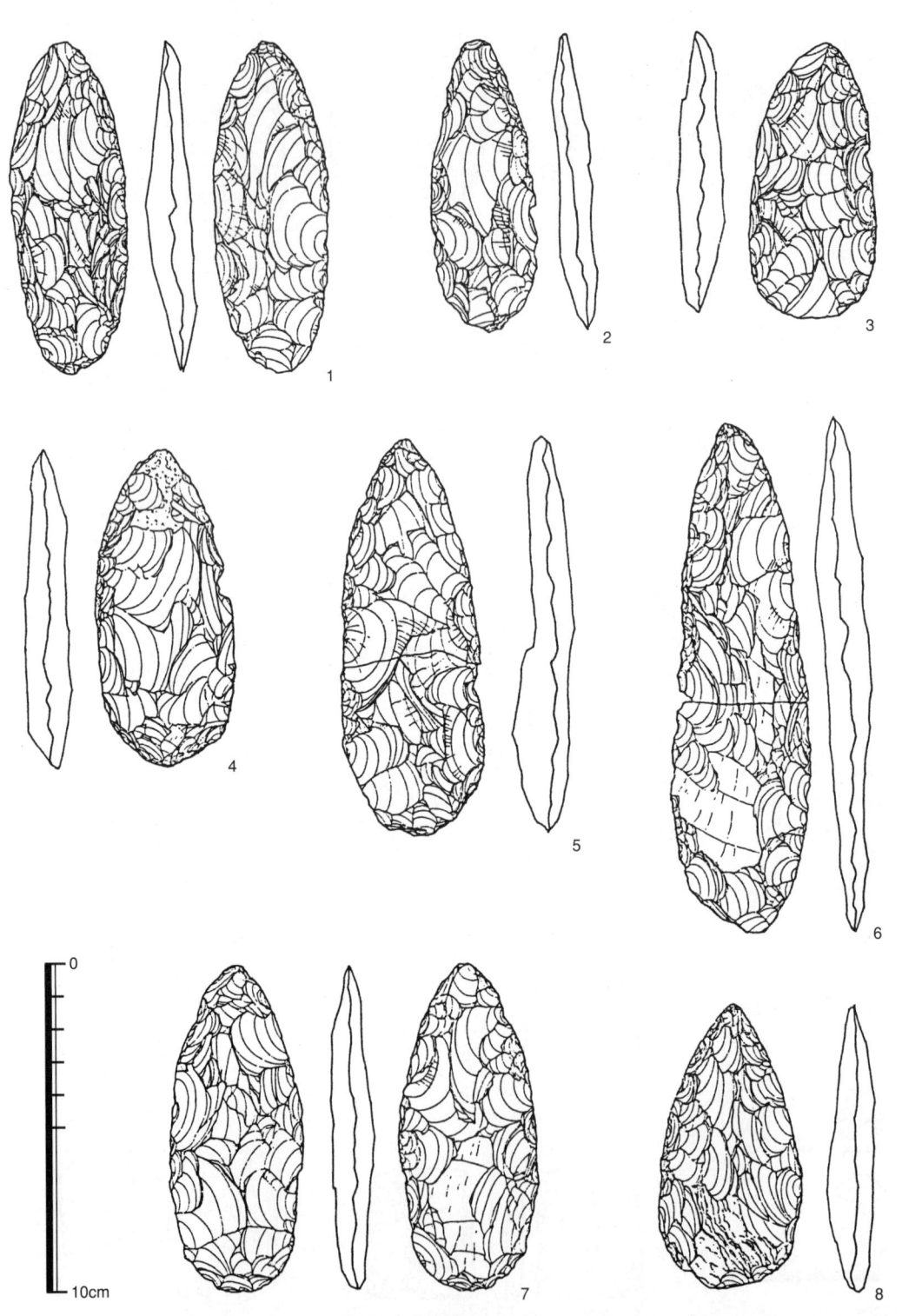

1～8：香川県国分台遺跡第7地点（竹岡1988）

西日本：中国・四国、近畿地方　491

図版第209　第Ⅳ期〜第Ⅴ期の槍先形尖頭器（2）

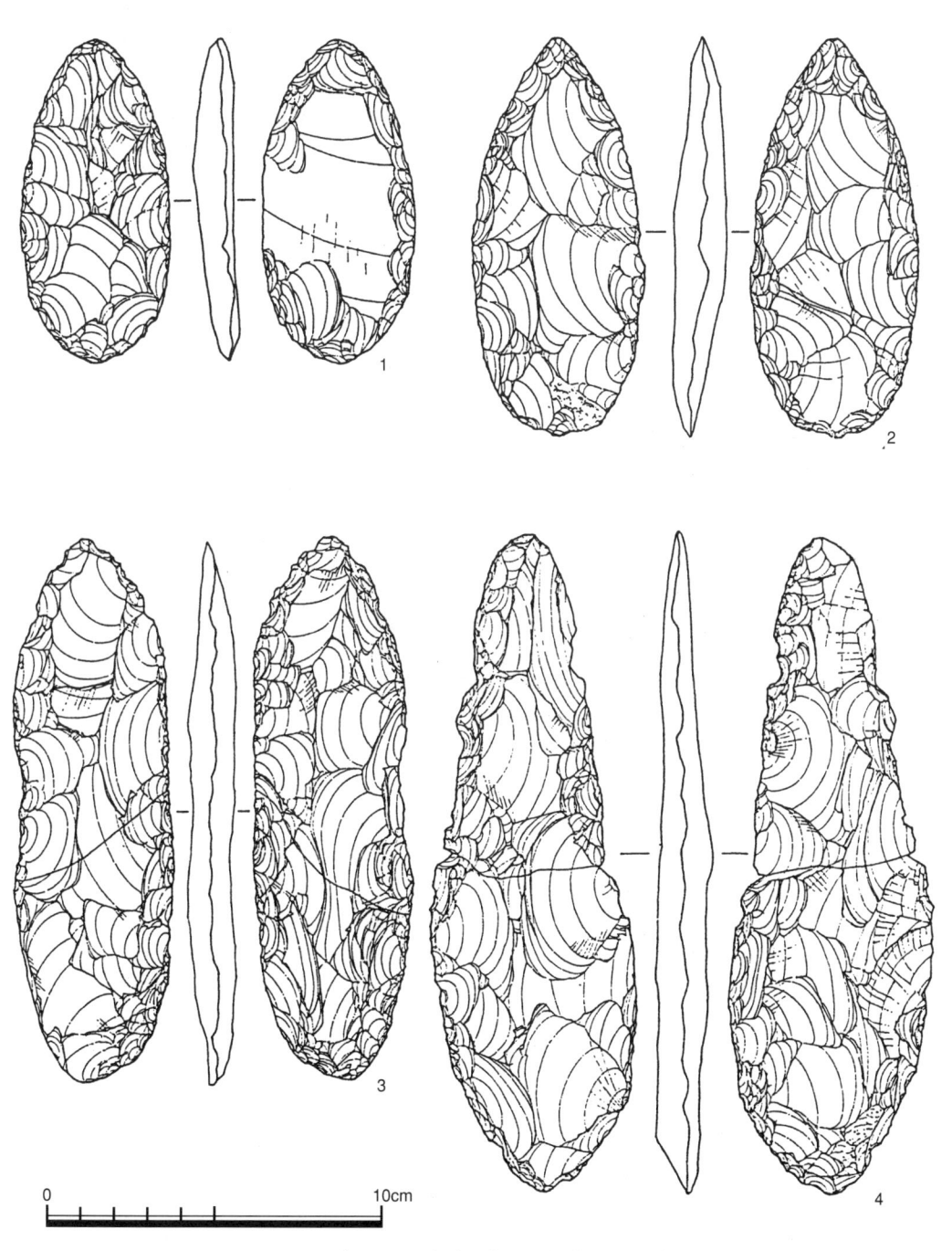

0　　　　　　　　10cm

1〜4：香川県国分台遺跡第7地点（竹岡1988）

図版第210　第Ⅳ期の槍先形尖頭器（1）

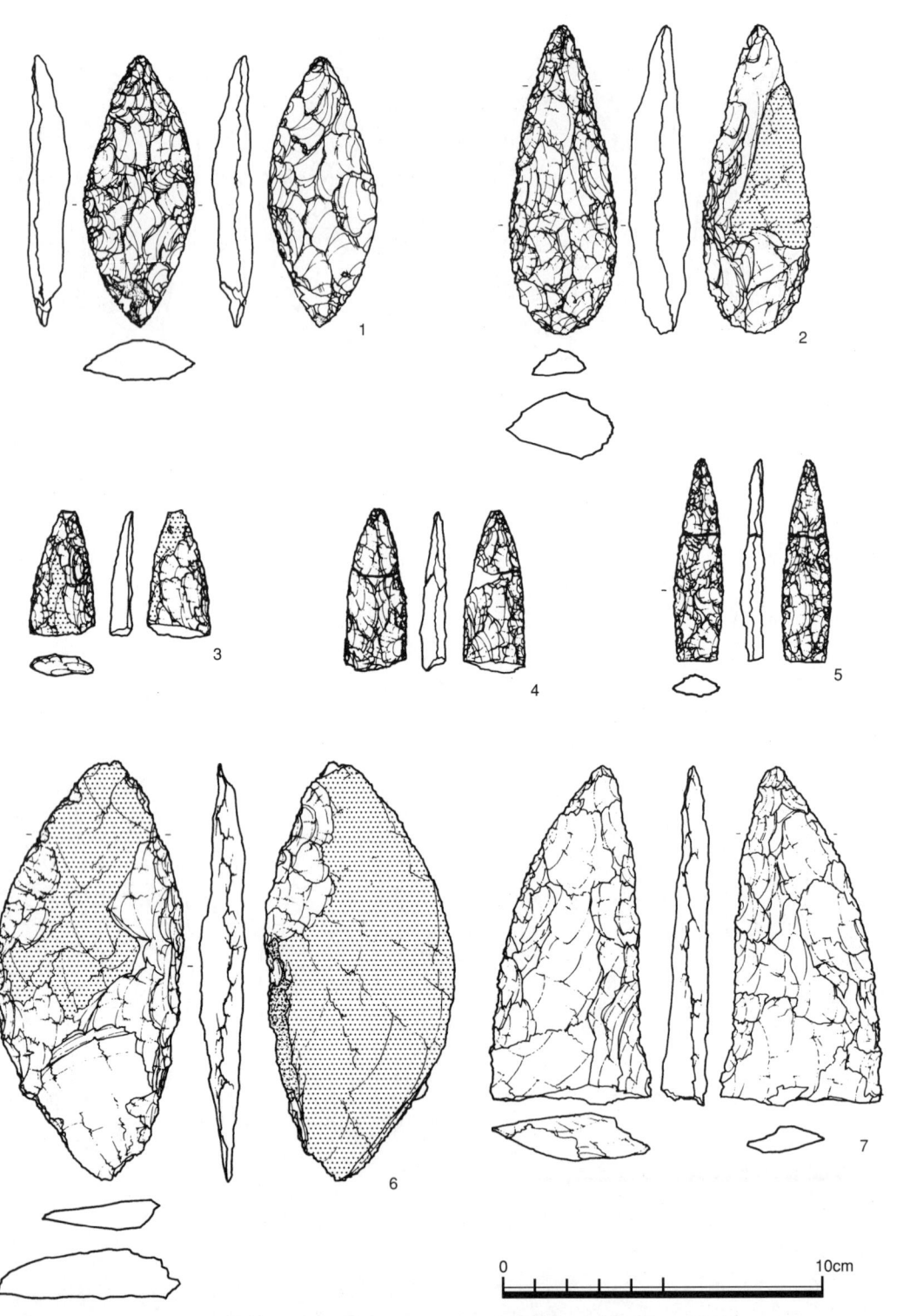

1～7：広島県冠遺跡第10地点（12トレンチ・拡張区）（三枝 1983に加筆）

西日本：中国・四国、近畿地方　493

図版第211　第Ⅳ期の槍先形尖頭器（2）

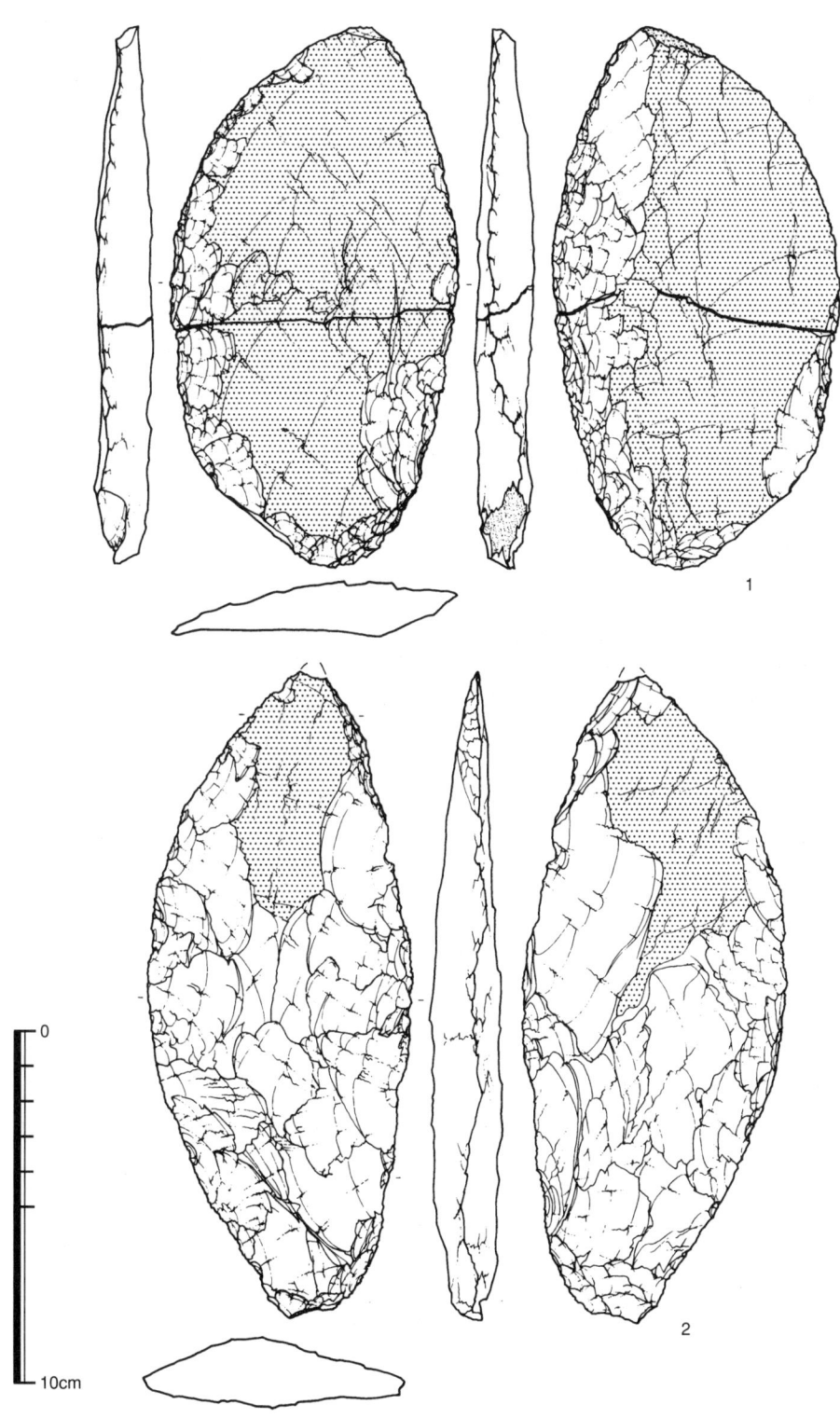

1・2：広島県冠遺跡第10地点（12トレンチ・拡張区）（三枝 1983に加筆）

図版第212　第Ⅳ期の槍先形尖頭器（3）

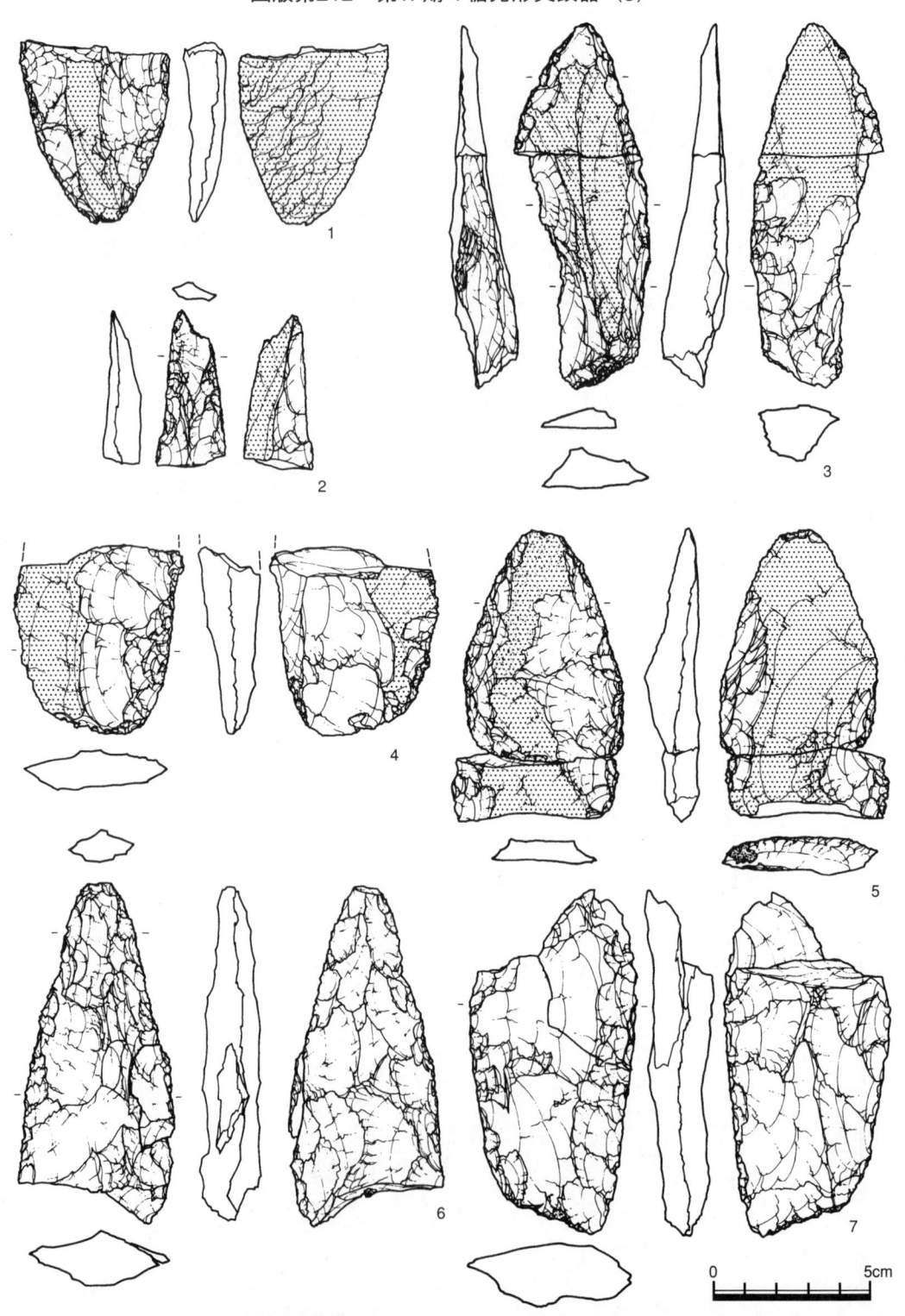

1〜7：広島県冠遺跡第10地点（12トレンチ・拡張区）（三枝 1983に加筆）

西日本：中国・四国、近畿地方 495

図版第213　第Ⅳ期の槍先形尖頭器（4）

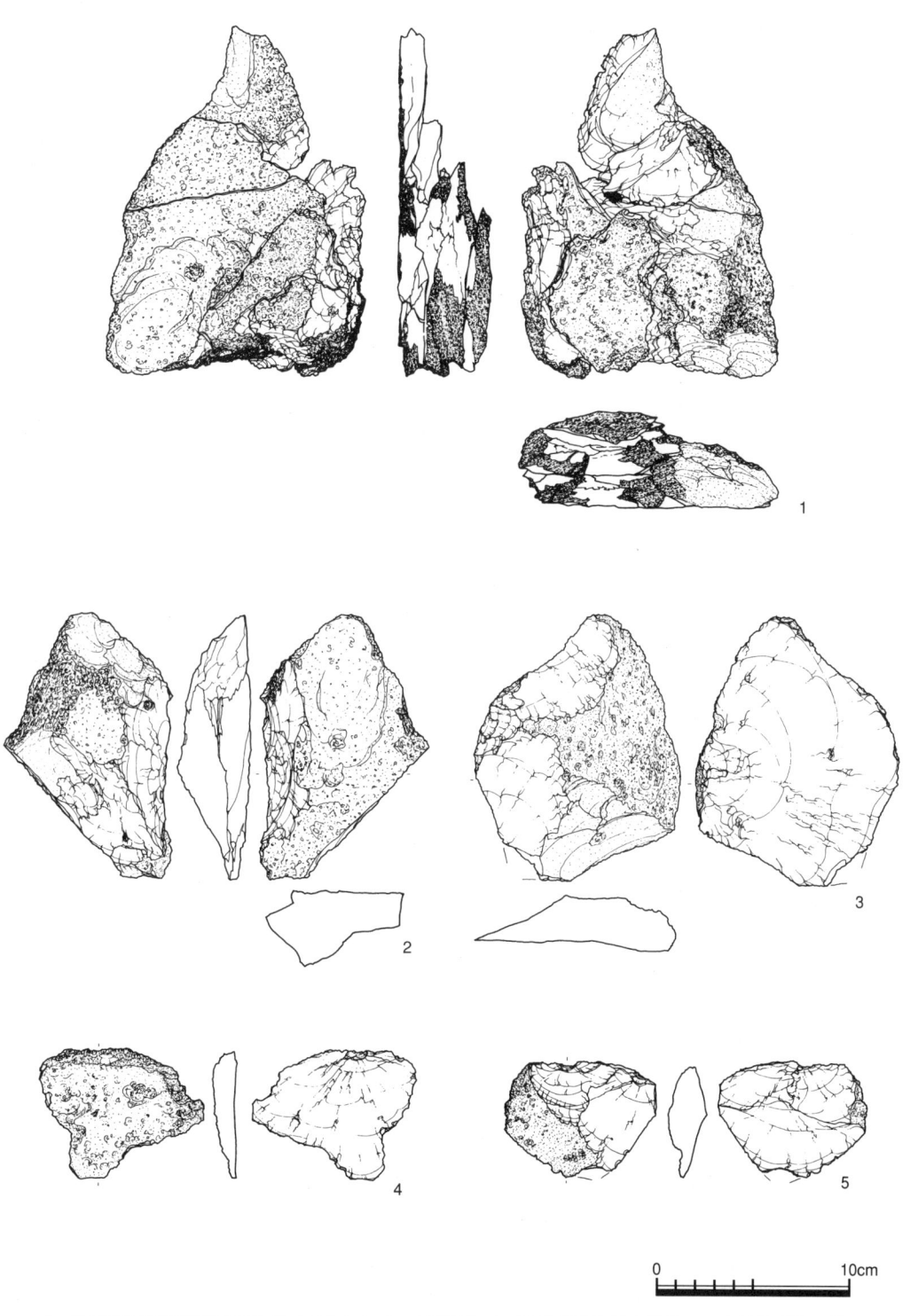

1～5：広島県冠遺跡第10地点（12トレンチ・拡張区）（1は盤状剥片接合資料、2は盤状剥片石核、3～5は盤状剥片、三枝1983）

図版第214　第Ⅴ期の槍先形尖頭器

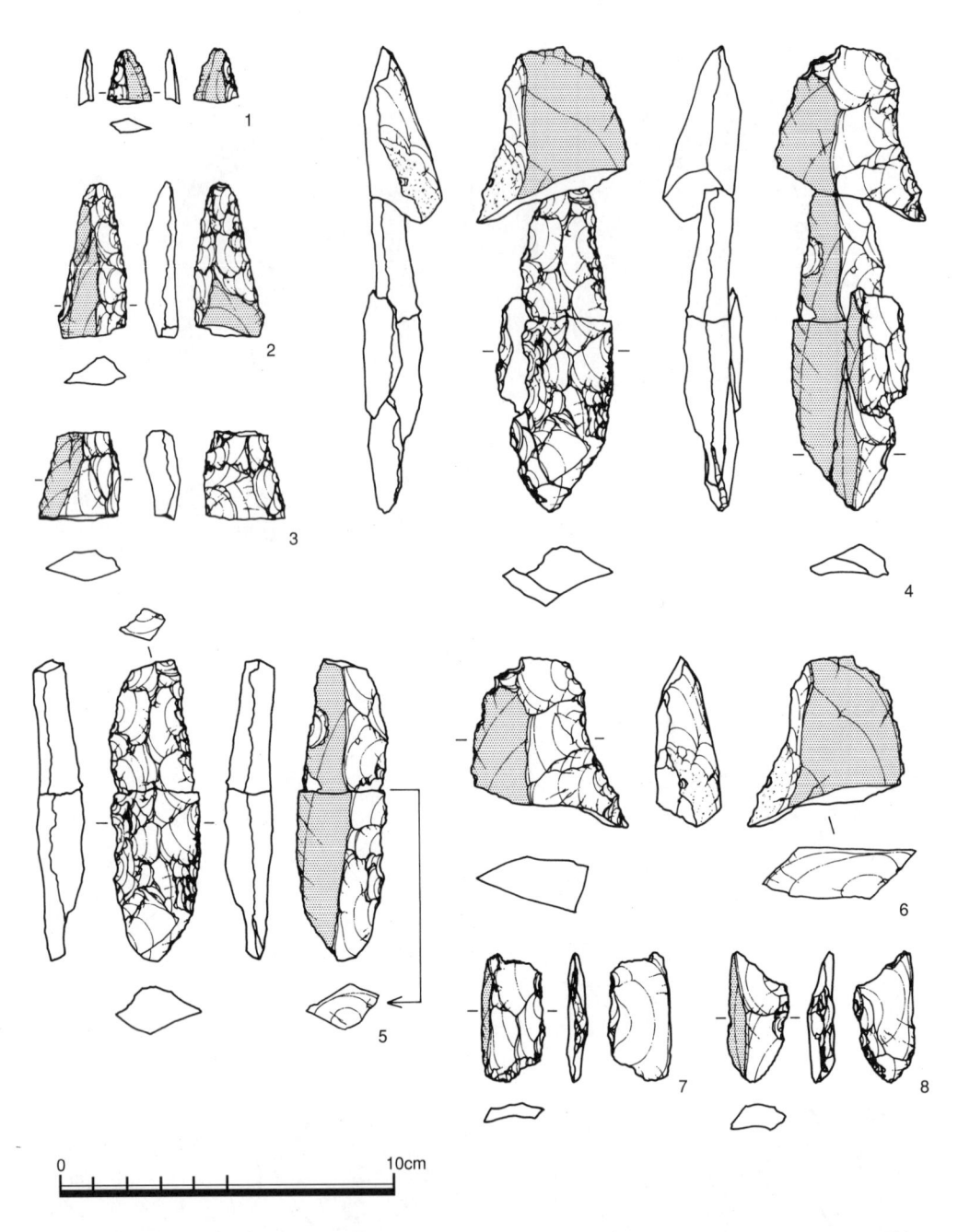

0　　　　　　　　10cm

1～8：広島県冠遺跡D地点第Ⅰ文化層（4～8は槍先形尖頭器接合資料と構成資料、藤野 1991bに加筆）

西日本：九州地方

図版第215　第Ⅳ期の槍先形尖頭器

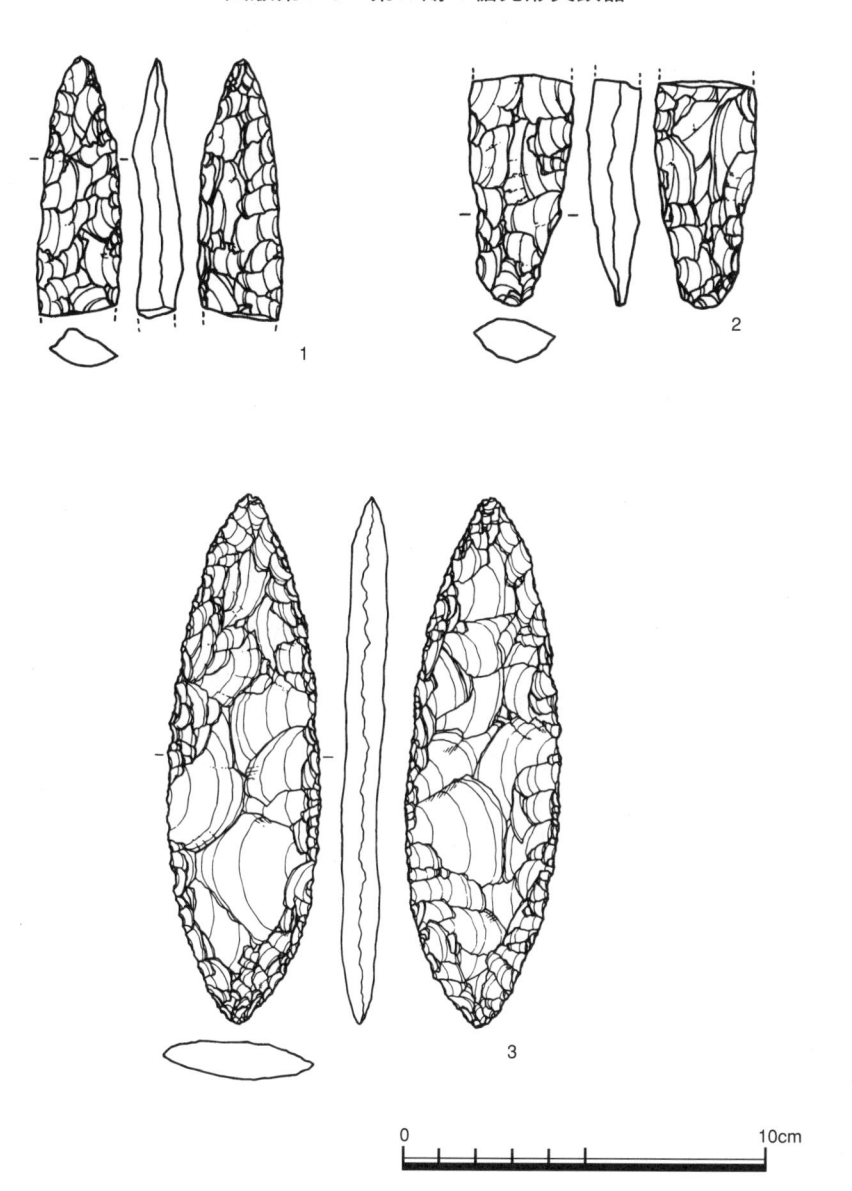

1・2：大分県上下田遺跡（橘 1981・1983に加筆）、3：鹿児島県帖地遺跡（永野編著 2000）

図版第216　第Ⅴ期の槍先形尖頭器（1）

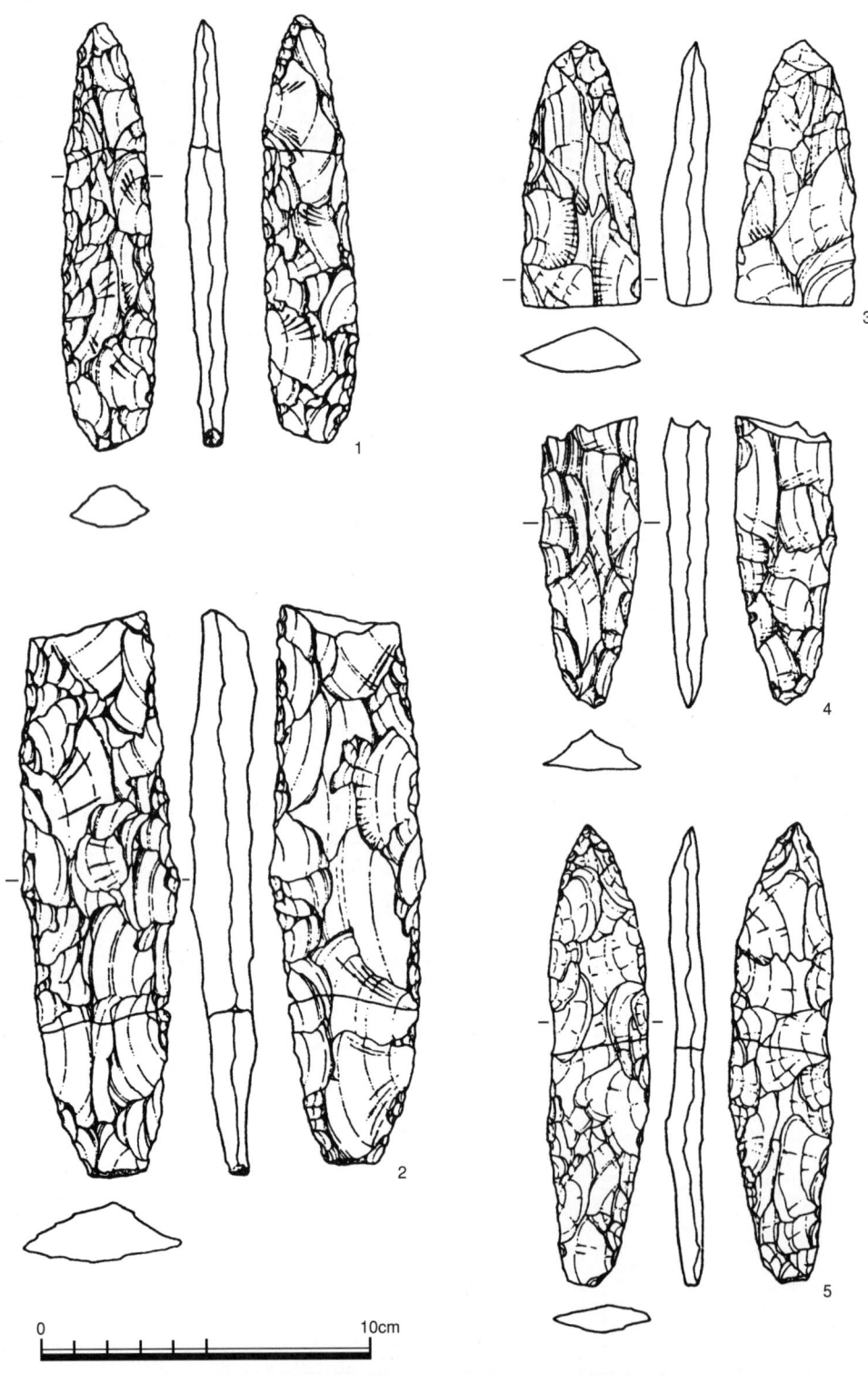

1～5：佐賀県多久三年山遺跡（杉原・戸沢・安蒜 1983）

西日本：九州地方 499

図版第217 第Ⅴ期の槍先形尖頭器（2）

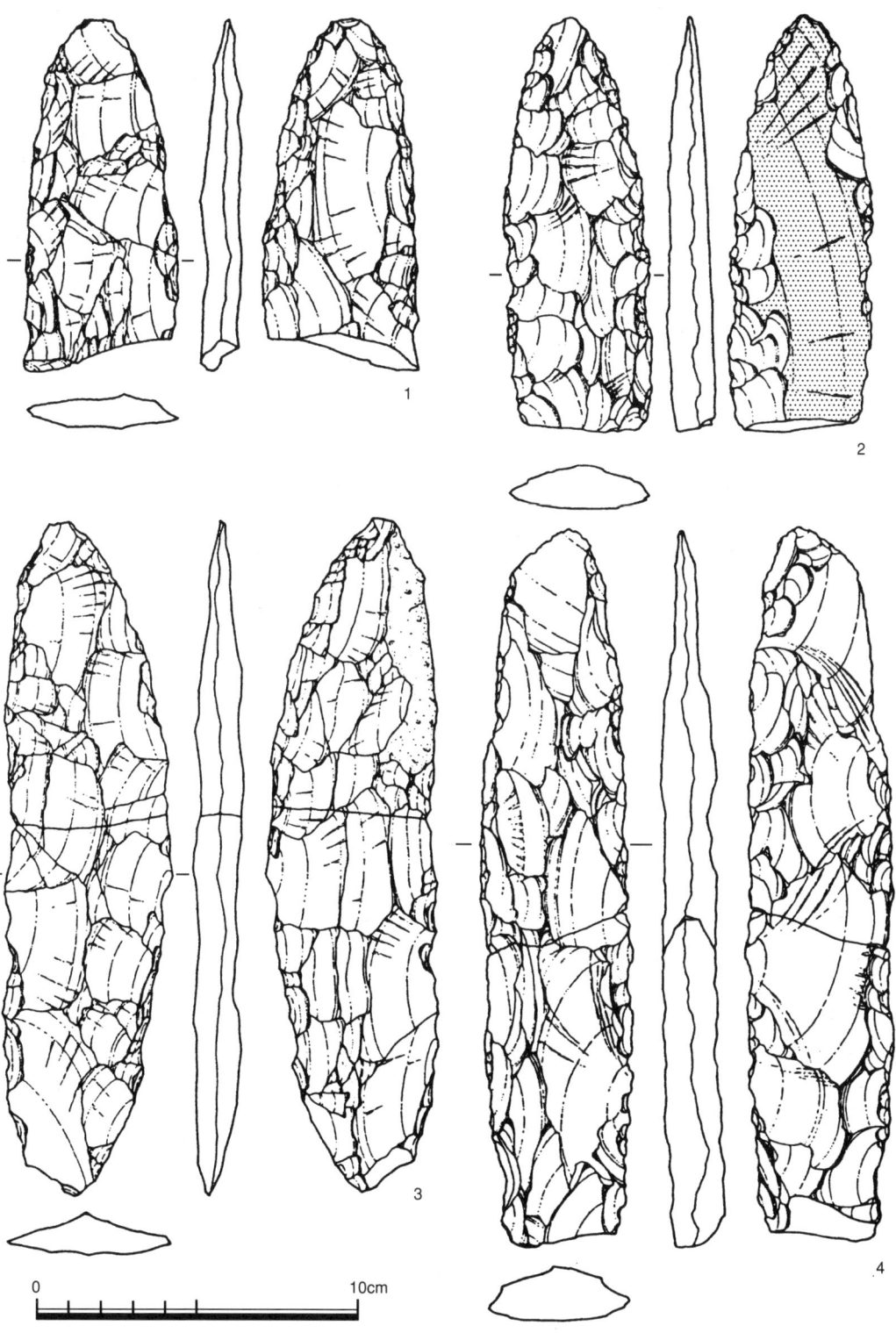

0　　　　　　　10cm

1～4：佐賀県多久三年山遺跡（杉原・戸沢・安蒜 1983に加筆）

図版第218　第Ⅴ期の槍先形尖頭器（3）

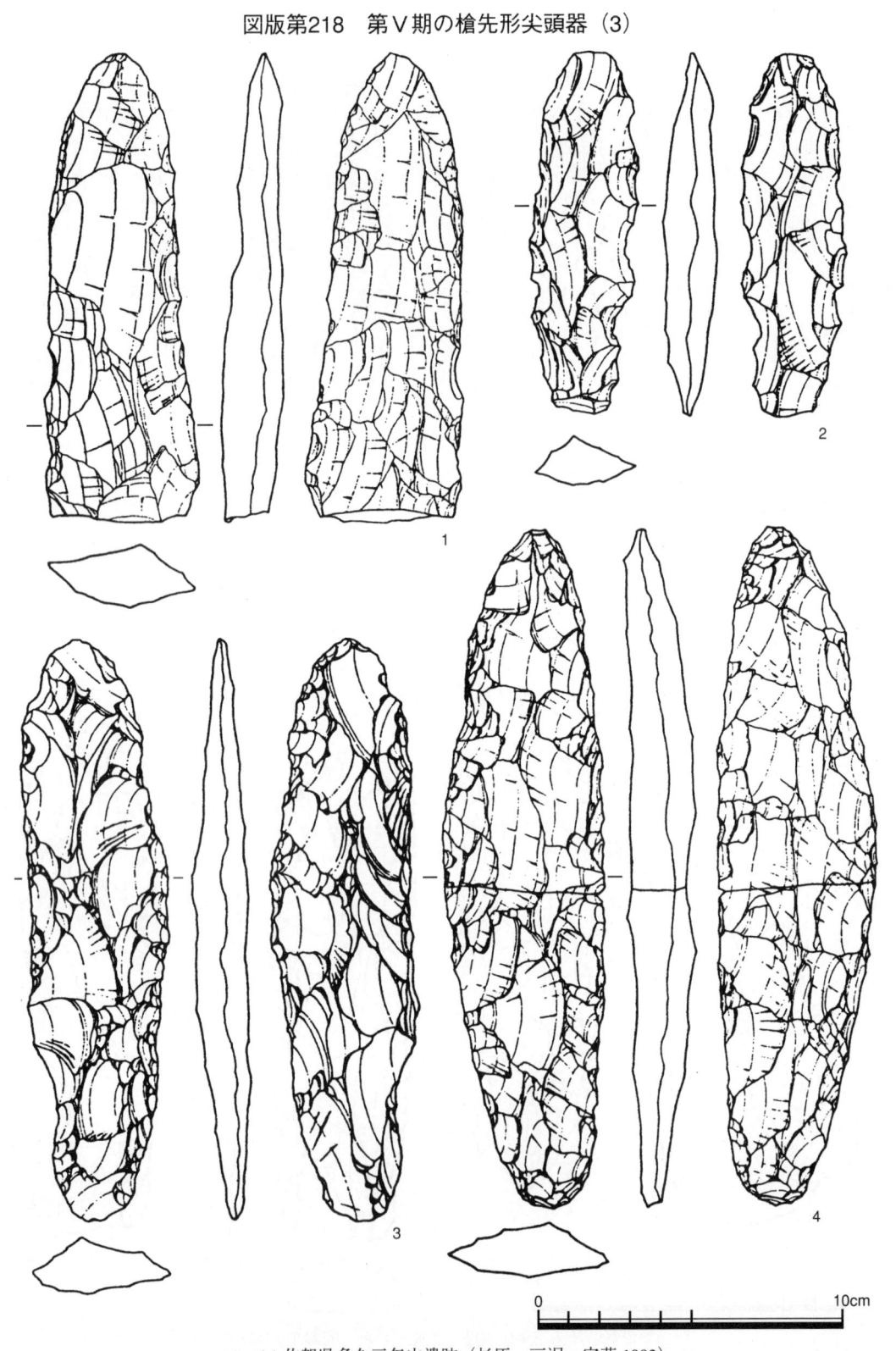

1～4：佐賀県多久三年山遺跡（杉原・戸沢・安蒜 1983）

西日本：九州地方 501

図版第219 第Ⅴ期の槍先形尖頭器（4）

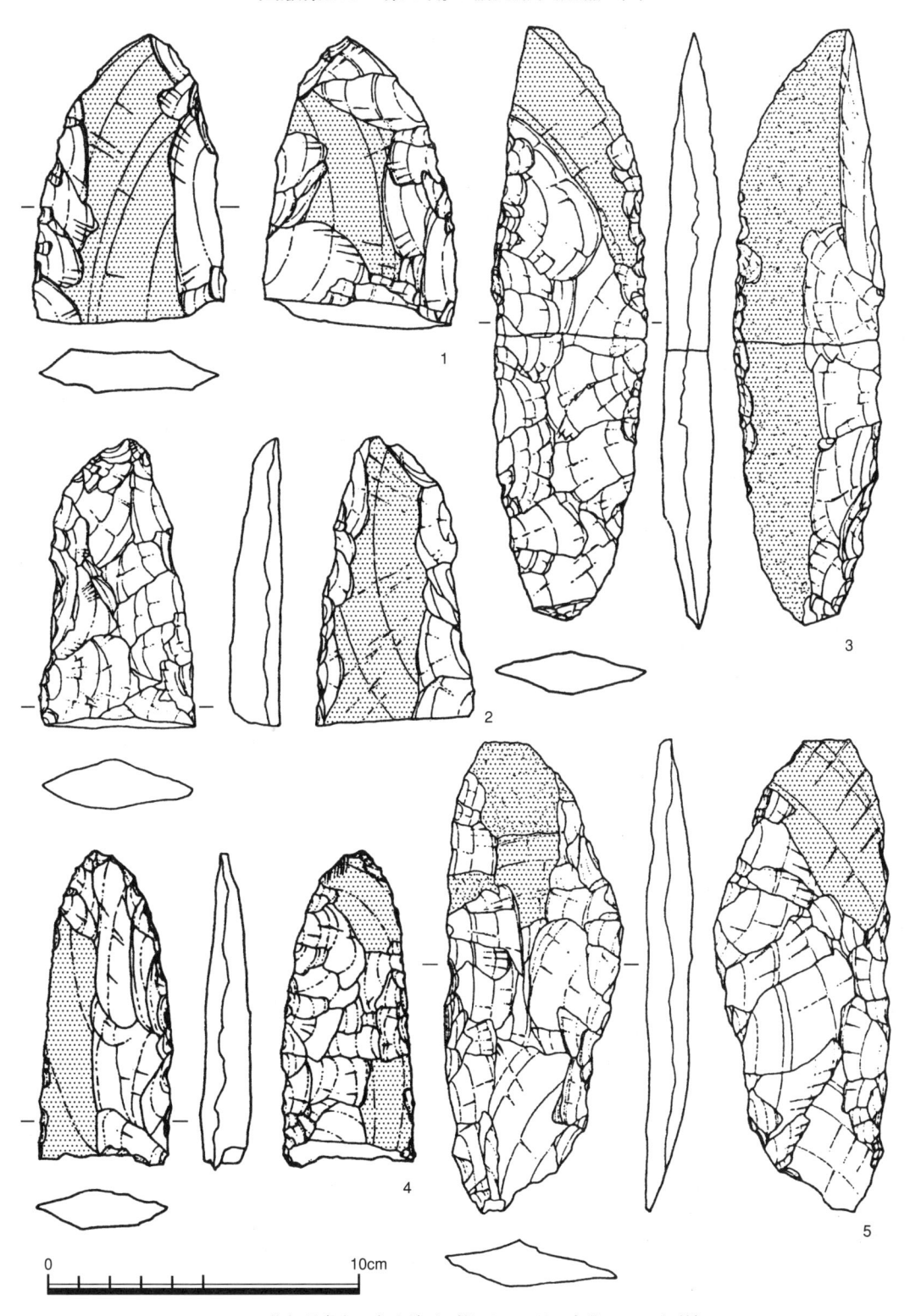

1〜5：佐賀県多久三年山遺跡（杉原・戸沢・安蒜1983に加筆）

図版第220　第Ⅴ期の槍先形尖頭器（5）

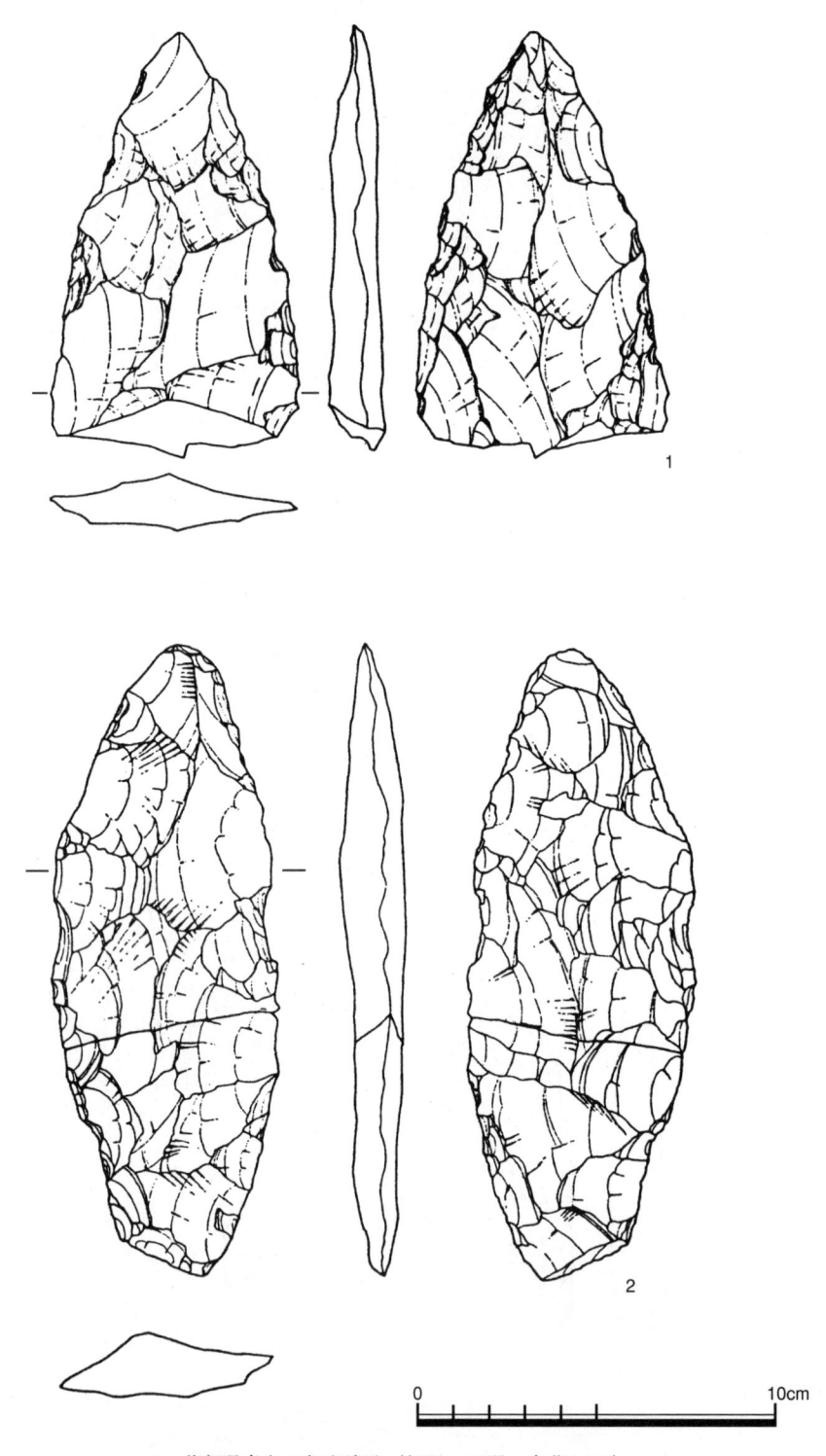

1・2：佐賀県多久三年山遺跡（杉原・戸沢・安蒜 1983）

西日本：九州地方　503

図版第221　第Ⅴ期の槍先形尖頭器（6）

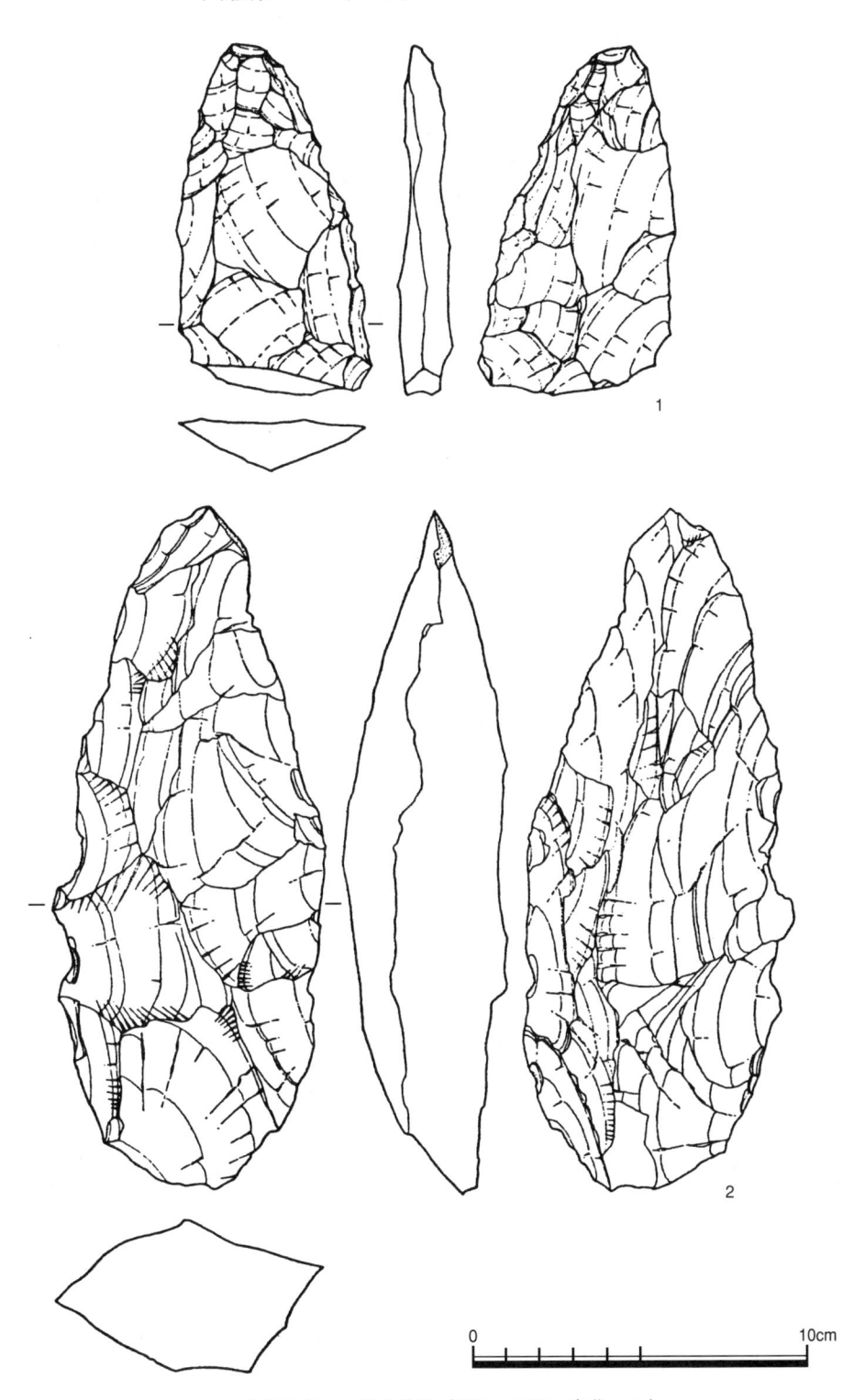

1
2

0　　　　　　　10cm

1・2：佐賀県多久三年山遺跡（杉原・戸沢・安蒜 1983）

図版第222　第Ⅴ期の槍先形尖頭器 (7)

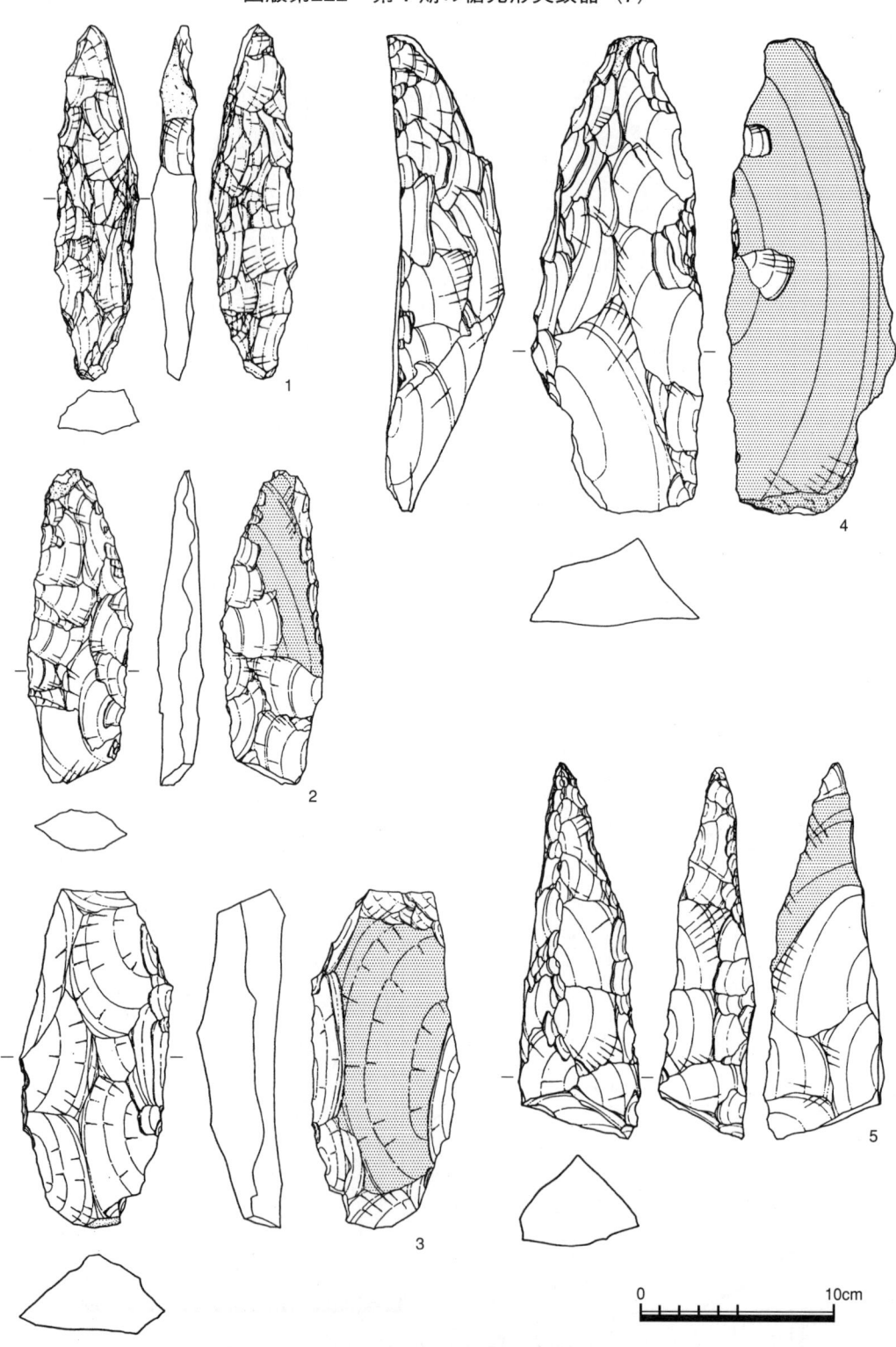

1〜5：佐賀県多久三年山遺跡（杉原・戸沢・安蒜 1983に加筆）

図版第223　第Ⅴ期の槍先形尖頭器（8）

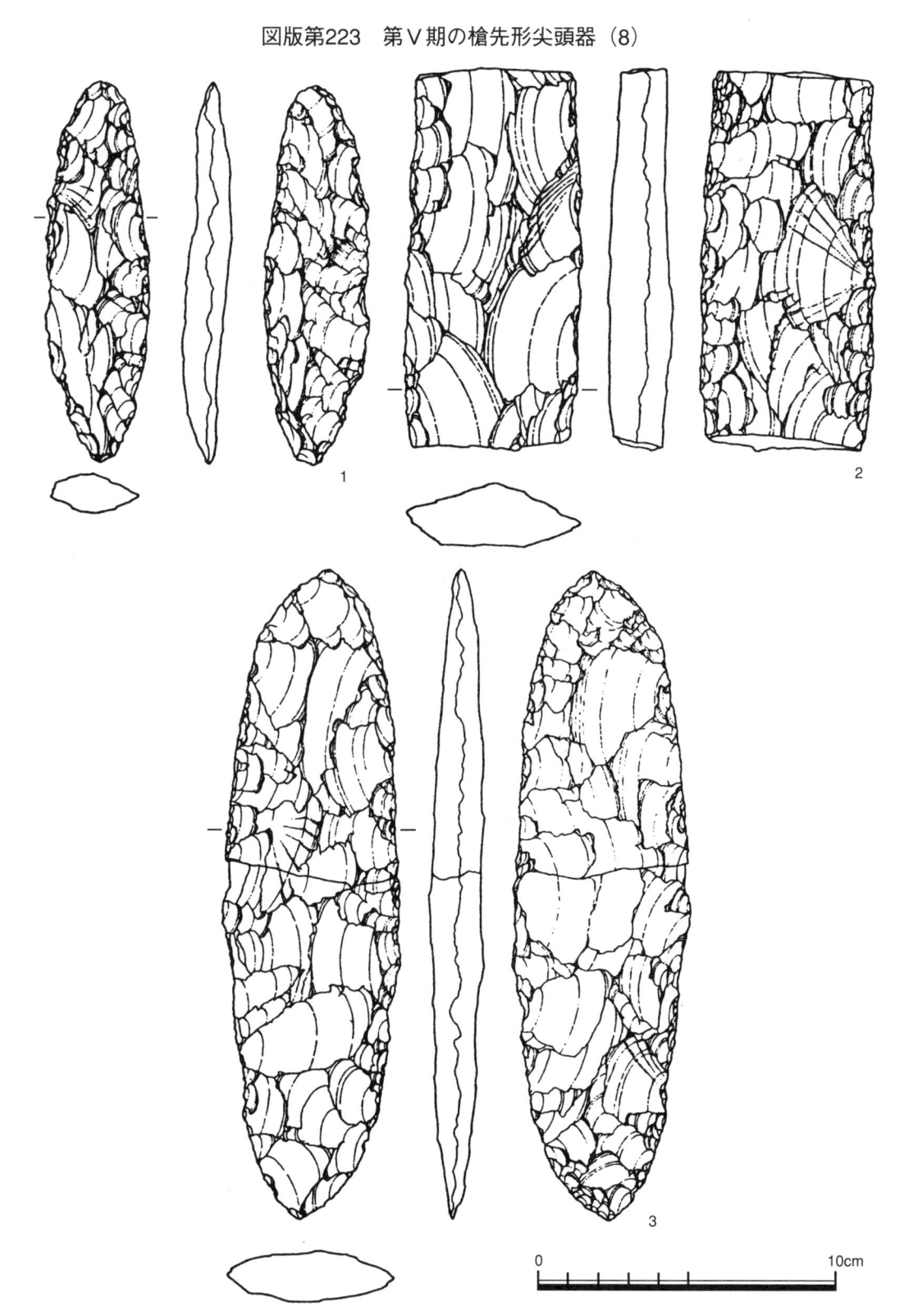

1～3：佐賀県多久茶園原遺跡（杉原・戸沢・安蒜 1983）

図版第224　第Ⅴ期の槍先形尖頭器（9）

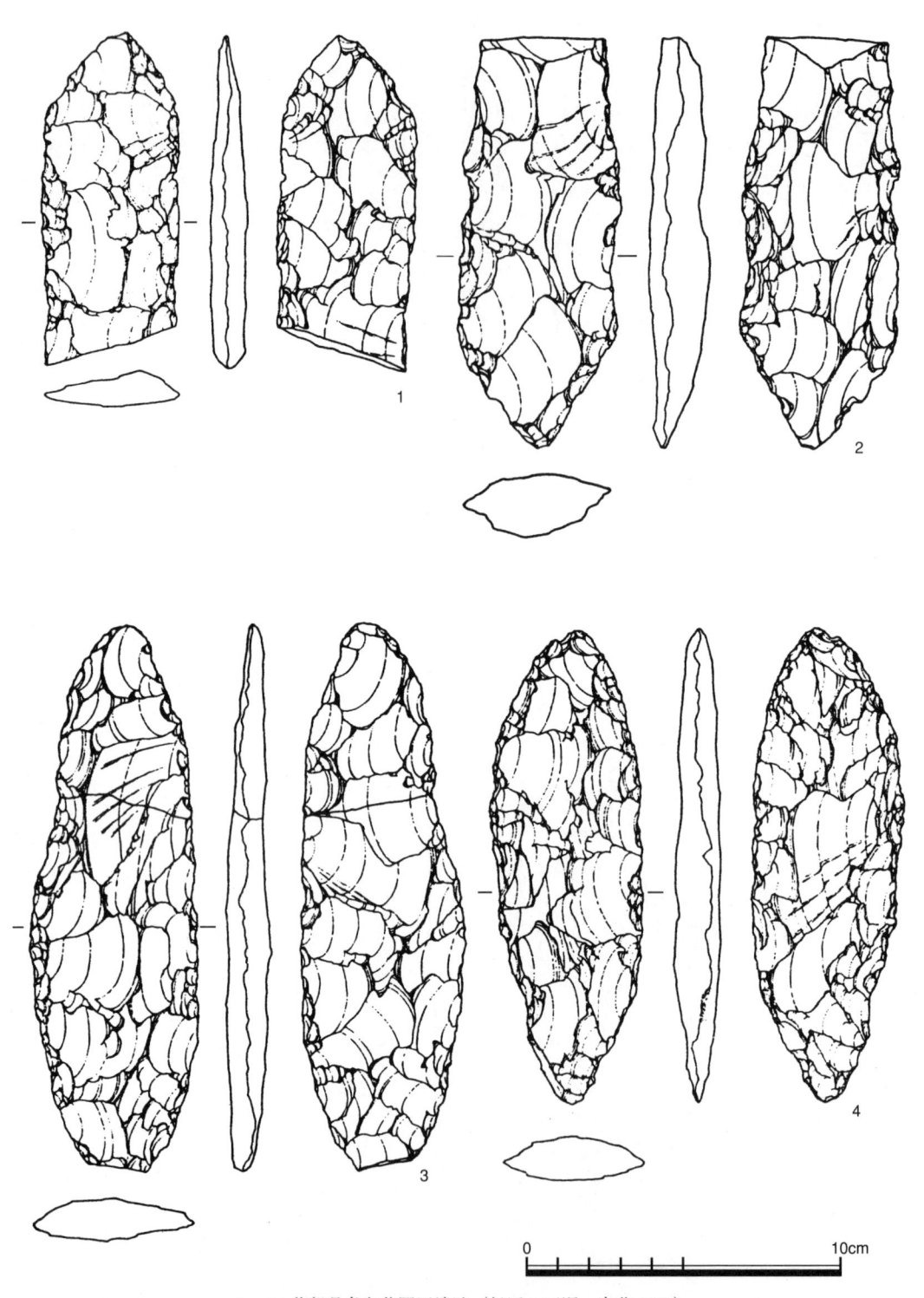

1～4：佐賀県多久茶園原遺跡（杉原・戸沢・安蒜 1983）

西日本：九州地方　507

図版第225　第Ⅴ期の槍先形尖頭器（10）

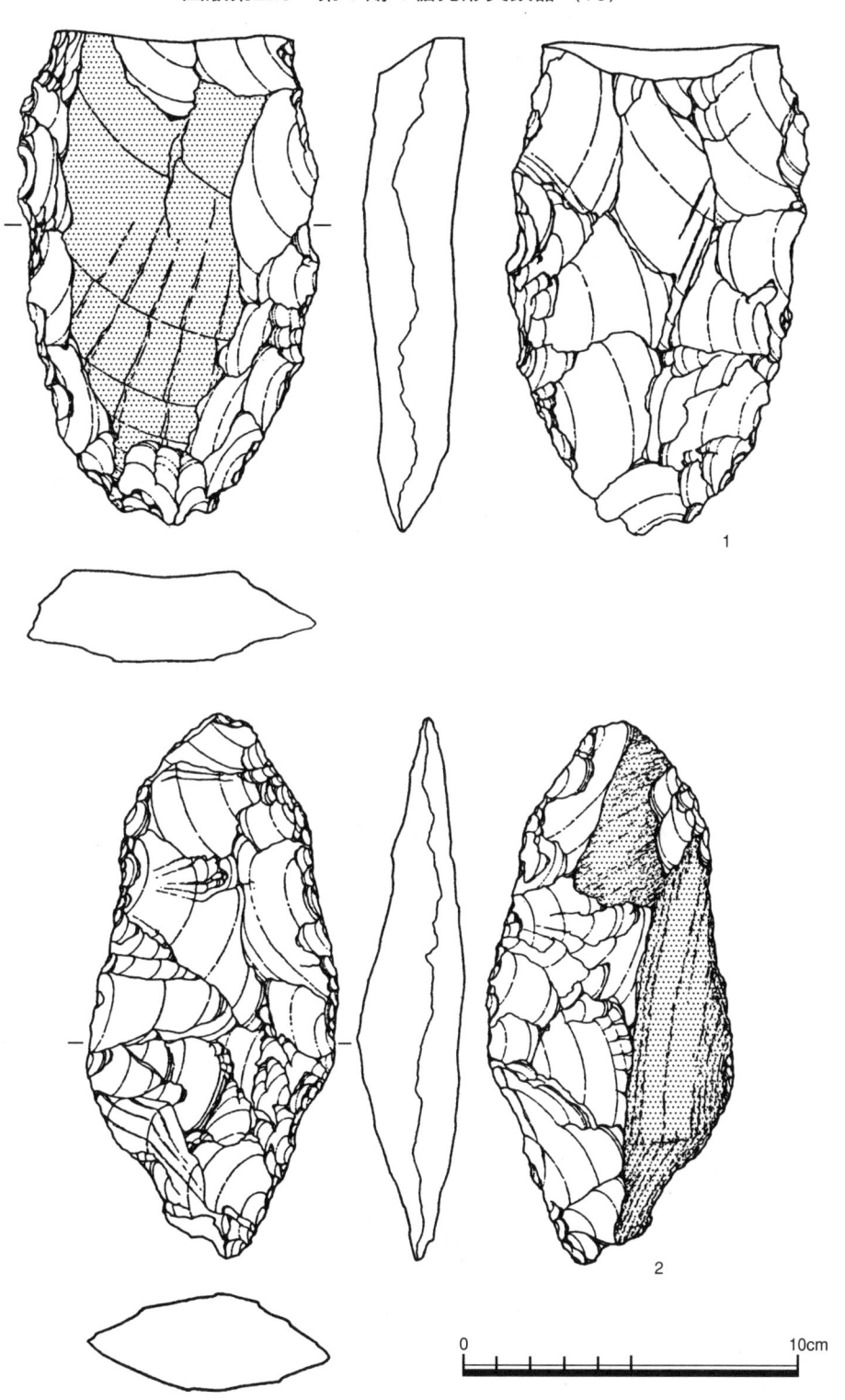

1・2：佐賀県多久茶園原遺跡（杉原・戸沢・安蒜1983に加筆）

図版第226　第Ⅴ期の槍先形尖頭器（11）

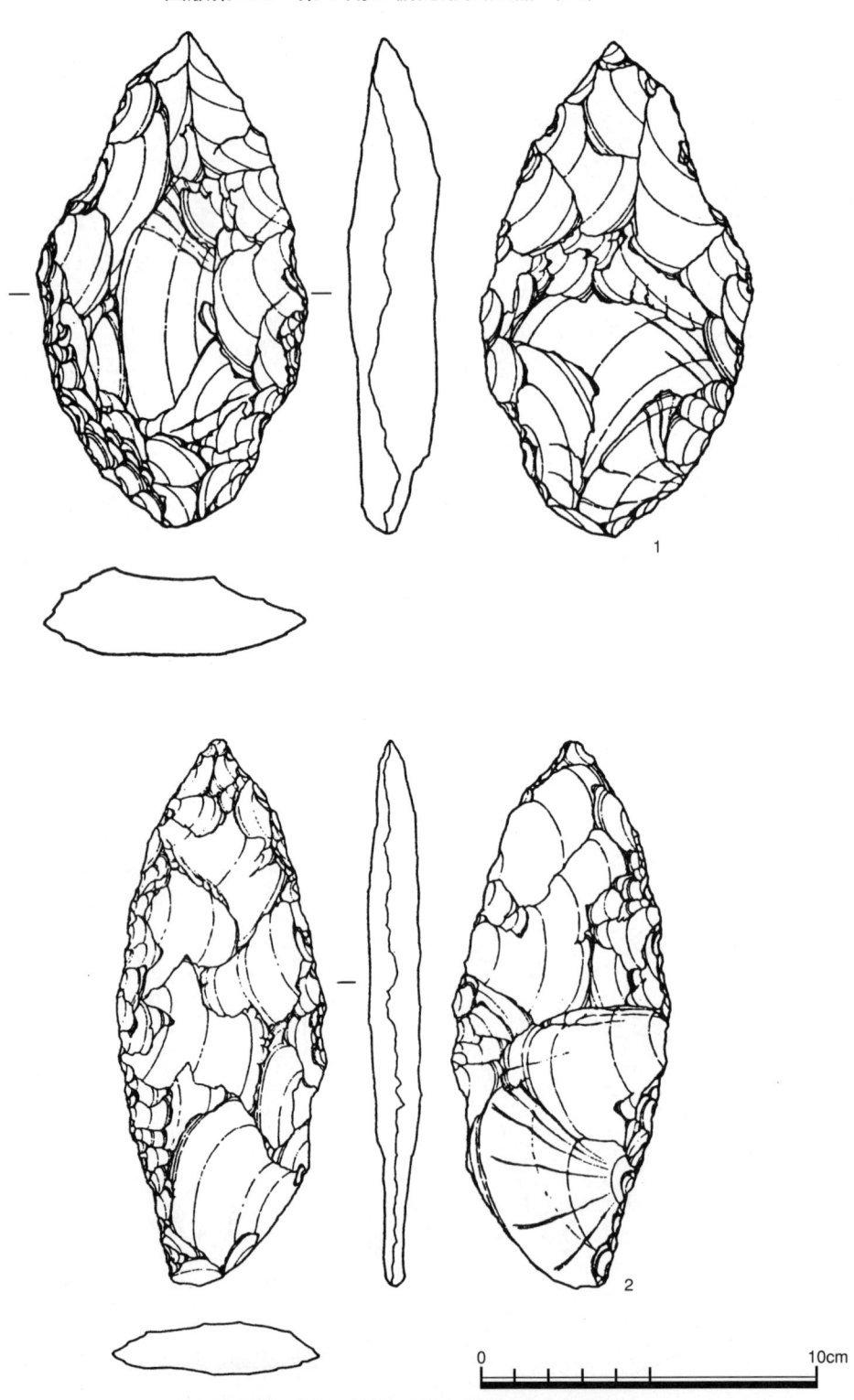

1・2：佐賀県多久茶園原遺跡（杉原・戸沢・安蒜 1983）

本文・図版引用文献一覧

【日本】

相川幹子・栗島義明　1983　「第Ⅳ層上部の文化層」『多聞寺前遺跡Ⅱ』多聞寺前遺跡調査会、24～143頁。

相沢浩二　1984　「Ⅳ中文化層」『武蔵台Ⅰ遺跡　武蔵国分寺跡西方地区の調査』都立府中病院内遺跡調査会、15～20、69～83頁。

相沢忠洋　1957　「赤城山麓における関東ローム層中諸石器文化の位置について」『第四紀研究』第1巻第1号、17～21頁。

　　　　　1973　『「岩宿」の発見　幻の旧石器を求めて』講談社文庫、講談社。

相沢忠洋・関矢　晃　1988a　『赤城山麓の旧石器』講談社。

　　　　　　　　　　1988b　「元宿遺跡」『赤城山麓の旧石器』講談社、229～236頁。

　　　　　　　　　　1988c　「三ツ屋遺跡」『赤城山麓の旧石器』講談社、236～241頁。

　　　　　　　　　　1988d　「石山遺跡」『赤城山麓の旧石器』講談社、255～263頁。

相田　薫　1986　「第Ⅳ文化層」『月見野遺跡群上野遺跡第1地点』大和市文化財調査報告書第21集、大和市教育委員会、298～500頁。

　　　　　1988　「旧石器時代の調査」『月見野遺跡群上野遺跡第3地点』大和市文化財調査報告書第27集、大和市教育委員会、9～78頁。

相田　薫編　1986　『月見野遺跡群上野遺跡第1地点』大和市文化財調査報告書第21集、大和市教育委員会。

相田　薫・小池　聡　1986　「第Ⅱ文化層」『月見野遺跡群上野遺跡第1地点』大和市文化財調査報告書第21集、大和市教育委員会、90～178頁。

会田　進・高見俊樹　1983　「浪人塚下遺跡」『長野県史考古資料編　主要遺跡（南信）』長野県、357～361頁。

会田容弘・須藤　隆・芹沢長介・山田しょう編著　1990　『荒屋遺跡—第2・3次発掘調査概報—』東北大学考古学研究室・川口町教育委員会。

青木　豊・内川隆志　1990　「神奈川県勝坂遺跡第45次調査—相模野台地における草創期の一様相—」『考古学ジャーナル』No.324、11～17頁。

青木　豊・内川隆志・高橋真美編　1993　『長野県木曽郡開田村柳又遺跡C地点』開田村教育委員会・柳又遺跡C地点発掘調査団。

青森県教育委員会　1989　『表館(1)遺跡Ⅲ』青森県埋蔵文化財調査報告書第120集。

阿久澤智和　1998　「峯岸地点（第Ⅱ次調査）出土石器群」『第6回岩宿フォーラム／シンポジウム　武井遺跡と北関東の槍先形尖頭器文化　予稿集』笠懸町教育委員会・新里村教育委員会・岩宿フォーラム実行委員会、27～34頁。

　　　　　　2000　「武井遺跡内出東地区（第Ⅲ次調査）の調査」『第8回岩宿フォーラム／シンポジウム　槍先形尖頭器文化期の集落と武井遺跡　予稿集』笠懸町教育委員会・新里村教育委員会・岩宿フォーラム実行委員会、16～23頁。

朝比奈竹男編著　1979　『千葉県流山市桐ヶ谷新田遺跡』桐ヶ谷新田遺跡調査会。

麻生順司　1987　「先土器時代」『神奈川県大和市長堀南遺跡発掘調査報告書』大和市北部処理場建設予定地内発掘調査団、89～182頁。

　　　　　1989　「先土器時代」『法政大学多摩校地城山地区風間遺跡群発掘調査報告書』法政大学多摩校地城

山地区遺跡調査委員会、13〜100頁。

麻生順司　1993　「先土器時代」『神奈川県相模原市下森鹿島遺跡発掘調査報告（先土器時代編）』下森鹿島遺跡発掘調査団、11〜187頁。

麻生敏隆編著　1987　『後田遺跡（旧石器時代編）―関越自動車道(新潟線)地域埋蔵文化財発掘調査報告書第15集―』群馬県教育委員会・㈶群馬県埋蔵文化財調査事業団。

麻生敏隆　1998　「白井遺跡群白井北中道遺跡」『第5回石器文化交流会発表要旨』石器文化研究会・第5回石器文化交流会とちぎ実行委員会・栃木県考古学会、20〜23頁。

麻生　優　1955　「信濃・中ッ原の無土器文化（略報）」『石器時代』第2号、55〜59頁。

麻生　優編著　1968　『岩下洞穴の記録』佐世保市教育委員会。

麻生　優編　1984　『泉福寺洞穴の発掘記録』佐世保市教育委員会。

安孫子昭二・堀井晶子編　1980　『多摩蘭坂遺跡』国分寺市教育委員会・恋ヶ窪遺跡調査会。

阿部明彦・黒坂雅人編　1989　『月ノ木B遺跡発掘調査報告書』山形県埋蔵文化財調査報告書第135集、建設省東北地方建設局山形工事事務所・山形県教育委員会。

阿部祥人　1983　「先土器時代」『多摩ニュータウン遺跡―昭和57年度―（第5分冊）』東京都埋蔵文化財センター調査報告第4集、㈶東京都埋蔵文化財センター、142〜167頁。

阿部祥人・舘野　孝　1982　「多摩ニュータウンNo.774・775遺跡、先土器時代」『多摩ニュータウン遺跡―昭和56年度―（第6分冊）』東京都埋蔵文化財センター調査報告第2集、㈶東京都埋蔵文化財センター、32〜120頁。

阿部祥人・米倉　薫ほか　1998　『山形県上野A遺跡―発掘調査概報―』慶應義塾大学文学部民族学・考古学研究室。

天野　努　1974　「地国穴台遺跡」『千葉ニュータウン埋蔵文化財発掘調査報告書Ⅱ』㈶千葉県都市公社、387〜458頁。

荒井幹夫　1976　「打越遺跡第2地点、先土器時代」『富士見市文化財報告XI』文化財報告第11集、富士見市教育委員会、78〜82頁。

安斎正人　1994　「縄文文化の発現―日本旧石器時代構造変動論(3)―」『先史考古学論集』第3集、43〜82頁。

1999　「狩猟採集民の象徴的空間―神子柴遺跡とその石器群―」『長野県考古学会誌』89号、1〜20頁。

2001　「長野県神子柴遺跡の象徴性―方法としての景観考古学と象徴考古学―」『先史考古学論集』第10集、51〜72頁。

2002　「『神子柴・長者久保文化』の大陸渡来説批判―伝播系統論から形成過程論へ―」『物質文化』第72号、1〜20頁。

安藤史郎・諏訪間　順・中村喜代重・服部隆博　1984　「第Ⅲ文化層」『一般国道246号（大和・厚木バイパス）地域内遺跡発掘調査報告』Ⅲ、大和市文化財調査報告書第17集、大和市教育委員会、163〜351頁。

安蒜政雄　1977　「遺跡の中の遺物」『どるめん』15号、50〜62頁。

1978　「和泉校地遺跡の性格」『明治大学和泉校地遺跡発掘調査報告書』明治大学和泉校地遺跡発掘調査団、60〜72頁。

安蒜政雄・小菅将夫・須藤隆司・戸沢光則・矢島國雄　1988　『明治大学泉校地遺跡発掘調査報告書』明治大学泉校地遺跡発掘調査団。

安蒜政雄・戸沢充則　1974　「砂川遺跡」『日本の旧石器文化 2遺跡と遺物(上)＜東日本編＞』雄山閣、158〜179頁。

安楽　勉　1989　「松山A遺跡」『九州横断自動車道建設に伴う埋蔵文化財緊急発掘調査報告』Ⅵ、長崎県教育委員会、493〜686頁。

池谷信之　1996　「愛鷹・箱根山麓の縄文時代草創期の遺物」『愛鷹・箱根山麓の旧石器時代編年　静岡県考古学会シンポジウム記録集Ⅸ』静岡県考古学会シンポジウム実行委員会、123～127頁。

池谷信之編　1990　『広合遺跡（a・b・d区）・広合南遺跡発掘調査報告書』沼津市文化財調査報告書第49集、沼津市教育委員会。

　　　　　　2001　『葛原沢第Ⅳ遺跡（a・b区）発掘調査報告書 1―縄文時代草創期・縄文時代―』沼津市文化財調査報告書第77集、沼津市教育委員会。

池谷信之・辻本崇夫・高橋　敦　1995　「駿豆地方縄文時代草創期の住居地について―葛原沢第Ⅳ遺跡の住居址と配石遺跡遺構から―」『日本考古学協会第61回総会研究発表要旨』日本考古学協会、30～33頁。

池田朋生編　1999　『石の本遺跡群　第54回国民体育大会秋季主会場整備事業に伴う埋蔵文化財発掘調査』熊本県教育委員会。

池水寛治　1967　「鹿児島県出水市上場遺跡」『考古学集刊』第3巻第4号、1～21頁。

石神　怡　1990　「国府遺跡第6地点」『南河内における遺跡の調査Ⅰ　旧石器時代基礎資料編Ⅰ』大阪府文化財調査報告第38輯、㈶大阪文化財センター、33～40頁。

石塚二侍子・矢嶋勝美・深沢哲治　1986　「大反遺跡」『池の平遺跡群―八千穂村大反遺跡・塩くれ場遺跡の尖頭器文化―』八千穂村池の平遺跡発掘調査団、43～60頁。

磯野治司　1997　「吹原遺跡」『埼玉考古』別冊5号（特集号　埼玉県の旧石器）、埼玉考古学会、32～35頁。

井田秀和　1990　「山形県東置賜郡高畠町日向洞窟遺跡、西地区」『日本考古学年報41（1988年度版）』日本考古学協会、424～427頁。

伊藤　健　1989　「樋状剥離を有する尖頭器の技術と形態」『東京考古』第7号、1～27頁。

伊藤恒彦　1979　「天神堂遺跡石器群の再検討」『甲斐考古』16の2、1～18頁。

　　　　　1986　「第Ⅴ文化層」『月見野遺跡群上野遺跡第1地点』大和市文化財調査報告書第21集、大和市教育委員会、501～664頁。

　　　　　1988　「相模野台地の2種類の尖頭器石器群」『大和のあけぼのⅡ―上和田城山遺跡・上野遺跡出土品の神奈川県指定重要文化財指定記念集―』大和市教育委員会、93～113頁。

　　　　　1989　「細石刃石器群の成立と尖頭器石器群の関連について―相模野台地の場合―」『長野県考古学会誌』59・60号、292～296頁。

伊藤恒彦・荻上由美子　1987　「第Ⅴ文化層（D～F地区）」『中村遺跡―都市計画道路町田南大野線埋蔵文化財報告書―』中村遺跡調査団、303～390頁。

伊藤恒彦・荻上由美子・鈴木伸夫・豊田秀治・長沢邦夫　1987　「先土器時代の調査」『中村遺跡―都市計画道路町田南大野線埋蔵文化財発掘調査報告書―』中村遺跡調査団、15～401頁。

伊藤恒彦・鈴木伸夫　1987　「第Ⅴ文化層（C地区）」『中村遺跡―都市計画道路町田南大野線埋蔵文化財報告書―』中村遺跡調査団、163～302頁。

伊藤恒彦・鈴木伸夫・豊田秀治　1987　「第Ⅲ文化層」『中村遺跡―都市計画道路町田南大野線埋蔵文化財報告書―』中村遺跡調査団、36～97頁。

伊藤恒彦・長沢邦夫　1987　「第Ⅳ文化層」『中村遺跡―都市計画道路町田南大野線埋蔵文化財報告書―』中村遺跡調査団、98～162頁。

伊藤昌光・馬飼野行雄編著　1983　『若宮遺跡』富士宮市教育委員会。

出居　博　1998　「上林遺跡」『第5回石器文化交流会―発表要旨―』石器文化交流会・第5回石器文化交流会とちぎ実行委員会、6～11頁。

稲田孝司　1969　「尖頭器文化の出現と旧石器的石器製作の解体」『考古学研究』第15巻第3号、3～18頁。

　　　　　1977　「旧石器時代の小集団について」『考古学研究』第24巻第2号、69・83～89頁。

稲田孝司　1986a「縄文文化の形成」『岩波講座日本考古学6 変化と画期』岩波書店、65〜117頁。
　　　　　1986b「中国地方旧石器文化の諸問題」『岡山大学文学部紀要』第7号（通巻第47号）、75〜94頁。
　　　　　1990「日本海南西海岸地域の旧石器文化」『第四紀研究』第29巻第3号、245〜255頁。
　　　　　1993「細石刃文化と神子柴文化の接点—縄文時代初頭の集団と分業・予察—」『考古学研究』第40巻第2号、21〜46頁。
　　　　　1994「水洞溝技法とルヴァロア技法—東アジア石刃技法形成の一過程—」『考古学研究』第41巻第1号、25〜46頁。
稲田孝司・大野安生・絹川一徳・富樫孝志・山本　誠　1996「恩原2遺跡S文化層」『恩原2遺跡』恩原遺跡発掘調査団、24〜64頁。
稲田孝司・絹川一徳・光石鳴巳　1992「西日本の湧別技法」『岡山大学文学部紀要』第18号、87〜94頁。
稲田孝司・日野琢郎　1993「鳥取県関金町野津三第1遺跡の石器群」『岡山大学文学部紀要』第19号、岡山大学文学部、85〜96頁。
稲葉理恵　1998「百々目木B遺跡」『―千葉県袖ヶ浦市― 百々目木B・C・清水頭・清水沢遺跡』㈶君津郡市文化財センター発掘調査報告書第144集、袖ヶ浦市・㈶君津郡市文化財センター、7〜166頁。
稲原昭嘉　1986「剥片尖頭器に関する一考察」『旧石器考古学』32、33〜54頁。
　　　　　1996「明石市西脇遺跡出土の石器群について」『旧石器考古学』52、旧石器文化談話会、37〜48頁。
井上裕弘・木下　修・小池史哲・荒武麗子　1977「縄文・弥生時代の遺構と遺物」『山陽新幹線関係埋蔵文化財調査報告書第11集 春日市大字上白水字門田・辻田所在門田遺跡谷地区の調査』福岡県教育委員会、29〜124頁。
岩佐今朝人・黒岩忠男・森山公一　1975「男女倉遺跡J地点」『男女倉 国道142号新和田トンネル有料道路事業地内緊急調査発掘調査報告書』長野県道路公団・和田村教育委員会、135〜165頁。
岩崎泰一　1986「先土器時代の遺物と遺物分布」『下触牛伏遺跡 身体障害者スポーツセンター建設予定地内埋蔵文化財発掘調査報告書』㈶群馬県埋蔵文化財調査事業団、17〜148頁。
岩崎泰一・小島敦子編　1986『下触牛伏遺跡 身体障害者スポーツセンター建設予定地内埋蔵文化財発掘調査報告書』㈶群馬県埋蔵文化財調査事業団。
岩宿フォーラム実行委員会　1998a『北関東の槍先形尖頭器文化 第6回岩宿フォーラム／シンポジウム資料集』岩宿フォーラム実行委員会。
　　　　　1998b「塙遺跡」『北関東の槍先形尖頭器文化 第6回岩宿フォーラム／シンポジウム資料集』岩宿フォーラム実行委員会、152頁。
　　　　　1998c「荒砥北三木堂遺跡」『北関東の槍先形尖頭器文化 第6回岩宿フォーラム／シンポジウム資料集』岩宿フォーラム実行委員会、51〜55頁。
岩谷史記　1997「九州尖頭器石器群の中に見る三稜尖頭器の位置」『九州旧石器』第3号、47〜62頁。
岩本義雄　1979「シベリア・極東との関係からみた大平山元Ⅰ遺跡」『大平山元Ⅰ遺跡発掘調査報告書』青森県立郷土館調査報告書第5集・考古−2、青森県立郷土館、52〜59頁。
岩本義雄・三宅徹也編　1979『大平山元Ⅰ遺跡発掘調査報告書』青森県立郷土館調査報告第5集・考古2、青森県立郷土館。
上野克巳・千葉　寛・西村勝広　1989「西区各文化層の遺構・遺物」『東京都小金井市野川中洲北遺跡—野川第二調節池工事に伴う埋蔵文化財発掘調査報告書—』東京都建設局・小金井市遺跡調査会、285〜309頁。
上野修一　1996「旧石器時代の遺構と遺物」『西赤堀遺跡 栃木県住宅供給公社本郷台団地造成に伴う埋蔵文化財発掘調査』栃木県埋蔵文化財調査報告第178集、栃木県教育委員会・㈶栃木県文化振興事業

団、17〜64頁。

牛ノ浜　修編著　1982　「木場A−2遺跡」『木場A遺跡（姶良郡栗野町）・木場A—2遺跡（姶良郡栗野町）・木場B遺跡（姶良郡栗野町）・堀ノ内遺跡（姶良郡吉松町）』鹿児島県教育委員会、1〜27頁。

宇野修平・上野秀一　1975　「角二山遺跡」『日本旧石器文化　第2巻遺跡と遺物(上)＜東日本＞』雄山閣出版、96〜111頁。

宇田川洋　1987a『北海道の考古学1―最古の石器・土器、貝塚など―』北海道ライブラリー10、北海道出版企画センター。

　　　　　1987b『北海道の考古学2―大墳墓群、金属器、大陸文化との関係など―』北海道ライブラリー10、北海道出版企画センター。

梅本健治　1983　「冠遺跡、1980年度の調査」『中国縦貫自動車道建設に伴う埋蔵文化財発掘調査報告書(4)』広島県教育委員会、177〜334頁。

梅本健治・児玉　集・三枝健二・柴田喜太郎・辻　満久　1986　『樽床遺跡群の研究』芸北町教育委員会。

漆畑　稔編著　1986　『仲道A遺跡』大仁町埋蔵文化財調査報告9、大仁町教育委員会。

江坂輝弥・西田　栄　1967　「愛媛県上黒岩岩陰」『日本の洞穴遺跡』日本考古学協会洞穴遺跡調査特別委員会、224〜236頁。

エヌ・エヌ・ジコフ　1975a　「カムチャッカ遺跡、ウシュキ4号遺跡における旧石器時代の住居址」『シベリア・極東の考古学1　極東篇』河出書房新社、39〜48頁。

　　　　　1975b　「カムチャッカ上部旧石器時代」『シベリア・極東の考古学1　極東篇』河出書房新社、49〜69頁。

江幡良夫　1993　『土浦北工業団地造成地内埋蔵文化財発掘調査報告書Ⅱ　原田北遺跡Ⅱ・西原遺跡』㈶茨城県教育財団。

江本　直　1984　「旧石器時代の調査」『曲野遺跡――一般国道松橋バイパスに伴う埋蔵文化財発掘調査報告（第Ⅲ次調査報告）』熊本県教育委員会、21〜119頁。

及川真紀・佐々木純・設楽政建・野村忠司・羽山尚彦　1996　「縄文時代の遺物」『長野県木曽郡開田村柳又遺跡A地点第6次調査発掘報告書』國學院大學文学部考古学実習報告第29集、國學院大學文学部考古学研究室、31〜42頁。

大上周三・鈴木次郎　1984　「第Ⅴ文化層」『栗原中丸遺跡　県立栗原高等学校建設に伴う調査』神奈川県立埋蔵文化財センター調査報告3、神奈川県立埋蔵文化財センター、87〜292頁。

大上周三・鈴木次郎編　1984　『栗原中丸遺跡　県立栗原高等学校建設にともなう調査』神奈川県立埋蔵文化財センター調査報告3、神奈川県立埋蔵文化財センター。

大久保邦彦・川上　元・笹沢　浩　1975　「男女倉遺跡C地点」『男女倉　国道142号新和田トンネル有料道路事業地内緊急調査発掘調査報告書』長野県道路公団・和田村教育委員会、52〜93頁。

太田文雄・矢本節朗　1992　「西長山野遺跡」『上仁羅台遺跡・西長山野遺跡・東長山野遺跡―横芝工業団地埋蔵文化財調査報告書―』千葉県企業庁・㈶千葉県文化財センター、89〜164頁。

大竹憲昭　1998　「貫ノ木遺跡、旧石器時代の遺構と遺物」『一般国道18号（野尻バイパス）埋蔵文化財発掘調査報告書　貫ノ木遺跡・西岡A遺跡』長野県埋蔵文化財調査報告書35、建設省関東地方建設局・㈶長野県埋蔵文化財センター、20〜85頁。

　　　　　2000a「貫ノ木遺跡第1地点」『上信越自動車道埋蔵文化財発掘調査報告書15―信濃町内　その1―貫ノ木遺跡・西岡A遺跡　旧石器時代　本文編』長野県埋蔵文化財発掘調査報告書48、日本道路公団・長野県教育委員会・㈶長野県埋蔵文化財センター、20〜54頁。

　　　　　2000b「貫ノ木遺跡第2地点」『上信越自動車道埋蔵文化財発掘調査報告書15―信濃町内　その1―

貫ノ木遺跡・西岡A遺跡 旧石器時代 本文編』長野県埋蔵文化財センター発掘調査報告書48、日本道路公団・長野県教育委員会・㈶長野県埋蔵文化財センター、55～108頁。

大竹憲昭　2000c「貫ノ木遺跡第4地点」『上信越自動車道埋蔵文化財発掘調査報告書15―信濃町内 その1―貫ノ木遺跡・西岡A遺跡 旧石器時代 本文編』長野県埋蔵文化財センター発掘調査報告書48、日本道路公団・長野県教育委員会・㈶長野県埋蔵文化財センター、146～201頁。

　　　　　2000d「西岡A遺跡」『上信越自動車道埋蔵文化財発掘調査報告書15―信濃町内 その1―貫ノ木遺跡・西岡A遺跡 旧石器時代 本文編』長野県埋蔵文化財センター発掘調査報告書48、日本道路公団・長野県教育委員会・㈶長野県埋蔵文化財センター、202～234頁。

大竹憲昭編著　2000　『上信越自動車道埋蔵文化財発掘調査報告書15―信濃町内 その1―貫ノ木遺跡・西岡A遺跡旧石器時代』長野県埋蔵文化財センター発掘調査報告書48、日本道路公団・長野県教育委員会・㈶長野県埋蔵文化財センター。

大竹憲昭・原　明芳・百瀬長秀　1987　「中島B遺跡」『中央自動車道長野線埋蔵文化財発掘調査報告書1―岡谷市内―大久保B、下り林、西林A、大洞、膳棚A、膳棚B（白山）、中島A、中島B、柳海途』㈶長野県埋蔵文化財センター発掘調査報告書1、日本道路公団・長野県教育委員会・㈶長野県埋蔵文化財センター、352～436頁。

大塚達朗　1989a「窩文土器について」『利根川』10、1～6頁。

　　　　　1989b「草創期の土器」『縄文土器大観 1.草創期・早期・前期』小学館、256～261頁。

　　　　　1989c「豆粒紋土器研究序説」『東京大学文学部考古学研究室紀要』第7号、1～59頁。

　　　　　1989d「"縄紋土器の起源"研究に関する原則」『考古学と民族誌 渡邉仁先生古稀記念論文集』六興出版、5～36頁。

　　　　　1990　「肥厚系口縁部の変化から見た窩紋土器―古式縄文土器研究の一視点―」『彌生』No20、9～18頁。

大塚昌彦・白石典之　1985　「溜井遺跡、先土器時代」『見立溜井遺跡・見立大久保遺跡―関越自動車道（新潟線）地域埋蔵文化財発掘報告書―』赤城村教育委員会・群馬県教育委員会、17～112頁。

大野憲司　1986　「松木台Ⅲ遺跡」『東北横断自動車道秋田線発掘調査報告書Ⅰ 石坂台Ⅳ遺跡・石坂台Ⅵ遺跡・石坂台Ⅶ遺跡・石坂台Ⅷ遺跡・石坂台Ⅸ遺跡・松木台Ⅲ遺跡』秋田県文化財報告書第150集、秋田県埋蔵文化財センター、309～460頁。

大場利夫・松下　亘　1965　「北海道の先土器時代」『日本の考古学Ⅰ 先土器時代』河出書房、174～197頁。

大原正義・藤崎芳樹編著　1989　『佐倉市向原遺跡』㈶千葉県文化財センター。

大船孝弘・冨成哲也編著　1976　『津之江南遺跡発掘調査報告書―三島地方の旧石器時代について―』高槻市文化財調査報告書第8冊、高槻市教育委員会。

　　　　　1978　『郡家今城遺跡発掘調査報告書―旧石器時代遺構の調査―』高槻市文化財調査報告書第11冊、高槻市教育委員会。

大参義一　1970　「酒呑ジュリンナ遺跡(2)」『名古屋大学文学部研究論集』47、117～140頁。

大参義一・浅野清治・岩野見司・安達厚三　1965　「北替地遺跡発掘調査報告」『いちのみや考古』No6、1～9頁。

岡　修司・山本　克・安部昭典　1998　「寺田上A遺跡」『堂尻遺跡群試掘調査報告書 国営農地再編パイロット事業に伴う遺跡確認・試掘調査報告書』津南町教育委員会。

岡本健児・片岡鷹介　1967　「高知県不動ガ岩屋遺跡」『日本の洞穴遺跡』日本考古学協会洞穴調査特別委員会 平凡社、236～250頁。

　　　　　1969　「高知県不動岩屋洞窟遺跡―第Ⅱ次発掘報告―」『考古学集刊』第4巻第3号、15～32頁。

岡本東三　1979　「神子柴・長者久保文化について」『奈良国立文化財研究所研究論集』Ⅴ、奈良国立文化財研究

所、5〜57頁。

岡本東三　1999　「神子柴文化をめぐる40年の軌跡―移行期をめぐるカオス―」『先史考古学研究』第7号、1〜22頁。

荻　幸二　1987　「九州地方のナイフ形石器文化」『旧石器考古学』34、47〜62頁。

小熊博史・鈴木俊成・北村　亮・丑野　毅・土橋由理子・立木宏明・菅沼　亘・吉井雅勇・沢田　敦・前山精明・小野　昭　1994　「新潟県小瀬が沢洞窟遺跡出土遺物の再検討」『1993年度日本考古学協会シンポジウム　環日本海地域の土器出現期の様相』雄山閣、77〜173頁。

小田静夫　1974　「先土器時代」『調布市仙川遺跡』東京都埋蔵文化財調査報告第2集、東京都教育委員会、9〜32頁。

小田静夫編　1980　『小金井市西之台遺跡B地点』東京都埋蔵文化財調査報告第7集、東京都教育委員会。

小田静夫・伊藤富治夫・C.T.キーリー編　1976　『前原遺跡』Occasional Paper Number 3　国際基督教大学考古学研究センター。

小田静夫・C.T.キーリー　1975　『日本先土器時代の編年』Occasional Paper Number 2　国際基督教大学考古学研究センター。

小野　昭編　1992　『新潟県小千谷市真人原遺跡Ⅰ』真人原遺跡発掘調査団。

　　　　　　1997　『新潟県小千谷市真人原遺跡Ⅱ』真人原遺跡発掘調査団。

小野寺信吾・菊池強一・鈴木孝志・山田彌太郎　1984　『和賀仙人遺跡発掘調査報告書』和賀町文化財調査報告書第11集、岩手県和賀町教育委員会。

小畑弘己　1989　「沿海州・セレムジャの後期旧石器時代・バルカスナーヤソプカ遺跡について―」『九州旧石器』創刊号、93〜114頁。

　　　　　1992　「シベリアの植刃器(1)」『旧石器考古学』45、11〜21頁。

　　　　　1993　「シベリアの植刃器(2)」『旧石器考古学』46、31〜45頁。

　　　　　1999　「完新世のザバイカル―後氷期における文化適応の諸相―」『先史学・考古学論究』Ⅲ、413〜444頁。

　　　　　2000　「ジュクタイ文化・セレムジャ文化再考―植刃槍と両面加工槍―」『九州旧石器』第4号、249〜278頁。

　　　　　2001a「朝鮮半島旧石器時代遺跡地名表」『シンポジウム海峡を越えて　原ノ辻以前の先史時代の人と交流』龍田考古学会・九州国立博物館誘致推進本部、77〜192頁。

　　　　　2001b『シベリア先史考古学』中国書店。

　　　　　2001c「極東地域の移行期」『シベリア先史考古学』中国書店、382〜397頁。

織笠　昭　1978　「鈴木遺跡第Ⅵ層出土石器群についての一考察」『鈴木遺跡Ⅰ』鈴木遺跡調査団、278〜328頁。

　　　　　1987　「相模野尖頭器文化の成立と展開」『大和市史研究』第13号、44〜73頁。

　　　　　1988　「角錐状石器の形態と技術」『東海史学』第22号、1〜48頁。

　　　　　1992　「弥三郎第2遺跡、縄文時代草創期」『土気南遺跡群Ⅱ』千葉市土気南土地区画整理組合・㈶千葉市文化財調査協会、12〜237頁。

織笠　昭・織笠明子・金山喜昭・桑野一幸　1980　「先土器時代」『鈴木遺跡Ⅲ』鈴木遺跡刊行会、14〜403頁。

織笠　昭・織笠明子・金山喜昭・桑野一幸・戸田正勝　1981　「先土器時代」『鈴木遺跡Ⅳ』鈴木遺跡調査団、15〜320頁。

角田徳幸・竹広文明　1991「堀田上遺跡」『主要地方道浜田八重可部線特殊改良工事に伴う埋蔵文化財発掘調査報告書―堀田上・今佐屋山・米屋山遺跡の調査―』島根県教育委員会、7〜83頁。

笠懸町教育委員会・新里村教育委員会・岩宿フォーラム実行委員会　1998　『第6回岩宿フォーラム/シンポジウ

ム予稿集　武井遺跡と北関東の槍先形尖頭器文化』。

笠懸町教育委員会・新里村教育委員会・岩宿フォーラム実行委員会　2000　『第8回岩宿フォーラム/シンポジウム　槍先形尖頭器文化の集落と武井遺跡　予稿集』。

梶原　洋・横山裕平・Nina Kononenko・Alla Garkovik　1995　「ロシア連邦ウスチノフカ3・6遺跡」『第9回　東北日本の旧石器文化を語る会　予稿集』東北日本の旧石器を語る会、50～57頁。

柏倉亮吉　1964　『山形県の無土器文化』山形県教育委員会。

柏倉亮吉・加藤　稔　1967　「山形県下の洞穴遺跡」『日本の洞穴遺跡』日本考古学協会洞穴調査特別委員会、平凡社、51～64頁。

　　　　　　　　　1973　「山形県東田川郡朝日村越中山遺跡―A地点の第1次発掘―」『越中山遺跡の研究・序説』朝日村教育委員会、25～27頁。

加藤真二　2000a　『中国北部の旧石器文化』同成社。

　　　　　2000b　「中国北部の後期旧石器文化―最終氷期極寒期の東アジア旧石器文化―」『旧石器考古学』60、57～67頁。

　　　　　2000c　「Ⅴ期の旧石器文化―中国北部地域の細石刃文化―」『中国北部の旧石器文化』同成社、220～261頁。

加藤晋平　1968　「片刃石斧の出現時期」『物質文化』11号、1～11頁。

　　　　　1971　『マンモスハンター』学生社。

　　　　　1975　「シベリア」『日本の旧石器文化　第4巻日本周辺の旧石器文化』雄山閣、179～284頁。

　　　　　1985　『シベリアの先史文化と日本』人類史叢書3、六興出版。

加藤晋平・桑原　護編著　1969　『中本遺跡　北海道先土器時代遺跡の発掘報告』共立出版。

加藤秀之・栩木　真・小林　努　1987　「Ⅲ層中部」『井の頭池遺跡群武蔵野市御殿山遺跡第1地区D地点』御殿山遺跡調査会、16～54頁。

加藤博文　1991　「ソ連邦沿海州地方における細石刃核―細石刃石器群変遷の基礎的研究として―」『筑波大学先史学・考古学研究』第2号、25～52頁。

　　　　　1993　「東シベリア後期旧石器時代の骨角製槍先について」『古代文化』第45巻第7号、11～26頁。

　　　　　1996a　「細石刃石器群における生業活動の検討―シベリアからの視点―(上)」『古代文化』第48巻第3号、28～36頁

　　　　　1996b　「細石刃石器群における生業活動の検討―シベリアからの視点―(下)」『古代文化』第48巻第4号、19～28頁。

　　　　　2003a　「シベリアの細石刃文化―研究の変遷と新たな問題提起」『シンポジウム日本の細石刃文化Ⅱ―細石刃文化研究の諸問題―』八ヶ岳旧石器研究グループ、246～266頁。

　　　　　2003b　「シベリアにおける後期旧石器初頭の文化」『日本旧石器学会第1回シンポジウム予稿集　後期旧石器時代のはじまりを探る』日本旧石器学会、68～73頁。

加藤　稔　1959　「庄内・越中山A地点の石器群」『考古学手帖』7、3～4頁。

　　　　　1963　「山形県平林の石器文化」『考古学集刊』第2巻第1号、1～16頁。

　　　　　1975　「越中山遺跡」『日本の旧石器文化　2.遺跡と遺物(上)』雄山閣、112～137頁。

　　　　　1983　「山形県平林遺跡」『探訪先土器の遺跡』有斐閣選書R18、有斐閣、123～128頁。

加藤　稔編　1974　『越中山遺跡A′地点第一次発掘調査略報』朝日村教育委員会。

　　　　　　1975　『越中山遺跡A′地点第二次発掘調査略報』朝日村教育委員会。

　　　　　　1978　『弓張平B遺跡第1・2次調査報告書』山形県埋蔵文化財調査報告書第15集、山形県教育委員会。

　　　　　　1979　『弓張平B遺跡第3・4次調査報告書』山形県埋蔵文化財調査報告書第21集、山形県教育委員会。

加藤　稔・佐々木洋治　1962　「山形県一ノ沢岩陰遺跡」『上代文化』31・32、33～47頁。

加藤　稔・佐藤禎宏　1963　「山形県横道遺跡略報」『石器時代』第6号、22～39頁。

門脇誠二・北沢有司・三原良文　1998　「第1文化層」『坂下遺跡　保谷都市計画道路3・4・6号線整備に伴う埋蔵文化財発掘調査報告書』都内遺跡調査会・保谷市坂下遺跡調査団・東京都北多摩南部建設事務所、33～75頁。

金井典美・石井則孝・大脇　清　1969　「長野県霧ヶ峯池のくるみ先土器時代遺跡調査報告（第1次・第2次）」『考古学雑誌』第55巻第2号、1～19頁。

金子直行編　1997　『伊奈町戸崎前遺跡　尾上都市計画都市計画事業伊奈特定土地区画事業関係埋蔵文化財調査報告Ⅱ』埼玉県埋蔵文化財調査事業団報告書第187集、埼玉県埋蔵文化財調査事業団。

金子直行・栗島義明・西井幸雄・細田　勝・宮井英一・宮崎朝雄編著　1986　『埼玉考古―埼玉考古学会30周年記念―シンポジウム資料』埼玉考古学会。

加部二生　1996　「群馬県新里村武井遺跡第Ⅴ次発掘調査」『考古学ジャーナル』No.406、24～26頁。

　　　　　1998　「武井遺跡の調査概要―新里村教育委員会の調査を中心として―」『第6回岩宿フォーラム／シンポジウム　武井遺跡と北関東の槍先形尖頭器文化予稿集』笠懸町教育委員会・新里村教育委員会・岩宿フォーラム実行委員会、19～26頁。

　　　　　2000　「武井遺跡内出東地区（第Ⅲ次調査）の調査『第8回岩宿フォーラム／シンポジウム　槍先形尖頭器文化期の集落と武井遺跡予稿集』笠懸町教育委員会・新里村教育委員会・岩宿フォーラム実行委員会、12～15頁。

加部二生・小菅将夫　1995　「武井遺跡」『第2回石器文化交流会―発表要旨―』石器文化交流会・第2回石器文化交流会とうきょう実行委員会、4～10頁。

鎌木義昌　1956　「岡山県鷲羽山遺跡調査略報」『石器時代』第3号、1～11頁。

　　　　　1957　「香川県井島遺跡―瀬戸内における細石器文化―」『石器時代』第4号、1～11頁。

　　　　　1960　「香川県城山遺跡出土の石器―翼状剥片を主とする―」『古代学』第8巻第3号、300～307頁。

鎌木義昌・小林博昭　1985　「北京原人と同時代の原人が住んでいた!?　岡山・蒜山原の発掘調査レポート」『ゼピロス』No.4、58～62頁。

　　　　　1987　「岡山県北部の火山灰と石器群」『日本考古学協会1987年度大会研究発表要旨』日本考古学協会、19～25頁。

鎌木義昌・芹沢長介　1965　「長崎県福井岩陰」『考古学集刊』第3巻第1号、1～14頁。

神村　透　1983　「立野遺跡」『長野県史考古編　全1巻(3)主要遺跡（中・南信)』長野県、533～536頁。

亀田直美　1996　「角錐状石器」『石器文化研究5　シンポジウムAT降灰以降のナイフ形石器文化～関東地方におけるⅤ～Ⅳ下層段階石器群の検討～』石器文化研究会、189～198頁。

亀田直美・武藤衣穂子・国武貞克　2000　「旧石器時代の遺構と遺物」『下柳沢遺跡　早稲田大学東伏見校地における統合合宿所・総合体育館建設に伴う調査』早稲田大学文化財整理室、39～284頁。

軽部達也　1994　「北山B遺跡」『第1回石器文化交流会―発表要旨―』石器文化交流会・第1回石器文化交流会かながわ実行委員会、13～18頁。

川上　元・神村　透・森山公一　1976　「長野県小県郡和田村唐沢ヘイゴロゴーロの旧石器文化資料」『長野県考古学会誌』26、1～28頁。

川上　元・小林秀夫・福島邦男・森嶋　稔・森山公一　1975　「男女倉遺跡B地点」『男女倉　国道142号新和田トンネル有料道路事業地内緊急調査発掘調査報告書』長野県道路公団・和田村教育委員会、21～51頁。

川口　潤　1988　「樋状剥離を有する尖頭器の再検討－製作工程の復元を中心として－」『旧石器考古学』36、29

～54頁。

川口　潤編著　1993　『白草Ⅰ遺跡・北篠場遺跡』埼玉県埋蔵文化財事業団報告第129集、㈶埼玉県埋蔵文化財事業団。

川越哲志　1976a　「帝釈観音堂洞窟遺跡の調査、第五次～第十一次調査」『帝釈峡遺跡群』帝釈峡遺跡群発掘調査団、92～103頁。

　　　　　　1976b　「豊松堂面洞窟遺跡の調査、第三次～第六次調査」『帝釈峡遺跡群』帝釈峡遺跡群発掘調査団、128～139頁。

川崎純徳・鴨志田篤二ほか編著　1976　『後野遺跡―関東ローム層中における石器と土器の文化―』後野遺跡調査団・勝田市教育委員会。

川道　寛編　1998　『茶園遺跡』岐宿町文化財調査報告書第3集、長崎県岐宿町教育委員会。

神田五六・永峯光一　1958　「奥信濃横倉遺跡」『石器時代』5号、48～55頁。

菊池強一・武田良夫・沢口篤広　1982　『小石川遺跡』小石川遺跡調査団。

木﨑康弘　1996　「槍の出現と気候寒冷化―地域文化としての九州石槍文化の提唱―」『旧石器考古学』53、43～56頁。

　　　　　1997　「九州石槍文化の展開と細石器文化の出現」『九州旧石器』第3号、23～38頁。

木﨑康弘編　1987　『狸谷遺跡　九州縦貫自動車道（八代～人吉）建設に伴う埋蔵文化財調査』熊本県教育委員会。

絹川一徳・光石鳴巳　1996　「恩原2遺跡M文化層」『恩原2遺跡』恩原遺跡発掘調査団、65～104頁。

木下　修　1977　「先土器・縄文草創期の遺物」『山陽新幹線関係埋蔵文化財調査報告書第11集、春日市大字上白水字門田・辻田所在門田遺跡谷地区の調査』福岡県教育委員会、11～28頁。

木村英明　1985　『マンモスを追って　北海道の夜明け』北海道考古学教室1、一光社。

　　　　　1988　「シベリアと北海道の石器」『古代史復元1　旧石器人の生活と集団』講談社、169～179頁。

　　　　　1991　「マリタ遺跡(1)」『旧石器考古学』42、1～16頁。

　　　　　1992a　「マリタ遺跡」『旧石器考古学』44、27～46頁。

木村英明　1992b　「シベリアの旧石器文化と「礫器伝統」について」『大分県丹生遺跡群の研究』古代學研究所研究報告第3輯、㈶古代學協會、345～387頁。

　　　　　1993　「マリタ遺跡(3)」『旧石器考古学』44、3～20頁。

　　　　　1997a　『シベリアの旧石器文化』北海道大学図書刊行会。

　　　　　1997b　「東シベリアと極東に展開するシベリア・ムステリアン伝統」『シベリアの旧石器文化』北海道大学図書刊行会、129～132頁。

　　　　　1997c　「石刃石器群の発展」『シベリアの旧石器文化』北海道大学図書刊行会、150～154頁。

　　　　　1997d　「北アジアにおける『ピック』形石器」『シベリアの旧石器文化』北海道大学図書刊行会、210～215頁。

　　　　　1997e　「シベリア各地の細石器（細石刃）文化」『シベリアの旧石器文化』北海道大学図書刊行会、219～251頁。

　　　　　1997f　「黒曜石・ヒト・技術」『シベリアの旧石器文化』北海道大学図書刊行会、326～375頁。

　　　　　1997g　「サハリン初の有茎尖頭器」『シベリアの旧石器文化』北海道大学図書刊行会、376～379頁。

清原史代・高橋信武・綿貫俊一　1989　「前田Ⅲ遺跡の調査」『横枕B遺跡・前田遺跡　大分県直入郡直入町所在遺跡の発掘調査報告書』直入町教育委員会、114～227頁。

工藤信一郎編著　1996　『仙台市宮城地区野川遺跡』仙台市文化財調査報告書第205集、仙台市教育委員会。

工藤利幸編　1986　『馬場野Ⅱ遺跡発掘調査報告書　東北縦貫自動車道建設関連遺跡発掘調査報告書』岩手県文化振興事業団埋蔵文化財調査報告書第99集、岩手県文化振興事業団埋蔵文化財センター。

国武貞克　1999　「石材消費と石器製作、廃棄による遺跡の類別―行動論的理解に向けた分析法の試み―」『考古学研究』第46巻第3号、35～55頁。

　　　　　　2000　「下柳沢第3文化層をめぐる問題―樋状剥離を有する尖頭器の製作をめぐる行動論的一考察―」『下柳沢遺跡―早稲田大学東伏見校地における統合合宿所・総合体育館建設に伴う調査―』早稲田大学文化財整理室、615～628頁。

久保弘幸・藤田　淳編著　1990　『七日市遺跡(I)（旧石器時代の調査）―近畿自動車道舞鶴線関係埋蔵文化財調査報告書（XII－1）―』兵庫県埋蔵文化財調査報告書第72－1冊、兵庫県教育委員会。

久保弘幸・三原慎吾　1991　「縄文時代草創期文化層の調査」『国領川河川改修に伴う国領遺跡発掘調査報告書（蓮町・井森杉・石風呂地区の調査）』兵庫県文化財報告第93冊、兵庫県教育委員会、13～70頁。

窪田恵一　1998a　「西原遺跡」『北関東の槍先形尖頭器文化　第6回岩宿フォーラム／シンポジウム資料集』岩宿フォーラム実行委員会、202頁。

　　　　　　1998b　「二子塚遺跡」『第5回石器文化交流会―発表要旨―』石器文化交流会・第5回石器文化交流会とちぎ実行委員会、1～5頁。

　　　　　　1998c　「宮脇遺跡」『北関東の槍先形尖頭器文化　第6回岩宿フォーラム／シンポジウム資料集』岩宿フォーラム実行委員会、186頁。

　　　　　　1998d　「宮脇A遺跡」『北関東の槍先形尖頭器文化　第6回岩宿フォーラム／シンポジウム資料集』岩宿フォーラム実行委員会、187頁。

　　　　　　1998e　「細原遺跡」『北関東の槍先形尖頭器文化　第6回岩宿フォーラム／シンポジウム資料集』岩宿フォーラム実行委員会、184頁。

　　　　　　1998f　「三反田下高井遺跡」『北関東の槍先形尖頭器文化　第6回岩宿フォーラム／シンポジウム資料集』岩宿フォーラム実行委員会、191～192頁。

　　　　　　1998g　「梶巾遺跡」『北関東の槍先形尖頭器文化　第6回岩宿フォーラム／シンポジウム資料集』岩宿フォーラム実行委員会、191～192頁。

栗島義明　1984　「有茎尖頭器の型式変遷とその伝播」『駿台史学』第62号、50～82頁。

　　　　　　1985　「草創期の土器型式変遷における一考察―隆起線文から爪形文へ―」『信濃』第37巻第4号、85～109頁。

　　　　　　1986a　「『渡来系石器』考―本ノ木論争をめぐる諸問題―」『旧石器考古学』32、11～31頁。

　　　　　　1986b　「槍先形尖頭器石器群の研究序説―中部日本における地域的様相の把握―」『考古学研究』第32巻第4号、10～41頁。

　　　　　　1988a　「神子柴文化をめぐる諸問題―先土器・縄文の画期をめぐる問題（一）―」『研究紀要』第4号㈶埼玉県埋蔵文化財調査事業団、1～92頁。

　　　　　　1988b　「隆起線土器以前―神子柴文化と隆起線文土器文化の間―」『考古学研究』第35巻第3号、69～79頁。

　　　　　　1990a　「デポの意義―縄文時代草創期の石器交換をめぐる遺跡連鎖―」『研究紀要』第7号、㈶埼玉県埋蔵文化財調査事業団、1～44頁。

　　　　　　1990b　「刺突文土器―「窩文土器」への疑問」『利根川』11、1～11頁。

栗原文蔵・小林達雄　1961　「埼玉県西谷遺跡出土の土器群とその編年的位置」『考古学雑誌』第47巻第2号、38～46頁。

車崎正彦編　1984　『御正作遺跡埋蔵文化財発掘調査報告書』大泉町教育委員会。

小池　聡　1986　「第Ⅰ文化層」『月見野遺跡群上野遺跡第1地点』大和市文化財調査報告書第21集、大和市教育委員会、65～89頁。

小池　聡　1991　「第Ⅰ文化層」『長堀北遺跡』大和市文化財調査報告書第39集、大和市教育委員会、17〜19頁（本文編）、11〜21頁（資料編）。

　　　　　　1995　「旧石器時代の調査」『神奈川県大和市県営高座渋谷団地内遺跡』県営高座渋谷団地内遺跡発掘調査団、41〜148頁。

　　　　　　1998　「相模野の有樋尖頭器—月見野遺跡群上野遺跡第10地点資料とその他の出土例から—」『神奈川考古』第34号、25〜48頁。

小池　聡編　1999　『大和市No.210遺跡—神奈川県大和市つる舞の里資料館建設用地内地点の発掘調査—』大和市教育委員会。

小池　聡・田村大器　1999　「旧石器時代の調査」『大和市No.210遺跡—神奈川県大和市つる舞の里歴史資料館建設用地内地点の発掘調査—』大和市教育委員会、13〜55頁。

甲崎光彦編　1982　「№125遺跡」『多摩ニュータウン遺跡—昭和56年度—（第1分冊）』東京都埋蔵文化財センター調査報告第2集、㈶東京都埋蔵文化財センター、21〜96頁。

國學院大學考古学研究室　1980　『壬遺跡　新潟県中魚沼郡中里村』。

　　　　　　1981　『壬遺跡1981　新潟県中魚沼郡中里村』。

　　　　　　1982　『壬遺跡1982　新潟県中魚沼郡中里村』。

　　　　　　1983　『壬遺跡1983　新潟県中魚沼郡中里村』國學院大學文学考古学実習報告第5集。

小谷龍司　1990　「剥片尖頭器の研究—主として統計学的手法による分析—」『旧石器考古学』40、5〜30頁。

児玉健一郎・中村和美　1995　「奥ノ仁田遺跡の調査」『過疎農業基幹整備事業（立山地区）に伴う埋蔵文化財発掘調査報告　奥ノ仁田遺跡・奥嵐遺跡』西之表市埋蔵文化財発掘調査報告書(7)、鹿児島県西之表市教育委員会、8〜125頁。

後藤　直　1976　「朝鮮半島—朝鮮旧石器時代研究の現状—」『日本の旧石器文化　第4巻日本周辺の旧石器文化』雄山閣、91〜180頁。

小西紳也編著　1997　『東京都井の頭池遺跡群吉祥寺南町三丁目遺跡B地点』吉祥寺南町遺跡調査団。

小林達雄　1963　『長野県荷取洞窟出土の微粒起線文土器』『石器時代』6、47〜53頁。

　　　　　　1971　「アメリカ考古学における『セトルメント・アーケーオロジー』の成立の背景」『信濃』第23巻第2号、53〜56頁。

　　　　　　1974　「縄文土器の起源」『考古学ジャーナル』№100、75〜80頁。

　　　　　　1982　「荷取洞窟遺跡」『長野県史考古編　全1巻(2)主要遺跡（北・東信）』長野県、91〜95頁。

小林達雄・安岡路洋　1980　「水久保（みずくぼ）遺跡」『新修埼玉県史　資料編1　原始　旧石器・縄文』埼玉県、129〜131頁。

小林達雄・小田静夫・羽鳥謙三・鈴木正男　1971　「野川先土器時代遺跡の研究」『第四紀研究』第10巻第4号、231〜252頁。

小林博昭　1988　「岡山県中国山地ソフトローム期における剥片生産技術の一側面」『鎌木義昌先生古稀記念論集　考古学と関連科学』鎌本義昌先生古稀記念論集刊行会、31〜69頁。

小林広和・里村晃一　1976　「山梨県富士川下流域出土の初期尖頭器について」『古代文化』第28巻第4号、30〜38頁。

小林　孚　1982　「狐久保遺跡」『長野県史考古編　全1巻(2)主要遺跡（北・東信）』長野県、87〜90頁。

近藤尚義　1992a　「遺構・遺物分析の視点」『上信越自動車道埋蔵文化財発掘調査報告書1—佐久市内その1—下茂内遺跡』㈶長野県埋蔵文化財センター発掘調査報告書11、日本道路公団東京第二建設局・長野県教育委員会・㈶長野県埋蔵文化財センター、41〜63頁。

　　　　　　1992b　「下茂内遺跡の槍先形尖頭器製作」『上信越自動車道埋蔵文化財発掘調査報告書1—佐久市内そ

の1―下茂内遺跡』㈶長野県埋蔵文化財センター発掘調査報告書11、日本道路公団東京第二建設局・長野県教育委員会・㈶長野県埋蔵文化財センター、211～224頁。

近藤尚義・小林秀行編　1992　『上信越自動車道埋蔵文化財発掘調査報告書1―佐久市内その1―下茂内遺跡』㈶長野県埋蔵文化財センター発掘調査報告書11、日本道路公団東京第二建設局・長野県教育委員会・㈶長野県埋蔵文化財センター。

㈶千葉県文化財センター　1993『佐倉市志津地区埋蔵文化財発掘調査報告書2―御塚山遺跡第7地点の調査―』。

斎藤　弘　1996　「旧石器時代の遺構と遺物」『八幡根東遺跡　一般国道4号線（新4号国道）改築に伴う埋蔵文化財発掘調査』栃木県埋蔵文化財調査報告第181集、栃木県教育委員会・㈶栃木県文化振興事業団、16～130頁。

三枝健二　1983　「冠遺跡、1979年度の調査」『中国縦貫自動車道建設に伴う埋蔵文化財発掘調査報告』(4)、広島県教育委員会、135～176頁。

桜井美枝　1992　「細石刃石器群の技術構造―山形県角二山遺跡の分析―」『加藤稔先生還暦記念　東北文化論のための先史学歴史学論集』加藤稔先生還暦記念会、441～462頁。

酒井幸則　1983　「増開川子石遺跡」『長野県史考古編　全1巻(3)主要遺跡（中・南信）』長野県、455～461頁。

坂下町教育委員会　1974　『上原遺跡発掘報告書』。

坂本　彰　1995　「縄文時代草創期」『花見山遺跡』港北ニュータウン地域内埋蔵文化財調査報告XVI、横浜市ふるさと歴史財団、29～177頁。

佐々木洋治　1971　『高島町史　別巻考古資料編』高島町文化財史編集委員会・高島町史編纂委員会。

佐々木洋治・佐藤義信編著　1978　『山形県大立洞穴第3次調査概報』山形県立博物館・山形県教育委員会。

佐藤禎宏　1999　「山形県八幡町八森遺跡桑園地区の調査」『第12回東北日本の旧石器文化を語る会　予稿集』東北日本の旧石器文化を語る会（世話人事務局）、94～103頁。

佐藤達夫　1970　「ナイフ形石器の編年的一考察」『東京国立博物館紀要』5、21～76頁。

　　　　　1974a「黎明期の日本」『図説日本の歴史 1.日本のあけぼの』集英社、60～84頁。

　　　　　1974b「日本周囲の文化との関係」『日本考古学の視点〔上〕』日本書籍、56～63頁。

佐藤宏之　1989　「多摩ニュータウンNo.426遺跡、旧石器時代」『多摩ニュータウン遺跡昭和62年度　第5分冊』東京都埋蔵文化財センター調査報告第10集、㈶東京都埋蔵文化財センター、11～89頁。

　　　　　1991　「「尖頭器文化」概念の操作的有効性に関する問題点」『長野県考古学会研究叢書』第1号、長野県考古学会、124～134頁。

　　　　　1992　『日本旧石器文化の構造と進化』柏書房。

佐藤忠雄編著　1961　『射的山―北海道上川郡永山町射的山遺跡発掘調査報告―』永山町教育委員会。

佐藤雅一　1996　「本ノ木式土器」『日本土器辞典』雄山閣、177～178頁。

佐藤雅一編　1988　『大刈野遺跡　リゾート型共同住宅建設に伴う緊急発掘報告書』湯沢町教育委員会。

佐藤雅一・山本　克・織田拓男・安部英二　1999　「津南町における旧石器時代の石器群」『第12回東北日本の旧石器文化を語る会　予稿集』東北日本の旧石器文化を語る会、18～38頁。

佐藤政則　1979　「遠下遺跡」『茨城県史料　考古資料編　先土器・縄文時代』茨城県史編さん室第一部会原始古代史専門部会、89～93頁。

潮見　浩　1960　「広島市牛田早稲田山遺跡の発掘調査報告」『広島考古学研究』第2号、1～12頁。

　　　　　1976　「帝釈馬渡岩陰遺跡の調査」『帝釈峡遺跡群』帝釈峡遺跡群発掘調査団、33～40頁。

静岡県考古学会シンポジウム実行委員会編　1995　『愛鷹・箱根山麓の旧石器時代編年予稿集』静岡県考古学会シンポジウムIX。

篠原　正　1977　「東内野型尖頭器について」『千葉県印旛郡富里村東内野遺跡発掘調査概報』東内野遺跡発掘

調査団、25〜26頁。

篠原　正　1980　「東内野型尖頭器と樋状剥離に関する一考察」『大野政治先生古稀記念房総史論集』大野政治先生古稀記念論集刊行会、1〜54頁。

　　　　　　2000　「山倉大山遺跡」『千葉県の歴史　資料編　考古1（旧石器・縄文時代）』千葉県史料研究財団、250〜253頁。

篠原　正編著　1982　『両国沖Ⅲ遺跡発掘調査報告書』富里村教育委員会・両国沖Ⅲ遺跡発掘調査会。

篠原　正・木川邦夫・羽鳥謙三　1978　『千葉県東内野遺跡第二次発掘調査概報』富里村教育委員会・東内野遺跡発掘調査団。

柴田直子・西村直子・花田八千代・林　浩代・藤田有利子・保坂典子・松谷幹子編　1992　『川上村村誌　先土器時代編』川上村。

島田和高　1994　「両面調整槍先形尖頭器の製作と原料消費の構成」『旧石器考古学』49、29〜44頁。

　　　　　1996a　「A地点の旧石器時代石器群」『土気南遺跡群Ⅴ　南河原坂第3遺跡』千葉市土気南土地区画整理組合・㈶千葉市文化財調査協会、11〜41頁。

　　　　　1996b　「C地点の旧石器時代石器群」『土気南遺跡群Ⅴ　南河原坂第3遺跡』千葉市土気南土地区画整理組合・㈶千葉市文化財調査協会、74〜100頁。

　　　　　1996c　「D地点の旧石器時代石器群」『土気南遺跡群Ⅴ　南河原坂第3遺跡』千葉市土気南土地区画整理組合・㈶千葉市文化財調査協会、101〜134頁。

　　　　　1998　「中部日本南部における旧石器地域社会の一様相―砂川期における地区の成り立ちと地域の構造―」『駿台史学』102号、1〜49頁。

島立　桂　1988　「『本ノ木論争』とその周辺」『旧石器考古学』37、45〜58頁。

　　　　　1993a　「相模野台地における槍先形尖頭器と細石刃の展開」『考古論集―潮見浩先生退官記念論文集―』潮見浩先生退官事業会、61〜76頁。

　　　　　1993b　「細石刃と槍先形尖頭器の併存とその意味」『シンポジウム細石刃文化研究の新たなる展開　Ⅱ．細石刃文化研究の諸問題』佐久考古学会・八ヶ岳旧石器研究グループ、64〜66頁。

島立　桂・保坂康夫・黒坪一樹・山下秀樹ほか　1985a　「ナイフ形石器文化（K2）―第2b層―」『静岡県豊田町広野北遺跡発掘調査報告書』静岡県豊田町教育委員会、205〜505頁。

島立　桂・保坂康夫・黒坪一樹・山下秀樹ほか　1985b　「尖頭器文化」『静岡県豊田町広野北遺跡発掘調査報告書』静岡県豊田町教育委員会、99〜204頁。

清水宗昭　1973　「剥片尖頭器について」『古代文化』第25巻第11号、375〜382頁。

　　　　　2000　「剥片尖頭器の系譜に関する予察」『九州旧石器』第4号、95〜107頁。

清水宗昭・栗田勝弘編　1985　『百枝遺跡C地区（昭和59年度）大分県三重町百枝遺跡発掘報告書』三重町教育委員会。

清水宗昭・高橋信武・柳田俊雄編　1986　『岩戸遺跡　大分県大野郡清川村所在旧石器時代遺跡第3次発掘調査報告書』清川村教育委員会。

下平　昌　1973　「東田川郡朝日村越中山遺跡―A地点の第2次発掘―」『越中山遺跡の研究・序説』朝日村教育委員会、28〜31頁。

下村晴文・菅原章太編　1987　『神並遺跡Ⅱ』東大阪市教育委員会・㈶東大阪市文化財協会。

上東克彦・福永裕暁編　1998　『加世田市都市計画事業・第四次土地区画整理事業に伴う埋蔵文化財発掘調査報告書(1)　栫ノ原遺跡　第1分冊(旧石器時代・縄文時代草創期)』加世田市埋蔵文化財発掘調査報告書(15)、鹿児島県加世田市教育委員会。

ジョン・ワイマー／河合信和(訳)　1989　『世界旧石器時代概説』雄山閣。

白石　純・小林博昭	2001	「蒜山原東遺跡の発掘調査」『岡山理科大学自然科学研究所研究報告』第27号、125～154頁。
白石典之	1993	「東北アジアの細石刃石器群～技術より見た時間・空間的変遷とその背景～」『筑波大学先史学・考古学研究』第4号、1～29頁。
	1999	「北アジアの中期旧石器と人類」佐川正敏編『北方ユーラシアの中期旧石器を考える―石器からみた現生人類の起源―』、67～80頁。
白石浩之	1973	「茂呂系ナイフ形石器の細分と変遷に関する一試論―特に関東・中部地方を中心として―」『物質文化』21号、41～55頁。
	1974	「尖頭器出現過程における内容と評価」『信濃』第26巻第1号、86～93頁。
	1979	「尖頭器石器群研究の現状と展望」『神奈川考古』第7号、117～148頁。
	1980a	「第Ⅰ文化層」『寺尾遺跡　県立寺尾高等学校建設にともなう調査』神奈川県埋蔵文化財調査報告18、神奈川県教育委員会、10～88頁。
	1980b	「第Ⅱ文化層」『寺尾遺跡　県立寺尾高等学校建設に伴う調査』神奈川県埋蔵文化財調査報告、神奈川県教育委員会、89～122頁。
	1988a	「縄文文化の起源を求めて―神奈川県大和市月見野遺跡群上野遺跡第1地点の遺物から―」『大和のあけぼのⅡ－上和田城山遺跡・上野遺跡出土品の神奈川県指定重要文化財指定記念集－』大和市教育委員会、27～44頁。
	1988b	「縄文文化の起源をめぐる問題－有舌尖頭器からの一提言－」『神奈川考古』第24号、65～80頁。
	1989	『旧石器時代の石槍　狩猟具の進歩』ＵＰ考古学選書7、東京大学出版会。
	1997	「石槍の分布とその様相―樋状剥離尖頭器から見た集団の動き―」『人間・遺跡・遺物―わが考古学論集3―』発掘者談話会、27～47頁。
	2001	『石槍の研究―旧石器時代～縄文時代初頭にかけて―』未完成考古学叢書4、ミュゼ。
白石浩之・笠井洋祐編著	1999	『吉岡遺跡群Ⅷ　縄文時代3　草創期の石器文化　綾瀬浄水場建設にともなう発掘調査』かながわ考古学財団調査報告48、㈶かながわ考古学財団。
白滝団体研究会	1963	『白滝遺跡の研究』。
新屋雅明編	1996	『今羽丸山遺跡　県営大宮今羽団地関係埋蔵文化財発掘調査報告』埼玉県埋蔵文化財調査事業団報告書第173集、埼玉県埋蔵文化財調査事業団。
徐淑彬・加藤真二	1991	「中国山東省沂河・撲河流域の細石器文化」『旧石器考古学』43、17～24頁。
菅原俊行	1983	「下堤G遺跡（先土器時代）発掘調査概報」『秋田市秋田臨空港新都市開発関係埋蔵文化財発掘調査報告書』秋田市教育委員会、137～161頁。
杉原荘介	1953	「日本における石器文化の階梯について」『考古学雑誌』第39巻第2号、21～25頁。
	1954	「群馬県新田郡岩宿遺跡」『日本考古学年報』2、日本考古学協会、52頁。
	1955	「群馬県新田郡岩宿遺跡」『日本考古学年報』3、日本考古学協会、27頁。
	1956	『群馬県岩宿発見の石器文化』明治大学文学部研究報告考古学第一冊、明治大学。
	1957	「関東ローム層と文化層（講演要旨）」『第四紀研究』第1巻第1号、30～31頁。
	1958	「群馬県勢多郡武井遺跡」『日本考古学年報』7、日本考古学協会、29頁。
	1963	「長野県上ノ平遺跡」『日本考古学年報』6、日本考古学協会、31頁。
	1965a	「先土器時代の日本」『日本の考古学Ⅰ　先土器時代』河出書房、1～24頁。
	1965b	「日本先土器時代主要遺跡地名表」『日本の考古学Ⅰ　先土器時代』河出書房、巻末1～11頁。
	1973	『長野県上ノ平の尖頭器文化』明治大学文学部研究報告考古学第三冊、明治大学文学部考古学研究室。

杉原荘介　1977　『群馬県武井における二つの石器文化』明治大学文学部研究報告考古学第七冊、明治大学文学部考古学研究室。

　　　　　　1984　『群馬県武井における二つの石器文化』明治大学文学部研究報告考古学第七冊、明治大学文学部考古学研究室。

杉原荘介編　1965　『日本の考古学Ⅰ　先土器時代』河出書房。

杉原荘介・戸沢充則・安蒜政雄　1983　『佐賀県多久三年山における石器時代の遺跡』明治大学文学部研究報告考古学第九冊、明治大学文学部考古学研究室。

杉原敏之　1997　「筑後平野の尖頭器石器群」『九州旧石器』第3号、1～10頁。

杉原敏之・水ノ江和同編著　1994　『県道久留米・筑紫野線関係埋蔵文化財調査報告5　宗原遺跡』福岡県文化財調査報告書第116集、福岡県教育委員会。

鈴木遺跡調査団編　1978　『鈴木遺跡Ⅰ』。

鈴木定明　1978　「復山谷遺跡、先土器時代」『千葉ニュータウン埋蔵文化財調査報告書Ⅵ』千葉県企業局・㈶千葉県文化財センター、7～81頁。

鈴木次郎　1980　「第Ⅵ文化層」『寺尾遺跡　県立綾瀬高等学校建設に伴う調査』神奈川県埋蔵文化財調査報告18、神奈川県教育委員会、184～291頁。

　　　　　1984a　「第Ⅰ文化層」『栗原中丸遺跡　県立栗原高等学校建設に伴う調査』神奈川県立埋蔵文化財センター調査報告3、神奈川県立埋蔵文化財センター、17～27頁。

　　　　　1984b　「第Ⅲ文化層」『栗原中丸遺跡　県立栗原高等学校建設に伴う調査』神奈川県立埋蔵文化財センター調査報告3、神奈川県立埋蔵文化財センター、78～85頁。

　　　　　1989a　「相模野台地における槍先形尖頭器石器群」『神奈川考古』第25号、27～55頁。

　　　　　1989b　「槍先形尖頭器群と細石刃石器群の時間的関係」『長野県考古学会誌』59・60号、289～291頁。

　　　　　1996a　「第Ⅲ文化層」『宮ヶ瀬遺跡群Ⅵ　サザランケ（No.12）遺跡　宮ヶ瀬ダムに伴う発掘調査』かながわ考古学財団調査報告8、㈶かながわ考古学財団、179～264頁。

　　　　　1996b　「第Ⅳ文化層」『宮ヶ瀬遺跡群Ⅵ　サザランケ（No.12）遺跡　宮ヶ瀬ダムに伴う発掘調査』かながわ考古学財団調査報告8、㈶かながわ考古学財団、265～296頁。

　　　　　1997　「第Ⅳ文化層」『宮ヶ瀬遺跡群ⅩⅡ　上原（No.13）遺跡　宮ヶ瀬ダムに伴う発掘調査』かながわ考古学財団調査報告18、㈶かながわ考古学財団、195～227頁。

鈴木次郎編著　1989　『相模野第149遺跡―相模考古学研究会による発掘調査の記録―』大和市文化財調査報告書第34集、大和市教育委員会。

鈴木次郎・小野正敏編　1972　『小園前畑遺跡発掘調査報告』綾瀬町文化財調査報告第一集、神奈川県綾瀬町教育委員会。

鈴木次郎・恩田　勇編著　1996　『宮ヶ瀬遺跡群Ⅵ　サザランケ（No.12）遺跡　宮ヶ瀬ダムにともなう発掘調査』かながわ考古学財団調査報告8、㈶かながわ考古学財団。

鈴木次郎・白石浩之編著　1980　『寺尾遺跡　県立綾瀬高等学校建設にともなう調査』神奈川県埋蔵文化財調査報告18、神奈川県教育委員会。

鈴木次郎・矢島國雄　1978　「先土器時代の石器群とその編年」『日本考古学を学ぶ(1)　日本考古学の基礎』有斐閣、144～169頁。

　　　　　　　　　　1979a　「神奈川県綾瀬市報恩寺遺跡の細石刃石器群」『神奈川考古』第6号、1～53頁。

　　　　　　　　　　1979b　「相模野台地におけるナイフ形石器文化終末の様相」『神奈川考古』第7号、1～20頁。

鈴木次郎・矢島國雄編　1974　『地蔵坂遺跡発掘調査報告書』綾瀬町文化財調査報告第二集、神奈川県綾瀬町教育委員会。

鈴木忠司　　1985　「縄文草創期石器群小考」『考古学ジャーナル』No256、24〜30頁。
　　　　　　1988　「上野Ⅱ文化層の位置づけをめぐって」『大和のあけぼのⅡ―上和田城山遺跡・上野遺跡出土品の神奈川県指定重要文化財指定記念集―』大和市教育委員会、115〜136頁。
鈴木忠司編　　1980　『静岡県磐田市寺谷遺跡発掘調査報告書』静岡県磐田市教育委員会。
鈴木敏中編著　1994　『史跡山中城跡』三島市教育委員会。
鈴木　誠編　　1972　『男女倉遺跡　黒耀石原産地帯における先土器文化石器群』信州ローム研究会。
鈴木道之助　　1975a　「木苅峠遺跡（CN407）」『千葉ニュータウン埋蔵文化財発掘調査報告書』Ⅲ、千葉県文化財センター、44〜124頁。
　　　　　　1975b　「ポイントの発達とその意義」『研究紀要』1、千葉県文化財センター、37〜50頁。
　　　　　　1977　「下総台地におけるナイフ形石器終末期の諸問題」『神奈川考古』第7号、75〜87頁。
　　　　　　1996　「隆起線文土器群」『日本土器辞典』雄山閣、245頁。
　　　　　　2000a　「一鍬田甚平山南遺跡（新東京国際空港No12）」『千葉県の歴史　資料編　考古1（旧石器・縄文時代）』千葉県史料研究財団、248〜249頁。
　　　　　　2000b　「瀬戸遠蓮遺跡」『千葉県の歴史　資料編　考古1（旧石器・縄文時代）』千葉県史料研究財団、262〜263頁。
鈴木保彦　　　1974　「本州地方を中心とした先土器時代終末から縄文時代草創期における石器群の様相」『物質文化』23号、1〜15頁。
　　　　　　1982　「草創期の土器型式」『縄文文化の研究3　縄文土器Ⅰ』雄山閣、44〜65頁。
須田栄一・桜井準也ほか　1995　『南葛野遺跡』南葛野遺跡発掘調査団。
須藤隆司　　　1998　「なぜ武井遺跡は大規模な製作遺跡なのか」『第6回岩宿フォーラム/シンポジウム　武井遺跡と北関東の槍先形尖頭器文化　予稿集』笠懸町教育委員会・新里村教育委員会・岩宿フォーラム実行委員会、55〜56頁。
　　　　　　1999a　「八風山Ⅰ遺跡の調査」『ガラス質黒色安山岩原産地遺跡八風山遺跡群　長野県佐久市大字香坂八風山遺跡群発掘調査報告書』交栄興産株式会社・佐久市教育委員会、292〜336頁。
　　　　　　1999b　「八風山Ⅵ遺跡の調査」『ガラス質黒色安山岩原産地遺跡八風山遺跡群　長野県佐久市大字香坂八風山遺跡群発掘調査報告書』交栄興産株式会社・佐久市教育委員会、337〜609頁。
須藤隆司編著　1999　『ガラス質黒色安山岩原産地遺跡八風山遺跡群　長野県佐久市大字香坂八風山遺跡群発掘調査報告書』交栄興産株式会社・佐久市教育委員会。
須藤隆司・大工原豊　1984　「先土器時代」『御正作遺跡埋蔵文化財発掘調査報告書』大泉町教育委員会、43〜107頁。
砂田佳弘　　　1986a　「第Ⅰ文化層」『代官山遺跡　県立長後高等学校建設にともなう調査』神奈川県立埋蔵文化財センター調査報告11、神奈川県立埋蔵文化財センター、18〜31頁。
　　　　　　1986b　「先土器時代の遺構と遺物」『代官山遺跡　県立長後高等学校建設にともなう調査』神奈川県立埋蔵文化財センター調査報告11、神奈川県立埋蔵文化財センター、13〜304頁。
　　　　　　1998　「縄文時代草創期1」『吉岡遺跡群Ⅴ　旧石器時代3・B1層〜L1S層の石器文化、縄文時代2・草創期　綾瀬浄水場建設にともなう発掘調査』かながわ考古学財団調査報告38、㈶かながわ考古学財団、276〜422頁。
砂田佳弘・仲田大人　1998　「旧石器時代L1H層、B地区の調査」『吉岡遺跡群Ⅴ　旧石器時代3・B1層〜L1S層の石器文化　縄文時代2・草創期　綾瀬浄水場建設にともなう発掘調査』かながわ考古学財団調査報告38、㈶かながわ考古学財団、92〜260頁。
澄田正一・大参義一　1967　「酒呑ジュリンナ遺跡」『名古屋大学文学部研究論集』44、129〜152頁。

澄田正一・安達厚三　1967　「岐阜県九合洞穴遺跡」『日本の洞穴遺跡』日本考古学協会洞穴調査特別委員会、平凡社、188～201頁。
諏訪間　伸　1992　「東大竹・山王塚（八幡台）遺跡」『文化財ノート』第2集　伊勢原市教育委員会、30～48頁。
諏訪間　順　1986　「第Ⅵ文化層」『月見野遺跡群上野遺跡第1地点』大和市文化財調査報告書第21集、大和市教育委員会、665～693頁。
　　　　　　　1989　「ナイフ形石器文化の終焉と尖頭器文化の成立―相模野台地の石器群を中心に―」『旧石器考古学』38、93～102頁。
諏訪間　順・堤　隆　1985　「神奈川県大和市深見諏訪山遺跡第Ⅳ文化層の石器について」『旧石器考古学』30、85～108頁。
妹尾周三編著　1989　『冠遺跡群 D地点の調査』㈶広島県埋蔵文化財調査センター。
関口博幸　1992　「槍先形尖頭器の変容過程」『研究紀要』10、群馬県埋蔵文化財調査事業団、1～26頁。
関根慎二　1988　「糸井宮前遺跡」『群馬県史　資料編1　原始古代1』群馬県史編さん委員会、823～840頁。
関根唯充・五十嵐　彰編著　1992　『藤沢湘南キャンパス内遺跡第2巻　岩宿時代・縄文時代1部』慶應義塾大学。
関野哲夫編著　1981　『尾上イラウネ遺跡発掘調査報告書』沼津市文化財調査報告第23集、沼津市教育委員会。
関野哲夫・関本光泰　1990　「東尾根の発掘調査、縄文時代草創期の遺物」『清水柳北遺跡発掘調査報告書その2―東尾根の先土器・縄文・古墳・奈良時代の調査、中央尾根の先土器・縄文・古墳時代の調査―』沼津市文化財調査報告第48集、沼津市教育委員会、16～63頁。
関野哲夫・関本光泰・鈴木裕篤　1990　「東尾根の発掘調査」『清水柳北遺跡発掘調査報告書その2―東尾根の先土器時代・縄文・古墳・奈良時代の調査、中央尾根の先土器・縄文・古墳時代の調査―』沼津市文化財調査報告第48集、沼津市教育委員会、1～472頁。
芹澤清八　1989　「川木谷遺跡採集の石器群について」『川木谷遺跡―町道下山田・小砂線道路拡幅改良事業に伴う緊急発掘調査報告書―』黒羽町文化財調査報告書第2集、付編6～21頁。
芹澤清八・小菅将夫　2003　「縄文時代の石槍―大木式土器圏の様相との比較をとおして―」『第11回岩宿フォーラム／シンポジウム　刺突具の系譜予稿集』笠懸野岩宿文化資料館・岩宿フォーラム実行委員会、65～74頁。
芹沢長介　1953　「石槍の再吟味」『ミクロリス』第7号、5～7頁。
　　　　　1954　「関東及中部に於ける無土器文化終末と縄文文化の発生に関する予察」『駿台史学』第4号（『駿台史学論集』1　明治大学考古学専攻講座創設二五周年記念会、24～65頁に再録）。
　　　　　1955　「長野県馬場平遺跡略報」『石器時代』第1号、15～22頁。
　　　　　1956　「日本に於ける無土器文化」『人類学雑誌』第64巻第3号、31～48頁。
　　　　　1957　「日本における無土器文化の起源と終末についての覚書」『私たちの考古学』第4巻第1号、4～13頁。
　　　　　1959a「ロームに潜む文化　先縄文文化」『世界考古学体系第1巻　日本Ⅰ　先縄文・縄文時代』平凡社、17～38頁。
　　　　　1959b「新潟県荒屋遺跡における細石刃文化と荒屋形彫刻刀について（予報）」『第四紀研究』第1巻第5号、174～181頁。
　　　　　1960　『石器時代の日本』築地書館。
　　　　　1962a「日本の旧石器文化と縄文文化」『古代史講座』第2巻、学生社、301～332頁。
　　　　　1962b「舟底形石器」『日本考古学辞典』東京堂、481頁。
　　　　　1966　「新潟県中林遺跡における有舌尖頭器の研究」『日本文化研究所研究報告』第2集、1～57頁。
　　　　　1967　「日本の旧石器（特報）大分県岩戸旧石器時代の遺跡調査」『考古学ジャーナル』No.14、4～5頁。

芹沢長介編　1959　『津南町の古代文化』津南町教育委員会。

　　　　　　1978　『大分県大野郡清川村所在岩戸旧石器時代遺跡出土資料　岩戸』東北大学文学部考古学研究会考古学資料集第2冊、東北大学文学部考古学研究会。

芹沢長介・中山淳子　1957　「新潟県津南町本ノ木遺跡調査予報」『越佐研究』12号、1～19頁。

芹沢長介・吉田　格・岡田淳子・金子浩昌　1967　「埼玉県橋立岩陰遺跡」『石器時代』8、1～28頁。

千田和文・八木光則・似内啓邦・原田秀文編著　1986　『大館遺跡群　大新町遺跡・大館町遺跡—昭和60年度発掘調査概報—』盛岡市教育委員会。

　　　　　　1987　『大館遺跡群　大新町遺跡—昭和61年度発掘調査概報—』盛岡教育委員会。

曽根博明編　1983　『深見諏訪山遺跡　神奈川県大和市深見所在の縄文時代草創期・先土器時代遺跡調査の記録』大和市文化財調査報告第14集、大和市教育委員会。

大工原豊　1998　「武井遺跡の槍先形尖頭器石器群の行動型—武井Ⅱ前後の石器群との比較から想定される行動型—」『第6回岩宿フォーラム/シンポジウム　武井遺跡と北関東の槍先形尖頭器文化　予稿集』笠懸町教育委員会・新里村教育委員会・岩宿フォーラム実行委員会、50～54頁。

對比寺秀行・高杉尚宏編　1982　『嘉留多遺跡・砧中学校7号古墳』世田谷区教育委員会・世田谷区遺跡調査会。

高尾好之　1988　「中見代第Ⅱ遺跡」『土手上・中見代第Ⅱ・中見代第Ⅲ遺跡発掘調査報告書（足高尾上№1・6・7遺跡）』沼津市文化財発掘調査報告書第43集、沼津市教育委員会、37～184頁。

高尾好之編著　1989　『中見代Ⅰ遺跡調査報告書（足高尾上No.5遺跡）』沼津市文化財報告書第45集、沼津市教育委員会。

高橋信武編　1982　『津留遺跡発掘調査概報　国道326号改良工事に伴う発掘調査』大分県教育委員会。

高橋　学・五十嵐一治編著　1998　『家の下遺跡(2)　旧石器時代編—県営ほ場整備事業（琴丘地区）に係る埋蔵文化財発掘調査報告書Ⅲ—』秋田県文化財調査報告第275集、秋田県教育委員会。

高橋義介　1999　「旧石器時代」『峠山牧場Ⅰ遺跡A地区発掘調査報告書　東北横断自動車道秋田線関連遺跡発掘調査』岩手県文化振興事業団埋蔵文化財調査報告書第291集、㈶岩手県文化振興事業団埋蔵文化財センター、15～357頁。

高橋義介・菊池強一編　1999　『峠山牧場Ⅰ遺跡A地区発掘調査報告書　東北横断自動車道秋田線関連遺跡発掘調査』岩手県文化振興事業団埋蔵文化財調査報告書第291集、㈶岩手県文化振興事業団埋蔵文化財センター。

高見俊樹　1995　「旧石器時代の諏訪」『諏訪市史』諏訪市史編纂委員会、5～154頁。

滝沢　亮・小池　聡編著　1991　『長堀北遺跡』大和市文化財調査報告書第39集、大和市教育委員会。

竹岡俊樹　1988　「旧石器時代」『香川県史　第1巻通史編　原始・古代』香川県、72～225頁。

竹笠多恵子　1999　「縄文時代草創期」『多摩ニュータウン遺跡—№72・795・796遺跡—第1分冊』東京都埋蔵文化財センター第50集、㈶東京都埋蔵文化財センター、105～248頁。

竹崎真夫編　1982　『しろやま　調布市入間町城山遺跡第9次調査概報』調布市教育委員会・調布市遺跡調査会。

武田耕平　1988　「A地点」『昭和62年度沢小屋地区土地改良総合整備事業（小規模排水対策特別事業）関連遺跡調査報告　仙台内前遺跡—縄文時代草創期、中近世墓坑の調査—』福島市教育委員会・㈶福島市振興公社、18～55頁。

田代　治　1997　「大宮台地の概要」『埼玉考古』別冊第5号、埼玉考古学会、7～13頁。

田代　治・鈴木仁子ほか　1992　『大和田高明遺跡』大宮市遺跡調査会報告第38集、大宮市遺跡調査会。

田代　隆・日下田欣一・倉田　英　1990　「旧石器時代」『三ノ野東・谷舘野北遺跡—住宅都市整備公団小山・栃木都市計画事業自治医科大学周辺地区埋蔵文化財発掘調査—』栃木県埋蔵文化財調査報告書第112集、栃木県教育委員会・㈶栃木県文化振興事業団、33～156頁。

多田　仁　1994　「宝ケ口Ⅰ遺跡」『四国縦貫自動車道埋蔵文化財調査報告書Ⅷ─丹原町編─安養寺遺跡・宝ヶ口Ⅰ遺跡・文台城跡・高月遺跡』㈶愛媛県埋蔵文化財調査センター、47～130頁。

　　　　　1997　「中・四国地方における角錐状石器の様相」『九州旧石器』第3号、73～92頁。

橘　昌信　1975　「宮崎県船野遺跡における細石器文化」『考古学論集』第3号、1～70頁。

橘　昌信編著　1980　『大分県二日市洞穴発掘調査報告書』文化財調査報告5、玖珠郡九重町教育委員会。

　　　　　1981　『大分県上下田遺跡発掘調査報告書』別府大学付属博物館。

　　　　　1983　『大分県上下田遺跡第2次発掘調査報告書』別府大学付属博物館。

橘川耕太郎　1996　「E地点の旧石器時代石器群」『土気南遺跡群Ⅴ　南河原坂第3遺跡』千葉市土気南土地区画整理組合・㈶千葉市文化財調査協会、135～175頁。

舘野　孝編著　1999a　「多摩ニュータウンNo.496遺跡」『多摩ニュータウン遺跡』東京都埋蔵文化財センター調査報告第73集、㈶東京都埋蔵文化財センター、165～248頁。

　　　　　1999b　「多摩ニュータウンNo.388遺跡─（1989年度調査）─」『多摩ニュータウン遺跡』東京都埋蔵文化財センター調査報告第73集、㈶東京都埋蔵文化財センター、415～436頁。

田中英司　1982　「神子柴遺跡におけるデポの認識」『考古学研究』第29巻第3号、56～78頁。

谷　和隆　2000a　「七ツ栗遺跡」『上信越自動車道埋蔵文化財発掘調査報告書15─信濃町内　その1─日向林B遺跡・日向林A遺跡・七ツ栗遺跡・大平B遺跡　旧石器時代　本文編』長野県埋蔵文化財発掘調査報告書48、日本道路公団・長野県教育委員会・長野県埋蔵文化財センター、129～149頁。

　　　　　2000b　「上ノ原遺跡」『上信越自動車道埋蔵文化財発掘調査報告書15─信濃町内　その1─裏ノ山遺跡・東裏遺跡・大久保南遺跡・上ノ原遺跡　旧石器時代　本文編』長野県埋蔵文化財発掘調査報告書48、日本道路公団・長野県教育委員会・長野県埋蔵文化財センター、124～147頁。

　　　　　2000c　「東裏遺跡」『上信越自動車道埋蔵文化財発掘調査報告書15─信濃町内　その1─裏の山遺跡・東裏遺跡・大久保南遺跡・上ノ原遺跡─旧石器時代　本文編』長野県埋蔵文化財センター発掘調査報告書48、日本道路公団・長野県教育委員会・長野県埋蔵文化財センター、47～102頁。

谷口康浩編　1999　『大平山元Ⅰ遺跡の考古学的調査　旧石器文化の週末と縄文文化の起源に関する問題の探求』大平山元Ⅰ遺跡発掘調査団。

谷藤保彦　1992a　「第Ⅰ文化層」『房谷戸遺跡Ⅱ─関越自動車道（新潟線）地域埋蔵文化財発掘調査報告書第40集─《第Ⅰ文化層篇》』㈶群馬県埋蔵文化財調査事業団発掘調査報告第129集、群馬県教育委員会・㈶群馬県埋蔵文化財調査事業団、11～212頁。

　　　　　1992b　「槍先形尖頭器の製作工程」『房谷戸遺跡Ⅱ─関越自動車道（新潟線）地域埋蔵文化財発掘調査報告書第40集─《第Ⅰ文化層篇》』㈶群馬県埋蔵文化財調査事業団発掘調査報告第129集、群馬県教育委員会・㈶群馬県埋蔵文化財調査事業団、127～135頁。

谷藤保彦編　1992　『房ヶ谷戸遺跡Ⅱ《第一文化層編》─関越自動車道（新潟線）地域埋蔵文化財発掘調査報告書第40集─』㈶群馬県埋蔵文化財調査事業団発掘調査報告第129集、群馬県教育委員会・㈶群馬県埋蔵文化財調査事業団。

玉司農武・宮坂虎次　1966　「鷹山遺跡」『蓼科』尖石考古博物館研究報告叢書第二冊、尖石考古博物館研究室、141～150頁。

田村　隆　1986a　「先土器時代、元割遺跡」『常磐自動車道埋蔵文化財調査報告書Ⅳ─元割・聖人塚・中山新田Ⅰ─』㈶千葉県文化財センター、13～48頁。

　　　　　1986b　「先土器時代、聖人塚」『常磐自動車道埋蔵文化財調査報告書Ⅳ─元割・聖人塚・中山新田Ⅰ─』㈶千葉県文化財センター、49～111頁。

　　　　　1987　「先土器時代」『八千代市井戸向遺跡─萱田地区埋蔵文化財調査報告書Ⅳ─』住宅・都市整備

公団首都圏都市開発本部・㈶千葉県埋蔵文化財センター、1～129頁。

田村　隆　1989　「先土器時代」『佐倉市南志津地区埋蔵文化財発掘調査報告書1―佐倉市御塚山・大林・大堀・西野・芋窪遺跡―』㈶千葉県埋蔵文化財センター、99～422頁。

　　　　　　1994　『大網山田台遺跡群Ⅰ―旧石器時代篇―』㈶山武郡市文化財センター。

　　　　　　1996　『市原市武士遺跡 1―福増浄水場埋蔵文化財発掘調査報告書―第1分冊』千葉県文化財センター調査報告第289集、住宅・都市整備公団・㈶千葉県文化財センター。

　　　　　　2000　「角田台遺跡」『千葉県の歴史資料編 考古1（旧石器・縄文時代）』㈶千葉県史研究財団、132～133頁。

田村　隆・橋本勝雄編著　1984　『先土器時代』房総考古学ライブラリー1、㈶千葉県文化財センター。

田村　隆・橋本勝雄　1987　「掘り出された遺跡」『先土器時代』房総考古学ライブラリー、㈶千葉県文化財センター、87～232頁。

知念　勇　1977　「下層の土器」『渡具知東原第1～2次発掘調査報告』沖縄県教育委員会、40～45頁。

千葉英一　1988　「旧石器時代の遺跡、まとめ」『木古内町新道4遺跡―津軽海峡線（北海道方）建設工事埋蔵文化財発掘調査報告書(5)―』㈶北海道埋蔵文化財センター、127～130頁。

千葉　寛　1989　「東区各文化層の遺構・遺物」『東京都小金井市野川中洲北遺跡―野川第二調節池工事に伴う埋蔵文化財発掘調査報告書―』東京都建設局・小金井市遺跡調査会、17～285頁。

月見野遺跡群調査団　1969　『概報月見野遺跡群』。

辻　秀子・直井孝一　1973　「A地点」『タチカルシュナイ遺跡1972 北海道タチカルシュナイ第Ⅴ遺跡の草地改良にともなう旧・中石器時代遺跡の調査報告』北海道遠軽町教育委員会。

堤　　隆　1988　「樋状剥離を有する石器の再認識―男女倉型・東内野型等と呼称されるある種の石器をめぐって―(上)」『信濃』第40巻第4号、24～45頁。

　　　　　　1989　「樋状剥離を有する石器の再認識―男女倉型・東内野型等と呼称されるある種の石器をめぐって―(下)」『信濃』第41巻第5号、24～64頁。

　　　　　　1997　「第Ⅸ文化層」『柏ヶ谷長ヲサ遺跡 相模野台地における後期旧石器時代遺跡の調査』柏ヶ谷長ヲサ遺跡調査団、140～309頁。

堤　　隆編　1991　『中ッ原第5遺跡B地点の研究』八ヶ岳旧石器研究グループ。

堤　　隆・安藤史郎　1984　「上草柳第1地点遺跡」『一般国道246号（大和・厚木バイパス）地域内遺跡発掘調査報告Ⅱ』、大和市文化財調査報告書第15集、大和市教育委員会、17～114頁。

東京外かく環状道路練馬地区遺跡調査会　1995　『丸山東遺跡Ⅰ 旧石器時代編 東京外かく環状道路練馬地区遺跡（C・D地区）発掘調査報告書』日本道路公団・東京外かく環状道路練馬地区遺跡調査会。

東京都埋蔵文化財センター　1989　『第2回多摩ニュータウン遺跡群を考えるシンポジウム 旧石器時代 槍の文化史』。

富樫孝志　1998　「高見丘Ⅳ遺跡」『高見丘Ⅲ・Ⅳ遺跡 平成6～8年度磐田原パーキングエリア遺跡事業に伴う埋蔵文化財発掘調査報告書』静岡県埋蔵文化財調査研究所調査報告第108集、㈶静岡県埋蔵文化財調査研究所、235～311頁。

戸沢充則　1958　「長野県八島遺跡における石器群の研究―古い様相をもつポイントのインダストリ―」『駿台史学』第8号（『駿台史学論集』1、明治大学考古学専攻講座創設二五周年記念会、82～113頁に再録）。

　　　　　　1964　「矢出川遺跡」『考古学集刊』第2巻第3号、1～35頁。

　　　　　　1965a　「関東地方の先土器時代」『日本の考古学Ⅰ 先土器時代』河出書房、222～241頁。

　　　　　　1965b　「尖頭器文化」『日本の考古学Ⅰ 先土器時代』河出書房、145～160頁。

戸沢充則　1965c「先土器時代における石器群研究の方法―考古学資料を、歴史学的な素材とするまでの、整理と理解に関する方法論の試みとして。―」『信濃』第17巻第4号、1～14頁。

　　　　　1968「埼玉県砂川遺跡の石器文化」『考古学集刊』第4巻第1号、1～42頁。

戸沢充則・安蒜政雄編　1991　『長野県小県郡長門町鷹山遺跡群Ⅱ』長門町教育委員会・鷹山遺跡群調査団。

戸沢充則・安蒜政雄・鈴木次郎・矢島國雄編　1974　『砂川先土器時代遺跡　埼玉県所沢市砂川遺跡の第2次調査』所沢市教育委員会。

戸田哲也　1973「千葉県南大溜袋遺跡の調査」『考古学ジャーナル』No.78、16～17頁。

戸田哲也編　1977　『千葉県印旛郡富里村東内野遺跡発掘調査概報』東内野遺跡調査団。

戸田哲也・相原俊夫編著　1984　『月野上野遺跡第2地点発掘調査報告書』月見野上野遺跡調査団。

戸田哲也・篠原　正編　1979　『千葉県印旛郡富里村東内野遺跡第3次発掘調査概報』富里村教育委員会・東内野遺跡発掘調査団。

戸田正勝　1983「尖頭器の型式学的一考察－東京都鈴木遺跡の場合－」『太平臺史窓』第2号、1～23頁。

直井孝一　1973「A地点」『タチカルシュナイ遺跡1972　北海道タチカルシュナイⅤ遺跡の草地改良工事に伴う中・旧石器時代遺跡の調査報告』北海道遠軽町教育委員会、6～12頁。

長井数秋　1986「穴神洞遺跡」『愛媛県史　資料編考古』愛媛県史編さん委員会、106～109頁。

中川和哉　1995「西日本における角錐状石器の諸問題」『旧石器考古学』50、35～45頁。

長崎潤一　1993「Ⅳ層出土の石器群」『東京都練馬区比丘尼橋遺跡B地点調査報告書』比丘尼橋遺跡調査団・東京都建設局、67～210頁。

長崎潤一・井上慎也　1993「旧石器時代の遺構と遺物」『東京都練馬区比丘尼橋遺跡B地点調査報告書』比丘尼橋遺跡調査団・東京都建設局、36～210頁。

中里吉伸　1988「下宿遺跡」『群馬県史　資料編1　原始古代1』群馬県史編さん委員会、915～924頁。

中沢　保・杉山荘平　1956「東京都練馬区武蔵関の遺跡」『西郊文化』12・13号、16～25頁。。

中島英子　1986「先土器時代」『東京都多摩市和田・百草遺跡群―多摩都市計画道路1・3・1号線和田地内拡幅工事にともなう調査―』多摩市埋蔵文化財調査報告10　多摩市都市計画事業1・3・1号線関連遺跡調査、15～40頁。

　　　　　2000「星光山荘遺跡B地点」『上信越自動車道埋蔵文化財発掘調査報告書16―信濃町内その2―星光山荘A・星光山荘B・西岡A・貫ノ木・上の原・大久保南・東裏・裏ノ山・針ノ木・大平B・日向林A・日向林B・七ツ栗・普光田　縄文時代～近世』長野県埋蔵文化財センター発掘調査報告書49、日本道路公団・長野県教育委員会・長野県埋蔵文化財センター、28～59頁（本文編）、10～59頁（図版編）。

中束耕志　1985「土器出現期における局部磨製石斧の一様相―群馬県神谷遺跡の石斧―」『群馬県立歴史博物館紀要』第6号、23～50頁。

　　　　　1988「土器出現期における石槍と植刃の変遷―東日本を中心として―」『群馬の考古学　創立十周年記念論集』㈶群馬県埋蔵文化財調査事業団、69～88頁。

永塚俊司　2001「旧石器時代」『新東京国際空港埋蔵文化財発掘調査報告書XVI―十余三稲荷峰東遺跡（空港No.66遺跡）―』新東京国際空港公団・㈶千葉県文化財センター、9～32頁。

永友良典・日高孝治　1985「堂地西遺跡の調査」『宮崎学園都市遺跡発掘調査報告書第2集　浦田遺跡・入料遺跡・堂地西遺跡・平畑遺跡・堂地東遺跡・熊野原遺跡』宮崎県教育委員会、70～97頁（本文編）、65～99頁（図版編）。

永友良典・渡辺博吏　1987「赤木遺跡（発掘調査概要報告）」『延岡市文化財調査報告書Ⅲ』延岡市教育委員会、5～55頁。

長沼　孝　1985　「成果と問題点」『今金町美利河1遺跡―美利河ダム建設事業に伴う埋蔵文化財発掘報告書―』㈶北海道埋蔵文化財センター、289〜295頁。

　　　　　1988　「第Ⅳ層の遺構と遺物」『函館市石川1遺跡――一般国道5号函館新道道路改良工事用地内埋蔵文化財発掘調査報告書―』㈶北海道埋蔵文化財センター、173〜240頁。

長沼　孝編　1985　『今金町美利河1遺跡―美利河ダム建設事業に伴う埋蔵文化財発掘報告書―』(財)北海道埋蔵文化財センター。

　　　　　1988　『函館市石川1遺跡――一般国道5号函館新道道路改良工事用地内埋蔵文化財発掘調査報告書―』北海道埋蔵文化財発掘調査報告第45集、㈶北海道埋蔵文化財センター。

　　　　　1999　『シンポジウム海峡と北の考古学―文化の接点を探る―資料集Ⅰ・テーマ1：旧石器から縄文へ』日本考古学協会1999年度釧路大会実行委員会。

　　　　　2001　「上白滝2・上白滝5・北支湧別4遺跡の石器群について」『白滝遺跡群Ⅱ　白滝村上白滝2遺跡・上白滝6遺跡・北支湧別4遺跡　一般国道450号白滝村白滝道路改良工事地内埋蔵文化財発掘調査報告書』㈶北海道埋蔵文化財センター調査報告書第154集、㈶北海道埋蔵文化財センター、297〜307頁。

長沼　孝・鈴木宏之・直江康雄　2001　『白滝遺跡群Ⅱ　白滝村上白滝2遺跡・上白滝6遺跡・北支湧別4遺跡　一般国道450号白滝村白滝道路改良工事地内埋蔵文化財発掘調査報告書』㈶北海道埋蔵文化財センター調査報告書第154集、㈶北海道埋蔵文化財センター。

長沼　孝・鈴木宏之・直江康雄・越田雅司編　2003　『白滝遺跡群Ⅲ　白滝村奥白滝1遺跡・上白滝5遺跡　一般国道450号白滝丸瀬布道路工事用地内埋蔵文化財発掘調査報告書』㈶北海道埋蔵文化財センター調査報告書第169集、㈶北海道埋蔵文化財センター。

長沼正樹　1997　「剥片剥離と尖頭器の製作工程」『新潟県小千谷市真人原遺跡Ⅱ』東京都立大学考古学報告1、真人原遺跡発掘調査団、82〜85頁。

長野県考古学会　1989　『長野県考古学会誌』第59・60号（シンポジウム特集号　中部高地の尖頭器文化）。

長野真一編　1996　『小牧3A遺跡・岩本遺跡：県営畑地総合土地改良事業に伴う発掘調査報告書』鹿児島県立埋蔵文化財センター発掘調査報告書(15)、鹿児島県立埋蔵文化財センター。

永野達郎編著　2000　『基盤整備促進工事「帖地地区」に伴う埋蔵文化財発掘調査報告書　帖地遺跡（旧石器時代編）』喜入町教育委員会。

永峯光一　1967　「長野県石小屋洞穴遺跡」『日本の洞穴遺跡』日本考古学協会洞穴調査特別委員会、平凡社、160〜175頁。

　　　　　1982　「横倉遺跡」『長野県史考古資料編　全1巻(2)主要遺跡（北・東信）』長野県、28〜30頁。

中村喜代重　1979a　「先土器時代」『上和田城山』大和市文化財調査報告書第2集、大和市教育委員会、15〜95頁。

　　　　　1979b　「神奈川県相模原市下九沢山谷遺跡の石器群」『神奈川考古』第7号、89〜116頁。

　　　　　1984a　「草創期の出土遺物」『一般国道246号（大和・厚木バイパス）地域内遺跡発掘調査報告Ⅱ』大和市文化財調査報告書第15集、大和市教育委員会、319〜336頁。

　　　　　1984b　「第Ⅱ文化層」『一般国道246号（大和・厚木バイパス）地域内遺跡発掘調査報告Ⅲ』大和市文化財調査報告書第17集、大和市教育委員会、105〜161頁。

　　　　　1988　「相模野台地における槍先形尖頭器の出現について」『旧石器考古学』36、18〜27頁。

中村孝三郎　1967　「新潟県室谷洞穴」『日本の洞穴遺跡』日本考古学協会洞穴調査特別委員会、平凡社、103〜117頁。

　　　　　1978a　『越後の石器』学生社。

　　　　　1978b　「卯ノ木遺跡」『越後の石器』学生社、83〜87頁。

中村孝三郎　1978c「竜泉寺遺跡と各地の遺跡」『越後の石器』学生社、88～89頁。

中村孝三郎編著　1960　『小瀬が沢洞窟』長岡科学博物館研究報告第3冊、長岡市立科学博物館。

　　　　　　　　1965　『中土遺跡』長岡市科学博物館研究報告第7冊、長岡市科学博物館。

　　　　　　　　1971　『御淵上遺跡』長岡市立科学博物館研究室調査報告大10冊、長岡市立博物館考古研究室。

中村孝三郎・小林達雄　1975　「月岡遺跡」『日本旧石器文化　第2巻遺跡と遺物(上)＜東日本＞』雄山閣、242～254頁。

中村和正　1981　「尖頭器的様相と尖頭器の出現過程」『九州の旧石器文化(Ⅰ)—第3回九州旧石器文化研究会記録— —第3回長崎県旧石器研究会記録—』九州旧石器文化研究会・長崎県旧石器文化研究会、42～51頁。

中山清隆　1989　「韓国・居昌壬佛里遺跡の晩期旧石器について」『旧石器考古学』39、43～46頁。

名取武光・松下　亘　1959　「余市郡赤井川村曲川遺跡発掘調査報告」『北方文化研究報告』第14号、181～220頁。

　　　　　　　　　1961　「余市郡赤井川村曲川遺跡発掘調査報告」『北方文化研究報告』第16号、73～142頁。

名和達朗編　1980　『月山沢遺跡発掘調査報告書』山形県埋蔵文化財調査報告書第29集、山形県教育委員会。

名和達朗・渋谷孝雄・阿部明彦　1982　「高瀬山遺跡」『分布調査報告書（9）』山形県教育委員会、42～49頁。

新屋俊典編著　2003　『東遺跡Ⅰ』蒜山文化財調査報告1、蒜山教育事務組合教育委員会。

西井龍儀　1975　「立美遺跡」『日本の旧石器文化2．遺跡と遺物(上)』雄山閣、255～280頁。

西井幸雄・村田章人　1996　「西武蔵野遺跡の調査」『入間市丸山／青梅道南／十文字原／東武蔵野／西武蔵野　首都圏中央連絡自動車道関係埋蔵文化財発掘調査報告Ⅶ』㈶埼玉県埋蔵文化財調査事業団、34～156頁。

西川　宏・杉野文一　1959　「岡山県玉野市宮田山西地点の石器」『古代吉備』第3集、1～9頁。

西沢寿晃　1982　「栃原岩陰遺跡」『長野県史考古編　全1巻(2)主要遺跡（北・東信）』長野県、559～584頁。

西村隆司編　1979　『茶園原遺跡　佐賀県多久市多久町所在尖頭器出土遺跡調査概要報告』多久市文化財調査報告書第4集、多久市教育委員会。

　　　　　　1980　『茶園原遺跡　佐賀県多久市多久町所在尖頭器出土遺跡調査概要報告（Ⅱ）』多久市文化財調査報告書第5集、多久市教育委員会。

西村尋文・藤好史郎　1989　「遺物」『瀬戸大橋建設に伴う埋蔵文化財発掘調査報告Ⅵ　花見山遺跡』香川県教育委員会、52～190頁。

新田浩三　1994　「旧石器時代」『新東京国際空港発掘調査報告書Ⅷ—取香和田戸遺跡（空港No.60）第1分冊』千葉県文化財センター調査報告第244集、新東京国際空港公団・㈶千葉県文化財センター、25～252頁。

野尻湖人類考古グループ（小野　昭・織笠　昭ほか）　1987　「第2回～第4回野尻湖陸上発掘の考古学的成果」『野尻湖遺跡群の旧石器文化Ⅰ』野尻湖発掘の考古学的成果第1集、野尻湖人類考古グループ、21～118頁。

　　　　　　　　　　　　　　　　　　　　　　1987　「野尻湖遺跡群の旧石器文化Ⅰ」野尻湖発掘の考古学的成果第1集。

萩原博文　1994　「九州における角錐状石器の編年と地域的特徴」『古代文化』第46巻第9号、31～40頁。

　　　　　1995　「平戸の旧石器時代」『平戸市史　自然・考古編』平戸市史編さん委員会、223～318頁。

朴　栄哲／小畑弘己訳　2000　「韓国中・南部出土の旧石器時代尖頭器（Point types）の分類と検討」『旧石器考古学』59、43～52頁。

橋口美子　1985　「縄文時代草創期の尖頭器製作について」『東京考古』第3号、177～180頁。

　　　　　1989　「秋川市前田耕地遺跡の尖頭器」『第2回多摩ニュータウン遺跡群を考えるシンポジウム　旧石

　　　　　　　　　　　　　　　器時代　槍の文化史』東京都埋蔵文化財センター、46〜56頁。
橋本勝雄　　　1985　「旧石器時代」『八千代市北海道遺跡―萱田地区埋蔵文化財調査報告書Ⅱ―』㈶千葉県埋蔵文
　　　　　　　　　　　化財センター、1〜240頁。
　　　　　　　1988　「縄文文化起源論」『論争・学説日本の考古学　第二巻　先土器・縄文時代』雄山閣、101〜136頁。
　　　　　　　1995　「茨城の旧石器時代」『茨城県考古学協会誌』第7号、茨城県考古学協会誌、1〜111頁。
橋本勝雄編著　1984　『八千代市権現後遺跡―萱田地区埋蔵文化財調査報告書Ⅰ―』㈶千葉県埋蔵文化財センタ
　　　　　　　　　　ー。
　　　　　　　1990　『東内野遺跡―富士エステート富里住宅地造成地内埋蔵文化財調査―』富里町埋蔵文化財発掘
　　　　　　　　　　調査報告書第13集、富士エステート株式会社・富里町。
橋本　正　　　1977　「直坂Ⅱ遺跡第5ユニットから」『季刊どるめん』No.15、63〜80頁。
橋本　正編著　1976　『富山県大沢野町直坂Ⅱ遺跡発掘調査概要』富山県教育委員会。
畑　宏明・矢吹俊男　1985　「湯の里4遺跡の調査」『湯の里遺跡群―津軽海峡線（北海道方）建設工事埋蔵文
　　　　　　　　　　化財発掘調査報告書―』㈶北海道埋蔵文化財センター、107〜257頁。
塙　静夫　　　1976　「大谷寺洞穴遺跡」『栃木県史　考古資料編1』栃木県、141〜168頁。
早川正一・奥　義次　1965　「三重県石神遺跡出土の石器群」『考古学雑誌』第50巻第3号、1〜11頁。
林　茂樹　　　1983　「長野県神子柴遺跡」『探訪先土器の遺跡』有斐閣選書R18、有斐閣、286〜290頁。
林　徹　　　　1998　「旧石器時代」『東京都杉並区前山遺跡　都営久我山二丁目住宅建設に伴う埋蔵文化財包蔵地発
　　　　　　　　　　掘調査報告書』杉並区埋蔵文化財報告書第23集、久我山二丁目住宅遺跡発掘調査団、20〜70頁。
原　寛・紅村　弘編著　1975　『椛ノ湖遺跡』坂下町教育委員会。
原田昌則・長屋幸二・三原慎吾・松藤和人　1989　「八尾南遺跡第2地点の旧石器」『旧石器考古学』38、19〜57
　　　　　　　　　　頁。
樋口昇一・森嶋　稔・小林達雄　1962　「長野市飯縄高原上ヶ屋遺跡―第1次調査報告―」『上代文化』第31・32
　　　　　　　　　　輯、17〜31頁。
　　　　　　　1965　「木曾開田高原における縄文以前の文化」『信濃』第17巻第6号、59〜70頁。
比田井民子　　1981　「関東地方における角錐状石器と関型石器」『石器研究』2、11〜24頁。
　　　　　　　1990　「角錐状石器の地域的動態と編的予察」『古代』第90号、1〜37頁。
比田井民子・五十嵐彰　1996　「先土器時代」『府中市No.29遺跡』東京都埋蔵文化財調査センター調査報告第29
　　　　　　　　　　集、東京都埋蔵文化財センター、7〜94頁。
比田井民子・五十嵐彰編　1996　『府中市No.29遺跡』東京都埋蔵文化財調査センター調査報告第29集、東京都
　　　　　　　　　　埋蔵文化財センター。
平川昭夫　　　1981　「八分平B遺跡」『八分平B・富士石遺跡　長泉地区工場移転用地埋蔵文化財発掘調査報告』公
　　　　　　　　　　害防止事業団・静岡県教育委員会・長泉町教育委員会、5〜17頁。
広瀬昭弘　　　1982　『長野県史考古編　全1巻(2)主要遺跡（北・東信）』長野県、68〜72頁。
廣田吉三郎・前田　顕　1987a　「第Ⅰ文化層」『東京都練馬区葛原遺跡B地点調査報告書』練馬区遺跡調査会・東
　　　　　　　　　　京都住宅局、24〜83頁。
　　　　　　　1987b　「第Ⅱ文化層」『東京都練馬区葛原遺跡B地点調査報告書』練馬区遺跡調査会・東京都住宅局、
　　　　　　　　　　84〜108頁。
福井県教育委員会　1979　『鳥浜貝塚』。
　　　　　　　1983　『鳥浜貝塚　1980・1982年度調査概報・研究の成果』。
　　　　　　　1984　『鳥浜貝塚　1983年度調査概報・研究の成果』。
　　　　　　　1985　『鳥浜貝塚　1984年度調査概報・研究の成果』。

福井淳一編　1999　『千歳市柏台1遺跡　一般国道337号新千歳空港関連工事用地内埋蔵文化財発掘報告書』㈶北海道埋蔵文化財センター。

藤沢宗平・林　茂樹　1961　「神子柴遺跡－第一次発掘調査概報－」『古代学』第9巻第3号、142～158頁。

藤野次史　1985　「広島県佐伯郡吉和村冠遺跡群採集の遺物(1)」『広島大学文学部帝釈峡遺跡群発掘調査室年報』Ⅷ、広島大学文学部帝釈峡遺跡群発掘調査室、91～123頁。

　　　　1986　「ガガラ山西南麓地区の予備調査」『広島大学統合移転地埋蔵文化財発掘調査年報』Ⅴ、広島大学統合移転地埋蔵文化財調査委員会、8～14頁。

　　　　1988　「西ガガラ遺跡第1地点、旧石器時代」『広島大学統合移転地埋蔵文化財調査年報』Ⅵ、広島大学統合移転地埋蔵文化財調査委員会、17～37頁。

　　　　1989a　「日本列島における槍先形尖頭器の出現と展開」『周陽考古学研究所報』第4集、1～52頁。

　　　　1989b　「中部高地における出現期槍先形尖頭器製作技術に関する一考察」『旧石器考古学』39、31～41頁。

　　　　1989c　「槍先形尖頭器出現の技術的背景」『古代文化』第41巻第11号、18～27頁。

　　　　1991　「土器出現期における槍先形尖頭器製作技術」『先史考古学論集』第1集、83～111頁。

　　　　1992　「広島県冠遺跡D地点第2次調査の概要について」『広島大学文学部内海文化研究紀要』第21号、広島大学文学部内海文化研究施設、1～24頁。

　　　　1993　「発達期槍先形尖頭器の製作技術」『考古論集―潮見　浩先生退官記念論文集―』潮見浩先生退官記念事業会、45～60頁。

　　　　1995　「広島県佐伯郡吉和村冠遺跡群採集の遺物(3)」『広島大学文学部帝釈峡遺跡群発掘調査室年報』Ⅹ、広島大学文学部帝釈峡遺跡群発掘調査室、133～161頁。

　　　　1999　「中部瀬戸内における小型ナイフ形石器―井島遺跡の評価をめぐって―」『考古学研究』第46巻第2号、92～111頁。

　　　　2001　「中・四国地方におけるナイフ形石器文化期の剥片素材石核の様相」『旧石器考古学』61、13～35頁。

藤森栄一　1960　「諏訪湖底曽根の調査」『信濃』第12巻第7号、1～13頁。

藤森栄一・戸沢充則　1962　「茶臼山石器文化」『考古学集刊』第4冊、1～20頁。

藤好史郎　1984　「ナイフ形石器」『瀬戸大橋建設に伴う埋蔵文化財発掘調査報告Ⅱ、大浦遺跡（本文編）』香川県教育委員会、115～126頁。

藤好史郎・森下英治・小野秀幸　2000　「備讃瀬戸地方におけるナイフ形石器文化後半期研究の現状と課題」『財団法人香川県埋蔵文化財調査センター研究紀要』Ⅷ、㈶香川県埋蔵文化財調査センター、1～42頁。

古川知明　1984　「立山町白岩尾掛遺跡」『大境』8、103～110頁。

古森政次　1980　「先土器時代」『下城遺跡Ⅱ―国道212号線改良工事に伴う文化財調査―』熊本県文化財調査報告第50集、21～75頁。

裵　基同／黄　昭姫訳　2001　「韓半島の前期・中期旧石器時代」『旧石器考古学』62、1～10頁。

北海道教育委員会　1979　『三沢川流域の遺跡群Ⅲ―新千歳空港建設用地内埋蔵文化財発掘調査報告書―』。

保坂康夫編著　1985　『山梨県北巨摩郡高根町丘の公園14番ホール遺跡範囲確認調査報告書』山梨県教育委員会・山梨県企業局。

星野洋治・佐藤雅一　1996　「田沢式土器」『日本土器辞典』雄山閣、174頁。

堀川義英編著　1981　『田尾遺跡群・磯道遺跡』佐賀県肥前町教育委員会。

ボルド F.／芹沢長介・林謙作(訳)　1971　『旧石器時代』世界大学選書023、平凡社。

松沢亜生	1959	「石器研究におけるテクノロジーの一方向」『考古学手帖』7、1～2頁。
	1960	「長野県諏訪・北踊場石器群—特に石器製作工程を中心として—」『第四紀研究』第1巻第7号、263～273頁。
	1973	「石器を造る(1)」『考古学ジャーナル』No.88、19～21頁。
	1974	「石器を造る(2)」『考古学ジャーナル』No.95、10～14頁。
松田真一	1990	「桐山和田遺跡」『山添シンポジウム 一万年前を掘る—縄文草創期の文化を考える—』山添村・奈良県立橿原考古学研究所、2～15頁。
松田真一編	1989	『奈良県山辺郡山添村大川遺跡 縄文時代早期遺跡の発掘調査報告書』山添村教育委員会。
	2002	『桐山和田遺跡—大和高原における縄文時代草創期と早期の遺跡発掘調査報告書—』奈良県文化財調査報告書第91集、奈良県立橿原考古学研究所。
松藤和人	1974	「瀬戸内技法の再検討」『ふたがみ 二上山北麓石器時代遺跡群分布調査報告』同志社大学旧石器文化談話会、138～163頁。
	1979	「再び"瀬戸内技法"について—瀬戸内技法第1工程を中心に—」『二上山・桜ヶ丘遺跡』奈良県史蹟名勝記念物調査報告第38冊、橿原考古学研究所、203～252頁。
	1981	「西日本における舟底形石器の編年的予察」『旧石器考古学』22、1～26頁。
	1987	「海を渡った"剥片尖頭器"」『花園史学』第8号、8～19頁。
松村信博	1997	「南四国の縄文時代草創期—奥谷南遺跡を中心として—」『第8回中四国縄文研究会発表要旨』中四国縄文研究会、24～33頁。
	2000	「高知県奥谷南遺跡の発掘調査と出土資料」『第17回中・四国旧石器文化談話会発表要旨』中・四国旧石器文化談話会、1～17・21～74頁。
松村信博編	2001	『奥谷南遺跡Ⅲ 四国横断自動車道（南国～伊野間）建設に伴う埋蔵文化財発掘調査報告書』㈶高知県文化財団埋蔵文化財センター。
松山　力・三宅徹也・横山裕平・山口義伸編著	1980	『大平山元Ⅱ遺跡発掘調査報告書』青森県立郷土館調査報告書第8集・考古―4、青森県立郷土館。
見崎　巌編著	1984	『一般国道246号（大和・厚木バイパス）地域内遺跡発掘調査報告Ⅲ』大和市文化財調査報告書第17集、大和市教育委員会。
水田　稔	1988	「乾田Ⅱ遺跡」『群馬県史 資料編1 原始・古代1（旧石器・縄文）』群馬県史編さん委員会、797～799頁。
道沢　明	1985	「先土器時代」『西の台（第2次）—船橋市西の台遺跡発掘調査報告書—』船橋市遺跡調査会、230～270頁。
	1994	「東内野型尖頭器の出現と変遷」『古代文化』第46巻第12号、14～32頁。
	2000	「三崎3丁目遺跡」『千葉県の歴史資料編 考古1（旧石器・縄文時代）』㈶千葉県史研究財団、86～91頁。
道沢　明・新井和之・大沢　孝・山村好文	1985	「一ノ台遺跡の調査」『平賀 平賀遺跡群発掘調査報告書』平賀遺跡群発掘調査会、13～117頁。
光石鳴巳編著	2001	『秋季特別展 縄文文化の起源を探る—はじめて土器を手にしたひとびと—』橿原考古学研究所附属博物館特別展図録第56冊、橿原考古学研究所附属博物館。
宮井英一・木戸春夫	1985	「宮林遺跡」『大林Ⅰ・Ⅱ 宮林 下南原』埼玉県埋蔵文化財調査事業団報告書第50集、埼玉県埋蔵文化財調査事業団、20～158頁。
三宅徹也	1980a	「大平山元技法AとB」『大平山元Ⅱ遺跡発掘調査報告書』青森県立郷土館調査報告第8集・考古4、青森県立郷土館、43～48頁。

三宅徹也　1980b「石器群の編年的位置について」『大平山元Ⅱ遺跡発掘調査報告書』青森県立郷土館調査報告第8集・考古4、青森県立郷土館、49〜55頁。

　　　　　1981　「大平山元技法について」『大平山元Ⅲ遺跡発掘調査報告書』青森県立郷土館調査報告第11集・考古5、青森県立郷土館、23〜30頁。

三宅徹也・松山　力・山口義伸　1981　『大平山元Ⅲ遺跡発掘調査報告書』青森県立郷土館調査報告第11集、青森県立郷土館。

三宅徹也・横山裕平編著　1980　『大平山元Ⅱ遺跡発掘調査報告書』青森県立郷土館調査報告第8集・考古4、青森県立郷土館。

宮坂英弌編著　1962　『渋川』尖石考古博物館研究報告叢書第1冊、茅野市尖石考古博物館研究室。

宮坂孝宏編　1994　『白鳥平B遺跡 九州縦貫自動車道（人吉〜えびの）建設に伴う埋蔵文化財調査』熊本県文化財調査報告第142集、熊本県教育委員会。

宮田英二編　1992　『一般国道220号鹿屋バイパス建設に伴う発掘調査報告書(Ⅴ) 西丸尾遺跡』鹿児島県埋蔵文化財発掘調査報告書(64)、鹿児島県教育委員会。

宮塚義人・矢島国雄・鈴木次郎　1974　「神奈川県本蓼川遺跡の石器群について」『史館』第3号、1〜22頁。

宮本雅通　2000　「大宮台地の様相」『石器文化研究』8（シンポジウム砂川—その石器群と地域性—資料集成 南関東各地の基礎的検討）、石器文化研究会、187〜215頁。

村井美子　1978　「千葉県夷隅川流域出土の『ファシットを有する石器』について」『貝塚』19、3〜13頁。

村澤正弘・臼居直之　1983　「縄文時代（第Ⅰ文化層・草創期）」『深見諏訪山遺跡 神奈川県大和市深見所在の縄文時代草創期・先土器時代遺跡調査の記録』大和市文化財調査報告書第14集、大和市教育委員会、2〜31頁。

望月静雄　1981　「関沢遺跡」『太子林・関沢遺跡』飯山市埋蔵文化財調査報告第7集、飯山市教育委員会、73〜83頁。

森下英治編　2001　『四国横断自動車道建設に伴う埋蔵文化財調査報告書第三十七冊 中間西井坪遺跡Ⅲ』香川県教育委員会・㈶香川県埋蔵文化財調査センター・日本道路公団。

森嶋　稔　1967　「長野県長野市信田町上和沢出土の尖頭器」『信濃』第19巻第4号、33〜35頁。

　　　　　1970　「神子柴型石斧をめぐっての再論」『信濃』第22巻第10号、156〜172頁。

　　　　　1975a「旧石器文化の中から—特に男女倉技法をめぐって—」『男女倉 国道142号線新和田トンネル有料道路事業用地内緊急発掘調査報告書』長野県道路公団・和田村教育委員会、169〜173頁。

　　　　　1975b「上ヶ屋遺跡」『日本の旧石器文化 2.遺跡と遺物（上）』雄山閣、206〜220頁。

　　　　　1978　「男女倉技法の周辺」『中部高地の考古学 長野県考古学会15周年記念論文集』長野県考古学会、26〜47頁。

　　　　　1982　「杉久保遺跡」『長野県史考古編 全1巻(2)主要遺跡(北・東信)』長野県、52〜56頁。

　　　　　1983　「柳又遺跡」『長野県史考古編 全1巻(3)主要遺跡（中・南信)』長野県、10〜17頁。

森嶋　稔・川上元・矢口忠良・矢島宏雄・佐藤信之・堤　隆編　1998　『唐沢B遺跡 後期旧石器時代末から縄文時代草創期にかけての移行期の石器群』千曲川水系古代文化研究所。

森田克行　1980　「郡家川西遺跡 64-B・F地区の調査」『シンポジウム二上山旧石器遺跡をめぐる諸問題』帝塚山大学考古学研究室、18〜23頁。

森田知忠　1979　「旧石器時代遺物包含層の調査、遺物包含層の調査」『三沢川流域の遺跡群Ⅲ—新千歳空港建設用地内埋蔵文化財発掘報告書』北海道教育委員会、503〜517頁。

森田知忠・高橋正勝編著　1967　『サイベ沢B発掘調査報告書 北海道亀田郡亀田町における縄文文化中期末遺跡の緊急調査』亀田町教育委員会・市立函館博物館。

守矢昌文・斎藤幸恵　1986　「先土器時代の茅野」『茅野市史 上巻 原始・古代』茅野市、22〜127頁。

森山公一　1978　「折断・折損による両面加工石器の技法の復元とその変遷に関する一考察」『中部高地の考古学 長野県考古学会15周年記念論文集』長野県考古学会、48〜62頁。

弥栄久志編　1981　『九州縦貫自動車道関係埋蔵文化財発掘調査報告Ⅵ 加治屋園遺跡・木の迫遺跡』鹿児島県埋蔵文化財発掘調査報告書(14)、鹿児島県教育委員会。

矢島國雄・鈴木次郎　1976　「相模野台地における先土器時代研究の現状」『神奈川考古』第1号、1〜30頁。

安岡路洋・猪野幸夫・中島　宏編著　1977　『小岩井渡場遺跡—発掘調査概報—』埼玉県飯能市教育委員会。

矢戸三男ほか編　1987　『佐倉市向山谷津・明代台・木戸場・古内遺跡—佐倉第三工業団地造成に伴う埋蔵文化財発掘調査報告書Ⅳ—』㈶千葉県文化財センター。

柳田純孝・板橋旺爾・島津義昭・塩屋勝利　1971　「下和白地区の調査」『福岡市和白遺跡群発掘調査報告 福岡市埋蔵文化財発掘調査報告書第16集』、4〜23頁。

柳田俊雄　1978　「岩戸遺跡の層序と遺物」『大分県大野郡清川村所在岩戸旧石器時代遺跡出土資料 岩戸』東北大学文学部考古学研究会考古学資料集第2冊、東北大学文学部考古学研究会 3〜9頁。

　　　　　　1983　「大分県岩戸遺跡第Ⅰ文化層出土の石器群の分析と位置づけ」『考古学論叢Ⅰ』芹沢長介先生還暦記念論文集刊行会、寧楽社、25〜62頁。

　　　　　　1986　「第6層下部出土の石器群」『岩戸遺跡 大分県大野郡清川村所在旧石器時代遺跡第3次発掘調査報告書』清川村教育委員会、43〜50頁。

　　　　　　1987　「阿武隈川流域における旧石器時代研究 1—福島県石川郡石川町背戸B遺跡の発掘調査報告Ⅰ—」『福島考古』第28号、1〜32頁。

　　　　　　1990　「阿武隈川流域における旧石器時代の研究 2—福島県石川郡石川町背戸B遺跡の第4次発掘調査報告（Ⅱ）」『郡山女子大学紀要』第26集、225〜241頁。

　　　　　　1995　「会津笹山原遺跡の旧石器時代石器群の研究—石刃技法を主体とする石器群を中心に—」『郡山女子大学紀要』第31集第2号、1〜227頁。

八尋　実編著　1984　『船塚遺跡 佐賀県神崎郡神崎町大字志屋所在遺跡の調査』神崎町文化財調査報告書第10集、神崎町教育委員会。

矢吹俊男・畑　宏明ほか　1985　「湯の里4遺跡」『湯の里遺跡群—津軽海峡線（北海道方）建設工事埋蔵文化財発掘調査報告—』㈶北海道埋蔵文化財センター調査報告第18集、㈶北海道埋蔵文化財センター、107〜157頁。

山口耕一編著　1999　『多功南原遺跡—住宅・都市整備公団宇都宮都市計画事業多功南原地区埋蔵文化財発掘調査—』栃木県教育委員会・㈶栃木県文化振興事業団。

山口卓也編　1991　『多紀郡西紀町板井寺ヶ谷遺跡—旧石器時代の調査— 近畿自動車道舞鶴線関係埋蔵文化財調査報告書ⅩⅣ—1』兵庫県埋蔵文化財調査報告書第96—1冊、兵庫県教育委員会。

山崎信二　1978　「尖頭器について」『考古論集—慶祝松崎寿和先生六十三歳記念論文集—』松崎寿和先生退官記念事業会、11〜42頁。

山下秀樹編　1985　『静岡県豊田町広野北遺跡発掘調査報告書』静岡県豊田町教育委員会。

山中一郎　1986　「中国オルドス地方水洞溝遺跡出土の石器群」『旧石器考古学』33、37〜48頁。

山内清男　1932　「日本遠古之文化 二.縄文土器の起源」『ドルメン』第1巻第5号、85〜90頁。

　　　　　1969　「縄文草創期の諸問題」『ＭＵＳＥＵＭ』第224号、4〜22頁。

　　　　　1974　「矢柄研磨器について」『日本考古学選集』21（山内清男集）、築地書館、105〜134頁。

山内清男・佐藤達夫　1962　「縄文土器の古さ」『科学読売』第14巻第13号、18〜26・84〜88頁。

　　　　　　　　　　1965　「青森県上北郡甲地村長者久保遺跡調査略報」『人類科学』第17集、61〜67頁。

山内清男・佐藤達夫　1967　「下北の無土器文化」『下北　自然・文化・社会』九学会連合下北調査委員会、平凡社、98～109頁。

山田貴久　1999　「有吉遺跡（第4次）」『千葉東南部ニュータウン21―千葉市有吉遺跡（第4次）・高沢古墳群―』㈶千葉県文化財センター調査報告第351集、㈶千葉県文化財センター、8～76頁。

山原敏朗　1997　「第1地点の調査」『帯広・稲田1遺跡』帯広市埋蔵文化財調査報告第15冊、北海道帯広市教育委員会、8～61頁。

山本慶一　1969　「鷲羽山採集の石器と土器」『倉敷考古館研究集報』第6号、1～37頁。

山本寿々雄編　1971　『天神堂遺跡―発掘調査概報―』富沢町役場。

矢本節朗　1994　『四街道市御山遺跡(1)―物井地区埋蔵文化財発掘調査報告書Ⅰ―』千葉県文化財センター調査報告書第242集、㈶千葉県文化財センター。

雪田隆子編　1979　「多摩ニュータウンNo.27遺跡調査概報」『多摩ニュータウン遺跡調査概報―昭和54年度―』多摩ニュータウン遺跡調査会、1～68頁。

横田義章　1965　「小県郡男女倉遺跡―その概要と研究課題」『信濃』第16巻第4号、45～56頁。

横浜市歴史博物館・㈶横浜市ふるさと歴史財団埋蔵文化財センター　1996　『縄文時代草創期資料集』。

吉崎昌一　1960　「遺跡と遺物」『立川　北海道磯谷郡蘭越町立川遺跡における無土器文化の発掘調査』函館博物館紀要第6集、市立函館博物館、25～53頁。

　　　　　　　1961　「白滝遺跡と北海道の無土器文化」『季刊民族学研究』第26巻第1号、13～23頁。

吉崎昌一編　1960　『立川　北海道磯谷郡蘭越町立川遺跡における無土器文化の発掘調査』函館博物館紀要第6集、市立函館博物館。

吉田英敏　1987　「寺田遺跡、縄文草創期文化（S期）」『寺田・日野1　一般国道156号岐阜東バイパス建設に伴う緊急発掘調査』岐阜市文化財調査報告1987‐1、建設省・岐阜県・岐阜市教育委員会、101～138頁。

吉田　格・比留間　博　1970　『狭山・六道山・浅間谷遺跡』東京都瑞穂町文化財調査報告1、東京都瑞穂町役場。

米倉　薫・阿部祥人編　2002　『山形県西村山郡西川町上野A遺跡発掘調査報告書―尖頭器製作址の研究―』Occasional Paper No.13、慶応義塾大学文学部民族学・考古学研究室。

若槻省吾　1988　「西鹿田中島遺跡」『群馬県史　資料編1　原始古代1』群馬県史編さん委員会、967～971頁。

渡辺明夫　1984　「旧石器時代の出土遺物」『羽佐島遺跡（Ⅰ）』瀬戸大橋建設に伴う埋蔵文化財発掘調査報告Ⅰ、香川県教育委員会・本州四国連絡橋公団、59～389頁。

渡辺修一　1991a　「池花遺跡第2文化層」『四街道市内黒田遺跡群―内黒田特定土地区画事業地内埋蔵文化財発掘調査報告書―第1分冊』千葉県住宅供給公社・㈶千葉県埋蔵文化財センター、154～160頁。

　　　　　　　1991b　「池花遺跡第3文化層」『四街道市内黒田遺跡群―内黒田特定土地区画事業地内埋蔵文化財発掘調査報告書―第1分冊』千葉県住宅供給公社・㈶千葉県埋蔵文化財センター、191～253頁。

渡邉智信編　2001　『千葉県文化財センター研究紀要』22（尖頭器石器群の研究―各時代における諸問題1―）、㈶千葉県文化財センター。

渡辺　誠・鈴木忠司編　1977　『武者ヶ谷遺跡発掘調査報告書』福知山市教育委員会。

綿貫俊一　1989　「旧石器時代の発掘調査」『五馬大坪遺跡　大分県日田郡天瀬町五馬所在遺跡の発掘調査報告書』天瀬町教育委員会、10～82頁。

【韓国】

연세대학교박물관편（延世大学校博物館編）　2001　『한국의　구석기』연세대학교출판부。

李隆助　1984　「丹陽수양개舊石器遺蹟發掘調査報告―1983・84年度―」『忠州댐水沒地區文化遺蹟發掘調査綜合

報告書 考古・古墳分野(Ⅰ)』忠北大學校博物館、101～186頁。
李隆助　　1985　「丹陽수양개舊石器遺蹟發掘調查報告」『忠州댐水沒地區文化遺蹟延長發掘調查報告書』調查
　　　　　　　　　報告第16冊、忠北大學校博物館、101～252頁。

【中国】

安志敏　　1965　「河南安陽小南海旧石器時代洞穴的試掘」『考古学報』1965年第1期、1～28頁。
陳哲栄　　1989　「陵川塔水河的旧石器」『文物季刊』1989年第2期、1～12・26頁。
　　　　　1996　「下川遺址的新発現」『中原文物』1996年第4期、1～22頁。
裴文中（張森水訳）　1990　「新的旧石器遺址―周口店第15地点的初歩研究（翻訳）」『裴文中科学論文集』科学出
　　　　　　　　　版、87～102頁（原文は英文；Bulletin of the Geological Society of China 19—2, pp.147～187）。
裴文中・張森水　1985　『中国猿人石器研究』中国科学院南京地質古生物研究所・古脊椎動物與古人類研究所、
　　　　　　　　　科学出版社。
蓋　培・黄万波　1982　「陝西長武発現的旧石器時代中期文化遺物」『人類學學報』第1巻第1期、18～29頁。
蓋　培・衛　奇　1977　「虎頭梁旧石器時代晩期遺址的発現」『古脊椎動物與古人類』第15巻第4期287～300頁。
鴿子洞発掘隊　1975　「遼寧鴿子洞旧石器遺址発掘報告」『古脊椎動物與古人類』第13巻第2期、122～136頁。
高　星　　1999　「関於"中国旧石器時代中期"的検討」『人類學學報』第18巻第1期、1～16頁。
河北省文物研究所　1989a　「燕山南麓発現細石器遺址」『考古』1989年第3期、967～970頁。
　　　　　1989b　「河北陽原西白馬営晩期旧石器研究」『文物春秋』1989年第3期、13～26頁。
　　　　　1993　「籍箕灘旧石器時代晩期細石器遺址」『文物春秋』1993年第2期、1～22頁。
吉林省文物工作隊　1983　「内蒙古科爾沁右翼中旗渭査石器時代遺址的調查」『考古』1983－3、673～678頁。
賈蘭坡ほか　1964　「水洞溝旧石器時代遺址的新材料」『古脊椎動物與古人類』第8巻第1期、75～80頁。
賈蘭坡・蓋　培・尤玉柱　1972　「山西峙峪旧石器時代遺址発掘報告」『考古学報』1972年第1期、39～58頁。
賈蘭坡・衛　奇・李超栄　1979　「許家窰旧石器時代文化遺址1976年発掘報告」『古脊椎動物與古人類』第17巻
　　　　　　　　　第4期、277～293頁。
李超栄・郁金城・馮興无　2000　「北京市王井府東方広場旧石器時代遺址発掘簡報」『考古』2000年第9期、1～8頁。
李炎賢・謝　飛・石金鳴　1991　「河北陽原板井子石制品的初歩研究」『中国科学院古脊椎動物與古人類研究所参
　　　　　　　　　加十三屆国際第四紀大会論文選』北京科学技術出版社、74～99頁。
劉　椿ほか　1995　「丁村旧石器遺址剖面的古地磁気研究」『文物季刊』1995年第4期、20～26頁。
寧夏博物館・寧夏地質局地区地質調査隊　1987　「1980年水洞溝遺址発掘報告」『考古学報』1987年第4期、439
　　　　　　　　　～449頁。
山西省臨汾行署文化局　1989　「山西吉県柿子灘中石器文化遺址」『考古学報』1989年第3期、305～323頁。
王　建・王向前・陳哲英　1978　「下川文化―山西下川遺址調查報告」『考古学報』1978年第3期、259～288頁。
王　建ほか　1994　「丁村旧石器遺址群発掘調查簡報」『文物季刊』1994年第3期、1～75頁。
王向前・丁建平・陶冨海　1983　「山西蒲県薛関細石器」『人類學學報』第2巻第2号、162～171頁。
衛　奇　　1985　「東谷坨旧石器初歩観察」『人類學學報』第4巻第4期、289～300頁。
謝　飛・成勝泉　1989　「河北陽原油房細石器発掘報告」『人類學學報』第8巻第1期、59～68頁。
謝　飛　　1991　「泥河湾盆地旧石器文化研究新進展」『人類學學報』第10巻第4期、324～332頁。
謝　飛・李　嘎　1993　「岑家湾旧石器時代早期文化遺物及地点性質的研究」『人類學學報』第12巻第3期、223
　　　　　　　　　～238頁。
張居中・李占揚　1996　「河南省舞陽大崗細石器地点発掘報告」『人類學學報』第15巻第2号、105～113頁。
張文君　　1990　「山西吉県柿子灘旧石器遺址発掘記」『考古與文物』1990年第1期、1～5頁。

【ロシア】

А.Н.Погачев・М・В.Аникович 1984 Глава первая Поздний палеолит Русскойравнины и Крыма, Археология сссp-Палеолит с, с 162-271.

Б.А.Рыбакова Р.М.Мунчаев・В.А.Башилов・П.Г.Гайдуков рер 1989 Архелиогия сср -Мезолит сссp.

Дроздов. Н.И. идри 1990 Трифоновский участок/Хроно-сторатиграфия палеолчтичеоких памяников Средней Сибири Бассейн р. Бнисей, Экскурсия №2.

З.А.Абрамова 1979 Ралеолит Ёмисея・Кокоревская Купьтура.

あ と が き

　卒業論文を提出した1978年のことであり、題目は、「瀬戸内地方における槍先形尖頭器の初現について」であった。拙い論攷であったが、これが本書へと繋がる出発点である。当初、瀬戸内の資料を用いてナイフ形石器の刺突機能について考察するつもりでいたが、指導教官であった潮見浩先生に「それならば、瀬戸内の尖頭器（槍先形尖頭器）の問題が未解決だからそちらの方をやりなさい」と説得されて、上記の題目を選んだ。このとき、槍先形尖頭器をテーマとしていなかったら、今日に至るまで槍先形尖頭器について一途に追い続けることはなかったかもしれない。卒業論文の出来についてはまったく納得がいかず、課題山積の状態であったことから、修士論文では何の迷いもなく槍先形尖頭器をテーマとして選択した。しかし、大学院に進学した当時の私には、石器研究のための基礎的な素養が大きく欠落していた。幸運にも、卒業論文作成の際に助言を受けた平安博物館（現在、京都文化博物館）鈴木忠司氏が進めておられた静岡県寺谷遺跡発掘調査報告書の作成作業に加わることができ、このとき、改めて石器研究のイロハを鈴木氏に指導していただいた。修士論文の題目は、「日本列島における槍先形尖頭器の初現について」であり、日本列島における槍先形尖頭器の出現について地域ごとに槍先形尖頭器出現前後の石器群を構造論的視点から検討するとともに槍先形尖頭器の製作技術を検討し、出現の時期や地域、起源の問題を検討したものであったが、全般にわたって鈴木氏に助言していただいた。修士論文に不備は多々あったが、本書における骨格はおおよそこの時点でできあがったといってよい。

　ところで、西日本全般の状況についていえることであるが、ご多分に漏れず、私の居住する地域でも石器研究はあまり盛んではなく、弥生時代以降の研究者が多い。この状況は、基本的に学生時代から変わるところはない。石器研究を志す者にとっては、不断の努力を必要とする環境である。しかし、こうした環境に過ごせたことを私はよかったと思っている。考古学の基本はどの時代を研究しようとも同じであるが、対象とする時代が異なると独自の研究法が存在するのも、また事実である。とくに、学生時代にさまざまな時代を専攻する人々から受けた有形無形の影響は、石器研究を進める上で、あるいは旧石器文化を考えるにあたってきわめて有益であったと思っている。本書にどれほどの成果として反映することができたのかきわめて疑問ではあるが、これからの研究にも少しずつ生かしていきたいと祈念している。

　私が卒業論文・修士論文を作成した1980年前後は、関東地方周辺では大規模な開発に伴って層位的な資料が飛躍的に蓄積され始めた時期にあたっていたが、槍先形尖頭器の変遷については、1960年代的な、単純な技術論的変遷論がとられていた。しかし、1980年代には1970年代の成果が次々と公表され、単線的な理解では整理できない状況となっていった。一方では、層位的な出土例の蓄積によって、石器群の変遷の様相を具体的に考察する環境が整い、槍先形尖頭器の起源を含めた編年編や系統論などの議論が活発化した。また、槍先形尖頭器の接合資料が着実に増加することによっ

て、製作技術の問題も具体的に議論できるようになったことは、この時期の大きな成果といえるだろう。1980年代後半頃からは縄文時代への移行の問題も継続的に議論されるようになり、現在に至っている。槍先形尖頭器（石器群）と細石刃（石器群）の時間的共存の問題は現在も解決していないが、この25年の間に、縄文時代移行期の解釈については、主要石器の交代論的な単純な視点から複雑に変化する自然環境への人間集団の適応・開発や集団相互の関係などの多様な視点へと変化しつつある。1960年代の終わり頃に稲田孝司氏が論じたように、槍先形尖頭器の出現は旧石器社会が縄文社会へと変革する象徴的な一事であったといえるであろう。槍先形尖頭器研究の目的もここにある。この意味において、本書は基礎的な資料整理に多くの頁を割いており、本格的な分析のスタートラインにやっと着いた状態であると認識している。今後さらに研鑽を積みたい。

　本書は、2002年8月に広島大学に提出した学位請求論文である（同年11月に博士（文学）を授与された）。あれから、1年以上が経過し、新たな資料や重要な論文がいくつか提出されているが、基本的に論旨に影響はないことから、一部の章について章末に若干の補遺を加えたものの、本文についてはとくに加筆することはしなかった。

　本書は、これまでに発表した研究論文をもとに、その後の資料を加えるなどして大幅に加筆・修正した部分と新たに書きおろした部分からなっている。前者について、原著論文を以下に示しておきたい。

　第2章
　　「日本列島における槍先形尖頭器の出現と展開」『周陽考古学研究所報』第4集、1〜52頁、1989年。
　第3章第1節2-1)
　　「中部高地における出現期槍先形尖頭器製作技術に関する一考察」『旧石器考古学』39、31〜41頁、1989年（渋川Ⅱ遺跡）。
　　「槍先形尖頭器出現の技術的背景」『古代文化』第41巻第11号、18〜27頁、1989年（下九沢山谷遺跡）。
　第3章第1節3-1)
　　「中部高地における出現期槍先形尖頭器製作技術に関する一考察」『旧石器考古学』39、31〜41頁、1989年（鷹山遺跡）。
　　「槍先形尖頭器出現の技術的背景」『古代文化』第41巻第11号、18〜27頁、1989年（本蓼川遺跡）。
　第3章第1節4-1)
　　「発達期槍先形尖頭器の製作技術」『考古論集－潮見浩先生退官記念論文集－』潮見浩先生退官記念事業会、45〜60頁、1993年。
　第3章第1節5-1)
　　「土器出現期における槍先形尖頭器製作技術」『先史考古学論集』第1集、83〜111頁、1991年。
　第3章第1節6-1)

「土器出現期における槍先形尖頭器製作技術」『先史考古学論集』第1集、83〜111頁、1991年。

第4章第4節

「槍先形尖頭器出現の技術的背景」『古代文化』第41巻第11号、18〜27頁、1989年(槍先形尖頭器出現の技術的背景)。

第5章第1節

「日本列島における槍先形尖頭器の出現と展開」『周陽考古学研究所報』第4集、1〜52頁、1989年(槍先形尖頭器石器群の出現と各地における展開)。

最後になったが、本書をなすにあたり、資料の実見、文献の収集をはじめとして、全国各地のきわめて多くの方々にお世話になった。ここに一人ずつのご芳名を記すことはできないが、改めて衷心よりお礼を述べたい。本書のもととなる学位請求論文については、広島大学大学院文学研究科河瀬正利教授に、論文の構想から完成に至るまでご指導をいただくとともに、本書に序文を賜った。千葉県文化財センターの島立桂氏には第5章の素読をお願いし、貴重なご意見を賜った。また、東京大学大学院人文社会系研究科安斎正人先生には同成社への仲介の労をとっていただいた。記してお礼を申し上げたい。末筆となったが、本書の刊行にあたっては同成社山脇洋亮氏に大変お世話になった。お礼を申し上げる次第である。

2003年12月

藤 野 次 史

日本列島の槍先形尖頭器

■著者略歴

藤野次史（ふじの　つぎふみ）
1955年　山口県生まれ
1978年　広島大学文学部史学科考古学専攻卒業
1981年　広島大学大学院文学研究科博士課程後期中途退学
1981年　広島大学文学部助手
1997年　広島大学文学部講師
2002年　博士（文学）広島大学
2003年　広島大学大学院文学研究科助教授

主要著作
「日本列島における槍先形尖頭器の出現と展開」（『周陽考古学研究所報』4）1989年、「中部瀬戸内における小型ナイフ形石器」（『考古学研究』第46巻第2号）1999年、「中・四国地方におけるナイフ形石器文化期の剥片素材石核の様相」（『旧石器考古学』61号）2001年ほか

2004年3月10日発行

著　者　藤　野　次　史
発行者　山　脇　洋　亮
印　刷　㈱深高社
　　　　モリモト印刷㈱

発行所　東京都千代田区飯田橋
　　　　4-4-8 東京中央ビル内　㈱同成社
　　　　TEL 03-3239-1467　振替 00140-0-20618

©Tsugifumi Fujino 2004. Printed in Japan
ISBN4-88621-287-5 C3021